세계사 II

편집, 교정 _ 이인순(李仁順)

세계사 II

저자 / J. M. 로버츠, O. A. 베스타
역자 / 노경덕 외
발행처 / 까치글방
발행인 / 박후영
주소 / 서울시 용산구 서빙고로 67, 파크타워 103동 1003호
전화 / 02 · 735 · 8998, 736 · 7768
팩시밀리 / 02 · 723 · 4591
홈페이지 / www.kachibooks.co.kr
전자우편 / kachibooks@gmail.com
등록번호 / 1-528
등록일 / 1977. 8. 5
초판 1쇄 발행일 / 2015. 8. 10
3쇄 발행일 / 2025. 1. 20
값 / 뒤표지에 쓰여 있음

ISBN 978-89-7291-590-4 94900
978-89-7291-588-1 94900 (전2권)

이 도서의 국립중앙도서관 출판예정도서목록(CIP)은 서지정보유통지원시스템 홈페이지(http://seoji.nl.go.kr)와 국가자료공동목록시스템(http://www.nl.go.kr/kolisnet)에서 이용하실 수 있습니다. (CIP 제어번호 : CIP2015019940)

세계사 II

J. M. 로버츠, O. A. 베스타
노경덕 외 옮김

까치

역자 약력(가나다순)

권윤경(權倫鵬) / 서울대학교 서양사학과를 졸업하고, 동대학원 서양사학과에서 석사학위를 취득한 후, 미국 시카고 대학교 사학과에서 박사학위를 받았다. 현재 창원대학교 인문과학연구소 학술연구교수로 재직 중이다. 근대 프랑스사 전공으로 주로 프랑스 식민주의, 대서양 노예제와 노예제 폐지운동, 아이티 혁명, 인종주의, 기억의 정치, 탈식민주의 등을 연구하고 있다. *France's Lost Empires*(2011), *Abolitionist Places*(2013), 『세계 각국의 역사 논쟁』(2014) 등의 책에 공저자로 참여했으며, 『프랑스사연구』, 『서양사론』, 『사회와 역사』 등의 학술잡지에 수 편의 논문을 발표했다.

노경덕(盧璟德) / 서울대학교 역사교육과를 졸업하고, 동대학원 서양사학과에서 석사학위를 취득한 후, 미국 시카고 대학교 사학과에서 박사학위를 받았다. 현재 광주과학기술원(GIST) 기초교육학부 조교수로 재직 중이다. 소련 정치사, 냉전사 그리고 사회주의 사상사를 전공하고 있다. 주요 논문으로 "Rethinking the Varga Controversy, 1941-1953," 「스탈린 시대 소련의 대외관계, 1926-1953: 해석사」, 「냉전사와 소련연구」 등이 있다.

박재욱(朴在旭) / 서울대학교 서양사학과를 졸업하고, 동대학원 서양사학과에서 석사 및 박사 학위를 받았다. 현재 세종대학교 교양학부 초빙교수로 재직 중이다. 고대 그리스사 전공으로, 특히 스타르타 역사를 연구하고 있다. 번역서로 『고대 그리스, 그리스인』, 『펠로폰네소스 전쟁사』(공역), 『투퀴디데스, 역사를 다시 쓰다』 등이 있다.

윤영휘(尹泳輝) / 연세대학교 법학과를 졸업하고, 서울대학교 서양사학과에서 석사학위를 취득한 후, 영국 워릭 대학교에서 역사학 박사학위를 받았다. 현재 광주대학교 학술연구교수로 재직 중이다. 주요 논문으로 "The Spread of Antislavery Sentiment through Proslavery Tracts in the Transatlantic Evangelical Community, 1740s-1770s"(2012년도 미국교회사협회 Sidney E. Mead Prize 수상 논문) 외 다수가 있으며, 번역서로 『국가와 기억』(공역)이 있다.

이미미(李美薇) / 서울대학교 역사교육과를 졸업하고, 동대학원 사회과교육 역사전공으로 석사학위를 취득한 후, 미국 미시간 대학교에서 박사학위를 받았다. 미국 아이오와 주립대학 조교수와 한국교육과정평가원 부연구위원을 거쳐 현재 홍익대학교 사범대학 역사교육과 조교수로 재직 중이다. 주요 논문으로는 "Promoting Historical Thinking Using the Explicit Reasoning Text", 「교사의 지식, 왜 중요한가: 역사 교사 양성과 재교육에 있어서의 지식 문제 고찰」, 「역사 속 소수자 수업, 무엇을 가르칠 것인가?」 등이 있다.

이정하(李正夏) / 한림대학교 사학과를 졸업하고, 서울대학교 서양사학과에서 석사학위를 취득한 후, 미국 시카고 대학교 사학과에서 박사학위를 받았다. 현재 서울대와 성신여대에 출강중이다. 소련 군사사를 전공하고 있다. 논문으로 「K.E. 보로쉴로프와 적군(赤軍) 기병대: 기술결정론에 대한 반론」이 있다.

최용(崔龍) / 부산대학교 국제학과를 졸업하고, 미국 캘리포니아 대학교(샌디에이고 소재)에서 국제관계학 석사학위를 취득한 후, 런던정경대학의 국제사학과에서 박사학위를 받았다. 현재 한국외국어대학교 국제학부 강사로 재직 중이다. "The First Nuclear Crisis in Korean Peninsula, 1976-77", "Re-thinking Normalization between the ROK and PRC in the Early 1990s: The South Korean Perspective" 등의 논문이 있다.

II권 차례

I권 차례

제 5 부

유럽 시대의 창조

1500년경 다수의 징후들이 세계사에 새로운 시대가 시작되고 있음을 보이고 있었다. 이미 기술한 것처럼, 아메리카 대륙의 발견과 아시아에서의 유럽인들의 초기 사업 시도들은 그중 일부에 해당될 것이다. 이런 징후들은 처음부터 새로운 시대의 이중적 성격을 암시했다. 첫째, 이 새로운 시대는 점점 더 진정한 세계사의 시기가 될 것이었다. 둘째로 그것은 여러 문명들 중 하나인 유럽 문명의 놀라운 팽창이 이야기의 주를 이루는 시대이기도 했다. 이는 동일한 과정의 두 가지 측면이었다. 즉 모든 나라에서 일어난 사건들 사이에 더욱 지속적이고 유기적인 상호연관 관계가 형성되었지만, 그것은 대개 유럽인들의 행위에 의해서 설명되도록 예정되어 있었다. 유럽인들은 결국 세계의 지배자가 되었고, 그들의 지배력을 (때로는 부지 중에) 세계를 하나로 만드는 일에 사용했다. 결과적으로 세계사는 지난 2-3세기 동안, 정체성이 강화되었고, 주제의 통일성을 가지게 되었다.

한 유명한 인용구에서, 영국의 역사가 매콜리는 어떤 유럽의 군주가 이웃으로부터 자신이 탐내던 지역을 빼앗기 위해서, 오대호 연안에서는 아메리카 원주민들이 서로의 머리 가죽을 벗기고 있었던 상황에 대해서 말한 바 있다. 이것은 지금 다루려고 하는 이야기의 한 가지 인상적인 측면이다. 상호 간의 투쟁으로 인해서 세계가 더 커다란 전쟁으로 빠져들었지만, 정치, 제국의 건설, 군사적 팽창은 당시 진행되던 현상의 극히 일부에 불과했다. 전 세계적인 경제통합은 이 과정의 또다른 일부분이었으며, 일반적 가설과 신념들의 확산, 기술과 의술의 확산도 여전히 중요했다. 그 결과는 (우리의 유행어 중 하나로 말하자면) '하나의 세계(One World)' 정도가 될 것이다. 독립된 혹은 거의 독립된 문명들의 시대는 종말을 고하게 되었다.

지금 우리가 사는 세상이 가진 커다란 다양성을 고려해보면, 이는 처음에는 큰 오해의 소지가 있는 과장으로 보였을 수도 있다. 그동안 민족적, 문화적, 인종적 차이는 끔찍한 갈등을 생산하고 고무하기를 그치지 않았다. 1500년대 이후 매 세기의 역사는 전쟁과 폭력적 갈등의 연속으로 기록될 수 있을 것이며, 또한 그렇게 기록되었다. 그리고 각기 다른 나라에 사는 사람들이 몇 세기 전에 살던 사람들보다 서로를 훨씬 더 명확히 인식하게 된 것도 아니었다. 그러나 그들은 예컨대, 10세기에 살았던 조상들보다는 훨씬 더 서로 비슷해졌고, 그것은 의복의 외부 형태부터 삶을 영위하고 사회를 조직하는 형태에 이르기까지, 수백 가지 방식을 통해서 드러났다.

이 변화의 기원, 범위, 한계가 뒤에 나올 이야기의 대부분을 구성한다. 이는 우리가 이따금씩 근대화라고 부르는, 여전히 많은 지역에서 진행되고 있는 현상의 결과물이다. 몇 세기 동안 여러 문화들 사이의 차이점이 많이 연구되었는데, 그것은 세계 역사의 통합이 증가함을 보여주는, 매우 심오하고도 근본적인 표현이기도 하다. 또한 근대화라는 것이 결국은 유럽적 기원을 가진 사상 또는 기술과 관련된 문제이기 때문에 세계가 유럽화되어왔다고 말하는 것이 이 과정을 묘사하는 또 하나의 방식이 될 수도 있다. 그러나 '근대화'가 '유럽화' 혹은 (요즘에 종종 언급되는 것처럼) '서구화'와 동일한 것인지의 여부는 어딘가 다른 곳에서 논의될 수 있을 것이다. 때로 그것은 언어적 선호의 문제일 뿐이다. 분명한 것은 연대기적으로 보면, 세계사의 통합이 유럽의 근대성과 함께 시작되었다는 것이다. 유럽에서의 커다란 변화는 근대사의 출발점이었다.

1
청제국과 무굴 제국

무엇이 유럽을 독특하게 만들었는지를 이해하기 위해서는, 중국과 인도에서 일어난 변화부터 이야기를 시작해야 한다. 이들은 분명 16세기에 여전히 인류 중 가장 부유한 부류였고, 그들이 어떤 위기국면에 접어들었음을 보여주는 징후는 거의 없었다. 오히려 이 두 나라에서 16세기와 17세기 초는 위대한 통합의 시기였으며, 이전에 사라졌던 것들과 전혀 다른 일종의 '근대성'이 도입된 시기였다. 그러나 이런 근대성은 역사가 매우 새로운 방향으로 전개되기 시작한 서유럽에서 발생한 것과는 완전히 다른 것이었다. 18세기에 인도를, 그리고 거의 한 세기 후에 중국을 강타한 것은 완전히 새로운 형태의 변화였다. 그것은 인류 역사에 존재한 적이 없었던, 스스로 계속되는 끊임없는 팽창의 형태로 나타났다.

이런 일이 유럽에서 전개되는 동안, 인도에서는 다른 형태의 주목할 만한 변화가 일어나고 있었다. 16세기 초, 이 나라는 여전히 다수의 자치령과 준자치령으로 분열되어 있었다. 그러나 통일 과정을 시작한 것은 또다시 외국 군주인 카불의 바부르(재위 1526-1530)였다. 바부르는 1483년에 지금의 우즈베키스탄에 해당하는 페르가나 협곡에서 태어났다. 아버지 쪽으로는 티무르 렌크의 후손이었고, 어머니 쪽으로는 칭기즈 칸의 후손이었다. 역경 속에 단련된 이 젊은이에게 이런 출생배경은 커다란 장점이자 영감의 원천이었다. 그는 곧 자신의 유산을 위해서 싸워야 한다는 것을 깨달았다. 비록 거의 즉시 다시 빼앗기기는 했지만, 바부르처럼 14세의 나이에 사마르칸트와 같이 중요한 도시를 정복한 군주는 거의 없었다.

그에 관한 진술에서 전설이 분리될 때에도, 그는 잔인성과 이중성에도 불구하고 위대한 지도자들 가운데 가장 매력적인 인물 중 하나로 남아 있다. 그는 관대하고, 강인하며, 용기 있고, 지성을 갖춘 세심한 인물이었다. 바부르는 일생 동안 남긴 필기 기록을 취합해서 기념비적인 자서전을 남겼는데, 이는 그의 후손들에게 영감과 지도의 원천으로 여겨졌다. 그것은 이 통치자가 문화적으로 스스로를 몽골인이 아니라, 아바스 칼리프국의 옛 동쪽 지방에 오랫동안 정착한 민족들의 전통을 가진 튀르크인으로 생각했음을 보여준다. 그의 취향과 문화는 페르시아 티무르 왕조 군주들의 유산에 영향을 받아서 형성되었다. 그의 정원과 시에 대한 사랑은 페르시아에서 온 것이었으며, 그것은 이슬람화된 인도의 환경에 쉽게 들어맞았다. 그곳의 궁전 양식은 이미 페르시아의 영향을 많이 받고 있었다. 바부르는 애서가였고, 이 또한 티무르가 남긴 유산의 또다른 특징이었다. 바부르가 현대의 파키스탄 동북부에 있는 라호르를 정복했을 때, 그는 가장 먼저 적의 도서관에 가서 책들을 골라서 아들들에게 선물로 보냈다고 전해진다. 특기할 만하게도 바부르는 힌두스탄 지역의 정복에 대한 40쪽 정도의 기록을 직접 남겼는데, 여기에서 그는 그 지역의 풍속과 카스트 제도에 주목하고 그곳의 야생동물과 꽃들을 상세히 설명했다.

이 젊은 군주는 아프간 족장들의 요청으로 인도에 침입했음에도, 스스로는 힌두스탄에 있던 티무르 왕가를 계승한다고 주장했다. 이것이 인도 무굴 제국의 시작이었다. 바부르는 스스로에게 몽골을 지칭하는 무굴(Mughul)이라는 페르시아 단어를 적용한 적이 없었지만 말이다. 싸움을 일삼던 족장들의 불만과 음모가 결과적으로 바부르를 불러냈을 때, 그는 원래 펀자브를 정복할 야심밖에는 없었지만, 곧 더 아래로 진출하게 되었다. 1526년 델리의 술탄이 전사하자 바부르는 그곳을 차지했으며, 곧 그를 인도로 초대한 무리들을 제압했다. 동시에 그는 독립적 지위를 재개할 기회를 엿보던 힌두를 신봉하는 이교도 군주들을 정복했다. 그 결과 1530년 그가 죽을 때 즈음에는 카불부터 비하르의 경계까지 이르는 제국이 형성되었다. 바부르의 시신은 그가 명령한 대로 카불로 보내졌고, 그가 사랑했던 정원 안의 지붕 없는 무덤에 묻혔다. 그는 그곳을 항상 자신의 고향으로 생각했다.

바부르의 아들의 통치는 바부르 왕국의 안정과 견고함이 당연한 것이 아니

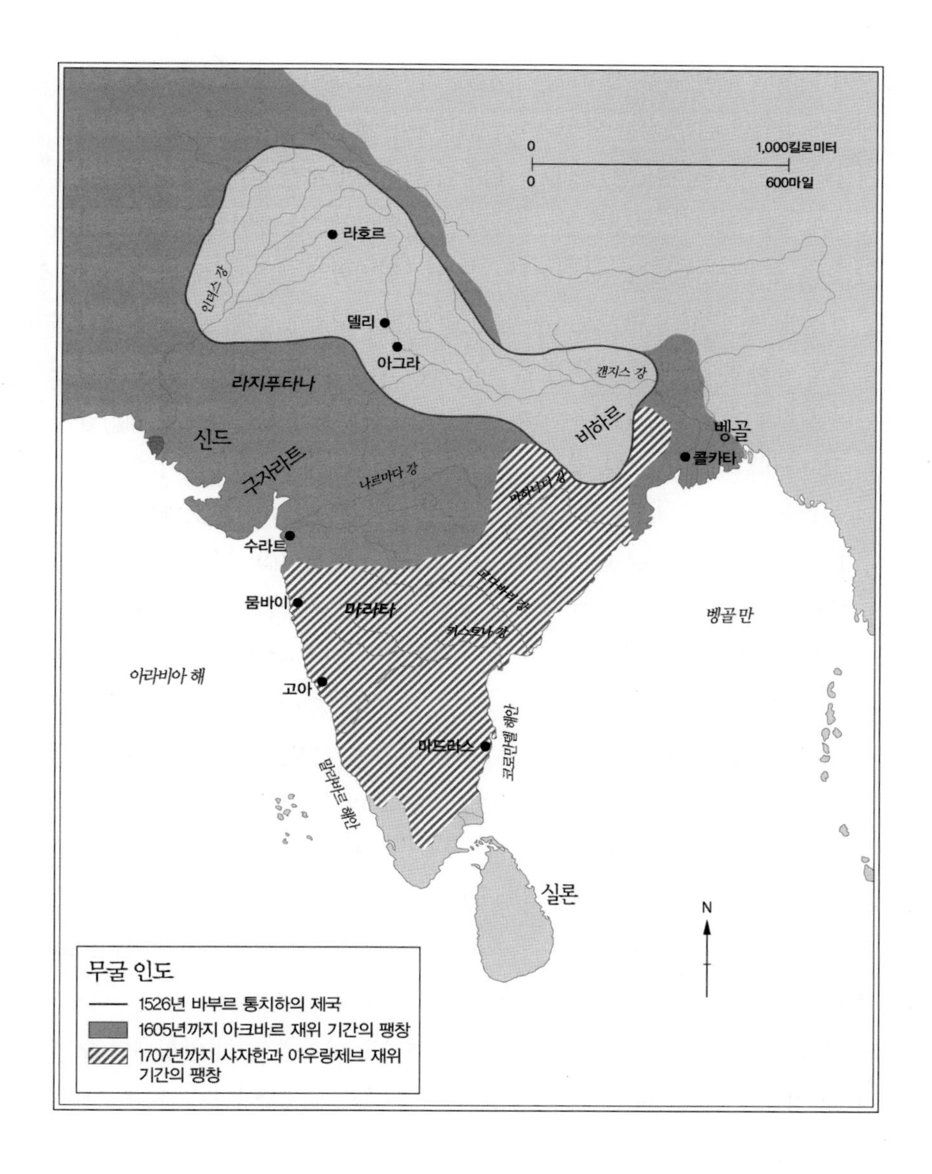

었음을 보여주었다. 그는 불안정한 성격과 적응장애에 시달렸으며, 프랑크족처럼 왕실 유산의 분할을 규정한 티무르의 전통을 악용했던 이복형제들의 존재에 불안해했다. 비록 1555년에 다시 돌아와서 그곳에서 죽게 되었지만, 이 새로운 군주는 자신의 통치 기간 중 5년 동안이나 델리에서 쫓겨나 있었다. 그의 후계자인 아크바르(재위 1556-1605)는 아버지의 고통스런 망명 기간 동안에 태어났지만, 매우 상서로운 별점을 가지고 태어난 것과 경쟁자가 될 형제들이 없었던 점을 십분 활용하여, 어린 나이에 왕좌에 오를 수 있었다. 그는 처음에는 조부가 지배했던 영토의 일부만을 계승했지만, 이 지역으로부터 아소카가 세운 왕국을 연상시키는 제국을 건설했다. 그는 유럽인들로부터 경외와 존경을 받게 되었고, 유럽인들은 그를 '위대한 무굴인'이라고 불렀다.

아크바르는 왕으로서 많은 자질들을 가지고 있었다. 그는 어리석어 보일 정도로 용감했다. 그의 가장 명백한 단점은 고집불통이라는 것이었다. 그는 어린 시절부터 자신의 전쟁용 코끼리를 타는 것을 좋아했고, 사냥과 매사냥을 수업보다 더 좋아했다. 그 결과, 그는 바부르의 후손으로서는 특이하게도 거의 문맹이었다. 아크바르는 한번은 일대일의 승부에서 칼로 호랑이를 죽인 적도 있었다. 그는 스스로의 사격술을 자랑스러워했다(바부르는 이미 무굴 군대에 화기를 도입했다). 그러나 그 또한 자신의 전임자들처럼 지식과 아름다운 모든 것들의 숭배자였다. 그는 장서를 수집했다. 아크바르의 통치 기간 동안 무굴의 건축과 회화는 정점에 이르렀고, 궁정화가 담당부서가 그의 재정부담으로 운영되었다. 무엇보다 아크바르는 자기 백성들의 종교적 다양성이 초래하는 문제들을 정치가다운 태도로 다루었다.

아크바르는 1605년까지 거의 반세기가량을 통치했다. 그의 통치는 동시대 인물인 잉글랜드의 엘리자베스 1세(재위 1558-1603)보다 먼저 시작하여 더 늦게 끝났다. 성년에 도달한 후 그가 첫 번째로 했던 일들 중의 하나는 라지푸트족 출신의 공주와 결혼한 것이었는데, 그녀는 물론 힌두교도였다. 혼인은 아크바르의 외교와 전략에서 항상 중요한 부분을 차지했고, 차기 황제의 모후가 된 이 공주는 라지푸트 군주들 중 가장 강력한 왕의 딸이었기 때문에 매우 중요한 혼인 상대였다.

그렇더라도 정책 이상의 무엇인가가 이 결혼에서 발견된다. 아크바르는 이미 자신의 하렘에 있는 힌두 여인들이 언제든 힌두교 의식을 행할 수 있도록 허락하고 있었는데, 이는 이슬람 통치자에게는 전례가 없는 일이었다. 오래지 않아서 그는 비이슬람인들에 대한 인두세(人頭稅)를 폐지했다. 아크바르는 이슬람 광신도만이 아니라 모든 종교인의 황제가 되려고 했다. 그는 심지어 기독교 선교사들의 이야기도 듣고자 했다. 그는 서쪽 해안에 출현하는 포르투갈인들에게 기독교 신앙에 정통한 선교사들을 자신의 궁전에 보내달라고 요청했고, 이에 따라서 1580년에 세 사람의 예수회 선교사들이 도착했다. 이들은 황제 앞에서 이슬람 성직자들과 격렬한 논쟁을 벌였다. 비록 오랫동안 희망했던 황제의 개종을 보지 못해 실망했지만, 그들은 황제로부터 많은 호의를 받을 수 있었다. 사실 아크바르는 진실한 종교적 감성과 절충적 사고방식을 가진 사람처럼 보인다. 그는 새로운 종교를 창시하려고 노력하는 단계까지 나아가는데, 그것은 조로아스터교, 이슬람교, 힌두교를 뒤죽박죽 섞은 것이었다. 이런 시도는 일부 약삭빠른 조신들 사이를 제외하고는 거의 성공을 거두지 못했으며, 일부 사람들의 심기를 불편하게 했을 뿐이다.

그러나 이는 비이슬람교도들에 대한 유화정책이 무굴 정부가 인도에서 직면한 문제들을 경감해준 증거로 해석될 수 있었다. 바부르가 패배한 적들을 회유하라고 자신의 회고록에 조언을 남긴 것도, 이런 정책적 방향성을 보이는 것이었다. 아크바르는 많은 힌두교 지역들을 자신의 제국에 합병하며 정복자로서 일생을 시작했다. 그는 구자라트부터 벵골에 이르는 통일국가를 북인도에 재건했고, 데칸 반도 정복을 시작했다. 아크바르는 행정개혁가라기보다는 자신이 계승한 제도들을 확인하고 수립한 사람이었지만, 그의 제국을 통치한 행정제도의 대부분은 영국 통치기까지 이어졌다. 관료들은 황제의 이름으로, 그의 뜻에 따라서 통치했다. 그들의 주된 업무는 병사들의 필요를 채워주고, 제국 전체를 대상으로 재평가한 토지세를 거두는 것이었는데, 이 유동적인 제도는 힌두 출신의 재무장관이 고안한 것이었다. 이런 조치들은 실질적으로 생산을 증가시키고, 힌두스탄의 생활수준을 높인 점에서 전에 없던 성공처럼 보였다. 다른 개혁 중에는 죽은 남편을 화장할 때 미망인이 스스로를 희생하던 관습인 사티(sati)를 억제시킨 것이 있었다. 그것은 실효를 거두지는 못했으나 의도만큼은 주목할 만한 것이었다.

무엇보다 아크바르는 정권을 안정시켰다. 그는 아들들에게 실망했고 그들과 다툼을 벌이기도 했지만, 그가 죽을 때쯤에는 왕조의 기반이 확고해졌다. 그럼에도 불구하고 반란은 일어났다. 반란들 중 일부는 아크바르가 이슬람 신앙에서 멀어진 것이 분명해지자 이에 대한 무슬림들의 분노가 폭발한 결과처럼 보인다. '튀르크' 시대* 동안 무슬림과 비무슬림 사이의 종교적 구분은 상당히 완화되었다. 이는 침입자들이 새로운 땅에 정착하고 인도의 양식을 받아들였기 때문이다. 군부대의 방언이었던 우르두(Urdu)라는 새로운 언어의 등장은 동화 과정의 초기 표지들 중의 하나이다. 힌두어의 구조 위에 페르시아와 튀르크 어휘들이 더해진 이 언어는 지배자와 피지배자의 공용어가 되었다.

곧 이슬람까지 통합시키는 힌두교의 놀라운 흡수력을 보여주는 표지들이 나타났다. 14-15세기에 나타난 새로운 경건주의는 대중적 찬송가를 통해서, 추상적이지만 거의 일신론적인 신에 대한 숭배를 전파했다. 라마 혹은 알라로 불렸던 그는 모든 인류에게 사랑과 정의와 자비를 베푸는 신이었다. 이에 상응하여 일부 무슬림들은 (심지어 아크바르의 통치 이전부터) 힌두교 사상에 대한 관심과 존경을 보이고 있었다. 또한 힌두교 의식의 흡수현상도 나타났다. 힌두교에서 이슬람교로 개종한 자들의 성묘숭배 성향은 곧 주목을 끌게 되었다. 이런 곳은 행락지와 순례의 장소가 되어 유일신 종교에 대한 헌신이라는 부수적인 계획을 만족시켰을 뿐 아니라, 힌두교에서 항상 발견되는 토속신들의 역할을 수행하는 것이기도 했다.

대서양 연안 유럽 국가들과 인도 사이에 처음으로 직접적 관계가 성립되고 강화된 것은 아크바르 대제의 통치가 끝나기 전에 일어난 또다른 중요한 발전이었다. 이슬람 세력의 등장으로 지중해 연안 유럽 국가들과의 교류는 이미 좀더 수월해졌다. 상당히 먼 거리에도 불구하고 레반트부터 델리까지 공통의 종교가 지속적인 교류를 가능하게 해주었다. 유럽 여행자들이 때때로 인도에 나타났고, (비록 오스만 제국의 정복 이후에는 거의 사라졌지만) 그곳의 통치자들은 이따금 방문하는 전문 기술자들을 자신을 위해서 일하도록 유인할 수 있었다. 그러나 이때 막 발생하고 있던 일은 훨씬 더 큰 진전을 이룩했고, 인도를 영원히 바꾸어놓았다. 꼬리를 물고 도착한 유럽인들의 수는 크게 증가했으며, 이들은 다시 돌아가지 않았다.

* 범 튀르크-몽골 계통 국가인 무굴 제국 통치기를 일컫는 용어/역주

이 과정은 15세기 말 포르투갈의 해군 제독이 말라바르에 도착했을 때 시작되었다. 얼마 지나지 않아서 그의 동료들은 무역상인이 되었지만, 뭄바이와 구자라트 해안에서는 이따금 해적처럼 행동했다. 바부르의 죽음 이후의 몇 년간의 혼란기 동안 그들을 축출하려는 시도는 실패했다. 15세기 후반 포르투갈인들은 새로운 무역기지를 세우려고 벵골 만으로 이동했다. 그들은 오랜 시간 인도에서 유럽인들의 선두에 섰다. 그러나 포르투갈인들은 선량한 무슬림들의 적개심을 불러일으키기 쉬웠는데, 이는 그들이 우상숭배를 연상시키는 그리스도와 성모와 여러 성인들의 그림과 성상을 가져왔기 때문이었다. 프로테스탄트들이 도착했을 때, 그들은 포르투갈인들보다 종교적 감정을 덜 자극한다는 것을 보여야 했다.

첫 번째 영국 동인도회사는 (역사적으로 매우 드물게 딱 맞아떨어지는 날인) 16세기의 마지막 날, 1600년 12월 31일에 설립되었다. 인도에서 영국 시대의 도래는 여전히 먼 훗날의 일이지만 말이다. 3년 후, 첫 번째 동인도회사 사절단이 아그라에 있는 아크바르의 궁전에 도착했고, 이즈음 이 상인들에게 회사 설립 인가서를 발행한 엘리자베스 1세가 사망했다. 이렇듯 두 위대한 지배자들의 통치가 끝날 때쯤에 두 나라가 처음으로 접촉했다. 두 나라의 역사적 운명은 오랜 기간 뒤엉켰는데, 이는 그들뿐만 아니라 전 세계에 막대한 영향을 미쳤다. 당시에는 이런 미래의 어떠한 전조도 감지되지 않았다. 영국인들은 당시 다른 아시아 지역과의 무역에 비해서 인도 무역에 그리 큰 관심을 보이지 않았다.

두 지역 사이의 교류는 흥미로운 것이었다. 아크바르는 세계에서 가장 강력한 제국 중의 하나를 가지고 있었고 그의 궁전은 가장 호화로운 것들 중의 하나였으며, 아크바르와 그의 계승자들은 굽타 왕조 이후 인도가 경험한 가장 영예롭고 화려한 문명을 다스렸다. 반면에 엘리자베스 여왕의 왕국은 유럽 안에서도 강대국이라고 보기 어려웠고, 부채에 허덕이고 있었으며, 지금의 콜카타보다 더 적은 인구를 가지고 있었다. 아크바르의 계승자들은 몇 년 후에 제임스 1세(재위 1603-1625)가 보냈던 선물을 업신여기기도 했다. 그러나 인도의 미래는 여왕의 백성들에게 달려 있었다.

무굴 제국의 제위는 잠깐 중단된 경우가 있기는 했지만, 19세기 중반까지 바부르의 직계후손들에게로 이어졌다. 아크바르 이후 왕조의 위신은 매우 높아져서 인도에서 몽골계임을 주장하는 것이 유행이 될 정도였다. 여기에서 아크바르 이후 첫 세 명의 지배자들이 중요하다. 17세기 전반에 제국이 가장 넓은 영토를 차지한 것은 자한기르(재위 1605-1627)와 샤자한(재위 1627-1656) 때였고, 아우랑제브(재위 1658-1707)의 통치기였던 17세기 후반부터 제국은 쇠퇴하기 시작했다. 자한기르의 치세는 그의 부왕의 통치만큼 영광스러운 것은 아니었다. 그의 잔인성과 알코올 중독은 제국 행정체제에 커다란 시험이었지만, 그럼에도 제국은 존속되었다. 아크바르에 의해서 세워진 종교적 관용정책도 무사히 살아남았다. 여러 실책에도 불구하고 자한기르는 예술, 특히 회화 분야의 중요한 후원자였다. 그의 통치 기간에 처음으로 아시아에서 유럽 문화의 영향이 뚜렷해졌는데, 이는 수입된 화보와 판화에서 끌어온 예술 모티프를 통해서였다. 이런 모티프 중의 하나는 기독교에서는 성인에게, 비잔티움에서는 황제에게 주어지곤 했던 후광이었다. 자한기르 이후 모든 무굴 황제들은 후광과 함께 그려졌다.

샤자한은 북서 인도에서 군사적 성공을 거의 거두지 못했고 칸다하르에서 페르시아인들을 축출하는 데에도 실패했지만, 데칸 고원의 술탄국들을 조금씩 합병하기 시작했다. 내치에서 종교적 관용의 원칙이 약해지고는 있었지만, 힌두교 신자인 것이 공직에서 손해가 될 정도는 아니었으며 행정부는 여전히 다양한 종교인들로 구성되어 있었다. 비록 황제가 모든 신축 힌두교 사원들을 무너뜨리라고 명령했지만, 그는 여전히 힌두 시인과 음악가들을 후원했다.

아그라에서 샤자한은 호화롭고 아름다운 궁정생활을 누리고 있었다. 샤자한이 사랑했던 부인을 위한 무덤이자, 모든 인도 건축물들 가운데 가장 유명하고 잘 알려진 건물인 타지마할이 지어진 장소도 바로 이곳이었다. 그것은 세상에서 가장 아름다운 건물이라는 칭호를 두고 에스파냐의 코르도바에 있는 모스크와 겨룰 수 있는 유일한 경쟁자일 것이다. 왕비는 샤자한이 즉위하자마자 죽었으며 무덤은 25년 이상 건축되었다. 타지마할은 아치와 돔 작업의 정점을 보여주는데, 그것은 이슬람이 인도 예술에 남긴 가장 뚜렷한 유산이자

인도에 있는 가장 위대한 이슬람 기념물이다.

궁정 밖의 무굴 인도의 모습은 그리 매력적이지 않았다. 지방관리들은 샤자한의 왕실 지출과 군사작전을 지원하기 위해서뿐 아니라 경제생산 측면에서 기생적 존재였던 사회, 군사 엘리트들을 지원하기 위해서 세금을 더 거둘 수밖에 없었다. 지역의 필요와 자연재해에 대한 배려가 없는 탐욕스런 징세기구는 때로 소작농의 수입의 절반 이상을 빼앗기도 했다. 이런 세금이 효율적으로 투자되는 경우는 거의 없었다. 소작농들의 농촌 탈출과 지방 비적들의 증가는 이런 강제징수가 초래한 고통과 저항의 징후를 보여준다.

그러나 샤자한의 수탈은 그의 셋째 아들인 아우랑제브의 강렬한 종교성보다는 제국에 해가 덜 되었다. 그는 1658년 황제가 되기 위해서 세 형제를 제거하고 아버지를 감옥에 가두기까지 했다. 그의 절대권력, 신하들에 대한 불신, 편협한 종교심이 결합되어 파멸을 초래했다. 그가 왕실의 지출을 줄이는 데에 성공했던 것은 그의 실책을 상쇄할 만큼 대단한 것은 아니었다. 힌두교를 금지하고, 그 사원을 파괴하며, 비무슬림들에 대한 인두세를 부활하려는 아우랑제브의 시도는 무굴 통치에 대한 반란에 상당 부분 책임이 있었으며, 이는 그의 새로운 정복의 효과를 상쇄했다. 공직에서 힌두교인이 출세할 가능성은 점점 더 낮아졌고 성공을 위해서는 개종이 필요하게 되었다. 종교적 관용의 한 세기는 무위로 돌아갔고 그 결과 많은 국민들의 충성심이 이반되었다.

다른 여러 결과물들 중에서도 아우랑제브의 이런 정책들이 데칸 고원 정복을 궁극적으로 불가능하게 만든 요인이었다. 이것은 무굴 제국을 파괴한 '궤양'으로 일컬어졌다. 아소카 왕 때처럼 인도 북부와 남부가 통합되는 것은 불가능해졌다. 고원에 살았던 마라타인들은 힌두교를 신봉하는 핵심 저항세력이었고, 1674년에 독립군주 아래 국가를 조직했다. 그들은 무굴 제국 군대에 저항하기 위해서 데칸 술탄들이 보유한 무슬림 군대의 잔존세력과 동맹을 맺었고, 이 긴 투쟁은 근대 힌두 민족주의자들에게 전사처럼 여겨지는 한 사람의 영웅을 만들었다. 그가 바로 파편으로부터 마라타의 정치적 정체성을 건설한 시바지였다. 이 정체성은 그가 무굴인만큼이나 잔혹하게 납세자들을 착취하도록 만든 것이기도 했다. 아우랑제브는 1707년에 사망할 때까지 마라타인들에게 대항하는 군사작전들을 펼쳤다. 그의 세 아들들이 왕위계승을 두고 다투었기 때문에 이후 정권은 중대한 위기를 맞았다. 제국은 한꺼번에 분열되기 시작했다. 그리고 힌두인들이나 지방군주들보다 훨씬 더 위협적인 유산의 수령인이 대기하고 있었는데, 그들은 바로 유럽인들이었다.

아크바르는 독사가 아직 알 속에 있을 때 방지하지 않았기 때문에, 유럽인들이 인도에서 거둔 결과적인 성공에 대해서 소극적으로나마 책임을 져야 할 것이다. 그러나 샤자한은 후글리 강의 포르투갈 기지를 파괴했다(아그라의 기독교인들에게 관용이 베풀어진 것은 나중의 일이었다). 오스만 제국은 해군을 지중해 연안의 유럽인들을 공격하는 가공할 만한 무기로 사용한 반면, 무굴 제국은 놀랍게도 해군 건설계획을 세운 적이 전혀 없어 보인다. 해안 항해뿐만 아니라 메카로 가는 순례자들의 무역이 이미 유럽인들에 의해서 위협당하던 아우랑제브의 제위 당시, 이미 한 가지 변화가 감지되었다. 유럽인들은 이제 육지에도 발판과 교두보를 건설할 수 있게 되었던 것이다. 포르투갈 함대를 격파한 후, 잉글랜드인들은 17세기 초에 인도 서해안에서 첫 번째 무역 허가구역을 얻을 수 있었다. 그리고 1639년, 벵골 만에서는 지방군주의 허가에 의해서 마드라스(첸나이)에 첫 번째 영국령 인도 정착촌인 포트 세인트조지가 건설되었다. 잉글랜드인들은 아우랑제브와 다툼을 벌였음에도, 그 세기가 끝나기 전 뭄바이와 콜카타에 더 많은 기지를 얻을 수 있었다. 그들의 배들은 포르투갈에 비해서 무역의 우위권을 유지했지만, 1700년에 이르면 새로운 유럽 경쟁자가 시야에 들어오게 되었다. 1664년에 프랑스 동인도회사가 설립되었고 그들은 곧 정착촌을 건설했다.

갈등의 한 세기가 신참자들 사이에만 놓여 있었던 것은 아니었다. 더 이상 예전 같지 않은 무굴 제국의 패권은 여러 불안 요소들을 발생시켰고, 이로 인해서 유럽인들은 정치적으로 미묘한 선택을 해야 했다. 황제는 마라타 함대가 뭄바이 항구의 섬 하나를 점령하고, 무굴의 한 해군 제독이 그 옆의 섬을 차지하는 것을 속수무책으로 바라볼 수밖에 없었고, 이를 지켜본 뭄바이의 영국인들은 황제뿐만 아니라 그의 적들과도 관계를 맺어야 했다. 1677년 한 회사임원은 런던의 고용주들에게 엄중한 경고를 보냈다. "이 시대는 이제 당신이 손에 들고 있는 검을 가지고 상거래 전반을 다룰 것을 요구합니다." 1700년경 영국인들은 많은 것이 위태로운 상황이라는 것을 잘 인식하고 있었다.

이때부터 우리는 사실상의 세계사의 시기로 진입한다. 이때 인도는 스스로 초래하지 않은 사건들에 점점 더 빠져들게 된다. 큰 사건들뿐만 아니라 작은 일들도 이런 변화를 잘 반영한다. 16세기에 포르투갈인들은 아메리카에서 고추, 감자, 담배를 인도로 가져왔고 인도인들의 식습관과 농업은 이미 변하고 있었다. 곧 옥수수, 파파야, 파인애플이 따라왔다. 더 넓은 세계와의 새로운 연결 고리가 생겨나자, 인도 문명과 그 통치자들의 역사는 곧 붕괴되었다. 그러나 무굴 제국의 위대한 시기를 종식시킨 것은 유럽인들의 도래가 아니었다. 신참자들이 이익을 얻기 위해서 그곳에 있었다는 사실은 중요했지만 단순한 우연이었다. 인도 아대륙(亞大陸) 안의 다양한 요소들과 통치자들이 토착민들의 충성심을 이용할 방식을 찾는 데에 실패한 것이 설명의 중요 부분이 되어야 할 것이다. 인도는 착취계급인 지배 엘리트와 생산을 담당하는 소작농들이 존재하는 대륙으로 남게 되었다. 엘리트들은 그들에게 기생할 뿐이었다. 국가는 대부분의 자원을 생산자에게서 기생자에게로 이동시키는 기계가 되어 갔다.

여러 정치적 문제들에도 불구하고, 인도는 18세기가 시작될 무렵 매우 부유한 지역이었다. 농업경제는 분명 다른 어떤 지역보다도 생산적이었는데, 이는 상당 부분 전반적으로 온난한 기후 때문이었다. 제조업도 양적으로나 질적으로나 성장하고 있었고, 인도 외부에서 중요한 시장들을 찾았다. 구자라트의 북서쪽 지역인 아마다바드 같은 곳은 면화 방직산업이 중요한 고용 창출원이었고, 다른 도시에서도 시장경제는 팽창하는 중이었다. 인도가 근대사에서 가장 커다란 변화에 직면하고 있었다고 하더라도, 근대성의 핵심적인 구성 요소들 중 일부는 이미 자리잡고 있었다. 그곳은 200년 전, 무굴 제국의 침입이 시작되었을 당시의 모습과 매우 다른 지역이 되었다.

중국에서도 변화가 진행되는 중이었다. 17세기 초 중국 전역은 스스로를 '밝다' 또는 '깨끗하다'라는 의미인 '청(淸)'으로 부른 새로운 왕조에 의해서 정복당했다. 청나라는 북서 중국의 다양한 인종적 배경을 가진 집단들이 조성한 정치 프로젝트라고 할 수 있었다. 주도적 역할을 한 가문들은 만주족으로, 12세기 역사에서 매우 중요한 역할을 수행했던 여진족의 후예들이었다. 그러나 그곳에는 몽골인들, 한국인들, 중국인들도 있었다. 그들은 명제국이 타락했다고 여겼고, 그들이 천명을 받아서 중국을 중흥시키도록 선택되었다고 믿었다. 옛 덕목과 성현들을 숭상하는 점에서 그들의 사상은 유교적이었다. 그러나 12세기 이후 중국에서 유교사상이 취해지는 방향과 비교해보았을 때, 청의 이념은 공자 사상의 통속화된 형태로, 단순한 이분법과 행동지침들이 중심이 된 것이라고 할 수 있었다. 실제로 청은 스스로에게 중국의 구원자라는 핵심적 역할을 부여하면서 지배와 정복의 사상을 만들었다.

청나라의 프로젝트는 될 성싶지 않은 것이었고, (20세기의 공산주의자들과 약간은 비슷하게) 명왕조가 말기로 갈수록 보여준 많은 실책들이 아니었다면 성공 가능성이 별로 없었던 것이었다. 1600년경, 명나라는 비효율적이고, 완고하고, 부패해 보였다. 아마도 북중국 지역을 이전보다 춥고 건조하게 만든 기후변화가 평민들, 그중에서도 특히 농민들에게 여러 가지 문제들을 초래했다는 강력한 증거들이 있지만, 명왕조가 이들을 돕기 위해서 충분한 조치를 취했다는 증거들은 별로 없다. 반대로, 왕실은 조신들과 환관들이 지배함으로써 더욱 폐쇄적인 곳이 되었다. 이들은 자신들이 살던 베이징 자금성의 경계 밖에서 어떤 일이 벌어지는지 전반적인 상황을 보지 못했다. 베이징 밖에서 문관의 업무는 계속해서 상당히 잘 작동한 편이었지만, 체제의 적들이 이용할 수 있는 약점은 중앙정부 안에 존재했다.

결말은 빠르게 찾아왔다. 명나라 정부 내의 알력이 확대된 후, 북방의 한 장군이 반란을 일으켰고, 베이징으로 진격했다. 수도는 1644년에 함락당했고, 반란군이 정문으로 들어왔기 때문에 명의 마지막 황제는 자금성 뒤에 있는 경산(景山)에 올라서 자결했다. 북방에는 이미 1636년에 명을 대체하는 청왕조를 선포한 만주족이 북쪽에서 기다리고 있었다. 중국에서 혼돈이 확산됨에 따라서, 도르곤 왕자와 명에서 망명한 오삼계의 지휘를 받는 청의 군대는 1644년 6월, 사실상 아무 저항도 받지 않고 수도에 진입했다. 그들은 반역자를 처단하고 덕을 회복하기 위해서 자신들이 왔다고 주장했다. 그들은 어린

순치제(재위 1643-1661)를 중국 전역의 통치자로 선포했으며, 나라 어딘가에 있는 명의 잔당들을 정복하기 위해서 무자비한 군사행동을 시작했다. 곧 그들의 지배는 완성되었다. 1662년 명의 마지막 왕위 요구자가 미얀마에서 잡혀 왔으며 대역죄로 공개처형을 당했다.

청제국은 전통을 회복하는 척했지만, 실상 그들의 국가는 중국이 이전에 알던 어떤 것과도 다른 근대의 발명품이었다. 제국은 아주 초창기부터 다민족적이었기 때문에, 청의 지도자들은 중앙정부와 그 기관들에 대한 절대적인 정치적 충성을 요구했다. 중국은 이전에 볼 수 없던 방식으로 중앙집권화되었다. 장군들과 행정가들은, 제국 곳곳에 자신의 정보원과 첩자를 두었던 황제의 묵인하에만 공무를 수행할 수 있었다. 황제는 수도에서, 종종 다양한 종교적 요소가 뒤섞인 대규모 대중행사들을 주관했다. 청의 황제는 모든 종교의 수장이지만 어디에도 종속되지 않았다. 제국이 합리적이고 효율적이라는 관념은 보편적인 것이었다. 청제국은 중국 내 어떤 종류의 집단에도 배타적으로 종속되지 않았고, 그들의 영화(榮華)를 따를 지각을 가진 세상의 모든 나라들을 통치하기를 원했다.

영화가 충분하지 않을 경우 힘이 도움이 되었다. 청나라는 고도로 병영화되어 있었다. 한 역사가는 청나라 초기사에서 '전쟁의 문화'라는 것을 언급했는데, 그것은 적절한 묘사였다. 그 군대는 전문적이었으며 청이 '깃발'이라고 불렀던, 일반 보병부대의 지원을 받는 8개의 엘리트 기초부대로 조직되어 있었다. 이 팔기군(八旗軍)의 장교단은 자신들의 국가처럼 다민족적이었지만, 만주인들과 몽골인들이 단연 우위를 보였다. 청은 그들이 다스리는 다양한 민족 집단이 가진 능력에 대해서 경직된 시각을 고수했고 부대는 보통 민족적 배경에 따라서 더 작은 단위의 부대로 조직되었다. 팔기군 장병들은 당시 시대가 제공할 수 있는 최상의 무기로 무장되어 있었고, 그 안에는 점차 유럽에서 발달한 대포와 소총이 포함되었다. 그러나 청제국의 주무기는 신속하고 정확한 기병이었다. 새로운 정권은 오랜 시간 동안 중앙 유라시아에서 축적된 기마전 관련 지식을 기병대를 조직하는 데에 적용했다. 이는 적들에게 커다란 위협이 되었다.

청의 군대는 정복뿐 아니라 위협을 위한 것이기도 했다. 몽골의 대부분과 티베트는 청왕조 초기에 직접 통치를 받게 되었다. 동남쪽 지방(지금의 광시와 윈난)은 명나라 왕자들을 수색하는 과정 중에 합병되었고 일부 지역에는 팔기군이 정착했다. 타이완은 1683년에 정복되었다. 한국과 베트남은 청의 일부가 되지는 않았지만 종주권을 인정하게 되었고, 미얀마부터 류큐 제도에 이르는 다른 해안국가들도 공물을 바쳤다. 그것은 사실 이따금씩 정교한 무역 협정을 감추는 방식이었다. 중앙 유라시아의 내륙 경계를 따라서 청은 끊임없는 팽창을 추구했다. 그 군대는 태평양 연안에서 사할린 섬 북쪽에 이르는 전 지역을 장악했다. 서쪽으로 청의 군대는 그곳에 살고 있던 집단들의 강력한 저항에 맞서며 지금의 신장 지역 너머로 진입했다.

중앙 유라시아에서 팽창주의를 추구하던 청제국은 또다른 팽창하는 제국인 러시아와 접촉하게 되었다. 청의 황제들은 서쪽 지방을 그들의 지배 아래에 두기 위해서 최종적인 조치를 취하기 전에, 이 위협을 상쇄할 필요를 느꼈다. 17세기 말 이후, 중국과 러시아는 중앙 유라시아 지역의 분할을 위한 일련의 조약들을 체결했고, 이는 지난 2,000년간 인류 역사에 심대한 영향을 끼친 스텝 지역 유목민들의 자치 상태를 종식시켰다. 이제 적들에게 자유롭게 진격할 수 있게 된 청은 타림 분지와 발하슈 호의 서쪽 해안 사이에 살던 몽골과 튀르크계 민족 집단들에 대한 지구전을 시작했다. 이 전쟁은 1750년대에 정점에 이르렀는데, 이때 제국은 중앙 유라시아의 패권세력이던 서몽골족들을 영구히 괴멸시키기 위해서 그들이 패배시킨 준가르인들을 집단학살했다. 청이 새로운 영토에 중국인들을 정착시키려고 시도했음에도, 미래에 이 지역은 인종적으로는 터키계 무슬림에 의해서 지배될 것이었다.

청이 이러한 성공을 거둔 이유 중의 하나는 강희제(재위 1661-1722)와 그의 손자 건륭제(재위 1735-1796)가 보여준 지도력이었다. 강희제는 여러 측면에서 근대 중국인들이 가진 이상적인 황제상의 창시자였다. 그가 받은 훈육은 무예를 강조했지만, 그는 중국 문예를 익히기 위해서 노력했고 머나먼 유럽을 포함한 외국에 대한 지식을 배우는 것에도 깊은 흥미를 가지고 있었다. 그는 자신의 궁전에 아시아 전역의 현자들을 초청했고, 그들 중에는 중동에서 온 무슬림 학자들과 예수회 사제들인 유럽인들도 있었다. 황제는 각 지방으로 정기적인 순회를 떠났으며, 현장에서 통신, 행정, 군사 관련 사항에 대한 개선책을 지시했다. 강희제는 세세한 사항까지 직접 관리하는 고집불통에 성마른 성향을 가지고 있었다. 때로는 그것이 그의 계획들 중 일부를 지연시키기도 했지만, 그는 매우 뛰어난 기억력을 가지고 정력적으로 일했다. 강희제는 자신의 중국을 위한 계획이 방해받는 것을 참지 못했으며, 그럴 경우 여러 명의 머리가 잘려나가곤 했다.

강희제는 무엇보다도 군사 지도자였다. 그는 먼 지방의 반란을 무자비하게 진압했으며 자신의 손자가 완수할 중앙 유라시아 방면의 팽창정책을 시작했다. 사회의 첫 번째 의무가 군대를 지원하는 것이라고 믿은 강희제는 평생토록 군사훈련, 모병, 병참 문제에 천착하여, 19세기 말 유럽인들의 공격에 의해서 붕괴될 때까지 유지될 군사체계를 세웠다. 유럽과 아시아의 어떤 동시대인들보다도 그는 전비(戰備)의 핵심이 교육에 있다고 믿었기 때문에, 문학전집과 사전의 연구를 포함한 학술사업에 방대한 예산을 아끼지 않고 쏟아부었다. 그의 사망 직전에 완성된 대사전은 5,000권 이상의 분량에 달했다.

강희제의 손자 건륭제의 시대는 전혀 달랐다. 제국은 좀더 안전해졌고 만주인들은 더 중국화되었고 당면한 과제는 더 분명해졌다. 건륭제는 할아버지의 날카로운 지성은 소유하지 못했지만, 자신이 다스리는 거대제국에 있는 사람들의 행동을 결정하는 동기와 열망들을 이해하기 위해서 최선을 다하는 노력가였다. 그는 만주어와 중국어 외에 티베트어와 몽골어를 배웠고, 모든 종교의 사원에 예물을 바쳤으며, 자신을 황제로 섬기는 각 인종 집단이 그들의 특성에 따라서 지배되어야 한다고 확신했다. 그는 때로 이들 모두를 구별하는 것이 어렵다는 것을 인정했는데, 몽골인을 티베트인과 혼동하고 또한 그 반대로 혼동하기도 한다고 일기장에 고백했다.

건륭제는 조상들의 군사우선 정책을 잊지 않았다. 자신의 통치기 전반부 동안에 건륭제는 남부에서의 반란을 성공적으로 진압했고, 제국을 중앙 유라시아로 확장시켰다. 그는 또한 티베트에서 달라이 라마와 그 백성들 사이에 중재자로서 개입하여 이 나라에서 청의 지배를 좀더 확고히 했다. 그러나 집권 후반부의 군사적 개입은 전반부처럼 성공적이지 못했는데, 이는 명확한 정치적 목적을 상실했기 때문이다. 1760년대에 독립된 정치세력으로서 미얀마를 진압하고, 이 나라를 동남 아시아 서쪽 지역에 대한 중국의 지배력 확장을 위한 도약대로 사용하기 위해서 군사행동이 취해졌다. 그러나 이런 움직임은 미얀마인들의 격렬한 저항을 불렀고, 이웃 국가들은 그들을 지원했다. 그 결과, 1760년대 말에 청은 미얀마의 공식적인 복속의 약속만을 받고 철군해야 했다. 미얀마 국왕은 여전히 자리를 지켰다.

베트남에서 상황은 더 악화되었다. 건륭제는 1780년대에 자신이 선호하는 참주(僭主)를 왕좌에 앉히기 위해서 베트남에 개입했다. 대규모의 중국군은 이 나라의 북쪽 지방을 점령할 수 있었지만, 곧 전쟁에 단련된 베트남 저항군과의 국지전이라는 수렁에 빠지게 되었다. 건륭제는 자신의 병사들의 퇴각을 거부했다. 1789년 베트남인들의 파상공세 이후 마침내 청의 군대가 본국으로 소개되었을 때는, 자신들의 참주까지 데려와야만 했다. 베트남인들은 이를 승리로 받아들이고 축하했지만, 미얀마인들이 그랬던 것처럼, 중국 군대가 철군하자마자 재빨리 청에 조공관계를 재수립하자고 요청했다. 그럼에도 불구하고 베트남어로 텟(tet)이라고 불리는 음력 새해의 축제 기간에 행해진 1789년의 공격은 베트남 구전에서 민족성의 상징이 되었고, 179년 후에 비슷하게 이름 붙여질 대(對)미군 공세의 상징이 되었다.

대외정책이 혼란스러워지면서, 건륭제는 말년으로 갈수록 점점 더 내성적이 되었고 왕실 문제에만 집중하게 되었다. 그는 유럽의 시계를 포함한 많은 물품들의 열성적인 수집가였고, 열정적인 시인이자 수필가였다. 그의 전집에는 4만 편이 넘는 시와 1,300편이 넘는 원고가 수록되어 있다. 그러나 노쇠한 황제는 총애하는 신하들을 부적절한 방식으로 승진시켰고, 그중에는 (얼마만큼 사실인지는 모르겠지만) 사실상의 재무장관으로 국고를 약탈했다고 하는 젊은 만주인 화신도 있었다. 건륭제 통치 말기의 청의 궁전은 매우 부패했고, 많은 중국인들은 이것이 이전 다른 왕조들의 몰락의 전조가 된 상황들과 유사하다고 생각했다.

17세기 말과 18세기 초의 중국 사회는 점진적인 부의 증가와 전반적인 생활수준의 향상을 보였다. 그것은 1800년 세계 어떤 곳과 비교해도 더 나은 것이었다. 이런 전반적인 번영에 가장 크게 기여한 것은 인구증가였다. 청국 초기에 제국의 인구는 2배 이상으로 늘어서 1800년경 전체 인구는 3억8,000만 명을 가리켰다(당시 영국 인구는 1,000만 명이었다). 인구증가는 긴 평화시대 때문이기도 했지만, 쌀 생산의 증가와 옥수수와 감자를 포함한 신세계 작물의 도입 때문이기도 했다.

사회는 다른 방식으로도 변화했다. 당시 시장이 현저히 확대되었고 상인 개개인들의 역할이 증대되었다. 1800년 직후 중국 농업생산의 약 3분의 1이 시장교환의 형태로 흘러갔다. 수공예업의 확대와 함께 중요한 도시화 과정이 진행되었다. 베이징은 18세기에 세계에서 가장 큰 도시였지만 다른 도시들도 성장했다. 이런 도시들 중에는 외국과의 주요 무역이 행해졌던 남부의 항구도시들이 있다. 차, 비단, 제조품이 중국에서 쏟아져나왔고, 주로 아메리카 대륙에서 나온 은이 그 대금으로 흘러들어왔다. 이는 한편으로는 건륭제의 제국의 경제력을 보여주었지만, 다른 한편으로는 인플레이션을 초래해서 자급자족하는 농민들에게 압박을 가했다. 청 정부는 스스로 세금, 가격통제, 국가의 조달을 통해서 국가경제를 계속 통제한다고 믿었지만, 실상은 민간 영역에서의 이익이 더욱 두드러졌다.

종종 주장되는 바와 달리, 중국과 인도는 17세기와 18세기에 큰 변화를 겪었지만, 더 크게 바뀐 것은 유럽이었다. 유럽 이야기로 주제를 바꾸기 전에, 몇몇 역사가들이 '대분기점'으로 부른 1600년부터 1800년 사이의 시기를 살펴볼 필요가 있다. 이 기간 동안 몇몇 지역에서 유럽인들의 우위가 더욱 분명해졌다. 처음에 유럽인들의 우위는 군사기술, 조선, 항해 분야에서 가장 분명했는데, 이것들은 모두 세계탐험에 핵심적인 기술들이었다. 그러나 17세기 말에 이르면, 과학, 기술, 자본의 축적을 강조한 세계관의 혁명이 유럽 일부 지역에서 진행되던 것이 분명해졌다. 이런 지적인 혁명은 결과적으로 산업혁명을 이끌었다. 비록 후자의 결과가 세상에 충분히 인식되려면 19세기까지 기다려야 했다.

중국과 인도를 비롯한 다른 아시아 지역들 역시 1600년 이후 역사상 다른 어떤 시기보다도 강도 높은 내부 변혁을 겪었지만, 여기에서의 변화는 유럽에서 일어난 사건들보다 더 억제되었고, 덜 다각적이었다. 많은 분야에서 성장은 안정적이었고, 생활수준은 이미 거대한 규모인 인구증가를 따라갈 수 있었다. 그러나 인도와 중국 모두 그들이 개발한 기술의 점진적 개선에서 얻는 수익이 줄어드는 것을 목도하고 있었고, 그들이 도달한 것처럼 보였던 사회적 평형상태도 자연재해, 내적 균열, 외부압박의 결과로 밑에서부터 쉽게 파괴될 수 있는 것이었다. 다시 말하면, 아시아는 일부 지역에서는 역사 발전의 속도를 올렸던 것처럼 보일 수 있으나, 과거에 존재했던 특정 지점들을 향해서 항해를 계속했다. 자신의 전통과 주변 세계의 재해석을 통해서 진실로 새롭게 변한 것은 유럽이었다.

건륭제는 그의 긴 통치가 끝날 때, 자신의 제국이 외교와 국내 행정 등 모든 분야에서 개혁이 필요하다는 것을 인식했음에도, 여전히 자신의 제국이 지구상에서 가장 강력하다고 확신했다. 19세기 초에 그를 계승한 통치자들과 비슷하게 건륭제는 왕실권력에 위협이 되지 않고 중국의 사회적 평형을 뒤집지 않는 점진적 개혁을 원했다. 건륭제 통치의 마지막 10년 동안 베이징에 도착하기 시작한 유럽 사절단들은 그를 흡족하게 하지 못했다. 건륭제는 영국 국왕 조지 3세(재위 1760-1820)에게 다음과 같은 글을 썼다. "그대가 우리 천조(天祖)에 대한 앙망(仰望)이 그대를 우리 문명을 얻으려는 열망으로 채운다고 말해도, 우리의 의식과 법률은 그대의 것과 전혀 다르기 때문에……우리의 관습과 양식을 그대의 낯선 토양에 이식하지 못할 것이오." 중국 황제는 하나로 통합된 세계를 상상하지 못했다. 그러나 유럽에서 온 방문자들은 할 수 있었다.

2

새로운 종류의 사회 : 근대 초 유럽

'근대사(近代史, modern history)'는 친숙한 용어이지만, 항상 같은 의미를 가지는 것은 아니다. 유대인, 그리스인, 로마인에 관련된 주제의 이야기일 경우, 근대사가 '고대' 역사 이후에 일어난 일들을 지칭할 때가 있었다. 옥스퍼드에서는 근대사 강의를 정의할 때 여전히 이 의미를 사용하는데, 여기에는 중세가 근대사에 포함된다. 이럴 경우 그것은 또한 '중세' 역사로부터 구분되기도 한다. 지금은 종종 정의가 더 세분되기도 하는데, 역사가들은 근대사 안에서 구분을 만들기 시작했고 때로 '근대 초'라는 시기를 말한다. 이를 통해서 역사가들은 실제로 우리의 관심을 하나의 과정에 집중시킨다. 그들은 이 과정을 전통이 지배하고, 농업 중심적이며, 미신적이고, 폐쇄된 중세의 서양 기독교 국가에서 새로운 대서양 세계가 도출된 시대에 적용시켰다. 이 과정은 다양한 나라에서 상이한 시기에 발생했다. 잉글랜드에서 이 과정은 매우 빠르게 나타났지만 에스파냐에서는 1800년까지 전혀 이루어지지 않았다. 반면 동유럽 대부분의 지역은 한 세기 후에도 이 과정에 거의 영향을 받지 않았다. 그러나 이 과정의 실제는 그것이 나타내는 모든 불규칙성에도 불구하고 명확하다. 또한 그것이 유럽의 세계패권에 기초를 놓았기 때문에 그 중요성 또한 명확히 드러난다.

이 과정에 어떤 것들이 연관되어 있는지 생각하는 데에 유용한 출발점은 단순하면서도 명확한 사실에서부터 시작하는 것이다. 그것은 인류 역사의 대부분의 시기에 대다수의 사람들의 삶은 한 가지 사실에 의해서 현저하게 그리고 때로는 혹독하게 형성되었다는 것이다. 그 사실은 바로 사람들이 자신과 가족의 거처와 먹을 것을 충분히 공급할 수 있는 방식에 대해서 거의 아무

선택권도 없었다는 것이다. 그 반대의 가능성은 단지 최근에야 그것도 세계인구 중 소수에게만 생각해볼 수 있는 것이 되었다. 그것은 초기 근대 유럽의 경제에서 변화가 일어나고서야 엘베 강 서쪽 지역에서 상당수의 사람들에게 현실이 되었다.

당시 세계 대부분의 지역과 마찬가지로 중세 유럽도 여전히 소비되고 남은 잉여 생산분의 대부분을 그것을 생산하는 소작농들로부터 얻는 공동체들로 구성되어 있었다. 이 과정은 시장의 작용보다 사회적, 법적 제도들에 의해서 이루어졌다. 그러나 '근대' 유럽의 존재를 인식할 수 있게 되었을 때 이런 상황은 변화했다. 잉여가치(剩餘價値)를 추출하고 동원하는 것이 종종 '자본주의'라고 불리던 변화무상한 존재의 주요 과제 중의 하나가 되고, 이는 주로 점점 더 복잡해지던 시장에서의 현금이동을 통해서 작동하게 되었다.

이 시점보다 이전의 자료들은 추적할 수 없지만, 이때 처음으로 상당히 풍부하고 지속적으로 계량화된 자료들이 존재하게 되어 이런 변화의 일부를 추적해볼 수 있다. 한 가지 중요한 측면은, 지난 4-5세기 동안 역사적 증거들이 좀더 많은 정보를 제공하게 된 것이다. 그것은 훨씬 더 통계에 근거하게 되었고, 따라서 평가를 내리는 것이 좀더 쉬워졌다. 새로운 통계자료의 근원은 종종 정부이다. 많은 이유에서 각국의 정부들은 이용 가능한 자원과 잠재적 자원에 대해서 더 많은 것을 알기를 원했다. 그러나 사적인 기록, 특히 사업 기록 또한 1500년 이후 시기에 대해서 많은 수치자료를 제공한다. 종이 인쇄가 좀더 일반화되면서 가능하게 된 사본의 증식은 자료가 살아남을 기회가 크게 증가했음을 의미했다. 예를 들면, 배의 항로 기록이나 가격 보고서와 같이, 대조표 형태의 자료의 출판을 요구하는 상업적 기술들도 등장했다. 더욱이 역사가들의 기법들도 개선되면서, 빈약하고 파편적인 자료들을 공략하여 이전보다 더 큰 성공을 거두고 있다.

이런 자료들의 정확도나 그것들로부터 습득할 수 있는 내용을 과장하지 않도록 주의해야 하지만, 그럼에도 이 모든 것들은 근대 초기 유럽에서 일어난 변화의 크기와 형태에 대해서 상당한 지식을 제공하고 있다. 오랫동안, 신뢰할 만한 통계를 모으는 것은 상당히 어려운 일이었다. 예를 들면, 어떤 지역에 누가 살았는가와 같은 매우 기초적인 질문들도 최근까지 정확히 말하기가 어려웠다. 18세기 계몽군주들의 주요 목표 중 하나는 단순히 자신의 국가 안에 있는 토지목록을 정확히 작성하는 것(이런 작업은 지적측량[地籍測量]이라고 일컬어졌다), 또는 자신이 얼마나 많은 신민을 보유하고 있는지를 알아내는 것이었다. 영국에서 인구조사가 처음으로 실시된 것은 '둠즈데이 북' 이후 거의 8세기가 흐른 1801년에 이르러서였다. 프랑스는 1876년까지 공식적인 인구조사가 없었고, 러시아 제국도 1897년까지 비슷한 상황이었다.

이렇게 인구조사가 늦어진 것이 사실 그리 놀랄 일은 아니다. 인구조사나 측량은 종합적이고 신뢰할 만한 행정조직을 필요로 한다. 정부가 새로운 정보를 원할 때는 종종 새로운 세금이 부과되기 때문에 이는 강한 반발을 일으킬 수도 있었다. 이런 어려움은 근대 대부분의 시기 동안 유럽 대부분의 지역처럼, 국민들 대다수가 문맹이었던 곳에서 크게 증가했다.

새로운 통계자료들은 역사적 문제들을 해결해주는 것만큼 그것을 일으킬 수도 있었다. 그것은 동시대 현상들의 당황스러울 만큼 다양한 측면을 드러내어 때로 일반화를 더 어렵게 만든다. 이제, 18세기 프랑스 소작농들에 대해서 어떤 것도 말하기가 어려워졌다. 이는 여러 연구들이 이 단순한 용어 뒤에 숨겨진 다양한 측면을 보이고, 어쩌면 프랑스 소작농 같은 것이 아예 없었고, 단지 여러 상이한 형태들만 있었을 뿐임을 드러냈기 때문이다. 마지막으로, 통계는 원인들에는 전혀 빛을 비추지 않으면서 사실만 밝혀낼 수도 있다. 그렇다고 하더라도, 1500년 이후 점점 더 측량의 시대로 접어들었고 그것은 지금 무엇이 일어나고 있는지 논리적으로 설명하는 것을 이전보다 더 용이하게 만든 전반적인 효과가 있었다.

인구통계사는 가장 극명한 예일 것이다. 15세기가 끝날 무렵, 유럽의 인구는 향후 진행될 성장을 시작하려고 했다. 1500년 이후, 대충 두 가지 국면을 구분할 수 있다. 18세기 중반까지 눈에 띄는 몇 개의 지역적이고 일시적인 중단을 제외한다면, 인구는 상대적으로 느리지만 지속적으로 증가하고 있었다. 이는 '근대 초기' 역사 서술과 대개 일치하며, 또한 그것을 특징짓는 것들 중 하나이다. 두 번째 국면에서는 이런 인구증가에 가속도가 붙고 커다란 변화가 뒤따르게 된다. 여기서는 첫 번째 국면만 우리의 주제와 관련이 있는데, 이는 그것이 근대 유럽의 형성방식을 규정했기 때문이다. 이 국면 안의 일반적 사실들과 동향은 충분히 명확하다. 비록 상당히 추정에 의존하고 있지만, 수치들은 이전보다 훨씬 더 근거에 충실했다. 이는 부분적으로 17세기 초 이후 인구 문제에 대한 관심이 거의 끊이지 않았기 때문이다. 이 현상은 17세기가 끝날 무렵, 주로 잉글랜드에서 '정치산술'이라고 불리던 통계과학의 토대를 닦는 데에 기여했다. 그것은 추측과 추론이라는 바다에 떠 있는 상대적으로 정밀한 방법의 섬에 불과했지만, 일부 주목할 만한 업적을 생산했다. 어쨌거나 큰 그림은 분명했다. 1500년경, 유럽에는 약 8,000만 명의 거주민이 있었지만, 두 세기 후에는 1억5,000만 명에 조금 못 미치는 인구가 있었고, 1800년에는 2억 명에 약간 못 미치게 되었다. 1700년 정도가 되자, 유럽은 세계인구의 약 5분의 1 정도의 비중을 차지했는데, 이 비율을 유지하면서 1750년 이전의 시기 동안 계속해서 인구가 늘었다. 1800년이면 유럽 인구는 세계주민의 거의 4분의 1을 차지하게 된다.

분명 향후에 유럽과 비유럽 지역의 인구상승률 사이에 나타날 현격한 격차는 상당히 오랫동안 존재하지 않았다. 어찌 보면 유럽과 비유럽 인구는 1800년 이후보다 그 이전이 차이가 덜 났다고 결론내리는 것이 합리적으로 보인다. 예를 들면, 유럽인들의 평균 사망연령은 여전히 낮았다. 1800년 이전, 평균수명은 지금보다 항상 훨씬 더 낮았는데, 이는 사람들이 지금보다 더 일찍 죽었기 때문이다. 18세기 프랑스 소작농은 출생시 기대수명이 22세에 불과했고, 대략 4명의 영아 중 1명만이 살아날 가능성이 있었다. 이는 1950년 인도의 소작농 혹은 로마 제국 당시 이탈리아인이 가졌던 확률과 거의 비슷한 것이었다. 40대를 넘어서까지 사는 사람은 거의 없었고, 지금의 우리보다 덜 먹었기 때문에 실제 나이보다 더 늙어 보였을 것이다. 또한 키도 작고 건강하지 못해 보였을 것이다. 중세처럼, 여성들은 여전히 남성들보다 먼저 죽었다. 이것은 많은 남성들이 두 번 혹은 심지어 세 번 결혼하기도 했음을 의미한다. 이는 물론 오늘날처럼 이혼 때문이 아니라 그들이 홀아비가 되었기 때문이다.

유럽의 일반적인 부부들은 대개 상당히 짧은 결혼생활을 했다. 발트 해와 아드리아 해를 가로지르는 선의 서쪽에 사는 유럽인들은 동쪽 사람들보다 결혼생활이 더 짧았다. 이는 그들이 20대 말에 첫 결혼을 하는 경향 때문이었는데, 이는 오랫동안 동쪽과 서쪽의 인구 패턴을 상이하게 만든 관습이었다. 그럼에도 일반적으로, 유럽인들은 부유하면 상당히 큰 가족을 부양할 수 있었고, 가난하면 더 작은 가족을 부양했다. 17세기에 일부 지역에서 이미 일정 형태의 산아제한이 실시되었고, 그것을 이루기 위해서 낙태나 영아 살해가 아닌 다른 방법들이 실시되었다는 강한 추정적 증거가 있다. 이 설명하기 힘든 주제를 해석하기 위해서는 좀더 많은 문화적, 경제적 자료들이 필요하다. 이 주제는 당시 사회가 거의 문맹이었기 때문에 역사적 통찰이 거의 불가능한 영역 중 하나로 남아 있다. 초기 산아제한에 대해서 어떤 확신을 가지고 이야기하기는 매우 어려우며, 근대 초기 유럽인들이 스스로와 자신들의 삶에 대한 통제에 대해서 생각했던 방식의 함의도 여전히 확신하기 어렵다.

전반적으로 인구통계 또한 농업의 경제적 지배력이 지속되었음을 보여준다. 오랫동안 농업생산량은 필요량을 아주 약간 상회할 정도였고, 당시 느리게 성장하던 인구를 간신히 먹일 수 있었다. 1500년 유럽은 여전히 사람들이 상당히 낮은 수준의 최저생활로 살아가던 마을들로 구성된 농업 대륙이었다. 현대의 눈으로 보면 상당히 빈 공간처럼 보였을 것이다. 유럽의 나머지 지역과 비교했을 때 밀집지역이었던 1800년의 잉글랜드 인구는 지금의 약 6분의 1에 지나지 않았다. 동유럽에는 통치자들이 온갖 방식으로 이민을 독려하며 그곳에 살 인구를 열심히 찾았던 넓은 빈 공간들이 있었다. 비록 빠르게 성장하기는 했지만, 유럽의 인구규모는 아시아에 비하면 왜소했다.

그러나 마을과 도시들은 수와 크기 면에서 어느 정도 성장했다. 그것들 중 한두 곳은 나머지 전체 인구보다 훨씬 더 빠른 속도로 인구가 증가했다. 18세기에 암스테르담은 총 거주민 인구가 20만 명에 도달했다. 파리는 1500년부터 1700년 사이에 인구가 아마도 2배 정도 늘어나서 50만 명에 조금 못 미치는 정도가 되었다. 런던은 같은 두 세기 동안 인구가 12만 명에서 거의 70만 명에 가깝게 성장해서 파리를 약간 더 앞서게 되었다. 그러나 잉글랜드 전체의 인구성장은 이보다 훨씬 더 느렸다. 이는 물론 도시로의 인구유입이 컸음을 의미한다. 새롭고 중요한 단어가 영어에서 쓰이게 되었는데, 그것은 '교외(suburb)'였다. 그러나 중간 크기의 도시들을 일반화하는 것은 쉽지 않은 일이었다. 1700년경 유럽 마을들 대대수가 거주자 2만 명 미만의 상당히 작은 도시들이었다. 그러나 인구 10만 명 이상인 유럽 도시들은 1500년 9곳에서, 200년 후에는 적어도 12곳 이상으로 늘어났다. 그러나 이 기간에 진행된 도시화 과정에서 유럽이 특별히 우세했던 것은 아니었으며, 세계에서 가장 큰 도시들은 여전히 아시아에 있었다.

도시화와 인구증가 어떤 것도 균등하게 확산되지 않았다. 이 시기에 가장 인구가 많은 서유럽 국가인 프랑스에는 1700년에 약 2,100만 명이 거주하고 있었던 반면, 잉글랜드와 웨일스의 인구는 600만 명에 불과했다. 그러나 일부 지역은 다른 지역보다 추정치의 신뢰도가 낮고 또한 지역 간 경계의 변동이 잦았기 때문에, 시기는 다르지만 이름은 동일한 지역에 대해서 이야기되는 바가 맞는지 확신하기 어렵다. 이는 비교 연구를 어렵게 만든다. 일부 지역은 17세기에 있었던 연이은 대재앙 속에서 인구증가의 억제 혹은 역행 현상을 경험했다. 1630년대 에스파냐, 이탈리아, 독일은 모두 전염병 발생을 경험했고, 1664년 런던 대역병과 같이 유명한 지역적 발병도 있었다. 기근도 산발적으로 발생하는 또다른 지역적 차원의 인구증가 억제 요소였다. 심지어 17세기 중반 독일에서 식인행위가 있었다는 이야기까지 들을 수 있다.

나쁜 영양 상태와 질병에 대한 낮은 저항력은 흉작에 뒤따르는 경제붕괴와 겹쳤을 때 빠르게 재앙을 양산했다. 여기에 중부 유럽에서 지속적으로 발발한 대규모 전쟁이 더해졌을 때, 그 결과는 대격변과도 같았다. 군대의 장비 수송 수단을 따라온 기근과 병들은 작은 지역의 인구를 단기간에 감소시킬 수 있었다. 이는 경제생활이 여전히 얼마나 국지적이었는지를 부분적으로 반영한다. 정반대의 현상도 있었는데, 겨우 몇 마일 떨어진 다른 마을이 파괴되는 동안, 어떤 마을은 군사작전 지역임에도 포위나 약탈만 피할 수 있으면 무사하기도 했다. 그러나 생산증가가 인구증가를 따라잡기까지 상황은 항상 불안전했다.

많은 일들이 그렇듯이, 이 안에서도 다양한 나라들이 상이한 역사를 가지게 되었다. 농업의 새로운 팽창은 15세기 중반부터 시작된 것처럼 보인다. 그

한 가지 표지는 14세기 인구감소로 유기되었던 땅들의 경작이 재개된 것이다. 그러나 이 현상은 1550년 전쯤까지 몇 군데 지역을 제외하면 거의 진전이 없었다. 이때쯤 토지생산성을 증가시키는 중요한 기술의 발전이 있었음에도 (주로 노동력 이용방식의 발전과 특정 작물의 집중 경작을 통해서 이루어졌다), 이런 발전은 오랫동안 몇몇 지역에 한정되어 있었다. 이런 충격이 느껴지지 않았던 시골에서 중세의 과거는 더 오래 지속되었다. 심지어 거의 자급자족적인 체계를 가진 일부 공동체는 그 속으로 화폐가 들어오는 과정도 느렸다. 다른 지역에서는 농노제가 고사당하고 있을 때, 동유럽에서는 그 범위가 실질적으로 확장되고 있었다. 그러나 1800년에 이르면, 유럽을 전체적으로 보았을 때, 특히 몇 개의 주요 국가들에서 농업은 발전이 가장 두드러지게 나타난 두 개의 경제 분야 중 하나였다(상업이 다른 하나였다). 전체적으로, 유럽은 지속적으로 증가하는 인구를, 처음에는 매우 느리게 그러나 점점 더 빠른 속도로 부양할 수 있게 되었음을 보여준다.

농업은 시장지향성의 증가와 기술혁신으로 인해서 서서히 변화했다. 이 두 가지는 서로 연관성이 있다. 이웃에 많은 인구가 산다는 것은 잠재적 시장의 존재를 의미하며, 따라서 생산물을 판매할 동기가 존재함을 의미했다. 이미 15세기부터, 저지대 국가 거주민들은 집약적 경작기술을 주도했다. 배수시설의 개선으로 목초지가 좋아지고, 가축의 수가 늘게 된 것도 플랑드르 지방이었다. 상대적으로 거주인구가 많았던 또다른 지역은 포 계곡이었다. 북이탈리아에 위치한 이 지역을 통해서 아시아에서 유럽으로 새로운 작물들이 유입되었다. 예를 들면, 15세기에 아르노와 포 계곡에 도입된 쌀은, 유럽 가정의 식품보관실에 중요 작물로 추가되었다. 반대로, 모든 작물이 즉각적인 성공을 거두었던 것은 아니다. 신대륙의 감자는 그 영양적 가치가 분명하고, 민간전승에서 정력제와 사마귀 치료제로서 효과가 강조되기도 했지만, 영국, 독일, 프랑스에서 일상적인 소비재가 되기까지는 2세기 정도가 더 필요했다.

16세기부터 농업기술의 발전이 저지대 국가들로부터 잉글랜드 동부지방으로 확산되었고, 여기에서 농업기술은 느리게 발전했지만 더 정교해졌다. 17세기에 런던은 곡물수출 항구가 되었고, 다음 세기에는 대륙의 유럽인들이 잉글랜드에 와서 농사법을 배워가게 되었다. 18세기에는 축산과 동물육종(動物育種) 분야가 개선되었다. 이런 발전이 곡물생산 증대와 가축의 품질 개선을 가져왔다. 이는 지금은 당연시되지만 당시까지는 상상하기 어려웠던 것들이다. 전원지역과 그 거주자들의 모습이 변모했다. 가장 기초적인 과학지식이 무엇을 해결할 수 있는지가 처음으로 입증된 분야는 농업이었다. 기초과학은 '경험-관찰-기록-다시 경험'의 과정을 통해서, 관습에 의해서 강요된 선택보다 인간의 환경지배력을 더 빠르게 성장시켰다. 이런 개선을 통해서 토지가 대규모 농장들로 재조정되었고, 소작농업이 특별히 필요한 지역이 아닌 곳에서는 소작농의 수가 줄었으며, 임금노동자 고용이 선호되었고, 건물, 배수시설, 기계에 대규모 자본이 투자되었다.

이런 변화의 속도가 과장되어서는 안 될 것이다. 잉글랜드에서 변화의 한 가지 지표는 개방형 토지와 전통 촌락의 공용지를 사적으로 이용하기 위해서 병합하는 것을 의미하는 '인클로저(enclosure)'의 속도였다. 이를 인가하는 의회 법률의 통과가 빈번해지고 늘어난 것은 18세기 말과 19세기 초에 이르러서였다. 농업과 시장경제가 완전히 통합되고 토지가 일반 상품과 마찬가지로 취급되는 것은, 대서양 곡창지대가 열리기까지 세계 농업의 주도국이었던 잉글랜드에서조차 19세기까지 기다려야 했다. 그러나 18세기에는 앞에 놓여진 길이 보이기 시작했다.

향상된 농업생산성은 반복해서 발생하던 기근을 마침내 제거했다. 기근은 오랫동안 인구통계상의 발전을 파괴하는 힘을 가지고 있었다. 유럽에서 인구가 자원을 부족하게 만들어, 14세기에 일어난 대기근과 같은 재앙의 조짐이 나타난 마지막 순간은 아마도 16세기 말이었을 것이다. 다음번 힘든 시기가 17세기 중반에 찾아왔을 때, 잉글랜드와 네덜란드는 최악을 면할 수 있었다. 이후 기아와 기근은 유럽에서 지역적, 민족적 단위의 사건이 되었다. 그것은 여전히 대규모로 인구를 감소시킬 수도 있었지만, 이용 가능한 수입곡물이 증가하면서 서서히 줄어갔다. 흉작이 1708-1709년에 프랑스를 '하나의 거대한 병원'으로 만들었다고 하지만, 그것은 전쟁 때문이었다. 18세기 후반에 지중해 국가들은 밀가루를 만들 곡물을 얻기 위해서 발트 해 국가들에 의존했다. 사실 수입이 확실한 물자 공급경로가 되기까지는 상당한 시간이 필요했다. 때로, 특히 육로수송이 필요할 때는 수입이 충분히 신속하게 이루어지지 않을 수도 있었다. 프랑스와 독일 일부 지역은 19세기에 이르러서도 기근을 겪었고, 18세기 프랑스 인구는 생산증가의 속도보다 더 빠르게 늘어서 많은 프랑스인들의 실제 생활수준이 후퇴했다. 그러나 영국 농업노동자들에게 이 세기의 일부 시기는 풍부한 밀 빵과 심지어는 고기도 식탁에 올라왔던 황금기로 기억되었다.

16세기 말, 팽창한 인구가 느린 속도로 증가하고 있던 자원에 가한 모호한 압박에 대한 한 가지 대응책은 이민의 촉진이었다. 1800년경, 유럽인들은 자국민을 해외에 정착시키기 위해서 많은 노력들을 했다. 1751년, 한 북아메리카인은 그곳에 100만 명가량의 영국계 이민자들이 있다고 추정했다. 현대의 계산으로는 17세기에 약 25만 명의 영국 이민자들이 신세계로 갔고, 다음 세기에는 150만 명이 이주했다. 그곳에는 약 20만 명 정도의 독일인들도 있었으며, 캐나다에는 약간의 프랑스인들도 있었다. 1800년경, 약 200만 명의 유럽인들이 리오그란데 이북 아메리카로 이주했고, 그 이남에는 약 10만 명의 에스파냐인들과 포르투갈인들이 있었다.

자신이 살고 있는 곳에 식량이 충분하지 않다는 두려움이 이 거대한 이민 물결의 시작에 일조했다. 이는 경제생활에 관한 전체 사고에서 농업이 계속해서 중요한 위치를 차지했음을 반영한다. 이 300년의 시간 동안 유럽 경제의 모든 분야의 구조와 규모에서 중대한 변화가 있었다. 그러나 1500년대에 그랬던 것처럼 1800년대에도 서유럽에서 상업과 제조업이 가장 발전했던 두 국가인 프랑스와 영국에서조차 농업 분야의 우위가 지속되었다. 더군다나 인구의 적지 않은 부분이 농업과 완전히 절연되어 산업에 종사하는 곳은 어디에도 없었다. 작물을 재배하고 토지를 경작하는 많은 사람들이 또한 실을 잣고 옷감을 짜고 시장에 팔 상품을 다루었으며, 양조업자, 방직업자, 염색업자들도 모두 농업에 의존했다.

농업을 제외한다면, 전면적인 변화를 목도할 수 있는 분야는 상업뿐이다. 이 분야에서는 15세기 후반부터 눈에 띄게 변화의 속도가 빨라졌다. 이 시기의 유럽은 13세기에 처음 보였던 상업적 열정 비슷한 것을 다시 얻었고, 그것은 상업의 규모, 기술, 방향 모두에서 나타났다. 이런 현상은 다시 한번 도시의 성장과 관련된다. 도시는 전문가들이 필요했고, 이들을 위한 생계수단을 제공했다. 중세의 대규모 장터와 시장들은 여전히 존재했고, 따라서 중세의 고리금지법과 길드의 강압적인 관행들도 계속되었다. 그러나 1800년이 되기 전에 이미 완전히 새로운 상업적 세계가 나타나게 되었다.

이 현상은 전 세계적으로 장기적인 상업의 팽창이 시작된 16세기에 이미 뚜렷해졌다. 이 팽창은 전쟁으로 잠시 중단된 때를 제외하고 1930년까지 거의 중단 없이 지속되다가 또다른 세계전쟁 이후 재개되었다. 그것은 이미 언급한 것처럼, 경제 중심지가 남유럽에서 북서 유럽으로, 또한 지중해에서 대서양으로 이동하면서 시작되었다. 이것의 발전에 한 가지 기여한 것은 16세기 초 이탈리아를 파괴한 정치 문제와 전쟁이었다. 또한 규모가 크지 않고 오래 지속되지도 않았지만, 심각성을 내포한 압박 요소들도 이 현상의 발전에 기여했다. 예를 들면, 포르투갈의 유대인 박해는 많은 유대인이 자신의 상업기술을 가지고 저지대 국가로 이주하게 만들었다.

16세기의 가장 위대한 상업적인 성공 이야기는 안트베르펜에서 만들어졌다. 비록 몇십 년 후 정치-경제적 재앙 속에 몰락하기는 했지만 말이다. 17세기에는 암스테르담과 런던이 이 도시를 능가했다. 이 도시들에서, 주요 무역은 인구가 충분한 배후지에 기반을 두고 있었고, 이는 제조업, 서비스업, 금융업의 분화에 도움을 주었다. 중세 이탈리아 도시들이 가졌던 이전의 금융 지배력은 16세기에는 플랑드르인들과 독일 은행가들에게 넘어갔고, 최종적으로 홀란드와 런던으로 넘어갔다. 암스테르담 은행과 1694년에 설립된 잉글랜드 은행은 곧 국제적인 경제세력이 되었다. 다른 은행들과 상단들도 집단적으로 이들과 신용, 금융 거래를 시작했다. 금리가 내려갔고 중세의 발명품인 환어음은 사용이 크게 늘어 국제거래에서 주요 금융수단이 되었다.

이때가 금 대신에 지폐의 사용이 증가한 시작점이었다. 18세기에 유럽에서 지폐와 수표가 처음으로 발명되었다. 주식회사들은 자기 주식의 또다른 형태인 유가증권을 발행했다. 17세기 런던 커피 하우스들에서 거래되던 이런 주식들의 시세는 런던 주식거래소의 설립으로 추월당했다. 1800년경에 이르러 비슷한 기관들이 다른 나라들에도 설립되었다. 자금의 유통과 투입을 위한 새로운 제도들이 런던, 파리, 암스테르담에서 확산되었다. 한때 복권과 톤틴* 연금이 유행하기도 했다. 재앙적인 수준의 투자 붐이 또한 유행했는데, 그중 가장 악명 높았던 것은 잉글랜드의 남해 '거품' 사건이었다. 그러나 세계는 더욱 상업적이 되었고 돈을 벌기 위해서 돈을 사용한다는 생각에 더 익숙해졌으며, 스스로에게 근대 자본주의의 운영방식을 주입했다.

17세기 후반부터, 외교교섭 중에 무역 이슈들이 큰 관심을 받게 되는 상황이 벌어졌고, 그 속에서 한 가지 결과가 도출되었다. 그것은 여러 나라들이 무역 문제를 두고 서로 싸울 준비가 되어 있었다는 것이다. 1652년 잉글랜드와 네덜란드는 무역분쟁으로 인해서 전쟁에 돌입했다. 이 전쟁은 프랑스인들과 에스파냐인들이 무역 문제가 중요한 부분, 혹은 때로 다른 무엇보다 우선하는 위치를 차지했던 분쟁으로 인해서 끊임없이 싸워야 했던 긴 시대를 연 사건이기도 했다.

정부들은 국익을 지키기 위해서 이런 전쟁에 참여하여 자국 상인들을 보호했을 뿐만 아니라 상업경제가 작동하는 방식에 개입하기도 했다. 때로 그들 스스로가 사업가이자 고용주이기도 했다. 한때 베네치아의 병기고는 16세기 세계에서 가장 큰 단일 생산제조 업체였다. 그들은 특허회사에 독점권을 줄 수도 있었다. 이것은 수익을 좀더 확실히 보장해줌으로써 자본을 더 쉽게 조달할 수 있게 했다. 마침내 사람들은 특허회사가 경제적 이익 보장의 최선의 방식이 아닐 수도 있다고 생각하게 되었고, 그것은 곧 인기가 시들해졌다(특허회사는 19세기 말에 마지막 짧은 부흥기를 누렸다). 그럼에도 이런 행위들은 정부와 밀접히 연관되어 있었고 기업인들의 관심사는 정책과 법률을 형성하게 되었다.

가끔씩 상업의 발달과 사회의 상호작용은 이런 변화의 깊은 함의를 설명하는 실마리를 제공하는 것처럼 보인다. 한 가지 예는 17세기 잉글랜드 금융가가

* tontine : 단체 연금과 복권의 혼합/역주

처음으로 대중 생명보험을 출시했을 때 나타났다. 사실 개인 생명연금 보험의 판매는 이미 시작되었다. 이것의 새로운 점은 보험통계 과학과 새로 개발된 '정치산술' 통계가 이 신종 사업에 적용된 것에 있었다. 이제 베팅 대신에 합리적인 계산이 그때까지 경외감을 일으키던 불확실성과 불합리성의 문제, 즉 죽음에 적용될 수 있었다. 상당한 비용이 들기는 했지만 사람들은 더욱 세련되게 넓은 범위의 재해에 대한 보호수단을 제공하게 되었다. 이는 또한 후속 투자를 위해서 대규모 자본을 유통시키기 위한 또다른 중요한 방식이 되었다. 그러나 생명보험이 발견된 시점은, '이성의 시대(Age of Reason)'라고 불렸던 시대가 시작될 때부터 경제적 변화의 규모가 때로 매우 방대했음을 암시한다. 이는 당시 도래하던 전 세계적인 세속화 과정의 작은 원천이자 표현이었다.

유럽 무역이 겪은 가장 인상적인 구조적 발전은 17세기 후반부터 해외무역 발전에 갑자기 새로운 중요성이 주어진 것이었다. 이것은 경제활동의 중심지가 지중해에서 북유럽으로 이동하는 과정의 일부로, 이미 1500년 이전부터 관찰되기 시작했다. 이는 세계경제 미래의 윤곽을 처음으로 인식할 수 있게 해주었다. 그러나 약 1580년경까지, 이 윤곽은 여전히 이베리아인들에 의해서 그려졌다. 그들은 남대서양과 카리브 해 무역을 장악했을 뿐 아니라 1564년 이후부터는 아카풀코로부터 필리핀까지 '마닐라 범선'*을 정기적으로 운행했다. 이런 이유로 중국은 포르투갈인들이 서쪽에 자리를 잡았음에도, 유럽과의 상업적 접촉을 극동에서부터 시작하게 되었다. 범세계적인 무역은 지중해 무역을 쇠퇴하게 만들기 시작했다. 17세기 말경, 에스파냐와 포르투갈의 대서양 식민지와의 배타적인 무역관계가 여전히 중요했음에도, 해외무역은 네덜란드인들과 점점 부상하는 그들의 경쟁자인 잉글랜드인들이 주도하게 되었다.

네덜란드의 성공은 유럽 시장에 청어 절임을 공급하고, 특히 화물수송에 알맞은 쾌속 평저선 '플루트(flute)'를 소유한 것에서 비롯되었다. 이를 통해서 네덜란드인들은 처음으로 발트 해 무역을 장악했고, 또한 이를 발판 삼아서 유럽인들의 운반자로 발전했다. 비록 17세기 말에는 잉글랜드인들이 그 자리

---

* Manila galleon : 15-17세기 사용된 에스파냐의 대형 범선/역주

를 대체하게 되었지만, 특히 자신들이 포르투갈인들을 능가하게 된 동아시아 지역에서 네덜란드인들은 식민지와 무역기지를 연결하는 광범위한 네트워크를 유지했다. 반면 잉글랜드인들의 우위의 기반은 대서양이었다. 여기에서도 어업이 중요했다. 잉글랜드인들은 영양가 높은 대구를 뉴펀들랜드 뱅크에서 잡아서 그것을 말리고 연안에서 소금에 절인 후, 금요일에 금식하는 습관 때문에 물고기 수요가 높았던 지중해 국가로 가서 팔았다. 관광지만 벗어나면 지금도 포르투갈과 에스파냐 남부의 식탁에서는 대구의 일종인 바칼라오(Bacalao)라고 불리는 생선이 쉽게 발견된다. 네덜란드인들과 잉글랜드인들은 운송무역의 범위를 점차 넓히고 다양화했고, 나중에는 스스로 거래자가 되었다. 프랑스도 이 경쟁에서 뒤처지지 않았다. 프랑스 해외무역량은 17세기 전반에 두 배가 되었다.

인구증가와 적절한 운송수단의 확보(수로는 언제나 육로보다 쌌다)는 국제적 곡물무역을 점차 증가시켰다. 조선술 자체가 피치,* 아마, 목재와 같은 원자재의 이동을 촉진했다. 이 물품들은 처음에는 발트 무역에 그리고 후에는 북아메리카 경제에 중요했다. 이 모든 것들이 식민지를 확장하던 제국이라는 배경 안에서 일어났다는 점에서, 여기에는 유럽인들의 소비 증가 이상의 것이 연관되어 있었다. 18세기가 되자, 사람들은 이미 전 세계를 배경으로 사업뿐만 아니라 그것을 위한 싸움과 음모까지 행하던 해양경제와 국제무역 공동체를 마주하게 되었다. 이 경제체제에서 노예들의 역할은 점점 더 중요해졌다.

1444년 리스본에서 판매된, 유럽으로 잡혀온 사람들 대부분이 아프리카인이었다. 비록 여전히 유럽인들이 아랍인들과 튀르크인들에 의해서 노예가 되어 팔려가기도 했지만, 유럽 자체에서는 이 당시 노예제도가 거의 시들해졌다. 이제 노예제는 다른 대륙으로 크게 확장되고, 인종주의와 사악한 연결고리를 가지게 될 것이었다. 포르투갈인들은 곧 서아프리카에 항구적인 노예공급기지를 세웠고, 2-3년 안에 1,000명 이상의 아프리카인들을 판매했다. 이런 수치는 새로운 무역의 수익성을 눈에 띄게 했지만, 앞으로 발생할 무역

---

* pitch : 석유나 석탄에서 얻는 검고 끈적끈적한 물질로, 지붕이나 배의 갑판 등에 방수재로 쓴다/역주

의 규모에 대해서는 어떤 암시도 주지 못했다. 이 사업의 야만성은 이미 자명했지만(포르투갈인들은 어린아이를 잡으면 그 부모까지 쉽게 잡을 수 있다는 사실을 곧 알게 되었다), 그것에 아프리카인들이 개입했다는 것도 분명한 사실이다. 노예를 찾기 위해서는 내륙 깊숙이 들어가야 했기 때문에, 그들은 포로를 모으고 대규모로 교환할 수 있는 지역 유력자들에게 쉽게 의존하게 되었다.

왜 아프리카가 노예무역이라는 재앙의 중심지가 되었는가? 인종(人種, race)이라는 개념은 이 문제를 다루는 데에서 매우 중요하다. 일부 유럽인들은 이미 아프리카인들은 근면하고 유순하지만, 지성이 없다고 생각했다. 이런 인종주의적 시각은 대부분의 아프리카 정치체제가 구조적 취약점을 가졌다는 사실, 혹은 다수의 아프리카 군주들과 상인들이 노예무역에 협력했다는 사실보다, 노예상인들이 아프리카에 몰려 있었다는 사실과 더 관련이 있었다. 비록 앞의 두 가지 이유가 중요하지 않은 것은 아니지만 말이다. 유럽 열강들이 이미 아프리카 해안 거의 전역에 무역항을 가지고 있었던 반면, 아메리카 원주민들과 그들을 회심시키려고 했던 성직자들은 아메리카의 대규모 노예화 과정에 저항했기 때문에, 결국 아프리카가 노예들을 데려올 수 있는 장소가 되었다. 역설적이게도, 유럽인들의 인종주의는 아메리카 대륙에 수백만 명의 아프리카인들을 정착시켜서 모든 인종 집단의 대서양적 혼합체를 만들었다.

오랫동안, 유럽과 대서양 여러 섬들에 있는 포르투갈, 에스파냐의 정착지는 서아프리카가 공급한 거의 모든 노예들을 보유하고 있었다. 이후 변화가 찾아왔다. 16세기 중반부터 아프리카 노예들이 대서양을 건너 브라질, 캐리비안 섬들, 북아메리카 본토로 건너왔다. 그에 따라서 노예무역은 극적인 성장기에 들어섰는데, 이는 우리가 지금까지도 가지고 있는 인종적, 경제적, 정치적 결과물을 초래했다. 아프리카 노예제는 아프리카인들이 포르투갈인, 잉글랜드인, 네덜란드인, 프랑스인에게 다른 아프리카인들을 파는 행위와 아메리카에서 그들이 다른 유럽인들에게 재판매되는 행위에 기반을 두고 있었다. 이는 튀르크인들이 유럽인들을, 아랍인들이 아프리카인들을 노예화하는 것보다 파급효과가 훨씬 큰 심오한 현상이었다. 노예가 된 이들의 대략적 수는

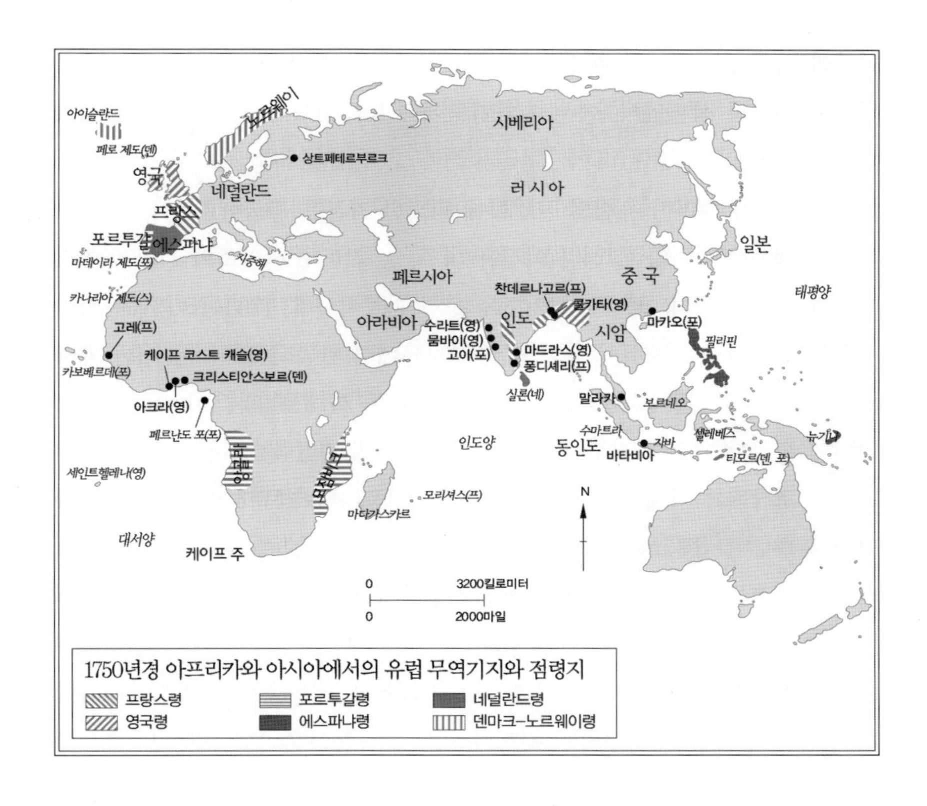

(사실 대략적으로만) 쉽게 셀 수 있어 보인다. 비록 기후적 요인 때문에 노예 인구가 균등하게 퍼진 것은 아니었지만, 아메리카에 식민지 수립을 가능하게 한 노동력의 상당 부분이 아프리카 노예들에게서 공급되었다. 노예인구의 절대다수는 언제나 농업과 가사노동에 종사했다. 노예 출신의 장인이나, 공장노동자는 흔하지 않았다.

노예무역은 또한 상업적 측면에서도 매우 중요했다. 여기에서 거대한 이익이 간혹 창출되기도 했는데, 이는 노예선들이 선반에 인간 화물을 가득 채워서 역병이 도는 지경에 이르렀던 상황을 부분적으로 설명해준다. 노예선에서 사망률이 10퍼센트 이하로 떨어진 적은 거의 없었고, 때로는 훨씬 더 처참한 수준의 사망률을 보였다. 비록 평상시 자본수익률은 많이 과장되었으나, 이 무역의 추산가치는 그것을 커다란 경쟁상품으로 만들었다. 두 세기 동안 여러 나라들이 앞 다투어 노예무역에 가담하거나 독점하려고 했기 때문에, 외교적 갈등과 심지어 전쟁이 초래되기도 했다. 노예무역이 경제적으로 정당화될 수 있는지 여부와 상관없이, 이는 정치가들에게 노예무역이 중요하다는 사실을 입증해주었다.

노예무역의 수익이 유럽의 산업화에 필요한 자본을 공급했다는 주장은 한때 널리 받아들여졌다. 그러나 이것은 더 이상, 적어도 산업화의 주된 원인으로는 타당해 보이지 않는다. 산업화는 느린 과정이었다. 1800년 이전, 산업이 집중화되기 시작한 예들이 유럽 몇몇 나라들에서 발견됨에도, 제조업과 채굴업의 성장은 급진적인 새로운 방법론과 제도의 확대보다는, 여전히 소규모 장인의 생산과 기술적 정교성의 증대와 관련된 문제였다. 여러 과학기기들과 기계로 조작되는 시계가 정밀상품 제조기술의 확산을 증명한다면, 포술이 발달한 두 세기는 채굴과 야금술의 한층 더 발전된 면모를 보여준다. 그리고 과학의 발전을 통해서 생성된 개념들은 생산 과정에 서서히 스며들고 새로운 형태의 기술들을 형성하기 시작했다.

이런 새로운 이점들은 산업시대의 초기 패턴을 형성하고 서서히 아시아와의 전통적 관계를 뒤바꾸기 시작했다. 몇 세기 동안 동양의 장인은 그들의 기술과 작품의 품질로 유럽인들을 놀라게 했다. 아시아의 직물과 요업제품들은 현재의 일상용어 중에 살아 있을 만큼 우위성을 가졌다. 자기, 모슬린, 날염한 천, 케이폭* 등은 여전히 익숙한 단어들이다. 그러고 나서 14-15세기 동안 유럽은 기계와 공학 기술들에서 현저히 아시아를 따라잡기 시작했다. 아시아의 통치자들은 자신들에게 효율적인 소형화기 제작법을 가르쳐줄 수 있는 유럽인들을 찾기 시작했다. 그들은 심지어 유럽 풍물시장에서는 흔한 기계식 장난감을 수집하기도 했다.

이런 역할의 역전은 전통적 직업들이 새로운 분야로 확산되는 과정에서 일어난 유럽의 기술 축적에 기반을 두었다. 이는 보통 도시에서 일어났다. 장인들이 종종 수요를 좇아서 이 마을 저 마을을 여행했던 것은 쉽게 관찰할 수 있는 부분이다. 그러나 유럽 장인들의 길을 재촉한 유럽적 정서가 무엇이

---

* kapok : 쿠션이나 인형 등의 속을 채우는 데에 쓰이는 부드러운 물질/역주

었는지는 알기 어렵다. 또한 장인보다 높은 사회적 계급에 속한 사람들의 이해관계를 자극해서, 기계공업에 대한 열풍을 건축가와 금세공업자의 작품만큼 중요한 르네상스 말기의 특징으로 만들었던 정서가 무엇이었는지도 알기는 쉽지 않다. 어쨌든 이런 현상은 다른 곳에서는 일어나지 않았다.

초기 산업지역은 직물이나 양조업 같이 농업과 밀접히 연관된 기존의 제조업 중심지 주변뿐 아니라 교외에서도 함께 성장했다. 이 상황은 오랜 시간 동안 지속되었다. 오래된 무역사업은 그것을 지원하는 산업의 집중 현상을 일으켰다. 안트베르펜은 잉글랜드 직물을 유럽에 수입하는 최대 항구였기 때문에 상품에 마감과 염색 공정을 추가할 시설들이 들어서게 되었다. 한편, 잉글랜드 전원지역에서는 양모상인들이 농부 출신의 방적공과 방직공들에게 필요한 원자재를 공급하는 '선대제(先貸制)'를 실시했고 이는 산업발전의 초기 패턴을 형성했다. 광물의 존재 여부도 또다른 입지 조건이었다. 채광과 야금업은 농업에서 독립한 가장 중요한 산업활동들이었고 넓은 지역에 분산되어 있었다.

그러나 산업들은 침체되거나 심지어 때로는 붕괴될 수 있었다. 이런 현상은 이탈리아에서 일어난 것처럼 보인다. 이탈리아가 중세에 누렸던 산업적 우위는 16세기에 사라졌다. 플랑드르 저지대 국가들과 남서부 독일, 즉 옛 카롤링거 왕국의 심장부 지역의 산업적 우위는 약 한 세기 정도, 즉 잉글랜드, 네덜란드 북부, 스웨덴이 새로운 제조업 선도국가가 된 것이 분명해지기 전까지만 지속되었다. 18세기에 러시아는 채굴산업으로 인해서 산업국가의 명부에 이름을 올릴 수 있었다. 이때 즈음에 다른 요소들이 개입되기 시작했다. 체계화된 과학이 산업기술과 연관되었고, 국가의 정책이 의식적으로 그리고 무의식적으로 산업의 형태를 만들고 있었다.

경제가 전반적으로 확장되었고 성장했다는 큰 그림을 그리기 위해서는 분명 더 많은 단서들이 채워져야 한다. 가장 중요한 사항은 유럽과 그 분류에 해당하는 미국이 세계의 다른 지역들과 질적으로 차이를 보이게 된 원인인 유럽의 고도성장 국면이 19세기까지는 거의 시작되지 않았다는 것이다. 흉작이 대규모 예금인출 사태로 이어지고 불황이라고 불리기에 충분한 제조업 상품의 수요 위축으로 이어질 때, 극적인 변동은 19세기 이후에도 얼마든지 쉽게 일어날 수 있었다. 경제발전과 경제통합의 증가는 투매의 새로운 형태를 야기했다. 예를 들면, 1500년이 얼마 지나지 않아서 물가가 전례 없는 속도로 상승하고 있다는 것이 인식되기 시작했다. 지역에 따라서 이런 경향은 때로 매우 급격해서 가격이 1년 새에 2배로 오르기도 했다. 물론 어디에서도 이런 속도가 계속 유지되지는 않았지만, 한 세기 동안 유럽 물가는 대략 4배 정도 상승한 것이 일반적인 현상처럼 보인다.

20세기 인플레이션을 고려하면 이것은 그리 충격적이지는 않아 보이지만, 그럼에도 상당히 새로운 현상이었고 크고 중대한 파급효과를 가진 것이었다. 일부 재산소유자는 이득을 본 반면, 다른 일부는 손해를 보았다. 일부 지주들은 지세를 올리고 봉건 채무자들로부터 최대한 소출을 증가시킴으로써 이에 대응한 반면, 다른 일부는 판매를 증가해야 했다. 이런 의미에서, 인플레이션은 종종 그렇듯이 사회적 유동성 증가에 기여했다. 빈민들 사이에서 그 결과는 일반적으로 잔혹했다. 이는 농업생산이 타격을 입었음에도 임금이 그 속도를 따라가지 못했기 때문이다. 따라서 실질임금은 줄어들었다. 이는 때로 지역적 요소들 때문에 더욱 악화되었다. 예를 들면, 잉글랜드의 높은 양모 가격은 지주들이 공유지 안에 양떼를 키우기 위해서 그 땅을 공공목적으로 이용하지 못하게 울타리를 치도록 유혹했다. 가난한 소농 목축업자들은 굶주리게 되었고, 따라서 당시 한 유명한 논평가가 말한 것처럼, "양이 사람을 잡아먹는다"라는 말이 사실이 되었다. 16세기의 3분의 1에 해당하는 중요한 시기에 도처에 민중의 반란이 존재했고 오랜 무질서가 지속되었다. 이는 당시 진행되던 현상의 불가해성과 혹독함을 동시에 보여준다. 어디에서든지 인플레이션의 고통을 가장 날카롭게 느끼는 것은 사회의 양극단에 서 있는 사람들이었다. 군주들이 누구보다 지출을 많이 해야 하기 때문에 인플레이션에 영향을 받는 동안, 가난한 자들은 이 기간 동안 기아에 내몰렸다.

이 한 세기 이상 지속된 물가상승을 설명하기 위해서 역사가들은 많은 글들을 남겼다. 그러나 그들은 당시의 관찰자들이 남긴 초기 설명에 더 이상 만족하지 못하고 있다. 그 설명에서 핵심적인 요인은 에스파냐인들이 신세계 광산을 개발한 결과로서 나타난 새로운 금괴의 공급이었다. 나중에는 금이 모든 것을 더 악화시켰지만, 인플레이션은 아메리카 금의 상당량이 도달하기 이전에 이미 진행되어 있었다. 분명 근본적인 압력은 (항상 그렇듯이) 생산의 대규모 증가가 여전히 미래의 일인 때에 이미 증가하고 있던 인구로부터 나왔을 것이다. 물가상승은 17세기가 시작될 때까지 지속되었다. 17세기 초부터 1700년경 더 느려진 속도이지만 물가상승이 재개될 때까지, 간헐적으로 물가하락의 신호가 보이기 시작했다.

서유럽이 처음으로 아시아의 발달된 지역을 따라잡고 그들을 능가하게 된, '대분기점'으로부터 유럽 경제와 사회의 독자적 출발이 있었고, 그것은 유럽 대륙과 그 식민지들이 세계지배의 길로 나아가게 했다. 예를 들면, 만약 중국의 가장 부유한 지역(이를테면, 장쑤 성과 같은 지역)과 북이탈리아, 플랑드르, 잉글랜드의 발달된 지역을 비교해본다면, 16세기와 17세기 초 아시아와 유럽의 시작점은 오히려 비슷했다. 상당히 급속하게 부를 축적한 유럽의 일부 소규모 지역들은 이미 몇 가지 장점을 가지고 있었다. 예를 들면, 이곳에서는 정부의 힘이 상대적으로 약해서 경제발전에 손해를 덜 끼칠 수 있었다. 일부 도시는 높은 수준의 자치를 누리고 있었고 이들 중 일부에서는 권리와 재산이라는 개념이 발달하고 있었다. 아시아의 도시화된 지역의 대부분도 다른 지역에 비해서 우위를 보였지만, 이런 '소프트웨어'는 유럽의 팽창을 위한 배경을 설정하는 역할을 했을 것이다.

대분기점에서 가장 중요해 보였던 것은 적어도 18세기 이후 지속된 하드웨어와 소프트웨어의 특별한 결합으로, 유럽의 몇몇 지역에 독특한 것이었다. 유럽의 일부 지역, 특히 영국은 석탄에 쉽게 접근할 수 있었고, 그것을 값싼 형태의 고집약 에너지로 전용할 수 있었다. 동시에 무기기술과 고강도 전쟁에 주안점을 둔 전략을 통해서 유럽은 원자재를 착취하고 잉여인구의 일부를 보낼 수 있는 식민지를 차지하게 되었다. 그러나 이런 모든 발전이 일어나고 있는 중에 사상 또한 변하고 있었다. 그것은 특정한 과학 분야를 새로운 생산기술로 전환하는 과정을 도운 탐구방식으로서 매우 큰 중요성을 가지고 있었다. 1800년경부터 유럽을 독특한 새로운 사회 형태로 구별하는 요소는 생산 능력이었다.

오늘날 사회적 변화가 경제적 변화의 뒤를 따른다는 것을 굳이 상기할 필요는 없다. 우리는 대부분 사회의 형태와 제도의 변화가 불가능하다고 믿지 않는다. 그러나 300년 전, 많은 사람들은 이런 제도들이 실제로 신이 준 모습을 띠고 있다고 믿었고, 그 결과 인플레이션의 여파 속에 사회변화가 일어났음에도(사회변화는 또한 다른 많은 이유들 때문에도 일어났다고 말해져야 한다), 제도들은 가면을 쓰고 옛 형상을 지속할 수 있었다. 유럽 사회의 많은 측면이 1500년과 1800년 사이에 표면적으로 그리고 명목상으로 변하지 않은 채 남아 있었다. 그러나 표면 밑에 있는 경제적 실체들은 크게 변했다. 이런 점에서 겉모습은 기만적이다.

1500년 이전에도 전원생활은 이미 일부 나라에서 이런 양상을 보여주기 시작했다. 오직 그것 때문만은 아니겠지만, 그래도 농업이 점점 더 사업의 문제가 되어감에 따라서, 전통적인 전원사회는 변화할 수밖에 없었다. 그러나 기존의 형태는 대개 유지되었지만, 결과물들은 이전과 더 조화를 이루지 못했다. 1780년대 프랑스에는 여전히 봉건영주제가 존재했지만, 그것은 이때쯤 사회적 실체라기보다 경제적 기구에 가까웠다. 영주인 '세뇨르(seigneur)'는 그의 소작농을 본 적도 없었을 것이고, 귀족의 혈통이 아닐 수도 있으며, 소작인의 노동, 시간, 생산품에 대한 그의 권리를 상징하는 일정 금액을 제외하면, 영주라고 특별히 더 뺏을 수 있는 것도 없었다. 유럽의 동쪽 지방에서는 봉건관계가 좀더 실질적인 것으로 남아 있었다. 이는 통치자들과 귀족들의 연합이 서유럽과 남유럽의 인구성장으로 수요가 생긴 새로운 곡물, 목재 시장의 발전을 이용하고 있었음을 부분적으로 보여준다. 이를 위해서 그들은 소작농들을 토지에 결속시켰고 더욱 무거워진 강도의 노동을 강제했다. 러시아에서 농노제는 사회의 가장 기초적인 기반이었다.

반대로 잉글랜드에서는 프랑스에 존재했던 상업화된 '봉건제'조차도 1800년이 되기 훨씬 전에 사라졌고, 귀족은 의회에 출두할 수 있는 상원의원의 권리를 넘어선 어떠한 법적인 특권도 가지지 않게 되었다. 조지 3세 시대의 대부분의 신민들처럼, 귀족들도 하원의원 선거에 참여할 수 없다는 것도 그들의 법률적 특징 중 하나였다. 잉글랜드 귀족들의 수는 매우 적었다. 심지어 스코틀랜드 귀족들로 인해서 그 수가 보강된 후에도, 18세기 말 상원에는 200명 이하의 세습 구성원들이 있었을 뿐이었다. 이들의 법적 지위는 오직 한 명의 승계자에게만 전수될 수 있었다. 프랑스에는 혁명 전야에 약 25만 명 정도의 귀족들이 있었다.

그러나 잉글랜드 지주들의 부와 사회적 영향력은 지대했다. 귀족계급 밑으로 잉글랜드 젠트리(gentry)라는 불분명한 계급이 있었는데, 이들은 위쪽 끝으로는 귀족가문과 연결되어 있었고, 반대편으로는 체통은 있지만 '상류가문'은 아니었던 부유한 농부들과 상인계층 속으로 사라지던 계급이었다. 이들이 가진 다른 계급으로의 침투성은 계층의 화합과 이동을 촉진했던 점에서 가치가 매우 큰 것이었다. 젠트리의 지위는 부자가 됨으로써, 또는 탁월한 전문성이나 개인의 재능을 통해서 접근될 수 있는 것이었다. 그들의 지위는 본질적으로 공유된 행동양식의 문제로서 귀족적인 명예 개념을 반영하지만, 그것의 배타성과 야만성과 법률적 지원을 제거함으로써 문명화된 것이었다. 17세기와 18세기에 '젠틀맨'이라는 개념은 잉글랜드 역사에서 문화를 형성하는 영향력을 가진 요소들 중 하나였다.

사실 지배계급들의 태도는 나라별로 달랐으며, 유럽 전역에서 대조적인 상황이 그려지곤 했다. 결코 작은 결과는 없었다. 그럼에도 사회변화가 생겨나서 오래된 관행들을 압박하던 전반적인 경향은 1700년경 여러 나라에서 식별할 수 있었다. 유럽에서 가장 발달된 나라들 안에서, 무엇이 신분을 구성하는지 그리고 어떻게 그것이 인정되어야 하는지에 대한 새로운 생각들이 나타났다. 아직 완전하지는 않았지만, 사람의 권리와 기대치를 규정하는 방식이 인맥에서 시장에서의 관계로, 사회의 공동 비전에서 개인적 비전으로 전환되고 있었다. 이는 이 시기 북부 네덜란드에서 나타난 네덜란드 공화국에서 가장 잘 나타났다. 이 나라는 사실 상인들, 특히 가장 부유한 주인 홀란드의 중심에 있는 암스테르담의 상인들에 의해서 통치되었다. 이곳에서 지주귀족들은 결코 상업-도시 과두제의 일원들만큼 중요하게 여겨진 적이 없었다.

1789년, 유럽 어디에서도 영국과 네덜란드 공화국만큼 변화가 진행된 곳이 없었다. 다른 어디에서도 전통적 신분제에 대한 의문 자체가 거의 시작되지 않았다. 18세기에 큰 성공을 거두었던 프랑스 코미디에 나오는 종복이자 영웅이었던 피가로는 자신의 귀족 주인은 골칫거리들을 만드는 것 외에 그의 특권에 합당한 일을 전혀 하지 않는다고 험담하곤 했다. 이는 당시 위험하고 체제 전복적인 사상으로 인식되었지만 크게 경각심을 일으킬 정도는 아니었다. 유럽은 여전히 귀족들의 권력 장악을 당연하게 생각했고, 이는 1800년 이후로도 오랜 시간 마찬가지였다. 귀족과 비귀족 사이에 배타성의 정도는 상이했지만, 그 차이는 현저했다. 변한 것이 있다면, 이제는 그렇게 많지 않은 사람들만이 법률이 이 구별을 반영하는 것이 당연하다고 생각했다는 것이다.

일부 사람들은 법률에 의해서 구별된 권리와 의무를 가진 계층을 통해서 사회를 묘사하는 것이 더 이상 그 실제 모습을 표현하지 못함을 느끼기 시작했고, 또한 그들 중 일부는 종교가 특정한 사회계서제를 지지하는 것이 아님을 느끼기 시작했다. 그러나 한 얼스터 여인이 19세기에 말했던 것처럼, 사람들은 여전히 오랜 시간 아래처럼 믿고 있었다.

부자는 그의 성 안에 있고
가난한 자는 그의 대문에 앉아 있고
신께서는 그들을 높고 낮게 만드셨으며
그들의 신분을 명하셨다.

그러나 이것과 고정되고 불변하는 계급이 신의 뜻의 표현이라고 말하는 것이 완전히 같은 것은 아니다. 1800년에도 몇몇 사람들은 부자가 단순히 부친의 자리를 상속하는 것보다 세상에서 스스로의 길을 개척하는 것을 신이 오히려 바랄 것이라고 생각하기 시작했다. 18세기 한 아일랜드인은 "정부는 인간의 필요를 만족시키기 위한 인간의 발명품"이라고 말했는데, 그 역시 보수주의자였다. 일반적인 공리주의가 점점 더 제도들, 특히 (선진국에서) 사회제도들을 평가하는 방식이 되어가고 있었다.

오랜 공식적인 계서제는 사회 유동성 증가, 도시의 성장, 시장경제의 발흥,

새로운 상업 기회의 등장과 같은 경제적 변화뿐 아니라, 문해율과 사회의식의 확산이 압력을 가한 곳에서 가장 큰 압박을 받고 있었다. 대체로, 세 가지 상황이 구별될 수 있다. 첫 번째 집단의 국가인 러시아, (그리고 러시아와 거의 비슷한 정도로) 폴란드, 동프로이센, 헝가리의 농경사회는 여전히 이런 새로운 발전에 의해서 거의 방해받지 않았다. 그 결과 전통적 사회 양식은 온전했을 뿐 아니라 18세기 말까지 도전도 거의 받지 않았다. 유럽 해양국가의 상업적 발전에 내재된 기존 질서에 대한 위협으로부터 안전했던 이런 대륙국가들에서, 전통적인 지배계급들은 그들의 지위를 유지했을 뿐 아니라 종종 실질적으로 특권을 확대할 수도 있음을 보였다.

두 번째 집단의 국가들에서는 기존 질서를 성립하고 있던 경제영역과 사회영역 사이에 상당한 충돌이 있었다. 사실 이는 변화에 대한 요구가 촉발된 배경이 되었다. 정치적 상황들이 이 충돌을 해결해주기도 했는데, 그때에는 대가 또한 지불되어야 했다. 그러나 이런 상황은 잠시 억제될 수도 있었다. 프랑스가 눈에 띄는 예였지만, 일부 독일 국가들, 플랑드르 지방, 이탈리아 일부에서도 동일한 압박의 징후가 보였다. 세 번째 집단의 국가들은 잉글랜드, 네덜란드, 바다 건너 영국령 북아메리카처럼 상대적으로 더 개방된 국가들이었다. 이런 나라들에서는 이미 재산이나 재능의 구별이 사회의 형식적 구별보다 더 중요해졌고, 법적 권리가 퍼져나갔으며, 경제적 기회의 확산이 느껴졌고, 임금에 대한 의존을 특징으로 가지고 있었다. 심지어 16세기에도 잉글랜드 사회는 대륙국가들보다는 훨씬 더 유동적으로 보였다. 북아메리카인들이 18세기에 새로운 헌법을 제정하게 되었을 때, 그들은 실제로 세습작위의 부여를 금지했다. 이런 나라들에서 개인주의는 (실제 관습과 기회의 제약이 무엇이든지 간에) 법에 의해서 제약받지 않는 범위에 가까운 것이었다.

이런 일반적 설명은 지나치게 정확하고 명료해지기 쉽다. 사실 위에서 제안된 세 가지 유형의 구별조차 매우 모호하다. 우리가 동질인 것으로 오해하기 쉬운 여러 사회들 안에도 놀랍도록 명확히 대조되는 요소들이 존재한다. 선진국 안에서도 우리에게 낯설고, 심지어 구식으로 보이는 것들이 여전히 많이 발견된다. 잉글랜드, 프랑스, 독일의 대부분의 도시들은 지역주의가 팽배하고, 편협한 상인 과두체제 혹은 성공한 길드 조합원이나 주교단에 의해서 지배받는 작은 '바체스터'*였다. 그러나 사르트르처럼 18세기에도 인구가 500년 전과 여전히 똑같고 중세 시골지역에 중세적 방식을 가지고 만족스럽게 뿌리를 내린 도시와, 낭트와 보르도처럼 북적거리는 항구 지역으로 프랑스 경제의 역동적 측면을 구성하는 몇 개 안 되는 도시들도 같은 나라의 일부였다. 명확히 개인주의적 자본주의 사회로 규정되는 원숙한 사회는 또한 스스로를 그렇게 의식하는 사회는 유럽 어디에도 존재하지 않았다. 자본주의로의 변화가 가장 많이 진행된 나라들의 특징은 나머지 세계 대부분 지역이 겪던 상황에서 벗어나는 변화의 속도가 증가했다는 것이었다.

때로 이러한 상황은 개혁을 꿈꾸던 사람들의 감탄을 자아냈다. 현 질서에 대해서 중요한 의문을 제기했던 볼테르는 18세기 초에 영국에서는 대상인이 귀족만큼 존중받고 존경받을 수 있다는 사실에 크게 충격을 받았다. 볼테르가 약간의 과장을 했고 미묘한 차이를 일부러 모호하게 표현한 것은 분명 사실이지만, 그럼에도 영국이 세계열강으로 부상하는 이야기의 일부는 여전히 주목할 가치가 있다. 18세기 잉글랜드를 지배했던 정치계급은 지주계급으로서 토지의 가치를 강력하게 반영했음에도 지속적으로 국가의 상업적 이익의 옹호에 애쓰고, 런던의 집단적 지도력이 가진 지혜와 인도를 받아들였던 것이다. '화폐' 이익과 '토지' 이익의 정치적 분열은 계속 이야기되는 주제였고, 정치는 오랫동안 지주계급 안의 분쟁영역이자 갈등을 일으키는 전통적인 문제로 남아 있었지만, 그럼에도 다른 나라에서는 경쟁의 대상이었을 이해관계들이 번성했으며 소외되지 않았다. 이에 대한 설명은 분명 복잡하다. 영국 농업의 상업화처럼 이전 세기의 역사로 돌아가야 설명이 가능한 주제도 있지만, 정부와 상공업계에 대한 개인의 투자 증가를 유도하는 설비가 증가하는 과정처럼 훨씬 더 최근의 역사를 살펴보는 것만으로 충분한 것들도 있다.

네덜란드와 영국의 경제적, 특히 상업적 성공과 선진사회로의 발전이 동시에 일어난 것은 상당히 인상적이다. 이는 한때 그들의 종교에서 영향받은 바

---

* 앤서니 트롤럽(Anthony Trollope)의 소설 『바체스터의 탑(*Barchester Towers*)』(1857)의 배경이 되는 도시/역주

가 컸다. 기독교 세계 안에 일어난 대격동의 결과로 두 국가 모두에서 가톨릭 교회의 지배가 종식되었다. 18세기의 반성직자주의 집단들과 근대의 사회학자들은 이 동시성을 탐구하고 이용하려고 했다. 즉 프로테스탄티즘이 자본주의 윤리를 제공했다고 말해졌다. 그러나 이것은 더 이상 타당해 보이지 않는다. 일단 당시 많은 가톨릭 자본가들이 있었고, 그들 또한 때때로 성공적이었다. 18세기에 프랑스와 에스파냐는 여전히 중요한 무역국가들이었고, 프랑스는 (비록 나중에는 뒤처졌지만) 영국과 비슷한 정도의 성장률을 누렸던 것처럼 보인다. 잉글랜드와 네덜란드는 대서양 무역로를 가진 나라들이었고, 따라서 16세기 이후 지속적인 경제성장을 보이는 나라들 중에 이름을 올렸다. 그러나 이것 또한 충분한 설명은 아니다. 북유럽 국가이고, 프로테스탄트이며, 대서양 국가인 스코틀랜드는 오랜 기간 가난하고 뒤처진 봉건적인 국가로 남아 있었다. 지중해와 동유럽을 북서 유럽으로부터 구별시키는 차이는 단순한 지정학적 위치의 문제가 아니었다. 이런 차이는 근대화의 상이한 속도를 설명하는 요소 이상의 의미를 가졌다. 예를 들면, 잉글랜드와 네덜란드 농업의 발전은 다른 요소들보다 이들 나라들이 상대적으로 땅이 부족했던 점에 더 영향을 받았을 것이다.

19세기까지 동유럽의 사회, 경제적 구조는 근원적으로 서유럽의 변화 과정의 외곽에 머물러 있었다. 예를 들면, 기존의 주장들은 서쪽 지방보다 더 짧은 성장기와 더 척박한 토양이 애초에 씨앗을 덜 남겼고, 따라서 이것이 핵심적인 농작물 성장의 초기 단계에서 경제적으로 방해 요소가 되었다고 주장한다. 이는 사람이 조장한 장애이기도 했다. 동유럽에 정착하는 것은 오랫동안 중앙아시아 유목민들에 의해서 방해받았다. 또한 이 지역의 남쪽 방면은 발칸 반도와 튀르크 국경에 놓여 있어서 몇 세기 동안 전쟁 상태, 습격, 강도에 시달리기도 했다. 일부 지역에서, 예를 들면 헝가리에서 튀르크의 지배는 인구감소로 이어졌다.

이 시기 모스크바 대공국에서 출현한 러시아에서 농노인구는 전체 인구에 비해서 크게 성장했다. 가혹한 법률은 소작농에 대한 주인들의 통제 뒤에 국가의 권력을 위치시켰다. 프로이센을 포함한 다른 동유럽 국가들에서 지주의 소작농에 대한 우월적 지위는 강화되었다. 이것은 회유되지 않을 경우 국왕의 권위에 도전할 수도 있었던 귀족들에 대한 왕의 단순한 묵인 이상의 의미를 가지는 것이었다. 이는 또한 경제발전을 위한 수단이기도 했다. 경제발전이 사회적 불평등과 함께 진행된 것이 이때가 처음이거나 마지막이었던 것은 아니다. 농노제는 다른 많은 나라에서 다양한 시점에 존재한 강제노동이 그러했듯이, 토지생산성을 높이기 위해서 필요한 자원들 중의 하나를 이용하는 방식의 하나였다.

지금까지도 일정 수준 식별할 수 있는 한 가지 결과는 유럽이 엘베 강을 따라서 대강 나누어지게 된 것이다. 1800년경 유럽 서쪽에는 좀더 개방된 사회 형태를 향해서 서서히 진화해가던 나라들이 있었다. 동쪽에는 권위주의적인 정부들이 있었는데, 이들은 소수의 토지 소유자들이 다수의 결박된 소작농들에 대해서 압도적인 힘을 발휘했던 농업사회들을 관장했다. 수 세기 동안 서유럽 여러 지역에서 도시가 번성했던 것과 달리, 이 지역의 도시들은 그렇지 않았다. 이 도시들은 전원지역 안에 존재하는 세금이 과도히 부과되는 섬이 되는 경향이 있었고, 농노제의 압박 때문에 그들이 필요로 하는 노동력을 교외지역에서 끌어낼 수도 없었다. 폴란드와 러시아의 광활한 지역에서 화폐경제는 거의 존재하지 않았다. 이 불균형한 발전은 유럽을 나누는 분리선을 만들었고, 이는 향후 유럽사에서 계속 재생산되었다.

이런 구분은 비공식적인 제도들, 예를 들면 언제나 문명 진보의 가장 확실한 표지였던 여성의 권리와 기회의 측면에서도 식별될 수 있었다. 여기에서 또다른 구별선이 그려질 수 있었는데, 이는 지중해 연안 유럽과 북유럽 사이에 그려진 것으로, 머지않아서 라틴 아메리카와 북아메리카 사이로 확대되었다. 공식적으로 그리고 법적으로 이런 나라들 어디에서도 변화는 일어나지 않았다. 여성의 법적 지위는 이전과 비슷한 상태로 계속 남아 있었고, 이 시기가 끝날 때쯤에야 의문시되었다. 그럼에도 불구하고, 여성의, 특히 상류계층 여성의 실질적 독립은 북유럽 국가들로부터 확대된 것처럼 보인다. 15세기에도 외국인들은 잉글랜드 여성들이 특별한 자유를 누린다고 말하곤 했다. 이 자유는 축소된 것 같지 않으며, 18세기에는 프랑스에서도 적어도 좋은 가문에서 태어난 여성은 실질적 독립을 상당히 누릴 수 있었음을 보이는 표지들이 존재한다.

이는 부분적으로 18세기에 새로운 종류의 상류계급 생활방식이 등장했기 때문이었다. 이는 왕실모임 외의 다른 사회적 모임을 위한 공간을 마련하고, 종교적, 가정적 의식으로부터 점점 독립되어가는 생활방식이었다. 17세기 말부터, 초기의 클럽들이 등장하게 될 런던 커피 하우스에서의 모임에 참석한 사람들의 이야기를 들을 수 있다. 곧 귀부인의 응접실에서 열린 친지와 지인들의 친목모임인 살롱(salon)이 나타났는데, 이는 특히 프랑스적 발명품이었다. 18세기에 일부 살롱은 중요한 지성의 중심지였다. 여성들이 종교 이외의 다른 지적인 문제에 관심을 보이는 것이 확산되고, 심지어 유행이 되었음을 보여준다. 루이 15세(재위 1715-1774)의 정부였던 퐁파두르 부인(1721-1764)이 초상화를 그렸을 때, 그녀는 그림 속에 몽테스키외(1689-1755)의 사회학 저작인『법의 정신의 변호(*Défense de l'esprit des lois*)』를 넣도록 했다. 여성들이 아직 '파란 스타킹'*을 꿈꾸지 못하던 시절에도, 왕궁으로부터 독립된 살롱과 협회의 등장은, 집 안에 갇혀 있던 여성들이 제한된 범위나마 실질적인 탈출할 수 있도록 도왔다. 종교적 혹은 전문 지식적 회합과 더불어, 이런 모임은 그때까지 사람들이 사회적 오락을 추구할 수 있었던 사실상의 유일한 조직들이었다.

18세기 말경, 여성 미술가와 소설가의 시대 그리고 여성이 미혼인 상태가 수녀원으로의 은퇴를 의미하지 않을 수 있다는 것이 받아들여지는 시대에 도달했다. 어디에서부터 이런 변화가 찾아왔는지 알아내는 것은 쉽지 않다. 19세기 초부터 잉글랜드의 잡지『스펙테이터(*Spectator*)』는 이미 남성뿐 아니라 여성 독자들에게 선전하는 것이 가치 있는 일이라고 생각했다. 이는 과거를 공정하게 회상해야 함을 말해준다. 18세기는 1명의 잉글랜드 여왕과 4명의 여제들(1명은 오스트리아, 3명은 러시아)처럼 커다란 정치적 영향력을 가진 여성들의 현저한 예들이 나타나는 시기이다. 이들은 스스로 정당한 권한에

---

* 혹은 청탑파, 1750년경 런던에 있었던 문학애호가 인텔리 여성의 모임/역주

따라서 통치했고, 때로는 성공적이었다. 그러나 여성해방 운동의 초기 단계는 여전히 연구가 미진한 영역이기 때문에, 확신을 가지고 이야기할 수는 없다.

마지막으로, 자본주의를 향해서 가장 많이 이동해 있던 근대 초기 유럽 사회에서조차, 어떤 발전도 절대적 다수를 차지하는 민중의 삶을 변화시키지는 못했다. 아직 산업과 관련된 대규모 개인 일자리는 생기지 않았다. 이런 일자리는 대부분의 남성과 여성들이 의심의 여지없는 확실성을 가지고 받아들였던 전통적인 생활방식을 끊는 첫 번째 강력한 동력을 제공할 것이었다. 이런 전통적 생활방식이 주는 확실성은 대부분의 유럽 농경지역이나, 종교가 여성의 복종과 배제와 같은 문제들에서 큰 위력을 발휘한 지역에서 더욱 중요했겠지만, 1800년에는 기본적으로 여전히 어디에서나 지배적이었다.

3

유럽의 권위와 그 도전자들

1800년경, 많은 유럽인들은 400년 전에 이해하기 쉽고 적절했을 사회적, 정치적 구조에 대한 생각을 여전히 고수하고 있었다. 다른 것보다도 이런 측면에서 '중세'는 갑자기 끝난 것이 아니었다. 상당히 '중세적인' 것으로 묘사되던 사회와 정부에 대한 생각들이 넓은 지역에서 유효한 세력으로 살아남아 있었고, 몇 세기를 거치면서 점점 사회적 실체에 부합하게 되었다. 대체로 그 구성원을 보호하고 그들의 지위를 규정하기 위해서 법률적인 특권을 가진 조직들로 사람들을 집단화하는 것을 뜻하는 사회의 '공동' 조직은 18세기 유럽 대륙에서 여전히 지배력을 가지고 있었다. 앞서 언급한 것처럼, 중유럽과 동유럽의 많은 지역에서 농노제는 더 엄격해졌고 확산되었다. 정치제도 안에 많은 연속적 요소들이 분명히 존재하고 있었다. 1800년 신성 로마 제국은 1500년에 그랬듯이 여전히 존재했고, 교황의 세속권력 또한 마찬가지였다. 한 카페 왕조의 후손은 (더 이상 1500년의 왕조와 같은 일가 출신이 아니었고, 또한 망명 중이었지만) 여전히 스스로를 프랑스의 왕으로 여기고 있었다.

잉글랜드에서는 1820년이 되어서도, '국왕 옹호자'*는 웨스트민스터 홀에서 있었던 조지 4세(재위 1820-1830)의 대관식 만찬에 완전무장을 하고 나타나서 모든 참가자에 맞서서 군주의 칭호를 지켜주었다. 대부분의 나라에서 종교와 사회의 밀접한 연관성과 법으로 확립된 교회를 고백하는 독립체가 국가라는 생각이 여전히 당연히 여겨졌다. 비록 이런 생각은 많이 도전받았고 일부 국가에서는 심각한 역전현상이 나타나기도 했지만, 다른 많은 문제들에

* King's champion : 국왕의 대관식 후 웨스트민스터 홀에서 열리는 피로연에 무장하고 말을 타고 와서 왕의 자격을 거부하는 자에게 결투를 신청했던 기사/역주

서처럼 1800년경 이전 역사의 무게는 여전히 엄청났고, 그보다 10년 전만 해도 더 무거웠다.

이 모든 것을 인정하더라도, 중세 국가를 특징짓는 사회, 정치적 유대관계의 해체 혹은 적어도 약화 현상이 1500년부터 1800년 사이의 3세기 동안 유럽의 전반적인 경향이었다. 대신에 권력과 권위는 '봉건적인' 개인에 대한 종속계약에서 벗어나서 국가가 규정한 중앙집권 체제를 향해서 흘러가는 경향이 있었다. 사실 법률적 기술 용어로서 '봉건' 사상의 발명 자체가 17세기의 업적이었다. 이것은 시대적 필요에 의해서 실체가 약해져가는 대상을 정확히 밝히게 되었음을 시사한다. 비록 감정적 그리고 무의식적 영역에서 여전히 중요했지만, 기독교 국가라는 개념 또한 이 시기에 정치적 실체를 상실했다. 교황의 권위는 '대분열' 시기의 민족감정 때문에 손상되기 시작했고 신성 로마 제국 황제의 권위도 14세기 이후 약화되었다.

또한 유럽을 통합하는 새로운 일관된 원칙이 나타나지 않았다. 이를 보여주는 시범적 사례가 오스만 튀르크인들의 등장이었다. 이슬람 황제와 전쟁 중이던 기독교 군주들은 동료 기독교인들에게 도움을 요청할 수 있었고, 교황들은 여전히 십자군의 수사를 사용할 수 있었지만, 튀르크인들도 잘 알고 있었듯이 실상 이들 기독교 국가들은 자신들의 이익만을 좇았을 뿐이고 필요할 때는 무슬림들과도 동맹을 맺을 수 있었다. 오스만 제국은 현실적인 이유에서 유럽 정치의 일원이 되었다. 당시는 국가의 이익에 대한 지적인 계산 결과에 원칙과 명예를 의도적으로 복속시키는 현실정치(Realpolitik)의 시대였다. 유럽인들이 그들을 다른 문명과 분리시키는 (그들의 것이라고 확신하는) 문화에 의한 커다란 구별에 더욱 동의하게 된 시대에, 그들의 핵심적인 단일성을 확인해주는 제도들에 거의 관심을 보이지 않았다는 사실은 (또한 새로운 것을 만들기 위해서도 아무 노력도 하지 않았다는 사실도) 매우 흥미롭다. 가끔 공상가들만이 국가를 초월하는 무엇인가를 건설할 것을 주장하곤 했다.

그러나 이는 문화적 우월성에 대한 새로운 인식이라는 점에서 설명이 가능할 것이다. 유럽은 의기양양한 팽창의 시대에 접어들었고 스스로에게 그것을 납득시키기 위해서 공유된 제도가 필요 없어졌다. 대신에 국가의 권위와 정부의 권력은 이 시기에 확대되었다. 그러나 겉으로 보이는 모습에 의해서 혼동되지 않는 것이 중요하다. 누가 권력을 실행할 것인가에 대한 논쟁과, 권력에 가해져야 할 다양한 제한을 제시하는 다수의 정치적 글들에서 입법주권 사상이 인정되는 것이 일반적인 추세였다. 즉 유럽인들은 정부의 권위가 당연하다는 전제하에, 입법부의 권한에 대한 제한이 없어져야 한다고 느끼게 되었다.

이런 단서를 고려해볼 때, 이는 과거의 사고로부터 커다란 단절을 의미했다. 중세 유럽인들에게 인위적 간섭, 면책특권, 후대 입법자들이 변경할 수 없는 특권적 자유 등의 개념보다 상위의 권리와 규칙들이 존재하지 않는다는 생각은 신학적 측면에서뿐 아니라 사회적, 사법적 측면에서도 신성모독에 가까웠다. 이런 규칙들은 항상 존중되어야 하는 기본적 법률이자 인간의 법률에 의해서 위반될 수 없는 신의 법칙이었다. 17세기 잉글랜드 의원들은 토지와 관련된 기본법이 무엇인지에 대한 의견은 일치하지 않았지만, 모두가 무엇인가가 존재한다고는 생각했다. 한 세기 후 프랑스의 중요 법률 지식인들도 똑같은 생각을 했다. 그럼에도 마침내 양국에서, 그리고 (다소간 차이는 있지만) 다른 많은 나라들에서도, 주권을 가진 법적으로 제약받지 않는 입법세력의 존재가 국가의 특징이라는 생각이 수용되었다.

그러나 이는 오랜 시간이 필요한 과정이었다. 초기 유럽 근대사의 대부분의 시기에 가장 일반적인 정부의 형태가 군주제였다는 사실은 근대 주권국가의 등장을 이해하기 어렵게 만들었다. 통치자들의 권력투쟁은 이 시기 유럽사의 상당 부분을 구성하기 때문에, 때로 진정 중요한 것을 정확히 보기 어렵게 한다. 결국 군주제의 통치자들은 두 개의 명확히 구별되는 배경으로부터 도전받을 수 있었다. 우선 일부 군주들이 주장하는 것과 같은 권력을 어떤 정부가 가지는 것 자체가 잘못되었다는 생각에 근거한 저항이 있었다. 이는 아마도 '중세적인' 혹은 '보수적인' 자유의 수호라고 이름을 붙일 수 있을 것이다. 그리고 이런 권력이 적절히 존재할 수는 있지만 잘못된 사람에게 집중될 수 있는 가능성에 근거한 저항이 있었다. 이는 '근대적인' 혹은 '진보적인' 자유의 수호라고 부를 수 있을 것이다. 사실상 두 가지 주장은 종종 불가피하게 혼동되었다. 그러나 이 혼동 자체가 당시 일어나던 사상적 변화를 반영하는 중요한 지표였다.

정부의 강화는 이런 법률적 원리의 영역을 벗어나서, 군주의 자의적 권력의 증가에서 나타났다. 한 가지 지표는 중세 말기 많은 나라들에서 나타났던 대의기관들이 16세기와 17세기에 거의 보편적으로 쇠퇴했다는 것이다. 1789년경, 중부나 동유럽이 아닌 서유럽 대부분의 지역은 군주들이 대의기관에 거의 방해받지 않고 통치하고 있었다. 중요한 예외는 영국에서 나타났다. 16세기의 국왕들은 중세의 소귀족들과 소도시의 시민들에게는 현저하게 크게 보였을 권력을 행사하기 시작했다. 이 현상은 이따금 절대군주제의 등장으로 묘사된다. 중세의 면책특권이나 대의기관들 수준으로 왕권을 제한할 수 있었던 실질적 견제수단이 존재했으므로, 국왕이 가졌던 그의 의지를 실행할 기회를 지나치게 과장하지 않는다면, 이 용어는 수용될 만한 것이다.

어디에서나 혹은 거의 모든 곳에서, 자신의 경쟁세력에 대한 통치자들의 상대적인 지배력은 16세기 이후 크게 증가했다. 새로운 재정원을 통해서 군주들은 포병대를 갖출 수 있었는데, 이는 상비군과 화포를 갖출 능력이 없는 대귀족들에게도 사용될 수 있는 무력이었다. 때때로 군주제는 느리기는 해도 성장하고 있던 국민의식을 동맹 삼아 지나치게 강성한 대귀족들에게 자기의 질서를 부여할 수 있었다. 15세기 말, 많은 나라들이 질서와 평화를 보장한다면 군주정을 받아들일 준비가 되어 있었다. 대부분의 경우 (특별한 이유가 있었지만) 거의 모든 지역에서 군주들은 스스로를 대귀족보다 훨씬 높은 수준으로 격상했고, 자신에 대한 존경과 권위에 대한 주장을 대포와 세금으로 담보하게 되었다. 국왕들은 신분에 의해서 사실상, 때때로 법률상 공직을 부여받는 중신들과 의무적으로 권력을 나누어야 한다는 생각에 더 이상 마음 쓰지 않았다. 튜더 왕조 치하의 잉글랜드 추밀원은 거의 명사회(名士會)만큼이나 능력 위주의 제도였다.

16세기와 17세기 초에 '르네상스 국가'라고 불리는 국가가 등장했다. 이는 오히려 확대된 관료제를 지칭하는 거창한 용어였다. 이 관료제는 국왕이 고용한 사람들로 직원이 구성되어 있고, 중앙집권을 이루려는 열망에 의해서 지도되며, 그것의 함축적 반대명제인 중세 왕국에 비하면 충분히 명료한 실체를 가진 것이었다. 중세 왕국은 정부 기능의 상당 부분이 봉건적 형태의 개별 종속인들이나 법인들에 위임되어 있었다(그중 교회가 가장 큰 것이었다). 물론 어떠한 정치조직의 모델도 역사적으로 순수한 형태로 존재한 적은 없었다. 언제나 미천한 출신의 '신참' 궁전 관리들이 있었고, 정부는 오늘날에도 여전히 그 업무를 비정부기관들에 위임한다. 근대 '국가'로의 갑작스런 전환이라는 것은 사실 없었다. 이 전환은 몇 세기가 걸렸고 종종 옛 형태를 사용했으며, 오랜 시간 유럽 국가들은 아시아의 상대들과 비교했을 때 약하고 다루기 힘들어 보였다. 잉글랜드에서 튜더 군주들은 왕실 치안판사라는 기존의 제도를 이용하여 지방 젠트리를 군주정의 구조 속으로 결합시켰다. 그러나 이는 영주의 권위를 약화시키는 오랜 과정의 또다른 단계에 불과했다.

그러나 잉글랜드에서조차 귀족들은 심각한 적대감을 일으키지 않는 한 오랫동안 특별한 대접을 받았다. 16세기 정치인에게 반란은 피할 수 없는 현실이었다. 근위병은 궁극적인 우세를 보장해주었지만, 어떤 국왕도 폭력에 의존하게 되기를 원하지는 않았다. 유명한 표어대로, 대포는 군주들의 마지막 주장이었다. 17세기 중반까지 이어지는 프랑스 귀족의 격동의 역사, 같은 시기에 있었던 잉글랜드의 지역 이해관계 대립의 역사, 지역유지들을 희생해서 영토를 통합하려고 했던 합스부르크의 시도 등 모든 것들이 이를 반영한다. 영국에서는 1745년에 마지막 봉건적 반란이 일어났다. 그러나 다른 나라에서는 여전히 장차 다가올 반란들이 있었다.

조세는 반란의 위험과 징세를 담당할 행정기구의 미비함 때문에 지나칠 정도로 압박을 받지는 않았다. 그러나 관리들과 군대는 급여를 받아야만 했다. 한 가지 방법은 관료들에게 그들의 봉사를 필요로 하는 사람들로부터 요금이나 추가비용을 거둘 수 있는 특전을 허락하는 것이었다. 물론 이는 완벽한 방안은 아니었고, 따라서 결국 통치자가 막대한 액수를 직접 거두어야 했다. 국왕 보유지를 개발하는 것을 통해서 아직 풀 수 있는 부분이 있었지만, 그러나 모든 군주들은 조만간 다시 새로운 세금을 찾게 되었고, 이것은 거의 누구도 풀 수 없는 숙제였다. 여기에 19세기나 혹은 그후까지도 풀기 어려웠던 기술적인 문제들이 있었다. 그러나 3세기 동안 뛰어난 상상력으로 새로운 세금들이 발명된 것처럼 보인다. 대체로 세금징수원들이 할 수 있는 것은 (관세나 소비세 같은 간접세나 판매세 혹은 지불이 필요한 무역에 면허나 인가를 요구하는 것을 통해서) 소비나 부동산에 세금을 매기는 것뿐이었다. 보통 이런 조치는 매우 불평등하게 극빈층에게 영향을 주었다. 이들은 부자들보다 훨씬 더 적은 가용 수입을 더 높은 비율로 생필품에 소비한다. 지주가 그의 세금부담을 재산 피라미드의 맨 밑바닥에 있는 사람에게 넘기는 것을 막는 것도 쉽지 않았다.

조세 또한 여전히 남아 있는 중세적 사상인 법적 면책특권에 의해서 방해받았다. 1500년에는 통치권력의 침입으로부터 특별히 보호되어야 하는 지역, 사람, 행동영역이 있다는 생각이 일반적으로 받아들여졌다. 그것들은 과거 많은 도시들에 특권이 주어졌던 방식인 국왕의 확정 인가장에 의해서, 잉글랜드의 마그나 카르타와 같은 계약상의 동의에 의해서, 태곳적부터의 관습이나 종교적 법률에 의해서 보호받을 수 있었다. 가장 극명한 사례는 교회였다. 교회의 재산은 대개 세금부과의 대상이 아니었고, 국왕의 재판에서 다루어질 수 없는 문제들에 대한 사법권을 가지고 있었으며, 결혼과 같이 중요한 사회적, 경제적 제도들을 지배했다. 그러나 특정 지역, 직종, 가문 또한 국왕의 사법권이나 세금에 대한 면책특권을 누릴 수 있었다. 그리고 국왕의 지위가 어디에서나 동일했던 것도 아니었다. 프랑스 왕조차도 브르타뉴에서는 공작에 불과했고 그것이 그가 그곳에서 할 수 있는 일에 차이를 만들었다. 이런 사실들이 '르네상스 국가'가 감수해야 할 실체들이었다. 비록 미래는 왕실의 관료들과 그들의 문서들 위에 놓여 있었지만, 살아남은 중세적 요소들은 받아들이는 것 이외에는 할 수 있는 일이 없었다.

16세기 초반, 커다란 위기가 서방 기독교 세계를 흔들었다. 그것은 오래된 중세적 신앙의 통일성을 영원히 파괴했고 왕권강화를 가속화했다. 조금 단순하게 말해서 프로테스탄트 종교개혁이라고 불렸던 현상이 종교적 권위에 대한 또 하나의 분쟁으로서 시작되었다. 그것은 또한 그 형태와 이론적 구조에 대한 많은 도전에도 불구하고 성공적으로 살아남았던 교황권에 대한 의문 제기이기도 했다. 여기까지는 완전히 중세적 현상이었다. 그러나 이것은 이야기의 전체가 아니며 종교개혁의 정치적 중요성은 결코 사라지지 않았다. 종교개혁이 또한 문화적 혁명을 폭발시켰음을 고려한다면, 이것이 전통적으로 근대사의 시작점에 위치하는 것에 의문을 제기할 이유는 없다.

교회개혁에 대한 요구 자체는 새로운 것이 없었다. 1500년 교황제와 로마교황청이 반드시 모든 기독교인의 이해관계를 반영하는 것은 아니라는 인식은 확실한 논거를 가지고 있었다. 일부 비평가들은 이미 이로부터 교리적 반박으로 이동했다. 15세기의 심오하면서도 불안정한 경건주의의 증가는 영적인 문제들에 대한 새로운 해답을 찾으려는 시도이기도 하지만, 또한 그것을 교회의 권위가 규정한 한계의 바깥에서 찾으려는 의욕의 표출이기도 했다. 이단은 결코 사라지지 않았고, 단지 억제될 뿐이었다. 대중적인 반성직자주의는 역사가 깊고 널리 퍼진 현상이었다. 오랫동안 이 현상은 더 복음주의적인 성직자에 대한 요구를 불러일으켰다. 15세기에 종교생활에서 나타난 또다른 흐름은 이단보다도 더 본질적으로 파괴적인 결과를 초래했다. 이단과는 달리, 이것은 궁극적으로 전통적인 종교관의 뿌리 자체를 제거할 힘을 가졌기 때문이다. 이는 학문적이고, 인문주의적인 또한 합리적이고, 회의적인 지적 운동이었다. 좀더 나은 단어가 없으므로, 이를 당시 사람들이 보기에 이 사상을 가장 명확히 체계화한 사람의 이름을 따라서 에라스뮈스 유파(Erasmian)라고 부를 것이다. 그는 유럽사에서 주도적 역할을 한 첫 번째 네덜란드인이었다.

로테르담 출신의 에라스뮈스는 자신의 종교에 매우 충성스러웠다. 그는 스스로가 기독교인일 수밖에 없다고 생각했으며, 이는 의문의 여지없이 교회 안에 남아 있는 것을 의미했다. 그러나 그는 교회에 대한 이상을 가지고 있었고 실현 가능한 개혁의 비전을 구체화했다. 비록 그가 교회나 교황제의 권위에 도전한 것은 아니었지만, 그의 학문 저작들이 상당히 체제 전복적인 함의를 가지고 있었기 때문에, 그는 좀더 미묘한 방식을 통해서 원론적으로 권위에 도전하게 되었다. 그가 유럽 곳곳에 있는 동료들과 나누었던 서신 교환의 어조 또한 비슷했다. 그들은 에라스뮈스로부터 자신들의 논리를 전개하는 법을 배웠고, 구식 학문 취급을 받던 아리스토텔레스 철학으로부터 신앙을 가르치는 법을 배웠다. 당시 그리스어 지식이 다시 확산되고 있었는데, 이때 에라스뮈스는 자신의 그리스어 『신약성경』을 통해서 교리 논쟁의 확실한 근거를 제공했다. 에라스뮈스 스스로가 괴상한 교리의 구조가 구축된 근거인 『성경』 본문들이 위조된 것임을 폭로했다.

그러나 에라스뮈스나 그의 관점을 공유한 사람들 누구도 종교의 권위를 노골적으로 공격하지도, 교회의 문제를 보편적인 논쟁거리로 만들지도 않았다. 그들은 신앙심 깊은 가톨릭교도들이었다. 성직자들의 행위와 군주들의 탐욕에 불만을 표했던 인문주의는 이단과 같이 16세기 기운이 감돌던 무엇인가였다. 인문주의는 세상의 많은 것들이 그렇듯이, 그것들을 종교혁명으로 만들 사람과 때를 기다리고 있었다. 어떤 단어도 한 독일 수도사의 무의식적 행동에 뒤따라서 일어났던 일들을 적절히 묘사할 수 없다. 그의 이름은 마르틴 루터(1483-1546)였다. 1517년, 그는 아리안주의자들이 사라진 후 서유럽에 손상되지 않고 남아 있던 기독교의 단일성을 파괴했다.

국제적인 인사였던 에라스뮈스와 달리, 루터는 엘베 강가의 작은 독일 마을인 비텐베르크를 짧게 떠난 것을 제외하고는 거의 벽지에서 살았다. 아우구스티누스 수도회의 수도사 출신으로, 신학에 정통하고 심성 속의 종교적 갈등을 겪고 있던 루터는 이미 신을 심판자가 아닌 용서자로 제시하는 새로운 견해로 『성경』을 가르쳐야 한다는 결론에 도달해 있었다. 그러나 이것이 그를 혁명가로 만들 필요는 없었다. 루터가 교황제에 이의를 제기하기까지 그의 견해의 정통성은 결코 의문시되지 않았다. 그는 한번은 로마에 갔다가 그곳에서 본 것에 실망할 수밖에 없었다. 교황의 도시는 매우 세속화된 것처럼 보였고 교회 지도자들은 그들에게 마땅히 요구되는 수준에 미치지 못하는 듯했다. 이런 영향으로 루터는 면벌부(免罰符) 행상인으로 작센 지방을 돌아다니던 순회 도미니카 수도사에게 호의를 보일 수 없었다. 대금을 치르면 주어지는 이 교황의 증명서는 그 소지자에게 자신의 죄 때문에 초래된 형벌의 일부가 내세에서 면제된다고 보장했다. 이 설교자의 이야기를 듣고 면벌부를 사서 들고 온 농부들에 의해서 이런 설교 내용이 루터에게 전해지게 되었다.

그 설교자가 조장한 거래는 매우 치졸한 것이었고, 중세 가톨릭교회의 가장 추잡한 모습의 하나를 보여준다. 루터는 분노했고 거의 강박감에 사로잡히게 되었다. 그는 사람이 자신의 구원을 확신하기 이전에 그의 삶 속에 변화가 필요하다는 것을 매우 심각하게 받아들이고 있었다. 그는 면벌부 관련 행위와 몇 가지 교황의 다른 관행들에 대한 항의를 95개조 논제에 진술하여 그의 실제적인 견해를 정리했다. 1517년 10월 21일, 학술논쟁의 전통에 따라서 루터는 그것을 라틴어로 써서 비텐베르크 성의 교회 대문에 붙였다. 루터는 또한 이 논제를 독일의 종주도시(宗主都市)였던 마인츠의 대주교에게 보냈는데, 대주교는 루터가 속한 수도회가 그가 이 주제에 대해서 설교하는 것을 금지해야 한다는 요청서와 함께 이 논제를 로마로 전송했다. 이때 논제가 독일인들 사이에서 퍼져나갔고 새로운 정보기술은 상황을 변화시켰다. 95개조 논제는 인쇄되어 독일 전역에 회람되었고, 그래서 루터는 그가 원하던 논쟁을 시작할 수 있었다. 그가 속한 영방의 통치자 작센의 프리드리히는 루터를 넘겨주기를 거부했고, 그의 보호는 루터를 생명의 위협에서 건져주었다. 알에서 이단의 닭이 부화하는 것을 중단시키지 못한 결과는 치명적이었다. 루터의 수도회는 그를 포기했지만, 그의 대학은 그러지 않았다. 곧 교황은 자신이 로마에 대한 불만을 표하는 독일의 민족적 운동에 직면하게 되었음을 알게 되었다. 루터는 곧 자신이 능숙하고 생산적인 문학적 천재임을 보여주었다. 그는 인쇄된 팸플릿이 가진 무한한 가능성을 맨 먼저 이용한 사람이기도 했다. 이런 사실은 지역유지들의 야망이 더해지면서 이 민족적인 운동을 유지하고 격앙시켰다.

2년이 지나지 않아서 루터는 후스주의자로 불리게 되었다. 이때 종교개혁은 독일 내부의 정치 문제에 말려들게 된다. 중세에도 개혁운동을 꿈꾸던 사람들은 세속 통치자의 도움을 구했다. 이것이 반드시 신앙의 영역을 벗어나서 변질됨을 의미하는 것은 아니었다. 에스파냐의 위대한 성직자 디다쿠스 시메네스도 에스파냐 교회가 직면한 문제 해결을 위해서 군주의 권위를 이용하려고 시도했다. 군주들은 이단자들을 보호하면 안 되었다. 그들의 의무는 진정한 신앙을 지지하는 것이었다. 그럼에도 불구하고, 세속권력에 호소하는 것은 그 입안자들이 의도했던 것보다 변화를 더 진행시키는 길을 열어줄 수도 있었다. 이것이 루터의 경우처럼 보였다. 실제로 루터의 주장은 곧 개혁의 적절성과 근거의 문제를 넘어, 처음에는 교황의 권위에 대해서 나중에는 교리에 대해서 의문을 제기하게 되었다. 그의 초기 항의 내용의 핵심은 신학적이지 않았다. 그럼에도 불구하고 그는 화체설(化體說)을 부정하고 그것을 훨씬 더 이해하기 어려운 성체론(聖體論)으로 교체했으며, 구원에 관해서는 사람이 '행위'라고 일컬어지는 성사(聖事)를 지킴으로써만이 아니라, 믿음으로 의롭게 된다고 설교하게 되었다. 이는 분명 상당히 개인주의적인 입장으로, 교회 밖에서는 구원이 불가능하다고 보았던 전통적 가르침의 뿌리를 도려내는 것이었다. 그러나 에라스뮈스가 루터의 견해에 대해서 질문을 받았을 때 그를 비난하지 않았다는 것을 기억해야 할 것이다. 오히려 에라스뮈스는 루터가 가치 있는 말들을 많이 했다고 생각했다.

1520년 루터는 파문당했다. 그는 어리둥절해하는 관중들 앞에서 파문칙서를 불태웠고 교회법 관련 서적들도 함께 불태웠다. 그는 계속 설교하고 글을 썼다. 스스로를 변호하도록 소환된 제국 국회에서, 루터는 자신의 견해에 대한 철회를 거절했다. 독일은 내전의 위기에 선 것처럼 보였다. 루터는 황제가 발행한 안전 통행권에 의해서 국회를 떠날 수 있었고, 그후 사라졌다. 루터는 그에게 동조한 군주에 의해서 납치되었는데, 이는 그의 안전을 위한 조치였다. 1521년 황제 카를 5세(재위 1519-1556)는 루터를 제국 전체에서 엄금했고, 그는 이제 불법적인 인물이 되었다. 고해성사, 죄의 면제, 성직자 독신에 대한 비판으로 확대된 루터의 교리들은 이제 많은 독일인들의 관심을 끌었다. 그의 추종자들은 설교와 루터의 독일어 『신약성경』 번역 확산을 통해서 이런 교리들을 퍼뜨렸다. 루터주의는 정치적 실체이기도 했으며, 독일 군주들은 이를 보장했다. 독일 군주들은 황제와의 복잡한 관계와 자신들에 대한 황제의 권위의 모호성 문제에 루터주의를 얽어맸다. 전쟁들이 뒤따랐고, '프로테스탄트(Protestant)'라는 용어가 사용되게 되었다. 1555년, 독일은 가톨릭과 프로테스탄트 국가들로 돌이킬 수 없이 분열되었다. 이 분열은 아우크스부르크 국회에서의 화약(和約)에 의해서 인정되었다. 이는 각 국가의 지배적인 종교는 통치자의 것을 따른다는 것으로, 유럽에서 종교 다원성의 첫 번째 제도화 시도였다. 이는 스스로를 보편적 가톨릭교회의 수호자로 보았던 황제의 쉽지 않은 양보였다. 그러나 황제가 독일 군주들의 충성을 유지하기 위해서는 이런 조치가 필요했다. 가톨릭과 프로테스탄트 독일 국가들 모두가 마찬가지로, 여러 신조들이 경쟁하게 된 세상에서 종교는 이제 자신을 지지해줄 정치권력에 어느 때보다도 기대게 되었다.

그러나 종교개혁 현상이 단순했던 것은 아니다. 이때 복음주의자들의 소요로부터 다양한 프로테스탄트 교단들이 출현했고 일부는 사회적 소요를 일으키기도 했다. 루터는 곧 자신의 가르침과, 주인들에 대한 반란을 정당화하기 위해서 자신의 이름을 들먹이는 농부들의 관점을 구분해야만 했다. 그중 한 급진적 집단은 재세례파(再洗禮派, Anabaptist)로 이들은 가톨릭과 프로테스탄트 통치자 모두에게서 박해를 받았다. 1534년 뮌스터에서 그들의 지도자들은 재산 문제에서의 공산주의와 일부다처제를 도입했다. 이는 그들을 반대하는 자들의 두려움에 확신을 주었고 혹독한 탄압을 불러왔다. 다른 다양한 형태의 프로테스탄트 중에서, 재세례파만큼 일반적으로 알려진 것은 칼뱅주의(Calvinism)가 유일할 것이다. 칼뱅주의는 프랑스인 장 칼뱅(1509-1564)에 의해서 창시되었지만, 스위스의 종교개혁에 매우 중요한 기여를 했다. 칼뱅은 신학자로서 아직 젊은 나이에 자신의 핵심적 교리를 저술했다. 이 교리 중에는 아담의 타락 이후 인간이 전적으로 타락했다는 교리나, 신에 의해서 구원받도록 예정된 일부 선택받은 사람들 외에는 구원이 불가능하다는 교리 같은 것들이 있었다. 아우구스티누스 수도회의 수도사였던 루터가 바울의 목소리로 말했다면, 칼뱅은 아우구스티누스의 어조를 상기시켜주었다. 이 비관적인 신조의 성공은 사실 이해하기 쉽지 않다. 그러나 제네바뿐만 아니라, 프랑스, 잉글랜드, 스코틀랜드, 네덜란드, 영국령 북아메리카 식민지의 역사가 모두 그 효력을 증언한다. 여기에서 핵심적인 단계는 선택받은 자의 일원이라는 확신을 가지는 것이었다. 이것의 표시는 외적으로는 신의 명령에 복종하고 성찬에 참여하는 것이었고, 이런 확신을 얻는 것은 생각보다 어렵지 않았다.

칼뱅 지도하의 제네바는 태평스런 곳은 아니었다. 그는 자치정부의 활동 증대를 위한 구조를 제공하는 신정국가 헌법의 초안을 작성했다. 신성모독과 주술은 사형으로 다스려졌다. 그러나 당시 사람들에게 이는 그렇게 놀라운 것은 아니었다. 간통 또한 대부분의 유럽 국가들에서 범죄였고 교회법정에서 처벌받는 것이었다. 그러나 칼뱅의 제네바는 이런 범죄를 좀더 심각하게 여겨서 사형으로 다스렸다. 불륜녀는 물에 빠뜨려 죽였고, 남자는 참수를 당했다. 이는 남성 중심적인 유럽 사회의 일반적인 처벌 관행에 분명 반대되는 것이었다. 유럽에서 도덕적으로나 지적으로나 더 약한 그릇으로 여겨졌던 여성은 보통 남자보다 더 가벼운 형벌로 관면(寬免)받았다. 가혹한 처벌들 또한 이단의 죄에나 해당하는 것이었다.

여러 목사들이 훈련받았던 제네바로부터 프랑스의 새로운 교파가 뿌리내렸다. 프랑스에서 이 교파는 주로 귀족들 중에서 개종자들을 얻었고 1561년에는 2,000개 이상의 회중집회를 보유했다. 네덜란드, 잉글랜드, 스코틀랜드 그리고 마침내 독일에서 그것은 루터주의에 도전했다. 칼뱅주의는 폴란드, 보헤미아, 헝가리에도 퍼졌다. 칼뱅주의의 초기 열정은 (스칸디나비아를 제외하면 그것을 처음 받아들인 독일을 넘어서 강력한 보루를 구축한 적이 없는) 루터파를 능가했다.

프로테스탄트 종교개혁의 다양성은 여전히 요약과 단순화를 거부한다. 종교개혁은 그 기원부터가 복잡하고 뿌리도 깊지만, 환경에 상당히 영향을 받았으며, 그 영향력과 표현에서 다양하고, 풍부하고, 광범위했다. '프로테스탄티즘'이라는 이름은 종교개혁의 복잡한 표현 양상들 아래에 자리잡은 본질적인 정체성을 표시해준다. 이 정체성은 그것이 미친 영향력과 결과물에서 발견될 수 있다. 그것은 파괴적이었다. 유럽과 아메리카에서 프로테스탄트 정체성은 『성경』을 연구하고 설교하는 것에 기초한 새로운 교회 문화들을 만들었다. 그것은 때로 이런 문화들에 성찬을 능가하는 중요성을 부여했다. 이것은 수많은 사람들이 사적인 행동과 양심의 영역에서 새롭고 강렬한 성찰을 하는 것에 익숙해지도록 함으로써(따라서 모순적이게도, 로마 가톨릭교도들이 오랫동안 추구했던 것을 이루게 함으로써), 이들의 생활을 형성했다. 그리고 반독신주의 성직자들이 다시 등장하게 되었다. 부정적으로 보면, 그것은 기존 교회의 모든 제도들을 무시하거나 적어도 의문을 던졌고, 군주들은 이제 자신의 목적을 위해서 조종할 수 있는 교회들의 형태로 새로운 정치세력들을 형성했다.

그들의 목적은 종종 교황들에게 대항하는 것이었다(군주들은 교황을 그들과 같은 군주로 간주했다). 프로테스탄티즘은 그 친구들뿐만 아니라 적들에게도 근대 유럽과 세계의 모습을 결정한 요소들 중의 하나로 보이게 되었다.

그러나 루터주의나 칼뱅주의가 국민국가들 안에서 처음으로 나타난 교황의 권위 거부를 조장한 것은 아니었다. 잉글랜드에서는 독자적인 종교적 변화가 매우 우연적으로 발생했다. 웨일스에서 기원한 새로운 왕조인 튜더 왕가는 15세기 말에 세워졌다. 그 두 번째 왕인 헨리 8세(재위 1509-1547)는 재혼해서 후계자를 얻으려는 어느 정도 이해할 만한 집착 때문에, 향후 6번에 걸쳐 이루어질 결혼들 중 첫 번째 것을 끝내려고 했다. 그는 이런 자신의 바람을 두고 교황과 복잡하게 얽히게 되었다. 이는 논쟁을 불러왔고 16세기를 통틀어 세속권위와 관련된 가장 주목할 만한 주장의 하나를 불러왔다. 이는 잉글랜드의 미래에 매우 중요한 것이었다. 필요한 법률을 고분고분히 통과시켜준 의회의 지원과 함께 헨리 8세는 스스로를 잉글랜드 교회의 수장으로 선포했다. 교리적으로 그는 과거와의 단절을 생각하지 않았다. 그는 어쨌든 왕의 펜을 들어서 루터를 논박한 공로로 교황으로부터 '신앙의 수호자'라는 칭호를 받았고 그의 후계자들은 여전히 이 칭호를 유지하고 있다. 그러나 국왕의 수위권(首位權) 주장은 로마로부터 분리된 잉글랜드 교회를 향한 길을 열었다.

수도원과 다른 교회 재단들을 해산시킴으로써 그리고 귀족들과 젠트리 구매자들에게 이 재산들을 판매함으로써, 이 분리는 곧 기득권을 제공했다. 새로운 교리에 우호적이었던 성직자들은 다음 국왕의 통치 때 잉글랜드의 교회를 대륙 프로테스탄트 사상 쪽으로 현저히 움직이려고 했다. 대중의 반응은 혼재되어 있었다. 일부는 이것이 로마에 대한 반대라는 오랜 민족적 전통을 만족시킨다고 본 반면, 일부는 개혁에 분개했다. 혼란스런 논쟁과 혼탁한 정치적 상황 속에서 『공동기도서(*Book of Common Prayer*)』라는 문학적 대작이 나왔고, 가톨릭과 프로테스탄트 양쪽에서 순교자들이 발생했다. 튜더 왕가의 네 번째 군주이자 '피의 메리'라고 부당하게 이름 붙여진, 어쩌면 잉글랜드의 가장 비극적인 여왕의 치하에서 교황 권위의 복귀와 프로테스탄트 이단들의 화형이 있었다. 더욱이 이 시기에 유럽 국가들이 점점 더 종교적 배경으로 분열되었기 때문에 종교에 대한 질문은 전적으로 국가의 이해관계 및 외교정책과 얽혀 있었다.

이것이 잉글랜드 종교개혁에서 주목할 만한 전부는 아니다. 그것은 독일인들에게처럼, 민족의식의 진화 과정에서 중요한 이정표였다. 또한 잉글랜드 종교개혁은 의회의 법률에 의해서 수행되었고, 따라서 헌정체제에 대한 질문이 종교적 합의에 함축되어 있었다. 예를 들면, '입법권에 제한이 가해져야 하는가?'와 같은 질문이 중요했다. 메리의 이복자매인 엘리자베스 1세(재위 1558-1603)의 왕위계승과 함께(오랫동안 얼마나 멀리 갔는지는 불분명했지만) 종교적인 추는 다시 되돌아갔다. 엘리자베스는 그녀가 아버지의 입장의 핵심들을 공유한다고 주장했고 의회는 이를 입법했다. 즉 잉글랜드인의 교회 혹은 (이후로 붙여진 이름처럼) 잉글랜드 국교회는 교리의 측면에서 가톨릭적이나 국왕의 수위권에 의존한다. 더 중요한 것은 이 수위권이 의회의 법률에 의해서 인정되었기 때문에, 잉글랜드가 머지않아서 에스파냐의 가톨릭 군주와 전쟁을 치르게 되었다는 것이다. 에스파냐 군주는 자신이 지배하는 땅에서 이단을 박멸하기로 결심했다. 따라서 또다른 민족적 대의가 프로테스탄티즘의 대의와 동일시되었다.

비록 전반적인 이야기의 흐름에서 벗어나 있기는 하지만, 다른 중세 대의기관들이 군주의 세력 밑에 종속될 때 종교개혁은 잉글랜드 의회가 살아남도록 도와주었다. 앵글로-색슨 시대 이후 통일된 왕국에는 경쟁의 대상인 지방의회들이 없었기 때문에, 잉글랜드 의회는 유럽 다른 지역의 어떤 유사기관보다 국가 정책에 집중하기가 더 쉬웠다. 여기에는 왕의 무심함도 또한 도움이 되었다. 헨리 8세는 수도원 해산의 결과로 얻게 된 왕국 전체 토지의 5분의 1에 해당하는 거대한 재산을 신속히 처분해서, 절대군주정의 확고한 기반을 얻을 기회를 낭비해버렸다. 그럼에도 불구하고 이런 모든 가늠하기 어려운 요소들을 충분히 고려했을 때, 헨리 8세가 국가교회를 만들면서 자신의 뜻을 국민적 대의기관으로부터 지지받는 방식을 택한 사실은 여전히 의회 역사에서 매우 중요한 결정들 중의 하나로 여겨진다.

엘리자베스의 치세 동안 가톨릭 순교자들은 이단이 아니라 반역자로 판결

되어 사형을 당했다. 그러나 잉글랜드는 독일이나 프랑스에 비해서 종교 때문에 분열된 정도가 덜했다. 16세기 프랑스는 가톨릭과 칼뱅주의의 이해관계 사이에서 시달리고 쪼개졌다. 이들 종교세력은 본질적으로 귀족가문들의 집단이었다. 양자는 1562년부터 1598년 사이에 9개 정도로 구별될 수 있는 종교전쟁에서 권력을 위해서 싸웠다. 때로 그들의 투쟁은 프랑스 왕실의 권위를 떨어뜨렸고, 프랑스 귀족들은 중앙집권화된 국가에 맞서 거의 승리를 거두었다. 그러나 결국 그들의 분열은 국왕에게 힘을 더해주었고 국왕은 파벌들끼리 싸움을 붙여서 이득을 볼 수 있었다. 무질서와 약탈에 가장 큰 타격을 받은 것은 프랑스의 비참한 주민들이었다. 이런 상황은 1589년 전 국왕의 암살 이후 앙리가 왕위에 오를 때까지 지속되었다. 그는 왕가의 분파인 나바르라는 작은 나라의 군주였고, 프랑스의 앙리 4세(재위 1589-1610)가 되어 부르봉 왕가를 개창하게 되었다(부르봉의 후손들은 여전히 프랑스 왕좌를 요구하고 있다). 그는 프로테스탄트였지만 왕위계승의 조건으로 가톨릭을 받아들였으며, 가톨릭이 대부분의 프랑스인들이 고수하는 종교이자 국민 정체성의 지속적인 요소라는 것을 인정했다. 프로테스탄트들은 국왕의 영장이 적용되지 않는 무장된 도시들을 소유하여 국가 안의 국가로 남는다는 특별한 보장을 얻었다. 이 오래된 종류의 해결책은 새로운 면책특권을 만들어냄으로써 그들의 종교가 보호됨을 확인했다. 이제 앙리 4세와 그의 후계자들은 암살과 음모 등으로 심하게 흔들렸던 국왕의 권위를 재확립하기 위한 사업으로 눈길을 돌릴 수 있었다. 그러나 프랑스 귀족들은 아직 길들여지려면 멀었다.

이보다 전에, 종교적 반감이 로마 가톨릭의 내적 재평가에 의해서 더 부채질되었다. 우리는 이를 반동 종교개혁으로 기억하는데, 가장 공식적인 표현은 트리엔트 공의회(Council of Trient)이다. 이는 1543년 소집된 공의회로서 향후 13년간 3번의 회기에 걸쳐 이루어졌고, 이탈리아와 에스파냐에서 온 주교들이 주도했다. 이탈리아에서는 종교개혁이 가톨릭교회에 거의 도전하지 못했고, 에스파냐에서는 아예 그러지 못했기 때문에 이러한 사실은 공의회를 진행하는 데에 도움이 되었다. 공의회의 결정은 19세기까지 규율과 교리의 정통성 여부에 대한 시금석이 되었다. 그것은 또한 가톨릭 통치자들이 결집할 수 있는 기준을 제공했다. 주교들에게는 좀더 많은 권위가 주어졌고, 교구는 새로운 중요성을 가지게 되었다. 공의회는 또한 함축적으로 가톨릭 유럽의 지도력에 대한 오랜 질문에 답을 했다. 이때부터 그 지도력은 명백하게 교황에게 있었다. 그러나 종교개혁처럼, 반동 종교개혁도 평신도와 성직자 모두의 열정에 불을 지피면서 새롭고 강렬한 경건성을 추구했으며, 그러는 가운데 기존의 형식과 원칙들을 넘어섰다. 미사에 매주 참석하는 것을 의무화하고, 세례와 결혼을 좀더 엄격하게 규율하고, 루터파의 반발을 촉진한 바로 그 관행인 '사면자'에 의한 면벌부 판매를 종식하는 것 외에도, 반동 종교개혁은 또한 전통적인 미신과 무지에 빠진 농촌지역을 구하려고 했다. 이런 미신과 무지는 상당히 뿌리 깊은 것으로, 이탈리아에서 이 지역 사이로 들어가려고 했던 선교사들은 그곳을 '우리의 서인도제도'라고 말했다. 이는 그곳에 신세계의 이교도들만큼 복음에 대한 거대한 수요가 있었다는 의미였다.

그러나 15세기 신자들 사이에 이미 명백하게 존재했던 종교성과 자발적인 열성이 반동 종교개혁에 양분을 공급했다. 이 새로운 분위기의 가장 강력한 표현이자, 그 지속성을 입증하게 될 기관은 에스파냐 병사 출신의 이그나티우스 데 로욜라의 발명품이었다. 흥미로운 역설은 그가 1530년대 초부터 칼뱅과 같은 파리 대학의 학생이었다는 것이다. 그러나 그들이 만났다는 기록은 없다. 1534년, 그와 몇 명의 동료들은 종교적 서원을 했다. 그들의 목적은 선교사역이었으며 그것을 위해서 훈련받기 위해서 로욜라는 새로운 수도회를 위한 규율을 고안했다. 1540년에 이 조직은 교황에 의해서 인가받았으며 예수회라고 명명되었다. 예수회 수사들(그들은 곧 그렇게 불리게 된다)은 초기 베네딕투스회 수사들이나 13세기 프란체스코회 수사들과 비슷한 중요성을 교회사 속에서 가지게 되었다. 이 군인 설립자는 그들을 완전히 훈련되고, 로마에 살고 있는 그들의 사령관을 통해서 교황의 권위에 온전히 복종하는 교회의 의용군으로 생각하기를 좋아했다. 그들은 가톨릭 교육을 변화시켰다. 예수회 수사들은 세계의 모든 지역들에서 선교활동의 선두에 있었다. 유럽에서 그들의 지적인 명성과 정치적 기술은 국왕의 궁전에서 높은 자리를 차지하게 만들었다.

반동 종교개혁은 교황의 권위를 뒷받침하는 새로운 조직들이 생겨나게 했지만, 또한 종교개혁과 비슷하게도 자신들의 문제에서 평신도 군주들의 권위를 강화시키기도 했다. 정치적 권위에 대한, 즉 말하자면 조직된 권력에 대한 종교의 새로운 의존은 정치기관의 지배력을 더욱 확대했다. 이는 에스파냐 왕국들에서 가장 명확했다. 트리엔트 공의회보다 훨씬 전에 두 세력이 완전한 가톨릭 군주국을 만들기 위해서 결집되었다. 종교개혁 직전에 마무리된 '재정복운동'은 일종의 십자군이었다. 우선 가톨릭 군주라는 직함 자체가 정치적 과정과 사상적 투쟁을 동일시함을 선포하는 것이었다. 두 번째로 에스파냐 왕국은 무슬림과 유대인이라는 상당히 많은 비기독교인 신민들을 갑자기 흡수한 문제를 가지고 있었다. 그들은 다인종 사회의 안전에 대한 잠재적 위협 요소로서 두려움의 대상이 되었다.

그들에게 대행하기 위해서 새로운 제도들이 등장했다. 그 중세적 전신과 달리, 이 시기의 종교재판은 성직자가 아닌 국왕의 통제 아래에 있었다. 1478년 교황의 칙령으로 설립된 에스파냐 종교재판소는 카스티야에서 1480년부터 활동하기 시작했다. 카탈루냐의 세속, 성직 권력 모두가 저항했고, 교황도 곧 의구심을 가지게 되었지만 소용이 없었다. 1516년 아라곤과 카스티야의 왕위를 모두 소유한 첫 번째 통치자이자 곧 황제가 될 카를 5세가 즉위했을 때, 종교재판소는 카스티야와 아라곤뿐만 아니라 아메리카의 식민지, 시칠리아, 사르디니아 모든 지역에서도 권력을 휘두르는 에스파냐 영토 안의 유일한 제도였다. 가장 충격적인 결과가 이미 나타났다. 이는 후에 '인종 청소'로 불리게 될 사건으로, 그들 중에서 유대인을 추방하고 회심한 무슬림인 모리스코(Morisco)를 엄히 통제하는 것이었다.

이는 에스파냐에 한줌의 루터파들에 의해서 깨지지 않을 종교적 통일성을 가져다주었다. 이들은 종교재판으로 쉽게 다룰 수 있다는 것이 증명되었다. 결과적으로 에스파냐가 치른 비용은 무거웠다. 그러나 열성적인 가톨릭교도인 카를 5세 아래에서 에스파냐는 이미 세속적 생활뿐만 아니라 종교적 측면에서도 새로운 종류의 중앙집권적인 절대군주국이자 사실상 탁월한 르네상스 국가였다. 우연이지만 그것은 지구 전체와 관련된 사건들에 대한 결정을 내린 첫 번째 행정조직체이기도 했다. 반도 안의 형식적인 입헌주의의 잔재들은 이 상황에 거의 영향을 주지 못했다. 에스파냐는 1558년 이후 유럽의 많은 지역에서 무력을 통해서 강요되기도 하고, 예시로 활용되기도 했던 반동 종교개혁의 모델이었다. 같은 해에 은퇴 이후 에스트레마두라의 외딴 수도원에서 경건한 삶을 살며 보내던 카를 5세가 사망했다.

이단의 박멸자로서, 스스로를 반동 종교개혁의 대의와 동일시한 유럽의 군주들 가운데, 카를의 후계자이자 아들이며 메리 튜더의 홀아비이기도 했던, 에스파냐의 펠리페 2세(재위 1556-1598)보다 단호하고 편협한 인물은 없었을 것이다. 그에게는 에스파냐, 서인도제도, 시칠리아, 에스파냐령 네덜란드 등 부친이 가졌던 제국의 절반 정도가 상속되었다. 1581년 그는 포르투갈도 합병했고 이 지역은 1640년까지 에스파냐령으로 남아 있었다. 에스파냐에서 그의 종교정화 정책들의 결과는 다양하게 해석되지만, 에스파냐령 네덜란드에서의 결과는 논란의 여지가 없다. 그곳에서 그의 정책들은 군주제와 토지귀족의 오랜 지배로부터 독립한 세계 최초의 국가의 등장을 촉발했다.

누군가는 '네덜란드 반란'으로 부르고, 네덜란드인들은 '80년 전쟁(Eighty Years' War)'이라고 부르는 사건은 민족 형성의 근원에 위치한 다른 많은 사건들처럼 신화창조의 풍부한 공급원이었고, 그중 일부는 의식적으로 만들어진 것이었다. 그러나 이런 신화가 다음과 같은 가정보다는 오해의 소지가 덜할 것이다. 즉, 결과적으로 꽤 근대적인 종류의 사회가 등장했기 때문에 이 사건이 종교적 관용과 민족의 독립을 위한 열정적 투쟁에 지배당한 매우 '근대적인' 종류의 반란이었다는 가정 말이다. 그것이 사실이 아니라고 말할 수는 없지만, 그럼에도 네덜란드의 문제는 매우 중세적인 배경에서 발생한 것이었다. 북유럽에서 가장 부유한 국가의 토지를 옛 부르고뉴가 상속하고, 이 공국의 영지는 결혼에 의해서 합스부르크로 넘어갔다. 매우 이질적인 17개 주로 이루어진 에스파냐령 네덜란드는 그것의 일부를 형성했다. 주민의 많은 수가 프랑스어를 구사하는 남부 주들은 유럽에서 가장 도시화된 지역과 안트베르펜의 대플랑드르 상업 중심지를 포함하고 있었다. 그들은 오랫동안 골칫거리였다. 플랑드르 도시들은 15세기 말 한때 스스로 독립 도시국가가 되려고 노력한 것처럼 보인다. 북쪽 주들은 좀더 농업 중심적이고 해양 중심적이었다. 그곳의 거주민들은 자신들의 땅에 특별히 집요한 감정을 보였는데, 이는 아마도 그들이 12세기부터 간척지를 만들며 실제로 바다에서 땅을 되찾았기 때문일 것이다.

남과 북은 후에 벨기에와 네덜란드가 되었지만, 이는 1556년에는 생각하기 어려운 것이었다. 둘 사이의 종교적 분열도 그때는 예상하기 어려웠다. 남부의 가톨릭 다수가 더 성장하게 되자, 많은 프로테스탄트들이 북부로 이주했지만, 두 종교적 신념들은 미래의 경계 양쪽에 뒤섞여 있었다. 16세기 초 유럽은 반동 종교개혁이 시작된 이후의 시기보다는 종교적 분열에 훨씬 더 관용적이었다.

펠리페 2세가 트리엔트 공의회의 결정 사항을 이행하기로 결심한 것은 훗날 일어날 일들의 원인을 설명해주지만, 문제의 기원은 훨씬 더 오래전으로 거슬러 올라간다. 에스파냐인들은 중앙정부와 지역 공동체들의 관계를 근대화하려고 했는데(이는 좀더 효율적인 조세를 통해서 증가한 부를 이용하는 것을 의미했다), 그들은 꽤 최신의 방법들을 이용했음에도 부르고뉴인들보다는 기략(機略)이 부족했다. 에스파냐 국왕의 사절들은 처음에는 주로 남부 주에 사는 귀족들과 갈등을 일으켰다. 그곳의 귀족들은 특전과 면책특권 같은 자신들의 상징적 '자유들'을 지키는 데에서 이 시대 여느 귀족들만큼이나 다루기 힘들었다. 따라서 남부의 귀족들은 자신들의 언어를 구사하고 자신들을 이해했다고 느꼈던 '위대한' 카를 5세보다 훨씬 더 거리감이 있는 군주가 자신들을 위협한다고 느꼈다(그가 카를 5세의 아들이라고 할지라도 말이다). 에스파냐 군대의 총사령관인 알바 공작은 이단자를 찾기 위해서 지역 사법관할권에 간섭해서 지역의 특권을 더욱 침해했다. 그들은 가톨릭이었지만 프로테스탄티즘이 뿌리내린 플랑드르 도시들의 번영에 이해관계가 있었기 때문에, 에스파냐 종교재판소의 도입을 두려워했다. 또한 그들은 당시 여느 귀족들처럼 에스파냐인들이 신대륙에서 가져온 금괴가 부분적으로 조성한 인플레이션의 압박에 불편해하고 있었다.

에스파냐 정부에 대한 저항은 전적으로 중세적 형태를 띠고 브라반트 주의 신분제 의회에서 시작되었다. 그리고 에스파냐 군대의 야만성뿐 아니라 그들 동료 중의 한 명인 오라녀 공 빌럼 1세(1533-1584)의 지도력이 몇 년간 귀족들을 자신들의 법적 통치자에게 대항하도록 연합시켰다. 동시대 인물인 튜더 왕가의 엘리자베스처럼, 빌럼도 대중적 문제들에 동감을 표하는 데에 능숙했다. 그의 별명은 '침묵공'이었는데, 이는 빌럼이 자신의 통치자가 이단 신하들을 굴복시키기로 결심한 것을 알게 되었을 때 경솔히 분노가 새어나오려는 것을 품위 있게 참았다고 알려졌기 때문이다. 그러나 귀족들과, 그들보다 더 위태로운 상태에 있던 칼뱅주의 도시민들 사이에는 언제나 잠재적 균열이 존재했다. 에스파냐 통치자들의 뛰어난 정치적 술책과 그 군대의 승리는 결국 이 균열을 조장하기에 충분했다. 귀족들은 대오를 이탈했고, 그 결과 에스파냐 군대는 (당시에는 그것을 몰랐지만) 현재의 벨기에에 해당하는 지역의 경계선을 정하게 되었다. 비록 북부 주들은 1584년에 침묵공 빌럼이 암살될 때까지 여전히 그의 정치 지도력 아래에 있었지만, 이 지역에서 갈등은 계속되었다.

지금의 명칭으로 표현하면, '네덜란드인들'은 많은 위험에 처해 있었다. 그들은 남부지역에서 그들과 같은 종교를 가진 사람들이 귀족들의 모호한 불만에 직면하게 된 것에는 크게 영향을 받지 않았지만, 스스로 분열되어 있었다. 여러 주들은 수월하게 합의에 이른 적이 거의 없었다. 반면 그들은 자신들의 분열을 감추기 위해서 종교적 자유와 넓은 관용에 대한 외침을 이용할 수 있었다. 북부 주들은 또한 플랑드르로부터 자본과 재원들의 대거 유입을 이용할 수 있었다. 그들의 적들도 어려움을 겪고 있었다. 에스파냐군은 강했지만 도시의 성벽 뒤로 숨고, 교외의 제방을 터뜨려 홍수를 유발하여 물로 그들을 포위하는 적들을 쉽게 다룰 수는 없었다. 네덜란드인들은 우연히 해상으로 주공(主攻)을 이동했는데, 이곳에서 좀더 대등한 조건에서 에스파냐인들에게 큰 피해를 입힐 수 있었다. 북해 항로가 반란군에 의해서 괴롭힘을 당하자 에스파냐와 네덜란드 지역 사이의 통신은 더욱 힘들어졌다. 이탈리아로부터 이어지는 긴 병참선을 통해서 벨기에에 있는 대군을 유지하는 것은 비용이 많이 들었다. 특히 다른 외부의 적들까지 물리쳐야 할 경우에는 비용이 더 비싸졌는데, 그것은 곧 실제 상황이 되었다. 반동 종교개혁은 국제정치를 새로운 사상적 요소로 전염시켰다. 대륙에서 세력균형을 유지하고 에스파냐의 완승을 막으려는 이해관계와 더불어 이 사상적 요소는 잉글랜드와 에스파냐를 처음에는 외교적 갈등으로, 나중에는 해상에서의 군사적 갈등으로 이끌었고, 이는 결국 잉글랜드의 동맹인 네덜란드까지 불러들였다.

전쟁은 거의 우발적으로 매우 새로운 사회를 만들었다. 그것은 허약한 중앙 정부를 가진 7개의 군소 공화국들의 느슨한 연합으로, 네덜란드 공화국이라고 불리게 되었다. 곧 그 시민들은 (20세기에 탈식민지화된 아프리카인들이 그랬던 것처럼) 잃어버린 민족적 과거를 발견하게 되었다. 그들은 또한 게르만 반란에 대한 로마인들의 설명에서 어렴풋이 식별될 수 있는 고대 게르만 부족민들의 덕성을 찬양했다. 네덜란드인들의 열정은 암스테르담의 유력자들이 의뢰해서 제작된 로마 부대 공격을 묘사한 그림들에 흔적이 남아 있다. 사실 이 시대는 렘브란트의 작품들로 인해서 기억되는 시대이다. 따라서 의도적으로 만들어진 새로운 국가의 특수성은 이런 역사적 선전물보다 훨씬 더 흥미롭다. 일단 생존이 보장받자, 공화국은 종교적 관용과 커다란 시민적 자유와 각 주의 독립성을 누리게 되었다. 네덜란드인들은 칼뱅주의가 정부 내에서 우위를 차지하도록 허락하지 않았다.

후대는 종교와 시민적 자유가 결합한 비슷한 예를 엘리자베스 시대의 잉글랜드에서 보았다고 생각하게 되었다. 잉글랜드 제도들이 다음 세기 이후에 진화한 방식을 고려하면 이해할 만하지만, 이는 연대기적으로 맞지 않는다.

역설적이게도, 이런 결합의 한 부분은 국가 입법권의 강화였다. 그것은 17세기 말 다른 유럽인들이 놀랍게 여길 정도까지 특권의 제약을 가져왔다. 오랜 시간 동안 이 강화 과정은 실현 가능한 결과로 보이지 않았다. 엘리자베스는 왕실에 후광을 가져다준 비교 불가능한 존재였다. 곧 그녀의 아름다움과 젊음의 신화는 빛을 바래게 되었지만, 그녀는 자신에게 조언해준 사람들보다도 더 오래 산 사람만이 가질 수 있는 위엄을 얻게 되었다. 1603년에 엘리자베스는 45년간 통치한 여왕이 되었고 국민적 숭배의 대상이 되었다. 이 숭배는 왕실의 이익과 애국심을 결합시키는 여왕 자신의 튜더적 본능에 의해서, 천재 시인들에 의해서, 백성들에게 자신을 보이는 빈번한 여행에 의해서(그녀는 귀족들의 집에 머물렀기 때문에 비용을 낮출 수 있었다), 의회를 다루는 뛰어난 기술에 의해서 양분이 공급되는 것이었다. 엘리자베스는 종교적 이유로 박해를 일으키지 않았다. 그녀는 스스로 말했듯, '사람의 영혼에 창문을' 만들기를 원하지 않았다.

'선한 베스 여왕'의 즉위일이 그녀의 후계자들의 정부에 저항하는 애국적 축일이 된 것은 그다지 놀라운 일이 아니다. 불행히도 여왕은 자신이 군주제에 가져온 영화를 유증할 자식이 없었다. 그리고 그녀는 후계자에게 저당 잡힌 토지를 남겨주었다. 그녀 시대의 여느 다른 통치자들처럼, 그녀는 수입이 충분히 많지 않았다. 여왕의 부채를 상속하는 것은 그녀를 계승한 스코틀랜드 출신의 가문인 스튜어트 왕조의 첫 번째 왕 제임스 1세에게 도움될 것이 없었다. 이 왕조의 남자들의 결점들은 여전히 완화해서 서술하기가 쉽지 않다. 스튜어트 왕가는 잉글랜드에서 연달아 4명의 훌륭하지 못한 왕을 배출했다. 제임스 1세는 그의 아들만큼 어리석거나 그의 손자만큼 부도덕하지는 않았다. 그의 통치기 동안 정치를 가장 괴롭혔던 것은 어떤 더 심각한 결점들이 아니라 재치 없는 그의 성격과 잉글랜드인들에게 이질적인 그의 방식이었을 것이다.

그래도 스튜어트 왕조를 옹호하자면, 적어도 그것이 불안하기만 한 군주정은 아니었다는 것에 동의할 수 있을 것이다. 17세기에 여러 나라에서 거의 동시에 권력의 위기들이 발생하고 있었고 이것은 흥미롭게도 전 유럽적 차원의 경제적 위기와 병행했다. 양자는 아마도 연결되어 있었겠지만 이 연결 고리의 성격이 무엇인지 쉽게 확인할 수는 없다. 이런 내부 갈등들이 반동 종교개혁에 의해서 시작된 종교전쟁의 마지막 단계와 동시에 일어난 것 또한 흥미롭다. 유럽의 많은 장소에서 일상적인 정치적 생활이 동시에 와해된 것이, 그것에 참여하도록 강요당한 정부의 필요와 어떤 관련이 있음을 적어도 추정해볼 수 있다.

잉글랜드에서의 갈등은 내전, 국왕 살해, 잉글랜드 역사에서 유일한 공화국의 수립에서 정점에 달했다. 역사가들은 다툼의 핵심이 어디에 있었는지, 찰스 1세(재위 1625-1649)와 그의 의회 사이의 갈등이 무장투쟁으로 발전하여 돌이킬 수 없게 된 지점이 어디였는지를 여전히 논쟁한다. 결정적인 순간은 잉글랜드뿐 아니라 스코틀랜드의 왕이었던 찰스 1세가 1640년 자신이 일부 신하들과 전쟁 상태에 있음을 자각하고, 도움을 요청하기 위해서 의회를 소집해야 함을 느꼈을 때 찾아왔다. 새로운 세금징수 없이 잉글랜드는 방어될 수 없었다. 그러나 당시 일부 의원들은 국왕이 법률에 근거해서 내부로부터 수립된 교회를 전복하고 로마 세력을 다시 끌어들이려는 계획을 가지고 있다고 확신했다. 이런 확신은 왕의 충복들에 대한 계속된 공격으로 이어졌고, 그중 가장 의심이 가는 두 명은 교수대로 보내졌다. 1642년 찰스 1세는 무력이 이 상황의 유일한 탈출구라고 결정하게 되었고, 그래서 내전이 시작되었다. 그리고 그는 패배했다. 당시 많은 잉글랜드인들이 그랬듯이 의회도 불안해했다. '당신이 국왕과 상원과 하원으로 이루어진 오랜 헌정체제 밖으로 나가버린다면, 어디에서 문제를 끝맺을 수 있을 것인가?' 그러나 찰스 1세는 자신을 지지하는 외부인들에게 침략을 요청함으로써 자신의 이점을 던져버렸다(이때 스코틀랜드인은 그를 위해서 싸웠다). 의회를 장악한 이들은 왕에게 진절머리가 났고, 찰스 1세는 재판받고 처형당했다. 이는 당시 사람들이 보기에 놀라운 결과였다. 그의 아들은 추방당했다.

잉글랜드에서는 공위시대(空位時代)가 뒤따랐고, 이 기간 동안 모든 잉글랜드인들 가운데 가장 주목할 만한 사람은 바로 올리버 크롬웰(1599-1658)이었다. 크롬웰은 그가 죽은 1658년까지 중요한 인물로 살았다. 그는 시골 젠트리 출신으로, 군사적 천재성을 가지고 의회 측 위원회에서 출세하게 되었다. 이런 사실은 그에게 커다란 권력을 주었지만, 그에게 제약이 되기도 했다. 크롬웰은 자신의 편에 선 군대를 얻어 정치인들을 제거할 수도 있었지만, 이는 또한 그가 군대의 지지를 잃을 위험을 무릅쓰고는 어떤 것도 할 수 없게 만들었다. 크롬웰은 잉글랜드에 프로테스탄티즘을 배타적으로 강요하지 않고 의회를 통해서 통치하는 방법을 찾아내려고 했고, 그 결과가 새로운 헌정 프로그램들이 쏟아져나왔던 잉글랜드 공화국이었다. 그것은 잉글랜드 연방(the Commonwealth)으로 불린다.

일부 의원들이 보여준 불관용은 퓨리턴주의(Puritanism, 청교도주의)라고 명명된 잉글랜드와 아메리카 프로테스탄티즘의 전방위적 압박의 한 가지 표현이었다. 그것은 명확하지는 않지만, 엘리자베스 시대 이후 잉글랜드인의 실생활 속에 증가하는 세력이었다. 그 대표자들은 처음부터 종교 교리와 의식을 매우 폐쇄적이고 금욕적으로 해석하려고 했다. 대부분의 초기 퓨리턴들은 국교도들이었다. 그러나 그들 중 일부는 자신들의 교회가 가톨릭적 과거에서 비롯된 많은 요소들을 유지하는 것을 참기 어려워했다. 시간이 흐르면서 그 이름이 더욱 잘 적용되는 두 번째 성향을 볼 수 있게 되었다. 17세기에 '퓨리턴'이라는 이름은 엄격한 교리, 형식주의에 대한 반대, 그리고 칼뱅주의에 강하게 영향을 받은 관습개혁의 도래를 예고하는 전조가 되었다. 공화국 시절, 내전 당시 의회파에 섰던 많은 이들이 그들의 승리를 교리적, 도덕적 의미의 퓨리턴주의를 법률로 부과하는 기회로 이용하고 싶어했다. 그들은 자신들의 종교를 보수적 왕당파 국교도들뿐 아니라 공화국 체제 아래에서 자신의 목소리를 내던 회중교인, 침례교인, 유니테리언과 같은 비국교도 소수파에게도 강요하려고 했다.

퓨리턴주의 자체에 정치적으로나 종교적으로나 민주적인 요소는 없었다. 신의 선택을 받은 자들은 자유롭게 자신들의 장로들을 선택할 수 있었고, 자신들이 마치 자치 공동체인 것처럼 행동했다. 그러나 구원을 받았다고 스스로 규정한 자들의 집단 바깥에서 보면, 그들은 타인에 대한 신의 뜻까지도 안다고 주장하는 사람들의 과두정치처럼 보일 뿐이었고 또한 그런 측면이 있었다. 이는 퓨리턴주의가 더욱 받아들여지기 어렵게 만들었다. 공화국 시절 대논쟁의 발전에 크게 기여한 민주적 평등사상들을 두드러지게 한 것은, 지배적인 프로테스탄트 기득권층이 아닌 일부 특별한 소수파였다.

내전과 잉글랜드 공화국 시절 동안, 정치와 종교적 문제에 관한 책과 팸플릿(1650년대부터 영어권에서 사용되기 시작한 용어였다)이 2만 권 이상 출판되었고, 이 사실 자체는 이 시기를 잉글랜드 정치교육의 신기원으로 볼 수 있게 해준다. 불행히도 크롬웰이 죽자, 공화국 제도의 붕괴는 확실해졌다. 다수의 잉글랜드인들이 동의할 수 있는 어떤 새로운 헌정체제를 수립하는 것은 불가능해 보였고, 결국 대다수의 국민이 군주제라는 옛 제도를 받아들이려고 한다는 것이 드러났다. 그래서 공화국은 1660년 스튜어트 왕조의 복귀로 종식되었다. 잉글랜드는 사실상 그들의 국왕을 암묵적으로 받아들였다. 의회가 그렇게 말했듯이, 찰스 2세(재위 1660-1685)가 돌아온 것은 최후의 수단이었다. 의회는 그가 국교회를 보호할 것이라고 믿었다. 반동 종교개혁 시절의 가톨릭은 이전의 혁명적 퓨리턴주의만큼이나 잉글랜드인들을 위협했다. 국왕과 의회의 갈등은 끝나지 않았다. 그러나 잉글랜드에 절대왕정은 더 이상 존재하지 않게 되었고 향후 왕권은 방어적으로 변했다.

역사가들은 소위 '영국 혁명'으로 표현되는 현상에 대해서 장황한 논쟁을 해왔다. 분명 종교는 그 안에서 커다란 부분을 차지한다. 극단적 프로테스탄티즘은 국민의 삶에 영향을 끼칠 기회를 가지게 되었는데, 이후 다시는 이런 기회를 가지지 못했다. 이는 국교도들의 깊은 반감을 일으켰고, 잉글랜드가 정치적으로 오랜 시간 반성직자주의를 표방하도록 만들었다. 이 투쟁 과정을 연구한 한 전통 잉글랜드 역사가가 이 사건을 '청교도 혁명(淸教徒革命, Puritan Revolution)'이라고 지칭한 것은 나름의 이유가 있다. 그러나 종교가 헌정상의 갈등보다 이 시기의 의미를 더 심도 깊게 다루는 것은 아니다. 다른 사람들은 내전에서 계급투쟁을 발견했다. 내전에 관여한 많은 사람들에게 이해타산에 기초한 동기가 있었던 것은 의심할 여지가 없다. 그러나 이런 이해관계들은 어떤 명확한 일반적 유형을 가지고 있지 않다. 어떤 사람들은 여전히 행정관료들, 조신들, 정치인들(모두 왕실에 재정적으로 의존하는 체제와 연관되어 있다)의 정부조직 안에서의 결합상태를 의미하는 확대된 '왕실'과, 그것을 위해서 지불하는 지방유지들을 의미하는 '지역' 사이의 갈등으로 보고 있다. 그러나 '지역들'은 자주 분열되었다. 심지어 가족들도 이 갈등으로 분열될 수 있었던 것은 내전이 초래한 비극들 중의 하나였다. 잉글랜드 혁명의 결과는 그 기원과 의미보다도 더 명확한 편이다.

대부분의 대륙국가들은 찰스 1세의 재판과 처형에 큰 충격을 받았다. 그러나 그들도 유혈사태를 초래하는 문제들을 가지고 있었다. 프랑스에서 재상 리슐리외(1585-1642) 추기경에 의해서 의식적으로 왕권강화가 주장되던 시기 동안 위그노(Huguenot)라고 불리게 될 프랑스의 칼뱅주의자들의 특권은 축소되었고, 왕권을 대표하는 국왕의 공무원들이 각 지역에 파견되었다. 그들은 감독관들이었다. 1630-1640년대에 행정개혁은 이전부터 지속되던 프랑스인들의 고통을 악화시켰다. 여전히 압도적인 비중을 차지하는 프랑스의 농업경제에서 리슐리외의 조치들은 필연적으로 가난한 사람들에게 가장 큰 피해를 주었다. 몇 년 지나지 않아서 소작농들의 세금은 2배가 되었고, 때로 3배까지 늘기도 했다. 그 결과는 무자비하게 진압된 대중반란의 폭발이었다. 더욱이 프랑스 일부 지역은 30년 전쟁(Thirty Years' War)으로 일컬어지는, 독일과 중부 유럽에서 있었던 대격변의 마지막 단계에 일어난 군사작전으로 인해서 황폐화되었다. 이 마지막 단계는 부르봉 왕가와 합스부르크 왕가의 충돌로 전이되었다. 로렌과 부르고뉴 그리고 프랑스 동부의 상당 지역이 파괴되었고, 일부 지역의 인구는 4분의 1이나 3분의 1 정도 줄어들었다.

프랑스 군주제는 전례가 없고, (일부가 말하는 것처럼) 헌정질서에서 벗어난 세금을 부과하려고 했고, 그것은 결국 리슐리외의 후계자들 밑에서 정치적 위기로 폭발했다. 전통 체제의 수호자의 역할은 특수 이해단체, 특히 왕국 최초의 법원에 참석하여 변론했던 변호사들의 조합이었던 파리 고등법원이 맡게 되었다. 1648년 그들은 파리에서 곧 프롱드의 난(La Fronde)이라고 이름 붙여진 반란을 일으켰다. 일종의 타협이 이루어졌지만 불안한 간극 이후 훨씬 더 위험한 두 번째 프롱드의 난이 뒤따랐고, 이번에는 대귀족들이 그것을 주도했다. 비록 파리 고등법원이 오랫동안 대귀족들과 연합전선을 유지한 것은 아니었지만, 여러 지역반란이 보여주듯이 이들은 지방귀족들로부터 중앙정부에 대한 반감을 끌어낼 수 있었다. 그러나 왕권은 살아남았고(감독관들도 마찬가지였다), 1660년 프랑스 절대왕정은 여전히 본질적으로 손상되지 않았다.

에스파냐에서도 조세가 문제를 불러일으켰다. 한 장관은 에스파냐의 형식적인 연방정부 구조 안에 내재된 지역주의를 극복하려고 시도했는데, 이는 (그들의 자유를 존중하겠다는 펠리페 2세의 약속에 따라서 에스파냐에 합병되었던) 포르투갈에서, 바스크인들 사이에서, 카탈루냐에서 반란을 초래했을 뿐이다. 그중 마지막 반란은 진압하는 데에 12년이 걸렸다. 1647년에도 나폴리의 에스파냐계 왕국에서 반란이 있었다.

이런 모든 시민적 격변들의 예들은 하나같이 금전적 요구가 저항을 불러일으켰음을 보여준다. 당시 재정의 측면에서 르네상스 국가는 성공적이지 못했다. 17세기 대부분의 국가에 나타난 상비군은 군사혁명의 전조 역할만 한 것이 아니었다. 전쟁은 한마디로 엄청난 세금 포식자였고, 프랑스인들에게 놓인 세금부담은 잉글랜드인들에게 놓인 것보다 훨씬 커 보였다. 그럼에도 왜 프랑스 군주정은 '위기'로부터 덜 고통받은 것처럼 보였을까? 잉글랜드는 외국의 침략과 그것이 초래하는 파괴 없이 내전을 치르고 군주제를 전복했다. 잉글랜드에서 높은 물가 때문에 간헐적으로 일어나는 폭동도 17세기 프랑스의 끔찍한 유혈사태와 비할 바는 아니었다. 또한 잉글랜드에서는 비국교도 집단이 권력에 특별한 도전을 하고 있었다. 에스파냐에서는 이런 것이 아예 존재하지 않았고, 프랑스에서는 오래전에 억제되었다. 사실 위그노들은 기득권 세력에 속한 자들이었다. 군주정 안에서 그들은 보호자를 발견할 수 있었고, 따라서 프롱드의 난이 일어났을 때에는 군주와 결탁했다. 지역주의는 에스파냐에서는 중요했지만, 지역주의가 정부개혁으로 위협받던 보수파의 이익을 지켜주는 발판을 제공했던 프랑스에서는 좀더 좁은 범위에서만 중요했으며, 잉글랜드에서는 거의 역할을 하지 못한 것처럼 보인다.

젊은 루이 14세(재위 1643-1715)가 프랑스의 전권을 장악하고 찰스 2세가 잉글랜드로 복귀한 1660년은 사실 전환점에 해당하는 해였다. 프랑스는 1789년까지 다시는 통제 불가능한 상황으로 돌아가지 않았고, 다음 반세기 동안 놀라운 군사력과 외교력을 보여주었다. 잉글랜드는 추가적인 헌정질서의 동요와 또다른 왕의 폐위에도 불구하고 내전이 다시 일어나지 않았다. 1660년 이후 잉글랜드에도 상비군이 존재했다. 그리고 1685년 부적절한 왕위 요구자*와 그에게 현혹된 몇천 명의 시골뜨기들에 의한 마지막 잉글랜드 반란은 결코 국가 자체를 위협하지 못했다. 회상해보면, 이는 사람들이 국가주권의 실체를 인정하는 것을 여전히 꺼려했다는 것을 오히려 눈에 띄게 만들었다. 잉글랜드인들은 권리장전에서 일련의 개인적 자유의 보호장치들을 공식적인 법으로 만들었다. 그러나 1689년에도 의회 안의 국왕이 한 일을 다른 국왕이 무위로 돌리는 것이 불가능하다고 주장하기 어려웠다. 프랑스에서는 모두가 국왕의 권력이 절대적임을 인정했지만 법률가들은 왕이 실제로는 할 수 없는 것들이 있다고 말하고 있었다.

적어도 잉글랜드 정치철학자 중 가장 위대한 사상가인 토머스 홉스(1588-1679)는 그의 책들, 특히 1651년의 『리바이어던(*Leviathan*)』에서 그가 인식하고 있는 사회가 움직이는 방식을 보여주었다. 홉스는 누군가는 반드시 무엇이 법인지 결정할 권한을 가져야 한다고 생각했고, 그것에 동의하지 않아

* 찰스 2세의 서자인 제임스 스콧/역주

서 초래되는 불이익과 불확실성이, 이런 권력이 독재적 방식으로 행사될 위험성보다 더 크다고 주장했다. 그의 시대가 당면한 문제들은 권력의 소재를 확실히 알아야 할 필요성을 홉스에게 깊이 각인시켰다. 문제들이 계속 발생하지 않을 때에도 무질서는 항상 존재하기 마련이었다. 홉스가 (거의 비슷하게) 말한 것처럼, 비가 온다고 말하기 위해서 항상 폭우를 맞으며 살 필요는 없다. 주권을 의미하는 입법권은 다른 곳이 아닌 국가에만 제한 없이 귀속되고, 무정부 상태로 빠질 위험이 없는 한 면책특권, 관습, 신적 규율 또는 그밖의 어떤 것에 대한 호소도 주권을 제한할 수 없다는 인식은 홉스가 정치이론의 발전에 기여한 바이다. 그러나 홉스는 이로 인해서 별로 찬사를 받지 못했고 정당한 인정을 받기 위해서는 19세기까지 기다려야 했다. 사람들은 종종 그들이 홉스의 견해를 받아들이는 것처럼 활동했지만, 사실 그는 거의 보편적으로 비판받았다.

헌정체제를 갖춘 잉글랜드는 사실상 홉스가 제시한 원칙에 따라서 작동한 첫 번째 국가들 중의 하나였다. 18세기 초, 잉글랜드인들은 법률의 잠재적 적용범위에 대한 현실적인 제한을 제외한다면, 법률에 제약이 있을 수 없다는 것을 원칙상 받아들였고, 때로는 실제로 그것을 보여주었다(그러나 스코틀랜드인들은 1707년 통합법 이후 웨스트민스터의 의회 아래로 통합되었을 때에도 이에 대해서 그리 확신하지 못했다). 이런 결론은 빅토리아 시대에 분명 도전받게 되었지만, 1688년 잉글랜드가 마침내 스튜어트의 남계 직계후손을 거부하여 제임스 2세를 폐위시키고 그의 딸과 사위를 조건부로 그 자리에 앉혔을 때 이미 그 속에 내재되어 있던 것이었다.

이미 한 세기 이상의 시간 동안 국왕이 의회를 다루어야 할 필요가 증가했고, 이는 의회의 권한이 강화되었다는 지표 중 하나였다. 계약군주제의 창조와 함께 잉글랜드는 마침내 구체제를 깨뜨렸고 헌정국가로 기능하기 시작했다. 중앙집권화된 권력은 효율적으로 공유되었으며, 그 주된 부분은 지배적인 사회적 이익집단인 토지 소유 계급을 대표하는 하원에 귀속되었다. 국왕은 여전히 중요한 권력을 유지했으나 그의 참모들은 하원의 신임을 받아야 한다는 것이 곧 분명해졌다. 입헌군주, 즉 의회 속의 왕은 법률로 무엇이든 할 수 있었다. 대륙국가에서 여전히 보호받는 면책특권은 존재하지 않았고, 누구도 의회의 경쟁자가 되기를 희망하는 않았다. 권력의 집중이 초래한 위험에 대한 잉글랜드의 대응은, 필요시 혁명을 통해서, 권력이 사회에서 가장 중요한 구성 요소의 바람에 일치하여 행동해야 한다는 것을 보장하는 것이다.

1688년 잉글랜드에 메리 여왕의 남편인 네덜란드인 왕 윌리엄 3세(재위 1689-1702)가 등장했다. 그에게 '명예혁명(名譽革命, Glorious Revolution)'이 중요한 주된 이유는 당시 네덜란드 공화국의 독립을 위협하는 프랑스에 맞서기 위해서 잉글랜드가 동원될 수 있다는 점에 있었다. 단순히 헌법적 혹은 사상적 측면에서 설명되기에는 잉글랜드-프랑스 전쟁을 위해서 작동했던 복잡한 이해관계가 너무 많았다. 더욱이 다음 25년 동안 신성 로마 제국, 에스파냐, 여러 독일 군주들이 반프랑스 동맹 쪽으로 이동하고 있던 것은 양쪽 진영 사이의 정치적 원칙을 정돈하여 대비시키는 것을 무의미하게 만들어놓았다. 그럼에도 불구하고, 이 갈등의 어딘가에 사상적 요소가 묻혀 있다는 사실에 당시 일부 사람들은 충격을 받았다. 잉글랜드와 네덜란드는 루이 14세의 프랑스보다 개방된 사회였다. 그들은 다양한 종교 집단의 활동을 허락하고 보호했다. 그들은 언론을 검열하지 않았고, 대신 명예훼손으로부터 개인과 국가를 보호하는 법률들이 그것을 규제하도록 했다. 그들은 사회, 경제적 권력을 실질적으로 소유한 사람들을 대표하는 과두제에 의해서 통치되었다. 프랑스는 이런 상황의 반대편 극에 있었다.

루이 14세 치하에서 프랑스의 절대왕정은 정점에 다다랐다. 그의 야망을 일반적으로 익숙한 범주 안에 명확히 정의하는 것은 분명 쉽지 않다. 루이 14세에게 개인, 왕조, 국가의 위대함은 거의 구별하기 어려웠다. 아마도 그것이 루이 14세가 모든 유럽 군주들의 모델이 된 이유일 것이다. 정치는 행정부로 효율적으로 축소되었다. 왕실의 위원회들은 각지에 있는 왕의 대리인들, 감독관들, 군지휘관들과 함께 귀족계층, 지역적 특권 같은 사회적 실체들을 적절히 고려하고 있었다. 그러나 국왕의 통치는 그때까지 프랑스에서 상당히 강력했던 정치세력들의 실질적인 독립성을 파괴했다. 이 당시는 전국적으로 군주권이 확립되는 시기였으며 얼마 후에는 혁명의 시기가 찾아왔다. 리슐리외가 그 대강을 완성한 구조는 17세기 후반 마침내 행정적 실체들로 채워졌다. 루이 14세는 귀족들에게 유럽에서 가장 화려한 궁전을 제공함으로써 귀족들을 길들였다. 루이 14세는 사회계서제에 대한 분명한 의식이 있었고, 이는 그가 귀족들을 명예와 연금으로 돌보게 만들었다. 그러나 루이 14세는 결코 프롱드의 난을 잊지 않았고 리슐리외처럼 귀족들을 지배하려고 했다. 왕족들은 그가 의지하던 비귀족 출신 장관들이 포함된 회의에서 배제되었다. 고등법원의 권한은 사법적 역할로 제한되었다. 로마의 권위로부터 프랑스 교회의 독립이 주장되었지만, 결과적으로 교회는 좀더 안전히 '가장 기독교적인 왕'(루이 14세의 직함들 중의 하나)의 날개 아래에 기거하게 되었다. 위그노 관련 문제에 대해서, 그는 어떤 희생을 치르더라도 이단들의 통치자가 되지 않기로 결심했고, 그 결과 추방되지 않은 위그노들을 개종시키기 위한 가혹한 박해가 시행되었다.

프랑스가 위대한 문화적 성과를 거둔 시기와 루이 14세 통치기가 겹쳤던 것은 프랑스인들이 후자의 가혹한 면을 의식하는 것을 여전히 어렵게 만든다. 그는 계서적이고, 조합적이고, 신정적인 사회를 다스렸다. 이런 사회의 통치 기법은 최신이라고 하더라도, 그 목적은 과거를 지향하고 있었다. 루이 14세는 심지어 신성 로마 제국의 황제가 되기를 바라기도 했다. 그는 종교를 옹호했던 철학자 데카르트(1596-1650)의 사상이 위험하다는 이유로, 그가 프랑스에서 종교의식에 따라 장례식을 치르는 것을 허락하지 않았다. 그러나 꽤 오랫동안 그의 정부와 같은 종류의 국가를 많은 프랑스인들이 원했던 것처럼 보인다. 효율적인 통치 과정은 야만스러울 수도 있었다. 자신의 집에 숙영하는 군인들에게 개종을 강요받았던 위그노들이나 기병대가 한 달 이상 들이닥쳐 세금 내기를 꺼려했던 농부들은 이를 이미 알고 있었다. 그러나 일부 예외적으로 힘든 시기를 제외하면, 당시의 생활은 이전 몇십 년 전의 생활보다 더 나아졌다. 루이 14세의 통치는 무질서의 시대의 시작이 아니라 종말이었다. 프랑스는 대체로 침략으로부터 자유로워졌고, 토지 투자로부터 예상되는 수익이 하락했는데, 이는 18세기까지 계속되었다. 이런 것들은 후에 위대한 세기(Grand Siècle)라고 불리게 된 시대의 화려한 외관을 지지하는 강력한 실체들이다.

비록 재위 말기에 심각한 좌절을 겪기도 했지만, 유럽에서의 루이 14세의 입지는 대개 전쟁에서의 승리를 통해서 얻어진 것이었다. 그러나 이를 위해서 군대와 외교정책만 중요했던 것은 아니었다. 그는 프랑스의 위신을 정상에 올려놓았는데, 이는 자신이 제시한 군주제의 모형 때문에 상당히 오래 유지될 수 있었다. 그는 이상적인 절대군주였다. 루이 시대의 업적의 물리적 배경을 이루었던 것은 베르사유의 거대한 새 궁전이었다. 그곳의 건물들과 그 안의 생활의 면모들 중 똑같이 흉내내거나 모방할 수 있는 것은 거의 없었다. 18세기에 유럽에는 프랑스 왕궁의 축소판 복제품들이 산재해 있었다. 이것들은 지속적인 안정의 시기에 '대군주(grands monarque)'가 되고 싶었던 사람들이 자신의 백성들을 희생시키며 힘겹게 만들었던 것이었다. 이 시기는 루이 14세 통치 시기 대전쟁의 격변이 지나간 후에 유럽 거의 모든 지역에 도래했다.

1715년과 1740년 사이에는 국가의 내적 변화를 촉진할 중요한 국제적 갈등이나 17세기에 있었던 사상적 분열도 없었고, 급격한 경제적, 사회적 발전과 그에 따른 압박 같은 것들도 없었다. 그래서 소위 격변의 세기 이후 각국 정부들은 거의 변하지 않았고, 어디에서나 사회는 안정된 것처럼 보였다. 영국, 네덜란드 공화국, 스위스의 주들, 이탈리아의 오래된 공화국들을 제외하고, 절대왕정은 18세기 대부분의 시기에 유럽 어디에서나 지배적인 국가 형태였다. 때로 '계몽 전제군주정'이라고 불리는 양식이 지배적이기도 했다. 이것은 과거에나 지금에나 명확한 의미를 가진 적이 없는, 오늘날의 '우파'나 '좌파'와 같은 용어보다 더 파악하기 힘든 용어이다. 이것이 가리키는 것은 약 1750년부터 일부 통치자들이 실질적인 개혁을 수행하고 싶은 의도를 가지고 당시의 진보적 사상에 영향을 받은 것처럼 보이는 개혁을 시작했다는 것이다. 그럼에도 이런 개혁은 아직 절대군주의 권력기관에 의해서 시행되었을 때 효과가 있었다. 가끔씩 인도주의적이지만, '계몽군주들'의 정책은 꼭 정치적으로 진보적일 필요는 없었다. 반면 그들은 전통적인 사회, 종교적 권위를 약화시키고 기존에 받아들여지던 사회계서제와 법적 권리들의 범위를 초월한 점에서, 또한 입법권을 정부에 집중시키는 것을 돕고, 백성들에게 의심 없이 받아들여지는 입법권의 권위를 주장한 점에서 대개 근대적이었다고 할 수 있었다. 백성들은 점점 집단적 계서제의 구성원으로서보다 개인들의 총합으로 취급되었다.

당연히 이 일반적 기술을 실제로 실현한 예를 찾는 것은 거의 불가능하다. 이는 오늘날 '민주적인' 국가의 정의를 찾는 것이나 1930년대 모든 예들에 맞는 '파시스트' 국가를 찾는 것이 불가능한 것과 마찬가지이다. 예를 들면, 지중해와 남유럽 국가들 중에서 에스파냐, 포르투갈, 나폴리, 몇몇 이탈리아 국가들, 심지어 가끔씩 교황령에서도 경제개혁을 추진하는 장관들이 있었다. 이들 국가들 중 일부는 이런 노력에 새롭게 자극받기도 했지만, 포르투갈과 에스파냐 같은 나라들은 잃어버린 열강의 지위를 회복하기 위해서 계몽 전제 군주정으로 돌아갔다. 일부 국가는 교회 권력을 잠식했다. 이들 중 거의 대부분의 국가들은 부르봉 왕가와 관련이 있는 통치자들을 섬겼다. 이런 나라들 가운데 가장 작은 나라 중 한 곳인 파르마가 교황령과의 분쟁에 휩싸이자, 이들 나라들은 반동 종교개혁 당시 교황의 오른팔 역할을 하던 예수회를 총공격했다. 1773년 교황은 이들 국가에 쫓겨서 예수회를 해산했고, 이는 중요한 상징적인 패배였다. 예수회 해산은 그 실질적 효과의 측면뿐 아니라, 가톨릭 유럽에서조차 발전된 반성직자주의의 힘을 증명해준다는 점에서도 중요한 의미를 가졌다.

앞서 언급된 국가들 가운데 오직 에스파냐만이 열강의 지위를 자처했지만 그마저도 쇠퇴하고 있었다. 반면 동유럽의 4개의 계몽 전제주의 국가들 중 3개국은 확실히 강대국의 위치를 차지했다. 혼자만 다른 길을 걷게 된 나라는 쓰러져가는 거대왕국 폴란드였다. 이 나라에서 '계몽주의' 왕조 안의 개혁은 헌법상의 암초를 만나서 실패했다. 여기서 계몽주의는 괜찮았을지 몰라도, 전제주의는 효과적이지 못했다. 프로이센, 합스부르크 제국, 러시아는 모두 좀더 성공적으로 국가를 강화하면서 계몽주의의 겉모습을 그럭저럭 유지했다. 다시 한번, 변화의 실마리는 전쟁에서 발견될 수 있었다. 그것은 가장 호화로운 베르사유의 복제품을 만드는 것보다 훨씬 더 많은 비용이 들었다.

러시아에서 국가 근대화의 시작은 표트르 대제(재위 1682-1725)가 기술적,

제도적 변화를 통해서 강대국 러시아의 미래를 확고하게 하려고 했던 18세기 초까지 올라간다. 18세기의 후반부에, 여제 예카테리나 2세(재위 1762-1796)는 이 노력의 결과물들 중 많은 것들을 거두게 되었다. 그녀는 문예와 인도주의에 대한 자신의 후원을 널리 광고함으로써 자신의 정권에 당시의 최신 사상이라는 얇은 겉치장을 둘렀다. 이 모든 것은 매우 표면적인 것으로, 사회의 전통질서는 변하지 않았다. 보수적 전제주의 국가인 러시아에서의 정치는 대개 귀족파벌들과 가문들 사이의 갈등 문제를 의미했다. 계몽주의는 프로이센에서도 많은 것들을 바꾸지 못했다. 그곳은 다른 국가의 개혁자들이 추구했던 것의 대부분을 구체화한, 효율적이고 중앙집권적인 경제적 행정부의 전통이 잘 수립되어 있었음에도 말이다. 프로이센은 이미 종교적 관용을 누리고 있었다. 호엔촐레른 왕가는 18세기에 사실상 변하지 않은 강력한 전통사회를 통치했다. 프로이센 국왕은 그의 권력이 귀족들의 묵인에 의존한다는 것을 인정해야 했으며, 또한 기꺼이 그렇게 하려고 했다. 그는 신중하게 귀족들의 법적, 사회적 특권을 보호했다. 프리드리히 2세(재위 1740-1786)는 지휘권이 있는 군대 직위는 귀족들에게만 주어져야 한다고 확신했다. 그의 재위 말기의 프로이센 영토 안에는 통치 초기보다 더 많은 농노가 있었다.

프로이센과의 경쟁은 합스부르크 영토 안의 개혁을 자극하는 결정적인 요소가 되었다. 개혁에는 커다란 장애물들이 있었다. 왕조의 영토는 민족성, 언어, 제도의 측면에서 다양성을 보였다. 예를 들면, 황제의 수많은 직함 중 몇 가지만 들면, 헝가리 왕, 밀란 공작, 오스트리아 대공이 있었다. 이 다채로운 제국이 유럽에서 적당한 무게감을 가지고 작동하기 위해서는 중앙집권 체제와 확대된 행정적 통일성이 핵심적이었다. 또다른 문제는, 부르봉 국가들과는 비슷하고 러시아나 프로이센과는 다르게, 합스부르크 제국은 로마 가톨릭이 압도적이었다는 것이다. 어디에서나 교회의 세력이 깊이 파고들어 있었다. 합스부르크의 영토는 에스파냐 외에 반동 종교개혁이 가장 성공적이었던 지역 대부분이 포함되어 있었다. 교회는 또한 거대재산을 소유했고 그것은 어디에서나 전통과 교회법과 교황의 정책에 의해서 보호되었다. 교회는 또한 교육을 독점했다. 마지막으로 합스부르크는 이 시기 동안 거의 방해 없이 계속하여 신성 로마 제국의 왕좌를 차지할 황제들을 배출했다. 그 결과 그들은 독일에 특별한 책임을 지게 되었다.

이런 배경은 언제나 합스부르크에서의 근대화에 '계몽주의적' 색채를 제공할 수 있는 것이었다. 실질적인 개혁은 어디에서나 견고한 사회권력, 그리고 교회와 갈등을 일으킨 것처럼 보인다. 마리아 테레지아 여제(재위 1740-1780) 스스로는 이런 의미의 개혁에 결코 호의적이지 않았으나 그녀의 고문들은 1740년대 이후 합스부르크 군주정이 프로이센과 우위권을 두고 투쟁해야 하는 것이 분명해지자, 개혁을 위한 설득력 있는 논거를 제시할 수 있었다. 일단 재정개혁이 시작되고, 그후 그 결과로 행정개혁이 착수되자, 그것은 결국 교회와 국가의 갈등으로 이어질 수밖에 없었다.

마리아 테레지아의 아들이자 후계자로, 어머니의 신앙심을 공유하지 못했으며, 오히려 진보적 사상을 가졌다고 여겨지는 요제프 2세(재위 1765-1790)의 통치 기간에 이 갈등은 정점에 도달했다. 그의 개혁은 특히 세속화 조치와 연결되었다. 수도원들은 재산을 상실했으며, 성직 임명은 방해받았다. 또한 성역권은 제거되었고 교육은 성직자의 손을 벗어났다. 개역이 진행되는 동안 세속화 조치는 분노에 찬 반대를 불러일으켰다. 그러나 이는 1790년경 요제프 2세가 브라반트, 헝가리, 보헤미아의 귀족들을 공공연히 무시하고 적대한 사실보다는 더 중요하지 않았다. 신분제 의회나 국회처럼 지주계층이 황제의 정책들을 반대할 수 있었던 강력한 지역 대의기관들은, 요제프 2세의 통치 말기에 제국 곳곳에서 정부를 마비시켰다. 그의 정책들이 실행되던 환경과 그것들을 지배했던 선입견의 다양성, 또한 정책들이 거둔 성공과 그것들이 '계몽'사상을 구체화하거나 하지 않은 정도에서의 차이는 모두, 어디에서든 모범이 되는 '전형적인' 계몽 전제군주정이 존재한다는 생각이 얼마나 오해의 소지가 있는지를 보여준다.

개혁정책과 열망에 명확히 영향을 받았던 프랑스 정부는 오직 다음을 확인할 수 있게 해준다. 즉, 변화의 장애물들은 역설적으로 루이 14세 사망 이후에 더 커졌다는 것이다. 그의 후계자는 아직 미성년일 때 섭정 밑에서 통치를 시작했는데, 그의 치하에서 특권계층의 실제 영향력이 성장했고, 고등법원에서는 점점 특별 이해관계와 역사적 특권을 침해하는 법들을 비판하는 경향이 증가했다. 제한 없는 입법주권과 관련된 어떤 권한이 군주에게 있다는 사상에 대한 새로운 행태의 저항이 늘어갔다. 18세기가 지나갈수록, 프랑스의 국제적 역할은 재정에 더욱 무거운 부담을 가져다주었으며, 개혁 문제는 결국 새로운 조세수익을 찾는 문제로 구체화되는 경향을 보였다. 이는 저항을 초래할 수밖에 없었다. 프랑스 군주정의 개혁 제안서의 대부분은 암초를 만나게 되었다.

지금의 눈으로 보면 혼돈스럽게도, 1789년 프랑스는 비판적이고 진보적인 사상의 강조와 확산에 가장 관련된 나라였지만, 그것을 실행에 옮기는 것이 가장 어려워 보이는 나라이기도 했다. 그러나 이것은 18세기 말, 유럽 전역의 전통적 군주제에 내재된 문제였다. 어디에서 개혁과 근대화가 시도되든지, 역사적 기득권과 전통적 사회구조의 위험요소는 이 길에 방해가 되었다. 최후의 수단으로, 절대군주정이 어디에선가 이 문제를 해결할 수 있을 것 같지도 않았다. 그것은 스스로에 기초하고 있기 때문에 역사적 권위에 대해서 심도 깊은 의문을 제기하지 못했다. 제약 없는 입법주권은 18세기에는 여전히 너무 많은 질문을 불러일으켰다. 만약 유서 깊은 권리들이 침해될 수 있다면 재산권도 그럴 수 있다는 말인가? 이는 꽤 적절한 지적이었지만, 유럽에서 가장 성공적인 지배계급인 잉글랜드인들은 입법권의 영역을 벗어날 수 있는 것은 아무것도 없으며, 어떤 것도 개혁의 대상 범위에서 벗어날 수 없다고 인정한 것처럼 보였다. 이런 혁명적인 사상이 그들의 이익에 반하여 사용될 수도 있었지만, 그들은 그런 두려움도 없어 보였다.

그러나 이런 중요한 단서와 함께, 계몽 절대군주정 또한 다음과 같은 주장 내용을 구체화하고 있었다. 그 내용은 국가권력의 성장 과정에 지속성이 있었다는 것으로, 이는 많은 나라에서 3세기 동안 진행된 정치적 진화의 복잡한 이야기의 핵심이었다. 시간을 되돌리려고 시도한 사람들의 간헐적인 성공은 거의 항상 일시적인 것이었다. 또한 사실 가장 단호한 개혁가들이나 능력 있는 정치인들도, 근대의 관료들에게는 매우 부적절하게 보일 국가조직과 함께 일해야 했다. 비록 18세기 국가가 이전에 있었던 정부들보다 훨씬 더 많은 자원을 동원했겠지만, 그것은 기술의 혁신적인 개선 없이 이루어진 것이었다.

18세기가 끝날 때에도, 통신은 300년 전처럼 바람과 동물의 근육에 의존하고 있었다. 1790년대에 이용할 수 있게 된 '전보'는 단지 줄을 잡아당겨서 작동하는 수기체제였을 뿐이다. 군대는 3세기 전보다 아주 약간 더 빠르게 움직일 수 있었고, 무기가 개선되었다고 하더라도 알아볼 수 없을 만큼 향상된 것은 아니었다. 오늘날 존재하는 것과 같은 경찰권은 어떤 나라에도 없었다. 소득세는 여전히 미래의 일이었다. 이미 관찰되기 시작했던 국가권력의 변화는 기술의 발전 때문이라기보다 이미 친숙한 제도들의 효율성이 발전하고 사상적 측면에서 변화가 있었기 때문에 발생할 수 있었다. 1789년 이전, 주요 국가들 가운데 백성들이 정부의 표현을 이해한다고 추정되는 곳은 하나도 없었다. 아마도 영국과 네덜란드 공화국을 제외하면, 백성들을 외부인들로부터 보호하는 것을, 백성들로부터 그 정부를 지켜내는 것보다 더 중시할 정도로 백성들과 스스로를 동일시하는 데에 성공한 나라는 없어 보였다. 대서양 동쪽 지역의 어떤 주권국가도 근대 국민국가처럼 보이지 않았다.

4

강대국들의 신세계

15-16세기의 기본적 형태를 유지하면서 여전히 우리 곁에 있는 제도들 중에는 거주 외교관 제도가 있다. 전 세계의 통치자들은 서로 긴 메시지를 보내고 또한 협상했지만, 이를 수행하기 위해서 그리고 무엇이 진행되는지 이해하기 위해서 많은 수단들이 항상 존재해왔다. 일부 나라들은 자신의 외교정책의 기초를 종교에 두었고, 다른 나라들은 (대부분 상상된 것이지만) 민족적 유대관계나 왕실의 혈연관계에 기초하기도 했다. 청왕조에서는 세계의 통치자인 황제라는 허구적 개념이 유지되었고, 따라서 타국과의 모든 접촉은 청원이나 조공의 개념에 포함되었다. 유럽의 중세 군주들은 서로 전령들을 보냈는데, 이들을 위해서 특별예식이 발전하게 되었고 특별한 규정이 이들을 보호하게 되었다. 간혹 대사사절단이 보내지기도 했다. 1500년 이후, 유럽인들 사이에 평화시에는 상주대사라는 표준기구를 이용하는 것이 서서히 관행이 되어갔다. 적어도 초기에 일상적 업무는 이들을 통해서 처리되었고, 이들은 통치자가 자신의 파견국에 대한 정보를 계속 들을 수 있게 할 임무가 있었다.

첫 번째 눈에 띄는 예는 베네치아의 대사들이었다. 무역과 타 국가와의 정례적 관계 유지에 대한 의존도가 높은 공화국은 직업 외교관의 첫 사례를 제공했다. 더 많은 변화가 뒤따랐다. 외교관들에게 특권 및 면책에 의해서 보호되는 특별한 지위가 주어지자, 점차 초창기 외교사절들의 생명의 위협이 사라졌다. 조약의 성격과 기타 외교 형식은 더욱 정교해지고 규정화되었고, 절차는 좀더 표준화되었다. 이런 모든 변화는 그것들이 유용하다고 믿어질 때에야 천천히 발생했다. 대개 근대적 의미의 전문 외교관은 1800년 전에는 나타나지 않았다는 것이 정설이다. 보통 그 당시 대사들은 대표의 역할을 유지할 여유가 있는 귀족이었지 월급을 받는 공무원이 아니었다. 그럼에도 외교의 전문화 과정이 시작되고 있었다. 1500년 이후 주권국가들 간의 관계라는 새로운 세계가 개인들 간의 봉건적 관계나 교황과 황제라는 모호한 수위권들을 대체하고 있었다.

이 새로운 체제의 가장 현저한 특징은 그것이 세계가 주권국가들로 나누어져 있다는 가정을 표현했다는 것이었다. 이 사상이 등장하는 데에는 시간이 걸렸다. 16세기 사람들에게 유럽은 스스로의 통치자에게 다스려지고 그에게만 속하는 독립된 지역들의 집합으로 보이지 않았다. 유럽의 구성 요소 중 아주 일부라도 '민족적'이라고 불릴 수 있는 종류의 단일성을 가진 것이 있었다고는 생각되지 않는다. 이는 신성 로마 제국과 같은 과거 관습의 박물관이 살아남은 것 때문만은 아니다. 유럽에 민족적 단일성이 없었다는 것은 또한 근대 초기 유럽 외교의 지배적 원칙이 왕조주의였기 때문이기도 했다.

16-17세기에, 유럽의 정치적 단위는 국가보다는 사유지였다. 그것들은 길거나 짧은 시기 동안 침략, 결혼, 상속 등에 의해서, 말하자면 어떤 가족의 부동산이 형성되는 동일한 과정과 폭력에 의해서 축적된 재산이었다. 그 결과는 지도에서 나타났는데, 그것은 유산의 부분이 한 지배자에게서 다른 지배자에게로 옮겨감에 따라서 경계가 계속해서 변했다. 거주민들은 주인이 바뀐 농장에 살고 있는 소작농보다도, 이 문제에 발언권이 없었다. 결혼이 초래할 결과와 유산 계승 순서의 수집과 확증의 중요성은 왕조들이 협상과 조약체결에 지루할 정도로 집중한 이유를 설명해준다.

왕조의 이해관계 외에도 통치자들은 또한 종교 때문에 그리고 점차 무역이나 재화 때문에 부딪히고 싸웠다. 그들 중 일부는 해외영토를 얻었는데, 이 또한 상황을 더 복잡하게 만드는 요소였다. 때로 봉건질서의 우위라는 오래된 원칙들이 적용될 수도 있었다. 그러나 이런 원칙의 적용 범위 밖에서 작용하는 지도를 만드는 세력 또한 있었다. 예를 들면, 신대륙에 정착하거나 민족감정을 일깨우는 일이 그런 것이었다. 그럼에도 불구하고 이 시기 대부분의 통치자들은 스스로를 자신들에게 승계된 권익의 관리자로 보았다. 통치자들은 그 사회의 다른 사람들과 가문들이 가지고 있던 사고방식을 반영하는 사람들이기도 했다. 중세 때만 혈통이 관심을 끌었던 것은 아니며, 16-17세기도 계보학의 전성기였다.

1500년, 유럽의 왕조 지도는 막 중요한 변형을 겪으려고 하고 있었다. 이미 그때 두 왕조가 이탈리아를 두고 다투고 있었던 것처럼, 다음 두 세기 동안 많은 유럽 지역을 두고 분쟁하게 될 것이었다. 이들은 합스부르크 왕가와 프랑스의 지배가문이었던, 처음에는 발루아 왕가 그리고 1589년 앙리 4세의 즉위 이후에는 부르봉 왕가였다. 한 가문은 대부분 오스트리아인들이었고, 다른 한 가문의 중심은 언제나 프랑스였다. 그러나 둘 다 통치자들과 통치자들의 배우자들을 많은 나라에 보냈다. 16세기가 시작되었을 때 분쟁의 중심은 부르고뉴의 상속 문제였다. 이때 양자는 유럽에서 지도적 역할을 수행하는 위치와는 거리가 멀었다. 사실 그 당시 세력의 측면에서 부르봉과 합스부르크를 다른 왕조들, 예를 들면 그 첫 번째 군주 헨리 7세를 1485년 잉글랜드 왕좌에 오른 웨일스계의 튜더 왕가와 그리 크게 구별시키는 차이는 없었다. 비록 예전에는 차이가 컸겠지만 말이다.

오직 잉글랜드, 프랑스 그리고 어쩌면 에스파냐와 포르투갈에서, 정치적 통일성을 뒷받침하는 실질적인 민족적 응집과 민족감정이 식별될 수 있었다. 상대적으로 덜 중요한 열강이었던 잉글랜드는 대표적인 예였다. 섬나라로서 침략으로부터 벗어나 있고, 1492년 이후 칼레 항구를 제외한(이마저도 1558년에 결국 상실한다) 대륙의 부속 지역을 상실한 잉글랜드 정부는 남달리 중앙집권화되었다. '장미전쟁'이라고 이름이 붙여진 긴 혼란의 시기 이후 왕국의 통일성을 유지하려고 애쓰던 튜더 왕조는 의식적으로 국가의 이익과 왕조의 이익을 연결시켰다. 셰익스피어는 종교적 차이에 대해서는 거의 말을 하지 않았지만, 애국적 용어들은 상당히 자연스럽게 사용했다. 프랑스 역시 민족적 결속을 향한 길을 따라 이미 어느 정도 나아가고 있었다. 발루아-부르봉 왕가는 그 영토 안에 면책특권과 특별 거주지가 계속 남아 있었던 점에서 튜더보다 더 큰 문제들을 가지고 있었다. 그 군주들은 이 지역에서 프랑스 왕으로서 주권을 온전히 실행하지 못했다. 일부 백성들은 심지어 프랑스어도 말하지 못했다. 그럼에도 불구하고 프랑스는 국민국가가 되는 길을 무난히 걸어갔다.

에스파냐 또한 마찬가지였다. 비록 두 왕관이 결합되기까지는, 가톨릭 군주들의 손자인 합스부르크의 카를*이 정신이상인 어머니와 함께 1516년 카를로스 1세**로서 공동 통치자가 되기까지 기다려야 했지만 말이다. 카를로스 1세는 여전히 세심하게 카스티야의 권리를 아라곤의 것과 구별해야 했지만, 그의 통치 기간 동안 에스파냐의 민족성은 스스로 의식할 수 있을 정도가 되었다. 이는 처음에는 대중적으로 인기가 있었던 카를 5세(카를로스 1세)가 합스부르크라는 더 큰 제국 안에서 에스파냐의 민족 정체성을 모호하게 만들었고, 실제로도 에스파냐의 이해관계를 왕조의 목적과 승리를 위해서 희생했기 때문이다. 16세기 전반부의 가장 커다란 외교적 사건은 그가 1519년 카를 5세로 신성 로마 제국의 황제에 선출된 것이었다. 카를은 그의 선출을 후원한 조부 막시밀리안을 승계했으며, 과거에 맺어진 사려 깊은 혼인관계는 이때 그를 세계 역사에서 가장 널리 흩어진 영토를 가진 제국의 통치자로 만들었다. 황제라는 직위는 이 제국에 가장 잘 어울리는 왕관을 제공했다.

그의 어머니로부터 카를 5세는 에스파냐계 왕국들을 물려받았고, 따라서 시칠리아에 대한 아라곤의 이익과 새로 발견된 아메리카에 대한 카스티야의 권리 또한 상속했다. 막시밀리안의 아들인 자신의 아버지로부터 부르고뉴 공국의 일부가 된 네덜란드가 따라왔고, 그의 할아버지로부터 오스트리아와 티롤의 합스부르크 영토가, 프랑슈콩테, 알자스, 이탈리아의 경우는 여러 권리와 함께 상속되었다. 이는 그 시대의 가장 커다란 왕조 통합이었다. 보헤미아와 헝가리의 왕관도 그의 형제로서 황제의 직위를 계승하게 될 페르디난트에 의해서 보유되었다. 합스부르크의 탁월한 지위는 16세기 대부분의 시기 동안 유럽 정치의 중심을 이루는 실제였다. 이 가문이 보인 허세의 현실적-비현실적 면모는 카를 5세가 황제로 즉위할 당시 칭호들의 목록에서 잘 드러난다.

로마 왕;*** 황제 당선인; 셈페르 아우구스투스;**** 에스파냐, 시칠리아, 예루살렘,

* 카를 5세/역주
** 카를 5세를 에스파냐 국왕으로서 부르는 칭호/역주
*** 신성 로마 제국 황제 당선인이 즉위 전까지 사용한 호칭/역주
**** semper Augustus : 신성 로마 제국 황제의 라틴어 칭호/역주

발레아레스 제도, 카나리 제도, 서인도제도, 대서양 건너편 본토의 왕; 오스트리아 대공; 부르고뉴, 브라반트, 슈타이어마르크, 케른텐, 카르니올라, 룩셈부르크, 림부르크, 아테네, 파트라스의 공작; 합스부르크, 플랑드르, 티롤의 백작; 부르고뉴, 에노, 페헤트, 루시용의 팰러타인 백작;* 알자스의 영주; 슈바벤의 백작; 아시아와 아프리카의 영주.

이 복합체가 무엇을 대표하건 간에, 그것은 민족성을 띠지 않았다. 실질적으로 그것은 두 개의 주된 구역으로 나누어진다. 첫 번째는 에스파냐계 유산으로, 이 지역은 네덜란드를 소유하여 부유했고, 아메리카 금의 유입 증가가 보급선의 역할을 했다. 두 번째는 합스부르크 영지로, 이 지역은 왕조의 수위권을 유지하기 위해서 독일에서의 적극적인 역할이 요구되는 곳이었다. 그러나 카를 5세는 자신의 황제 자리에서 이것보다 훨씬 더 많은 것을 보았다. 그는 스스로를 '신의 기수'로 부르는 것을 유독 좋아했고, 오스만 제국에 대항하여 옛 '기독교인 팔라딘'**처럼 아프리카와 지중해 곳곳을 진군했다. 카를 5세가 보기에 자신은 여럿 중 한 명 이상을 의미하는 중세적 황제였다. 그는 기독교 세계의 지도자였고 자신의 잘못에 대해서 신에게만 책임을 지려고 했다. 그는 황제 자리를 넘보던 또다른 경쟁자 튜더의 헨리 8세보다 자신이 더 '신앙의 수호자'로 불릴 권리가 있다고 느꼈을지도 모른다. 독일, 에스파냐, 합스부르크 왕조의 이익은 카를 5세가 생각하는 자신의 이상적인 역할 때문에 어느 정도 희생되었다. 그러나 그가 추구하던 것은 불가능한 것이었다. 당시의 종교개혁이라는 배경과, 16세기 통신과 행정 기관의 미발달성이 초래했을 장애 요소들을 생각해보면, 이런 제국을 다스리는 것은 몽상이었고 사람의 능력을 넘어선 것이었다. 더욱이 카를 5세는 제국을 직접 통치하려고 노력했다. 그는 이 헛된 목적을 위해서 쉬지 않고 여행했고, 그렇게 함으로써 (네덜란드는 예외였지만) 제국의 어떤 지역도 제국이 아닌 그의 왕조와 동일시되는 기분을 느끼지 않도록 보장하려고 했다. 그의 야망은 중세 세계가 여전히

---

* 황제의 허가로 일부 왕권을 자기 영토에서 행사하던 영주를 지칭하는 칭호/역주

** 카롤루스 대제의 12용사 중의 한 명/역주

계속 존재하는 방식을 드러냈지만 그의 시대착오를 보여주는 것이기도 하다.

물론 신성 로마 제국은 합스부르크 가문의 소유와 구분된다. 또한 그것은 중세적 과거를 구현했지만, 가장 케케묵고 비현실적인 형태로 그렇게 했다. 제국의 대부분을 차지했던 독일은 황제와 그의 영신(領臣)들, 제국국회 아래 연합된 것처럼 보이는 혼돈체였다. 금인칙서를 가진 7인의 선제후들은 사실상 자신의 영토에서 실질적인 주권을 행사했다. 또한 100여 명의 군주들이 있었고, 50곳 이상의 제국도시들이 있었는데, 모두 독립적 지위를 가지고 있었다. 또다른 300개 정도의 작은 주들과 제국의 속국들이 중세 초기 제국이 남긴 조각보 이불을 완성했다. 16세기가 시작되면서 이 혼란을 개혁하고, 독일에 어느 정도 민족적 통일성을 주려는 시도는 실패했다. 이는 더 작은 군주국이나 도시들에나 통하는 것이었다. 결국 등장한 것은 일부 새로운 행정제도들이 전부였다. 사람들은 거대한 합스부르크 영토 안의 독일의 이익이 무시당하거나 방치될 것을 염려했기 때문에 1519년 카를 5세의 황제 당선은 결코 정해져 있던 결과는 아니었다. 따라서 그가 프랑스 왕을 압도하기 위해서는 선제후에게 줄 엄청난 뇌물이 필요했다. 헨리 8세도 후보였지만 누구도 그가 충분히 사례할 수 있다고 믿지 않았기 때문에, 사실상 프랑스 왕은 당선 가능성이 있는 유일한 다른 후보였다. 이후 합스부르크 왕조의 이익은 1806년 신성 로마 제국이 해체되기까지 제국 안에서 작동한 유일한 일관된 원칙이었다.

유럽에서 가장 눈에 띄는 지리적 통일체들 가운데 하나인 이탈리아 역시 여전히 독립된 국가들로 분열되어 있었다. 대부분은 전제군주들에 의해서 통치되고 있었고, 일부는 외세에 종속되어 있었다. 교황은 교황령 국가들의 세속군주였고, 나폴리는 아라곤 왕가 출신의 왕이 통치했다. 시칠리아는 나폴리 왕의 에스파냐계 친족에게 속해 있었다. 베네치아, 제노바, 루카는 공화국이었다. 포 계곡의 커다란 공국인 밀라노는 스포르자 가문의 통치를 받았다. 피렌체는 이론적으로는 공화국이었지만 1509년부터 금융가문이었던 메디치 가문의 지배하에 있는 군주국이 되었다. 이탈리아 북부에서 사보이 공작은 자기 조상의 땅에서 볼 때 알프스 반대편에 자리잡은 피에몬테 지역을 지배했다. 반도의 분열 상태는 그것을 매력적인 먹잇감으로 만들었고, 뒤섞인 혈연관계는 프랑스와 에스파냐 군주들이 그곳에서 벌이는 활동에 명분을 주었다. 16세기 전반에 유럽 외교사의 주요 주제는 이탈리아를 둘러싼 합스부르크와 발루아 왕조 간의 경쟁에서 비롯되었다.

1494년 중세적 모험과 약탈을 연상시키는 프랑스의 침입이 십자군으로 치장되어 시작된 이탈리아에서의 합스부르크-발루아 전쟁은 1559년까지 지속되었다. 총 6번의 '이탈리아'라는 이름이 붙여진 전쟁이 있었고, 이것들은 처음에 생각되었던 것보다 훨씬 더 중요한 것이었다. 이 전쟁들은 유럽 국가체제의 진화 과정에서 하나의 구별되는 시기를 구성한다. 황제 선거에서 카를 5세의 즉위와 프랑수아 국왕의 패배는 왕조 간 경쟁을 좀더 명확히 보여준다. 제국의 통치자인 카를에게 전쟁은 그가 독일의 루터파 문제로부터 주의를 돌릴 수밖에 없었던 핵심적인 이유가 되었고, 에스파냐 국왕이기도 한 그에게 이것은 중요한 국력 소모의 시작이 되었다. 프랑스인들에게 전쟁은 빈곤과 침략을 가져다주었고, 결국은 에스파냐가 이탈리아의 지배세력으로 남게 되었기 때문에, 프랑스 왕들은 좌절감을 느끼게 되었다. 이탈리아 거주민들에게 전쟁은 여러 재앙을 가져다주었다. 1527년 통제를 상실한 제국 군대에 의해서 고대 야만족 침입 후 처음으로 로마는 약탈당했고, 에스파냐의 지배는 결국 위대한 도시국가들의 시대에 종말을 가져왔다. 한때 프랑스와 터키 배들이 협력하여 이탈리아 해안을 약탈하기도 했다. 기독교 세계의 통일성이 공허한 외침에 불가하다는 것은 프랑스 국왕과 술탄의 공식적인 동맹으로 드러났다.

아마도 이는 오스만 튀르크에게만 유리한 시절이었을 것이다. 홀로 튀르크와 맞서도록 남겨진 베네치아는 동지중해에서 자신의 제국이 무너지기 시작하는 것을 목도했다. 에스파냐는 이탈리아를 지배한다는 신기루와 (겉으로 보기에는 끝이 없는) 아메리카로부터 유입되는 보물이 가져다주는 환상에 사로잡혀서 이전의 모로코 정복을 포기했다. 카를 5세와 그의 손자는 모두 아프리카 사업에서 실패했고 1571년 레판토에서 튀르크를 패배시킨 것이 유일한 일시적인 성공이었다. 3년 후 튀르크인들은 튀니지를 에스파냐에서 되찾았다. 오스만 튀르크와 갈등을 벌이고 이탈리아에서 합스부르크의 명분을 지지한 것은 이때 에스파냐의 재정에 과도한 부담을 주었다. 카를 5세는 만년에 부채로 인한 재정난을 겪었다.

1556년, 카를 5세는 아우크스부르크에서 독일 종교분쟁에 대한 첫 번째 협정이 체결된 후에 퇴위했다. 황제의 자리는 오스트리아 상속유산을 차지한 그의 형제에 의해서 계승되었고, 에스파냐 통치자의 자리는 에스파냐에서 나고 자란 그의 아들 펠리페 2세(재위 1556-1598)가 차지했다. 네덜란드에서 태어난 위대한 황제 카를 5세는 그의 통치가 끝나는 기념식도 그곳의 황금양모실(Hall of the Golden Fleece)에서 치렀다. 그는 젊은 귀족 오라녀의 빌럼의 어깨에 기대서 눈물을 흘리며 의회를 떠났다. 이렇게 합스부르크의 유산이 분할된 것은 1550년 유럽에서 일어난 사건들의 분수령이었다.

이후 오랫동안 유럽사에서 가장 어두웠던 시기가 뒤따랐다. 짧은 소강 상태 이후, 17세기 유럽의 통치자들과 백성들은 혐오, 편견, 대학살, 고문, 야만성의 향연에 탐닉하기 시작했다. 이는 20세기까지도 유래 없는 사건이었다. 에스파냐의 군사적 우월성, 반동 종교개혁이 초래한 사상적 갈등, 내부의 종교다툼으로 인한 독일과 프랑스의 국가기능 마비, (새로운 강대국으로서) 잉글랜드, 네덜란드, 스웨덴의 부상, 다음 두 세기 동안 있을 해외충돌의 첫 번째 전조의 등장 등이 이 시기에 영향을 끼친 사실관계였다. 이 시기가 끝나자 에스파냐의 세력이 줄어들고 프랑스가 대륙에서의 지배력을 승계했다.

이런 상황을 설명하기 위한 최고의 출발점은 네덜란드 반란이다. 1936-1939년의(그러나 실제로는 훨씬 더 길게 진행된) 에스파냐 내전과 같이 이것은 사상적, 정치적, 전략적, 경제적 논쟁이 초래한 혼동 속에 외부인들을 휘말리게 했다. 프랑스는 에스파냐 군대가 에스파냐, 이탈리아, 플랑드르로부터 자신을 침공할 수도 있는 상황에서 편할 수가 없었다. 잉글랜드의 참전은 다른 방식으로 일어났다. 비록 프로테스탄트이지만, 엘리자베스 1세는 골수 프로테스탄트는 아니었기 때문에, 펠리페는 여왕과의 전면적 관계단절을 피하려고 했다. 펠리페는 메리 튜더와의 결혼을 통해서 얻은 잉글랜드에서의 이해관계를 재주장하는 기회를 오랫동안 포기하지 않으려고 했다. 처음에는 잉글랜드의 두 번째 여왕과 결혼함으로써 그것을 계속 유지하려고 생각했다. 더욱이 그는 오스만 튀르크에 맞서는 군사작전에 오랫동안 주의를 빼앗기기도 했다. 그러나 에스파냐 제국을 약탈하는 잉글랜드 해적의 행위에 대한 에스파냐의 반응은 잉글랜드에서 민족적, 종교적 감정이 불타오르게 만들었다. 1570-1580년대에 잉글랜드-에스파냐 관계는 급속도로 파괴되었다. 엘리자베스는 네덜란드가 굴복하는 모습은 보고 싶지 않았기 때문에 공개적으로나 비공개적으로나 네덜란드를 도왔다. 그러나 큰 열성은 없었는데, 이는 그녀가 군주로서 반란을 싫어했기 때문이다. 결국 이단적 여왕 엘리자베스에 대한 교황의 폐위 승인을 명분삼아서, 1588년 에스파냐의 대규모 침공이 시작되었다. 잉글랜드의 기념주화에는 '신이 바람을 불자 그들은 흩어졌다'라는 글이 새겨져 있다. 에스파냐가 계획한 작업은 악천후가 마무리했고, 잉글랜드의 선박조종술과 포격은 아르마다에 재앙을 안겨주었다. 사실 어느 쪽 배도 실제로는 포격으로 가라앉지 않았지만 말이다. 에스파냐와의 전쟁은 흩어진 남은 배들이 에스파냐 항구로 축 늘어져 돌아온 후에도 오랫동안 지속되었지만, 사실상 위대한 도전은 끝이 났다. 또한 부수적으로는 잉글랜드 해군의 전통이 태어났다. 그것은 매우 중요한 사건이었다.

엘리자베스의 후계자인 제임스 1세는 일단 강화조약이 성립하고 승계되자 그의 신하들이 가진 에스파냐에 대한 반감에도 불구하고 갈등의 재발을 피하려고 민첩하게 노력했다. 잉글랜드는 12년의 휴전 이후 재개된 네덜란드 반란이 그것보다 훨씬 더 커다란 갈등인 30년 전쟁으로 흡수되었을 때에도, 대륙의 갈등에 휘말리지 않았다. 전쟁의 중심에는 제국의 권위와 반동 종교개혁의 승리를 연결시킴으로 독일에서 제국의 권위를 재건하려는 합스부르크의 시도가 있었다. 이는 아우크스부르크 화의(和義)와 종교적으로 다원화된 독일에 이의를 제기하는 것이었다. 그것은 또한 지나치게 야심적인 합스부르크 가문을 지원하려는 시도로 보였다. 다시 한번, 상반되는 견해들이 사상적 갈등의 패턴을 복잡하게 만들었다. 합스부르크와 발루아 왕가가 16세기에 이탈리아를 두고 다투었듯이, 그 다음 세기에는 합스부르크와 부르봉 왕가가 독일을 두고 분쟁했다. 왕조의 이익은 가톨릭 프랑스를 가톨릭 합스부르크에 대항하는 진영으로 이끌었다. 한 추기경의 지도하에, 스스로를 '교회의 큰딸'로 주장하던 프랑스는 독일 군주들의 권리를 보장하기 위해서 네덜란드의 칼뱅주의자들과, 그리고 덴마크와 스웨덴의 루터파와 동맹을 맺었다. 그러는 동안 중부 유럽의 많은 지역들의 불행한 거주민들은 종종 반독립 상태의 군지도자들의 변덕과 강탈을 견뎌야 했다. 추기경 리슐리외는 라인 강을 넘어 분란을 초래하는 외교정책의 창시자로 여겨질 수 있다. 이 정책은 한 세기 이상 프랑스의 국익에 도움이 되었다. 누군가 여전히 의구심을 표할 수 있겠지만, 리슐리외와 함께, 단순히 주권국가의 이익만을 원칙에 얽매이지 않고 주장하는 현실정치(realpolitik)와 국가이성(raison d'état)의 시대가 도달한 것은 분명해 보인다.

1648년, 30년 전쟁을 종식시킨 베스트팔렌 조약(Westfälischer Friede)은 몇 가지 방식에서 변화의 표시였지만, 그것은 여전히 사라져가는 과거의 흔적을 보여주기도 했다. 이런 점은 이 조약을 유용한 관망지점으로 만든다. 이는 우선 유럽에서 종교전쟁 시대의 종말을 뜻했다. 유럽 정치인들이 그들의 주요 관심 사항 중 하나로서 자기 백성들의 종교적 미래를 일반 협정문 속에 포함시킨 것은 이것이 마지막이었다. 이는 또한 에스파냐의 군사적 우월성이 종식되고 카를 5세의 제국 복원의 꿈이 실패로 돌아갔음을 보여주었다. 이 조약은 또한 합스부르크 시대를 마무리했다. 독일에서는 브란덴부르크 선제후국에서 합스부르크가 나중에 경쟁하게 될 새로운 세력이 나타났다. 그러나 이때 독일에서 합스부르크의 목적이 좌절된 것은 스웨덴과 프랑스 같은 외부인들의 행위 때문이었다. 여기에 미래의 중요한 징후가 있었는데, 엘베 강 서쪽 유럽에서 프랑스의 전성기가 시작되고 있었던 것이다. 장기적인 관점에서 이는 동서 유럽의 세력균형, 오스만 제국의 운명, 강대국의 분포가 유럽 외교의 근본적인 문제가 될 시대를 열었다.

그러나 콜럼버스 이후 한 세기 반이 지나고, 에스파냐, 포르투갈, 잉글랜드, 프랑스, 네덜란드가 모두 해외에 중요한 제국을 이미 보유하고 있었던 때에도, 1648년 평화조약의 당사자들은 이런 문제들에 아무 관심이 없어 보였다. 협상 당시 잉글랜드의 이해관계는 어느 쪽에서도 대변되지 않았다. 잉글랜드는 전쟁의 첫 단계가 끝나자 여기에 거의 관심을 보이지 않았다. 내부 분쟁에 사로잡히고 스코틀랜드와의 분쟁에 시달리는 동안 잉글랜드의 외교정책은 유럽적인 것보다 탈유럽적인 목적들을 향하게 되었다. 비록 이런 목적들이 곧 잉글랜드를 네덜란드와의 전쟁(1652-1654)으로 이끌었지만 말이다. 크롬웰은 네덜란드인들에게 세계에는 양국 모두의 무역을 위한 자리가 있다고 말하며 빠르게 평화를 회복했지만, 잉글랜드와 네덜란드의 외교정책은 이미 다른 어떤 나라보다도 더 명확하게 상업과 식민지 이익의 영향을 받고 있었다.

대륙에서의 프랑스의 우위는 자연적 이점에 확고히 기초한 것이었다. 프랑스는 서유럽에서 가장 인구가 많은 나라였으며 19세기까지 프랑스 군사력은 이 단순한 사실에 의존했다. 이는 프랑스의 군사력을 제한하기 위한 강대국들의 연합이 계속해서 요구되는 사실이기도 했다. 프랑스의 주민들이 얼마나 끔찍이 가난했는지는 근대적 시각으로 보았을 때의 이야기이다. 프랑스는 거대한 경제자원들을 보유했고, 루이 14세 치하에서 만개한 권력과 위신을 유지할 수 있었다. 루이 14세의 통치는 공식적으로는 1643년에 시작되었지만, 실제로는 그가 22세가 되어 친정(親政)하겠다는 의도를 선언한 1661년에 시작되었다. 그의 최고권력 장악 과정은 프랑스 역사뿐만 아니라 세계 역사에서도 커다란 사건이었다. 루이 14세는 이전에 살았던 사람들 가운데 가장 능숙한 왕위거래 기술자였다.

오직 편리의 측면에서, 루이 14세의 대외정책은 그의 통치의 다른 측면들과 구별될 수 있다. 예를 들면, 베르사유 궁전 건축은 개인적 취향의 만족이었을 뿐 아니라 그의 외교정책의 핵심이라고 할 수 있는 국위를 높이는 행위이기도 했다. 비록 서로 구별은 되지만, 그의 외교정책과 국내정책들은 서로 간에 그리고 사상과도 밀접하게 뒤섞여 있었다. 루이 14세는 프랑스의 북서방면 전략의 외형을 개선해보려고 했지만, (매년 수백만의 튤립 구근[球根]을 베르사유를 위해서 매입했으면서도) 네덜란드인들을 상인이라고 경멸하고, 공화주의자로서 반대했으며, 프로테스탄트로서 혐오했다. 루이 14세 안에는 전투적인 반동 종교개혁의 정신이 살아 있었다. 그러나 이것이 전부는 아니었다. 루이 14세는 법치주의적인 사람이었고 국왕은 그래야만 한다고 생각했다. 그는 자신이 하고 있는 일에 대해서 존경을 일으키기에 충분한 법률적 근거가

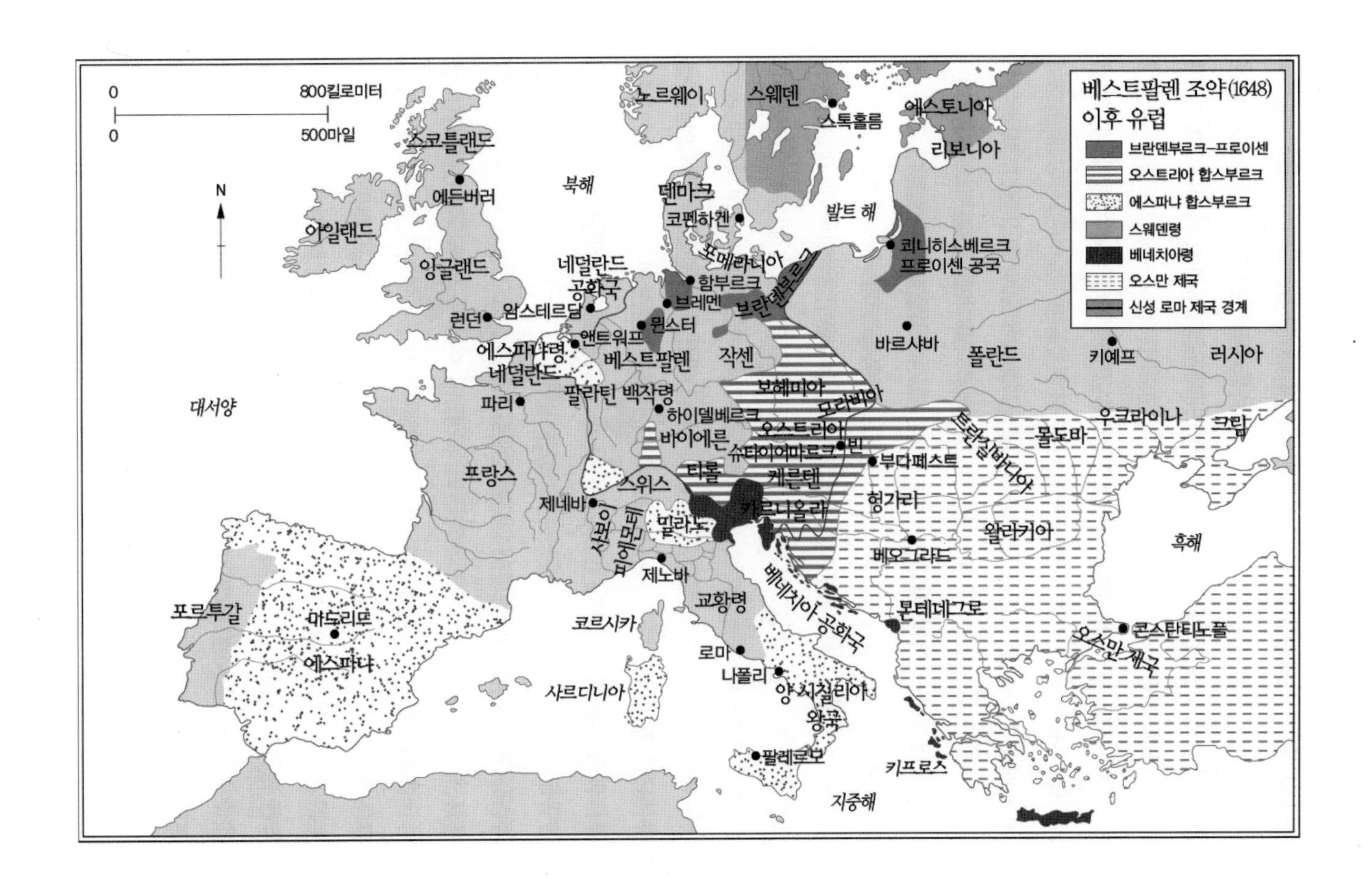
베스트팔렌 조약(1648)
이후 유럽
브란덴부르크-프로이센
오스트리아 합스부르크
에스파냐 합스부르크
스웨덴령
베네치아령
오스만 제국
신성 로마 제국 경계
0
800킬로미터
0
500마일
N
스코틀랜드
에든버러
아일랜드
잉글랜드
런던
북해
노르웨이
스웨덴
스톡홀름
에스토니아
리보니아
덴마크
코펜하겐
발트 해
쾨니히스베르크
프로이센 공국
포메라니아
브란덴부르크
네덜란드
공화국
암스테르담
함부르크
브레멘
뮌스터
앤트워프
에스파냐령
네덜란드
베스트팔렌
작센
바르샤바
폴란드
키예프
러시아
대서양
파리
팔라틴 백작령
하이델베르크
보헤미아
모라비아
오스트리아
바이에른
슈타이어마르크
빈
부다페스트
트란실바니아
우크라이나
몰도바
크림
프랑스
스위스
티롤
케른텐
카르니올라
헝가리
제네바
사보이
피에몬테
밀라노
왈라키아
흑해
베오그라드
제노바
교황령
베네치아 공화국
몬테네그로
포르투갈
마드리드
에스파냐
코르시카
로마
나폴리
콘스탄티노플
오스만 제국
사르디니아
양 시칠리아
왕국
팔레르모
키프로스
지중해

존재할 때 더 편안함을 느꼈다. 이것은 팽창주의적 외교정책의 복잡한 배경이다. 이것은 궁극적으로 그의 나라를 크게 희생시켰지만, 또한 프랑스가 18세기 전반부 동안 자유롭게 행동할 수 있었던 우월한 지위를 가져다주었고, 프랑스인들이 지금도 향수를 느끼며 회고하는 전설을 만들기도 했다.

루이 14세는 국경의 확대를 바랐고, 그것은 그때까지 에스파냐령 네덜란드와 프랑슈콩테를 소유하고 있던 에스파냐와의 갈등을 의미했다. 이때 에스파냐의 패배는 결과적으로 프랑스와 네덜란드를 전쟁으로 이끌었다. 네덜란드인들은 그들의 영토를 지켜냈지만, 1678년 강화조약으로 끝난 전쟁은 루이 14세의 대의적 성취의 정점으로 여겨진다. 그는 이제 독일로 방향을 돌렸다. 영토정복 외에도, 그는 황제의 관을 원했으며 이를 얻기 위해서 튀르크인들과 동맹도 맺으려고 했다. 1688년에 전환점이 찾아왔다. 이해에 네덜란드 총독 오라녀의 빌럼*은 잉글랜드 왕위에 있는 장인을 대신하기 위해서 자신의 부인 메리 스튜어트**를 잉글랜드로 데려갔다. 이때부터 루이 14세는 유순한 스튜어트 왕들 대신에 해협 건너편에 새로운 집요한 적을 가지게 되었다. 네덜란드인 윌리엄 3세는 주요한 프로테스탄트 국가였던 잉글랜드의 재원을 효율적으로 사용할 수 있었다. 크롬웰 시절 이후 처음으로 잉글랜드는 대륙에 군대를 보내서 루이 14세에 맞서는 유럽 국가들의 동맹을 지원했다. 이 동맹에는 교황도 몰래 가담했다. 아우크스부르크 동맹전쟁으로 불리기도 하는 '윌리엄 왕의 전쟁'에는 프랑스 국왕의 자만에 찬 야심을 억제하기 위해서 유럽의 프로테스탄트 국가들뿐 아니라 에스파냐와 오스트리아도 함께 힘을 합쳤다. 이를 종식시킨 평화조약은 루이 14세의 첫 번째 양보였다.

1700년 에스파냐의 카를로스 2세(재위 1665-1700)가 자식 없이 죽었다. 그는 병약했던 정신박약자였기 때문에 이는 유럽이 오랫동안 기다리던 사건이었다. 그의 죽음이 야기할 수밖에 없었던 커다란 위험과 기회 때문에 그의 죽음을 대비하여 많은 외교적 준비 조치들이 취해져 있었다. 왕조의 거대한 유산이 위기에 처했다. 과거의 혼인동맹들은 여러 권리 주장을 뒤엉키게 만들

* 후에 잉글랜드 국왕 윌리엄 3세가 된다/역주

** 제임스 2세의 장녀/역주

었고, 이는 합스부르크 황제와 루이 14세(그는 이 문제와 관련된 자신의 권리를 손자에게 넘겨주었다)가 다툴 수밖에 없음을 의미했다. 그러나 유럽의 모든 나라들이 이 일에 관심이 있었다. 영국인들은 에스파냐령 아메리카와의 무역에 미칠 영향에 대해서 알고 싶어했고, 네덜란드인들은 에스파냐령 네덜란드의 운명을 알고 싶어했다. 이 유산이 분할되지 않고 부르봉이나 합스부르크 어느 한쪽으로 가게 될 가능성은 모두의 경계심을 불러일으켰다. 이는 마치 카를 5세 제국의 유령이 다시 걸어다니는 것 같았다. 따라서 분할조약이 맺어졌지만, 카를로스 2세는 유언을 통해서 에스파냐 전체를 루이 14세의 손자에게 남겼다. 루이 14세는 자신이 맺은 조약은 한쪽으로 치워둔 채 그것을 받아들였다. 그는 또한 추방된 스튜어트 왕가의 왕위 요구자를 잉글랜드의 제임스 3세로 인정하여 잉글랜드인들을 불쾌하게 했다. 곧 신성 로마 제국 황제, 네덜란드 공화국, 잉글랜드 사이에 대동맹이 결성되었고, 에스파냐 왕위계승 전쟁이 시작되었다. 12년간의 전쟁은 궁극적으로 루이 14세를 타협으로 몰았다. 1713년과 1714년에 조인된 조약들(위트레흐트 평화조약[Vrede van Utrecht])에 따라서, 에스파냐와 프랑스 왕관은 영원히 병합될 수 없는 것으로 선언되었다. 에스파냐의 첫 번째 부르봉 국왕은 에스파냐 왕위를 차지하고 에스파냐령 서인도제도를 받았지만 네덜란드는 받지 못했다. 이 지역은 신성 로마 제국 황제에게 보상으로 갔고, 네덜란드에게는 더 이상의 프랑스의 침입을 막기 위한 인계철선(引繼鐵線)이 제공되었다. 오스트리아 또한 이탈리아에서 이익을 보았다. 프랑스는 영국에도 양보를 했다(1707년 잉글랜드와 스코틀랜드의 합병 이후였기 때문이다). 스튜어트 왕위 요구자는 프랑스에서 추방당했고, 루이 14세는 잉글랜드에서 프로테스탄트의 왕위승계를 인정했다.

이런 중요한 사실들은 75년 후의 프랑스 대혁명까지 서유럽 본토에 사실상의 안정을 보장해주었다. 모두가 그것을 좋아한 것은 아니었으며 신성 로마 제국 황제는 에스파냐 왕위에 대한 자신의 권리 주장이 종결되었음을 인정하지 않았다. 그러나 알프스 이북 서유럽의 주요 경계들은 지금도 상당한 정도로, 1714년 때의 모습으로 남아 있다. 물론 벨기에는 존재하지 않았지만, 오스트리아령 네덜란드는 현재 이 나라의 대부분을 차지했다. 네덜란드 공화국은 현재의 네덜란드와 일치한다. 프랑스는 프랑슈콩테뿐만 아니라, 루이 14세가 획득한 알자스와 로렌 지방을 (1871년부터 1918년 사이를 제외하고) 계속 유지했다. 에스파냐와 포르투갈은 1714년 이후 그들의 현재 영역으로 분리되어 남게 되었다. 그들은 여전히 넓은 식민제국들이었지만, 다시는 이등 열강의 위치에서 벗어나서 잠재력을 펼칠 수 없었다. 영국은 서유럽의 새로운 강대국이었다. 1714년부터 그들의 통치자는 하노버 선제후를 겸했기 때문에 다시 한번 개인적 차원의 연결 고리로 대륙과 연결되었지만, 1707년 이후 잉글랜드는 더 이상 옛날의 스코틀랜드의 위협을 걱정할 필요가 없게 되었다. 알프스 남쪽에서는 이 분진이 가라앉는 데에 더 오랜 시간이 걸렸다. 여전히 분열된 이탈리아는 이탈리아 국가들을 배회하던 유럽 왕조들의 이해관계를 대변하던 자들로 인해서 또 한번 불안정한 30여 년의 시간을 겪었다. 이들은 왕조 경쟁 시대가 남긴 유산들을 매듭짓고 차지하려고 시도했다. 1748년 이후, 이탈리아 반도에는 오직 하나의 중요한 자생왕조가 있었는데, 이는 알프스 남쪽의 피에몬테와 사르디니아 섬을 통치하던 사보이 왕조였다. 비록 왕조 같은 면모를 보인 것은 잠깐이었지만, 교황령 국가들은 15세기 이후 이탈리아 군주정으로 여겨지게 되었다. 쇠락하는 베네치아, 제노바, 루카 공화국들도 누더기가 되어버린 이탈리아 독립의 수준을 그나마 유지하고 있었다. 다른 국가들은 외국 군주들이 차지하고 있었다.

따라서 서구의 정치지형은 오랜 시간 동안 안정되어 있었다. 이것은 상당 부분 방금 종식된 것 같은 갈등과 비슷한 또다른 갈등을 가급적 오래 피하려는 정치가들의 욕구 때문이었다. 1713년의 조약*은 처음으로 합의 당사국들의 목적이 세력균형을 통한 평화 보장임을 선언했다. 이런 목적은 너무도 실질적이어서 정치사상의 중요한 발전이라고 할 수 있었다. 그리고 이런 현실주의에 우호적인 배경이 존재했다. 우선 전쟁비용이 이전보다 더 비싸져서 영국과 프랑스와 같이 18세기에 유일하게 외국의 지원 없이 다른 열강과 전쟁을 할 수 있던 나라들도 압박을 받게 되었다. 그러나 에스파냐 왕위계승 전쟁의

* 에스파냐 왕위 계승전쟁을 종식시킨 위트레흐트 조약을 의미한다/역주

종식은 또한 실질적인 문제들에 효과적인 해결책들을 가져왔다. 새로운 시대가 열리고 있었다. 이탈리아를 제외하고, 21세기 정치지형의 상당 부분이 이미 서유럽에서 나타나고 있었다. 왕조주의는 외교정책의 이등 원칙으로 강등되기 시작했다. 적어도 왕조와 국가의 이익을 더 이상 분리시킬 수 없다고 느낀 일부 군주들 사이에서 국가정치의 시대가 시작되고 있었다.

라인 강 동쪽(그리고 여전히 엘베 강 동쪽) 지역은 이런 사실 중 어떤 것에도 해당되지 않았다. 대변혁이 이미 그곳에서 일어났고 1800년 전에 더 많은 변화들이 일어날 것이지만, 이 변혁의 기원은 16세기 시작 무렵의 먼 옛날로 거슬러 올라가야 한다. 당시 유럽의 동쪽 경계는 합스부르크 오스트리아와 야기에우워 왕조의 지배를 받던 거대한 폴란드-리투아니아 왕국에 의해서 지켜지고 있었다. 후자는 14세기에 혼인정책을 통해서 형성되었다. 그들은 당시 동유럽 정치의 가장 중요한 문제인 오스만 세력에 대항하는 짐의 무게를 베네치아 해양제국과 나누고 있었다.

'동유럽 문제'라는 관용구가 이때 발명된 것은 아니지만, 만약 그랬다면 그것은 이 시기에 기독교를 이슬람으로부터 방어하는 문제를 의미했을 것이다. 튀르크인들은 18세기까지도 정복과정에서 승리를 거두고 있었다. 비록 이때가 그들이 마지막으로 위대한 활동을 할 수 있었던 때였지만 말이다. 그럼에도 불구하고 콘스탄티노플 함락 이후 2세기 이상의 시간 동안 그들은 동유럽의 외교와 전략의 조건을 정했다. 함락 후 한 세기 이상 일련의 해전과 튀르크의 팽창이 뒤따랐고, 이로 인해서 고통을 받은 것은 베네치아였다. 베네치아는 오랫동안 다른 이탈리아 국가들에 비해서 부유한 편이었지만, 처음에는 군사적 측면에서, 나중에는 상권의 측면에서 상대적인 쇠퇴를 겪었다. 첫 번째 원인이 두 번째 원인을 이끌었는데, 이는 튀르크인들과의 오랜 승산 없는 싸움의 결과였다. 튀르크는 1479년 이오니아 해의 섬들을 차지하고 흑해 무역에 연례요금을 부과했다. 비록 베네치아가 2년 후 키프로스를 획득해서 중요한 기지로 만들었지만, 1571년에는 다시 그것을 상실했다.

1600년경, 베네치아는 제조업으로 인해서 여전히 부유한 국가였지만, 더 이상 네덜란드 공화국이나 심지어 영국 수준의 상업세력이 아니었다. 처음에는 안트베르펜이, 그리고 암스테르담이 베네치아를 능가했다. 튀르크인들의 성공은 17세기 초 방해를 받았지만, 이때 다시 재개되었다. 1669년 베네치아인들은 크레타 상실을 인정해야만 했다. 비록 우크라이나인들은 곧 튀르크의 종주권을 인정했고 폴란드인들은 1672년 포돌리아를 포기해야 했지만, 1664년 버슈바르 평화조약은 오스만 제국의 헝가리에서의 정복의 마지막 범위를 정했다. 1683년, 튀르크인들은 두 번째(첫 번째는 한 세기 반 전) 빈 포위를 시작했다. 그리고 유럽은 지난 2세기 동안 가장 커다란 위협 속에 있는 것처럼 보였지만 사실 그렇지는 않았다. 오스만 세력의 전성기가 끝났기 때문이다. 이것은 빈이 포위되었던 마지막 세기였다.

사실 헝가리 정복과 함께 시작된 군사적 노력은 오랫동안 곤란을 겪던 강대국의 마지막 발악이었다. 튀르크의 군대는 더 이상 최신 군사기술을 따라가지 못했다. 예를 들면 그들의 군대는 18세기 전쟁터에서 결정적 무기가 된 야포가 없었다. 바다에서, 튀르크인들은 배를 들이받고 판자를 대고 올라타는 오랜 갤리선 전술에 집착하여 배를 유동포대처럼 사용하는 대서양 연안 국가들의 기술에 성공적으로 대처하지 못했다. 불행히도, 베네치아인들 또한 이런 면에서는 보수적이었다. 어쨌든 튀르크의 국력은 감당할 수 있는 범위를 훨씬 넘어 있었다. 그것은 결과적으로 독일, 헝가리, 트란실바니아에서 프로테스탄티즘을 구해주었지만, 유럽과 아프리카뿐 아니라 (1639년 페르시아로부터 이라크를 빼앗아서 거의 모든 아랍-이슬람 세계를 오스만의 통치하에 두게 된) 아시아에서도 그 팽창은 멈추었다. 당시 제국체제는 부적절하고 무능한 통치자들에 의해서 상당히 이완되어 있었기 때문에, 이 압박은 상당히 강하게 느껴졌다. 17세기 중반, 튀르크의 한 재상이 모든 자원을 끌어들여 마지막 공세를 취했다. 그러나 그도 교정할 수 없는 약점들이 있었는데, 이는 제국의 속성 자체에 내재된 것이었다.

다른 많은 제국들처럼 오스만 튀르크는 정치적 단위보다 군사적 팽창계획에서 시작되었다. 그러나 중국이나 러시아 같은 다른 제국들이 넓은 영토들을 동화하고 새로운 조세와 인적자원을 모으는 것에 도움을 주는 획일적인 제도들을 부과한 반면, 튀르크인들은 확장되고 다채로운 영토의 주인들이었는데,

여기에는 원심력이 작용했다. 더욱이 튀르크인들은 깊은 충성심을 보이지 않던 백성들에게 위험스러울 정도로 의존하고 있었다. 튀르크인들은 보통 비무슬림 공동체의 관습과 제도를 존중했다. 이 공동체들은 밀레트* 체제 아래에서 스스로의 당국자들을 통해서 다스려졌다. 그리스 정교회인들, 아르메니아 정교회인들, 유대인들은 가장 중요한 부류들이었고, 각자의 협의방식을 가지고 있었다. 예를 들면, 그리스 기독교인들은 특별 인두세를 내고 궁극적으로는 콘스탄티노플 대주교에 의해서 다스려졌다. 이것이 나름의 최선으로 보였기 때문에, 좀더 하부 지역단위에서도 지역 공동체의 지도자들은 그 지역의 수탈기구를 지원하기 위해서 비슷한 종류의 합의를 맺기도 했다. 결국 이는 강력한 힘을 가진 신하들을 길러냈고, 각 지역을 지배하던 파샤들은 모순과 무능 속에서도 사리사욕을 챙길 수 있었다. 이는 술탄의 백성들이 그의 지배와의 동질감이 아닌 소외감을 느끼게 만들었다.

따라서 빈 포위가 있던 1683년은 유럽이 이슬람을 공격하기 이전에 방어적 태도를 취한 마지막 해로서 상징적인 의미가 있지만, 보기보다 위험한 순간은 아니었다. 이후 튀르크 국력의 흐름은 1918년 튀르크가 콘스탄티노플 바로 뒤의 배후지와 오스만의 오랜 중심지 아나톨리아에 다시 한번 제한될 때까지 거의 중단 없이 썰물이었다. 폴란드 왕 얀 3세 소비에스키(재위 1674-1696)에 의한 빈 구출 이후, 중부와 남부 헝가리에서 튀르크인들이 그곳을 지배한 지 한 세기 반 만에 쫓겨나는 사건들이 뒤따라서 일어났다. 실패한 술탄 메메트 4세(재위 1648-1687)가 1687년 폐위되고, 재상들이 지배하는 정권으로 교체된 것은 튀르크의 세력 약화에 대한 치료책이 되지 못했다. 1699년, 오스만 튀르크가 패전국으로서 서명한 첫 번째 평화조약 이후, 헝가리는 다시 공식적인 합스부르크 영토의 일부가 되었다. 이를 따라서 다음 세기에 트란실바니아, 부코비나, 대부분의 흑해 연안지역이 오스만 튀르크의 지배에서 벗어났다. 1800년, 러시아인들은 오스만 튀르크 안의 기독교인들에 대한 특별한 보호를 주장했고 이미 그들의 반란을 촉발하려고 했다. 18세기에도 오스만 튀르

* millet : 오스만 제국에서 공인된 비이슬람 종교 자치체/역주

크의 지배는 아프리카와 아시아에서 약해지고 있었다. 이 시기가 끝났을 때, 비록 형태는 보존되었지만 오스만의 칼리프 지위는 쇠퇴기의 아바스 왕조와 비슷한 정도였다. 모로코, 알제리, 튀니지, 이집트, 시리아, 메소포타미아, 아라비아는 정도는 각각 달랐지만 모두 독립적이거나 반독립적인 상태가 되었다. 오스만의 유산을 수령한 자들은 한때 거대했던 폴란드-리투아니아 연합이나 합스부르크와 같은 동유럽의 전통적인 수호자들도, 오스만 제국이 흔들리자 강력한 타격을 가한 이들도 아니었다. 사실 폴란드는 독립국가로서의 역사가 거의 끝나가고 있었다. 리투아니아와 폴란드의 왕실 간 결혼에 의한 사적인 결합은 너무 뒤늦게 두 나라 간의 진정한 연합으로 바뀌었다. 1572년, 야기에우워 왕조의 마지막 왕이 후계자가 없이 죽자, 왕좌는 이론적으로뿐만 아니라 실질적으로도 선거에 의해서 뽑히게 되었다. 이제 광활한 지역이 누구나 차지할 수 있는 곳이 되었다. 이 마지막 왕의 후계자는 프랑스인이었고, 다음 세기에는 폴란드 대귀족들과 외국 군주들이 매번 선거마다 분쟁했다. 그러는 동안 폴란드인들의 나라는 튀르크인, 러시아인, 스웨덴인들의 심각하고 지속적인 압박에 처하게 되었다. 폴란드는 적들이 다른 지역의 문제로 곤란을 겪을 때만 일시적으로 번성했다. 스웨덴인들은 30년 전쟁 기간 동안 폴란드의 북쪽 영토로 내려왔고, 1660년 폴란드의 마지막 해안이 그들에게 할양되었다. 내부 분열은 더욱 악화되었다. 반동 종교개혁은 폴란드 프로테스탄트들에게 종교박해를 가져왔다. 우크라이나의 카자크들의 봉기가 있었고, 지속적인 농노반란이 있었다.

국왕의 선출이 외국 군주들의 권모술수에 의해서 결정되지 않은 것은 영웅적인 얀 소비에스키의 경우가 마지막이었다. 그는 중요한 승리를 거두었고 고도로 탈중앙집권화된 폴란드의 기이한 헌정체제를 주재했다. 선출된 왕들은 지주세력의 균형을 맞출 법적인 힘이 거의 없었다. 왕들은 상비군이 없었기 때문에, 젠트리나 유지들 가운데 한 분파가 자기들이 바라는 것을 얻기 위해서 무장반란('동맹'이라고 불렸던)의 관습에 기대려고 할 때, 자신들이 가진 사병에 의존할 수밖에 없었다. 왕국의 중앙 입법기구인 국회에서는 만장일치제가 개혁에 방해가 되었다. 그러나 지리적으로 규정하기 어렵고, 종교적으

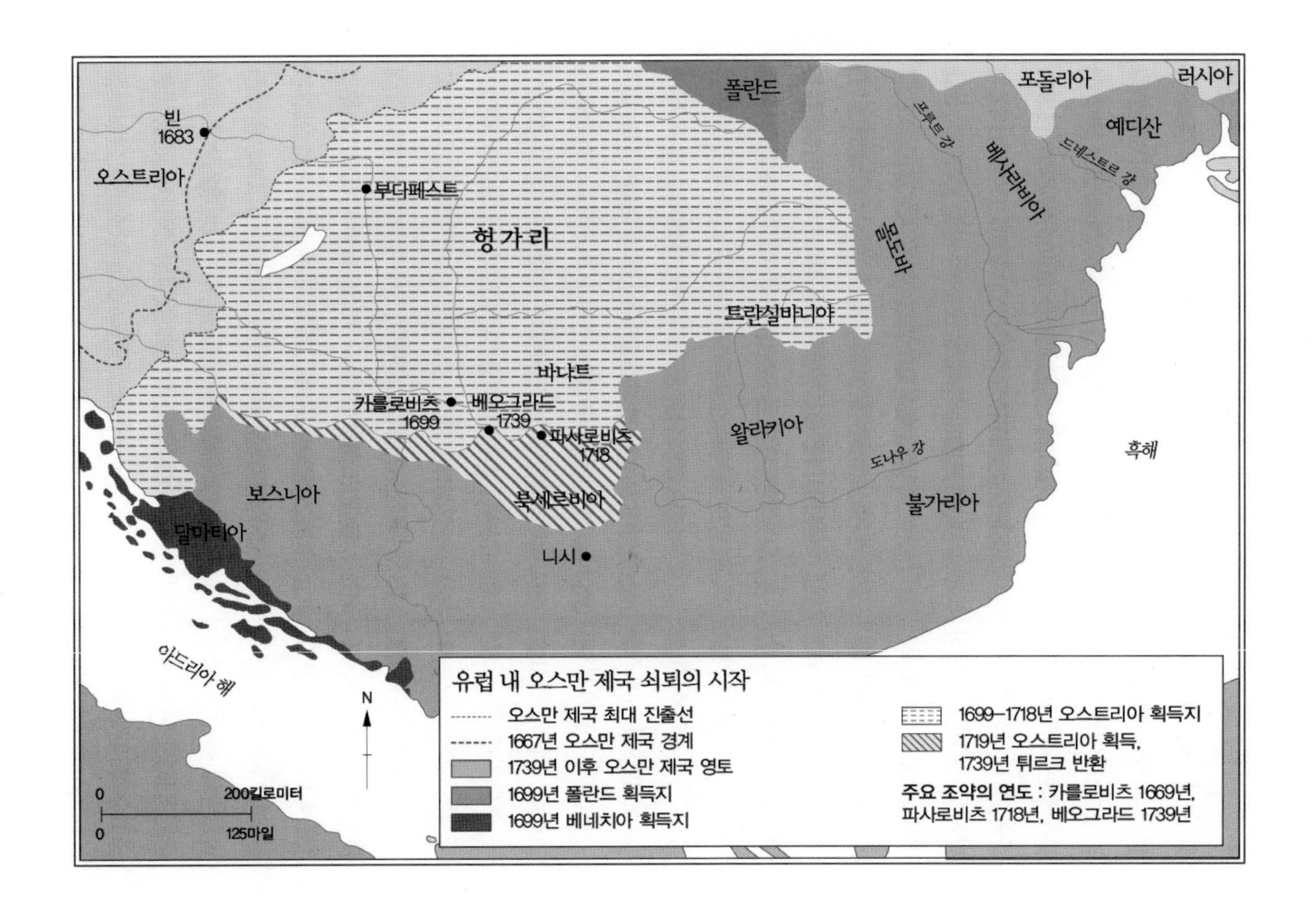
유럽 내 오스만 제국 쇠퇴의 시작
오스만 제국 최대 진출선
1667년 오스만 제국 경계
1739년 이후 오스만 제국 영토
1699년 폴란드 획득지
1699년 베네치아 획득지
1699–1718년 오스트리아 획득지
1719년 오스트리아 획득,
1739년 튀르크 반환
주요 조약의 연도 : 카를로비츠 1669년,
파사로비츠 1718년, 베오그라드 1739년
빈
1683
오스트리아
부다페스트
헝가리
폴란드
포돌리아
러시아
예디산
프루트 강
드네스트르 강
베사라비아
몰도바
트란실바니아
바나트
카를로비츠
1699
베오그라드
1739
파사로비츠
1718
왈라키아
도나우 강
흑해
보스니아
북세르비아
불가리아
달마티아
니시
아드리아 해
N
0
200킬로미터
0
125마일

로 분열되었고, 편협하고 이기적인 농업 젠트리가 다스리는 폴란드가 살아남기 위해서는 개혁이 절실히 필요했다. 폴란드는 근대화되고 있던 세계 속의 중세적 공동체였다.

얀 소비에스키는 이를 바꾸기 위해서 아무것도 할 수 없었다. 폴란드의 사회구조는 개혁에 거세게 저항했다. 귀족이나 젠트리는 사실상 몇 개의 특별히 부유한 대가문에 의존하고 있었다. 라지비우 씨족은 아일랜드의 절반 정도 크기의 토지를 소유하고 있었고, 바르샤바의 왕궁을 무색하게 하는 궁전을 가지고 있었다. 포토츠키 가문의 토지는 6,500제곱마일을 차지했는데 대략 네덜란드 공화국의 절반 정도에 해당하는 지역이었다. 소규모 지주들은 이런 대귀족에게 맞설 수 없었다. 그들이 차지한 사유지는 1700년도 폴란드 크기의 10분의 1보다도 적었다. 법적으로 폴란드 '국민'인 100만 명 정도의 젠트리들의 대부분이 가난했고, 따라서 '동맹'을 조직하고 국회를 조종하는 권력을 포기하려고 하지 않았던 대귀족들에게 지배당했다. 이 계서제의 가장 밑바닥에 있던 것은 소작농들로 유럽에서 가장 비참한 이들 중 하나였다. 1700년, 이들은 자기들에게 요구된 봉건적 의무들과 끝없이 싸우고 있었고, 영주들은 여전히 이들의 생사여탈권을 가지고 있었다. 도시들은 무력했다. 도시 총인구는 젠트리의 절반 정도밖에 되지 않았고, 17세기에 일어난 전쟁들로 인해서 파괴되었다.

프로이센과 러시아 또한 전근대적인 농업 중심적이고 봉건적인 인프라에 의존하고 있었지만, 그럼에도 이들은 살아남을 수 있었다. 폴란드는 동유럽 3개국 중 몰락한 유일한 국가였다. 선거의 원칙은 왕조의 확장 본능을 국가의 확장과 동일시하는 폴란드판 튜더나 부르봉 왕가의 등장을 막았다. 18세기 폴란드는 1697년 얀 소비에스키를 계승하도록 선출된 외국 군주인 작센 선제후의 지배 아래로 들어갔다. 그는 곧 스웨덴인들에 의해서 폐위를 당했지만, 다시 러시아인들에 의해서 왕좌로 복귀했다.

러시아는 동방에서 새로 등장하던 강대국이었다. 1500년 러시아의 민족 정체성은 거의 인식하기 어려운 것이었다. 200년 후, (폴란드인들과 스웨덴인들은 이미 그것을 알고 있었지만) 대부분의 서유럽 정치가들은 그제야 러시아의 잠재력을 깨닫기 시작했다. 세계의 양대 강대국 중의 하나가 될 나라가 주요 세력으로서 겉모습을 갖추게 된 것이 당시에 얼마나 갑작스럽고 놀라운 것이었는지를 지금 이해하기 위해서는 상당한 노력이 요구된다. 유럽의 시대가 막 시작되던 무렵, 러시아 미래의 평면도가 이반 대제(이반 3세, 재위 1462-1505)에 의해서 놓였을 때, 이런 결과물들은 상상하기 어려운 것이었고, 이런 상태는 오랫동안 지속되었다. 1547년에 그의 손자 이반 4세(재위 1533-1584)는 '차르'라는 칭호를 공식적으로 처음 얻게 되었다. 그의 대관식에서 이 칭호가 수여된 것은, 이제 모스크바 대공이 많은 민족을 다스리는 황제가 되었다는 것을 의미했다. '뇌제(雷帝)'라는 별명을 얻을 정도로 격정적인 열정을 가졌음에도 불구하고, 이반 4세는 유럽 문제들과 관련하여 그다지 중요한 역할을 하지는 않았다.

다음 세기에 한 프랑스 왕이 자신의 수신인인 차르가 10년 전에 죽은 줄도 모르고 편지를 썼을 정도로, 러시아는 거의 알려진 것이 없는 나라였다. 러시아의 미래 모습은 느리게 결정되었고 서유럽에는 거의 알려진 것이 없었다. 이반 대제 이후에도 러시아는 영토의 범위를 규정하기 어려웠고 위험에 노출되어 있었다. 튀르크인들은 남서 유럽에서 침입했다. 그들과 모스크바 사이에는 자신의 독립을 강력히 지키던 카자크인의 나라인 우크라이나가 놓여 있었다. 강한 이웃이 없는 동안은 그렇게 하기가 쉬웠다. 러시아 동쪽으로, 우랄 산맥은 비록 실질적이지는 못하나 이론적인 경계를 제공했다. 러시아 통치자들은 적대적인 공간 한가운데에 고립되어 있다고 느끼기 쉬웠고, 거의 본능적으로 그 가장자리에 자연경계나 보호국이라는 보호용 제방을 찾게 되었다.

첫 단계는 이반 대제가 획득한 지역을 결합하는 것이 되어야 했다. 이 지역은 러시아의 중심부를 이루었다. 그 다음 단계는 북쪽 황무지에 진출하는 것이었다. 이반 뇌제가 제위에 올랐을 때, 러시아는 발트 해의 좁은 해안과 백해로 뻗은 광대한 영토를 가지고 있었다. 원시 부족들이 엷게 흩어져 살고 있던 이 지역은 서쪽으로 경로를 제공했다. 1584년 아르한겔스크 항이 세워졌다. 이반은 발트 국경에서는 거의 아무것도 할 수 없었지만, 타타르인들을 (그들이 모스크바를 불태운 1571년 이후에) 성공적으로 공격하여, 전해진 바에 의

하면 이 과정에서 15만 명을 학살했다. 이반은 그들을 카잔과 아스트라한에서 쫓아내어 모스크바의 세력을 카스피 해까지 미치게 하면서, 볼가 강 유역 전체의 지배권을 얻게 되었다.

그의 통치 기간에 시작된 또다른 강력한 추진력은 우랄 산맥을 넘어서 시베리아로 이어졌다. 이는 정복이라기보다 정착이었다. 오늘날도 러시아 공화국의 대부분은 아시아에 있다. 거의 두 세기 동안 이 강대국은 차르와 그의 후계자들에 의해서 통치되었다. 이 결과에 도달하기 위한 초기 단계들을 통해서 역설적이지만 나중에 시베리아 주요 변경지역이 될 곳을 예측할 수 있게 되었다. 우랄 산맥을 넘은 첫 번째 러시아 정착민들은 노브고로드의 정치적 망명자들이었던 것 같다. 시베리아에는 농노가 없었기 때문에 그들을 따라온 사람들 중에는 농노제로부터 도망쳐온 자들과 학대당하던 카자크인들이 있었다. 1600년경 우랄 산맥에서 멀리 600마일 정도 떨어진 곳까지 러시아 정착촌이 있었는데, 이들은 국가의 공물인 모피를 확보하기 위해서 파견된 전문 관료들에 의해서 밀접히 관리되었다. 각 지역에서 강들은 핵심적인 것으로, 미국 변경의 강들보다 더 중요한 것이었다. 50년이 못 되어서, 사람과 상품들은 수로 간 육로수송을 단 세 번만 거치면, 강들을 통해서 우랄 산맥 동쪽 300마일 지점의 토볼리스크로부터 그보다 3,000마일 더 떨어진 오호츠크까지 여행할 수 있었다. 이곳에서 여행자는 일본 열도의 주요 섬들 중 최북단에 있는 사할린으로부터 해로로 오직 400마일 떨어져 있을 뿐이다. 이는 랜즈엔드에서 안트베르펜까지 정도의 거리이다. 1700년 우랄 산맥 동쪽에 20만 명의 정착민이 살고 있었고, 이때 중국과 네르친스크 조약을 수립하는 것이 가능해졌다. 일부 러시아인들은 중국 정복에 관해서 이야기했다고 하는데, 당시 청 제국이 전성기를 누리던 때에 이는 매우 어리석은 계획에 불과했다.

서쪽에서는 발트 해로의 출구를 상실하고 모스크바와 노브고로드가 리투아니아인들과 폴란드인들에게 점령당한 때도 있었지만, 동진운동은 이반 4세의 죽음 이후 찾아온 '혼란시대'*의 격변과 위험에도 크게 영향은 받지 않았

* 1598-1613년 사이 류리크 왕조가 끝나고 로마로프 왕조가 들어서기까지의 혼란기/역주

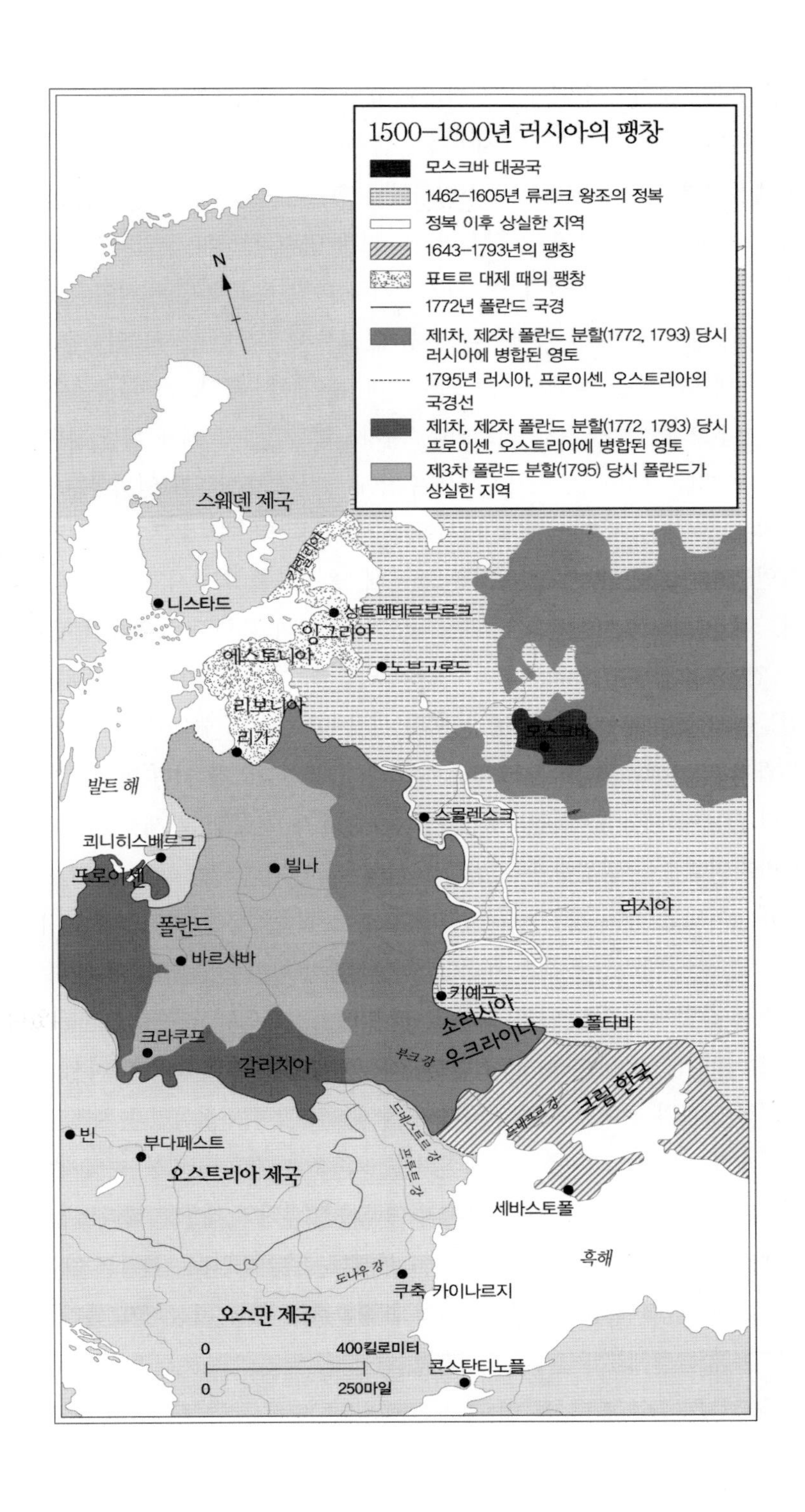

1500–1800년 러시아의 팽창
모스크바 대공국
1462–1605년 류리크 왕조의 정복
정복 이후 상실한 지역
1643–1793년의 팽창
표트르 대제 때의 팽창
1772년 폴란드 국경
제1차, 제2차 폴란드 분할(1772, 1793) 당시 러시아에 병합된 영토
1795년 러시아, 프로이센, 오스트리아의 국경선
제1차, 제2차 폴란드 분할(1772, 1793) 당시 프로이센, 오스트리아에 병합된 영토
제3차 폴란드 분할(1795) 당시 폴란드가 상실한 지역
N
스웨덴 제국
니스타드
상트페테르부르크
잉그리아
에스토니아
노브고로드
리보니아
리가
모스크바
발트 해
스몰렌스크
쾨니히스베르크
빌나
프로이센
러시아
폴란드
바르샤바
키예프
소러시아
폴타바
크라쿠프
부크 강
우크라이나
갈리치아
크림 한국
드네스트르 강
드네프르 강
빈
부다페스트
프루트 강
오스트리아 제국
세바스토폴
흑해
도나우 강
쿠축 카이나르지
오스만 제국
0
400킬로미터
0
250마일
콘스탄티노플

다. 17세기 초까지 러시아는 여전히 중요한 유럽 열강이 아니었다. 그 다음에는 세력이 커진 스웨덴이 러시아와 충돌했다. 차르는 1654-1667년의 대전쟁 때에야 마침내 스몰렌스크와 소러시아를 회복하고, 1812년까지는 다시 상실하지 않게 된다(이때 잠깐 상실한다). 이제 여러 지도와 조약들이 러시아를 일면 서구 안에 있는 실제처럼 규정하기 시작했다. 1700년 러시아의 남서 경계가 위대한 역사도시 키예프와 강 동쪽 경사지에 살던 카자크인들을 아우르며, 드네프르 강을 따라서 서쪽으로 길게 늘어나는 동안, 러시아는 흑해에서 첫 번째 요새인 아조프를 획득했다. 카자크인들은 차르에게 폴란드인들로부터의 보호를 요청했고, 반자치정부 수립에 대한 특별합의를 얻어냈는데, 이는 소비에트 시절까지 이어졌다. 러시아가 거둔 이득의 대부분은 오랜 기간 튀르크인들과 스웨덴인들을 격퇴하는 가운데, 폴란드를 희생시켜서 얻은 것이었다. 그러나 1687년 러시아 군대는 튀르크인들에게 대항하기 위해서 폴란드인과 연합했고, 이는 또한 역사적 순간이 되었다. 이것은 1918년까지 유럽 정치인들을 괴롭힐 고질적인 동방 문제의 시작이었다. 이 해(1918)에 정치인들은 유럽에 있는 오스만 제국 영토에 대한 러시아의 침입에 어떤 한계를 (그것이 있다면) 부여해야 할 것인지를 결정하는 문제가 마침내 그 제국 자체와 함께 사라져버렸음을 발견하게 되었다.

러시아의 형성은 매우 정치적인 행위였고, 군주정은 그것의 중심이자 원동력이었다. 이 나라는 존재를 예정할 만한 인종적 통일성이나, 그 형태에 부여할 지리적 정의가 사실상 없었다. 만약 러시아가 정교회에 의해서 결합되었다고 주장하더라도, 사실 다른 슬라브족들도 정교회 교도들이었다. 따라서 차르의 개인적 영토와 권력의 증가가 국가의 형성 과정에 핵심적이었다. 이반 뇌제는 행정개혁가였다. 그의 통치 아래 영지를 보유한 대가로 군역을 수행하는 귀족들이 등장하기 시작했고, 모스크바의 대공들은 발전된 제도를 타타르인들과의 전쟁을 위한 세금을 징수하는 데에 이용했다. 양성된 군대는 폴란드 왕을 움직여 잉글랜드 여왕 엘리자베스 1세에게 경고하는 것도 가능하게 했다.* 만약

* 1587년 튀르크의 침공 위협을 받던 폴란드 왕 지그문트 3세가 튀르크의 동맹국인 잉글랜드 여왕 엘리자베스에게 대사를 보내어 경고한 사건/역주

러시아인들이 서양의 과학기술을 가지고 있었다면 그들은 무적이었을 것이다. 그렇게 될 위험은 아직 멀리 있었지만, 예측 가능한 것이기도 했다.

지금 보면 국가의 생존 자체가 위태로웠던 것처럼 보이지는 않지만, 때로 좌절은 있었다. 류리크 왕조의 마지막 차르는 1598년 죽었는데, 왕권 찬탈 시도와 귀족들과 폴란드 간섭주의자들 사이에 왕위를 둘러싼 분쟁은 새로운 왕조의 첫 번째 차르인 미하일 로마노프(재위 1613-1645)가 등장한 1613년까지 계속되었다. 그는 위압적인 아버지의 그늘 밑에서 살았던 유약한 군주였지만, 차르주의 국가 자체가 몰락할 때까지 러시아를 300년간 지배하게 될 왕조를 세웠다. 그의 직계 후계자들은 귀족들과 싸워 경쟁을 물리쳤고, 이반 뇌제에 의해서 억압된 권력을 되살리려고 시도했던 대귀족 보야르들(boyars)을 꺾었다. 계급을 벗어나서 유일한 잠재적인 내부 경쟁자는 교회였다. 17세기에 교회의 세력은 분열로 인해서 약해졌고, 1667년에 총대주교가 차르와의 다툼 이후 직위를 박탈당했을 때 러시아 역사의 큰 도약이 이루어졌다. 러시아에서 성직수임권 갈등 같은 것은 없었다. 이후, 러시아 교회는 구조적으로나 법적으로나 세속 공직자에게 종속되었다. 일반 신자들 중에서 당시 정교회에 대한 상당히 자발적인 교리적, 도덕적 반대 움직임이 등장했다. 결국 라스콜(raskol)이라고 불렸던 종교적 반대세력들이 주도한 운동이 시작되었다. 이는 상당히 오래 지속된 문화적으로 매우 중요한 사건으로, 궁극적으로 반정부세력을 지원했다. 그러나 러시아는 종교개혁의 자극을 알지 못했고, 따라서 서유럽에서는 매우 창의적인 힘이었던 교회와 국가의 갈등도 알지 못했다.

그 결과는 장기간 지속되던 러시아 정부 형태 진화의 최종 단계인 차르 전제정치였다. 그것은 다음의 요소들로 특징지어졌다. 즉 명료한 법적 견제에 의한 제한이 없는 반(半)신성불가침의 권력이 군주 안에 의인화되었으며, 모든 백성들이 그에게 바쳐야 할 봉사가 강조되었고, 토지 소유가 이 사상과 연결되었다. 그것은 또한 교회를 제외한 국가의 모든 제도가 차르에게서 파생되어서 스스로 독립된 지위를 가지고 있는 것이 아니라는 생각, 권력 분립과 거대 관료제 발달의 부재, 군사적 필요에 주어진 우선권 등이 특징이기도 했다. 이런 특징들을 열거한 학자가 지적한 대로, 이것들이 모두 처음부터 제시된 것은 아니며, 모두 똑같이 작동하거나 항상 분명해 보였던 것도 아니었다. 그러나 이 특징들은 중세에 도시, 계급, 길드 그리고 다른 많은 조직체들이 후에 입헌주의가 건설될 수 있는 특권과 자유를 확보하고 있던 서유럽 기독교 세계의 군주제와 차르 체제를 분명히 구별했다. 이웃의 폴란드-리투아니아에서 고위관리가 '시민'으로 표기되었을 때, 옛 모스크바에서는 '노예'나 '종'이라는 뜻의 직함이 사용되었다. 왕권신수설을 믿었을 것이고 견줄 수 없는 권력을 갈망했던 루이 14세조차도 언제나 권력이 명확히 권리, 종교, 신이 지정한 법에 의해서 제한받는다고 생각했다. 그의 신하들은 그가 절대군주라는 것은 알았지만, 폭군은 아니라고 확신했다. 잉글랜드에서는 심지어 의회의 통제 아래에 있는 놀랄 만큼 다른 종류의 군주정이 발달하고 있었다. 비록 잉글랜드와 프랑스의 군주제의 관행은 서로 달라졌지만, 양국 모두 차르 체제에서는 생각하기 어려운 관행적이고 이론적인 제한을 받아들였다. 그들은 러시아가 절대 알 수 없었던 서유럽 전통의 특징을 가지고 있었다. 러시아 전제정은 존재하는 기간 내내 서유럽에서 폭정의 대명사가 되었다.

그러나 차르 체제는 러시아에서 번성했다. 더욱이 그것의 기저를 이루는 태도는 어느 정도 여전히 많은 러시아인들과 맞아 보인다. 18세기 사회학자들은 크고 평평한 국가들은 전제정치를 선호한다고 주장하기도 했다. 물론 말이 안 되는 이야기이지만, 러시아처럼 큰 나라에서는 언제나 다채로운 자연지형들, 다양한 민족과 문화들을 포용하는 잠재적 원심 성향이 있었다. 오늘날까지 여러 사건들이 이 다양성을 반영한다. 모든 제국들과 같이, 러시아는 정복을 통해서 만들어졌다. 그 안의 다양성들이 그것에서 벗어나기를 원하는 자들이나 국경의 적들에 의해서 이용당하지 않게 하려면 중앙을 향한 강력한 견인력에 의해서 단결되어야만 했다.

보야르들의 기세가 꺾이고, 지배가문들은 그 높은 지위 안에 갇혀버렸다. 러시아 귀족들은 국가에 대한 봉사에서 귀족성이 비롯되었기 때문에 점차 국가에 의존하게 되었다. 그들의 봉사에는 17세기에는 종종 토지가, 그후에는 농노로 대가가 주어졌다. 1722년의 위계표에 정의된 대로 모든 토지는 전제정부에 봉사하는 조건으로 소유될 수 있었다. 이는 모든 범주의 귀족들을 실질적으로는 하나의 계급으로 통합했다. 이에 따라서 귀족들에게는 많은 의무들이 (때로는 종신토록) 부과되었다. 그러나 이런 의무들은 18세기 동안 계속 축소되었고 마침내 전부 제거되기에 이르지만, 그럼에도 국가에 대한 봉사는 여전히 자발적으로 귀족에 포함될 수 있는 길이 되었다. 러시아 귀족들은 그들의 군주로부터 다른 나라 귀족들과 같은 독립성을 획득한 적이 없었다. 새로운 특권들이 그들에게 주어졌지만, 폐쇄적인 카스트가 등장하지는 못했다. 대신 귀족층은 새로운 재산 상속과 자연스러운 인구증가로 크게 성장했다. 러시아에는 장자상속제나 상속권자 지정이 없었고, 재산은 3-4대에 걸쳐 재분할되었기 때문에 그들 중 일부는 매우 가난했다. 18세기 말, 귀족들이 소유한 농노의 수는 대부분 100명을 넘지 못했다.

러시아 제국의 모든 통치자들 가운데 전제군주정을 가장 인상적으로 이용했을 뿐 아니라 그 성격 형성에 가장 깊이 영향을 미친 사람은 표트르 대제였다. 그는 1682년에 10세의 어린 나이로 왕좌에 올랐다. 그가 사망한 1725년까지, 러시아에는 무엇인가가 깊숙이 뿌리내렸고, 그것은 절대 지워질 수 없는 것이 되었다. 한편으로, 그는 사회를 근대화로 거칠게 끌고 간 20세기의 독재자들과 닮았지만, 사실 동시대의 군주들과 비슷한 면이 훨씬 더 많았다. 그의 관심사는 전쟁에서의 승리에 초점이 맞추어져 있었다. 러시아는 그의 전체 통치 기간 가운데 1년 정도만 평화로웠다. 그는 서구화와 근대화에 자신의 목적으로 가는 길이 놓여 있음을 받아들였다. 러시아령 발트 해안을 획득하려는 그의 야망은 개혁에 추동력을 제공했고, 그것은 이 목적 달성을 위한 길을 열었다. 그가 이런 방식에 공감할 수밖에 없었던 것은 아마도 그의 어린 시절 때문이었을 것이다. 그는 모스크바의 '독일인' 구역에서 자라났는데, 그곳에는 외국 상인들과 그들의 수행원들이 살고 있었다. 1697-1698년, 표트르 대제는 유명한 서유럽 순례를 떠났는데 이는 그의 기술에 대한 관심의 진정성을 보여준다. 아마도 그의 마음속에서는 자기 국민들을 근대화하려는 열망과 이웃 국가들에 대한 두려움으로부터 그들을 영원히 자유롭게 하려는 열망이 구분되지 않은 것 같다. 그 동기의 균형점이 정확히 어디에 놓였든지 간에, 표트르의 개혁은 그 이후로 러시아에서 사상적 표준과도 같은 역할을 했다. 러시아인들은 대대로 그의 업적을 경외감을 가지고 회상하며, 그것이 러시아에 남긴 의미를 숙고한다. 이런 반응 중의 하나는 19세기에 다음과 같이 기록되었다. "표트르 대제는 단지 빈 페이지를 발견했을 뿐이고……그는 거기에 유럽과 서양이라는 단어를 적었다."

표트르 대제의 영토 획득은 그나마 가장 평가하기 쉬운 것이다. 그는 캄차카와 부하라의 오아시스에 탐험대를 보내기도 했고, 타타르인들이 자신의 전임자들에게 부과했던 공물 납부를 거부하기도 했지만, 그의 걷잡을 수 없는 야망은 사실 서쪽으로 바다에 도달하는 것이었다. 그는 흑해 선단을 건조했고, (비록 나중에 폴란드인들과, 무엇보다 스웨덴인들로 인해서 다른 곳에서 일어난 소요들 때문에 다시 포기해야 했지만) 아조프를 병합했다. 발트 해 출구를 두고 스웨덴과 벌인 전쟁들은 매우 치열한 것이었다. 당시 사람들은 그중 마지막 전쟁에 대북방전쟁(Great Northern War)이라는 이름을 붙였는데, 이는 1700년에 시작되어 1721년까지 계속되었다. 1709년, 당시 세계최강이었던 스웨덴 왕의 군대가 카자크인들 중에서 동맹을 찾으려고 하다가 우크라이나 한복판인 폴타바에서 궤멸당했을 때, 세상은 무엇인가 결정적인 일이 일어났다는 것을 알게 되었다. 표트르 1세의 남은 통치 기간은 이 사실을 충분히 납득시켰다. 강화조약을 통해서 러시아는 리보니아, 에스토니아, 카렐리야 지협의 발트 해안에 굳건히 자리잡았다. 강대국 스웨덴의 시대는 끝났으며, 이 나라는 러시아라는 신흥 강대국의 첫 번째 희생양이 되었다.

이보다 몇 년 전에, 프랑스의 왕실연감은 처음으로 로마노프 왕조를 유럽의 지배가문 중 하나로 이름을 올렸으며, 군사적 승리는 유럽의 다른 지역과도 더 많은 접촉 기회를 열었다. 1703년이 시작될 즈음에 이미 표트르는 스웨덴으로부터 빼앗은 땅에 2세기 동안 러시아의 수도가 될 아름다운 신도시 상트페테르부르크를 건설할 평화조약을 기대하고 있었다. 따라서 러시아의 정치적, 문화적 무게중심은 모스크바 대공국의 고립된 상태에서 벗어나서 독일과 서유럽으로 쉽게 접근할 수 있는 러시아 변방으로 옮겨졌다. 이제 러시아의 서구화는 더 쉽게 진전될 수 있었다. 이것은 의도적인 과거와의 단절이었다.

물론 모스크바 대공국도 유럽으로부터 완전히 고립된 적은 없었다. 교황은 이반 대제가 서방 교회로 돌아올 것을 기대하면서 그의 결혼을 중재하기도 했다. 이웃 국가인 가톨릭을 믿는 폴란드인들과는 언제나 교류가 있었다. 엘리자베스 1세 당시, 잉글랜드 상인들은 모스크바로 진출했다. 이들의 진출은 오늘날까지 크렘린에 소재한 잉글랜드 은 세공품 수집품을 통해서 기념되고 있다. 무역은 계속되었고 러시아에는 상당수의 외국인 전문가들이 나타났다. 17세기에 처음으로 유럽 군주들의 상설 대사관이 세워졌다. 그러나 러시아인들 사이에는 (나중에 외국인 거주자들을 분리시키려는 노력이 나타났듯이) 이에 대해서 언제나 망설이고 못 미더워하는 반응들이 존재했다.

표트르는 이 전통을 버렸다. 그는 조선공, 총기기술자, 교사, 서기, 군인들 같은 전문가들을 원했고, 따라서 이들에게 특혜를 주었다. 행정에서, 그는 가문에 따라 세습되는 직위 취득의 옛 관행을 깨뜨렸고, 재능에 기반을 두어 선발된 관료제를 도입하려고 했다. 그는 전문 기술을 가르치는 학교들과 과학 아카데미를 설립하여, 그때까지 모든 학습이 성직자에 의해서 행해졌던 러시아에 과학사상을 도입하려고 했다. 다른 많은 위대한 개혁가들처럼, 그 또한 피상적이라고 생각될 수 있는 것에도 많은 에너지를 쏟았다. 그는 신하들에게 유럽식 의복을 입도록 명령했다. 구식의 긴 수염은 잘려졌고, 여성들은 독일처럼 대중 앞에 나설 수 있게 되었다. 풍부한 전통을 가진 이 나라에서 이 정도의 심리적 충격은 필수적인 것이었다. 표트르가 이루려는 일에는 사실상 협력자가 없었다. 결국 그가 이룬 것 같은 성과들은 강행되는 수밖에 없었다. 보야르들의 협의체인 옛 두마는 폐지되었고 차르가 임명한 인사들로 이루어진 새로운 원로원이 그 자리를 차지하게 되었다. 표트르는 토지 소유와 국가 권력 사이의 유대관계, 그리고 주권과 재산 사이의 유대관계를 해체하기 시작했고, 러시아가 다인종 국가로서 새로운 정체성을 가지도록 했다. 이에 저항한 사람들은 무자비하게 진압했다. 표트르가 자신의 보수적 기질을 없애는 것은 쉽지 않았다. 그는 행정기구와 보도기관을 마음대로 이용했는데, 이는 근대적 정부에는 전혀 맞지 않는 것이었다.

러시아의 새로운 군사력은 가장 눈에 띄는 근대화 성공의 표지였다. 또다른 것으로는 교회가 하나의 정부부서로 사실상 축소된 사실일 것이다. 좀더 세밀한 조사 결과는 얻기가 어렵다. 표트르의 교육개혁은 오직 기술자들과 소수 상류층에게만 영향을 주었고, 러시아인들의 절대다수는 이에 영향을 받지 않았다. 그 결과 상트페테르부르크를 중심으로 고위귀족들만 상당히 서구화되는 결과를 낳았다. 1800년, 이들은 대개 프랑스어로 말하고 때로는 서유럽에서 발생한 사조에 영향을 받기도 했다. 그러나 그들은 종종 지방 젠트리의 분노를 샀고, 같은 국가 안에 그들과 전혀 다른 문화적 섬을 형성했다. 귀족 대다수는 오랫동안 새로운 학교와 아카데미의 혜택을 받지 못했다. 사회계서제의 아래쪽을 보면, 러시아 대중들은 문맹으로 남아 있었다. 글을 배운 이들은 대부분 마을 성직자에 의해서 가장 기초적 수준에서 읽기 교육을 받았고, 대개 그만이 자신의 세대 동안 문맹에서 빠져나온 것이었다. 글을 읽고 쓸 줄 아는 러시아가 되려면 20세기까지 기다려야만 했다.

사회구조도 점점 러시아를 구별시켰다. 러시아는 농노제를 폐지한 유럽의 마지막 국가가 되었다. 기독교 국가들 중에서, 오직 에티오피아, 브라질, 미국만이 강제적 형태의 노동을 러시아보다 더 오래 유지했다. 18세기에 거의 모든 지역에서 이 제도는 약화되었지만, 러시아에서는 더 확산되었다. 이는 노동력이 항상 토지보다 더 부족했기 때문이었다. 러시아의 토지가치는 그 규모보다 항상 그것에 묶인 '영혼'의 수, 즉 농노의 수로 평가되었다. 농노의 수는 17세기에 증가하기 시작했다. 이때 차르는 귀족들에게 이미 자유 소작농이 일부 정착해 있는 토지를 주어서 그들을 만족시켜주는 것이 합리적임을 알게 되었다. 부채가 그들을 지주에게 결박시켰으며, 그들 중 다수는 그것을 갚기 위해서 토지에 종속되었다.

그러는 동안 법률은 농도들에게 더 많은 제약을 가했고 국가조직이 점점 더 경제 속으로 뿌리내리게 했다. 농노들을 다시 체포하고 검거할 수 있는 법적 권한이 점점 더 늘어갔다. 지주들은 표트르 대제가 이들에게 인두세 징수와 징병의 책임을 전가하자, 이러한 권한을 이용하는 것에 더 관심을 가지게 되었다. 그래서 러시아는 다른 서양 국가들보다 경제와 행정이 더 밀접히 결합되었다. 러시아 귀족들은 차르를 위한 임무를 봉행함으로써 관직을 세습하곤 했다.

18세기 말, 공식적으로 영주는 사형 외에는 농노들에게 하지 못할 일이 거의 없었다. 무거운 노동이 강요되지 않을 때는, 납입금이 매우 자의적으로 부과되곤 했다. 탈주율은 매우 높았고, 농노들은 시베리아를 향하거나 갤리선에 자원하기도 했다. 1800년, 약 절반 정도의 러시아인들이 영주에게 속박되어 있었고, 나머지 중 많은 수가 차르에게 유사한 의무를 지고 있었고 언제나 차르에 의해서 귀족에게 하사될 수 있는 위험에 처해 있었다.

새로운 영토가 합병되면서, 그곳의 인구 역시 (이전에는 농노제를 몰랐음에도 불구하고) 이 제도 안으로 들어오게 되었다. 그 결과 사회 안의 거대한 타성과 경직성이 초래되었다. 세기말에 이미 다음 100년 동안 러시아가 겪을 커다란 문제들이 존재하고 있었다. 경제적, 정치적 요구들이 농노제가 인내의 한계에 이르게 만들었지만, 이 제도의 규모가 개혁을 하기에는 엄청난 문제들을 야기할 때, 이 거대한 규모의 인구에게 무엇을 할 수 있을까? 이는 코끼리를 탄 사람과 같아서 앞으로 가는 한 모든 것이 괜찮지만, 내리고 싶을 때는 문제가 많았다.

노예노동은 경제의 중추가 되었다. 18세기에 개척되기 시작한 유명한 '흑토지역'을 제외하고, 러시아 토양은 결코 비옥하지 않았다. 최상의 땅에서도 농업방식이 빈약했다. 주기적인 기근과 전염병이 자연스럽게 균형을 회복시켜주었지만, 20세기까지 생산이 인구증가 속도를 맞출 수 있다고 보기가 어려웠다. 18세기에 인구는 거의 2배로 늘었는데, 3,500만 명 중 약 700만 명 정도가 새로운 영토와 함께 얻어졌고, 나머지는 자연증가를 통해서 축적되었다. 이는 다른 어떤 유럽 국가들보다도 빠른 증가비율이었다. 이 중 많아도 25명 중 1명만이 도시에서 살았다. 그러나 러시아 경제는 이 세기 동안 현저하게 성장했고, 농노제를 산업화에 활용한 점에서 독특한 면모를 보였다. 표트르의 대성공 중 하나가 여기에 있었다. 산업화의 조짐은 로마노프 왕조의 첫 두 명의 황제 밑에서 시작되었지만, 러시아에서 교도된 운동으로서 산업화를 개시한 것은 표트르 1세였다.

사실 결과는 즉각 분명하지는 않았다. 시작 당시 러시아의 경제수준은 매우 낮았고, 18세기 유럽 경제는 빠른 성장을 감당할 수 없었다. 비록 18세기에 곡물의 생산이 늘고 러시아 곡류의 수출이 시작되어서 나중에는 주요 해외무역 상품이 되었지만, 그것은 좀더 많은 땅을 경작에 이용하고, 지주와 세금징수관들이 잉여분을 더 성공적으로 유용하는 구식 방법에 의해서 이루어졌다. 농민들의 소비는 감소했다. 이런 상황은 제국시대 대부분의 기간에도 비슷했고, 때로 농부들의 부담은 참담한 수준이었다. 표트르 대제 치하에서 농부들의 수확량의 60퍼센트가 세금으로 징수되었다고 평가된다. 거기에 생산성을 높일 기술은 없었고, 체제 경직성은 증가하여 생산성을 더욱 낮추었다. 19세기 후반부에도 일반적인 러시아 농부는 자기 영주를 위해서 일을 한 후에 자신의 소작지가 있는 흩어진 지구들을 서성이느라고 얼마 남지 않은 시간을 낭비해야 했다. 대개 농부들은 쟁기가 없었고, 따라서 곡물은 토양의 얕고 쉽게 긁어낼 수 있는 부분에서 자라야 했다. 이것이 할 수 있는 전부였다.

그럼에도 불구하고, 이런 농업적 기반은 러시아를 세계열강으로 만든 군사적 활동과 산업화의 첫 단계를 모두 그럭저럭 지원했다. 1800년경, 러시아는 세계 어느 나라보다 더 많은 선철을 생산하고 더 많은 철광석을 수출했다. 표트르 대제는 다른 누구보다도 이 과정을 촉발했다. 그는 러시아의 광물자원의 중요성을 깨닫고 관련 문제를 다룰 행정기구를 설립했다. 그는 측량에 착수했고 광물을 개발하기 위해서 광부들을 수입했다. 장려책으로, 자기 영지 안의 광물 매장층을 숨기거나 그것의 사용을 막으려고 한 지주들에게 사형이 구형되었다. 이런 자원에 접근할 수 있게 하는 교통수단이 발달했고, 러시아 산업 중심지는 천천히 우랄 산맥 쪽으로 이동했다. 강들도 매우 중요했다. 표트르 대제의 죽음 이후 몇 년 지나지 않아서, 발트 해는 수로로 카스피 해와 연결되었다.

채광과 벌목 산업의 중심지 근처에 제조업이 성장했고 이것은 세기 내내 러시아에 우호적인 무역균형을 보장해주었다. 표트르 대제 당시 100개 이하였던 공장들은 1800년 3,000개 이상이 되었다. 내부 관세장벽이 폐지된 1754년 이후 러시아는 세계에서 가장 넓은 자유무역 지대가 되었다.

이 과정에서, 농노 노동력이나 독점 허가권 때문에 국가가 계속하여 러시아 경제정책을 형성했다. 러시아의 산업은 자유기업 체제가 아니라 규제로부터 등장했다. 이는 산업화가 러시아에서 사회적 사실*인 곡물이익에 충돌하기 때문에 그래야만 했다. 내부 관세장벽은 없었을지 모르나 상당한 장거리 내부 무역이 있었다. 대부분의 러시아인들은 1800년에도 1700년에 그랬던 것처럼 제조물의 소규모 공급을 장인들에게 의존하고, 화폐경제가 거의 나타나지 않는 자급자족적 지역 공동체 안에 살고 있었다. 이런 '공장들'은 장인들의 집합체보다 특별히 나은 것이 거의 없었다. 많은 지역에서, 지대가 아닌 노동봉사가 토지 소유의 기초였다. 해외무역은 여전히 주로 외국 상인들의 손에 있었다. 정부가 자원 개발을 인가하고, 농노들을 배분하여 광산 소유자들을 격려했지만, 이런 격려가 필요했던 것은, 다른 곳에서는 효과적인 지속적 성장을 가능하게 했던 자극제가 러시아에는 없었음을 보여준다.

표트르 대제 이후, 어쨌든 국가개혁은 눈에 띄게 쇠약해졌다. 개혁을 위한 자극은 유지될 수 없었다. 교육받은 계층이 충분하지 않았기 때문에, 그의 추진력이 사라진 후에는 관료들이 개혁을 위한 압력을 계속 가할 수 없었다. 표트르 대제는 그의 후계자를 지명하지 않았다. 그는 자기 아들을 고문해서 죽였다. 표트르를 승계한 자들은 그의 개성과 그가 초래한 공포가 사라지자, 대귀족 가문으로부터 재개된 적대적 위협에 직면했다. 1730년에 표트르 대제의 손자가 죽자 직계후손이 끊기게 되었다. 그러나 군주들은 귀족들의 파당 싸움을 이용할 수 있었고, 표트르 3세가 질녀 안나(재위 1730-1740)에 의해서 교체된 것은 사실 왕권의 회복과 같은 것이었다. 그녀는 전임자를 지배했던 귀족들에 의해서 왕위에 올랐지만, 곧 귀족들을 억제할 수 있었다. 상징적으로, 표트르 사후 보수파의 기쁨으로 불리던 모스크바로 이동했던 왕실은 다시 상트페테르부르크로 돌아왔다. 안나는 외국 출신 장관들의 도움에 의지했고 이 체제는 1740년 그녀가 죽기까지 잘 작동했다. 그녀의 후계자였던 젖먹이 종손(조카의 아들)은 1년도 채 되지 못해서 폐위당했고 20년 후 살해되기까지 계속 감옥에 있었다. 이는 근위대와 외국인들에게 염증이 난 러시아인들의 지지를 받던 표트르 대제의 딸 엘리자베타(재위 1741-1762)에게 유리

* social fact : 에밀 뒤르켐이 제시한 개념으로, 개인의 행동과 사고방식 등을 규정하는 외부압력을 뜻한다/역주

한 일이었다. 1762년 엘리자베타의 조카가 그녀의 뒤를 이었지만, 그는 양위를 강요당할 때까지 불과 6개월 정도 통치했을 뿐이다. 후에 폐위된 차르를 살해한 대귀족의 연인은 새로운 여제가 될 인물이자, 폐위된 희생자의 미망인이었던 독일 공주로, 표트르와 같이 '대제'로 일컬어지는 예카테리나 2세(재위 1762-1796)였다.

후에 예카테리나를 감싸게 될 광휘는 상당히 가장된 것으로, 동시대의 수많은 사람들을 현혹했다. 그것이 감춘 것들 가운데 하나는, 그녀가 왕위에 오르게 된 유혈의 수상쩍은 방식이었다. 그러나 그녀가 먼저 공격하지 않았다면 남편보다 먼저 희생자가 되기 쉬웠을 것이다. 어쨌든 그녀와 그녀 전임자들의 즉위의 배경은 표트르 대제 이후 전제군주정이 약화되고 있었음을 보여준다. 예카테리나 통치의 전반부는 난처한 상황에 처해 있었다. 그녀의 실수를 이용할 수 있는 강력한 이익집단들이 존재했고, 그녀는 루터교를 버리고 정교도가 될 정도로 새로운 나라와 동화되려고 했지만 그럼에도 결국은 외국인 취급을 받았다. 예카테리나는 한때 '나는 통치하지 않으면 소멸될 것이다'라고 말했지만, 그녀는 통치했고 큰 성과를 거두었다.

예카테리나의 통치가 표트르 대제의 통치보다 더 화려했을지 몰라도, 개혁의 추진력은 덜했다. 그녀도 학교를 세우고 미술과 과학을 후원했지만, 표트르가 실질적 효과를 신경 쓴 반면, 예카테리나는 계몽사상가들의 명망을 자신의 궁전 및 입법행위와 연결시키려고 한 점에서 차이를 보였다. 예카테리나 통치의 실체는 반동적이었으나 때로 형태는 진보적으로 보였다. 면밀한 감시자가 입법적인 수사에 의해서 허락된 것은 아니었다. 실상은 겁 없이 정권을 비판하여 러시아의 첫 번째 반항적 지식인으로 여겨지게 될 젊은 작가 알렉산드르 라디셰프의 추방에서 드러났다. 한때 예카테리나가 열성적으로 보여주었던 개혁적 충동은 통치가 진행될수록 약해졌고, 대외적인 이슈들은 그녀의 관심을 분산시켰다.

예카테리나가 무엇을 가장 주의하고 있었는지는 그녀가 귀족의 권력과 특권에 간섭하는 것을 거절한 데에서 잘 드러난다. 그녀는 지주들에게는 지방사법권에 대한 거대한 권력을 주었고, 농노들에게는 주인에게 저항하는 청원권을 박탈한 지주들의 여제였다. 예카테리나의 34년 통치 기간 중 정부가 지주들의 농노들에 대한 권력남용을 제한하는 조치를 취한 것은 단지 20번에 불과했다. 무엇보다 귀족들의 복무 의무가 1762년 폐지되고, 이후에는 권리헌장이 그들에게 주어졌는데, 이는 귀족에 대한 표트르 대제의 정책으로부터 반세기가량의 후퇴를 확정짓는 것이었다. 젠트리들은 인적 과세, 태형, 군인들을 민가에 숙박시키는 행위에서 면제되었다. 그들은 오직 그들의 동료들에 의해서만 재판받고 계급을 빼앗길 수 있었다. 젠트리들에게는 공장과 광산을 세울 수 있는 독점권이 주어졌다. 어떤 의미에서 지주들은 전제군주정과의 협력관계에 접어들게 되었다.

결국 이것은 치명적인 결과를 가져왔다. 다른 나라는 사회구조에 대한 압박을 완화하고 있을 때, 예카테리나 치하에서 러시아는 코르셋을 좀더 꽉 조여맸다. 이는 러시아가 다음 반세기 동안의 도전과 변화에 직면하는 데에 부적절하게 만들었다. 문제의 한 가지 표지는 대규모 농노반란이었다. 이는 17세기에 시작되었지만, 가장 섬뜩하고 위험한 위기는 1773년에 에멜리야 푸가초프의 반란과 함께 찾아왔다. 이는 대규모 지역적 봉기들 가운데 최악의 것으로, 19세기 이전 러시아 농업사를 화려하게 장식한 사건이었다. 후에 치안유지 조치가 발달하여 반란이 보통 지역적이고 억제 가능한 것이었음을 보여주었지만, 그럼에도 반란은 제정시대 내내 지속되었다.

반란이 되풀이되는 것은 크게 놀랄 일이 아니었다. 예카테리나의 통치 동안, '흑토지역'의 농부들에게 쌓인 의무노동량은 급격히 상승했다. 곧 글을 쓰고 읽을 줄 아는 지식인 계층 사이에 비판자들이 나타났고, 농부들이 처한 상황은 그들의 주된 주제들 중의 하나였다. 이는 다음 두 세기 동안 많은 개발도상국가들 안에서 명백히 드러났던 역설의 초기 설명을 제공하는 주제였다. 근대화는 기술의 문제 이상이라는 것이 분명해지고 있었다. 누군가 서양의 사상을 빌려온다면, 그 영향력은 결과에만 한정될 수는 없을 것이다. 정교회와 전제군주정에 대한 초기 비판자들이 나타나기 시작했지만, 결국은 경직되어가는 사회체제를 보존해야 할 필요성이 사실상 변화를 중지시켰다. 러시아가 가진 용맹하면서도 부도덕한 리더십과 겉보기에 무한한 군사력이 제공한 지위를 보존하기 위해서는 이런 변화가 필요했음에도 말이다.

1796년, 예카테리나가 죽었을 때 러시아의 위상은 독보적이었다. 그녀의 위신을 가장 확고히 지지했던 것은 군대와 외교술이었다. 여제는 러시아에 700만 명의 새로운 백성을 포함시켰다. 그녀는 '서너 벌의 옷을 가진 가난한 소녀'로 왔던 러시아에서 융숭한 대접을 받았다고 말하곤 했다. 그러나 그녀는 아조프, 크림 반도, 우크라이나를 가지고 러시아에 빚을 갚았고, 이것은 그녀의 전임자들을 따라한 것이었다. 군주의 세력이 약할 때에도 표트르의 통치가 준 추동력은 두 개의 전통적인 진출 방향에 따라서 러시아 외교정책을 수행했는데, 그것은 폴란드와 터키를 향한 것이었다. 이로 인해서 러시아의 잠재적 적국들은 18세기 내내 증가된 곤경에 처해서 고통을 겪게 되었다. 스웨덴이 전열에서 이탈하자, 프로이센과 합스부르크 제국만이 평형추를 제공할 수 있었다. 그러나 이 두 국가들은 불화가 심했기 때문에, 일반적으로 러시아는 약화된 폴란드와 무너져가는 오스만 제국에 대해서 마음대로 정책을 펼 수 있었다.

1701년 브란덴부르크 선제후가 신성 로마 제국 황제의 동의를 얻어 국왕이 되었다. 1918년까지 존속된 그의 왕국 프로이센은 유럽사에 거의 러시아만큼 심대한 영향을 미치게 된다. 호엔촐레른 왕조는 1415년 이후 계속하여 선제후의 계보를 이어왔고, 꾸준히 조상들의 영역을 넓혀갔다. 당시 공국이었던 프로이센은 16세기에 브란덴부르크와 결합했다. 이는 폴란드 왕이 그곳을 지배하던 튜턴 기사단을 쫓아낸 후 일어난 일이었다. 1613년 아직 백성들의 대다수가 루터파였을 때 선제후는 칼뱅주의로 개종했고, 이후 종교적 관용은 호엔촐레른 가문의 정책이 되었다. 호엔촐레른 가문이 직면한 한 가지 문제는 영토의 확장과 이산(離散)이었다. 영토는 발트 해 연안의 동프로이센부터 라인 강 서쪽 배후지를 따라서 흩어져 있었다. 스웨덴인들은 17세기 후반 이 흩어진 영토들 사이를 채웠다. 유럽 근대사에서 가장 영속적인 군사적 전통의 기초를 놓은 스웨덴인들에게 승리를 거둔 프로이센 상비군의 창시자 프리드리히 빌헬름에게도 이는 걸림돌이었다.

프리드리히 빌헬름의 후계자를 그의 아버지가 탐내던 군주의 관으로 이끌어준 것은 군사력과 외교였으며, 이는 또한 아버지가 아니라 루이 14세에 대항하는 대동맹에 가담할 수 있게 해주었다. 프로이센은 이 사실만으로 분명 강대국이었다. 이는 프로이센이 막대한 비용을 치르게 했지만, 1740년 프리드리히 2세가 즉위할 때쯤에 프로이센은 세밀한 재정 관리를 통해서 다시금 최강의 군대와 유럽에서 가장 건실한 국가재정을 건설할 수 있었다.

프리드리히 2세는 '대왕'으로 알려지게 되는데, 이는 대부분 그가 합스부르크와 폴란드 왕국을 공략하고, 백성들에게 무거운 세금을 거두고, 그들을 외국의 침략에 노출시켜 희생시킴으로써 얻은 것들을 사용한 방식 때문이었다. 프리드리히 대왕이 스스로 증오했던 자신의 잔혹한 아버지보다 조금이나마 더 나은 사람이었는지는 말하기 어렵다. 그는 분명 아버지에 대해서 악의적인 앙심을 품었고, 이에 대해서 전혀 거리낌이 없었다. 그러나 그는 또한 매우 지적이고 교양이 있었으며, 플루트를 연주하고 작곡하기도 하고, 현자와 대화하는 것을 즐겼다. 그는 왕조의 이익에 헌신한 점에서 그의 아버지와 같았다. 그는 영토의 확장과 위신의 확대를 왕조의 이익으로 간주했다.

프리드리히는 너무 멀리 떨어져 있어서 국가에 실제로 통합하기 어려운 소유지의 일부를 포기했지만, 좀더 가치 있는 영토를 프로이센에 병합했다. 1740년 신성 로마 제국 황제가 왕위 승계를 보장하려고 노력했지만 여전히 앞날이 불확실했던 딸을 남기고 죽었을 때, 슐레지엔 정복의 기회가 찾아왔다. 그 딸은 마리아 테레지아였다. 그녀는 1780년 죽을 때까지 프리드리히를 용서하지 않고 그의 대적으로 남아 있었다. 자신에게 개인적으로 강한 혐오감을 가졌던 마리아 테레지아에게, 프리드리히는 '오스트리아 왕위계승 전쟁'이라는 유럽 전면전을 일으키고 슐레지엔을 차지함으로써 응수했다. 프로이센은 이후의 전쟁에서도 이를 상실하지 않았다. 프리드리히는 재위 통치 마지막 해에 마리아 테레지아의 아들이자 후계자인 요제프 2세가 합스부르크 상속재산인 오스트리아령 네덜란드를 주고 그 대가로 바이에른을 병합하려는 시도를 하자, 이를 좌절시키기 위해서 독일 제후동맹을 만들었다.

이 일화는 부유한 어떤 지역을 두고, 혹은 독일 제후들 사이에서의 주도권을 두고 일어난 경쟁이라기보다, 유럽사 전체에 끼치는 중요성이 훨씬 더 큰 사건이었다. 일면 그것은 18세기에도 과거에 대한 왕조의 집착이 여전히 어느 정도 살아 있었는지를 상기시켜주는 사건이었다. 또한 그것은 '과거에 생명을 준 세기'라는 주제의 서막과도 같은 사건이자, 유럽 전체에 커다란 의미를 가진 결과물이라는 점에서 더 중요했다. 프리드리히는 독일의 지배권을 두고 합스부르크와 호엔촐레른 왕가 사이의 투쟁을 시작했고, 이는 1866년에나 해결될 수 있었다. 그것은 지금까지의 생각보다 훨씬 더 앞선 것이었다. 그러나 이러한 맥락 속에서 바라보는 것은 호엔촐레른 왕가가 (핵심 이익의 상당 부분이 독일과 관련이 없었던) 합스부르크 황제에게 대항하여 독일인의 애국심에 호소했던 것을 종합적으로 이해할 시각을 제공한다. 좋은 관계를 유지한 시절도 있었지만, 1740년부터 시작된 오랜 갈등의 기간 동안, 오스트리아가 순수한 독일 국가 이상이거나 이하였다는 사실은 언제나 이 나라의 불리한 조건이었다.

오스트리아의 확장된 이해관계가 불리한 조건이 되었다는 것은 마리아 테레지아의 통치기 동안에 매우 분명해졌다. 오스트리아령 네덜란드는 전략적 이점이라기보다 행정적 골칫거리였다. 그러나 이 나라가 독일 문제로부터 관심을 돌리게 된 최악의 상황이 일어난 것은 동유럽이었다. 18세기 후반 오스만 튀르크 제국의 미래를 두고 러시아와 대결을 계속할 가능성이 점점 더 높아지면서 상황은 더욱 긴박해졌다. 러시아-터키 관계는 기지의 건설이나 크림 타타르족의 습격을 둘러싼 간헐적인 작은 충돌을 제외하면, 30년 정도 잠복기를 보냈다. 타타르인들은 13세기 유럽을 원정한 몽골의 군단인 '황금 군단'의 일부에서 기원한 민족들 중의 하나로 당시 튀르크의 종주권 아래에 있었다. 그후 1768-1774년 사이에 예카테리나는 매우 성공적으로 전쟁을 치렀다. 튀르크인들이 쿠축 카이나르지라고 불렀던 불가리아 북쪽의 잘 알려지지 않은 마을에서 조인된 오스만 튀르크와의 평화조약은 18세기를 통틀어 가장 중요한 조약들 중의 하나였다. 튀르크는 크림 타타르족에 대한 종주권을 포기했는데, 그들의 동원 가능한 군사력을 생각해본다면 이는 튀르크에게 물질적 손실이었고, 그들이 통치를 양도한 첫 번째 이슬람 민족이었기 때문에 도덕적인 손실이기도 했다. 러시아는 부크 강과 드네프르 강 사이의 영토를 배상금과 함께 차지했고, 흑해와 해협을 자유롭게 항해할 수 있는 권리도 얻게 되었다. 어떤 점에서, 조약의 내용들 중 미래의 기회로서 가장 의미심장했던 것은 '콘스탄티노플에 건설될 교회와 그것을 섬기는 사람들'에 대해서 튀르크인들과 협상할 권리였다. 이것은 러시아 정부가 술탄 통치하의 그리스인들, 즉 기독교 신민들에게 주어진 새로운 권리의 보증인이자 보호인으로 인정되었음을 의미했다. 이는 러시아가 튀르크 관련 사항에 관여할 수 있는 백지수표로 밝혀지게 된다.

이것은 끝이 아니라 시작이었다. 1783년 예카테리나는 크림 반도를 병합했다. 튀르크와의 또다른 전쟁이 그녀를 드네스트르 강 전선으로 이끌었다. 그 다음의 전방 경계선은 흑해로부터 100마일 정도 떨어진 지점에서 도나우 강과 만나는 프루트 강이었다. 러시아 군사시설이 도나우 강 어귀에 들어서는 일은 그 가능성만으로도 오스트리아에는 악몽이 될 것이었다. 그러나 그 이전에 동쪽에서 러시아가 폴란드를 점령할 수 있다는 위험성이 먼저 드러났다. 스웨덴의 쇠퇴와 함께, 러시아는 실직적으로 바르샤바에서 전횡을 부렸다. 러시아는 폴란드 왕에게 항의하여 자신의 이익을 보장할 수 있었다. 대귀족들의 파당과 그들끼리의 다툼은 개혁의 길을 막았고, 개혁이 없이는 러시아에 대한 효과적인 저항이 불가능했기 때문에 폴란드의 독립은 사실상 허구에 가까웠다. 잠깐이지만 개혁의 희박한 가능성이 보였을 때, 러시아는 종교적 분열을 능숙하게 이용하여 여러 연맹들을 만들었고, 이것들은 폴란드를 급속히 내전으로 몰아갔다.

독립된 폴란드 역사의 마지막 장은 1768년 튀르크가 폴란드인들의 자유를 보호한다는 명분하에 러시아에 선전포고했을 때 시작되었다. 4년 후인 1772년, 러시아, 프로이센, 오스트리아는 자기들끼리 폴란드 영토의 3분의 1과 절반 정도의 거주민을 나눈 첫 번째 폴란드 '분할'을 시행했다. 인위적으로 폴란드를 보존해주던 옛 국제관계는 이때 사라졌다. 1793년과 1794-1795년에 두 번의 분할이 더 있은 후에, 비록 반항적인 폴란드 인구의 흡수가 결코 명백한 이득만은 아니었다는 것이 다음 세기에 확실해지지만, 러시아는 18만 제곱마일의 영토를 흡수함으로써 지도에서 그 최대의 영역을 차지하게 되었다. 프로이센도 전리품 분할에서 성과를 거두었는데, 이로써 독일 백성들보다 더 많은 슬라브인들을 얻게 되었다. 1500년 이후 진행된 동유럽의 변형은 완성되었고 19세기를 위한 무대가 준비되었다. 이때는 오스트리아와 러시아의 관심을 오스만 제국의 유산의 획득 문제로부터 돌릴 전리품이 남지 않았다. 그러는 동안 독립된 폴란드는 한 세기 반 동안 사라졌다.

예카테리나는 마땅히 러시아를 위해서 많은 일을 했다고 주장할 수 있었지만, 사실은 단지 이미 명백해진 힘을 효율적으로 사용했을 뿐이다. 1730년대에 이미 러시아 군대의 일부가 네카어 강까지의 거리만큼 서쪽에 가 있었다. 1760년에 또다른 일부는 베를린으로 진격했다. 1770년대에는 러시아 함대가 지중해에 나타났다. 몇 년 후 러시아 군대는 스위스에서 군사작전을 펼쳤고, 20년 후에는 또다른 군대가 파리에 입성했다. 이런 러시아 국력에 대한 증거들의 중심에 있는 역설은 그 군사력이 유럽 여러 지역에서 발생한 사회-경제적 구조들과 여전히 근본적으로 다른 것에 기초하고 있다는 것이다. 이는 표트르 대제가 성취한 일에 이미 내재되어 있었다. 러시아 국가체제는 그것과 근본적으로 양립할 수 없는 사회에 의존하고 있었다. 나중에 러시아 비판가들은 이 주제를 매우 중요하게 여길 것이었다.

물론, 이것이 시계가 뒤로 돌아갔음을 의미하는 것은 아니다. 프로이센의 등장이 러시아의 등장만큼 새로운 시대의 도래를 알리는 동안, 오스만 제국은 중요한 패권경쟁자로서의 지위를 영원히 상실했다. 미래의 네덜란드 공화국과 스웨덴의 국제적 영향력은 1500년에는 상상하기 어려운 것이었지만 그들의 국제적 중요성 역시 1800년이면 사라진다. 그들은 여전히 중요한 국가들이지만 이등 국가의 지위로 물러났다. 프랑스는 16세기 왕조경쟁 시대에도 그랬던 것처럼, 국민국가 시대에도 여전히 최고의 강대국이었다. 사실 프랑스의 국력이 상대적으로 더 커지고 서유럽에서 그 지배력이 정점에 달하는 것은 여전히 앞으로 도래할 사건이었다. 그러나 프랑스 또한 새로운 도전자를 맞게 되었다. 이 도전자는 이미 프랑스를 패배시킨 적이 있었다. 1500년, 유럽 앞바다의 작은 섬에 틀어박혀 있던, 신흥 왕조의 지배가 막 시작된 잉글랜드 왕국으로부터 영국이라는 세계 강대국이 출현하게 되었다.

이것은 거의 러시아의 부상만큼이나 놀랍고 갑작스런 변화였다. 이 상황은 유럽 외교의 오랜 범주들을 매우 극적으로 초월했다. 일부 역사가들이 '대서양 군도'라고 부르는 섬들과 튜더와 스튜어트 군주들에 의해서 종종 상이한 수준과 범위 안에서 통치되었던 왕국들로부터 새로운 대양세력이 등장했다. 이 새로운 통일성 외에도, 영국은 그 영향력을 세계적으로 전개하는 데에서 자기만의 고유한 제도적, 경제적 이점들을 누릴 수 있었다. 300년 후, 유럽의 주된 갈등과 분쟁 지역은 이탈리아, 라인 강, 네덜란드의 옛 전쟁터에서 독일 중부와 동부지역, 도나우 계곡, 폴란드, 카르파티아 산맥, 발트 해로 이동했고, 또한 (그중 가장 큰 변화로) 대양 너머로 확대되었다. 동유럽 지형의 재형성을 통해서, 또한 근대의 첫 번째 세계전쟁이자 그 규모에서 제국주의적 해양전쟁이었던 루이 14세의 전쟁들을 통해서 여러 가지 신호를 보내면서, 진정으로 새로운 시대가 시작되고 있었다.

5

세계에 대한 유럽의 도전

1500년 이후 세계에는 현저한 변화가 일어났다. 이것은 매우 전례 없는 일이었다. 이전에는 이처럼 하나의 문화가 전 지구에 퍼진 적이 없었다. 선사시대에도, 문화 조류는 분화의 방향성을 보였던 것처럼 보인다. 지금 그것이 바뀌기 시작했다. 18세기가 끝날 때조차도, 당시 진행되고 있던 것의 핵심은 명확했다. 이때, 러시아를 포함한 유럽 민족들은 이미 세계의 지표면의 절반 이상에 대한 소유권을 주장하고 있었다. 그들은 실제로 그것의 3분의 1 정도를 통제하거나 또는 통제한다고 간주되었다. 이전에는 한 가지 특정 문명을 공유한 사람들이 스스로를 위해서 이렇게 거대한 영토를 차지하려고 애쓴 적은 없었다.

더욱이 그 결과들은 불가역적인 변화들 속에 이미 보이기 시작했다. 유럽인들은 작물과 동물의 종들을 이식하여 지금까지 발생한 것들 중에서 최대 규모가 될 생태계 개조를 시작했다. 유럽은 그 국민을 서반구로 보냈고, 그들은 이미 1800년경에 유럽의 정부, 종교, 교육 제도를 갖춘 새로운 문명 중심지를 구성했다. 에스파냐인들이 남아메리카에서 두 개의 발전된 문명들을 파괴하고 자기들의 문명을 이식하는 동안, 새로운 민족이 북아메리카의 옛 영국의 보호령에서 출현했다.

동반구에서는 이야기의 진행방향은 달랐지만 충격은 동일했다. 1800년경, 동인도회사의 무역선을 타고 여행 중인 잉글랜드인은 네덜란드인이 2만 명 정도 살았던 희망봉만 지나도, 아메리카의 유럽 식민지 같은 공동체에 상륙할 수 없었다(진로에서 벗어나서 이제 막 정착민들을 받기 시작했던 오스트레일리아까지 배회하지 않는 한 말이다). 그러나 그는 동아프리카, 페르시아, 인도, 인도네시아에서 무역을 하러 온 유럽인들을 발견할 수 있었을 것이다. 이들은 이곳에서 장기간 또는 단기간에 이윤을 내서 고향에 돌아갈 계획을 가지고 있었다. 이런 사람들은 광저우(광둥)나 (매우 적은 수이기는 하지만) 폐쇄된 섬나라 일본에서도 발견될 수 있었다. 오직 여전히 질병과 기후에 의해서 보호받던 아프리카 내부만이 들어갈 수 없는 지역처럼 보였다.

따라서 괄목할 만한 변화가 시작되었다(그리고 더 진행될 것이었다). 그것은 일방적 과정으로 시작되었지만, 곧 통합의 과정이 되었다. 그것의 운반자는 대양과 그것을 둘러싼 해안이었고, 운송방식은 무역과 외국인 정착이었다. 정착의 대부분은 유럽인들에 의해서 행해졌지만, 그들이 만든 제국 네트워크는 그들과 함께 아프리카인들을 (전부는 아니지만 대부분은 노예로서) 신세계로 데려갔고, 중국인들을 동남 아시아로, 인도인들을 세계 거의 모든 곳으로 데려갔다. 여행, 지식, 인구의 측면에서 세계는 새로워지고 있었다.

이런 세계적 연관성의 대규모 변형은 유럽에서의 심오한 변화 때문에 일어났다. 이를 뒷받침하기 위해서 탐험, 사업, 기술적 발전, 정부의 지원이 층층이 놓였다. 이러한 경향은 18세기 말에는 되돌릴 수 없어 보였고, (유럽인들의 직접 지배가 그것이 건설된 것보다 더 빠르게 해제될 것이라고 해도) 어느 정도 그렇게 증명되었다. 어떤 문명도 이것보다 더 빨리, 더 극적으로 성공하지 못했고, (오직 일시적, 간헐적 장애만 있었을 뿐) 이렇게 평탄한 팽창과정을 겪지 못했다. 또한 권력 장악과정에서 이렇게 오만했던 문명도 없었을 것이다.

유럽인들이 가지고 있던 한 가지 유리한 점은 그들이 성공해야만 했던 강력한 동기들이었다. 정찰의 시대(Age of Reconnaissance) 뒤에 있던 중요한 추진력은 좀더 쉽고, 좀더 직접적인 아시아와의 관계를 시작하고 싶은 그들의 바람이었다. 아시아 주요 국가들이 유럽이 제공할 수 있는 어떤 교환물도 별로 원하지 않던 때에, 아시아는 유럽에서 매우 필요로 하는 물건들의 원천이었다. 바스쿠 다 가마가 그 지역의 왕에게 바치기 위해서 가져왔던 물건들을 보이자 캘리컷 주민들은 그를 비웃었다. 그는 아랍 상인들이 이미 다른 아시아 지역에서 인도로 가져왔던 것과 비할 만한 것을 제공할 수 없었다. 유럽인들이 마르코 폴로식의 간헐적인 여행보다 좀더 정기적이고 안전한 방식으로 그곳에 도달하기를 희망하게 만든 것은 사실 대부분의 동양 문명이 가진 전설적상의 우월성이었다. 우연히도 중국, 인도, 일본은 모두 16-17세기에 사회, 문화, 정치 면에서 중요한 변화를 겪고 있었다. 오스만 제국에 의한 동유럽 육로의 봉쇄는 이 지역을 이전보다도 더 유럽인들에게 매력적으로 만들었다. 얻을 수 있는 거대한 이익이 있었고, 따라서 그것을 얻기 위한 엄청난 노력이 정당화될 수 있었다.

보상에 대한 기대뿐만 아니라, 성공 가능성에 대한 높은 기대도 높은 사기의 비결이었다. 16세기에는 탐사사업과 (대담한 공격을 받게 될) 새로운 종류의 사업들과 관련된 많은 활동이 있었다. 각각의 항해 성공 사례들은 항해 지식뿐 아니라 더 많은 것이 행해질 수 있다는 확신을 더해주었고, 이렇게 축적된 요인들이 작동하기 시작했다. 시간이 흐르면서 미래의 팽창사업을 위한 자금 조달이 이익이 되었고, 게다가 기독교의 정신적 자산이 존재했다. 정착촌이 수립되고 얼마 지나지 않아, 기독교 정신은 선교사업에서 배출구를 발견하게 되었다. 그러나 이 자산은 언제나 유럽인들에게 그들이 처음으로 접촉하게 된 사람들에 대한 유럽의 우월성을 확신시켜주는 문화적 사실로서 존재했다.

다음 4세기 후, 기독교는 종종 파괴적인 결과를 초래하게 되었다. 유럽인들은 스스로 진정한 종교를 가지고 있다고 확신했기 때문에, 그들이 교란한 민족들과 문명들의 가치와 성과물을 못 견디고 경멸했다. 그 결과는 항상 거북했고, 종종 잔혹했다. 종교적 열성은 공언하기 쉽지 않은 동기들을 모호하게 덮어버릴 수 있었다. 아메리카 정복에 대한 가장 정통한 에스파냐 역사가는 자신과 동료들이 서인도제도에 간 이유를 기술하면서, 그들이 '신과 군주를 섬기고, 어둠 속에 앉아 있는 자들에게 빛을 주고, 모든 사람들이 바라는 것처럼 부를 쌓을' 생각이었다고 말했다.

탐욕은 곧 권력의 남용과 폭력에 의한 지배와 약탈로 이끌었다. 유럽인들은 때때로 의식하지 못하고 저지른 일일지 몰라도, 결국 이는 커다란 범죄를 낳았다. 이는 때로 사회 전체의 파괴를 초래했고, 이것은 유럽인들의 사업 초기부터 나타난 지배의지의 최악의 측면이었다. 인도 해안에 처음 도착한 탐험가들은 얼마 지나지 않아서 아시아 상선에 승선하여 그 선원들과 승객들을 고문하고 학살했고, 그들의 화물을 약탈하고 파괴된 선체를 불태웠다. 유럽인들은 보통 그들이 원했던 것들을 결국은 얻어낼 수 있었는데, 이는 소수의 유럽인들이 가진 힘을 과장했던 기술적 우위 때문이었다. 몇 세기 동안 인구와 문명의 위대한 역사적 집합체에게 불리한 국면이 전개되었다.

다 가마 다음으로 그곳에 간 포르투갈 선장은 캘리컷을 포격함으로써 이 새로운 국면의 적절한 상징을 제공했다. 얼마 후, 1517년 포르투갈인들이 광저우에 도착했을 때, 그들은 우애와 존중의 표시로 예포(禮砲)를 쏘았다. 그들의 포 소리는 남부 중국인들을 혼비백산시켰다. 중국인들은 처음에 탐험가들을 포랑키(folangki)라고 불렀는데, 이는 '프랑크(Frank)'의 변형이었다. 이런 무기들은 중국이 가진 어떤 것과도 달랐다. 아시아에는 오래전부터 포가 존재했고, 중국인들은 유럽보다 먼저 화약을 알았지만, 그곳에서 포격기술은 크게 발전하지 않았다. 유럽인들의 기교와 금속공업은 15세기에 세계 다른 어느 곳보다 더 나은 무기를 만들 정도로 큰 진전이 있었다. 아시아는 유럽의 무기기술을 따라잡으려고 애써야만 했다. 그러나 유럽 강대국들의 무기제조기술의 매우 극적인 발전이 일어났던 18세기 말부터 20세기 중반 직전까지 아시아의 수준은 더욱 떨어졌다.

이런 진전은 다른 분야, 특히 이미 언급된 조선술과 선박조종술에서 병행되었고, 더 진전될 예정이었다. 이런 발전 사항들이 통합되어, 유럽이 세계의 문을 열게 해준 뛰어난 무기인 함포를 운반하는 범선을 생산했다. 이런 진화 과정은 1517년에는 거의 시작되지 않았지만, 이미 포르투갈인들은 자신들을 인도양에서 쫓아내기 위해서 튀르크인들이 조직한 함대를 격퇴할 수 있었다. 튀르크인들은 홍해에서 좀더 성공적이었다. 선박 육탄전을 벌이려고 하는 적들과 접전을 벌였던 노도 갤리선은 이곳의 좁은 바다에서 좀더 효율적이었다. 그러나 이곳에서도 포르투갈인들은 북쪽으로 수에즈 지협까지 침투할 수 있었다. 중국의 전쟁용 범선은 노를 젓는 갤리선보다도 성능이 좋지 못했다. 추진력을 높이고 뱃전에 좀더 많은 대포를 싣기 위해서 노를 포기한 것은 유럽의 부족한 인력의 가치를 크게 증가시켰다.

이런 유럽의 장점은 동시대인들에게 분명해 보였다. 1481년에 이미 교황은 아프리카인들에게 무기를 파는 것을 금지했다. 17세기 네덜란드인들은 대포 제작의 비법을 지키려고 안달했고, 그것들이 아시아인들의 손으로 흘러가도록 허락하지 않았다. 그러나 그것은 흘러들어갔다. 15세기에 인도에는 튀르크인 포수가 있었고, 그들이 중국에 도달하기 전에 포르투갈인들은 페르시아에 대포를 공급하고 튀르크인들을 당황시키기 위해서 대포를 더 많이 주조할 수 있는 법을 가르치고 있었다. 17세기에 예수회 신부들이 가진 대포 주조술과 포격술은 그들이 중국 당국의 호의를 입게 만든 매력들 중의 하나였다.

그러나 최신의 대포제작 기술이 전통사회에 침투했을 때에도, 그것은 네덜란드인들이 두려워했던 것처럼 유럽의 이점을 상쇄시키지는 않았다. 중국 대포는 청왕조가 자신의 지역을 지배하는 데에는 충분했지만, 예수회 신부들의 교육에도 불구하고 계속 열등한 상태로 남아 있었다. 유럽과 세계 사이에는 단순히 노하우 이상의 기술적 차이가 존재했다. 유럽이 자신의 시대가 시작될 때 가지고 있던 자산은 새로운 지식뿐만 아니라 다른 문화와 다른 지식에 대한 태도였다. 그들은 지식을 가져와서 실질적인 문제, 즉 과학기술적 접근법에 사용할 준비가 되어 있었다. 그 안에는 계몽주의 시대 동안 유럽 엘리트들의 특징이 될 것들의 뿌리가 놓여 있었다. 바로 사물을 변화시킬 힘에 대한 확신의 증가였다.

아프리카와 아시아는 유럽의 이점이 효과적으로 사용된 첫 번째 목적지였다. 두 대륙에서 포르투갈인들은 한 세기 이상 주도권을 행사했다. 그들은 동방으로 가는 항로를 여는 데에서 매우 중요한 역할을 수행했고 또한 매우 성공적이었다. 그 결과 포르투갈 왕은 '인도, 에티오피아, 아라비아, 페르시아의 정복, 항해, 무역 왕'이라는 직위를 차지할 수 있었고, 이는 교황에 의해서 인정되었다. 이 칭호는 포르투갈 사업의 범위와 동방 지향적인 성향을 충분히 보여준다. 비록 포르투갈과 접촉이 적었던 에티오피아를 언급한 것은 약간의 오해의 소지가 있지만 말이다. 비좁고 위험한 그들의 근거지를 넘어 아프리카에 침투하는 것은 불가능했다. 포르루갈인들의 행태는 신이 아프리카 내륙 주변에 신비스럽고 유해한 병들로 특별한 경계를 세워둔 것 같은 암시를 주었고, 이는 19세기 말까지 유럽인들의 접근을 막아주었다. 서아프리카 해안의 기지들조차도 유럽인들의 건강에는 좋지 않았다. 노예무역과 장거리 무역의 하부구조에서 그곳이 가지는 중요성이 그들을 인내하게 만든 유일한 이유였다. 동아프리카 기지들은 건강에 덜 해로웠다. 그것들도 내부 진출을 위한 출발점으로서는 관심을 끌지 못했지만, 아랍인들이 만든 무역 네트워크의 일부였기 때문에 중요성을 가졌다. 포르투갈인들은 홍해와 중동을 지나서 동지중해의 베네치아 상인들에게 가는 향신료의 가격을 올리기 위해서 의도적으로 아랍인들을 약탈했다.

포르투갈인들의 후계자들도 전임자가 그랬던 것처럼 아프리카 내부를 방치했고, 이 대륙의 역사는 또다른 두 세기 동안 여전히 열대우림과 사바나로 이루어진 요새 안에서 내부의 규칙적인 변화에 따라 움직였다. 거주민들은 그 주변부에서 유럽인들과 소모적이지만, 때로는 자극을 주는 접촉을 하기도 했다. 그러나 아시아에서 유럽의 시대가 열렸을 때에도, 관련 강대국들 가운데 넓은 지역의 정복이나 정주에 관심을 보이는 국가는 없었다. 18세기 중반에 이르는 시기는 무역항, 항구시설 혜택, 보호용 요새와 해안기지들의 증가로 특징지어졌다. 이것들은 그 자체로 초기 제국주의가 아시아에서 추구하던 유일한 목표인, 안전하고 이익이 되는 무역을 보장해줄 것이었다.

16세기에는 포르투갈인들이 이 무역을 장악했다. 포르투갈인들의 화력은 스스로에게 큰 성공을 가져다주었고, 그들은 곧 첫 번째 세계제국을 지지할 만한 일련의 기지들과 무역항을 건설했다. 바스쿠 다 가마가 캘리컷에 도착한 지 12년 후, 포르투갈인들은 서인도 해안에서 300마일 더 올라간 고아에 인도양 무역중심 기지를 건설했다. 그곳은 무역뿐만 아니라 선교의 중심지가 되었다. 그것이 일단 건설되자, 포르투갈 제국은 더 강하게 기독교 신앙의 포교를 지원했고 프란체스코회 수도사들이 여기에 중요한 역할을 했다. 1513년 첫 번째 포르투갈 선단이 전설적인 향신료의 섬인 말루쿠 제도에 도착했다. 또한 인도네시아, 동남 아시아와 남쪽으로는 티모르까지 포함한 섬들이 유럽인들의 지평선 안에 편입되기 시작했다. 4년 후, 첫 포르투갈 선박이 중국에 도달했고, 이 제국과 유럽인들의 직접적인 해양무역이 개시되었다. 10년 후 포르투갈인들은 마카오를 무역기지로 이용할 수 있게 허락을 받았고, 1557년에는 그곳에 영주할 수 있는 권리를 획득했다. 카를 5세가 (필리핀만 소유한 채 인도양 지역의 모든 이익을 포기하면서) 에스파냐가 말루쿠 제도를 탐험한 결과 한때 주장했던 권리들을 포르투갈인들에게 양도하자, 그들은 다음 반세기 동안 동방제국의 독점권을 소유할 수 있었다. 포르투갈인들은 자신들의 해외 요새들을 해상무역 제국의 정박지로 생각했고, 후에 이를 브라질과 아프리카의 보호령과 연결시키려고 했다.

포르투갈인들은 유럽과 바깥 세계 사이의 무역만 했던 것이 아니었다. 아시아 국가들 사이의 운송자로서도 많은 사업을 벌였다. 페르시아 카펫이 인도로, 정향이 말루쿠에서 인도로, 구리와 은이 일본에서 중국으로, 인도 직물이 시암(타이)으로 이동할 때, 이 모든 것들은 유럽 배로 움직였다. 포르투갈인들과 그들의 후계자들은 오랫동안 거주민들이 유럽으로부터 바라는 것은 은뿐이었던 아시아 무역에서, 유럽의 지불 초과의 일부를 상쇄하는 이익을 내는 수입 원천을 발견했다. 바다에서 유일하게 만만찮은 경쟁자는 아랍인들이었는데, 이들은 동아프리카 기지들과 포르투갈이 1507년에 자리잡은 홍해 입구의 소코트라, 페르시아 만 입구의 북쪽 해안에 위치한 호르무즈, 고아 등에서 작전을 수행했던 포르투갈 함대에 의해서 효과적으로 통제당했다. 그들은 또한 미얀마와 시암에서 면책특권을 보장받았고, 1540년대에는 유럽인으로서 처음으로 일본에 상륙했다. 이 네트워크는 지역 통치자와의 외교협상과 포르투갈 해상 화력의 우위에 의해서 지원받았다. 포르투갈인들이 원했다고 하더라도, 그들은 인력의 부족으로 인해서 육지에서는 세력을 크게 발전시킬 수 없었을 것이다. 그래서 상업제국은 경제적 이치에 맞는 것이었을 뿐만 아니라, 이용 가능한 수단을 가지고 만들 수 있는 모든 것이기도 했다.

인도양에서 포르투갈의 우위는 인력 부족과 불안한 재정적 기반 같은 근본적인 약점들을 가리고 있었다. 그것은 16세기 말까지 지속되었고, 그후에는 자국의 영역 중 가장 멀리 떨어진 곳까지 상업제국의 기술과 제도들을 퍼뜨렸던 네덜란드의 우위로 교체되었다. 결국은 네덜란드인들도 인도네시아 식민지를 건설하기 위해서 정착했지만, 그들은 기본적으로 탁월한 무역 제국주의자들이었다. 그들의 기회는 1580년 포르투갈이 에스파냐와 합병되었을 때 찾아왔다. 이 변화는 리스본에서 북유럽으로 동양 상품을 재수출하는 이익이 큰 무역에서 네덜란드 선원들을 배제시킴으로써 그들을 자극했다. 이 무역은 예전에는 네덜란드인들이 주로 담당했었다. 네덜란드인들에게 이베리아인들을 희생시켜 이득을 내는 지역으로의 진출이라는 추가적인 혜택은 에스파냐와의 80년 전쟁의 배경이 되기도 했다. 포르투갈처럼 네덜란드도 200만 명 정도밖에 되지 않는 적은 인구를 가지고 있었고, 그들의 생존기반은 매우 협소했다. 따라서 상업이 가져다주는 재화는 그들에게 매우 중요했다. 북쪽 대양에서 네덜란드가 보인 어업과 운송에서의 우위는 해상인력, 선박, 자원, 경험 등을 이용 가능하게 만들었고, 여기에 그들의 이점이 놓여 있었다. 고향에서 이런 상업적 전문 지식은 새로운 사업을 위한 자원의 동원을 용이하게 만들었다. 네덜란드인들은 동시대에 일어난 아랍의 중흥에 도움을 받았다. 포르투갈의 세력이 에스파냐와의 통합의 여파로 약해지자, 아랍인들은 잔지바르 북쪽의 동아프리카 기지들을 다시 차지했다.

따라서 17세기의 첫 10년 동안 아시아에서 포르투갈 제국의 많은 부분이 붕괴되고 그것이 네덜란드인들의 것으로 교체되는 결과가 나타났다. 비록 그곳을 차지할 수는 없었지만, 네덜란드인들도 일시적으로 포르투갈령 브라질의 설탕생산지인 페르남부코에 정착하기도 했다. 네덜란드인들의 주요 목적지는 말루쿠였다. 1602년 네덜란드 공화국의 정부 역할을 하는 전국회의*의 주도로 아시아에서 네덜란드의 상업적 패권 유지에 결정적인 도구가 될 네덜란드 동인도회사가 설립되었다. 그리고 이때 짧았던 개별 항해의 시대가 끝났다(7년의 기간 동안 마젤란 해협, 또는 아프리카를 우회하는 65번의 항해가 있었다).

그전의 포르투갈인들처럼, 네덜란드 동인도회사의 직원들은 경쟁자들을 배제시키기 위해서 원주민 통치자들을 대상으로 외교활동을 폈고, 무역기지

---

* Staten-Generaal : 16-18세기 네덜란드의 국가 최고기관/역주

체제를 운영했다. 네덜란드인들이 경쟁자들에게 얼마나 적대적이었는지는 1623년에 10명의 잉글랜드인들이 암본 섬에서 살해당했을 때 드러났는데, 이는 향신료 무역에 직접 개입하려는 잉글랜드의 시도를 종식시켰다. 암본 섬은 초기 포르투갈 기지들 중의 하나로, 네덜란드인들이 포르투갈 이익에 대한 소개작전을 수행하는 중에 점령했다. 그러나 포르투갈의 주요 요새들이 감축되기 시작한 것은 상주 총독이 동인도제도에 보내진 1609년부터였다. 이런 작전활동의 중심은 (바타비아로 다시 이름이 붙여진) 자바 섬의 자카르타에 설립된 네덜란드 동인도회사 본부였다. 이는 네덜란드 식민통치가 종식될 때까지 그곳에 남아 있었다. 이곳은 정착지의 중심지가 되었는데, 여기에서 네덜란드 농장주들은 노동인구를 무자비하게 통제하는 과정에서 그들을 도와주는 회사에 의존했다. 네덜란드 식민지의 초기 역사는 반란, 추방, 노예화, 몰살 등으로 인해서 암울한 것이었다. 지역 운송업자들과 중국 범선에 의한 무역은 모든 이익의 원천을 네덜란드인들의 손에 집중시키기 위해서 의도적으로 파괴되었다.

유럽으로의 향신료 무역은 네덜란드의 중요한 관심 사항이자 가장 큰 목표였다. 그것은 17세기 대부분의 시기 동안 암스테르담으로 보내진 화물가치의 3분의 2 이상을 차지한 것으로 여겨진다. 그러나 네덜란드인들은 수익성이 높은 동아시아 무역에서도 포르투갈인들을 대체하기 시작했다. 그들은 원정대를 마카오에 보냈지만, 포르투갈인들을 마카오에서 쫓아내지는 못했다. 그러나 네덜란드인들은 포르모사에 정착하는 데에 성공했고, 여기에서 중국 본토와 간접 무역로를 건설했다. 1638년, 포르투갈인들이 일본에서 쫓겨나자, 네덜란드인들이 그들의 자리를 계승했다. 20년 후, 네덜란드인들은 실론에서도 포르투갈인들을 대체했다. 반면 그들은 시암과 무역 독점권에 관해서 성공적인 협상을 벌였지만, 다른 강대국인 프랑스가 그들을 추월했다. 프랑스와 이 지역의 접촉은 1660년 세 명의 프랑스 선교사들이 여러 상황에 의해서 시암의 수도에 가게 되었을 때 우연히 시작되었다. 1685년, 그들이 그곳에 세운 선교기지와 시암 왕궁에 있었던 그리스인 고문을 통해서 프랑스의 외교-군사 작전이 뒤따르게 되었다. 그러나 이렇게 전망이 좋았던 시작은 내전 발발로 인해서 실패로 끝났고, 시암은 또다른 2세기 동안 유럽인들의 영향권 밖에 머물게 되었다.

따라서 18세기 초, 인도양과 인도네시아에 네덜란드의 패권이 존재했고, 중국해에도 네덜란드의 중요 이해관계가 존재했다. 비록 고아나 마카오에는 포르투갈 기지들이 살아남아 있었지만, 네덜란드의 우위는 이전의 포르투갈의 패턴을 상당한 수준에서 재생산했다. 네덜란드 세력의 중심은 말라카 해협으로, 여기에서부터 말레이시아, 인도네시아를 통해서 포르모사와 중국과 일본과의 통상 연결로가 뻗어갔고, 동남쪽으로는 핵심 지역인 말루쿠까지 진출했다. 이 지역은 이제 상당한 수준으로 내부 무역을 누리고 있어서 독립채산제가 되기 시작했다. 이 과정에서 초기에 유럽에서 들어온 금보다, 일본과 중국에서 유입되는 금이 중요했다. 이곳에서 유입된 금은 통화의 흐름을 구성했다. 더 서쪽에서, 네덜란드인들은 캘리컷, 실론, 희망봉에 자리잡았고, 페르시아에 공장을 세웠다. 비록 바타비아가 큰 도시이고, 네덜란드인들은 자신들이 필요로 하는 작물들을 기르는 농장들을 운영하고 있었지만, 이것은 여전히 연안 혹은 섬에 자리한 무역제국이었지, 본토에 대한 내적 지배력을 가진 것은 아니었다. 제국이 의존했던 최후의 수단은 해군력이었다. 그리고 그것이 추월당하게 되자 제국은 사라지지는 않았어도 타국에 굴복하게 되었다.

이런 일들은 17세기 마지막 수십 년간 분명히 일어나기 시작했다. 인도양 지배권에 대한 예기치 못한 도전자는 잉글랜드였다. 처음에 잉글랜드인들은 향신료 무역에 끼어들려고 했다. 제임스 1세 때 동인도회사가 존재했지만, 그 중개인들은 네덜란드인들과 협력할 때와 싸울 때 모두 자존심에 상처를 입었을 뿐이었다. 그 결과 1700년이 되면 잉글랜드는 사실상 말라카 해협 동쪽의 중요성을 더 이상 논의하지 않게 되었다. 1580년의 네덜란드인들과 같이, 그들은 항로를 바꿀 필요성을 느꼈고 그렇게 했다. 그 결과는 영국사에서 프로테스탄트 종교개혁과 산업혁명의 시작 사이에 일어난 가장 중대한 사건인 인도 지배권의 획득이었다.

인도에서 잉글랜드인들의 중요 경쟁자는 네덜란드인들이나 포르투갈인들이 아닌, 프랑스인들이었다. 그러나 중요한 결과는 오랫동안 나타나지 않았다. 즉 인도에서 영국 세력의 흥기는 매우 점진적이었다. 마드라스에 포트 세인트조지를 수립하고 뭄바이를 찰스 2세의 왕비가 가져온 지참금의 일부로 포르투갈로부터 획득한 후, 세기말까지 더 이상 영국인들의 인도 침입은 없었다. 그들의 초기 기반이자 온전한 주권을 행사했던 유일한 영토인 뭄바이로부터, 잉글랜드인들은 커피와 직물 무역을 시작했다. 그것은 네덜란드의 향신료 무역보다 덜 매력적이었을지 모르나, 그 가치와 중요성은 커져가고 있었다. 런던에 커피 하우스가 세워진 것이 보여주듯이, 그것은 또한 국민들의 습성을 바꾸었고 그 결과 사회적 관습도 바꾸었다. 곧 차를 얻기 위해서 인도에서 중국으로 상선들이 보내지기 시작했다. 1700년 잉글랜드인들은 새로운 국민 음료를 얻게 되었다. 한 시인은 곧 그것에 '활기를 주되 취하게 하지 않는 음료'라고 이름을 붙이며 찬사를 바쳤다.*

1689년 동인도회사 군대의 패배가 보여주듯, 인도의 군사적 지배는 쉽게 진행될 것 같지 않았다. 더욱이 군사적 지배는 번영에 필수적이지 않았다. 따라서 회사는 피할 수 있다면 싸우고 싶어하지 않았다. 세기말에 동인도회사가 콜카타에 건설된 포트 윌리엄을 차지하도록 인가를 받았을 때 중대한 합병이 있기는 했지만, 1700년 회사의 임원들은 새로운 영토를 합병하거나 인도에 식민지를 설치하자는 생각을 매우 비현실이라며 거절했다. 그러나 모든 예상은 1707년 아우랑제브 사후에 무굴 제국의 붕괴로 변하게 되었다. 그 결과들은 천천히 등장했지만, 최종 결과는 인도가 최고권력이 없는 자치국들의 집합으로 분열된 것이었다.

무굴 제국은 1707년 전에 이미 마라타족에 의해서 곤란을 겪고 있었다. 제국의 원심 성향은 언제나 '나왑'이라고 불린 지역 통치자들에게 유리한 국면을 조성했고, 권력은 그들과 마라타인들 사이 권력 분할은 더욱 명백해졌다. 시크교도들은 권력의 세 번째 중심을 제공했다. 본래 16세기에 힌두교의 일파로 등장한 그들은 무굴에 대항했고, 또한 정통 힌두교로부터 더 멀어져서 힌두교와 이슬람에 이어 사실상 세 번째 종교가 되었다. 시크교도들은 군사형

* 윌리엄 쿠퍼(William Cowper), 『과제(*Task*)』 중에서 "Winter Evening"/역주

제단을 형성했고, 카스트 제도를 부정했으며, 분열의 시대에 스스로의 이익을 보전할 수 있었다. 결국 인도 북서부에 1849년까지 지속된 시크 제국이 등장했다. 그러는 동안 18세기에 힌두인들과 무슬림 사이에 양극화의 징후가 증가했다. 힌두인들은 자신들을 공식적으로 구별하는 의식적 관행들을 강조하며 자신들의 공동체 안에 더욱 틀어박혔다. 이에 무슬림들도 비슷하게 응수했다. 보수적이고 반동적인 무굴의 군사-시민 행정관료들이 주도한 혼란의 증가 속에서, 1730년대에 페르시아의 침략이 있었고 영토의 상실이 뒤따랐다.

이런 상황은 외국세력들에게 간섭하고 싶은 유혹을 불러일으켰다. 지금 생각해보면, 영국인들과 프랑스인들이 이 상황을 이용하는 데에 그렇게 오랜 시간이 걸렸다는 것이 놀라워 보인다. 1740년대에도 영국 동인도회사는 여전히 네덜란드인들보다 부유하지도 강하지도 못했다. 이런 지체 현상은 무역이 회사의 주요 목적으로서 여전히 가졌던 중요성을 증언해주는 측면이다. 영국인들이 프랑스인들에 대한 적대감과 그들이 행할 가능성이 있는 수 있는 일들에 대한 두려움 때문에 개입을 시작했을 때, 몇 가지 중요한 이점을 가지고 있었다. 아직 제국에 대한 개념도 없었음에도 말이다. 우선 콜카타의 기지 소유는 인도의 일부 지역 입구에 영국인들을 위치시켰는데, 그곳은 잠재적으로 영국에 가장 가치 있는 포상이 될 수 있었던 벵골과 갠지스 저지대였다. 또한 영국인들은 강력한 해군력 때문에 유럽과의 해상통신을 보장받았고, 각국의 공사들은 (베르사유에서 프랑스 상인들의 이야기를 들을 수 없었기 때문에) 런던에서 동인도회사 상인들의 이야기에 귀를 기울여야 했다. 프랑스인들은 영국의 가장 위험한 잠재적 경쟁자였다. 그러나 그들의 정부는 유럽 대륙의 일들에 몰두하느라고 주의를 다른 곳으로 쉽게 분산시켰다. 마지막으로, 영국인들은 선교에 대한 열정이 없었다. 적어도 아시아 선교에서 프로테스탄트의 이해관계는 가톨릭보다 느리게 발달했다. 또한 좀더 일반적으로 말해서 그들은 현지의 관행이나 제도에 직접 간섭할 의욕이 없었다. 그들은 어느 정도 무굴인들과 비슷하게, 회사가 이익을 내는 산업이 평화롭게 번성하는 동안에는 그 안에서 인도인들이 원하는 대로 삶을 영위할 수 있는 중요한 권력구조를 제공할 뿐이었다. 상업적 기회의 결과물이 제국이었지, 그 반대가 아니었다.

제국이라는 미래로 가는 길은 인도에서의 정략활동이 놓았다. 경쟁관계인 인도 군주들을 지원하는 것이 프랑스인들과 영국인들 사이의 간접적인 갈등의 초기 형태였다. 1744년 이는 남동 해안가의 카르나티크 지역에서 영국과 프랑스 군대의 군사갈등으로 이어졌다. 인도는 불가항력적으로 영국과 프랑스의 전 세계적인 갈등 속에 흡수되었다. 7년 전쟁(1756-1763)은 결정적이었다. 인도에서는 1748년 이후부터 전쟁이 발발되기 전까지 프랑스와 영국이 공식적으로 평화를 유지했음에도, 실질적으로 갈등은 완화되지 않았다. 프랑스의 대의는 카르나티크의 기민한 프랑스 총독 조제프 뒤플렉스(1697-1763) 아래에서 증진되었다. 그는 무력과 외교술을 통해서 지역군주들 사이에 프랑스 세력을 확장시켰고, 이는 영국인들에게 큰 불안을 일으켰다. 그러나 그는 본국으로 소환을 당했고, 프랑스 인도회사는 새로운 지배세력으로 등장하기 위해서 필요했던 본국 정부의 전폭적인 지지를 얻지 못했다. 1756년 전쟁이 다시 발발했을 때, 벵골의 나왑은 콜카타를 공격하고 함락시켰다. 많은 영국 포로들이 전설적인 '블랙 홀'*에서 질식당해 죽었고, 그의 이러한 처우는 또 다른 모욕이었다. 동인도회사의 고용인인 로버트 클라이브(1725-1774)의 지휘를 받는 군대는 나왑으로부터 도시를 탈환했고, 찬데르나고르에 있던 프랑스 기지를 장악했다. 그리고 그는 1757년 6월 22일 콜카타로부터 흐르는 후글리 강의 100마일 정도 위에 있는 플라시에서 일어난 전투에서 월등히 많은 수의 나왑의 군대를 패퇴시켰다.

나왑의 군대는 이미 매수되었기 때문에 아주 피비린내 나는 전투는 아니었지만, 이는 세계사에서 가장 결정적인 전투들 중의 하나였다. 그것은 영국인들에게 벵골과 그 세입에 대한 지배권을 획득하는 길을 열었다. 카르나티크에서 프랑스 세력의 파괴는 이런 성과들에 기인한 것이었다. 그것은 더 많은 합병을 가능하게 했고, 또한 영국을 미래의 인도 독점의 길로 거침없이 이끌었다. 누구도 이것을 계획하지는 않았다. 영국 정부가 무역에 대한 위협의 측면에서 당장 무엇이 중요한지 파악하기 시작했고, 그 결과 정규군 1개 대대

---

* 벵골의 나왑이 146명의 영국군 포로를 '블랙 홀'이라고 불렸던 좁은 유치장 속에 밀어넣어 하루 동안 감금한 사건, 열기와 산소 부족으로 하룻밤 사이에 123명이 사망했다/역주

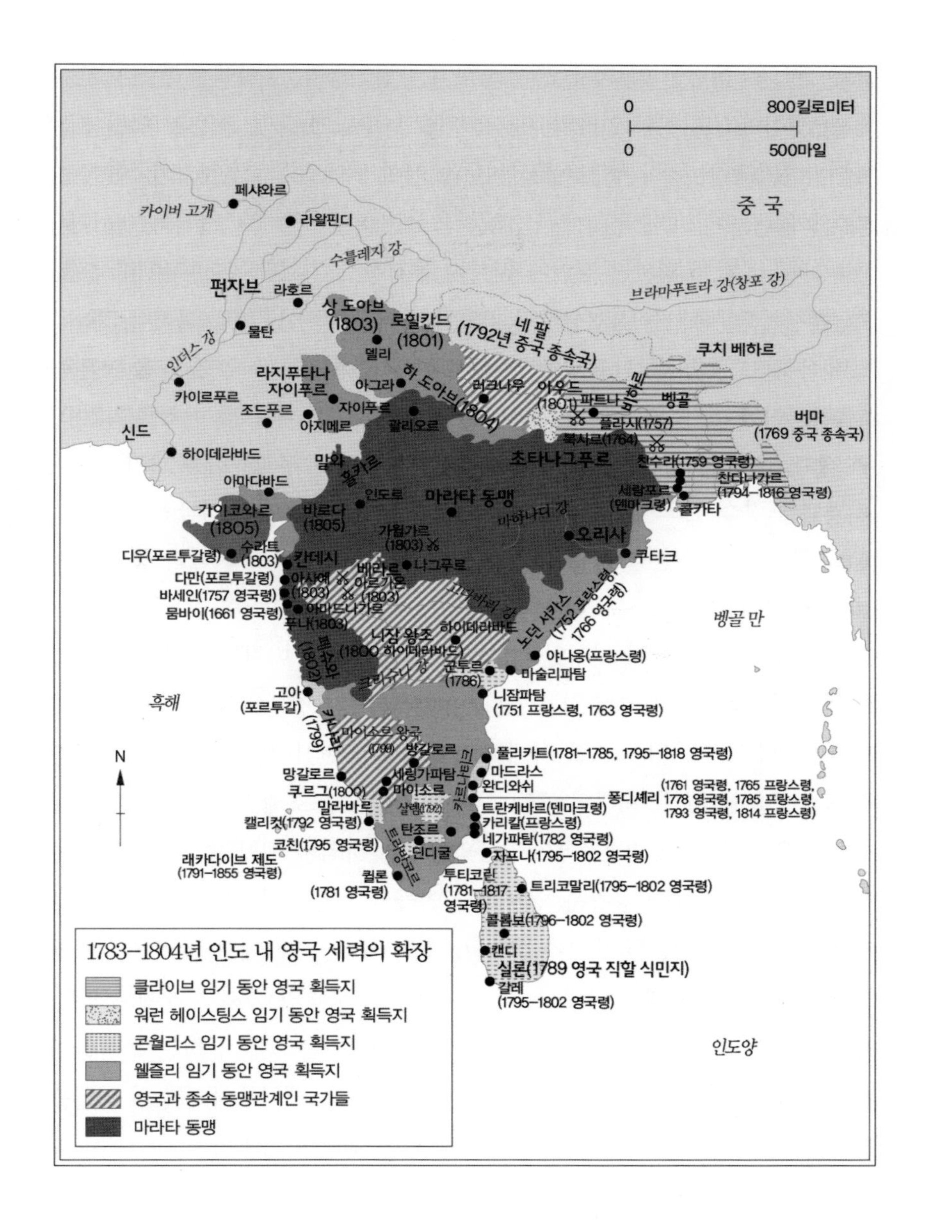

를 동인도 회사를 돕기 위해서 보냈던 것은 사실이었다. 정부가 국가적 이익이 관련되었다는 것을 인식하고 있었다는 점에서, 또한 이 군사활동의 규모가 매우 작았다는 점에서, 이 제스처는 이중적 의미를 드러내고 있었다. 유럽식 대포를 가진 매우 적은 수의 유럽 군대도 결정적인 역할을 수행할 수 있었다.

또한 인도의 운명은 이 회사 안의 소수의 유럽인들과, 유럽에서 훈련된 병사들과, 현장에 있던 대리인들의 외교적 기술과 수완에 달려 있었다. 이런 좁은 기반과 분열된 인도에 정부가 필요하다는 사실 위에 영국령 인도 제국이 건설될 것이었다.

1764년, 동인도회사는 벵골의 공식적 통치자가 되었다. 이는 지배가 아니라 무역을 추구했던 회사임원들이 의도한 바가 결코 아니었다. 그러나 그들은 만약 벵골이 자치정부를 운용할 비용을 댈 수 있다면, 그 짐을 맡을 용의는 있었다. 이제 프랑스 기지들은 오직 몇 개만이 흩어진 채로 남아 있었고, 1763년 강화조약은 요새화되지 않는다는 조건으로 5개의 무역기점을 남겨놓았다. 1769년 프랑스 인도회사는 해체되었다. 얼마 지나지 않아서 영국인들은 네덜란드인들로부터 실론을 빼앗았고, 이제 제국주의의 특별한 사례가 등장할 무대가 마련되었다.

그 과정은 상당히 긴 것이었고, 사람들은 오랫동안 마지못해 따라갔다. 그러나 동인도회사의 시기는 점차 끝나가고 있었다. 그것은 세수 문제와 더불어 접경지역에서 정부의 보호를 확대하는 과정에서 현지 행정부가 보여준 무질서로 인한 것이었다. 회사의 주된 상업적 역할이 모호해진 것도 사업진행에 좋지는 않았다. 이는 또한 회사 고용인들에게 사익을 꾀할 수 있는 더 많은 기회를 주었다. 이런 상황은 영국 정치인들의 관심을 끌게 되었다. 이들은 처음에는 회사임원들의 세력을 꺾었고, 1784년에는 인도에서 1858년까지 지속될 '이중지배' 체제를 세워서, 회사를 확실히 국왕의 통제 아래에 두었다. 동일한 법률에는 더 이상 현지인들의 일에 관여하는 것을 금하는 조항들이 있었다. 영국 정부는 동인도회사만큼이나, 인도에서 제국주의 열강의 역할을 수행하는 것을 피하려고 했다. 그러나 더 많은 영토의 합병이 뒤따르면서 이것이야말로 다음 반세기 동안 일어난 일이 되었다. 이는 궁극적으로 19세기 영국령 인도가 계몽 전제주의로 연결될 길을 열었다. 수억 명의 백성들이 개종이나 예상되는 동화 과정 없이 (나중에, 몇몇 공상가들에 의한 동화과정을 제외하면) 제국에 더해진 점에서, 인도는 그때까지 유럽 국가들에 의해서 병합된 다른 속국들과는 상당히 달랐다. 영국 제국 체제의 구조적 특징은 이에 따라서 심오하게 변형되었고, 궁극적으로 영국의 전략, 외교, 대외무역의 패턴과 겉모양도 바꾸어놓았다.

인도와 네덜란드령 인도네시아를 제외하고, 이 세기에 어떤 영토 병합도 아메리카에서 있었던 유럽인들의 거대한 토지 획득과 비교할 수 없을 것이다. 콜럼버스의 상륙 이후 '서인도' 제도의 주요 섬들에 대한 세부적인 탐험이 빠르게 진행되었다. 에스파냐는 그라나다 함락 직후, 본토 재정복을 완성하는 의미로 무어인들로부터 북아프리카를 뺏기 위해서 전쟁을 벌였는데, 이에 비하면 아메리카 토지 정복은 매력적일 정도로 쉽다는 것이 곧 분명해졌다. 정착은 특히 히스파니올라와 쿠바에서 빠르게 진전되었다. 아메리카에 처음 지어진 대성당의 주춧돌은 1523년에 놓였다. 그들이 도시 건설을 통해서 보여주고자 했던 것처럼, 에스파냐인들은 정주를 목적으로 그곳에 왔다. 그들의 첫 번째 대학은 대성당이 세워진 도시인 산토도밍고에 1538년 세워졌고, 이듬해에는 멕시코에 최초의 인쇄기가 설치되었다.

에스파냐인들이 농업 전문가로서 토지를 찾았다면, 투기꾼으로서는 황금을 찾아헤맸다. 그들은 경쟁자가 없었으며, 브라질을 제외한 남아메리카와 중앙 아메리카를 개방하는 과정에서 16세기 말까지 주인공으로 남아 있었다. 이 섬들에 온 첫 번째 에스파냐인들은 종종 카스티야의 젠트리 출신으로 가난하고, 억세고, 야심에 차 있었다. 그들은 대륙 본토로 진출하면서, 십자가의 메시지와 카스티야 국왕의 위대한 영광을 이야기하면서도, 실제로는 전리품을 얻기 위해서 애썼다. 첫 번째 본토 침투는 1499년 베네수엘라에서 진행되었으며, 그 다음에는 1513년, 바스코 데 발보아가 파나마 지협을 넘어 유럽인으로서는 처음으로 태평양을 보았다. 그의 탐험대는 건물들을 지었고 작물의 씨를 뿌렸다. 이제 '콘키스타도르(conquistador, 정복자)의 시대'가 시작되었다. 에르난 코르테스는 모험으로 후대의 상상력을 사로잡은 사람들 중 하나였다. 1518년 말 그는 수백 명의 추종자들과 함께 쿠바를 떠났다. 그는 의도적으로 총독의 권위를 무시했고, 후에 자신의 행위를 국왕에게 바칠 약탈품으로 정당화하려고 했다. 1519년 2월 베라 크루즈 해안에 상륙한 후, 그는 자신을 따라온 사람들에게 돌아갈 수 없다는 것을 각인시키기 위해서 배를 불태웠다.

그러고 나서 멕시코 고원으로 행진을 시작했다. 이는 제국주의 역사 전체에서 가장 극적인 이야기들 중 하나일 것이다. 테노치티틀란에 도달했을 때, 그들은 그곳에서 발견한 문명에 깜짝 놀랐다. 이 도시는 황금과 귀금속의 재원을 가지고 있었을 뿐 아니라, 카스티야의 고향과 비슷한 종류의 대토지 경작에 알맞은 땅에 위치해 있었다.

코르테스의 추종자들은 소수였고, 고원 중심부를 지배했던 아즈텍 제국의 정복 자체는 영웅적이라고 볼 수 있다. 그러나 그들은 많은 유리한 조건들을 가지고 있었고, 또한 상당한 운도 따랐다. 그들이 공격했던 사람들은 기술적으로 원시적 수준에 머물렀고, 정복자들이 가져온 화약, 무기, 말들에 쉽게 현혹되었다. 또한 아즈텍인들은 코르테스가 언젠가 돌아올 것이라고 기대되던 신의 현현(顯現)일 가능성 때문에 불편해했고, 이는 그들의 저항을 방해했다. 또한 그들은 유입된 병들에 매우 취약했다. 더욱이 아즈텍인들 스스로가 착취자들이었고 잔혹한 이들이기도 했다. 그들의 인디오 백성들은 새로운 정복자들을 해방자로서 혹은 적어도 변경된 주인으로서 환영했다. 따라서 에스파냐인들에게 유리한 환경이 조성되었다. 그럼에도 불구하고, 결국은 에스파냐인들의 강인함, 용기, 잔혹함이 결정적인 요소였다.

1531년, 프란체스코 피사로(?1475-1541)는 페루를 향해서 유사한 정복의 길을 떠났다. 이것은 멕시코 정복보다도 훨씬 더 현저한 성취였고, 이 정복자들의 탐욕과 잔인함은 훨씬 더 끔찍해 보였다. 새로운 제국은 1540년대에 정착하기 시작했고 비슷한 시기에 역사상 가장 중요한 광물자원 발견 중 하나인 포토시 은광 발견이 있었다. 이것은 다음 3세기 동안 유럽인들에게 금의 주요 원천이 될 것이었다.

1700년, 아메리카의 에스파냐 제국은 명목상 지금의 뉴멕시코부터 라플라타 강까지 이르는 거대한 지역을 차지하고 있었다. 그것은 파나마와 아카풀코를 거쳐 바다를 통해서 필리핀의 에스파냐인들에게 연결되었다. 그러나 지도상의 이 거대한 경계는 오해의 소지가 있다. 리오그란데 강 이북의 캘리포니아, 텍사스, 뉴멕시코 토지에는 거주 인구가 매우 희박했다. 대부분의 지역에서 거주는 몇몇 요새와 교역 장소, 그리고 다수의 전도시설을 의미했다. 남쪽

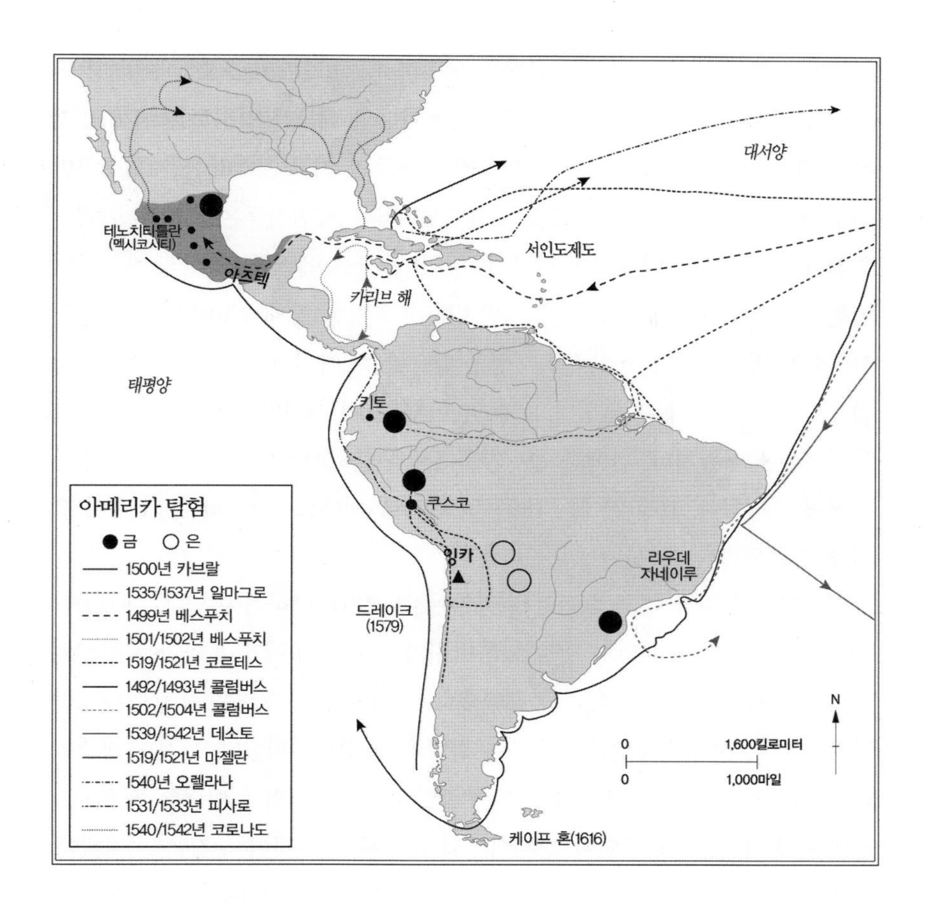

으로, 지금의 칠레에서도 정착이 잘 이루어지지 않았다. 가장 인구밀도가 높았던 중요 지역은 세 곳이었다. 에스파냐령 아메리카에서 가장 빠르게 발달한 지역이 된 (뉴멕시코로 불렸던) 누에바 에스파냐, 광산 때문에 중요했고 집중적으로 개발된 페루, 오랫동안 많은 사람이 정착한 캐리비안 제도 중 일부 지역이 그것이었다. 에스파냐인들이 정착하기 힘들었던 지역들에는 오랫동안 행정의 손길이 미치지 않았다.

서인도제도는 카스티야 국왕에게 종속된 카스티야와 아라곤의 형제왕국으로, 멕시코와 리마의 총독들에 의해서 통치되었다. 그들은 국왕이 직접적인 권위를 행사하는 왕실위원회를 독자적으로 가지고 있었다. 이것은 이론상으로는 높은 수준의 중앙집권을 가능하게 하는 것이었지만, 실제로는 지리적,

지형적 상황이 이런 이론상의 가정을 무의미하게 만들었다. 에스파냐에서 이용 가능한 통신수단을 가지고 누에바 에스파냐와 페루를 밀접히 통치하는 것은 불가능했다. 이런 통신 조건 때문에 총독들과 최고 지휘관들은 일상적인 업무 운영에서 실질적인 독립을 누렸다. 그러나 식민지들은 재정적 이익을 위해서 마드리드에 의해서 관리될 수 있었다. 사실 에스파냐인들과 포르투갈인들은 한 세기 넘게 서반구를 식민지화한 유일한 강대국들이었다. 이들은 아메리카 점령지들이 스스로의 재정을 담당할 뿐 아니라 본국을 위해서도 순익을 돌려주도록 할 수 있었다. 1540년 이후, 은이 대서양을 건너 에스파냐로 물밀듯이 들어왔지만, 불행하게도 카를 5세와 펠리페 2세 때의 전쟁 중에 다 소진될 것이었다. 1650년에는 180톤의 금제품 외에도 1만6,000톤의 은이 유럽에 유입되었다.

에스파냐가 다른 경제적 이익을 얻었는지는 더욱 말하기 어렵다. 에스파냐는 그 시대의 다른 식민지 열강들과 마찬가지로, 모두에게 돌아가는 무역의 양이 제한되어 있다는 믿음을 공유했다. 그래서 규제와 무력을 통해서 에스파냐와 그 식민지와의 무역을 독점해야 한다는 생각이 뒤따랐다. 더욱이 에스파냐는 식민지 시장에서 모국의 기회를 줄일 수 있는 산업의 발달은 허용하지 말아야 한다는 초기 식민지 경제이론의 또다른 상투적인 주장을 지지했다. 그러나 불행히도 에스파냐는 다른 나라에 비해서 이런 규제를 통해서 이익을 얻는 것에, 그리 성공적이지 못했다. 그들은 아메리카에서 농작물, 광물, 수공예품 가공 외에 산업의 발전을 금했지만, 에스파냐 통치자들은 점차 자신의 영토에서 외국 상인들을 막아내지 못했다(이들은 침입자로 불리게 되었다). 에스파냐 농장주들은 곧 본국이 제공할 수 없는 것들, 특히 노예들을 원했다. 광산업을 제외하면, 섬들과 누에바 에스파냐는 경제적으로 농업에 의존했고, 따라서 이 섬들은 곧 농업에 필요한 노예에 의존하게 되었다. 아메리카 본토에서 정복민의 노예화를 지지하지 않았던 에스파냐 정부는 노동력 공급을 보장하는 다른 장치들을 발달시켰다. 일종의 봉건영주제가 서인도제도에서 처음 시작되었고 나중에는 멕시코로 확산되었다. 에스파냐 사람은 거주민 노동을 이용한 대가로 자신이 그들에게 보호를 제공하는 일단의 마을인 엔코미엔다(encomienda)를 받게 되었다. 그 일반적인 효과는 농노제 혹은 곧 '아프리카 노예제'를 의미하게 될 노예제와 쉽게 구별되지 않았다.

식민지 이전 시대부터 존재해온 노동력 공급원으로서 원주민 인구의 존재는, 점령세력의 성격이 중남부 아메리카의 식민주의와 북아메리카의 식민주의를 다르게 만든 것만큼이나 양자의 차이에 많은 영향을 끼쳤다. 무어인들의 이베리아 반도 점령 기간 동안 에스파냐인들과 포르투갈인들은 다인종 사회에 산다는 개념에 익숙해졌다. 라틴 아메리카에서는 곧 혼혈인구가 출현했다. 포르투갈인들이 30년간의 전쟁 끝에 마침내 네덜란드로부터 확보한 브라질에서는, 설탕 농장에서의 노동을 위해서 16세기에 처음 수입된 흑인 노예들과 원주민들 사이에 인종 간 결합이 많이 생겼다. 아프리카에서도, 포르투갈인들은 인종 간 결합에 대해서 크게 우려를 표하지 않았다. 흑인 차별의 부재는 포르투갈 제국주의의 유화적 면모라고 주장되었다.

방대한 지역에 인종혼합 사회를 건설한 것은 에스파냐와 포르투갈 제국의 영속적인 유산의 하나였지만, 그렇다고 하더라도 이런 사회들은 인종에 따라서 계층화되어 있었다. 지배계층은 언제나 이베리아 태생이거나 식민지에서 태어났더라도 유럽인의 피를 가진 크리올(criole)이었다. 시간이 지남에 따라서, 후자는 펜인술라레스(peninsulares, 반도인들)라고 불리던 전자가 자신들을 핵심 지위에서 제외시켰다고 느끼게 되었고 곧 그들을 적대하게 되었다. 크리올들로부터 가장 가난하고 억압받는 사람들까지, 아래쪽 방향으로 모호하지만 경사진 혈통의 등급이 있었다. 물론 맨 밑바닥에 있는 이들은 순수 원주민들과 아프리카 노예들이었다. 비록 원주민 언어들이 살아남았지만, 대륙에서 지배적인 언어들은 물론 정복자들의 것이었다.

이런 언어에서의 변화는 대륙의 문화적 통일성을 형성하는 데에 영향력을 끼친 가장 큰 단일 요소였다. 이에 비교할 만한 중요성을 가진 것은 로마 가톨릭이었다. 교회는 에스파냐령, 포르투갈령 아메리카의 시작 과정에 심대한 역할을 했다. 초기부터 일반 수도회들, 그중에서 특히 프란체스코회에서 보낸 선교사들이 선두에 섰다. 그러나 3세기 동안 그들의 후계자들은 아메리카 원주민들의 문명화를 위해서 노력했다. 초기 수사들은 종종 그들이 에스파냐어를 배우는 것을 막았는데, 이는 그들을 정착민에 의한 타락으로부터 보호하기 위함이었다. 이들은 원주민들을 부족과 마을에서 데려다가 기독교와 라틴어를 가르쳤고, 그들에게 바지를 입히고, 자기 동포들에게 빛을 전하라고 돌려보냈다. 접경지역 선교기지들은 몇 세기 후에야 존재하게 될 나라들의 형태를 결정했다. 그들은 거의 저항을 받지 않았다. 예를 들면, 멕시코인들은 마리아를 토속 여신인 토난친(Tonantzin)과 동일시하면서 열정적으로 성모 마리아 숭배를 받아들였다.

좋은 쪽으로든 나쁜 쪽으로든, 교회는 초기부터 스스로를 카스티야 국왕의 원주민 출신 백성들의 보호자로 여겼다. 그 궁극적인 결과는 수 세기 후 가톨릭 인구통계의 무게중심에 중요한 변화가 일어난 후에 느껴질 것이었다. 그러나 그때보다 훨씬 더 일찍 가시적인 결과들이 나타나고 있었다. 도미니크 수도회 수사가 에스파냐인들이 새로운 백성들을 취급하는 방식을 비판하는 첫 번째 설교를 산토도밍고에서 행한 것은 1511년이었다. 신세계 개척의 시작부터, 군주는 신세계에서 도덕적이고 기독교적인 임무를 선포했다. 원주민들을 보호하는 법들이 통과되었고 그들의 권리가 무엇인지, 그것들을 보장하기 위해서 무엇을 할 수 있을지에 대해서 성직자들의 자문이 구해졌다. 1550년 신세계 민족들이 통치될 원칙들에 대한 논란이 일자, 왕국 정부가 그것에 대한 신학적, 철학적 조사를 벌이는 전례 없는 사건이 일어났다. 그러나 아메리카는 멀리 떨어져 있었고, 법의 집행은 어려웠다. 재앙 수준의 인구급감이 노동력 부족 현상을 만들 때, 원주민 인구를 보호하는 것은 더욱 어려웠다. 초기 정착민들은 카리브 지역으로 천연두를 가져왔다. 그 원천은 아프리카였던 것으로 보인다. 그리고 코르테스의 부하들 중 한 명이 이를 본토로 옮겨갔다. 이는 아마도 아메리카의 에스파냐 제국의 첫 세기에 발생한 인구재앙의 주요 원인이었을 것이다.

그동안 교회는 지속적으로 원주민들을 개종시키려고 노력해왔다. 두 명의 프란체스코회 수사는 조코밀초에서 하루에 1만5,000명의 원주민에게 세례를 주었고, 그들을 교구와 선교회를 통해서 보호했다. 국왕에게 지속적으로 이의를 제기하는 사람들도 있었다. 그들 중 하나인 도미니크회 수사 바르톨로메데 라스카사스의 중요성은 간과될 수 없을 것이다. 그는 정착민 출신으로 아메리카에서 서품을 받은 첫 번째 사제였다. 그후 그는 신학자이자 주교로서 카를 5세의 정부에 영향을 끼치려고 노력하며 일생을 보냈고, 나름의 성공을 거두었다. 그는 원주민들의 처우와 관련된 죄의 고백이 미흡한 자들에게는 종부성사에서도 사죄를 거부하라고 가르쳤고, 전적으로 중세적 방식으로 반대파들과 논쟁을 벌였다. 그 스스로가 흑인 노예를 소유했으며, 아리스토텔레스처럼 일부 인간은 실제로 '선천적으로' 노예라고 가정하기도 했지만, 원주민들이 그중 하나라는 것은 부정했다. 라스카사스의 글들은 200년 후 계몽주의 평론가들에 의해서 사용되었고, 그는 (자신의 시대와는 연대기적으로 맞지 않지만) 식민주의의 초기 비판가로서 역사적 기억의 일부가 되었다.

몇 세기 동안, 교회의 설교와 의식은 사실상 아메리카 원주민 소작농들이 유럽 문화에 접촉할 수 있는 유일한 통로였다. 그들은 가톨릭의 일부 면모가 동정적이고 합리적이라는 것을 알게 되었다. 그러나 유럽식 교육을 받을 수 있었던 사람들은 소수에 불과했다. 멕시코는 17세기까지 원주민 출신 주교가 없었고, 사제들을 위한 교육을 제외하면, 교리문답 이상을 소작농들에게 가르친 적이 없었다. 많은 성직자들의 헌신에도 불구하고, 교회는 사실상 외래 식민지 교회로 남는 경향을 보였다. 역설적으로, (예를 들면 에스파냐어를 가르치지 않음으로써) 원주민 출신 기독교인들을 보호하려고 했던 성직자들의 노력은 사회의 권력자들과의 통합과정으로부터 원주민들을 고립시키는 결과를 가져왔다.

아마도 이것은 피할 수 없는 과정이었을 것이다. 에스파냐와 포르투갈령 아메리카에서 가톨릭의 독점구조는 이곳에서 교회가 정치구조와 상당 수준 동일시됨을 의미했다. 이는 열광적인 에스파냐 전도자들을 만들어낸 열성적인 운동이었을 뿐 아니라, 넓은 지역에 얇게 퍼져 있던 행정기구를 강화하는 중요한 과정이기도 했다. 종교재판소가 곧 누에바 에스파냐에 세워졌고, 그것은 리오그란데 이남의 아메리카 가톨릭을 형성한 반동 종교개혁 교회의 역할을 했다. 이것은 뒤늦게 중요한 결과들을 가져왔다. 비록 일부 성직자들이 남아메리카 혁명과 독립운동에 중요한 역할을 했고, 18세기에 예수회는 원주민들을 보호하려고 하여 포르투갈 정착민들과 브라질 정부의 분노를 일으킨 적도 있었지만, 교회는 하나의 기관으로서는 쉽게 진보적 입장을 취하지 않았다. 긴 안목으로 보면, 독립된 라틴 아메리카 국가들의 정치에서 자유주의는 (유럽 가톨릭 국가들에서는 자유주의가 보유할 수 있었던) 반성직자주의 단체들과 대결했다. 이것은 같은 시기에는 영국령 북아메리카에서 뿌리내리던 종교적으로 다원화된 사회와 극명히 대비되는 것이었다.

본토 식민지로부터 엄청난 금이 유입되었음에도, 근대 초기 대부분의 기간 동안 유럽에 경제적으로 가장 중요했던 곳은 카리브 해의 섬들이었다. 이 섬들의 농업 생산품, 무엇보다 설탕은 그곳에 중요성을 더했다. 설탕은 아랍인들이 유럽의 시칠리아와 에스파냐에 처음 소개했으며, 그 다음에는 유럽인들에 의해서 마데이라, 카나리아 제도, 그후에는 신세계로 운송되었다. 이 작물은 카리브 해 지역과 브라질을 모두 경제적으로 변형시켰다. 중세인들은 꿀을 가지고 음식을 달게 했지만, 1700년경 설탕은 여전히 비싼 가격에도 불구하고 유럽인들의 필수품이 되었다. 담배, 견목, 커피와 함께 이것은 서인도제도의 주요 생산품이었고, 급성장하는 아프리카 노예무역의 주된 원인이 되었다. 이 모든 수출품들은 본국과의 업무에서 농장주들의 중요성을 고양시켰다.

카리브 해의 대규모 농업과 관련된 이야기는 에스파냐 정착민들과 함께 시작되었다. 그들은 유럽에서 가지고 온 과실을 재배하고 가축을 기르기 시작했다. 처음 그들이 쌀과 설탕을 도입했을 당시, 이곳은 당시 노동력 부족으로 생산이 오랫동안 쇠퇴하고 있었는데, 이는 서인도제도의 토착인구가 유럽인들의 학대와 그들이 퍼뜨린 병으로 인해서 쓰러졌기 때문이다. 후에 해적질과 밀수 같은 기생산업들이 출현하자 경제발전의 다음 단계가 시작되었다. 에스파냐는 대안틸 제도와 같은 카리브 해의 큰 섬들을 차지했지만 여전히 대서양 주변부에 있던 수백 개의 작은 섬들은 점령되지 않은 채 남아 있었다. 이 섬들은 잉글랜드, 프랑스, 네덜란드 항해자들의 관심을 끌었다. 이들은 그곳이 누에바 에스파냐에서 고향으로 돌아가는 에스파냐 배들을 약탈하는 기지로서, 또 자신들의 상품을 원했던 에스파냐 식민지인들과의 밀무역 장소로서 유용함을 알고 있었다. 유럽인들은 고기를 저장하기 위해서 필요한 소금이 있던 베네수엘라 해안에 정착하게 되었다. 처음에는 개인들이 이 과정을 이끌었지만, 17세기에는 잉글랜드 국왕의 인가장을 받은 회사나 네덜란드 서인도회사와 같은 형태의 관영기업들이 뒤를 따랐다.

그때 잉글랜드인들은 수십 년간 동시대인들이 '농장'이라고 불렀던, 정착 식민지 건설에 적절한 장소들을 식민지에서 찾고 있었다. 그들은 처음에 북아메리카 본토에서 이를 시도했고, 1620년대에는 처음으로 리워드 제도 안의 세인트 크리스토퍼와 바베이도스에 두 개의 식민지를 성공적으로 건설했다. 두 식민지 모두 번성하여, 1630년대에 세인트 크리스토퍼에는 약 3,000명이, 바베이도스에는 약 2,000명의 거주민이 살고 있었다. 이 성공은 담배에 의존한 것이었다. 담배는 (1493년에 이미 유럽의 카디스에 존재했다고 간주되는) 매독과 저가의 자동차와 더불어, 구세계의 침입에 대한 신세계의 복수라고 생각되기도 한다. 이들 담배 식민지들은 잉글랜드에 매우 중요한 곳이 되었다. 이는 그곳이 관세 수입을 제공하기 때문만이 아니었다. 당시 카리브 해 지역은 인구가 증가하여 수출수요를 자극하고 에스파냐 제국의 무역에 관여할 새로운 기회들을 제공했다. 곧 프랑스인들이 윈드워드 제도*를 차지하면서 나머지 리워드 제도를 차지한 잉글랜드인들의 수익성 높은 사업에 가담했다. 1640년대에 서인도제도에는 7,000명 정도의 프랑스인들이 있었고, 또한 5만 명 이상의 잉글랜드인들이 있었다.

이때 이후 잉글랜드는 신세계로의 이민의 흐름을 북아메리카 쪽으로 틀었고, 서인도제도에 정착한 백인의 수는 다시는 이렇게 높은 수준에 도달하지 못했다. 이는 부분적으로 설탕이 담배와 함께 중요한 곡물이 되었기 때문이었다. 담배는 적은 양도 경제적으로 생산될 수 있었다. 따라서 그것은 소규모 경작지의 증식과 대규모 유럽 이민인구의 증가라는 흐름에 맞았다. 반면 설탕은 대규모로 경작될 때만 경제적이어서, 많은 수가 일을 하는 대농장에 맞았다. 그리고 16세기에 이 지역에서 일어난 인구감퇴를 고려하면, 그곳의 주된 노동자들은 흑인 노예들이 될 개연성이 높았다. 네덜란드인들은 노예들을 공

* 리워드 제도 남쪽의 섬들로 프랑스령 마르티니크 섬이 포함된다/역주

급했고, 또한 허드슨 강 입구에 뉴암스테르담이라는 기지를 세우면서 서반구에서도 그들이 동아시아에서 획득하고 있었던 것과 같은 전반적인 상업의 독점을 의도했다. 이것은 카리브 해에서 나타난 커다란 인구학적 변화의 시작이었다. 1643년, 바베이도스에는 3만7,000명의 백인 거주자와 6,000명의 아프리카 흑인들이 있었지만, 1660년에는 후자가 5만 명이 되었다.

설탕의 등장과 함께, 과달루페와 마르티니크는 새로운 중요성을 가지게 되었고 그들 또한 노예들이 필요하게 되었다. 경제성장의 종합적인 과정이 진행되는 중이었다. 이제 성장하는 거대 카리브 해 시장이 에스파냐 제국이 공급한 물품의 목록에 추가되었다. 이는 노예와 유럽 수입품을 위한 시장이었다. 에스파냐는 점차 이곳에서 경제적 독점권을 지킬 수 없게 되었다. 이런 상황은 다음 세기에 서인도제도의 역할이 유럽 열강들 사이의 이해관계 속에서 정해지게 만들었다. 그들은 오랫동안 무질서의 희생양이 되었다. 카리브 해는 각국 식민지들의 경계가 만나서, 치안활동이 취약한 지역이 되었다. 그리고 거기에는 얻을 수 있는 상금이 풍부했다(한 네덜란드 선장은 한 해 동안 획득한 보물들을 싣고 서인도제도에서 에스파냐로 가던 대함대를 포획하기도 했다). 이 지역이 실제로 고전적이고 전설적인 해적들의 사냥터가 된 것은 그리 놀라운 일은 아니었다. 해적들은 17세기 마지막 사반세기 동안 전성기를 보냈다. 강대국들은 받아들일 만한 합의에 도달할 때까지 분쟁을 계속했지만, 그렇게 되기까지는 오랜 시간이 걸렸다. 한편, 18세기에 서인도제도와 브라질은 커다란 노예시장을 제공했고 그 무역의 대부분을 차지했다. 시간이 흐르면서, 노예무역 또한 유럽, 아프리카, 누에바 에스파냐 이외의 다른 경제지역, 즉 새로운 북아메리카 경제와 연결되었다.

오랫동안 전통적인 식민지 이론의 모든 기준에 의하면, 북아메리카로의 정착은 (아시아의 부유함은 말할 필요도 없이) 라틴 아메리카나 카리브 해에 비해서도 전혀 매력적이지 못했다. 그곳에서는 값나가는 광물도 발견되지 않았고, 북부 지방의 모피를 제외하고는, 유럽이 원하는 것은 거의 없어 보였다. 그러나 남쪽 지역을 에스파냐가 독점하다시피 한 것을 생각하면 달리 갈 곳이 없었기 때문에, 많은 나라들이 이를 시도하게 되었다. 리오그란데 강 북쪽으로 에스파냐의 팽창은 크게 신경 쓸 필요가 없다. 그것은 점령이라기보다는 선교사들의 활동에 가까웠다. 반면 에스파냐령 플로리다는 카리브 해 지역의 북쪽 출구의 역할을 하여 유럽과 에스파냐의 교신을 보호해주었기 때문에 전략적 중요성을 가졌다. 사실 다른 유럽인들의 관심을 끌었던 것은 대서양 해안으로의 정착이었다. 짧게나마 뉴네덜란드, 뉴잉글랜드 그리고 뉴프랑스 옆에 자리를 차지한 뉴스웨덴도 있었다.

비록 '재정복'의 정서를 가진 군사적 운동과 선교의 열정은 북쪽에서는 거의 사라졌지만, 북아메리카 정착에 중요했던 동기들은 다른 곳에서도 자주 작동하던 것들이었다. 16세기 대부분의 시기에 북아메리카에 존재하는 기회와 가능성들을 가장 자주 탐험했던 잉글랜드인들은 그곳에 에스파냐령 서인도제도의 광산과 경쟁할 광산들이 있을지 모른다고 생각했다. 어떤 사람들은 인구압박이 이주를 생각하게 만들었다고 믿었다. 또한 지식의 증가는 온화한 기후를 가진, 멕시코와 달리 거주 원주민이 거의 없는 충분한 땅을 발견하게 해주었다. 또한 아시아로 연결되는 북서 통로를 발견하려는 유혹이 지속적인 흡인력을 가지고 있었다.

1600년, 이런 동기들이 많은 탐험을 낳았음에도 불구하고, 플로리다 북쪽에서는, 버지니아의 로어노크에서 유일한 정착 시도가 있었을 뿐이었다. 이것은 그나마도 성공적이지 못했다. 무엇인가를 더 획득하기에 잉글랜드인들의 세력은 너무 미약했고, 프랑스인들은 다른 일들로 관심이 분산되어 있었다. 17세기에 접어들면서 몇 가지 변화가 일어났다. 좀더 강하고, 조직적이고, 재정지원이 풍부한 활동들이 나타났고, 또한 본토에서 중요한 주요 작물을 기를 수 있는 가능성이 발견되었다. 또한 잉글랜드에서의 일련의 정치적 변화가 해외 이주를 조장했으며, 잉글랜드가 해양 강대국으로 등장했다. 이런 사실들은 대서양 연안지역에 혁명적인 변화를 초래했다. 1600년에는 몇몇 원주민이 거주하던 황무지가 100년 후 중요한 문명지역이 되었다. 많은 지역에서 정착민들은 내륙으로 앨러게니 산맥의 산악 경계까지 진출했다. 그러는 동안 프랑스인들은 세인트로렌스 계곡과 오대호를 따라서 일련의 거점들을 건설했다. 이 거대한 직각 형태의 정착촌에는 50만 명 정도의 백인들이 살았고 이들은 주로 영국인들과 프랑스인 무리들이었다.

에스파냐는 모든 북아메리카에 대한 권리를 주장했지만, 잉글랜드인들은 '점유 없는 취득시효로는 어떤 것도 이용할 수 없다'는 전제하에 오랫동안 이에 도전했다. 엘리자베스 시대 모험가들은 많은 해안지역을 탐험하고 경도 30도 이북의 모든 영토에 그들의 여왕을 기념하여 '버지니아'라는 이름을 붙였다. 1606년 제임스 1세가 버지니아 회사에 식민지 건설에 관한 인가장을 주었지만, 이것은 단지 공식적인 시작일 뿐이었다. 회사가 추진하던 여러 업무들은 곧 그 구조의 변경을 요구하게 되었다. 처음에는 이익을 내지 못하던 계획들이 많았지만, 1607년이 되면 (지금의 버지니아의 제임스타운에 살아남게 될) 아메리카의 첫 영국 정착지가 설립되었다. 그곳은 초기의 시련에서 살아남아서 1620년대에는 그 '굶주렸던 시간'은 옛 일이 되었고 번성기에 접어들었다.

1608년, 제임스타운이 세워진 지 1년이 지났을 때, 프랑스 탐험가 사뮈엘 드 샹플랭은 퀘벡에 작은 항구를 건설했다. 이 프랑스 식민지의 미래는 매우 불안정해서 프랑스는 식량을 공급해야 했지만, 이것이 캐나다 정착의 시작이 되었다. 마침내 1609년 네덜란드는 아시아로 가는 동북 항로를 찾으려고 잉글랜드 출신 탐험가 헨리 허드슨을 파견했다. 그는 이 시도가 성공하지 못하리라는 것을 알게 되자, 북서 항로를 발견하려고 방향을 반대로 틀어서 대서양을 횡단했다. 그는 북서 항로 대신에 자신의 이름이 붙게 될 강을 발견했고 이는 네덜란드가 이 지역에 대해서 예비적 권리 청원을 할 수 있도록 했다. 몇 년 지나지 않아서, 이 강을 따라서 맨해튼과 롱아일랜드에 네덜란드 정착촌이 생겼다.

그러나 잉글랜드인들의 주도권은 계속 유지되었다. 그들은 두 가지 이유 때문에 번영했다. 한 가지는 공동체 전체의 남녀노소를 신대륙으로 수송하는 기술로, 잉글랜드인들은 이 기술의 가장 성공적인 첫 번째 주창자들이었다. 이들은 스스로의 노동력으로 땅을 일구는 농촌 식민지를 수립했고, 곧 자신들의 생계 문제에서 모국으로부터 독립하게 되었다. 두 번째는 담배의 발견으로, 그것은 처음에는 버지니아에서, 그 다음에는 1634년 정착이 시작된 식민지인 메릴랜드에서 주요 작물이 되었다. 더 북쪽 지역에서도 유럽식으로 경작이 가능한 땅을 이용할 수 있게 되었고, 이는 식민지들의 생존을 보장했다. 본래 모피무역과 어업이 발전할 가능성이 이 지역에 대한 관심을 불러일으켰지만, 곧 곡물의 수출에서도 소규모 흑자가 발생했다. 이것은 17세기 초 인구 과잉이었다고 간주되는 나라인 잉글랜드 땅의 굶주린 백성들에게 매력적인 전망이었다. 1630년대에 약 2만 명이 '뉴잉글랜드'로 이주했다.

뉴잉글랜드 식민지의 또다른 눈에 띄는 특징은 비국교도와 칼뱅주의 프로테스탄티즘과의 연결이었다. 종교개혁 없이 식민지인들은 이때의 그들이 될 수 없었을 것이다. 비록 일반적인 경제적 동기들도 정착 과정에서 영향을 끼쳤지만, 1630년대의 매사추세츠 이주민들 사이에서 잉글랜드 프로테스탄티즘 내의 퓨리턴 세력과 연관된 사람들의 지도력은 여러 식민지들 안에서 확립되었다. 이들은 신정적 과두정에서 민주주의까지 다양한 헌정체제를 갖추게 되었다. 비록 때때로 잉글랜드 젠트리 출신들이 주도권을 행사하기도 했지만, 뉴잉글랜드에서는 남부 식민지들보다 잉글랜드의 사회, 정치적 관행에서 근본적으로 벗어나는 것을 금기시하는 관행이 더 빠르게 폐기되었다. 그들이 생존해야 했던 환경만큼이나 그들의 비국교도성이 이런 상황을 초래하는 데에 더 중요했다. 17세기 중반 잉글랜드의 헌정체제를 둘러싼 혼란기 동안 뉴잉글랜드 식민지들이 모두 잉글랜드 국왕의 지배에서 벗어날 수 있을 것처럼 보인 적도 있었지만, 실상 그런 일은 일어나지 않았다.

후에 뉴욕 주가 되는 곳의 네덜란드 정착촌을 잉글랜드인들이 강탈한 후, 1700년 플로리다부터 북쪽으로 케네벡 강까지 이르는 북아메리카 해안에서 12개의 식민지들이 조직되었다(1732년 조지아 주가 생성된 후에는 13개가 되었다). 그곳에는 약 40만 명의 백인과 아마도 그 10분의 1 정도였던 아프리카 흑인들이 살고 있었다. 더 북쪽에는 계속 분쟁 중인 영토와 더불어 프랑스가 지배를 확고히 한 지역들이 있었다. 이 지역 식민지인들의 인구밀도는 영국 정착지보다 훨씬 더 낮았다. 아마도 북아메리카에 총 1만5,000명 정도의 프랑스인들이 있었을 것이다. 그곳에는 잉글랜드 식민지들처럼 집단적 이주의 혜택을 받지 못했다. 그들 중 많은 이들은 수렵가, 덫을 놓는 사냥꾼, 선교사, 탐험가였다. 이들은 세인트로렌스 강을 따라서 흩어져 있었고, 오대호 지역 주변과 그곳을 넘어서 산재해 있었다. 누벨프랑스는 지도상에서는 매우 큰 지역이었으나, 사실상은 세인트로렌스 계곡과 퀘벡 바깥에 흩어져 있는 전략적, 상업적 측면에서 중요한 항구들과 무역거점들을 지칭하는 것이었다.

정착의 밀도가 프랑스와 잉글랜드 식민지 사이의 유일한 차이는 아니었다. 누벨프랑스는 본국의 밀접한 감시를 받았다. 1663년 이후 국왕의 직접 통제를 위해서 기존의 회사 구조가 폐기되었다. 캐나다는 감독관의 조언에 따라서 프랑스 총독에 의해서 지배당했는데, 이는 본국에서 프랑스 지방들이 통제되는 수준과 비슷했다. 종교적 자유는 없었다. 캐나다 교회는 독점적이었고, 선교적 열정을 가지고 있었다. 그 교회의 역사는 용감한 순교의 영광스러운 예들로 가득 차 있을 뿐 아니라 비타협적인 태도로 일관된 것이었다. 정착민의 농장들은 여러 영주들의 영지로 분류되었다. 이 제도는 행정 책임을 분산시키는 유용성이 있었지만, 캐나다와 관련된 작위를 가진 귀족들이 생길 정도로 잉글랜드 정착지보다 더 구세계의 사회적 형태를 재생산했다.

잉글랜드 식민지들은 매우 다양한 지역들로 이루어졌다. 대서양 해안 거의 전체에 한 줄로 늘어져 있었기 때문에 기후, 경제, 지형의 측면에서 매우 다채로웠고, 그들의 기원은 식민지 수립의 동기와 방식의 많은 측면들을 반영했다. 1688년, 상당수의 스코틀랜드인, 아일랜드인, 위그노, 스위스인 이민자들이 도착하기 시작하면서 식민지들은 어느 정도 인종적으로 혼합되었다. 비록 영어의 지배력과 상대적으로 적은 비영어권 이민자들의 수가 문화적 측면에서 앵글로-색슨 색채를 상당 기간 압도적으로 유지하게 했지만 말이다. 일부 식민지들은 특정 교파와 밀접한 유대관계가 있었지만, 그곳에는 종교적 다양성이 존재했고 심지어 1700년경에는 상당한 정도의 실질적인 종교적 관용이 있었다. 이 모든 것은 식민지들이 스스로를 하나의 사회로 보는 것을 더 어렵게 만들었다. 아메리카 안에 중심지 같은 것은 없었고, 잉글랜드 문화가 여전히 그들의 배경이듯, 국왕과 모국이 식민지의 집단생활의 중심지였다. 그렇더라도 영국령 북아메리카 식민지들은 개개인에게 발전의 기회를 제공했는데, 이는 좀더 엄격하고 밀접히 통제당하던 캐나다나 유럽 본향에서는

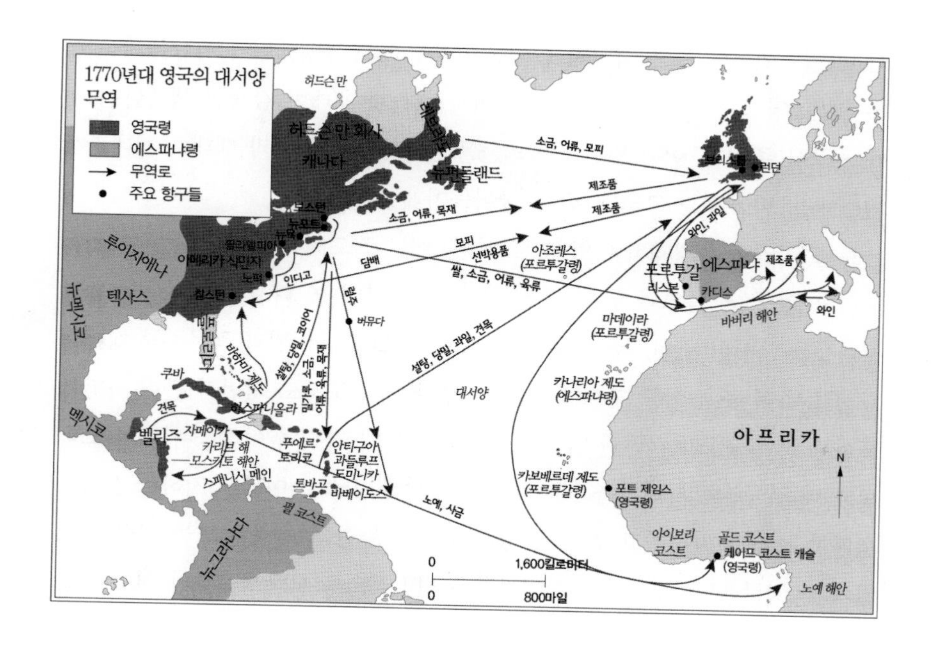

누리기 어려운 것이었다.

1700년경부터, 일부 식민지들은 국왕의 통제로부터 자유를 획득하려는 적극적인 경향을 보였다. 사람들은 나중에 대중적인 전통 안에서 매우 큰 부분을 차지하게 되는 독립정신의 증거를 먼 옛날에서부터 찾아내고 싶은 유혹을 느낀다. 사실 이런 측면에서 초기 미국사를 읽는 것은 오해의 소지가 있다. 1620년에 케이프 코드에 상륙한 '필그림 파더스(Pilgrim Fathers)'는 18세기 말이 되어서야 재발견되었고, 국가신화 속에 지금과 같이 중요한 위치로 삽입되지도 않았다. 그러나 그들은 진실로 '새로운 잉글랜드(New England)'를 만들기를 원했다. 독립정신보다 훨씬 더 일찍 볼 수 있었던 것은 미래에 독립과 통일에 관해서 생각하는 것을 더 쉽게 만들어줄 사실들의 등장이었다.

이런 사실들 중의 하나는 정착의 첫 세기에 대의제의 전통이 완만하게 강화된 것이다. 초기의 다양성에도 불구하고, 18세기 초에 각 식민지는 런던 정부가 임명한 총독에 맞서서 거주민을 대변하는 일종의 대의제 기관을 통해서 일하는 방식을 정착시켰다. 초기에 일부 정착촌들은 원주민들에게 대항하여 서로 협력하는 것이 필요해졌고, 프랑스와의 전쟁 때, 이는 훨씬 더 중요해졌다. 프랑스인들이 영국 식민지에 대항하여 휴런족 동맹세력을 자유롭게 풀어 준 것은, 영국 식민지들 사이에 공동의 이해관계에 대한 감각이 생겨나는 데에 도움을 주었다. 이는 또한 영국인들을 자극하여 휴런족과 대대로 적대관계였던 이로쿼이족을 그들의 편에 끌어들이게 만들었다.

또한 식민지의 경제적 다양성으로부터, 어느 정도의 경제적 상호관계가 출현하고 있었다. 중부와 남부 식민지들은 쌀, 담배, 인디고, 목재 등의 농장 작물들을 생산한 반면, 뉴잉글랜드는 배를 건조하고, 당밀과 곡물주를 정제하고 증류하며, 옥수수를 기르고, 어업을 했다. 서인도제도 식민지 관련 사항을 포함하여 자신들과 관련된 일들을, 식민지인들이 자신의 이익을 위해서 모국보다 더 잘 처리할 수 있을 것이라는 생각이 생겨났고, 이를 지지하는 감정과 명확한 논리가 발전하고 있었다. 경제적 발전 또한 그들의 태도를 바꾸고 있었다. 뉴잉글랜드 본토 북부 식민지들은 전반적으로 모국으로부터 천시를 받았으며 심지어 반감의 대상이기도 했다. 그들은 조선 분야에서 본국과 경쟁했으며, 카리브 해에서도 불법적인 무역 경쟁자이기도 했다. 서인도의 농장 식민지들과 달리, 그들은 모국이 원하는 것을 전혀 생산하지 않았다. 게다가 이 식민지들은 비국교도들로 가득 차 있었다.

18세기에 영국령 아메리카는 부와 문명의 측면에서 커다란 진보를 이룩했다. 식민지 총인구는 계속 증가했고 18세기 중엽에 100만 명을 충분히 넘게 되었다. 1760년대가 되면 본토 식민지들이 서인도제도보다 영국에 훨씬 더 중요해진 사실이 지적되곤 한다. 1763년, 필라델피아는 유행과 교양의 측면에서도 많은 유럽 도시들과 경쟁할 수 있었다. 1763년 캐나다가 정복되고 그 해의 강화조약에 의해서 영국령으로 남게 되자, 가장 큰 불안 요소가 제거되었다. 이는 제국정부가 제공하는 보호의 가치에 대해서, 그리고 서부로 더 팽창하는 문제에 대해서 많은 아메리카인들의 관점을 변화시켰다. 농경 정착민들은 해안의 평원을 채우는 경향을 보였다. 그들은 곧 산악 장벽을 뚫고 나와서 강 계곡을 넘어, 궁극적으로 오하이오 상부와 북서쪽으로 향해갔다.

이런 팽창의 결과, 프랑스인들과 갈등을 일으킬 위험은 이제 제거되었지만, 이것이 1763년 이후 영국 정부가 서진운동을 다루는 데에서 고려한 유일한 사항은 아니었다. 그들은 원주민들의 권리와 예상 반응들을 또한 고려해야 했다. 이들을 적대시하는 것은 위험을 자초하는 일이 될 것이다. 그러나 식민지인들을 제지하여 원주민과의 전쟁들을 피하려고 했다면, 이 목적을 위해서 영국 군대는 변경지역의 치안 또한 담당해야 했을 것이다. 그러나 결과적으로 영국 정부는 식민지 팽창을 제한하는 서부 토지정책을 도입하고, 방위군 유지 비용을 지불하기 위해서 식민지인들로부터 세금을 거두고, 무역체제를 엄격하게 관리하여, 그것을 위배하는 것을 묵과하지 않을 것을 결정했다. 식민지 경제와 모국과의 관계에 대한 오랜 가정들을 식민지 정책 입안자들이 이의제기 없이 받아들인 마지막 몇 년 동안에 불행히도 이 모든 것들이 곪아 터졌다.

이제 신세계에 유럽인들의 정착이 시작된 지 약 두 세기 반이 흘렀다. 아메리카에서의 팽창이 유럽인들과 세계사에 끼친 전반적인 효과는 이미 지대해서 쉽게 정의하기가 어렵다. 궁극적으로 모든 강대국들이 18세기에 자신들의 식민지에서 경제적 이익을 얻을 수 있었던 것은 분명해 보인다. 비록 그들이 경제적 이익을 얻어내는 방식은 매우 상이했지만 말이다. 에스파냐로의 은의 유입은 매우 분명한 현상으로, 그것은 유럽 경제 전체는 물론 아시아 경제에 대한 함의도 가지고 있었다. 식민지 인구의 증가는 유럽의 수출과 제조업을 자극하는 데에 도움을 주었다. 영국 식민지들은 이 점에서 매우 중요했다. 영국 식민지들은 처음에는 유럽과 아프리카로부터, 그 다음에는 아시아로부터 인구유입의 증가를 보여주는데, 이 흐름은 19세기와 20세기 초 유럽의 마지막 주요 인구이동에서 정점에 이르렀다. 유럽의 운송과 조선업의 커다란 발전은 반드시 식민지 팽창과 연결되어 설명되어야 한다. 노예매매, 밀무역, 본국과 식민지 사이의 합법적 수입과 수출, 새로운 소비시장 공급을 위한 어업 등과의 관련 여부와 상관없이, 조선공과 선주와 선장들은 이득을 보았다. 막대한 효과가 점증하며 작동했다. 따라서 제국주의의 첫 번째 단계에서 제국주의 열강에게 아메리카 식민지 소유가 끼친 효과 전체를 요약하기는 매우 어렵다.

장기적인 관점에서, 서반구가 문화적으로 유럽화된 사실이 문화적, 정치적으로 결정적인 중요성을 가졌다고 확실히 이야기할 수 있을 것이다. 에스파냐, 포르투갈, 잉글랜드는 서로 다르지만, 같은 원본의 다른 편집본들을 제공한 것과 다름이 없었다. 그들은 모두 자신들의 유럽 문명에서 그것을 선택했다. 정치적으로, 티에라 델 푸에고부터 휴스턴 만에 이르는 두 거대한 대륙이 (그들이 식민지 강대국에 더 이상 의존하지 않게 되었을 때도) 결과적으로 유럽의 사법과 행정 원칙들 안에서 조직되었다. 서반구는 또한 기독교화되었다. 힌두교와 이슬람이 그곳에 등장했을 때, 그들은 기본적으로 기독교 문화에 경쟁하는 역할이 아니라 소수파의 지위를 가지게 되었다.

물론 이런 사실의 중요성은 엄청나다. 아메리카에서, 나중에 오세아니아와 시베리아에서, 유럽인들은 단순히 정복만 한 것이 아니었다. 그들은 지역 문명들과 민족들을 멸절시켰고, 그것을 자신의 것으로 대체했다. 지구에서 마지막으로 인구밀도가 희박했던 지역들이 적어도 근대성을 형성할 단계에 이르면 유럽 혈통의 사람들로 채워졌다. 인류 역사의 긴 시간을 고려하면, 이 발전은 진정 놀라운 것이다. 그것은 오늘날에도 여전히 진지하게 생각할 이유를 부여한다. 유럽이 특정 시기에 발흥한 것은 오래된 문화들이 인구가 증가하는 신세계로부터 단절되거나 반대로 그것들 위에 흔적을 남기게 된 것을 의미했다. 20세기에 등장한 새로운 아시아 민족주의의 시대에, 이는 유럽이 가졌던 탐욕의 진정한 징후로, 유럽 강대국들이 힘으로 조성한 국제적 문제 속에 내재된 불공정의 표시로 보이게 된다.

유럽 식민지 팽창은 생태학적으로도 엄청난 결과들을 낳았다. 이곳으로 이주해온 새로운 인구와 그들이 데려온 동물이나 병균에 대한 면역력이 없었던 수많은 종들이 멸종되었다. 그러나 동시에 동물들과 식물들이 식민지 노선을 따라서 구세계로 이동했다. 나중에 인구폭발에 중요했던 세 가지 식물 종들인 감자, 고구마, 옥수수 모두 아메리카에서 기원했다. 돼지, 양, 닭 같은 가축들은 반대편 방향으로 이동했다. 이 '콜럼버스의 교환(Columbian exchange)'은 아마도 정치나 사회의 영역에서 일어난 어떤 것보다도 인간 역사에 심오한 영향을 끼쳤을 것이다.

그러나 정치 또한 중요했다. 그것은 남북 아메리카가 더 큰 차이를 보이게 된 과정과 관련이 있기 때문에 커다란 중요성을 가졌다. 문화적 관점에서 북

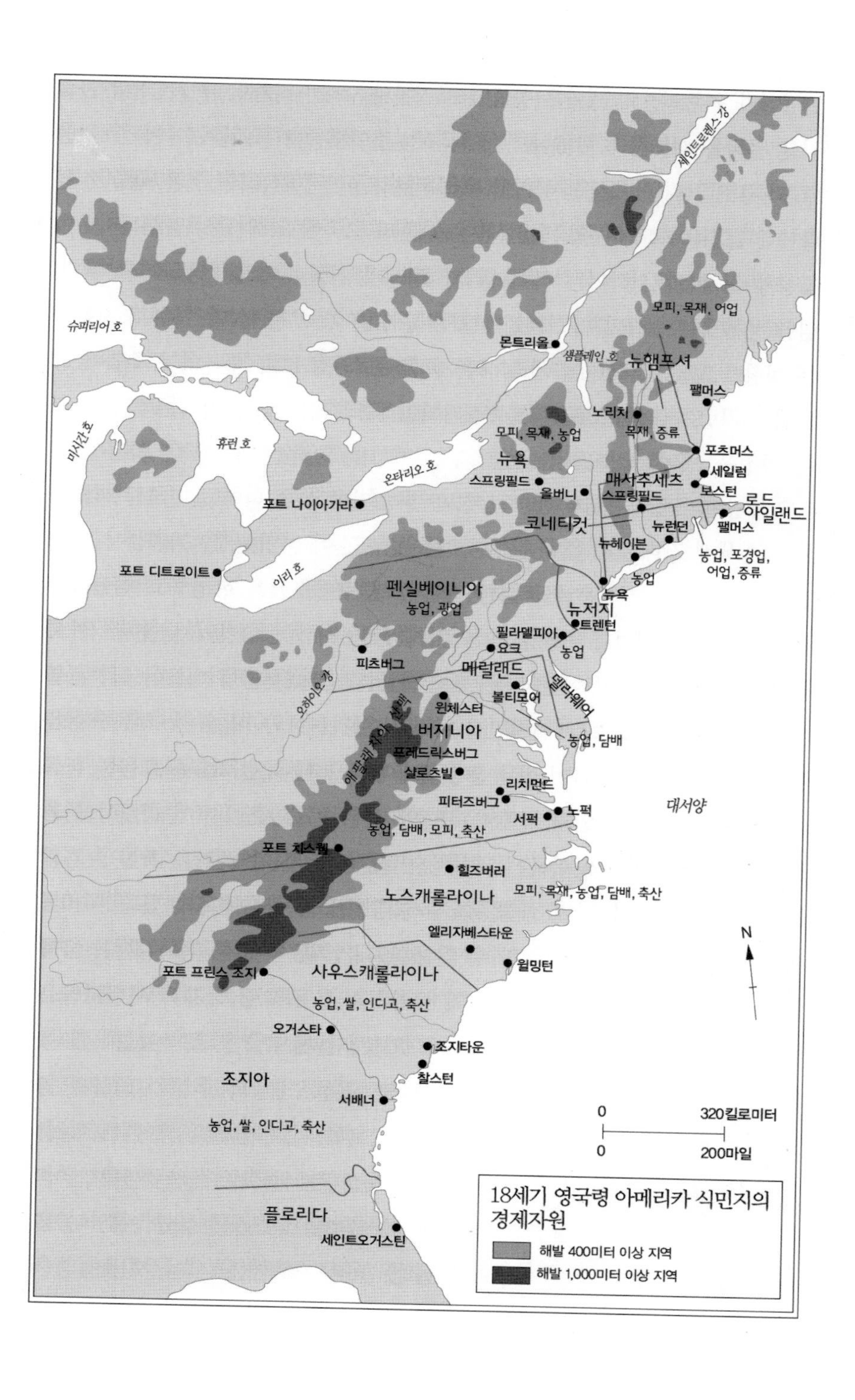
세인트로렌스 강
슈피리어 호
몬트리올
샘플레인 호
모피, 목재, 어업
뉴햄프셔
팰머스
노리치
목재, 증류
포츠머스
미시간 호
휴런 호
모피, 목재, 농업
뉴욕
온타리오 호
스프링필드
올버니
매사추세츠
세일럼
보스턴
스프링필드
로드
아일랜드
포트 나이아가라
코네티컷
뉴런던
팰머스
뉴헤이븐
농업, 포경업,
어업, 증류
포트 디트로이트
이리 호
농업
뉴욕
펜실베이니아
농업, 광업
뉴저지
트렌턴
필라델피아
요크
농업
피츠버그
메릴랜드
오하이오 강
볼티모어
델라웨어
윈체스터
애팔래치아 산맥
버지니아
농업, 담배
프레드릭스버그
샬로츠빌
리치먼드
피터즈버그
노퍽
서퍽
대서양
농업, 담배, 모피, 축산
포트 치스웰
힐즈버러
노스캐롤라이나
모피, 목재, 농업, 담배, 축산
엘리자베스타운
N
월밍턴
포트 프린스 조지
사우스캐롤라이나
농업, 쌀, 인디고, 축산
오거스타
조지타운
찰스턴
조지아
서배너
농업, 쌀, 인디고, 축산
0
320킬로미터
0
200마일
플로리다
세인트오거스틴
18세기 영국령 아메리카 식민지의
경제자원
해발 400미터 이상 지역
해발 1,000미터 이상 지역

아메리카 원주민들의 생활은 중앙 아메리카나 남아메리카의 문명들처럼 인상 깊은 업적을 제공하지 못했다. 그러나 식민주의도 양자를 차별화하는 요소였다. 여기서 고대의 유사한 상황을 회상하는 것이 비현실적인 일은 아닐 것이다. 고대 그리스 도시들의 식민지들은 그들의 모국에 의해서 상당히 독립적인 공동체로 세워졌고, 이는 북아메리카 해안의 잉글랜드 정착촌과 비슷했다. 일단 공동체가 수립되자, 그것들은 자의식 강한 자기 정체성을 향해서 진화하는 성향을 보였다. 반면에 에스파냐 제국은 오히려 로마 제국의 속주들이 그랬던 것처럼, 본질적으로 본국 중심적이고 제국적인 제도들의 전형이 배치되는 과정을 보여주었다.

영국령 북아메리카에서 일어난 진화 과정 안에 이미 나타난 기본적 형태가 미래의 세계 강대국의 핵심 부분을 형성하는 것이 분명해지기까지는 시간이 걸렸다. 이 진화 과정은 미국사뿐 아니라 세계의 모습을 형성하고 있었다는 것이 드러나게 되었다. 북아메리카 미래의 큰 흐름이 확정되기 전, 두 가지 중요한 변화 요소들이 여전히 작동하고 있었다. 북아메리카 대륙이 서진운동으로 인해서 사람들로 채워지면서 나타난 환경변화와 비(非)앵글로-색슨계 이민이라는 커다란 흐름이 바로 그것들이다. 그러나 이런 요소들은 잉글랜드의 유산이 만든 틀의 안팎으로 흐르고 있었다. 이는 비잔티움이 러시아에 흔적을 남겼듯이, 미래의 미국에 표시를 남길 것이었다. 민족들은 자신의 기원을 버리지 않았으며, 단지 스스로를 다른 방식으로 보는 법을 배웠을 뿐이다. 때로 외부인이 이를 가장 잘 볼 수 있다. 19세기 말, 한 독일 정치가는 영국과 미국이 같은 언어를 말하는 것이 이 세기의 가장 중요한 국제적 사실이라고 말한 바 있다.

6

세계사의 새로운 형태

1776년, 아메리카에서 첫 번째 식민지 저항이 시작되었는데, 그것이 해결되기까지는 수십 년이 걸렸다. 이런 대격변들은 아메리카 대륙의 역사에 신기원을 열었을 뿐만 아니라, 유럽 패권의 초기 단계를 전체적으로 조망하기에 좋은 지점들을 제공했다. 세계의 다른 지역에서는 인도에서 영국에 대한 프랑스인들의 심각한 도전이 제거된 것과, 마지막으로 발견된 거주 가능한 대륙인 오스트레일리아가 정착지로 개방된 사실들이 어떤 주기적 변화를 보여주고 있었다. 18세기가 끝날 때, 한 시대가 마무리되고 또다른 시대가 시작된다는 느낌이 있었다. 이는 이전 3세기가 세계사 안에 만든 차이를 평가하기에 좋은 시점이었다.

이 기간 동안, 전면적 정복과 점령이 유럽 패권의 주된 형태였다. 그것은 유럽이 다른 문명에 대해서 가진 상대적 우월성을 더욱 증가시키는 데에 사용될 수 있었던 재화를 제공했다. 그것은 또한 유럽의 영향력을 다른 형태로 확산시킨 정치적 구조를 세우기도 했다. 이것들은 (힘의 크기는 아니더라도) 이해관계의 지리적 범위가 세계적인 강대국이었던 최초의 몇몇 유럽 국가들의 작품이었다. 이들은 대서양 국가들로, '대발견의 시대'는 이들에게 다른 유럽 국가들과 구별되는 기회와 역사적 운명을 주었다.

이런 기회들을 처음 붙잡았던 것은 16세기의 유일한 식민지배 세력이었던 에스파냐와 포르투갈이었다. 그러나 7년 전쟁을 종식하는 파리 강화조약이 체결된 해인 1763년에 그들의 전성기는 지난 지 오래였다. 이 조약은 에스파냐와 포르투갈이 지배했던 질서를 대신한 신세계 질서의 알기 쉬운 표지였다. 이것은 프랑스와의 해외경쟁에서 영국이 우위에 섰음을 공식화했는데, 영국은 18세기의 거의 4분의 3의 기간 동안 우위를 차지했다. 결투는 아직 끝나지 않았고, 프랑스인들은 상실한 영역의 회복에 여전히 희망적이었다. 그럼에도 영국은 미래의 제국주의 열강이었다. 영국과 프랑스는 포르투갈과 에스파냐의 세력이 쇠락하던 17세기에 그들처럼 제국을 건설했던 네덜란드를 쇠퇴시켰다. 그러나 에스파냐, 포르투갈, 네덜란드 공화국은 모두 여전히 중요한 식민지 영토를 보유했고, 세계지도 속에 영구적인 흔적을 남겨놓았다.

18세기에 이 다섯 나라들은 대양에서의 역사에 의해서, 이전 세기에 중요한 위치를 차지했던 중부 유럽 내륙과 지중해 연안의 국가들과 구별되었다. 이 나라들의 식민지와 해외무역에서의 특별한 이해관계는 그 외교관들이 새로운 대의명분과 지역들을 두고 경쟁하게 만들었다. 다른 나라들은 유럽 외부의 문제들이 얼마나 중요한지를 알아차리는 데에 오래 걸렸고, 이 다섯 나라들 중 일부도 때로 그랬다. 에스파냐는 처음에는 이탈리아에서 합스부르크를 위해서, 그 다음에는 오스만 튀르크에 대항하여, 마지막으로 30년 전쟁에서 유럽에서의 지배권을 차지하기 위해서 매우 힘든 싸움을 했고, 이 과정 속에서 서인도제도의 보고(寶庫)를 낭비했다. 영국과의 오랜 대결국면에서, 프랑스는 언제나 그 경쟁자보다는 대륙과 관련된 목적 때문에 자원을 분산 또는 전환시키기 쉬운 편이었다.

애초에, 외교에서 유럽 밖의 문제가 본질적으로 유럽의 이해관계와 뒤섞일 수 있다는 생각 자체가 거의 존재하지 않았다. 에스파냐와 포르투갈이 스스로의 만족을 위해서 이해관계의 경계를 설정한 바 있지만, 다른 유럽 국가들은 거의 신경을 쓰지 않았다. 플로리다의 프랑스 위그노 정착촌의 운명이나 로어노크 항해*에 내포된 에스파냐의 모호한 권리 주장에 대한 도전은 협상을 유도하기는커녕, 유럽 외교관들의 관심조차 거의 받지 못했다. 이런 상황은 엘리자베스 1세의 지원을 받은 잉글랜드 해적과 탐험가들이 에스파냐 함대와 식민지에 실질적인 손해를 주기 시작했을 때 변화되기 시작했다. 여기에 곧 네덜란드인들이 가담했고, 이때부터 다음 세기 외교의 가장 중요한 주제 중의

---

* 1585년과 1587년에 영국 탐험가 월터 롤리 경(Sir Walter Raleigh)이 버지니아 주 로어노크 섬에 식민지 개척을 시도하다가 실패한 사건/역주

하나가 명확해졌다. 루이 14세의 한 장관이 글로 적었듯이, "무역은 전쟁 때나 평화 때나 유럽 국가들 사이에 끊임없이 계속되는 싸움의 이유"였고, 따라서 200년 후에는 정말 많은 것들이 변화했다.

물론 통치자들은 언제나 부와 그것을 늘릴 기회에 관심을 가졌다. 베네치아는 오랫동안 자국의 무역을 외교수단을 통해서 지켜왔다. 그리고 잉글랜드인들은 때때로 조약을 통해서 플랑드르로의 직물수출을 보호하기도 했다. 모두에게 돌아가는 이익이 한계가 있기 때문에, 한 나라는 다른 나라를 희생시킬 때만 이익을 얻을 수 있다는 생각이 널리 받아들여졌다. 그러나 유럽 외교가 유럽 외부에 있는 재화의 추구를 고려하기까지는 오랜 시간이 필요했다. 심지어 유럽 내부와 외부의 문제들을 분리하려는 시도도 있었다. 1559년 프랑스와 에스파냐는 그들의 선장들이 (당시에는 아조레스 서쪽, 그리고 북회귀선 남쪽을 의미했던) '선을 넘어서' 서로에게 행한 일이 유럽에서 두 나라 사이에 적대의 이유가 되어서는 안 된다고 합의했다.

에스파냐 제국과의 무역갈등 과정 속에서, 일련의 새로운 외교상의 가정이 등장하기 시작했다(만약 그것이 말하는 방식을 의미한다면 말이다). 당시의 사조는 식민지와의 관계에서 본국의 이해관계가 언제나 다른 무엇보다 앞선다는 것을 당연시했다. 이런 이해관계가 경제적인 것과 관련된 경우, 정착식민지들은 광물자원을 개발하거나 본국과의 무역균형을 통해서 본국에 순이익을 돌려주도록 기대되었다. 그리고 식민지의 무역기지들이 모국에 특정 지역의 대외무역에 대한 지배권을 주는 반면, 가능하다면 식민지들은 자급자족하도록 기대되었다. 1600년경, 각국의 상이한 권리 주장은 결국 해군력에 의해서 해결된다는 것이 명확해졌다. 아르마다의 패배 이후, 에스파냐의 제해권(制海權)은 더 이상 과거처럼 존중받을 수 없었다.

펠리페는 본질적인 딜레마에 사로잡혔다. 그 딜레마는 발루아 왕가와 엘리자베스와의 갈등, 네덜란드 반란, 반동 종교개혁 등으로 인해서 그의 자원을 요청하고 있는 유럽과, 그곳의 안위가 오직 해군력과 식민지인들의 필요를 효율적으로 채워주기 위한 에스파냐 조직들에 의존하는 서인도제도 사이에서 그의 노력과 관심이 분산된다는 것이었다. 그의 선택은 제국을 지키려고 시도하는 것이었지만, 유럽 정책들을 위한 비용을 지불하기 위해서 제국을 이용하는 것이기도 했다. 이런 시도는 이 거대한 제국을 16세기의 행정체제와 통신수단으로 통제하는 어려움을 과소평가한 결과였다. 그럼에도 거대하고 복잡한 정기적 집단항해 체제, 몇몇 인가된 항구에 대한 식민지 무역의 집중, 해안경비대의 치안활동 등의 방식으로 에스파냐는 서인도제도의 재화를 지키려고 했다.

자신들이 이 전리품을 차지하기 위해서 싸울 준비가 되어 있음을 처음으로 분명히 밝히고, 이에 따라서 자국 외교관들이 유럽 외부 문제의 관리에 관심과 기술을 기울이게 만든 첫 국가는 네덜란드였다. 네덜란드인들에게 무역에서의 우위는 다른 고려 사항들보다 훨씬 더 중요한 것이었다. 이를 위해서 그들이 해야 할 일은 17세기가 시작될 때부터 동인도, 카리브 해, 브라질에서 명확해졌다. 여기서 그들은 에스파냐-포르투갈의 세계적인 설탕 생산 방위체제에 대항하여 대함대를 운용했다. 오직 브라질만이 네덜란드에 유일하고도 심각한 실패를 주었다. 1654년 포르투갈인들은 네덜란드 수비대를 쫓아내고 지배를 재개할 수 있었고, 후속 도전은 없었다.

이런 상업적 재화의 추구는 17세기 잉글랜드 정부 안에 있던 많은 프로테스탄트의 희망 사항이기도 했다. 이전 세기에 잉글랜드는 네덜란드 반란자들의 동맹이었고, 크롬웰은 가톨릭 에스파냐에 대항한 프로테스탄트 동맹에서의 지도력 외에 그 이상을 바라지 않았다. 그러나 그는 곧 세 번의 영국-네덜란드 전쟁 중 첫 번째 전쟁을 수행하게 되었다. 첫 번째 전쟁(1652-1654)은 본질적으로 무역전쟁이었다. 쟁점이 되었던 것은 잉글랜드로 수입되는 물건을 잉글랜드 배나 그 물건의 생산국의 배로 실려온 품목으로 제한하는 결정이었다. 이것은 잉글랜드의 운송을 장려하여, 네덜란드를 따라잡을 수 있는 위치에 놓으려는 신중한 시도였다. 이것은 네덜란드 번영의 핵심적 영역인 유럽 운송무역, 특히 발트 해 상품의 운송무역을 강타했다. 잉글랜드 공화국은 뛰어난 해군을 가지고 있었으며 결국 승리했다. 두 번째 전쟁은 1665년, 잉글랜드의 뉴암스테르담 점령에 네덜란드가 더욱 자극을 받은 후에 일어났다. 이 전쟁에서 네덜란드는 프랑스, 덴마크와 동맹을 맺었고, 그것을 해상에서 매우 유용하게 이용했다. 따라서 그들은 강화조약에서 잉글랜드의 수입규제를 완화할 수 있었다. 그러나 네덜란드인들은 수리남에 바베이도스라는 파생물을 더하는 대가로 뉴암스테르담을 영국인들에게 남겨야 했다. 이런 사항들은 유럽의 첫 번째 다자간 강화조약으로, 유럽 외부의 사항에 대한 규제를 유럽 관련의 사항만큼 많이 언급한 브레다 조약(1667)에 의해서 결정되었다. 이 조약에 의해서 프랑스는 서인도제도를 잉글랜드에게 넘겨주었고 그 대가로 기후가 좋지 않은 무인 지역이지만 전략적으로는 중요한 누벨프랑스의 아카디아 지역의 보유를 인정받았다. 잉글랜드인들도 협상을 잘해낸 편이었다. 자메이카를 에스파냐에게서 얻게 되었을 때, 새로운 카리브 해 영토는 공화국 때 수립된 전통에 따라서 병합되었다. 이는 잉글랜드가 정복을 통해서 대서양을 건너 처음으로 병합한 영토였다.

크롬웰의 정책은 의식적인 제국정책으로의 결정적인 방향 전환으로 보인다. 이는 상당 부분 그의 선견지명 덕분이었다. 복귀한 스튜어트 왕가는 자메이카를 유지하고 서인도제도의 새로운 중요성을 계속 인정했을 뿐 아니라, 운송업과 식민지 무역 보호를 위해서 '항해조례' 체제의 대부분을 보존했다. 찰스 2세는 아메리카 북서 지방의 모피무역을 두고 프랑스인들과 경쟁하기 위해서 허드슨 만의 이름을 딴 새로운 회사에 인가장을 주었다. 찰스 2세와 어찌 보면 부적절했던 그의 계승자 제임스 2세는 (일부 차질이 있기는 했지만) 적어도 잉글랜드의 해군력을 유지했고, 그래서 오라녀의 빌럼(윌리엄 3세)은 루이 14세와의 전쟁에서 그것을 이용할 수 있었다.

다음 세기의 세밀한 변화를 추적하는 것은 따분할 것이다. 이 기간 동안 처음에는 잉글랜드의 외교에서, 나중에는 통합된 영국의 외교에서 새로운 제국에 대한 강조가 무르익었다. 실상 별다른 중요한 결과를 낳지 않았던 세 번째 단기 영국-네덜란드 전쟁은 잉글랜드와 프랑스의 오랜 경쟁관계가 지배했던 이 시대에 실질적으로 속한 사건이라고 보기는 어렵다. 아메리카에서 '윌리엄 왕의 전쟁'이라고 불렸던 아우크스부르크 동맹전쟁은 식민지에서 많은 교전을 불러왔지만 실상 큰 변화를 일으키지는 못했다. 에스파냐 왕위계승 전쟁은 이전과 아주 다른 성격을 가졌다. 그것은 근대의 첫 번째 세계전쟁으로, 프랑스의 국력뿐만 아니라 에스파냐 제국의 운명에 관한 것이었다. 이 전쟁이 끝났을 때, 영국인들은 서반구에서 아카디아(향후 노바스코샤)를 비롯한 다른 프랑스 영토를 얻었을 뿐 아니라, 에스파냐 식민지들에 노예를 공급할 권리와 더불어 이 지역과 교역할 물건들을 실은 배를 1년에 한 척씩 보낼 수 있는 권리를 획득했다.

이 사건 이후 해외의 문제들이 영국 외교정책에서 더 중대하게 보였다. 하노버 선제후가 처음으로 영국 왕이 되었던 1714년에 왕조의 교체가 있었음에도 불구하고 유럽 관련의 사항들은 이전보다 중요성이 더 떨어졌다. 비록 일부 곤혹스런 시기도 있었지만, 영국의 정책은 놀라울 정도로 일관성을 띠고 있었다. 그것은 언제나 영국의 상업을 촉진하고, 유지하고, 확대하는 목적으로 환원되었다. 종종 이것은 보편적 평화유지 추구를 통해서, 때로는 (합스부르크 왕가가 아시아 무역을 위한 오스텐트 회사[Ostend company]를 설립하려던 계획을 철회하도록 설득당했을 때처럼) 외교적 압력에 의해서, 때로는 특권과 전략적 이익을 유지하기 위한 전쟁을 통해서 가장 잘 실현될 수 있었다.

전쟁의 중요성은 더욱 명확해졌다. 유럽의 두 강대국이 순전히 비유럽적인 문제를 가지고 전쟁에 돌입하게 된 것은 1739년이었다. 이때 영국 정부는 본질적으로 에스파냐의 카리브 해 수색권한을 두고, 반대로 에스파냐의 입장에서는 1713년 주어진 무역특권을 영국이 남용하는 것을 알고 제국의 안전을 보장하기 위한 적절한 조치를 두고, 양국은 교전을 시작했다. 이것은 '젱킨스의 귀 전쟁'*으로 기억될 것이었다. 젱킨스는 절여진 그의 장기를 하원에서 내보였고, 그것이 에스파냐 해안경비대에 의해서 절단되었다는 주장을 듣자 하원에서는 분노와 함께 감정적인 애국심이 타올랐다. 오스트리아 왕위계승전쟁이 곧 이 갈등을 흡수했고 이것은 곧 영국과 프랑스의 갈등이 되었다. 1748년의 강화조약은 두 경쟁자의 영토의 위치에 큰 변화를 가져오지도, 북아메리카에서의 싸움을 끝내지도 못했다. 프랑스인들은 일련의 요새들로 영

---

* War of Jenkins' Ear : 1739년에 영국과 에스파냐 사이에 일어난 전쟁으로 1738년 로버트 젱킨스 선장이 하원에 출두해서 잘려나간 자신의 귀를 내보이면서, 1731년 서인도제도에서 에스파냐 해병들이 자신의 배를 약탈했다고 진술한 것이 계기가 됨/역주

국 정착촌을 아메리카 서부와 영구히 단절시키려고 이곳에 출현했고, 영국 정부는 이 위험에 대처하기 위해서 처음으로 아메리카에 정규 군단을 파견했지만 그렇게 성공적이지는 못했다. 그러나 7년 전쟁 때, 프랑스가 유럽에서의 동맹국 오스트리아를 도우려고 헌신적인 노력을 기울이고 있는 상황에서, 영국의 한 장관이 이 오랜 결투를 최종적으로 끝낼 기회를 발견하게 되었다. 영국의 자원이 이에 따라서 배치되자, 북아메리카와 인도에서 대승리를 거두었고, 카리브 해에서 에스파냐의 이익을 일부 희생시키는 승리들이 뒤따랐다. 영국군은 심지어 필리핀도 점령했다. 이것은 세계적인 전쟁이었다.

1763년의 강화조약은 사실 많은 영국인들이 원했던 것만큼 프랑스와 에스파냐를 무력화하지는 못했다. 그러나 그것은 북아메리카와 인도에서 프랑스라는 경쟁세력을 사실상 제거했다. 캐나다와 설탕을 생산하는 섬인 과들루프 중 어느 것을 보유할 것이냐의 문제가 제기되었을 때, 이미 영국 국기 아래에 있는 카리브 해 농장주들이 제국 내의 또다른 설탕 생산의 증가가 초래할 경쟁을 두려워했다는 점은 캐나다에 우호적인 고려사항 중 하나였다. 그 결과 거대한 새로운 영제국이 등장했다. 1763년경 북아메리카 동부 전체와 멕시코만 해안부터 서쪽으로 미시시피 강 유역까지의 지역이 영국령이 되었다. 프랑스령 캐나다의 제거는 미시시피 계곡에 프랑스 제국이 건설될 (영국인들의 입장에서는 위협인) 희망을 날려버렸다(이 제국은 17세기 위대한 프랑스 탐험가들이 만들어낸 것으로, 세인트로렌스 강부터 뉴올리언스까지 뻗어 있었다). 영국령으로는 대륙 해안 앞바다에서부터 소안틸 제도를 거쳐 토바고까지 내려가고 카리브 해를 거의 두르고 있는 열도가 있었고, 바하마는 그 북쪽 연결고리였다. 그 안의 자메이카, 온두라스, 벨리즈 해안도 영국령이었다. 1713년 강화조약에서 영국은 에스파냐 제국과 노예무역을 할 수 있는 제한된 법적 권리들을 받아냈는데, 그들은 곧 본래의 한계를 넘어 에스파냐를 압박하기 시작했다. 아프리카 황금해안에 있었던 몇 곳의 영국 거점들은 대규모 아프리카 노예무역 기지들이 되었다. 아시아에서는 영국의 벵골 직접 통치를 기점으로 인도에서 영국의 영토팽창이 시작되려고 했다.

영제국의 우위는 해군력에 기반을 두었다. 그 궁극적인 기원은 그 시대의 가장 큰 전선들에 속했던, 헨리 8세가 건조한 배들에서 찾을 수 있다. 예를 들면, 헨리 그레이스 아듀 호는 186문의 포를 실었다. 그러나 이 이른 시작에는 엘리자베스 1세의 통치 때까지 후속 조치가 뒤따르지 못했다. 국왕이나 상업 투자자들로부터 이용 가능한 재정지원을 거의 받지 못했던 여왕의 선장들은 대(對)에스파냐 작전에서 얻은 이익을 가지고 전투 관행을 세우고 더 나은 배를 건조했다. 또다시 초기 스튜어트 왕들 아래에서 관심과 노력이 쇠퇴했다. 왕실정부는 함선을 지원할 여유가 없었고 새로운 선박건조 비용의 지불은 사실 왕실의 세금징수 명분들 중의 하나였기 때문에 의회의 분노를 사기도 했다. 역설적이게도 미래의 왕립해군을 유지시킬, 해군력에 대한 진지하고 지속적인 관심이 시작된 것은 잉글랜드 공화국 때였다. 그 당시 네덜란드 상선의 우위와 해군력 사이의 상관관계가 진지하게 인식되었고, 그 결과는 첫 번째 영국-네덜란드 전쟁을 촉발한 항해조례로 나타났다. 강력한 상선은 전함에서 싸울 선원을 길러내는 요람이 되었고, 관세로 세금을 거두는 새로운 무역의 흐름은 특화된 전함을 유지할 수 있는 자금을 지원했다. 강한 상선은 타국 물건을 운송하는 것을 전제로 건설될 수 있었다. 따라서 필요시 화약을 이용한 경쟁과, 에스파냐령 아메리카 무역 같은 보호무역 지대를 깨뜨리는 것이 중요해졌다.

이 경쟁에서 싸움에 적합하게 진화된 장비들은 꾸준히 향상되고 특화되는 과정을 겪었다. 그러나 15세기와 19세기 사이에 혁명적인 변화는 없었다. 일단 가로돛 범선과 뱃전의 일제사격이 받아들여졌고 함선의 핵심적인 형태가 결정되었다. 비록 개별적인 설계가 여전히 항해의 우위를 결정하는 요소였지만 말이다. 그리고 18세기 두 나라의 결투에서 프랑스가 보통 영국보다 더 나은 배를 건조했다. 16세기에 잉글랜드인들의 영향 아래, 선박은 그 기둥에 비례해서 더 길어졌다. 갑판 위의 선원선실과 선미루의 상대적인 높이도 이 시간 동안 점차 낮아졌다. 청동 화포는 17세기에 상당히 높은 수준의 발전에 도달했다. 그후에 화포는 디자인, 정확도, 포탄의 무게에서의 개선사항들에 의해서 변화했다. 18세기에 두 가지 중요한 혁신이 있었다. 첫 번째는 단거리용이지만, 넓은 구경(口徑)을 통해서 무거운 포탄을 사용할 수 있는 철기 함포로, 이는 소규모 전함의 화력을 크게 향상시켰다. 두 번째는 화승총에 결합된 격발장치로 좀더 정확한 화포 조절을 가능하게 했다.

17세기 중반, 전함과 상선 간의 기능과 디자인의 전문화가 이루어졌다. 비록 그 경계는 구식 전함과 해적행위의 존재로 상당히 모호했지만 말이다. 사실 이는 값싸게 해군력을 얻을 수 있는 방법이었다. 전시에, 정부는 개인 소유 선박의 선장들과 그들의 고용인들이 적의 운송선을 약탈하고, 그들이 얻은 획득물에서 이익을 취하는 것을 허가했다. 이는 합법화된 형태의 해적질이었다. 잉글랜드, 네덜란드, 프랑스의 해적들은 다양한 시기에 활동하여 모두 상대방 상인들에 대해서 큰 성과를 거두었다. 첫 번째 대규모 해적전쟁은 프랑스인들이 윌리엄 3세(재위 1689-1702) 치하의 잉글랜드와 네덜란드에 대해서 그리 성공적이지 못한 공격을 행한 것이었다.

또다른 17세기의 혁신은 전략과 행정에 관한 것이었다. 신호보안이 정형화되었고, 첫 교전지침이 영국 왕립해군에서 발행되었다. 신병모집이 더욱 중요해졌다. 강제징집대가 잉글랜드에서 나타났고 프랑스는 해안에 위치한 지방에서 해군을 징집했다. 이런 방식으로 대규모 함대에 인원이 배치되었는데, 기술이 균등화된 것과 무거운 함포가 초래할 수 있는 피해의 한계를 고려하면, 언제나 결국은 선원들의 수가 결정적이었다.

17세기의 중요한 발전기부터 전 세계적인 팍스 브리타니카(Pax Britannica)를 지원할 해군력의 우위가 나타났는데, 이는 2세기 이상 지속될 것이었다. 네덜란드와의 경쟁은 네덜란드 공화국이 육지에서 프랑스로부터 독립을 지켜내야 하는 압박에 처하게 되면서 약화되었다. 해양에서 잉글랜드의 중요한 경쟁자는 프랑스였다. 여기에서 윌리엄 3세 통치의 종식과 함께 결정적인 순간이 지나갔음을 알 수 있다. 이때, 프랑스는 육지 혹은 바다 가운데 어디에서 강대국이 될 것인가라는 딜레마에서 육지를 선호하는 결정을 내렸다. 비록 프랑스 조선업자들과 함장들이 기술과 용맹함으로 여전히 승리를 거두기도 했지만, 이때부터 프랑스 해군이 우위에 설 가능성은 다시는 되살아나지 않았다. 잉글랜드인들은 대양에서의 패권에서 크게 다른 데로 관심을 돌리지 않았다. 그들은 전장에서 대륙의 동맹국들을 유지하기만 하면 되었지, 스스로 대규모 군대를 양성할 필요는 없었다.

그러나 그것에는 단순한 자원의 집중 이상의 무엇인가가 더 있었다. 영국의 해상전략은 또한 다른 해양세력들의 것과는 매우 다른 방식으로 진화했다. 여기에는 다음의 사건도 관련이 있었다. 즉, 잉글랜드가 1692년 함대작전을 통해서 프랑스 제독들에 대한 신뢰를 떨어뜨리는 완벽한 패배를 안겨준 후, 프랑스인들이 루이 14세의 해군에 대한 관심을 상실한 것이다. 이제 해군력이 결국은 해수면을 장악하는 문제이고, 그 결과 (적들은 그럴 수 없지만) 우호국의 배들이 해수면 위를 이동할 수 있다는 전략적 현실이 존재하게 되었으며, 이 해전은 이를 입증하는 많은 승리들 중 첫 번째가 되었다. 이 바람직한 목표의 핵심은 적의 함대를 무력화하는 것이었다. 적함이 거기에 있는 한, 위험은 존재했다. 따라서 전투 초기에 적의 함대를 패배시키는 것은 한 세기 동안 영국 해군 지휘관들의 지상목표가 되었다. 그것은 이 시기의 왕립해군에 거의 방해받지 않는 제해권과 위협적인 공세의 전통을 주었다.

해군전략은 점점 더 함대가 작전을 펼 수 있는 기지의 획득이 필요한 상황을 만들었기 때문에, 제국사업에 직간접적인 양분을 공급했다. 이것은 특히 영제국 건설에 중요했다. 18세기 말에도, 제국은 그 정착 영토의 상당 부분을 상실할 위험에 처해 있었다. 이것은 1800년경에도 신세계 밖에서는 유럽의 패권이 여전히 넓은 지역의 점령보다도 무역기지, 농장 섬, 기지, 운송무역을 장악하는 문제였음을 더욱 부각시켰다.

이 제한된 형태의 제국주의조차도 3세기가 못 되어서 세계경제에 대변혁을 일으켰다. 1500년 전에는 상당 수준으로 자립자족하는 수백 개의 경제체들이 있었고, 그들 중 일부는 무역으로 연결되었다. 아메리카와 아프리카는 거의 유럽에 알려지지 않았고, 오스트랄라시아는 전혀 알려지지 않았다. 그 안의 통신은 그 거대한 범위에 비해서 미약했고, 아시아에서 유럽으로 가는 사치품 무역의 얇은 흐름이 있었을 뿐이다. 1800년, 전 세계적인 무역 네트워크가 나타났다. 일본도 그 일부였으며, 비록 여전히 교역의 주요 라인 바깥에 있었지만 중앙 아프리카도 노예제와 아랍인들을 통해서 그것에 연결되었다. 처음 눈에 띄는 두 가지 전조는 아시아-유럽 무역이 포르투갈인들이 지배하는 해로로 우회한 것과 아메리카에서 유럽으로 엄청난 양의 은이 유입된 것이었다. 무엇보다, 유럽에서 생산되는 것들 중에 아시아가 원하는 것은 거의 없었기 때문에, 은의 흐름 없이는 아시아와의 무역이 존재하기 어려웠을 것이다. 이것이 아메리카 은이 중요한 핵심적인 이유였다. 16세기 말과 다음 세기 초의 몇십 년 동안 은의 흐름은 정점에 이르렀다.

새로운 귀금속이 풍부하게 유입된 것은 유럽이 아시아, 아메리카와 새롭게 맺은 상호작용의 가장 눈에 띄는 첫 번째 경제적 효과였지만, 그것은 아프리카에서 카리브 해와 브라질로 이동한 노예들이 구성한 무역의 전반적인 발전보다는 덜 중요할 것이다. 노예선은 유럽에 필수품이 되어가던 식민지 상품들을 싣고 보통은 아메리카에서 유럽으로 돌아가는 항해를 했다. 유럽에서, 처음에는 암스테르담이 그리고 나중에는 런던이 국제 항구로서 안트베르펜을 능가하게 되었다. 이는 대개 네덜란드와 잉글랜드 배들로 실려온 식민지 물품들을 재수출하는 무역이 크게 성장했기 때문이었다. 이런 무역의 중심 흐름의 주변으로 지점들과 분점들이 급증했다. 이는 특화와 세분화를 더욱 부추겼다. 조선, 직물 그리고 나중에는 보험과 같은 금융 서비스들이 거대한 순무역량 팽창의 결과물을 공유하며 모두 번창했다. 18세기 후반부의 동방무역은 네덜란드 대외무역 전체의 4분의 1을 차지했고, 같은 세기 동안 런던에서 파견되는 동인도회사 선박의 수는 3배로 증가했다. 더욱이 이런 배들은 이전의 배보다 디자인이 더 개선되고, 더 많이 운송하고, 더 적은 수의 선원에 의해서 운항되었다.

유럽이 세계와 연결된 새로운 방식의 물질적 결과는, 세계에 대한 새로운 지식과 유럽인 정서 사이에 일어난 상호작용보다는 훨씬 더 평가하기 쉽다. 이미 16세기에 발견과 항해에 대한 서적의 수가 크게 증가한 사실이 보여주듯이, 사조는 변하고 있었다. 유럽인들이 다른 인종을 바라보는 것에 인류학적 지식이 끼친 영향력은 17세기가 끝날 때쯤에야 나타나기 시작했지만, 동양학은 17세기에 연구의 한 분야로 수립되었다고 말할 수 있다. 이런 발전은 그 결과물이 드러나는 과정 중에 더욱 강화되었는데, 이는 그것이 인쇄의 시대에 발생했기 때문이다. 이는 또한 유럽 바깥 세계에 대한 관심이 얼마나 새로운 것이었는지를 평가하기 어렵게 만든다. 그러나 18세기 초, 깊은 준위에서 중요한 지적 충격이 있었음을 보이는 표시들이 있었다. 기독교의 도움 없이도 도덕적인 삶을 살던 야만인들에 대한 목가적 묘사가 반향을 일으켰다. 영국 철학자 존 로크(1632-1704)는 다른 대륙에서 발견된 증거들을 사용하여 인간이 어떠한 천부적인 본유관념(本有觀念)도 공유하지 않음을 입증했다. 특히 이상화되고 감상적이 된 중국에 대한 묘사는 사회제도의 상대성에 대한 견해를 지원하는 예들을 제공했다. 예수회 선교사들의 연구에 상당한 도움을 받아서 이루어진 중국 문헌들에 대한 통찰이 드러낸 연대표의 길이는 『성경』이 모든 인류의 두 번째 시작으로 묘사한 대홍수의 일자에 대한 전통적인 계산을 무의미하게 만들었다.

중국의 생산품들을 더 쉽게 이용할 수 있게 되면서, 중국은 18세기 유럽에 동양적인 가구, 도자기, 의복 양식에 대한 열풍을 일으켰다. 이런 열풍은 다른 표준을 가진 여러 문명을 인식하게 된 유럽인들의 삶을 관찰할 수 있는 심오한 시작을 제시한다. 그럼에도 그것은 예술적, 지적 영향력으로서 더 명확하게 남아 있다. 그러나 이런 비교는 유럽이 중국에 비해서 그다지 내세울 것이 없는 타 종교에 대한 태도를 드러내는 불편한 측면이 있는가 하면, 정복자들이 유럽의 '우월성'이라는 개념을 발전시킨 것이 보여주는 또다른 측면도 존재한다.

유럽이 세계 여러 민족들에게 끼친 영향력을 몇 가지 간단한 공식으로 요약하는 것은 세계가 유럽에 끼친 영향력을 요약하는 것보다 결코 더 쉽지 않다. 그러나 적어도 그 징후들 중 일부는 때로 매우 명확했다. 세계의 거의 대부분의 지역에서, 대부분의 비유럽 국가들이 유럽 팽창의 첫 단계에서 물질적 유익을 얻지 못했던 것은 참담한 사실이었다. 사실 그러기는커녕 많은 경우는 큰 고통을 겪었다. 그러나 그들이 그곳에 있었다는 것 자체가 비난받아야 하는 것이 아니라면, 이는 항상 유럽인들에게 비난이 가해져야 하는 사실은 아닐 것이다. 전염병에 대해서 지극히 기초적인 것 이상의 지식이 없었던 시절, 유럽에서 아메리카로 전해진 천연두나 다른 병들의 파괴적인 영향력은 예상할 수 없는 것이었다. 그러나 그것은 재앙이었다. 16세기에 멕시코

인구는 4분의 3 정도 줄었다고 계산된다. 일부 카리브 해 섬들의 인구는 완전 전멸되었다.

인구급감 이후에 그 노동력의 가치가 훨씬 더 상승한 생존자들에 대한 무자비한 착취 사건은 사실 이것과 별개의 문제였다. 여기에는 유럽이 나머지 세계에 끼친 초기 영향력을 설명하는 거의 모든 예들에 퍼져 있는 종속과 지배라는 반복되는 주제가 표현되었다. 다양한 식민지의 환경과 다양한 유럽의 전통들이 일부이기는 하지만, 압박과 착취의 단계적 차이를 제시하고 있다. 모든 식민지 사회가 동일한 극단적인 잔인성과 공포에 기반을 둔 것은 아니었지만, 그것들로 인해서 모두 부패한 것은 사실이었다. 네덜란드 공화국의 부유함과 그 웅장한 17세기 문화는 (적어도 향신료 섬들과 인도네시아에서) 피가 뿌려진 땅에 뿌리내리고 있었다. 북아메리카에서 앨러게이니 강 서쪽으로 팽창이 이루어지기 훨씬 이전에, 버지니아의 첫 잉글랜드 정착민들과 원주민들과의 짧았던 우호관계는 틀어졌고, 곧 몰살과 축출이 시작되었다.

국가가 엔코미엔다 제도의 최악의 남용으로부터 에스파냐령 아메리카인들을 어느 정도 보호했음에도, 매우 숭고한 동기에서 비롯된 그들의 문화를 파괴하려는 단호한 노력이 있었고 그러는 동안 이들은 대부분 노역꾼이 되었다. 남아프리카에서 호텐토트족이 그리고 오스트레일리아에서 원주민이 맞은 운명은 (그들이 인도나 중국처럼 유서 깊고 발달된 문명의 보호를 받지 않는 한) 유럽 문명이 그것이 접촉하는 것들을 파괴할 수 있다는 교훈을 반복하여 보여주었다. 심지어 인도나 중국 같은 큰 나라들도 상당한 피해를 입었다. 일단 유럽인들이 충분한 군사력을 유입하기로 결심하자, 그들은 유럽인들에게 저항할 수 없었다. 그러나 이런 지배 패턴이 가장 명확히 드러난 것은 정착 식민지에서였다.

많은 식민지들의 번영이 오랫동안, 그 경제적 중요성이 이미 소개된 아프리카 노예무역에 의존했다. 그것이 백인이 흑인에게 행한 것이든, 혹은 유럽인들이 비유럽인들에게 행한 것이든, 혹은 자본가가 노동자에게 행한 것이든 상관없이, 18세기 이후 노예무역에서 인간이 인간에게 행하는 잔인함의 가장 야만적인 예를 보았던 강박에 사로잡힌 듯한 비판자들이 있었다. 노예무역은 유럽의 팽창과 아메리카 문명화의 역사 서술에서 상당히 지배적인 위치를 차지하고 있는데, 이는 그것이 양자 안에서 모두 중요한 사실이기 때문이다. 이보다는 덜 중요하겠지만, 이 시기의 노예무역은 신세계 형성 과정에서 중요했기 때문에, 다른 시기의 다른 형태의 노예제로부터, 심지어 다른 민족에게 일어난 의도적 혹은 비의도적 멸절과 같은 노예제를 대체한 운명으로부터 관심을 분산시키기도 했다.

신세계 정착 식민지라는 유출구는 19세기에 그것이 폐지되기까지 노예무역의 방향을 지배했다. 처음에는 카리브 해 섬들에서, 나중에는 남북 아메리카 본토에서 노예상인들은 신뢰할 만한 고객들을 발견했다. 이 무역을 처음 장악한 포르투갈인들은 처음에는 네덜란드인들에 의해서, 나중에는 엘리자베스 1세의 '해적들'에 의해서 카리브 해에서 밀려났다. 대신 16세기가 지나면서 포르투갈 선장들은 브라질로 노예를 수입하는 쪽으로 방향을 선회했다. 17세기 초, 네덜란드는 카리브 해로의 정기적인 노예공급을 보장하기 위해서 서인도회사를 설립했다. 그러나 1700년 그들의 주도권은 아프리카 '노예해안'에 거점을 세운 프랑스와 잉글랜드의 노예상인들에게 추월당했다. 이들의 활동은 모두 합쳐서, 900만 명에서 1,000만 명의 아프리카 노예들을 서반구로 보냈고, 그들 중 80퍼센트는 1700년 이후에 보내졌다. 노예무역은 18세기에 가장 번영했다. 이때 약 600만 명 정도의 노예가 운송되었다. 브리스틀과 낭트와 같은 유럽 항구들은 노예제에 기초한 상업적 재화의 새 시대를 열 수 있었다. 아프리카 노예노동력이 사용되면서 새로운 토지가 개간되었다. 새로운 작물의 대규모 생산은 결국 유럽인들의 수요와, 제조업과 무역의 패턴에 커다란 변화를 초래했다. 인종의 측면에서도, 우리는 여전히 그 결과물과 같이 살고 있다.

이 과정 속에서 사라져버린 것 그리고 다시는 측량될 수 없는 것은 단순히 물리적인 고생(아프리카인들은 이 끔찍한 항해 환경에서 살아남았다고 해도 서인도제도 농장에서 몇 년밖에 살지 못했을 것이다)뿐 아니라 이 거대한 이주가 초래한 심리적, 감정적 비극 속에 인간이 겪어야 했던 비참함이었다. 이와 관련된 잔인함의 정도는 측량하기 어렵다. 한편으로는 족쇄나 태형대와

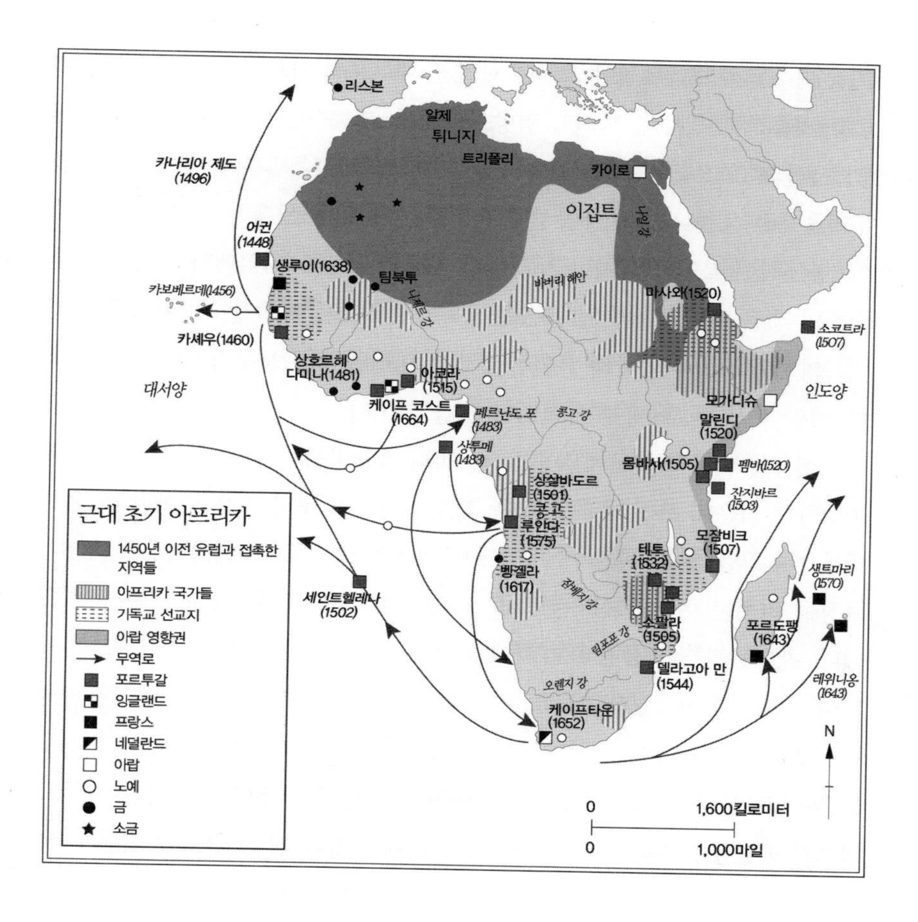

같은 증거가 있는가 하면, 다른 한편으로는 이런 것들이 유럽인들의 삶에서도 흔한 것이었고, 선험적으로 생각해보면, 사적 이익 추구의 동기가 농장주들이 자신들의 투자 대상을 돌보도록 만들었을 것이라는 생각도 존재한다. 노예 반란들은 그들이 항상 그렇지는 않았음을 보여주지만, 브라질을 제외하면 봉기가 자주 일어나지는 않았다는 사실 또한 유념해야 한다. 노예제는 그 역사의 초기부터 아메리카에 세워진 농장들과 함께 새롭고 질적으로 다른 단계에 도달했다. 그것은 가해자와 피해자 모두 자신의 역할에 순응하도록 만드는 인간 착취의 단계였다. 이런 점에서 신세계는 속박 속에서 태어났다.

아프리카에서의 피해상황은 거의 기록되지 않았고, 따라서 증거는 더욱 추측에 종속될 수밖에 없기 때문에 정확한 측정에 도달하기가 더욱 어렵다. 최근의 연구들은 노예무역이 그것이 행해진 대부분의 아프리카 지역에 직접적이고 지속적인 경제적, 사회적 영향을 끼쳤을 가능성을 제시한다. 인구의 급감, 생활과 그 조건의 예측 불가능성, 외부 집단과의 접촉에 대한 계속적인 두려움은 이들을 사회적 재앙상태로 이끌었다. 일부 경제학자들이 주장하듯이, 만성적인 불안감은 지난 세기까지 아프리카 일부 지역에서 지속된 낮은 수준의 생산의 원인이 되었다. 오늘날의 아프리카 문제들은 (비록 그것이 이 대륙의 상대적인 미발달의 유일한 설명은 아니겠지만) 모두가 인식하는 것보다 훨씬 더 많이 노예제와 연관이 있을 것이다.

오랫동안 아프리카 노예무역이 에스파냐 성직자들이 아메리카 원주민들을 보호하는 가운데 보인 의구심 같은 것을 일깨우지 못한 점은 주목할 만하다. 일부 기독교인들이 실제로 이 무역에 대한 제한의 시도에 저항할 때 사용했던 주장들 안에는 여전히 섬뜩할 정도로 강하게 마음을 사로잡는 어떤 요소가 있다. 책임감과 죄책감은 18세기에 이르러서야 주로 프랑스와 잉글랜드에서 널리 공유되기 시작했다. 그 한 가지 표현은 영국이 1787년에 획득한 시에라리온 보호령을 이용한 방식이었다. 박애주의자들은 그것을 영국에서 자유를 얻은 아프리카 노예들의 피난처로 사용했다. 당시 그것에 우호적이던 정치경제적 국면을 고려해볼 때, 인도주의 사상이 양성한 대중감정의 흐름은 다음 세기에 노예무역을 파괴하고, 유럽 세계에서는 노예제도를 파괴할 수도 있었다. 그러나 이는 이야기의 다른 부분이다. 유럽이 세계패권을 전개하는 과정에서 노예제는 매우 중요한 사회, 경제적 요소였다. 그것은 인간성에 대한 폭력과 탐욕의 가장 가혹한 승리를 상징하는 매우 신화적인 존재가 되었으며, 또한 안타깝게도, 기술사회가 덜 숙련된 사회에 대한 지배를 무력을 통해서 증가시키는 과정의 가장 눈에 띄는 표현이기도 했다.

일부 유럽인들은 이를 인식했지만, 그럼에도 자신들이 세계 나머지 지역들에 제공하는 것이, 무엇보다 기독교를 전해주는 것이, 어떤 악함도 상쇄시켜준다고 믿었다. 트리엔트 공의회를 소집한 바오로 3세(1468-1549)는 칙령을 내려서 "인디언(원주민)들이 진정으로 사람이며 가톨릭 신앙을 이해할 능력이 있을 뿐 아니라, 우리의 정보에 따르면 그것을 받아들이기를 매우 갈망하고

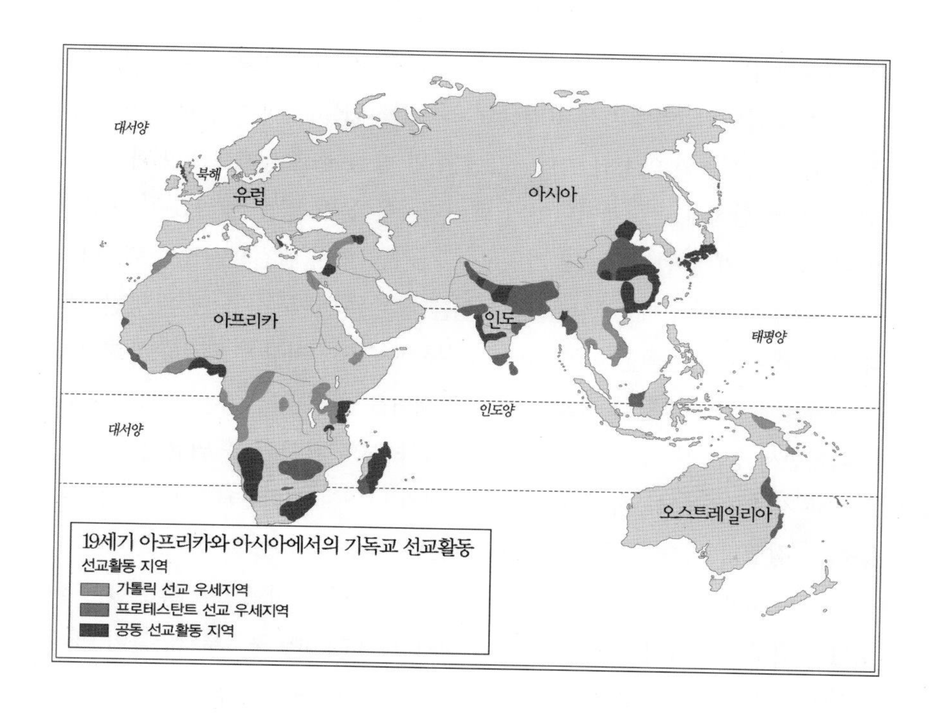

있다"고 선언했다. 선교의 동기는 에스파냐와 포르투갈의 점령이 시작될 당시부터 있었기 때문에, 이런 낙관주의를 단순한 반동 종교개혁 정신의 표현으로 보기는 어렵다. 예수회 선교사업은 1542년 고아에서 시작되었고, 그곳으로부터 인도양과 동남 아시아 전역으로 뻗어나갔으며, 일본에도 도달했다. 다른 가톨릭 강대국들처럼, 프랑스 또한 자국이 경제적으로 혹은 정치적으로 연관되지 않은 지역에서조차 선교활동을 강조했다.

그럼에도 불구하고 16-17세기에 선교사업에는 새로운 활력이 주어졌고, 이는 반동 종교개혁의 기운을 북돋는 결과를 낳았다. 적어도 공식적으로 가톨릭은 이전보다 16세기에 더 많은 개종자들과 더 넓은 영토를 얻었다. 이것이 진정 의미하는 바는 평가하기가 어렵다. 그러나 아메리카 원주민들이 받았던 보호조치들은 매우 적기는 했지만, 로마 가톨릭이 제공한 것이었다. 가톨릭 신학자들은 때로 흐릿하기는 했지만, 초기 제국주의 이론 안에 존재했던 종속민들에 대한 신탁통치 개념의 명맥을 이어갔다.

프로테스탄티즘은 선교사업에서뿐만 아니라, 정착 식민지의 원주민에 대한 관심에서도 상당히 뒤처져 있었다. 네덜란드인들은 개종을 위한 노력을 거의 하지 않았고, 아메리카의 잉글랜드 식민지인들은 개종활동에 실패했을 뿐 아니라 자신들의 이웃인 아메리카 원주민 중 일부를 실제로 노예화하기도 했다. 이런 점에서 펜실베이니아의 퀘이커들은 눈에 띄는 예외였다. 대규모 앵글로-색슨 계열 선교운동의 기원은 17세기 말까지 발견되지 않는다. 더욱이 그것이 발생했을 때, 세상을 향한 선물인 복음 안에는 비극적인 양면성이 놓여 있었다. 유럽인들은 이를 통해서 전통적 구조와 사상에 도전하고 그것을 약화시킬 수 있는 상당히 파괴력 있는 잠재력을 수출했다. 이는 사회적 권위, 법적이면서 동시에 도덕적인 제도들, 가족과 결혼 패턴 등을 위협했다. 선교사들은 자신도 모르는 사이에 유럽과 세계의 나머지 지역들과의 교류사를 관통하는 점령과 종속 과정의 도구가 되었다.

아마도 유럽인들이 가져온 것들 가운데 궁극적인 위협으로 혹은 최소한 양날의 칼로 드러나지 않은 것이 없을 것이다. 16세기에 포르투갈인들이 아메리카에서 아프리카로 가져온 카사바, 고구마, 옥수수와 같은 식용식물들은 아프리카인들의 식생활을 개선했지만, 또한 인구증가를 촉진하여 사회의 분열과 대격변을 초래했다고 주장되기도 한다. 반면 아메리카로 가져온 식물들은 노예의 수요를 만든 새로운 산업을 창출했다. 커피와 설탕이 이런 종류의 상품들이었다. 더 북쪽 지역에서 영국 정착민들이 시작한 밀 경작은 노예를 필요로 하지는 않았지만, 대신에 토지 수요를 강화했다. 이는 식민지인들이 원주민들의 조상 전래의 사냥터에 들어가도록 압박했고, 그들은 원주민들을 가차 없이 밀어냈다.

이런 식물 이식이 처음 행해졌을 때, 이 작물들에 의해서 아직 태어나지 않은 세대의 삶이 결정되었다. 1800년까지의 기간에 한정되지 않은 더 장기적인 관점이 여기에서 더 도움이 된다. 결국 밀은 궁극적으로 서반구를 유럽 도시들의 곡물창고로 만들었고, 20세기에는 러시아와 아시아 국가들조차도 그곳에 의존해야 했다. 유럽에서 여전히 번창하던 와인 산업도 에스파냐인들에 의해서 이미 16세기에 마데이라와 아메리카에 이식되었다. 바나나가 자메이카에, 커피가 자바에, 차가 실론에 뿌리내렸을 때, 먼 미래의 정치적 기초도 함께 놓였다. 산업화는 면화와 같은 오래된 작물의 수요를 증가시키기도 했고 (1760년에 잉글랜드는 250만 파운드의 원면을 수입했고 1837년에 그 수치는 3억6,000만 파운드가 되었다), 때로는 새로운 수요를 창출하기도 했기 때문에 이런 모든 변화는 19세기 수요의 다양성에 의해서 더 복잡해졌다. 고무가 남아메리카로부터 말라이 반도와 인도차이나 지역으로 성공적으로 이식된 것도 이런 과정의 결과였다. 이는 장래의 큰 전략적 중요성을 가진 변화였다.

유럽 패권의 초기단계에 이런 함의들이 미래와 관련하여 가지는 범위는 뒤따른 사건들 안에서 충분히 나타날 것이었다. 여기에서는 이 패턴의 종종 반복되는 특징을 한 가지 더 주목하는 것이 중요하다. 즉, 그것이 무계획적이고 일상적인 성격을 가졌다는 것이다. 그것은 상대적으로 적은 수의 사람들이 내린 많은 개별적 결정들이 합쳐진 결과였다. 그들의 악의 없는 시도들도 폭발적인 결과물을 가져올 수 있었다. 1859년 몇십 마리의 토끼가 오스트레일리아에 수입되었고, 그것은 불과 수십 년 만에 수백만 마리의 토끼가 초원의 상당 부분을 파괴하는 결과를 낳았다. 비슷하지만 더 적은 규모로, 버뮤다는 잉글랜드 두꺼비로 홍역을 치렀다.

그러나 의도적인 동물의 수입이 훨씬 더 중요했다. 오스트레일리아의 토끼 재앙에 대한 첫 번째 조치로 영국 담비와 족제비가 도착했지만, 더 나은 해결책은 토끼에게 치명적인 점액종증이 돌 때까지 기다리는 것이었다. 대부분의 유럽의 가축들이 1800년까지 아메리카에 정착했다. 가장 중요한 것은 소와 말이었다. 그것들은 평원 인디언들의 삶에 대혁신을 일으켰다. 원래 잉글랜드인들이 에스파냐에서 수입하던 양이 오스트랄라시아에 들어온 후 그들이 육류 수출업자가 된 것처럼, 남아메리카도 냉동선이 등장한 후에 그렇게 되었다. 물론, 유럽인들은 순수한 혈통을 가진 인간들도 데려왔다. 아메리카의 영국인들처럼, 네덜란드인들도 오랫동안 인종 집단 간의 혼합을 장려하지 않았다. 그러나 라틴 아메리카, 고아, 포르투갈령 아프리카에서 혼혈의 결과는 심오했다. 그래서 영국령 북아메리카에서 인종 간 혼합의 결과는 완전히 상이하고, 부정적인 방식으로 나타났다. 이곳에서 인종 간 결혼은 중요하지 않았고, 피부색과 법적 노예 상태가 거의 정확하게 일치하는 상황은 미래 세대에 정치, 경제, 사회, 문화적 문제라는 거대한 유산을 물려주었다.

대규모 식민지 인구의 생성은 미래 지도의 모습을 정했을 뿐만 아니라 정부 형태의 문제를 대두시켰다. 프랑스, 포르투갈, 에스파냐 모두가 명백히 권위주의적인 군주정 체제를 따른 반면에, 영국 식민지들은 언제나 의회의 전통과 관습을 반영하는 대의제도의 형태를 가지고 있었다. 이들 중 누구도 식민지들이 어떠한 형태이든 독립을 쟁취하리라고는 예상하지 못했고, 자신들의 이익을 가장 중요한 것으로 인식하든 혹은 보완적인 것으로 인식하든 상관없이, 그것을 모국의 이해관계와 맞설 정도로 보호할 필요를 느끼지 못했다. 그러나 궁극적으로 이것은 문제를 일으켰고, 1763년경 적어도 영국령 북아메리카 식민지에서는 17세기 잉글랜드의 국왕과 국회의 갈등을 연상시키는 표징들이 나타났다. 심지어 본국의 정부가 공식적으로 전쟁을 치르는 상대가 아닌 다른 국가들과의 갈등에서도 식민지인들은 언제나 자신들의 이익 보호에 적극적인 의욕을 보였다. 네덜란드인들과 잉글랜드인들이 프랑스에 대항하여 공식적인 동맹을 맺었을 때도, 이 두 나라의 선원과 상인들은 '선을 넘어' 서로 싸웠다.

18세기 제국정부의 골칫거리는 대개 서반구의 문제였다. 그곳은 정착민들이 간 곳이었다. 1800년 세계 다른 곳에서는 (심지어 인도에서도) 무역이 점령보다 여전히 더 중요했고, 많은 주요 지역들이 전반적으로 유럽의 영향력을 느끼고 있었다. 1789년이 되어서야, 영국 동인도회사는 21척의 배를 광저우에 보냈고, 네덜란드인들은 1년에 2척의 배를 일본에 보낼 수 있었다. 그때까지도 중앙 아시아는 칭기즈 칸 시절에 사용되던 장거리 육로를 따라서 접근이 가능할 뿐이었다. 러시아인들은 내륙지역에서 여전히 실질적인 영향력을 행사하기 어려웠다. 아프리카는 기후와 병으로 보호받았다. 유럽의 패권이 실질적인 것이 되기 위해서는, 그전에 발견과 탐험 활동들을 통해서 그 대륙의 지도가 먼저 완성되어야 했다.

태평양과 '남쪽 바다'에서, 여러 가지 변화가 빠르게 진행되었다. 1699년, 서머싯 출신의 윌리엄 댐피어는 미지의 대륙인 오스트랄라시아를 기존의 지리학의 범주 속으로 통합하는 작업을 시작했다. 비록 그것이 완성되기까지는 또다른 한 세기가 걸렸지만 말이다. 1730년 대양의 북쪽에서 베링 해협의 존재가 입증되었다. 1760-1770년대의 루이 앙투안 드 부갱빌과 쿡의 항해는 타히티, 사모아, 동오스트레일리아, 하와이, 뉴질랜드 등의 지역을 마지막으로 개방되어야 할 신세계의 목록에 더했다. 쿡은 남극권을 통과하기까지 했다. 1788년, 717명의 기결수(旣決囚)를 태운 첫 번째 화물선이 뉴사우스웨일스에 상륙했다. 당시 아메리카 식민지는 잉글랜드의 악질분자를 폐기하는 데에 더 이상 사용되기 어려울 뿐 아니라, 아예 새로운 다른 나라를 세우고 있었다. 이에 영국 판사들은 이전의 불균형을 바로잡기 위해서 새로운 형벌 장소를 만들고 있었다. 사실 더 중요한 것은 몇 년 후 첫 번째 양들이 도착하면서 국가의 미래를 보장해줄 산업이 창출된 것이었다. 탐험가들, 본국에서 딱히 할 일이 없는 사람들, 기독교 복음이 동물들과 함께 남태평양에 도착했다. 1797년, 첫 번째 선교사들이 타히티에 도착했다. 그들과 함께 유럽인들의 문명이 (적어도 배아의 형태로라도) 마침내 인간이 거주하는 세계의 모든 지역에 나타났다고 말할 수 있다.

7

신구(新舊) 사상들

유럽이 세계의 나머지 지역에 수출했던 문명의 핵심은 사상에 있었다. 사상들이 부여한 한계뿐 아니라 그것들이 제공한 가능성은 문명이 작동할 방식, 문명의 양식, 그것이 스스로를 바라보는 방식 등을 형성했다. 비록 20세기에 유럽의 사상들은 커다란 타격을 받았지만, 1500년과 1800년 사이의 기간에 유럽인들에 의해서 어렴풋이 나타난 주요 사상들은 지금도 우리가 길을 만드는 데에 필요한 이정표의 대부분을 제공한다. 이때 유럽 문화에 세속적 기초가 놓였다. 역사의 발전을 어떤 정점을 향한 운동으로 보는 진보적 개념을 취하게 된 것도 이때였다. 이 지점에서 유럽인들은 스스로 자립할 수 있다고 느끼게 되었다. 마지막으로, 실용주의의 기준에 부합되게 사용된 과학적 지식이 방대한 발전을 이룩한 것도 이때였다. 요컨대, 중세 문명이 지식인들의 정서 속에서 마침내 종말을 고하게 되었다.

그럼에도 불구하고, 이런 일들이 역사 속에서 분명하고 깔끔하게 일어난 것은 아니다. 1800년까지 이 변화를 의식한 유럽인들도 거의 없었다. 몇 세기 후에도, 그들 대부분이 이해하고 행동하는 방식에는 거의 진전이 없었다. 군주정, 세습지위 사회, 종교의 전통적 제도들은 이때도 여전히 수많은 사람들을 지배했다. 불과 100년 전까지, 유럽 어디에도 민법상 결혼이라는 것은 없었고, 이때도 대부분의 지역에는 여전히 존재하지 않았다. 1800년보다 고작 20년 전에 폴란드에서 마지막 이단자가 화형을 당했고, 잉글랜드에서조차 18세기 군주들은 (중세의 왕들처럼) 연주창(連珠瘡)과 같은 부스럼을 고쳐주기 위해서 백성들의 몸에 손을 댔다. 실제로 17세기에는 몇 가지 측면에서 퇴행이 있었다. 유럽과 북아메리카에서는 마녀사냥이 유행하여, 중세의 어떤 관행보다도 훨씬 더 널리 퍼졌다. 사실 중세 때, 카롤루스 대제는 마녀를 화형시킨 사람들을 사형으로 처벌했고, 교회법은 야간비행을 비롯한 소위 마녀의 장난들로 간주되는 것에 대한 믿음을 이교적인 것으로 금지했다.

그러나 미신적 관행은 끝나지 않았다. 1700년이 훨씬 더 지난 시점에도 잉글랜드의 마지막 마법사는 이웃들에게 시달림을 당해서 죽었으며, 1782년 한 스위스 프로테스탄트는 마법을 행했다는 죄목으로 동료 주민들에 의해서 고발되어 법에 따라서 처형당했다. 나폴리인들의 성 야누아리우스* 숭배는 프랑스 혁명기에도 여전히 정치적으로 중요했다. 성인의 피가 성공적으로 액체화되는지의 여부가 정부의 행위에 대한 신의 호의 혹은 진노를 보여준다고 간주되었기 때문이다. 행형학(行刑學)은 여전히 야만스러운 수준이었다. 어떤 범죄는 너무 극악무도하기 때문에 특별히 잔인한 처벌을 받는 것이 합당하다고 여겨졌다. 프랑스의 앙리 4세의 암살범과 루이 15세의 암살 기도자는 존속 살해범으로서 극히 끔찍한 고통을 겪어야 했다. 이들 중 두 번째 암살 기도자는 1757년에 고통 속에서 처형당했는데, 이는 형벌의 개선에 대해서 가장 영향력 있는 변호서가 출판되기 불과 몇 년 전이었다. 18세기 근대성의 화려함은 쉽게 우리를 속일 수 있다. 정교한 예술품과 뛰어난 기사도의 예들을 만들던 사회에서, 대중의 오락은 여전히 곰 골리기, 닭싸움, 거위 머리 잡아당기기와 같은 쾌락에 초점이 맞추어져 있었다.

종종 대중문화가 과거의 무게를 분명하게 보여주었다면, 과거를 유지하던 공적 제도와 기구들의 상당 부분도 이 3세기가 끝날 때까지 유럽 대부분의 지역에 그대로 남아 있었다. 근대의 눈으로 보기에 가장 눈에 띄는 예는, 18세기에 기성 종교가 거의 모든 지역에서 누리고 있던 수위권(首位權)이었다. 모든 나라들에서, 가톨릭, 프로테스탄트, 정교회 모두 비슷하게, 심지어 교회 개혁가들까지도 종교가 법과 국가의 강제적인 장치에 의해서 유지되고 보호되는 것을 당연히 여겼다. 극히 소수의 진보적 사상가들만이 이에 의문을 던졌다. 유럽 대부분의 지역들에서, 국교의 시각 외에 다른 견해에 대한 관용은

* 305년에 순교한 성인. 그의 피는 유리병 속에 담겨져 이따금씩 공식적으로 전시되는데, 때로 딱딱하게 굳은 피가 묽은 피로 변한다고 한다/역주

없었다. 프랑스 왕이 대관식 때에 했던 맹세는 그에게 이단을 박멸할 의무를 부과했다. 1787년이 되어서야 가톨릭이 아닌 프랑스인이 공인된 시민의 지위를 얻게 되었고, 그 결과 법적인 결혼계약을 통해서 그들의 자녀들을 합법화할 수 있는 권리를 얻게 되었다. 가톨릭 국가들에서는 (대부분 효과는 없었지만) 검열이 여전히 기독교 신앙과 교회의 권위에 해가 되는 글들의 확산을 막는다고 여겨졌다. 비록 반동 종교개혁 정신이 쇠퇴하고 예수회가 해산되었지만, 금서 목록과 그것을 처음으로 편찬한 종교재판소는 유지되었다. 어디에서든지 대학들은 성직자들의 손 안에 있었다. 잉글랜드에서조차 옥스퍼드와 케임브리지는 비국교도와 가톨릭교도에게 문이 닫혀 있었다. 종교는 또한 교육 내용과 대학들이 추구하는 학문적 정의의 많은 부분을 결정했다.

사회의 제도적 구도에 혁신이 시작된 것도 사실이다. 이 나라들에서 대학들이 중요성을 상실한 이유들 중의 하나는 대학들이 유럽의 지적 생활을 더 이상 독점하지 못했기 때문이었다. 17세기 중반부터, 많은 나라에서 종종 고위층의 후원하에, 학술원과 학술협회들이 나타났다. 이런 것들로는 1662년 인가장을 받은 잉글랜드 왕립협회나 그것보다 4년 후에 설립된 프랑스 학술원 등이 있었다. 18세기에 이런 협회들의 수가 크게 증가했다. 그것들은 작은 도시들로 퍼졌고, 농업발전과 같이 좀더 제한된 특수 목적을 가지고 설립되었다. 자발적인 사회화 운동이 대규모로 나타났다. 비록 잉글랜드와 프랑스에서 가장 분명했지만, 그것이 서유럽에서 영향을 끼치지 않은 나라는 거의 없었다.

갖가지 클럽과 협회들은 사회제도 속에 잠재되어 있는 과거적 요소를 소진시키는 것에 더 이상 만족하지 못했던 이 시대의 특징이었다. 그것들은 때로 정부의 관심을 끌기도 했다. 그것들 중 일부는 문학, 과학, 농업 활동을 자신의 유일한 목적으로 내세우지 않고, 대신에 일반적인 사상들을 논쟁하고 논의하거나 혹은 단순히 이야기를 나눌 수 있는 회합과 만남의 장소들을 제공했다. 이런 방식으로 클럽과 협회들은 새로운 사상의 유포에 도움을 주었다. 이런 협회들 가운데 가장 눈에 띄는 것은 국제적 조직인 프리메이슨 형제단이었다. 프리메이슨 형제단은 1720년대에 잉글랜드에서 유럽 대륙으로 소개되었고 반세기 만에 널리 퍼졌다. 1789년, 25만 명 이상의 프리메이슨들이 있었을 것이다. 후에 그들은 많은 중상(中傷)의 대상이 되었다. 그들이 오랫동안 혁명적, 체제 전복적인 목적을 가지고 있었다는 신화가 전파되었다. 몇몇 프리메이슨들에게 개인적으로 그것이 얼마나 사실이었든지 간에, 그것은 전체 프리메이슨 조합에 대한 진실은 아니었다. 그러나 프리메이슨 집회소가 다른 모임 장소들과 같이 새로운 사상의 홍보와 토론을 도와주는 범위에서, 그들은 전통과 관습의 얼음을 깨는 데에 일조했다고 할 수 있다.

물론 사상과 정보의 유포가 증가하는 과정은 이런 모임들보다는 주로 인쇄를 통한 문자언어의 확산에 의존했다. 1500년 이후 유럽의 중요한 변화 중의 하나는 유럽인들이 좀더 글을 읽고 쓸 줄 알게 되었다는 것이다. 어떤 사람은 이것을 이미지 중심에서 문자 중심의 문화로의 전환으로 요약했다. 읽기와 쓰기가 보편적으로 퍼진 것은 아니지만, 그럼에도 불구하고 특히 읽기는 확산되었고 일부 지역에서는 일반화되었다. 그것은 더 이상 일부 엘리트의 특권이자 비밀스러운 지식이 아니었고, 더 이상 종교적 제의와 밀접하거나 특별하게 연결된 신비스러운 것도 아니었다.

이런 변화를 평가하는 데에서, 불확정 요소의 영역에서 조금은 벗어나서 측정 가능한 데이터의 영역으로 들어갈 수 있다. 이 정보들은 1800년에도 많은 문맹 인력이 존재하고 있었음에도 유럽이 1500년과 달리 이 시기에 어느 정도 글을 읽고 쓰는 사회가 되었음을 보여준다. 물론 그것은 이 자체로 아주 유익한 설명은 아니다. 읽기와 쓰기의 성과는 정도의 차이가 크다. 그럼에도 불구하고 용어들을 어떻게 정의하든지 간에, 1800년경 세계의 글을 읽고 쓰는 사람들의 대부분은 유럽과 그 종속 지역들에 살고 있었을 것이다. 따라서 유럽은 다른 문화권들에 비해서 높은 문해율을 가지고 있었다. 이는 중요한 역사적 변화였다. 당시 유럽은 인쇄술이 지배적인 시대로 접어들었다. 이때, 인쇄술은 대부분의 식자층에게 구어와 이미지를 대신하여 교육과 지도와 지시의 주요 수단이 되었다. 이런 현상은 20세기에 라디오, 영화, 텔레비전에 의해서 구술과 시각의 우위가 회복될 때까지 계속되었다.

19세기 중반까지 글을 읽고 쓸 줄 아는 능력을 평가하기 위한 자료들은 충분하지 않았다. 이때 유럽인들의 절반 정도는 문맹이었던 것처럼 보인다.

이는 모두 1500년부터 시작된 혁신이 정점에 이르렀지만 아직 균등하지는 않았음을 시사한다. 나라 사이에 혹은 같은 나라에서도 시기 사이에, 도시와 시골 사이에, 성별과 직업 사이에 중요한 차이가 존재했다. 비록 그 정도의 차이는 줄었지만, 이 모든 것이 여전히 사실이었다. 이는 일반적인 명제들을 만드는 문제를 매우 평이하게 만들었다. 최근까지도 모호한 명제들만이 성립이 가능했다. 그러나 세부적인 사실들은 동향을 암시해준다.

문해율의 증가가 전제하는 교육상 노력의 첫 번째 징후들은 인쇄기 발명 이전 시기부터 나타났다. 그것들은 12-13세기 사이 도시생활의 부흥과 활력의 또다른 일면으로 나타났다. 이 시기의 중요성은 이미 주목받고 있다. 교사 위촉과 학교 부지의 공급과 관련된 초기 증거들의 일부가 당시 유럽 문명의 전위역할을 하던 이탈리아 도시들에서 나타났다. 이 도시들에서는 곧 글을 읽고 쓰는 능력이 특정 종류의 공직 취임을 위한 핵심적 자격이 된다는 새로운 이해가 등장했다. 예를 들면, 판사들이 읽을 줄 알아야 한다는 조항들을 발견할 수 있다. 이는 이전 시대 역사에 대한 흥미로운 사실을 암시한다.

초반에 우위를 점했던 이탈리아 도시들은 17세기에 잉글랜드와 네덜란드에게 길을 내주었다. 당시 두 나라 모두 높은 수준으로 도시화되어 있었다. 이 나라들은 1700년경 가장 높은 문해 수준을 가진 유럽 국가들로 생각되었다. 그들에게 리더십이 옮겨온 것은 문해 능력의 발흥의 역사가 지리적으로 불균등한 사건이었던 것을 예증한다. 그러나 프랑스어는 18세기에 출판의 국제어가 되었고, 이를 지원하는 대중적 기반 또한 프랑스에서 분명히 보였다. 문해율의 수준이 잉글랜드와 네덜란드 공화국에서 더 높았다고 해도 놀랄 필요는 없지만, 총인구가 훨씬 더 많은 프랑스에서 더 많은 사람들이 읽고 쓸 수 있었던 것은 당연한 일이었다.

문해율에 대한 전반적인 동향에서 눈에 띄는 점은 인쇄술의 확산이었다. 17세기까지 동화, 진정한 짝사랑 이야기, 연감, 점성술 책, 성인전 등으로 대표되는 매우 대중적인 출판 전집이 존재했다. 이런 자료들의 존재는 수요의 증거이도 하다. 필사본은 상대적 접근성이 떨어지기 때문에, 그것을 참고하는 것은 필연적으로 어려울 뿐만 아니라 많은 시간을 소모하는 것이었다. 이런 점에서 인쇄술은 읽고 쓰는 것에 새로운 의미를 부여했다. 이제 전문 지식이 인쇄물에서 빠르게 이용 가능하게 되었고 이는 자신의 직업 기술을 유지하기 위해서 읽는 것이 전문가의 이익이 되었음을 의미했다.

글자를 읽고 쓸 수 있게 만든 또다른 힘은 프로테스탄트 종교개혁이었다. 거의 보편적으로, 개혁자들 스스로가 신자들에게 읽는 법을 가르치는 것이 중요하다고 강조했다. 19세기 독일과 스칸디나비아 양 지역이 대부분의 가톨릭 국가들보다 문해율이 더 높았던 것은 우연이 아니었다. 종교개혁은 『성경』을 읽는 것을 중요하게 만들었고, 인쇄물은 자신의 언어로 된 『성경』을 읽는 것을 빠른 속도로 가능하게 만들었다. 따라서 토착어는 인쇄술을 통한 확산과 표준화 과정을 통해서 강화되었고 다듬어졌다. 『성경』의 숭배는 분명 당혹스러운 표현방식에도 불구하고 계몽주의의 커다란 힘이 되었다. 그것은 독서의 자극제였고 지적 활동의 진원지였다. 잉글랜드와 독일에서 보편적 문화를 생산하는 데에서 그 중요성은 아무리 강조해도 지나치지 않을 것이다. 각 나라에서 『성경』 번역의 걸작들이 만들어졌다.

개혁자들이 보인 예들처럼, 권력자들은 때로 국민들의 더 높은 문해율에 호의적이었지만 그것은 개신교 국가들에만 한정된 것은 아니었다. 특히 18세기의 개혁군주들은 교육을 촉진하려고 노력했는데, 이는 대개 초등교육의 확산을 의미했다. 오스트리아와 프로이센은 이런 측면에서 독보적이었다. 대서양 건너편의 퓨리턴 전통은 처음부터 뉴잉글랜드 공동체들에게 학교 제공의 의무를 부과했다. 다른 나라들에서 교육은 (잉글랜드에서처럼) 개인사업체나 자선단체의 규제되지 않는 비공식적인 활동에, 또는 (프랑스에서처럼) 교회에 맡겨졌다. 16세기부터 개별적인 종교단체들이 교육에 헌신하기 시작했다.

높아진 문해율의 촉진자이자 수반물이 된 중요한 결과는 정기 간행물의 발흥이었다. 단면신문(broadsheet)과 비정기 간행 신문들로부터 18세기 정기 간행물들이 진화해왔다. 그것들은 다양한 필요를 채워주었다. 신문은 17세기에 독일에서 시작되었다. 일간신문은 1702년 런던에서 나왔고, 세기 중반에는 중요한 지역매체들이 있었으며, 매년 수백만 부의 신문들이 인쇄되었다. 잡지와 주간 저널들은 잉글랜드에서 18세기 전반부에 등장했고, 그것들 중 가장 중요하다고 할 수 있는 『스펙테이터』는 대중의 취향과 행동을 형성하려는 의도적인 노력으로 저널리즘의 모델을 세웠다. 여기에 새로운 무엇인가가 존재했다. 저널리즘은 네덜란드 공화국에서만 잉글랜드만큼의 성공을 거두었다. 이는 다른 유럽 국가들이 다양한 문해 수준을 가지고 있었고, 검열의 수준도 다양한 효과를 보였기 때문이다. 학술, 문화 저널들의 수는 증가했지만, 정치 보도나 논평은 거의 찾아볼 수 없었다. 18세기 프랑스에서도 진보적 사상을 담고 있는 작품의 작가들은 오직 필사본으로만 작품을 유포하는 것이 일반적이었다. 비록 자의적이고 예측 불가능하며 세기가 지날수록 비효율적으로 작동했지만, 이곳 비판적 사고의 중심지에서도 여전히 검열이 있었다.

접근이 용이한 저널들이 가진 파괴적인 잠재성을 더욱 의식하게 되면서, 교육에 대한 공적 태도가 바뀌었다. 18세기까지 교육과 문해율의 확대가 제한되어야 한다는 생각은 그리 널리 퍼지지 않았다. 비록 검열의 공식 담당자들은 읽고 쓰는 능력이 가져올 잠재적인 위험을 언제나 인식하고 있었지만, 이것을 주로 종교적 측면에서 보는 경향이 있었다. 종교재판소의 한 가지 의무는 금서 목록의 실질적인 효과를 유지하는 것이었다. 회고해보면 문해율과 인쇄술이 사람들에게 제반 권위를 비판하고 의구심을 제기할 수 있는 커다란 기회를 준 것이, 그것이 종교를 전복한 것보다 더 중요한 결과를 낳았다. 그러나 이것이 유일한 중요성은 아니다. 전문 지식의 확산 또한 다른 종류의 사회적 변화를 가속화했다. 증가된 문해 능력 없이 산업화는 거의 불가능했을 것이다. 17세기의 '과학혁명(科學革命, scientific revolution)'이라고 불린 현상은 사실 더 빠르고 널리 유포된 정보의 축적작용에 일부 기인한 것이었다.

그럼에도 불구하고 이 '혁명'의 근본적인 원천은 이것보다 더 깊은 곳, 즉 변화된 지적 태도에 있었다. 이것의 핵심은 인간과 자연의 관계에 대한 변화된 시각이었다. 신이 일하는 신비스런 방식의 증거로서 몽롱한 경외심을 가지고 자연세계를 관찰하던 태도를 벗어나서, 더 많은 사람들이 그것을 조종할 수 있는 수단을 의식적으로 찾게 되는 일대진보를 어느 정도 이루었다. 비록 중세 과학자들의 작업이 (한때 그렇게 믿어졌던 것처럼) 원시적이거나 창조적이지 못했던 것은 결코 아니었지만, 그것은 두 가지 치명적인 한계가 있었다.

첫 번째는 중세 과학자들의 업적이 실용적인 지식을 거의 제공하지 못했고, 이것이 그들의 성취에 대한 관심을 억제했다는 것이다. 두 번째는 그것의 이론적 약점이었다. 중세 과학자들의 업적은 기술적 차원뿐 아니라 개념적 차원에서도 극복되어야만 했다. 중세 과학은 아랍 세계의 사상에서 유익한 공급을 받았고, 아랍 사상의 일부 개념과 분석을 적절히 강조했음에도 불구하고, 실험되지 않은 가정에 의존했다. 이는 부분적으로 그것을 실험할 수단이 없었고, 또한 그것을 실험하고 싶은 바람도 존재하지 않았기 때문이다. 예를 들면, 불, 공기, 흙, 물이 만물을 구성하는 4대 원소라는 이론의 독단적인 주장도 과학적 실험에 의해서 반박되지 못했다. 비록 일종의 실험적 작업이 연금술과 헤르메스 전통* 안에서 계속되었고, 또한 스위스의 화학자 파라셀수스에 의해서 금보다 다른 것을 만드는 목적을 향하게 되었지만, 그것은 여전히 신비스럽고 직관적인 개념들에 의해서 인도되었다.

이런 상황은 17세기까지 대체로 사실로 남아 있었다. 르네상스는 과학적인 징후들을 가지고 있었지만, 보통 그것들은 (대표적으로 1543년 베살리우스의 인체 해부 같은) 기술적 연구에서, (원근법 문제와 같은) 예술과 기계적 공예의 실질적 문제들을 해결하는 과정에서 표현되었다. 이 기술적이고 유형학적인 작업의 한 부분은 특히 인상적이었는데, 그것은 발견자들과 우주구조학자들에 의해서 드러난 새로운 지리학적 지식들을 이해할 수 있게 해주었다. 16세기 초에 한 프랑스 의사는 다음과 같이 이야기했다. 지리학에서 "그리고 천문학과 관련된 사안에서, 플라톤과 아리스토텔레스와 같은 옛 철학자들은 진전을 보였다. 프톨레마이오스는 여기에 많은 것을 더했다. 그러나 이들 중 한 명이 오늘로 돌아온다면, 그는 지리학이 과거의 인식을 변화시켰음을 발견하게 될 것이다." 여기에 자연세계에 대한 새로운 지적 접근을 자극한 요소들 중의 하나가 있었다.

그것은 빠르게 작동한 자극제는 아니었다. 사실 극소수의 식자층은 아리스토텔레스와 『성경』을 종합한 위대한 중세적 통합에 기초한 세계상(世界像)이

* 반신적인 존재인 헤르메스 트리스메기스투스의 저작이라고 여겨지는 것들에 기반을 둔 종교, 철학적 전통으로서, 서양의 밀교들에 지대한 영향을 주었다/역주

더 이상은 받아들여지기 어렵다는 것을 1600년에 이미 알고 있었다. 또한 그들 중 일부는 이로 인해서 일관성의 상실과 갑작스러운 방향 상실, 그리고 우려할 만한 불확실성을 느끼기도 했다. 그럼에도 이 문제를 다루었던 대부분의 사람들에게 옛 그림은 여전히 유효했고, 온 우주는 여전히 지구를 중심으로 돌고 있었으며, 지구의 생명은 유일한 이성적 거주민인 사람을 중심으로 하는 것이었다. 다음 세기의 가장 위대한 지적 성과는 교육을 받은 사람이라면 이렇게 생각하는 것이 더 이상 불가능하게 되었다는 것이다. 이는 매우 중요한 변화로, 중세에서 근대 세계로 변화하는 과정의 핵심처럼 보였다.

17세기 초, 새로운 현상이 과학 안에 등장했다. 이때 명확해진 변화들은 지적인 장벽이 극복되고 문명의 성격이 영원히 변화했다는 것을 알려주었다. 유럽에서는 시간, 에너지, 자원을 체계적인 실험에 투자해서 자연을 지배하도록 부추기는 새로운 실용적인 태도가 나타났다. 후대가 이 태도의 선구자를 돌이켜보았을 때, 프랜시스 베이컨(1561-1626)이 대표적인 인물로 발견되었다. 그는 한때 잉글랜드의 대법관이었고, 뛰어난 지적 에너지를 가졌으나 그다지 호감가지 않는 개인적 특성을 가진 사람이었다. 그의 작품은 동시대인들에게 거의 또는 전혀 영향을 주지 못한 것처럼 보인다. 그러나 그 안에 있는 시대를 앞서서 과거의 권위를 거부한 것처럼 보이는 요소들이 후세의 관심을 끌었다.

베이컨은 관찰과 귀납법에 기반을 둔 자연연구를 옹호했으며, 자연을 인간의 목적들을 위해서 이용하도록 이끌었다. 그는 "과학의 참되고 합법적인 목적은 인간의 삶을 새로운 발견과 힘에 의해서 풍족하게 만드는 것이다"라고 적은 바 있다. 과학을 통해서 "인간성의 많은 부분이 자주성과 힘을 가지게 되는 복원과 활성화"가 성취될 수 있을 것인데, 이것이야말로 "그가 처음 창조 상태 때에 가졌던 것이다." 이런 주장은 다름 아닌 아담의 타락의 결과로부터 인간을 구원하는 것을 뜻하는 점에서 진실로 야심에 찬 것이었다. 그러나 베이컨은 과학적 연구가 효율적으로 조직된다면 이것이 가능할 것이라고 확신했다. 또한 이 과정에서도 예언자와 같은 인물이었고, 후대의 과학협회와 과학기관들의 선구자였다.

베이컨의 근대성은 후에 과장되었기 때문에, 다른 사람들, 특히 그와 동시대 사람들인 케플러와 갈릴레오는 과학의 진보를 위해서 무엇이 중요한지 많은 언급을 해야 했다. 베이컨의 후계자들은 그가 바랐던 것만큼 밀접히 '새로운 기술, 재능, 인간의 삶을 더 좋게 만드는' 실질적 발견 프로그램을, 즉 기술이 지배하는 과학을 고수하지 않았다. 그렇다고 하더라도 베이컨은 선험적 원칙들로부터 연역하는 방식 대신에, 관찰과 실험을 변호하는 가운데 문제의 핵심에 도달했다. 이 때문에, 그는 적절히도 신화적 인물의 위치를 획득했다. 그것에 적당하게도 그는 피부 냉동의 효과를 관찰하기 위해서 추운 3월의 어느 날 닭고기에 눈을 가득 채워넣다가 독감에 걸려 죽었기 때문에 과학을 위해서 순교했다고까지 일컬어진다. 40년 후, 그의 중심 사상은 과학적 담론 안에서 일종의 상투어가 되었다. 잉글랜드의 한 과학자는 1660년대에 "세계라는 이 거대한 기계의 관리는……경험적, 기계적 철학자들에 의해서만 설명될 수 있다"라고 말했는데, 여기에 베이컨이 이해하고 입증했던, 우리가 거주하는 세상에서 여전히 중요한 사상들이 존재한다. 17세기 이후 계속하여, 실험을 통해서 질문에 대답하는 것이 과학자의 특징이 되었다. 이는 오랜 시간 동안 체계를 구축하는 실험에 의해서 드러난 것들을 이해하려는 새로운 시도들로 사람들을 이끌었다.

처음에 이런 현상은 많은 사람들이 이용 가능한 기술에 의해서 가장 잘 관찰되고 측정되는 물리 현상에 집중하도록 만들었다. 기술혁신은 수 세기 동안 유럽 노동자들의 점진적인 기술의 축적으로부터 일어났다. 이런 기술들은 이제 여러 문제들의 해결을 위해서 사용될 수 있었고, 이는 다시 다른 지적인 문제들을 해결할 것이었다. 로그와 미적분의 발명은 다른 것보다 더 성능이 뛰어난 시계와 광학기구들을 만들 수 있는 기기계발 과정의 한 부분이었다. 17세기에 시계 장인의 기술이 제어장치인 추의 도입과 함께 큰 도약을 이룩했을 때, 그것은 다시 정밀기기에 의한 시간 측정과 (그 결과로 가능해진) 천문학적 관찰을 훨씬 더 수월하게 만들었다. 망원경과 함께 천체를 탐구할 수 있는 새로운 기회가 찾아왔다. 윌리엄 하비(1578-1657)는 실험에 기반을 둔 이론적 조사의 결과로 혈액순환을 발견했다. 그러나 실제로 순환이 어떻게 일어나는가는 현미경을 통해서 피가 흐르는 미세혈관들을 볼 수 있게 되었을 때에야 이해될 수 있었다. 망원경과 현미경을 통한 관찰은 과학혁명의 발견에 핵심적이었을 뿐 아니라, 더 나아가서 일반인들이 새로운 세계관에 함축된 의미의 일부를 볼 수 있게 만들었다.

지금 우리가 인식하는 과학자들과 철학자들 사이의 경계선은 오랫동안 설정되지 못했다. 그러나 과학자들의 새로운 세계가 존재하게 되었고, 실질적인 과학자 공동체와 그들의 국제 공동체도 생겼다. 여기에서 다시 인쇄술로 돌아가야 하는데, 새로운 지식의 급속한 유포에 인쇄술이 매우 중요한 역할을 했기 때문이다. 과학 서적의 출판이 지식 확신의 유일한 형태는 아니었다. 왕립협회의 과학 잡지 『철학회보(*Philosophical Transactions*)』가 출판되었고, 다른 학회조직들의 회고록들과 회의록들도 점차 인쇄물로 출판되었다. 과학자들은 서로 방대한 분량의 개인 서신을 교환했고, 그들이 서신들에 기록한 자료들은 과학혁명이 실제로 일어난 방식에 대해서 매우 가치 있는 증거의 일부를 제공했다. 당시 이런 서신 교환 중 일부는 출판되어 더욱 널리 이해될 수 있었으며, 오늘날 주요 과학자들의 교류 내용보다 더 많이 읽혔다.

근대의 눈으로 보았을 때 과학혁명의 한 가지 놀라운 특징은 아마추어나 비전업 애호가들이 그 안에서 커다란 역할을 수행했다는 점이다. 이는 중국에서는 뛰어난 기술적 성취 뒤에 정체기가 찾아온 반면에, 유럽에서는 과학이 발전한 이유를 설명하는 중요 사실들 중 하나를 암시한다. 그 이유는 유럽에서 기술적 성취와 젠트리들의 사회적 명성이 결합된 사실에 있었다. 이 세기 중반부터 널리 나타나기 시작한 학회들의 회원은 젠트리 출신의 애호가들로 가득 찼다. 아무리 상상력을 동원해도 이들을 전문 과학자들이라고 부를 수는 없을 것이다. 그러나 이들이 실제로 실험으로 손을 더럽혔는지 여부와 상관없이, 그들은 이 기관들에 (정의하기는 어렵지만 중요했던) 그들의 사회적 지위와 체통의 무게를 빌려준 사람들이었다.

1700년경, 나중에 도달할 수준만큼 중요했던 것은 결코 아니지만, 과학의 상이한 주요 분파들 사이에 전문화 과정이 이미 존재했다. 이 당시의 과학은 냉혹한 시대적 요청이 아니었다. 과학자들은 신학 책을 쓰거나 공직에 재직하면서도 자신들의 연구에 여전히 주요한 기여를 할 수 있었다. 이는 17세기 과학혁명의 일부 한계를 암시한다. 그것은 이용 가능한 기술이 주는 제한을 초월하지 못했다. 이 기술들은 일부 영역에서 커다란 진보를 이루었지만, 다른 영역에 대한 관심을 저해하는 경향이 있었다. 예를 들면, (1600년에 물질의 구성 요소에 대한 지배적인 사고였던 아리스토텔레스의 4대 원인설을 여전히 받아들이는 사람은 거의 없었지만) 화학은 상대적으로 발전이 적었던 반면, 물리학과 우주학은 빠르게 발전했고 분명 통합된 안정 상태에 도달했다. 이것은 그렇게 화려하지 않을지 몰라도, 새로운 이론적 접근방법들이 학문 분과에 새로운 활기를 불어넣던 19세기까지 이어지는 꾸준한 발전을 초래했다.

17세기 과학의 성과는 전적으로 위대한 것이었다. 무엇보다도 어떤 현상을 신의 능력이 직접적으로 그리고 종종 예측 불가능하게 작용한 결과로 보던 우주론을 기계론적 관점으로 교체했다. 이 관점은 우주의 변화가 획일적이고 보편적으로 작용하는 운동의 법칙에 의해서 정기적으로 진행된다고 보았다. 이것은 여전히 신에 대한 믿음과 상당 수준에서 양립될 수 있었다. 그의 위엄은 매일 직접적인 간섭 속에 보이지 않으나 그가 창조한 거대한 기계 속에 나타난다. 가장 유명한 유비(類比) 속에서 신은 위대한 시계 제작자로 나타났다. 전형적인 과학도나 17세기 과학적 세계관 모두 반종교적이거나 반신본주의적이지 않았다. 비록 인간을 우주의 중심에서 몰아낸 새로운 천문학적 견해는 함축적으로 인간의 독특성에 도전했지만(하나 이상의 거주세계가 존재할 수 있다고 주장한 책이 나타난 것은 1686년이었다), 이것은 우주론에 혁명을 만들어낸 사람들의 관심을 사로잡지 못했다. 그들에게 교회의 권위가 태양이 지구를 돈다는 명제와 충돌하게 된 것은 그저 우연이었다. 그들이 제안한 새로운 시각은 단지 신의 방법의 위대성과 신비성을 강조했을 뿐이었다. 그들은 아리스토텔레스가 중세 때 기독교화된 것처럼 새로운 지식도 기독교화될 가능성을 당연하게 여겼다.

독일 철학자 칸트(1724-1804)가 18세기 말 '코페르니쿠스 혁명'이라는 말을 만들기 훨씬 이전부터 새로운 우주론 제작자의 역할은 폴란드 성직자 코페르니쿠스(1473-1543)의 이름과 함께 시작되었다고 인식되었다. 그의 책 『천체의 회전에 관하여(*De revolutionibus orbium coelestium*)』는 1543년에 출판되었다. 이는 베살리우스의 해부학과 관련 위대한 저술이 출판된 해와 같은 연도였다. 그리고 이것은 흥미롭게도 아르키메데스 저작들의 초판이 발행된 해이기도 했다. 그가 살았던 시대를 고려하면, 코페르니쿠스가 과학자라기보다 르네상스 인문주의자에 가까웠던 것은 놀라운 사실은 아니다. 일정 부분 철학적이고 심미적인 이유로 그는 우주의 행성들이 태양을 중심으로 회전한다는 것을 생각해냈다. 이 이론은 행성들의 움직임을 원과 주전원의 체계로 설명했다. 그는 이 가설을 실험할 수단이 없었고, 가장 상식적인 증거들은 그것에 반하는 이야기를 했기 때문에, 말하자면 그의 주장은 뛰어난 추측이었다.

태양중심설을 지지하는 첫 번째 참된 과학적 자료는 사실 그것을 받아들이지 않은 인물이었던 덴마크 사람 튀코 브라헤(1546-1601)에 의해서 제공되었다. (인공 코를 가졌다는 어느 정도 눈에 띄는 특징을 가진 것 이외에도) 브라헤는 처음에는 기초적인 기구들을 가지고, 나중에는 국왕의 호의로 그의 시대에 가장 장비가 잘 갖추어진 관측소에서 행성들의 움직임을 기록하기 시작했다. 그 결과는 알렉산드로스 대왕 시대 이후 처음으로 서양의 지적 전통의 궤적 안에 만들어진 체계적인 천문학 데이터의 수집이었다. 브라헤가 도움을 요청하며 초청한, 위대한 첫 번째 프로테스탄트 과학자 요하네스 케플러(1571-1630)는 좀더 면밀한 관찰을 진행하여 두 번째 중요한 이론적 발전을 제공했다. 그는 행성의 코스가 불규칙적인 속도로 타원을 그린다면 그 운동이 규칙적으로 설명될 수 있음을 보였다. 이는 우주론 발전을 계속 저해했던 프톨레마이오스의 구조를 마침내 깨뜨렸고, 20세기까지 행성계 설명의 기초를 제공했다. 케플러 이후 갈릴레오 갈릴레이(1564-1642)가 등장했다. 그는 1600년경 우연히 발견된 것처럼 보이는 기구인 망원경에 완전히 사로잡혀 있었다. 갈릴레오는 파두아에서 과목의 특성상 초기 과학에서 연결되어 있던, 물리학과 공병학(工兵學)의 교수였다. 그는 망원경을 이용하여 아리스토텔레스적 체계를 마침내 산산이 부서뜨렸다. 이제 코페르니쿠스 천문학이 또렷이 눈에 보이게 되었고 다음 두 세기 동안은 행성의 성질에 대해서 알려진 사실들이 항성에 적용될 것이었다.

그럼에도 갈릴레오의 주요 업적은 관찰이 아닌 이론에 그리고 이론을 기술적 실행과 연결시킨 것에 있었다. 그는 천체의 움직임에 대한 수학적 계산을 제공하여 코페르니쿠스적 우주를 가능하게 만든 물리학을 처음으로 기술했다. 그의 저술과 함께, 기계학은 장인의 노하우의 세계를 벗어나서 과학의 세계로 들어갔다. 더욱이 갈릴레오는 체계적인 실험을 수행한 결과 자신의 결론에 도달했고, 여기에는 그가 '두 개의 새로운 과학'으로 부른 정역학(靜力學)과 동역학(動力學)이 기여했다. 그 결과 1632년 갈릴레오의 『(프톨레마이오스와 코페르니쿠스의) 두 개의 주요한 세계체제들에 대한 대화(*Dialogo dei due massimi sistemi del mondo*)』가 출판되었고, 여기에는 과학사상의 혁명에 대한 첫 번째 서술이 나타난다. 이 책의 내용보다는 주목받지 않았지만, 여전히 흥미로운 사실은 그가 라틴어가 아니라 이탈리아 토착방언으로 글을 썼고, 또한 교황에게 헌정했다는 것이다. 갈릴레오는 의심의 여지없이 신실한 가톨릭교도였다. 그러나 이 책은 중세 교회의 위대한 문화적 승리였던 기독교적인 아리스토텔레스 세계관의 종식을 의미하는 것이기 때문에 즉시 분노를 유발했다. 갈릴레오에 대한 재판이 뒤따랐다. 그는 정죄당하고 신념을 철회했다. 그러나 이것은 그의 업적의 효과를 줄이지는 않았다. 코페르니쿠스적 태양중심 시각은 이후 과학적 사고를 지배했다.

갈릴레오가 죽은 해인 1642년, 아이작 뉴턴(1642-1727)이 태어났다. 코페르니쿠스적 우주에 대한 물리학적 설명을 제공한 것은 그의 업적이었다. 그는 동일한 역학법칙들이 케플러와 갈릴레오가 말한 것들 모두를 설명한다는 것을 보였고, 마침내 지상과 천상 세계의 지식들을 종합했다. 그는 '유율법(流率法, method of fluxions)' 혹은 후대의 전문 용어로는 '미적분학(微積分學, infinitesimal calculus)'이라는 새로운 수학을 이용했다. 뉴턴이 이를 발명한 것은 아니었고, 그는 이를 물리적 현상에 적용했을 뿐이다. 그것은 움직이는 물체의 위치를 계산할 방법을 제공했다. 그의 결론들은 유클리드의 저작 이후 가장 중요하고 영향력 있는 과학 저술로 인정될 책에 포함된 행성의 운동에 대한 논의로부터 시작되었다. 간략하게는 『프린키피아(*Principia*)』로 불리는 『자연철학의 수학적 원리들(*Philosophiae Naturalis Principia Mathematica*)』

은 중력이 어떻게 물리적 우주를 존재하게 하는지를 증명했다. 일반 문화적인 측면에서 이 발견의 결과 또한 과학적 결과들과 비교할 수 있다. 적당한 평가의 기준은 없지만, 아마도 문화적 측면의 효과들이 훨씬 더 클 것이다. 관찰과 계산에 의해서 발견된 단일한 법칙이 이렇게 많은 것들을 설명할 수 있다는 것은 새로운 과학적 사고가 성취할 수 있는 것에 대한 놀라운 계시였다. 알렉산더 포프(1688-1744)는 분명 지나친 표현을 했지만, 그의 경구는 여전히 뉴턴의 업적이 유럽인들의 정신에 끼친 영향력을 가장 잘 요약하고 있다. "자연과 자연의 법칙은 어둠에 잠겨 있었다. 신이 '뉴턴이 있으라!'라고 말하자, 모든 것이 밝아졌다."

따라서 뉴턴은 머지않아서, 프랜시스 베이컨과 함께 신지식의 두 번째 시성 성인이 되었다. 뉴턴의 경우 이것은 과장된 표현이 아니었다. 그의 과학적 관심은 거의 보편적이었고, 위의 관용구가 말하듯이 그가 장식하지 않은 것은 거의 없었다. 그러나 비과학자들은 뉴턴의 업적의 의의를 항상 충분히 이해하지 못했다. 그는 코페르니쿠스가 시작한 혁명을 명백히 완수했다. 우주의 동적 개념은 정적 개념을 대체했다. 그의 성과는 다음 두 세기의 물리학을 제공하고 새로운 우주론으로 다른 모든 과학을 뒷받침하기에 충분히 큰 것이었다.

뉴턴과 그의 전임자들은 이것이 과학과 종교의 해결 불가능한 갈등의 전조가 될 수 있다는 것을 예상하지 못했다. 사실 뉴턴은 우주가 일단 창조된 후에 자기 통제적이고 자족적인 체제였다는 시각을 중력의 법칙이 충분히 입증하지 못하는 것을 알아채고는 오히려 기뻐했던 것처럼 보인다. 우주가 단순히 시계가 아니라면, 그 창조자는 그것을 발명하고, 만들고, 태엽을 감고 그 다음에는 뒤로 물러나서 서 있는 것 이상을 할 수 있을 것이다. 열성적인 프로테스탄트 변증가로서 그는 신적 개입을 상정함으로써 채울 수 있는 논리적 공백을 환영했다.

성직자들, 특히 가톨릭 성직자들은 그럼에도 불구하고 새로운 과학과의 타협이 쉽지 않음을 발견했다. 중세 때는 성직자들이 중요한 과학적 기여를 했지만 17세기부터 19세기 중반까지 성직자들이 최고 수준의 과학적 업적을 이룩하는 일은 거의 없었다. 이는 분명 반동 종교개혁이 승리한 지역에서 (그러지 못한 지역보다) 분명한 사실이었다. 17세기에 기성 종교와 과학 사이에 분열이 시작되었고, 때로 이를 봉합하려는 어떤 노력이 있었을지 모르지만, 이 분열은 향후 유럽 지성사에 계속해서 출몰했다. 한 가지 상징적인 국면은 나폴리 사람 조르다노 브루노(1548-1600)의 예였다. 그는 과학자가 아니라 도미니크회 소속의 파계 수도사로, 고대 이집트에서 연원한 것으로 추정되는 마법의 '비밀과학'에 손을 대보다가, 논란이 되는 글들을 출판하며 유럽을 떠돌아다녔던 사색가였다. 결국 그는 종교재판소에 의해서 체포되어 구류 8년 후인 1600년 로마에서 이단 혐의로 화형을 당했다. 그의 처형은 곧 드러나게 될 것처럼, 진보와 종교의 갈등이었던 '자유사상'의 발전이라는 후대의 역사적 신화를 구성하는 토대 중의 하나가 되었다.

17세기에 과학자들과 철학자들이 이런 대립을 심각하게 느낀 것은 아니었다. 『성경』과 신학적 주제들에 관해서 방대한 양의 글을 썼고, 자신의 예언서에 대한 연구가 『프린키피아』만큼이나 흠잡을 데 없다고 믿었던 뉴턴은 모세가 태양중심설을 알았다고 생각했던 것처럼 보이며, 자신의 독자들에게 "철학과 과학이라고 그릇되게 불리는 것의 헛된 속임수와 반대를 조심하고," 『구약성경』의 도움을 청하라고 권고했다. 대수(對數)의 발명자인 존 네이피어(1550-1617)는 계시록의 짐승의 수에 대한 신비한 언급을 해독하는 데에서, 대수들 안에 알맞게 사용할 수 있는 새로운 도구가 있다는 것에 기뻐했다. 프랑스 철학자 데카르트는 그가 발견한 신앙과 기독교 진리에 대한 만족스러운 철학적 변론을 체계적으로 서술했다. 기독교 진리는 그의 주제에 대한, 기술적으로 회의적인 접근방식과 밀접히 연관된 것이었다. 이는 그 자신이, 혹은 그의 이름을 딴 철학 사조인 데카르트주의(Cartesianism)가 교회의 적개심을 일으키는 것을 막아주지 못했다. 전통적인 신앙의 옹호자들은 사람들이 도달한 결론뿐 아니라 그것에 도달하는 방식도 중요하다고 정확히 인식하고 있었다. 의심의 원칙들에서 시작되었지만 그것들이 만족스럽게 극복될 수 있다고 설명했던, 이성적으로 논증된 신앙의 수용은 진리가 권위에 의해서 선포된다고 가르쳤던 교회의 빈약한 동맹에 불과했다. 교회는 사안과 무관한 데카르트의 헌신과 기독교 신앙을 제쳐놓고, 자신들의 관점에 따라서 그의 모든 저술을 금서 목록에 올린 점에서 상당히 논리적이었다.

17세기 말, 프랑스 프로테스탄트 성직자 피에르 벨(1647-1706)은 권위논증을 다루면서 그것의 불만족스러운 개방성을 지적했다. 권위는 어떤 권위가 규정할 수 있을까? 결국 그것은 견해의 문제처럼 보일 뿐이었다. 그는 전통 기독교의 어떤 교리든지 자연적 이성에 부합되지 않는다면 논박당할 수도 있다고 시사했다. 이런 사상과 함께 유럽 사상사의 새로운 국면이 선언되었는데, 이는 계몽주의(啓蒙主義, Enlightenment)라고 불리게 되었다.

이 단어나 그것과 비슷한 용어들은 18세기 대부분의 유럽 언어에서 사용되어 사람들이 자신이 속한 지적 세대의 차별화 요소라고 느끼는 것들을 특징지었고, 이전에 행해지던 관행으로부터 자기 세대를 단절시켰다. 그 핵심적 이미지는 어두운 곳에 빛이 들어오게 하는 것이다. 그러나 독일 철학자 칸트는 '계몽주의가 무엇인가?'라는 질문을 받았을 때, 한 유명한 글에서 다른 답을 주었다. 즉, 그것은 자기가 부과한 감시로부터의 해방이었고, 그 중심에는 권위에 대한 의구심이 놓여 있었다. 계몽주의가 남긴 위대한 유산은 비판적 태도의 일반화였다. 결국, 모든 것은 검증에 노출될 것이었다. 일부 사람들은 어떤 것도 성스럽지 않다고 느꼈고, 긴 안목으로 보면 그것은 사실이 되었지만, 어느 정도 오해의 소지가 있었다. 계몽주의는 그 자체의 권위와 신조들을 가지고 있었다. 비판적 입장 자체는 오랫동안 검증되지 않았다. 더욱이 계몽주의는 사상의 집합만큼이나 많은 태도의 집합이기도 했다. 여기에 계몽주의를 수용하는 데에서 또다른 어려움이 놓여 있다. 많은 흐름이 그것으로 흘러들어왔지만, 그것들 모두가 결코 같은 노선을 따른 것은 아니었다. 계몽주의의 기원들은 혼란스럽다. 그 발전은 계몽주의자들이 이룬 연합군의 진군이라기보다 언제나 지속적인 논쟁과 비슷했다. 그것은 때로는 내전과 비슷하여 참가자들은 많은 전제들을 공유하고 있었다.

데카르트는 체계적인 의심이 확고한 지식의 시작이라고 주장했다. 50년 후에 잉글랜드 철학자 존 로크는 지식의 심리학에 대한 설명을 제공했는데, 그것은 그 주요한 구성 요소를 감각이 정신에 전하는 인상들로 환원했다. 로크는 데카르트에게 반대하여 인간 본성에 내재된 사상인 본유관념은 없다고 주장했다. 정신은 오직 감각적 인식의 자료와 그것이 자료와 만드는 연관성만을 공유한다. 이것은 물론 인류가 옳고 그름에 대한 고정된 생각을 가지고 있지 않다는 것을 시사한다. 로크는 정신이 고통과 기쁨을 겪는 중에 도덕적 가치들이 발생한다고 가르쳤다. 이런 사상은 발전의 가능성이 매우 큰 것이었다. 이 사상들로부터 교육에 관한, 물적 조건들을 규제하는 사회의 의무에 관한, 환경결정론(環境決定論)의 많은 파생물들에 관한 이론들이 흘러나왔다. 또한 그것들 뒤에는 거대한 과거의 그림자가 있었다. 데카르트와 로크 모두가 육체와 정신, 육체적인 것과 도덕적인 것의 구별에서 표현한 이원론은 플라톤과 기독교 형이상학에 뿌리를 내리고 있었다. 그러나 여기에서 아마도 가장 인상적인 것은 플라톤의 사상이 여전히 기독교 신앙의 전통적 구조 안에서 로크와 연결될 수 있었다는 사실일 것이다.

이렇게 앞뒤가 맞지 않는 것들이 계몽주의 안으로 퍼졌지만, 그 전반적인 흐름은 분명했다. 과학의 새로운 위상은 또한 다음을 약속하는 것처럼 보였다. 즉, 감각적 관찰이 지식으로 가는 길이 되며, 공리주의적인 효과에 따라서 그 가치가 입증되는 지식으로 가는 길이 될 것이었다. 이것은 인간이 사는 세계의 개선이 가능하게 만들었다. 그 기술은 자연의 미스터리를 풀고 그것의 논리적, 이성적 근거를 물리와 화학의 법칙을 통해서 드러낼 수 있었다.

이 모든 것이 오랫동안 낙관주의 신조를 구성했다. 프랑스어로 '낙관적인(optimiste)'이라는 단어는 17세기에 들어왔다. 세계는 점점 더 나아졌고 계속 그럴 것이었다. 1600년 모든 것이 매우 달라졌다. 이때에는 고대에 대한 르네상스의 숭배가, 전쟁의 대격변과 그리고 종교인들에게 항상 잠재되어 있는 종말이 오래 연기되지 않을 것이라는 감정과 결합되었다. 이 감정은 비관적인 사회 분위기와 더불어 위대한 과거로부터 쇠퇴하고 있다는 느낌을 양산했다. 고대인의 업적이 근대의 것보다 더 뛰어난지 여부에 대한 문학적 대논쟁에서, 17세기 말의 작가들은 계몽주의에서 발현한 진보사상을 구체화했다.

이것 또한 비전문가들의 신조이기도 했다. 18세기 교양인들은 (적어도 스스로를 위해서) 다른 상이한 학문 분야의 논리와 함의들을 어느 정도 만족스럽게 엮을 수 있었다. 볼테르는 시인과 극작가로 유명했지만, (그는 잠시 프랑스 왕실 역사가이기도 했다) 상세한 역사 서술을 남기기도 했고, 동포들에게 뉴턴의 물리학을 해석해주기도 했다. 애덤 스미스(1723-1790)는 근대 경제학을 창립한 책으로 일컬어지는 『국부론(*Wealth of Nations*)』으로 세상을 놀라게 하기 전에는 도덕철학자로 유명했다.

이런 절충주의 안에서, 종교 역시 자리를 찾았다. 그러나 에드워드 기번이 말했듯이, "근대에는 잠재적이고, 심지어 무의식적인 회의론도 경건성을 고수하고 있었다." '계몽된' 사상에는 신과 신학을 위한 작은 공간이 있어 보였다. 이것은 유럽의 교양인들이 자신들을 향해서 입 벌리고 있는 지옥을 더 이상 느끼지 않는다는 말은 아니었다. 세계는 덜 신비스러워졌고, 또한 덜 비극적인 곳이 될 것 같았다. 괴로움들은 더욱더 인간의 존재와 불가분한 것이 아니라 그가 만든 것에서 초래되는 것처럼 보였다. 지진 같은 끔찍한 자연재해에 의해서 다루기 힘든 문제들이 여전히 제시될 수 있던 것이 사실이었다. 그러나 대부분의 병이 치료가 가능하고, 한 사상가가 말한 것처럼, "인간 고유의 임무가 고통을 피해서 행복을 찾는 것이라면," 구원 교리와 영벌 교리의 타당성은 어디에 있는 것일까? 만물의 진행을 시작한 제1 원인자로서 그리고 그것을 운영할 규칙들을 제정한 위대한 정비공으로서, 신은 여전히 철학자의 우주론 속에 피상적인 방식으로 포함될 수 있었다. 그러나 신의 후속적인 개입, 즉 성육신에 의한 직접적인 개입을 위한 혹은 교회와 교회가 전하는 성례를 통한 신의 간접적인 개입을 위한 공간도 남아 있는가? 불가피하게, 계몽주의는 지적, 도덕적 권위에 대한 최고의 권리를 주장하는 교회에 대항하여 반란을 일으켰다.

여기에 근본적인 갈등이 있었다. 17-18세기에 식자층들은 권위를 부정했지만, 새로운 권위가 과학과 이성의 가르침이라고 여겨지는 것에서 찾아지고 발견되었다는 점에서 그것은 별로 완전하지 않았다. 그러나 과거의 권위는 갈수록 더욱 단호하게 거절당했다. 고대와 근대 문화에 대한 문학적 논쟁들이 고전교육의 권위를 약화시켰고, 프로테스탄트 종교개혁도 전통 유럽 문화의 또다른 기둥인 가톨릭교회의 권위를 타파했다. 프로테스탄트 개혁가들이 이전의 사제들을 새로운 장로들로 (또는 『구약성경』으로) 대체하게 되었을 때,

그들은 자기들이 시작하고 계몽사상가들이 더욱 진행시킨 종교적 권위의 약화 과정을 더 이상 돌이킬 수 없었다.

무엇이 성직자들의 불안을 신속히 진술하고 정당화했든지 간에 이런 함의가 나타나는 데에는 시간이 걸렸다. 18세기 진보사상의 특징은 상당히 실용적인 일상의 권고들 안에서 표현되는 측면이 있었고, 이는 어느 정도 특징적인 성향을 감추어주었다. 진보사상의 특징들은 아마도 그것들의 기저를 이루고 있는 근본적인 믿음의 측면에서 가장 잘 요약될 수 있을 것이다. 이 특징들은 이 근본적 신념의 결과물이기도 했다. 이 모든 것들의 기초에는 정신력에 대한 새로운 신뢰가 있었다. 이는 계몽사상가들이 이런 측면을 그들과 공유했던 베이컨을 그렇게 많이 칭송했던 한 가지 이유이다. 그러나 르네상스의 창조적인 거장들도 18세기보다 지적 능력에 대한 확신을 유럽인들에게 많이 주지는 못했다. 거의 무한한 혁신이 가능하다는 확신이 여기에 놓여 있었다. 이 시대의 많은 사상가들은 그 시기를 역사의 정점으로 보았다. 그들은 자연을 조종하고 이성이 마음에 써놓은 진리를 펼치는 것을 통해서 인류가 진보할 것을 확신하며 기대했다. 이런 점에서 정문에서 갑자기 쫓겨난 본유관념은 다시 뒷문 계단으로 몰래 기어들었다. 낙관주의는 극복해야 할 커다란 실질적인 장애물이 있다는 것을 인식함으로써만 일종의 자격이 주어진다. 이런 장애물들 중 첫 번째는 단순한 무지였다. 아마도 사물의 궁극적 원인에 대한 지식을 얻는 것은 불가능하겠지만(과학도 자연세계의 복잡성을 더욱 드러내면서 이것을 분명히 암시하는 것처럼 보인다). 이는 계몽사상가들을 걱정시킨 종류의 무지가 아니었다. 그들은 좀더 일상 수준에서 정신적 경험을 염두하고 있었기 때문에 무지가 확산될 수 있다고 믿었다.

계몽주의의 위대한 문학적 구현은 정확하게 이 목적을 가지고 있었다. 디드로와 달랑베르의 『백과사전(*Encyclopédie*)』은 21권으로 이루어진 정보와 선전의 거대한 모음집으로 1751년과 1765년 사이에 출판되었다. 일부 글들이 명확히 보여주듯이 계몽주의의 또다른 커다란 장애물은 불관용으로, 그것은 특히 출판과 논쟁의 자유를 방해했다. 한 작가가 말했듯이, 『백과사전』은 정보를 제공함과 동시에 생각을 바꾸려고 의도된 '전쟁 기계'였다. 편협함은 또다른 행복의 장애물이었다. 계몽주의의 가치는 모든 문명사회의 가치로 가정될 정도로 보편적이었다. 아마도 중세를 제외하고 유럽 지식 엘리트들이 이보다 더 국제적이었던 적이 없었다. 이들은 공용어 이상의 것을 공유했다. 엘리트들의 사해동포주의는 계몽주의가 특별한 관심을 보였던 다른 사회에 대한 지식으로 인해서 증가했다. 이는 부분적으로 순수한 호기심 때문이기도 했다. 여행기와 발견과 관련된 서술은 일반인들에게 익숙하지 않은 사상과 제도들에 대한 대중적 관심을 끌었고, 따라서 사회적, 윤리적 상대성에 대한 관심을 일깨워주었다. 그것들은 비평에 새로운 근거를 제공했다. 중국을 인도적이고 계몽된 곳으로 그리는 상상은 특히 18세기에 유럽인들을 사로잡았다. 이는 그들의 실재에 대한 인식이 얼마나 피상적이었는지를 암시하는 사실이다.

일단 무지, 불관용, 편협함이 제거되자, 자연법칙이 이성에 의해서 드러나서 방해받지 않고 작동하게 되었다. 이는 맹목적으로 과거를 고집하거나 근거 없는 특권을 누리던 사람들을 제외한, 모든 사람의 관심 속에 사회개혁을 촉진했다. 프랑스 작가 몽테스키외의 『페르시아인의 편지(*Lettres Persanes*)』는 기존 사회의 제도들(그의 경우는 프랑스의 법률들)이 자연법과의 비교를 통해서 개선될 수 있다고 제안하는 전통의 시작이었다. 이런 프로그램의 강조를 통해서, 계몽사상가들은 스스로를 새로운 사회질서의 사제로 임명했다. 자신들의 역할을 비평가와 개혁자로 제시하는 비전 안에, 향후 우리와 함께 해온 사회적 사상, 즉 지성인의 이상이 처음으로 등장했다. 사실 도덕주의자들, 철학자들, 학자들, 과학자들은 이미 존재하고 있었으며, 그들을 규정하는 특징은 전문성이었다. 그러나 계몽주의가 만들어낸 것은 일반화된 비판적 지성의 이상형이었다. 자주적, 이성적, 지속적, 보편적 비판은 그 어느 때보다 제도화되었고, 그 결과 근대 '지성'이 탄생했다.

18세기에는 '지성'이라는 용어가 사용되지 않았다. 근대 지성의 유형이 존재했지만, 그 대표적인 예들은 단순히 '철학자들(philosophers)'이라고 불릴 뿐이었다. 이것은 이미 익숙한 용어의 흥미로운 적용이자 의미 확장이었다. 이 용어는 철학 연구의 전문화된 정신적 추구가 아니라 일반적 전망과 비판적 입장의 수용까지 내포하게 되었다. 그것은 도덕적, 가치평가적 어조를 가진 단어였으며 비판적 통찰에 의해서 드러난 진리를 일반 대중에게 전파하려는 열정을 지칭하기 위해서, 그들의 친구들뿐 아니라 적들도 친숙하게 사용한 용어였다. 그 전형은 일단의 프랑스 작가들로, 그들은 곧 여러 차이점에도 불구하고 하나로 묶여 철학자들로 지칭되었다. 그들 안의 유명인사의 수는 계몽사상의 주요 시기에 프랑스 편중 현상이 있었음을 명확히 보여준다. 다른 나라들은 자국의 전통 안에 두각을 나타내는 인물들을 많이 배출하지 못했고, 그들에게 이런 위상과 명성을 주지도 못했다.

그러나 초기 계몽주의를 주도한 신성한 존재들은 잉글랜드 사람인 뉴턴과 로크였다. 또한 계몽주의 사상과 방법론의 극단적 발달을 보여준 철학자는 제러미 벤담(1748-1832)이었다고 말할 수 있다. 그리고 계몽주의의 가장 위대한 기념비적 역사 서술은 기번의 작품이었다. 더 북쪽의 스코틀랜드는 18세기에 위대한 문화적 전성기를 누리고 있었다. 이 나라는 매우 예리하고 매력적인 계몽주의 전문 철학자인 데이비드 흄(1711-1776)과, 근대의 가장 창의적인 서술 중의 하나라고 할 수 있는 책의 저자인 애덤 스미스를 배출했다. 흄은 극단적인 지적 회의주의를 선량함과 사회적 보수주의와 결합했다. 라틴 국가들 중에서는 프랑스 외에도 이탈리아가 로마 가톨릭의 우세에도 불구하고 계몽주의에 가장 풍성한 기여를 했다. 이탈리아 계몽주의는 체사레 베카리아(1738-1794)를 배출한 것만으로도 기억될 필요가 있다. 그는 형법 개혁과 형벌학 비평을 수립했으며, 역사상 위대한 슬로건 중의 하나인 '최대 다수의 최대 행복'을 퍼뜨린 책의 작가였다. 독일 계몽주의는 전개 과정이 느렸고, 보편적인 칭송을 얻은 인물들을 별로 배출하지 못했다. 그러나 독일 계몽주의는 의식적으로 그것을 넘어서려고 시도했음에도, 자신의 도덕적 권고 안에서 계몽주의가 의미하던 것의 많은 부분을 구현한 사상가 칸트를 낳았다. 오직 에스파냐만 의도적으로 이 흐름에서 뒤처진 것처럼 보인다. 18세기에도 에스파냐 대학들은 여전히 뉴턴을 거부하고 있었다.

다른 나라의 업적들도 문명사에 중요했지만, 동시대인들에게 가장 강력한 인상을 준 것은 프랑스의 업적들이었다. 많은 이유들 가운데 한 가지는 권력의 화려함에서 발견된다. 루이 14세 치하의 프랑스는 지속적인 명성을 누렸다. 또다른 이유는 프랑스어라는 프랑스 문화의 확산을 위한 훌륭한 기구의 존재였다. 그것은 18세기 유럽 지식인들과, 비슷한 취향을 가진 국민들의 국제 공용어였다. 마리아 테레지아와 그녀의 아이들은 가족 서신의 교환에 프랑스어를 썼고, 프리드리히 2세는 프랑스어로 (상당히 엉터리였지만) 운문도 썼다. 프랑스어로 된 책은 어떤 책이든지 유럽에서 일정 수준의 독자층을 보장받았다. 프랑스어의 성공이 실상 독일 방언의 문화적 발달을 저해한 것처럼 보이기도 한다.

공용어는 선전, 토론, 비판적 논평 등을 가능하게 했다. 그러나 단시간의 실질적 개혁을 통해서 무엇을 이룰 수 있을지는 정치적 상황에 의존하는 경향이 있었다. 국가의 이익과 철학자들의 목표 사이에 어느 정도 일치하는 것이 있었기 때문에, 일부 정치인들은 '계몽'사상을 현실로 옮기려고 시도했다. 이는 '계몽군주정'이 기득권과 보수주의의 반대 방향으로 가는 일이 생겼을 때 특히 명확해졌다. 이런 갈등은 합스부르크 제국 안에서 교회의 이익을 희생시켜서 교육개혁이 시행되었을 때 혹은 볼테르가 재정개혁의 방해가 되고 있는 파리 고등법원에 대한 공격하는 글을 써서 장관의 보고서에 실리도록 보냈을 때 명확히 드러났다. 러시아의 예카테리나 대제 같은 일부 통치자들은 입법활동에 계몽주의적 영향력을 과시하기도 했다. 실용주의 개혁의 영향력이 교회에 대항해서 사용된 것 외에도, 이런 사상들은 항상 교육과 경제 문제에 아마도 가장 중요한 영향력을 끼쳤을 것이다. 적어도 프랑스에서 계몽사상가들의 경제적 권고는 행정 부분에 흔적을 남겼다.

종교적 질문들은 그 특별한 힘으로 철학자들의 주목을 끌었다. 물론 종교와 종교적 가르침은 여전히 유럽인들의 생활의 모든 면에서 불가분한 존재였다. 교회는 많은 권위를 주장했을 뿐 아니라, 커다란 공동 관심사로서 물리적으로 편재해 있었다. 종교는 개혁자들의 관심을 끌었던 사회의 모든 영역에 어느 정도 관련이 되어 있었다. 성역권이나 성직자 특권의 남용이 사법개혁을 방해했기 때문이든, 혹은 토지에 관한 교회의 양도 불가능한 권리가 경제발전을 방해했기 때문이든, 혹은 교육의 성직자 독점이 행정 전문가 양성에 지장을 주거나 어떤 교리가 왕족과 고위층의 동등한 취급을 막았기 때문이든, 로마 가톨릭교회는 항상 혁신에 반대한 것처럼 보였다.

그러나 이것들만이 철학자들의 비판을 초래했던 것은 아니었다. 그들은 종교가 또한 범죄로 이어질 수 있다고 생각했다. 종교박해 시대의 마지막 커다란 스캔들 중의 하나는 1762년 툴루즈에서 한 프로테스탄트가 가톨릭을 이단으로 개종시켰다는 혐의로 처형당한 것이었다. 그는 이로 인해서 고문당하고, 심문당하고, 처형당했다. 볼테르는 이를 유명한 재판 사건으로 만들었다. 그의 노력은 법을 바꾸지는 못했다. 그러나 남프랑스에서 발생한 가톨릭과 프로테스탄트를 계속 분열시켰던 모든 감정적 폭력에도 불구하고, 그의 노력은 이런 사법 살인이 그곳에서 그리고 아마도 프랑스 전역에서 다시는 반복되지 않도록 만들었다. 그러나 프랑스 프로테스탄트는 1787년까지 제한된 법률적 관용조차도 얻을 수 없었고, 관용이 주어진 후에도 그것은 유대인들에게 확대되지 않았다. 이때에 요제프 2세는 이미 자신의 가톨릭을 신봉하는 영토 안에 종교적 관용을 도입했다.

이것은 계몽주의가 거둔 실질적인 성공에 중요한 제약이 있었음을 시사한다. 그것이 가진 혁명적인 힘에도 불구하고, 계몽주의는 여전히 구체제의 매우 제한된 제도적, 도덕적 구조 안에서 작동해야 했다. 계몽주의와 전제정의 관계는 모호했다. 계몽주의자들은 검열 부과와 신정적인 군주제의 종교적 불관용정책에 반대하여 투쟁했을지 모르나, 개혁을 수행하기 위해서는 전제군주의 힘에 의존했다. 또한 계몽사상이 혁신의 유일한 자극제가 아니었음을 기억해야 한다. 볼테르가 칭송했던 잉글랜드 제도들은 계몽주의에서 비롯된 것이 아니었고, 18세기 잉글랜드의 많은 변화들은 '철학'보다는 종교에 영향을 받은 것이었다.

계몽주의의 가장 커다란 정치적 중요성은 그것이 미래에 남긴 유산에 있었다. 계몽사상가들은 그들의 사상적 자유를 추구한 것이 아니라 계몽주의가 가져올 결과물에 대한 자유를 추구했기 때문에 여기에서 그 유산은 모호하다. 그럼에도 계몽주의는 '자유주의(自由主義, Liberalism)'라고 불리던 것의 핵심적 요구사항들 중 많은 것들을 명확히 표현했다. 인류가 지구에서 행복하게 살게 될 가능성이 있다는 것이 18세기의 위대한 통찰이었다. 이 시대는 세속의 행복을 실현 가능한 목적으로 만들었을 뿐 아니라, (벤담이 '쾌락 계산'에 대해서 기술했던 것처럼) 행복이 측정될 수 있고 이성의 사용을 통해서 촉진될 수 있다는 생각도 만든 것처럼 보인다. 무엇보다 계몽주의는 지식의 사회적 성향이 근본적으로 유순하고 진보적이기 때문에, 신뢰되어야 한다는 생각을 퍼뜨렸다. 이런 생각들은 모두 심오한 정치적 함의를 가지고 있다.

이외에도, 이 시대는 더 구체적이고 부정적인 형태로 유럽의 진보적 전통의 미래에 널리 알려진 기여를 했다. 계몽주의는 고전적인 반성직자주의를 만들었다. 로마 가톨릭교회의 행위에 대한 비판은, 국가가 교회의 조직과 권위를 공격하는 것에 대한 지지를 이끌어냈다. 교회와 국가의 갈등은 철학적인 것 외에도 다른 많은 뿌리들이 있었지만, 계몽주의와 합리성이 미신과 편견에 대해서 계속 치르고 있는 전쟁의 한 부분으로 제기될 수 있었다. 특히 교황제가 비판 혹은 모독의 대상이 되었다. 볼테르는 교황제가 세기말 전에 사실상 사라질 것이라고 믿었던 것처럼 보인다. 계몽철학자들의 적들과 다수의 지지자들의 눈으로 보았을 때, 그들이 거둔 가장 큰 성공은 1773년 교황의 예수회 해산이었다.

일부 계몽사상가들은 제도로서의 교회에 대한 공격을 넘어서 종교 자체를 공격했다. 18세기에 완전한 무신론이 결정론적 유물론과 더불어 처음으로 진지하게 표출되었지만, 그것은 특별한 사례였다. 계몽주의 시대 동안 이런 생각을 한 사람들의 대부분은 교회의 교리에 회의적이었을 테지만, 그럼에도 모호한 유신론을 유지했다. 분명 그들 또한 사회적 세력으로서 종교의 중요성을 믿었다. 볼테르가 말했던 것처럼, "사람은 인민을 위하여 반드시 종교를 가져야 했다." 그는 어쨌든 자신의 생애 내내, 뉴턴과 더불어 신의 존재를 주장했고 공식적으로 교회와 화평을 이루고 죽었다.

여기에 계몽주의 안에서 상실될 수 있는 위험을 가진 요소에 대한 암시가 있다. 그것은 인간 본성의 비지성적, 비이성적인 측면의 중요성이다. 이런 측면에서 이 세기의 가장 예언자적인 인물로 '계몽' 사상가들과 철학자들 중 다수의 거물들과 다투었던 사람이 제네바 출신의 장 자크 루소(1712–1778)였다. 사상사에서 그의 중요성은 감정과 도덕적 감각에 정당한 중요성이 주어져야 한다는 그의 간절한 호소에서 찾을 수 있다. 합리성은 양자를 쇠퇴의 위험 속으로 빠뜨렸다. 이 때문에 루소는 동시대 사람들을 이 쇠퇴 과정을 촉진한 사회적 영향으로 변형된 발육장애를 가지게 된 피조물이자 불완전하고 타락한 존재라고 생각했다.

루소의 비전은 유럽 문화 안에 깊이, 때로는 파괴적으로 그 흔적을 남겼다. 이미 충분히 언급된 것처럼 그는 모든 영혼에 새로운 고민거리를 주입했다. 그의 저술 안에는 종교에 다시 활기를 불어넣는 새로운 태도가 발견되었다. 그것은 개인에 대한 새로운 심리적 집착이다. 이는 예술과 문학, 자연과 자연미에 대한 감정적 접근, 근대 민족주의 신념의 기원들, 교육이론에서의 새로운 아동중심성, (고대 스파르타의 신화적 관점에 뿌리내린) 세속화된 금욕주의, 이밖에 많은 것들 안으로 쇄도했다. 이 모든 것들은 좋고 나쁜 결과 모두를 가지고 있었다. 요컨대 루소는 현재 낭만주의(浪漫主義, Romanticism)라고 불리는 것의 창조 과정에서 핵심적 인물이었다. 많은 부분에서 그는 혁신가였고 종종 천재성을 보인 사람이었다. 그는 또한 다른 사람들과 많은 것을 공유했다. 예를 들면, 공동체를 몰락시키는 계몽주의에 대한 그의 혐오감과 인류가 형제이자 사회적 도덕적 전체의 일원이라는 의식은 아일랜드 출신의 작가 에드먼드 버크(1729-1797)에 의해서 비슷하게 그리고 유창히 표현되었다. 그럼에도 버크는 이런 의식으로부터 아주 다른 결론들을 끌어냈다. 루소는 어느 정도 계몽주의 시대가 그 정점을 지날 때쯤 다른 사람들이 가지기 시작한 견해들을 표현한 것이었다. 그러나 루소가 낭만주의에서 가지는 중심적 위치와 특별한 중요성에 대해서는 의심할 여지가 없을 것이다.

'낭만주의'는 많이 사용되고, 또한 많이 오용되는 용어이다. 그것은 반대로 보이는 것들에도 적절히 적용될 수 있다. 예를 들면, 1800년이 얼마 지나지 않아서 어떤 사람들이 역사적인 제도들을 끈질기게 방어하는 동안, 다른 이들은 (계몽사상가들이 그랬듯이) 과거의 어떠한 가치도 부정하고 거칠게 그 유산을 던져버릴 수 있었다. 각자에게서 지적인 분석보다 도덕적 열정이 더 중요했기 때문에, 양자 모두가 낭만주의자로 불릴 수 있었고 또한 그렇게 불렸다. 이런 반대되는 명제들 사이의 명확한 관련성은 낭만주의적으로 변한 유럽이 감정, 본성, 무엇보다 자연을 새롭게 강조한 점에서 발견되었다. 그 표현방식이 매우 많았던 낭만주의는, 과학이 모든 질문에 대답할 수 있다는 생각에 대한 불신으로부터 나왔든지 혹은 합리적인 사리사욕에 대한 반감으로부터 나왔든지, 언제나 계몽사상에 대한 일부의 반대에서 시작되었다. 그러나 낭만주의의 확실한 뿌리는 이것보다 더 깊은 곳에 놓여 있었다. 이는 종교개혁이 진정성이라는 하나의 최고 가치를 기준으로 많은 전통적 가치들의 위치를 재배치한 것에 놓여 있었다. 따라서 일부 가톨릭 비평가들이 본 것처럼, 낭만주의를 세속화된 프로테스탄티즘으로 보는 것도 완전히 틀린 것은 아니다. 결국 그것도 진본성(眞實性), 자아실현, 정직, 도덕적 발로를 추구했기 때문이다. 불행히도 낭만주의는 치러야 될 비용을 고려하지 않고 빈번히 그렇게 했다. 그것의 가장 커다란 결과는 19세기 내내, 대부분 고통스런 결과와 함께 반향을 일으킬 것이었다. 그 결과들은 또한 유럽 문화의 활력을 마지막으로 표명한 것들 중의 하나로서, 20세기에 세계의 다른 많은 부분들에 영향을 줄 것이었다.

제6부
거대한 가속

18세기 중반 세계의 대부분의 사람들은 (그리고 아마 유럽인들 대부분도) 역사는 예전처럼 흘러갈 것이라고 믿을 수 있었다. 과거의 무게는 어디에서나 육중했고, 종종 움직일 수조차 없을 지경이었다. 이를 떨쳐내기 위해서 유럽에서 진행되던 노력에 대해서는 일부 언급했지만, 유럽 바깥에서는 어디에서도 그러한 가능성조차 포착되지 않았다. 세계의 많은 지역들에서는 소수의 사람들의 삶이 유럽인들과의 접촉을 통해서 혁명적으로 변화하기 시작했지만, 세계의 대부분은 이에 영향을 받지 않았고 그중 다수는 다른 문화들과의 접촉을 경험하지 못했다.

여기에서 중요한 것은 이 과정에서 유럽—처음에는 그중에서도 아주 작은 부분—은 다른 지역과 근본적으로 달랐다는 사실이다. 다른 지역들에서는 변화를 촉발하는 위기가 존재하지 않았다. 변화는 유럽인들이—혁신, 탐욕, 종교적 열정 혹은 고향에서의 빈궁 때문에—세계를 정복하기 시작했을 때 나타났다. 18세기 중반 지적 수준이 높은 유럽인들 사이에서는 이미 역사적 변화(그리고 그 속에서 자신들의 역할)에 대한 인식이 빠르게 퍼져나가고 있었다. 다음의 한 세기 반 동안 변화는 거의 모든 곳에서 밀도 높고 신속하게 나타났으며, 이 사실을 무시하기란 거의 불가능했다. 1900년이 되면 유럽과 유럽인들이 정착한 세계에서는 이 변화로 말미암아 과거와의 많은 연결 고리들이 돌이킬 수 없이 파괴되었음이 명백해졌다. 역사가 근본적으로 진보한다는 관점이 보다 폭넓게 공유되었다. 반론이 전혀 없지는 않았지만 진보의 신화가 점점 더 사건들에 의미를 부여했다.

마찬가지로 중요한 것은 북유럽과 대서양 연안의 국가들로부터 나온 자극이 외부로도 뻗어나가서 유럽과 나머지 세계와의 관계 및 그곳에 사는 많은 사람들의 삶의 기반 자체를 변혁시켰다는 점이다. 그들 중 일부가 아무리 강하게 이를 후회하고 여기에 저항해도 소용없었다. 19세기 말(비록 대략적인 편의상의 기준점에 불과하지만)에 이르면 예전에는 따로 떨어진 별개의 문화들에 의해서 조율되던 세계가 새로운 진로로 접어들었다. 이제부터 세계가 맞이할 운명은 지속적이고 가속적인 변혁이었고, 여기서 지속적이라는 말만큼이나 중요한 것은 가속적이라는 말이었다. 1800년에 태어나서 (시편 기록자의 말처럼) 70년의 수를 누린 사람이라면, 세계가 지난 수천 년 동안보다 자신의 일생 동안 더 많이 변화했음을 목격할 수 있었을 것이다. 역사는 속도를 높이고 있었다.

유럽의 세계 주도권이 확립된 것은 이러한 변화에 핵심적이었으며 동시에 변화를 촉발하는 거대한 발전기들 중의 하나이기도 했다. 1900년이 되면 유럽 문명은 자신이 역사상 물질적으로 가장 성공한 문명임을 보여주었다. 여기서 가장 중요한 것이 무엇인지에 대해서는 논쟁의 여지가 있겠지만, 유럽이 사상 유례가 없는 규모의 부를 생산했으며 이전의 어떤 문명보다 월등한 힘과 영향력으로 지구의 나머지 부분을 지배했음을 부인할 수 있는 유럽인은 거의 없었다. 유럽인들(혹은 그들의 후손들)은 세계를 경영했다. 유럽의 지배는 많은 부분이 정치적이었으며 직접 통치가 관건이었다. 유럽의 후손들이 세계의 넓은 지역을 가득 채웠다. 유럽으로부터 여전히 공식적으로나 정치적으로 독립해 있던 비유럽 국가들의 경우에도 대부분의 나라들은 실제로는 유럽의 의사를 존중하며 유럽의 내정간섭을 받아들였다. 이에 저항할 수 있는 토착민들은 거의 없었고, 설사 있다고 해도 유럽은 종종 여기서 가장 교묘한 승리를 쟁취했으니, 왜냐하면 성공적인 저항을 위해서는 유럽식 관습을 받아들여야 했고 이는 곧 다른 형태의 유럽화를 의미했기 때문이었다.

1

장기적 변화

1798년 잉글랜드의 성직자인 토머스 맬서스(1766-1834)는 해당 주제에 관해서 쓰인 책들 가운데 가장 큰 영향력을 미친 것으로 판명된 『인구의 원리에 관한 소론(*Essay on the Principle of Population*)』을 출판했다. 그는 인구증가의 법칙으로 보이는 것을 묘사했지만 이 책의 중요성은 그와 같은 일견 제한된 과학적 시도의 범위를 초월했다. 예를 들면, 이 책이 경제이론과 생물학에 미친 영향은 인구학에 미친 영향만큼이나 중요했다. 그러나 여기에서 그러한 중대한 결과들보다 더 문제가 되는 것은 이 책이 인구에 대한 사고의 변화를 보여주는 지표 역할을 한다는 사실이다. 개략적으로 약 두 세기 동안 유럽의 정치가와 경제학자들은 인구증가는 번영의 신호라는 데에 의견을 함께했다. 그에 따르면 왕들은 신민의 수를 늘리고자 노력해야만 했는데, 왜냐하면 이로써 단순히 더 많은 납세자와 군인들이 생겨나기 때문만이 아니라 인구증가는 경제를 활성화시키는 동시에 경제가 활성화되었음을 보여주는 지표이기도 했기 때문이다. 머릿수가 많아졌다는 것은 분명 경제가 더 많은 사람들을 먹여살리고 있음을 보여주었다. 이러한 요지의 견해를 보증한 것은 다름 아닌 위대한 애덤 스미스였는데, 엄청난 영향력을 발휘했던 그의 『국부론』은 1776년에 이르러서도 인구증가는 경제적 번영에 대한 개략적 시험이라는 데에 동의했다.

맬서스는 이 견해에 찬물을 끼얹었다. 사회 전체에 미치는 영향이 어떻게 판단될 수 있을지와는 상관없이 그는 인구증가는 빠르건 늦건 사회 구성원 대부분, 즉 가난한 이들에게 재난과 고통을 가져온다고 결론지었다. 유명한 증명에서 그는 식량생산이 가능한 땅의 양 때문에 토지생산량에는 한계가 있다고 주장했다. 이는 다시 인구에 한계선을 설정한다. 그러나 인구는 단기적으로는 항상 증가하는 경향이 있다. 인구증가는 점점 더 줄어드는 생계비용의 여유분을 점차 압박하게 된다. 이 여유분이 소진되면 기근이 따라온다. 그러면 인구는 이용 가능한 식량으로 부양할 수 있는 수준까지 줄어들 것이다. 이러한 구조는 오직 남녀가 자녀를 가지는 것을 삼가거나(그리고 도덕적 억제는 그들의 행동이 가져올 결과를 고려하여 만혼을 장려함으로써 이들에게 도움이 될 수도 있다), 아니면 전염병이나 전쟁에 의한 자연적 억제기제에 대한 공포를 통해서만 막을 수 있다.

이 우울한 가설의 복잡성과 치밀성에 대해서는 더 많은 이야기를 할 수 있을 것이다. 이 가설은 엄청난 논쟁을 불러일으켰는데, 맞건 틀리건 상관없이 이토록 관심을 끄는 이론이라면 그 시대에 관해서 우리에게 많은 것을 말해줄 것임에 틀림없다. 아무튼 인구증가는 전부터 걱정거리였기 때문에 맬서스가 쓴 것과 같은 별 감흥 없는 문장으로도 대성공을 거둘 수 있었다. 사람들은 예전과 달리 인구증가를 의식하게 되었고, 바로 이 시기에 인구증가는 그 어느 때보다 빠르게 일어났다. 맬서스의 말에도 불구하고, 인류 가운데 일부 집단들의 수는 19세기에 빠르게 불어나서 예전에는 생각할 수 없던 수준까지 도달했다.

이러한 변화를 측정하기 위해서는 장기적 관점이 최적이다. 정확한 날짜들에 대해서 근심하는 것은 하등의 도움이 되지 않으며, 전체적인 흐름은 현재까지도 지속되고 있다. 러시아(이 나라에 대한 인구통계는 극히 최근까지지도 형편없었다)를 합하면, 당시 유럽 인구는 1800년에 1억9,000만 명에서 한 세기 후에는 약 4억2,000만 명까지 증가했다. 나머지 세계의 인구는 다소 천천히 증가한 듯 보이므로 이는 전 세계의 인구에서 유럽이 차지하는 비중이 5분의 1에서 4분의 1로 늘어난 것을 의미한다. 아시아의 거대한 인구밀집 지역들과 비교한 유럽의 수적 열세는 잠시 동안 감소했다(그 사이 유럽이 누리는 기술적, 심리적 우위는 계속되었다).

게다가 동시에 유럽에서는 대규모의 유럽인 이민이 지속되고 있었다. 1830년대에 유럽인들의 해외 이민은 처음으로 연간 10만 명을 넘어섰는데, 이 수치는 1913년에는 150만 명 이상이 되었다. 더 장기적인 시각으로 보면, 1840

년에서 1930년 사이에 약 5,000만 명이 유럽에서 해외로 이민을 떠났는데 그중 대다수는 서반구로 갔다. 이들과 그 자손들을 총 인구수에 더해야 이 시기에 유럽의 인구증가가 얼마나 가속화되었는지 제대로 측정할 수 있다.

이러한 인구증가는 유럽 내에서 균형적으로 이루어지지 않았는데, 이것이 강대국들의 입지에 중요한 변화를 초래했다. 이들의 힘은 주로 군대의 크기로 측정되었는데, 1871년 독일이 프랑스를 제치고 러시아 서쪽의 유럽에서 단일한 정부 하에 가장 많은 인구를 보유한 나라가 되었다. 이러한 변화를 조망하는 또다른 방법은 서로 다른 시기에 주요 군사강국들이 유럽 인구에서 각각 차지한 비중을 비교해보는 것이다. 예를 들면, 1800년에서 1900년 사이에 러시아의 비중은 전체의 12퍼센트에서 24퍼센트로, 독일은 13퍼센트에서 14퍼센트로 늘어났다. 그 사이 프랑스의 비중은 15퍼센트에서 10퍼센트로, 오스트리아는 그보다는 약간 덜해서 15퍼센트에서 12퍼센트로 줄어들었다. 그러나 인구증가에서 영국만큼 극적인 경우도 드물었으니, 맬서스가 책을 쓰던 무렵 800만 명이던 인구가 1850년이 되면 2,200만 명으로 늘어났다(1914년이 되면 3,600만 명에 육박할 것이다).

게다가 장소마다 비율은 달라도 인구는 모든 곳에서 증가했다. 예를 들면, 동유럽에서 가장 빈곤한 농업지역들은 1920-1930년대에 와서야 최대 증가율을 보였다. 그 이유는 이 시기 동안 모든 지역에 나타난 변화의 근저에 있는 인구증가의 기본적 동력은 사망률 감소였기 때문이다. 역사상 지난 100년만큼 사망률이 극적으로 떨어진 적은 없었는데, 이러한 현상은 19세기 유럽의 선진국들에서 처음으로 나타났다. 개략적으로 말해서 1850년 이전 대부분의 유럽 국가들에서는 출생률이 사망률보다 약간 높았을 뿐, 모든 지역에서 이 둘은 거의 비슷했다. 이를 통해서 여전히 압도적으로 농업적인 사회가 지속되는 가운데 인간 생활을 결정짓는 근본적인 요소들에 가해진 변화가 이때까지만 해도 얼마나 미미했는지를 알 수 있다. 1880년 이후 이러한 상황은 빠르게 변화했다. 유럽 선진국에서 사망률은 연간 1,000명당 35명에서 1900년이 되면 28명으로 꾸준히 떨어졌고, 그 50년 후에는 약 18명으로 떨어졌다. 후진국들에서는 여전히 1850년에서 1900년 사이에는 1,000명당 38명, 1950년까지는 1,000명당 32명의 사망률이 유지되었다.

이는 두 유럽 사이에 현저한 불평등을 발생시켰는데, 그중 부유한 쪽에서는 기대수명이 훨씬 높았다. 유럽의 선진국들은 대부분 서부에 있었기 때문에 이는 (사망률이 높고 빈곤한 나라였던 에스파냐를 빼면) 유럽 동부와 서부 사이의 오래된 구분선을 다시금 강화하고 발틱 해에서 아드리아 해를 가로지르는 상상 속의 경계선을 새롭게 강조한 셈이었다.

사망률 저하와 함께 다른 요인들도 작용했다. 조혼과 출생률 증가는 인구증가 첫 단계에서 경제적 기회가 증대하는 동안 이미 나타났다. 19세기부터는 박애주의적 관심의 증대, 식료품비 하락, 의학과 공학 기술의 진보 및 공공의료 공급의 개선 덕분에 조혼에서 태어난 아이들이 살아남을 확률이 훨씬 더 높아졌기 때문에 이제 이 요인들은 더욱 중요해졌다.

의학과 의료 서비스의 제공은 인구추세에 가장 마지막으로 영향을 미친 요소였다. 의사들은 대략 1870년 이후에야 치사율이 높은 주요 질병들에 대처할 수 있었다. 이것들은 아이들을 죽이는 질병으로서 디프테리아, 성홍열, 백일해, 장티푸스가 여기에 포함되었다. 이에 따라서 유아사망률은 극적으로 줄어들었고 출생시 기대수명은 엄청나게 늘어났다. 그러나 그 이전부터 사회개혁가들과 공학자들이 이미 더 나은 배수시설을 건설하고 도시 확장을 위한 위생조치들을 고안함으로써 이 병들과 다른 질병들의 발생률을 낮추는 데에 많은 기여를 했다. 1830년대와 1840년대에 런던과 파리를 궤멸시키다시피 했던 콜레라는 1900년이 되면 산업화된 나라들에서 완전히 사라졌다.

서유럽 국가들에서는 1899년 이후 대규모의 전염병 발병이 없었다. 이러한 변화가 점점 더 많은 나라들에 영향을 미침에 따라서 이러한 일반적 경향은 어디에서나 평균 사망연령을 올렸고, 이는 장기적으로 극적인 결과를 가져왔다. 20세기 2사분기에 이르면 북미, 영국, 스칸디나비아, 산업화된 유럽에 사는 남녀는 그들의 중세 선조들보다 2배나 3배 더 기대수명이 길었다. 이는 엄청난 결과들을 초래했다.

가장 경제적으로 발달한 이 나라들에서 가속화된 인구증가가 처음으로 공식화되던 바로 그 순간, 그 다음으로 뚜렷한 인구변화의 경향으로서 성장세의 둔화가 나타났다. 사망률이 더 빠르게 감소했기 때문에 오랫동안 눈에 띄지 않았지만 그 이유는 출생률 저하 때문이었다. 어떤 사회건 이러한 경향은 유복한 계층에서 먼저 나타났는데, 자녀수가 소득과 반비례한다는 것은 오늘날까지도 여전히 대략적 법칙으로 통용되고 있다(부유한 미국의 정치 가문들에서 나타나는 유명한 예외들에도 불구하고 말이다). 이는 어떤 사회(동유럽보다는 서유럽)에서는 결혼을 늦추어서 결혼한 여성들의 가임기가 짧아지도록 만드는 경향 때문이었고, 다른 쪽에서는 부부들이 더 적은 수의 자녀들을 가지겠다고 결정했을 뿐만 아니라 이제 효과적인 피임기술들 덕분에 그러한 선택을 보장할 수 있었기 때문이었다. 아마도 몇몇 유럽 국가들에서는 이런 기술들에 대한 지식이 어느 정도 있었을 테지만, 적어도 19세기 들어서 이 기술들의 개량(그중 일부는 필요한 도구를 만들기 위한 과학적, 기술적 진보에 의해서 가능해졌다)과 이에 대한 지식을 전파하기 위한 선전이 이루어졌다는 것은 확실하다. 또 한번 사회적 변화는 갖가지 영향력들의 거대한 파급효과와 연루되었는데, 왜냐하면 이러한 지식의 전파를 예컨대 문해율의 증대나 기대의 상승과 떼어놓고는 생각할 수 없기 때문이다. 사람들이 선조들보다 더 부유해지기 시작했다고는 하지만, 평균적인 삶이 어떤 것인지—따라서 평균적인 규모의 가족은 어느 수준인지—에 대한 그들의 생각은 항상 변화했다. 그들이 이 셈을 맞추기 위해서 결혼을 늦출 것인가(프랑스와 아일랜드의 농민들이 그랬듯이) 아니면 피임법을 쓸 것인가(영국과 프랑스의 중간계급이 그랬듯이)의 문제는 다른 문화적 요인들에 좌우되었다.

남녀들이 가족들 속에서 죽고 사는 방식이 달라지면 사회의 구조가 변화한다. 한편으로 19세기에서 20세기 동안 서구 국가들에서는 젊은이들의 절대적인 수가 많았고 또한 한동안은 그 어떤 때보다 이들이 차지하는 비중도 컸다. 19세기 유럽의 팽창력, 상승력, 활력의 상당 부분을 여기에 돌리지 않을 수 없다. 다른 한편으로 선진국들에서는 점차 구성원들 중 노년까지 살아남는 사람들의 비율이 그 어떤 때보다 높아졌다.

이는 점차적으로 이전 세기에 노년층과 노동을 할 수 없는 이들을 부양해왔던 사회적 기제에 압박을 가했고, 산업계 일자리를 위한 경쟁이 더욱 격화됨에 따라서 이 문제는 더욱 악화되었다. 1914년이 되면 이 문제들의 규모나 이에 대처하려는 노력의 성공 여부는 서로 달랐지만 이와 상관없이 거의 모든 유럽과 북미 국가들은 빈곤과 경제적 의존 문제를 맞서기 위한 방법을 찾기에 골몰하게 되었다.

이러한 흐름은 동유럽에서는 1918년 이후에야 나타나기 시작했는데, 이때 서구 선진국들에서는 이것이 이미 일반화된 구조가 되어 있었다. 사망률은 오랫동안 지속적으로 출생률보다 더 가파르게 떨어졌고, 이에 따라서 현재까지 유럽과 유럽 세계의 지역인구는 계속 늘어났다. 이것은 이 시대의 역사에서 가장 중요한 주제 중의 하나이며 다른 거의 모든 주제들과도 연관되어 있다. 그 물질적 결과들은 미증유(未曾有)의 도시화와 제조업을 위한 거대한 소비시장의 대두에서 찾아볼 수 있다. 그 사회적 결과들은 갈등과 불안정으로부터 이를 해결하기 위한 제도의 변화에 이르기까지 다양했다. 정치가들이 얼마만큼 위험부담을 감당할 수 있는지 (그리고 감당해야 하는지) 결정할 때 인구수를 고려하게 됨에 따라서, 혹은 사람들이 점점 더 인구과잉의 결과들에 대해서 경각심을 가지게 됨에 따라서 국제적 파급효과도 나타났다. 19세기 영국에서는 빈민과 실업자가 넘쳐날지도 모른다는 우려 때문에 이민이 장려되었고, 이는 결과적으로 사람들이 제국에 대해서 생각하고 느끼는 바에 영향을 미쳤다. 그보다 후에 독일인들은 군사적 자원을 잃을지도 모른다는 두려움 때문에 이민을 막았고, 프랑스와 벨기에인들은 같은 이유 때문에 아동수당 지급의 선구자가 되었다.

이러한 몇몇 조치들에서 잘 알 수 있는 것은 맬서스의 우울한 예언들은 시간이 흐르고 그가 두려워했던 재난들이 일어나지 않음에 따라서 망각되는 경향이 있었다는 것이다. 19세기에도 여전히 인구학적 재난은 일어났다. 아일랜드와 러시아에서는 엄청난 기근이 발생했고, 다른 많은 지역들에서도 기근에 준하는 상황이 벌어졌다. 그러나 그러한 재난들은 점차 드물어졌다. 선진국들에서는 기근과 곡물부족 사태가 사라졌고, 이는 질병이 인구에 미치는 피해를 감소시키는 데에 기여했다. 발칸 반도 북쪽의 유럽은 1815년부터 1848년까지, 그리고 1871년부터 1914년까지 두 차례 사실상 동요 없는 긴 평화의 시대를 누렸으니, 맬서스가 이야기한 또다른 인구제한 기제였던 전쟁의 재앙 역시 줄어든 것으로 보였다. 마지막으로 그의 진단의 오류가 사실상 증명된 듯 보인 것은 인구증가가 생활수준 향상을 동반하면서였는데, 이는 평균 사망연령이 올라간 것에서 알 수 있다. 비관론자들은 단지 그것은 맬서스의 주장에 대한 답변이 아니었다고 (타당하게) 대답할 수 있었으니, 일어난 일이라고는 우려했던 것보다 가용 식량자원이 훨씬 더 많았음이 밝혀진 것이었다. 그렇다고 여기서 공급이 무제한이라는 결론이 도출되는 것은 아니었다.

사실상 인간 생활의 기본 조건들을 진실로 바꾸어놓은 얼마 되지 않는 역사적 변화가 또 하나 일어나고 있었다. 이는 식량생산 혁명이라고 부를 수 있을 것이다. 그 시작점은 이미 규명되었다. 18세기 유럽 농업은 이미 중세와 같은 종자로 보통 수확되던 양의 약 2.5배를 얻을 수가 있었다. 이제 더 큰 농업상의 개량이 눈앞에 있었다. 수확량은 심지어 더 극적인 수준으로 올라갈 것이었다. 계측된 바에 따르면 약 1800년부터 유럽의 농업생산성은 연간 약 1퍼센트의 비율로 증가했는데, 이는 이전의 모든 증가비율을 압도한다. 더 중요한 것은 시간이 지남에 따라서 유럽의 산업과 상업이 세계의 다른 지역들에 있는 거대한 곡창들의 개발을 가능하게 했다는 점이다.

이러한 변화들은 모두 하나의 동일한 과정으로부터 나타난 양상들이었는데, 이는 생산력에 대한 투자가 가속화되어 1870년이 되면 유럽과 북아메리카가 세계에서 가장 큰 부의 집결지로 확고히 자리잡은 것을 말한다. 농업이 이 과정에 핵심적 역할을 했다. '농업혁명(農業革命, agricultural revolution)'이라는 말은 이것이 신속한 변화를 의미하는 것으로 간주되지 않는 한에서 수긍할 만한 용어라고 하겠다. 그보다 덜 강렬한 용어로는 1750년에서 1870년 사이에 달성된 (그리고 이후에는 심지어 이를 넘어선) 전 세계적 산출량의 엄청난 급등 현상을 묘사할 수 없을 것이다. 그러나 그것은 매우 복잡한 과정으로서, 수많은 다양한 자원들에 의존했으며 경제의 다른 부문들에 필수불가결한 방식으로 연결되어 있었다. 그것은 종내에는 유럽 대륙뿐만 아니라 남북아메리카와 오스트랄라시아까지 끌어들인 전 세계적 규모의 경제적 변화의 한 측면에 불과했다.

일단 이상과 같은 중요한 조건들을 언급했으니 이제 세부 내용으로 들어갈 수 있겠다. 1750년 잉글랜드의 농업은 세계 최고였다. 가장 발달된 기술들이 적용되었고 농업과 상업 시장과의 결합은 잉글랜드에서 가장 고도로 발달했는데, 이 지역의 우세는 앞으로 한 세기 이상 지속될 것이었다. 유럽의 농부들은 그곳에 가서 농사법을 관찰하고, 가축과 기계를 사고, 조언을 구했다. 그 사이 잉글랜드의 농부들은 국내 평화(1650년 이후 영국 땅에서 대규모의 장기적 군사작전이 전혀 없었다는 것은 경제에 문자 그대로 헤아릴 수 없는 축복이었다)와 자신들의 생산물을 구입할 인구증가에 힘입어 이윤을 창출했고, 이는 기술개량을 위한 자본을 공급했다. 이들이 자본을 이런 식으로 투자할 의향이 있었던 것은 단기적으로는 사업적 전망에 대해서 낙관적으로 반응한 것이었지만, 또한 이를 통해서 잉글랜드 사회의 성격을 더 깊숙이 들여다볼 수 있다. 잉글랜드에서 농업개량의 이득은 스스로의 토지를 소유하고 있거나 시장의 상황에 의해서 형성된 조건에 따라서 차지농으로서 토지를 안정적으로 보유하고 있는 개개인들에게로 돌아갔다. 잉글랜드 농업은 자본주의 시장경제의 일부였고, 여기서는 18세기가 되면 토지마저도 거의 다른 것과 마찬가지의 상품처럼 취급되었다. 유럽 국가들에서 흔했던 토지 사용권에 대한 제한은 헨리 8세가 교회재산을 몰수한 이후로 점점 더 빨리 사라졌다. 1750년 이후 이를 완성시킨 중요한 단계는 (의미심장하게도 곡물가격이 높았을 때와 겹친) 세기 전환기에 나온 다수의 인클로저(enclosure) 법령들이었는데, 이는 영국 농민들이 목초지, 연료 및 기타 경제적 혜택에 대해서 가지고 있던 전통적 권리들을 사적 이윤을 위해서 동원했다. 19세기 초반에 잉글랜드와 유럽 농업 사이에 가장 두드러지는 차이점은 잉글랜드에서는 전통적인 농민은 거의 사라지다시피 했다는 것이었다. 잉글랜드에는 임금노동자와 소규모 자영농은 있었지만, 유럽의 거대한 농촌인구의 경우처럼 공동 사용권이나 수많은 극소규모의 소유지를 통해서 이들을 땅과 연결시켜주는 법적 권리를 미미하게나마 가지고 있는 개인들은 존재하지 않았다.

번영과 잉글랜드의 사회제도가 구축한 틀 내에서 기술의 발달은 계속되었다. 오랫동안 많은 부분이 주먹구구 방식으로 이루어졌다. 예전의 사육자들이 가축개량에 성공한 것은 이제 막 생겨나던 화학이나 당시에는 존재하지도 않던 유전학적 지식 덕분이 아니라 장기간의 실천 속에서 만들어진 스스로의 직감을 따랐기 때문이었다. 그렇다고 하더라도 결과는 주목할 만했다. 풍경 속에 나타나는 가축의 모습이 달라졌다. 중세의 앙상하게 여윈 양들은 등의 단면이 이들을 기르던 수도원의 고딕식 아치와 흡사했는데, 이 양들은 오늘날 흔히 볼 수 있는 살찌고 튼튼하고 만족스러워 보이는 짐승들에게 자리를 내주었다. '잘 정비된 대칭'은 18세기 농부의 자랑이었다. 농장의 외양은 배수 장치와 울타리 치기가 발달함에 따라서 변화했고, 농부들이 각각 개별적으로 경작하는 좁다란 지조(地條)들로 구성된 중세의 넓은 개방경지 대신에 울타리 쳐진 경지에서의 윤작이 나타나서, 잉글랜드의 시골을 거대한 조각보와 같이 만들었다. 이 경지들 중 일부에서는 1750년에 이미 기계를 사용하고 있었다. 18세기에 기계의 사용과 개량을 위해서 많은 노력이 있었지만 이것이 실제로 산출량에 큰 기여를 하게 된 것은 1800년 이후였는데, 이때부터는 점점 더 넓은 경지들이 이용 가능해짐에 따라서 기계의 비용 대비 생산성이 높아졌다. 얼마 지나지 않아서 증기기관이 탈곡기를 돌리게 되었다. 잉글랜드의 벌판에 이것이 등장하면서 궁극적으로 기계가 사람의 힘을 거의 완벽하게 대체하게 되는 20세기의 농장으로 가는 길이 열렸다.

이러한 개량과 변화는 시간차를 두고, 고칠 것은 고쳐가며, 유럽 대륙으로 퍼져나갔다. 이전 수 세기 동안의 거의 변하지 않는 모습들과 비교할 때를 제외한다면 진보는 항상 신속하지는 않았다. 칼라브리아와 안달루시아의 경우 한 세기 동안 변화는 눈에 보이지 않을 정도로 미미했다. 그럼에도 불구하고 유럽의 농촌은 변했고, 이 변화들은 여러 가지 경로로 찾아왔다. 식량공급의 경직성에 대항한 투쟁은 마침내 성공을 거두었으나, 그것은 고정된 윤작방식, 뒤떨어진 재정 처리, 저급한 경작과 목축 수준 그리고 순전한 무지에 대항한 수없이 많은 개별적 싸움에서 승리한 끝에 나온 결과물이었다. 여기에서 얻어진 소득으로는 가축개량, 곡식 병충해와 가축 질병의 보다 효과적인 관리, 완전히 새로운 품종들의 도입과 그밖의 많은 것들을 들 수 있다.

그토록 포괄적인 기반의 변화는 종종 기존의 사회적, 정치적 관념들에 거스르며 작용해야 했다. 프랑스는 1789년에 공식적으로 농노제를 폐지했지만, 당시 프랑스에는 농노가 거의 남아 있지 않았기 때문에, 이는 큰 의미가 있지는 않았을 것이다. 같은 해에 일어난 '봉건제'의 폐지가 훨씬 더 중요한 사건이었다. 이 모호한 단어가 의미하는 바는 개인이 땅을 다른 것과 마찬가지의 투자 대상으로 활용하는 데에 걸림돌이 되던 무수한 전통적, 법적 사용권과 권리들을 말소한다는 것이었다. 스스로 이를 원한다고 생각했던 많은 농부들은 실제로 벌어지니 대번에 이것이 전혀 마음에 들지 않음을 깨달았다. 여기에서 이들은 차별화된 접근법을 취했다. 그들은 장원 영주에게 바치는 관습적 부과조 철폐에는 기뻐했지만, 공유지에 따라오는 관습적 권리를 상실하는 것은 환영하지 않았다. 이 모든 변화는 이것이 토지의 대대적 재분배와 동시에 일어났다는 사실 때문에 더욱 혼란스럽고 측량하기 어려워졌다. 이전에 교회의 소유였던 많은 토지가 몇 년 사이에 개인들에게 매각되었다. 잉글랜드와 비교해보면 직접 토지를 소유한 사람들의 수의 증가 및 소유지의 평균 면적 증대는 프랑스에 엄청난 농업 발전의 시대를 가져와야 했겠으나, 실제로는 그렇지 않았다. 진보는 매우 느렸고, 잉글랜드식의 개인 소유지 확립은 거의 일어나지 않았다.

이는 변화의 속도와 균일성에 대한 일반화는 조심스럽게 제한적으로 이루어져야 함을 잘 보여준다. 독일인들이 1840년대에 순회 농기구 전시에 대해서 보였던 열광에도 불구하고 이들의 거대한 나라는 한 경제사학자가 '대략적으로 말하면 철도의 시대가 오기 전에는 농민들의 삶에서 확인되는 어떤 전반적, 전면적 개선도 없었다'라고 말했던 나라들 중의 하나였다(또다른 나라는 프랑스이다). 그러나 농업개량을 가로막던 중세적 제도의 해체는 그 전부터 분명히 지속적으로 진행되었으며 이를 위한 길을 예비했다. 어떤 지역에서는 나폴레옹 시대에 프랑스 점령군이 도착하여 프랑스 법을 도입하면서 이 과정이 가속화되었으며, 이후 다른 요인들과 합쳐져서 1850년이 되면 토지와 부역에 종속된 농민은 대부분 유럽 지역에서 사라졌다.

그러나 구체제적 태도들은 제도가 사라진 후에도 잔존했다. 프로이센, 마자르, 폴란드의 지주들은 좋건 나쁘건 장원에서 자신들의 가부장적 권위를 상당 부분 유지한 것으로 보이는데, 이는 그에 대한 법적 지원이 사라진 후에도 늦게는 1914년까지 지속되었다. 이는 이 지역들에서 보수적인 귀족적 가치들의 연속성이 서유럽보다 더 집중적, 집약적 형태로 보장되는 데에 중요한 역할을 했다. 융커 귀족들은 장원 경영을 계획하는 데에는 종종 시장의 영향력을 받아들였지만 소작농들과의 관계에서는 아니었다.

농업에서 전통적인 법적 형태의 변화에 대한 가장 장기적인 저항은 러시아에서 일어났다. 이곳에서는 농노제 자체가 1861년 폐지될 때까지 지속되었다. 농노제 폐지령이 러시아에 즉각적으로 완전히 개인주의적인 시장경제의 원칙을 가져다준 것은 아니었지만, 이와 함께 유럽사의 한 시대가 끝이 났다. 우랄산맥에서 에스파냐의 라코루냐에 이르기까지 더 이상 농노제에 의해서 대부분이 경작되는 토지는 법적으로 존재하지 않았고, 지주에게 구속되어 떠날 수 없는 농부들도 더 이상 없었다. 이는 야만족 침입의 시대에 고대로부터 서구 기독교 세계로 이어져서 수 세기 동안 유럽 문명의 기반이 되어왔던 체제의 종말을 의미했다. 1861년 이후 유럽의 농촌 프롤레타리아는 어디서나 임금이나 생활비를 위해서 노동했다. 잉글랜드와 프랑스에서 14세기 농업의 위기 이후 퍼져나가기 시작했던 양식이 이제 보편화되었다.

공식적으로 중세적인 부역노동 사용권은 유럽 세계를 이루는 몇몇 아메리카 국가들에서 가장 오래 지속되었다. 가장 순수한 형태의 강제노동인 노예제는 (비록 승전한 정부가 2년 전에 이미 선포했지만) 노예제 폐지가 공화국 전체에서 시행된 1865년 남북전쟁 말기까지 미국에서 합법적이었다. 이를 가능하게 한 전쟁으로 이 나라는 이전의 빠른 발달에서 잠시 이탈했으나, 발달은 곧 재개되어 미국은 유럽에 매우 중요한 존재가 되었다. 전쟁 전에도 목화재배업, 즉 노예제에 대한 논쟁의 중심이었던 바로 그 사업적 농업은 신세계가 어떻게 유럽 농업을 보완하여 이에 필수불가결한 존재가 될 수 있었는지 이미 보여주었다. 전쟁 후에는 유럽으로 그곳에서 쉽게 재배할 수 없는 목화 같은 생산품들뿐만 아니라 식량을 공급할 수 있는 판로가 열렸다.

미국—그리고 또한 캐나다, 오스트레일리아, 뉴질랜드, 아르헨티나, 우루과이—은 곧 유럽에서 생산되는 것보다 훨씬 더 값싼 가격으로 식량을 공급할 수 있음을 입증했다. 두 가지 요소 덕분에 이것이 가능했다. 하나는 이 새로운 땅들의 거대한 규모였는데 이제 이것이 유럽의 자원에 더해졌다. 아메리카의 평원, 남아메리카 팜파스의 거대한 목초지, 오스트랄라시아의 온대 지방은 곡물을 경작하고 가축을 기르기 위한 광대한 땅을 제공했다. 두 번째는 이 지역들을 처음으로 개발 가능하게 만든 운송상의 혁명이었다. 증기기관차와 증기선이 1860년대부터 점차 더 많이 생겨났다. 이는 운송비용을 신속하게 낮추었고, 이 과정은 낮은 가격이 더 많은 수요를 창출함에 따라서 더 빨라졌다. 이에 따라서 더 많은 이윤이 창출되어, 신세계의 방목장과 평원들에 더 많은 자본 투자가 이어졌다. 더 작은 규모로는 같은 현상이 유럽 내부에서도 진행 중이었다. 1870년대부터 동유럽과 독일의 농부들은 자신들이 러시아산 곡물과 경쟁 중임을 깨닫게 되었다. 일단 철도가 폴란드와 러시아 서부에 깔리고 증기선이 흑해의 항구들로부터 곡물들을 실어올 수 있게 되자, 러시아산 곡물은 증식하는 도시들에 매우 저렴한 비용으로 접근할 수 있게 되었다. 1900년이 되면 유럽의 농부들은 그들이 알건 모르건 전 세계를 상대로 일하고 있었다. 칠레산 구아노나 뉴질랜드산 양의 가격이 이미 그들의 지역 시장에서 일어나는 일을 결정할 수 있었다.

이러한 간략한 그림 속에서도 농업 팽창의 이야기는 가히 폭발적이다. 먼저 문명을 만들고 그후 수천 년 동안 문명의 팽창에 제약을 가해왔던 농업이 돌연히 그 추진제가 되었다. 약 한 세기 내에 농업은 갑자기 전례 없이 많은 사람들을 먹여살릴 수 있음을 보여주었다. 커가는 도시들의 수요, 철도의 도래, 자본의 이용 가능성, 이 모든 것은 이것이 1750년에서 1870년 사이에 성장한 횡대양적 경제의 다른 측면들과 밀접하게 상호연관되어 있었다는 점을 가리킨다. 시간 순서상의 우선성과 투자자본 생성처로서의 엄청난 중요성에도 불구하고 이 시기에 나타난 농업의 이야기는 (편의를 위해서가 아니라면) 전반적인 성장의 이야기와 떼어놓을 수 없다. 후자는 완전히 새로운 사회, 즉 대규모 산업화에 기초한 새로운 사회의 출현에 의해서 가장 명백하고 극적인 방식으로 나타났다.

이것은 또다른 거대한 주제이다. 이 주제가 얼마나 방대한지 들여다보기만하는 것조차 쉽지 않다. 이는 야만인의 침입 이후 유럽사에서 가장 괄목할 만한 변화를 도입했으며, 사실상 그보다도 훨씬 더 중요한 것으로, 즉 농업, 철, 바퀴의 도입 이후 인류 역사에서 가장 거대한 변화로 간주되었다. 상당히 짧은 기간 내—한 세기 반 정도—에 농부와 직공들의 사회가 기계공과 회계원들의 사회로 바뀌었다. 역설적이게도 이를 출현시킨 농업은 이 때문에 오랫동안 누리던 최우선적 지위를 상실했다. 이는 인간의 경험을 수천 년간의 문화적 변화로 빚어진 분화 상태로부터 되돌려 공동의 경험으로 방향을 바꾸어, 다시 한번 문화적 수렴을 향해서 나아가게 만들 주요 요인들 중의 하나였다.

그 중심에 있는 과정들은 우리의 삶 속에 분명히 존재함에도 불구하고 이를 정의하는 것조차 결코 쉬운 일이 아니다. 그중 하나는 인간이나 동물의 노동이 점차 다른 자원들, 특히 점차 늘어나는 광물자원의 힘으로 돌아가는 기계노동으로 대체되었다는 것이다. 다른 하나는 훨씬 큰 단위의 생산조직이다. 또다른 하나는 제조업상 분업의 증대이다. 그러나 이 모든 것들은 이를 훨씬 뛰어넘는 영향력과 파생효과들을 빚어낸다. 비록 이 과정이 수없이 많은 기업가와 소비자들의 수없이 많은 의식적 결정들에 의해서 만들어진 것이라고 하더라도, 산업화는 또한 사회생활을 강력한 변화로 휩쓰는 익명의 힘처럼 보이기도 한다. 한 철학자는 이를 일컬어 혁명적 변화의 절반은 '무자비한 힘들'이 만드는 이야기라고 간파했다. 산업화는 새로운 종류의 도시들을 의미했고, 새로운 학교와 새로운 형태의 고등교육, 새로운 방식의 일상과 공동생활을—매우 신속하게—필요로 했다.

그러한 변화를 가능하게 한 뿌리들은 근대 초보다 훨씬 더 멀리 거슬러 올라가며, 반드시 유럽에만 존재한 것도 아니었다. 투자자본은 수 세기 동안의 농업적, 상업적 혁신을 통해서 천천히 축적되어왔다. 지식 역시 쌓여왔다. 산업화가 진행되자 운하가 대규모 운송을 위한 최초의 통신망을 제공함에 따라서 18세기부터 유럽에서는 전례 없이 많은 운하 건설이 시작되었다(비록 그때까지는 중국이 운하 건설에서 수위를 차지하고 있었지만 말이다). 그러나 카롤루스 대제의 부하들도 운하를 만드는 법은 알고 있었다. 가장 놀라운 기술혁신일지라도 과거에 깊이 뿌리내리고 있기 마련이다. '산업혁명(産業革

命, industrial revolution : 19세기 초 프랑스인들이 그 시대의 엄청난 격변에 이런 이름을 붙였다)'을 만든 사람들은 미래를 위한 기술과 경험을 서서히 쌓아왔던 전산업 시대의 수없이 많은 기능공과 숙련공들의 어깨 위에 올라선 것이나 마찬가지였다.

예를 들면, 14세기 라인란트 사람들은 주철을 만드는 것을 배웠다. 1600년이 되면 용광로가 점차적으로 퍼져나가기 시작함에 따라서 비싼 비용 때문에 이전까지 철 이용에 부과되었던 제약이 없어졌고, 18세기에는 제련 과정에서 목재 대신 석탄을 연료로 사용할 수 있게 만든 혁신이 나타났다. 후대의 기준으로는 적은 양이라고 해도 철이 값싸지자 이를 이용하는 새로운 방법들이 실험되었고, 그 이상의 변화가 이후 이어질 터였다. 새로운 수요는 곧 철광석이 쉽게 발견될 수 있는 지역들이 중요해졌음을 의미했다. 새로운 제련기술로 식물연료 대신 광물연료가 사용 가능해짐에 따라서 석탄과 철의 공급지가 그 이후 유럽과 북미 산업의 지형도를 결정하기 시작했다. 북반구에는 세계에서 발견된 석탄 공급량 중 많은 양이 묻혀 있었는데, 이는 돈 강 유역에서 슐레지엔, 루르, 로렌, 북잉글랜드, 웨일스를 거쳐 펜실베이니아와 버지니아 서부에 이르는 거대한 지대에 있었다. 바로 이러한 조합이 처음에는 잉글랜드, 그리고 다음에는 다른 지역들에 새로운 생산양식으로 진입할 수 있는 유일무이한 기회를 주었다.

양질의 금속과 풍부한 연료가 더 많아지자 이는 새로운 에너지 자원, 즉 증기기관의 발명을 통해서 초기 산업화에 결정적으로 기여했다. 증기의 힘이 물체를 움직이는 데에 쓰일 수 있다는 것은 헬레니즘 시대 알렉산드리아에서도 알려져 있었다. 설사 (혹자가 믿듯이) 이러한 지식을 발전시킬 수 있는 기술이 존재했다고 하더라도, 당시의 경제생활에서는 그러한 노력을 들일 만한 가치가 없었다. 18세기에는 이 기술에 거의 근본적 변화라고 해도 좋을 정도로 중요한 일련의 개량이 더해진 데다가 이에 투자할 자금도 있었다. 그 결과로 이 에너지 자원은 신속하게 혁명적 중요성을 가진 것으로 인정받았다. 새로운 증기기관은 석탄과 철의 산물이었을 뿐만 아니라, 연료와 기관 자체를 만들기 위한 재료 양쪽으로 그것들을 직접적으로 소비했다. 간접적으로는 이들에 대한 수요를 증대시킨 다른 공정들을 가능하게 함으로써 생산을 자극했다. 가장 명백하고 극적인 것은 철도 건설이었다. 이는 우선 엄청난 양의 철을, 다음으로는 철로와 철도 차량의 제조를 위해서 강철을 필요로 했다. 그러나 또한 이를 통해서 상품들을 훨씬 더 낮은 비용으로 운송하는 것이 가능해졌다. 새로운 철도가 또다시 석탄이나 철광석을 운반함으로써 이 자원들은 이것들이 쉽게 채굴되는 지역에서 멀리 떨어진 곳에서도 값싼 가격으로 이용될 수 있었다. 철도 노선 가까운 곳에서는 새로운 공업지역들이 생겨났고, 철도는 거기서 멀리 떨어진 시장까지 상품을 운반할 수 있었다.

증기가 운송과 통신에 끼친 변화는 철도만이 아니었다. 최초의 증기선은 1809년에 출항했다. 1870년이 되어서도 범선은 아직 많았고 해군은 여전히 돛을 한껏 펼친 전함들을 건조하고 있었지만, 이제 증기선의 정기적 대양 항해는 흔한 일이 되었다. 그 경제적 효과는 극적이었다. 1900년경 대양을 건너는 운송편의 실제 비용은 100년 전에 들었을 값의 7분의 1이었다. 증기선과 철도로 가능해진 비용, 운송 시간, 공간의 절감은 무엇이 가능한가에 대한 일반적인 사고를 완전히 뒤집어놓았다. 말을 길들이고 바퀴를 발명한 이후 인간과 물자들은 지역에서 사용 가능한 도로 사정에 따라서 다르기는 하겠지만 가늠컨대 어떤 거리건 시간당 1마일에서 5마일 이하의 속도 제한에 묶여 있었다. 더 빠른 여행은 수로를 통해서 가능했는데, 지난 1,000년간 선박들이 꽤 높은 수준의 개량을 거치면서 아마도 사정은 얼마간 나아졌을 것이다. 그러나 그 모든 느린 개량 과정들을 아무것도 아닌 것처럼 만드는 일이 벌어졌다. 한 사람의 일생 동안 말을 타고 여행하는 것과 시간당 40마일 혹은 심지어 50마일로 달릴 수 있는 철도로 장기간 여행하는 것의 차이를 목격할 수 있었던 것이다.

오늘날에는 산업화의 풍경들 가운데 가장 보기 좋은 것 중의 하나, 즉 속도를 내서 달리는 기관차의 굴뚝에서 나오는 기다란 연기 기둥이 초록의 풍경을 배경으로 잠시 머물렀다가 사라지는 광경을 볼 수 없다. 이는 그 광경을 처음 본 사람들에게 강한 인상을 남겼는데, 산업화로 인한 변화의 다른 시각적 측면들 역시 (그보다 별로 보기 좋지는 않았지만) 마찬가지였다. 가장 충격적인 광경들 중의 하나는 시꺼먼 공업도시였는데, 전산업화 시대의 도시에서 가장 두드러지는 풍경이 교회나 성당의 첨탑이었다면 여기서는 연기를 뿜는 굴뚝이 달린 공장이었다. 공장이란 것이 어찌나 극적이고 새로웠던지 그것이 산업화 초기 단계의 전형이 아니라 흔치 않은 표출 형태라는 것은 종종 언급되지 않고 넘어가곤 한다. 19세기 중반까지도 대부분의 잉글랜드 산업노동자들은 50명 이하를 고용하는 제조업 기업들에 종사했다. 오랫동안 대규모 노동 집합체들은 방직업에서만 찾아볼 수 있었다. 이 지역에 처음으로 그 이전의 제조업계 도시들과는 다른 시각적, 도시적 모습을 부여한 랭커셔의 거대한 면방적 공장들이 놀라움을 자아낸 것은 독특했기 때문이었다. 그러나 1850년이 되면 누가 봐도 분명하게 제조업 공정에서 대세는 점점 더 한 지붕 아래의 노동력 집중으로 기울어졌는데, 이는 운송의 경제성, 기능 분화, 보다 강력한 기계의 사용, 효과적인 노동규율 부과 등의 요인 때문에 매력적으로 다가왔다.

19세기 중반에 이상에서 언급한 가장 극적인 모습들을 포함한 변화로 인해서 성숙한 산업사회가 출현한 곳은 오직 한 나라, 즉 영국뿐이었다. 그 뒤에는 장기간 의식하지 못한 채 이루어진 준비가 있었다. 국내 평화 및 대륙보다 덜 탐욕스러운 정부는 투자에 대한 확신을 창출했다. 농업은 이로부터 나온 새로운 잉여를 잉글랜드에 처음 공급했다. 쉽게 개발 가능한 광물자원들 덕분에 두세 세대를 거친 괄목할 만한 발명들로부터 나온 새로운 기술적 도구들이 이용 가능하게 되었다. 팽창하는 해외무역은 투자를 위한 자본을 증대시켰고, 기본적인 재정 및 금융 기구는 산업화 때문에 필요해지기 이전부터 이미 존재하고 있었다. 사회는 변화를 위한 심리적 준비를 이미 마친 듯 보였다. 관찰자들은 18세기 잉글랜드에 금전적, 상업적 기회에 대한 예외적 감수성이 존재함을 감지했다. 마지막으로 인구가 증가함으로써 노동과 제조품 둘 다를 위한 수요 증대를 만들어냈다. 이 모든 힘들이 합쳐진 결과는 전례 없는 지속적 산업발전이었으며, 이는 처음에는 완전히 새로운 것처럼 보였지만 19세기 후반에는 돌이킬 수 없는 것이 되었다.

1870년이 되면 독일, 프랑스, 스위스, 벨기에, 미국도 영국처럼 자립적인 경제성장 능력이 있음을 보여주었지만, 그들 중에서도 여전히 영국이 공장의 규모나 역사적 중요성 양쪽 측면에서 여전히 수위를 차지했다. 영국인들이 스스로에 대해서 즐겨 말하듯 '세계의 공장'의 주민들은 산업화 이후 얼마만큼의 부와 권력이 따라왔는지를 보여주는 수치들을 일람하기를 즐겨했다. 1850년 영국은 세계에서 대양을 오가는 선박의 절반을 소유했고, 세계의 철도 선로의 절반을 보유하고 있었다. 이 선로 위에서 열차들은 정확하고 규칙적으로 달렸고, 심지어 속도조차도 이후 100년간 별로 나아지지 않았다. 철도는 이러한 종류 중 최초의 (그리고 그 단어의 사용에서도 첫 번째의) 예인 '시간표'에 의해서 조정되었고, 그 운영은 전신으로 이루어졌다. 여기에 탑승한 남녀들은 불과 몇 년 전만 해도 승합마차나 짐마차에나 타던 사람들이었다. 런던에서 열린 거대한 만국박람회가 영국의 새로운 패권을 자랑했던 1851년 무렵 영국은 250만 톤의 철을 제련했다. 그다지 많은 것으로 들리지 않겠지만, 이는 미국의 5배, 독일의 10배에 달했다. 당시 영국의 증기기관은 120만 마력 이상을 생산할 수 있었는데, 이는 전 유럽의 것을 합친 양의 절반을 넘었다.

1870년이 되면 나라들의 상대적인 위치에서 이미 변화가 나타나기 시작했다. 영국은 여전히 대부분의 분야에서 수위를 차지했지만 그 정도는 전보다 결정적이지 않았고, 이를 오래 유지하지도 못할 터였다. 영국은 여전히 다른 유럽 국가들보다 더 많은 증기마력을 보유하고 있었지만, 미국은 이를 앞섰고 (1850년에 이미 이를 추월했다), 독일도 바짝 뒤쫓고 있었다. 1850년대에는 독일과 프랑스 양국에서도 이미 영국에서 벌어졌던 중요한 이행이 벌어져서 대부분의 철을 석탄으로 제련하는 것에서 광물연료로 제련하는 단계로 넘어갔다. 철생산 부문에서의 영국의 우위는 여전했고 선철 산출량도 증대했지만, 이제 미국의 3과 2분의 1배, 독일의 4배밖에 되지 않았다. 그러나 이것만 해도 여전히 엄청난 우세였고, 영국 산업이 지배하는 시절은 아직 끝나지 않았다.

영국을 선두로 한 산업국가들은 이들의 미래와 비교하면 아직 보잘것없는 존재들이었다. 그들 중 19세기 중반 대다수 인구가 도시지역에 거주하는 나라는 영국과 벨기에밖에 없었다. 1851년의 조사는 농업이 영국의 산업 중 단일 노동 고용으로 여전히 가장 거대한 부문이었음을 보여준다(이에 버금가는 것은 가내노동밖에 없었다). 그러나 이 나라들에서는 점차 더 많은 인구가 공업에 종사하게 되었고, 새롭게 나타난 경제적 부의 집중과 새로운 규모의 도시화는 모두 당시 진전 중이던 변화의 과정을 눈에 잘 띄게 만들었다.

노동자들이 몰려들면서 전 지역에서 변화가 찾아왔다. 공장이 건설되고 굴뚝이 치솟았고, 새로운 도시들이 늘어나면서 요크셔의 웨스트 라이딩, 루르 지방, 슐레지엔과 같은 장소들의 외관을 변화시켰다. 이 지역들은 19세기에 극적인 속도로 성장했는데, 이는 19세기 후반에 특히 심해서 이때에는 나중에 '광역 도시권'이라고 불리게 될 지역의 핵심이 될 거대한 중심지들의 모습이 두드러졌다. 생전 처음으로 몇몇 유럽의 도시들은 더 이상 농촌으로부터의 이주에 의지하여 팽창하지 않게 되었다. 나라들마다 도시지역을 정의하는 방법이 달랐기 때문에 도시화의 지표들을 측정하기에는 어려움이 있으나, 그렇다고 해서 당시 진행 중이던 상황의 주된 모습들이 흐려지는 것은 아니다. 1800년경 런던, 파리, 베를린에는 각각 90만, 60만, 170만 명의 주민이 있었다. 이들은 대도시이기는 하지만, 아시아의 도시들에 견주면 일반적으로 왜소했다. 1900년경 그 숫자는 약 470만, 360만, 270만 명에 이른다. 이 해에는 글래스고, 모스크바, 상트페테르부르크, 빈에도 역시 각각 100만 명 이상의 거주민이 있었다. 1800년에는 세계 10대 대도시가 3곳을 빼놓고는 모두 아시아에 있었다. 1900년에는 오직 하나, 도쿄만이 이 목록에 올랐다.

이 거대도시들 그리고 그보다는 작지만 옛 도시들과 비교하면 이들을 무색하게 할 만큼 엄청나게 큰 도시들은 계속 시골로부터 다수의 이민자들을 끌어들였는데, 이는 영국과 독일에서 두드러졌다. 이는 산업화가 처음으로 진전되었던 상대적으로 적은 수의 나라에서 나타나는 경향을 반영했다. 왜냐하면 처음에 노동자들을 이곳으로 끌어들인 것은 산업이 만든 부와 고용이었기 때문이다. 이러한 도시화와 이주의 과정은 근대성의 주요 요소들 중 하나가 될 것이었다. 산업화는 사람들을 그들의 촌락, 나라, 문화로부터 뿌리 뽑아서 이들을 두렵고도 흥분되는 새로운 도시의 배경 속에 배치했다.

도시에 대한 견해는 많은 변화를 거쳤다. 18세기 말 무렵에는 전원생활에 대한 감성적 발견과 같은 종류가 유행했다. 이는 산업화 첫 단계와 같은 시대에 벌어졌는데, 19세기가 시작되면서 새로우면서도 종종 불쾌한 모습을 드러내던 도시생활에 반대하는 미적, 도덕적 비판의 조류가 나타났다. 도시화가 불청객으로, 혹은 많은 사람들의 눈에 유해한 변화로 보였다는 사실은 당시 진행 중이었던 일이 혁명적 힘을 가지고 있었음을 입증한다. 보수주의자들은 도시를 불신하고 두려워했다. 유럽 정부들이 도시의 불만을 쉽게 다스릴 수 있음을 증명한 지 오랜 후에도 도시는 혁명의 둥지가 될 공산이 크다는 의심을 샀다. 이것이 별로 놀라운 일이 아닌 것은, 많은 새로운 거대도시의 중심지들에서의 생활 조건은 빈민들에게 종종 가혹하고 지독했기 때문이다. 누구나 런던 이스트엔드의 슬럼을 통과하면서 빈곤, 오물, 병, 결핍을 보여주는 끔찍한 증거들을 볼 수 있었다. 프리드리히 엥겔스(1820-1895)라는 젊은 독일 사업가는 1844년에 이 세기의 책들 가운데 가장 영향력이 큰 책 중의 하나인 『잉글랜드 노동계급의 상황(*Die Lage der arbeitenden Klasse in England*)』을 저술해서 맨체스터 빈민들의 끔찍한 생활 조건을 폭로했는데, 많은 잉글랜드의 저술가들 역시 비슷한 주제에 이끌렸다. 프랑스에서는 '위험한 계급(파리의 빈민들을 부르는 말)' 현상이 19세기 전반에 정부의 골치를 썩였고, 빈곤 때문에 1789년에서 1871년까지 일련의 혁명적 소요들이 발발했다. 커가는 도시들에서 사회의 지배자들과 수혜자들에 대한 원한과 증오가 빚어지고 이것이 잠재적으로 혁명의 힘이 되리라고 두려워하는 것은 분명 터무니없는 일은 아니었다.

도시가 이데올로기적 전복을 가져오리라고 예견하는 것 역시 타당한 일이었다. 도시는 19세기 유럽에서 전통적인 행위양식에 대한 거대한 파괴자였고, 새로운 사회적 형태와 사상을 낳는 도가니였으며, 농촌 공동체를 규제했던 사제, 향사, 이웃들의 감시에서 쉽게 벗어날 수 있는 거대한 익명의 숲이나 마찬가지였다. 그 속에서 (그리고 이는 문해력이 천천히 아래로 퍼져나감에 따라서 더욱 사실이 되었는데) 새로운 사상들이 나타나서 오랫동안 도전받지 않았던 가정들에 압박을 가했다. 19세기 유럽의 상층계급은 도시생활에서 겉보기에 나타나는 무신론과 불륜 성향에 특별히 충격을 받았는데, 이에 대한 흔한 반응들 중 하나는 교회를 더 짓는 것이었다. 그들이 느끼기로는 여기에는 종교적 믿음과 정통파 교의(이에 대해서는 상층계급 스스로도 오랫동안 별 문제없이 이견을 허용해왔다) 이상의 것이 달려 있었다. 종교는 도덕을 지탱하는 거대한 기둥이자 기존 사회질서의 지지대였다. 혁명을 주장하는 문필가였던 카를 마르크스(1818-1883)는 종교는 '인민의 아편'이며 유산계급은 종교를 결코 같은 방식으로 취급하지 않을 것이라고 비웃었지만, 사회적 접착제로서의 종교의 중요성은 인정했다.

그 결과 중의 하나로 가톨릭과 신교 국가들 양쪽에서 도시를 재기독교화시키기 위해서 장기간 계속된 일련의 시도들이 있었다. 옛 마을과 촌락들의 중심부에 있던 전통적인 교구조직들과 종교적 제도를 집어삼켜버린 지 오래인 도시지역에서 교회가 어떤 기반이라도 가진 적이 있었으리라고 생각하는 한 그 노력은 잘못된 판단의 소치였다. 그러나 여기에는 다양한 표현 형태가 뒤따랐으니, 이는 교외의 산업지역에 새로운 교회들을 짓는 것부터 복음주의와 사회복지 사업을 결합하는 선교단을 만들어 성직자들에게 근대 도시생활의 실상을 가르치는 것까지 포함했다. 세기말이 되면 종교적 심성을 가진 사람들은 그들의 전임자들과 달리 적어도 자신들이 마주한 도전을 잘 인식하고 있었다. 한 위대한 잉글랜드의 복음주의자는 자신의 책 중 하나의 제목을 『암흑의 잉글랜드(*Darkest England*)』라고 지었는데, 이는 해외 이교도 국가들에서의 선교사업과의 유사성을 강조하기 위해서 세심하게 만들어진 말이었다. 그의 해법은 새로운 부류의 주민들에게 호소하고 도시사회의 죄악들과 맞서 싸우기 위해서 특별히 고안된 아주 새로운 종교적 선동기구를 창립하는 것이었는데, 이것이 바로 구세군이다.

여기에서 다시 한번 산업화가 가져온 혁명은 물질생활을 훨씬 넘어서는 영향력을 발휘했다. 우리가 알기로 근대 문명은 그 중심부에 어떤 형태로든 공식적인 종교적 믿음의 구조를 가지고 있지 않은 최초의 예인데, 이것이 어떻게 탄생했느냐를 따지는 것은 극도로 복잡한 문제이다. 아마도 전통적인 종교적 의식을 붕괴시키는 데에서 도시의 역할을, 예컨대 식자층의 믿음을 변질시키는 데에 과학과 철학이 한 역할과 분리시킬 수는 없을 것이다. 그러나 새로운 미래는 이미 1870년 유럽의 산업화된 지역의 주민들 속에 이미

가시적으로 드러났다. 그중 많은 이들은 글을 읽고 쓸 줄 알고, 전통적인 권위로부터 유리되었으며, 세속적 심성의 소유자로서 그들 자체를 하나의 독립체로 인식하기 시작했다. 이는 이제까지 나타난 그 어떤 것과도 다른 문명의 기반을 이루었다.

이는 예측일 뿐이지만 실제로 타당하기도 한 것이 이를 통해서 산업화가 삶의 모든 측면에 미친 영향이 얼마나 빠르고 심대했는지 다시 한번 알 수 있기 때문이다. 심지어 삶의 리듬도 변했다. 이전의 역사를 통틀어 인류 대부분의 경제행위는 근본적으로 자연의 리듬에 의해서 조절되었다. 농경이나 목축 경제에서는 이것이 1년의 패턴을 부여하면서 무슨 일을 해야 하고 무슨 일을 할 수 있는지 좌우했다. 계절에 따라서 부여된 틀 내에서 빛과 어둠, 좋은 날씨와 궂은 날씨와 같은 부차적 구분들이 운용되었다. 소작인들은 자신들의 농기구, 가축, 그리고 자신들이 먹을 빵을 얻는 땅과 매우 친밀한 관계 속에서 살았다. 심지어 상대적으로 적은 수의 소도시 거주민들조차도 크게 보면 자연의 힘에 의해서 좌우되는 삶을 살았다. 영국과 프랑스에서 흉작은 1850년을 넘어서도 여전히 경제 전체에 타격을 주었다. 그러나 이때쯤이면 많은 사람들은 이미 매우 다른 조율장치들이 좌우하는 리듬 속에서 살고 있었다. 무엇보다 이들의 삶은 생산수단들과 그 요구들—기계를 계속 경제적으로 이용해야 하는 필요성, 투자자본의 저렴함이나 부족함, 노동의 이용 가능성—에 의해서 형성되었다. 그 상징은 공장이었고, 공장의 기계들은 정확한 시간 엄수가 필수불가결한 노동방식을 만들었다. 산업노동의 결과, 사람들은 시간에 대해서 완전히 새로운 방식으로 생각하기 시작했다.

산업주의는 새로운 리듬을 부과했을 뿐만 아니라 노동자를 새로운 방식으로 노동에 연결시켰다. 이를 평가하면서 과거에 대한 감상적 접근을 피하기란 어렵지만 또한 꼭 필요한 일이기도 하다. 언뜻 보면 공장노동자들이 자신들의 단조로운 작업 일과, 개인적 감정의 배제, 타인의 이익을 위해서 일한다고 느끼게 만드는 배경에 대해서 느끼는 환멸은 이로부터 촉발된 수사들을 정당화시키는데, 이것이 사라진 숙련공의 세계에 대한 후회의 형태로 나타나든 노동자의 생산물로부터의 소외 현상에 대한 분석으로 나타나든 마찬가지이다. 그러나 중세 농부의 삶도 단조롭기는 매한가지였고, 그중 많은 부분은 타인의 이익을 위해서 일하는 데에 소진되었다. 고용주 대신에 일출과 일몰에 의해서 정해진다고 해서 혹독한 일과가 덜 고통스러운 것도 아니었고, 호경기와 불경기가 아니라 가뭄과 태풍에 의해서 달라진다고 해서 이것이 더 즐거운 것도 아니었다. 그러나 그 결과들을 과거와 비교하여 어떤 식으로 평가한들, 새로운 규율은 수많은 남녀가 생계를 꾸리는 방식을 혁명적으로 변화시켰다.

하나의 명백한 예는 곧 초기 산업주의의 지속적인 죄악들 중의 하나로 악명을 떨치게 되는 아동노동 착취에서 찾을 수 있다. 노예제 폐지와 그에 따른 찬사 덕분에 도덕적으로 분발하게 된 세대의 잉글랜드인들은 종교적 훈련의 중요성에 대해서—따라서 무엇이든지 종교와 젊은이들 사이를 유리시킬 수 있는 것들에 대해서도—강하게 인식하고 있는 세대였으며, 이전 세대들과는 달리 어린이들에 대해서 감정적인 반응을 보이기 쉬운 이들이기도 했다. 이 모든 요인들로부터 이 문제에 대한 인식이 (처음에는 영국에서) 생겨났는데, 아마도 이것이 공장에서의 끔찍한 아동착취는 고용방식의 전면적 변화의 일면에 불과하다는 사실로부터 관심을 돌려놓았을 것이다. 아동노동력의 이용 그 자체는 하나도 새로울 것이 없었다. 어린이들은 수 세기 동안 유럽에서 (그리고 대부분의 비유럽 사회에서는 여전히) 돼지치기, 새 기르기, 이삭줍기, 식모일, 거리 청소, 매춘, 비정기적 잡일 등에 충원되었다. 빅토르 위고(1802-1885)의 위대한 소설 『레미제라블(*Les Misérables*)』(1862)에 나온 보호받지 못한 어린이들의 처지에 대한 끔찍한 묘사는 전산업사회에서의 삶에 대한 묘사이다. 산업주의가 가져온 차이점이라면 이들의 착취가 정규화되고 공장의 제도적 형태 때문에 그 가혹함이 매우 새롭게 느껴졌다는 것이었다. 농경사회에서의 아동노동력은 아이들의 약한 힘 때문에 부득이하게 어른들과는 명백히 구별되었던 반면, 기계를 돌리는 데에는 아동노동력이 성인과 직접 경쟁할 수 있는 다양한 일들이 존재했다. 보통 초과공급 상태인 노동시장에서 이는 부모가 아이를 최대한 빨리, 때로는 대여섯 살부터 공장에 보내서 가족의 소득에 기여하도록 만들도록 하는 거부할 수 없는 압박이 있었음을 의미한다. 그 결과는 종종 직접 관여된 사람들에게 혹독했을 뿐만 아니라, 아동과 사회의 관계 및 가족구조가 손상되었다는 점에서도 혁명적이었다. 이것이야말로 역사의 '무자비한 힘들'이 가장 끔찍한 모습으로 나타난 경우 중의 하나였다.

그러한 요인들로 인한 문제점들은 방치될 수 없을 정도로 급박했기 때문에, 곧 산업주의의 가장 명백한 죄악들을 다스리기 위한 시도가 시작되었다. 예를 들면, 1850년 잉글랜드 법이 이미 공장과 광산에서 일하는 여자와 어린이들을 보호하기 위해서 개입하기 시작했다. 수천 년 동안 지속된 농업기반 경제의 역사 속에서 그때까지는 심지어 대서양 세계에서도 노예제를 없앤다는 것은 여전히 불가능했다. 사회적 변화의 전례 없는 규모와 속도를 감안할 때 산업화 초기의 유럽이 그 윤곽조차 흐릿하던 병폐들을 더 빨리 치유하지 못했다고 비난하는 것은 지나친 일이 될 것이다. 심지어 사회적 비용이 아마도 가장 컸던 잉글랜드 산업주의 초기 단계에서도 경제를 법적 간섭으로부터 해방시켜야만 당시 진행되던 막대한 양의 새로운 부의 산출이 가능하리라는 믿음을 떨쳐버리기는 어려웠다. 사실상 초기 산업화 단계의 경제 이론가나 저술가들 중 경제에 대한 완전한 불간섭주의를 옹호하는 이들은 거의 찾아볼 수 없었다. 그러나 넓게 볼 때 만일 시장경제가 정치가나 공무원의 도움이나 간섭 없이 스스로 작동하도록 둔다면 훨씬 더 좋은 결과가 나올 것이라는 견해를 선호하는 지속적인 경향이 존재했다. 이런 방식으로 작동하는 힘 중의 하나는 일군의 프랑스인들이 유명하게 만든 '자유방임(自由放任, laissez-faire)'이라는 구절로 종종 요약되는 가르침이었다. 대략적으로 보면 애덤 스미스 이후의 경제학자들이 점차 한 목소리로 이야기한 것은 부의 생산은 가속화될 것이고 따라서 경제적 자원의 이용이 시장의 '자연스러운' 요구를 따른다면 일반적인 복지는 증대하리라는 것이었다. 또 하나 강화된 흐름은 개인주의였는데, 이는 개개인들이 자신들의 최선의 이익을 안다는 가정과 더불어 사회가 점점 개인의 권리와 이익을 둘러싸고 조직되어가는 모습에서 구체화되었다.

이러한 것들이 개인주의와 자유주의 간에 오랜 기간 동안 지속된 연합의 근원이었다. 상호 간의 의무와 책임 및 기존의 사상과 종교적 가치들로 이루어진 계서제적, 농업적 질서가 사라지는 것을 안타까워했던 보수주의자들은 이를 개탄했다. 그러나 새로운 시대를 환영했던 자유주의자들이라고 해서 결코 단순히 부정적이고 이기적인 입장을 취하는 것은 아니었다. '맨체스터의 신조'는 잉글랜드의 산업적, 상업적 발전에서 이 도시가 차지하는 상징적 중요성 때문에 이런 이름이 붙었는데, 이는 그 선도자들에게는 단순한 자기 배불리기를 훨씬 더 뛰어넘는 것을 의미했다. 19세기 초 수년간 잉글랜드인들을 사로잡은 거대한 정치적 투쟁은 이를 명백히 보여준다. 그 초점은 원래 영국 농부들을 더 값싼 외국산 곡물로부터 보호하기 위해서 부과된 관세체제를 일컫는 '곡물법'을 폐지하기 위한 캠페인이었다. 점차적으로 자유무역 지지자들이 승리를 거두었는데, 그렇다고 그들 모두가 폐지론자들의 지도자였던 리처드 코브던(1804-1865)처럼, 자유무역은 신의 의지의 표현이라는 견해에 헌신할 정도로 극단적이지는 않았다(비록 심지어 이러한 견해조차 '예수 그리스도는 자유무역이고, 자유무역은 예수 그리스도이다'라고 선언했던 광둥 주재 영국 대사만큼 극단적이지는 않았지만 말이다).

영국의 자유무역 논쟁(그 초점이 곡물법 문제였다)에는 간단한 요약만으로는 제대로 평가할 수 없을 만큼 많은 것들이 존재했다. 이에 대해서 더 탐구할수록 산업주의는 창조적, 긍정적 이념들을 수반했으며, 이는 과거에 대한 지적, 사회적, 정치적 도전을 의미했음이 더욱 명백해진다. 이것이 산업주의가 단순한 도덕적 판단의 주제가 되어서는 안 되는 이유이다. 보수주의자들과 자유주의자들 둘 다 당시에는 이것이 가능하다고 생각했음에도 불구하고 말이다. 같은 사람이 노동자를 장시간 노동으로부터 보호하는 법안에는 반대하면서, 동시에 적극적으로 교육 및 정치 개혁을 지지하고 공공의 이익이 출생의 특권 때문에 침해받는 것에 대항하여 싸우며 스스로 모범적인 고용주임을 입증하는 것도 가능했다. 그의 반대자는 공장에서 일하는 아동을 보호하면서 모범적인 향사이자 자신의 소작인들에게는 자비로운 가장처럼 행동하면서도, 동시에 국교도회 구성원이 아닌 이들에게 선거권이 확대되거나 지주들의 정치적 영향력이 감소되는 데에는 격렬히 저항할 수도 있었다. 모든 것이 매우 혼란스러운 상태에 있었다. 곡물법이라는 특정한 사안에도 그 결과는 매우 역설적이었는데, 보수적인 수상이 종내에는 폐지론자들의 주장에 설득당했기 때문이다. 그는 지나치게 눈에 띄는 모순 없이 행동할 기회를 얻게 되자 의회를 설득하여 1846년에 법을 바꾸었다. 그의 당에는 그를 결코 용서하지 않을 사람들이 포진해 있었고, 로버트 필 경(1788-1850)의 정치적 경력에 찾아온 이 일생일대의 절정기 직후에 그는 자신의 추종자들에 의해서 권력에서 밀려나고 말았다. 그는 일단 권력에서 밀려나서 무해한 존재가 되자, 그의 적대자였던 자유주의자들의 존경을 얻게 되었다.

이 문제가 그토록 노골적인 방식으로 쟁점이 되고 그토록 깔끔한 결론에 이른 곳은 잉글랜드뿐이었다. 다른 나라들에서는 곧 보호무역주의자들이 가장 이득을 본 것으로 드러났다. 영국 경제에 특히 팽창과 번영의 시기였던 19세기 중반에 와서야 자유무역 사상은 영국 밖에서 꽤 큰 지지를 얻었는데, 그 지지자들은 영국의 부야말로 자신들의 견해를 교정해야 함을 입증하는 증거로 간주했으며 심지어 이를 통해서 반대자들이 설득당하기까지 했다. 자유무역은 영국의 정치적 신조가 되었으며, 이는 20세기가 훨씬 지나서도 불가침이었다. 영국의 경제적 리더십이 가지는 위신 덕분에 자유무역주의는 다른 곳에서 짧은 인기를 누리기도 했다. 당시의 번영은 사실상 이러한 이데올로기적 승리만큼이나 다른 요소들에 힘입은 바가 컸지만, 경제적 자유주의자들의 낙관주의에는 믿음이 더해졌다. 그들의 신조는 계몽주의 사상에 뿌리를 둔 인간의 잠재력에 대한 진보주의적 관점의 절정을 이루었다.

오늘날에는 이 낙관주의의 견고한 근거들을 너무 쉽게 간과할 수 있다. 산업주의의 영향을 평가할 때 우리는 산업주의 도래 이전의 과거가 얼마나 누추했는지 목도할 수 없는 불리한 조건에 놓여 있다. 그 모든 빈곤과 슬럼 가들(그중 최악은 그때쯤이면 북유럽에서는 눈에 띄지 않았다)에도 불구하고, 1900년경의 거대도시에 살던 사람들은 자신의 조상들보다 더 많이 소비하고 더 오래 살았다. 물론 그렇다고 그들이 이후의 기준으로 보아서 그럭저럭 살 만했다거나 만족하며 살았다고 말하는 것은 아니다. 그러나 그들은 종종 그리고 아마도 대개 그들 이전의 세대들이나 비유럽 세계의 동시대인들 대부분보다 물질적으로 더 풍요로웠다. 놀랍게 보일지도 모르지만, 그들은 인류 중 소수특권 집단의 일부였다. 그들의 수명 증대야말로 이에 대한 가장 좋은 증거였다.

2

혁명의 시대의 정치적 변화

18세기에 '혁명'이라는 단어는 새로운 의미를 가지게 되었다. 전통적으로 이는 단지 정부 구성의 변화를 의미했고, 반드시 폭력적일 필요도 없었다(비록 잉글랜드의 1688년 '명예혁명'이 명예롭다고 여겨진 이유 중의 하나는 잉글랜드인들이 그것이 폭력적이지 않았다고 믿게 되었기 때문이지만). 사람들은 특정 궁정에서 대신이 바뀌었을 때 '혁명'이 일어났다고 말할 수 있었다. 1789년 이후 이러한 상황은 바뀌었다. 사람들은 그해를 새로운 종류의 혁명의 시작점이자 과거와의 진정한 단절점으로서, 이것을 폭력으로 특징지을 수도 있겠으나 동시에 사회적, 정치적, 경제적 분야의 급진적 변화를 위한 제한 없는 가능성을 의미한다고 보게 되었으며, 또한 이러한 새로운 현상이 국경을 초월하여 보편적이고 일반적인 성격을 가질지도 모른다고 생각하기 시작했다. 심지어 그러한 혁명이 바람직한가에 대해서는 매우 강하게 이의를 제기했던 사람들조차 이러한 새로운 종류의 혁명이 그 시대의 정치 현상이라는 데에는 합의할 수 있었다.

이 시대의 모든 정치적 변화들을 이상과 같이 이해된 '혁명'이라는 표제 하에 묶는 것은 사태를 호도하는 일이 될 것이다. 우리가 '혁명의 시대'라는 말을 유용하게 쓰는 것은 또다른 두 가지 이유 때문이다. 하나는 한 세기가량 동안 이러한 극단적 의미에서 혁명이라고 불릴 수 있는 정치적 격변들이 이전보다 더 많이 일어난 것이 사실이기 때문이다. 그중 다수는 실패했고 몇몇은 사람들이 기대했던 것과는 아주 다른 결과를 가져오기는 했지만 말이다. 두 번째로 이 용어를 보다 유연하게 사용하여 일군의 위정자들을 다른 이들로 바꾸는 것을 초월하는 대단히 가속화된 근본적인 정치적 변화의 예들까지 포함시킨다면, 이 시기에는 극적인 측면은 덜하지만 효과의 측면에서는 뚜렷이 혁명적인 많은 정치적 변화들이 있었다. 최초이자 가장 명백한 경우는 제1차 영제국의 해체였는데, 그중 주요한 에피소드는 나중에 미국 혁명(American Revolution)으로 알려지게 된다.

1763년 북아메리카에서 영제국의 힘은 최고조에 있었다. 미시시피 유역에 있는 프랑스 요새들의 저지선이 13개 식민지를 포위할지도 모른다는 오랜 두려움은 캐나다를 프랑스로부터 빼앗아오면서 사라졌다. 이로써 미래에 대해서 불안감을 가질 일체의 이유가 없어진 것처럼 보였지만, 몇몇 예언가들은 심지어 프랑스의 패배 이전부터 프랑스인들의 퇴장이 북아메리카에 대한 영국의 장악력을 강화시키기보다는 약화시킬 수 있다고 제언했다. 이미 영국 식민지들에는 수많은 유럽 독립국들에 있는 신민들보다 더 많은 식민자들이 있었다. 그중 다수는 잉글랜드 출신도 아니었고 영어 사용자로 태어나지도 않았다. 그들의 경제적 이해관계가 꼭 제국의 그것과 합치하라는 법은 없었다. 그러니 그들에 대한 영국 정부의 장악력은 단지 런던과 식민지를 갈라놓은 엄청난 거리 때문에라도 느슨해지기 마련이었다. 일단 프랑스로부터의 (그리고 프랑스가 부추긴 인디언들로부터의) 위협이 사라진 이상 제국을 묶는 끈이 그보다 더 느슨해지도록 허용해야 할 수도 있었다.

어려움은 곧 나타났다. 서부는 어떻게 조직될 것인가? 그것은 기존의 식민지들과 어떤 관계를 맺을 것인가? 새롭게 국왕의 신민이 된 캐나다인들은 어떤 대우를 받을 것인가? 서부를 그들 자신의 이주와 교역을 위한 영역으로 보는 식민자들의 압력에 대한 반응으로 1763년 오하이오 계곡에서 터진 인디언 폭동의 결과 이는 더 긴급한 문제가 되었다. 제국정부는 즉시 앨러게니 산맥 서쪽으로의 이주를 금지한다고 선포했다. 처음에는 이 때문에 이 지역을 개발하고자 했던 많은 식민자들이 불쾌해했고, 다음으로 영국 관료들이 인디언과 협상한 결과 식민자들과 인디언들을 각자 상대방으로부터 보호하기 위해서 주둔군이 있는 국경지역을 두도록 합의를 보자, 그들의 불만은 쌓여갔다.

이후 10년간 미국 독립의 잠재적인 가능성은 무르익어 위기에 이르렀다. 불만 사항들에 대한 불평은 처음에는 저항으로, 나중에는 반란으로 전환되었다. 식민지 정치가들은 화를 돋우는 영국의 법안을 이용하여 식민자들이 이미 누리고 있던 실질적 자유가 위험에 처했다고 믿게 만듦으로써 아메리카의 정치를 계속 급진화시켰다. 그 속도를 내내 좌우한 것은 영국의 결정들이었다. 역설적이지만 이때 영국에서는 식민지 문제를 개혁하고자 애쓰는 장관들이 연이어 지배했다. 이들의 훌륭한 의도는 그나마 그럭저럭 현상 유지되어 오던 상태를 파괴하는 데에 이바지했다. 그리하여 그들은 앞으로 몇십 년간 자주 일어날 현상, 즉 선의에서 비롯되었지만 정치적으로는 잘못된 판단에 입각한 개혁 때문에 기득권 세력을 반란으로 몰아가는 현상의 최초의 예들을 제공했다.

런던에서 엄수하던 원칙의 하나는 아메리카인들이 자신들의 방어와 제국의 공동선에 기여하는 세금에 대해서 적절한 몫을 부담해야 한다는 것이었다. 이를 보장하기 위한 두 가지 눈에 띄는 시도들이 있었다. 첫 번째는 1764-1765년에 식민지로 수입되는 설탕에 관세를 부과하는 한편, 인지법(印紙法)을 통해서 다양한 종류의 법률 문서들에 사용되는 수입 인지로부터 돈을 거두어들이려는 형태로 나타났다. 여기서 중요한 것은 거두어들이고자 했던 돈의 액수나 심지어 식민지의 내부거래에 세금을 물리는 것의 혁신성이 아니라 (많은 논쟁의 대상이기는 했지만) 이것이 잉글랜드 정치가와 아메리카 납세자 양쪽이 보기에 제국정부에 의한 일방적인 입법행위였다는 것이다. 식민지 관련 일을 처리하고 수입을 거두어들이는 일반적인 방식은 식민지 자체 의회들과 교섭하는 것이었다. 이때 의문시된 것은 그때까지는 심지어 문제로 여겨지지도 않던 것, 즉 영국 의회의 확고한 법적 주권이 그 식민지에까지 확장되는가 하는 문제였다. 폭동, 수입을 거부하는 결의, 성난 항의들이 이어졌다. 인지를 담당했던 불행한 관리들은 힘든 시기를 보냈다. 불길하게도 9개 식민지의 대표들이 인지법 회의에 참석해서 항의했다. 인지법은 철회되었다.

런던의 정부는 다음에는 다른 접근법을 취했다. 정부의 두 번째 재정적 결정은 페인트, 종이, 유리, 차[茶]에 대외관세를 부과하는 것이었다. 이것들은 대내세금은 아니었던 데다가 제국정부는 항상 무역을 규제해왔기 때문에 이 조치들은 가망이 있어 보였다. 그러나 이는 착각이었음이 판명되었다. 아메리카의 급진적 정치가들은 아메리카인들에게 그들이 대표를 보내지 않는 입법 기관에 의해서는 어떤 세금도 징수될 수 없다고 말하고 있었다. 조지 3세가 관측했듯이, 권위를 도전받고 있는 것은 국왕이 아니라 의회였다. 더 많은 폭동과 보이콧이 뒤따랐고, 탈식민화의 역사에서 큰 비중을 차지하는 최초의 중요한 실랑이들 중의 하나는 1770년에 추정상 5명의 폭도가 사망하면서 '보스턴 학살'로 신화화되었다.

영국 정부가 다시 한번 물러섰다. 세 종류의 관세는 철회되었고, 차에 대한 것만 남았다. 불행히도 이제 문제는 통제 불가능이었다. 영국 정부가 판단했듯이 문제는 세금 부과를 넘어서서 제국정부가 식민지에서 시행을 강제할 수 있는 법을 만들 수 있느냐 하는 질문으로 비화했다. 조지 3세는 좀더 후에 이 상태를 '우리는 그들을 지배하든가 아니면 완전히 그들 뜻대로 하게 두어야 한다'고 표현했다. 이 문제는 식민지 전역에서 표출되었지만 주로 한 군데에 집중되었다. 급진주의자들이 배에 선적된 차를 버린 1773년 이후('보스턴 티파티') 영국 정부에게 결정적 질문은 과연 매사추세츠를 통치할 수 있을 것인가 하는 것이 되었다.

더 이상의 후퇴는 없을 것이라는 데에 조지 3세, 그의 각료들, 그리고 하원의 대다수가 동의했다. 보스턴을 무릎 꿇리기 위해서 상당수의 억압적 법령들이 통과되었다. 뉴잉글랜드의 급진주의자들은 이 시점에서 다른 식민지로부터 공감을 얻었는데, 캐나다의 미래를 위해서 준비된 인도주의적이고 합리적인 법령인 1774년 퀘벡 법령이 넓은 반향을 일으켰기 때문에 더욱 그러했다. 몇몇은 이것이 로마 가톨릭교회에 특권적 지위를 준다고 싫어했고(이는 지배자가 교체되면서 프랑스계 캐나다인들의 생활방식이 동요되는 것을 최대한 피하기 위한 것이었다), 다른 이들은 이로 인해서 캐나다 국경이 오하이오까지 남쪽으로 확장된 것을 두고 서부로의 팽창이 다시 한번 막힌 것으로 보았다. 같은 해 9월 필라델피아에 모인 식민지 대표들로 구성된 대륙회의는 영국과의 무역관계를 끊고, 퀘벡 법령을 비롯한 기존의 법령들 다수를 폐기하라고 요구했다. 이쯤 되면 무력의 사용은 피할 수 없는 일이었을 것이다. 식민지의 급진주의적 정치가들은 아메리카인들 다수가 이미 느끼고 있던 독립에 대한 실제적 의식을 공론화시켰다. 그러나 18세기의 제국정부가 이 상황을 제대로 파악했으리라고는 생각할 수 없다. 사실상 영국 정부는 사회적 혼란 및 법을 준수하는 온건한 식민지인들에 대한 겁박이 도를 넘기 전까지는 자신의 확신에 의거하여 바로 무력에 호소하는 것에 매우 주저했다. 동시에 이는 정부가 주권의 원칙에서는 굽힐 의사가 없음을 명백히 보여주기도 했다.

매사추세츠로 무기가 모여들었다. 1775년 4월 그중 일부를 압수하기 위해서 렉싱턴에 파병된 영국군 원정대가 미국 혁명의 첫 전투를 벌였다. 그렇다고 바로 독립전쟁이 시작된 것은 아니었다. 식민지 정착민들의 지도자들이 오직 영국으로부터의 완전한 독립만이 효과적인 저항을 끌어낼 수 있으리라고 굳게 확신하기까지는 1년이 넘게 걸렸다. 그 결과가 1776년 7월의 독립선언문이었고, 논쟁은 이제 전장으로 넘어갔다. 뒤이은 전쟁에서 영국이 패배한 까닭은 지리적 곤경, 우월한 병력과의 싸움을 장기간 회피해서 병력을 보존한 후 1777년 사라토가에서 이들을 압도할 수 있었던 아메리카 장군들의 능력뿐만 아니라, 1763년의 패배에 설욕하려는 프랑스의 조기 참전과 에스파냐의 뒤따른 참전으로 해상의 세력균형이 무너졌기 때문이었다. 영국에는 더한 악조건까지 있었다. 즉, 그들은 군사적 승리를 가져다줄 수는 있겠지만 이를 위해서 아메리카 주민들을 위협하고 영국의 지배하에 남으려는 사람들로 하여금 워싱턴 장군의 군대가 누리던 공급 및 이동의 자유를 차단하도록 고무해야 하는 종류의 전쟁을 할 엄두를 내지 못했다. 그럴 수 없었던 것은 그들의 최우선적 목적은 영국의 지배를 다시 받아들이고자 하는 식민자들과 평화를 교섭할 여지를 남겨두는 것이었기 때문이다. 이러한 상황 속에서 프랑스와 에스파냐의 부르봉 왕가끼리의 동맹은 치명적으로 작용했다.

1781년 영국군이 요크타운에서 육지에서는 아메리카군에, 바다에서는 프랑스 함대에 포위당하면서 군사적 결착이 도래했다. 교전병력은 7000여 명밖에 되지 않았지만, 그들의 항복은 이제까지 영국군이 경험한 최악의 치욕이었고 제국지배 시대의 종말을 의미했다. 강화교섭이 곧 시작되었고 2년 후 파리에서 조약이 체결되어 영국은 미합중국의 독립을 인정했다. 그 영토는 영국측 협상가들이 이미 수긍했다시피, 미시시피 강까지 뻗어나갈 것이었다. 이것

미국의 형성과 통합

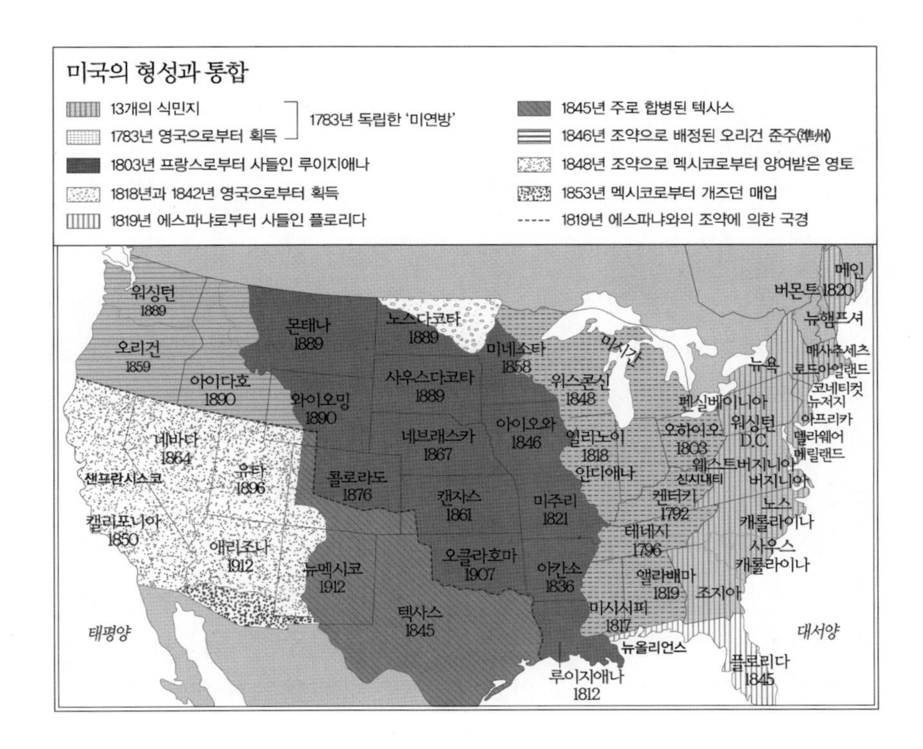

은 신생국가의 형성에 매우 중요한 결정이었다. 미시시피 강 유역 영토를 회복하리라고 예상했던 프랑스는 실망했다. 반란자들은 북미 대륙을 에스파냐와 영국과만 나누어 가질 것처럼 보였다.

미처 해결되지 않은 문제들과 앞으로 수십 년을 질질 끌 영토분쟁에도 불구하고 서반구에 엄청난 잠재적 자원을 가진 새로운 국가가 출현했다는 것은 어느 모로 보나 분명 혁명적 변화였다. 외국인 관찰자들이 처음에는 이를 과소평가했다면 그 이유는 당시에는 신생국가의 취약성이 그 잠재력보다 더 두드러졌기 때문이었다. 실제로 그것이 국가이기는 한지도 확실하지 않았다. 식민지들은 분열되어 있었고 많은 이들은 그들이 다툼과 불화에 빠질 것이라고 예측했다. 그들이 가진 측량할 수 없이 큰 이점은 멀리 떨어져 있다는 점이었다. 그들은 사실상 외국의 간섭에 방해받지 않고 자신들의 문제를 해결할 수 있었으며, 이는 앞으로 닥칠 많은 일들에 필수불가결하게 중요한 축복이었다.

전쟁에서의 승리 이후 약 6년간의 결정적인 시기가 뒤따랐는데, 이때 소수의 미국 정치인들이 미래의 세계사 중 상당 부분을 형성하게 될 결정들을 내렸다. 내전과 독립전쟁에서 으레 그렇듯이 정치적 허약성을 강조하는 새로운 분열들이 생겨났다. 그중 충성파와 반역자들을 가르는 구분선은 쓰라린 감정들에도 불구하고 가장 심각하지 않은 축에 들었다. 그 문제는 패배한 자들의 이주를 통해서 잔인하리만치 명확하게 해결되었다. 8만여 명의 충성파가 반란을 일으킨 식민지를 떠났는데, 그들의 동기는 강압과 공포에 대한 혐오에서부터 단순히 국왕에 대한 충성을 지키는 것에 이르기까지 다양했다. 다른 분열들은 미래에 더 심각한 문제를 일으킬 가능성을 내포했다. 계급과 경제적 이해관계가 농부들, 상인들, 대농장주들을 갈라놓았다. 이전의 식민지들을 대신한 새로운 주들 사이에, 그리고 이제 빠르게 발달하는 나라의 지역 및 부문들 사이에는 현격한 차이들이 존재했다. 그중 하나로 흑인 노예제가 차지하는 경제적 중요성 때문에 남부 주들에 부과된 차이는 결착을 보는 데에 수십 년이 걸리게 될 것이었다. 다른 한편으로 미국인들은 국가의 건설에 착수하는 데에 엄청난 이점 역시 가지고 있었다. 그들은 다른 많은 나라들에서 민주주의 체제를 발전시키는 데에 장애물이 되었던 엄청난 수의 후진적인 문맹 농민 인구라는 우환거리 없이 미래를 마주할 수 있었다. 그들에게는 충분한 영토와 그들이 현재 점유하고 있는 지역에서만도 엄청난 경제적 자원들이 있었다. 마지막으로 그들은 유럽 문명에 의지할 수 있었는데, 그 유산은 처녀지—혹은 거의 처녀지—인 대륙에 이식되는 과정에서 겪을 만한 변형 정도만 경험했다.

영국에 대항한 전쟁은 어떤 규율을 부과했다. 연맹규약이 이전의 식민지들 사이에 합의되어 1781년에 발효되었다. 여기에서 새로운 나라의 이름인 미합중국(United States of America)이 등장했다. 평화가 도래하자 이러한 협의들이 불만족스럽다는 생각이 늘어갔다. 특별히 두 영역이 문젯거리였다. 하나는 근본적으로 혁명이 국내 문제에서 무엇을 의미해야 하는가에 대한 이견으로부터 발생한 분란이었다. 많은 미국인들에게 중앙정부는 불만과 무질서를 다루기에는 너무 약해 보였다. 또다른 문제는 전쟁 후의 경제적 불황에서 초래되었는데, 이는 특히 대외무역에 영향을 미쳤으며 개별 주들의 독립으로부터 발생한 통화 문제와도 연관되어 있었다. 이 문제를 다루기에도 중앙정부는 제대로 준비가 되지 않은 듯 보였다. 정부는 타국들과의 관계를 처리하면서 미국의 경제적 이해관계를 무시하고 있다고 비난받았다. 진실이건 아니건 많은 사람들이 이를 믿었다. 그 결과 1787년 필라델피아에서 열린 제헌회의에서 각 주의 대표들이 회동했다. 4개월 후 그들은 헌법 초안에 서명했고, 초안은 다음으로 승인을 위해서 개별 주들에 상정되었다. 9개 주가 이를 승인함에 따라서, 헌법은 1788년 여름에 발효되었다. 영국에 대항한 전쟁에서 아메리카 군사령관이었던 조지 워싱턴(재임 1789-1797)이 1789년 4월에 신생공화국의 첫 번째 대통령으로 취임 선서를 함으로써, 오늘날까지도 깨지지 않은 대통령 연임의 기록이 시작되었다.

간명한 제도와 의도상 명확한 원칙의 필요성에 대해서 많은 논의가 있었지만, 그럼에도 불구하고 새로운 헌법은 200년 후까지도 여전히 더 나은 방향으로 수정될 수 있는 잠재력을 가졌음이 드러날 터였다. 재해석하기 힘든 명료한 문서를 내놓으려던 헌법 작성자들의 결의에도 불구하고 그들은 (다행스럽게도) 이에 성공하지 못했다. 미합중국의 헌법은 점점이 흩어져 있던, 주로 농업적 사회들이 거대한 산업열강으로 변모하는 역사적 시대를 지나면서도 지속될 수 있음을 증명할 것이었다. 부분적으로 이는 의도적인 수정조항 때문이었지만, 더 넓게는 그것이 상징하는 원칙들에 대한 해석이 변했기 때문이기도 했다. 그러나 많은 부분이 변하지 않은 채 남기도 했으니, (종종 형식적이기는 했지만) 헌법의 이러한 특징들은 매우 중요하다. 그밖에도 그 의미에 대해서 많은 논란이 있기는 했지만 앞으로 지속적 영향을 남길 근본적인 원칙들이 있었다.

가장 명백한 사실부터 시작하면 헌법은 공화주의적이었다. 이것은 18세기에는 결코 정상적인 일이 아니었고 당연한 일로 치부되어서도 안 된다. 몇몇 미국인들이 느낀 바로는 공화주의는 너무 중요하고도 너무 불안정해서, 그중 어떤 사람들은 그들의 표현에 따르면 (특히 대통령을 행정부의 수반으로 앉힌 것을 두고) 헌법이 '왕정을 곁눈질한다'고 생각했기 때문에 이를 탐탁지 않아 하기까지 했다. 고전교육을 받은 유럽인들에게 고대의 공화국들은 그들의 전설적으로 상찬받을 만한 도덕 못지않게 부패와 파당(派黨)으로 가는 성향으로 잘 알려져 있었다. 이탈리아 공화국들의 역사 역시 가망이 없기는 마찬가지였고, 아테네나 로마의 역사보다 훨씬 더 볼썽사납기까지 했다. 18세기 유럽의 공화국들은 소수였고 번창하지도 못하는 듯 보였다. 공화국은 작은 국가들에서만 유지되는 것처럼 보였지만, 미합중국은 멀리 떨어져 있어서 다른 곳에서라면 반드시 규모가 큰 나라의 몰락을 가져올 공화국 형태를 보존할 수도 있다는 점은 인정되었다. 그러나 관찰자들은 새로운 국가에 낙관적이지 않았다. 따라서 이후 미합중국의 성공은 공화주의에 대한 의견을 전도시키는 데에 비할 데 없는 중요성을 가지게 될 것이다. 곧바로 미국의 생존 능력, 저비용 그리고 미국과 뗄 수 없는 존재로 오해된 자유주의는 문명 세계 전체에서 전통적인 정부를 비판하는 사람들의 관심을 집중시켰다. 정치적 변화를 옹호하는 유럽인들은 곧 아메리카를 바라보며 영감을 얻기 시작했다. 또한 곧 공화국의 본보기가 미치는 영향은 북아메리카에서 남아메리카 대륙으로 전파될 것이었다.

새로운 헌법의 두 번째 특징으로서 근본적으로 중요한 것은 그 뿌리가 주로 영국의 정치적 경험에 있다는 것이었다. 잉글랜드 법의 관습법 원칙이 새로운 국가의 사법제도의 일부가 되었는데 그밖에 정부의 실제 구성에서도 역시 마찬가지였다. 국부들은 모두 영국의 식민지 체제 내에서 자라났고, 그 속에서는 선출된 의회가 왕정의 총독들과 함께 공공의 이익을 논했다. 그들은 대통령과 균형을 맞추기 위해서 잉글랜드의 모델에 따라서 양원제 입법기관을 (비록 그 구성에서 어떤 종류의 세습적 요소도 배제했지만) 제도화했다. 그들은 그리하여 선출직이기는 하지만, 군주를 정부의 행정조직의 꼭대기에 올려놓음으로써 잉글랜드의 헌정이론을 따랐다. 비록 다른 의미에서 영국은 선출직 군주제를 보유하고 있었음에도 불구하고 이는 18세기 영국 헌정이 실제로 운용되는 방식은 아니었지만, 어쨌건 그 겉모습에는 매우 근접한 것이었다.

국부들은 사실상 그들이 아는 한 최선의 헌법을 채택하여 이로부터 부패의 소지를 (눈에 보이는 한에서) 제거하고 미국의 정치적, 사회적 상황에 적합한 변형을 더했다. 그들이 피했던 것은 당시 유럽에서 또다른 대안적 정부 원칙으로 모방할 수 있었던 것, 즉 절대군주정이었는데 심지어 계몽군주정의 형태로도 마찬가지였다. 미국인들은 자유민들을 위한 헌법을 작성했고, 이는 그들이 영국인들은 이미 그와 같은 헌법 아래에 살고 있다고 믿었기 때문이었다. 그들의 생각에 이 헌법이 실패한 까닭은 오직 그것이 부패했으며, 미국인들도 응당 누렸어야 할 권리를 그들로부터 빼앗는 방향으로 부적절하게 이용되었기 때문이었다. 이런 이유로 나중에는 정부에 대한 똑같은 원칙들이 (더 발전한 형태이기는 하지만) 그 기반이 되는 앵글로-색슨 세계의 문화적 가정들과는 전혀 공유하는 바가 없는 지역들에서도 전파되고 애용될 것이었다.

미합중국이 기존의 다른 나라들 대부분과 근본적으로 다른 점, 그리고 영국의 헌정 모델과도 의식적으로 차별화된 점은 연방주의 원칙을 고수한다는 것이었다. 이것이 진정 근본적으로 중요한 까닭은 개별 주들의 독립성을 상당 부분 양보해야만 새로운 연방의 존립 자체가 가능했기 때문이었다. 이전의 식민지들은 조지 왕의 정부가 그랬던 것처럼 자신들을 겁박할 새로운 중앙정부를 수립할 의향이 전혀 없었다. 연방제 구조는 다양성이라는 문제에 하나의 해결책—다수로 이루어진 하나(e pluribus unum)—을 제공했다. 이는 또한 이후 80년간 미국 정치의 형태와 내용 중 많은 부분을 좌우했다. 그 내용이 경제적이건 사회적이건 이념적이건 문제가 연이어 발생할 때마다 이는 중앙정부와 개별 주들 간의 적절한 관계가 무엇인가에 대한 지속적인 논의라는 경로로 압축되었다. 이것은 종내는 연방을 파괴하기 직전까지 가는 논쟁이었다. 연방주의는 또한 헌법 내에서 주요한 재조정 작업을 촉진하여 위헌법률심사기관으로서 대법원이 부상했다. 연방 바깥에서 19세기 동안 연방주의는 미국인들의 성취로 보이는 것에 감명받은 다른 많은 나라들에 호소하는 바가 컸다. 유럽의 자유주의자들은 앞으로 연방주의를 통합과 자유를 조화시키기 위한 필수적인 도구로 생각하게 될 것이었고, 영국 정부는 이것이 식민지 문제를 다룰 때 좋은 예비장치임을 발견했다.

마지막으로, 아무리 짧더라도 미합중국 헌법의 역사적 중요성을 요약한다면 그 시작 어구인 '우리들 인민'(비록 이는 거의 우발적으로 포함된 것처럼 보이기는 했지만)에 관심을 쏟아야만 한다. 1789년 몇몇 주들에서 이루어진 실제적인 정치적 처리방식은 결코 민주적이지 않았지만, 인민주권의 원칙은 처음부터 분명히 밝혀졌다. 특정한 역사적 시대에 대한 신화가 그 어떤 형태로 이를 가릴지라도, 인민의 의지는 미국인들에게 정치에서 궁극적인 최종 재판소 역할로 남았다. 이는 영국의 헌정적 관행과의 근본적 결별을 의미했고, 어느 정도는 17세기 식민자들이 스스로에게 종종 헌법을 부여하던 방식에 빚진 바 있었다. 그러나 영국의 헌정주의는 오래 존속된 관행에 의거한 것이었다. 의회에서의 왕의 주권이 존속된 이유는 인민들이 어느 시점에서 그래야 한다고 결정해서가 아니라 이것이 예전부터 그랬고 의문시되지 않았기 때문이었다. 위대한 잉글랜드 헌법역사가인 프레더릭 메이틀런드가 예전에 말했듯이, 잉글랜드인들은 국왕의 권위를 국가이론에 대한 대체물로 받아들였다. 새로운 헌법은 이를 포함하여 다른 모든 관행에 따른 이론과 결별했다(1680년대에 존 로크가 정부의 권력은 신뢰에 근거한 것이며 인민은 이 신뢰를 유용하는 정부를 전복할 수 있다고 말했고, 이것이 몇몇 잉글랜드인들이 명예혁명을 정당화하는 근거 중 하나가 되었으니, 영국의 정치사상과 결별한 것은 아니었다).

미국이 모든 정부의 정당한 권력은 피치자의 동의로부터 나온다는 민주적 이론을 채택한 것은 신기원을 이루었다. 그러나 이것이 정치적 권위의 문제들을 한번에 해결한 것은 결코 아니었다. 많은 미국인들은 민주정 때문에 초래될지도 모르는 일들을 두려워했고, 시작부터 바로 정치체제에서 민중적 요소를 제약하고자 했다. 또다른 문제가 제기된 것은 1789년 말 최초의 헌법 10개 수정조항에서 제시된 기본권 때문이었다. 이는 헌법의 다른 부분과 마찬가지로 인민주권에 의해서 재수정될 가능성이 있었다. 여기서 미래에 주요한 다툼의 근원이 될 소지가 나타났다. 미국인들은 항상 민주적 원칙이란 것이 다수의 의사를 따르는 것인지 아니면 어떤 기본권들을 지키는 것인지를 쉽게 혼동해왔다(주로 다른 나라 문제에서지만 때로는 자국 문제에서도). 그럼에도 불구하고 실제로 1787년에 민주적 원칙을 채택한 것은 엄청난 중요성을 가졌으며, 이 헌법을 세계사의 이정표로 간주하는 것이 정당함을 증명해준다. 앞으로 수 세대 동안 새로운 미합중국은 한 미국인의 잊지 못할 말처럼, '세계의 최후의, 최선의 희망'으로서 세계를 자유롭게 하고자 열망하는 사람들에게 영감의 중심이 될 것이었다. 심지어 미국이 대개 보수적이거나 자기밖에 모르는 것처럼 보이는 오늘날에조차 미국이 오랫동안 지키고 본보기를 보인 민주적 이상은 많은 나라에서 그 힘을 간직하고 있으며 미국이 키워낸 제도들 역시 여전히 작동 중이다.

파리는 유럽에서 사회적, 정치적 논의의 구심점이었다. 신생 아메리카 공화국의 탄생에 일조한 프랑스 병사들 중 몇몇이 이곳으로 귀환했다. 대부분의 유럽 국가들은 대서양 건너편의 혁명에 어느 정도든 반응을 보였지만, 프랑스가 특별히 여기에 민감했던 것은 별로 놀라운 일이 아니다. 200여 년이 흐르고 이후 수많은 봉기가 일어난 후에도 여전히 프랑스 혁명(French Revolution)이라고 불리는 이 거대한 힘의 분출을 만드는 데에는 미국의 예와 이를 통해서 고취된 희망이 (비록 보조적이기는 했지만) 일정 부분 기여를 했다. 불행히도 너무 익숙하고 단순한 이 용어가 혁명을 이해하는 데에 걸림돌이 된다. 정치가들과 학자들은 혁명의 본질이 무엇인지에 대해서 수없이 많은 해석들을 내놓았으며, 혁명이 얼마나 오래 지속되었고 그 결과는 무엇이며 심지어 언제 시작했는지에 대해서도 의견을 달리했다. 1789년에 일어난 일이 대단히 중요했다는 점을 빼고는 그들이 합의하는 사항은 거의 없다. 그 속에는 미래보다는 과거를 향한 부분이 많았음에도 불구하고, 프랑스 혁명은 아주 짧은 기간 동안 진실로 혁명의 개념을 완전히 바꾸었다. 그것은 프랑스 사회라는 솥이 엄청나게 끓어오른 사건으로서, 그 솥의 내용물은 1640년대 잉글랜드에서 일어난 일과 마찬가지로 보수적 요소와 혁신적 요소들이 마구 뒤섞인 것이었으며, 방향성과 목적을 설정하는 데에 의식과 무의식이 뒤섞여서 혼란스러운 것 역시 마찬가지였다. 이러한 혼란은 프랑스의 정부와 물질적 삶에서 나타난 엄청난 혼란과 불균형의 징후였다. 프랑스는 유럽 최대의 강대국이었고, 그 통치자들은 자신의 국제적 역할을 포기할 수도 그럴 의사도 없었다. 미국 혁명이 여기에 영향을 미친 첫 번째 방식은 복수를 위한 기회를 제공함으로써였다. 요크타운 전투는 7년 전쟁 당시 영국에 당했던 패배에 대한 설욕이었고, 그들에게서 13개 식민지를 빼앗는 것은 프랑스가 인도와 캐나다를 상실한 데에 어느 정도 보상을 해주었다. 그러나 성공적인 노력에는 비용이 들었다. 미국 혁명이 가져온 두 번째의 엄청난 결과는 적수의 굴욕 이상의 별다른 실제적 이득도 없이 프랑스는 1630년대 이후 유럽에서의 패권을 구축하고 지키기 위해서 쌓아온 막대한 빚 위에 또 한 층의 빚을 더 쌓았다는 것이었다. 루이 16세(재위 1774-1792) 치하에서 일련의 대신들을 통해서 이 빚을 탕감하고 군주정을 이로 인한 질곡에서 벗어나게 하려는 노력이 이루어졌는데(이 때문에 외교 문제에서 프랑스의 실제적 독립성이 급격히 줄어들고 있다는 것이 1783년 이후 점차 명확해지고 있었다), 1774년에 즉위한 루이 16세는 젊고 때로 둔감했지만, 주의(主義)가 고결하고 의도도 선했다. 그의 대신들 가운데 누구도 빚을 줄이기는커녕 빚이 늘어나는 속도를 막는 데에도 성공하지 못했다. 설상가상으로 그들의 노력은 자신들이 실패했다는 사실을 널리 알리는 역할에 그쳤다. 루이 14세 시절이라면 절대로 불가능했을 방식으로 정부의 적자가 측정되고 수치가 공개되었다. 1780년대에 프랑스에 출몰하는 유령이 있었다면, 그것은 혁명에 대한 것이 아니라 국가파산에 대한 것이었다. 재정적인 막다른 골목에서 빠져나오는 유일하게 확실한 방법은 유복한 자들의 부를 끌어오는 것이었지만 프랑스의 사회적, 정치적 구조 전체가 이를 막아섰다. 루이 14세의 치세 이후 무력에 의지하지 않고는 부유한 자들로부터 적절한 수준의 세금을 걷는 것은 불가능함이 입증되었는데, 이는 프랑스의 법적, 사회적 가정 및 가진 자들이 보유하고 있던 수없이 많은 특권들, 특수한 면세권, 관행에 따른 권리들 때문에 일의 진행이 저지되었기 때문이다. 18세기 유럽 정부들이 봉착했던 난제는 프랑스에서 가장 극명하게 나타났다. 즉, 이론상으로는 절대왕정이었지만 왕정은 그 자체의 존립 기반을 위협하지 않고는 근본적으로 중세적인 나라의 정체를 구성하고 있는 수많은 자유와 권리들을 침해할 수 없었다. 군주정 자체가 관행에 의지했다.

프랑스가 이 어려움에서 빠져나오고자 한다면, 그 정부와 정체의 구조를 개혁할 필요가 있으리라고 생각하는 프랑스인들이 점점 더 많아졌다. 그러나 몇몇은 그보다 더 앞서나갔다. 그들은 정부가 계급들 사이에 공평하게 재정 부담을 분배하지 못하는 것을 두고 전 영역에 오남용이 만연하여 개혁이 필요함을 증명하는 가장 심한 예로 간주했다. 이 문제는 점차 이성과 미신, 자유와 노예제, 인도주의와 탐욕이라는 양극화된 형태로 비화되었다. 무엇보다 이는 법적 특권이라는 상징적 문제로 집중되는 경향이 있었다. 이로 인한 분노가 집중된 계급은 귀족이었는데, 이는 엄청나게 다양하고 매우 거대한 집단(1789년 프랑스에서 남성 귀족은 20만에서 25만 명 사이로 추정된다)으로서, 이들에 대한 문화적, 경제적, 사회적 일반화는 불가능하지만 그 구성원들은 모두 어느 정도 사법상 특권을 부여하는 법적 지위를 공유하고 있었다.

재정적 어려움의 문제 때문에 프랑스 정부는 특권층과 척을 지는 방향으로 점차 몰려가기는 했지만, 보통 스스로도 귀족이었던 다수의 왕의 자문들과 국왕 자신은 당연히 동의에 의하지 않고서는 일을 진행시키기를 매우 꺼려했다. 1788년 일련의 실패 때문에 정부가 마음을 굳게 먹고 특권층과의 충돌이 불가피함을 수긍했을 때조차 정부는 여전히 이를 법적 방도에 한정시켰으며 1640년의 잉글랜드인들처럼 이를 실행하기 위한 수단으로 유서 깊은 제도들에 의존했다. 의회가 전부터 존재하지 않았기 때문에 이들은 프랑스 헌정주의의 오래된 벽장을 뒤져서 프랑스에서 국민 대의기관에 가장 가까운 것, 즉 삼부회(三部會)를 끄집어냈다. 이 귀족, 성직자, 평민의 대의기구는 1614년 이후 회합한 적이 없었다. 여기에서 기대된 바는 재정적 특권층이 더 많은 세금을 내는 데에 동의하도록 압박할 만큼 충분한 도덕적 권위가 부여되리라는 것이었다. 이는 의심할 여지없이 헌정적 행보였지만, 문제의 해결책으로 보기에는 약점이 있었다. 삼부회가 법적으로 할 수 있는 일이 무엇인지도 불확실한 가운데 엄청난 기대를 불러일으켰던 것이다. 이에 대해서는 하나 이상의 대답이 주어졌다. 유서 깊고 의심의 여지가 없는 법적 특권들이 문제가 된다고 하더라도 어떤 이들은 이미 삼부회가 국민을 위해서 입법할 수 있다고 말하고 있었다.

매우 복잡한 이 정치적 위기는 프랑스가 다른 압박들에 시달리고 있던 기간에 터져나왔다. 하나는 인구증가였다. 18세기 2사분기 이후 인구는 (나중에 보기에는 느린 속도겠지만) 식량생산 능력의 증대분을 뛰어넘을 만큼 빠른 속도로 증가했다. 이 때문에 장기적으로 식량가격의 인플레이션이 유지되었는데, 이는 빈민에게 가장 고통스러운 결과를 초래했고 그중 절대다수는 땅이 아예 없거나 거의 없는 농민들이었다. 이것이 오랫동안 차관 혹은 빈민들에게 가장 큰 부담이 돌아가는 직접세나 간접세를 올림으로써 재정적 위기를 늦추어왔던 정부의 재정적 요구 및 인플레이션 시기에 임금을 낮추고 지대나 부과조를 높임으로써 스스로를 보호하고자 했던 지주들의 노력과 동시에 일어났음을 감안할 때, 빈민들의 생활은 18세기 내내 더욱더 힘들고 비참해져갔다. 이러한 일반적인 빈곤화 현상에 더해서 특수한 문제들도 나타났는데, 이것들은 때에 따라서 특정 지역이나 계급들을 괴롭혔지만 우연히도 1780년대 후반부에 일반적으로 강화된 측면이 있었다. 흉작, 가축의 질병, 경기후퇴 등이 농민들이 소득을 보충하기 위해서 직물을 생산했던 지역들에 큰 타격을 입혔고, 이로 인해서 1780년대에는 안 그래도 위태롭던 경제적 건전성이 크게 약화되었다. 그 총체적 결과로서 1789년 삼부회 선거는 매우 흥분되고 격앙된 분위기 속에서 치러졌다. 수백만의 프랑스인들은 자신들의 곤경에서 빠져나올 방도를 절박하게 찾고 있었고, 희생양을 찾아서 이들을 비난하기에 열심이었으며, 자신들이 믿던 왕의 능력에 대해서 상당히 비현실적이고도 과장된 관념을 품고 있었다.

그리하여 정부의 무능력, 사회적 불의, 경제적 어려움, 개혁에 대한 열망들이 복잡하게 상호작용하여 프랑스 혁명을 초래했다. 그러나 이후의 정치적 싸움과 여기서 만들어진 단순화된 구호들 속에서 이러한 복잡성이 간과되기 전에 강조해두어야만 할 것이 있는데, 거의 아무도 이러한 결과를 예상하거나 바란 적이 없었다는 점이다. 프랑스에는 많은 사회적 불의가 존재했지만, 그보다 더한 상황에 있던 다른 많은 18세기 국가들은 이를 떠안고 살아갈 수 있었다. 검열의 폐지에서부터 비도덕적, 비종교적 문학의 금지에 이르기까지 다양한 특정 개혁들을 지지하는 기대와 희망에 찬 많은 이들이 있었지만, 일단 왕이 신민들의 바람과 필요를 알기만 하면 이러한 개혁을 쉽사리 이루어주리라는 것을 의심하는 사람은 없었다. 반동당파와 명확하게 대립하는 혁명당파라는 것은 존재하지 않았다.

당파들은 삼부회 회합 후에야 생겨났다. 이러한 이유로 이들이 모인 1789

년 5월 5일(조지 워싱턴 취임 일주일 후)은 세계사적으로 중요한 날짜가 되었는데, 이로써 혁명에 찬성하느냐 반대하느냐가 대부분의 대륙국가들에서 핵심적인 정치적 질문이 되어서 심지어 영국과 미합중국의 매우 이질적인 정치에까지 영향을 미치는 시대가 도래했기 때문이다. 프랑스에서 일어난 일은 다른 곳에 중요한 영향을 미치기 마련이었다. 가장 단순한 차원에서 이는 프랑스가 유럽의 최대 강대국이었기 때문이다. 삼부회는 (많은 외국 외교관들이 희망했듯이) 프랑스를 마비시키거나, 아니면 프랑스를 그 질곡으로부터 해방시켜 다시 한번 강력한 역할을 수행할 수 있게 할 것이었다. 프랑스어의 보편성 때문에 타지에 사는 사람들도 프랑스 문필가들과 정치가들의 말과 행동에 접근할 수 있었고, 사람들은 으레 지적 안내자 역할로서 파리를 바라보곤 했기 때문에 이는 경의에 찬 관심을 받기 마련이었다.

1789년 여름, 삼부회는 스스로를 국민의회로 전환시키며 주권을 요구했다. 그 구성원의 다수는 삼부회가 중세 사회의 대분할을 대표한다는 가정을 버리고 모든 프랑스인들을 구별 없이 대표한다고 주장했다. 이러한 혁명적 진전이 이루어질 수 있었던 것은 프랑스에서 일어난 격동이 변화에 저항하던 의회 대표들과 정부를 겁먹게 했기 때문이었다. 농촌에서의 폭동과 파리의 봉기는 군대를 믿을 수 있을지 더 이상 확신하지 못하고 있던 대신들을 깜짝 놀라게 했다. 이는 처음에는 군주정으로 하여금 특권계급을 버리게 했으며, 다음에는 불안해하면서도 마지못해 새로운 국민의회를 이끄는 정치가들이 요구한 다른 많은 것들에 양보하도록 만들었다. 동시에 이러한 양보는 혁명에 찬성하는 쪽과 반대하는 쪽 사이에 상당히 명확한 구분선을 만들었다. 세계에 두루 퍼질 말로 표현하면, 그들은 곧 좌파와 우파(그들이 국민의회에서 착석한 자리 때문에)로 불리게 되었다. 이 기구가 스스로에게 부과한 주요 과업은 헌법을 작성하는 것이었지만, 그 과정에서 이들은 프랑스의 제도적 구조 전체를 변화시켰다. 국민의회가 해산된 1791년까지 의회는 교회재산을 국유화하고 '봉건제'라고 불린 체제를 폐지했고, 검열을 종식시켰으며, 중앙집권화된 대의제 정부체제를 창출했고, 오래된 지역적, 지방적 분할선을 없애고 이를 오늘날 프랑스인들이 살고 있는 도(道)로 대체했으며, 법 앞에서의 평등을 제도화하고, 행정부와 입법부를 분리했다. 이것들은 세계 역사상 가장 놀라운 의회기구 중 하나가 이룬 일들 가운데 가장 놀라운 일들만 나열한 것이다. 실패한 일들 때문에 이 거대한 성취가 가려지는 경향이 있지만 이는 안 될 말이다. 대략적으로 말해서 이를 통해서 프랑스의 근대화를 저해하는 법적, 제도적 걸림돌들이 제거되었다. 인민주권, 행정의 중앙집권화, 개인의 법적 평등은 이때부터 프랑스의 제도적 삶에서 항상 되돌아갈 출발점이 될 것이었다.

많은 프랑스인들이 이 모든 일들을 반기지는 않았고, 그중 몇몇은 그 무엇도 달가워하지 않았다. 1791년이 되면 왕은 스스로 후회하고 있음을 명백히 드러냈다. 혁명 초기에 그를 지지했던 선의는 사라지고 그는 반혁명 분자로 의심받았다. 몇몇 귀족들은 진행 중인 일들에 질겁한 나머지 이미 망명을 떠났다. 그들을 이끈 것은 국왕의 형제들이었는데, 이는 왕가에 대한 견해를 재고시키는 데 보탬이 되지 않았다. 그중 가장 중요한 일은 국민의회가 교회 일을 처리한 것이 교황의 정책 때문에 의문에 부쳐지자 많은 프랑스인들이 혁명에 등을 돌린 것이었다. 의회의 교회정책 중 많은 부분은 성직자들을 비롯한 많은 프랑스인들에게 깊은 호소력을 발휘했지만, 교황이 이를 거부하자 이는 궁극적인 권위의 문제를 제기했다. 프랑스 가톨릭교도들은 교황의 권위와 프랑스 헌법의 권위 가운데 무엇이 절대적인지 결정을 내려야 했다. 이는 혁명정치에 불행을 몰고 온 가장 중요한 분열선을 만들었다.

1792년 초엽, 영국의 수상은 앞으로 15년간은 평화를 기대할 수 있겠다고 자신감을 표출했다. 4월 프랑스는 오스트리아와 전쟁에 돌입했고 곧 뒤이어 프로이센과도 전쟁이 벌어졌다. 이는 복잡한 문제였지만, 어쨌든 많은 프랑스인들은 외국세력들이 혁명을 끝장내고 시계를 1788년으로 되돌리기 위해서 개입하기를 바란다고 믿었다. 여름이 되면 상황이 악화되고 국내에서 자원 부족과 의심이 치솟음에 따라서, 왕에 대한 신뢰가 깨어졌다. 파리에서 반란이 일어나서 군주정을 전복시키고 새로운, 이번에는 공화주의적 헌법을 작성하기 위한 새로운 의회를 소집했다.

국민공회(國民公會)로 기억될 이 의회는 1795년까지 프랑스 정부의 중심이었다. 국내외 전쟁과 경제적, 이념적 위기를 거치며 국민공회는 혁명의 생존을 일구어냈다. 그 구성원 대부분은 정치적으로 전임자들보다 대단히 앞서 나간 견해를 가지고 있지는 않았다. 그들은 개인과 재산권의 신성함(그들은 누구든 농촌에서 공동체주의를 도입하는 법을 제안하는 사람은 사형이라고 규정했다), 그리고 가난한 자들은 언제나 우리와 함께 있다는 것을 믿었는데, 이들은 남성 보통 직접선거권을 지지하여 그들 중 몇몇이 국정에서 작은 목소리나마 낼 수 있도록 허용하기는 했다. 그들이 전임자들과 다른 것은 이들은 비상사태(특히 패배의 가능성으로 위협받을 때)를 맞아서 이전의 프랑스 의회들보다 더 급진적 수단을 사용할 의향이 있었다는 점이었다. 그들은 또한 수도 파리에 위치해 있었는데, 수도는 오랫동안 보다 극단적인 정치가들에게 조종당해서 그들로 하여금 실제 원하는 것보다 훨씬 더 급진적인 수단을 쓰도록 그리고 매우 민주적인 언어를 사용하도록 압박했다. 결과적으로 그들은 그 전임자들보다 훨씬 더 유럽을 겁에 질리게 했다.

국민공회가 1793년 1월 왕의 처형에 찬성표를 던지면서 과거와의 상징적 결별이 이루어졌다. 왕들을 사법적으로 살해하는 것은 그동안 잉글랜드식 탈선이라고 생각되었는데, 이번에는 잉글랜드인들도 다른 유럽만큼이나 충격을 받았다. 이제 영국도 프랑스와의 전쟁에 돌입했는데, 이는 프랑스가 오스트리아에 대항하여 네덜란드에서 거둔 승리가 가져올 전략적, 상업적 결과를 두려워했기 때문이었다. 그러나 전쟁은 점점 더 이념적 투쟁으로 비추어졌고, 여기에서 승리하기 위해서 프랑스 정부는 국내에서 점차 피에 굶주린 것처럼 보였다. 인도적인 처형을 위한 새로운 도구인 기요틴(guillotine, 즉 단두대는 혁명 전 계몽주의 특유의 산물로서 희생자에게 빠르고 확실한 죽음을 베풂으로써 기술적 효율성과 자비로움을 결합했다)은 공포의 상징물이 되었는데, 곧 이 공포라는 명칭은 국민공회가 혁명의 생존을 보장받기 위해서 국내에서 그 적들을 겁박하던 기간을 일컫는 말이 되었다.

이러한 상징에는 오해의 소지가 많았다. 공포정치는 어느 정도 수사적인 것으로, 자신들의 기운을 북돋우고 적대자들을 겁에 질리게 하려고 애쓰는 정치가들의 허풍이었다. 실제로 여기에 종종 반영된 것은 애국주의, 실제적 필요성, 갈피를 잡지 못하는 이상주의, 사리사욕, 그리고 오랜 원한을 공화국의 이름으로 해소하면서 나타난 사소한 복수심 등의 뒤범벅이었다. 물론 많은 사람들—아마도 3만5,000명 이상—이 죽었고, 많은 이들은 위험을 피해서 망명을 떠났지만, 기요틴이 죽인 것은 희생자 중 소수일 뿐이며 그 대부분은 지방에서 종종 내전의 상황에서 때로는 무기를 든 채로 죽었다. 18개월 남짓한 기간 동안 당대인들이 괴물로 간주한 프랑스인들이 죽인 동포의 수는 1871년 파리 코뮌 때에 열흘간의 시가전과 총살형 집행대 때문에 죽은 사람들의 수와 엇비슷했다. 또다른 그러나 마찬가지로 의미심장한 척도를 사용하면, 이 1년 반 동안 죽은 사람의 수는 1916년 솜 전투 첫날에 사망한 영국 병사들의 수의 대략 2배이다. 그러한 유혈사태는 프랑스인들 사이에 더더욱 깊은 골을 파놓았지만 그 정도를 과장해서는 안 된다. 모든 귀족들은 아마도 혁명에서 뭔가를 잃었겠지만 망명을 떠날 필요를 느낀 이들은 소수에 불과했다. 아마도 한 사람씩 비교하면 성직자들이 귀족들보다 더 수난을 겪었을 것이며, 많은 사제들은 외국으로 도망갔다. 그러나 혁명 동안 프랑스를 떠난 이들의 수는 1783년 이후 아메리카 식민지를 떠난 이들보다 적었다. 자신들의 혁명에 위협받고 넌더리가 난 나머지 독립 이후 미합중국에서 살 수 없었던 아메리카인들의 비율은 공포정치 이후 프랑스에서 살 수 없었던 프랑스인들의 비율보다 훨씬 더 높았다. 국민공회는 승리를 거두고 국내의 반란을 진압했다. 1797년이 되면 오직 영국만이 프랑스와 화친하지 않았고, 공포정치는 사라졌으며, 1795년에 채택되어 국민공회를 해산시킨 헌법 아래에서 공화국을 통치하는 것은 의회주의적 정권에 훨씬 더 가까웠다. 혁명은 그 어느 때보다 안전했으나, 겉으로는 그렇게 보이지만은 않았다. 외국에서는 왕당파들이 복귀를 위해서 연합군을 끌어들이려고 안간힘을 쓰면서 프랑스 국내의 불만 분자들과도 음모를 꾸몄다. 그러나 구질서가 귀환하리라는 전망을 반기는 프랑스인들은 거의 없었다. 다른 한편으로는 민주정의 논리를 더 밀고 나가야 하고, 예전의 법적 특권층과 비특권층 간의 구분만큼이나 역겨운 부자와 빈자 간의 큰 구분이 여전히 존재하며, 파리의 급진주의자들이 국정에서 더 큰 목소리를 내야 한다고 주장하는 이들이 있었다. 이는 혁명으로부터 수혜를 입은 사람들이나 단순히 더 이상의 유혈사태를 피하고 싶은 이들에게 구질서 복고에 대한 두려움만큼이나 걱정스러운 일이었다. 그리하여 좌우파로부터 압박을 받은 총재정부(당시 새로운 정권을 부르던 이름이다)는 어떤 면에서는 유리한 입장에 있었지만, 자신이 추종한 중도정책(어떻게 보면 왔다 갔다 하는 정책이었다)을 받아들일 수 없었던 이들을 적으로 만들었다. 결국 총재정부는 일군의 정치가들이 군인들과 음모를 꾸며 쿠데타를 일으키면서 안으로부터 붕괴했고, 이로부터 1799년에 새로운 정권이 세워졌다.

삼부회 소집으로부터 10년이 흐른 이때가 되면 적어도 대부분의 관찰자가 보기에 프랑스가 중세적 과거와 영원히 결별했다는 것은 확실했다. 법제상이는 매우 신속하게 진행되었다. 그 바탕에 있는 거의 모든 주요한 개혁들은 적어도 원칙상 1789년에 입법되었다. 봉건제, 법적 특권, 신성한 절대왕정의 공식적 폐지 및 개인주의적, 세속적 기반 위에서의 사회조직은 '89년의 원칙'의 핵심이었고, 이후 1791년 헌법의 전문인 인간과 시민의 권리선언에 녹아들었다. 이는 법적 평등, 개인의 권리의 법적 보호, 교회와 국가의 분리 및 종교적 관용으로 표현되었다. 권위는 하나의 통합된 국민의회를 통해서 행사되는 인민의 의지로부터 나오고, 의회의 입법 앞에서는 어떤 지역적 혹은 집단적 특권도 용납되지 않는다는 것이 여기에 깔린 법률적 기반이었다. 국민의회는 스스로 예전의 군주가 해결하지 못했던 재정적 어려움보다 더 심한 것도 이겨낼 수 있을 뿐만 아니라 계몽 전제주의가 꿈조차 꿀 수 없었던 행정적 변화를 수행할 수 있음을 보여주었다. 다른 유럽인들은 이 강력한 입법기관이 프랑스인의 삶의 모든 측면에서 제도들을 뒤엎고 재창조하는 데에 이용되는 것을 경악스럽게 혹은 적어도 놀랍게 바라보았다. 입법부의 독립성은 계몽 전제군주들이 알고 있었듯이 개혁을 위한 강력한 도구였다. 사법적 고문이 종식되었고, 작위 귀족제, 사법적 불평등, 프랑스 직인들의 오래된 공동 조합들 역시 마찬가지였다. 막 시작된 노동조합주의는 노동자나 고용주들이 공동의 경제적 목적을 위해서 결사를 조직하는 것을 금지하는 입법에 의해서 그 발생 단계에서 좌절당했다. 돌이켜 생각해보면 시장경제를 향한 이정표는 명약관화해 보인다. 심지어 카롤링거 왕조식 1 대 20 대 12(리브르, 수, 드니에) 비율의 단위에 의거한 오래된 화폐 단위조차 프랑과 상팀으로 된 십진법 체계에 자리를 내주었고, 이와 동시에 구식의 혼란스러운 도량형 체계도 (이론상) 나중에 거의 보편화되는 십진법 체계로 대체되었다.

그처럼 거대한 변화들은 분열을 야기하기 마련이었는데, 사람들의 마음은 법보다 더 천천히 변하기 때문에 더더욱 그러했다. 봉건적 부과조의 폐지를 열렬히 환영했던 농민들은 마찬가지로 '봉건적' 질서의 일부였지만 자신들이 수혜자였던 공동 사용권의 소멸은 별로 반기지 않았다. 이러한 보수주의는 종교적인 문제의 경우 특별히 해석하기 어려웠지만 또한 매우 중요한 문제이기도 했다. 중세 이후 프랑스 왕들의 도유식(塗油式)에 쓰였던 랭스 성당의 성스러운 병은 공포정치 기간 동안 당국에 의해서 공개적으로 파괴되었고, 이성을 숭배하는 제단이 노트르담 사원의 제단을 대체했으며, 많은 사제들은 심한 개인적 박해를 경험했다. 분명 이러한 일을 벌인 프랑스는 더 이상 전통적 의미에서 기독교적이라고 할 수가 없었으며, 신정군주정은 대부분의 사람들에게 애도받지 못하고 사라졌다. 그러나 교회에 대한 처우는 다른 어떤 것들보다도 더 심하게 혁명에 대한 민중적 반대를 불러일으켰다. 몇몇 혁명가들이 추진한 이성이나 최고 존재와 같은 준(準)신성들에 대한 숭배는 실패작이었고, 많은 프랑스인들(그리고 아마도 대부분의 프랑스 여성들)은 가톨릭교회가 결국 프랑스인들의 삶으로 공식적으로 복권되었을 때 이를 즐거이 맞이할 터였다. 그때까지 가톨릭은 교회 신자들의 자발적인 행동에 의해서 교구 차원에서는 오래전부터 사실상 복구된 상태였다.

프랑스 내의 혁명적 변화에 따라서 나타난 분열은 1789년의 원칙들과 마찬가지로 더 이상 그 국경 내로 제한될 수 없었다. 특히 프랑스 정부가 그들의 원칙을 선전과 전쟁을 통해서 수출하기 시작하면서부터 곧 상황이 바뀌기는 했지만, 이 원칙들은 처음에는 다른 나라들에서 많은 찬사를 받았고 큰 비난이나 불신을 초래하지 않았다. 프랑스에서의 변화는 신속하게 다른 나라들에서도 무엇이 벌어져야 하는지에 대해서 논쟁을 초래했다. 그러한 논쟁은 이것이 발생한 상황들과 용어들을 반영하기 마련이었다. 이런 식으로 프랑스는 자신의 정치를 유럽에 퍼뜨렸고, 이것이 혁명기 10년에 대한 두 번째로 중요한 사실이다. 이때가 유럽 근대 정치가 시작된 시점이고, 좌우파라는 용어는 그때부터 우리와 함께해왔다. (비록 이 용어들이 쓰인 것은 10여 년 후이지만) 자유주의자와 보수주의자가 정치적으로 탄생한 것은 프랑스 혁명이 정치적 입장에 대한 시금석 혹은 리트머스 종이를 제공하면서부터였다. 한편에는 공화주의, 투표권 확대, 개인의 권리, 언론과 출판의 자유가 있었고, 다른 한편에는 질서, 규율, 권리보다 의무에 대한 강조, 계서제의 사회적 기능에 대한 인정, 도덕을 통해서 시장의 힘을 길들이려는 바람이 존재했다.

어떤 프랑스인들은 프랑스 혁명이 보편적 중요성을 가진다고 항상 믿어왔다. 그들은 계몽사상의 언어를 통해서 자신들이 프랑스의 문제들을 해결하는 데에 쓴 방법을 다른 나라들도 받아들여야 한다고 주장했다. 이것이 전적으로 오만의 발로는 아니었다. 유럽의 전산업적, 전통적 사회들은 여전히 많은 공통점을 가지고 있었고, 따라서 모두 프랑스로부터 배울 것이 있었다. 이런 식으로 프랑스의 영향력을 만든 힘들은 의식적인 선동과 선교사적 열정에 의해서 다시 강화되었다. 이것이 프랑스에서의 사건이 보편사의 영역으로 들어간 또다른 경로였다.

혁명이 보편적이며 사상 유례없는 중요성을 가지고 있다는 것은 혁명에 감탄하고 이를 지지하는 이들에게만 국한된 생각이 아니었다. 이는 또한 유럽의 보수주의가 자의식 있는 세력으로 나타나게 되는 과정의 근저에 있었다. 1789년 훨씬 전부터 근대 보수주의 사상의 구성 요소들 가운데 다수가 계몽 전제군주제의 개혁조치들에 대한 분노, '진보된' 생각들의 위신과 효과에 대한 교회의 분개, 낭만주의의 중심에 있던 세련되고 의식적으로 합리적인 것에 대한 감정적 반동 등과 같은 현상들 속에 흩어져 있었다는 것은 사실이다. 그러한 세력들은 독일에 특히 널리 퍼져 있었지만, 최초의 그리고 많은 측면에서 가장 위대한 보수주의의 반혁명적 주장을 담은 서술이 나타난 곳은 잉글랜드였다. 이것이 에드먼드 버크가 1790년에 출판한 『프랑스 혁명에 대한 성찰(*Reflections on the Revolution in France*)』이었다. 그가 예전에 아메리카 식민자들의 권리를 옹호하는 역할을 했다는 점에서 쉽게 유추할 수 있는 것처럼 이 책은 생각 없이 특권을 옹호하는 것과는 거리가 멀었다. 이 책에서 보수주의는 제도에 대한 법률 중심적 옹호론을 떨어내고, 사회를 의지와 이성 이상의 것으로 만들어진 창조물이자 도덕성이 체화된 것으로 이론화함으로써 스스로를 표현했다. 반면에 혁명은 지성의 오만, 무미건조한 합리주의, 죄 중에서도 대죄인 교만의 표현이라고 지탄받았다.

혁명이 유럽 정치에 초래한 새로운 양극화는 또한 혁명 자체에 대한 새로운 생각을 고취시켰고, 이는 엄청난 결과를 초래할 것이었다. 정치혁명은 단순히 본질적으로 연속적인 과정 속의 상황적 분절일 뿐이라는 예전의 생각 대신에 나타난 것이 혁명은 급진적, 포괄적 격변으로서 어떤 제도도 가만두지 않으며 원칙상 한계가 없고 심지어 가족이나 재산과 같은 기본적 제도들의 전복까지도 가져올지도 모른다고 보는 견해였다. 보편화된 현상의 한 표현 형태로 혁명이 발발하는 곳마다 사람들은 이러한 전망에 고무되었느냐 실망했느냐에 따라서 이와 동조하든가 아니면 이를 개탄하든가 했다. 19세기에는 심지어 혁명을 보편적으로 영원히 존재하는 힘이라고 말하게 되었다. 이러한 생각은 아직도 결코 사라지지 않은 이념적 형태의 정치에 대한 극단적 표현이다. 개략적으로 말하면, 개별 사례들의 특정한 상황과는 상관없이 모든 전복적인 반란운동들은 원칙상 포괄적으로 인정받거나 혹은 비난받아야 한다고 느끼는 사람들이 여전히 있다. 이러한 신화가 많은 고통을 야기했음에도 불구하고, 처음에는 유럽, 그리고 다음으로 유럽이 변화시킨 세계는 이 신화에 감정적으로 반응하는 사람들과 함께 살아가야 했다. 이는 그 이전 세대들이 종교적 분열의 어리석음을 감수하고 살아야 했던 것과 마찬가지였다. 불행히도 이것이 아직도 살아남아 있다는 사실이야말로 프랑스 혁명의 영향력이 여전함을 입증한다.

프랑스 혁명의 '시작점'으로는 많은 날짜를 택할 수 있겠지만, '끝점'으로 특정 날짜를 꼽는 것은 의미 없는 일이 될 것이다. 그럼에도 불구하고 1799년은 혁명 과정 속에서 주요한 구두점을 찍었다. 당시 총재정부를 휩쓸고 간 쿠데타는 한 남자를 권좌로 올렸는데, 그는 신속히 1814년까지 유지될 독재정을 열고 유럽의 질서를 전복시켰다. 이 사람이 바로 예전의 공화국 장군이자, 지금은 새로운 정권의 제1통령이고, 곧 프랑스 최초의 황제가 될 나폴레옹 보나파르트(재위 1804-1814)였다. 그의 시대의 지도자들 대부분이 그러했듯이 그는 권좌에 올랐을 때 여전히 젊었다. 그는 군인으로서 이미 특출한 재기와 무자비함을 보여주었다. 그의 승리들은 기민한 정치적 감각 및 언제라도 반항적 태도로 행동할 수 있는 능력과 결합하여 그에게 휘황찬란한 명성을 안겨주었다. 많은 면에서 그는 18세기의 '모험가' 유형의 인간의 가장 위대한 예였다. 패배당한 정치가들을 제외하고는 나폴레옹이 그들을 제치고 권력을 쥐었을 때 아무도 이를 유감스러워하지 않았다. 즉각 그는 (다시 한번 프랑스에 대항한 전쟁에 참전한) 오스트리아를 패배시키고 프랑스의 승리로 끝난 화약을 맺음으로써 스스로를 증명했다. 이는 혁명에 대한 위협을 제거했고, 아무도 보나파르트가 혁명의 원칙에 헌신한다는 것을 의심하지 않았다. 이 원칙들을 강화한 것이 그의 가장 긍정적인 성과였다.

나폴레옹(1804년 제국을 선포한 이후 그의 공식적 명칭이 된다)이 프랑스에 군주제를 재건했음에도 불구하고, 이는 어떤 의미에서도 복고가 아니었다. 사실상 그가 추방당한 부르봉 왕가를 모욕하느라고 어찌나 애를 썼던지 그들과의 어떤 화해도 상상할 수 없는 지경이었다. 그는 국민투표를 통해서 제국에 대한 인민의 승인을 추구했고, 이를 얻어냈다. 이것은 프랑스인들이 투표로 찬성한 군주정으로서 인민주권, 즉 혁명에 기초했다. 제국은 통령정부가 이미 시작했던 혁명을 공고화하는 과업을 떠맡았다. 1790년대의 모든 위대한 제도적 개혁들이 재확립되거나 적어도 보존되었다. 교회재산 몰수 이후의 토지 매각이 문제시되지도 않았고, 이전의 조합들이 되살아나지도 않았으며, 법 앞에서의 평등의 원칙이 의문시된 적도 없었다. 어떤 조치들은 심지어 더 진전되기까지 했는데, 특히 각각의 도에는 행정적 수반인 도지사가 임명되어 공포정치 동안의 비상 위임관(많은 예전의 혁명가들이 도지사가 되었다)과 비슷한 권한을 부여받았다. 이처럼 행정구조를 더욱 중앙집권화한 것은 물론 계몽전제군주들도 찬성한 바였을 것이다. 정부의 운용에서 혁명의 원칙들이 실제로는 종종 훼손된 것도 사실이다. 1793년 이후 권력을 잡은 모든 전임자들처럼 나폴레옹은 가혹한 검열로 언론을 통제하고, 재판 없이 사람들을 구금했으며, 시민적 자유에 관한 한 보통 인권선언을 대수롭지 않게 여겼다. 대의제 기구들은 통령정부와 제국 치하에서도 존재했지만 별다른 관심을 받지는 못했다. 그러나 이것이야말로 프랑스인들이 원했던 것으로 보인다. 예를 들면, 그들은 나폴레옹이 교황과의 정교협약을 통해서 이미 프랑스 교회에서 일어난 일을 법적으로 승인함으로써 교회와 정권을 화해시킨 것에서 보이는 기민한 현실인식을 원했던 것이다.

전체적으로 이는 혁명을 반석 위에 올려놓았는데, 이것은 국내에서는 안정적인 정부를 통해서, 국외에서는 군사적, 외교적 힘을 통해서 보장되었다. 양쪽 모두 종국에는 나폴레옹의 거대한 군사적 노력 때문에 침식당하게 되지만, 한동안은 그 덕분에 프랑스는 유럽의 지배권을 얻었다. 프랑스군은 동쪽으로는 모스크바, 서쪽으로는 포르투갈까지 진격했으며, 라코루냐에서 슈테틴에 이르는 대서양과 북쪽 해안선에 진주했다. 그럼에도 불구하고 그 비용은 너무 거대했다. 점령당한 나라들을 아무리 무자비하게 약탈한들 자신의 권력을 오만하게 자신한 나폴레옹이 도발한 다른 모든 유럽 국가들의 연합에 대항하여 프랑스가 계속 이러한 헤게모니를 유지하기에는 충분하지 못했다. 1812년 러시아 침공에서 그가 이끈 최대 대군이 겨울의 눈 속에서 궤멸되었을 때, 적들이 서로 대립하여 분열하지 않는 한 그의 몰락은 예정되어 있었다. 이번에는 그들도 분열하지 않았다. 나폴레옹 자신은 1792년 이후 짧은 휴지 기간을 제외하고는 계속 그와 (그리고 그 전에는 혁명과) 전쟁을 벌여온 영국을 탓했다. 여기에는 곱씹어볼 만한 것이 있는데, 영국과 프랑스 간의 전쟁은 군사독재정에 대항한 입헌군주정의 전쟁이었을 뿐만 아니라 한 세기 간의 경쟁관계 속에서도 최후의, 그리고 가장 중요한 라운드였던 것이다. 1798년 아부키르와 1805년 트라팔가르에서 영국 해군이 나폴레옹을 유럽에 묶어두었고, 영국의 돈이 연합군이 나설 준비가 되었을 때에 이들에게 재원을 공급했으며, 이베리아 반도에서는 영국군이 1809년부터 전선을 유지해서 프랑스의 자원을 고갈시키고 다른 유럽인들에게 희망을 주었다.

1814년 초엽에 이르자, 나폴레옹은 프랑스만 방어할 수 있었다. 여기에서도 그가 탁월한 기량을 발휘하기는 했지만, 동부의 러시아, 프로이센, 오스트리아군, 남서부의 영국군의 침공을 물리치기에는 자원이 부족했다. 마침내 그의 장군들과 대신들은 그를 제쳐두고 인민의 항의 없이 화약을 맺는 데에 성공했다. 이것이 부르봉 가문의 복귀를 의미했음에도 불구하고 말이다. 그러

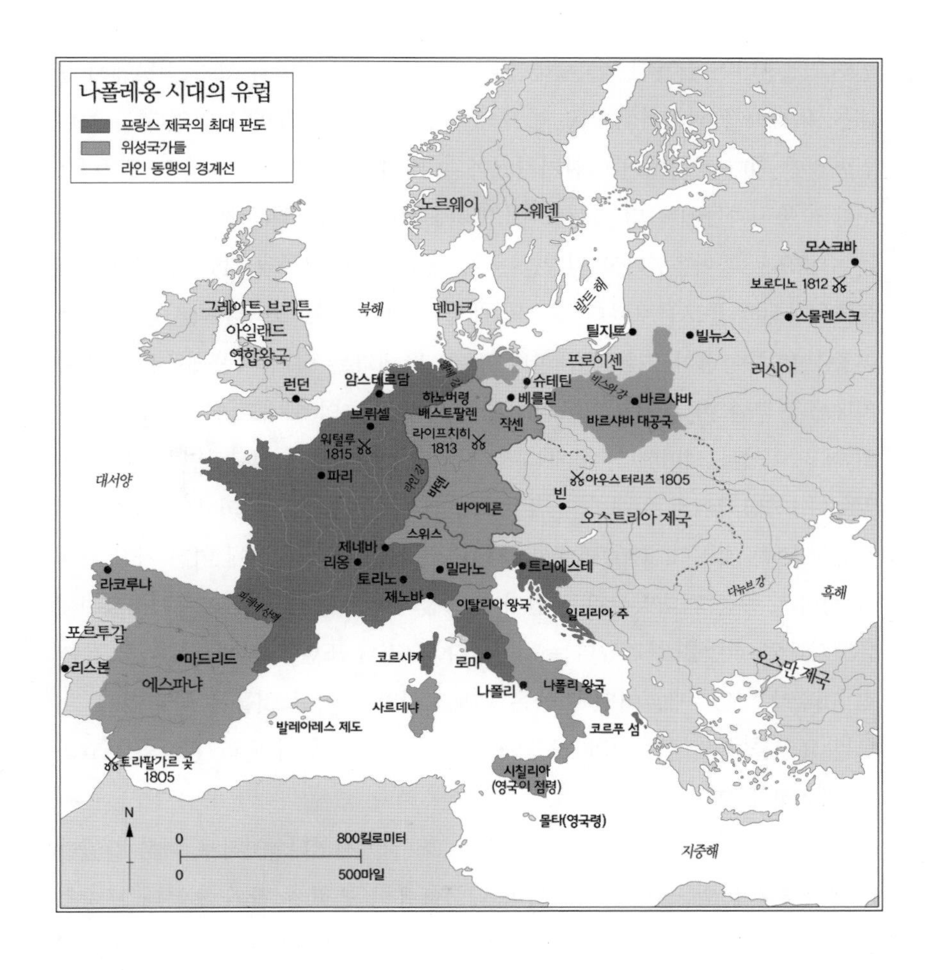

나 이때쯤 되면 1789년 이전으로부터 무엇이든 중요한 의미를 가진 것이 복귀할 수 있는 것은 아니었다. 정교협약은 살아남았고, 도 체제도 살아남았으며, 법 앞에서의 평등도 살아남았고, 대의제 체제도 살아남았다. 혁명은 사실상 프랑스에서 기존 질서의 일부가 되어버렸던 것이다. 나폴레옹은 이러한 일이 벌어지기 위한 시간, 사회적 평화, 제도들을 제공했다. 혁명 중 그가 승인한 것 외에는 아무것도 살아남을 수 없었다.

이 때문에 그는 전통적 유형의 군주, 심지어 가장 근대화를 추진하는 이들과도 매우 다른 모습을 띠게 되는데, 사실 그는 정책상으로는 종종 매우 보수적이었으며 혁신을 불신했다. 결국 그는 민주적인 독재자로서 그의 권위는 인민으로부터 나왔는데, 이는 국민투표라는 형식적 의미와 그가 전장에서 군대를 유지하기 위해서는 인민의 호의를 필요로 했다(그리고 얻었다)는 보다 일반적인 의미 양쪽에서 마찬가지였다. 따라서 그의 방식은 루이 14세보다는 근대의 통치자들에게 더 가까웠다. 그러나 그는 프랑스의 국제적 힘을 유례없는 수준으로 끌어올렸다고 인정받는다는 점에서 이 군주와 닮았고, 이 때문에 둘 다 자신의 동포들로부터 경탄의 대상이 되어왔다. 그러나 다시금 중요한, 이중적인 차이점이 또한 존재한다. 루이 14세와는 달리 나폴레옹은 유럽을 지배했을 뿐만 아니라, 혁명이 벌어졌기 때문에 그의 헤게모니는 단순히 국가의 패권 이상을 의미했다. 이에 대해서 너무 감상적으로 접근하면 곤란하지만 말이다. 해방자이자 위대한 유럽인으로 간주되는 나폴레옹의 모습은 이후의 전설이 만든 것이다. 1800년에서 1814년 사이에 그가 유럽에 미친 가장 확실한 영향은 종종 과대망상과 개인적 허영심의 발로에서 유럽의 구석구석까지 유혈사태와 격변을 불러왔다는 것이었다. 그러나 또한 여기에는 중대한 부가적 효과가 있었는데, 어떤 것들은 의도적이었고 어떤 것들은 아니었다. 이 모든 요인들이 더해진 결과, 프랑스 혁명의 원칙들이 더 멀리 전파되고 효과를 발휘하게 만들었다.

이것이 가장 명백하게 표현된 것은 지도 위에서였다. 조각보 이불 같았던 1789년경 유럽의 국가체제는 이미 나폴레옹이 권력을 잡기 전부터 프랑스 군대가 이탈리아, 스위스, 네덜란드에서 새로운 위성공화국들을 만들면서 어느 정도 혁명적 재조직을 경험했다. 그러나 이 나라들은 프랑스의 지원이 사라지자 생존이 불가능함이 입증되었고, 유럽의 일부에서 지속적으로 중요성을 가질 새로운 조직이 나타난 것은 통령정부 아래에서 프랑스의 헤게모니가 재확립된 이후였다.

이 중 가장 중요한 일은 독일 서부에서 벌어졌으니, 그 정치적 구조에 일대 혁명이 일어나면서 중세적인 기반들이 쓸려나갔다. 라인 강 좌안에 있는 독일의 영토들은 1801년에서 1814년 사이 전 기간 동안 프랑스에 병합되었고, 이로써 유서 깊은 독일의 정치체들이 파괴되는 시기가 시작되었다. 라인 강 너머에서 프랑스가 제공한 재조직안은 교회의 영토들을 세속화하고, 제국의 자유도시들을 거의 모두 폐지했다. 또한 프로이센, 하노버, 바이에른에는 다른 곳에서의 영토상실을 보전하기 위해서 별도의 영토를 주었으며, 오래된 독립적인 제국귀족제를 폐지시켰다. 실제적인 효과는 독일에서 가톨릭과 합스부르크 왕가의 영향력을 감소시키는 한편, 독일의 대규모 제후국들(특히 프로이센)의 영향력을 강화시키는 것으로 나타났다. 신성 로마 제국의 체제 역시 이러한 변화를 고려하여 재편되었다. 새로운 형태의 제국은 1806년까지만 지속되었는데, 이때 오스트리아가 다시 패하면서 독일에 더 많은 변화와 제국의 폐지가 야기되었다.

이렇게 해서 아무리 부적절했을지언정 오스만 제국 시절부터 독일에 정치적 통일성을 부여해왔던 제도적 구조가 종막을 맞았다. 이제 라인 동맹이 건국되어 프로이센과 오스트리아를 견제하는 제3의 세력이 되었다. 그리하여 이 거대한 파괴작업 속에서 프랑스의 국익이 기세등등하게 관철되었다. 리슐리외와 루이 14세라면 프랑스 국경이 라인 강에 그어진 것과 그 너머의 독일이 서로를 견제할 것으로 예상되는 다수의 이해관계로 갈라진 것을 흡족한 눈길로 바라보았을 것이다. 그러나 여기에는 또다른 측면도 있었다. 옛 구조는 어쨌거나 독일의 통합에 걸림돌이 되었던 것이다. 미래에 어떤 재조정이 일어나든 누구도 옛 구조를 부활시킬 생각은 하지 않았다. 연합국들이 마침내 나폴레옹 이후 유럽의 판도를 짜게 되었을 때, 그들 역시 독일 연방을 만들었다. 그것은 나폴레옹의 작품과는 달랐다. 프로이센과 오스트리아는 독일 쪽 영토에 한해서 독일 연방의 구성원이었지만, 현실의 통합을 되돌릴 수는 없었다. 1789년에는 서로 다른 조직원리를 가진 300개의 정치체들이었던 것이 1815년에는 38개의 국가들로 줄어들었다.

재조직은 이탈리아의 경우 덜 극적이고 그 효과도 덜 혁명적이었다. 나폴레옹의 체제는 반도의 북부와 남부에 명목상 독립적인 두 개의 큰 나라들을 만드는 한편, (교황령들을 포함해서) 반도의 대부분은 공식적으로 프랑스에 합병하여 도 체제로 조직화했다. 이 중 1815년 이후 살아남은 것은 아무것도 없었지만, 구체제 역시 복구되지 못한 것은 마찬가지였다. 눈에 띄는 것은 제노바와 베네치아의 오래된 공화국들이 총재정부의 군대가 처음에 처넣었던 무덤 속에 남겨졌다는 것이다. 그들은 더 큰 나라들—제노바는 사르데냐에, 베네치아는 오스트리아—에 흡수되었다. 유럽의 다른 곳에서도 나폴레옹의 힘이 절정에 달할 무렵 프랑스는 거대한 땅덩어리를 합병하고 직접 통치했는데, 그 해안선이 북쪽에서는 피레네 산맥에서 덴마크까지, 남쪽에서는 카탈루냐에서 거의 중단 없이 로마와 나폴리 사이의 국경선까지 이르렀다. 여기서 떨어져 있는 땅이 나중에 유고슬라비아가 되는 넓은 지역이었다. 이탈리아의 나머지 부분, 스위스, 엘베 강 서쪽의 독일 지역을 분할한 것은 위성국가들 및 실제적 독립의 수준은 다양했던 속국들이었다. 후자 중 몇몇은 나폴레옹 자신의 가족들이 통치했다. 동쪽에 고립되어 있는 것은 또 하나의 위성국가인 바르샤바 '대공국'으로, 이 나라는 예전의 러시아 영토로부터 만들어졌다.

이 나라들 대부분은 비슷한 행정적 관행과 제도들 때문에 상당 부분 비슷한 경험을 했다. 이 경험이란 물론 혁명의 원칙들을 체화한 제도와 사상에 관한 것이었다. 이것들은 폴란드에서의 짧은 실험을 제외하고는 엘베 강 너머로는 도달하지 않았기 때문에, 프랑스 혁명은 동유럽과 서유럽을 계속 차별화시키는 데에 기여한 저 거대한 힘들 중의 하나가 되었다. 프랑스 제국 내에서는 독일인, 이탈리아인, 일리리아인, 벨기에인, 네덜란드인들 모두 나폴레옹 법전에 따라서 통치되었다. 이것이 열매를 맺은 것은 나폴레옹 스스로가 주도하고 주장한 결과였지만, 그 작업은 본질적으로 1789년 많은 프랑스인들이 바랐듯이 새로운 법정을 만들고자 했지만 1790년대의 격랑 속에서는 이를 이룰 수 없었던 혁명기 입법가들의 것이었다. 법전과 함께 가족, 재산, 개인, 공적 권력에 대한 개념들이 따라와서 유럽 전체에 일반적으로 전파되었다. 이것들은 지방법, 관습법, 로마법, 교회법들의 대혼란을 때로는 대체하고 때로는 보충했다. 비슷한 경우로 제국의 도 체제는 공동의 행정적 관행을 부과했고, 프랑스 군대에서의 복무는 공동의 규율과 군사규정을 부과했으며, 십진법에 기초한 프랑스의 도량형은 많은 지방 단위들을 대체했다. 이러한 혁신들은 프랑스의 실제 지배권을 넘어서는 영향력을 발휘해서 다른 나라의 근대화론자들에게 모델과 영감을 제공했다. 프랑스 관리와 기술자들이 많은 위성국가들에서 일하고 있었던 데다가 나폴레옹 군대에도 프랑스 외에 많은 국적의 사람들이 있었기 때문에 이 모델들은 더욱더 쉽게 흡수될 수 있었다.

그러한 변화들이 충분한 효과를 나타내기까지는 시간이 걸렸지만, 그것은 심대하고도 혁명적이었다. 그것은 꼭 자유주의적인 것만은 아니었다. 프랑스 군의 삼색기는 공식적으로 인권선언을 대동했지만, 이것은 나폴레옹의 비밀 경찰, 병참장교, 세관원들도 마찬가지였다. 나폴레옹의 영향력으로부터 도래한 보다 감지하기 힘든 혁명은 이로부터 촉발된 반응과 저항에 있었다. 프랑스인들은 혁명의 원칙들을 전파함으로써 종종 나중에 자신들의 뒤통수를 치게 만들 일을 예비한 셈이었다. 인민주권은 혁명의 핵심이었고, 그것은 민족주의 원칙과도 밀접하게 연결된 이상이었다. 프랑스의 원칙에 따르면, 인민들은 스스로를 지배해야 하며, 지배의 적절한 단위는 민족이었다. 혁명가들은 이런 이유로 그들 자신의 공화국은 '하나이며 나눌 수 없다'고 선언했다. 이를 숭배하는 몇몇 외국인들은 이 원칙을 자신들의 나라에 적용시켰다. 이탈리아인들과 독일인들이 민족국가에 살고 있지 않은 것은 확실했지만 이제 민족국가를 만들어야 할 것 같았다.

그러나 이는 단지 동전의 한쪽 면에 불과했다. 프랑스의 유럽은 프랑스의 이익을 위해서 경영되었고, 이에 따라서 다른 유럽인들에게는 민족의 권리를 부인했다. 그들은 자신들의 농업과 상업이 프랑스의 경제정책에 희생당하는 것을 목도했고, 프랑스 군에서 복무해야 하거나 나폴레옹으로부터 프랑스인(혹은 매국노) 지배자나 부왕을 하사받아야 함을 알게 되었다. 혁명의 원칙을 환영했던 사람들조차 여기에 불만을 느꼈으므로, 이를 결코 환영하지 않았던 이들이 민족적 저항의 견지에서 사고하기 시작한 것은 별로 놀랄 일이 아니다. 정부들은 이를 불신하거나 이를 이용하기를 꺼려했음에도 불구하고 유럽의 민족주의는 나폴레옹 시대에 엄청난 활력소를 제공받았다. 독일인들은 자신들을 베스트팔렌인이나 바이에른인을 넘어서는 어떤 존재로 생각하기 시작했고, 이탈리아인들은 자신들을 로마인이나 밀라노인을 넘어서는 어떤 존재라고 믿기 시작했는데, 이는 그들이 프랑스에 대항한 공동의 이해관계가 있음을 인지했기 때문이었다. 에스파냐와 러시아에서는 애국적 저항과 혁명에 대한 저항이 거의 완전히 동일시되었다.

결국 나폴레옹이 개창하려던 왕조와 그가 세운 제국은 둘 다 단명했지만 그래도 그의 업적은 엄청난 중요성을 가졌다. 혁명이 프랑스에서 그동안 비축된 힘을 풀어놓았다면 그는 다른 나라들에서 마찬가지의 일을 했고, 이후에는 두번 다시 이 힘들을 막을 수 없었다. 그는 혁명의 유산이 최대한의 효과를 가지도록 보장해주었는데, 그가 이를 바랐건 아니었건 상관없이 이것이야말로 그의 최대 업적이었다. 1814년 그가 무조건 퇴위하면서 이야기가 완전히 끝난 것은 아니었다. 1년이 지난 직후 황제는 연금을 받으며 추방생활을 하던 엘바 섬으로부터 프랑스로 돌아왔으며, 복위된 부르봉 정권은 단번에 무너졌다. 연합군은 어쨌거나 그를 몰아내기로 결정했는데, 이는 그가 과거에 이들에게 너무 공포의 대상이었기 때문이었다. 그에 대항하여 압도적인 군세가 모이기 전에 선수를 치려고 했던 나폴레옹의 시도는 1815년 6월 18일 워털루에서 종막을 맞았고, 이로써 프랑스 제국 부활의 위협은 영국, 벨기에, 프로이센 군대에 의해서 타도되었다. 승리자들은 이번에는 그를 남대서양에서 수천 마일 떨어진 곳에 있는 세인트헬레나 섬으로 보냈고, 그곳에서 그는 1821년에 사망했다. 유럽이 혁명 이후에 지나왔던 사반세기 동안 거의 계속되었던 전쟁이 다시 반복될 일체의 위험을 피하기 위해서 화약을 맺으려던 승전국들의 결심은 그가 선사한 경악 때문에 더 확고해졌다. 그리하여 나폴레옹은 자신이 유럽에 가져온 변화들에 의해서뿐만 아니라 그의 영도 아래에서 프랑스가 빚어낸 두려움에 의해서도 여전히 유럽의 지도를 그리고 있었다.

3

정치적 변화 : 새로운 유럽

1815년에 보수적인 정치가들이 희망했던 바와는 무관하게 불안과 격동의 시기는 이제 막 시작일 뿐이었다. 이는 다음 60년 동안 유럽의 지도가 어떻게 변했는지를 보면 가장 쉽게 알 수 있다. 새롭게 통일한 독일이 열강 속에 자리 잡은 1871년이 되면, 아드리아 해에서 발틱 해를 잇는 경계선의 유럽 서쪽 대부분은 민족성의 원칙에 기초했다고 주장하는 나라들로 조직되었다. 몇몇 소수파들은 여전히 이를 부인했지만 말이다. 심지어 그 경계선의 동쪽에도 이미 민족과 동일시되는 나라들이 몇몇 있었다. 1914년이 되면 민족주의의 승리는 더 멀리 진행될 것이고, 발칸인들 대부분 역시 민족국가로 재편될 것이었다.

새로운 종류의 정치의 한 측면인 민족주의의 기원은 멀리 영국, 그리고 그 이전에 유럽의 몇몇 더 작은 나라들에서 만들어진 전범들로 거슬러 올라간다. 그러나 민족주의의 거대한 승리는 1815년 이후 새로운 정치가 출현하면서 그 일부로 도래할 터였다. 그 중심에 있는 것은 개별 지배자들이나 계서제적 특권층의 이익보다 더 큰 공공의 이익이 존재함을 인정하는 새로운 틀의 사고를 받아들이는 것이었다. 그것은 또한 이 이익을 정의하고 보호하기 위한 경쟁이 정당하다고 가정했다. 그러한 경쟁은 점차 특별한 무대와 제도들을 필요로 한다고 생각되었다. 예전과 같은 법률이나 궁정에 의한 형태는 더 이상 정치적 질문들을 해결하는 데에 충분하지 않아 보였다.

이와 같은 공적 생활의 변화를 이루는 제도적 틀이 출현하기까지 어떤 나라에서는 다른 곳들보다 더 오랜 시간이 걸렸다. 심지어 가장 선진적인 곳에서도 이 제도적 틀은 어떤 단일한 관행들의 집합과 동일시될 수 없었다. 그러나 이는 항상 어떤 원칙들을 인정하고 지지하는 것과 강하게 결부되는 경향이 있었다. 민족주의는 오래된 원칙들—예를 들면 왕조주의—에 가장 강하게 반대하는 원칙들 중 하나였다. 19세기가 흐를수록 유럽의 정치담론에서는 '역사적' 민족들로 인정된 나라들의 이익을 정부가 지키고 보호해야 한다는 이야기가 흔해졌다. 이는 물론 어떤 민족들이 역사적 민족들이고, 그들의 이익을 어떻게 정의할 것이며, 이것이 정치가의 결정에서 얼마만큼의 중요성을 가질 수 있으며 또 가져야 하는지에 대한 격렬하고도 장기적인 다툼과도 거의 같은 이야기였다.

민족주의 외에도 작용 중인 또다른 원칙들이 있었다. '민주주의'나 '자유주의'와 같은 용어들은 이것들을 정의하는 데에 별다른 도움이 되지 않지만, 더 나은 것이 없고 당대인들도 이 용어들을 썼으니 우리도 쓸 수밖에 없다. 대부분의 나라에서 전반적인 흐름은 점점 더 많은 사람들을 (비록 형식상이기는 하지만) 정부와 결합시키는 방법으로, 대의제 제도들을 수용하는 쪽으로 나아갔다. 자유주의자들과 민주주의자들은 거의 항상 더 투표권의 확대와 선출직 대의제의 개선을 요구했다. 또한 경제적으로 발전된 나라들에서는 점점 더 개인이 정치적, 사회적 조직의 기본이 되어갔다. 개인의 공동체적, 종교적, 직업적, 가족 단위로서의 소속은 그 혹은 그녀의 개인적 권리들보다 훨씬 덜 중요한 것이 되었다. 이는 어떤 측면에서는 더 많은 자유를 낳았지만, 때로는 그 반대이기도 했다. 국가는 19세기에 그 피치자들에 대한 관계에서 그 어느 때보다 큰 사법적 권력을 누렸으며, 그 기구가 기술적으로 더 효율화되면서 서서히 그들을 더 효과적으로 억압할 수 있게 되었다.

프랑스 혁명은 사실상 이러한 변화를 개시하는 데에 엄청난 중요성을 가졌지만, 전범이자 신화의 근원으로서의 그 지속적인 영향력도 못지않게 중요했다. 1815년이 되면 혁명의 종식에 대한 그 모든 희망과 두려움에도 불구하고 전 유럽에 걸친 그 전면적 영향력은 이제 막 펼쳐질 참이었다. 다른 많은 나라들에서는 프랑스에서 이미 일소된 제도들이 이제서야 비판받고 철폐되었다. 그 제도들이 더욱 취약했던 것은 다른 경제적, 사회적 변화의 힘들이 또한 작용했기 때문이었다. 이는 혁명사상과 전통에 새로운 기회를 부여했다. 좋건

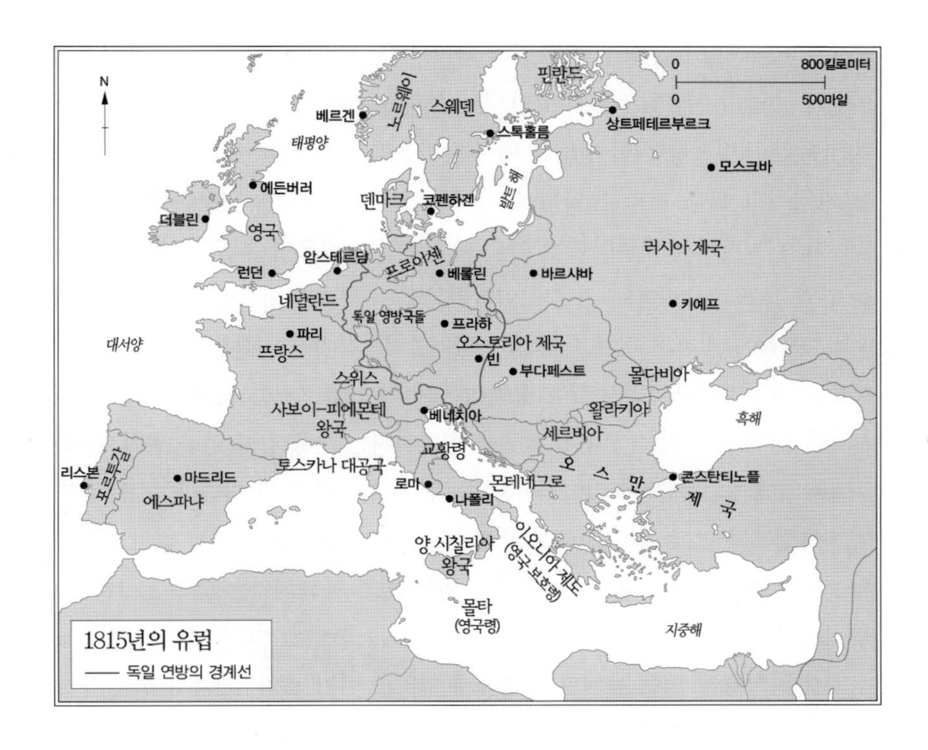

나쁘건 유럽은 잠재적으로 혁명을 눈앞에 두고 있다는 생각이 널리 퍼져 있었다. 이는 기존 질서를 지지하는 자와 장차 이를 파괴할 자 양쪽 모두로 하여금 정치적 쟁점들을 벼려서 이를 1789년의 원칙들, 즉 민족주의와 자유주의의 틀에 맞추도록 유도했다. 전반적으로 이 사상들이 대략 1870년까지 유럽의 역사를 지배하면서 그 정치적 역학을 낳았다. 이 사상들이 그 지지자들이 희망한 것 모두를 성취한 것은 아니었다. 그 사상들은 현실로 옮겨지면서 많은 제한 조건들이 붙었고, 종종 거북스럽게 서로의 진로를 방해했으며, 많은 반대자들을 만들었다. 그러나 그것들은 이미 나머지 세계의 역사를 바꾸고 있던 정치적 시험, 폭발, 발견의 실험실이나 마찬가지였던 19세기 유럽의 풍부하고도 격동에 찬 역사를 살펴보는 데에 여전히 유용한 안내자이다.

19세기 국제질서의 기본, 즉 프랑스 전쟁의 시대가 끝나고 체결된 1815년 빈 조약을 둘러싼 교섭들 속에서도 이러한 영향력들이 이미 작용하고 있음을 볼 수 있다. 그 주요 목적은 프랑스 전쟁이 반복되는 것을 막는 것이었다.

중재자들은 프랑스의 포위와 혁명의 회피를 추구했으며, 이를 위한 재료로서 보수파 유럽의 이념적 핵심이었던 정통성의 원칙과 미래에 프랑스의 팽창을 막기 위한 몇몇 실용적인 영토의 배치를 이용했다. 그리하여 프로이센은 라인 강 지역에서 넓은 지역을 획득했고, 네덜란드 왕 치하에 넓은 북부 국가가 출현하여 벨기에와 네덜란드 양쪽을 다스리게 되었으며, 사르데냐는 제노바를 얻었고, 오스트리아는 이전의 이탈리아 소유지들을 회복했을 뿐만 아니라 베네치아를 유지하고 다른 이탈리아 국가들을 통제하는 데에 거의 무제한의 자유를 보장받았다. 많은 경우 정통성은 편의성에 고개를 숙였으니, 격변의 시기 동안 빼앗긴 자들 모두가 복권을 경험하지는 못했다. 그러나 권력자들은 그래도 정통성에 대해서 이야기했으며, (일단 협의가 끝난 다음에는) 이에 대해서 일정 부분 성공을 거두었다. 빈 협약은 거의 40여 년간 전쟁 없이 분쟁을 해결하는 틀을 제공했다. 그중 몇몇은 어느 정도 동요되기는 했지만, 1815년에 만들어진 정권들은 40년 후에도 여전히 그곳에 있었다.

이것은 혁명에 대한 유익한 두려움에 힘입은 바가 컸다. 대륙의 모든 주요 국가들에서 복고의 시대(1815년 이후의 시기를 이렇게 불렀다)는 경찰과 음모가들 양쪽에게 똑같이 멋진 시기였다. 비밀결사들은 거듭된 실패 속에서도 기가 꺾이지 않고 증식했다. 그러나 이 기록은 또한 충분히 쉽게 처리할 수 없는 전복적 위협은 없었음을 보여주기도 한다. 오스트리아 군대는 피에몬테와 나폴리에서 시도된 쿠데타를 처리했고, 프랑스 병사들은 자유주의적 헌법에 구속받던 반동적인 에스파냐 왕의 권력을 회복시켰으며, 러시아 제국은 군대의 음모와 폴란드에서의 폭동을 견디고 살아남았다. 독일에서 오스트리아의 지배권은 전혀 위협받지 않았으며, 돌아볼 때 1848년 이전 합스부르크 왕조의 어느 부분에서도 아주 실질적인 위험을 발견하기란 어렵다. 러시아와 오스트리아의 힘은 전자는 예비세력으로서, 후자는 1815년에서 1848년 사이 중유럽과 이탈리아에서 중심세력으로서, 빈 체제를 지탱하는 두 기둥이나 마찬가지였다.

잘못된 생각이지만 자유주의와 민족주의는 보통 서로 떨어질 수 없는 것으로 간주되었다. 이것은 이후 시대에 대단히 틀린 생각으로 판명되었으나, 소수의 사람들이 1848년 이전에 혁명을 통해서 유럽을 변화시키고자 진실로 노력했던 한, 그들이 프랑스 혁명의 정치적 원칙—대의제 정부, 인민주권, 개인과 언론의 자유—과 민족성의 원칙 양쪽을 모두 지지함으로써 이를 달성하고자 했다는 것은 대략 맞는 말이다. 많은 이들이 이 둘을 혼동했는데, 그중 가장 유명하고 찬양받은 이는 주세페 마치니(1805-1872)라는 젊은 이탈리아인이었다. 그는 자신의 동포들 대부분은 원하지 않았던 이탈리아의 통일을 지지하고 이를 달성하기 위해서 음모를 꾸미다가 실패함으로써 한 세기 이상 모든 대륙의 민족주의자들과 민주주의자들에게 영감의 근원이자 모델이 되었다. 동시에 그는 급진주의적 성향을 가진 최초의 우상들 중의 하나이기도 했다. 그러나 그가 대표했던 사상들의 시대는 아직 오지 않았다.

신성동맹(러시아, 오스트리아, 프로이센, 이 세 보수세력 집단에 주어진 명칭)의 힘이 닿지 않았던 라인 강 서쪽에서는 이야기가 달랐다. 여기에서는 정통주의가 오래 지속되지 않을 것이었다. 1814년 부르봉 왕조의 복고 자체가 정통주의 원칙과의 타협이었다. 루이 18세(재위 1814-1824)는 그 전임자인 루이 17세가 1795년 파리의 감옥에서 사망한 이후에 프랑스의 다른 왕들처럼 통치했다. 정통주의자들은 감추고 싶어했으나 누구나 다 알고 있던 바대로 사실상 그는 나폴레옹을 패배시킨 연합군의 짐마차에 실려서 돌아왔으며, 그의 귀환은 오직 나폴레옹 시대 프랑스의 정치, 군사 엘리트들이 수용할 만한, 그리고 짐작컨대 프랑스 대중들이 용인할 만한 조건들 위에서만 가능할 수 있었다. 선거권이 제한되기는 했지만 복고왕정은 입헌군주정을 창출한 헌장에 의해서 규제되었다. 개인의 권리는 보장되었고 혁명기 토지 몰수와 매매의 결과로 나타난 토지에 대한 재산권은 의문시되지 않았으므로, 1789년으로 돌아가는 일은 없었다.

그럼에도 불구하고 미래에 대해서는 어느 정도 불확실성이 있었다. 좌파와 우파 간의 투쟁은 헌장 자체에 대한 논쟁—그것은 왕과 인민 사이의 계약인가? 아니면 단순히 왕의 자비의 표현이므로 준 것처럼 쉽게 빼앗을 수도 있는 것인가?—으로 시작되어, 혁명을 통해서 자유와 유산계급이 획득한 입지에 대해서 원칙상의 (혹은 그렇게 간주되는) 문제를 제기하는 쟁점들 전체로 확산되었다.

여기에 암암리에 달린 문제는 혁명이 실제로 무엇을 성취했느냐 하는 것이었다. 이에 대해서는 구체제에서 프랑스의 통치에 참여할 권리를 인정받기 위해서 투쟁했던 이들이 승리했다고 말해도 될 것이다. 종종 '명사들'이라고 불렸던 이들의 정치적 비중이 보장되었는데, 그들은 프랑스의 옛 귀족 출신이건, 혁명을 통해서 출세한 자들이건, 나폴레옹의 종복들이건, 혹은 단순히 상당한 규모의 지주와 사업가이건 간에 상관없이 이제 프랑스의 실질적 지배자였다. 또다른 변화는 프랑스의 제도들을 통해서 성취된 국민의 형성이었다. 어떤 개인이나 집단도 이제 프랑스 국민의 정부의 운용 범위 바깥에 있다고 주장할 수 없었다. 마지막으로 그리고 결정적으로 혁명은 정치사상을 변화시켰다. 그중에서도 프랑스의 공적 문제들에 대해서 토의하고 논쟁할 용어들이 변화되었다. 경계선이 우파와 좌파 사이에 그어지건, 보수주의자들과 자유주의자들 사이에 그어지건, 이제 정치적 투쟁은 신성한 권리를 가진 군주에게 자문하는 특권이 아니라 이 경계선에 중심을 두어야만 했다. 이것이 바로 부르봉 왕가 직계의 마지막 왕인 샤를 10세(재위 1824-1830)가 깨닫지 못한 것이었다. 그는 어리석게도 사실상의 쿠데타를 통해서, 그를 묶고 있는 헌법상의 제약 조건들을 떨쳐내고자 했다. 1830년 '7월 혁명'에서 파리 사람들이 그에 반대해서 봉기했다. 자유주의 정치가들이 황급히 앞장을 서서, 공화주의자들에게는 유감스럽게도 샤를 대신에 새로운 왕이 등극하도록 만들었다.

루이 필리프(재위 1830-1848)는 프랑스 왕가의 방계(傍系)인 오를레앙 가문의 수장이었지만, 많은 보수주의자들의 눈에는 혁명의 화신이나 마찬가지였다. 그의 아버지는 루이 16세의 사형에 찬성표를 던졌고(그러고 나서 곧 그 자신도 단두대로 향했다), 신왕은 공화국군에서 장교로 싸우기도 했다. 그는 심지어 악명 높은 자코뱅 클럽의 회원이기도 했는데, 이 클럽은 뿌리 깊은 음모의 근원이며 가장 저명한 혁명 지도자들 중 몇몇을 만든 속성재배용 온실이나 마찬가지라고 널리 믿어졌다. 자유주의자들에게 루이 필리프는 똑같은 이유로 매력적이었다. 보다 좌파에 기운 이들은 실망했지만, 그는 왕정이 주는 안정성과 혁명을 화해시켰다. 앞으로 18년간 그가 주재할 정권은 입헌적으로는 흠잡을 데가 없었고 본질적으로 중요한 정치적 자유들을 보존했지만 부유층의 이익도 수호했다. 이 정권은 (1830년대의 빈곤 때문에 빈번했던) 도시의 소요를 진압하는 데에 열심이었고, 이 때문에 좌파에게는 인기가 없었다. 한 저명한 정치가는 자신의 동포들에게 스스로 부자가 되라고 말했다. 이 충고는 많은 조롱과 오해를 받았는데, 실상 그가 말하려던 바는 투표권을 얻으려면 소득이 높은 이들에게 부여되는 자격 요건을 통과하라는 것이었다(1830년 당시 프랑스의 인구는 잉글랜드의 약 2배였으나, 국민대표를 뽑는 투표권이 있는 프랑스인은 잉글랜드인의 3분의 1밖에 되지 않았다). 그럼에도 불구하고 이론상으로 7월 왕정은 1789년 혁명의 원칙인 인민주권에 근거했다.

이 때문에 7월 왕정은 이념에 의해서 갈린 유럽에서 하나의 특별한 국제적 지위를 부여받았다. 1830년대에는 입헌주의 국가들의 유럽—잉글랜드, 프랑스, 에스파냐, 포르투갈—과 동부의 정통주의적 왕조국가들과 이탈리아와 독일에 있는 그들의 위성국가들로 이루어진 유럽 사이에 매우 두드러진 차이들이 존재했다. 보수주의적인 정부들은 7월 혁명을 좋아하지 않았다. 그들은 1830년 벨기에인들이 자신들을 다스리는 네덜란드 왕에 대항해서 반란을 일으키자 경악했지만, 영국과 프랑스가 벨기에를 지지하는 데다가 러시아는 폴란드의 반란 때문에 손이 묶여서 네덜란드 왕을 지원할 수가 없었다. 벨기에 독립국의 수립이 안정화된 것은 1839년이 되어서였고, 에스파냐와 포르투갈의 국내 문제들이 유럽 외교를 괴롭히는 파장을 일으키기는 했지만, 1848년까지는 이것이 빈 체제가 만든 국가체제에서 유일하게 의미 있는 변화였다.

그밖에 남동 유럽에서는 변화의 속도가 빨라지고 있었다. 서유럽에서 혁명의 시대가 절정으로 치닫던 바로 그때, 이곳에서는 새로운 혁명의 시대가 열리고 있었다. 1804년 한 부유한 돼지고지 중개상이 자신의 동포들을 이끌고 베오그라드에 있던 오합지졸 튀르크 주둔군에 대항하여 폭동을 벌였다. 당시 오스만 정권은 그의 행위를 용인할 의사가 있었는데, 이는 자신들의 반항적인 병사들을 통제하고 도시의 무슬림 학살에 착수한 기독교 농민들을 진압하기 위해서였다. 그러나 이에 대해서 제국이 최종적으로 치러야 했던 대가는 1817년 자치권을 가진 세르비아 제후국의 건설이었다. 이때쯤이면 튀르크인들은 드네스트르 강과 프루트 강 사이의 지역인 베사라비아도 러시아에 양여했고, 그리스와 알바니아의 많은 부분에 대한 그들의 통제권은 명목상일 뿐 실권은 현지의 파샤들에게 있음을 인정할 수밖에 없었다.

아직 눈에 띄지는 않지만 이로써 무너지는 오스만 제국의 영토들을 누구 혹은 무엇이 상속할 것인가를 둘러싼 19세기의 '동방 문제'가 시작되었다. 유럽에서는 이 문제가 열강들을 한 세기 이상 사로잡았다. 발칸 반도와 제국의 아시아 속주였던 곳에서는 오스만 계승 전쟁이 오늘날에도 여전히 계속되고 있다. 시작부터 인종적, 종교적, 이념적, 외교적 쟁점들이 뒤엉켜 있었다. 오스만 제국의 영토에는 인민들과 공동체들이, 이해하기 힘든 방식으로 넓은 지역에 흩어져 있었고, 빈 조약은 이 지역들을 열강의 약속에 의해서 보장되는 영역 속에 포함시키지 않았다. 1821년 오스만의 지배에 대항하여 '그리스인들'(즉 그리스 정교회를 믿는 술탄의 신민들을 말하는데, 그중 많은 수는 산적과 해적들이었다)의 '혁명'으로 표현되는 사건이 일어났을 때, 러시아는 자신의 보수주의 원칙을 버리고 반란자들을 지원했다. 종교 때문에 그리고 남동 유럽에 대한 러시아의 오랜 전략적 속셈 때문에 신성동맹은 다른 지배자들처럼 이슬람 지배자를 지원하기가 불가능했으며, 결국 러시아인들은 술탄과 전쟁을 벌이기까지 했다. 1832년에 외부인들이 국경선을 정해놓은 상태에서 출현한 새로운 그리스 왕국은 다른 발칸 민족들에게 비슷한 생각을 불어넣기 마련이었고, 19세기의 동방 문제는 18세기 때와 달리 민족주의의 허울 좋은 주장 때문에 복잡해질 것이라는 사실이 명약관화했다. 시작부터 그리스의 폭동에 자극을 받아서 콘스탄티노플과 스미르나에서 튀르크인들이 그리스인들을 학살했고, 신속하게 이를 뒤이어 펠로폰네소스에서는 그리스인들이 튀르크인들을 학살했으니 전망은 그리 좋지 않았다. 이후 두 세기 동안 발칸 문제는 나중에 '인종 청소'로 불리게 되는 이와 같은 예들 때문에 그 뿌리부터 오염되었다.

1848년에 새로운 혁명적 폭발이 일어났다. 간단히 말하면 1815년의 협약 전체가 위험에 빠진 듯했다. 1840년대는 많은 곳에서 경제적 어려움, 식량의 부족, 빈곤이 나타난 때였는데, 특히 1846년 대기근이 있었던 아일랜드, 다음에는 중유럽 그리고 상업불황으로 도시가 굶주렸던 1847년 프랑스를 들 수 있다. 실업이 널리 퍼졌다. 이 때문에 폭력이 발생했고 이는 어디에서나 급진주의 운동에 새로운 활력을 불어넣었다. 한 곳에서의 동요가 다른 곳에 영감을 주었다. 전범은 전염병처럼 퍼져나가면서 더 이상의 발병을 막을 국제적 안보체제의 힘을 약화시켰다. 상징적인 출발점은 2월 파리였는데, 루이 필리프는 중간계급이 더 이상 그가 선거권 확대에 계속 반대하는 것을 지지하지 않을 것임을 깨닫고는 퇴위했다. 그해 중반까지 런던과 상트페테르부르크를 제외하고는 유럽의 모든 수도에서 정부가 전복되거나 잘해야 수세에 몰려 있는 형국이었다. 2월 혁명 후 프랑스에서 공화국이 출현하자 유럽의 모든 혁명적, 정치적 망명자들이 용기를 얻었다. 30년 묵은 음모의 꿈이 실현되는 것처럼 보였다. '위대한 민족'이 다시 한번 전진할 것이고, 대혁명의 군대가 다시 한번 그 원칙들을 전파하기 위해서 행군할 것이었다. 그러나 실제로 벌어진 일은 완전히 달랐다. 프랑스는 고전적으로 자유주의자들의 지지가 집중되는 곳이었던 폴란드를 희생시키는 방향으로 외교적으로 무릎을 꿇었으며, 이들이 감행한 유일한 군사작전은 나무랄 데 없이 보수주의적 대의를 표방하는 교황을 보호하기 위한 것이었다.

이는 전체를 드러내는 징후였다. 1848년의 혁명가들은 서로 매우 다른 상황에 의해서 자극받았고, 서로 매우 다른 목표를 가지고 있었으며, 서로를 갈라놓는 혼란스러운 길을 따라갔다. 이탈리아와 중유럽 대부분에서 그들은 자신들이 생각하기에 비자유주의적이어서 억압적이었던 정부에 대항하여 반란을 일으켰는데, 여기서 주요한 상징적 요구는 헌법을 통해서 필수적인 자유를 보장해달라는 것이었다. 이러한 혁명이 다름 아닌 빈에서 일어나자, 1815년의 보수적 질서의 설계자인 메테르니히(1773-1859) 재상은 도망을 쳤다. 빈에서 혁명이 성공했다는 것은 중유럽 전체의 마비, 곧 혼란을 의미했다. 독일인들은 이제 더 작은 국가들의 구체제를 지원하러 오스트리아가 개입하리라는 두려움 없이 자유롭게 혁명을 일으킬 수 있었다. 오스트리아 지배권 내의 다른 인민들도 마찬가지였다. 이탈리아인들은 (야망은 높지만 걱정 많은 보수주의자인 사르데냐 왕에게 이끌려) 롬바르디아와 베네치아에서 오스트리아 군대를 공격했고, 헝가리인들은 부다페스트에서, 체코인들은 프라하에서 폭동을 일으켰다. 이 혁명가들 중 많은 수는 헌정주의보다는 민족독립을 원했는데, 헌정주의는 왕조의 독재를 공격했으므로 당시에는 독립으로 가는 길로 보였다.

만일 자유주의자들이 중유럽과 이탈리아의 수도 등 모든 곳에서 헌정적 정부를 수립시키는 데에 성공했다면, 사실상 이전까지 고유의 국가조직이 없었던, 혹은 상당히 오랫동안 이를 보유하지 못했던 민족들이 실제로 탄생하는 결과를 낳았을 것이다. 만일 슬라브인들이 스스로의 민족해방을 달성했더라면 이전까지 독일에 속한 것으로 간주되었던 국가들은 특히 폴란드와 보헤미아를 포함하여 그들 영토의 거대한 부분을 상실했을 것이다. 이를 깨닫기까지는 시간이 조금 걸렸다. 독일의 자유주의자들은 1848년 돌연히 이 문제에 봉착한 결과 재빨리 자신들은 민족주의를 택한다는 결론을 내렸다(이탈리아인들은 남티롤에서 100년 후에도 여전히 이러한 종류의 딜레마와 씨름했다). 1848년 독일에서 일어난 혁명들이 실패한 근본적 이유는 독일의 자유주의자들이 독일 민족주의를 위해서는 동부의 독일 영토를 보존하는 것이 필요하다고 결정했기 때문이었다. 이에 따라서 그들은 강력한 프로이센 국가를 필요로 했고, 독일의 미래를 위해서 그 요구사항들을 받아들여야 했다. 1848년 말 이전에 조류가 바뀌었음을 보여주는 또다른 징후들도 있었다. 오스트리아군이 이탈리아인들을 굴복시켰다. 파리에서는 혁명을 민주주의적 방향으로 더 밀어붙이고자 했던 봉기가 6월에 엄청난 유혈사태 속에서 진압되었다. 공화국은 결국 보수적 공화국이 될 터였다. 1849년에 종말이 왔다. 오스트리아는 이탈리아 혁명의 마지막 보루였던 사르데냐군을 타도했고, 반도 내의 군주들은 이제 오스트리아의 세력이 일시적으로 저지되어 있던 동안 허용했던 헌정주의적 양보 조항들을 철회하기 시작했다. 독일의 지배자들 역시 프로이센이 앞장선 가운데 마찬가지 일을 했다. 크로아티아인과 헝가리인들은 여전히 합스부르크 왕가를 압박하고 있었으나, 이때 러시아군이 동맹국을 도우러 왔다.

자유주의자들은 1848년을 '제국민의 봄'으로 보았다. 그렇다고 하면 그 싹들은 얼마 못 가서 시들었다. 1849년 말이 되면 유럽의 형식상의 구조는 (몇몇 나라에서 중대한 변화가 일어났음에도 불구하고) 다시 한번 1847년 때와 거의 비슷했다. 민족주의는 1848년에 인기 있는 대의임은 확실했으나, 혁명정부를 유지할 정도로 강력하지도 않았고 계몽된 세력도 분명 아니었다. 그 실패로 보건대 1815년의 정치가들이 여기에 합당한 관심을 '기울이지 않았다'는 비난은 잘못된 것이었다. 1848년에 어떤 새로운 민족도 나타나지 않은 것은 아무도 준비가 되어 있지 않았기 때문이었다. 그 근본 원인은 민족주의자들은 존재했을지언정 유럽 대부분 지역에서 민족주의는 대중에게 여전히 추상적 관념이었기 때문이다. 오직 상대적으로 소수의 잘 교육받은, 혹은 어쨌거나 교육받은 적이 있는 사람들만이 여기에 많은 관심을 기울였다. 민족의 차이가 사회적 쟁점 또한 포함하고 있던 곳에서는 때로 자신들은 언어, 전통 혹은 종교에 의해서 부여받은 정체성을 가지고 있다고 느끼는 사람들이 효과적인 행동을 벌이기도 했지만, 이는 새로운 민족을 수립하는 데에 이르지는 않았다. 1847년 갈리치아의 루테니아 농민들은 합스부르크 행정부가 승인하자, 기꺼이 그들의 폴란드인 지주들을 살해했다. 덕분에 만족한 이들은 1848년에도 합스부르크 왕가에 충성을 바친 채로 남았다.

1848년에 때로는 진짜 민중봉기가 일어났다. 이탈리아에서는 보통 농민보다는 도시민들의 폭동이 있었다. 롬바르드 농민들은 오스트리아군이 복귀했을 때 정말로 환호했는데, 그들의 지주인 귀족들이 이끄는 혁명에서는 아무 이점도 발견하지 못했기 때문이었다. 전통적인 지주들의 농업사회 구조가 많은 부분에서 존속되었던 독일 일부 지역들에서는 농민들이 예전에 1789년 프랑스에서 그랬던 것처럼 단순히 개인적 증오 때문만이 아니라 그들이 증오하고 두려워한 지대, 부과조, 부역 기록을 파괴하기 위해서 지주의 집들을 불태웠다. 도시의 자유주의자들은 이러한 폭동들에 질겁했는데, 이는 프랑스의 중간계급이 '6월의 날들'에 파리에서 일어난 절망과 실업에 의한 폭동 때문에 겁에 질린 것과 마찬가지였다. 프랑스에서는 1789년 이후 농민들이 보수주의자가 되었기 때문에, 정부는 급진주의에 짧은 성공을 안긴 파리의 빈민들을 진압할 때 지방의 지지를 확신할 수 있었다. 그러나 보수주의는 혁명운동 내부에서도 발견되었다. 독일 노동계급의 동요는 부유층을 놀라게 했는데,

이는 독일 노동자들의 지도자들이 사실상 과거로의 회귀를 추구하면서도 말로는 '사회주의' 운운했기 때문이었다. 그들은 길드와 도제 제도로 이루어진 안전한 세계를 염두에 두고 있었으며, 공장에서의 기계류, 라인 강의 증기선(뱃사공들을 실업자로 만들었다), 사업에 대한 무제한적 진입 개방—즉, 시장경제의 시작을 말해주는 지나치게 명백한 신호들—을 두려워했다. 자유주의에는 대중에 대한 호소력이 거의 항상 결핍되어 있다는 사실이 1848년 민중혁명 속에서 드러났다.

전체적으로 1848년의 사회적 중요성은 그 정치적 내용물만큼이나 복잡했으며 손쉬운 일반화의 범주를 벗어난다. 혁명으로 사회가 가장 많이 변화한 곳은 아마도 동유럽과 중유럽의 시골일 것이다. 이곳에서는 자유주의의 원칙들과 민중폭동에 대한 두려움이 결합되어 지주들에게 변화를 강요했다. 러시아를 제외하고 농민의 강제부역과 토지에 대한 예속이 살아남았던 모든 곳에서 1848년의 결과 이것이 폐지되었다. 60년 전 프랑스에서 시작된 농촌의 사회혁명이 이 해에 중유럽과 동유럽 대부분에서 그 대단원을 맞았다. 이제 독일과 도나우 강 유역에서는 농업생활이 개인주의적 시장경제 노선에 따라서 재조직되기 위한 길이 열렸다. 그 관행의 많은 부분과 심리적 습관들은 여전히 남아 있겠지만, 봉건사회는 사실상 전 유럽에서 종말을 향해서 나아가고 있었다. 그러나 프랑스 혁명의 원칙들 중 정치적 구성 요소들은 좀더 기다려야 표출될 수 있을 것이었다.

민족주의는 그리 오래 걸리지 않았다. 1854년 근동 지방에서의 러시아의 영향력에 대한 분쟁은 1815년 이후 지속되어온 열강들 사이의 오랜 평화에 종지부를 찍었다. 프랑스와 영국이 오스만 술탄의 동맹국으로서 러시아와 싸운 크림 전쟁(1853-1856)은 여러모로 눈에 띄는 투쟁이었다. 전투는 발트 해, 남러시아, 크림 반도에서 벌어졌는데, 마지막 장소는 가장 많은 관심을 모으는 극장이나 마찬가지였다. 이곳에서 동맹국들은 흑해에서 러시아 세력에 결정적으로 중요한 해군기지인 세바스토폴을 함락시키는 일에 착수했다. 몇몇 결과는 놀라웠다. 영국군은 용맹하게 싸웠고 그 적들과 동맹국들도 마찬가지였지만, 특별히 두드러진 점은 영국군의 행정적 준비가 형편없었다는 것이었다. 이 때문에 빚어진 스캔들은 국내에서 급진적 개혁을 요구하는 중대한 흐름을 낳았다. 부수적으로 이 전쟁은 또한 여성을 위한 새로운 직업, 즉 간호직에 위신을 부여했는데, 영국 의료 서비스의 붕괴가 특히 두드러졌기 때문이었다. 플로렌스 나이팅게일(1820-1910)의 업적으로 말미암아서 중세 암흑시대에 여성 종교 공동체들이 만들어진 후 처음으로 점잖은 여성들에게 가능한 직업적 기회가 본격적으로 확대되기 시작했다. 전쟁의 수행은 또다른 측면에서는 근대성의 척도로서 주목할 만했다. 이 전쟁은 주요 열강들 사이에서 증기선과 철도가 이용된 최초의 전쟁이었고, 그 때문에 이스탄불까지 전신 케이블이 설치되었다.

이 중 몇몇은 불길한 징후였다. 그러나 이는 단기적으로는 전쟁이 국제관계에 가져온 변화만큼 중요하지는 않았다. 러시아는 패배했고, 러시아가 오랫동안 터키를 겁박하면서 누린 힘은 잠시 제지되었다. 또다른 새로운 기독교 국가인 루마니아의 성립에 박차가 가해져서 1862년에 마침내 달성되었다. 다시 한번 민족성의 원칙이 이전 오스만 제국의 땅에서 승리했다. 그러나 전쟁의 주요한 결과는 신성동맹이 사라졌다는 것이었다. 오스트리아가 러시아에 전쟁 동안 도나우 강 지역의 제후국들(미래의 루마니아의 명칭)을 점령하지 말라고 경고하고서는 스스로 이곳을 점령하자, 발칸 반도에서 오스만 제국의 유산의 향방을 두고 18세기 동안 오스트리아와 러시아가 벌였던 오랜 경쟁관계가 재발했다. 이는 러시아가 헝가리 혁명을 분쇄함으로써 합스부르크 세력을 복권시키고자 개입한 지 5년이 지난 후에 벌어진 일이었다. 이는 두 열강 사이의 우정을 끝장냈다. 다음번에 오스트리아는 유럽 보수주의를 지키는 러시아라는 경찰관을 옆에 두지 않고 스스로 처리해야 할 위협과 대면할 터였다.

1856년 화약이 맺어졌을 때 그 다음번이 얼마나 빨리 올지 예상한 이들은 거의 없었다. 10년 내에 오스트리아는 두 번의 짧고 격렬한 전쟁에서 이탈리아와 독일 양쪽 모두에서의 헤게모니를 상실했고, 이 나라들은 새로운 민족국가들로 통합되었다. 민족주의는 1848년에 열성 분자들이 예언했듯이 합스부르크 왕가를 희생시키고 승리를 거두었으나, 그 방식은 아무도 예측하지 못한 것이었다. 혁명이 아니라 전통적으로 팽창주의적인 두 군주국가들, 즉 사르데냐와 프로이센의 야망이 각 나라로 하여금 오스트리아를 희생시키고 자신의 입지를 강화하도록 만들었는데, 당시 오스트리아는 완벽하게 고립되어 있었다. 오스트리아는 러시아와의 동맹을 상실했을 뿐만 아니라, 1852년 후 프랑스는 다시 한번 나폴레옹의 이름을 단 황제(그는 첫 번째 황제의 조카였다)에 의해서 지배받고 있었다. 그는 제2공화국의 대통령으로 선출된 후, 그 공화국의 헌법을 쿠데타를 통해서 파기했다.

나폴레옹이라는 이름 자체가 무시무시했다. 그것은 국제적인 재건 프로그램 혹은 혁명을 의미했다. 나폴레옹 3세(1808-1873, 나폴레옹 2세는 법적 허구로서 나폴레옹 1세의 아들은 결코 통치한 적이 없었다)는 1815년의 반프랑스 협정 및 이탈리아와 독일에서 이를 떠받쳤던 오스트리아의 주도권이 파괴되었음을 의미했다. 그는 대부분의 위정자들보다 훨씬 더 자유롭게 민족주의의 언어를 이용했고, 이를 믿었던 것처럼 보인다. 그는 군대와 외교를 통해서 두 위대한 외교기술자, 즉 각각 사르데냐와 프로이센의 재상이었던 카보우르(1810-1861)와 비스마르크(1815-1898)의 과업을 전진시켰다.

1859년 사르데냐와 프랑스는 오스트리아와 전투를 벌였고, 짧은 전쟁 끝에 이탈리아에서 오스트리아에 남겨진 것은 베네치아뿐이었다. 카보우르는 이제 다른 이탈리아 국가들을 사르데냐에 통합시키는 일에 착수했고, 그 부분적 대가는 사르데냐령 사보이를 프랑스에 넘기는 것이었다. 카보우르는 1861년 사망했고 그의 목적이 실제로 어디까지였느냐를 둘러싼 논쟁은 여전히 계속되고 있지만, 1871년 그의 후임자들이 옛 사르데냐 왕의 치하에서 통일된 이탈리아를 만들었으니, 왕 역시 자신의 가문의 근거지였던 사보이 공국을 잃은 것에 대해서 이렇게 보상을 받은 셈이었다. 그해에 독일 역시 통일되었다. 비스마르크는 1864년 덴마크를 상대로 험악한 소규모 전쟁을 벌임으로써 독일의 자유주의적 정서를 다시 한번 프로이센의 대의를 위해서 동원하는 것으로부터 시작했다. 2년 후 프로이센은 보헤미아에서 전광석화 같은 군사작전을 벌여서 오스트리아를 패배시킴으로써 마침내 1740년 프리드리히 2세 이후 시작된 호엔촐레른 가와 합스부르크 가의 독일 패권을 둘러싼 결투를 마무리지었다. 이 전쟁은 이를 달성했다기보다는 기정사실을 확인한 것에 불과했는데, 왜냐하면 1848년 이후 오스트리아는 독일과 관련된 일에서 매우 약체화되어 있었기 때문이다. 그해 독일의 자유주의자들은 독일의 왕관을 황제가 아니라 프로이센의 왕에게 바쳤다.

그럼에도 불구하고 몇몇 나라들은 여전히 빈을 향해서 지도력과 후원을 갈구해왔고, 그들은 이제 프로이센의 겁박에 홀로 맞서야 하는 처지가 되었다. 합스부르크 제국은 이제 완전히 도나우 강 유역에만 국한되었고, 그 외교정책은 남동 유럽과 발칸 반도에 골몰해 있었다. 제국은 1815년 네덜란드로부터 후퇴했고, 1866년에는 프로이센의 요구에 의해서 베네치아를 이탈리아에 넘겼으며, 이제는 독일에 대한 영향력까지 포기하게 되었다. 강화 직후 헝가리인들은 헝가리 왕의 영토로 구성된 합스부르크 군주정 절반에 대한 사실상의 자치권을 획득함으로써 굴욕당한 군주정에 더한 패배를 안겨주는 기회를 삼았다. 그리하여 제국은 1867년 오스트리아-헝가리 이중제국이 되었는데, 다소 어지럽게 갈라진 양쪽은 왕조 자체 및 공동으로 수행되는 외교정책을 통해서 겨우 연결되어 있었다.

독일의 통일을 위해서는 한 단계가 더 요구되었다. 프랑스는 점차적으로 프로이센이 라인 강 너머에서 세력을 확립하는 것이 프랑스의 이해관계에 맞지 않는다는 것을 깨닫게 되었다. 프랑스는 이제 분쟁지역인 독일이 아니라 군사적 열강에 의해서 지배되는 독일과 마주하고 있었다. 리슐리외의 시대는 눈치채지 못하는 사이에 허물어져버렸다. 비스마르크는 이러한 새로운 인식을 나폴레옹 3세의 국내적 약점과 외교적 고립과 결합시켜서 프랑스로 하여금 어리석게도 1870년에 선전포고하도록 유도했다. 이 충돌에서 승리함으로써 독일 민족성이라는 새로운 구조물이 완성되었다. 왜냐하면 프로이센이 프랑스에 대항하여 독일을 '수호'하는 데에 앞장섰기 때문에 그리고 여전히 독일인들 중에는 나폴레옹 시대 초반에 프랑스군이 독일에서 어떤 짓을 저질렀는지를 기억하는 이들이 살아남아 있었기 때문이었다. 프로이센 군대는 프랑스 제2제정을 끝장내고(그것은 이 나라 최후의 군주제적 정권이 되었다) 독일제국을 수립했는데, 이는 중세의 제국과 구별하기 위해서 제2제국이라고 불린다. 실상 그것은 연방의 형태로 가장한 프로이센의 지배였지만, 이는 독일의 민족국가로서 많은 독일 자유주의자들을 만족시켰다. 제국은 1871년 프로이센의 왕이 베르사유에 있는 루이 14세의 궁전에서 동료 군주들로부터 (그의 전임자가 1848년 독일 자유주의자들로부터 받기를 거부했던) 통일 독일의 왕관을 받으면서 극적이면서도 어울리는 방식으로 수립되었다.

그리하여 50년 만에 국제관계에서 혁명이 나타났으며, 이는 유럽사뿐만 아니라 세계사에 엄청난 결과를 초래할 것이었다. 17세기에 유럽의 육상지배세력으로서 프랑스가 에스파냐를 대체했듯이, 이제 독일이 프랑스를 대체했다. 이 사실은 유럽의 국제관계가 그 내부적 요인들에 의해서 더 이상 좌우되지 않을 때까지 여기에 긴 그림자를 드리울 터였다. 좁고 엄격한 의미에서의 혁명정치가 유럽의 국제관계에 기여한 바는 아주 조금 정도였다. 19세기에 의식적인 혁명가들은 카보우르, 비스마르크, 그리고 반쯤은 자신도 모르게 나폴레옹 3세가 행한 위업에 비견할 만한 것은 아무것도 성취할 수 없었다. 이 시대에 혁명에 대해서 품은 희망과 이에 대해서 느낀 공포를 생각하면 매우 이상한 일이다. 혁명은 유럽의 변두리를 제외하고는 거의 아무것도 성취하지 못한 채 이미 시들어가는 징후를 보이기 시작했다. 1848년까지는 이름을 붙이기도 민망한 음모, 모의, 반란들은 말할 것도 없이 수많은 혁명들이 있었다. 1848년 이후에는 혁명이 거의 없었다. 1863년 또 한번 폴란드 혁명이 일어났지만, 이것이 1871년까지 열강의 영토에서 일어난 유일하게 중요한 사건이었다.

이때쯤 혁명의 물결이 잦아든 것은 이해할 만하다. 혁명들은 프랑스 바깥에서는 거의 이룬 바가 없어 보였고, 프랑스에서는 환멸과 독재정을 가져왔다. 그들의 목적 중 어떤 것들은 다른 방식으로 실현되고 있었다. 카보우르와 그의 추종자들은 마치니에게는 몹시 유감스럽게도 이 혁명가로서는 찬동할 수 없는 형태로 결국 통일된 이탈리아를 만들었으며, 비스마르크는 이론의 여지없이 강대국인 독일을 만들어냄으로써 1848년 많은 독일 자유주의자들이 희망했던 바를 이루었다. 다른 목적들은 경제적 진보에 의해서 성취되고 있었다. 19세기 유럽은 그 내부의 끔찍한 빈곤에도 불구하고 점차 더 부유해졌으며 그 주민들에게 점점 더 큰 몫의 부를 점점 더 많이 부여했다. 심지어 상당히 단기적인 요소들까지도 여기에 기여했다. 1848년은 곧 캘리포니아의 대규모 금광의 발견으로 이어져서 1850년대와 1860년대 세계경제를 자극한 통화의 흐름을 만들었다. 이 수십 년간 자신감은 증대되고 실업은 하락했으므로, 이는 사회적 평화에 이로웠다.

혁명이 전보다 덜 자주 나타나게 된 보다 근본적인 이유는 아마도 혁명을 수행하기가 점점 더 어려워졌기 때문일 것이다. 정부들은 혁명을 처리하기가 점점 더 쉬워짐을 발견했는데, 이는 주로 기술적 이유 때문이었다. 19세기에 근대적인 경찰력이 확립되었다. 철도와 전신을 통한 통신의 발달로 중앙정부는 먼 곳에서의 폭동을 처리하는 데에 새로운 힘을 얻었다. 무엇보다 군대는 반란에 대해서 점차 늘어나는 기술적 우위를 점했다. 1795년에도 이미 프랑스 정부가 일단 정규군을 제어해서 이용할 준비만 되어 있다면 파리를 장악할 수 있음을 보여주었다. 1815년에서 1848년에 이르는 긴 평화 기간 동안 유럽의 많은 군대들은 사실상 외국의 적에 대항한 국제적 갈등의 도구라기보다는 잠재적으로 스스로의 주민들에 대항한 안전 유지의 도구가 되어가고 있었다. 1830년과 1848년 파리에서 성공적인 혁명이 가능했던 것은 오직 군대의 주요 부분이 이탈했기 때문이었다. 일단 정부가 군대를 운용할 수 있게 되면 1848년 '6월의 날들'에서와 같은 전투는 반란자들의 패배로 끝날 수밖에 없었다(한 관찰자는 이를 역사상 최대의 노예전쟁이라고 불렀다). 정말로 그해 이후 유럽의 주요 국가에서 전쟁에서의 패배나 반란 때문에 자신의 군대에 대한 통제력이 약화되지 않은 상태에서 그 힘을 사용할 결심이 되어 있는 정부에 대항한 민중혁명이 성공한 적은 단 한번도 없었다.

이것은 프랑스 정부가 일주일도 지나지 않아서 1793-1794년의 공포정치 기간 동안만큼이나 많은 사망자를 내면서, 다시 한번 파리에서의 반란을 진압한 1871년에 선명하고도 피비린내 나는 방식으로 증명되었다. 넓은 범위의 급진주의자 및 개혁파들을 끌어들인 민중정권이 파리 '코뮌'으로서 수도에 들어섰는데, 이 명칭은 중세까지 거슬러 올라가는 시 자치체 독립의 전통, 그리고 더 중요하게는 파리 코뮌(혹은 시의회)이 혁명적 열정의 중심이었던 1793년을 떠올리게 만들었다. 1871년의 코뮌이 권력을 잡을 수 있었던 것은 독일에 패배당한 후에 정부가 수도에서 독일의 포위에 성공적으로 저항하는 데에 쓰였던 무기를 회수하는 데에 실패했기 때문이었고, 그 패배가 많은 파리 사람들에게 자신들을 실망시킨 정부에 대한 분노를 불러일으켰기 때문이었다. 그 짧은 삶 동안(정부가 반격을 준비하는 동안 몇 주일간은 조용했다) 코뮌이 이룬 일은 거의 없었지만, 이로부터 수많은 좌파의 수사가 태어났고 코뮌은 곧 사회혁명의 화신으로 간주되었다. 이는 이를 진압하려는 노력에 악감정을 더했다. 진압은 정부가 파리를 재점령하기 위해서 귀환한 전쟁포로들로부터 병력을 재결성한 때부터 시작되었고, 파리는 짧지만 유혈 가득한 시가전의 현장이 되었다. 다시 한번 정규군이 급조된 바리케이드에 진을 친 노동자들과 상점주들을 압도했다.

만일 이것이 가능한 일이라면, 파리 코뮌의 섬뜩한 실패야말로 공포와 영감을 일으키는 힘이라는 양쪽 측면에서 혁명적 신화를 종식시켜야 했을 것이다. 그러나 그렇지 않았고, 오히려 그 힘을 강화시켰을 따름이었다. 보수주의자들은 항상 사회의 밑바닥으로부터 튀어나올 준비가 된 채 도사리고 있는 위험을 환기할 때 코뮌의 예를 준비된 전가의 보도로 보았다. 혁명가들에게는 1789년에서 1848년에 이르는 혁명의 사도들의 행렬에 더할 새로운 영웅주의와 순교의 이야기가 주어졌다. 그러나 코뮌이 혁명의 신화를 다시 부활시킨 이유는 또한 이미 좌우파 모두 그 중요성을 깨닫고 있던 새로운 요소 때문이었다. 그것은 사회주의(社會主義, socialism)였다.

이 단어는 (그 관계형용사인 '사회주의적'과 마찬가지로) 수없이 많은 이질적인 것들을 포괄하게 되었는데, 이러한 모습은 거의 시작부터 나타났다. 두 단어는 처음에는 1830년대 무렵 프랑스에서 시장원칙에 따라서 경영되는 사회와 (그들 생각에) 부자들만 수혜자가 되는 자유방임주의에 따라서 운용되는 경제에 반대하는 이론들과 인물들을 묘사할 때 널리 쓰였다. 경제적, 사회적 평등주의는 사회주의 사상의 근본이었다. 대부분의 사회주의자들은 여기에 동의할 수 있었다. 그들은 통상적으로 좋은 사회에서는 부를 소유한 자들이 누리는 이점을 통해서 계급들이 서로를 억압하는 일이 없을 것이라고 믿었다. 모든 사회주의자들은 또한 사유재산에는 신성한 구석이 전혀 없으며 이에 대한 권리가 불의를 지탱하고 있다는 데에 합의할 수 있었는데, 사유재산권의 완전한 철폐를 추구하는 몇몇 이들은 공산주의자라고 불렸다. '사유재산은 도적질'이라는 것은 매우 성공적인 표어였다.

그러한 생각들은 부르주아를 두렵게 만들었겠지만, 이것이 아주 새로운 현상은 아니었다. 평등주의적 사상은 유사 이래 인간을 매혹시켜왔다. 유럽의 기독교 군주들은 현격한 부의 차이에 기댄 사회적 제도들, 그리고 가장 위대한 시편들을 통해서 신이 배고픈 자를 좋은 것으로 채워주고 부자는 빈손으로 돌려보냄을 찬양하는 종교의 실천, 이 양쪽을 별 어려움 없이 조화시켜왔다. 19세기 초반의 상황은 그러한 사상들이 혁명사상과 새롭게 연결되어 더욱 강력해졌고, 또한 더욱 널리 퍼지게 되었다는 것이다. 또한 다른 사건들 때문에 새로운 사고가 요청되기도 했다. 하나는 자유주의적 정치개혁의 성공은 법적 평등만으로는 충분하지 않음을 드러내는 듯했다는 것이다. 경제적으로 강력한 이들에 대한 의존 때문에 법적 평등이 그 내용을 상실하거나, 혹은 빈곤과 그에 따른 무지 때문에 이것이 변질된다면 말이다. 다른 하나는 이미 18세기부터 소수의 사상가들은 부의 거대한 편중을 세상의 비합리성으로 보고, 이것이 최대 다수의 최대 행복을 위해서 규제될 수 있으며 규제되어야만 한다고 생각했다는 것이다. 프랑스 혁명 중 어떤 사상가들과 선동가들은 이미 이후 세대들이 사회주의적 사상이라고 간주할 만한 요구를 밀어붙이기도 했다. 그러나 평등주의적 사상이 근대적 의미에서의 사회주의가 된 것은 이것이 새로운 시대의 경제적, 사회적 변화의 문제, 무엇보다 산업화가 제기한 문제들과 씨름하기 시작하면서부터였다.

이는 종종 대단한 통찰력을 필요로 했는데, 왜냐하면 이러한 변화들은 영국 그리고 최초로 같은 수준으로 산업화된 대륙국가인 벨기에 바깥에서는 매우 느리게 영향력을 발휘했기 때문이다. 그러나 아마도 이러한 변화들과 전통사회 간의 격차가 매우 두드러졌기 때문에 자본주의적 금융과 제조업에서 아주 작은 집중이 시작되기만 해도 눈에 띄었다. 이것들이 잠재적으로 사회조직에 엄청난 함의를 가지고 있음을 처음으로 간파한 인물들 가운데 한 사람이 프랑스 귀족이었던 클로드 생시몽(1760-1825)이었다. 그가 사회주의 사상에 남긴 주요한 공헌은 기술적, 과학적 진보가 사회에 미치는 영향을 고려한 것이었다. 생시몽은 이 때문에 경제를 계획적으로 조직화해야만 한다고 생각했을 뿐만 아니라 귀족적, 농촌적 전망을 가진 전통적인 지배계급이 새로운 경제적, 지적 조류를 대표하는 엘리트들로 교체될 것이라고 암시(사실상 요구)했다. 이러한 사상들은 1830년대에 평등주의의 확대를 옹호하던 많은 사상가들(그중 대부분이 프랑스인이었다)에게 영향을 미쳤다. 그것들은 윤리적 못지않게 합리적 측면에서 그러한 변화가 바람직함을 보여주는 것처럼 보였다. 그들의 주장이 충분한 영향을 미치고 그들의 생각에 대해서도 충분한 토의가 이루어진 결과, 공포에 질린 1848년 프랑스의 유산계급들은 '6월의 날들'에서 '사회주의' 혁명을 보았다고 생각했다. 사회주의자들은 대부분 자신들을 프랑스 혁명의 전통과 동일시했고 그들의 이상이 실현되는 것을 혁명의 다음 단계로 그렸으니 이러한 오해도 이해할 만했다.

이러한 국면에서 1848년에 사회주의 역사상 가장 중요한 팸플릿이 출현했다. 그것은 통칭 『공산당 선언(*Manifest der kommunistischen Partei*)』(출판 당시에는 이런 제목이 아니었다)으로 알려져 있다. 이 저작의 대부분은 유대인 출신(그 자신은 세례를 받았다)의 젊은 독일인이었던 카를 마르크스의 작품이었고, 이와 함께 사회주의의 본격적 역사가 사회주의의 전사(前史)로부터 갈라질 수 있는 순간이 도래했다. 마르크스는 자신이 전임자들의 '공상적 사회주의'라고 부른 것과 완전히 결별할 것을 선언했다. 공상적 사회주의자들은 산업 자본주의를 불의하다고 생각해서 공격했는데, 마르크스는 이는 중요한 문제가 아니라고 생각했다. 마르크스에 따르면 사람들에게 변화가 도덕적으로 바람직하다고 설득하려는 주장들로부터는 아무것도 기대할 것이 없었다. 모든 것은 산업사회로부터 새로운 공업도시들의 뿌리 없는 임금노동자들이자 그가 산업 프롤레타리아라고 칭한 새로운 노동계급이 실제적으로, 그리고 필연적으로 창출되는 역사의 진행 방향에 달려 있었다. 마르크스에 따르면 이 계급은 혁명적 방식으로 행동하게 되어 있었다. 역사는 프롤레타리아에게 혁명적 능력과 심성을 부여하도록 작용하고 있었다. 역사는 그들에게 혁명만이 유일한 논리적 출구인 상황을 제공할 것이며, 이 상황 때문에 혁명은 성공을 보장받을 것이다. 중요한 것은 자본주의가 도덕적으로 잘못되었다는 것이 아니라 그것이 이미 시대에 뒤떨어졌고 따라서 역사적으로 운이 다했다는 것이었다. 마르크스는 모든 사회에는 특정한 사유재산 체계와 계급관계가 있고, 이에 따라서 특정한 정치조직이 만들어진다고 확신했다. 정치는 경제적 힘을 표현하도록 되어 있었다. 정치는 특정한 사회조직이 경제적 발전의 영향 아래 변화함에 따라서 변화할 것이며, 따라서 늦건 빠르건(마르크스는 금방이라고 믿었다) 혁명이 도래하여 마치 자본주의 사회가 이미 중세 사회를 쓸어버렸던 것처럼 자본주의 사회와 그 표현 형태들을 쓸어버릴 것이었다.

마르크스에 대해서는 이보다 더 할 말이 많이 있다. 그러나 이것이야말로 그로 하여금 이후 20년간 출현한 국제적 사회주의 운동을 지배하게 만든 충격적이면서도 용기를 북돋우는 메시지였다. 역사가 그들의 편이라는 확신은 혁명가들에게 엄청난 자극제가 되었다. 그들은 불의에 대한 인식으로부터 시샘에 이끌리는 것에 이르기까지 어떤 방식으로든 자신들을 추동했던 대의가 결국 승리할 운명이라는 사실을 알고 감사했다. 이것은 본질적으로 믿음이었지만, 마르크스의 추종자들은 이를 과학이라고 믿었다. 분석도구로서의 그 모든 지적 가능성들에도 불구하고, 마르크스주의는 무엇보다 민중적 신화가 되었으며, 이는 인간사회의 제도들은 생산방식의 변화에 의해서 결정되기 때문에 인간은 결핍에 의해서 지배받는다는 역사관과, 노동계급은 선택받은 사람들이며 사악한 세상 속에서의 그들의 순례는 결핍의 철칙이 작동을 멈추는 정의로운 사회를 수립하는 승리로 끝나게 될 것이라는 믿음에 근거했다. 따라서 사회혁명가들은 사회주의적 천년왕국을 향한 진보는 불가피하다는 과학적으로 확실한 주장들에 대해서 자신할 수 있었지만, 다른 한편으로는 그에 따르면 불필요해 보이는 혁명적 행동주의에 집착했다. 마르크스는 스스로의 가르침을 보다 조심스럽게, 따라서 이를 단지 개인들로서는 저항할 수 없는 역사의 넓고 전반적인 변화들에만 적용시켰지 이것이 구체적으로 어떻게 펼쳐질 것인가에는 대입하지 않았다. 아마 별로 놀라운 일은 아니겠지만 많은 대가들처럼 그는 자신의 제자들을 아무도 인정하지 않았으며, 나중에는 자신은 마르크스주의자가 아니라고 항의하기에 이르렀다.

이 새로운 종교는 노동계급의 조직화에 영감을 주었다. 노동조합들과 협동조합들은 몇몇 나라들에서는 이미 존재했고, 최초의 국제노동자 조직은 1863년에 출현했다. 여기에는 마르크스의 견해에 동조하지 않는 많은 이들(그중에서도 무정부주의자들)이 포함되어 있었지만, 내부적으로 그의 영향력은 최우선적이었다(그가 이 조직의 서기였다). 그 이름은 보수주의자들을 겁먹게 했는데, 그중 몇몇은 파리 코뮌을 두고 이 조직을 비난했다. 그들이 이를 어떻게 정당화했든 간에 그들의 직관은 옳았다. 1848년 이후 벌어진 사태는 사회주의가 자유주의자들로부터 혁명의 전통을 탈취했으며, (대부분의 나라들에서 우세하기는커녕) 잉글랜드 바깥에서는 여전히 거의 눈에 띄지도 않았던 산업 노동계급의 역사적 역할에 대한 믿음이 넓게 말하자면 혁명은 잘못될 수 없다고 믿는 전통에 접목된 것이었다. 그리하여 프랑스 혁명에서 발전한 정치적 사고 형태들은 이것들을 적용하기 부적절함이 입증될 사회들로 이전되었다. 그러한 이전이 얼마나 손쉬웠는지는 마르크스가 파리 코뮌의 드라마와 신화적 격상을 냉큼 사회주의를 위해서 잡아챈 방식을 보면 알 수 있다. 파리 코뮌은 사실상 수많은 복잡하고도 서로 다른 힘들의 산물이었고 '과학적' 사회주의는커녕 평등주의의 측면에서도 별로 표출한 바가 없었음에도 불구하고, 그는 어느 호소력 있는 팸플릿에서 이를 자신의 이론에 가져다붙였다. 게다가 코뮌이 출현한 도시는 크기는 했지만 그가 프롤레타리아 혁명이 성숙되리라고 예견했던 거대한 산업 중심지 중의 하나는 아니었다. 대신 이 중심지들은 고집스럽게 침묵을 지켰다. 코뮌은 사실상 파리의 혁명적, 전통적 급진주의가 표현된 최후이자 최대의 사례였다. 그것은 거대한 실패였지만(그리고 이 때문에 촉발된 탄압 조치들로 사회주의는 시련을 겪었지만), 마르크스는 그래도 이것을 사회주의적 신화의 중심에 놓았다.

러시아는 폴란드 영토를 제외하고는 다른 대륙의 열강들을 괴롭히는 소란에서 벗어난 듯 보였다. 프랑스 혁명은 봉건제, 르네상스 혹은 종교개혁과 마찬가지로 서유럽의 근저를 형성했지만, 러시아에서는 비껴간 경험들 중의 하나였다. 러시아가 1812년의 침공을 맞이했던 때 차르였던 알렉산드르 1세(재위 1801-1825)는 자유주의적 사상에 심취했고 심지어 헌법에 대해서도 고려한 적이 있었지만, 그로부터 실현된 것은 아무것도 없었다. 1860년대가 되어서야 러시아 제도들의 형식적인 자유주의화가 시작되었고, 이때에도 그 원인은 혁명의 전파 때문이 아니었다. 자유주의와 혁명의 이념들이 그 이전에도 러시아에 전혀 영향을 미치지 못한 것은 아니었다. 알렉산드르의 치세는 사상의 판도라의 상자라고 할 만한 것을 열어젖힌 셈이었고, 이로 인해서 정권에 비판적인 소집단이 만들어졌는데 이들은 자신들의 모범을 서유럽에서 찾았다. 나폴레옹을 쫓아서 파리까지 간 군대에 있던 러시아 장교들의 일부는 여기서 보고 들은 것들을 자신들의 고국과 비교하고 그 열등함에 자극받았는데, 이것이 러시아에서 정치적 반대파의 기원이 되었다.

전제정 아래에서 반대파는 음모를 의미할 수밖에 없었다. 그들 중 일부는 비밀결사 조직에 참여하여 1825년 알렉산드르 사망 이후의 불확실한 상황 속에서 쿠데타를 시도했다. 이것이 데카브리스트 운동으로 불리는 사건이다. 이는 곧 실패했지만, 이미 니콜라이 1세(재위 1825-1855)는 이에 경악한 후였다. 그는 정치적 자유주의를 무자비하게 공격하고 압살하고자 노력함으로써 러시아의 역사적 운명의 결정적인 순간에 결정적으로 부정적 영향을 미친 차르가 되었다. 부분적으로는 그가 변화를 거부했기 때문에 니콜라이의 치세는 표트르 대제 이후 러시아의 운명에 가장 큰 영향을 미쳤다. 전제정을 신봉하던 그는 러시아의 전제적 관료주의 전통, 문화생활에 대한 통제, 비밀경찰의 지배를 확고히 했는데, 바로 이때 다른 보수주의 열강들은 (마지못해서이기는 하지만) 정반대 방향을 향해서 나아가기 시작했던 것이다. 물론 이는 많은 부분 러시아의 전제정을 서유럽 군주정과 구별짓는 역사적 유산에 기인한 점이 있다. 그러나 또한 응전해야 할 거대한 도전들이 있었다. 니콜라이의 치세는 단순히 전제정의 오래된 수단들을 사용하기로 결심한 한 남자가 이를 동원한 것일 뿐만 아니라 이 도전들에 대한 대답이기도 했던 것이다.

제국의 종족적, 언어적, 지리적 다양성은 모스크바 공국의 전통으로는 다룰 수 없는 문제들을 야기하기 시작했다. 1770년 이후 40년 동안 제국의 인구 자체가 2배 이상이 되었다. 그럼에도 불구하고 끝없이 분화되는 이 사회는 극도로 후진적인 채로 남아 있었다. 소수의 도시들은 자신들이 서 있는 광활한 농촌지대와는 거의 별천지였으며, 종종 안정적인 문명의 중심지라기보다는 차라리 거대한 임시 막사처럼 비현실적이고 일시적인 것처럼 보였다. 가장 거대한 팽창은 남쪽과 남동쪽으로 향했다. 여기서 새로운 엘리트들은 제국의 구조에 편입되어야 했고, 정교회와의 종교적 연대를 강조하는 것이 그중 가장 쉬운 방법 중의 하나였다. 프랑스적인 것들과 그 나라와 엮인 계몽주의의 회의주의적 사상들이 가졌던 오래된 권위가 나폴레옹과의 갈등 때문에 위태로워짐에 따라서 이제 니콜라이 황제 치하 러시아 제국의 새로운 이념적 기반의 발전에서 종교가 새롭게 강조되었다. 이른바 '공식적 민족성'은 친슬라브주의적이자 원칙상 종교적이고 형식상으로는 관료주의적으로서, 러시아가 그 역사적 중심부였던 모스크바 대공국의 테두리를 벗어난 이래 상실했던 이념적 통합성을 부여하기 위해서 애썼다.

공식적 이념의 중요성은 이때부터 러시아와 서유럽 사이의 가장 큰 차이점 중의 하나가 되었다. 20세기의 마지막 10년까지도 러시아의 정부들은 이념이 통합의 힘이라는 믿음을 결코 포기하지 않을 터였다. 그러나 그렇다고 해서 19세기 중반 문명화된 계급이나 후진적 인구대중들의 일상적 삶이 다른 동유럽이나 중유럽 지역과 많이 다른 것은 아니었다. 그러나 러시아 지식인들은 러시아가 유럽 국가인지 아닌지에 대해서 논했는데, 러시아의 뿌리가 그보다 서쪽에 있는 나라들과는 다르다는 점을 떠올릴 때 이는 과히 놀라운 일은 아니었다. 게다가 니콜라이 황제 치하에 결정적인 전환점을 돈 것은, 19세기 전반에 다른 왕조국가들에서는 적어도 감지는 되고 있던 변화의 가능성들이 그 치세 시작부터 러시아에서는 나타나지도 못하게 금지되었기 때문이었다. 러시아는 무엇보다 검열과 경찰의 나라였다. 이는 장기적으로는 근대화의 가능성들을 차단하기 마련이었지만(러시아 사회에 뿌리박힌 다른 장애물들도 마찬가지로 중요해 보이지만), 단기적으로는 매우 성공적이었다. 러시아는 19세기 전체를 혁명 없이 보냈다. 러시아령 폴란드에서 1830-1831년과 1863-1864년 사이에 일어난 폭동들은 무자비하게 진압되었는데, 이는 폴란드인들과 러시아인들이 서로 혐오하는 전통을 가지고 있었기 때문에 더 용이했다.

동전의 다른 면으로 나타난 현상은 야만적이고 원시적인 농촌사회에서 거

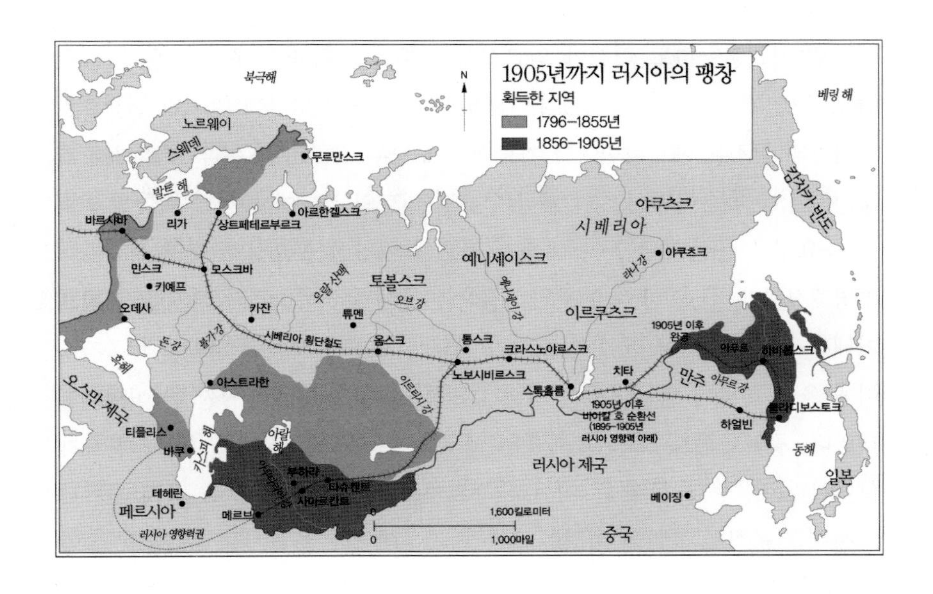

의 지속적으로 나타난 폭력과 혼란, 그리고 음모의 전통이 더 강성해지고 폭력적이 되어서 아마도 이 때문에 러시아가 더더욱 정상적인 정치 및 이에 필요한 생각들을 공유하지 못하게 된 것이었다. 비호의적인 비판자들은 니콜라이 황제의 치세를 빙하기, 전염병 지역, 감옥 등으로 다양하게 묘사했지만, 러시아 역사에서 반복되듯이 국내에서의 가혹하고도 비타협적인 전제주의는 강력한 국제적 역할과 양립 불가능하지 않았다. 이는 러시아의 거대한 군사적 우위에 근거했다. 군대가 전장총을 들고 교전하고 서로 간에 무기의 차이가 중대하지 않았던 상황에서 러시아의 엄청난 머릿수는 결정적이었다. 1849년에 드러났듯이 반혁명 세력의 국제적 안보체제는 러시아의 군사력에 달려 있었다. 그러나 러시아의 외교정책 역시 또다른 성공작이었다. 중앙 아시아의 한국들(khanates)과 중국에서의 압박은 지속적으로 고조되었다. 아무르 강 좌안이 러시아 땅이 되었고, 1860년에는 블라디보스토크가 세워졌다. 페르시아로부터 엄청난 양보를 받아내서 19세기 동안 러시아는 아르메니아 일부와 그루지야를 흡수했다. 한동안 러시아는 심지어 북미에서 단호한 팽창 노력을 경주함으로써, 1840년대까지만 해도 알래스카의 요새들과 북캘리포니아의 정착지들이 있었다.

그럼에도 불구하고 러시아 외교정책이 주로 노력을 기울인 곳은 남서쪽, 즉 오스만 튀르크의 유럽이었다. 1806-1812년과 1828년에 벌어진 전쟁으로 러시아의 국경은 베사라비아를 가로질러 도나우 강 어귀와 프루트 강까지 확장되었다. 이때쯤이면 오스만 제국의 유럽 영토의 분할이 19세기 외교에 미치는 중요성은 폴란드 분할이 18세기 외교에 미쳤던 중요성 못지않다는 것이 분명해졌지만, 한 가지 중요한 차이점이 있었다. 즉, 이번에는 더 많은 열강의 이해관계가 결부되어 있었고, 오스만 제국의 신민들 사이에 나타난 민족감정이 일을 복잡하게 만들어서 합의된 결과를 도출하는 것은 훨씬 더 어려워질 터였다. 공교롭게도 오스만 제국은 예상할 수 있었던 것보다 훨씬 더 오래 살아남았고, '동방 문제'는 여전히 정치가들을 괴롭히고 있다.

사태를 복잡하게 만든 이러한 요소들 가운데 일부는 크림 전쟁(1853-1856)을 야기했는데, 이는 러시아가 도나우 강 저지에 있는 오스만 주들을 점령하면서 시작되었다. 러시아의 내정에서 전쟁이 차지하는 비중은 다른 어떤 나라들보다도 컸다. 이로부터 1815년 복고주의 시대의 군사적 거인이 이제 더 이상 의문의 여지없는 우위를 누리지 못한다는 점이 드러났다. 자신의 영토에서 패배당한 러시아는 당분간 흑해 지역에서 자신의 전통적 목표를 포기하는 것을 포함하는 평화조약을 받아들일 수밖에 없었다. 운 좋게도 니콜라이 1세는 전쟁 중에 사망했다. 이는 그의 후계자에게 문제를 단순하게 만들어주었으니, 패배는 변화가 도래해야 함을 의미했다. 러시아가 전통적 틀 내에서는 발현할 수 없게 되어버린 자신의 방대한 잠재력에 걸맞은 힘을 회복하고자 한다면 러시아의 제도들을 어느 정도 근대화시켜야만 했다. 크림 전쟁이 터졌을 때 모스크바 남쪽으로는 여전히 러시아 철도가 없었다. 러시아는 한때는 유럽의 공업생산에 중요한 부분을 차지했지만 이는 1800년 이후 거의 늘어나지 않았고, 이제는 다른 나라들에 크게 뒤져 있었다. 러시아의 농업은 세계에서 가장 생산력이 낮은 축에 속했지만, 러시아 인구는 지속적으로 늘어서 자원에 더 거센 압박을 가하고 있었다. 러시아가 마침내 급진적인 변화를 경험하게 된 것은 이러한 상황 속에서였다. 유럽의 나머지 지역들에서 나타난 수많은 격변들보다는 덜 극적이었지만 이는 사실상 다른 곳에서 혁명이라는 이름을 걸고 일어난 많은 사건들보다 더 혁명적이었는데, 그 이유는 러시아인의 삶의 뿌리 자체에 존재하던 제도, 즉 농노제가 마침내 뿌리 뽑혔기 때문이었다.

농노제의 존속은 17세기 이후 러시아 사회사의 주요 특징이었다. 니콜라이 황제조차 농노제가 러시아 사회의 중심적 악폐라는 데에 동의했다. 그의 치세에 두드러진 것은 점차 빈번해지는 농노들의 반란, 지주들에 대한 공격, 수확물에 대한 방화, 그리고 가축 훼손이었다. 부과조 거부는 농노제에 대한 민중반란 가운데 가장 덜 심각한 형태일 정도였다. 그러나 기수가 코끼리에서 내리기는 끔찍하게 힘든 법이다. 러시아인들 대다수가 농노였다. 이들을 하루아침에 단순히 입법적 조치를 통해서 임금노동자 혹은 소토지 소유농으로 전환시킬 수는 없었고, 만일 장원 체제가 수행하던 역할들이 사라지고 그 자리에 아무것도 채워넣지 않을 경우 국가는 자신에게 갑작스레 밀어닥칠 행정적 부담을 감당할 수 없었다. 니콜라이 황제는 감히 일을 진행할 엄두를 내지 못했다. 그러나 알렉산드르 2세(재위 1855-1881)는 해냈다. 수년간 서로 다른 형태의 농노제 폐지의 가능한 장단점과 근거를 연구한 끝에 차르는 1861년 러시아 역사에 한 획을 긋는 칙령을 발표하여 '해방자 차르'라는 이름을 얻었다. 러시아 정부가 낼 수 있는 카드는 전제군주의 절대권력이었고, 이제 이것이 좋은 목적에 쓰이게 된 것이었다.

이 칙령은 농노들에게 인신의 자유를 주고 예속노동을 종식시켰다. 이는 또한 그들에게 토지 배당분을 할당했다. 그러나 이 배당분들에 대해서는 보상금을 물어야 했는데, 그 목적은 지주들이 변화를 받아들이게 하는 것이었다. 상환금 지급을 안정시키고 갑자기 자유노동 시장을 도입하는 위험성을 상쇄하기 위해서 농민들은 그들이 속한 촌락 공동체의 권위에 상당 부분 종속된 채로 남아 있었고, 이 공동체들은 가족 단위로 토지 배당분을 할당하는 책임을 부여받았다.

오래 지나지 않아서, 이 해결방식의 단점에 대해서 많은 말들이 있을 터였다. 그러나 여기에는 그럴 만한 충분한 이유가 있었고, 돌아보면 이는 거대한 성취였던 것으로 보인다. 몇 년 내에 미국은 자국의 흑인 노예들을 해방시킬 것이었다. 그들은 수적으로 러시아의 농노보다 훨씬 더 적었고 경제적 기회도 훨씬 더 많은 나라에서 살고 있었지만, 이들을 노동시장에 내던져 자유방임적 경제적 자유주의의 순수이론에 노출시킨 결과는 문제를 악화시키는 것이었다. 미국은 한 세기 후에도 그 궁극적 결과들 때문에 여전히 골치를 썩고 있다. 러시아에서는 오늘날까지 기록된 바 역사상 최대의 사회공학적 조치가 커다란 혼란 없이 수행되었으며, 잠재적으로 세계 최대의 강대국 중 하나였던 나라에 근대화를 향한 문이 열렸다. 그것은 농민들로 하여금 장원을 넘어서 공장에서 가능한 일자리를 찾게 만드는 데에 필수불가결한 첫 단계였다.

더 즉각적인 효과로 해방은 개혁의 시대를 열었다. 뒤이어 다른 조치들이 잇따르면서 1870년에 이르면 러시아는 지방정부와 개혁된 사법부로 구성된 대의제 체제를 보유하게 되었다. 1871년 러시아가 프랑스-프로이센 전쟁을 틈타서 자신들이 흑해에서 누리던 자유에 제약을 가한 1856년의 몇몇 조치들을 거부한 것은 유럽에 대한 상징적인 경고나 다름없었다. 자신의 가장 큰 문제와 씨름하면서 제도들을 근대화시키기 시작한 후 러시아는 결국 스스로의 집에서 주인이 될 것임을 다시금 선포했다. 근대사에서 가장 지속적이고 오랫동안 추구된 팽창정책이 재개되는 것은 이제 시간 문제일 뿐이었다.

4

정치적 변화 : 앵글로-색슨 세계

19세기 말이 되면 영국은 유럽 문명의 범위 내에서 차별화된 하나의 하위 단위를 형성했으며, 그 역사적 운명은 유럽 대륙에서 갈라져나오고 있었다. 이 앵글로-색슨 세계의 구성 요소들은 캐나다, 오스트레일리아, 뉴질랜드, 남아프리카 등지의 커져가는 영국인 공동체들을 포함하고 있었다(첫 번째와 마지막은 다른 주요 민족 구성원들도 포함하고 있었다). 그 중심에는 두 개의 거대한 대서양 국가들이 있었는데, 그중 하나는 19세기에 그리고 다른 하나는 다음 세기에 세계 최대의 강대국이 되었다. 이들 사이의 차이점을 계속 강조할 필요가 있다고 생각한 이들이 너무 많은 나머지, 신생 영국(통합왕국)과 미합중국 사이에 19세기 대부분 동안 얼마나 많은 공통점이 있었는지는 간과하기가 쉽다. 하나는 군주정이고 다른 하나는 공화국이었지만, 두 나라 모두 유럽 대륙에서 나타난 절대왕정과 혁명의 파고를 차례로 피해갔다. 물론 앵글로-색슨 세계의 정치는 19세기의 다른 나라들만큼이나 매우 급진적인 변화를 겪었다. 그러나 이는 유럽 대륙의 국가들과 같은 정치세력에 의해서 변하지도 않았고, 그들과 같은 방식으로 변하지도 않았다.

이들 사이의 유사성은 부분적으로는 두 나라 사이의 차이점들에도 불구하고 이들이 보통 스스로 인정하는 것보다 더 많은 것을 공유했기 때문이었다. 이들의 특이한 관계들을 보여주는 한 측면은 미국인들이 여전히 별다른 모순을 느끼지 않고 잉글랜드를 모국이라고 부를 수 있었다는 점이다. 잉글랜드 문화와 언어의 유산은 오랫동안 미국에서 가장 중요한 자리를 차지했다. 다른 유럽 국가들로부터의 이민은 19세기 후반에서야 압도적으로 많아졌다. 19세기 중반이 되면, 많은 미국인들—아마도 대부분—의 혈관 속에 이미 다른 유럽 민족들의 피가 흐르고 있었음에도 불구하고, 오랫동안 사회의 주조를 결정한 것은 영국에서 온 것들이었다. 1837년이 되어서야 잉글랜드, 스코틀랜드 혹은 아일랜드계 성을 가지고 있지 않은 대통령이 출현했다(그다음으로는 1901년에야 나타났고, 오늘날까지도 5명밖에 없다).

훨씬 더 이후에도 마찬가지겠지만, 탈식민화의 문제들은 미국과 영국 사이의 관계를 감정적으로, 이따금씩 폭력적으로, 언제나 복잡하게 만들었다. 그러나 또한 이들 사이에는 그보다 훨씬 더 많은 것들이 있었다. 예를 들면, 그들 사이에는 경제적 교류가 넘쳐났다. 두 나라 사이의 교역은 (이전에 우려되었듯이) 독립 후 위축되기는커녕 더욱 성장했다. 심지어 잉글랜드의 자본가들은 채무를 불이행하는 주들의 채권 때문에 반복적으로 불행한 경험을 한 뒤에도 미합중국이 투자 장소로서 매력적이라고 생각했다. 영국은 미국의 철도, 금융, 보험에 막대한 투자를 했다. 그 사이 두 나라의 지배 엘리트들은 서로에게 매혹과 반감을 동시에 느끼고 있었다. 어떤 잉글랜드인들은 미국인들의 삶의 조야함과 거칢에 대해서 냉소적인 말들을 남겼지만, 또다른 이들은 마치 본능처럼 미국의 에너지, 낙관주의, 기회에 이끌렸다. 미국인들은 군주정 및 세습귀족 작위와 타협하기 어려워했지만, 그렇다고 이 때문에 잉글랜드 문화의 매혹적인 비밀을 파헤치려는 그들의 정열이 약화되지는 않았다.

영국과 미합중국 사이의 거대한 차이점들보다 더 주목할 만한 것은 유럽 대륙의 견지에서 보았을 때 두 나라 사이의 공통점이었다. 무엇보다 두 나라 모두 자유주의적, 민주주의적 정치를 부와 권력의 눈부신 진전과 결합시킬 수 있었다. 그들은 각기 매우 다른 상황 속에서 이를 성취했지만, 적어도 한 가지 요소를 공유하고 있었는데, 그것은 고립이었다. 영국과 유럽 사이에는 영불 해협이 흘렀고, 미합중국은 대서양 건너편에 있었다. 이러한 물리적인 거리 때문에 오랫동안 유럽인들은 신생공화국의 힘과 이들이 서부에서 마주한 엄청난 기회들을 알아보지 못했는데, 서부 개척이야말로 미국 민족주의의 가장 위대한 성취가 될 것이었다. 1783년 평화조약에서 영국은 변경지역에서 미국의 이해관계를 옹호했고, 이 때문에 이후 필연적으로 미국의 팽창기가 도래했다. 여기에서 분명하지 않은 것은 미국이 얼마나 멀리 갈 것인가 하는 문제였지, 여기에 어떤 열강들이 개입할 것인가는 아니었다. 이는 부분적으로는 지리적 무지의 소치였다. 북미 대륙의 서부 절반에 무엇이 있을지 확실히 아는 사람은 아무도 없었다. 그 뒤 수십 년 동안에는 동부 산간지방 바로 너머로 펼쳐진 광대한 지역이 팽창에 충분한 넓이의 대지를 제공할 것이었다. 1800년경 미합중국은 여전히 심리적으로나 실제적으로나 대서양 연안과 오하이오 계곡에 한정된 나라였다.

처음에 미국의 정치적 국경이 제대로 정의되어 있지 않았다면, 이는 프랑스, 에스파냐, 영국과의 수교를 강요했다. 그렇지만 만약 접경지역의 분쟁을 조율할 수 있다면 사실상의 고립을 획득할 수도 있었다. 왜냐하면 미국인들을 타국의 문제에 끌어들일 그밖에 유일한 이해관계라면, 한편으로는 무역 및 자신의 국민들을 외국에서 보호하는 것, 다른 한편으로는 미국의 내정에 대한 외국의 간섭뿐이었기 때문이다. 프랑스 혁명은 짧게나마 후자의 기회를 제공하는 듯해서 분쟁을 불러일으켰지만, 대부분 신생공화국 미국의 외교가 골몰하고 있던 문제는 국경과 무역이었다. 양자 모두 국내 정치에서 종종 분열을 불러오는 혹은 잠재적으로 분열을 불러오는 강력한 세력들을 자극했다.

외부세계와 연루되지 않으려는 미국의 열망은 이미 1793년에 명확해졌는데, 이때 프랑스 혁명 전쟁의 여파로 나타난 '중립선언'은 미국 시민이 영국-프랑스 전쟁에 어떤 형태로든 참여하면 미국 법정에서 기소가 가능하게 만들었다. 여기서 이미 표현된 미국의 정책적 방향은 1796년 고전적인 형태로 정식화되었다. 워싱턴은 자신의 두 번째 대통령 임기를 끝내면서 '친구들과 동료 시민들'에게 보내는 고별인사를 통해서 성공적인 공화국의 외교정책이 취해야 할 목적과 방법에 대해서 말하기로 결심했는데, 그의 말은 이후 미국 정치가들과 국민들의 심리 상태 양쪽에 깊은 영향을 미쳤다. 지금에 와서 보면 워싱턴의 생각 가운데 특별히 두드러진 것은 그 주된 어조가 부정적, 수동적이었다는 사실이다. 그는 '외국에 대한 우리의 최선의 행동준칙은 우리의 상업망을 확장하는 한편, 그들과의 정치적 관계는 가능한 최소로 줄이는 것이다'라고 서두를 시작한다. 이어서 그는 '유럽은 일군의 기본적 이해관계들을 가지고 있지만, 이것들은 우리에게는 아무것도 아니거나 매우 희박한 관련성만 가지고 있다.……멀리 따로 떨어져 있는 우리의 상황은 우리로 하여금 다른 길을 추구하도록 유도하고 또 이를 가능하게 만든다.……외부세계 어느 부분과도 영속적인 연합을 피하는 것이 우리의 진정한 정책이다'라고 말했다. 게다가 워싱턴은 동포들에게 그 어떤 나라와도 영속적이거나 특별한 적대감 혹은 우정을 가정하지 말라고 경고했다. 여기 어디에도 미국이 미래의 세계적 강대국이 될 운명이라는 암시는 없다(워싱턴은 유럽과의 관계 이외에는 고려하지도 않았으며, 1796년에는 미래에 태평양과 아시아에서 미국이 맡을 역할에 대해서 생각조차 하지 못했다).

전체적으로 볼 때 워싱턴의 뒤를 이어 대통령이 된 이들은 신생공화국의 외교관계에서 진실로 실용적인 접근법을 취했다. 다른 열강과의 전쟁은 한 번뿐이었는데, 이것이 1812년 미국과 영국 간의 전쟁이었다. 이 투쟁으로 신생공화국 내에서 민족주의적 감정이 증대되었을 뿐만 아니라 미국의 희화화된 표현인 엉클 샘(Uncle Sam)이 탄생하고, 국가(國歌) "성조기(Star-spangled Banner)"가 작곡되었다. 무엇보다 중요한 것은 이것이 두 나라 간의 관계변화에서 중요한 단계였다는 점이다. 공식적으로는 나폴레옹의 대륙봉쇄령에 저항하는 동안 영국이 무역에 간섭한 것이 미국의 선전포고를 유발했지만, 더 중요한 요소는 여기에 캐나다 정복이 뒤따르리라는 몇몇 미국인들의 희망이었다. 그런 일은 벌어지지 않았고, 군사적 팽창의 실패는 이후 영국과의 국경문제 교섭은 평화적 방식을 통해서 이루어져야 한다고 결정하는 데에 크게 기여했다. 전쟁 때문에 미국에서 영국 혐오증이 다시 일어나기는 했지만, (양쪽 모두에게 굴욕을 안겨준) 전투는 사태를 명확하게 정리해주었다. 이후의 국경분쟁에서 암묵적으로 이해된 바는 미국 정부도 영국 정부도 극단적으로 자극받은 경우가 아니라면 전쟁을 고려할 의향이 없다는 것이었다. 이러한 배경 아래에서 미합중국의 북쪽 경계는 곧 '돌투성이 산맥'(지금의 로키 산맥을 일컫던 말)의 최대 서쪽까지로 합의되었다. 1845년 그것은 서쪽으로 바다까지 확장되었고, 이때가 되면 메인 주의 국경분쟁 역시 타결되었다.

미국의 영토적 정의에서 최대의 변화를 가져온 것은 루이지애나 매입(Louisiana Purchase)이었다. 대략적으로 '루이지애나'란 미시시피 강과 로키

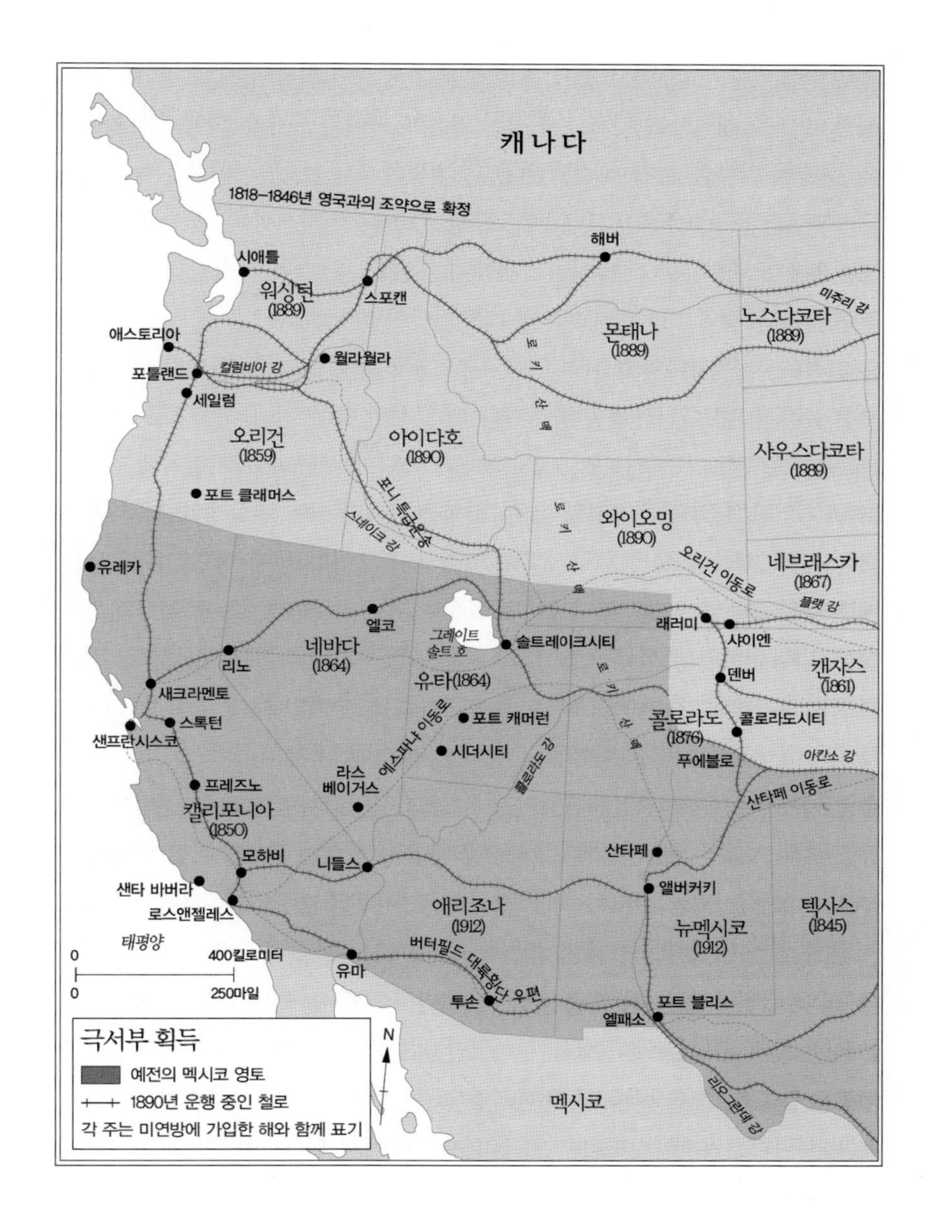

산맥 사이의 지역이었다. 에스파냐가 1800년에 할양한 이 지역은 1803년에 어쨌든 이론적으로는 프랑스에 속해 있었다. 이러한 변화는 미국의 이해관계를 자극했다. 만일 나폴레옹의 프랑스가 아메리카에서 프랑스 제국의 부활을 꾀한다면, 이미 미국 상업의 주요 통로가 된 미시시피 강 유역을 장악한 뉴올리언스가 필수적으로 중요했다. 미합중국이 당시 공화국의 전체 영역보다 더 넓은 지역을 매입하는 것으로 귀결된 교섭에 뛰어든 이유는 미시시피 강에서의 운행의 자유를 사기 위해서였다. 현대의 지도를 보면, 여기에는 루이지애나, 아칸소, 아이오와, 네브래스카, 남북 다코타, 미시시피 강 서안의 미네소타, 캔자스 대부분, 오클라호마, 몬태나, 와이오밍 그리고 콜로라도의 많은 부분이 포함되어 있다. 가격은 1,125만 달러였다.

이것은 사상 최대의 토지 매입이었고, 그에 걸맞게 그 결과 또한 엄청났다. 이는 미국의 내부 역사를 변화시켰다. 미시시피 강을 건너 서쪽으로 가는 길이 열림으로써 이는 인구적, 정치적 균형에서 신생공화국의 정치에 혁명적 중요성을 가진 변화를 가져왔다. 이 변화는 1820년대에 펜실베이니아의 앨러게니 산맥 서쪽에 사는 인구가 2배 이상으로 늘어났을 때 이미 감지되었다. 루이지애나 매입이 에스파냐로부터 플로리다를 획득하면서 마무리되자 1819년경 미합중국이 법적 주권을 가지고 있는 영토는 메인에서 사빈 강까지의 대서양 및 걸프 만, 레드 강과 아칸소 강, 로키 산맥의 대륙 분수령, 그리고 영국과 합의한 북위 49도선을 따라서 경계가 둘러졌다.

미국은 이미 아메리카 대륙에서 가장 중요한 나라가 되었다. 여전히 유럽의 식민지가 이곳에 몇몇 남아 있기는 했지만, 이 사실에 도전하려면 엄청난 노력이 요구될 터였고, 영국은 전쟁을 통해서 이 점을 깨달았다. 그럼에도 불구하고 라틴 아메리카에 유럽이 개입할지도 모른다는 두려움에 더하여 러시아가 북서 태평양에서 준동하자, 미국은 서반구에서 절대적 지배권을 확보하려는 공화국의 결심을 담은 명확한 성명서를 발표하게 된다. 이것이 1823년 언명된 '먼로 독트린(Monroe doctrine)'인데, 이에 따르면 앞으로 서반구에서 유럽의 식민화는 일체 고려될 수 없으며 이곳의 문제에 유럽이 간섭하면 미합중국에 대한 적대행위로 간주될 것이었다. 이는 유럽의 이익에도 부합했기 때문에 먼로 독트린은 쉽게 유지되었다. 이것은 영국 해군의 암묵적인 보증을 받고 있었고, 어떤 유럽의 열강도 영국의 해상력에 대항하면서까지 아메리카에서 군사작전을 벌이리라고 상상할 수는 없었다.

먼로 독트린은 오늘날까지도 미국의 서반구 외교정책의 기반으로 남아 있다. 그 결과 중의 하나는 아메리카의 다른 나라들은 미국에 대항하여 자신의 독립을 지키기 위해서 유럽의 지원에 기댈 수 없으리라는 것이었다. 1860년 이전에 이 때문에 주로 고통을 받은 쪽은 멕시코였다. 멕시코 국경선 내에 있던 미국 정착민들이 반란을 일으켜서 독립 텍사스 공화국을 수립했는데, 이는 나중에 미합중국에 병합되었다. 뒤이어 벌어진 전쟁에서 멕시코는 형편없는 싸움을 했다. 결과적으로 1848년의 강화는 멕시코로부터 나중에 유타, 네바다, 캘리포니아, 그리고 애리조나 대부분이 될 땅을 빼앗았고, 이 영토를 획득함으로써 1853년이 되면 현대 미국의 아메리카 본토 영역을 완성하기까지 남은 것은 다른 멕시코 땅을 소규모로 매입하는 것뿐이었다.

파리 강화조약 이후 70년 동안 공화국은 이런 식으로 정복, 매입, 정착을 통해서 팽창한 끝에 대륙의 절반을 차지했다. 1790년에는 400만 명 이하였던 인구가 1850년이 되면 거의 2,400만 명이 되었다. 사실 이들 중 대부분은 미시시피 강 동쪽에 살고 있었고, 10만 명 이상의 인구를 가진 도시들은 대서양의 세 거대 항구도시들인 보스턴, 뉴욕, 필라델피아 외에는 없었다. 그럼에도 불구하고 나라의 무게중심은 서부로 옮겨가고 있었다. 물론 오랫동안 동부 해안지방의 정치적, 상업적, 문화적 엘리트들이 계속해서 미국 사회를 지배할 것이었다. 그러나 오하이오 계곡에 정착민이 살게 되는 순간부터 서부의 이해관계가 존재하게 되었으며, 워싱턴의 고별인사는 이미 그 중요성을 인지하고 있었다. 서부는 이후 70년간의 정치에서 점차 결정적으로 중요한 역할을 하게 되었으며, 이는 미국 역사상 최대의 위기가 찾아와서 미국의 운명을 세계적 강대국으로 자리매김할 때까지 계속될 터였다.

영토적 팽창과 경제적 팽창 모두 미국 정치제도의 민주주의적 방향성만큼이나 미국의 역사를 형성하는 데에 심대한 역할을 했다. 팽창이 그 제도들에 미친 영향 역시 매우 거대했고 때로는 확연히 두드러졌다. 때로는 제도들이 변화하기도 했다. 그 좋은 예가 노예제이다. 워싱턴이 대통령직에 취임했을 때 연방의 영토에는 70만 명 미만의 흑인 노예들이 있었다. 많은 수였지만 헌법을 만든 이들은 서로 다른 주들 간의 정치적 균형이 문제되지 않는 한, 그들에게 어떠한 특별한 관심도 보이지 않았다. 결국에는 각 주가 얼마나 많은 대표를 가질 것인가를 따질 때 노예 한 명당 자유민의 5분의 3으로 계산하도록 결정이 내려졌다.

이후 반세기 동안 세 가지 요소가 이 상태에 혁명적 변화를 초래했다. 첫 번째는 노예제의 엄청난 확장이었다. 이는 세계의 면화 소비(무엇보다 잉글랜드 방직공장에서의 소비)가 가파르게 상승하면서 촉발되었다. 이로 인해서 1820년대에 미국의 면화 수확량은 배가되었고, 다음으로 1830년대에 다시 배가되었다. 1860년이 되면 면화는 미국의 총수출 수입의 3분의 2를 차지했다. 이러한 거대한 팽창은 주로 새로운 땅을 경작함으로써 이루어졌고, 새로운 대농장은 곧 더 많은 노동력을 의미했다. 1820년에 이미 150만 명, 1860년에는 대략 400만 명의 노예들이 있었다. 남부 주들에서 노예제는 경제체제의 근간이 되어 있었다. 이 때문에 남부 사회는 더욱 독자적인 특징을 가지게 되었다. 이들은 항상 자신들이 보다 상업적이고 도시화된 북부 주들과 여러 측면에서 다르다는 것을 의식했지만, 이제 남부인들은 노예제를 지칭하는 남부의 '예외적 제도'를 특정 문명의 본질적 구심점으로 간주하는 상황에 이르렀다. 1860년에 이들 중 다수는 자신들을 이상화된 생활방식을 가진 하나의 민족으로 생각했으며, 이것이 외부로부터의 폭압적 간섭에 의해서 위협받고 있다고 믿었다. 그들의 관점으로는 연방의회가 점점 더 노예제에 적개심을 보이는 것이야말로 이러한 간섭의 상징이자 표현이었다.

노예제가 정치적 논쟁점이 되었다는 것이 미국인의 삶에서 노예제의 역할을 바꾼 두 번째 사건이었다. 이것은 다른 부문에서도 명확하게 나타난 미국 정치의 일반적 변화의 한 부분이기도 했다. 공화국 초기의 정치는 이후 '분파적' 이해관계라고 불릴 것들을 반영했으며, 워싱턴의 고별인사 자체도 여기에 관심을 촉구했었다. 대략적으로 말하면, 이 분파주의로부터 한편으로는 강력한 연방정부와 보호주의적 입법을 원하는 경향이 있는 상업적, 사업적 이해관계를 대변하는 정당들이, 다른 한편으로는 개별 주들의 권리를 보증하고 저금리 정책을 옹호하는 경향이 있는 농업과 소비자들의 이해관계를 대변하는 정당들이 출현했다.

정치가들은 이따금씩 노예제는 시간이 지나면 사라져야 하는 (대체 어떻게 사라질지 아는 사람은 아무도 없었지만) 악폐라고 말했지만, 이 단계에서 노예제는 그다지 정치적 문제가 아니었다. 이러한 침묵은 부분적으로는 미국 제도의 내적 경향성의 결과로, 또 부분적으로는 사회의 변화 때문에 점차 변화해갔다. 사법적 해석은 헌법에 매우 민족주의적이고 연방주의적인 강조점을 부여했다. 동시에 이로써 의회의 입법에 새로운 잠재적 힘이 부여됨에 따라서 입법자들은 점점 더 미국의 민주주의를 대변하게 되었다. 앤드루 잭슨 대통령(재임 1829-1837)의 임기는 전통적으로 이 과정에서 특별히 중요한 부분으로 간주되어왔다. 정치가 더욱 민주화된 것은 다른 변화들을 반영했다. 미합중국에는 토지에서 쫓겨난 이들로 구성된 도시 프롤레타리아 문제가 없었는데, 이는 자립의 꿈을 이룰 수 있는 가능성이 오랫동안 서부에 남아 있었기 때문이었다. 자립적인 소규모 자영농에 대한 사회적 이상은 미국 전통의 핵심으로 살아남을 수 있었다. 루이지애나 매입 덕분에 서부 내륙지역이 개방된 것은 부와 인구의 분배를 혁명적으로 변화시킨 사건으로서, 북부의 상업적, 산업적 성장만큼이나 미국 정치의 형성에 중요한 역할을 했다.

무엇보다 서부의 개방은 노예제 문제를 변화시켰다. 새로운 영토들이 어떤 조건으로 연방에 가입해야 하느냐에 대해서는 분쟁의 여지가 광범위했다. 처음에는 루이지애나 매입, 다음에는 멕시코로부터 빼앗은 영토들을 조직하는 문제가 대두됨에 따라서 선동적인 질문, 즉 새로운 영토에서 노예제가 허용될 것인가 하는 질문이 제기되는 것은 피할 수 없는 일이었다. 북부에서 일어난 맹렬한 반노예제 운동은 노예제 문제를 미국 정치의 전면으로 끌고 나와서, 이것이 다른 모든 문제를 압도할 때까지 계속되었다. 노예무역 폐지 및 최종적인 노예해방을 위한 이들의 캠페인은 18세기 말 무렵 다른 나라들에서 비슷한 요구들을 낳은 것과 같은 힘들에서 비롯되었다. 그러나 미국의 운동에는 또한 중요한 차이점이 있었다. 먼저 미국의 경우 다른 유럽화된 세계에서는 노예제가 없어지던 시대에 오히려 팽창하는 노예제와 대면했고, 이에 따라서 미국에서는 보편적 흐름이 완전히 역전되지는 않더라도 적어도 제약되는 것처럼 보였다. 두 번째로 미국의 경우 헌법적인 문제들과 복잡하게 얽혀 있었는데, 이는 노예제가 현지의 법에 의해서 지지되는 개별 주들에서, 혹은 심지어 아직 주로 편입되지도 않은 영토에서 사적 소유권에 대한 간섭이 어느 수준까지 가능한가에 대한 논쟁 때문이었다. 또한 반노예제 정치가들은 헌법의 핵심을 이루는 문제, 그리고 사실상 모든 유럽 나라들의 정치생활의 핵심이기도 한 문제를 제기했는데, 그것은 과연 최종결정권은 누구에게 있는가 하는 것이었다. 인민주권의 원칙은 충분히 명백했다. 그러나 '인민'은 의회에서 그 대표들의 다수를 의미하는가? 아니면 각 주의 입법기관을 통해서 활동하면서 심지어 연방의회마저도 자신들의 권리를 침해할 수 없다고 주장하는 개별 주들의 주민들을 의미하는가? 그리하여 노예제는 19세기 중반 미국 정치에서 제기된 거의 모든 문제들과 뒤얽히게 되었다.

이러한 거대한 쟁점들은 남부 주들과 북부 주들 사이의 세력균형이 대략 비슷하게 유지되는 동안에는 억눌려 있었다. 북부는 수적으로 약간 우세했지만 상원에서는 결정적으로 중요한 균형(여기서 각 주는 그 인구수나 크기에 상관없이 두 명의 상원의원을 가졌다)이 유지되었다. 1819년까지 새로운 주들이 연방에 가입할 때는 교번제에 의해서 한 주가 노예주면 다음 주는 자유주가 되었는데, 이러한 방식으로 11개 주가 각기 가입했다. 첫 번째 위기는 미주리 주의 가입을 두고 벌어졌다. 루이지애나 매입 이전 프랑스와 에스파냐 법은 이곳에서 노예제를 허용했기 때문에 이곳의 정착민들은 그 상태가 지속되기를 기대했다. 북부의 한 의원이 새로운 주의 구성에서 노예제를 제약하자고 제안하자, 이들과 남부 주들의 대표들은 분노했다. 엄청난 대중적 소요 및 분파적 이득에 대한 논쟁이 일어났으며, 심지어 연방으로부터의 이탈 논의도 있을 만큼 몇몇 남부인들의 악감정은 심각했다. 그러나 도덕적 쟁점은 묻혔다. '미주리 타협'을 통해서 정치적 문제에 대한 정치적 타결에 도달하는 것이 여전히 가능했다. 이는 미주리를 노예주로 가입시키되 메인 주를 동시에 가입시키고 위도 36.30도 이북의 합중국 영토에서는 더 이상의 노예제 확장을 제한함으로써 균형을 맞추는 것이었다. 이는 연방의회의 결정에 따라서 의회가 노예제를 새로운 영토에서 추방할 권리가 있다는 원칙을 확인한 셈이었고, 이 문제가 머지않아 재발할 것이라고 볼 이유는 없었다. 정말로 한 세대가 지날 때까지 이는 사실로 입증되었다. 그러나 몇몇 사람들은 미래를 예측

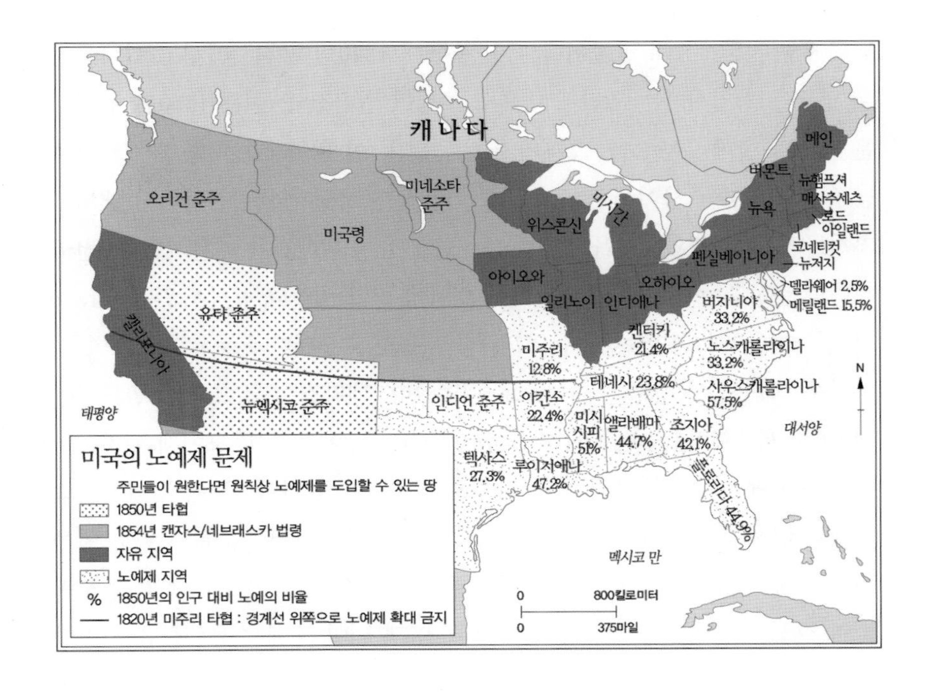

했다. 전임 대통령이자 독립선언문을 작성한 토머스 제퍼슨(재임 1801-1809)은 자신은 이것이 연방의 조종(弔鐘) 소리임을 즉시 알아챘다고 썼으며, 또다른 (미래의) 대통령은 자신의 일기장에 미주리 문제는 '길고도 비극적인 책 한 권의 서문 혹은 속표지에 불과하다'고 썼다.

그러나 비극은 40년 후에야 발생했다. 한편으로 이것은 미국인들에게는 다른 고민거리가 많았기 때문—특히 영토의 팽창—이고, 다른 한편으로는 1840년대까지는 면화를 기르기에 적합하여 노예노동력을 요구하는 영토들을 병합하는 문제가 제기되지 않았기 때문이었다. 그러나 곧 여론을 선동하는 세력들이 활동에 나섰고, 대중이 귀 기울일 준비가 되면 그 효과가 나타날 터였다. 보스턴에서 만들어진 한 신문이 니그로 노예들의 무조건적 해방을 지지한 것은 1831년이었다. 이것이 '노예제 폐지' 캠페인의 시작이었다. 이들은 점차 격화되는 선전활동을 벌이고 북부 정치가들을 투표를 통해서 압박했으며, 도망친 노예들을 도우면서 이들이 잡힌 후에, 심지어 법원이 이들을 돌려보내라고 할 때에도 이들을 노예 소유주에게 송환하는 것에 반대했다.

노예제 폐지론자들이 만들어낸 배경 속에서 1840년대에는 멕시코로부터 얻은 영토를 가입시키는 조건에 대해서 투쟁이 벌어졌다. 이는 1850년에 새로운 타협과 함께 끝났으나, 오래가지는 못했다. 이때부터 정치가 경색된 것은 남부의 지도자들 사이에서 스스로가 억압받는 희생자라는 감정이 증대되고 자신들의 주의 생활방식을 수호한다는 오만함이 더해졌기 때문이었다. 전국정당의 충성도는 이미 노예제 문제에 영향을 받고 있었다. 민주당원들은 1850년 협약이 변경 불가능하다는 그들의 입장을 고수했다.

다음 10년 동안 상황은 파국으로 치달았다. 캔자스 주를 조직할 필요성이 제기되면서 1850년의 타협에 기초했던 휴전이 날아갔으며, 노예제 폐지론자들이 친노예제적인 캔자스 주가 자신들의 주장을 받아들이도록 겁박하려고 함에 따라서 최초의 유혈사태가 발생했다. 공화당이 출현하여 36.30도 이북에 있는 캔자스 주가 노예주가 될지 자유주가 될지는 그 영토 내에 사는 사람들이 결정해야 한다는 제안에 반대했다. 이제 법이 노예 소유주들을 지지할 때마다 노예제 폐지론자들의 분노도 상승했는데, 1857년 ('드레드 스콧' 사건에서) 명망 있는 대법원이 노예를 그 주인에게 돌려주어야 한다고 판결한 것이 그 한 예였다. 반면 남부에서는 이러한 외침들이 흑인들의 불만을 선동하고 남부의 자유에 대항하여 선거체제를 이용하려는 결심으로 비추어졌다. 이 견해에도 물론 일리는 있었는데, 왜냐하면 노예제 폐지론자들은 공화당이 그들을 지지하게 만들 수는 없었지만 적어도 타협할 인물들은 아니었기 때문이었다. 1860년 선거에서 공화당의 대통령 후보가 캠페인을 벌인 프로그램은 노예제에 관해서는 미래에 연방에 가입하는 모든 영토에서 노예제를 배제하는 구상 정도에 그쳤다.

이것도 이미 몇몇 남부인들에게는 도를 넘는 것이었다. 민주당원들은 편이 갈려 있었지만 1860년 미국은 엄격하게 분파적인 기반 위에서 투표했다. 미국 대통령 중 가장 위대한 인물로 판명될 공화당 후보 에이브러햄 링컨(재임 1861-1865)은 북부의 주들과 두 개의 태평양 연안 주들에 의해서 당선되었다. 이는 많은 남부인들에게 허용할 수 있는 한계에 달했음을 의미했다. 사우스캐롤라이나는 선거에 대한 항의로서 공식적으로 연방에서 탈퇴했다. 1861년 2

월 여기에 다른 6개 주가 합세했고, 이들이 세운 남부연맹은 링컨 대통령이 워싱턴에서 취임하기 한 달 전에 자신들의 임시정부와 대통령을 옹립했다.

양쪽 다 서로가 혁명을 모의하여 준동한다고 비난했다. 양쪽 모두에 동의하지 않기란 매우 어렵다. 링컨이 보기에 북부 쪽 입장의 핵심은 민주주의가 우선되어야 한다는 것이었고, 이 주장이 잠재적으로 무제한적인 혁명적 함의를 가지고 있음은 분명했다. 궁극적으로 북부가 성취한 것은 진실로 남부에서의 사회혁명이었다. 반면 1861년에 남부(그리고 첫 번째 교전이 벌어진 후 연맹에 합류한 3개 주를 더한 지역)가 주장하고 있던 바는, 말하자면 유럽에서 혁명을 일으킨 폴란드인들이나 이탈리아인들과 마찬가지로 자신들도 스스로의 삶을 조직할 권리를 가지고 있다는 것이었다. 민족주의적 주장과 자유주의적 제도는 빈틈없이 일치하거나 심지어 서로 가까워지는 일조차 드물며 결코 완전히 합치될 수 없다는 것은 불행한 일이지만 일반적으로 사실이다. 그러나 노예제를 옹호하는 것은 자기결정권을 옹호하는 것이기도 했다. 동시에 이러한 거대한 원칙적 문제들이 확실히 문제가 되는 경우에도 이 문제들은 구체적, 개인적, 지방적 용어들로 표현되었기 때문에 공화국의 역사와 정체성에 닥친 거대한 위기에서 공화국이 어떻게 갈려 있었느냐를 명확히 판가름하기란 어려웠다. 그 분리선들은 가족들, 도시들, 촌락들, 종교들을 관통했으며, 때로는 서로 다른 피부색을 가진 집단들 주위를 가로질렀다. 이러한 모습이 내전의 비극이다.

일단 시작되면 전쟁은 그 자체의 혁명적 잠재력을 가지고 있다. 한쪽에서는 '반란,' 다른 쪽에서는 '주들 간의 전쟁'이라고 불렸던 사건의 특별한 파급력 중 많은 부분은 투쟁에 따르는 필요성들로부터 도출되었다. 연방군이 연맹을 쓰러뜨리는 데에는 4년이 걸렸고 그동안 링컨의 목표에는 중대한 변화가 생겼다. 전쟁이 시작될 때 그는 단지 적절한 질서를 회복하는 것만 언급했었다. 그는 사람들에게 남부 주에서는 '통상적인 법적 절차로 억누르기에는 너무 강력한' 일이 발생하고 있으며 이를 위해서 군사작전이 필요하다고 말했다. 이 견해는 전쟁은 근본적으로 연방을 유지하기 위해서임을 계속 반복하는 것으로 확대되었는데, 링컨의 전쟁 목적은 연방을 구성하는 주들을 재결합시키는 것이었다. 오랫동안 이는 그가 전쟁을 통해서 노예제 폐지를 추구했던 이들을 만족시킬 수 없음을 의미했다. 그러나 결국 그는 노예제 폐지 쪽으로 생각을 바꾸게 되었다. 1862년에도 그는 여전히 공식적인 편지에서는 '만일 내가 노예를 한 명도 해방시키지 않고 연방을 구할 수 있다면 나는 그렇게 할 것이다. 그리고 만일 모든 노예들을 해방시켜서 연방을 구할 수 있다면 역시 그렇게 할 것이다'라고 말했지만, 이때 그는 이미 반란 주에서 노예해방을 선언해야 한다고 결심한 후였다. 선언은 1863년 새해에 발효되었고, 그 결과 남부 정치인들의 악몽이 마침내 실현되었으니, 이는 그들이 일으킨 전쟁 때문이었다. 이 선언은 즉각적으로는 명백해 보이지 않았지만 투쟁의 성격을 바꾸었다. 1865년 미합중국 전역에서 노예제를 금지하는 헌법 수정조항이 추가됨으로써 마지막 단계가 완성되었다. 그때쯤이면 연맹은 패배했고, 링컨은 살해당했으나, 그가 '인민의, 인민에 의한, 인민을 위한 정부'라는 불멸의 어구로 요약한 대의는 안전하게 살아남았다.

군사적 승리를 거둔 직후 이 대의가 모든 미국인들에게 이론의 여지없이 고귀하고 올바른 것으로 비추어질 리는 거의 없었지만, 그 승리는 미국뿐만 아니라 인류 모두에게 중요한 함의를 가지고 있었다. 그것은 그 세기에, 이를테면 산업혁명만큼이나 광범위한 영향력이 있었던 유일한 정치적 사건이었다. 전쟁은 아메리카 대륙의 운명을 결정지었으니, 이로써 하나의 강대국이 남북 아메리카를 계속 지배하면서 인류에게 알려진 이래 가장 비옥한 미개발 지역의 자원들을 개발하게 되었다. 때가 되면, 이 사실이 두 차례의 세계대전의 결과를, 그에 따라서 세계의 역사를 좌우하게 될 것이다. 연방의 군대는 또한 미국 정치를 지배하는 체제는 민주주의가 될 것임을 결정지었다. 그렇다고 링컨이 말한 의미의 민주주의가 항상 실현되었다는 것은 아니지만, 원칙상 다수의 지배를 규정하는 정치제도들은 그때부터 직접적인 도전을 받지 않았다. 이는 미국인의 마음속에서 민주주의와 물질적 풍요를 밀접하게 연관시키는 부수적 효과를 가져왔다. 이로써 미국의 산업 자본주의는 이후 비판자들과 마주했을 때 의지할 수 있는 이념적 확신의 거대한 저장고를 가지게 될 것이다.

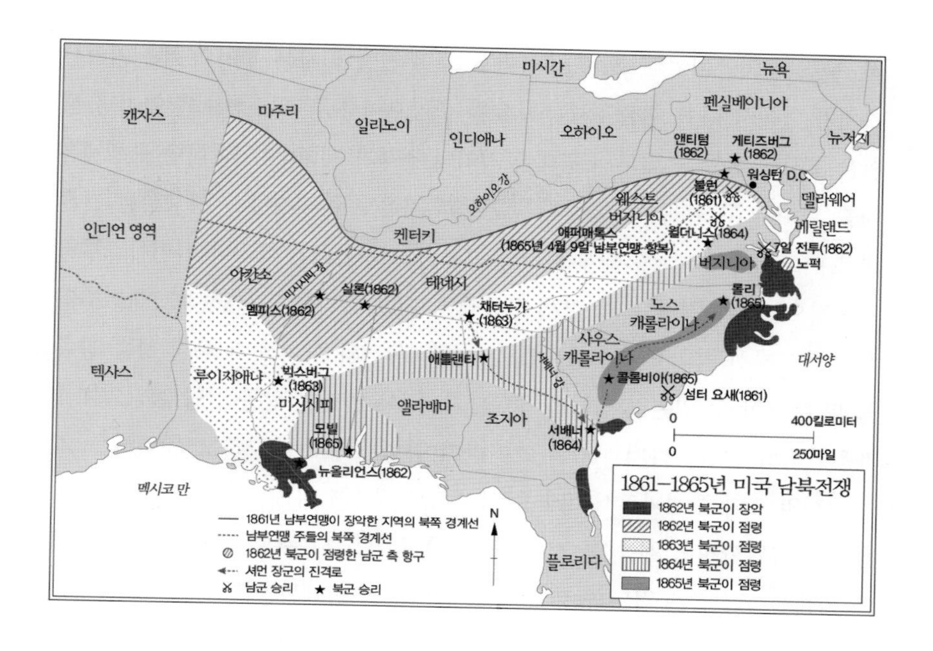

국내적으로 또다른 결과물들도 있었다. 가장 명백한 것은 완전한 평등과 민주적 권리를 위한 아프리카계 미국인들의 요구를 두고 새로운 전투가 시작된 것이었다. 이전에는 종속적 지위가 압도적 다수의 흑인들(항상 소수의 자유민 아프리카계 미국인들이 있었다)과 백인들을 갈라놓았고, 이는 법적 제재에 의해서 지지되었다. 노예해방은 법적 열등성의 틀을 쓸어버리고, 이를 민주적 평등의 틀로 혹은 (사회적 현실로 만들 준비가 된 백인은 거의 없었기 때문에) 민주적 평등의 신화로 대체되었다. 남부에 있던 수백만 명의 흑인들이 갑자기 자유를 얻었다. 그들은 대부분 교육받지 못했고, 대체로 농장노동 외에는 훈련이 되어 있지 않았으며, 종종 (적어도 처음에는) 자신들만의 지도자도 가지고 있지 않았다. 당연히 그들은 연방의 점령군에게 도움을 호소했으나, 종종 이들이 자신들이 익히 알고 있던 남부 사람들만큼이나 인종주의적이라는 사실을 발견했다. 점령이 끝나자 흑인들은 그들이 잠시 동안 일할 수 있었던 남부 주들의 입법기관들과 공직들에서도 쫓겨났다. 어떤 지역들의 경우 그들은 투표장에서도 사라졌다.

법적 장애물들을 대체한 것은 때로는 구체제 노예제보다 더 가혹했던 사회적, 물질적 억압이었다. 노예는 적어도 그 주인에게 자본 투자의 대상이라는 가치가 있어서 다른 재산들처럼 보호를 받았으며 보통 최소한도의 안전과 생활은 보장을 받았다. 남부의 광대한 지역의 경제가 잿더미가 된 마당에 생계유지를 위해서 투쟁하는 빈궁해진 백인들과 자유노동 시장에서 경쟁하는 것은 많은 아프리카계 미국인들에게 재앙이나 마찬가지였다. 그러나 백인들로부터 지속적으로 사회적 종속과 경제적 궁핍에 대한 압박을 받으면서도 대부분의 흑인들은 자신들의 자유를 경축했으며, 생계유지와 사회적, 교육적 상승 양쪽을 다 추구할 수 있는 방법들을 찾아냈다. 비록 완전한 평등이 남부의 의제에 재등장하기까지는 다시 100년을 기다려야 했음에도 불구하고 말이다.

전쟁의 또다른 결과로서 미국은 양당 정치체제를 유지했다. 공화당과 민주당은 오늘날까지도 계속 둘 사이에서 대통령직을 나누어 가져왔으며, 제3당에 의해서 도전받은 적도 별로 없었다. 1861년 이전에는 어느 모로 보나 이런 사태를 예상할 수 없었다. 미국 사회의 많은 운동들을 반영하면서 많은 정당들이 명멸했다. 그러나 전쟁으로 인해서 민주당은 남부의 대의에 고정적으로 헌신하게 되었는데, 이는 처음에는 배신행위라는 낙인 때문에 엄청나게 불리하게 작용했다(1885년 이전에는 민주당 출신 대통령이 없었다). 결과적으로 이는 공화당에 북부 주들과 급진주의자들의 충성을 보장해주었는데, 후자는 공화당을 연방과 민주주의의 구원자이자 노예들의 해방자로 간주했다. 이런 고정관념들이 얼마나 부적절한지 명백해지기 전에 양당은 몇몇 주들에서 너무 깊이 뿌리내려서, 여기에서는 그들의 (생존은 물론) 우세가 결코 도전받지 않았다. 20세기 미국 정치는 두 거대 정당들의 내적 변화와 함께 진행되었고, 이는 오랫동안 이들 정당의 원초적 기원을 반영했다.

당분간은 1865년의 공화당이 전권을 장악했다. 만일 링컨이 살아 있었더라면, 아마도 공화당은 남부에서 적어도 몇몇 요소들과 타협하는 방안을 찾았을 것이다. 그러나 패배하고 황폐해진 남부에 공화당이 부과한 정책들의 영향으로, 사실상 '재건기'는 쓰라린 시절이 되었다. 많은 공화당원들은 자신들이 가진 힘을 사용하여 흑인들에게 민주적 권리들을 확보해주려고 정직하게 노력했으나, 그 결과는 남부에서 미래에 민주당원들의 헤게모니를 확보하게 해주었을 따름이었다. 그러나 1870년대가 되면, 북부에서 공화당을 지지하던 이들 대부분이 재건기의 정치적 목적을 포기한 후였다. 그들은 단순히 안정으로의 복귀를 원하고 국민경제의 팽창을 강조했다. 이것이 남부에서 아프리카계 미국인들이 점차 시민권을 박탈당하는 일을 무시하는 것을 의미할지라도 말이다.

미국의 팽창은 70년 동안 진행되어온 결과, 이미 엄청난 결실을 맺었다. 이것이 가장 두드러지게 표현된 부문은 예전에는 영토의 확장이었지만, 이제 경제로 바뀌었다. 미국 시민들이 세계에서 가장 높은 1인당 소득을 올리는 시점으로 진입하는 단계가 1870년대에 막 개막했다. 이처럼 자신감과 기대가 꽃피는 절정의 상태에서 정치적 문제들은 잠시 동안 모두 해결된 듯 보였다. 공화당 행정부 아래에서 미국인들은 미국의 주업은 정치적 논쟁이 아니라 사업이라는 확신에 이르렀고, 이는 앞으로도 반복될 것이었다. 남부는 대부분 새로운 번영의 영향을 받지 못하고 북부보다 한참 뒤처졌다. 남부는 다른 부문에서 민주당에 지지를 보낼 수 있는 쟁점이 출현할 때까지 아무런 정치적 결정력을 가지지 못했다.

그 사이 북부와 서부는 과거를 돌아보건대 지난 70년간의 눈부신 변화들은 앞으로 더 나은 날들을 약속하리라는 확신을 가질 수 있었다. 외국인들도 이를 감지할 수 있었다. 이 때문에 더 많은 사람들이 미국으로 건너와서 1850년대에만 250만 명에 이르렀다. 덕분에 1800년에 525만 명을 겨우 넘은 인구는 1870년에는 거의 4,000만 명에 이르도록 증가했다. 이때쯤 이들 가운데 거의 절반이 앨러게니 산맥 서쪽에 살았고, 그들 가운데 절대다수는 농촌지역에 살았다. 철도의 건설은 아직 제대로 시작되지 않았던 정착과 개발의 시대로 대평원을 인도했다. 1869년은 최초의 대륙 횡단철도 연결선의 완공된 해로 기념되었다. 새로운 서부에서 미합중국은 최대의 농업적 팽창을 경험하게 될 것이었다. 이미 전쟁 기간 동안 경험한 노동력 부족 때문에 기계들이 대량으로 이용되면서 완전히 새로운 규모의 농업이 제시되었으며, 이로써 북아메리카를 유럽의 (그리고 또한 언젠가는 아시아의) 곡물저장고로 만들게 될 세계적 농업 혁명의 새로운 단계로 가는 길이 열렸다. 전쟁 말기에는 수확기만

25만 대가 가동되었다. 산업적 전성기 역시 곧 펼쳐질 터였다. 미국은 아직은 영국과 비교할 만한 산업국가는 아니었지만(1870년 제조업에 고용된 미국인들은 200만 명에 훨씬 미치지 못했다), 그 기반작업은 이루어졌다. 점차 부유해지는 대규모의 국내 시장을 가지고 있으니, 미국 산업의 앞날은 밝았다.

자신들에게 가장 자신감 넘치고 성공적인 시대의 초입에 서 있던 미국인들이 패자를 잊었다고 해서 위선자 행세를 했다고 볼 수는 없다. 일반적으로 미국의 체제는 잘 돌아가고 있었으므로 그들이 쉽게 잊은 것도 이해할 만하다. 남부의 흑인들과 가난한 흑인들은 곧 2세기 반 동안 계속 패자였던 인디언의 대열에 합류하여 망각된 실패자들이 되었다. 성장하는 북부 도시들에서 나타난 새로운 빈민들은 상대적 관점에서는 패자로 간주하기 어렵다. 왜냐하면 그들은 적어도 순탄하게 잘 살았고, 아마도 안달루시아나 나폴리의 빈민들보다는 상태가 더 나았기 때문이었다. 이들이 미합중국으로 오고 싶어했다는 것은 미국이 이미 엄청난 힘을 가진 자석이나 마찬가지였음을 보여준다. 그 인력은 비단 물질적인 것만은 아니었다. '비참한 허접쓰레기들' 옆에는 '자유롭게 숨 쉬기를 희구하는 웅크린 대중들'이 있었다. 미합중국은 1870년에도 여전히 다른 지역의 정치적 급진주의자들에게 정치적 영감을 주었다. 비록 미국의 정치적 실천과 형태가 더 많은 영향을 미친 곳은 유럽 대륙보다는—(찬성과 반대 양쪽 모두에서) 사람들이 민주주의를 영국 정치의 '미국화'로 간주했던—영국이었지만 말이다.

이러한 횡대서양적 영향력과 연결관계는 두 앵글로-색슨 국가들 사이에 나타난 신기하고 변덕스럽지만 지속적인 관계의 여러 측면들을 보여준다. 완전히 다른 방식이기는 했지만 그들 둘 다 혁명적 변화를 경험했다. 그러나 여기에서는 19세기 초반 영국의 성취가 미국의 변모보다 훨씬 더 두드러질 것이다. 한 사람의 일생 동안 이 나라를 근대 최초의 산업화, 도시화된 사회로 변모시킨 사상 유례없는, 그리고 혼란을 초래할 공산이 높은 사회적 격변의 시기 동안 영국은 놀라운 수준의 헌정적, 정치적 연속성을 유지하는 데에 성공했다. 동시에 영국은 미국은 절대 그럴 필요가 없었던 것과 달리, 세계의 그리고 유럽의 강대국으로서 활동하고 있었으며, 거대한 제국을 지배했다.

이러한 배경 속에서 영국은 개인의 자유를 위한 지지장치들의 대부분은 유지하면서 스스로의 제도들을 민주화시키기 시작했다.

백인들에게 영국은 1870년의 미국보다 훨씬 덜 민주적이었다. (가능하면 출생과 토지에 의해서 주어지지만, 아니면 종종 돈으로도 가능한) 사회계서제가 영국을 계층화시켰다. 어떤 관찰자든지 자신들이 지배할 운명임을 확신하는 잉글랜드 지배계급의 자신감에 충격을 받았다. 여기에는 미국의 서부처럼 윗사람에 대해서 경의를 바치는 오랜 관습을 상쇄할 만한 변경 민주주의의 신선한 바람이 없었다. 캐나다와 오스트레일리아는 끝없이 이민자들을 끌어들였지만, 이 때문에 이들이 잉글랜드 사회의 주조를 변화시킬 가능성은 사라졌다. 다른 한편으로 정치적 민주주의는 사회적 민주주의보다 빨리 발전했다. 이미 미국에서는 확립된 지 오래인 남성 보통선거권은 1918년에 와서야 도입되었지만 말이다. 그럼에도 불구하고 잉글랜드 정치의 민주화는 1870년에 이미 되돌릴 수 있는 지점을 지나 있었다.

이러한 거대한 변화가 몇십 년 만에 이루어졌다. 매우 자유주의적인 제도들—법 앞의 평등, 실질적인 개인적 자유, 대의제 체제—을 가지고 있기는 했지만, 1800년 잉글랜드의 헌정은 민주주의적 원칙에 기초해 있지 않았다. 그 기반은 특정한 개인적, 역사적 권리들의 대표 및 의회에서의 국왕 주권이었다. 과거의 사건들로 인해서 이러한 요소들로부터 당시 유럽의 기준으로 보면 넓은 범위의 유권자들이 만들어지기는 했지만, 1832년에 와서도 '민주적'이란 말은 비난하는 의미로 쓰였으며 이것이 바람직한 목표를 의미한다고 생각하는 이는 거의 없었다. 대부분의 잉글랜드인들에게 민주주의란 프랑스 혁명과 군사적 전제주의를 의미했다.

그러나 1832년 19세기 잉글랜드의 정치사에서 민주주의로 향하는 가장 중요한 조치가 취해졌다. 바로 선거개정법의 통과인데, 이는 그 자체로 민주적이지는 않았으며, 사실상 이를 지지한 많은 이들은 이것이 민주주의에 대한 방어막 구실을 하기를 의도했다. 선거개정법은 (후원자들이 효과적으로 통제하던 아주 작은 선거구들과 같은) 변칙적 요소들을 제거하면서 선거체제에 대한 대대적인 개혁을 수행했는데, 이는 성장하는 산업도시들로 이루어진 나라의 필요성을 더 잘 반영하고 (비록 완벽한 것과는 거리가 멀었지만) 무엇보다 선거권을 보다 정리된 방식으로 변화시키기 위해서였다. 선거권의 기반에는 서로 다른 지역의 서로 다른 원칙들이 혼재되어 있었다. 이제 투표권을 부여받은 개인들의 주요 분류항은 농촌지역에서는 자영농이었고, 도시에서는 중간계급 수준에서 주택을 소유하거나 집세를 지불하는 세대주였다.

선거권의 정확한 조건에 관한 논쟁들에는 여전히 몇몇 특이한 요소들이 남아 있기는 했지만, 여기서 모범적인 선거권자는 그 나라에 일정한 지분을 가진 남성이었다. 그 즉각적인 결과로 나타난 것은 약 65만 명의 투표권자들과 예전과 별로 달라 보이지 않는 하원이었다. 여전히 귀족들의 지배하에 있기는 했지만, 그럼에도 불구하고 이는 영국 정치가 완전히 민주화되는 앞으로 약 한 세기의 시작점이 되었다. 왜냐하면 일단 정체(政體)가 이런 식으로 변경되자 다시 재변경하는 일도 가능하게 되었고, 하원도 점점 더 자신의 발언권을 요구했기 때문이었다. 1867년 또다른 법령으로 약 200만 명의 투표권자가 탄생했으며, 1872년에는 선거는 비밀투표로 치러져야 한다는 결정이 뒤따랐으니 거대한 발전이었다.

이러한 과정은 20세기가 되어서야 완결되겠지만, 이는 곧 영국 정치의 성격에 또다른 변화들을 가져왔다. 전통적인 정치계급은 천천히, 그리고 다소 마지못해서 가족관계나 의회 구성원들의 개인적 친분관계를 뛰어넘는 무엇인가로서 정당을 구성할 필요성을 깨닫기 시작했다. 이는 1867년에 진실로 큰 규모의 유권자들이 출현하면서 더욱 명백해졌다. 그러나 그들은 그보다 더 빨리 그 함의—자기편으로 만들어야 할 여론이라는 것이 존재하며, 이는 옛 토지 소유 계급의 의견 이상을 의미한다—를 간파했다. 19세기 잉글랜드 의회의 가장 위대한 지도자들은 모두 하원뿐만 아니라 바깥 사회의 주요 분파들의 관심을 사로잡을 수 있는 능력 덕분에 성공한 사람들이었다. 최초이자 가장 현격한 예라고 할 만한 이가 잉글랜드 보수주의를 창시한 로버트 필 경이었다. 그는 여론을 받아들임으로써 보수주의에 유연성을 부여했고, 이를 통해서 보수주의는 다른 수많은 유럽 국가들의 우파를 유혹했던 비타협적 태도로부터 언제나 안전할 수 있었다.

곡물법 폐지를 둘러싼 거대한 정치적 전투가 이를 증명한다. 이 투쟁은 단순히 경제정책에 한정된 것이 아니라 누가 나라를 지배해야 하는지에 관한 싸움임과 동시에 어떤 측면에서는 1832년 이전 의회개혁을 위한 투쟁을 보완하는 것이었다. 필 경은 1830년대 중반이 되면 보수주의자들로 하여금 1832년의 결과물을 받아들이게 만들었고, 1846년에는 자국 곡물을 보호하기 위한 곡물법 폐지 역시 마찬가지로 수용하게 할 수 있었다. 곡물법 폐지는 지주계급의 사회가 더 이상 최종 결정권을 가지고 있지 않음을 보여주었다. 필의 당, 즉 농업적 이해관계는 잉글랜드의 체현이며 자신들은 그 농업적 이해관계의 수호자라고 생각했던 시골 신사계층의 아성이었던 그의 정당은 곧 필에게 적대적으로 돌아서서 그를 축출함으로써 복수했다. 필의 정책이 전체적으로 그들이 중간계급 제조업자들과 동일시했던 자유무역주의의 승리를 지향해왔다고 느꼈다면 그들은 옳았다. 그들의 결정은 당을 분열시켜서 20년간 무력증에 시달리게 했지만, 필은 사실상 그들로부터 큰 우환거리를 제거해준 것과 다름없었다. 그는 당이 여러 경제적 이해관계들 중에서 하나만 고수하려는 노력에 제약받지 않고 자유롭게 재결합하여 유권자들의 환심을 사기 위한 경쟁에 뛰어들 수 있게 해주었다.

영국의 관세 및 재정 정책이 자유무역의 방향으로 재설정된 것은 19세기 3사분기 동안 영국 정치가 개혁과 자유주의화를 향해서 나아가던 일반적 현상의 한 측면(어떤 면에서는 가장 두드러진다)이기도 했다. 이 시기 동안 (의미심장하게도 지주계급의 이익이 여전히 지배하던 농촌이 아니라 도시에서) 지방정부의 개혁이 시작되고, 신구빈법이 도입되었으며, 공장 및 광산 법들이 통과되어 감사(監査)가 효과적으로 수행되기 시작했고, 사법체제가 재구성되었으며, 개신교 비국교도, 로마 가톨릭교도, 유대인들에 대한 장애물이 사라지고, 앵글로-색슨 시대로 거슬러 올라가는 교회의 혼인법 독점이 종식되었으며, 다른 나라들의 모범이 될 우편체제가 확립되었고, 공공교육에 대한 끔찍한 무관심을 타파하기 위한 노력까지 시작되었다.

이 모든 일들은 유례없는 부의 증대와 함께 일어났는데, 이에 대한 자신감을 표출하는 상징이 바로 1851년 런던에서 여왕 자신의 후원과 그 배우자의 지도에 따라서 세계의 상품들을 모은 대박람회가 열린 것이었다. 영국인들이 빅토리아 여왕 재위의 전성기에 그랬던 것처럼 오만함으로 기우는 성향이 있었다면, 그럴 만도 했다고 말할 수 있을 것이다. 그들의 제도와 경제는 이보다 더 건강해 보일 수가 없었다.

그렇다고 모든 이들이 만족한 것은 아니었다. 누군가는 경제적 특권의 상실을 슬퍼했다. 사실상 영국에서는 다른 나라들만큼이나 큰 극단적 빈부격차가 계속 나타나고 있었다. 서서히 진행되는 중앙집권화에 대한 두려움에도 어느 정도 근거가 있었다. 의회의 입법주권은 예전에는 사실상 정부의 간섭에서 자유로웠던 부문들로까지 점차 관료제의 간섭이 확대되는 결과를 초래했다. 19세기 잉글랜드는 결코 오늘날 모든 나라에서 일상화된 수준으로 국가기구들을 중앙집권화하지는 못했다. 그러나 몇몇 이들은 잉글랜드가 프랑스의 길을 밟을까 염려했다. 프랑스의 경우 이 나라의 고도로 중앙집권화된 행정조직이야말로, 프랑스가 평등을 확립하는 데에는 성공했으면서도 이를 자유의 성취와 양립시키지 못한 데에 대한 충분한 설명이 된다고 생각했던 것이다. 이러한 경향성을 상쇄하기 위해서는 빅토리아 시대의 지방정부 개혁이 중요했는데, 몇몇은 1880년 이후에야 나타났지만 이는 분명 지방정부의 민주주의를 더 향상시켰다.

몇몇 외국인들은 감탄을 금할 수 없었다. 대부분은 영국이 그 공장 도시들의 끔찍한 생활 조건에도 불구하고, 어떻게 다른 나라에서는 질서 있는 통치에 치명적인 것으로 입증된 대중적 소요의 급류를 헤쳐나왔는지 의아해했다. 다른 곳에서는 혁명의 위험이 명백했던 시기에 영국은 의도적으로 자신의 제도들에 대한 거대한 재조직 작업을 벌였으며, 그 과정에서 그 힘과 부는 강화되고 심지어 정치에서 자유주의의 원리는 더 명확해진 채 상처 없이 살아남았다. 영국 정치가와 역사가들은 환호작약하며 영국적 삶의 정수는 자유라고 반복해서 말했는데, 이는 유명한 표현에 따르면 '자유는 전례들을 거쳐 서서히 넓혀가는 것이다'라고 하겠다. 잉글랜드인들은 자유를 열정적으로 믿는 것처럼 보였지만, 그렇다고 이것이 방종으로 치닫지는 않았다. 이 나라는 미국이 누렸던 지리적 고립이나 거의 무제한의 토지와 같은 이점을 가지지 못했는데, 그 미국마저도 혁명을 제어하기 위해서 인류 역사상 가장 유혈이 낭자한 전쟁 중의 하나를 벌였던 것이다. 그렇다면 영국은 어떻게 이를 해냈을까?

이것은 가장 중요한 질문이지만, 역사가들은 아직도 종종 그 함의에 대해서 생각하지 않고 묻곤 한다. 그 함의란 혁명이 일어날 법하게 만드는 어떤 조건들이 존재하며, 영국 사회는 이 조건들을 충족시키는 듯 보였다는 것이다. 오히려 그러한 명제들을 수긍할 필요가 없을 수도 있다. 이 신속하게 변화하는 사회 속에서 잠재적인 혁명적 위협이란 결코 존재하지 않았을 것이다. 프랑스 혁명이 유럽에 가져온 기본적 변화들 가운데 많은 부분은 어쨌거나 이미 수 세기 동안 영국에 존재해왔던 것이다. 아무리 투박하거나 역사적으로 쌓여온 불편한 침전물로 덮여 있다고 해도, 기본적인 제도들은 그 자체로 거대한 가능성들을 제공할 수 있었다. 심지어 개혁 이전의 시대에도 상원과 하원은 폐쇄된 집단들의 제도가 아니었음에 반해서, 많은 유럽 국가들에서는 그런 폐쇄적 제도가 허용된 전부였던 것이다. 1832년 이전부터 이미 상하원은 (느리고 뒤늦게 대응하기는 했지만) 어쨌든 새로운 요구사항들을 충족시킬 능력이 있음을 보여주었다. (아주 효과적이지 않았음은 인정해야겠지만) 최초의 공장법은 1801년에 이미 통과되었다. 1832년 이후에는 일단 의회가 외부로부터 충분한 압력만 받으면 요구하는 개혁은 무엇이든 수행하리라고 생각할 만한 충분한 근거가 있었다. 이를 위한 의회의 권한에는 아무런 법적 제약이 없었다. 심지어 압제받고 분노한 이들조차 이를 알게 된 듯했다. 1830년대와 1840년대(빈민들에게는 특히 힘든 시기였다)에는 절박함에서 폭력이 분출한 경우도 많았고 혁명가들도 많았지만, 놀라운 것은 당시 가장 중요한 민중운동, 즉 '차티즘(Chartism)'이라는 이름으로 모여든 광범위한 항의운동은 그 강령이었던 인민헌장을 통해서 의회의 철폐가 아니라 의회가 민중의 요구에 보다 잘 반응하게 만들 조치들을 요구했다는 사실이다.

그러나 다른 요인들이 작용하지 않았다면 의회가 개혁을 수행하도록 요청받는 일은 없었을 것이다. 여기서 중요한 것은 빅토리아 시대 잉글랜드의 거대한 개혁 작업들은 아마도 공장법을 제외하면 모두 대중뿐만 아니라 중간계급의 관심사였다는 사실일 것이다. 잉글랜드의 중간계급은 대륙의 경우와 달리 일찍부터 정치권력을 나누어 가졌으며, 따라서 이 권력을 변화를 위해서 사용할 수 있었다. 이들은 혁명, 즉 모든 길들이 막혔을 때 절박한 이들이 의지하게 되는 수단과 연합하려는 유혹을 받지 않았다. 그러나 잉글랜드 대중 자신들도 그다지 썩 혁명적이었던 것 같지는 않다. 어떻든 그들이 혁명적 방식으로 행동하지 못했다는 사실은 후대의 좌파 역사가들을 많이 괴롭혔다. 이것이 그들이 너무 고통받았기 때문인지, 충분히 고통받지 않았기 때문인지, 아니면 단순히 노동계급을 이루는 분파들 사이의 차이가 너무 컸기 때문인지에 대해서는 많은 논쟁이 있어왔다. 그러나 적어도 주목할 만한 것은 당대의 방문객들도 알아챘듯이, 잉글랜드에서는 전통적인 행동양식이 쉽게 사라지지 않았다는 것이다. 이 나라에서는 오랫동안 사회적으로 지위가 높은 이들에게 경의를 표하는 관습이 살아남았고, 이는 외국인들, 특히 미국인들을 놀라게 했다.

게다가 혁명에 대한 대안을 제공하는 노동계급 조직들이 있었다. 그들은 자조, 신중, 분별, 금주를 엄청나게 강조한다는 점에서 종종 '빅토리아적'이었다. 거대한 잉글랜드 노동운동을 이루는 요소들 중 1840년 전부터 이미 존재하지 않았던 것은 노동당의 이름을 건 정당뿐이었고, 다른 요소들은 1860년대에 성숙했다. 어려울 때의 보험을 위한 '공제협회들', 협동조합 조직들 그리고 무엇보다 노동조합들은 처음에는 소수에게만 천천히 적용되었음에도 불구하고 모두 노동계급의 복리 향상에 개인적으로 참여할 수 있는 효과적인 통로들을 제공했다. 이와 같이 조합이 일찍부터 성숙했다는 사실이 잉글랜드 사회주의의 모순—이후 매우 보수적이고 비혁명적이며 한참 동안 세계 최대의 규모를 자랑했던 노동조합에 의지하게 된다—의 저변에 깔려 있었다.

일단 1840년대가 지난 후에는 경제적 추세가 불만을 달래는 데에 기여했을 것이다. 어쨌거나 노동계급 지도자들은 종종 거의 후회스럽다는 듯이 그렇게 말했다. 그들은 적어도 생활수준의 향상이 잉글랜드에서 혁명의 위험을 상쇄하고 있다고 생각했던 것이다. 국제경제가 1850년대에 정점을 찍으면서 세계의 공장이나 다름없었던 이 나라의 공업도시들과 그곳의 상인, 은행가, 보험업자들에게 좋은 시절이 도래했다. 고용과 임금이 올라가고, 차티스트들에 대한 지지가 사그라져서 이들은 곧 추억으로만 남았다.

그토록 많은 변화를 내포했으면서도 변하지 않았던 형태의 상징은 왕국의 중심적 제도인 의회와 국왕이었다. 웨스트민스터 궁전이 불타서 새로 지을 때에 이들은 '의회의 어머니'로 불리게 될 건물의 유서 깊음을 강조하기 위해서 중세 건축양식을 본뜬 디자인을 채택했다. 이와 같이 영국사에서 가장 혁명적인 시대의 격렬한 변화들은 계속 관습과 전통의 복장 속에 감추어졌다. 가장 두드러진 것은 군주제가 지속된 것이다. 빅토리아 여왕(재위 1837-1901)이 즉위한 1837년에 이미 영국 왕실은 역사로 치면 교황령 다음으로 오래된 유럽의 정치조직이 되었다. 그러나 그럼에도 불구하고 군주정은 사실상 많은 변화를 겪었다. 영국 왕실에 대한 대중적 존경은 영국 왕들 가운데 최악이었던 조지 3세의 후계자 때문에 바닥을 쳤고, 그의 상속자 역시 이 상태를 그다지 개선하지 못했다. 빅토리아와 그녀의 남편은 극소수의 공화주의자들을 제외하고는 군주정을 의문의 여지가 없는 존재로 만들 터였다. 부분적으로 이는 여왕 스스로의 기질에는 거스르는 것이었다. 국왕이 정치적 투쟁을 초월하는 곳으로 물러난 후 입헌군주가 가져야 할 정치적 중립성에 대해서 그녀는 일체의 호감을 비치지 않았다. 그럼에도 불구하고 이러한 군주제의 비정치화가 가시화된 것이 바로 그녀의 치세 동안이었다. 또한 그녀는 군주정을 가정적으로 만들었다. 젊은 조지 3세 시절 이후 최초로 '왕실가족'이라는 말이 눈에 보이는 현실이 되었다. 이는 그녀의 독일인 남편인 앨버트 공이 그녀를 도운 많은 예들 중의 하나인데, 그럼에도 불구하고 은혜를 모르는 잉글랜드 대중은 그에게 감사를 표하는 일이 거의 없었다.

영국 사람들의 창의적 변화 능력으로도 불가항력이었던 곳은 아일랜드뿐이었다. 그들은 여기서 실제적인 혁명의 위협에 직면했으며 1789년에는 반란을 진압해야 했다. 1850년대와 1860년대는 조용했다. 그러나 이는 주로 1840년대 중반 아일랜드를 덮친 끔찍한 재난 때문이었는데, 이때에는 감자 흉작이 기근과 질병으로 이어진 끝에 잔인하게도 아일랜드의 과잉인구에 대한 맬서스적 해결책을 야기했다. 1801년 아일랜드를 영국에 병합시킨 통합법 철회를 위한 요구는 당분간 조용해졌고, 아일랜드에서 압도적 다수였던 가톨릭 인구가 이질적인 개신교 국교회를 향해서 가진 반감도 유보되었으며, 차지농과 임노동자들을 마찬가지로 착취하던 잉글랜드 부재지주들에게 (혹은 아일랜드에 거주하기는 하지만 탐욕스럽기로는 마찬가지였고 수도 더 많았던 아일랜드 지주들에게) 아무 충성심도 느끼지 못했던 농민인구들로부터 심각한 소요가 벌어지지도 않았다. 그럼에도 불구하고 문제들은 남아 있었고, 1868년 정권을 잡은 자유당 정부는 이것들 중 몇몇을 해결하는 일에 착수했다. 그러나 여기서 나온 중요한 결과물은 로마 가톨릭교 농민층에 기반을 두고 '자치'를 요구하는 새로운 아일랜드 민족주의 운동을 출현시킨 것밖에 없는 듯했다. 이 자치가 무엇을 의미하는지—그 당위성에 대해서는 두말할 것도 없고—에 대한 논쟁은 영국 정치에 계속 도사리면서 정치적 연합들을 뒤집어엎고 '아일랜드 문제'를 해결하려는 시도들을 한 세기 이상 무산시킬 참이었다. 단기적으로 이는 북부와 남부에서 두 개의 경쟁적인 아일랜드 혁명운동들이 형성되도록 자극하여 영국 자유주의를 난파시키는 데에 일조했다. 그리하여 아일랜드는 1,000년이 흐른 다음 다시금 세계사에서 눈에 띄는 족적을 남기기 시작했다. 물론 그보다 전에 수많은 사람들을 미국으로 이민을 보냄으로써 눈에는 덜 띄지만 이미 그 같은 자취를 남기기는 했지만 말이다.

5

유럽의 전 세계적 헤게모니

1900년이 되면 유럽과 해외에 있는 유럽 출신 사람들이 지구를 지배했다. 이들의 지배방식은 수없이 다양해서 때로는 명시적이고 때로는 암묵적이었지만, 이러한 단서조건들은 전체적 사실보다 중요하지 않다. 대부분 세계는 유럽의 주도권에 대응하면서 점차적으로 유럽식 음조에 맞추어 행진해나갔다. 이는 세계사에서 독특한 사건이었다. 처음으로 하나의 문명이 전 세계적인 지도자로서 자리를 잡았다. 그 작은 결과의 하나로서, 이 책의 나머지 부분에서는 점점 더 하나의 전 지구적 역사에 관심을 기울일 것이다. 진실로 1914년이 되면, 지금 '전 지구화'라고 불리는 현상이 최초로 절정에 도달하게 된다. 중요한 것은 유럽 국가들(누군가는 '서구'라는 용어를 선호하지만 이는 불필요하게 까다롭게 구는 것—남북 아메리카와 오스트레일리아, 뉴질랜드는 아시아나 아프리카가 아니라 유럽에서 기원한 문화에 의해서 지배되었다—이며, 또한 그 단어는 최근 좁은 정치적 의미에서 사용되고 있기 때문에 오해의 여지도 있다)이 세계의 대부분에서 행사하고 있던 직접 지배권만을 생각해서는 안 된다는 것이다. 경제적, 문화적 헤게모니를 고려해야 하며, 유럽의 우위는 종종 공공연한 통제보다는 영향력을 통해서 표현되었다.

유럽의 문화적 헤게모니의 한 측면은 다른 민족들이 이에 얼마나 신속하게 반응하여 스스로의 문화와 외국에서 수입된 것들의 혼합물을 만들었는가 하는 데에서 두드러진다. 19세기 말, 이미 그러한 혼성적 사회의 첫 단계들이 아시아에서 발견된다. 일본이 물론 가장 명료한 예이지만, 중국, 동남 아시아, 인도, 페르시아, 중동의 지역들 역시 그리 뒤지지 않았다. 그중 몇몇은 '방어적 근대화'라고 부를 수 있는 것에 기초를 두었는데, 이는 독립과 주권을 최소한 어느 정도 지키기 위해서 유럽의 무기와 조직 방식을 습득하는 것이었다. 그러나 더 중요한 것은 토착민들이 식민주의 세력이나 지배 세력으로부터 자신들이 경탄하는 점을 취사선택하여 (항상 유럽인들이 인정할 방식으로는 아니었지만) 점진적으로 이를 자신의 것으로 만들어간 수없이 많은 사례들이었다. 탕헤르에서 카이로, 이스탄불, 뭄바이, 싱가포르, 상하이에 이르기까지 모든 항구마다 젊은 비유럽인들은 자신들의 아버지 세대와는 매우 다른 삶을 살았으며, 이는 정치와 가치 체계에 엄청난 압력을 행사하여 21세기까지 지배적 영향력을 발휘할 혁명들로 이어졌다.

1900년경 유럽인들이 세계를 그리는 하나의 방법은 이를 일련의 동심원들로 보는 것이었다. 가장 내부에 있는 것은 옛 유럽 자체로서, 이들은 유럽과 세계의 자원들을 차례로 점차 지배한 덕분에 3세기 동안 부와 인구를 늘려왔다. 유럽인들은 세계의 생산물들 가운데 점점 더 많은 양을 취득하고 소비함으로써, 그리고 자신의 환경을 조종할 때 보여준 힘과 기술을 통해서 스스로를 다른 인간들과 점점 더 다른 존재로 구별짓게 되었다. 19세기에도 이미 부유했던 그들의 문명은 이후 내내 더욱 부유해졌다. 산업화는 새로운 자원들을 개발하고 창조하는 자급 능력을 확보해주었으며, 새로운 부가 만든 힘은 세계의 다른 지역의 부를 전유할 수 있게 해주었다. 콩고의 고무, 버마의 티크 목재, 페르시아의 석유에서 나오는 이윤은 한참 동안은 현지 국가들에 재투자되지 않을 터였다. 가난한 유럽인과 미국인들은 값싼 원자재로부터 이득을 취했으며, 사망률이 재고되는 것을 보면 산업 문명이 그 주민들에게 더 풍요로운 삶을 가능하게 했음을 알 수 있다. 심지어 유럽 농민은 아프리카와 인도의 농민들이 여전히 석기시대에 살고 있던 무렵, 공장에서 생산된 값싼 옷과 도구들을 살 수 있었다.

이러한 부를 공유한 것은 유럽 헤게모니의 두 번째 동심원에 속한 해외에 이식된 유럽 문화권들이었다. 미국이 가장 큰 예이고, 캐나다, 오스트레일리아, 뉴질랜드, 남아프리카 및 남아메리카 국가들이 이 목록에 속한다. 이들이 모두 구세계에 대해서 같은 입장을 취하지는 않았지만 이들은 유럽 본토와 함께 '서구 세계'라고 불렸는데, 이 나라들은 전 지구상에 흩어져 있기 때문에 그다지 도움이 되는 표현은 아니다. 그러나 이 표현은 하나의 중요한 사실, 즉 그들이 기원한 사상과 제도의 유사성을 드러내준다. 물론 이것이 그들을 형성한 전부는 아니었다. 그들은 모두 각자 특징적인 변경지역들을 보유하고 있었으며, 모두 특별한 환경적 도전과 독특한 역사적 상황과 직면했다. 그러나 이들 사이의 공통점은 이 도전을 다루는 방식들, 즉 서로 다른 변경지역들 때문에 각자 다른 방식으로 재구성될 제도들이었다. 그들은 모두 공식적으로 기독교도 — 20세기까지 무신론의 이름으로 새로운 땅에 정착한 이들은 아무도 없었다 — 였으며, 모두 유럽의 법체제로 국사(國事)를 운영했고, 모두들 자신과 언어를 공유하는 유럽의 위대한 문화들과 접촉할 수 있었다.

1900년경 이 세계는 종종 '문명화된 세계'라고 불렸다. 그 이유는 단지 이것이 서로 공유하는 기준들을 가진 하나의 세계였기 때문이었다. 이런 표현을 쓴 자신만만한 사람들은 세상에는 문명이라는 이름에 어울리는 다른 것들이 많다는 사실을 쉽게 깨닫지 못했다. 문명을 찾고자 할 때 그들은 오직 야만적이고 후진적이고 무지몽매한 민족들이나 문명 세계의 대열에 합류하기 위해서 애쓰는 소수들만을 보는 경향이 있었다. 이것이야말로 유럽인들이 그토록 성공을 거둔 이유 중의 하나였다. 유럽적 사상과 가치가 가진 내적 우월성을 증명하는 것으로 여겨진 것들은 사람들에게 세계에 새롭게 도전하기 위한 용기와 이를 새롭게 이해하기 위한 영감을 제공했다. 18세기의 진보적 가치들은 유럽의 우월성에 대한 새로운 주장들을 제공하여 원래 기독교적 우월성에 기인한 이 주장들을 더 강화시켰다.

1800년 유럽인들은 예전에 그들이 다른 문명권에 대해서 보여주었던 경애심을 대부분 잃어버렸다. 그들 자신의 사회적 습속들은 다른 곳에서 발견되는 이해할 수 없는 야만성들보다 명백하게 우월해 보였다. 개인의 권리의 옹호, 언론의 자유, 보통선거권, 여성과 아이들을 (심지어 동물도) 착취로부터 보호하는 것은 오늘날까지도 다른 지역들에서 유럽인들과 미국인들이 추구하는 이상들이며, 그 이상들이 부적절할 수도 있다는 생각은 그들에게 종종 전혀 떠오르지 않는다. 박애주의자들과 진보주의자들은 유럽 문명은 유럽의 의약품이나 위생시설과 마찬가지로 보편화되어야 한다고 오랫동안 계속 자신했는데, 이는 유럽의 우월성이 행사되는 다른 방식들에 대해서 한탄할 때조차 마찬가지였다. 과학 역시 종종 같은 방향, 즉 미신 타파, 합리적인 자원 개발이라는 축복의 도래, 정규 교육의 제공, 후진적인 사회관습의 억제 등을 가리키는 듯 보였다. 유럽 문명의 가치들이 토착적인 것들보다 우월하다는 거의 보편적인 가정과 더불어 여기에 깔려 있는 것은 이들이 초래할지도 모르는 일체의 혼란에 대한 전반적 무관심이었다.

당시 생각으로는 (어떤 빅토리아 시대 찬송가의 표현대로) '여전히 두터운 암흑 속에 감싸여 있던' 땅들에 살고 있던 몇몇 민족들에게는 다행스럽게도 그들은 1900년 종종 유럽인이나 유럽 출신자들에게 직접 지배를 받았다. 종속된 인민들은 유럽 문명의 빛이 바깥으로 뿜어져나온다고 간주된 동심원상의 세 번째 원을 구성했다. 많은 식민지들에서 계몽된 행정가들이 주민들에게 철도, 유럽식 교육, 병원, 법, 질서의 축복을 선사하고자 애썼는데, 이들이 보기에 그 주민들 스스로의 제도들은 이 과업에 이미 실패한 후였다('우월한 문명'의 도전과 경쟁에 견딜 수 없었다는 사실이야말로 그 제도들의 부적절함을 입증한다고 간주되었다). 심지어 토착제도들이 보호되고 보존될 때조차 이는 식민권력이 가진 문화의 우월성을 가정하는 입장에서였다.

그러한 우월의식은 오늘날 더 이상 칭찬받거나 허용되지 못한다. 비록 많은 유럽인들이 이를 비밀스럽게 간직하고 있기는 하지만 말이다. 그렇지만 어떤 점에서 이는 식민주의에 대한 가장 양심적인 비판가마저도 (심지어 그 뒤에 도사린 의도를 의심할 때조차도) 여전히 선한 것으로 인정하는 목적을 성취했다. 이것은 유럽 세계에서 노예제를 폐지하는 한편, 유럽인들이 통제하지 않았던 나라들에서조차 이에 맞서 싸우도록 군대와 외교를 배치한 것이었다. 1807년과 1834년에 영국 의회가 영제국 내에서 처음에는 노예무역을, 다음에는 노예제 자체를 폐지함으로써 결정적 조치들이 취해졌다. 주요 해상제국이자 상업세력인 영국이 이러한 조치를 취했다는 것은 결정적 영향을 미쳤다. 곧 다른 유럽 국가들에 의해서 비슷한 조치들이 강제되었고, 노예제는 1865년 미국에서 끝장이 났다. 이 과정의 마지막은 1888년 브라질에서의 노예해방으로 간주되는데, 이때쯤 식민지 정부들과 영국 해군은 아프리카 대륙과 인도양에서 아랍인 노예무역상들의 활동에 강한 압박을 가했다. 지성, 종교, 경제, 정치를 망라한 많은 힘들이 이러한 자기교정 작업을 위해서 투입되었다. 유럽인들은 노예제로부터 가장 많은 이득을 본 이들이자, 이를 처음으로 폐지한 이들이기도 했다. 유럽이 나머지 세계와 맺은 관계에서 나타난 많은 모순들은 이러한 명백한 아이러니 속에 존재한다.

직접 통치를 받는 동심원 가장 바깥의 영토들 너머에 나머지 세계가 존재했다. 그곳의 민족들 역시 유럽에 의해서 주된 영향을 받기는 마찬가지였다. 때로는 중국이나 오스만 제국처럼 그들의 가치와 제도가 유럽과의 접촉에 의해서 부식된 결과, 전통적 권위가 약화되고 간접적으로 유럽의 정치적 간섭을 초래할 수도 있었다. 때로는 이러한 접촉에 자극받아서 이를 이용하기도 했는데, 주요 국가들 중 처음부터 이를 성공적으로 해낸 유일한 예는 일본이다. 사실상 유럽에 영향을 받지 않은 채로 남아 있는 것은 불가능했다. 유럽 상인의 바쁘고 부산스러운 활력만으로도 같은 상황이 벌어졌을 것이다. 사실상 유럽의 헤게모니를 가장 강력하게 보여준 것은 유럽인들이 직접 지배하지 않는 지역들이었다. 유럽의 가치들은 열망과 부러움이라는 강한 날개를 타고 전파되었다. 지리적 거리가 거의 유일한 안전망이었다(그러나 티베트까지도 1904년 영국에 의해서 침략당했다). 사실상 독립에 성공한 유일한 예는 에티오피아이다. 이 나라는 19세기에 영국과 이탈리아의 침략으로부터 살아남았는데, 이는 상당 부분 1,400여 년 동안 기독교 국가였다는 주요한 선전적 이점 덕분이었다.

누가 문을 열어젖혔든 상관없이 그 문을 통해서 문명 전체가 따라들어오려고 했겠지만, 그래도 유럽 문명을 나머지 세계로 전파한 가장 중요한 매개물들 중의 하나는 기독교였다. 이 종교는 인간 행위의 모든 측면에 사실상 한없는 관심을 가지고 있었기 때문이었다. 조직화된 교회의 영토적 확장과 공식적 신자 수의 증대로 인해서 19세기는 사도들의 시대 이후 가장 위대한 기독교 팽창의 시대가 되었다. 선교사들의 활동이 다시 물결을 이루었다. 가톨릭은 새로운 교단들을 세웠고, 신교국가들에서는 해외선교를 돕기 위한 새로운 협회들이 출현했다. 그러나 그 역설적 효과는 가정상 모든 신분과 조건의 인간들을 위한 신조여야 했을 기독교에서 유럽적 특색이 오히려 강화된 것이었다. 선교 대상 국가들에서 기독교는 오랫동안 현지에 적용이 가능한 영적 메시지라기보다는 유럽 문명의 면모들 중의 하나 정도로 인식되었다. 사소하지만 흥미로운 예로서 종종 선교사들이 의복에 보인 관심을 들 수 있다. 17세기 중국에서 예수회 수사들은 현지의 의복을 채택한 반면, 19세기에 그들의 후예들은 중앙 아프리카인들이나 태평양 군도의 사람들에게 거의 기괴할 만큼 어울리지 않는 유럽식 옷을 입히는 일에 열정을 보였다. 이것이 기독교 선교사들이 종교적 메시지 이상을 전파한 한 방법이었다. 종종 그들은 기근 때에 식량이나 농업 기술, 병원, 학교 등과 같이 중요한 물질적, 기술적 혜택들도 가져왔는데, 이 중 몇몇은 이를 받아들이는 사회들에 혼란을 초래할 수도 있었다. 이를 통해서 새로운 문명의 가정들이 서서히 파고들었다.

선교사나 비선교사 할 것 없이 유럽인들의 이념적 자신감의 최후의 보루는 식민화되지 않은 나라들조차 자신들을 물러나게 할 수 없음을 이들이 알고 있었다는 사실이었다. 유럽인들이 원하면 무력으로 진출할 수 없는 지역은 세계 어느 곳에도 존재하지 않는 듯 보였다. 19세기에 무기의 발달로 인해서 유럽인들은 포르투갈의 함포가 처음으로 인도 캘리컷에 포격을 퍼부을 때보다 훨씬 더 큰 상대적 이점을 누리게 되었다. 발달된 도구들을 쓸 수 있는 다른 민족들이 있을 때에도, 그들이 이를 효과적으로 이용하는 일은 드물었다. 1898년 수단에서 옴두르만 전투가 벌어졌을 때 영국군 1개 연대가 2,000야드 거리에서 적군에게 당시 영국군이 통상적으로 사용하던 연발총을 발사했다. 조금 후에는 유산탄과 기관총이 영국군 진영에 닿지도 못했던 수많은 마디스트 군 병사들을 산산조각냈다. 전투가 끝날 즈음에는 그들 중 1만 명이 사망했으나 영국과 이집트 쪽 사망자는 48명에 불과했다. 그러나 이는 얼마 후에 한 잉글랜드인이 말한 것처럼 단순히 아래와 같이 표현될 수 있는 사건이 아니었다.

무슨 일이 벌어지든 우리에겐
맥심 기관총이 있고, 그들에겐 없지

왜냐하면 칼리프 역시 옴두르만의 병기고에 기관총을 보유하고 있었기 때문이다. 그에게는 자신의 군대와 연락할 전신기구들과 나일 강의 영국 군함들을 날려버릴 기뢰장치도 있었다. 그러나 이들 중 그 무엇도 제대로 사용되지 않았다. 비유럽 문화권들이 유럽인들의 도구를 그들에 대항하여 사용하려면, 기술뿐만 아니라 정신적 변화가 요구되었다.

유럽 문명이 무력에 의지했다고 한다면, 여기에는 보다 자비롭고 덜 불유쾌한 다른 측면도 있었다. 왜냐하면 '영국의 평화(팍스 브리타니카)'가 19세기를 통틀어 유럽 각국이 비유럽 세계를 차지하기 위해서 서로 싸우는 것을 막았기 때문이었다. 근대 역사상 최대의 직접식민 지배의 팽창이 당시 진행되고 있었지만, 17세기와 18세기의 식민지 전쟁이 19세기에 재연되는 일은 없었다. 어느 나라의 상인이건 바다 위에서 아무런 장애 없이 오고갈 수 있었다. 영국의 해상 지배권은 유럽 문명의 비공식적 팽창의 선제 조건이었다.

그것은 무엇보다도 국제적 틀의 교역을 보장했고, 1900년 그 중심은 유럽이었다. 소수의 상인들과 진취적인 선장들이 예전에 변경에서 벌이던 물물교환은 17세기부터 점차적으로 산업국가들과 비산업국가들 사이의 일반적인 역할 분화에 기초한 통합된 상호의존 관계로 대체되었다. 여기서 비산업국가들은 산업국가들 내에서 점차 도시로 집중되는 인구를 부양하는 1차 생산자가 되는 경향이 있었다. 그러나 이런 단순한 구분에는 많은 유보 조건들이 필요하다. 개별 국가들은 종종 여기에 들어맞지 않았다. 예를 들면, 미국은 거대한 1차 생산국인 동시에, 1914년경 영국, 프랑스, 독일을 합한 만큼의 거대한 생산량을 보유한 세계 굴지의 공업세력이었다. 이러한 구분이 유럽과 비유럽 문화권을 정확히 가르는 것도 아니었다. 일본과 러시아는 모두 1914년에 중국이나 인도보다 더 빠르게 산업화하는 중이었다. 그러나 러시아는 유럽, 기독교, 제국주의 세력이었으나 분명 선진국으로 간주될 수는 없었고, 일본인의 대부분은 (대부분의 러시아인들과 마찬가지로) 여전히 농민이었다. 발칸 반도도 유럽의 일부였지만 발전된 경제는 찾아볼 수 없었다. 확실한 것은 1914년에는 선진국들로 이루어진 핵심 집단이 전통사회와는 매우 다른 사회경제적 조직을 가진 채로 존재했으며, 이들이 점차 세계의 주요 생산자이자 소비자로 부상하던 대서양 지역 국가들의 중심이었다는 점이다.

세계경제는 세계무역의 흐름을 부양하는 금융 서비스가 집중된 런던에 초점이 맞추어졌다. 전 세계의 사업 중 엄청난 양이 스털링 통화에 의해서 거래되었고, 스털링화는 다시 국제적 금본위제에 의거했다. 국제적 금본위제에 대한 신임은 주요 통화들 간에 매우 안정적 관계가 지속되리라는 확신을 통해서 유지되었다. 모든 주요 국가들은 금으로 된 통화를 보유했고, 금 소브린화, 5달러짜리 금화, 금 프랑, 혹은 다른 주요 통화수단이 담긴 가방만 있으면 아무 걱정 없이 세계 어디로든 여행할 수 있었다.

런던은 다른 의미에서도 세계경제의 중심이었는데, 비록 영국의 총생산량이 1914년 미국과 독일에게 주요 부문에서 추월당하기는 했지만 영국은 여전히 최대의 무역국가였기 때문이다. 전 세계 해운 및 무역 운송의 대부분이 영국의 손아귀에 있었다. 영국은 주요 수출입 국가였고, 유럽보다 비유럽 국가들에 더 많은 공업생산품들을 수출하는 유일한 나라이기도 했다. 영국은 또한 최대의 자본수출국으로서 해외 투자처들, 특히 미국과 남아메리카로부터 막대한 수입을 거두어들였다. 영국의 특수한 역할은 크게 보면 삼각형의 체제를 국제교역에 부과했다. 영국은 유럽으로부터 공산품이나 그밖의 상품들을 구입하여 자신의 공업생산품, 현금, 해외 상품으로 이에 대한 값을 치른다. 나머지 세계에는 제조업, 자본, 서비스를 수출하고 그 대가로 음식, 원자재, 현금을 수취한다. 이러한 복잡한 체제는 유럽과 나머지 세계와의 관계가 원자재와 공업생산품을 교환하는 단순한 것이 아니었음을 예시한다. 그리고 물론 언제나 독특한 경우인 미국이 있었다. 미국은 수출에는 거의 관여하지 않았지만 점차적으로 국내 공업생산품 시장에서 점점 더 많은 몫을 장악했으며 여전히 자본수입국이었다.

대부분의 영국 경제학자들은 1914년에 이러한 체제가 누리는 번영과 이로 인해서 가능해진 부의 증대야말로 자유무역 원칙의 진실성을 입증한다고 믿었다. 자국의 번영은 이러한 사상이 절정에 달했을 때 가장 빠르게 성장했다. 애덤 스미스는 본국과의 무역만 허용하는 폐쇄된 제국체제가 폐기되면 번영이 지속되리라고 예견했는데, 이것은 곧 미국의 경우에서 입증되었다. 1783

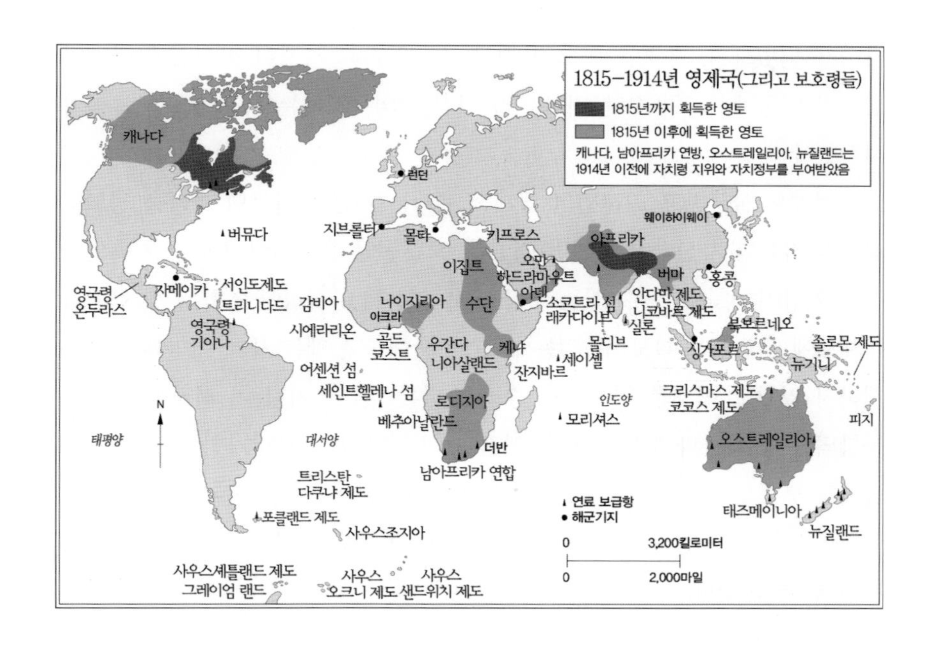

년 평화조약 후 몇 년 이내에 영-미 무역이 크게 팽창했던 것이다. 1800년 영국 수출의 대부분은 이미 유럽 바깥으로 향했고, 인도와 동아시아에서 맞게 될 최대의 무역 팽창기를 눈앞에 두고 있었다. 영국의 제국정책은 잠재적으로 낭패를 가져올 수 있는 새로운 식민지의 획득보다는 무역에 폐쇄된 지역들을 개방시키는 데에 초점이 맞추어졌는데, 그곳이야말로 번영이 기다리는 곳으로 간주되었기 때문이었다. 하나의 노골적인 예가 1839-1842년의 아편전쟁이었다. 그 결과 중국의 5개 항구가 유럽과의 무역에 개방되었고, 홍콩은 영국식 법과 상업경영 아래에서 조직될 수 있는 보급기지형 식민지로서 사실상 영국에 할양되었다.

19세기 중반에는 20여 년간 자유무역 사상이 한창때를 맞았으니, 이 시기 동안 더 많은 정부들이 그 전이나 후 어느 때보다 더 이를 따를 의향이 있는 듯 보였다. 이 시기에는 관세장벽들이 사라지고 영국의 상대적 우위가—먼저 무역국들과 공업제조국들 사이에서—지속되었다. 그러나 1870년대에서 1880년대에 이 시기는 지나가버렸다. 전 세계적인 경기불황과 물가 하락의 결과 1900년 영국만이 다시 주요 국가들 가운데 유일하게 보호관세가 없는 나라가 되었으며, 우려를 일으킬 정도로 독일과의 경쟁이 심해짐에 따라서 심지어 영국에서조차 오랜 자유무역 원칙을 의문시하는 목소리들이 들리기 시작했다.

그럼에도 불구하고 1914년의 경제적 세계는 지금 돌아보면 놀라울 정도로 경제적 자유와 자신감이 넘치던 때였다. 오랫동안 유럽에서 평화가 지속되면서 무역망이 성숙해질 수 있는 토양을 제공했다. 안정적인 통화는 세계의 가격체제에 유연성을 확보해주었는데, 교역에 대한 통제는 세계 어디에서도 존재하지 않았고 이때쯤 러시아와 중국은 다른 나라들처럼 이 시장에 완전히 통합되었다. 화물과 보험 비용은 점점 더 저렴해졌고, 식량가격은 장기간 하락세를 보였으며, 임금은 장기간 상승세를 나타냈다. 이자비율과 세금은 낮았다. 유럽의, 특히 앵글로-색슨인들의 시각에서 보면 자본주의의 천국이 달성되려는 듯 보였다.

이 체제가 성장하여 아시아와 아프리카까지 통합함에 따라서, 이는 원래 유럽으로부터 나왔지만 곧 다른 지역들에서 현지화된 사상과 기술들을 전파하는 데에도 매우 중요한 역할을 했다. 합자회사, 은행, 상품거래소와 주식거래소들이 침입과 모방을 통해서 온 세계에 퍼져나가서 전통적인 상업구조들을 대체하기 시작했다. 세계무역의 하부구조인 부두와 철도의 건설이 산업고용의 시작과 결합된 결과, 어떤 지역들에서는 농민들이 산업 프롤레타리아로 전환되기 시작했다. 지역경제에 대한 효과는 때로 부정적이었다. 예를 들면, 인도의 인디고 재배는 합성연료가 독일과 영국에서 생산되면서 거의 몰락했다. 동남 아시아의 경제사와 그 전략적 중요성은 영국이 고무나무를 이곳에 도입함에 따라서(이는 또한 우연치 않게도 브라질 고무산업을 궤멸시킬 조치이기도 했다) 변화되었다. 고립은 처음에는 탐험가, 선교사, 병사들에 의해서 교란당했다가 전신과 철도의 도래에 의해서 종식되었다. 20세기에는 자동차가 이 과정을 더 심화시킬 것이다. 더 오래된 관계들 역시 변화되었다. 1869년 수에즈에 개통된 운하는 영국 상업과 전략에 결정적 영향을 미쳤을 뿐만 아니라 지중해를 이번에는 특정 문명의 중심이 아니라 경로로서 새롭게 부각시켰다.

경제적 통합과 제도적 변화는 문화적 변화와 뗄 수 없었다. 공식적인 선교 기관들, 교육적 제도들 및 정부 정책은 이러한 이야기의 아주 작은 부분에 불과하다. 예를 들면, 공식적으로 쓰이던 유럽 언어들은 이와 함께 유럽의 개념들을 가져왔고, 비유럽 국가들의 교육받은 엘리트들에게 기독교 문명뿐만 아니라 세속적이고 '계몽된' 유럽 문화의 유산 역시 개방시켰다. 선교사들은 교리나 의학적, 교육적 서비스 이상의 것을 퍼뜨렸다. 그들은 식민지 체제 자체에 대한 비판 역시 자극했는데, 왜냐하면 이 체제가 부과한 문화가 겉으로 주장하는 바와 실제로 행하는 바 사이에 간극이 있었기 때문이었다.

21세기의 관점에서 보면, 유럽이 세계에 남긴 영향력 중 가장 지속적이고 중요한 것들의 많은 부분은 이러한 의도하지 않은 모호한 효과들로 거슬러 올라갈 수 있다. 무엇보다 모방하려는 단순한 욕구가 있었는데, 이는 유럽 복식을 차용하는 데에서처럼 우스꽝스럽게 표현될 수도 있었고, 혹은 훨씬 더 중요한 경우로는 유럽의 헤게모니에 저항하려던 많은 이들이 내린 결론처럼 이를 위해서는 유럽식 방식을 채용하는 것이 필요하다는 식으로 표현될 수도 있었다. 거의 모든 곳에서 급진주의자들과 개혁가들이 유럽화를 지지했다. 1776년, 1789년, 1848년의 사상들은 아시아와 아프리카에서 여전히 힘을 발휘하고 있고, 세계는 아직도 유럽적 용어로 그 미래를 논하고 있다.

이러한 놀라운 결과는 너무 자주 간과된다. 이 이야기의 전개에서 1900년은 이야기의 끝이 아니라 단지 하나의 시점일 뿐이다. 일본인들은 정교한 예술적 전통을 계승한 재능이 풍부한 민족이지만, 그들은 서구의 산업주의(충분히 납득할 만하다)뿐만 아니라 서구의 예술적 형식들과 서구의 복식을 차용하여 자신들의 것보다 더 애호했다. 일본인들은 이제 위스키와 보르도산 레드와인을 유행시키고 있고, 중국인들은 공식적으로 마르크스를 숭배한다. 이 독일 철학자는 19세기 독일 관념주의와 영국의 사회경제적 사실에 의거하여 사상 체계를 다듬었으며, 아시아에 대해서는 경멸을 제외하고는 거의 언급하지 않았고, 평생 프로이센 동쪽으로는 가본 적도 없었다. 이는 또다른 흥미로운 사실, 즉 문화적 영향의 대차대조표는 지극히 일방적이라는 점을 암시한다. 세계는 유럽에 때때로 유행을 전파함으로써 되갚았지만 유럽이 세계에 가져다준 것들과 필적할 만한 사상이나 제도를 주지는 못했다. 마르크스의 가르침은 20세기 내내 아시아에서 강력한 영향력을 발휘했다. 유럽에서 그와 비견할 만한 권위로 말했던 마지막 비유럽인은 예수 그리스도였다.

문화의 물리적 전파는 어떤 경우 유럽인들이 다른 대륙으로 이동함으로써 성취되었다. 미국을 제외하고 해외에 있는 유럽 공동체 중 가장 컸던(지금도 마찬가지이다) 두 집단은 남아메리카와 이전 영국의 백인 정착자들의 식민지들에 있었다. 후자는 19세기의 상당 부분을 공식적으로 런던의 직접 통치에 종속된 채 보내기는 했지만, 사실상 오랫동안 완전히 독립국가는 아니면서 그렇다고 식민지도 아닌 이상한 변종으로 존재했다. 두 집단 모두 미국과 마찬가지로 19세기 동안 거대한 유럽인 디아스포라(diaspora)에 의해서 성장했는데, 그 수를 보면 이 시기 유럽의 인구변동에 주어진 명칭, 즉 '거대한 재정착(Great Resettlement)'이라는 말이 그럴듯해 보인다.

1800년 이전에는 영국 군도로부터의 이민을 제외하면 유럽인 이민은 거의 없었다. 이때 이후 6,000만 명가량의 유럽인들이 해외로 나갔고 이는 1830년대에 급물살을 타기 시작했다. 19세기에 그중 대부분은 북아메리카로, 다음에는 라틴 아메리카(특히 아르헨티나와 브라질), 오스트레일리아, 남아프리카로 갔다. 동시에 또 하나의 감추어진 유럽인 이민 역시 러시아 제국의 영토를 가로질러 진행되고 있었는데, 러시아는 세계 육지 면적의 6분의 1을 차지했고 시베리아에 이민자들을 끌어들일 광대한 공간을 보유하고 있었다. 유럽인들의 해외 이민의 절정기가 도래한 것은 사실상 제1차 세계대전 직전인 1913년에 150만 명이 넘는 사람들이 유럽을 떠났을 때였다. 이들 가운데 3분의 1 이상이 이탈리아인들이었고, 거의 40만 명은 영국인들이었으며, 20만 명은 에스파냐인들이었다. 50년 후에는 이탈리아인은 소수가 되고 독일인들과 스칸디나비아인들이 더 많은 자리를 차지했다. 영국 군도는 언제나 지속적인 흐름을 제공해서 1880년에서 1910년 사이에 850만 명의 영국인들이 해외로 나갔다(이때 이탈리아인들의 숫자는 600만 명을 갓 넘겼다).

가장 많은 수의 영국 이민자들은 (1815년에서 1900년 사이에 약 65퍼센트가) 미국으로 갔지만, 자치 식민지들로도 다수가 향했다. 이 비율은 1900년 이후 바뀌어서 1914년 대다수의 영국 이민들이 후자로 가고 있었다. 이탈리아인들과 에스파냐인들 역시 많은 수가 남아메리카로 갔고, 이탈리아인들은 미국으로 갔다. 이 나라는 다른 모든 국적의 사람들을 받아들이는 최대 이민국으로 남아 있었다. 1820년에서 1950년 사이에 미국은 3,300만 명 이상의 유럽인들이 도착함으로써 이득을 누렸다.

이러한 놀라운 인구변동에 대한 설명은 그리 멀리서 찾지 않아도 된다. 정치가 때로 이 흐름에 기여했는데, 1848년 이후가 그런 경우였다. '실업' 현상이 발견된 데서 보듯이 유럽의 증가하는 인구는 경제적 기회들에 항상 압박을 가했다. 이민이 가장 빠르게 증대하던 19세기 말에 유럽의 농부들은 해외로부터의 경쟁에 시달렸다. 무엇보다 중요한 것은 인류 역사에서 처음으로 노동력이 모자란 다른 지역에 명백하게 기회들이 존재했고, 이때 갑자기 그곳에 가는 쉽고 값싼 수단이 나타났다는 것이다. 증기선과 철도는 인구사를 엄청나게 변화시켰는데, 둘 다 1880년 이후 최대의 효과를 발휘하기 시작했다. 이 덕분에 지역적 이동성이 훨씬 더 증대했고, 대륙들 내에서의 일시적인 노동 이주와 이동도 훨씬 더 쉬워졌다. 영국은 아일랜드의 농민들, 웨일스의 광부들과 제철공들, 잉글랜드의 농부들을 수출했다. 세기말에는 이곳으로 동유럽의 유대인 집단들이 유입되어 오랫동안 영국 사회 내에서 눈에 띄는 요소로 남을 것이었다.

계절적인 노동 이주는 항상 남프랑스와 같은 접경지역의 특징이었는데, 이제 여기에 폴란드인들이 석탄 광산에서 일하려고 프랑스로 온다든가 이탈리아 출신 웨이터나 아이스크림 장수들이 영국 전통문화의 일부가 된다든가 하는 식의 장기적 이주가 덧붙여졌다. 정치적 변화로 북아프리카 해안에 접근이 가능해지자 이곳 역시 유럽으로부터 단거리 이주에 의해서 변화되었다. 이탈리아인들, 에스파냐인들, 프랑스인들이 그곳으로 들어가서 해안도시들에 정착하거나 무역에 종사했으며, 이들이 만든 새로운 사회는 자신들의 본래 출신 사회나 정착한 지역에서 나란히 살고 있던 원주민 사회 양쪽 모두와 구별되는 이해관계를 가지고 있었다.

여행이 쉬워진 것이 유럽인들의 이주만 쉽게 만든 것은 아니었다. 1900년 북아메리카의 태평양 연안에서는 중국인들과 일본인들의 정착이 이미 중요한 비중을 차지했다. 중국 이민자들은 동남 아시아, 일본에서 라틴 아메리카까지 내려갔는데, 이 광경에 경악한 오스트레일리아인들은 인종 구분에 의해서 이민을 규제함으로써 '백인들의 오스트레일리아'를 유지하고자 했다. 영제국의 거대한 틀 내부에서는 인도인 집단들이 전 세계적으로 확산되었다. 그러나 이러한 이동들은 중요하기는 했지만 19세기의 주요한 현상, 즉 야만인들의 침입만큼이나 미래에 결정적 영향을 미친 유럽인들의 최후의 '민족의 대이동'에 비하면 부차적이었다.

'라틴 아메리카'(이 용어는 19세기 중반에 만들어졌다)는 주로 이탈리아인들과 에스파냐인들을 끌어들였는데, 남유럽인들은 이곳에서 익숙한 것들을 많이 발견할 수 있었다. 그곳에는 가톨릭교가 제공하는 문화적, 사회적 삶의 틀이 있었고, 라틴계 언어들과 사회적 관습들이 있었다. 정치적, 법률적 틀 역시 제국의 과거를 반영했는데, 그 제도들 중 몇몇은 내륙에서 에스파냐와 포르투갈의 식민지 지배를 사실상 끝장내버린 19세기 초반의 정치적 격변을 뚫고서 살아남았다. 이런 일이 벌어진 이유는 유럽에서 벌어진 사건들로 위기가 초래되었고 여기서 구제국들의 약점이 치명적 문제였음이 입증되었기 때문이었다.

이는 적어도 에스파냐 편에서 보면 노력이 부족했기 때문은 아니었다. 북아메리카의 영국과 달리 본국 정부는 18세기에 대대적인 개혁을 시도했다. 1701년 에스파냐 왕좌에 앉은 마지막 합스부르크 군주 대신 부르봉 가문이 등극하자 에스파냐 제국 발전의 새로운 시대가 시작되었다. 그 효과가 나타나기까지는 수십 년이 걸리기는 했지만 말이다. 변화가 도래했을 때 이는 우선 재조직으로, 다음으로는 '계몽주의적' 개혁으로 이어졌다. 1700년에는 2명의 부왕이 있던 것이 4명으로 늘어났는데, 뉴그라나다(파나마 및 에콰도르, 콜롬비아, 베네수엘라를 아우르는 지역) 및 라플라타 강 어귀에서부터 대륙을 가로질러 페루 국경에 이르는 라플라타에 2명이 배치되었다. 이러한 구조적 합리화 다음에는 폐쇄된 상업체제를 느슨하게 풀어주는 일이 뒤따랐는데, 이는 처음에는 마지못한 양보였다가 나중에는 번영의 수단으로서 의식적으로 추진되었다. 이러한 조치들은 식민지뿐만 아니라 이제까지 세비야 항에 제한되었던 식민지 무역 독점이 종식됨으로써 이득을 얻은 에스파냐 지역들 양쪽의 경제를 모두 자극했다.

북아메리카에서 일어난 일과 엇비슷하게도 개혁을 위한 에스파냐의 이러한 노력은 이미 상당 부분 제 기능을 잃고 있던 체제에 부가적인 압력을 가하는 데에 기여했을 법하다. 식민지의 엘리트들은 점차 본국으로부터 유리되는 느낌을 받게 되었다. 에스파냐에는 위협적이게도 이들의 지도자들은 종종 이민 1세대이거나 심지어 에스파냐 출신 관료들로서, 후자는 구세계에서는 실천에 옮기기 어려웠던 자유주의적 충동에 따라서 행동할 수 있는 기회를 신세계에서 포착했다. 일련의 반란들은 제국의 심대한 약점들을 드러냈다. 파라과이(1721-1735), 콜롬비아(1781), 무엇보다 페루(1780)에서는 식민지 정부에 대한 실제적인 위협이 나타났고 이는 진압하기 위해서는 대규모의 군사적 노력이 필요했다. 특히 이를 위해서 식민지 민병대 소집이 요구되었는데 이것은 양날의 검이나 마찬가지의 조치였다. 왜냐하면 크리올들은 이를 통해서 에스파냐에 대항하는 데에 쓰일 수 있는 군사적 훈련을 제공받았기 때문이었다. 에스파냐령 식민지 사회에서 가장 깊은 분열은 원주민들과 에스파냐 출신 식민자들 사이를 가르는 것이었지만, 당장에 정치적 중요성이 더 큰 것은 크리올들과 본국 출신들 사이의 분열이었다. 이는 시간이 흐름에 따라서 더 깊어졌다. 고위관직으로부터 배제되는 데에 불만을 품었던 크리올들은 북아메리카의 영국 식민자들이 제국주의 지배를 떨쳐내는 데에 성공한 것에 주목했다. 프랑스 혁명 역시 처음에는 위험보다는 가능성을 의미했다.

사건이 이렇게 흘러감에 따라서 에스파냐 정부는 또다른 면에서 당혹감을 느꼈다. 1790년 영국과의 다툼 때문에 에스파냐는 아메리카 전체에 대한 그들의 옛 주권 주장 중 남은 부분들을 마침내 포기하기에 이르렀는데, 이때 에스파냐는 북아메리카에서 무역이나 정착을 금지할 권리는 오직 에스파냐 정착지 둘레 30마일 이내에 국한됨을 인정했던 것이다. 그러고 나서는 전쟁이 벌어져서 처음에는 프랑스와, 다음에는 영국과(두 번), 마지막으로는 나폴레옹의 침략기에 프랑스와 다시 한번 싸워야 했다. 이 전쟁들 때문에 에스파냐는 산토도밍고, 트리니다드, 루이지애나를 빼앗겼을 뿐만 아니라 왕조 역시 1808년 나폴레옹에 의해서 강제로 퇴위할 수밖에 없었다. 에스파냐의 해상세력은 트라팔가르에서 이미 종말을 맞았다. 이렇게 혼란스럽고 취약한 상황에서 마침내 에스파냐 본토가 프랑스의 침입에 굴복하자 몇몇 남아메리카 엘리트들은 다수의 크리올 집단들의 비호를 받아서 독립하기로 마음먹었다. 1810년 뉴그라나다, 라플라타, 누에바 에스파냐에서의 봉기와 함께 독립전쟁이 시작되었다.

이러한 봉기들은 처음에는 성공적이지 않았는데, 멕시코에서 혁명가들이 깨달은 것은 당면한 종족적 갈등이 에스파냐와의 충돌을 무색하게 할 정도가 되었다는 것이었다. 원주민들은 메스티소(혼혈인)와 충돌했고, 이들은 둘 다 또 유럽인들과 갈등을 빚었다. 그러나 에스파냐 정부는 그중 어느 집단도 회유할 수 없었고, 더 이상 반역의 물결을 분쇄할 만큼 충분한 병력을 규합할 수도 없었다. 영국의 제해권은 유럽의 보수세력 중 누구도 에스파냐를 돕기 위해서 개입하지 못하도록 보장함으로써 사실상 먼로 선언을 지지해주었다. 1821년 에스파냐는 점점 더 많은 군사적 충돌에서 패배하고 있었고, 대륙 전체가 반란을 일으킨 듯했다.

남아메리카가 에스파냐의 지배에서 해방되는 데에 핵심적 역할을 한 인물은 시몬 볼리바르(1783-1830)였다. 그는 자신의 선조들이 아메리카로 건너와서 정착했던 카르카스의 부유한 집안에서 1783년에 태어났다. 변덕스러운 성품과 군사적 천재성을 갖춘 볼리바르는 모든 해방전쟁들에 깊은 영향을 미치게 되었다. 비록 자유주의적인 정치적 의제를 통해서 통일된 라틴 아메리카를 건설하려는 희망은 이루지 못하지만 말이다. 7년도 되지 않아서 그는 에스파냐인들에게 승리를 거두어 그들이 300년 넘게 지배해온 대륙에서 식민지 세력을 몰아내고 완전히 새로운 형태의 국가체제를 창조했다.

1817년 볼리바르는 아이티로부터 소수의 집단과 함께 베네수엘라 해변에 상륙했다. 여기에서 그는 에스파냐 지배에 대한 지방의 저항세력들과 합류하여 공격에 착수함으로써 궁극적으로 식민지 군대를 남아메리카 전역에서 축출했으며, 볼리바르 자신은 칠레 북쪽의 모든 에스파냐어 사용 지역의 '해방자'가 되었다. 그러나 볼리바르가 예견한 연방 대신에, 지방 엘리트들은 그의 도움으로 해방시킨 지역들에서(심지어 식민지 시대에 페루 북부였던 곳의 공화국 중 하나는 위대한 해방자 자신의 이름을 따기도 했다) 개별 공화국들을 건설했다. 대륙에 통일된 지배체제를 강요하려는 시도 이후, 볼리바르는 1830년 유럽으로 향하던 망명길에서 몹시 실망한 채로 죽음을 맞았다. 그가 낳은 공화국들—콜롬비아, 베네수엘라, 페루—은 계속 존속했다. 남부에서는 칠레와 아르헨티나가 1820년 이전에 사실상 독립했고, 북부에서는 1821년 멕시코가 독립을 선언했다.

포르투갈령 브라질에서는 이야기가 다르게 흘러갔는데, 1807년 프랑스의 포르투갈 침략이 새로운 이민을 촉발하기는 했지만 이는 에스파냐 제국과는 달랐기 때문이었다. 포르투갈의 섭정공 자신이 리스본으로부터 리우데자네이루로 옮겨왔고, 이에 따라서 후자는 사실상 포르투갈 제국의 수도가 되었다. 그는 1820년 왕이 되어 포르투갈로 돌아갔지만 아들을 뒤에 남겨두었는데, 이 아들은 브라질에 대한 통제권을 회복하려는 포르투갈 정부에 저항하는 데에 앞장을 서서 상대적으로 큰 어려움 없이 1822년 독립한 브라질 제국의 황제가 되었다.

많은 역사가들이 라틴 아메리카에는 왜 더 광범위한 통합 과정이 없었는지 이유를 찾느라고 골몰해왔다. 주요한 원인은 아마도 문화적 차이와 풍요로운 부의 조합 때문일 것이다. 각 지역의 엘리트는 혼자서도 잘살 수 있다고 생각했으며 다른 이들이 자신들이 장악한 영토에 접근하는 데에 경계심을 드러냈다. 군사적 요소의 우세 역시 일정한 역할을 했을 것이다. 그 누구도 자신의 무장세력을 스스로 통제할 수 없는 더 큰 군대에 통합시키고 싶어하지 않았다. 이 사실은 또한 19세기 동안 (또한 그 이후에도) 무력을 통한 일체의 재통합을 방해했다. 신생국가들 가운데 그 누구도 다른 나라들을 정복할 만큼 강력하지 않았다.

북아메리카에서는 사정이 달랐다. 13개 영국 식민지들의 다양성들과 그들이 직면한 어려움들에도 불구하고 그들은 승리 후 바다를 통해서 상대적으로 손쉽게 상호교류할 수 있는 수단이 있었고 극복하기 어려운 지형상의 장애물도 거의 없었다. 그들에게는 또한 얼마간 상호협조의 경험이 있었으며 제국주의 지배하에서도 어느 정도 자치를 위한 지휘계통을 가지고 있었다. 이러한 이점들을 가지고서도 그들 간의 분열은 여전히 중요해서, 연방정부에 매우 제한적인 권력만 부여하는 헌법을 부과했을 정도였다.

라틴 아메리카 공화국들은 바로 시작부터 국제무역과 상업을 지향했고, 따라서 그들 중 다수가 세계의 지도적 상업국가—영국—와 밀접한 관계를 맺은 것은 당연했다. 새로운 남아메리카 공화국들은 자신들의 사업을 일으키기 위한 자본과 국제무역에 대한 접근권이 필요했다. 그들은 또한 유럽 열강이 그들의 독립을 분쇄하려고 시도할 경우에 대비하여 보호를 필요로 했으며, 북쪽에 있는 미국의 영향력이 커져가는 것에 대해서 균형을 맞추어야 했다. 영국의 입장에서 보면, 런던은 남아메리카 원자재에 대한 접근권을 원했고, 다른 유럽 열강들이 대륙에서 결정적 영향력을 얻는 상황을 피하고자 했다. 따라서 거의 19세기 내내 남아메리카의 국제관계는 유럽과 연결된 채로 남아 있었다.

국내 상황은 좀더 혼란스러웠다. 독립했다고 해서 종족적 문제와 이 때문에 빚어진 사회적 불평등이 사라지지는 않았다. 모든 나라들이 이 문제들을 같은 방식으로 경험한 것은 아니었다. 예를 들면, 아르헨티나에서는 상대적으로 적은 수의 원주민 인구가 군대의 손에 거의 절멸을 당했다. 이 나라는 19세기 말에는 인구 중 유럽 혈통이 지배적이라는 점에서 유럽을 많이 닮았다고 상찬을 받았다. 다른 쪽의 극단적 예로서 브라질은 인구 대다수가 아프리카 출신이었고, 독립할 때에는 그중 다수가 노예제 상태에 있었다. 모든 종류의 인종적 혼혈이 이곳에서는 전통이었고, 그 결과로 나타난 종족적 혼합은 오늘날 세계에서도 가장 문제가 덜한 경우라고 말할 수 있겠다.

새로운 라틴 아메리카 국가들은 자신들에게 닥친 많은 문제와 직면하여 어떤 종류의 자치전통에도 의지할 수 없었는데, 절대주의적이었던 식민지 행정부는 대의제 기구들을 설립하지 않았기 때문이었다. 어떤 정치적 원칙을 적용할지를 논할 때에 공화국들의 수반들은 주로 프랑스 혁명을 바라보았지만, 무엇이 수용이 가능한 관행인지 그들 사이에서도 합의를 찾을 수 없었던

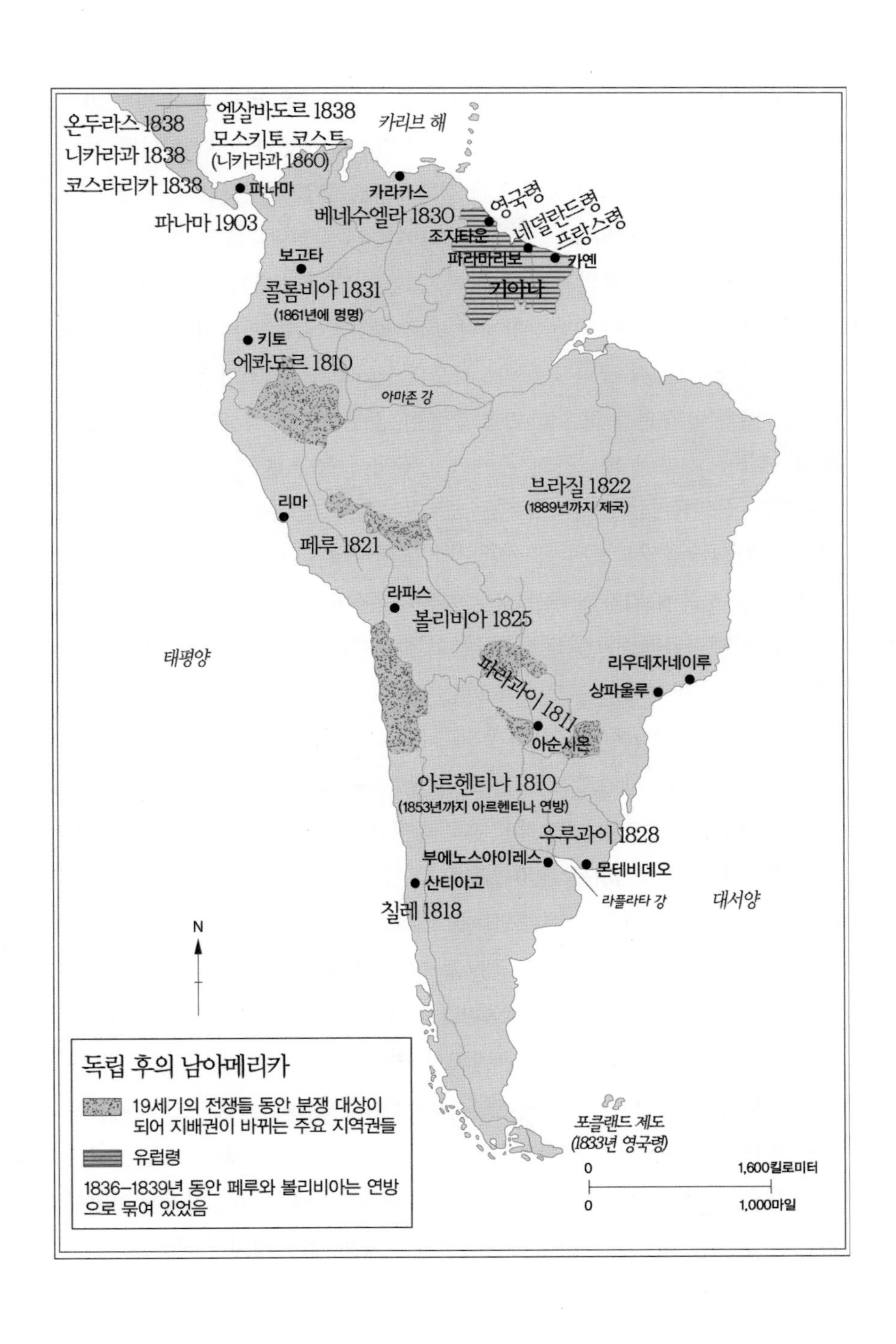

온두라스 1838
니카라과 1838
코스타리카 1838
엘살바도르 1838
모스키토 코스트
(니카라과 1860)
카리브 해
파나마
파나마 1903
카라카스
베네수엘라 1830
영국령
네덜란드령
프랑스령
조지타운
파라마리보
카옌
기아나
보고타
콜롬비아 1831
(1861년에 명명)
키토
에콰도르 1810
아마존 강
브라질 1822
(1889년까지 제국)
리마
페루 1821
라파스
볼리비아 1825
태평양
리우데자네이루
상파울루
파라과이 1811
아순시온
아르헨티나 1810
(1853년까지 아르헨티나 연방)
우루과이 1828
부에노스아이레스
몬테비데오
산티아고
라플라타 강
대서양
칠레 1818
N
독립 후의 남아메리카
19세기의 전쟁들 동안 분쟁 대상이 되어 지배권이 바뀌는 주요 지역권들
유럽령
1836–1839년 동안 페루와 볼리비아는 연방으로 묶여 있었음
포클랜드 제도
(1833년 영국령)
0
1,600킬로미터
0
1,000마일

소수의 엘리트들이 이끄는 나라들에서 혁명의 원칙들은 너무 앞선 것이었다. 그들은 서로를 용인할 수 있는 틀조차 거의 만들지 못했다. 더더욱 나쁜 것은 혁명의 원칙 때문에 교회가 신속하게 정치에 뛰어들었다는 것인데, 이 현상은 교회가 지주로서 가진 막대한 권력과 민중에게 미친 영향력을 고려할 때 피할 수 없었겠지만, 이 대륙의 고난에 반교권주의(反教權主義)를 보탰다는 점에서 불행한 일이었다. 이러한 상황에서 별로 놀라운 일은 아니지만 19세기 대부분의 기간 동안 각 공화국에서는 카우디요(caudillo), 즉 더 강력한 적수가 나타날 때까지 정권을 좌우할 만큼 충분한 군사력을 장악하고 있는 군사적 모험가들과 그 주위 파벌들의 손아귀에 국정이 농단(壟斷)되었다.

내전과 신생국가들 사이의 전쟁—몇몇은 유혈이 낭자한 전쟁—이 교차하면서 1900년 오늘날과 아주 흡사한 지도가 나타났다. 이전의 에스파냐 식민지 중 가장 북쪽에 위치한 멕시코는 미국에 북쪽의 광대한 땅을 잃었다. 본토의 중앙 아메리카에는 4개의 공화국들이 출현했고, 섬에는 2개의 나라—도미니카 공화국과 아이티—가 나타났다. 쿠바는 독립을 쟁취하기 직전에 있었다. 남쪽으로는 남아메리카의 10개 국가들이 있었다. 브라질이 1889년 군주정을 포기함에 따라서 이 나라들은 모두 공화국이었다. 모든 나라들이 심각한 국내 혼란을 경험했으나, 안정성과 헌정적 적합성에서는 서로 매우 다른 수준을 반영했다. 멕시코에서는 1850년대에 한 원주민이 정말로 대통령이 되면서 엄청난 반향을 일으켰으나, 원주민, 메스티소, 유럽 혈통의 사람들(1870년 이후 이민이 더욱 가속화되면서 수적으로 더 강력해진) 사이의 사회적 구분은 어느 곳에서나 남아 있었다. 라틴 아메리카 나라들의 인구는 1800년경 1,900만 명이었는데, 한 세기 후에는 6,300만 명이 되었다.

이는 부가 어느 정도 늘었음을 입증한다. 대부분의 라틴 아메리카 국가들은 어떤 형태로든 중요한 자연자원들을 보유하고 있었다. 때때로 그들은 이를 두고 분쟁을 벌였는데, 유럽과 미국이 더욱 산업화됨에 따라서 이러한 이점이 훨씬 더 중요해졌기 때문이다. 아르헨티나는 넓은 땅과 세계 최고의 초지 중 얼마를 보유하고 있었다. 1880년대 냉장선이 발명되면서 브라질은 잉글랜드의 푸주한이자 나중에는 곡식생산자까지 겸하게 되었다. 19세기 말 이 나라는 라틴 아메리카에서 가장 부유한 나라였다. 칠레에는 (1879-1883년에 벌어진 '태평양 전쟁'에서 볼리비아와 페루로부터 획득한) 질산염이 있었고, 베네수엘라에는 석유가 있었는데, 두 자원 다 20세기에 더욱 중요해졌다. 멕시코에도 석유가 있었다. 브라질은 커피와 설탕을 필두로, (석유를 제외하고) 사실상 모든 것을 가지고 있었다. 이러한 목록은 계속될 수 있겠지만 여기서 확인할 수 있는 것은 라틴 아메리카의 늘어나는 부가 무엇보다 1차 생산물, 그리고 이를 개발하기 위해서 유럽과 미국으로부터 수입하는 자본으로부터 나온다는 것이다.

그러나 이러한 부의 증대는 두 가지의 연관된 문제점과 연결되어 있었다. 하나는 이것이 그 나라들에서 발견되는 부의 편중을 줄이는 데에는 아무 역할도 하지 못했다는 것이다. 부의 편중은 사실상 늘었을 것이다. 결과적으로 사회적 긴장은 종족적 긴장과 마찬가지로 대체로 해결되지 않은 채로 남아 있었다. 표면상 유럽화된 도시 엘리트는 원주민들이나 메스티소 대중들과는 완전히 다른 삶을 살았다. 이러한 상황은 라틴 아메리카가 외국 자본에 의존함으로써 더 강화되었다. 당연한 일이지만 외국 투자가들은 안정성을 추구했다. 이들이 항상 안정성을 획득한 것은 아니었지만 이 때문에 외국 투자가들은 기존의 사회적, 정치적 권위들을 지지하는 경향으로 치우치게 되었고, 그 결과 기존 세력들은 부를 더욱 불려갔다. 20세기가 시작된 지 채 몇 년이 지나지 않아서 이러한 상태가 빚어낸 조건들 때문에 멕시코에서는 사회혁명이 발발했다.

이 때문에 채무를 변제받을 수 없었던 외국 투자가들의 짜증과 실망은 때때로 외교적 충돌이나 심지어 군사적 개입을 야기했다. 어쨌거나 채무의 변제는 식민주의의 부활로 간주되지는 않았지만, 유럽 정부들은 완강한 성명서들을 보내면서 20세기 동안 몇 번인가는 무력을 통해서 이를 뒷받침했다. 1902년 영국, 독일, 이탈리아가 혁명의 소요에 시달린 자국인들에게 돌아가야 할 채무를 변제받고자 합동으로 베네수엘라의 해상을 봉쇄하자, 이는 미국을 도발하여 먼로 독트린을 초월하게 만들었다.

텍사스 공화국 시절부터 쭉 미국과 그 이웃 나라들의 관계는 결코 평탄하지 않았고 지금도 마찬가지이다. 복잡한 요소들이 너무 많이 개입되어 있었다. 먼로 독트린은 서반구를 유럽과 연결되지 않은 채로 유지함으로써 미국의 기본적 이해관계를 표현하고자 했으며, 1889년 미국이 조직한 첫 번째 범아메리카 회의는 이러한 방향으로의 또다른 진전을 의미했다. 그러나 미국 혁명이 미국과 영국 사이의 경제적 관계를 끊을 수 없었듯이 이러한 조치로는 더 이상 유럽과의 경제적 교류가 증대하는 것을 막을 수 없었다(그리고 북아메리카인들도 남아메리카 나라들의 투자가 대열에 속해 있었고, 곧 이들 역시 자국 정부에 특별히 호소할 문제들을 가지게 되었다). 게다가 19세기가 저물어가면서 먼로 독트린의 배경이었던 전략적 상황이 변했음이 확연해졌다. 증기선이 발명되고 극동과 태평양에서 미국의 이해관계가 증대하면서 미국은 특히 중앙 아메리카와 카리브 제도의 상황에 훨씬 더 촉각을 곤두세우게 되었는데, 이곳에서는 파나마 해협을 지나는 운하의 건설이 점점 더 가시화되고 있었다.

그 결과로 20세기 초 미국이 그 이웃들에 대해서 취한 정책은 훨씬 더 우둔하고 심지어 더 오만했다. 에스파냐와의 짧은 전쟁을 마친 후 미국이 쿠바를 독립시켰을 때(그리고 에스파냐로부터 빼앗은 푸에르토리코는 직접 챙겼다), 쿠바가 미국의 위성국가로 남도록 보장하기 위해서 신생 쿠바의 헌법에는 특별한 제재 조치들이 포함되었다. 파나마 운하 주위의 영토는 콜롬비아 내정에 간섭해서 획득했다. 베네수엘라 채무 사건 이후에 벌어진 일은 미국의 힘을 더욱 눈에 띄게 행사하는 것—먼로 독트린의 '논리적 귀결'로서—이었다. 이것은 서반구의 나라들 어디에서나 유럽의 개입을 촉발할 정도로 내정이 극심하게 혼란스럽다면 미국이 그 나라 일에 개입할 권리를 행사할 것이라는 선언(곧바로 쿠바와 도미니카 공화국에서 실천에 옮겼다)이었다. 이후 한 미국 대통령은 이러한 견지에서 1912년 니카라과에 해병대를 보냈고, 다른 대통령은 1914년 멕시코 정부를 압박하는 수단으로서 베라 크루즈의 멕시코 항구를 점령했다. 1915년에는 아이티와의 조약에 의해서 보호령이 설립되었는데, 이는 40년간 지속되었다.

지금으로서는 이 정도 이야기한 것으로 충분하지만 미국과 그 이웃들 사이의 관계에 얽힌 불행한 이야기는 여기서 끝나지 않았다. 어쨌든 여기서 그 중요성이란 유럽과의 관계에서 라틴 아메리카 국가들이 모호한 위치를 점하고 있다는 징후를 보여줄 뿐이다. 유럽의 문화에 뿌리를 두고 유럽과 경제적으로도 연결되어 있으면서도 그들은 유럽과의 연계를 피하도록 정치적으로 제약받고 있었다. 물론 그렇다고 해서 그들이 유럽 문명의 경계 내부의 사람들과 그밖의 사람들 사이를 점점 더 갈라놓던 거대한 분리선에서 19세기 유럽인에 관한 한 백인 편에 서 있지 않았다는 말은 아니다. 유럽의 정책결정자들이 '라틴 아메리카'에 대해서 생각할 때 그들은 이민자나 원주민, 흑인 대중들이 아니라 유럽인 선조를 가진 이들, 특히 도시의 교육받은 특권층 소수 집단을 떠올렸다.

13개 식민지의 이탈 이후 그토록 빨리 에스파냐 제국이 무너지자 많은 사람들은 영제국의 다른 정착민 식민지들 역시 곧 런던의 지배에서 벗어나리라 예상했다. 어떤 면에서는 비슷한 일이 벌어졌지만 예상한 바대로는 아니었다. 19세기 말 영국의 잡지인 『펀치』는 영국을 뜻하는 사자가 해외 식민지들을 의미하는 작은 새끼 사자들이 무장하고 군복을 입은 채로 늘어서 있는 것을 만족스럽게 바라보는 애국주의적 만평을 펴냈다. 그들이 병사 차림을 한 것은 적절했는데, 왜냐하면 당시 영국이 남아프리카에서 벌인 전쟁에서 영국 편에 서서 싸우기 위해서 제국 각지에서 파견된 자원병 분견대들이 큰 중요성을 가지고 있었기 때문이다. 한 세기 전이었다면 누구도 본국이 식민지 병사를 단 한 명이라도 이용할 수 있으리라고는 예상하지 못했을 것이다. 1783년이라는 해는 영국 정치가들의 의식 깊숙이 화상 자국을 남겼다. 그들이 아는 식민지는 비용을 잡아먹으면서도 이익은 별로 주지 않고, 본국을 다른 열강 및 원주민들과의 소득 없는 분쟁에 휘말려들게 하며, 종내에는 으레 몸을 돌려 먹이를 주는 손을 깨무는 까다로운 존재들이었다.

이러한 견해는 식민지와의 연루 관계를 불신하게 만들었으며, 이는 영국의 제국주의적 이해관계가 18세기 말 아시아 무역의 가능성을 타진하는 방향으로 가는 데에 기여했다. 극동에는 유럽 출신 식민자들로 인해서 빚어지는 복잡한 문제들도 없었고, 동쪽 바다에는 영국 해군으로 쉽게 충족되지 않는 고비용의 군사력도 필요 없는 듯 보였다. 대략적으로 이것이 19세기 내내 영국의 관료 집단들 내에 지배적인 태도가 될 터였다. 이로 인해서 그들은 다른 무엇보다 경제를 중시하고 말썽은 회피하는 방식으로 각 식민지의 복잡한 사정을 처리했다. 캐나다와 오스트레일리아의 광대한 지역에서 이는 온갖 풍랑을 거친 끝에 결국 개별 식민지들을 연방 구조 내에 통합하되 이들이 스스로의 정부에 대해서 책임을 지게 하는 쪽으로 귀결되었다. 1867년 캐나다 자치령이 탄생했고, 1901년에는 오스트레일리아 연방이 뒤를 따랐다. 각각의 경우 통합에 선행한 것은 원래의 식민지들에게 책임정부를 허용하는 것이었고, 각 경우마다 특별한 문제들이 있었다.

캐나다의 경우 두드러진 어려움은 퀘벡 주에 프랑스권 캐나다 공동체가 존재한다는 것이었고, 오스트레일리아의 경우에는 정착민들과 유형수들—마지막으로 도착한 것은 1867년이었다—간의 이해관계 충돌이었다. 이들 각각은 또한 거대하고 인구밀도가 낮은 나라들로서 이들을 통합해서 민족감정을 불러일으키는 일은 점진적으로 진행될 수밖에 없었다. 각각의 경우 그 과정은 느렸다. 캐나다에서 태평양 철도의 횡대륙간 철로에 마지막 못질이 가해진 것은 1885년이 되어서였고, 오스트레일리아의 횡대륙간 철도선들은 개별 주들에서 서로 다른 측정기를 채택하는 바람에 장기간 지연되었다. 결국 민족주의를 도와준 것은 잠재적인 외부의 위협—미국의 경제적 힘과 아시아 이민—에 대한 인식이 늘어난 것, 그리고 당연하지만 영국과의 언쟁이었다.

뉴질랜드 역시 책임정부를 쟁취했지만 이는 훨씬 더 작은 나라에 걸맞게 덜 분권화되어 있었다. 이곳에 1790년대부터 도착한 유럽인들은 복잡하고 발달한 문화를 가진 원주민인 마오리족을 발견했고, 방문자들은 이들을 절멸시키려는 시도에 착수했다. 뒤따라온 선교사들은 다른 정착민들과 상인들이 들어오지 못하게 하려고 최선을 다했다. 그러나 그들은 이에 아랑곳하지 않고 섬에 도착했다. 한 프랑스 기업가가 프랑스의 이익을 확고히 하려는 듯 보이자 영국 정부는 마침내 마지못해서 선교사들과 몇몇 정착민들의 압력에 굴복하여 1840년 영국의 주권을 선포했다. 1856년 식민지는 책임정부를 부여받았고, 오직 마오리족과의 전쟁만이 1870년까지 영국군 철수를 늦추게 만든 요인이었다. 이후 얼마 지나지 않아서 옛 주들은 남아 있던 입법 권한들을 잃었다. 19세기 마지막 몇 년간 뉴질랜드 정부는 발달한 사회복지 정책을 추구하는 데에서 놀랄 만한 독립성과 활력을 보여주었으며, 1907년에는 완전한 자치권을 획득했다.

그보다 1년 전 런던에서 열린 식민지 의회에서는 앞으로 '연방'이라는 이름이 모든 자치권을 가진 속주들, 즉 사실상 백인 정착민으로 이루어진 식민지들을 통칭하여 사용될 것임이 결정되었다. 1914년 전에 이 지위를 부여받을 지역은 하나 더 남아 있었는데 이는 1910년 탄생한 남아프리카 연방이었다. 이로써 기나긴 불행의—영제국의 역사에서 가장 불행했던—장이 끝나고 새롭게 아프리카 역사의 또다른 불행의 장이 시작되었다. 상황은 몇십 년도 지나지 않아서, 심지어 훨씬 더 암담해 보였다.

1814년 영국이 전략적 이유 때문에 희망봉에 있던 예전의 네덜란드 식민지를 보유하기 이전까지 영국 식민자들은 남아프리카에 정착하지 않았다. 이는 '케이프 식민지'라고 불렸고 곧 수천 명의 영국 정착민들이 도착했는데, 이들은 네덜란드인에게 수적으로는 열세였지만 영국 정부의 지원을 등에 업고 영국식 사고와 법을 도입했다. 네덜란드 출신 농민들은 보어인이라고 불렸는데 이로써 보어인들의 특권이 조금씩 침식되는 시대가 시작되었다. 특히 그들은 아프리카 원주민들을 그들 마음대로 다룰 자유에 어떤 식이든 제약이 가해지는 것에 대해서 흥분하고 견딜 수 없어했다. 그들이 특별히 분노했던 것은 영국 영토에서 전면적인 노예제 폐지가 이루어진 결과 3만5,000명가량의 자신들의 노예들이—자신들의 생각에는—불충분한 보상금을 대가로 해방되었던 때였다. 영국이 아프리카 원주민들에게 호의적인 정책을 포기하지 않을 것임을 확신하게 되자(당시 영국 정부에 가해지던 압력들을 고려할 때 이는 합리적인 견해였다), 1835년에는 보어인들의 거대한 집단탈출이 벌어졌다. 오렌지 강 북쪽으로의 이 '대여행'은 보어인들의 의식 형성에 급진적인 중요성을 띠었다. 이때를 시작으로 장기간 동안 앵글로-색슨인들, 보어인들, 아프리카인들은 때로는 따로, 때로는 함께 살기 위해서 투쟁했는데, 이들의 관계는 항상 불편했으며 엄청난 긴장을 수반하고 있었다.

나탈에 있는 보어 공화국은 곧 영국 식민지가 되었다. 서류상으로는 아프리카인들에 대한 수탈을 막기 위해서였지만 그와 마찬가지로 중요한 이유는 언젠가 적대세력이 영국과 동아시아 간의 연결망을 위협하는 데에 이용할 수도 있는 네덜란드 항구의 건설을 막기 위해서였다. 보어인들의 대탈출이 다시 이어졌는데 이번에는 발 강 북쪽으로였다. 이는 영국 영토가 남아프리카에서 확장된 최초의 경우였지만 이후 반복될 양식이 여기서 확립되었다. 박애주의 외에도 영국 정부와 현지의 영국 식민자들을 움직인 것은 아프리카인들과 우호적인 관계를 맺을 필요성이었다. 줄루족이 보어인들에게 대항하여 이미 보여준 바대로, 그렇지 않으면 이들은 (이전 세기에 아메리카 원주민들로 인해서 빚어진 것과 다르지 않은) 안전 문제를 계속 발생시킬 터였다. 19세기 중반 북쪽에는 두 개의 보어 공화국들(오렌지 자유국과 트란스발)이 있었고, 영국의 지배하에 있는 케이프 식민지와 나탈은 선출된 의회를 가지고 있었는데, 여기에 투표하는 데에 필요한 경제적 요건을 충족시키는 흑인은 거의 없었다. 또한 영국의 보호하에 있는 원주민 국가들도 있었다. 그중 하나인 바수톨란드에서는 이 때문에 보어인들이 흑인들의 관할권 내에 들어갔는데 그들로서는 특별히 괴로운 종속이었다.

이러한 상황에서 행복한 관계란 존재할 수 없었다. 어떤 식으로든 영국 정부는 케이프에 있는 식민자들과 종종 이견을 빚었는데 이들은 1872년 이후 그들만의 책임정부를 보유하고 있었다. 새로운 사실들 역시 나타났다. 영국 정부는 다이아몬드가 발견된 새로운 영토를 병합했는데, 이 땅은 오렌지 강 북부에 있어서 보어인들을 분노하게 만들었다. 보어인들이 패배시킨 바수토인들을 영국이 지원한 것은 그들의 화를 가중시켰다. 마침내 케이프 식민지 총독이 트란스발 공화국을 병합하는 어리석은 일을 저질렀다. 보어인들의 성공적인 봉기와 영국군의 끔찍한 패배 후 영국 정부는 양식을 발휘하여 더 버티지 않고 1881년 공화국에 독립을 되돌려주었지만, 이 순간 이후 남아프리카에서 영국의 정책에 대한 보어인들의 불신은 아마도 극복할 수 없는 것이 되어버렸다.

20년 만에 이는 전쟁으로 비화했는데, 주된 이유는 두 가지 예기치 못한 변화가 일어났기 때문이었다. 하나는 1886년에 금이 발견된 트란스발 공화국에서 소규모의 산업 혁명이 일어난 것이었다. 그 결과 광부들과 투기꾼들이 엄청나게 유입되었고 외부의 금융이권들이 남아프리카 일에 개입하게 됨에 따라서 보어인 국가의 경우 마지못해 받아들였던 영국의 종주권으로부터 벗어나기 위한 재정적 자원을 공급받을 수 있는 가능성이 생겨났다. 이때 벌어진 사건들의 지표가 되는 것이 바로 요하네스버그로서 이 도시는 몇 년 만에 잠베지 강 이남 아프리카에서 10만 명의 인구를 가진 유일한 도시로 성장했다. 두 번째 변화는 1880년대와 1890년대에 다른 유럽 열강들이 아프리카의 다른 부분들을 집어삼킨 것으로서, 이에 대한 반응으로 영국은 그 무엇도 케이프에서 영국의 존재를 동요시킬 수 없다는 결심을 더 확고히 했다. 케이프는 동방으로 가는 제해권 장악에 필수적인 것으로 간주되었고, 수입을 위해서 트란스발로부터 오고 가는 교역에 점차 더 의존하고 있었다. 그 전반적인 효과는 영국 정부가 트란스발이 인도양으로 가는 독자적인 항로를 획득할 가능성을 근심의 눈으로 지켜보게 된 것이었다. 이러한 걱정 때문에 그들은 이상주의적 제국주의자들, 케이프의 정치가들, 잉글랜드의 선동정치가들, 수상쩍은 금융가들로 이루어진 희한하게 조합된 무리의 압력에 취약해졌다. 이들은 1899년 보어인들과의 분쟁을 유발시켰고 이는 트란스발의 대통령인 폴 크루거로부터의 최후통첩 및 보어 전쟁의 발발로 귀결되었다. 소년 시절에 '대여행' 길에 올라서 북쪽으로 이주했던 크루거는 영국인들을 심하게 싫어했다.

빅토리아 시대 영국군의 잘 알려진 전통은 그 치세기 마지막 전쟁에서도 면면이 지속되었다. 이는 몇몇 고위 지휘관들과 행정가들이 보여준 서투름과 무능뿐만 아니라 연대장교들과 그들의 부하들이 자신들의 훈련으로는 제압할 준비가 되어 있지 않은 용감하고 잘 무장된 적을 맞닥뜨렸을 때 보여준 용맹성 양쪽 모두에서 마찬가지였다. 그러나 결과에는 의심의 여지가 없었다. 자신의 신민들 몇몇보다는 전략적 판단력이 더 나았던 여왕 스스로도 말했듯이 패배의 가능성은 존재하지 않았다. 남아프리카는 영국의 제해력에 의해서 고립된 극장이나 마찬가지였다. 다른 어느 유럽 국가도 보어인들을 도울 수 없었고, 엄청나게 우세한 머릿수와 자원을 가져다가 그들에게 쏟아붓는 것은 시간 문제였다. 이는 엄청난 비용—25만 명 이상의 병사들이 남아프리카로 파병되었다 — 을 초래했고, 영국의 국내 정치에서 많은 괴로움을 야기했다. 게다가 이는 외부세계에 그리 호의적인 모습을 보여주지도 못했다. 보어인들은 박해받는 민족으로 간주되었다. 설사 그렇다고 해도 이 경우에 (다른 경우와 마찬가지로) 민족성에 대한 19세기 자유주의자들의 집착 때문에 관찰자들은 그것이 드리우는 몇몇 그림자들을 깨닫지 못했다. 다행스럽게도 영국에서는 정치가들이 경륜을 상당 부분 회복하여 1902년 보어인들이 전장에서 패배했을 때 관대한 종전조약을 맺게 되었다.

이로써 보어 공화국들은 종말을 맞았다. 그러나 신속하게 양보가 뒤따랐다. 1906년 트란스발은 스스로의 책임정부를 보유했다. 광산업으로 여기에 모여든 다수의 비보어인 인구에도 불구하고 이듬해 선거에서 승리한 후 이 정부를 통제한 것은 보어인들이었다. 거의 즉시 그들은 아시아 이민자들, 특히 인도인들에게 반대하는 입법을 추진하기 시작했다(젊은 인도인 변호사였던 모한다스 간디[1869-1948]는 이때 자신의 공동체의 보호자로서 정치에 입문했다). 1909년 남아프리카 연합을 위한 헌법 초안이 의결되었는데, 이는 네덜란드어와 영어가 평등하다는 조건 위에서였다. 또한 매우 중차대하게도 헌법은 각 주에서 결정된 투표 규정들에 의거하여 구성되는 선출직 의회에 의한 정부 구성을 규정했다. 보어인들의 주에서 투표권은 백인 남성에게 국한되었다.

이 협정에 대해서는 당시 많은 말들이 오갔다. 그때 유럽인들이 말하던 남아프리카의 '인종 문제'란 영국인들과 보어인들 사이의 관계 문제를 의미했으며 이들 간의 화해가 가장 긴급한 필요성인 듯 보였다. 이 협정의 문제점들이 나타나기까지는 얼마의 시간이 걸릴 것이었다. 그 문제점들이 터져나왔을 때 이는 단지 보어인들의 역사의식이 사람들이 희망했던 것보다 더 강한 것으로 입증되었기 때문만이 아니라 란드의 금광지대에서 산업화가 진행되면서 시작된 남아프리카 사회의 변화는 멈출 수 없는 것이었고, 이것이 흑인 아프리카인 문제에 저항할 수 없는 가속도를 부여할 것이기 때문이었다.

이 점에서 남아프리카의 미래는 다른 영연방 국가들과 마찬가지로 전체 세계경제의 흐름에 편입됨으로써 결정적인 영향을 받았다. 캐나다는 미국과 마찬가지로 평원지역에 철도를 건설하면서 유럽의 최대 곳간 중 하나가 되었다. 오스트레일리아와 뉴질랜드는 처음에는 넓은 목초지를 개발하여 유럽 공장들에서 점차 더 수요가 늘어났던 양모를 생산했다가, 다음에는 냉장고가 개발되면서 이를 육류를 생산하는 데에 이용했고, 뉴질랜드는 유제품을 생산했다. 이러한 방식으로 이 나라들은 17세기 대농장들에서 나오는 담배와 인디고로 가능했던 것보다 훨씬 더 큰 규모의 경제를 유지할 수 있는 주요 산물을 찾아냈다.

남아프리카는 이곳이 광물생산지가 될 것임이 점진적으로 드러났다는 점에서 (훨씬 나중에 오스트레일리아가 그러하듯이) 다른 양상을 띨 것이었다. 그 시작은 다이아몬드 산업이었지만, 거대한 진전이 이루어진 것은 1880년대에 란드에서 금이 발견되면서였다. 이곳이 개발되면서 자본과 전문 기술들을 빨아들여서 궁극적으로 다른 광물들의 개발도 가능해졌다. 남아프리카에서 나온 수익은 단지 유럽 기업들과 주주들의 이익만 올린 것이 아니라 세계 금 생산량을 증대시켜서 1849년 캘리포니아 금광의 발견 때만큼이나 유럽의 상업을 자극했다.

잉글랜드에서 박애주의적, 포교적 감정이 증대한 것과 식민자들의 요구를 의심하는 식민성(colonial office)의 충분히 이해할 만한 전통이 더해진 결과 미국인들이 대평원의 인디언들을 쓸어버렸던 때처럼 백인 연방들에 살고 있는 원주민 인구들을 망각하는 일은 어렵게 되었다. 그러나 몇몇 영국 식민지들에서 근대성의 개념들은 기술에 접근할 수 없었던 무방비한 사회들에 충격을 주었다. 캐나다의 인디언들과 에스키모들은 서부와 북서부 개발이 시작되면서 밀려났는데, 상대적으로 수가 더 적었던 이들은 대평원의 인디언들이 자신들의 사냥터를 지키기 위해서 싸웠던 것에 필적할 만한 영웅적 투쟁을 벌이지 못했다. 오스트레일리아에서 벌어진 일은 더 피비린내가 났다. 원주민들로 이루어진 수렵채집 사회는 정착민들 때문에 교란되었고, 상황 파악을 못한 백인 오스트레일리아인들의 잔인성은 부족들의 적대감을 불러일으키고 폭력사태를 도발했으며, 새로운 질병이 빠르게 그들의 수를 줄였다. 오스트레일리아 각 식민지의 초반 수십 년간은 학살된 원주민들의 피로 물들었고, 후반기는 생존자들에 대한 무관심, 괴롭힘, 착취로 악명이 높았다.

뉴질랜드에서는 처음 도착한 백인들이 마오리족에게 무기를 가져다주었는데, 이들은 처음에는 서로 싸우는 데에 이것을 사용해서 자신들의 사회에 혼란을 야기했다. 그후에는 정부와 전쟁이 벌어졌는데, 그 근본적인 원인은 정착민들이 마오리족을 그들의 땅에서 내쫓았기 때문이었다. 전쟁 말미에 정부는 이 부족의 땅들을 더 이상의 강제수용으로부터 보호하기 위한 조치를 취했지만, 잉글랜드식의 사적 소유권 개념이 도입되면서 부족민들의 보유지들은 해체되었고 세기말이 되면 그들은 사실상 땅을 상실했다. 마오리족의 수 역시 줄어들었으나, 오스트레일리아 원주민들처럼 파괴적이고 돌이킬 수 없는 정도로는 아니었다. 현재는 1900년경보다 훨씬 더 많은 마오리족이 살고 있으며, 그들의 수는 유럽계 뉴질랜드인들보다 더 빠른 속도로 늘고 있다.

남아프리카의 경우 이야기는 복잡하다. 영국의 보호 덕분에 일부 원주민들은 20세기까지 살아남아서 자신들의 선조의 땅에서 느리게 변화하는 삶의 방식을 고수할 수 있었다. 나머지는 쫓겨나거나 절멸당했다. 그러나 어떤 경우에서든 이 상황의 핵심은 남아프리카에서는 다른 곳들과 마찬가지로, 원래 거주민들의 운명은 결코 그들이 좌우할 수 있는 것이 아니었다는 사실이다. 그들이 생존을 위해서 의존했던 것은 정부의 이해와 관용, 정착민들의 필요와 전통, 경제적 기회와 위기 사이의 지역적 균형 상태였다. 그들은 단기적으로는 때로 만만치 않은 군사적 문제를 일으킬 수도 있었지만(케츠와요가 이끈 줄루족들이나 마오리족들의 게릴라전과 같이), 결과적으로는 마치 아즈텍족이 코르테스에게 성공적으로 저항하지 못했듯이 이들도 스스로의 자원을 이용하여 효과적인 저항의 수단을 만들지 못했다. 비유럽 민족들이 이를 해내기 위해서는 유럽화되어야 했다. 바다 건너에 새로운 유럽 국가들을 건설하는 비용은 항상 토착 거주민들이, 종종 그들의 능력의 한계까지 지불하는 것으로 나타났다.

이것이 최종적인 결론이 되어서는 안 될 것이다. 자기 정당화라는 수수께끼가 남아 있다. 유럽인들은 이러한 일들이 벌어지는 것을 목격하고서도 이를 멈추지 않았던 것이다. 그렇다고 그들이 모두 탐욕스런 악한이었기 때문이라고 설명하는 것은 너무 단순하다(그리고 어쨌건 이들 가운데 박애주의자들의 업적을 볼 때, 가장 암울한 비판은 설득력이 떨어진다). 그 대답은 심성적 요인에서 찾아야만 한다. 당시의 많은 문화들처럼 유럽인들은 자신들이 진보되고 문명화되었으며 따라서 다른 이들을 지배할 권리가 있다고 생각했다. 그러나 스스로의 우월성에 대한 유럽인들의 믿음은 종교와 자민족 중심주의의 부채질을 받아서 때로 광신의 수준에 달했다. 종종 이러한 태도들은 단순한 인종주의를 창출했다. 그러나 더 자주 발생한 일—특히 19세기 이후 영국과 프랑스의 경우—은 여기에서 세상을 근대화하고 합리화하며, 그리하여 유럽식 진보와 발전의 개념에 맞게 세상을 주조하려는 충동이 생겨난 것이었다. 더 나은 문명에 속해 있다는 자신감은 이전에 기독교가 그러했듯이 약탈적 습관을 정당화했을 뿐만 아니라 많은 경우 십자군들과 비슷한 뻔뻔스러운 태도를 낳았다. 소유물이라고는 지니고 다니는 것이 전부였던 사냥꾼들과 채집꾼들을 임금노동자나 병사로 전환시키고 부족들의 권리를 개인의 자유보유권으로 대체함으로써 빚어진 실제적, 물질적 결과들에 대해서 그들이 너무 자주 무심했던 것은 자신들이 무엇인가 더 나은 것을 가져왔다는 확신 때문이었다.

6
제국주의와 제국의 지배

이국 사람들과 타국의 땅들을 유럽인들이 지배했다는 것은 그들이 세계의 주인이었다는 가장 극명한 증거이다. 제국주의가 과거에는 무엇이었고 또 오늘날에는 무엇인가에 대해서는 논쟁이 계속되고 있지만, 일단 단순한 직접적, 공식적 지배권의 개념으로부터 시작하는 것이 유용해 보인다. 그것이 비유럽 세계에 대한 다른 권력 형태들과 맞닿은 경계선은 흐릿할 수도 있겠지만 말이다. 이는 수많은 시간과 노력과 생각이 투자된 주제인 제국주의의 원인이나 동기에 대해서는 의문을 제기하지도 않고 대답해주지도 않는다. 시작부터 다양하고 변화하는 원인들이 작용하고 있었고, 관여된 모든 동기들이 입에 담을 수 없거나 자기 기만적인 것은 아니었다. 제국주의가 단지 한 시대의 표현인 것만은 아닌 것이, 이는 역사 전체를 관통하고 있기 때문이다. 또한 그것은 유럽과 해외의 비유럽인들 사이의 관계에만 특수한 것도 아니었는데, 왜냐하면 제국의 지배는 바다를 건너서뿐만 아니라 육지를 통해서도 확장되었으며, 유럽인들이 다른 유럽인들을 지배하거나 비유럽인들이 유럽인들을 지배하는 경우도 있었기 때문이다.

그럼에도 불구하고 19세기와 20세기에 이 단어는 유럽의 팽창과 특별히 연관되었고, 이때가 되면 나머지 세계에 대한 유럽인들의 직접 지배는 예전보다 훨씬 더 명백해졌는데, 이는 특히 이들에게 산업화와 자본주의 시장의 힘이 더해졌기 때문이었다. 비록 아메리카에서 일어난 혁명들은 이전 두 세기 동안 건설된 유럽 제국들이 쇠퇴 중임을 암시했지만 그 다음 100년 동안 유럽의 제국주의는 훨씬 더 진전되었으며 그 어느 때보다 효율적으로 변했다. 이는 두 개의 서로 구별되는 단계들을 통해서 나타났는데, 그중 편의상 첫 번째로 간주될 수 있는 시기는 대략 1870년까지 거슬러 올라간다. 구제국 세력 중 몇몇은 당시 제국을 계속 확장시키고 있었는데, 러시아, 프랑스, 영국이 그러했다. 다른 제국들은 정체되거나 축소되었는데, 네덜란드, 에스파냐, 포르투갈이 그러했다.

러시아의 팽창은 언뜻 보면 미국이 북아메리카 대륙을 모두 점령하고 그 주변의 약한 이웃들을 지배한 경험이나 인도에서 영국의 경험과 비슷해 보이지만 사실상 매우 특별한 것이었다. 러시아는 서쪽으로는 기존의 원숙한 유럽 국가들을 마주하고 있었는데, 여기에서는 성공적으로 영토를 획득할 가망이 거의 없었다. 조금 덜할 뿐 도나우 강 지역의 터키 영토로의 팽창도 마찬가지였는데, 왜냐하면 여기서는 다른 열강의 이해관계가 항상 러시아에 반대하는 방향으로 작용하여 종내에는 그들의 팽창을 저지할 것이 확실시되었기 때문이다. 러시아는 남부와 동부로 훨씬 더 자유롭게 진출할 수 있어서 이 양쪽 방향으로 19세기 처음의 3사분기 동안 거대한 영토 획득이 이루어졌다. 페르시아에 대항한 전쟁(1826-1828)을 성공적으로 치른 끝에 아르메니아에서 영토를 획득했을 뿐만 아니라 카스피 해에 러시아의 해군력을 건설할 수 있었다. 중앙 아시아에서는 투르키스탄 내륙 및 부하라와 히바의 중앙 오아시스 방향으로 거의 지속적으로 전진한 끝에 1881년 카스피 해를 둘러싼 전역을 병합함으로써 절정을 맞았다. 시베리아에서는 공격적 팽창에 뒤이어 중국해에 이르는 아무르 강 왼쪽 강변을 강제병합했으며, 1860년에는 러시아령 극동의 수도인 블라디보스토크가 건설되었다. 얼마 후 러시아는 알래스카를 미국에 팔아넘김으로써 아메리카의 소유지들을 청산했는데, 이는 러시아가 아메리카가 아니라 아시아 및 태평양권의 세력이 되려고 함을 보여주는 듯했다.

이 시기의 또다른 역동적인 구제국주의 국가는 프랑스와 영국이었는데 이들은 해상으로 팽창했다. 그러나 영국이 획득한 영토들 중 많은 부분은 프랑스의 손해를 무릅쓰고 이루어졌다. 혁명전쟁과 나폴레옹 전쟁은 이 점에서 18세기의 거대한 영국-프랑스 식민지 경쟁의 최종 라운드였던 것으로 판명이 났다. 1714년이나 1763년과 마찬가지로 1815년에 영국이 승전화약에서 얻은 영토들 중 많은 부분은 해상력을 강화하기 위한 것이었다. 말타, 세인트루시아, 이오니아 섬들, 희망봉, 모리셔스 및 트링코말리는 모두 이러한 이유 때문에 점유되었다. 얼마 지나지 않아서 증기선들이 왕립해군에 등장하기 시작했고 기지들의 사정에서 석탄 보급을 염두에 두어야 함에 따라서 이제 더 많은 영토 획득이 이루어졌다. 1839년 오스만 제국에서 내부 분란이 일어나면서 영국은 인도로 가는 항로에서 전략적 중요성을 띤 거점인 아덴을 점령할 수 있는 기회를 얻었고, 다른 정복들이 뒤따랐다. 트라팔가르 전투 이후 여기에 성공적으로 도전할 수 있는 열강은 존재하지 않았다. 그렇다고 잘 규합하기만 하면 영국으로부터 해상 지배력을 빼앗아올 수 있는 자원들이 다른 곳에는 존재하지 않았다는 말은 아니다. 그러나 이를 위해서는 엄청난 노력이 요구되었다. 어떤 나라도 영국의 제해권에 대한 도전을 가치 있는 것으로 만들 만큼 많은 선박들을 운행하거나 그러한 거점을 보유하고 있지 못했다. 또한 다른 나라들로서는 세계 최대의 상업국가가 모두의 이익을 위해서 바다를 순찰하는 일을 떠맡는 데에 따르는 이점들이 있었다.

해상 제해권이 무역을 방어해준 덕분에 영국 식민지들은 그 시대에 가장 빠르게 성장하는 상업체계에 참여할 수 있었다. 미국 혁명 이전부터 영국의 정책은 이미 에스파냐나 프랑스보다 대규모의 상업적 시도들에 더 우호적이었다. 그리하여 구식민지들 자체에서 부와 번영이 증대되었고 나중에는 영연방 국가들도 그 수혜자가 되었다. 반면 정착민 식민지는 미국 혁명 이후 런던에서 철 지난 것이 되어서 주로 골칫거리와 비용의 원천으로 간주되었다. 그러나 영국은 유럽 국가들 중 유일하게 19세기 초반에도 기존의 식민지들에 새로운 정착민들을 보냈으며, 이 식민지들은 종종 모국이 이국 영토에서 그 이상의 영토적 팽창을 벌이도록 끌어들였다.

획득한 영토 중 몇몇(특히 남아프리카)에서는 대아시아 전략 및 교류에 대한 새로운 관심이 작용하고 있는 것을 볼 수 있다. 이것은 복잡한 문제이다. 미국 독립과 먼로 독트린이 제국의 팽창지역으로서의 서반구의 매력을 떨어뜨렸음에는 의심의 여지가 없지만, 영국의 관심이 동방으로 전환된 시작점은 1783년 이전부터 남태평양이 개방되고 아시아 무역이 증대된 것에서 찾아볼 수 있다. 네덜란드가 프랑스의 위성국가이던 시절에 이 나라와 벌인 전쟁은 종내에는 말라야와 인도네시아에서 영국이 새로운 사업을 시작하는 결과를 초래했다. 무엇보다 인도에 대한 영국의 개입은 지속적으로 심화되었다. 1800년 인도 무역의 중요성은 이미 영국의 상업적, 식민지적 사고의 중심축이 되어 있었다. 그동안 주장된 바에 따르면, 1850년 제국 나머지 부분의 태반은 오직 인도의 전략적 영향력 때문에 획득되었다. 또한 이때가 되면, 인도 아대륙 자체에서 내부적으로 영국의 통제권이 확대되는 과정 역시 사실상 완결되었다. 인도는 영국 제국주의의 중심부였으며 그 지위를 계속 유지했다.

이러한 상황을 기대하거나 심지어 예견한 사람은 거의 없었다. 1784년의 '이중통치' 체제는 인도 영토에서 더 이상의 영토 획득을 피하려는 결정과 함께 나타났다. 미국 반란을 경험한 것이 새롭게 일을 벌이는 것을 피해야 한다는 견해를 강화시켰던 것이다. 그러나 문제는 계속되었다. 왜냐하면 동인도회사는 세수 관리를 통해서 어쩔 수 없이 원주민들의 행정 및 정치 문제에 얽히게 되었기 때문이다. 이 때문에 초기의 사기업 시절에 허용되던 것과 같은 동인도회사 개별 관료들의 전횡을 막는 것이 무엇보다 중요해졌다. 인도 통치는 의회의 소관이라는 합의가 천천히 생겨났는데, 이는 그것이 엄청난 이익배당금의 근원이었기 때문만이 아니라 런던의 정부가 인도인들을 잘 통치하는 데에 책임을 느꼈기 때문이었다.

따라서 인도 문제를 고려할 때의 배경은 변화하고 있었다. 무굴 제국 궁정에 처음으로 도착한 상인들이 두 세기에 걸쳐 느꼈던 외경과 놀라움은 더 가까이서 알게 되자 후진성, 미신, 열등성으로 비추어지는 것들에 대한 경멸로 신속하게 대체되었다. 그러나 이제 또다른 변화의 조짐들이 있었다. 플라시 전투의 승리자인 로버트 클라이브는 인도어 중 어느 것도 능숙해질 정도로 배운 적이 없지만, 인도의 첫 총독이었던 워런 헤이스팅스(1732-1818)는 옥스퍼드 대학교에 페르시아 강좌가 개설되도록 노력했으며, 인도에 최초로 인쇄기를 도입하고 최초의 토착어(벵골어) 폰트를 만들도록 격려했다. 인도 문화의 복잡성과 다양성에 대한 상찬은 더 늘어났다. 1789년 콜카타에서는 최초의 동양학 잡지인 『아시아 연구(*Asiatick Researches*)』가 발간되기 시작했다. 그 사이에 보다 실용적인 통치 수준에서 동인도회사의 재판관들은 이미 무슬림이 관련된 가족 사건들의 경우 이슬람법을 따르라는 명령을 받았으며, 마드라스의 징세청은 힌두 사원들과 축제들에 대한 규제와 재정적 지원을 겸했다. 1806년부터는 동인도회사의 헤일리버리 칼리지에서 인도어를 가르쳤다.

따라서 동인도회사의 특허장이 주기적으로 갱신될 때에는 영국과 인도의 관계에 대한 가정들과 여기에 작용하는 영향력들의 변화를 감안하여 이루어졌다. 그 사이 정부의 책임은 늘어났다. 1813년 특허장 갱신으로 런던의 통제력은 더욱 강화되었으며, 인도와의 무역에 대한 동인도회사의 독점이 폐지되었다. 이때가 되면 프랑스와의 전쟁으로 인해서 영국 세력권은 남인도까지 확대되었는데, 이는 직접 병합 및 영국의 외교정책 통제권을 확보하는 조약을 원주민 지배자들과 교섭함으로써 이루어졌다. 특허장이 다시 갱신된 1833년쯤이면 동인도회사가 직간접적으로 통치하고 있지 않은 중요한 땅덩어리는 북서부에밖에 남아 있지 않았다. 펀자브와 신드의 병합이 1840년대에 뒤따랐고, 영국의 종주권이 카슈미르에서 확립되면서 그들은 사실상 인도 아대륙 전체에 대한 지배권을 가지게 되었다.

이때쯤이면 동인도회사는 더 이상 상업조직이 아니라 하나의 정부가 되어 있었다. 1833년의 특허장이 (인도뿐만 아니라 중국과의 독점 무역에 관한) 회사의 무역 기능을 앗아감에 따라서, 회사는 행정적 역할에 국한되었다. 당대의 사상과 조응하여 아시아와의 무역은 이후 자유무역이 될 터였다. 인도의 과거와의 실질적, 상징적 단절을 완성시킴으로써 인도 아대륙을 근대화되는 세계 속으로 최종적으로 통합시킬 길이 열렸다. 무굴 제국 황제의 이름이 주화에서 사라진 것은 페르시아어가 더 이상 기록과 재판을 담당하는 법률적 언어가 아니라는 상징 이상을 의미했다. 이러한 조치는 영어가 공식 언어로서 상승한 (또한 그에 따라서 영어 교육도 상승한) 것을 보여줄 뿐만 아니라 인도 공동체들 간의 힘의 균형을 흩뜨렸다. 영국화된 힌두교도들은 대부분의 무슬림들보다 잘산다는 것이 입증되었다. 수없이 많은 방식으로 매우 심하게 분열되어 있는 인도 아대륙에서 영어가 공통의 행정언어로 채택된 데에 더해서 초등교육을 영어 강의로 제공한다는 원칙상 중요한 결정이 내려졌다. 비록 그 수혜자 중 인도인은 거의 없겠지만 말이다.

동시에 연이어 부임한 총독들이 수행한 계몽 전제주의는 물질적, 제도적 향상을 강요하기 시작했다. 도로와 운하가 건설되고 1853년에는 최초의 철도가 뒤따라 건설되었다. 법전이 도입되었다. 동인도회사에서 일하는 잉글랜드 관료들은 이 목적을 위해서 설립된 칼리지에서 특별히 훈련받기 시작했다. 인도에 생긴 최초의 세 대학교는 1857년에 설립되었다. 또한 다른 교육조직들도 있었는데, 1791년까지 거슬러 올라가면 한 스코틀랜드인이 힌두교의 성지인 베나레스(바라나시)에 산스크리트 칼리지를 세웠다. 인도가 점진적으로 경험하고 있던 변화들은 정부의 직접적인 사업으로부터가 아니라 이들과 같은 다른 단체들이 활동의 자유를 점점 더 허용받은 데에 기인했다. 1813년부터 선교사들이 도착하면서(전에는 동인도회사가 이들을 막았다), 고국에 인도에서 일어나는 일에 관심을 가진 또다른 지지층을 만들었는데, 이는 인도의 공식적 지배층에게는 종종 당혹스러운 일이었다. 사실상 두 개의 철학이 정부가 잘 운용되도록 하기 위해서 경쟁했다. 공리주의자들은 행복의 증진을 추구했고, 복음주의적 기독교도들은 영혼의 구제를 바랐다. 둘 다 오만하게도 인도를 위해서 무엇이 최선인지 자신들이 알고 있다고 확신했다. 시간이 지남에 따라서 둘 다 눈에 띄지 않는 방식으로 영국인들의 태도를 변화시켰다.

증기선의 출현 역시 영향을 미쳤다. 이로써 인도는 더 가까워졌다. 더 많은 잉글랜드인들과 스코틀랜드인들이 인도에서 살면서 경력을 쌓았다. 이 때문에 주둔한 영국인들의 성격이 변화되었다. 상대적으로 소수였던 18세기 동인도회사의 장교들은 유배자로서의 삶에 만족했으며, 상업적 기회에서 보상을 추구하고 때로 인도인들과 밀접하게 결부된 사회생활을 통해서 휴식을 누렸다. 그들은 종종 인도 신사들과 매우 비슷한 생활방식으로 살았으며, 그중 몇몇은 인도 의복과 음식, 혹은 인도인 부인과 첩들을 선호하기도 했다. 원주민들의 관습에서 후진성과 야만성(여아 살해나 과부 희생의 경우 그들이 염려할 만한 좋은 명분이 있었다)을 말살하기로 마음먹은 개혁주의적 관료들, 힌두나 무슬림 사회의 전체 구조를 좀먹는 신앙을 포교하는 선교사들 그리고 무엇보다 남편들이 일하는 동안 인도에서 가정을 꾸리러 온 잉글랜드 여성들은 종종 '존의 회사(동인도회사)' 사람들의 옛날식 생활방식을 승인하지 않았다. 새로 도착한 영국인들이 영국 공동체의 성질을 변화시킴에 따라서, 이들은 원주민들로부터 더욱 유리된 한편 문화적, 도덕적으로 열등한 인도인들에 대한 지배를 정당화하는 도덕적 우월성에 대해서는 더욱 확신하게 되었다.

지배자들은 의식적으로 자신들이 지배하는 이들로부터 더욱 이질적인 존재가 되었다. 그들 중 하나는 자신의 동포들을 '호전적인 문명'의 대표자들이라고 만족스럽게 이야기하면서 그들의 사명을 다음과 같이 정의했다.

> 인구가 넘쳐나고, 구역질나게 무식하고, 우상숭배하는 미신에 빠져 있고, 무력하고, 운명론적이고, 우리가 삶의 폐해로 간주하는 것들 대부분에 무관심하면서 이 폐해들에 맞서서 이를 없애기 위해서 애쓰기보다는 여기에 굴복하는 것을 더 선호하는 나라에 유럽 문명의 정수들을 도입하는 것이다.

이러한 확신에 찬 신조는 인도에서 순수하게 돈 버는 것 이상은 원하지 않았던 그전 세기의 잉글랜드인들과는 판이하게 다르다. 이제 새로운 법들 때문에 강력한 원주민 이해집단들이 적대관계로 돌아선 한편, 영국인들과 인도인들 사이의 사회적 접촉은 점점 더 줄어들었다. 영국인들은 교육받은 인도인들을 하급 행정직 내에 점점 더 한정시켰으며, 고립되었지만 또한 눈에 띄게 특권적인 자신들만의 생활 속으로 후퇴해갔다. 이전의 정복자들은 인도사회에 어느 정도건 흡수되었던 반면, 빅토리아 시대 영국인들은 고국과의 접촉을 지속시켜주는 근대 기술 및 자신들의 지적, 종교적 우월성에 대한 확신 덕분에 이전의 어떤 정복자와도 달리 토착사회에 영향을 받지 않거나 점점 더 이에 냉담한 채로 남아 있었다. 영어나 잉글랜드식 아침 식사와 저녁 식사가 여전히 증명하듯이, 그들이 인도로부터 영향을 받지 않는다는 것은 불가능했다. 그러나 그들은 완전히 잉글랜드적이지는 않았지만 인도를 하나의 도전으로 대하는 문명을 창조했다. 19세기에 '앵글로-인도인'이란 혼혈이 아니라 인도에서 경력을 쌓은 잉글랜드인에게 붙여진 말이었는데, 이는 그 집단의 문화적, 사회적 특수성을 시사한다.

인도와 앵글로-인도인 사회의 분리는 1857년 '인도 반란'으로 불리는 저항이 영국인들의 자신감에 심한 상처를 입힘으로써 거의 사실상 완전히 굳어졌다. 기본적으로 이것은 동물의 지방을 윤활유로 쓰는 신형 탄약통을 사용함으로써 부정 타는 것을 두려워한 힌두교 병사들의 폭동으로부터 시작된 일련의 연쇄적 사건들이었다. 이러한 세부적인 사실은 중요하다. 반란의 많은 부분은 강요된 근대화에 대해서 인도 사회의 여러 부분들이 자발적으로 반응한 결과였다. 이를 강화시키는 요인으로 작용한 것은 자신들의 특권을 상실한 것을 후회하며 독립을 되찾을 기회가 올지도 모른다고 생각했던 무슬림과 힌두교 양쪽 원주민 지배자들의 분노였다. 영국인들은 결국 극소수였으니까 말이다. 이 소수의 대응은 신속하고 무자비했다. 몇몇 영국인 포로들이 학살되었고 영국군은 반란 지역인 러크나우에서 몇 달간 포위되어 있기는 했지만, 충성스러운 인도인 병사들의 도움으로 반란은 진압되었다.

반란과 이에 대한 진압은 영국령 인도에서 아주 극단적 수준까지 가지는 않았더라도 재앙이나 마찬가지였다. 영국이 무굴 제국을 마침내 공식적으로 종식시켰다는 사실은 별로 중요하지 않았다(델리의 반란자들은 마지막 황제를 자신들의 지도자로 선언했다). 이후 인도 민족주의자들이 암시했듯이, 이것이 민족주의적 해방운동에 대한 진압이었고 그 종말이 인도에 비극적이었던 것도 아니었다. 민족의 형성에서 중요한 많은 일화들과 마찬가지로 반란은 신화이자 영감의 원천으로서 중요성을 가질 터였다. 후대 사람들이 어떻게 믿었냐 하는 것이 본질상 토착주의적인 반항들이 뒤섞여 일어났던 실제 사건보다 더 중요했던 것이다. 가장 중요한 효과는 영국인들과 인도인들 사이에, 그리고 (점차적으로) 인도의 무슬림과 힌두교도들 사이에 거리와 불신이 확대된 것이었는데, 후자의 경우 각각 서로를 영국 지배자들의 꼭두각시로 간주하기 시작했다. 또한 즉각적, 제도적 효과로서 반란은 동인도회사 정부를 종식시킴으로써 하나의 신기원을 열었다. 총독은 이제 여왕의 부왕(viceroy)이 되어 영국 각료들을 책임지게 되었다. 이 구조는 90년을 살아남을 영국령 인도(British Raj)의 틀을 마련했다.

따라서 반란은 인도의 역사를 바꾸었지만, 이는 인도를 이미 진행 중이던 방향으로 보다 확고하게 몰아넣는 것이었다. 인도에 마찬가지로 혁명적이었던 또다른 요인은 그 효과의 측면에서 훨씬 더 점진적이었다. 그것은 19세기에 영국과의 경제적 교역이 꽃핀 것이었다. 상업은 인도 아대륙 내 영국 세력의 뿌리였고 계속 그 운명에 결정적 영향을 미쳤다. 최초의 중요한 발전이 이루어진 것은 인도가 중국과의 무역을 위해서 필수적인 기지가 되면서부터였다. 그 최대 팽창기는 1830년대와 1840년대에 몇 가지 이유들로 중국에 대한 접근이 훨씬 더 쉬워진 때에 왔다. 이와 거의 동시에 인도로 가는 영국 수출품, 특히 직물수출품이 최초로 빠르게 증가하면서 반란이 일어날 즈음이면 인도에는 거대한 상업적 이해관계가 형성되어 예전의 동인도회사보다 더 많은 잉글랜드인들과 잉글랜드 무역회사들을 끌어들였다.

영국-인도 무역은 이제 영국의 제조업 지배와 세계무역의 전반적 팽창이라는 이야기 속으로 휘말려들었다. 수에즈 운하는 아시아로 상품을 수송하는 비용을 엄청나게 절감시켰다. 19세기 말 인도에 대한 영국 무역량은 4배 이상 껑충 뛰었다. 그 효과는 양국에서 다 체감되었지만, 이것이 결정적이었던 곳은 인도였다. 영국과의 경쟁이 없었다면 더 빨리 앞서나갈 수도 있었던 인도 산업화에 제약이 가해졌던 것이다. 역설적으로 무역의 증대는 인도가 근대화되고 그 과거로부터 유리되는 것을 늦추었다. 그러나 또다른 요인들 역시 작용하는 중이었다. 19세기 말 영국의 지배가 제공한 제도적 틀 및 이로 인해서 허용된 문화적 영향력들의 자극 때문에 미래에 인도가 극적으로 변화하게 되는 것은 이미 피할 수 없는 일이었다.

19세기 초에 영국처럼 제국 영토를 확장시킨 나라는 또 없었지만, 프랑스 역시 1815년에 남겨진 제국에 상당 부분을 추가했다. 이후 반세기 동안 다른 곳(예를 들면, 서아프리카와 남태평양)에서의 프랑스의 이해관계가 사라진 것은 아니었지만, 프랑스 제국주의가 부활했음을 알리는 최초의 확실한 신호는 알제리에서 나왔다. 북아프리카 전역이 유럽 포식자들의 제국주의적 팽창에 노출된 것은 이곳의 공식적 지배자였던 오스만 제국 술탄의 부패 때문이었다. 남부와 동부 지중해 인근 지역에서 이 문제는 오스만 제국의 분할 가능성으로 제기되었다. 프랑스가 이 지역에 관심을 가지는 것도 당연했는데, 이는 18세기 프랑스의 레반트 무역이 대대적으로 팽창했던 때로 거슬러 올라간다. 그러

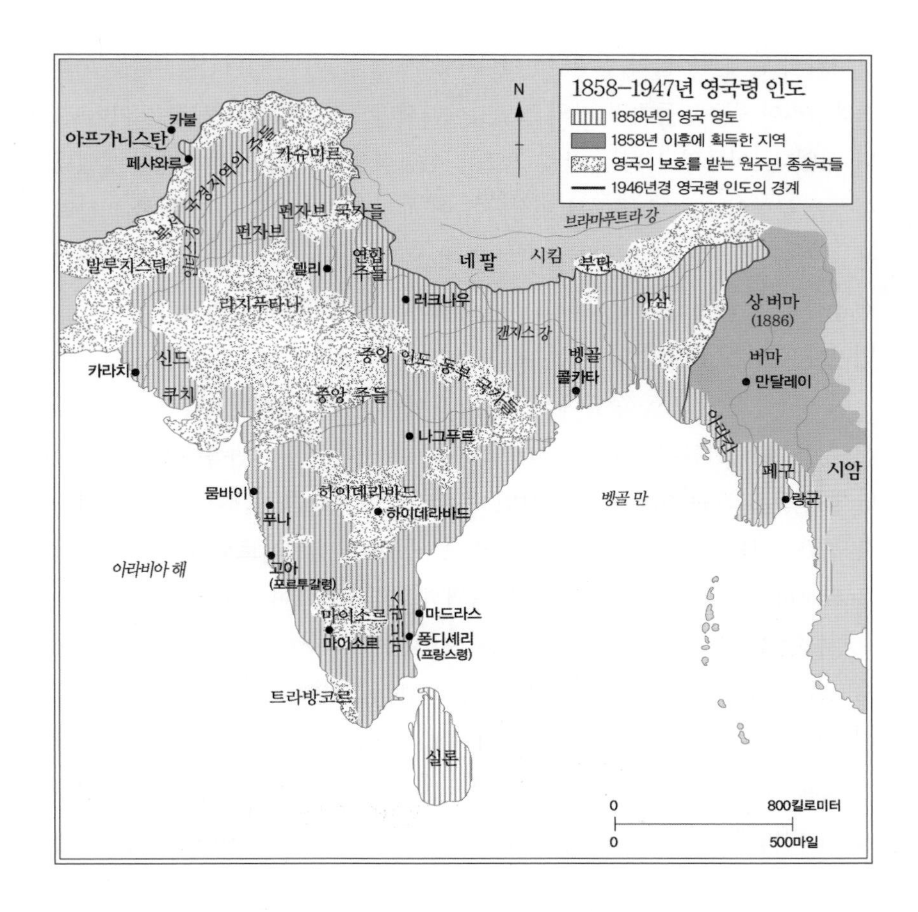

나 보다 정확한 지표는 1798년 보나파르트가 이끈 이집트 원정으로, 이는 유럽 바깥 지역에서 오스만 제국의 계승 문제를 제기했다.

알제리 정복은 1830년 불확실한 상황 속에서 시작되었다. 원주민들뿐만 아니라 모로코 술탄과의 계속된 전쟁은 1870년 이 나라 대부분이 복속될 때까지 이어졌다. 이는 사실상 새로운 단계의 팽창의 시작이었는데, 다음으로 프랑스는 튀니지로 관심을 돌려서 1881년 프랑스 보호령이 되는 것을 수용하게 만들었기 때문이다. 때로는 오스만의 속국이었던 이 두 지역으로 이제 프랑스뿐만 아니라 이탈리아, 그리고 나중에는 에스파냐로부터 유럽인 이민들이 지속적으로 흘러들어왔다. 이 때문에 소수의 도시들에서는 상당한 규모의 정착민 인구가 형성되어 나중에 프랑스 지배의 역사를 복잡하게 만들게 된다. 아프리카의 알제리인들이 절멸당하거나 아즈텍인들, 미국 인디언들, 혹은 오스트레일리아 원주민들처럼 거의 절멸당하다시피 할 수 있었던 시점은 이미 지나 있었다. 이들의 사회는 한때 그토록 성공적으로 기독교 세계와 경쟁했던 이슬람 문명의 도가니 속에서 형성되어 어떤 경우에라도 훨씬 더 강한 저항력을 가졌던 것이다. 그럼에도 불구하고 이들이 고난을 겪은 것은 주로 이들의 전통적 토지 사용권을 분쇄하고 시장경제의 찬바람 앞에 노출시켜 농민들을 빈곤하게 만든 토지법의 도입 때문이었다.

아프리카 연안의 동쪽 끝에서는 이집트에서 일어난 민족적 각성으로 인해서 유럽 세계 바깥에서 나타난 최초의 위대한 근대화론자 민족주의 지도자가 탄생했으니, 그는 이집트의 파샤인 무함마드 알리(1769-1849)였다. 유럽을 흠모했던 그는 그 사상과 기술들을 빌리는 동시에, 술탄으로부터 자신의 독립을 확보하고자 했다. 나중에 그리스 독립혁명에 대항하여 술탄을 원조할 것을 요청받았을 때 알리는 그 보상으로서 시리아를 점령하려는 시도까지 했다. 오스만 제국에 대한 이러한 위협은 1830년대에 국제적 위기를 불러일으켰는데, 프랑스는 파샤의 편을 들었다. 여기에서 성공하지는 못했지만 이후 프랑스 정책은 지속적으로 레반트와 시리아에도 관심을 표명했는데, 이는 20세기에 이 지역에서 잠깐 프랑스의 세력권을 확립함으로써 마침내 열매를 맺게 될 것이었다.

영국과 프랑스가 19세기 초반에 기회들을 잘 활용했다는 생각이 다른 열강들이 1870년 이후 이들의 뒤를 따르고자 애썼던 하나의 이유라는 것은 확실하다. 그러나 부러움 때문에 모방했다는 말은 종종 19세기 말의 '제국주의의 물결'이라고 불리는 현상에서 보이는 엄청난 급작스러움과 열의를 설명해주지는 못한다. 1914년 남극과 북극 바깥에서 유럽이나 유럽 정착민들로 이루어진 나라들의 지배하에 있지 않은 지역은 세계 지표면 면적의 5분의 1 이하였으며, 이 작은 부분 중에서도 일본, 에티오피아, 시암(타이)만이 진짜 자치를 누렸다. 왜 이런 일이 벌어졌느냐에 대한 논의는 많았다. 하나의 명백한 요인은 그동안 축적되어온 힘들에 순전히 가속도가 붙었기 때문이었다. 유럽의 헤게모니는 그 자신의 실력에 기반을 두었기 때문에 점점 더 저항할 수

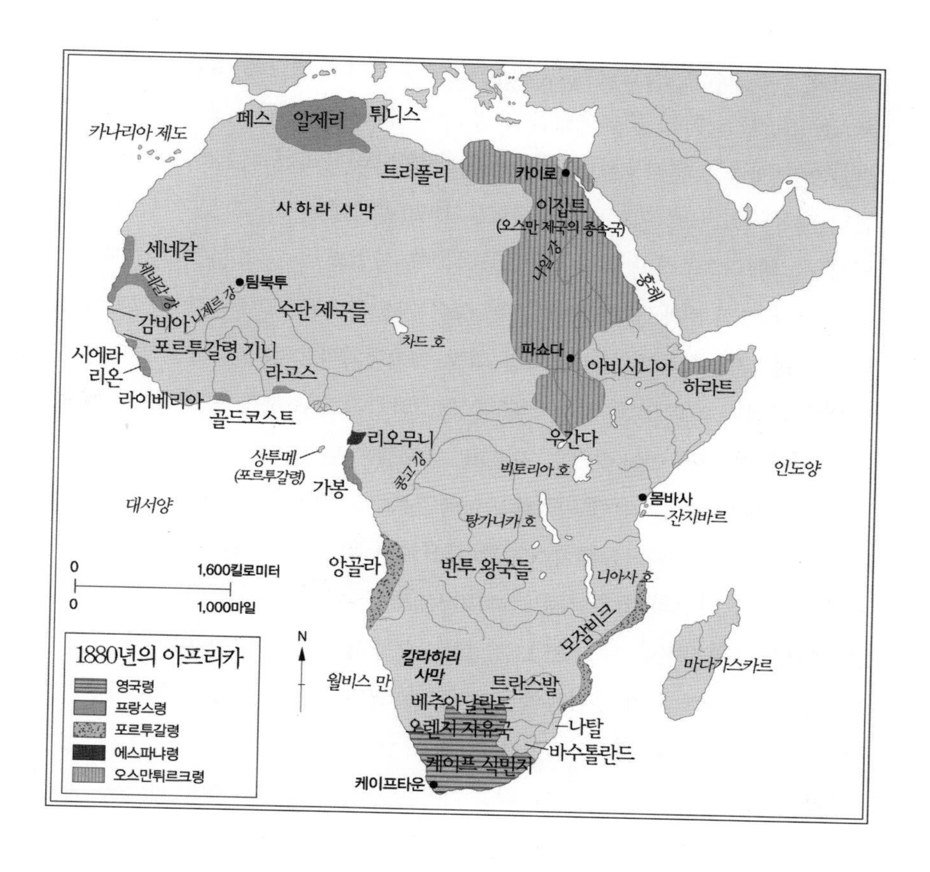

없는 것이 되어갔다. 제국주의에 관한 이론과 이념은 어느 정도까지는 유럽 세계가 별안간 보유하게 된 거대한 권력에 대한 합리화에 불과했다.

유럽의 정치적 상황이 새로운 식민지를 위한 경주에 영향을 미친 것은 확실하다. 독일과 이탈리아라는 새로운 두 유럽 강국이 함께 뛰게 되면서 유럽 국가들끼리의 경쟁은 고조되었다. 대부분의 정부들이 새로운 영토—이를테면 중앙아프리카—를 획득하는 것이 반드시 일확천금을 의미하지 않음을 깨달았음에도 불구하고, 이들은 영토경쟁은 곧 미래를 위한 경쟁이라는 사이비 다윈주의적 생각에 현혹되었다. 정부가 지금 행동하지 않으면 그들은 생존경쟁에서 더욱더 뒤로 밀리게 될 것이었다. 또한 기술과 조직의 진보를 둘러싼 경쟁이 가열됨에 따라서 식민지는 근대성의 시금석이자 팽창하는 문화의 남성성에 대한 증명이 되었다.

기술에는 실제적 이점들도 있었다. 의학이 열대 질병들을 정복하기 시작하고 증기선이 더 빠른 운송수단을 제공함에 따라서 아프리카에 영구기지들을 건설하여 내륙으로 침투하는 것이 용이해졌다. 아프리카 대륙은 오랫동안 관심의 대상이었지만, 이에 대한 개발은 1870년대에야 처음으로 가능한 일이 되기 시작했다. 이러한 기술적 발전 덕분에 상업과 투자를 촉진하고 보호할 수 있는 유럽의 지배권을 확대시키는 것이 가능해졌고 또 매력적인 일이 되었다. 그러한 가능성들이 불러일으킨 희망은 종종 근거 없는 것이었고 으레 실망으로 끝났다. (한 영국 정치가의 상상력 넘치지만 오해를 불러일으키기 좋은 표현에 따르면) 아프리카의 '미개발 영지들'이나 빈털터리인 수백만 중국인들로 구성된 (추정상) 광대한 소비상품 시장의 매력이 어떠했든 간에, 공업국가들은 여전히 다른 공업국가들을 자신들의 최고의 고객이자 무역 파트너로 간주했다. 이전의 혹은 기존의 식민지들은 새롭게 획득된 땅들보다 더 많은 해외자본 투자분을 유치했다. 영국의 돈 중 압도적 다수가 미국과 남아메리카로 갔고, 프랑스의 투자자들은 아프리카보다 러시아를 선호했으며, 독일인들의 돈은 터키로 갔다.

다른 한편으로 경제적 전망은 많은 개인들을 흥분시켰다. 이들 때문에 제국주의 팽창은 항상 그 속에 무작위적 요인이 내포되어 이에 대한 일반화가 어렵다. 많은 경우 탐험가들, 상인들, 모험가들이 벌인 일이 정부로 하여금 원하든 원하지 않든 더 많은 영토를 점령하게 만들었다. 이들은 종종 인민의 영웅이었다. 왜냐하면 유럽 제국주의 최전성기였던 이 시대는 공적인 일에 대한 인민의 참여가 엄청나게 확대된 시기와 일치했기 때문이었다. 신문을 사고 투표를 하고 거리에서 환호하면서 대중들은 점점 더 정치에 참여하게 되었는데, 여기서 정치는 특히 제국주의적 경쟁을 민족적 경쟁의 한 형태로 강조했던 것이다. 새로 나타난 싸구려 언론은 종종 탐험과 식민지 전쟁을 극적으로 묘사함으로써 여기에 영합했다. 어떤 이들은 또한 자국의 깃발이 펄럭이는 새로운 지역들이 늘어나는 것을 보면 사회적 불만들이 누그러질 수 있을지도 모른다고 생각했는데, 심지어 전문가들은 비용 빼고는 아무것도 나올 것이 없다는 것을 알고 있을 때에도 마찬가지였다.

그러나 냉소주의는 이익을 제국주의의 동기로 보는 것만큼이나 전체의 이야기를 설명하지 못한다. 몇몇 제국주의자들에게 영감을 불어넣었던 이상주의는 분명 더 많은 이들의 양심을 달래주었다. 진정한 문명을 소유했다고 믿는 이들은 자신들의 이익을 위해서 다른 이들을 지배하는 것을 하나의 의무로 보기 마련이었다. 키플링의 유명한 시는 미국인들에게 전리품을 노획하는 것이 아니라 백인의 짐을 지라고 종용했다.

따라서 많은 다양한 요인들이 1870년 이후 변화하는 국제관계의 맥락 속에 뒤엉켜 있었고, 이는 식민지 문제에 그 자체의 논리를 부과했다. 이 이야기를 자세히 할 필요는 없겠지만 두 가지 주제가 지속적으로 눈에 띈다. 하나는 유일하게 진실로 전 세계적인 제국세력 — 영국의 소유지는 어디에나 널려 있었다 — 이었던 영국이 다른 나라들과 식민지를 두고 가장 심하게 분쟁을 벌였다는 사실이다. 영국의 관심은 그 어느 때보다 인도에 중심을 두고 있었다. 이를 잘 보여주는 두 예들은 희망봉 항로와 수에즈 운하를 경유하는 신항로를 방어하기 위해서 아프리카 영토를 획득한 것 그리고 인도의 북서부와 서부 사면 지역의 땅들에 대한 위협에 자주 경고를 발했던 것이다. 1870년에서 1914년 사이에 비유럽 문제에서 영국과 다른 열강 사이에 전쟁이 일어날 가능성이 있었던 유일한 위기들은 러시아가 아프가니스탄을 건드린 것과 프랑스가 나일 강 상류에 자신들의 세력권을 건설하려고 시도한 것 때문에 벌어졌다. 영국 관리들은 프랑스가 서아프리카와 인도차이나에 침투한 것과 러시아가 페르시아에 영향력을 발휘하고 있는 것도 몹시 걱정했다.

이러한 사실은 지속적으로 나타나는 두 번째 주제를 보여준다. 유럽 국가들이 40여 년 동안 해외에서 벌어지는 일을 두고 싸웠고, 또한 미국은 그중 하나(에스파냐)와 전쟁까지 벌였음에도 불구하고, 열강에 의한 비유럽 세계의 분할은 여전히 놀랄 만큼 평화적이었다. 1914년 제1차 세계대전이 마침내 발발했을 때 제국주의 문제를 두고 주로 다투었던 세 나라들, 즉 영국, 러시아, 프랑스는 같은 편에 붙었다. 분쟁을 불러일으킨 것은 해외의 식민지 경쟁이 아니었던 것이다. 1900년 이후 딱 한번 모로코에서 비유럽 지역에 대한 분쟁 때문에 진짜 전쟁의 위험이 두 유럽 열강 사이에서 발생한 적이 있었는데,

여기서 진짜 문제는 식민지 경쟁이 아니라 독일이 프랑스가 다른 열강들의 비호를 받을까 하는 염려 없이 프랑스를 협박할 수 있는가 하는 것이었다. 1914년 이전 비유럽 문제를 둘러싼 다툼은 사실상 유럽 본토에서 벌어지는 더 위험한 경쟁관계로부터 관심을 돌리는 긍정적인 역할을 한 듯 보인다. 심지어 이것이 유럽에서 평화가 유지되는 데에 기여했을 수도 있다.

제국 간의 경쟁은 그 자체의 가속도를 가지고 있었다. 한 열강이 새로운 조차지나 식민지를 얻으면 이는 거의 항상 다른 열강들로 하여금 더 나은 결과를 얻도록 채근했다. 제국주의의 물결은 이런 식으로 스스로를 먹여살렸다. 1914년이 되면 가장 눈에 띄는 결과는 아프리카에서 나타날 것이었다. 19세기 초반 노예제에 대항한 탐험가들, 선교사들, 사회운동가들의 활동으로 말미암아 '검은 대륙'에서 유럽의 지배가 확장되는 것은 계몽과 박애주의—사실상 문명의 축복들—를 확산시키는 것과 마찬가지라는 믿음이 촉진되었다. 아프리카 연안에서 수 세기 동안 이루어진 무역은 탐나는 생산물들이 내륙에서 기다리고 있음을 보여주었다. 케이프의 백인들은 (종종 영국 지배에 대한 보어인들의 분노 때문에) 이미 내륙으로 밀고 들어가고 있었다. 이러한 사실들이 뒤섞여 폭발성 혼합물을 만든 끝에, 1881년 영국군이 이집트의 민족 혁명에 대항하여 이 나라 정부를 안정시키기 위해서 파병됨으로써 이것이 터져버렸다. 이 혁명이 만일 성공한다면 (두려워했던 바대로) 수에즈 운하의 안전을 위협할 수도 있었다. 기존 체제를 부식시키는 유럽 문화의 능력—왜냐하면 이것이 이집트 민족주의자들의 생각의 근원이었으므로—은 그리하여 오스만 제국의 몰락에서 또다른 무대를 준비함과 동시에 소위 '아프리카 쟁탈전'의 시작을 알렸다.

영국은 이집트에서 자신의 병력을 신속히 철군시키기를 바랐으나 1914년에도 여전히 거기 머물러 있었다. 이때가 되면 영국 관리들이 사실상 그 나라 행정을 담당했고, 남쪽으로는 영국-이집트의 지배가 수단 깊숙이까지 뻗어 있었다. 그동안 리비아의 터키령 서부지역들(트리폴리타니아와 키레나이카)은 이탈리아인들(이들은 프랑스 보호령 때문에 튀니지에서 부당하게 밀려났다고 느꼈다)에게 점령당했고, 알제리는 프랑스령이었으며, 프랑스는 에스파냐인들이 자리잡은 곳을 제외하고는 모로코에서 상당 부분 자유재량권을 누리고 있었다. 모로코 남쪽으로 희망봉에 이르는 해안선은 전부 영국, 프랑스, 독일, 에스파냐, 포르투갈, 벨기에 사이에 분할되었고, 예외는 고립된 흑인 공화국인 라이베리아뿐이었다. 사하라 사막의 황무지는 프랑스 땅이었고 세네갈 분지, 콩고 분지의 북부 상당 부분도 마찬가지였다. 벨기에는 그 나머지 부분에 자리를 잡았는데 이 지역은 곧 아프리카에서 가장 광물자원이 풍부한 지역의 일부로 입증될 터였다. 더 동쪽으로는 영국 영토가 케이프로부터 로디지아(짐바브웨)와 콩고 국경선까지 이르렀다. 동쪽 해안에서 이들은 탕가니카(독일령이었던 탄자니아)와 포르투갈령 동아프리카에 의해서 바다로부터 격리되어 있었다. 영국 영토로 이루어진 지대는 케냐의 항구인 몸바사로부터 우간다를 거쳐 수단 국경선들과 나일 강 수원지까지 뻗어 있었다. (영국, 이탈리아, 프랑스 손에 있던) 소말리아와 에리트레아는 라이베리아를 제외하면 아직 유럽 지배로부터 자유로운 유일한 아프리카 국가였던 에티오피아를 고립시켰다. 이 오래된, 그러나 기독교 정치체의 지배자는 1896년 아두와에서 이탈리아군을 전멸시키는 군사적 성공을 통해서 19세기 동안 식민화의 위협을 물리친 유일한 비유럽계 지배자가 되었다. 다른 아프리카인들은 성공적으로 저항할 힘이 없었는데, 이를 보여주는 예들은 1871년 프랑스가 알제리 봉기를 진압한 것, 포르투갈이 1902년과 1907년에 재차 앙골라에서의 반란을 (얼마간 어렵게) 진압한 것, 영국이 줄루족과 마타벨레족을 말살한 것, 그리고 가장 최악의 경우로서 1907년 독일이 남서 아프리카의 헤레로족을 학살한 것 등이다.

이렇게 유럽의 힘이 주로 1881년 이후 거대하게 확장된 결과, 아프리카의 역사는 변화했다. 이는 이슬람교가 도착한 이후 그 대륙에 나타난 가장 중요한 변화였다. 유럽 협상가들의 거래, 지리적 발견에 따른 사건들, 그리고 종내에는 식민행정의 편이성이 근대화가 아프리카로 도입되는 방식을 결정했다. 부족 간 전쟁의 억제와 아주 기본적인 의료 서비스의 도입은 몇몇 지역에서 인구증가를 가져왔다. 몇 세기 전 아메리카에서처럼 새로운 작물들이 도입되어 더 많은 사람들을 먹여살릴 수 있게 되었다. 그러나 서로 다른 식민정권들은 상이한 문화적, 경제적 영향을 미쳤다. 식민자들이 떠난 오랜 후에도 이를테면 프랑스식 행정이나 영국식 법적 관행이 뿌리내렸던 곳에서는 나라들 사이에 큰 차이점이 존재할 것이었다. 대륙 전체를 통틀어 아프리카인들은 새로운 형태의 일자리를 발견했고, 유럽식 학교나 식민지 군대에서의 복무를 통해서 유럽식 생활방식을 얼마간 익혔으며, 이제 자신들의 생활을 관리하러 온 백인들의 방식 속에서 서로 다르게 경탄하거나 증오할 것들을 발견했다. 몇몇 영국령 식민지들처럼 원주민 제도를 통한 통치가 강조되는 경우에조차 이 제도들은 이후 새로운 맥락에서 작동해야 했다. 부족적, 지방적 통합체들은 계속 자기 존재를 주장하겠지만, 이는 식민주의에 의해서 형성되어 독립 후 아프리카에 유산으로 남겨진 새로운 구조들에 점점 더 거슬렀다. 기독교의 일부일처제, 기업가적 태도, (모든 문화적 주입물들 가운데 가장 중요한 유럽 언어를 통해서 접근이 가능하게 된) 새로운 지식은 모두 종국에는 새로운 자의식과 개인주의의 증대에 기여했다. 그러한 영향력들로부터 20세기의 새로운 아프리카 엘리트들이 출현할 것이었다. 제국주의는 다른 어떤 대륙들보다 아프리카에 큰 영향을 미쳤다.

반면에 유럽은 아프리카에서의 모험으로 바뀐 바가 거의 없었다. 분명 유럽인들이 이제 더 쉽게 개발할 수 있는 부에 접근할 수 있게 된 것은 중요한 일이었지만 아프리카로부터 그 국가의 미래에 진정 중요한 영향을 미칠 자원을 끌어낸 것은 아마도 벨기에뿐이었다. 또한 아프리카의 수탈은 유럽 국가들에서 때때로 정치적 반대를 일으켰다. 19세기 말의 몇몇 모험가들에게서는 예전 에스파냐 정복자들의 기운 이상이 느껴졌던 것이다. 벨기에 왕 레오폴드(재위 1865-1909)의 콩고 통치와 포르투갈령 아프리카에서의 강제노동이 악명 높은 예들이겠지만, 다른 곳에서도 아프리카의 자연자원들—인간과 물질—은 제국정부의 묵인 아래에 유럽인들의 이익을 위해서 무자비하게 개발되거나 약탈당하고 있었기 때문에 이러한 상황은 곧 반식민주의 운동을 창출했다. 어떤 나라들은 아프리카 병사들을 모집했으나 이는 유럽에서의 복무를 위한 것은 아니었다. 오직 프랑스인들만이 독일인들의 머릿수에 대항하기 위해서 이들을 이용하기를 희망했다. 어떤 나라들은 사회적 문제를 완화하기

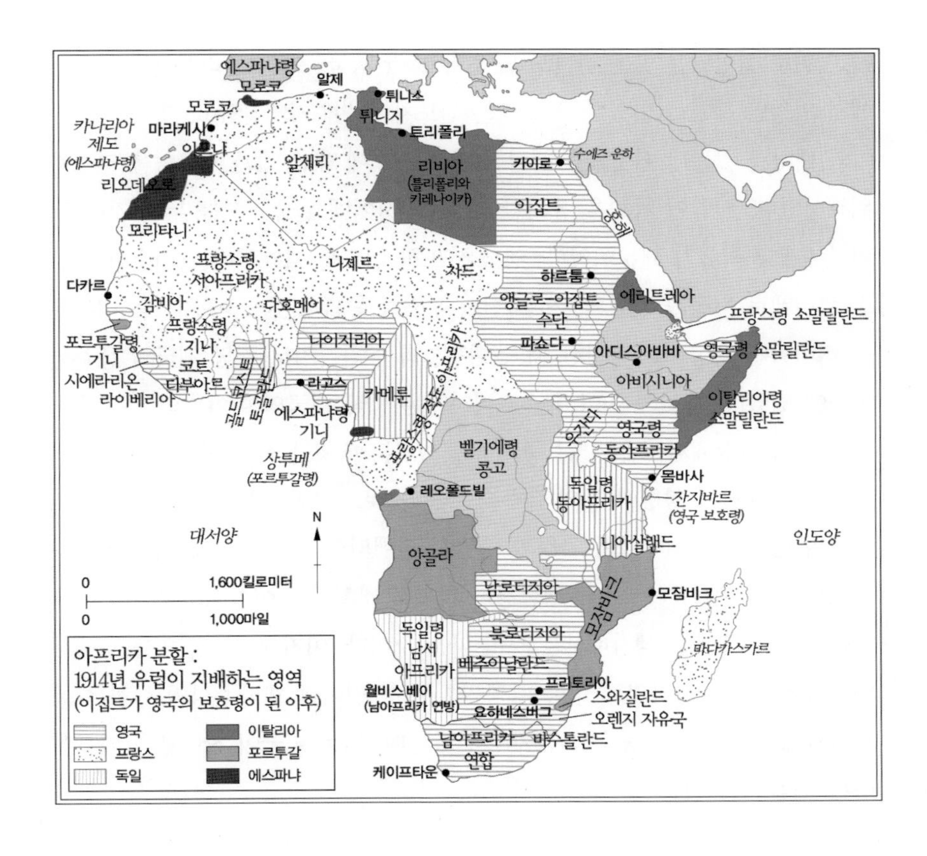

위해서 이민의 배출구를 원했지만, 아프리카가 유럽인들의 거주를 위해서 제공한 기회들은 매우 다양했다. 남부에는 두 개의 대규모 백인 정착민 구역들이 있었고, 영국인들은 나중에 백인 농부들에게 적합한 땅이 있는 케냐와 로디지아에 정착하기 시작했다. 그외에 프랑스령 북아프리카의 도시들에 유럽인들이 있었고, 앙골라에는 포르투갈인 농장주로 구성된 공동체가 성장했다. 반면에 이탈리아인들의 배출구로 아프리카에 희망을 걸었던 이들은 실망했고, 독일인 이민은 숫자도 적은 데다가 거의 전적으로 일시적 현상이었다. 어떤 유럽 국가들—러시아, 오스트리아, 헝가리, 스칸디나비아 국가들—은 아프리카에 사실상 전혀 정착민을 보내지 않았다.

물론 19세기 제국주의의 역사에는 아프리카 외에도 훨씬 더 많은 이야기들이 있었다. 태평양 분할은 덜 극적이었지만 결국 그 섬들 가운데 독립된 정치적 단위로 살아남은 곳은 하나도 없었다. 또한 영국, 프랑스, 러시아는 아시아에서 엄청난 팽창을 벌였다. 프랑스는 인도차이나에 자리잡았고, 영국은 말라야와 버마로 갔는데 이곳들을 점령한 것은 인도에 대한 접근 경로들을 지키기 위해서였다. 시암이 독립을 유지한 것은 그 사이에 완충지대를 두는 것이 두 열강에게 편리했기 때문이었다. 영국은 또한 인도를 보호하려는 비슷한 구상으로 티베트 원정을 벌임으로써 자신의 우월성을 과시했다. 이 지역들 대부분은 러시아가 육상으로 팽창한 지역 대부분과 마찬가지로 중국 제국의 종주권 아래에 있었다. 그들의 이야기는 스러져가는 중국 제국의 이야기의 일부였다. 중국은 여전히 세계사에 더 큰 중요성이 있기는 했지만 쇠퇴하는 중국 제국의 이야기는 유럽의 영향력에 의해서 오스만, 모로코, 페르시아와 같은 다른 제국들의 힘이 부식되어가는 과정과 나란히 진행되었다. 어느 순간에는 아프리카 쟁탈전의 뒤를 이어 중국 쟁탈전이 벌어질 것처럼 보이기도 했다. 이 이야기는 다른 부분에서 생각해보는 것이 나을 것이다. 여기에서는 편의를 위해서 태평양에서와 마찬가지로 중국 영역권 내에서 일어난 제국주의의 물결은 아프리카에서와는 또한 중요한 점에서 달랐는데, 이는 미국이 참여했기 때문이라는 점을 지적하는 것으로 그치겠다.

미국인들은 오랫동안 신이 자신들에게 내려준 것으로 간주해왔던 북미 대륙 바깥에서의 제국주의적 모험에 대해서는 항상 불편해하며 불신의 눈길을 보냈다. 심지어 그 오만함이 극에 달했던 시절에도 공화국에서는 제국주의에 가면을 씌우고 그 소리를 낮추거나 죽이는 작업이 필요했는데 이는 유럽에서는 불필요한 일이었다. 미국의 탄생 자체가 제국세력에 맞서 성공적인 반란을 수행한 결과였다. 헌법은 식민소유지의 지배에 관해서는 어떤 조항도 포함하고 있지 않았다. (미국 지배하에 있던 비미국인들은 말할 것 없고) 최종적으로 완전한 국가를 세우게 되리라고 생각할 수 없었던 영토들이 이 헌법 아래에서 어떤 지위를 가지게 될지 예측하기란 언제나 매우 힘들었다. 다른 한편으로 19세기 미국의 영토팽창의 많은 부분은 제국주의와 거의 구분되지 않았다. 비록 미국인들은 '명백한 운명(Manifest Destiny)'이라는 포장 때문에 이를 인식하지 못했겠지만 말이다. 가장 노골적인 예로는 1812년 영국에 대항한 전쟁과 19세기 중반 멕시코에 대한 취급을 들 수 있다. 그러나 이밖에도 인디언들을 그 땅에서 몰아낸 것과 먼로 독트린이 가진 위압적 함의 역시 고려해야 한다.

1890년대에 미국의 육상팽창은 완결되었다. 국내 정착민을 위한 이어진 변경지역은 더 이상 존재하지 않았다. 이때에는 경제성장 때문에 미국 정부 내에서 사업적 이해관계가 가지는 영향력이 커져 있었는데, 이는 종종 경제적 민족주의와 높은 보호관세로 표현되었다. 이러한 이해관계들 중 몇몇은 미국 여론의 관심을 외국, 특히 아시아로 돌렸다. 어떤 이들은 미국이 유럽 세력에 의해서 아시아 무역에서 배제될 위험에 처해 있다고 생각했다. 캘리포니아의 인구 급증과 함께 태평양 의식이 나타나는 새로운 시대가 밝아옴에 따라서 오래된 연결관계(최초의 미국 극동 함대는 1820년대에 파견되었다)가 기로에 서 있었다. 반세기 동안 계속된 중앙 아메리카를 가로지르는 운하에 대한 논의 역시 세기말에 전면에 대두되었다. 미국이 먼로 독트린을 유지하려면 태평양에 대양으로 된 제방을 쌓을 필요가 있으리라고 제안하는 전략가들의 논리는 이로 인해서 관심을 끌었다.

이 모든 흐름들이 모여서 폭발적 팽창으로 이어졌는데, 이는 오늘날까지도 미국의 해외 제국주의의 독특한 예로 남아 있다. 왜냐하면 이때 미국은 새로운 해외영토를 획득하는 데에서 전통적 제약을 한동안 제쳐놓았기 때문이다. 시작은 1850년대와 1860년대에 중국과 일본이 점차 미국 상업에 개방된 것 그리고 영국, 독일과 함께 사모아(1878년에 획득한 해군기지는 여전히 미국 점령지로 남아 있다)의 행정에 참여한 것이었다. 그 이후 20여 년 동안에는 하와이 왕국에 대한 내정간섭을 점차 늘려나갔는데, 1840년대 이후 미국의 보호는 여기까지 확대되어 있었다. 미국의 무역상들과 선교사들의 다수가 여기에 자리잡았다. 하와이인들에 대한 자비로운 후원은 1890년대에 들어 미국으로의 합병을 추진하기 위한 시도들로 대체되었다. 워싱턴은 이미 진주만을 해군기지로 사용하고 있었지만, 하와이에서 혁명이 일어나자 그곳으로 해병을 상륙시키기에 이르렀다. 결국 하와이 정부는 정착민들이 일으킨 움직임 앞에 굴복해야 했으며, 단명한 하와이 공화국은 1898년 미국 영토로 병합되었다.

그해에 하와이 항구에서 알 수 없는 폭발이 일어나서 미국의 순양함인 메인 호를 파괴했다. 이는 에스파냐와의 전쟁을 위한 구실이 되었다. 그 배경으로는 미국의 사업적 이해관계가 두드러지고 친미 감정이 일어났던 쿠바에서 에스파냐가 오랫동안 폭동을 진압하는 데에 실패했던 것, 그리고 미래에 파나마 해협을 가로질러 건설될 운하에 대한 카리브 해 쪽 접근로의 중요성에 대한 인식이 강화된 것을 들 수 있다. 아시아에서 미국은 에스파냐에 대항하여 필리핀에서 일어난 또다른 폭동에도 원조를 제공했다. 에스파냐 대신 미국이 마닐라에서 지배하게 되자, 반란자들은 이전의 동맹자들에게 반기를 들고 게릴라 전쟁을 시작했다. 이것은 미국이 자신의 첫 번째 아시아 식민지로부터 발을 빼게 되는 장기간의 힘겨운 과정의 첫 단계였다. 워싱턴의 행정가들은 잇달아서 필리핀인들은 아직 독립할 준비가 되지 않았고, 필리핀의 자유는 다른 열강들에 의해서 이용당할 것이므로 미국이 철수하지 않는 것이 최선이라고 주장했다. 카리브 해의 경우 아메리카에서 오랫동안 이어진 에스파냐 제국의 역사를 마침내 종식시킨 것이 바로 미국이었다. 푸에르토리코는 미국인들에게 넘어갔고, 쿠바는 미국의 지배를 보장하는 조건하에 독립을 얻어냈다. 미군은 1906년에서 1909년 사이에, 그리고 1917년에 재차 이 조건에 의거하여 되돌아와서 섬을 점령했다.

이는 미국 제국주의의 물결 속에서 마지막으로 일어난 중대한 사건의 전주곡이었다. 파나마 운하의 건설은 19세기 중반부터 논의되었고, 수에즈 운하의 완공으로 인해서 그 가능성이 새롭게 부각되었다. 미 외교부는 영국이 개입할 경우의 장애물을 피하기 위한 방도를 교섭했다. 모든 것이 순조롭게 흘러가는 듯 보였으나 1903년 콜롬비아로부터 운하지역의 땅을 획득하기 위한 조약이 콜롬비아인들에게 거부당하면서 예상 밖의 문제점이 발생했다. 운하가 통과할 파나마 지역에서 혁명이 획책되었다. 미국은 콜롬비아 정부가 이를 진압하는 것을 막았고, 새롭게 출현한 파나마 공화국은 보답으로 미국에 필요한 영토와 함께 질서를 유지하기 위해서 내정에 개입할 권리를 부여했다. 이제 공사가 시작될 수 있었고, 운하는 1914년에 개통되었다. 배들이 신속하게 이 대양에서 저 대양으로 옮겨갈 수 있게 되자 미국의 해군전략에는 큰 변화가 생겼다. 이는 또한 시어도어 루스벨트 대통령(재임 1901-1909)이 제안한 먼로 독트린의 '논리적 귀결'의 배경이 되었다. 운하지역이 서반구의 해상방어에 가장 중요한 거점이 되자 안정적 정부를 통해서 이를 보호하고 카리브 해 국가들에서 미국의 지배권을 확보하는 것이 그 어느 때보다 중요해졌다. 이 지역들에서 미국의 개입이 새롭게 활기를 띨 것임은 곧 명백해졌다.

그 동기와 수단은 달랐지만(하나만 예로 들면 새로운 점령지들에는 미국인들의 영구적 정착지가 사실상 전무했다), 미국의 활동은 유럽인들이 그 전에 수행한 거대한 영토 획득 과정의 한 부분으로 볼 수 있다. 남아메리카인들을 빼고는 그들 거의 모두가 참여했으며, 심지어 오스트레일리아 퀸즐랜드 주민들조차 뉴기니를 병합하고자 시도했던 것이다. 1914년 세계 지표면의 3분의 1이 영국과 러시아, 이 두 나라의 깃발 아래에 놓였다(비록 러시아 영토 가운데 얼마만큼을 식민지로 보아야 할지에 대해서는 이견의 여지가 있지만 말이다). 러시아를 빼고 측정해보면, 1914년 영국은 본토의 국경선 바깥에서 4억 명, 프랑스는 5,000만 명, 독일과 이탈리아는 각각 1,400만 명가량의 신민들을 지배했다. 공식적 권력이 이만큼 집적된 것은 전무후무했다.

그러나 이때에도 해외 제국주의의 운이 다했음을 알리는 징조들이 이미 나타났다. 중국을 통제하기란 매우 어렵다는 사실이 입증되었고, 나누어먹을 땅은 거의 남아 있지 않았다. 독일과 영국은 에스파냐를 곧 뒤따를 것으로 보였던 포르투갈 제국을 분할할 가능성을 논의하기는 했지만 말이다. 유럽 제국주의 팽창의 여지가 있을 것으로 가장 유력한 지역은 쇠퇴하는 오스만 제국이었는데, 1912년 이탈리아가 트리폴리를 점령하고 이듬해에 터키에 대항하여 형성된 발칸 동맹이 오스만에게 남아 있던 거의 모든 유럽 영토들을 앗아가버리자 제국의 해체는 마침내 임박한 듯 보였다. 이러한 전망은 아프리카 분할에서처럼 열강끼리의 별다른 분쟁 없이 이루어질 가능성이 없어 보였다. 훨씬 더 결정적인 문제들이 이 지역에서 열강들의 성패를 좌우하게 될 것이었다.

7
아시아의 변신

오랫동안 대부분의 아시아인들은 그들의 세계에서 이전에 빠르게 생겼다가 사라지곤 했던 다른 제국들과 마찬가지로 유럽인들의 세력권 역시 잠깐의 일일 뿐이리라고 생각했다. 그러나 19세기 동안 이 관점은 변했다. 변화의 첫 번째 주요 원인은 외국인들의 존재가 기술, 행정, 상품 경제의 견지에서 국내에 미친 영향이었다. 또다른 원인은 한 나라—일본—가 스스로를 서구화된 나라로 재창조할 수 있는 능력을 보여준 것이었다. 이러한 변화들이 합류한 결과, 가장 완고한 보수주의자들이 보기에도 유럽인들의 영향력이 충분히 체감되기 이전에 존재했던 사회체제로 복귀하는 것은 (완전히 불가능하지는 않더라도) 매우 어려운 일임이 명백해졌다.

19세기 동안 아시아의 몇몇 중심 도시들에서 일어난 심성의 변화는 역사적으로 매우 중요했다. 젊은이들은 자신들과 자신들의 나라를 유럽인들로부터 빌려온 개념을 통해서 생각하기 시작했고, 또한 이러한 사상들을 스스로의 문화적 요소들과 융합시켰다. 그 결과로서 오늘까지지도 역사에 엄청난 영향을 미친 아시아의 변신이 나타났다. 어떤 아시아 젊은이들은 이제 자신의 나라를 스스로의 미래를 결정할 권리를 가진 민족으로, 자신들은 개인의 권리와 그 나라에 대한 의무를 가진 시민(혹은 적어도 잠재적 시민)으로 간주했다. 이러한 사상이 완전히 뿌리내리기까지는 매우 오랜 시간이 걸리겠지만, 민족주의와 정치적 급진주의의 결합은 다음 세기에 식민제국주의를 종식시키고 새로운 아시아를 건설할 사고방식들 중 다수를 만들었다.

이는 매우 느리게 발전했지만, 이러한 변화들 중 몇몇은 중국에서 먼저 느껴질 것이었다. 청나라는 19세기 초 동아시아에서 여전히 지배세력이었지만,

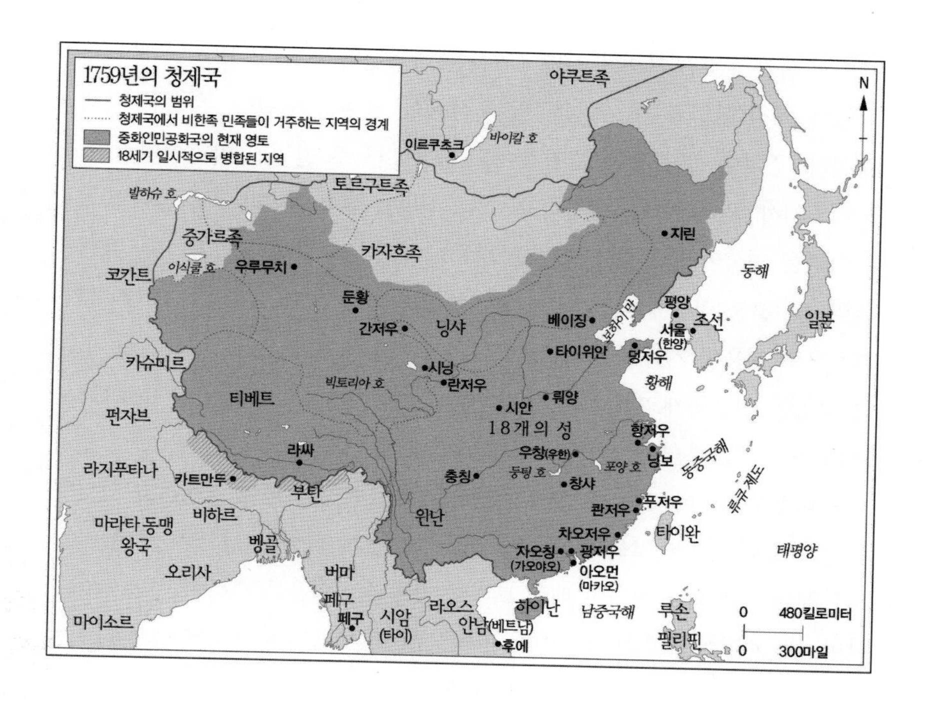

많은 국내 비판자들은 제국에 개혁이 절실하다고 느끼고 있었다. 청나라는 그 권역 내에서의 불필요한 전쟁들에 돈과 위신 모두를 탕진했으며, 제국이 쇠퇴하고 있다는 생각은 1799년 건륭제가 죽고 난 후 뒤를 이은 두 명의 불운한 황제들로 인해서 더욱 강화되었다. 제국 궁정의 권위는 빠르게 소멸하는 것처럼 보였다. 건륭제의 후계자는 1803년 베이징 거리에서 군중들의 습격을 받았으며, 기독교와 다른 분파들을 뿌리 뽑고 아편 수입을 금지하려던 그의 아들의 시도는 거의 무시당했다.

그러나 이러한 문제들에도 불구하고 중국인들과 다른 동아시아인들 모두 청왕조는 예전에 만주인들이 그랬듯이, 어려움을 극복하고 더 강해져서 돌아올 것이라고 믿는 듯했다. 그러나 이번에는 청나라가 활동하던 국제적 환경이 변화했다. 세기 전환기의 전쟁들로부터 회복한 유럽 열강들은 중국으로 관심을 돌렸다. 이들의 생각—특히 런던에서의 생각—은 만일 청나라가 자유무역에 제국의 문호를 열도록 강요할 수 있다면 유럽 상품을 위한 거대한 새로운 시장이 형성되리라는 것이었다. 광둥에서의 무역은 중국-유럽 무역의 잠재력이 존재함을 보여준다고 영국인들은 주장했다. 그리고 1830년대가 되면 그들은 마침내 중국 내 수요가 있는 상품을 보유한 듯했다. 유일한 문제는 그것이 (중국에서) 불법이고 건강에도 나쁜 것으로 알려진 마약이면서 영국 동인도회사가 대량으로 생산하고 있는 상품, 즉 아편이라는 사실이었다.

아편은 영국이 중국에서 팔려고 압박하기 전부터 알려져 있었지만, 유럽인들의 밀수활동 덕분에 이전 어느 때보다 훨씬 더 많은 양으로, 그리고 더 값싼 가격으로 이용이 가능해졌다. 아편 소비가 퍼짐에 따라서 중국 정부는 이 마약 수입을 엄중하게 단속하기로 결정했다. 1839년 제국대신인 임칙서(1785-1850)가 황제로부터 직접 모든 불법 수입을 중단시키라는 명령을 받고 광둥으로 파견되었는데, 그는 자신의 사명을 수행하리라고 굳게 결심하고 있었다. 그는 밀수업자들과 그들의 중국인 조력자들에게 적절한 경고를 보낸 다음, 자신의 부대를 외국 창고와 배에 보내서 발견된 아편을 몰수하여 이를 녹이고 나머지는 바다에 흘려보내버렸다. 임칙서는 또한 모든 외국 상인들이 다시는 아편을 중국으로 들여오지 않겠다는 약속에 서명하도록 요구했다. 서명을 거부한 사람들은 광둥의 주 강 하구에 있는 바위투성이의 섬에 피신하는 처지가 되었는데, 사람들은 이 섬을 홍콩이라고 불렀다.

런던 정부는 광둥에서 벌어진 임칙서의 마약 단속작전을 자유무역에 대한 공격이자 영국의 명예에 대한 모욕으로 보았다. 그들은 45척의 군함으로 구성된 함대를 싱가포르로부터 중국의 남부해안으로 파견했다. 뒤이어 벌어진 전쟁은 중국 제국에 재난이나 마찬가지였던 것으로 판명되었다. 청의 정예부대가 해안에서는 영국군을 상대로 상당히 잘 싸웠지만, 여왕 폐하의 함대는 중국의 해안 마을들과 요새들을 파괴하면서 넓은 강을 따라 올라가기 시작했다. 적군이 전장을 중국의 북쪽 해안으로 이동시키자 청나라는 화평을 청하기로 결정했다. 베이징에서는 왕조의 명운과 제국의 안정을 위해서라면 외국 야만인들과의 굴욕적인 협정에 서명해야만 하는 대가를 치를 만하다고 보았다.

19세기 나머지 기간 동안 영국은—다른 유럽 국가들 및 러시아, 미국도 합세하여—중국에 대한 계속적인 군사적 협박을 일삼으면서 청나라 궁정이 자신들의 늘어가는 요구를 수용하지 않을 때마다 군사적 행동을 취하겠다고 위협했다. 군사적 견지에서 중국은 유럽인들에게 점점 더 뒤떨어졌기 때문에 이 전술은 먹혀들었다. 1900년 청나라 정부는 외국의 무역 조차지들을 설립하는 데에 동의했다. 외국인들을 위해서 명시적으로 따로 떼어놓은 이 부분의 중국 도시들에서는 유럽인들이 완전한 정치적 통제권과 완전한 사법권을 가졌다. 양쯔 강 어귀에 있는 상하이는 수에즈 운하 동쪽에서 최대의 유럽인 정착지이자 중국 나머지 부분에서 유럽화의 모델이 되었다. 중국은 결코 식민화되지는 않았지만, 외국인들의 정착지는 많은 측면에서 일종의 식민 지배를 의미했다. 상하이의 해안공원에 '개와 중국인 출입 금지' 표시가 있었다는 말은 신화의 영역에 속할 수도 있겠지만, 도시의 많은 중국인들은 확실히 자신들이 스스로의 나라에서 이등국민 취급을 받고 있다고 느꼈다.

외국인들은 단순히 부자가 되려고 중국에 온 것은 아니었다. 누군가는 영혼을 구원하기 위해서 왔다. 외국 선교사들의 존재는 19세기 말에 빠르게 늘어났는데, 중국에서 그들의 존재는—선교사들이 개종자들을 거의 만들지 못했음에도 불구하고—현지민들과 잦은 마찰을 빚었다. 이는 외국인들과 그들의 중국인 추종자들이 온갖 종류의 나쁜 짓을 벌인다고 의심받았던 시골에서 더 심했다. 그러나 중국 선교사들은 분란을 일으키는 것보다 훨씬 더 많은 일들을 했다. 그들 중 몇몇은 중국인들을 위해서 유럽 전통의 매개자가 되어 과학, 지리학, 역사 문헌들을 번역하고 '서구식 지식'을 가르치는 학교와 대학교들을 설립했다. 중국인들이 외국의 기술을 전유하는 데에 빠른 발전을 보인 것 역시 대부분 선교사들 덕분이었다. 그들 중 하나는 중국에서 최초의 유럽식 무기고를 짓기 위한 작업의 주요 번역자였다(이를 위해서 그는 129권 이상의 과학기술에 대한 책들을 중국어로 번역했다).

그러나 중국에서 서양 선교사들의 존재가 미친 가장 큰 영향은 누구도 예상하지 못한 것으로, 유럽인들을 두려움에 휩싸이게 한 일이 발생했다. 1843년 과거시험에서 낙방하고 광둥의 시험장에서 비틀거리며 나오던 한 젊은이가 마침 지나가던 미국의 침례교 선교사로부터 기독교 팸플릿을 받았다. 이 젊은이는 시골에 있는 집으로 돌아가서 엄청난 정신적 고통 속에서 『신약성경』에 대해서 읽기 시작했다. 몇 달 후 홍수전(1814-1864)은 아무것도 모르는 자신의 친족들에게 자신은 신의 아들이며 예수 그리스도의 동생으로서 정직성을 부활시키고 지구상에서 악마를 내쫓기 위해서 지상에 보내졌다고 선언했다. 그들은 처음에는 화가 나서 그를 내쫓았다. 그가 태어난 가난하고 더러운 마을은 추수 때 도와줄 일손이 필요했지 자칭 예언자가 필요하지는 않았던 것이다. 그러나 얼마 후부터 그는 신도들을 만들기 시작했고, 그의 작은 배상제회(拜上帝會)는 어떻게든 살아남았다.

홍수전의 집단이 살아남은 것은 중국 남부의 해안지방에서 19세기 중반은 정상적인 시기가 아니었기 때문이다. 영국과의 전쟁은 청의 권위를 엄청나게 훼손시켰고, 행정—세금이나 보급 체계는 말할 것도 없다—의 태반은 혼란에 빠져 있었다. 어떤 지방에서는 비적들과 비밀조직들이 힘없고 약한 이들을 먹잇감으로 삼았고, 홍수전의 사람들—하카족—은 항상 다른 이들에게 희생당하던 소수파였다. 1840년대 말 홍수전은 자신의 공동체를 지키기 위해서 무장 집단을 조직한 상태였다. 1850년대 말이 되면 홍수전이 이끄는 하카족의 저항은 청나라에 대항한 진정한 반란으로 발전했고, 여기에서 신의 아들은 큰 평화가 깃든 천상의 왕국, 우리에게 알려지기로는 태평천국(太平天國)의 왕이라는 세속적 역할을 담당했다.

태평천국의 난은 19세기 중반 중국을 재난 속에 몰아넣었으며, 다른 폭동들과 함께 청왕조를 거의 전복시키는 데에 다다랐다. 종교적 열정의 힘을 받은 태평천국의 부대들은 양쯔 강 이남의 중국 대부분 지역을 장악했으며 난징에 수도를 세워서 1864년까지 이곳을 통치했다. 홍수전이 『성경』을 수정하느라고 바쁜 동안 그의 사도들은 종교적 원칙들, 토지의 정당한 분배, 적들의 학살에 기초한 천년왕국적 국가를 건설했다. 때로 태평천국은 더 이상의 팽창보다는 자신들의 이념을 실현시키는 데에 더 골몰한 듯 보였으며, 1856년 이후 반란은 수세로 돌아섰다. 그럼에도 불구하고 태평천국은 주요한 사회적 변화들을 선언했으며, 비록 이것들이 얼마나 광범위하게 효과를 보이거나 호소력이 있었는지는 결코 분명하지 않지만, 여기에는 진정으로 파괴적인 이념적 효과가 있었다.

태평천국의 사회적 원칙의 근본은 사유재산이 아니라 일반적인 욕구들을 공동으로 충족시키는 것이었다. 토지는 이론상으로는 공정한 몫을 얻을 수 있도록 토질에 따라서 등급화된 지조별로 경작하도록 분배되었다. 더욱더 혁명적인 것은 여성에게도 사회적, 교육적 평등을 확장하기로 선언한 것이었다. 전통적인 전족이 금지되었고, 성적 금욕조치는 이 운동의 열망을 보여주었다(비록 천왕인 홍수전 자신의 행동은 아니었지만 말이다). 이 모든 것들은 태평천국 신앙의 뿌리에 놓여 있는 혼합된 종교적, 사회적 요소들을 반영했으며, 이는 전통질서를 위협했다. 만약 지방 엘리트들의 대항반란과 그들의 서양 적수들(자신들의 상업적 이해관계를 위협하는 미친 메시아보다는 이용하기 좋은 황제를 더 선호했던 이들)이 청나라에 마지못해서 제공한 원조가 아니었다면 제국은 아마도 무너졌을 것이다. 그러나 1860년대 중반 베이징은 마침내 전열을 정비하고—홍수전이 때마침 사망한 데에 도움을 받아서—반도들을 무찌를 수 있었다.

19세기 중반 중국에서 일어난 반란들은 엄청나게 파괴적이어서 유럽의 제1차 세계대전보다 더 많은 희생자를 낳았으며 이 나라의 주요 지역 몇몇을 황무지로 만들었다. 그러나 이들은 또한 변화를 촉진하기도 했다. 청왕조는 승리 이후에도 예전 그대로 돌아갈 수는 없었다. 제국은 새롭게 수명 연장의 기회를 얻었지만 이제 왕조의 지방동맹 세력과 외국인 후원자들에게 신세를 지고 있었다. 양쪽 다 청나라에 대한 지속적 원조를 위해서 명확한 요구 조건을 제시했다. 영국과 프랑스는 사실 제국이 자신의 명운을 걸고 태평천국과 싸우는 동안 제국에 대항한 자신들만의 작은 전쟁을 수행했다. 이는 다른 수많은 범죄행위들, 그중에서도 특히 황제의 거대한 여름 궁전인 원명원(圓明園)의 파괴로 이어졌다. 내전이 막바지에 이르자, 외국세력들은 청나라로부터 더 많은 양보를 요구했다(그리고 얻어냈다).

19세기가 흘러가면서 더 많은 영토적 손실이 있었다. 중국은 유럽의 분파인 미국과 러시아를 포함하여 모든 소위 '서구' 국가들에 의해서 난도질당할 참인 듯 보였다. 러시아는 아무르 강 동쪽에서 중국이 요구하던 땅을 장악했는데, 이는 연해주가 되어 블라디보스토크를 주요 도시로 보유했다. 1880년대에는 프랑스가 베트남에 보호령을 확립했다. 느슨하게 행사되었지만 오래 유지되었던 중국의 종주권은 사라지고 있었다. 프랑스는 인도차이나 전역을 집어삼키기 시작했고 1886년에는 영국이 버마를 병합했다. 영국, 프랑스, 독일은 모두 세기말 중국 내의 항구들에 대한 장기 조차권을 얻어냈다. 심지어 1901년까지 사실상 아무것도 얻지 못하기는 했지만, 이탈리아까지 여기에 참여했다. 그리고 이보다 훨씬 더 전부터 서구 열강들은 자신들의 경제적, 재정적 이익을 지키고 증대시키기 위해서 각종 양보, 차관, 협정들을 획득했다. 세기말 영국 수상이 두 계급의 민족들, 즉 '살아 있는 쪽과 죽어가는 쪽'이 있다고 이야기할 때 중국이 후자의 탁월한 예가 되었음은 별로 놀랄 일이 아니다. 정치가들은 중국의 분할을 구상하기 시작했다.

그러나 태평천국의 지도자들이 완전히 새로운 종류의 중국인들이었다면, 그들을 패배시킨 이들 역시 마찬가지였다. 이들은 대부분 중국 중부의 주들 출신이었는데 전쟁 후 스스로를 위해서 높은 수준의 주 자치를 요구했으며, 이를 종종 교육과 사회기반 시설의 개혁을 실험하는 데에 이용했다. 게다가 비록 제국에 대한 충성서약에 동의하기는 했지만 이들은 자신들이 나라 전체에 절박하게 필요하다고 생각했던 많은 개혁은 오직 주들에서 시작될 수 있다고 믿었다. 근대적 인간이었던 이들은 중국이 살아남으려면 그 행정조직과 교육체제를 서양식으로 조직할 필요가 있음을 이해했고, 시간이 별로 없다는 점 또한 알고 있었다.

1870년대와 1880년대에 몇 년 동안 주로 주들에서 이루어진 진보를 두고 혹자는 일본에서 벌어지고 있던 것과 비슷하게 중국의 '유신(維新)'이 일어나고 있다고 말했다. '자강운동(自強運動)'—태평천국을 패배시킨 영웅들 중 하나인 이홍장(1823-1901)이 이끈 것이다—은 중국을 방어하기 위해서 외국의 기술을 습득하고 서구를 따라잡아야 할 필요성을 역설했다. 그러나 이홍장은 국가의 기반은 유교여야 한다고 믿었다. '동도서기(東道西器)'라는 표어는 중국의 제1세대 개혁가들 중 가장 급진적인 이들 가운데에서도 흔하게 통용되었다.

개혁의 첫 단계에서 많은 것들이 성취되었다. 중국은 최초의 근대 무기고들, 해군, 그리고 중국과 외국 지식 양쪽을 모두 가르치는 최초의 대학교들을 얻게 되었다. 해외의 외교사절단과 함께 외무부가 설립되었고, 젊은 중국인들이 학문을 위해서 유럽과 미국에 파견되었다. 궁정의 반동주의자들이 계속 반대했음에도 불구하고 이 모든 일들이 이루어졌다. 그러나 1880년대 말 변화에 저항하던 자들이 주로 서태후(1835-1908, 함풍제의 황후)의 보수적 본능에 호소함으로써 우위를 점하게 되었는데, 그녀는 태평천국 반란 이후 궁궐에 군림하면서 19세기 말 연달아 즉위했던 두 명의 소년 황제들을 손쉽게 조종했다. 1890년 몇몇 주들은 계속 발전을 보였지만, 중앙정부 수준에서 자강운동의 시대는 끝이 났다.

청나라가 개혁을 꺼려한 결과는 1894-1895년에 중국이 한국에 대한 영향력을 두고 일본과 전쟁을 벌여서 패배하면서 명백해졌다. 청나라에 의하면 제국이 서양 야만인들과의 싸움들에서 무릎을 꿇었다는 것은 이제까지 알려져 있지 않았던 적들에게 일시적인 약점을 보인 것으로 설명될 수 있었다. 수 세기 동안 중국의 이웃으로 살아왔던 동쪽의 야만인들에게 패배했다는 것은 완전히 다른 종류의 대재앙이었다. 이는 제국과 이를 다스리던 청왕조에 굴욕을 안겼다. 그리고 개혁의 필요성을 너무 강력히 증명한 나머지, 소년 황제였던 광서제(재위 874-1908)는 서태후에게 대항하는 반란을 일으켜서 1898년 짧지만 강력한 법적, 행정적 개혁의 시대를 열었다. 100일 후 서태후가 개혁 지도자들을 처형하거나 유배시키고 황제를 가택연금시키면서 복권하기는 했지만, 이 사건은 청왕조의 결집력—17세기 초 이후 중국을 하나로 뭉쳐왔던 접착제였던—이 심지어 권력의 핵심부에서도 와해되기 시작했음을 보여주었다.

2년 후 서태후가—부분적으로는 근대화론자들, 기독교도들 그리고 그들의 외국인 옹호자들에 대한 개인적 복수를 위해서—불만에 찬 농민들로 이루어진 하층계급 운동을 지원함으로써 사태는 더 심각해졌는데, 이들 농민들은 자신들이 무술과 마술을 결합시켜서 중국을 외국의 영향력이라는 재난으로부터 구출할 수 있다고 믿었다. 서구인들에게 의화단(義和團)이라고 불렸던 이들은 서양 선교사들과 기독교 개종자들을 살해한 것 말고는 별로 성취한 바가 없었지만, 이는 유럽과 일본의 개입을 강력히 도발하여 1900년에는 베이징이 점령당하고 자금성이 탈취되어 약탈당했다. 서태후는 도망쳤다가 1902년 1월 베이징으로 돌아왔는데, 이제 완전히 외세의 압력에 놀아나는 청나라 정권을 이끌기 위해서였다. 외국인들은 청왕조를 선호했는데, 이때쯤이면 그들이 이용하기 좋다는 것을 알았기 때문이었다. 그러나 청왕조는 또한 어느 정도의 안정성을 상징했고, 중국에 대한 외국 투자와 차관이 늘어남에 따라서 이는 점차 중요해졌다. 중국은 결코 공식적으로 식민지가 된 적은 없지만, 그럼에도 불구하고 일종의 식민화를 경험하기 시작한 참이었다.

그러나 외세는 중국 사회 밑바닥으로부터 위험이 끓어오르고 있음을 눈치채지 못했다. 청제국이 의화단 운동의 재난 이후 절박하게 새로운 개혁 및 근대화 계획을 도입하고자 시도함에 따라서 이는 또한 중국에서 청왕조의 적들을 최대치까지 증가시켰다. 민족주의자들이 이 정권을 증오한 것은 이들이 외국인들에 간도 쓸개도 다 내주고 그들의 원조를 받았기 때문이었다. 전통주의자들은 정권이 유교적 원칙들을 홀대한다고 비난했다. 급진파들은 민주주의의 부재를 한탄했다. 그리고 주를 이끄는 지도자들은 청왕조가 자신들이 새롭게 얻은 자치에 대항한 행동을 준비하고 있다고 믿었다. 많은 주들이 1911년 실패한 반란에 뒤이어 자신들의 독립을 선언했던 것은 제국이 부활할지도 모른다는 두려움 때문이었다.

1912년 초 많은 주들과 군대 대부분이 공개적으로 반란을 일으킨 가운데 황실 가족에게는 종말이 찾아왔음이 명백해졌다. 마지막 황제인 여섯 살 소년의 모후는 소년의 생명을 구하기 위해서 퇴위를 선언하고 황령에 의해서 중국 공화국의 성립을 선포했다. 나이 든 혁명가 쑨원(1866-1925)은 미국 서부에 있는 중국인들로부터 대의를 위한 자금을 모으느라고 나가 있어서 혁명 자체는 놓쳤으나, 덴버로부터 급히 귀국하여 새로운 공화국의 대통령으로 선언되었다. 그러나 모든 주들이 신생공화국에 충성을 선언했음에도 불구하고 쑨원의 정부는 오래가지 못했다. 그의 권력은 곧 군사독재자들과 주의 지도자들에게 찬탈당했고, 처음의 15년 동안 중화공화국은 대체로 유명무실한 존재였다.

그렇다고 해도 1911-1912년의 기간은 중국사의 거대한 분수령이었다. 2,000년의 역사에서 처음으로 더 이상 중국 제국이 존재하지 않았을 뿐만 아니라, 이를 대신한 나라는 그 역할을 규정하면서 눈에 띄게 유럽적인 사상들을 이용했는데 그중 주요한 것은 민주주의, 민족주의, 근대화였다. 더욱 중요한 사실로서 정치의 변화는 중국 사회에서의 중요한 변화들을 나타내는 지표였다. 신속하게 팽창하는 도시들에서는 외국인들과 중국인들이 함께 참여하는 자본주의적 시장이 형성되었다. 무역, 화폐, 여행을 통해서 중국의 몇몇 부분들은 전 지구화하는 경제에 점차 결합되었으며, 새로운 생산품, 사상, 행동양식들은 이 나라 전체로 퍼져나갔다. 어떤 중국인들은 이러한 사태에 분개한 반면, 다른 이들은 이를 환영하고 이로부터 이득을 취했다. 20세기 동안 중국과 서구의 만남에서 형성된 혼종적 체제들은 특히 경제적 측면에서 새로운 활력을 불어넣게 되겠지만, 동시에 또한 근대 중국사와 근대 세계사에서 가장 암울한 몇몇 순간들로 귀결될 불평등, 분노, 갈등을 낳기도 했다.

19세기가 시작되었을 때 피상적인 관찰자에게 일본이 중국보다 서구로부터의 도전에 더 성공적으로 적응할 수 있으리라는 것을 보여주는 사실은 거의 없었다. 일본은 어느 모로 보나 뼛속 깊이 보수적이었다. 그러나 막부정치 수립 이후 이미 많은 것들이 변화했으며, 시간이 지날수록 변화는 더 깊고 빨리 침투하리라는 징후가 있었다. 역설적이게도 이는 도쿠가와 시대 자체의 성공에 부분적으로 기인한 것이었다. 이 시대는 평화를 가져왔다. 그 명백한 결과 한 가지는 일본의 군사체제가 시대에 뒤떨어지고 비효율적이 되었다는 것이었다. 무사들 스스로는 분명 기생계급이었다. 전사계급인 이들은 주군의 성읍에 무리지어 있는 것 말고는 할 일이 없었고, 실업 상태의 소비자들로서 사회적, 경제적 문젯거리였다. 장기화된 평화는 또한 도쿠가와 시대의 가장 심대한 결과물인 인구성장의 약진을 가져왔다. 일본은 이미 반쯤은 개발된, 다각화하는 사회로서, 여기에는 화폐경제, 오래된 봉건제적 관계를 침식시키는 준자본주의적인 농업구조의 시발점들, 증대하는 도시인구가 존재했다. 최대의 상업 중심지인 오사카에는 막부 시대 말년에 30만 내지 40만 명이 거주했다. 에도에는 아마 100만 명이 살고 있었을 것이다. 이러한 거대한 소비 중심지들은 17세기 이후 규모와 복잡성 면에서 거대하게 성장한 재정적, 상업적 제도들에 의해서 뒷받침되었다. 이 도시들은 상업계층이 열등하다는 오랜 관념을 웃음거리로 만들었다. 심지어 그들의 사업기술까지도 근대적이었다. 18세기의 미쓰이 가문(두 세기 후에도 여전히 일본 자본주의의 기둥이었다)은 비 때문에 자신들의 가게에 발이 묶인 손님들에게 자신들의 상호가 새겨진 우산을 공짜로 증정하기도 했다.

이러한 변화들 중 많은 부분은 막부 스스로는 이득을 얻지 못했던 새로운 부가 형성되었음을 나타내는데, 이것은 주로 막부가 자신의 늘어나는 필요에 조응하는 세율로 이를 끌어다쓸 수 없었기 때문이었다. 주요 세입원은 영주들을 통해서 흘러들어오는 상납미였고, 세금을 거두는 비율은 17세기에 평가된 수준으로 고정되어 있었다. 따라서 조세는 풍작이나 토지 간척에서 발생하는 새로운 부를 수취할 수 없었으며, 이것이 부유한 농민들이나 촌락 지도자들의 손에 남아 있었기 때문에 농촌에서는 격차가 뚜렷해졌다. 극빈층 농민들은 종종 도시의 노동시장으로 밀려났다. 이는 봉건사회가 해체되고 있음을 보여주는 또다른 징후였다. 막부의 통화가치 절하 조치로 인해서 악화된 인플레이션에 시달린 도시들에서는 오직 상인들만이 번영하는 듯했다. 경제적 개혁을 위한 마지막 시도는 1840년대에 실패했다. 영주들은 더 가난해졌고 그들의 수하들은 자신감을 잃어서, 도쿠가와 시대가 끝나기 전에 몇몇 무사들은 상업에 손대기 시작했다. 무사들이 자신의 주군의 조세수입에서 받는 몫은 여전히 17세기 전임자들과 같았다. 어디에서나 가난해지고 정치적으로 불만에 찬 무사들을 볼 수 있었고, 분개한 몇몇 대영주 가문들은 자신의 친족들이 도쿠가와 막부와 대등한 지위에 있던 시절을 회상했다.

이러한 잠재적 불안정이 초래하는 명백한 위험은 외국의 사상에 대한 쇄국정책이 오랫동안 불완전했기 때문에 더욱더 커졌다. 소수의 지식인들은 네덜란드와의 교역이라는 좁은 구멍을 통해서 일본에 들어오는 책들에 관심을 쏟았다. 일본은 기술적 수용성의 측면에서 중국과는 매우 달랐다. 16세기의 한 네덜란드인은 '일본인들은 두뇌회전이 뛰어나고 보는 것은 무엇이든 빨리 배운다'고 말했다. 중국은 결코 그렇지 않았는데, 일본은 곧 유럽식 화기(火器)의 이점을 간파하고 이를 개발하여 대량생산하기 시작했다. 그들은 중국인들이 장난감 취급한 유럽의 시계를 모방했다. 중국인들이 전통에 빠져 옴짝달싹 못하는 듯했던 만큼이나 일본인들은 자신들의 전통에 구애받지 않고 열심히 유럽인들로부터 배웠다. 큰 영지들에는 '난학(蘭學)'을 가르치는 학교나 연구기관들이 있었다. 막부 스스로도 외국 서적들의 번역을 허가했고, 이는 이렇게 문해율이 높은 사회에서 중요한 조치로, 도쿠가와 시기 일본에서 교육은 지나치게 성공적일 지경이었다. 심지어 젊은 무사들은 유럽의 사상을 연구하기 시작했다. 섬들은 상대적으로 작고 의사소통 체계도 잘되어 있어서 새로운 사상들이 쉽게 전파되었다. 그리하여 서구로부터 제기된 새롭고도 전례 없는 도전에 갑작스레 맞닥뜨렸을 때 일본은 중국보다 덜 불리한 위치에 있었다.

유럽과 일본 사이의 첫 번째 접촉 시기는 17세기에 나가사키 섬으로부터 무역을 하도록 허용된 소수의 네덜란드인들을 제외하고는 모두를 차단하는 것으로 끝났다. 그때만 해도 유럽인들은 이러한 결과에 저항할 수가 없었다. 이러한 상황이 계속될 수 없으리라는 것은 1840년대에 중국의 운명으로 입증되었고, 일본의 몇몇 지배자들은 점차 불안을 느끼며 이 상황을 주시했다. 유럽인들과 북미인들은 아시아 무역에 침투하는 데에 새로운 관심과 이를 수행하기 위한 새롭고도 저항할 수 없는 힘, 이 양자를 모두 보유한 듯 보였다. 네덜란드 왕은 쇼군에게 쇄국은 더 이상 현실적인 정책이 아니라고 경고했다. 그러나 일본의 지배자들 사이에는 저항과 양보 중 어느 것이 최선의 선택인지에 대한 합의가 없었다. 마침내 1851년 미국 대통령은 일본이 미국과 강제로 수교하게 만들기 위해서 해군장교인 페리 제독(1794-1858)을 파견했다. 페리의 지휘하에 일본 수역으로 항해해 들어간 최초의 외국 함대가 1853년 초대도 없이 에도 만에 진입함으로써 서구의 해군력을 보여주었다. 이듬해에 함대는 다시 되돌아왔고 막부는 마지못해서 외국세력과는 최초로 일련의 조약을 맺었다.

페리의 도착은 유교적 용어로 말하면, 막부정치의 종말이 머지않았음을 알리는 전조로 볼 수 있었다. 의심의 여지없이 어떤 일본인들은 사태를 이와 같이 해석했다. 그러나 이런 일들이 즉각적으로 이어지지는 않았으며, 몇 년간은 외부의 위협에 대해서 다소 불명확한 반응이 이어졌다. 일본의 지배자들은 전폭적인 양보정책으로 바로 전향하지 않았으며(외국인들을 힘으로 쫓아

내려는 시도가 한 번 더 있었다), 일본의 미래는 1860년대가 시작된 지 한참이 지나서도 아직 결정되지 않은 상태였다. 그럼에도 불구하고 몇 년 동안 서구의 성공은 일련의 소위 '불평등 조약들'로 구현되고 상징되었다. 상업적 특권, 외국 거주민들의 치외법권, 외교사절들의 주재 등이 미국, 영국, 프랑스, 러시아, 네덜란드가 얻어낸 주된 양보들이었다. 얼마 후 막부는 종말을 맞았다. 막부가 외국인들에게 저항할 수 없었던 것이 그 요인들 중 하나였고, 또다른 요인은 두 개의 거대한 봉건적 결집세력들로부터의 위협이었다. 후자는 이미 도쿠가와 막부를 자신들이 통제하는 더 효율적이고 중앙집권적인 체제로 대체하기 위해서 유럽의 군사기술을 채택하고 있었다. 도쿠가와 막부와 그 적들 간에 싸움이 일어났지만, 이는 혼란과 무정부 상태로의 퇴화가 아니라 1868년 소위 '메이지 유신(明治維新)'을 통한 황제의 궁정과 정부의 재집권으로 이어졌다.

수 세기 동안 의전 속에 칩거하고 있던 황제가 재출현하고 뒤이어 혁명적 개혁이 광범위하게 수용된 이유는 그 무엇보다 일본의 식자층 대부분이 자신들을 중국인들과 인도인들과 같은 운명으로 몰고 갔을지도 모르는 서구에 대한 '수치스러운 열등성'으로부터 탈출하기를 열망했기 때문이었다. 1860년대에 쇼군 정부와 몇몇 가문들 양쪽에서 이미 수차례 사절단을 유럽에 파견했다. 서구로부터 그 힘의 비밀을 배우기 위해서 외세에 대한 저항은 철회되었다. 여기에는 역설이 존재했다. 몇몇 유럽 국가들에서처럼 사회에 대한 보수주의적 관점에 뿌리박은 민족주의가 전통을 수호하고자 발전한 결과 그 전통의 상당 부분을 해체할 것이었다.

궁정이 곧 도쿄('동방의 수도')로 개명된 에도로 옮겨간 것은 메이지 유신과 일본의 재생을 알리는 상징적 시작점이었고, 그 필수적인 첫 번째 단계는 봉건제의 폐지였다. 험난하고도 유혈이 낭자한 과정이 될 수도 있었을 일이 간단해진 것은 4개의 최대 가문들이 자신들의 땅을 황제에게 자발적으로 헌납했기 때문이었다. 그들은 황제에게 보낸 담화문에서 자신들의 의도를 전달했다. 이에 따르면 그들의 의도는 '제국 전체에서 단일화된 지배가 승리하기를, 그리하여 이 나라가 세계의 다른 민족들과 나란히 설 수 있게 되기를' 바라며 원래 그의 것이었던 권력을 황제에게 돌려주는 것이었다. 이것은 향후 반세기 동안 일본의 지도자들에게 고취될 애국적 윤리의 간략한 표현이었는데, 이는 문해율이 높은 나라에서 널리 퍼져나갔으며, 지방의 지도자들은 다른 곳에서는 불가능한 수준까지 민족적 목표들이 수용되도록 만들 수 있었다. 물론 다른 나라들에서도 이런 표현들은 흔했다. 일본이 특이했던 것은 중국의 운명을 목도함으로써 그러한 기획이 긴급하게 요구되었다는 것, 일본의 사회적, 도덕적 전통이 그러한 사상에 감정적 지원을 제공했다는 것, 그리고 황실이 기존 구조 내에서 단순히 과거를 유지하는 데에 골몰하지 않는 도덕적 권위의 원천으로 이용 가능했다는 것 때문이었다. 이러한 조건들은 일본판 명예혁명, 즉 급진적 변화의 길을 여는 보수적 혁명을 가능하게 했다.

일본은 신속하게 유럽 정부와 사회제도들 중 다수를 차용했다. 도지사 행정체제, 우편체제, 일일 신문, 교육부, 징병제, 최초의 철도, 종교적 관용, 그레고리우스력 등 이 모든 것들이 최초의 5년 동안 도입되었다. 지방정부 차원에서의 대의제 체제는 1879년에 시작되었고, 10년 후에는 새로운 헌법이 제정되어 양원제 의회가 만들어졌다(상원은 하원 구성에 대비하여 이미 만들어져 있었다). 문서에 나타난 강력한 권위주의적 어조를 볼 때 사실상 이것은 눈에 보이는 만큼 혁명적이지는 않았다. 동시에 혁신을 향한 정열이 시들어가는 징후 역시 나타나기 시작했다. 외국 것들이 대유행이었던 시절은 지나갔고, 20세기 후반까지 그러한 열광적 분위기는 다시 볼 수 없었다. 이후 경축일마다 수 세대의 일본 학생들에게 낭독될 황실교육칙서가 1890년에 반포되었는데 이것은 효도, 복종, 그리고 유사시 국가를 위한 자기희생 등 전통적인 유교적 윤리들을 준수할 것을 명했다.

옛 일본의 어떤 부분들—어쩌면 가장 중요한 부분—은 메이지 유신에서 매우 명확한 형태로 살아남을 것이었고, 부분적으로는 이것이야말로 근대 일본의 비밀이다. 그러나 많은 것들은 사라졌다. 영주들이 국채로 후하게 보상을 받았을지언정 봉건제는 결코 복구될 수 없었다. 새로운 흐름을 가장 충격적으로 표현한 것은 오래된 신분제의 철폐였다. 무사계급의 특권을 철폐할 때 보여준 배려에 의해서 그들 중 몇몇은 새로운 관료제, 더 이상 천대받는 활동이 아니었던 상업 그리고 근대화된 군대와 해군에서 새로운 기회들을 제공받음으로써 보상을 찾을 수 있었다. 이러한 일들을 위해서 그들은 외국의 자문을 구했는데, 왜냐하면 일본인들은 자신들의 탁월함을 입증하고자 했기 때문이었다. 프랑스-프로이센 전쟁 이후 점차적으로 그들은 프랑스의 군사자문관들을 버리고 독일인들을 고용하는 쪽으로 갔고, 영국인들은 해군을 위한 자문관들을 공급했다. 일본 젊은이들은 서양의 멋지고도 위협적인 용맹성의 또다른 비밀들을 직접 배우도록 외국에 파견되었다. 이들 젊은이들과 그들의 손윗사람들 다수가 보여준 열정은 감동적일 수밖에 없으며, 일본과 자신의 시대를 훨씬 더 뛰어넘었던 그들의 업적은 깊은 인상을 남길 수밖에 없다. 유신 '지사들'(가장 열정적이고 헌신적이었던 개혁가들 몇몇은 이렇게 불렸다)은 나중에 인도로부터 중국까지 아시아를 가로질러 민족주의 지도자들에게 영감의 원천이 되었다.

개혁가들의 성공을 가늠하는 가장 단순한 잣대는 경제적인 것이지만, 이는 매우 인상적이다. 그 성공은 도쿠가와 막부 시대의 평화가 가져온 경제적 이득에 기반을 두었다. 다른 어떤 비유럽 국가도 성취하지 못했던 성장의 흐름이 일본에서 흘러나오도록 보장한 것은 유럽의 기술과 전문성을 빌린 것 때문만은 아니었다. 이 나라는 이윤 추구 동기를 당연시하는 기업가들을 이미 풍부하게 공급하고 있었으며, 의심의 여지없이 (예컨대) 중국보다 부유했다. 일본이 이룬 거대한 도약에 대한 또다른 설명은 인플레이션 극복과, 일본의 잠재력을 완전히 성취하기 힘들게 만들었던 봉건적 구속의 철폐에서 찾을 수 있다. 1868년경 인구의 5분의 4를 차지하던 농부들은 이로부터 거의 이득을 얻지 못했지만, 농업생산이 더 크게 증가한 것은 변화의 첫 번째 징조였다. 일본은 더 많은 토지를 쌀 경작으로 돌리고 기존의 경지를 집약적으로 경작함으로써 19세기에 늘어난 인구를 부양하는 데에 성공했다.

다른 수입원들에서 더 큰 비중의 세입을 찾을 수 있었기 때문에 토지세에 대한 의존은 줄어들었지만, 새로운 일본을 만드는 비용이 가장 무거운 부담을 준 것은 여전히 농민이었다. 1941년까지도 일본의 농부들은 근대화로부터 별다른 이익을 얻지 못했다. 상대적으로 그들은 뒤떨어져 있었다. 한 세기 이전

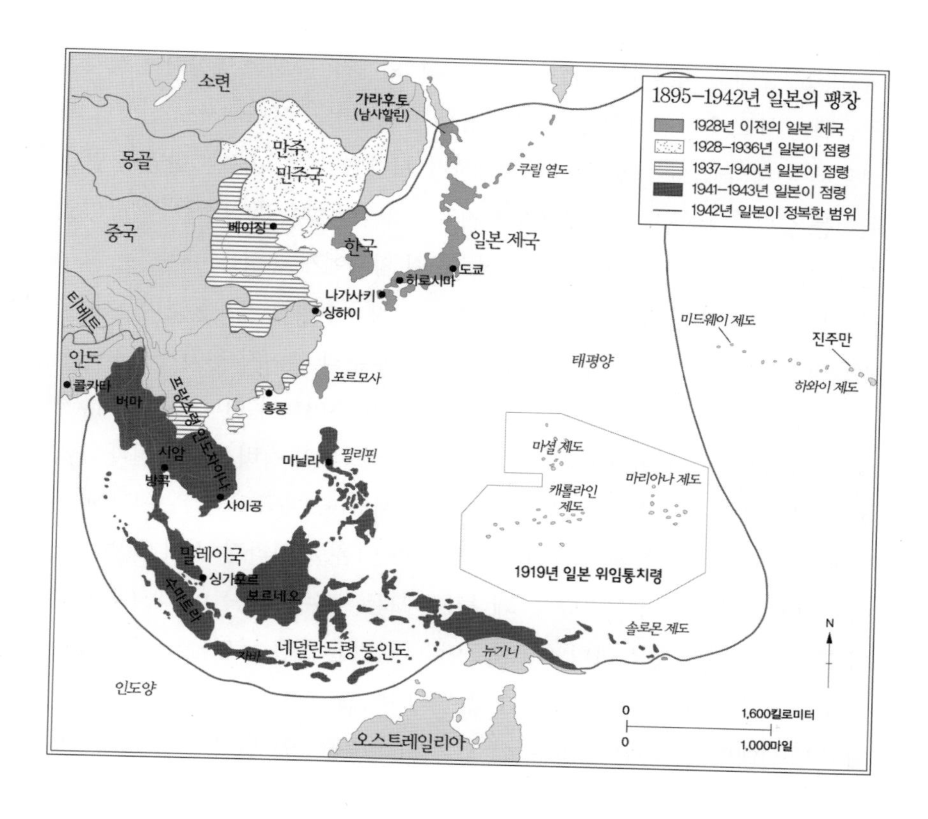

만 해도 그들의 선조들은 같은 시기 영국과 비슷한 기대수명과 소득을 가지고 있었는데, 1900년쯤이면 이는 그 후손들에게 어림도 없는 일이었다. 비농업적 수입원은 거의 없었다. 투자비용을 지불해준 것은 점차 생산성이 높아진 토지세였다. 이를테면 스탈린 치하의 러시아가 겪었던 것과 같은 후기 산업화 과정의 시련은 없었지만 소비는 낮은 수준으로 유지되었다. 높은 비율의 저축(1900년에 12퍼센트) 덕분에 일본은 외국 차관에 의존하지 않을 수 있었지만 이는 또한 소비를 위축시켰다. 이것이 팽창의 대차대조표에 나타난 또다른 측면이었다. 이 표의 대부기입란은 충분히 명확했는데, 여기에는 근대 국가의 기간구조, 국내 기반의 무기산업, 외국 투자가들의 눈에는 항상 높았던 신용평가율, 1914년까지 계속된 면산업과 다른 방직업의 팽창이 포함되었다.

종내에는 이러한 성공들에 대한 대가로 막중한 정신적 비용을 지불해야만 했다. 서구로부터 배우기를 원하면서도 일본은 내부를 향해서 몸을 돌렸다.

국가신도 숭배를 지지하는 사람들은 유교의 '외래적' 종교적 영향력과 심지어 처음에는 불교까지 공격했는데, 신도 숭배는 막부정치 아래에서도 신성의 체화로서 황제의 역할을 강조하고 강화하기 시작했었다. 새로운 헌법에 담긴 원칙들은 다른 문화적 환경에서라면 자유주의적 방향으로 발전할 수도 있었을 테지만, 여기에서는 민족의 중심점으로서 황제에게 충성을 바치라는 요구에 압도당해버렸다. 정권의 성격은 때로 그 자유주의적 제도들보다는 제국 경찰의 억압적 활동을 통해서 표현되었다. 대부분의 메이지 정치가들은 자신들의 위대한 과업으로 인해서 정부에 큰 권위가 주어져야 한다고 믿었다. 경제 근대화란 근대적 의미에서의 계획이 아니라 정부의 강력한 주도권과 가혹한 세금정책을 의미했다. 또다른 문제는 질서였다. 제국의 힘은 예전에 이 방향에서 발생한 위협에 대응하지 못했다는 이유로 사라진 적이 있었는데, 이제 새로운 위험들이 나타났다. 왜냐하면 모든 보수주의자들이 새로운 일본의 모습과 화해한 것은 아니었기 때문이다. 불만을 품은 낭인들—주인 없는 무사들—이 하나의 분란 요소였다. 농민의 비참함은 또다른 문젯거리였는데 메이지 시대의 첫 10년 동안 수십 번의 농촌폭동들이 벌어졌다. 1877년의 세이난 전쟁에서 정부의 새로운 징병제 군대는 보수주의자들의 저항을 처리할 수 있는 능력이 있음을 보여주었다. 이것은 메이지 유신에 대항한 몇몇 반란들 가운데 마지막이자, 보수주의의 최후 최대의 도전이었다.

불만에 찬 무사들의 에너지는 점차 새로운 국가에 봉사하는 쪽으로 물꼬를 텄지만, 그 함의가 일본에 완전히 바람직한 것만은 아니었다. 그들은 국민생활의 몇몇 핵심 분야들에서 공격적 민족주의를 강화시켰는데, 이는 종국에는 해외에서의 공격성으로 나타났다. 즉각적으로 이는 서구에 대한 분노뿐만 아니라 가까운 아시아 본토를 향해서 표출되는 제국주의적 야심으로 표현될 공산이 있었다. 국내에서의 근대화와 해외에서의 모험은 메이지 유신 이후 일본에서 종종 긴장관계에 놓였지만, 장기적으로는 둘 다 같은 방향을 향했다. 대중적 민주주의 운동들은 제국주의의 매력에 특히 더 끌렸다.

중국은 미리 예정된 희생자나 마찬가지로서, 다른 서구 국가들보다 자신과 같은 아시아인들에게 훨씬 더 혹독한 취급을 받게 되었다. 처음에 중국에 대한 일본의 위협은 단지 간접적이었다. 중국의 국경선에 있는 속국들에 대한 중국의 지배권이 티베트, 버마, 인도차이나에서 유럽인들에 의해서 도전받던 바로 그때, 일본은 오랫동안 베이징의 조공국이었던 한국의 오래된 왕국에 대한 중국의 종주권을 위협했다. 이곳에 대한 일본의 관심은 멀리까지 거슬러 올라간다. 부분적으로 이는 전략적 관심으로, 쓰시마 해협은 본토와 가장 가까운 곳이었다. 그러나 일본인들은 또한 러시아가 동아시아, 특히 만주에 야심을 품고 중국이 이에 저항하지 못할 가능성에 대해서 근심했다.

1876년 공공연한 조치가 취해졌다. (유럽인들이 중국에 대해서, 페리가 일본에 대해서 취한 것과 마찬가지의) 육해군 공격의 위협 아래에서 한국인들은 자신들의 항구 중 세 곳을 일본에 개방하고 외교사절단을 교환할 것에 동의했다. 이는 중국에 대한 모욕이었다. 일본은 한국을 독립국가로 간주하면서 이에 대한 종주권을 주장했던 베이징 황실을 건너뛰어서 한국과 교섭했다. 어떤 일본인들은 그 이상을 원했다. 그들은 예전에 일본이 한국을 침략해서 그 해안에서 성공적으로 노략질을 하던 시절들을 기억했으며, 이 나라의 광물과 천연자원을 탐냈다. 유신정권의 정치가들이 즉각 이러한 압력에 무릎을 꿇지는 않았지만, 어떤 의미에서 그들은 단지 서두르지 않았을 뿐이었다. 1890년대에 또다른 사태 진전의 결과, 일본은 메이지 유신 이후 첫 번째 주요 전쟁을 중국을 상대로 치르게 되었다. 이는 엄청난 성공을 거두었지만 이에 뒤따른 것은 민족적 굴욕이었는데, 1895년 일군의 서구 열강들이 일본이 스스로 중국에 부과했던 것(한국의 독립 선언도 포함된다)보다 훨씬 더 이득이 적은 평화조약을 받아들이도록 강요했기 때문이었다.

이 시점에서 서구에 대한 원한은 아시아에서의 팽창을 향한 열망과 결합되었다. '불평등 조약들'에 대한 대중들의 혐오는 이전부터 높았고, 1895년의 실망은 이를 곪아 터지게 만들었다. 일본 정부는 자신의 이해관계에 따라서 중국의 혁명운동들을 지지했는데, 이제 중국인들에게 '아시아인들을 위한 아시아'라는 표어까지 제공하게 되었다. 또한 서구 열강들에게도 일본을 다루는 것은 중국을 겁박하는 것과는 매우 다른 문제라는 것이 명확해지고 있었다. 일본은 다른 비유럽 민족들과는 달리 대우받아야 할 '문명화된' 나라로 점차 인정받고 있었다. 변화의 한 상징은 1899년 유럽 지배권을 나타내는 굴욕의 상징이었던 치외법권이 종식된 것이었다. 그후 1902년에는 일본이 서구와 동등하게 인정받았음을 나타내는 가장 명확한 표지로서, 영국-일본 동맹이 맺어졌다. 사람들은 일본이 유럽에 합류했다고 말했다.

영국과 나란히 러시아는 당시 동아시아에서 지배적인 유럽 열강이었다. 1895년 러시아의 역할은 결정적이었다. 러시아의 뒤이은 영토 확장은 일본인들에게 더 이상 지체하면 그들이 열망하던 전리품인 한국을 놓칠 수도 있음을 명확하게 보여주었던 것이다. 만주에서의 철도 건설, 블라디보스토크의 개발, 한국—여기에서 정치는 친러파와 친일파의 투쟁에 다름 아니었다—에서의 러시아의 상업활동은 위협적이었다. 그중 가장 심각한 것은 러시아가 약체화된 중국으로부터 뤼순의 해군기지를 조차(租借)한 것이었다. 1904년 일본은 공격을 가했다. 만주에서 1년간 전쟁이 벌어진 결과는 러시아의 굴욕적 패배였다. 이로써 한국과 기타 영토에서 차르의 권리 주장이 종식되고 일본의 영향력이 이후 지배적이게 되었으며, 다른 영토들도 일본의 손에 넘어가서 1945년까지 유지되었다. 그러나 일본의 승리에는 그 이상의 것이 있었다. 중세 이후 처음으로 비유럽인들이 주요 전쟁에서 유럽 열강을 패배시켰던 것이다. 그 반향과 파문은 거대했다.

지금 돌아보면 1910년 일본이 한국을 공식적으로 합병한 사건은 이듬해에 중국 혁명이 일어나서 청왕조가 끝난 것과 함께 서구에 대해서 아시아가 대응하는 첫 단계가 끝났음을 알리는 이정표이자 전환점으로 볼 수 있다. 서구의 도전에 대해서 아시아인들은 서로 매우 다른 반응들을 보여주었다. 새로운 세기에 아시아 최대 열강이 될 두 나라들 중 하나는 일본이었고, 일본은 근대화 바이러스를 받아들임으로써 서구의 위협에 대항할 예방접종을 받았다. 나머지 한 나라인 중국은 오랫동안 이를 피하기 위해서 애썼다.

각각에서 서구는 격변을 일으키는 데에 직간접적 자극을 모두 제공했는데, 전자에서는 격변을 성공적으로 제어했고 후자에서는 아니었다. 또한 각각에서 아시아 열강의 운명은 스스로의 대응뿐만 아니라 서구 열강들 사이의 관계에 의해서 결정되었다. 그들의 경쟁관계는 일본인들을 그토록 경악시키고 또

유혹했던 중국 쟁탈전을 초래했고, 그 사이에 영국-일본 동맹이 결성되어 그들의 최대의 적인 러시아를 고립시킨 채로 타격할 수 있게 보장했다. 몇 년 후 일본과 중국은 둘 다 공식적으로는 다른 열강들과 동등한 자격으로 제1차 세계대전 참전국이 될 것이었다.

그 사이 일본의 예, 특히 러시아에 대한 일본의 승리는 다른 아시아인들에게 영감의 원천이자 그들로 하여금 유럽의 지배가 그들의 운명이 될 것인지를 숙고하게 만드는 가장 큰 하나의 이유가 되었다. 1905년 한 미국인 학자는 이미 일본이 '서유럽 민족들과 동류'라고 말할 수 있었다. 그들이 유럽의 기술과 사상을 유럽에 대항하여 사용함으로써 이룩한 것을 다른 아시아인들도 때가 되면 해낼 수 있지 않을까?

아시아 방방곡곡에서 유럽의 대리자들은 유럽의 정치적 헤게모니의 붕괴를 가속화하는 변화들을 개시하거나 이를 도왔다. 그들이 가져온 것은 민족주의, 박애주의, 민주주의에 대한 사상들, 현지 사회와 신앙을 혼란에 빠뜨리는 기독교 선교, 그리고 현지 관습에 제재받지 않는 새로운 착취였으니, 이 모든 것들은 정치적, 경제적, 사회적 변화를 촉발하는 데에 기여했다. 인도 반란이나 의화단 운동과 같은 즉물적인 반응들이 최초의 명백한 결과물들이었지만, 훨씬 더 중요한 미래를 앞두고 있는 또다른 대응들도 있었다. 특히 이것이 두드러진 곳은 모든 식민지 영토 중 가장 크고 중요한 인도였다.

1877년 의회는 '인도의 여황제'라는 칭호를 빅토리아 여왕에게 부여했다. 어떤 잉글랜드인들은 이를 비웃었고, 몇몇은 못마땅해했지만, 이를 매우 중요하게 생각한 이들은 많지 않았던 듯하다. 대부분은 인도에서 영국의 종주권을 영구적 혹은 거의 영구적인 것으로 간주했으며, 명칭이야 어떻든 별로 신경쓰지 않았다. 그들은 '우리는 즐거움을 찾아서 인도에 있는 것이 아니다'라는 한 동포의 말에 동의했을 것이며, 오직 엄격하고 안정된 정부만이 또다른 인도 반란을 확실히 막을 수 있다고 주장했다. 다른 이들 역시 20세기가 시작되었을 때에 '인도를 지배하는 한 우리는 세계 최대의 강국이다. 인도를 잃는 즉시 우리는 삼류 국가로 전락할 것이다'라고 말한 영국 총독의 말에 동의했을 터였다. 이러한 확언에는 두 가지의 진실이 깔려 있었다. 하나는 인도의 납세자들이 영제국 방어의 많은 부분을 부담하고 있었다는 사실이다. 인도 병사들은 몰타 섬으로부터 중국에 이르기까지 펼쳐진 제국을 유지하기 위해서 이용되었으며, 인도 아대륙에는 언제나 전략적 예비군이 있었다. 두 번째는 인도의 관세정책이 영국의 상업적, 산업적 상황들에 종속되었다는 것이다.

이러한 가혹한 사실들의 무게를 무시하기란 점점 더 어려워지고 있었다. 그러나 이것이 영국령 인도에 대한 이야기의 전부는 아니었다. 인류의 5분의 1을 통치하는 데에는 단순히 공포, 탐욕, 냉소 혹은 권력욕 이상의 것이 존재했다. 인간들이 집단적 목적을 추구할 때에는 이를 정당화시켜주는 일종의 신화 없이는 어려운 법이데, 인도의 영국인들 역시 마찬가지였다. 그중 어떤 이들이 보기에 자신들은 고전교육을 통해서 찬탄하도록 배운 로마인들의 후예로서, 전쟁 중인 땅에 평화를, 법 없는 민족들에게 법을 가져다주기 위해서 낯선 땅에서 외로운 삶의 무게를 금욕적으로 감내하고 있었다. 다른 이들은 기독교라는 값진 선물을 통해서 우상을 파괴하고 사악한 관습들을 일소해야 한다고 생각했다. 이러한 견해를 결코 명확히 표명하지 않은 이들도 있었지만, 이들도 자신들이 가져온 것이 이전에 있던 것보다 더 나았고 따라서 자신들이 하는 일은 옳은 것이라는 단순한 확신을 가졌다.

이 모든 견해들의 밑바탕에 깔려 있는 것은 자신들의 우월성에 대한 확신이었고, 이는 별로 놀랄 만한 일이 아니다. 어떤 제국주의자들에게 이는 항상 활력의 원천이었다. 그러나 19세기 말이 될수록 이는 당시 유행하던 인종주의적 사상들 그리고 적자생존에 대한 당대 생물학의 가르침으로 간주되던 것으로 이루어진 모호한 생각을 통해서 특별히 강화되었다. 이러한 사상들은 인도 반란의 충격 이후 인도의 영국인들과 원주민들 사이의 분리를 대폭 강화하는 데에 또 하나의 정당화 논리가 되었다. 정부의 입법부에는 지명받은 인도인 지주들과 원주민 지배자들이 약간 포함되어 있었지만, 여기에 투표로 선출된 인도인들이 더해진 것은 19세기 말이 되어서였다. 게다가 인도인들은 공직에 들어가기 위해서 경쟁할 수는 있었지만 정책결정자의 지위까지 오르는 데에는 주요한 실제적 장애물들이 존재했다. 군대에서도 역시 인도인들은 고급 장교직으로부터 배제되었다.

영국 군대에서 단일 단위로 가장 큰 부분은 항상 인도에 주둔했다. 여기서는 대포에 대한 의존과 독점이 인도인 부대를 유럽인 장교들이 통솔하는 것과 결합되어 인도 반란과 같은 일이 다시는 벌어지지 않도록 했다. 철도, 전신 그리고 더 발달한 무기의 도입은 어떤 경우에든 다른 유럽 국가에서와 마찬가지로 인도에서도 정부에 유리하게 작용했다. 그러나 무력이나 인종적 우월성으로는 영국의 지배에 대한 이들의 자신감을 설명할 수가 없다. 1901년의 인구통계 보고서에 따르면 인도의 인구는 3억 명에 조금 못 미쳤다. 이들을 통치하는 것은 900명의 백인 공무원들이었다. 보통 인도인 4,000명당 영국 병사는 1명꼴이었다. 한 잉글랜드인의 생생한 표현에 의하면, 모든 인도인들이 같은 순간 침을 뱉기로 한다면 영국 사람들은 익사했을 것이다.

영국령 인도는 또한 조심스럽게 입안된 정책에 의존했다. 인도 반란 이후 이 정책들에 깔려 있는 가정은 인도 사회에 개입하는 것은 최대한 피해야 한다는 것이었다. 여아 영아의 살해는 살인이기 때문에 금지되었지만 일부다처제나 아동 결혼을 금지시키려는 시도는 없었다(1891년 이후에는 부인의 나이가 12세가 되기 전에 결혼에서 성적 결합을 이루는 것은 불법이 되었다). 법의 기본 방향은 힌두교가 승인하는 것의 바깥에서 작용하는 것이었다. 이러한 보수주의는 인도의 원주민 지배자들에 대해서 나타난 새로운 태도에 반영되었다. 인도 반란은 그들이 일반적으로 충성스럽다는 사실을 보여주었다. 정부에 대항한 자들은 자신들의 영토가 영국에 의해서 병합된 것에 원한을 가져서 도발되었다. 따라서 그들의 권리는 반란 이후 세심하게 존중받았다. 제후들은 자신의 토후국들을 독립적으로, 사실상 무책임하게 다스렸으며, 이들을 제어하는 것이라고는 그 궁정에 주재하는 영국 정치장교들에 대한 그들의 경외심밖에는 없었다. 토후국들은 인구의 5분의 1 이상을 차지했다. 다른 곳에서도 영국인들은 원주민 귀족들과 지주들을 양성했다. 이는 인도인들 가운데 핵심 집단들로부터 지지를 얻어내려는 시도의 일환이었지만, 이 때문에 영국은 종종 사회변화 때문에 이미 그 지도력이 약화되고 있던 이들에게 의지하는 결과를 초래했다. (19세기 초반에 보여주었듯이) 이들에게는 손해였지만 농민층에게는 이득이었던 계몽 전제주의는 이제 사라져버렸다. 이는 모두 인도 반란이 가져온 불행한 결과들의 몇몇 면모였다.

그러나 다른 제국정부들과 마찬가지로 영국령 인도 역시 변화로부터 안전할 수는 없었다. 정부의 성공 자체가 여기에 불리하게 작용했다. 전쟁이 억제되자 인구성장이 촉진되었고, 이로부터 나타난 하나의 결과는 기근이 보다 잦아진 것이었다. 그러나 농업 외에 생계를 유지할 수 있는 방책들(인구가 과밀화된 시골에서 문제의 탈출구가 될 수 있었던 방책들)을 제공하는 것은 인도의 산업화를 방해하는 장애물들 때문에 매우 어려운 일이 되었다. 이 장애물들은 대부분 영국 제조업의 이익을 위한 관세정책 때문에 초래되었다. 따라서 천천히 출현하기 시작한 인도의 산업가 계급은 정부에 호의적 감정을 느끼기 어려웠고 점점 더 정부를 적대시하게 되었다. 또한 영국식으로 교육을 받아서 나중에 영국의 가르침과 인도의 영국인 공동체가 실행하는 바를 서로 비교해본 후 분개하는 인도인들이 점차 증대하고 있었는데, 이들 중 다수 역시 정부로부터 멀어진 이들에 포함되었다. 옥스퍼드, 케임브리지 혹은 법학원에서 공부하기 위해서 잉글랜드로 갔던 이들은 그 차이에 특별히 분노했다. 19세기 말 잉글랜드의 의회에는 심지어 인도인 의원도 있었지만, 다른 한편으로 인도에 사는 인도인 졸업생들은 영국인 사병에게 모욕당할 수도 있었던 데다가, 1880년대에 총독이 유럽인들을 인도 재판정에 회부하지 못하게 하는 '부당한 구별'을 철폐하려고 하자 영국인 거주민들 사이에 소요가 일었다. 어떤 이들은 스승의 권고로 읽었던 책들을 숙고해보기도 했는데, 이 때문에 존 스튜어트 밀과 마치니는 인도, 그리고 그 지도자들을 매개로 아시아 나머지 지역에서 엄청난 영향력을 가지게 될 터였다.

분개가 특히 크게 느껴진 것은 영국 세력권의 역사적 본거지—콜카타는 인도의 수도였다—였던 벵골의 힌두교도들 사이에서였다. 1905년 이 주는 둘로 나뉘었다. 이 분할 때문에 영국령 인도는 처음으로 1857년에는 존재하지 않았던 것, 즉 인도 민족주의 운동과 심각한 갈등을 빚게 되었다.

민족성에 대한 인식은 느리게, 단속적으로, 고르지 못하게 성장했다. 이것이 다양한 지역 단위들과 많은 수준들에서 가장 중요한 것은 아니었지만, 이는 근대 인도 정치를 구성한 일군의 복잡한 과정들의 일부였다. 게다가 매

단계마다 민족주의 감정 자체는 비인도적인 힘들의 영향을 크게 받았다. 19세기 초반 영국의 동양학자들은 고전 인도 문화를 재발견하기 시작했는데, 이는 힌두 민족주의의 자긍심을 고취하고 아대륙에 존재하는 거대한 분열선들을 극복하는 데에 모두 필수적이었다. 인도인 학자들은 이제 유럽의 안내하에서 그간 방치되었던 산스크리트 경전 속에 담긴 문화와 종교를 조명하기 시작했다. 이 경전들을 통해서 그들은 풍요롭고 환상적이지만 또한 미신적이었던 민중적 형태의 힌두교 축적물들과는 전혀 다른 형태의 힌두교 개념을 정립할 수 있었다. 19세기 말이 되면 아리안족이나 베다 시대의 과거—이슬람 부분의 인도는 사실상 무시되었다—를 재구성하는 일이 충분히 진행됨에 따라서 힌두교도들은 기독교 선교사들의 질책을 자신감 있게 맞받아치면서 문화적인 대항설명을 제공할 수 있었다. 1893년 시카고에서 열린 '종교의회'에 파견된 한 힌두교 사절은 엄청난 개인적 찬탄을 불러일으켰으며, 힌두교는 다른 문화들의 영적 삶을 재활성화시킬 수 있는 위대한 종교라는 자신의 확신에 대해서 진지한 관심을 얻은 끝에, 실제로 개종자들까지 만들었다.

민족의식은 이로 인해서 강화될 정치적 활동과 마찬가지로 오랫동안 소수에게 국한되어 있었다. 힌디어가 인도의 국어가 되어야 한다는 제안은 극도로 비현실적으로 보였다. 수백 개의 언어와 방언들이 인도 사회를 쪼개놓은 가운데 힌디어는 인도 아대륙을 가로질러 자신들의 유대를 강화시키려는 소수의 엘리트에게만 호소력이 있었던 것이다. 그 구성원들을 정의하는 것은 부보다는 교육이었다. 이들 중 척추에 해당하는 것은 자신들의 교육적 성취로도 인도를 다스리는 데에 적절한 몫을 얻을 수 없어서 특히 실망하고 있던 힌두교도들이었으며 이들은 종종 벵골 출신이었다. 1887년까지 오직 10여 명의 인도인들만이 경쟁시험을 통해서 인도 공무원 사회에 진입했다. 영국령 인도는 유럽인들의 인종적 지배권을 유지하는 한편 제후들과 영주들과 같은 보수세력의 이해관계에 의존하기로 결심한 듯했는데, 이는 바부(babu)라고 불리던 교육받은 도시 중산층 힌두교도들을 배제하거나 (혹은 이보다 훨씬 더 중요할 수도 있는 일로서) 이들에게 굴욕감을 주는 지경에 이르렀다.

새로운 문화적 자긍심 및 보상과 모욕에 대한 불만의 증대가 인도 국민회의 결성의 배경이었다. 그 직전의 서막은 법정에서 인도인과 유럽인이 동등한 대우를 받게 하려는 정부 법안이 실패한 사실에 대해서 흥분이 일어난 것이었다(유럽인 거주민들의 항의 때문이었다). 이에 실망한 한 잉글랜드인 전직 공무원이 1885년 12월 뭄바이에서 열린 인도 국민회의의 1차 회담으로 이어진 조치를 취했다. 총독부의 지도력 역시 여기에 일익을 담당했고, 유럽인들은 오랫동안 국민회의를 운영하는 데에 주도적 존재였다. 또한 그들은 런던에서의 보호와 조언을 통해서 훨씬 더 오래 국민회의를 후원할 것이었다. 인도에 미친 유럽의 영향력이 얼마나 복잡했는지 보여주는 적절한 상징으로서 몇몇 인도인 대표들은 유럽식 복장을 하고 참석했는데 이들은 믿을 수 없게도 모닝코트와 실크해트 차림이었다. 이것은 그 나라 기후에는 우스꽝스러울 정도로 어울리지 않았지만 그 지배자들의 공식 복장이기도 했다.

국민회의는 회칙 선언을 통해서 곧 민족적 통합 및 재생에 전념했다. 이미 일본에서, 그리고 이후 중국과 많은 다른 나라들에서 나타났듯이 이는 유럽 사상이 영향을 미친 고전적 결과였다. 그러나 국민회의는 처음에는 자치를 추구하지 않았다. 그보다는 인도인들의 견해를 총독부에 전달하는 수단을 제공하고자 했으며, 영국 왕실에 대한 '흔들림 없는 충성'을 선언했다. 그로부터 20년이 흐르면서 훨씬 더 극단적인 민족주의적 견해가 힌두교도들 사이에서 지지자를 획득한 다음에야 국민회의는 독립의 가능성을 논의하기 시작했다. 이 시기 동안 이들은 영국과 사이가 틀어지고 태도도 굳어졌는데 이는 국민회의의 대표성을 부정한 영국인 거주민들로부터 비방을 받았을 뿐만 아니라 이러한 견해를 받아들여서 보다 전통적이고 보수적인 사회세력들을 통해서 일하는 것을 선호했던 행정부가 무반응으로 일관했기 때문이었다. 극단주의자들은 보다 단호해졌다. 1904년에는 일본이 러시아에 승리하면서 영감을 주었다. 이듬해 벵골이 분할되면서 충돌을 위한 쟁점이 마련되었다.

분할의 목적은 두 가지였다. 그것은 행정적으로 편리했고, 또한 힌두교도들이 대다수인 서부 벵골과 무슬림이 대다수인 동부 벵골을 분리함으로써 벵골 민족주의를 부식시킬 것이었다. 이는 그동안 축적된 다수의 폭발적 상황들의 뇌관에 불을 붙였다. 국민회의에서는 즉각 권력투쟁이 일어났다. 처음에는 자치라는 목적에 합의함으로써 분열을 피했는데, 여기서 자치란 사실상 영연방의 백인 국가들이 누리는 것과 같은 독립적인 자치정부를 의미할 수도 있었다. 영연방의 예는 시사하는 바가 풍부했던 것이다. 극단주의자들은 분할 반대 폭동에 용기를 얻었다. 영국에 대항하여 투입된 새로운 무기는 상품 불매운동이었는데, 이는 납세 거부나 병사들의 불복종 등 다른 형태의 소극적 저항으로 확대되리라고 기대되었다. 1908년이 되면 극단주의자들은 국민회의에서 축출당했다. 이즈음이면 분할의 두 번째 결과가 나타났으니 극단주의는 테러리즘을 낳고 있었다. 여기서도 외국의 모델이 중요한 역할을 했다. 러시아 혁명의 테러리즘이 마치니의 저작들 및 이탈리아 독립 과정의 게릴라 전쟁 지도자이자 영웅인 가리발디(1807-1882)의 전기와 함께 이제 막 태어나는 인도에 중요한 영향을 미쳤다. 극단주의자들은 정치적 살해는 평범한 살인과 다르다고 강변했다. 암살과 폭발에 대해서 정부는 특별제재 조치로 맞섰다.

가장 중요한 것은 분할의 세 번째 결과일 것이다. 이는 무슬림과 힌두교도의 분열을 공론화시켰다. 인도의 무슬림들은 한 세기 동안 자신들과 힌두교도의 차이점을 점차 더 느껴왔는데, 그 이유들은 이슬람 개혁운동가들이었던 아라비아의 와하브파(Wahhâbîyah)가 인도 반란 이전 인도의 무슬림들에게 침투했던 때로 거슬러 올라간다. 이들은 1857년 무굴 제국을 부활시키려던 시도 탓에 영국인들의 불신을 받아서 정부나 법원에서 자리를 얻는 데에 거의 성공하지 못했다. 힌두교도들은 영국령 인도가 제공한 교육적 기회에 무슬림보다 더 열성적으로 대응했다. 그들은 상업적 비중도 더 컸고, 정부에 대한 영향력도 더 강했다. 그러나 무슬림 역시 영국인 조력자들을 찾았는데, 이들은 새로운 이슬람 대학을 설립하여 힌두교도들과 경쟁하는 데에 필요한 영어 교육을 제공했으며 무슬림 정치조직들을 만드는 데에도 도움을 주었다. 몇몇 잉글랜드 공무원들은 이를 통해서 잠재적으로 영국령 인도에서 힌두교도들의 압력을 상쇄할 수 있음을 깨닫기 시작했다. 소[牛] 보호운동과 같은 힌두교의 종교적 관례들이 강화되면 두 공동체의 분리를 심화하는 결과만 초래할 공산이 컸다.

그럼에도 불구하고 분리가 아대륙 정치의 기본 원칙들 중의 하나로 남게 된 것은 1905년이 되어서였다. 분할 반대론자들은 힌두교 상징과 표어들을 노골적으로 전시하며 캠페인을 벌였다. 동부 벵골의 영국 총독은 힌두교도들보다 무슬림을 편애하여 그들이 새로운 주에서 기득권을 가지도록 노력했다. 그는 해임되었으나 이미 그 영향력이 퍼진 후라서 벵골의 무슬림들은 그의 면직을 한탄했다. 일종의 영국-무슬림 동맹이 형성 중인 것처럼 비추어짐으로써 힌두교 테러리스트들의 분노를 부채질했다. 설상가상으로 이 모든 일이 벌어지던 5년간(1906년에서 1910년까지) 물가는 인도 반란 후 그 어느 때보다 빠르게 상승했다.

1909년 일군의 중요한 정치개혁들이 허용되었지만 이는 거의 40년 후 영국령 인도가 종말을 고할 때까지 이후 인도 역사를 지배하게 될 정치세력들이 활동하는 틀을 얼마간 바꾼 것에 지나지 않았다. 인도인들은 처음으로 인도를 맡은 영국 장관에게 자문하는 참사회에 임명되었으며, 더 중요한 발전으로는 입법 참사회에 인도인들을 위한 선출직 자리가 더 마련되었다. 그러나 선거가 공동체적 기반에 의거하여 구성된 유권자들을 통해서 치러짐에 따라서 힌두의 인도와 무슬림의 인도 사이의 분리가 이른바 제도화되었다.

1911년 처음이자 마지막으로 영국의 현 군주가 인도를 방문했다. 엄청난 제국 접견회가 무굴 제국의 옛 중심지였던 델리에서 개최되었는데, 당시 영국령 인도의 수도는 콜카타로부터 이곳으로 이전하는 중이었다. 인도의 제후들은 예를 표하려고 찾아왔고, 국민회의는 군주에 대한 의무를 문제 삼지 않았다. 그해 조지 5세(재위 1910-1936)의 즉위를 축하하기 위해서 실질적, 상징적 혜택들이 수여되었는데, 그중 가장 주목할 만하고 정치적으로 중요한 것은 벵골의 재통합이었다. 만일 영국령 인도가 절정에 이른 때를 꼽자면, 바로 이 순간일 것이다.

그러나 영국의 인도 통치는 인도와 영국 양쪽에서 아래로부터 침식되고 있었다. 무슬림에게 혜택을 주는 정책 때문에 힌두교도들은 분노했고, 무슬림들은 정부가 벵골 분할을 철회하면서 자신들과의 합의를 배반했다고 느꼈다. 그들은 주에서 힌두교도들이 다시 우세를 차지할까 두려워했다. 다른 한편으

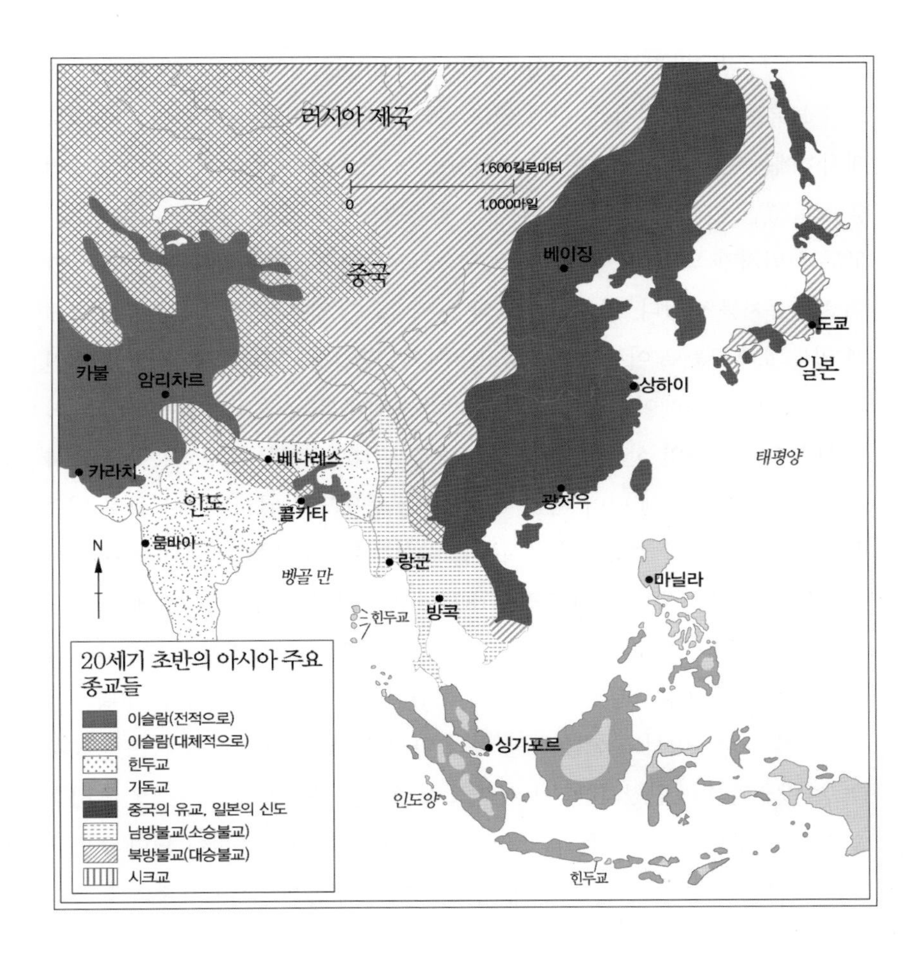

로 힌두교도들은 이 양보를 저항이 먹혀들어갔다는 증거로 해석하고는 무슬림들이 소중히 여기던 공동체적 선거방식을 철폐하기 위해서 압박하기 시작했다. 따라서 20세기 초반 범이슬람 운동의 호소력에 감화된 다수의 중간계급 무슬림들이 인도의 무슬림 엘리트들을 점차 압박하기 전부터 이미 영국은 무슬림의 지지를 이반시키는 데에 일조했다. 1914년 영국의 관심은 더욱더 유럽을 향했다. 이때에는 둘이 아니라 세 부류의 세력들, 즉 영국, 힌두교도, 무슬림들이 인도 정치를 좌우하고 있었다. 인도 아대륙 사상 가장 완전한 정치적 통합체를 장차 분리시킬 단초를 여기에서 찾을 수 있는데, 그 통합체와 마찬가지로 분리 역시 인도 세력들뿐만 아니라 비인도 세력들이 활동한 결과였다.

인도는 유럽 지배하의 아시아에서 단일체로서 최대의 비유럽권 인구와 영토를 보유한 지역이었지만, 한때 인도 문화권의 일부였던 동남쪽 방향과 인도네시아에는 제국의 영토들이 더 펼쳐져 있었다. 1900년경 거의 1억의 거주민을 보유했던 이 광대한 지역은 위태롭게 독립을 고수했던 시암을 제외하고는 모두 식민지가 되었다. 버마는 1886년 영국에 점령당해서 영국령 인도의 한 주로서 통치를 받았다. 말레이 반도와 보르네오의 일부는 영국의 종주권 아래에 있는 토후국들로 이루어져 있었고, 이들의 상업적 중심지는 영국 식민지인 싱가포르였다. 말레이어권 세계의 나머지—자바를 중심으로 남쪽으로 늘어선 1만3,000여 개의 섬들—는 17세기 초부터 네덜란드 동인도회사에 의해서 점차 식민화되어 1800년이 되면 네덜란드령 동인도로 알려진 국유화된 네덜란드 식민지로 떠올랐다. 동쪽에서는 프랑스가 베트남(1862년에서 1884년 사이), 캄보디아(1867년), 마지막으로 1893년부터는 라오스를 손아귀에 넣었다.

유럽의 식민화는 수 세기 동안 인도 및 중국과 교류하면서도 자신들만의 풍부한 문화를 성장시켜왔던 이 지역의 법칙을 고쳐서 다시 썼다. 청왕조는 19세기가 시작되어서도 한참 동안 동남 아시아 국가들과의 조공관계를 유지할 수 있으리라고 믿었지만, 이 지역의 유력층인 중국인 소수인구를 통해서 중국의 영향력이 일부 보전되었음에도 불구하고, 19세기 중반이 되면 조공관계는 빠르게 사라지고 있었다. 대신 이 지역 일부에서는 (더 북쪽의 한국과 마찬가지로) 이 나라들이 유럽 세력에게 식민화된 때와 거의 동시에 민족과 민족성의 개념들이 일부 엘리트들 사이에서 출현하기 시작했다. 예를 들면, 아프리카 지역들과는 달리, 대부분의 동남 아시아 국가들에는 강력한 엘리트층이 식민화 과정을 거치고도 살아남아서 곧 민족주의적 의제의 최소한 일부라도 수용하기에 이르렀다. 이것이 가장 잘 드러난 곳은 민족주의자들과 외국인들의 충돌이 거의 50년간의 전쟁으로 치달은 베트남이었다.

가장 인구가 많고 문화적으로도 복잡한 지역은 남아시아 해안 너머의 말레이 섬 지역이었다. 여기서는 이슬람이 이전의 힌두교나 불교 왕국들을 대신하여 14세기부터 지배해왔다. 더 북쪽보다 직접적인 중국의 영향이 덜한 가운데 자바와 수마트라에 거점을 둔 일련의 술탄국들이 우세를 점했는데, 여기서

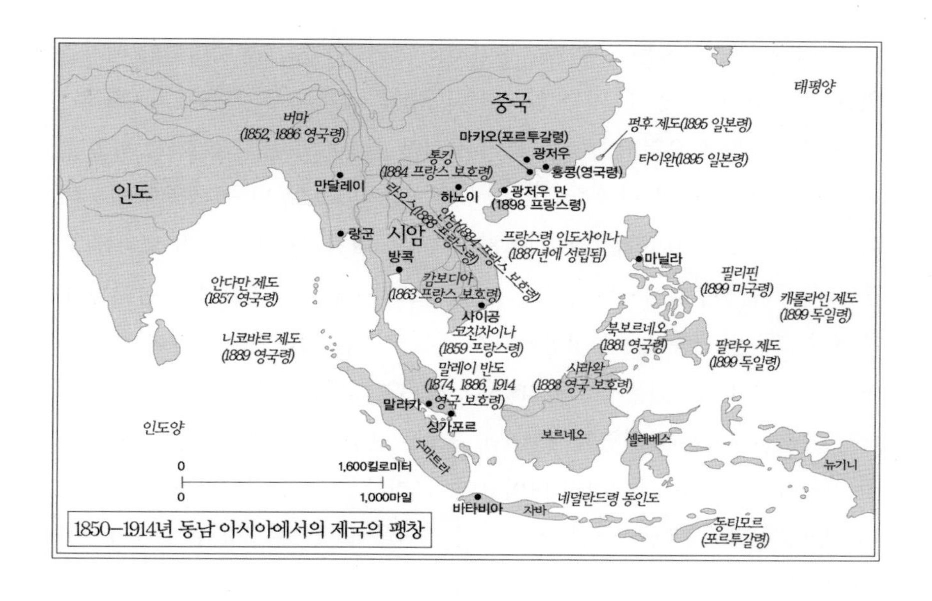

1850–1914년 동남 아시아에서의 제국의 팽창

발리만이 오늘날까지도 힌두교를 유지해왔다. 자바 섬에 있는 마타람 술탄국이 16세기 말과 17세기에 지배세력이었지만 이들은 새로운 세력과 경쟁해야 했다. 네덜란드 동인도회사는 섬들에서 자신의 무역 거점들을 확장했으며, 영국과 마찬가지로 수익성 높은 향신료 무역의 안전을 보장하기 위해서 그 지역의 일부를 식민화하기 시작했다. 1619년 이들은 바타비아(오늘날의 자카르타)를 건설했고, 1800년 이 동인도회사의 '수도'는 대부분 중국계인 주민들, 네덜란드 무역상들과 행정관들, 그리고 매우 소수의 말레이인들로 이루어진 중심 도시로 번영했다.

18세기 말엽은 혁명의 시대로 동인도회사에 큰 타격을 입혔는데, 회사가 나폴레옹 전쟁기 동안 파산한 이후 네덜란드 국가가 1816년 그 소유지들을 넘겨받았다. 새로운 식민지는 오늘날의 인도네시아의 거의 대부분을 포함하는 곳들까지 확대되었고, 경제는 유럽인들이 경영하는 대농장에서 계약노동자들을 노동력으로 이용하여 유럽과 북미 시장 및 아시아 내륙 무역을 겨냥한 차, 고무, 담배, 향신료 등을 생산하는 방향으로 재조정되었다. 특히 자바를 비롯한 지역에서 일어난 일련의 폭동 후 네덜란드는 1870년 이후 현지의 교육 및 제한된 정치개혁을 강조하는, 보다 '자유주의적인' 제국주의를 시도했다. 그러나 이 식민지는 원래 처음부터 의도했던 바대로, 즉 네덜란드 재정을 위한 돈주머니로 남았다. 이는 현지의 저항을 물리치며 유지되었으나 20세기 초가 되면 저항은 유럽의 방식을 본떠서 점차 민족주의적이 되어가고 있었다.

최초의 인도네시아 민족주의자들 중 몇몇은 인도로부터 영감을 받았는데 이들은 과거의 무자비한 착취에 반대했던 것과 마찬가지로 그들이 보기에 온정주의적, 간섭주의적으로 간주된 네덜란드의 새로운 계획에도 반대했다. 1908년 그들은 민족교육을 향상시키기 위한 조직을 발족했다. 3년 후에는 한 이슬람 조직이 출현했는데 이들의 초기 활동은 네덜란드 못지않게 중국인 무역상들에 반대하는 쪽이었다. 1916년 그들은 네덜란드와의 연방을 유지하면서 자치를 요구하는 데에까지 나아갔다. 그러나 그 이전에 진정한 독립당이 1912년에 창당되었다. 이들은 모든 종족 집단을 포괄하는 토착민 인도네시아인들의 이름으로 네덜란드의 권력에 저항했다. 이 당의 세 사람의 발기인들 중에는 네덜란드인이 한 사람 있었는데, 나머지는 그를 추종했다. 1916년 네덜란드는 인도네시아에 대한 제한적인 권력을 가진 의회를 승인함으로써 이 집단들의 요구를 수용하는 방향으로 첫걸음을 내딛었다.

내륙에 살고 있던 말레이인들은 영국에 의해서 식민화되었는데, 영국은 여기에 다른 섬들에서 번성하는 듯 보였던 것과 유사한 대농장 경제를 건설했다. 영국의 큰 이점은 보급지이자 무역 중심지로서 싱가포르가 가진 강력한 힘이었는데, 이 도시는 19세기에 점차 그 지역 전체에 서비스를 제공하게 되었다. 정치적으로 말레이 북부지역은 소규모 술탄국들이 뒤죽박죽된 상태로 남았는데, 이들은 모두 어떤 형태로든 영국 왕실과 정치적 유대를 가지고 있었다. 해협 식민지는 영국령이 되었고, 이 지역과 싱가포르를 통해서 다수의 중국인 및 인도인 노동자들이 유럽인들이 소유한 대농장과 광산에서 일하도록 조달되었다. 20세기 초반에는 영국이 보유한 북보르네오 지역까지 포괄하는 느린 중앙집권화 과정이 나타났지만, 1920년이 되면 주민의 절반이 중국계 혹은 인도계라는 사실 때문에 이 과정은 더 복잡해졌다.

인도차이나에서는 외국의 영향력의 물결 역시 바뀌었다. 1,000년 이상 캄보디아와 라오스는 인도로부터 유입되는 종교적, 예술적 영향력에 의해서 형성되었지만, 인도차이나 국가들 가운데 하나는 중국과 문화적으로 훨씬 더 밀접한 관계를 맺고 있었다. 이 나라는 베트남이었다. 베트남은 북부의 통킹, 중부의 안남, 남부의 코친 이렇게 세 부분으로 나뉘어 있었다. 베트남에는 민족 정체성의 오랜 전통과 중국 제국의 영향력에 대항한 민족적 저항의 역사가 있었다. 따라서 유럽화에 대한 저항이 여기서 가장 두드러졌다는 사실은 별로 놀랍지 않다.

유럽과 인도차이나의 교류는 프랑스로부터 파견된 17세기 기독교 선교사들(그들 중 하나는 처음으로 베트남어의 로마자화를 고안했다)과 함께 시작되었는데, 1850년대에 프랑스 원정군이 이곳에 파병되는 구실을 준 것이 바로 기독교 박해였다. 뒤이어 이 지역에 대한 종주권을 주장하는 중국과의 외교적 충돌이 일어났다. 1863년 안남의 황제가 코친의 일부를 강압하에 프랑스에 넘겼다. 캄보디아 역시 프랑스의 보호령이 되는 것을 받아들였다. 뒤이어 프랑스가 더 멀리 진출하자 인도차이나인들의 저항이 불거졌다. 1870년대에 프랑스는 홍 강 삼각주를 점령했고, 곧 또다른 분쟁들의 결과 종주국이었던 중국과 전쟁을 벌여서 인도차이나에 대한 프랑스의 지배권을 확고히 했다. 1887년 프랑스는 인도차이나 연방을 결성했는데, 이는 보호령 뒤에 중앙집권체제를 교묘히 감추고 있었다. 이는 토착 지배자들(안남의 황제 및 캄보디아와 라오스의 왕들)의 보존을 의미했지만, 프랑스 식민정책의 목표는 언제나 동화(同化)였다. 근대화와 문명을 향상시키는 최선의 수단으로서 프랑스 문화를 새로운 프랑스 신민들에게 보급하여 그 엘리트들을 프랑스화해야 할 터였다.

프랑스 행정의 중앙집권적 경향은 곧 토착정부의 공식적 구조가 허깨비에 불과함을 명백히 드러냈다. 프랑스는 그리하여 부지불식간에 현지 제도들을 약화시키고 이를 민중의 지지를 누리는 다른 제도들로 대체하지도 않았다. 이는 위험한 행동이었다. 프랑스 세력이 가져온 또다른 주요한 부산물들도 있었다. 예를 들면, 프랑스 관세정책이 도입되어 산업화를 늦추었다. 이 때문에 인도차이나 사업가들은 인도 사업가들과 마찬가지로 종국에는 자신의 나라가 누구의 이익을 위해서 운영되고 있는지 의문을 품게 되었다. 게다가 인도차이나는 프랑스의 일부이며 그 주민들은 프랑스인이 되어야 한다는 개념 역시 문제를 초래했다. 프랑스 행정부는 프랑스식 교육이 증대되면 사람들이 제3공화정의 공공건물들과 문서들에서 찾아볼 수 있는 고무적인 모토, 즉 '자유, 평등, 우애'에 대해서 성찰할 수도 있다는 역설과 씨름해야 했다. 마지막으로 프랑스식 법과 재산권 개념으로 인해서 촌락의 토지 소유의 구조가 붕괴되고 대금업자들과 지주들의 손에 권력이 집중되었다. 쌀 재배지역에서 인구가 증대하면서 이는 미래에 잠재적인 혁명세력을 형성하게 될 것이었다.

시암, 1939년 이후에는 타이라고 불린 이 나라만이 독립을 유지할 수 있었던 유일한 동남 아시아 국가였다. 그 이유는 부분적으로는 타이 왕정의 힘 때문이었고, 또 부분적으로는 영국과 프랑스의 경쟁관계에서 양국이 자신들의 식민지들 가운데 '중립'지역이 있는 편이 이득이라고 생각하게 되었기 때문이기도 했다. 그렇다고 해도 시암은 유럽인들과의 충돌을 피하기 위해서 서부(영국령 버마)와 남부(영국령 말레이 반도)와 동부(프랑스령 인도차이나) 영토들을 내주어야 했다. 이를 통해서 이 나라는 제한적인 내부 개혁을 수행하고 젊은이들을 유럽식으로 훈련시키고 군대훈련에 필요한 무기를 수입할 시간을 벌 수 있었다. 불교가 타이를 통합시킨 것 역시 유럽인들에 의해서 동남 아시아가 식민화되는 시기 내내 이 나라가 하나로 유지되는 데에 기여했다.

동남 아시아에서 가장 희한한 식민화는 반식미주의 세력이라고 스스로 공언한 미국이 1898년 에스파냐를 물리치고 지배한 필리핀이었다. 미국 측의 논리의 일부는 근대화 제국주의로 불리는 것이었다. 필리핀인들은 스스로를 통치할 능력이 없으니, 미국은 이들을 자치가 가능한 문명의 수준으로 끌어올려주는 것을 의무로 느낀다는 것이었다. 주민들에게 근대적 발전의 혜택을 제공하는 것이 이 의무의 일부였다(그리고 오늘날 몇몇 필리핀인들이 필리핀의 식민지 과거는 수도원에서의 500년과 디즈니랜드에서의 50년으로 이루어져 있다고 불평하는 이유이기도 하다). 문제는 많은 필리핀인들은 스스로 독립할 준비가 충분히 되어 있다고 느꼈다는 것이고, 1913년에 끝난 피비린내 나는 식민지 전쟁을 거친 후에야 미국은 이 나라의 통제권을 장악할 수 있었다. 미국 내에서 식민지의 존재는 마찬가지로 논쟁을 유발했다. 이는 심지어 필리핀인들이 완전한 자치정부를 약속받은 후에도 마찬가지였다. 많은 이들이 어떻게 민주공화국이 다른 이들을 지배하는 세력이 될 수 있다는 말인가라고 물었다. 이는 다음 세기 미국의 역사 내내 계속 반향을 일으키게 될 질문이었다.

19세기는 그 무엇보다 유럽인들의 시대로 판명되었다. 17세기 중반이나 그 즈음이면 몇몇 유럽 사회들이 이미 그 전 시대나 다른 지역의 사회들과는 심대하게 다른 존재가 되었다는 데에는 의문의 여지가 없지만, 근대성 개념의 대부분은 산업혁명의 원인이 아니라 결과로서 도래했다. 19세기 동안 인간의 정신은 기계화 및 새로운 형태의 에너지 생산을 통해서 도입된 새로운 종류의 실천들 때문에 변화하고 있었다. 한 독일 역사가의 표현대로 세계는 소통과 상호작용에 의해서 변화하고 있었다. 사상의 교환이 이러한 과정들의 핵심에 있었고, 다음 세기에 중심이 될 주요 사상은 민족주의였다.

1800년대 초반에만 해도 정치적 권한의 개념은 보통 인민들보다는 군주들에게 연결되어 있었기 때문에, 예를 들면 뇌샤텔에 있는 스위스 주가 프로이센에 속해 있더라도 이상하게 생각하는 사람들은 거의 없었다. 그러나 19세기 동안 궁극적 권한은 한 민족 내에 있는 인민에게 있다는 사상이 퍼져나갔고, 이와 함께 서로 연결된 경계선 내에 있는 민족국가의 개념 역시 함께 유포되었다. 민족은 이를테면 한 집안 내의 가족과 같은 것이었다. 이것은 매우 강력한 개념으로, 처음 출현한 유럽에서뿐만 아니라 훨씬 더 나중에 발전하게 된 아시아에서도 마찬가지였다.

20세기 초엽 민족주의 사상은 아시아의 거의 모든 나라들에서 영향력을 발휘했지만, 그 형태들은 다양한 가능성들에 따라서 서로 제각각이었다. 모든 식민정권들이 같은 방식으로 행동한 것은 아니었다. 영국은 버마의 민족주의자들을 응원했던 반면, 미국은 필리핀에서 일어난 반란을 폭력적으로 진압한 후 자비로운 온정주의를 집요하게 추구했다. 역시 필리핀에서 에스파냐는 기독교 개종을 맹렬하게 추진했던 반면, 영국령 인도는 토착 종교에 개입하는 것에 대해서 매우 신중했다. 그러나 모든 형태의 아시아 민족주의를 형성한 것은 아시아인들은 유럽인들과 마찬가지로 스스로 통치하고 생산하고 거래할 수 있으며, 이것은 아시아와 유럽의 정치적, 사회적, 경제적 모델들을 서로 융합함으로써 가능하다는 생각이었다. 심지어 다른 이들보다 국가에 대한 외국식 수입 개념들에 더 의존했던 공산주의적 반식민주의자들조차도 수 세대에 걸친 유럽인들의 지배가 끝난 후까지도 거대하게 남아 있던 관습적 사고와 실천들의 존재를 인정했다.

따라서 유럽의 시대는 시간상 매우 제한적이었다. 유럽의 차별성은 1800년 이전에도 중요했을지 모르지만, 대부분의 세계는 그래도 이에 의해서 변화되지는 않았다. 중국과 아프리카와 대부분의 무슬림 세계는 19세기 전반에 유럽에서 일어난 일들에 그리 영향을 받지 않았으며, 20세기 초엽이 되면 종종 새로운 민족주의의 형태로 이미 아시아가 재기하고 있음을 볼 수 있다. 그러나 1914년까지도 유럽의 아시아 지배가 얼마나 빨리 종말에 이를지를 예측하기란 매우 어려웠다. 아시아 민족주의가 부상하고 유럽 몇몇 국가들에서는 (특히 산업혁명이 창출한 새로운 노동자 운동의 경우와 같이) 식민주의에 대한 반대가 증가했음에도 불구하고, 식민제국들 자체는 아무런 문제가 없어 보였다. 두 번의 천지개벽하는 전쟁이 유럽의 자신감과 힘을 어떻게 꺾어놓을지 그리고 (적어도 부분적으로는) 유럽인들끼리의 내전을 바라보던 식민지 주민들의 경악에 힘입어 아시아 민족주의자들이 얼마나 빨리 세력을 동원할 수 있을지 예상하기는 어려웠다. 유럽인들의 존재는 아시아의 근대적 변신을 유발했다. 그러나 20세기에는 유럽의 지배가 얼마나 변하기 쉬운 것이었는지 그리고 그것이 얼마나 쉽게 자멸할 수 있었는지 보게 될 것이었다.

제 7 부

유럽 우위 시대의 종언

1900년도에 유럽인들은 놀라운 성장을 기록한 200년, 아니 어쩌면 300년의 지난 시간들을 뒤돌아볼 수 있었다. 대부분의 유럽인들은 그 시간들이 보다 좋은 것으로 나아가는 성장, 즉 진보의 시기였다고 이야기할 것이다. 중세 이후 유럽인들의 역사는 흡사 어느 누구도 그 가치에 의문을 가지지 않을 목표들을 향해서 계속해서 전진하는 듯했다. 유럽의 진보를 판단하는 기준이 지적, 과학적 기준이든 물질적, 경제적 기준이든 간에(심지어 발전의 복음이 상당히 설득력이 있어서 몇몇은 도덕적, 미적 기준까지 언급했다), 유럽인들은 지나온 과거를 바라보면서 자신들이 진보의 과정에 놓여 있다고 장담했다. 이는 또한 세계가 진보의 과정에 놓여 있다는 것도 의미했는데, 왜냐하면 유럽 문명이 이제 전 세계로 확산되었기 때문이다. 더욱이 끝없는 진보가 인류를 기다리는 것처럼 보였다. 중국 엘리트들이 자신의 문화에 대해서 한 세기 전에 자신감을 드러냈던 것과 거의 마찬가지로 유럽인들은 1900년에 자신의 문화가 성공을 거듭한 데에 자신감을 드러냈다.

그렇다고 할지라도, 몇몇 사람들은 그렇게 자신만만하지 않았다. 그 사람들은 유럽이 진보하고 있다는 바로 그 증거가 비관적인 결말 또한 가져올 수 있다고 생각했다. 비관주의자가 낙관주의자보다 훨씬 더 적었을지라도 비관주의자는 인정받는 지위에 있는 사람이거나 영향력 있는 지성인이었다. 비관주의자 중 몇몇은 그들이 살아가고 있는 문명이 완전한 자기 파괴적 잠재력을 이미 드러냈다고 주장했고, 그 잠재력이 발휘될 시기가 머지않을 수도 있다고 느꼈다. 그들 중 몇몇이 보건대 유럽 문명은 종교적, 도덕적 절대성의 정박지로부터 분명 갈수록 더 먼 곳으로 떠내려가던 중이었고, 물질주의와 야만성의 조류에 휩쓸려 십중팔구 완전한 재앙으로 향하고 있었다.

나중에 밝혀졌듯이, 낙관주의자와 비관주의자 모두 완전히 옳지는 않았다. 이는 아마도 그들이 유럽 문명의 성격이라고 생각했던 것과 그 문명이 유럽에서 차지하는 위상에 지나치게 집중했기 때문일 것이다. 그들은 유럽 문명 자체에 내재하는 힘과 성향 또는 약점이 유럽이 나아갈 미래를 위한 지침이라고 생각했다. 그들 중 유럽의 사상들이 유럽이 지배하고 있는 세계를 어떻게 변화시켰는지에 대해서 관심을 기울이고 있는 사람들은 많지 않았다. 유럽 그리고 유럽의 식민지 그 이상을 고려하는 사람은 거의 없었다. 비관주의자와 낙관주의자는 19세기 동안 교역과 제국과 사상이 전 지구로 팽창한 결과로 전 세계가 어떻게 변화하는 중인지 지각하지 못했다. 소수의 정신착란에 빠진 괴짜들이 동양에서 흥기하는 '황색 위험(Yellow Peril)'에 안달복달했지만, 그것은 또다른 심대한 변화가 일어나고 있음을 반증하는 것이기도 했다.

20세기의 시각에서 바라보면, 비관주의자들이 가장 타당한 논거를 가지고 있었다고 말하고 싶은 유혹을 떨치기 힘들다. 어쩌면 그 판단이 사실일 수도 있다. 그러나 사건의 사정을 다 안다는 것 바로 그자체가 때로는 역사가에게 단점으로 작용한다. 이 경우 유럽의 낙관주의자들이 일찍이 어떻게 스스로에 대해서 그렇게 확신할 수 있었는지를 이해할 수 없다. 그러나 우리는 그것을 이해해보려고 노력해야 한다. 우선 첫째로 낙관주의자 중에 선견지명과 통찰력을 가진 사람들이 있었다. 다른 한편으로, 낙관주의가 20세기에 발생했던 몇몇 문제들을 해결하는 데에 오랜 기간 동안 하나의 장애물이었기 때문에, 이제 낙관주의 그 자체를 일종의 역사적 동력으로 이해하는 것이 차라리 옳을 것이다. 그리고 비관주의자들이 말했던 것들 중 몇 가지도 반드시 정확한 것은 아니었다. 20세기의 재앙들이 무시무시했음에도, 그 재앙이 덮친 곳은 20세기 이전에 발생한 더 작은 문제들에 의해서 산산이 부서졌던 사회들보다 더 큰 회복력을 가진 사회였고, 항상 19세기에 발생했던 재앙만큼 무시무시한 것도 아니었다. 1900년에 낙관주의자와 비관주의자는 둘 다 여러 데이터를 가지고 작업해야 했었고, 그 데이터들은 여러 방식으로 해석될 수 있었다. 그들이 다가올 미래를 정확히 판단하는 데에 엄청난 어려움을 겪었다는 사실은 비난받을 일이 아니라 단지 비극일 뿐이다. 더 좋은 정보를 가지고 있음에도, 우리 또한 우리 앞에 놓여 있는 문제들을 예측하는 데에 그다지 성공을 거두지 못하고 있다. 그런 우리가 그들을 비난할 수는 없을 것이다.

1

체제에 가해지는 압박

20세기가 시작하면서 매우 분명해진 역사적 동향 중 하나는 유럽 세계에서 인구가 계속해서 증가했다는 것이다. 1900년에 유럽 인구는 약 4억 명에 달했다. 이들 중 25퍼센트가 러시아인이었고, 미국 인구는 약 7,600만 명이었으며, 영국의 해외 자치령 인구는 약 1,500만 명이었다. 이는 우세한 유럽 문명이 세계 인구에서 차지하는 비중을 계속해서 높게 만들었다. 한편, 20세기 첫 10년에 몇몇 나라에서 인구증가는 이미 더뎌지기 시작했다. 이 현상은 서유럽 중심 몇몇 선진국에서 가장 뚜렷했는데, 이들 국가의 인구증가는 점점 더 사망률 감소와 상관이 있었다. 이 몇몇 나라들에서 소규모로 가족을 꾸리는 현상이 이제 상층부에서 하층부로 퍼져나가는 일종의 관행이 되었다는 징후가 존재했다. 피임에 관한 일종의 전통적 지식이 예전부터 있기는 했지만, 19세기에 들어 훨씬 더 효과적인 기술들이 도입되었다. 사람들이 이러한 피임기술을 더 광범위하게 받아들였을 때(그리고 그 기술을 받아들였다는 조짐은 빠르게 나타났다), 피임기술이 인구구조에 미치는 영향은 심대했을 것이다.

반면에 동유럽과 지중해 국가에서 피임기술의 영향은 먼 나라 이야기였다. 그 두 지역에서 급속한 인구증가는 이제 막 심각한 압력을 가하기 시작했다. 19세기에 이주를 통해서 인구를 배출하는 방법이 점차 가능해지면서, 이 방법으로 인구증가의 압력이 극복될 수 있었다. 그러나 이러한 인구배출은 중단될 가능성이 매우 높았고, 만약 중단된다면 큰 문제가 닥칠 터였다. 더 나아가서 유럽에서 사망률을 줄이고자 작동하는 기제가 아시아와 아프리카로 확산되었을 때 무슨 일이 일어날지를 고려한다면 훨씬 더 비관적인 사태가 나타날 수도 있었다. 19세기가 창조한 당시의 세계문명은 그 비관적인 사태를 막아낼 수 없었다. 당시 세계문명에서의 유럽의 영향력은 유럽에서 사망률을 줄였던 기제를 이 두 지역에 도입하도록 했으며, 결국은 유럽이 가지고 있던 기술적 우위와 함께 유럽의 영향력 확대에 기여했던 유럽의 인구상의 우위가 사라졌다. 불안하게도 사람들이 한때 우려했던 맬서스의 위기, 즉 인구과잉에 관한 공포를 제거했던 19세기의 경제적 기적 덕분에 사라진 것처럼 보였던 바로 그 위기가 마침내 현실이 될 것 같았다.

맬서스의 경고를 무시할 수 있었던 이유는 19세기에 부의 창출이 유례가 없을 정도로 급증했기 때문이었다. 이러한 부의 원천은 유럽의 산업화에 있었고, 산업성장의 기초가 된 기술은 1900년에 전혀 고갈되거나 위태로워질 것 같지 않았다. 한 세기 전에 오직 (상대적으로) 아주 적은 수량의 상품만 이용할 수 있었던 상황과 달리, 이제 방대하고 가속화된 상품의 흐름이 있었을 뿐만 아니라 완전히 새로운 종류의 상품들이 등장했다. 석탄, 목재, 풍력, 수력 이외에 석유와 전기가 에너지원으로 쓰이기 시작했다. 1800년에 상상조차 할 수 없었던 화학공업이 모습을 드러냈다. 늘어나고 있는 힘과 부가 결코 고갈되지 않을 것처럼 보였던 천연자원, 즉 농업자원과 광물자원 등을 이용하는 데에 활용되었다. 이는 단지 유럽에서만 진행된 것은 아니었다. 새로운 원료에 대한 유럽의 수요가 다른 대륙의 경제를 변화시켰다. 예를 들면, 새로운 전기공업에 필요한 원료 때문에 브라질에서는 일시적으로 고무 수출이 호황을 누렸고, 말레이시아와 인도차이나 반도의 역사는 새롭게 등장한 전기공업에 의해서 완전히 다른 경로를 밟게 되었다.

수백만 명의 일상도 변화했다. 개인들은 철도, 전차, 증기선, 자동차, 자전거를 통해서 자신의 환경을 새롭게 통제할 수 있었다. 새로운 교통수단 덕분에 사람들은 이곳저곳으로 더 빨리 이동하게 되었고, 수천 년 전에 처음 동물에게 마구를 채워 짐수레를 연결한 이래, 육상 교통수단의 속도가 빨라졌다. 이러한 변화가 가져온 전반적 효과 덕분에, 많은 나라들은 증가하는 인구의 압력을 보다 더 빠르게 증가하고 있는 부를 통해서 적절히 대응할 수 있었다. 예를 들면, 1870년부터 1900년까지 독일의 선철 산출량은 6배 증가했지만 인구는 오직 3배 정도 늘어났다. 소비 수준이나 그들이 접할 수 있었던 여러

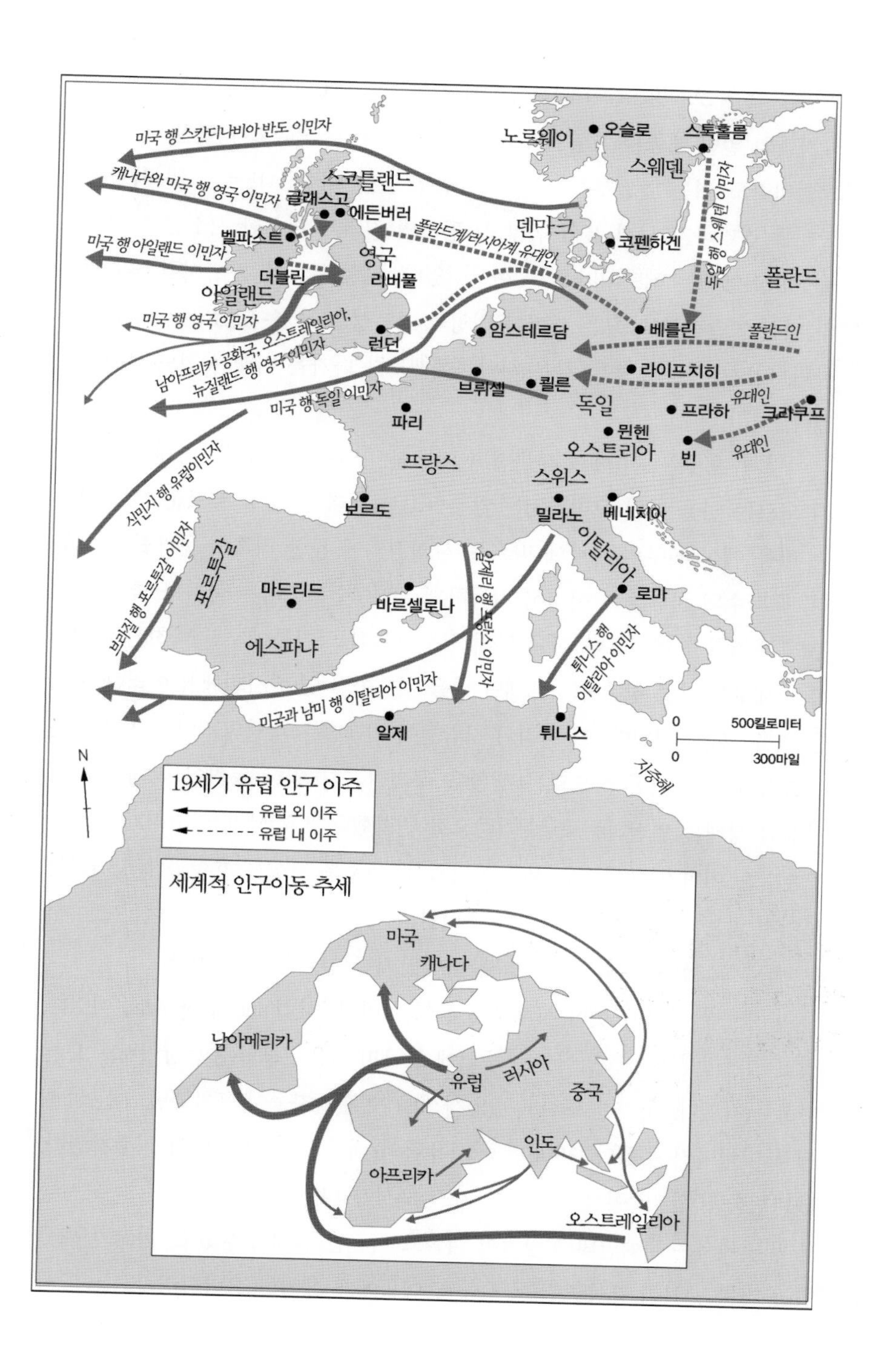

19세기 유럽 인구 이주
유럽 외 이주
유럽 내 이주
미국 행 스칸디나비아 반도 이민자
캐나다와 미국 행 영국 이민자
미국 행 아일랜드 이민자
미국 행 영국 이민자
남아프리카 공화국, 오스트레일리아, 뉴질랜드 행 영국 이민자
미국 행 독일 이민자
식민지 행 유럽이민자
브라질 행 포르투갈 이민자
알제리 행 프랑스 이민자
미국과 남미 행 이탈리아 이민자
튀니스 행 이탈리아 이민자
폴란드계/러시아계 유대인
독일 행 스웨덴 이민자
폴란드인
유대인
노르웨이
오슬로
스톡홀름
스웨덴
스코틀랜드
글래스고
에든버러
덴마크
코펜하겐
벨파스트
더블린
아일랜드
영국
리버풀
런던
폴란드
베를린
암스테르담
라이프치히
브뤼셀
쾰른
독일
프라하
크라쿠프
파리
뮌헨
오스트리아
빈
프랑스
스위스
보르도
밀라노
베네치아
이탈리아
포르투갈
마드리드
바르셀로나
로마
에스파냐
알제
튀니스
지중해
0
500킬로미터
300마일
N
세계적 인구이동 추세
미국
캐나다
남아메리카
유럽
러시아
중국
인도
아프리카
오스트레일리아

편익들 혹은 보건(保健)이라는 측면에서 볼 때, 1900년에는 심지어 몇몇 선진 국가들의 일반 대중들의 형편이 100년 전 그들의 조상들보다 훨씬 더 좋았다. 그렇지라도 이는 안달루시아 지역의 농민 같은 사람들(비록 그런 사람들의 상태를 평가하기가 결코 쉽지 않고, 평가의 결과가 확실한 사실은 아님에도 불구하고)에게는 해당되지 않는 현상이었다. 그렇기는 하지만, 사람들이 번영의 비결을 발견했고, 모든 나라가 번영의 가능성을 볼 수 있었다는 점을 고려하면, 안달루시아의 농민 같은 사람들에게조차 다가올 미래는 전도유망해 보였다.

이렇게 즐거운 모습에도 불구하고 의구심이 없지는 않았다. 미래에 일어날지 모르는 일을 미리 고려하지는 않는다고 하더라도, 당장 새로운 부에 따르는 비용 예상과 부의 분배에 따르는 사회정의에 관한 의혹이 문제를 일으켰다. 대다수의 사람들이 여전히 지독하게 가난했는데, 이는 국가와 국민 간의 부의 부조화가 이전보다 더 두드러졌던 부유한 국가들에서도 마찬가지였다. 오직 새로운 부를 창조하는 데에만 힘을 기울이고 있던 사회에서 이러한 빈곤은 더욱 고통스러웠다. 이 지점이 사람들이 기대하는 혁명의 의미가 변화하는 출발점이었다. 어떤 식으로든 생활을 꾸려나가기 위한 능력이 이제 인간이 자신의 상태를 판단하는 주된 기준으로 변화했다. 인간에게 일거리가 없을지 모른다는 이야기는 새로운 것은 아니었다. 새로운 사실은 호황과 불황이라는 보이지 않는 힘이 일자리가 없는 수백만의 사람들을 대도시에 모여들도록 하는 바로 그 상황들이 급작스럽게 나타날지 모른다는 점이었다.

이 새로운 현상을 뜻하는 새로운 용어가 바로 '실업(unemployment)'이었다. 몇몇 경제학자들은 실업이 자본주의에 불가피하게 수반되는 현상일지도 모른다고 생각했다. 어떠한 도시도 산업사회의 첫 관찰자들이 포착했던 모든 폐해에서 벗어나지 못했다. 1900년쯤 서유럽의 대다수 사람이 도시 거주자였다. 1914년쯤 10만 명 이상의 인구를 가진 도시가 140곳 이상 있었다. 그 도시들 중 몇몇에서는 수백만의 사람들이 비좁고 너절한 집에서 살았고, 학교와 깨끗한 공기를 충분히 제공받지 못했으며, 이들에게 유일한 오락거리라고는 도시의 길거리였다. 그리고 그들 사회가 창출했던 부가 위용을 드러내는 바로 그곳에 실업이 존재하고 있었다. '빈민가(slum)'는 19세기가 만든 또다른 용어였다. 이러한 것들로부터 두 개의 상호연관된 두 개의 시각을 이끌어낼 수 있다. 하나는 두려운 시각이었다. 19세기 말에 냉철한 정치가들 다수가 도시를 혁명적 위험과 범죄와 사악함의 중심으로 간주하면서 여전히 불신의 눈초리를 보냈다. 또다른 하나는 희망에 찬 시각이었다. 당시 도시의 상태는 사회 및 경제 질서의 부조리에 맞선 혁명이 불가피하다는 생각을 일깨웠다. 물론, 이 두 반응 모두 경험에서 축적된 증거를 무시했다. 그 증거는 사실상 서유럽에서 혁명이 일어날 가능성이 갈수록 희박해지고 있다고 말하고 있었다.

설사 혁명의 성격이 잘못 해석되고 과장되었다고 할지라도, 무질서는 또한 혁명이 닥칠지 모른다는 공포를 키웠다. 경제 및 사회 발전의 길을 따라서 급속히 앞으로 나아가지 못하고 있었지만, 러시아는 세계의 나머지 국가들과 비교할 때 어쨌든 유럽에 속한 국가였다. 이 나라에서 개혁은 충분히 진행되지 못했고 혁명적 움직임은 계속 존재했다. 혁명은 테러 행위 속에서—테러의 희생자 중 한 명이 차르였다—발생했고, 자연발생적이고 지속적인 농촌의 불안한 상황에 의해서 촉진되었다. 지주와 마름에게 가해진 농민의 공격은 20세기 초에 정점에 달했다. 그 뒤에 이어 러일전쟁에서의 패배를 경험하면서 전제정의 자신감이 잠시 흔들렸을 때, 1905년 혁명이 일어났다.

의심의 여지없이 러시아는 특수한 사례일 것이다. 그러나 이탈리아도 관찰자들이 보기에 1898년에 그리고 또다시 1914년에 가까스로 혁명을 막았다고 할 만한 경험을 가지고 있었다. 동시에 에스파냐의 대도시 중 한 곳인 바르셀로나에서 1909년에 유혈이 낭자한 시가전이 발생했다. 1890년대에 미국의 경우에서도 명확히 볼 수 있듯이, 혁명적 전통이 없었던 몇몇 산업국가들에서도 파업과 시위는 격렬한 양상을 띠었다. 심지어 영국에서는 때때로 파업과 시위로 인해서 사망자가 발생하기도 했다. 무정부주의자들의 간헐적인 활동이 여기에 더해지면서 경찰과 사회지도층들은 긴장을 늦추지 않았으며, 이러한 상황을 미래의 파국에 대비할 수 있는 일종의 경험으로 생각했다. 특히 대중들의 뇌리 속에 무정부주의자들의 활동은 강하게 각인되었다. 무정부주의자들이 1890년대에 벌인 테러리즘 및 암살 활동은 폭넓은 언론의 관심을 받았다. 무정부주의자들의 행동이 실제로 성공했든 실패했든 상관없이, 신문과 잡지 등이 늘어나면서 '폭탄'과 '단도일격(短刀一擊)'이 주는 선전효과는 엄청난 것이었다. 모든 무정부주의자들이 동일한 목표를 공유하지는 않았지만, 그들 모두는 자신이 살고 있던 시대의 소산이었다. 즉, 무정부주의자들은 정치적으로 국가에 저항했을 뿐만 아니라 자신들이 부당하다고 판단한 사회 전체에 저항했다. 아마도 무정부주의의 오랜 경쟁자인 마르크스주의가 내놓는 수사에 비해서 효과는 덜했지만, 무정주의자들로 인해서 혁명이 살아 있다는 오래된 두려움이 지속되었다.

1900년경에는 거의 모든 지역에서 사회주의는 마르크스주의를 의미했다. 중요하고 대안이 되는 전통과 신화가 오직 영국에 존재했는데, 그곳에서 일찍이 성장한 수많은 노동조합 운동과 기존의 정당을 통해서 법률을 통과시킬 수 있는 가능성은 비혁명적 급진주의가 성장하는 데에 유리한 토대를 제공했다. 이와 대조적으로 대륙의 사회주의자들 사이에서 우위를 점한 마르크스주의는 공식적으로 1896년에 등장했다. 그해에 모든 국가의 사회주의 운동을 조정하고자 7년 전에 수립되었던 국제노동계급 운동인 '제2차 인터내셔널(Second International)'이 이때까지 여기에 속했던 무정부주의자들을 제명했다. 4년 후에 인터내셔널은 벨기에의 브뤼셀에 사무국을 설치했다. 이 운동에서 수적으로, 금전적으로, 그리고 사상적으로 가장 많이 기여했던 독일 사민당이 우위를 차지했다. 경찰의 탄압에도 불구하고, 독일 사민당은 독일의 급속한 산업화 덕분에 발전해왔고, 1900년쯤 이 당이 최초의 진정한 대중조직이라는 것은 독일 정치에서 기정사실이 되었다. 숫자와 금전만으로도 이 독일 정당의 공식 교리인 마르크스주의가 국제 사회주의 운동의 교리로 채택되었을 수 있었다. 그러나 마르크스주의 또한 그 자체로 지적으로나 감정적으로 호소하는 바가 컸다. 마르크스주의는 무엇보다 세계는 이미 사회주의자가 희망했던 길을 가고 있다는 확신 위에 서 있었고, 결국 무력혁명으로 끝날 것이라고 마르크스주의자들이 주장했던 바로 그 계급투쟁에 참여하고 있다는 정서적 만족감을 사람들에게 제공했다.

그러한 신화 때문에 기존 질서가 마르크스주의에 품은 두려움이 더 분명해졌다. 그러나 영민한 마르크스주의자 몇몇은 혁명의 가능성이 1880년 이후의 여러 상황들에 의해서 약화되고 있음도 감지하고 있었다. 분명하게도 엄청난 수의 사람들이 자본주의 체제에서 더 높은 생활수준을 누릴 수 있게 되었다. 체제 자체의 많은 복잡함 속에서 자본주의가 전개되는 방식은 단순하지 않았고, 마르크스가 예측했던 식으로 계급갈등을 첨예하게 만들지도 않았다. 더욱이 자본주의식 정치제도가 노동계급에 도움을 주기도 했다. 이 점은 매우 중요했다. 물론 영국에서도 그러했지만 무엇보다도 독일에서 사회주의자들은 의회제도가 제공한 기회를 이용해서 중요한 이득을 얻었다. 선거는 그들에게 일종의 무기가 될 수 있었다. 혁명을 기다리기도 했지만, 그들은 선거라는 제도를 무시할 마음도 없었다. 이 점 때문에 몇몇 사회주의자들은 그러한 경향을 감안해서 공식적인 마르크스주의를 수정하고자 했다. 사람들은 그들을 '수정주의자(Revisionist)'라고 불렀다. 대체로 수정주의자들은 사회주의에 의한 사회변혁을 평화적으로 수행하자고 주장했다. 사람들은 수정주의를 변질이라고 부르기를 좋아했지만, 막상 혁명이 일어나자 이를 어떻게 이용할까에 관한 탁상공론만이 있었다. 이 이론적 위치 그리고 그 이론과 관련된 논쟁 속에서, 19세기 말에 실질적인 쟁점이 되었던 문제가 나타났다. 그 쟁점은 바로 사회주의자가 자본주의 정부의 각료 자리에 올라야 하는가 여부였다.

이 쟁점이 불러일으킨 논쟁은 수년에 걸려 합의점에 도달했다. 결국에 모습을 드러낸 것은 수정주의에 대한 제2차 인터내셔널의 노골적인 비난이었다. 반면에 실제로 수정주의에 따라서 계속 행동했던 독일 정당을 비롯하여 여러 나라의 정당들은 자신의 정당의 조건에 맞추어 기존의 제도를 다루었다. 여러 정당들이 내놓는 수사는 여전히 혁명에 관한 수사였다. 만약 정부가 자신을 전쟁터에 가게 만든다면 징집을 거부함으로써 혁명을 실현할 수 있다고 생각했던 사회주의자들도 많았다. 러시아 정당 내에서 다수를 차지한 한 사회주의 조직은 계속 격렬하게 수정주의를 비난했고 폭력을 옹호했다. 이는 러시아의 상황에 내재된 특성을 반영했다. 러시아에서는 의회정치에 거의 희망을 걸 수 없었고 혁명과 테러리즘이라는 오래된 전통을 가지고 있었다. 러시아어로 다수(多數)를 의미하는 볼셰비키(Bol'sheviki)가 그 조직의 이름이었다. 그리고 더 많은 사람들이 볼셰비키라는 용어를 듣게 될 터였다.

사회주의자들은 자신들이 대중을 대변한다고 주장했다. 실제로 그들이 대중을 대변했는지 여부를 떠나서, 1900년경이 되면 19세기에 자유주의와 민주주의가 이룬 진보를 무력을 사용하지 않고는 억누를 수 없다고 우려했던 많은 보수주의자들이 있었다. 그러한 보수주의자 중 몇몇은 여전히 20세기 이전이 아닌 19세기 이전의 세계관을 가지고 있었다. 동유럽의 많은 지역에서 지주가 자신의 토지에 대해서 가지는 유사 가부장적 관계 및 전통적 권위는 여전히 온전했다. 그러한 사회는 여전히 귀족적 보수주의자들을 만들 수 있었다. 이들은 자신의 물질적 특권이 침해되는 것을 마음속으로 반대했을 뿐만 아니라, '시장 사회(market society)'라고 불릴 만한 모든 가치와 생각에 반대했다. 그러나 이 경계는 날이 갈수록 흐릿해졌고 대개 보수주의자의 생각은 자본의 보호라는 입장으로 수렴하는 경향을 보였다. 물론 이 입장은 개인주의적이었기 때문에 반세기 전에는 많은 곳에서 급진적 자유주의로 간주되던 것이었다. 자본주의적이고 산업이 발달했으며 그리고 보수적이었던 유럽은 부의 창출에 대한 국가의 개입에 갈수록 더 격렬히 반대했다. 국가가 더 확대되던 사회조정 역할을 받아들이면서 국가의 개입은 꾸준히 늘어나고 있었다. 영국에서 이 쟁점에 관한 한 차례 위기가 있었고, 이 위기는 1688년 헌법의 유산에 혁명적인 요소를 더하는 것으로 이어졌다. 그 변화는 바로 1911년에 하원의 권한을 제한하려는 상원의 힘을 무력화하는 것이었다. 그 배경에 수많은 쟁점들이 있었고, 그 쟁점 중 하나는 사회복지 비용 지불을 위해서 부유층들에게 더 높은 세금을 물려야 한다는 것이었다. 심지어 프랑스도 1914년경 소득세 원칙을 받아들였다.

그러한 변화들은 발전된 사회에서 정치 민주화의 논리가 되었다. 1914년경 성인 남성에게 보통선거권을 부여한 나라는 프랑스와 독일 그리고 유럽의 몇몇 소국이었다. 영국과 이탈리아에서는 모든 성인 남성에게 선거권이 있지는 않았지만, 남성 유권자의 수는 보통선거권 기준을 충족한다고 해도 좋을 정도로 충분히 많았다. 보통선거권 문제는 분열을 일으키는 또다른 문제를 제기했다. 만약 남성이 보통선거권을 가진다면, 여성은 정치에 참여할 투표권을 가지지 말아야 하는가? 이 쟁점은 이미 영국 정치계를 떠들썩하게 만든 문제였다. 그러나 1914년경에 유럽에서는 오직 핀란드와 노르웨이에서만 의회에 투표하는 여성 유권자가 있었다. 비록 더 멀리 떨어진 뉴질랜드와 오스트레일리아의 두 개 주 그리고 미국의 몇몇 주에서 그 즈음에 여성에게 선거권을 부여했지만 말이다. 이 쟁점은 다음 30년 동안 수많은 나라에서 여전히 해결되지 않을 터였다.

정치적 권리는 한 사회에서 여성에게 부여한 많은 권리들 중 하나였다. 그 사회는 앞서 존재했던 다른 모든 위대한 문명이 오직 남성의 이해관계와 가치를 지향했던 것처럼 총체적인 편견을 품은 사회였다. 그러나 유럽 사회에서 여성의 역할에 관한 논의는 18세기에 시작되었지만, 여성의 역할을 둘러싸고 있던 아주 오래된 편견들에 균열이 생기는 데에는 그리 오랜 시간이 걸리지 않았다. 19세기에 사람들은 여성의 교육받을 권리, 고용될 권리, 자기 재산을 통제할 권리, 정신적으로 자립할 권리, 심지어 더 편한 옷을 입을 권리 등을 더 많이 논의했다. 헨리크 입센(1828-1906)의 희곡 『인형의 집(*Et dukkehjem*)』은 작가 자신이 의도한 대로 개개인을 향한 호소 대신 여성해방을 위한 소집 나팔소리로 해석되었다. 이 쟁점이 내놓은 것은 진정한 혁명을 암시했다. 유럽과 북미에서 여성들의 주장은 단지 몇 세기가 아니라 심지어 수천 년을 거슬러 올라가는 제도화된 가정과 사고방식을 위협했다. 그러한 주장들은 복잡한 감정을 불러일으켰는데, 그 이유는 그 주장들이 가족 및 섹슈얼리티에 관한 뿌리 깊은 관념들과 연결되어 있었기 때문이었다. 이같이 여성이 내놓은 주장은 사회혁명이나 정치 민주주의가 제기한 위협보다 더 심하게 몇몇 사람들—남성뿐 아니라 여성도 엇비슷하게—과 충돌을 빚었다. 사람들은 이러한 차원에 존재하는 문제를 정확하게 이해했다. 초창기 유럽의 페미니스트 운동에는 폭발적인 힘을 가진 그 어떤 것이 존재하고 있었다. 유럽적 가치에 의한 공격의 일환으로, 페미니스트 운동이 가지고 있던 그 씨앗이 다른 문화와 문명으로 옮겨갈 때(곧 그렇게 되었다), 그 폭발력은 훨씬 더 어마어마할 터였다.

여성들의 정치화와 더불어 여성이 자신을 억압한다고 느꼈던 법적, 제도적 구조에 가해진 정치적 공격은 십중팔구 다른 변화보다 여성에게 더 큰 도움이 되지는 않았다. 그러나 조금씩 커지고 있던 변화들 가운데 세 가지는 궁극적으로 과거의 전통을 약화시키는 데에 엄청난 의미를 가졌다. 첫 번째는 선진 자본주의 경제의 성장이었다. 1914년쯤 이미 경제성장은 몇몇 나라들에서 여성을 위한 막대한 수의 새로운 직업을 창출했고, 타이피스트, 비서, 전화 교환수, 직공, 백화점 점원, 교사와 같은 직업이 여기에 해당되었다. 이러한 직업은 거의 모두 한 세기 전에는 존재하지 않았던 직업이었다. 이 새로운 직업으로 여성들은 경제권력의 거대하고 실질적인 변화를 경험했다. 만약 여성이 스스로 밥벌이를 할 수 있다면, 여성은 이전의 가족 형태를 변화시킬 수 있는 단초를 마련한 셈이었다. 마찬가지로 얼마 되지 않아서 산업사회의 전쟁 수요가 더 많은 노동력을 요구하면서 이러한 발전의 속도를 높였다. 노동력에 대한 요구 덕분에 훨씬 더 넓은 범위의 직업이 여성에게 문호를 개방했다. 한편, 1900년경에도 산업과 상업의 일자리는 더 많은 소녀들에게 단번에 부모의 통제와 결혼의 고역이라는 올가미에서 벗어날 기회를 의미했다. 대다수 여성이 1914년까지 그다지 큰 이익을 누리지는 못했지만, 그러한 발전이 또다른 요구, 예를 들면 교육과 직업훈련과 같은 요구를 촉진했기 때문에 그 과정은 급속히 진행되고 있었다.

또다른 거대한 변화의 힘은 여성의 삶을 변화시키는 완전한 잠재력을 1914년까지는 드러내지 않았다. 그 힘은 바로 피임이었다. 피임은 이미 인구동태에 결정적인 영향을 미치고 있었다. 앞으로 다가올 것은 권력과 지위에서 일어날 혁명이었다. 역사를 통틀어 지금까지 대다수 여성의 삶을 지배했던 출산과 양육의 요구를 여성 스스로 통제할 수 있다는 관념을 받아들이는 여성이 더 많아지면서 이러한 혁명이 가능할 터였다. 출산과 양육의 요구를 넘어서는 훨씬 더 심대한 변화가 놓여 있었고, 사람들은 이를 1914년에 겨우 인지하기 시작했다. 그 변화는 여성이 평생 동안 결혼이라는 의무를 필연적으로 질 필요 없이 성적 만족을 추구할 수 있다는 점을 깨닫게 되면서 일어났다.

아주 오래된 방식과 생각들로부터 여성을 해방시켰던 세 번째 거대한 힘은 어느 사이에, 그러나 억누를 수 없도록 작용하고 있었다. 이 힘에는 분명하고 단일한 이름을 붙이기가 매우 어렵다. 그러나 만일 이 힘에 지배적 원칙이 있다면, 기술이라고 말할 수 있다. 기술은 방대한 양의 혁신으로 이루어진 하나의 과정이었다. 그러한 혁신 중 몇 가지는 이미 1900년 이전부터 수십 년 동안 느리게 축적되었으며 모든 혁신은 처음에는 미미했지만 조금씩 가정의 지루한 일상과 고된 일로 짜인 오래된 가사(家事)를 변화시키는 경향을 보였다. 수도시설이나 난방과 조명에 사용된 가스의 등장은 그러한 혁신 중 첫 번째 사례였다. 게다가 깨끗하고 사용이 손쉬운 전기의 도입은 이후에 훨씬 더 확실한 영향을 미쳤다. 소매유통의 커다란 변화로 인해서 많은 고급 상점들이 생겨났다. 이러한 상점들은 부자가 아닌 평범한 사람들에게도 사치품에 대한 관념을 심어주었을 뿐만 아니라 가정에 필요한 여러 물품들을 보다 더 쉽게 공급했다. 한때 매일 또는 매일 두 번씩 상점을 들르던 가족의 음식 공급습관—이러한 습관은 여전히 인도와 아프리카에서 빈번하다—은 더 좋은 가공과 보존공정을 거친 수입식품 덕분에 천천히 바뀌었다. 합성세제와 세탁이 손쉬운 인공섬유의 세계는 1900년경에는 미래의 일이기는 했지만, 이미 비누와 세탁용 소다는 한 세기 전에 비해서 훨씬 더 쉽게 그리고 싸게 얻을 수 있었다. 한편 최초의 가전제품인 가스레인지와 진공청소기와 세탁기는 20세기에 적어도 부유한 가정에서는 모습을 드러내기 시작했다.

더 이른 시기의 등자(鐙子)나 선반(旋盤)의 도입이 가지는 의미를 즉시 인식했던 역사가들도 진공청소기나 세탁기 같은 보잘것없는 상품과 도구의 누적된 힘은 이상하게도 무시했다. 그러나 세계의 절반에게 가전제품은 하나의 혁명을 암시했다. 영국에서 직접적인 시위를 통해서 투표권을 요구했던 여성을 의미하던 '여성 참정권자들(suffragettes)'의 터무니없는 행동에 관심을 가진 사람보다 가전제품의 장기적 영향에 관심을 가진 사람이 적었다는 사실은 당연하다. 여성 참정권자의 활동에 즉각적으로 자극이 된 사건은 남성에게만 해당되었던 정치제도상의 자유화와 민주화였다. 이것이 여성 참정권자의 운동이 전제로 삼았던 활동배경이었다. 논리적으로 따지면, 생물학적 성별의 경계를 뛰어넘어서 민주주의를 추구하자는 주장은 충분한 설득력이 있었다. 이것이 결국은 유권자의 크기를 2배로 늘린다는 사실을 의미했지만 말이다.

그러나 정치의 공식적 구조와 법적 구조 등을 제외하고도, 점점 정치가 보다 '대중적인' 성격을 띠고 있었음을 보여주는 예는 많았다. 대중은 조직되어야 했다. 1900년경 이 요구를 충족시키는 현대적인 정당이 모습을 드러냈다. 현대적인 정당은 유권자들의 선택을 받기 위해서, 여러 쟁점들을 간소화했고, 정치의식 확산을 위한 조직을 만들었으며, 특별한 이해관계를 구축했다. 그러한 현대적인 정당들은 유럽과 미국에서 전 세계로 퍼져나갔다. 구식 정치가들이 새로운 형태의 정당에 대해서 개탄하기는 했지만, 그것이 언제나 그들의 본심이었던 것은 결코 아니었다. 왜냐하면 현대적인 정당은 대중사회와 공적 토론의 타락과 전통적 엘리트의 변질이 도래한다는 또다른 징후였기 때문이다. 이제 전통적 엘리트는 거리 사람들의 방식에 정치를 맞추어야만 했다.

여론의 중요성은 19세기 초에 영국에서 인지되기 시작했다. 곡물법(Corn Law)을 두고 논란이 벌어질 때 여론은 결정적인 역할을 했다. 1870년쯤 프랑스 황제 나폴레옹 3세는 두렵고 결국 패배할 것이 뻔한 전쟁을 요구하던 대중에게 저항할 수 없었다. 보수주의 정치가의 전형인 비스마르크도 결국 대중의 여론에 굴복하여 자신이 반대해왔던 식민지에서의 이익을 추구하는 정책을 택할 수밖에 없었다. 또한 여론의 조작도 가능한 것처럼 보였다(또는 최소한 여론의 조작이 가능하다고 믿는 신문사 소유주들과 정치인들이 많았다). 문맹이 줄어드는 데에도 양면성이 있었다. 한편으로, 대중교육에 투자할 필요가 있다고 생각되었는데, 이는 투표권을 올바르게 행사할 수 있도록 대중을 문명화하기 위해서였다. 그러나 문맹률이 줄어든 데에 따른 결과로 여겨졌던 것은 새로운 시장이 만들어졌다는 점이었다. 이 시장은 자주 감정주의와 선정주의에 영합했던 새롭고 저렴한 신문들과 잡지들을 위한 시장인 동시에 19세기의 또다른 발명품인 판촉 광고를 기획하고 그 광고를 판매하는 사람들을 위한 시장이었다.

의심할 여지없이 대중에게 가장 강력한 호소력을 가지고 있던 정치원리는 여전히 민족주의였다. 더욱이 민족주의는 혁명적 잠재력을 품고 있었다. 이 사실은 수많은 곳에서 분명하게 드러났다. 크림 전쟁 이후에 유럽 쪽 터키에서 민족주의자들은 오스만 제국의 통치에 대항하여 싸워서 새로운 민족국가를 건설하는 데에 성공을 거두었고, 이 행보는 중단되지 않았다. 1870년경 세르비아와 그리스와 루마니아가 건국되었다. 19세기 말 즈음에 불가리아와 몬테네그로가 건국 대열에 합류했다. 유럽 분쟁이 터키 문제를 집어삼키기 전인 1913년에 발칸 반도의 국가들은 터키에 대항한 마지막 전쟁을 벌였고 그 과정에서 알바니아가 태어났다. 그때 즈음에 크레타는 자치권을 획득했고 이미 그곳에 그리스 총독이 파견되었다. 발칸 반도의 민족주의 운동은 수차례나 강대국들을 끌어들였고 여기에는 평화를 위협하는 잠재적인 위험이 항상 도사리고 있었다. 이는 특히 러시아에 적용되었다. 차르의 제국에서 폴란드인, 유대인, 우크라이나인, 리투아니아인은 자신들이 러시아인에게 억압받고 있다고 생각했다. 그럼에도 전쟁이 발발한다면, 이는 오스트리아-헝가리 제국 내부의 긴장 때문일 확률이 높았다. 제국의 절반인 헝가리의 영토에서 민족주의는 실재하는 혁명적 위험이었다. 그곳에 거주하는 슬라브인 대다수는 국경 너머의 세르비아에 마자르족 압제자로부터 자신들을 구해달라고 도움을 청했다. 이중제국의 다른 곳, 예를 들면 보헤미아와 슬로바키아에서 그러한 감정은 덜 두드러졌으나 마찬가지로 민족주의는 가장 중요한 문제였다.

영국은 발칸 반도 같은 위험에 직면하지 않았지만 여전히 아일랜드의 민족주의자 문제로 골머리를 앓았다. 사실 영국은 두 가지 문제를 겪고 있었다. 19세기 내내 아일랜드의 가톨릭 신자 문제가 가장 두드러진 문제였다. 아일랜드에게 중요한 개혁과 양보가 주어졌지만, 그것들은 영국 자유당이 약속했던 '아일랜드 자치법(Home Rule)'에서 명시한 수준에 미치지 못했다. 그러나 1900년경 농업개혁과 더 나은 경제 조건이 아일랜드 문제로부터 상당한 독을 걷어냈다. 비록 얼스터 지방의 대다수 신교 신자들에 의해서 또다른 아일랜드 민족주의가 등장하면서 이 독이 다시 퍼졌지만 말이다. 이 새로운 아일랜드 민족주의는 만약 런던에 있는 영국 정부가 로마 가톨릭 신자인 아일랜드 민족주의자들에게 '아일랜드 자치'를 허락한다면 혁명을 일으키겠다고 흥분했다. 이는 단지 영국 내에서의 논란으로만 그치지 않았다. 영국 민주주의 체제가 결국 1914년에 아일랜드 자치 법안을 통과시켰을 때, 몇몇 외국인 관찰자들은 영국이 자국의 혁명 문제 때문에 불가피하게 유럽 대륙의 문제에 간섭할 수 없을 것이라고 오판하게 되었으니 말이다.

민족주의적인 성격을 띤 여러 활동들을 옹호했던 사람들은 모두 정도의 차이는 있지만 자신이 억압받는 이들을 대신해서 행동한다고 스스로를 정당화했다. 그러나 강대국의 민족주의도 파괴적인 위력을 가지고 있었다. 프랑스와 독일은 1871년에 독일로 할양된 두 지역, 알자스와 로렌 때문에 심리적으로 깊은 골을 사이에 두고 있었다. 독일에 대한 적개심을 정치적으로 이용하는 데에 익숙했던 프랑스의 정치가들은 오랫동안 그리고 부지런히 영토수복이라는 문제로 정치판을 달구었다. 프랑스에서 민족주의는 정치적 논쟁을 보다 격렬하게 만들곤 했는데, 이는 많은 정치적 논쟁들이 위대한 프랑스의 민족주의에 대한 충성에 의문을 제기하는 것처럼 보였기 때문이었다. 냉철한 이미지를 가지고 있었던 영국인들마저도 점차 시간이 흐를수록 민족적 상징에 열광했다. 영국인은 짧은 기간이기는 했지만 뿌리 깊은 제국주의에 대한 열정을 품고 있었고 영국의 해상패권을 지키는 것에 항상 매우 민감하게 반응했다. 점차 영국의 해상패권은 독일에 의해서 위협받고 있는 듯했다. 독일의 경제는 명백히 활력이 넘쳤고, 이로 인해서 세계무역에서 영국이 차지하고 있는 패권에 위협이 가해질 것이라는 불안을 야기했다. 세계무역에서 영국과 독일이 서로에게 최고의 고객이었다는 점은 중요한 것이 아니었다. 더 중요한 점은 두 나라가 수많은 문제에서 상충하는 이해관계를 가지고 있는 것처럼 보였다는 점이다. 독일제국의 3대 황제인 빌헬름 2세(재위 1888-1918)의 치세에서 급속하게 발전했던 독일 민족주의가 영국과의 관계에 또다른 영향을 주었다. 독일이 가진 잠재력을 인식했던 빌헬름 2세는 그 잠재력을 실질적으로 구현시킬 뿐만 아니라 상징적으로도 보여주고자 했다. 그 결과 중 하나가 거대한 해군에 대한 그의 열광이었다. 이는 특히 독일의 해군이 그 누구도 아닌 자신을 향해서 사용할 목적으로 건설되고 있다고 판단했던 영국을 불쾌하게 만들었다. 그러나 독일이 국제 문제에서 자신의 권력을 부당하게 휘두르는 경향이 있다는, 전혀 부당하지만도 않은 인상이 유럽에서 점차 강해지고 있었다. 민족적 고정관념은 한 줄로 요약할 수 없으나 이 고정관념 덕분에 대중의 반응이 끔찍하게 단순해질 수 있었다. 따라서 민족적 고정관념은 20세기 초에 민족주의적 감정이라는 파괴적인 힘과 관련된 이야기의 한 부분이다.

어떤 사람들은 확신을 가지고 19세기에 국제적 폭력이 감소했다는 사실을 지적하기도 한다. 러시아와 오스만 튀르크가 격전을 벌였던 1876년 이후로 유럽 열강들 사이에서 전쟁은 일어나지 않았다. 그리고 불행히도 유럽의 군인들과 정치가들은 미국의 내전에서 어떠한 조짐도 느끼지 못했다. 미국의 남북전쟁에서 처음으로 철도와 전신의 발달로 지휘관 한 명이 100만 명이 넘는 병사를 통제할 수 있었고, 엄청난 인명 손실을 내는 현대식으로 대량생산된 무기의 파괴력이 첫 선을 보였다. 이러한 실상이 간과되기는 했지만, 군비경쟁을 멈추고자 1899년과 1907년에 소집된 회의는 비록 목적을 달성하지 못했음에도 낙관적으로 보일 수 있었다. 분명히 국제적 중재라는 관행을 받아들이는 국가가 점점 더 늘어났고, 일찍이 드러난 전쟁의 잔혹함을 제한하려는 움직임도 눈에 띄었다. 독일의 카이저는 중국 의화단에 맞서는 여러 국가들의 연합군대에 자신의 부대를 파병하면서 의미심장한 표현을 사용했다. 중국인이 유럽인에게 가한 잔혹행위를 보고받고 화가 치밀어오른 빌헬름은 자신의 병사들에게 "훈족처럼(like Huns)"* 행동하라고 명령했다. 이 표현은 사람들의 기억 속에 각인되었다. 비록 이 표현은 그 당시에도 도를 넘는 것이었지만, 빌헬름이 그러한 명령이 필요하다고 믿었다는 사실이 실로 흥미롭다. 그 누구도 17세기의 군대에게 훈족처럼 행동하라고 말할 수 없었을 것이다. 왜냐하면 17세기에는 군인이 대개 훈족처럼 행동할 것이라는 생각이 당연시되었기 때문이다. 1900년경 사람들은 유럽의 군대가 그런 식으로 행동한다고 생각하지 않았다. 따라서 독일 군대는 훈족처럼 행동하라는 명령을 들어야 했다. 아직까지는 전쟁을 인도적으로 수행하고자 했다. '문명화된 전쟁'은 19세기의 관념이었고 결코 모순명사가 아니었다. 1899년에 비록 한시적이었지만 독가스와 덤덤탄**과 심지어 공중폭탄 투하조차 금지하자는 합의가 이루어졌다.

* Huns는 본래 4-5세기에 유럽 일대를 휩쓴 훈족을 의미했지만, 제1, 2차 세계대전 동안 독일 군인을 경멸스럽게 일컫는 표현으로 사용되었다/역주

** 1886년 인도의 공업도시인 덤덤(Dum Dum)의 무기 공장에서 제조된 특수 소총탄이다. 보통탄과 달리 탄알이 목표물에 적중하면 탄체에서 납 알갱이 등이 나와서 인체에 퍼졌다/역주

공통적으로 혁명에 저항한다는 점만 제외하고 어떠한 유대관계도 맺지 않고 있던 유럽의 통치자들이 합의했던 그러한 통제는 얼마가지 못해서 공통된 기독교 세계라는 관념과 함께 무너졌다. 19세기의 종교는 국제관계에서 기껏해야 분쟁에 대한 임시방편이나 완화책일 뿐인 중요하지 않고 간접적인 힘이었다. 종교는 다른 사상적 원천에서 영양분을 얻은 박애주의와 평화주의를 강화할 뿐이었다.

전 세계 노동자들이 자기 주인의 이익을 위해서 다른 노동자들과 싸우기를 거부할 것이라는 사회주의자들의 희망이 실현될 가능성이 희박했던 것만큼, 폭력을 억제하는 데에서 기독교의 역할도 미미했다. 기독교의 영향력이 약해진 이유가 조직화된 교회가 권력을 전반적으로 상실했기 때문인지 아닌지는 확실하지 않다. 분명히, 1900년쯤 사람들의 행동을 통제하는 데에서 기독교의 힘이 줄어들고 있다는 상당한 불안감이 감지되었다. 전통적인 형태를 띤 새로운 종교가 기존의 기독교 교회에 도전했기 때문에 이러한 불안감이 조성된 것은 아니었다. 도리어 18세기부터 감지되어왔던 어떤 경향들이 계속 발전해 왔고, 이 경향들이 프랑스 혁명 이후에 보다 더 뚜렷하게 드러났던 것이다. 날이 갈수록 거의 모든 기독교 단체들은 그 시대의 지적, 사회적 진보들의 몇몇 특징들로부터 영향을 받았다. 그 어떤 기독교 종파도 자신들에게 도움이 될지도 모르는 새로운 장치들—예를 들어 19세기 말에 등장한 대량부수 발행 신문들—을 활용하지 못하는 것처럼 보였다. 사실상 그러한 단체들 중 몇몇, 특히 로마 가톨릭교회는 그러한 변화들을 의심의 눈초리로 바라보았다.

비록 모든 기독교 종파가 적대적인 경향을 느끼고 있었지만, 교황의 지위가 가지는 위신과 권력이 모두 약화되어가고 있던 가톨릭교회가 가장 분명한 희생자였다. 가톨릭교회는 이후 교리의 일부분이 될 몇몇 성명서에서 노골적으로 진보와 이성과 자유주의에 적의를 드러냈다. 프랑스 혁명군대가 이탈리아에 혁명적 교리와 영토적 변화를 가져오고 교황령을 침범했던 1790년대부터 가톨릭교회는 정치적으로 약화되기 시작했다. 이후에 교황권에 대한 침해는 그 시대의 주요 사상인 민주주의, 자유주의, 민족주의의 이름으로 정당화되었다. 마침내 1870년에 그때까지 바티칸 외부에 있던 옛 교황령의 마지막 영지를 이탈리아의 새로운 왕국이 빼앗았다. 그 결과 로마 교황은 오직 순수한 정신적 그리고 종교적 권위만을 보유하게 되었다. 이것은 메로빙거 왕조 이래로 계속된 교황 권위의 종말을 의미했다. 그리고 어떤 사람들은 유럽 문명과 역사에서 오랫동안 중심을 차지한 하나의 체제가 막을 내린 것에 수치심을 느끼기도 했다.

사실상 교황권의 종말은 축복이었다. 그럼에도 불구하고 당시의 교황권의 종말은 교황측이 당시의 변화들에 보여주었던 적대감과 수많은 진보적 사상가들이 교황에 대해서 가지고 있던 조소를 더 분명히 해주었다. 양측의 적대감과 조소의 감정은, 교황이 신념과 도덕을 가지고 위엄 있게 말했을 때 그는 무오류적 권위를 가진다는 교황의 무오류성이 1870년에 교리의 일부분이 되었을 때, 새로운 국면에 접어들었다. 여기에 반교권주의와 사제에 대한 공격이 이후 20년 동안 뒤따랐다. 이는 독일, 프랑스, 이탈리아, 에스파냐의 정치에서 그 어느 때보다도 더 중요했다. 폴란드를 제외한 대부분의 로마 가톨릭 국가에서 민족주의적 감정이 교회에 반대하는 운동에 이용되었다. 이 국가들의 정부는 이전에 교회가 가지고 있던 권위를 약화시키고, 정부의 법적 권한을 확대하기 위해서 반교황권 편견을 기회로 활용했다. 정부는 마찬가지로 교회가 예전에 최고의 권위를 누렸던 영역으로도 밀고 들어갔다. 그중에 초등교육과 중등교육이 있었다.

정부의 종교 박해는 종교가 비타협적 태도를 취하도록 만들었다. 정부와 종교의 갈등 속에서, 로마 가톨릭교회의 교리들 중 관념적인 그 어떤 것도 여전히 신자들 사이에서 엄청난 충성의 대상이었다. 더욱이 해외선교 현장에서 개종하는 사람들이 가톨릭에 바치는 충성은 계속 지속되었고, 점차 증가하는 인구동향에 의해서 훨씬 더 많은 사람들이 머지않아서 가톨릭에 충성심을 보탤 터였다. 비록 종교로부터 영향을 덜 받고 천천히 세속 문화에 빠져들면서 무신자가 되어갔던 유럽의 새로운 도시 거주자들 사이에서 기성 종교가 별다른 진전을 보이지 않았다고 하더라도, 기성 종교는 하나의 정치, 사회적 권력으로서 소멸되기는커녕 영향력이 축소되는 것처럼 보이지도 않았다. 사실상 교황이 세속적 역할에서 해방되었기 때문에 로마 가톨릭은 더 열정적으로 교황에게 충성을 바칠 수 있을 것으로 느꼈다.

로마 가톨릭교회는 기독교 교파 중 가장 엄격한 교파 중의 하나이며 종교전쟁의 최전선에서 시대적 조류에 맞서 싸움을 벌이고 있었다. 그러나 로마 가톨릭이 내세우는 신의 계시와 사제 및 성직자의 권위는 모든 곳에서 의문시되었다. 많은 유럽인과 미국인이 교회가 설명하는 교리와 『성경』에 들어가 있는 이야기를 여전히 단순하게 곧이곧대로 믿었기 때문에 이러한 의문은 19세기에 가장 눈에 띄는 특징 중의 하나가 되었다. 신자들은 자신의 믿음이 위협받자 엄청난 불안을 느꼈다. 그러나 날이 갈수록 거의 모든 나라에서 기존의 신앙이 위협받고 있었던 것은 분명한 사실이었다. 처음에 지식 엘리트 계급 내에서 전통적 믿음이 위협받았던 것은 분명했다. 이는 지식 엘리트들이 의식적으로 계몽주의에 기반하고 있었기 때문이었다. 예를 들면, 반종교적, 회의적 관점을 의미하는 '볼테르 같은(Voltairean)'이라는 형용사는 19세기에 가장 인기 있던 형용사였다. 시간이 흐르면서 다른 지적 흐름 두 가지가 그러한 사상을 강화했다. 두 흐름 모두 처음에는 오직 엘리트 계급의 관심사였지만, 대중의 문해율이 점점 높아지고 값싼 인쇄물이 늘어나던 시대에 이 흐름은 점점 더 폭넓은 영향을 미쳤다.

첫 번째 새로운 지적 도전은 성경학자들, 특히 독일의 성경학자들로부터 왔다. 그들은 1840년대 이후로 역사적 증거로서 『성경』이 가지는 가치에 관한 수많은 추정들을 논박했을 뿐만 아니라, 보다 더 근본적으로 『성경』 텍스트를 바라보는 태도 자체에 일종의 정신적 변화를 가져왔다. 본질적으로 이 변화 이후에 사람들은 『성경』을 그저 다른 텍스트와 마찬가지인 역사적으로 오래된 문서 정도로 인식하게 되었고 따라서 『성경』에 비판적으로 접근할 수 있었다. 1863년에 프랑스인 학자 에르네스트 르낭(1823-1892)은 어마어마한 성공을 거둔 (그리고 추문을 불러온) 책 『예수의 생애(*Vie de Jésus*)』를 출판했다. 이 책은 『성경』을 바라보는 새로운 태도를 그 어느 때보다도 더 광범위하게 대중에게 제시했다. 중세에 기독교가 발흥한 이래 유럽 문명의 중심적인 텍스트였던 『성경』은 결코 예전의 지위로 돌아갈 수 없을 터였다.

전통 기독교 신앙 그리고 기독교 사상에 오랫동안 단단히 기반을 내리고 있던 도덕률, 정치학, 경제학에 타격을 가했던 두 번째 사상적 원천은 자연과학이었다. 계몽주의는 교회의 가르침에 내적 모순과 논리적 모순이 존재한다고 공격했다. 게다가 과학이 『성경』에 적힌 것들(그리고 『성경』과 비슷한 권위에 있는 그밖의 다른 종교적 사안에 근거한 것들)은 관찰 가능한 사실에 전혀 부합하지 않는다는 실험적 증거를 제시하기 시작하면서 계몽주의의 이 공격은 더욱 거세졌다. 시작은 지질학이었다. 18세기 말에 등장한 이 학문은 스코틀랜드의 과학자 찰스 라이엘(1797-1875)이 출판한 『지질학원리(*Principles of Geology*)』 덕분에 1830년대에 더 많은 사람들에게 알려졌다. 이 책은 풍경과 지질학 구조를 계속해서 움직이는 다양한 힘들의 결과로 설명했다. 그 말은, 즉 어떤 풍경도 신의 창조라는 단일한 행위의 결과가 아니라 바람과 비 같은 것들이 작용한 결과였다. 더욱이 라이엘은 자신의 주장이 옳다는 가정하에 각기 다른 지층에 다양한 형태의 생물화석이 존재한다는 점은 각각의 지질연대에서 새로운 동물의 탄생이 반복되었다는 사실을 암시한다고 지적했다. 만약 정말 그렇다면, 『성경』이 설명한 창조는 분명히 문제가 될 터였다.

영국인 과학자 찰스 다윈(1809-1882)이 현대 문명에 지대한 영향을 준 책 중의 한 권인 『종의 기원(*On the Origin of Species*)』을 1859년에 출판했을 때, 지질학과는 다른 과학 분야인 생물학의 접근법으로 인해서 『성경』에 대한 의문이 결정적 국면을 맞이했다고 말하는 것은, 심한 단순화이기는 하지만 완전한 왜곡도 아니다. 다윈은 인정하지 않았지만, 그는 다른 이들의 생각을 빌려와서 이 책의 대부분의 내용을 썼다. 이 책은 특히 논란이 일어날 확률이 가장 높은 시기에 논란이 일어날 확률이 가장 높은 나라에서 출판되었다. 다시 말해서 대중은 어느 정도 『종의 기원』의 내용을 받아들일 준비가 되어 있었다. 종교가 예컨대 교육 등에서 전통적으로 누렸던 우위가 정당한가에 관한 쟁점이 논의될 분위기가 감돌았다. '진화(evolution)'라는 단어는 비록 다윈이 사용하지 않으려고 했고, 『종의 기원』의 초판 발행 후 10년이 지나서 제5판이 나올 때까지도 책에 등장하지 않았지만, 그 시기에는 이미 친숙한 단어였다.

그럼에도 다윈의 책은 진화설의 가장 위력 있는 포괄적 주장을 담고 있었다. 다시 말해서 생명체는 보다 단순한 형태로부터 오랜 진화를 거쳐 현재의 형태를 띠고 있는 것이다. 다윈이 1871년에 출판한 또다른 책인 『인간의 유래(*The Descent of Man*)』에서 명쾌하게 설명했듯이, 이러한 주장에는 인간도 해당되었다. 진화가 일어나는 방식에 대해서는 다양한 관점이 존재했다. 다윈은 식량을 두고 인류가 살인적인 경쟁을 벌일 것이라는 토머스 맬서스의 미래상에서 영감을 얻었다. 다윈은 적대적 환경에서 성공하는 자질 때문에 성공을 구현한 인간들과 그렇지 못한 인간들 사이의 '자연 도태(natural selection)'가 발생한다는 견해를 취했다. 이 견해는 '적자생존(survival of the fittest)'이라는 구호로 사용되면서 저속해지고 끔찍하게 왜곡될 터였다. 다윈의 저작이 다양한 측면에서 참신한 생각을 불러일으켰던 중요한 역할을 했음에도, 여기에서는 그의 다른 역할이 오히려 더 중요하다. 다윈은 사람들에게 널리 알려졌던 창조에 관한 『성경』의 해석뿐 아니라 인간이라는 존재가 아주 특별한 지위를 누린다는 추정에 일격을 가했다. 이 공격은 예전에 그 누가 가한 것보다 더 강력했다. 다윈은 자신의 책에서 『성경』에 대한 비판과 지질학을 결합시켰다. 1800년에도 사람들은 여전히 『성경』의 사실성을 믿었지만, 다윈의 책을 읽은 양심 있고 생각이 깊은 사람들은 『성경』이 곧이곧대로 사실을 말한다는 주장을 받아들일 수 없었다.

『성경』의 권위에 대한 공격은 과학이 기존의 신앙에 영향을 줄 수 있는 가장 확실한 것이었다. 그러나 새롭고 막연했지만 과학이 그 어느 때보다도 대중 사이에 폭넓게 자리잡으면서 점점 더 명성을 누렸다는 점은 『성경』의 권위를 약화시켰다는 점만큼 중요하거나 어쩌면 그보다 더 중요할 수도 있다. 그 이유는 과학이 자연을 조작하는 최상의 도구라는 새로운 위상을 얻었기 때문이다. 이러한 사실을 사람들은 갈수록 더 부정하기가 힘들었다. 바로 이 지점에서 과학에 대한 맹신이 자라나기 시작했다. 17세기의 위대한 과학적 성취가 평범한 남녀의 삶에 별다른 변화를 가져오지 않았던 반면, 19세기의 과학적 성취는 시간이 갈수록 이러한 사람들의 삶에 변화를 가져왔다는 사실에 과학에 대한 맹신의 본질이 있다. 외과수술 때에 소독약을 사용할 필요성을 알리고 이를 사용하는 기술을 정립했던 조지프 리스터(1827-1912)의 글과 발전(發電)을 가능하게 만든 마이클 패러데이(1791-1867)가 쓴 글을 당시 대부분의 사람들은 한 단어도 이해하지 못했다. 그러나 사람들은 1900년의 의약품들이 자기 할아버지 시대의 의약품들과 다르다는 사실, 직장과 가정 여기저기에서 전기가 사용되고 있다는 사실을 알고 있었다. 1914년 즈음에 사람들은 무선전신을 이용해서 이곳저곳의 소식을 대서양 너머로 보낼 수 있었고, 아스피린을 쉽게 구할 수 있었다. 또한 공기보다 밀도가 낮은 기체로 채운 기구(氣球) 버팀대를 사용하지 않고서 하늘을 나는 비행기계가 흔해졌고, 한 미국 자동차 제조회사는 최초로 대량생산된 값싼 자동차를 판매했다. 이러한 모습들이 결코 과학의 커져가는 힘과 영역을 충분히 드러내지는 못했지만, 평범한 사람들은 이러한 종류의 물질적 진보에 깊은 인상을 받았고 과학이라는 새로운 성지를 숭배하게 되었다.

오랜 세월 동안 과학이 대부분 인간의 삶에 긍정적인 영향을 미쳐온 유일한 방식은 기술이었기 때문에, 인간은 기술을 통해서 과학을 인식했다. 그러므로 인간이 기술에 표하는 경의감은 공학기술과 제조기술의 눈부신 결과물에 비례하여 증가했다. 심지어 과학이 다른 방식으로 영향력을 행사하는 오늘날에도 기술은 산업의 발전을 통해서 사람들의 경의감을 자아낸다. 그러나 과학이 지배적인 세계문명과 이런 식으로 복잡하게 뒤엉키고 지배적인 사회와 뒤섞였음에도 과학의 발전은 단지 과학의 순수한 힘이 커진다는 사실 그 이상을 의미했다. 1914년에 이르기 전 몇 해는 20세기 후반기에 분명해질 것들을 위한 토대가 마련되던 시기였고, 바로 이 몇 해 동안 과학은 지배적인 세계문화에서 그 어떤 요인보다 중요한 동인(動因)이었다. 이러한 형세로 나아가는 속도가 너무 빨라서 이미 과학은 인간의 삶 거의 모든 부분에 영향을 미쳐왔고 현재도 미치고 있지만, 사람들은 여전히 과학의 가장 기초적인 철학적 함의들 중 몇몇을 해결하고자 노력하고 있다.

과학의 발전이 가져왔을 수 있는 이러한 변화는 과학의 위상을 드러내는 것들에서 가장 관찰하기 쉬울 뿐 아니라, 변화를 감지하는 출발점으로 삼기에도 가장 좋다. 왜냐하면 과학은 의당 사회적 현상과 물질적 현상으로 자신의 위상을 드러내기 때문이다. 물리학에서 최초의 거대한 진보가 이루어졌던

17세기부터 과학은 언제나 하나의 사회적 사실이었다. 사람들은 기관들을 설립하여, 후대에 '과학적'이라고 인정했던 방법으로 같이 모여서 자연현상을 공부했다. 통치자들은 이 당시에도 과학자들이 특정한 문제들을 전문 지식을 통해서 해결하도록 고용하기까지 했다. 마찬가지로 항해술이나 농업기술과 같은 유용한 기술(보통 이런 기술은 과학보다는 기예[技藝]로 일컬어졌지만), 즉 그 자신이 전문적인 기술자로 활동하지 않았던 사람들이 시험 삼아서 해보던 기술도 가치 있는 공헌을 했음에 주목해야 한다. 그러나 용어 하나가 이 시대의 균형을 잡는 데에, 그리고 17세기를 19세기 및 이후의 시대와 동떨어지게 만든다. 즉, 19세기 이전에 사람들은 여전히 과학자를 '자연철학자(natural philosopher)'라고 불렀다. '과학자(scientist)'라는 용어는 19세기의 삼사분기가 될 때까지 사용되지 않았다. 19세기 말엽이 되어서야 사람들은 철저한 실험과 관찰로 자연을 연구하는 것과 검증받지 못하는 사유로 추측하는 것을 구분할 필요가 있다고 생각했다. 그럴지라도 그때까지 대부분의 사람들의 머릿속에서 자연을 탐구하는 사람은 공업과 광업과 제조업이 유례없는 규모로 발전하던 시대에 과학을 훨씬 더 눈에 잘 띄게 보여주던 응용과학자나 기술자와 거의 구분되지 않았다.

그렇더라도, 19세기는 교육받은 사람들이 과학을 당연하게 전문적인 학문 분야로 여기고, 과학 연구자가 전문직 신분을 가지게 된 첫 번째 세기였다. 교육과정 속에서 과학이 더 큰 자리를 차지했다는 사실에서 과학의 높아진 위상을 확인할 수 있다. 기존의 대학교들은 새로운 학과를 설치했고, 특히 프랑스와 독일 같은 몇몇 나라에서는 특별 과학기구와 기술기관이 설립되었다. 전문 학문도 과학적 요소를 흡수했다. 과학이 사회생활과 경제생활에 미치는 영향력이 갈수록 더 분명해지면서 과학은 더욱 학문으로서 발전하게 되었다. 이러한 결과들의 총합은 과학과 관련되어 이미 오랫동안 이어졌던 추세를 훨씬 더 강화시킬 터였다. 약 1700년 이래로 세계에서 과학자 수는 꾸준히 기하급수적으로 늘고 있었다. 즉, 과학자의 수는 거의 매 15년마다 2배로 늘어났다. 이 수치는 1700년 이후로 줄곧 과학자들이 존재했고, 언제 어느 때라도 살아 있는 과학자가 죽은 과학자보다 많다는 인상적인 사실을 설명한다. 19세기 동안 일어난 과학의 발전을 확인하고자 다른 측정방법, 예를 들면 천문관측소의 건립 등을 사용할 수 있고 이러한 수치들 역시 지수곡선을 보여준다.

이러한 사회 현상이 바탕이 되어 과학에 문외한인 사람도 손쉽게 자신이 처한 환경에 대해서 더 큰 통제권을 가졌고 자신의 삶을 개선했다. 과학이 진정으로 종교의 대상, 아마도 숭배의 대상이 된 첫 세기는 19세기일 것이다. 1914년경 교육받은 유럽인들과 미국인들은 마취제, 자동차, 증기 터빈, 강철을 비롯한 특수한 금속, 비행기, 전화기, 무선통신, 그리고 한 세기 전에는 존재하지 않았던 더 많은 경이로운 물건들을 당연시했다. 이러한 발명은 이미 어마어마한 영향을 미치고 있었다. 아마도 값싼 전력을 이용할 수 있다는 사실이 미치는 영향이 가장 분명했다. 전기는 전차와 전동열차를 가능하게 함으로써 이미 도시의 형태를 만들고 있었는데, 도시 근교의 거주자들이 전차와 전동열차를 이용하여 도시로 들어올 수 있었다. 그곳에서 그들은 공장에서 전동기계를 이용해서 일했고, 가정에서 전등을 이용해서 일했다. 이는 심지어 동물의 개체수에도 영향을 미쳤다. 영국에서 1900년에 말 3만6,000마리가 짐마차를 끌었지만, 1914년에는 오직 1,900마리만이 짐마차를 끌었다.

과학을 실생활에 적용하는 것은 결코 새롭지 않았다. 17세기 이래로 과학활동에서 파생한 일종의 부산물로서 실생활에 적용할 수 있는 기술들이 없지는 않았다. 물론 처음에는 그러한 기술들이 주로 탄도학, 항해학, 지도 제작과 농업 및 몇몇 기초산업 공정에만 국한되어 있었지만 말이다. 19세기가 되어서야 과학은 분명하게 눈에 띄고 화려한 성취를 몇 가지 이룬 것 이외에도 사회를 유지하고 변화시키는 데에서 진정으로 중요한 역할을 맡기 시작했다. 예를 들면, 염색 화학*은 방대한 분야인데, 이 분야에서 19세기에 이루어진 연구가 전면적인 혁신을 주도했다. 그중 몇 가지만 언급하면, 이 혁신은 약물과 폭약과 소독약 제조에도 영향을 미쳤다. 이러한 것들은 경제뿐만 아니라 인간과 사회에도 반향을 일으켰다. 새로운 '불변색 염료'는 그 자체로 수백만의

---

* chemistry of dyeing : 염색현상을 연구하는 학문 분야. 물리, 화학, 물리화학, 색채학 등에 응용되는 종합과학이다/역주

사람들에게 영향을 미쳤다. 인디고*를 재배하던 불행한 인도인은 자신이 이용하던 시장에서 거래가 줄어들었다는 사실을 깨달았다. 반면에 서구의 산업 노동계급들은 미미하게나마 덜 단조로운 옷을 살 수 있게 되었다. 그 결과, 노동계급들은 의복의 계급 구분을 없애는 길을 따라서 조금씩 앞으로 나아가기 시작했다. 종래에 서로 다른 계급을 가시적으로 나타내던 의복의 차이는 거의 없어졌다.

이는 삶을 지속하는 것과 변화시키는 것 사이에 존재하는 경계를 뛰어넘는 일이다. 기초과학은 계속해서 사회를 변화시킬 터였다. 비록 그러한 사례 중 몇 가지는 1914년 이전에 이루어졌고 그중 하나가 물리학이었지만 말이다. 이 쟁점은 논의를 위해서 나중에 언급하는 것이 더 좋겠다. 과학의 영향을 보다 쉽게 측정할 수 있는 분야는 의학이었다. 1914년까지 의학에서 이루어진 발전은 엄청났다. 한 세기만에 의학기술은 하나의 학문이 되었다. 전염병에 관한 이론과 전염병의 통제를 위한 거대한 교두보가 마련되었다. 예를 들면, 1860년대가 되어서야 리스터가 소개했던 소독약은 약 20년 후에는 당연한 것으로 여겨졌다. 그리고 리스터의 친구이자 가장 유명하고 위대한 프랑스의 화학자였던 루이 파스퇴르(1822-1895)는 세균학의 토대를 만들었다. 빅토리아 여왕 그 자신이 새로운 의료방법의 대중화에서 선구자 역할을 했다. 여왕이 왕자와 공주를 출산할 때 마취약을 사용한 사실은 1840년대에 오직 초기 단계에 있던 의료기술을 사회가 빠르게 받아들이는 데에 중요한 역할을 했다. 아마도 소수의 사람들만이 그러한 의료기술이 의미하는 바를 깨닫고 있었다. 예를 들면, 감염을 선택적으로 치료하는 기술의 발전에서 획기적 사건이었던 살바르산**의 발견이 1909년에 이루어졌고, 말라리아의 매개체가 무엇인지가 밝혀졌으며, 엑스-선(X-ray)이 발견되었다. 이러한 모든 진보도 엄청난 의미가 있었지만, 다음 50년 동안 이를 훨씬 더 능가하는 진보가 모습

* 식물에 있는 글리코사이드인디칸(glycoside indican)을 발효하여 가수분해로 얻은 물질을 산화시키면 얻을 수 있는 짙은 청색의 고체/역주

** Salvarsan : 아르스페나민(arsphenamine). 매독 치료제. 살바르산은 독일의 화학 기업인 회흐스트 AG(Hoechst AG)의 상표명이었다/역주

을 드러낼 터였고, 부수적으로 의료비용 역시 엄청나게 상승할 터였다.

과학이 그 자체의 신화를 만들었다고 결론지을 수 있을 정도로, 1914년 이전에도 이미 과학은 충분한 영향력을 행사했다. 이러한 맥락에서 '신화'는 허구 또는 거짓이라는 의미를 함축하지 않는다. '신화'라는 말은 과학과 관련된 다음 사실을 설명하기에 좋은 개념이다. 그 결론들의 상당 부분이 실험에 의해서 입증되어 '사실'로 받아들여지는 과학은, 과거에 위대한 종교들이 그러했듯이, 인간의 세계관 형성에 절대적인 영향을 끼쳤다. 다시 말해서, 과학은 자연을 탐구하고 조종하는 방법 그 이상으로 중요해졌다. 또한 인간이 추구해야 하는 목표이자 인간이 행동을 규제하기 위해서 활용해야 하는 기준인 형이상학적 질문에 답하는 데에서 과학이 길잡이 노릇을 한다고 여겨졌다. 무엇보다도 과학은 보편적으로 대중의 행동방식을 형성하는 데에 중요한 영향을 끼쳤다. 물론 이 모든 것들은 과학자들이 추구하는 과학과 본질적으로 또는 필연적으로 연관되지 않는다. 그러나 보다 장기적인 관점에서 과학적 진보의 최종 결과는 흔적만 남아 있는 종교적 믿음이나 초월적 사상에 연연하지 않는 엘리트를 가진 문명사회의 탄생이었다. 이 문명사회는 자연을 조작함으로써 무엇이든지 이룰 수 있다는 가능성을 확신하고 있는 사회였다. 그 확신을 얼마나 자주 그리고 얼마나 분명하게 언급했느냐는 중요하지 않다. 원칙적으로, 사람들은 충분한 지적 자원과 금전이 주어지는 한, 해결할 수 없는 문제는 존재하지 않는다고 생각했다. 이해하기 힘들 수는 있지만, 결코 이해할 수 없는 것은 없다. 이후 수많은 과학자들이 이러한 생각을 부정했고, 우리는 이러한 것들이 암시하는 모든 바를 여전히 완전하게 이해할 수는 없다. 그러나 당시 세계의 지배적인 관점은 자연을 조작해서 무엇이든지 이룰 수 있다는 추정에 기반을 두고 있었다. 그리고 이 관점의 주요 내용은 이미 1914년 이전에 형성되었다.

과학에 품은 신뢰는 가장 미숙할 때에 '과학만능주의(scientism)'라고 불린 적이 있었으나 심지어 과학의 전성기였던 19세기 말에도 그 사상을 완전히 명백하게 그리고 무조건적으로 가졌던 이는 아마 거의 없었을 것이다. 그렇지만 마찬가지로 과학적 방법이 누리던 위상을 잘 보여주는 증거는 당시 지식인들이 가지고 있던 소망에서 찾을 수 있다. 지식인들은 과학의 영역을 자연과학 너머로 확장하고 싶어했다. 가장 이른 사례 중의 하나는 '사회과학(social science)'의 기반을 닦고자 했던 지식인들의 소망에서 찾아볼 수 있다. 이는 영국의 개혁가이자 지식인이었던 제러미 벤담을 추종하던 공리주의자들에게서 볼 수 있다. 벤담은 두 가지 원칙을 중심으로 만들어진 계획을 통해서 사회를 운영하기를 소망했다. 그 원칙이란 첫째, 인간은 쾌락과 고통에 반응하며 둘째, 쾌락은 최대화 그리고 고통은 최소화해야 한다는 것이었다. 이때 고려해야 하는 점이 최대 다수의 느낌과 그 느낌의 강도였다. 19세기에 사회에 대한 과학에 이름이 붙여졌다. 프랑스의 철학자 오귀스트 콩트(1798-1857)는 이 학문을 사회학(sociology)이라고 명명했다. 그리고 마르크스는 자신의 장례식에서 사회학의 '다윈'으로 묘사될 터였다. 이들은 (그리고 다른 많은 사람들은) 보편적이고 세상을 이해하는 기계적인 법칙을 발견하기 위해서 자연과학을 본보기로 삼았다. 자연과학 분야의 연구자들이 그 당시에 이미 기계적 법칙을 찾기 위한 연구를 포기했다는 사실은 중요하지 않다. 중요한 점은 기계적 법칙을 찾고자 하는 바로 그 자체가 여전히 과학적 모델이 가지고 있는 높은 위치를 증명하고 있다는 점이다.

역설적으로, 1914년 즈음에 과학 역시 유럽 문명에 어떤 불분명한 중압감을 더하는 데에 기여했다. 이는 의심할 여지없이 전통 종교에 제기되었던 의문에서 가장 분명하게 드러났다. 그러나 이것 역시 더 교묘한 방식으로 작동했다. 찰스 다윈의 주장에 기반하고 있는 결정론에서나 인류학이나 인간 정신에 관한 연구에서 제시된 상대주의를 통해서나, 과학 그 자체는 18세기 이래로 유럽 문명에서 매우 중요했던 객관성과 합리성이라는 가치에 대한 신뢰를 차츰 무너뜨렸다. 1914년경 진보적이고 합리적이며 계몽된 유럽은 전통적이고 종교적이면서 보수적이었던 과거의 유럽 못지않게 압박을 받고 있다는 징후가 나타났다.

유럽 문명의 우위에 대해서는 별다른 의심이 없었다. 20세기 초의 유럽과 관련해서 가장 분명한 사실은 유럽이 세계의 중심이라는 유럽인들의 확신이다. 비록 몇몇 유럽인들이 미래에 회의를 품거나 두려움을 느꼈지만, 유럽이 세계적 사안의 중심지이자 지구에서 정치권력이 가장 강하게 집중된 곳이자 세계의 운명을 좌지우지하는 곳이 더 이상 아닐 것이라는 생각은 거의 단 한 번도 제기된 적이 없었다. 외교와 정치의 영역에서 유럽의 정치가들은 서반구와 동아시아를 제외한 나머지 세계를 무시하곤 했다. 이들이 서반구와 동아시아를 고려한 이유는 유럽에 그 기원을 가진 국가 중 하나인 미국이 서반구에서 주요한 국가였기 때문이며, 또한 동아시아에서 일본이 점점 힘을 불려가고 있었기 때문이었다. 또한 동아시아는 미국이 관심을 보이던 지역이었는데, 미국인들은 이 지역에서 자신들의 이익을 다른 열강들의 이해를 통해서 보장받을 수 있을 것으로 보았다. 1900년에 유럽 정치가들 대부분의 마음을 사로잡았던 사안은 유럽 국가들 간의 관계였다. 이를 제외하고는, 이 시기 유럽 대부분의 국가들에 더 중요한 걱정거리는 없었다.

2

제1차 세계대전의 시대

유럽 국가들이 1870년 이후로 대규모 전쟁을 성공적으로 막았다는 분명하고 호의적인 사실은 19세기 말의 몇 가지 정치적 증거에 비추어볼 때 틀린 주장이다. 1900년경 국제 상황은 점차 위험할 정도로 불안정해지고 있었다. 예를 들면, 몇몇 주요 국가들은 자칫 대외적으로 나쁜 영향을 미칠지 모르는 심각한 내부적 문제들에 직면했다. 그들 사이에는 큰 차이가 있었지만, 통일 독일과 통일 이탈리아는 새로운 국가였다. 이 두 국가는 40년 전에는 존재하지 않았다. 그리고 이 사실 때문에 독일과 이탈리아의 통치자는 내부의 분열을 초래하는 힘들에 특히 민감하게 반응했고, 그 결과 기꺼이 국민들의 열광적인 애국주의적 감정을 고양하고자 했다. 이탈리아 지도자들 가운데 몇 사람은 오스트리아-헝가리(오스트리아-헝가리는 공식적으로 이탈리아의 동맹국이었지만, 여전히 이탈리아인들은 이 나라가 자신들이 '수복하지 못한' 지역을 통치하고 있다고 생각했다)에 의혹과 비우호적인 태도를 견지하면서 손해가 막심한 식민지 사업에 진출했다. 그리고 결국 마침내 이탈리아를 1911년에 터키와의 전쟁에 밀어넣었다. 독일은 식민지 사업에 유리한 조건을 가지고 있었는데, 그 이점이란 바로 독일이 산업과 경제 분야에서 거둔 엄청난 성공이었다. 신중한 비스마르크가 은퇴당한 이후에 독일은 갈수록 더 존중과 위신—또는 몇몇 독일인들이 묘사했듯이 '양지바른 곳'—이라는 실체 없고 획득하기 어려운 횡재를 얻을 목적에 따라서 외교정책을 펼쳤다. 독일은 또한 산업화의 부정적 결과를 받아들여야 했다. 산업화가 낳은 새로운 경제세력과 사회세력은 날이 갈수록 더 독일 헌법의 보수적 특성과 양립하기가 어려웠다. 독일 헌법은 제국정부의 반(半)봉건적인 토지 귀족에게 너무 큰 비중을 두었다.

내부의 긴장은 이 두 새로운 국가에만 해당되지는 않았다. 러시아와 오스트리아-헝가리라는 두 대제국도 각각 심각한 내부 문제에 직면했다. 다른 어떤 국가보다도 이 두 제국은 신성동맹(Holy Alliance) 시대의 개념, 즉 정부는 자국 신민에게 언제나 적대적이라는 추정에 여전히 부합했다. 그러나 두 나라 모두 제국의 모습을 계속 유지했음에도 불구하고, 내부적으로 엄청난 변화를 경험하고 있었다. 오스트리아-헝가리 이중제국이라는 틀 그 자체가 성공적인 민족주의의 탄생, 즉 마자르인(Magyars)의 민족주의 탄생을 의미했다. 그러나 오스트리아-헝가리 이중제국 내부의 다른 민족을 참기 힘든 정도까지 도발하지 않고서는, 이중제국의 양쪽을 하나의 국가로 유지하는 것이 점점 더 어려워질 것이라는 징후가 20세기 초반부터 드러났다. 더욱이 보헤미아와 오스트리아에서 이루어진 산업화 때문에 오래된 긴장에 새로운 긴장들이 더해졌다. 앞서 명시했듯이, 러시아에서는 1905년에 정치혁명이 발생했고 이후 계속해서 더 심대한 변화가 나타났다. 전제정과 테러리즘 사이에서 알렉산드르 2세가 추진한 개혁의 자유주의적 성격이 훼손되었지만, 1800년대 말 즈음에 시작된 더 급속한 산업성장은 방해받지 않았다. 산업성장은 경제혁명의 출발점이었고, 농노해방은 이 혁명의 근본적인 예비 단계였다. 러시아에서 여러 정책들이 농민으로부터 곡물을 가차 없이 거두도록 고안되었는데, 러시아가 외채(外債)를 상환하기 위한 수출품이 바로 이러한 곡물이었다.

20세기의 시작과 함께 러시아는 마침내 가공할 만한 속도로 경제를 발전시키기 시작했다. 산업생산량은 여전히 적었다. 1910년에 러시아의 선철생산량은 영국의 3분의 1에도 미치지 못했고 강철생산량은 고작 독일의 4분의 1이었다. 그러나 이러한 생산량은 매우 높은 증가율을 기록했다. 보다 더 중요한 사실은 1914년 즈음에 러시아가 마침내 농업의 고비를 넘기고 인구증가 속도보다 더 빠르게 곡물을 수확할 수 있는 가능성을 보여주었다는 점이다. 러시아에 부유한 자영농 계급을 만들고자 했던 한 장관이 결정적인 노력을 기울였다. 농노제 폐지에 따른 여러 조건들이 부과되면서 러시아에서 개인주의의 발전은 여전히 방해받고 있었다. 개인주의를 방해하던 모든 규제들을 일소하지 않고는, 부유한 자영농이 자신의 이익을 추구하면서 자연스럽게 생산성을 높이기를 기대하는 것은 어불성설이었다. 그러나 극복해야 하는 후진성은 여전히 존재했다. 1914년에조차 러시아 인구 중 도시에 거주하는 비율은 10퍼센트가 되지 않았고, 1억5,000만 명 이상의 전체 인구 중 약 300만 명만이 공업에 종사했다. 러시아의 발전을 위해서는 여전히 부정적인 요인들이 많아 보였다. 러시아는 어쩌면 잠자는 거인일 수도 있으나 아직은 극심한 장애에 얽매인 거인이었다. 전제정은 1905년에 헌법상 양보를 강요받았음에도 형편없이 통치했고 마지못해서 개혁을 추진했으며 모든 변화를 거부했다. 러시아 문화는 전반적으로 수준이 낮았고 발전할 것 같지도 않았다. 산업화는 더 나은 교육을 받은 러시아인을 필요로 했고, 바로 이 사실이 새로운 긴장을 가져왔다. 자유주의 전통은 미약한 반면에 테러리스트와 전제정의 전통이 강력했다. 마찬가지로 러시아는 자국에 필요한 자본을 얻는 데에서 여전히 외국에 의존하고 있었다.

러시아는 해외 자본의 대부분을 동맹국인 프랑스로부터 차입했다. 영국 및 이탈리아와 함께 당시 프랑스의 제3공화정은 유럽 열강들 사이에서 자유주의 원칙과 입헌주의를 대표했다. 지성적 활력이 넘쳐났음에도 사회적으로 보수적이었던 프랑스의 정세는 불안했고 프랑스인들은 자국의 약점을 의식하고 있었다. 프랑스 정치인들이 격렬한 논쟁을 주고받다 보니 프랑스는 외견상 불안정한 것처럼 보였다. 또 이러한 외견상 불안정은 어느 정도는 혁명적 전통과 수사를 존속시키고자 분투했던 사람들의 노력 때문이기도 했다. 그러나 노동계급 운동은 미미했다. 프랑스는 산업화를 향해서 천천히 이동했기 때문에 실제로 프랑스 공화국은 유럽의 다른 어떤 정권들만큼이나 안정적이었다. 그러나 산업발전이 더디다는 사실은 또다른 불리한 조건을 암시했는데, 프랑스인들도 매우 잘 알고 있던 그 조건은 바로 군사적 열세였다. 1870년에 프랑스 군대가 독일 군대를 자력으로 이길 수 없다는 사실이 드러났다. 그때 이후, 프랑스와 독일 간의 격차는 유례없을 정도로 커져갔다. 자신의 이웃나라인 독일에 비해서 프랑스는 인구에서 훨씬 더 뒤처져 있었고 경제발전의 측면에서도 왜소해 보였다. 1914년 직전이 되어서야 프랑스의 석탄생산량은 독일의

약 6분의 1 수준까지, 선철생산량은 3분의 1이 조금 안 되는 정도로 그리고 강철생산량은 4분의 1의 수준까지 올라갔다. 만약 1870년의 패배를 설욕하고자 한다면, 자신에게 여러 동맹국이 필요하다는 사실을 프랑스인들은 알고 있었다.

1900년에 영국 해협 너머에 있는 영국이 동맹국이 되지는 못할 터였다. 이는 주로 식민지 문제 때문이었다. 러시아와 마찬가지로 프랑스는 전 세계의 엄청나게 많은 지역들에 이해관계를 가지고 있는 영국과 여러 곳에서 짜증스러울 정도로 충돌하고 있었다. 장기간에 걸쳐서 영국은 유럽의 얽히고설킨 국가 간의 관계에서 멀찌감치 떨어져 있을 수 있었다. 이러한 정책은 영국에 이점으로 작용하기도 했지만, 다른 한편으로 국내에서 문제를 일으켰다. 최초의 산업국가인 영국은 가장 문제가 많은 국가들 중의 하나였다. 영국에서 노동계급은 소요를 일으켰고 영국 경제의 상대적 우위도 점점 불안정해졌다. 1900년 즈음에 영국의 몇몇 사업가들은 독일이 영국의 주요 경쟁자라는 사실을 명확하게 인식하고 있었다. 독일 산업의 기술과 방법이 영국보다 훨씬 더 앞서나가고 있다고 생각할 만한 증거가 충분했다. 오래된 확신이 무너지기 시작했다. 예를 들면, 자유무역 그 자체에 의문이 제기되었다. 심지어 문제가 더 과격해질 듯한 조짐이 보였다. 아일랜드의 얼스터 사람들과 여성 참정권자들은 폭력성을 드러냈고 사람들은 사회입법에 대항하는 적대적 투쟁을 벌였다. 특히, 부유층의 이익을 보호하기로 마음먹은 상원의 입법은 의회주의 자체를 위협할 수도 있었다. 오래된 영국 정치의 특징이었던 정치적 합의에 관한 신념은 더 이상 존재하지 않았다. 그럼에도 불구하고 영국식 제도와 정치적 관행은 두드러지게 안정적이었다. 1832년 이래로 의회제에 기반한 군주제는 거대한 변화에 따른 위기를 헤쳐나갈 수 있는 능력이 있다는 사실이 입증되었다. 따라서 이 체제가 이후에도 계속해서 위기를 극복할 수 있을 것이라는 데에 근본적인 의심을 품을 이유가 전혀 없었다.

오직 당대의 영국인만이 잘 깨닫지 못했던 측면 하나에서 이전의 반세기 또는 그 이상의 시간 동안 영국이 누렸던 국제적 지위에 근본적인 변화가 일어났다는 사실이 드러났다. 비유럽 지역의 두 열강이었던 일본과 미국을 살펴보면 이를 알 수 있다. 아마도 두 나라 중에 일본과 관련된 조짐이 더 쉽게 파악되었을 텐데, 이는 일본이 러시아를 상대로 군사적 승리를 거두었기 때문이다. 그러나 한편으로 미국이 곧 유럽을 작아 보이게 만들 수 있는 열강이자 전 세계에서 가장 강력한 국가로 등장할 것이라고 해석할 수 있는 여러 조짐들이 보였다. 19세기에 이루어진 미국의 팽창은 북반구에서 미국이 자신의 패권을 확고한 권력기반 위에 구축했을 때 그 정점에 달했다. 에스파냐와의 전쟁과 파나마 운하의 완공을 통해서 미국의 팽창은 마무리되었다. 미국의 국내, 사회, 경제 환경은 미국의 정치제도가 19세기 중반의 큰 위기를 넘긴 후 직면했던 여러 문제들을 쉽게 해결할 수 있게 했다.

경제적으로 우월한 소수가 나머지 사람들을 궁지에 몰아넣을 정도의 무제한의 경쟁이 결국 발전을 가지고 올 것이라는 믿음이 19세기 말 무렵에 처음으로 의문시되었다. 그러나 이는 이미 산업화가 어마어마한 규모로 진행된 이후의 일이었다. 산업화는 미국이 미래에 잡을 권력의 튼튼한 기반이 될 터였다. 1914년 즈음에 미국은 영국과 독일을 합친 것보다 2배 이상 많은 선철과 강철을 생산했다. 또한 미국은 영국과 독일을 앞지르기에 충분할 정도로 석탄을 채굴했으며 미국 이외의 나머지 세계에서 생산되는 자동차를 모두 합친 것보다 더 많은 자동차를 생산했다. 한편, 미국 시민의 생활수준은 계속해서 이민자를 끌어당기는 자석 노릇을 했다. 미국 경제력의 원천은 미국 내의 천연자원과 값싸고 매우 의욕 넘치는 노동력의 유입에 있었다. 다른 원천은 외국 자본이었다. 당시 미국은 세계에서 채무가 가장 많은 국가들 중의 하나였다.

1914년에 미국의 헌법이 영국과 러시아를 제외한 다른 유럽 국가들의 헌법보다 더 오래되었음에도, 새로운 이민자들이 미국에 도착하여 미국인이 되고 있다는 사실은 미국에 신생국이 가지고 있는 성격과 심리를 가지도록 만들었다. 새로운 시민을 미국 사회에 통합시켜야 할 필요성 때문에 강력한 민족주의 정서가 표출되었다. 그러나 미국은 지리적으로 유럽과 떨어져 있었고 유럽을 거부하는 전통을 가지고 있었으며 앵글로-색슨적 전통을 갖춘 엘리트들이 계속해서 정부와 산업을 지배했기 때문에 미국의 민족주의는 서반구 너머에서 만연해 있던 폭력적 형태를 띠지 않았다. 1914년에 미국은 여전히 역사에 등장하기를 기다리고 있던 젊은 거인이었다. 유럽이 자신의 분쟁에 미국을 끌어들여야 했을 때에 비로소 미국의 진정한 의미가 분명해질 터였다.

그해(1914)에 그러한 분쟁의 결과로 전쟁이 시작되었다. 비록 이 전쟁은 역사상 가장 피비린내 나는 전쟁도, 가장 오래 지속된 전쟁도 아니었으며, 엄밀히 따지면 이후에 붙여진 명칭과 달리 '첫 번째(First)' 세계대전도 아니었지만, 이 전쟁은 그 시대에 이르기까지 일어났던 그 어떤 전쟁보다 서로 가장 격렬하게 싸운 전쟁이자 가장 지리적으로 범위가 넓은 전쟁이었다. 모든 대륙의 국가들이 참전했다. 이 전쟁은 또한 이전에 그 어느 전쟁보다 비용이 많이 드는 전쟁이었고 따라서 미증유의 자원을 필요로 했다. 모든 사회가 전투를 치르기 위해서 동원되었다. 부분적으로 제1차 세계대전은 기계가 압도적으로 중요한 역할을 하게 된 최초의 전쟁이었다. 다시 말해서 과학이 최초로 전쟁의 성격을 완전히 바꾸었다. 이 전쟁에서 싸웠던 사람들이 사용하던 간단한 명칭은 여전히 이 전쟁을 완벽하게 묘사한다. 그 명칭은 바로 '대전(Great War)'이다. 이 전쟁이 미친 심리적 영향만 해도 전례가 없을 정도로 충격적이었었기 때문에 이 이름은 충분히 타당하다.

제1차 세계대전은 또한 독일의 세력을 꺾는 것이 주요 쟁점이었던 두 번의 전쟁 중 첫 번째 전쟁이었다. 양차 세계대전에 따른 피해로 말미암아 유럽의 정치, 경제, 군사적 패권이 몰락했다. 이 두 전쟁 모두 본질적으로 유럽 고유의 문제에서 비롯되었으며 전쟁은 항상 대체로 유럽적 분위기를 풍겼다. 물론 독일에 의해서 촉발된 그 다음의 거대한 투쟁(제2차 세계대전)과 마찬가지로 제1차 세계대전은 다른 여러 분쟁들을 끌어들였고 그것들을 유럽 이외 지역들의 쟁점들과 뒤섞어버렸지만 말이다. 그러나 유럽은 전쟁의 중심부에 있었고, 전쟁으로 인한 피해 때문에 유럽이 세계에 행사하던 헤게모니는 종말을 고했다. 대전이 끝난 해인 1918년에도 (심지어 그때까지 발생한 피해가 회복할 수 없을 정도로 막심했지만) 유럽의 헤게모니는 아직 미미하게나마 유지되었으나 '제2차 세계대전(Second World War)'이 끝난 해인 1945년에 유럽 헤게모니의 종말은 분명한 사실이었다. 제2차 세계대전 이후에 유럽 대륙에서 1914년 이전의 구조는 완전히 사라졌다. 이를 두고 몇몇 역사가들은 1914년부터 1945년까지의 전체 기간을 하나의 독립적인 시기로 보고 양차 세계대전을 묶어서 유럽의 '내전(內戰)'이라고 말한다. 이것이 비유라는 점을 유념하면, '내전'이라는 표현이 그리 나쁜 비유는 아니다. 과거 오랜 기간 동안 유럽은 결코 전쟁으로부터 자유로웠던 적이 없었으며, 국내의 혼란을 억제하는 것은 한 국가의 존립을 위한 근본적인 문제였다. 유럽은 단 한번도 통합된 적이 없었기 때문에 진정한 의미의 내전을 겪을 수 없었다. 그러나 유럽은 통합적인 한 문명의 원천이자 중심지였다. 유럽인들은 자신들이 '흑인종'이나 '갈색인종'이나 '황인종'보다 다른 유럽인들과 더 많은 공통점을 가지고 있다고 생각했다. 더욱이 1914년에 유럽은 일종의 권력관계였고, 그 관계는 하나의 경제 통일체처럼 작동했다. 그리고 1914년은 유럽이 그 어느 시기보다 더 오랫동안 내부 평화를 경험한 직후였다. 1945년 즈음에 모두 사라질 터인 이러한 사실들 때문에 내전이라는 비유는 명확하면서도 받아들일 만하다. 내전이라는 단어는 한 문명의 자기 파괴적 광기를 의미한다.

유럽 내부의 균형 덕분에 열강들은 40년 넘게 평화를 이어갈 수 있었으나 1914년 즈음에 이 균형에 위험할 정도로 금이 갔다. 너무 많은 사람들이 평화가 지속될 가능성보다 전쟁이 일어날 가능성이 높다고 느끼고 있었다. 이는 특히 독일과 오스트리아-헝가리와 러시아의 지배층 내부에서 그러했다. 수많은 사람들이 그러한 감정을 느끼게 되었을 즈음에 유럽 국가들은 동맹과 의무와 이익을 두고 일련의 복잡한 관계를 맺은 상태였다. 이러한 관계 때문에 한 국가는 다른 국가의 사안에 연루될 수밖에 없었고 따라서 분쟁이 발생한다면 그 분쟁은 어느 두 나라, 아니면 몇 개 나라에만 한정될 것 같지 않았다. 유럽을 불안하게 만드는 또다른 힘은 대국(大國)과 특별한 관계를 누리던 소국(小國)의 존재였다. 이러한 소국 중 몇몇 나라는 강대국들이 거대한 전쟁을 수행하는 틈을 타서 자신들의 문제를 스스로 결정할 수 있는 실질적 권한을 되찾고자 했다.

이 까다로운 상황은 당대의 심리적 분위기 때문에 더욱더 위험천만한 상황으로 변했고, 바로 그 분위기 속에서 1914년에 정치가들이 일을 해야 했다. 이 시대에 대중의 정서를 자극하기란 매우 쉬운 일이었고, 특히 민족주의 또는 애국심이라는 자극을 이용할 때는 더욱 그러했다. 극소수의 사람들만 빼놓고 그 누구도 1870년에 치른 전쟁과 다른 전쟁을 경험할 것이라고 예상하지 못했기 때문에, 일반적으로 사람들은 전쟁의 위험에 무지했다. 유럽인들은 1870년에 프랑스가 어떠했는지는 기억했지만, 1870년보다 조금 이른 미국 남북전쟁 당시 버지니아와 테네시에서의 전투가 어떠했는지는 잊었다. 미국에서 장기간 대량살육이 벌어지고 전쟁비용이 어마어마해지면서 현대 전쟁의 모습이 최초로 드러났다(미국이 여태껏 치른 전쟁과 심지어 오늘날의 전쟁까지 포함하여 발생한 사망자보다 더 많은 미국인이 남북전쟁 기간에 사망했다). 유럽의 모든 사람들은 분명히 전쟁이 파괴적이고 폭력적일 수 있다는 사실을 알았지만, 한편으로 20세기에는 그러한 전쟁이 신속하게 끝날 것이라고 믿었다. 군비(軍費)만 보더라도 문명화된 국가가 나폴레옹 전쟁과 같은 장기전을 지속할 수 있으리라고 생각하기 힘들었다. 사람들은 복잡한 세계경제와 납세자가 장기전을 버텨낼 수 없다고 생각했다. 이러한 요소들 덕분에 유럽인들은 위험이 존재하지만 전쟁이 발발하지는 않을 것이라고 안심할 수 있었다.

심지어 논리 정연하고 지적인 유럽인들 다수가 1914년에 자신의 삶에 지루해하면서 전쟁을 퇴폐와 무미건조한 일상을 탈출할 수 있는 정서적 해방구로 여겼다는 징후가 존재한다. 물론 혁명가들은 국제분쟁이 가져올 수도 있는 기회 때문에 전쟁을 반겼다. 마지막으로, 오랜 기간 동안 외교관들은 전쟁 없이도 국가 간 심각한 위기를 넘기는 데에 성공을 거두었으나 이제 그 외교적 성공 자체가 위험이 되었다는 사실을 기억할 필요가 있다. 과거에 유럽의 외교기구가 수차례 잘 작동하다 보니, 1914년 7월에 평소보다 다루기 힘든 사안이 닥쳤을 때 이를 다루어야만 했던 대부분 사람들은 그 사안이 의미하는 바가 무엇인지 한동안 이해하지 못했다. 전쟁 직전까지도 정치가들은 왜 또다른 외교회담이나 유럽 국가들 간의 회의를 통해서 문제를 해결할 수 없는지 그 이유를 여전히 이해할 수 없었다.

1914년에 곪아 터졌던 갈등 중의 하나는 아주 오래전부터 계속되던 갈등이었다. 그 갈등은 남동부 유럽을 두고 오스트리아-헝가리와 러시아가 벌인 오랜 경쟁에서 비롯되었다. 18세기에 이 갈등이 깊게 뿌리를 내리기는 했지만, 유럽에서 1853-1856년의 크림 전쟁 이후부터 줄곧 오스만 제국의 붕괴가 가속화되는 상황이 갈등의 최종국면을 좌우했다. 이러한 이유로 제1차 세계대전은 어떤 관점에서 보면 오스만 제국의 계승을 둘러싼 또다른 전쟁으로 보이기도 한다. 1878년의 베를린 회의 때문에 발생한 위태로운 순간을 유럽이 극복한 이후에 합스부르크 왕가와 로마노프 왕가의 이 지역에 대한 정책들은 1890년대까지 일종의 합의들을 통해서 진정되곤 했다. 동아시아에서 드러낸 제국주의 야심이 일본에 의해서 저지당한 이후에 러시아가 도나우 협곡에 다시 관심을 보였고 오스트리아-헝가리와 러시아 사이의 진정 상태는 종말을 고했다. 그때에 합스부르크 제국과 오스만 튀르크 제국 외부에서 일어난 사건으로 말미암아서 오스트리아-헝가리의 정책도 새롭게 공격성을 드러냈다.

이 사건의 근원은 혁명적 민족주의였다. 얼마간 개혁을 추진하는 움직임 때문에 마치 오스만 제국이 다시 과거의 힘을 되찾는 것처럼 보이자, 여기에 자극받은 발칸 반도의 여러 민족들은 열강에 의해서 수립된 현재 상태를 무효로 만들고자 했다. 오스트리아인들은 다시 불안정해진 상황에서 이 지역에 대한 자신의 이해관계를 고려하기 시작했다. 오스트리아인들은 한때 오스만 제국의 지역이었던 보스니아를 1909년에 부당하게 합병하여 러시아를 자극하고 굴욕감을 느끼게 했다. 사실 러시아는 보스니아 영토합병에 상응하거나 이를 보상하는 이득을 오스트리아-헝가리로부터 받지 못했다. 보스니아 합병에 따른 또다른 결과물은 오스트리아-헝가리 이중제국의 신민으로 더 많은 슬라브인들이 포함되었다는 점이었다. 이미 이중제국의 신민들 사이에 불만이 존재했는데, 특히 마자르인의 통제 아래에서 살아가는 슬라브인들의 불만이 컸다. 이런 상황 속에서 빈 정부는 이중제국 내의 슬라브인들이 지원을 구하고 있던 세르비아에 점차 적대감을 드러냈다. 슬라브인들 중 어떤 사람은 세르비아를 미래에 남부의 모든 슬라브인을 아우르는 국가의 중심으로 보기도 했다. 게다가 그 지역을 통치하는 세력은 세르비아의 베오그라드를 테러리즘의 거점으로 활용하고 보스니아 전복을 시도하던 남부 슬라브인 혁명가들을 억누를 수 없거나 어쩌면 억누르지 않으려고 했다.

역사는 종종 유감스러운 교훈을 주곤 한다. 빈에 있는 합스부르크 정부는 사르디니아 왕국이 이탈리아 통일의 주역을 맡았듯이, 세르비아가 도나우 협곡에 있는 슬라브 민족의 통일에서 주역을 맡을 수 있다는 성급한 결론을 내렸다. 세르비아라는 음흉한 뱀이 부화하기 전에 깨트려버리지 않고서는 합스부르크의 또다른 영토를 상실하게 될 것이라고 생각하는 대신들이 많았다. 이 당시에 오스트리아-헝가리는 프로이센 때문에 독일에서 배제되고 사르디니아 왕국 때문에 이탈리아에서 배제된 이후였다. 합스부르크 제국의 몇몇 재상들이 보기에 만약 새로운 남부 슬라브 국가—그 국가가 대(大)세르비아든지 또다른 무엇이든지 간에—가 등장한다면, 제국은 도나우 협곡 저지대에서 배제될 위협을 받을 터였다. 제국이 도나우 협곡에서 배제된다면 이는 합스부르크 제국이 열강의 지위를 상실한다는 사실을 의미했다. 마찬가지로 남부 슬라브주의가 요구하던 대로 헝가리 영토에 남아 있던 슬라브인들에게 더 공평한 대우를 해주어야 하기 때문에 헝가리에서 마자르인이 행사하던 패권을 상실한다는 사실도 의미했다. 오스만 제국의 계속되는 쇠퇴로 이득을 얻을 나라는 러시아밖에 없었다. 러시아는 세르비아의 뒤를 봐주던 열강이었고 그 지역에서 또다른 1909년 오스트리아의 보스니아 합병과 같은 일이 재현되지 않도록 적극적으로 대응한다는 결심을 이미 하고 있었다.

여러 이해관계와 선택과 감정과 공식동맹이 다른 열강들을 이 복잡한 상황에 끌어들였다. 이러한 조건들 가운데 어쩌면 국가 간 공식동맹은 한때 사람들이 생각했던 정도보다 덜 중요했을 것이다. 비스마르크는 1870년대와 1880년대에 프랑스를 고립시키고 독일의 패권을 확고하게 다지려고 노력했고 그 결과 전쟁 이전에 독특한 동맹체제가 생겨났다. 이들 동맹체제의 특징은 한 나라가 다른 나라를 지원하기 위해서 참전하는 조건을 미리 규정했다는 점이다. 그리고 이 특징 때문에 각국의 외교가 이에 영향을 받는 듯했다. 그러나 결국 동맹체제는 계획된 대로 작동하지 않았다. 이는 동맹체제가 전쟁 발발의 원인으로 작동하지 않았다는 말이 아니다. 이것은 오히려 공식적인 협정들이 오직 사람들이 그렇게 되기를 원할 때에만 효력을 가질 수 있었다는 점을 의미한다. 그러나 다른 요인이 1914년에 전쟁이 발발하도록 했다.

동맹관계의 근원은 독일의 알자스-로렌 지역 할양에 있었다. 이 지역은 1871년에 프랑스에서 독일로 넘어갔고 그 결과 프랑스는 설욕할 생각에 절치부심했다. 프랑스가 독일에 복수하지 못하도록 비스마르크는 독일과 러시아와 오스트리아-헝가리를 혁명과 체제 전복의 위험을 저지하는 왕조국가라는 공통된 기반으로 끌어들였다. 그리고 유럽의 주요 국가들 가운데 유일한 공화국인 프랑스는 여전히 혁명과 체제 전복의 상징으로 간주되었다. 어쨌든 1789년 이전에 태어난 사람들이 1871년에 여전히 살아 있었고, 대혁명의 시기를 겪으며 살아간 사람들의 이야기들을 기억하는 사람들도 많았다. 그러는 사이에 파리 코뮌 봉기에 대한 기억은 국제질서의 전복이라는 오래된 공포를 되살아나게 했다. 그럼에도 불구하고 독일, 러시아, 오스트리아-헝가리의 보수적인 동맹은 1880년대에 차츰 세력이 약해졌는데, 이는 근본적으로 만약 오스트리아-헝가리와 러시아 사이의 분쟁을 피할 수 없다면 독일의 최종 입장은 오스트리아-헝가리를 지지하는 것이어야 한다는 비스마르크의 생각 때문이었다. 그런 후에 독일과 오스트리아-헝가리 이중제국에 이탈리아가 더해져서, 결국 1882년에 삼국동맹(Triple Alliance)이 구성되었다. 이와는 별도로, 비스마르크는 러시아와 '재보장(Reinsurance)' 조약을 맺었다. 비록 비스마르크는 러시아나 오스트리아-헝가리와의 관계를 이런 식으로 유지해야 한다는 점에서 불안감을 느끼는 듯했지만 말이다.

그러나 러시아와 오스트리아-헝가리 사이의 분쟁은 1909년 이전까지는 다시 일어날 것 같지 않았다. 그 이전에 비스마르크의 후임자들은 러시아와의 재보장 조약을 연장하지 않았고, 그 결과 러시아는 1892년에 프랑스의 동맹국이 되었다. 그때 이후로 유럽은 비스마르크가 구상하고 있던 유럽, 즉 독일을 중심으로 모든 나라가 균형을 유지하던 유럽에서 두 개의 진영으로 분할된 유럽으로 변화했다. 이후 독일이 펼친 정책은 이 상황을 더욱 악화시켰다. 일련의 고비를 겪으면서 독일은 자신의 불만을 표출하고 다른 국가들을 위협해서 이들로부터 존경을 받아내고 싶어했다. 특히 1905년과 1911년에 독일의 불만은 프랑스를 향했다. 독일은 상업 및 식민지와 관련된 쟁점을 구실로 삼아서, 프랑스가 러시아와 동맹을 맺었다고 해서 독일의 바람을 묵살할 권리는 없다는 점을 군사력을 과시하면서 명확히 보여주고자 했다. 이미 1900년경 독일의 군사계획은 필요할 경우 양면전선에서 싸워야 한다는 사실을 염두에 두고 작성되었으며, 독일은 이에 맞추어 전쟁을 준비했다. 이 계획에 따르면 독일은 러시아가 자국의 자원을 느리게 동원하는 동안 재빨리 프랑스를 제압할 터였다.

따라서 20세기가 시작되면서 오스트리아-헝가리와 러시아 사이에 전쟁이 발발하면 독일과 프랑스가 참전하게 될 가능성이 매우 높아졌다. 더욱이 독일이 튀르크를 후원했기 때문에 수년 안에 전쟁이 터질 것만 같았다. 독일의 튀르크 후원은 이전의 그 어느 때보다 러시아를 불안하게 만들었는데 이는 러시아의 늘어나는 곡물수출 무역 때문이었다. 러시아는 흑해의 항구를 통해서 보스포루스 해협과 다르다넬스 해협을 지나는 곡물수출 경로를 이용하고 있었다. 러시아는 자국의 전투력을 끌어올리기 시작했다. 전투력 증강을 위한 필수 단계의 하나는 철도망의 완성이었다. 철도망을 통해서 러시아는 대군을 동원하여 동부 유럽의 전쟁터로 이들을 수송할 수 있게 될 것이었다.

이러한 모든 사안에서도 독일의 정책이 고집스럽게 영국의 적대감을 불러일으키지 않았다면 영국이 우려할 사항은 전혀 없었을 것이다. 19세기 말에 영국의 불만은 거의 대부분 프랑스 및 러시아와 관련되어 있었다. 영국의 불만은 제국주의적 야망이 충돌하는 곳, 예를 들면 아프리카와 중앙 아시아, 동남 아시아에서 터졌다. 영국과 독일의 관계는 가끔 골치 아프기는 했지만 훨씬 수월하게 굴러갔다. 새로운 세기가 시작되었지만 영국은 여전히 유럽이 아니라 자신의 제국을 유지하는 데에 더 정신이 팔려 있었다. 18세기 이래 영국이 처음으로 평시에 맺은 동맹은 동아시아의 이해관계를 보호할 목적으로 일본과 맺은 동맹이었다. 다음으로 영국은 1904년에 오랫동안 프랑스와 해결하지 못했던 사안에서 합의를 보았다. 그 사안은 본질적으로 아프리카와 관련된 협정이었는데, 아프리카에서 모로코는 프랑스의 재량에 맡겨졌고 그 대가로 이집트는 영국의 수중에 떨어졌다. 이 합의는 오스만 제국 계승의 한 부분을 처리하는 방식이기도 했다. 그러나 이 방식은 세계의 다른 식민지와 관련된 분쟁들을 끌어들였고, 그러한 분쟁 중 몇몇은 그 기원이 1713년 위트레흐트 평화조약까지 거슬러 올라가는 것도 있었다. 몇 년 후에 영국은 큰 성공을 거두지는 못했을지라도 페르시아 지역에서의 세력권을 놓고 러시아와 비슷한 협정을 맺었다. 그러나 영국과 프랑스 간의 합의는 분쟁의 토대를 없애는 수준을 초월해서 그 이상의 합의로 발전했다. 이 합의는 영국-프랑스 화친협정으로 불리게 되었다.

독일이 취한 조치는 다음과 같았다. 영국-프랑스 화친협정에 자극받은 독일 정부는 프랑스에 독일의 힘을 보여주기로 결정했다. 이에 따라서 한 국제회의에서 모로코 처리 문제에 대해서 독일이 발언권을 얻고자 했다. 결국 독일은 발언권을 얻었지만, 이러한 독일의 프랑스 괴롭히기는 영국-프랑스 화친협정을 더 굳건하게 다지게 되었다. 또한 영국은 수십 년 만에 처음으로 자국이 유럽 대륙 내 힘의 균형을 신경 써야 한다는 사실을 깨닫기 시작했다. 만약 영국이 신경을 쓰지 않는다면 독일이 대륙을 지배할 것이기 때문이었다.

게다가 독일은 강력한 해군을 만든다는 계획을 단호하게 추진했기 때문에 영국의 여론을 안심시킬 기회를 놓쳐버렸다. 독일의 해군 증강이 결국은 다른 국가가 아닌 영국에 대항할 수 있는 조치라는 점은 너무나 분명했다. 그 결과, 소위 건함경쟁(Naval Race)이 벌어졌다. 이 경쟁에서 영국인 대부분이 (만약 건함경쟁을 끝낼 수 없다면) 승리하겠다고 결심했고, 이에 따라서 대중의 감정도 점점 격앙되었다. 양국의 보유 군함 숫자 간 격차가 건함경쟁 이래로 가장 많이 줄어들었고, 그것을 영국인들 대부분이 인식하고 있던 1911년, 독일은 모로코를 둘러싸고 또다른 외교적 위기를 촉발시켰다. 이때 영국의 한 장관은 공식석상에서 영국과 프랑스 관계에 관해서 영국의 입장을 표명했다. 그에 따르면, 영국은 프랑스를 보호하고자 기꺼이 참전할 터였다.

그러나 막상 전쟁은 남부 슬라브 지역에서 발발했다. 세르비아는 1912년에서 1913년 동안 일어났던 일련의 '발칸 전쟁들(Balkan Wars)'에서 선전했다. 이 전쟁에서 처음으로 신생 발칸 국가들은 유럽 영토에 남아 있던 오스만 제국의 땅 대부분을 빼앗았지만, 그후에 전리품을 두고 그들 사이가 틀어졌다. 만약 오스트리아가 반대하지 않았다면 세르비아는 더 많은 영토를 얻었을 것이다. 세르비아의 뒤는 러시아가 봐주고 있었다. 러시아는 자국의 군대를 재건 및 확대하는 계획에 착수했지만 그 계획의 결실을 맛보기까지는 3-4년이 걸릴 터였다. 오스트리아인들은 이렇게 생각했다. 만약 오스트리아-헝가리 이중제국이 세르비아에 굴욕감을 줄 수 있다는 사실을 남부 슬라브인들에게 보여준다면, 슬라브인들은 세르비아에 지원을 바라지 않게 될 것이다. 따라서 전쟁은 빠르면 빠를수록 좋았다. 또한 독일이 이중제국의 동맹국이었음을 고려한다면, 승리를 확신하기에는 이르지만 독일은 결코 러시아와의 싸움을 피할 리는 없을 터였다.

1914년 6월, 사라예보에서 오스트리아 대공이 한 보스니아인 테러리스트에게 암살당했을 때 위기가 닥쳤다. 오스트리아인들은 암살의 배후에 세르비아가 있다고 믿었다. 오스트리아는 세르비아에 본때를 보여주고 범슬라브적 선동을 완전히 뿌리 뽑을 순간이 왔다고 판단했고, 독일은 그런 오스트리아를 지지했다. 오스트리아는 7월 28일에 세르비아에 전쟁을 선포했다. 일주일 뒤 모든 열강들은 전쟁에 들어갔다. 얄궂게도 오스트리아-헝가리와 러시아는 그 후에 여전히 서로에 대해서 평화를 유지하고 있었고, 8월 6일이 되어서야 마침내 이중제국이 자신의 오랜 경쟁자인 러시아에 선전포고를 했다. 독일의 군사계획이 사태의 진행을 결정했다. 독일은 러시아를 공격하기 이전에 프랑스를 처리한다는 핵심적인 결정을 수년 전에 내려놓은 상태였다. 따라서 이러한 독일의 군사계획을 달성하기 위해서는, 벨기에를 가로질러 프랑스를 공격하는 방식이 필요했다. 그러나 벨기에는 많은 열강들, 특히 그중에서도 영국이 중립을 보장하는 나라였다. 그런 이유로 이후에 일련의 사건이 자동적으로 발생했다. 세르비아를 보호하기 위해서 러시아가 오스트리아-헝가리에 압력을 가하는 동원령을 내리고 나서 독일이 러시아에 전쟁을 선포했다. 일이 그렇게 진행되자 독일은 프랑스를 공격해야 했고 구실을 찾아서 공식적으로 프랑스에 선전포고했다. 이러한 진행과정에서 프랑스-러시아 동맹은 실제로 작동한 적이 없었다. 독일이 벨기에의 중립성을 침해하고 프랑스를 공격하는 데에 불안을 느꼈지만 이에 개입할 뚜렷한 이유를 찾지 못했던 영국은 드디어 명분을 얻었다. 즉, 영국은 자국을 통합할 쟁점을 얻었고 8월 4일에 독일에 대항해서 참전했다.

전쟁 기간과 파괴력이 모두가 예상했던 수준을 뛰어넘었던 만큼, 전쟁의 지리적 범위도 어마어마했다. 일본과 오스만 제국이 전쟁이 발발하자마자 참전했다. 일본은 연합국(프랑스와 영국과 러시아를 지칭한다)의 편을 들었고, 튀르크는 동맹국(독일과 오스트리아-헝가리를 지칭한다)의 편을 들었다. 1915년에 이탈리아는 오스트리아의 영토를 받기로 약속한 대가로 연합국에 합류했다. 연합국과 동맹국 양측은 새로운 국가들을 자신의 편으로 끌어들이기 다양한 제안들을 내놓았다. 이러한 제안들은 전쟁에서 승리한 이후에나 가능했지만 말이다. 예를 들면, 1915년에 불가리아가 동맹국에 참여했고 그 다음해에 루마니아가 연합국에 그리고 1917년에 그리스가 연합국의 일원으로 참전했다. 포르투갈 정부는 1914년에 참전하려고 했으나 국내 문제로 참전할 수 없었다. 그럼에도 결국 1916년에 독일은 포르투갈에 선전포고를 했다. 결국 1916년 말에 문제의 본질인 프랑스와 독일 간의 문제들과 오스트리아와 러시아 간의 경쟁은 여타의 싸움에 완전히 얽혀버렸다. 발칸 반도의 국가들은 일찍이 오스만 제국이 빠져나간 유럽 지역에서 패권을 두고 전쟁을 벌였는데, 이번에 제3차 발칸 전쟁을 벌이고 있었다. 영국은 독일의 해상 및 상업 패권에 맞서 전쟁을 벌였으며, 이탈리아는 이탈리아 통일운동(Risorgimento[리소르지멘토])의 마지막 전쟁을 벌이고 있었다. 동시에 유럽 외부에서 영국과 러시아와 아랍은 아시아에 있던 옛 오스만 제국의 영토를 두고 전쟁을 시작했다. 또한 일본은 동아시아에서 일본의 패권을 주장하는 데에서 값싸고 매우 수익성 높은 또다른 역사적 사건을 만들고자 참전했다.

교전국들이 1915년과 1916년에 다른 국가들을 자신들의 진영으로 끌어들이고자 했던 이유 중의 하나는 전쟁이 모두의 예상과 달리 교착상태에 빠지고 있다는 많은 징후가 있었기 때문이었다. 거의 모든 사람들이 전투의 새로운 유형에 놀라움을 드러냈다. 독일이 북부 프랑스를 휩쓸어버리면서 전쟁의 성격이 드러났다. 독일은 애초의 목표였던 신속한 승리를 거두지는 못했지만 벨기에라는 아주 조그마한 땅덩어리와 프랑스 영토의 상당 부분도 점령했다. 동부 전선에서 독일과 오스트리아 군대가 공세를 막아냈다. 비록 동부전선보다 서부전선에서 더 두드러지게 나타났지만, 그후에 전쟁터는 유례없는 규모의 공성전(攻城戰) 형태로 자리가 잡혔다. 여기에는 두 가지 이유가 있다. 현대 무기의 어마어마한 살상력이 첫 번째 이유였다. 탄창식 소총과 기관총과 가시철조망은 맹폭격을 앞세우지 않는 어떠한 보병공격도 무위로 돌릴 수 있었다. 막대한 사상자 명부가 이 사실을 입증했다. 1915년 말경 프랑스군에서만 30만 명이 사망했다. 이것만 해도 분명히 심각한 인명피해였지만, 1916년에 7개월 동안 베르됭에서 벌어진 전투 하나에서는 프랑스군 31만5,000명이 사망했다. 같은 전투에서 독일군은 28만 명의 사상자를 냈다. 훨씬 더 북쪽에 위치한 솜에서 일어난 또다른 전투에서 영국군은 42만 명의 사상자를 냈고 독일군의 사상자 수치도 이와 비슷했다. 솜 전투의 첫째 날인 7월 1일은 영국 육군의 역사에서 가장 암울한 날로 남았다. 이 날 영국군은 6만 명의 사상자를 냈고 그중 3분의 1 이상이 사망했다.

이러한 사상자 수치는 현대에는 전쟁을 치르는 비용 때문에 전쟁이 단기전이 될 수밖에 없다는 자신만만했던 예측을 무의미한 것으로 만들었다. 여기에 두 번째 놀라운 이유가 드러난다. 즉 산업사회는 엄청난 전쟁수행 능력을 보여주었다. 1916년경 많은 사람들이 전쟁에 지쳐갔지만, 같은 시기에 교전국들은 전례 없는 양의 물자를 생산하고 새로운 군대에 신병을 공급하고자 유사 이래 최초로 자국민을 조직하는 데에서 상상 이상의 거대한 능력을 보여주었다. 전 세계 모든 국가들의 모든 사회들이 전쟁수행을 위해서 서로 경쟁했다. 한때 노동계급의 국제적 연대가 존재했다는 사실이 무색할 정도로 노동계급은 국가 간 전쟁에 사실상 저항하지 않았다. 또한 기존 질서의 전복에 대응했던 각국 지배계급이 공유하고 있던 국제적 이해도 같은 상황이었다.

어느 교전국도 전쟁터에서 적군을 항복할 수준까지 타격을 줄 수 없다는 점 때문에, 전쟁에서 전략의 확대 및 기술의 발전이 가속화되었다. 여기에서 왜 외교관들이 새로운 동맹국가를 찾고, 장군들이 새로운 전선을 찾고자 했는지가 드러난다. 비록 실패하기는 했지만, 1915년에 연합국은 튀르크를 전쟁에서 떨어져나가게 하고, 흑해를 통해서 러시아와 직접적으로 교통하기 위해서 다르다넬스 해협에서 튀르크를 향해서 공격을 개시했다. 마찬가지로 프랑스에서의 교착상태를 타개할 방법을 찾고자 이후에 살로니카에 새로운 발칸 전선이 생겨났다. 새로운 전선은 세르비아가 적군에 압도당하면서 붕괴된 전선을 대체했다. 식민통치를 받는 국가들도 소규모이기는 하지만 처음부터 전쟁에 참여함으로써, 실로 세계 모든 곳에서 전쟁이 벌어지고 있었다. 비록 아프리카에 있던 독일 식민지에서 지루한 군사작전을 펼쳐야 했을지라도 영국의 제해권 덕분에 연합국은 꽤 손쉽게 독일의 식민지를 전쟁에서 떨어져나가게 만들 수 있었다. 그래도 유럽 밖에서 벌어진 가장 중요하면서 주목해야 할 작전은 튀르크 제국의 동부와 남부에서 벌어진 작전이었다. 영국군과 인도군으로 구성된 병력이 메소포타미아 지역에 진주했다. 또다른 병력은 수에즈 운하에서 팔레스타인을 향해서 진군했다. 아라비아 사막에서는 아랍인들이 튀르크에 대항해서 봉기를 일으켰고 그 과정에서 산업화된 전쟁의 잔인함과 비열함을 완화하는 낭만적인 몇몇 사건들이 벌어지기도 했다.

전쟁 동안 기술이 발전했다는 사실은 전쟁이 산업에 미친 영향과 행동 규범의 타락이라는 측면에서 가장 잘 드러난다. 반세기 전에 일어났던 미국 남북전쟁은 민주주의 시대에 벌어진 대량전의 경제적 요구를 최초로 예시했다. 유럽의 많은 공장들, 탄광들 그리고 용광로들은 이제 전례 없는 수준으로 작동했다. 미국과 일본에 있는 공장들도 마찬가지였다. 영국이 해상패권을 쥐고 있었기 때문에 미국과 일본의 생산물은 동맹국이 아닌 연합국이 획득할 수 있었다. 전쟁터에서 수백만이 되는 병사를 유지하려면 무기와 탄약뿐만 아니라 어마어마한 양의 식량, 군복, 의료장비, 기계가 필요했다. 전쟁을 위해서 수백만 마리의 동물이 필요했지만, 제1차 세계대전은 내연 기관이 사용된 최초의 전쟁이었다. 즉, 말과 노새가 사료를 게걸스럽게 먹어치우는 만큼 트럭과 트랙터는 엄청난 휘발유를 삼켜 없앴다. 수많은 통계자료가 전쟁의 새로운 규모를 실증하지만, 단 하나만 예를 들어도 충분하다. 1914년에 영국 제국 전체의 병원 침상은 1만8,000개였다. 4년 후에 이 숫자는 63만 개로 늘어났다.

막대한 수요 증가에 따른 파급효과는 사회의 모든 분야에도 영향을 미쳤고, 모든 나라로 하여금 정부의 경제통제 및 노동력 동원, 여성 고용이라는 대변혁, 새로운 의료 및 복지 서비스 도입을 위한 다양한 정책들을 만들게 했다. 해외에도 파급효과를 미쳤다. 미국은 이제 더 이상 채무국이 아니었다. 연합국에 속한 세 나라는 자국에 필요한 상품 대금을 지불하고자 미국에 투자했던 자본을 청산했고 그 대가로 이제 그들이 채무국이 되었다. 인도 산업은 오랫동안 필요했던 경제적 자극을 받았다. 아르헨티나와 영연방 자치령의 목장주들과 농부들은 호황을 맞이했다. 영연방 자치령에 속하는 나라들은 유럽에 군인을 파견하고 독일의 식민지에서 독일에 대항하여 싸움으로써 영국의 군사부담 또한 나누어 가졌다.

기술의 발전 또한 전쟁을 더 무시무시하게 만들었다. 이는 단지 기관총과 고폭탄(高爆彈) 등이 엄청난 살상을 가능하게 했기 때문만은 아니다. 심지어 병사들이 전쟁터의 교착상태에서 빠져나갈 방법을 분주하게 찾으면서 등장한 무기였던 독가스와 화염방사기나 탱크 같은 새로운 무기 때문도 아니었다. 전쟁이 무시무시해진 이유는 교전국의 사회 전체가 전쟁에 참여하게 되었다는 사실 때문이었다. 이로 인해서 모든 사회가 전쟁 같은 작전의 대상이 될 수 있었다. 민간인 노동자와 유권자들의 사기와 건강과 능률에 가하지는 공격이 이제는 당연하게 여겨졌다. 민간인을 대상으로 하는 공격에 대한 비난이 있기도 했지만, 그 비난은 또다른 종류의 군사작전, 즉 프로파간다(propaganda)에 의해서 무의미하게 되었다. 프로파간다 활동에서 오랫동안 사용했던 대중집회나 학교에서의 교육은 점차 대중의 문해율이 증가하고 영화산업이 등장하면서 점차 사라지고 대체되었다. 비행선을 통해서 런던을 급습해서 원시적인 형태로 폭격을 수행하던 독일인들을 비난하기 위해서 영국인들은 독일인들을 '유아살해자'라고 불렀다. 그러나 독일인들도 영국의 해상봉쇄를 수행하던 영국 수병들을 같은 이름으로 불렀다. 독일의 유아사망 수치가 증가했다는 사실로 볼 때, 독일인들의 비난은 사실임이 증명되었다.

부분적으로 영국의 독일에 대한 해상봉쇄가 느리지만 확실한 성과를 거두고 있었고, 전쟁 전에 영국과 자국 사이의 관계 악화에 가장 큰 역할을 했던 건함 구축에 따른 위험을 감수하고 싶지 않았기 때문에, 독일 최고사령부는 1914년에는 과소평가되었던 새로운 무기의 사용을 창안해냈다. 그것은 바로 잠수함이었다. 독일 잠수함은 연합국의 선박과 연합국에 물자를 공급하고 있던 중립국의 선박을 표적으로 출항했는데, 독일 잠수함은 종종 경고 없이 공격을 개시했고 비무장선박을 공격하기도 했다. 잠수함 공격은 1915년 초에 처음 실시되었으나, 당시에는 작전 투입 가능한 잠수함이 몇 대 되지 않았고 적국에 그렇게 큰 피해를 입히지 못했다. 그러나 그해 영국의 대형 여객선이 어뢰에 격침당하면서 1,200명의 인명손실이 나자 격렬한 반응이 나타났다. 사망자의 대다수는 미국인이었다. 강력한 항의에 독일은 무제한적인 잠수함 공격을 중단했으나, 결국 1917년 초에 잠수함 공격은 재개되었다.

1917년 즈음, 만약 독일이 영국을 먼저 굶겨 죽이지 않으면 영국의 해상봉쇄가 독일의 목을 조를 것이라는 점이 자명했다. 그해 겨울에 몇몇 발칸 국가들에서 기아가 발생했고 빈 인근에서는 사람들이 굶어 죽어갔다. 1917년 겨울까지 프랑스의 사상자는 335만 명이었고 영국의 사상자는 100만 명 이상이었으며 여전히 양쪽 전선에서 전쟁을 치르던 독일의 사상자는 거의 250만 명에 달했다. 식량 소요와 파업이 날이 갈수록 빈번해졌다. 1917년의 유아사망률은 1915년 수치의 1.5배로 치닫고 있었다. 동쪽과 서쪽으로 양분된 독일 군대가 영국과 프랑스 군대보다 더 결정적인 타격을 적에게 줄 수 있으리라고 추정할 만한 근거가 없었다. 그리고 어쨌든 전투에서 방어태세를 취할 때 더 유리했다. 이러한 상황에서 독일 총참모부는 무제한 잠수함 작전을 재개하기로 결정했다. 1917년의 이 결정은 전쟁을 첫 번째 거대한 변화에 접어들게 했다. 바로 미국의 참전이었다. 독일은 미국이 참전하리라고 예측하고 있었고, 미국의 영향력이 강해지기 전에, 영국—그리고 종래에는 프랑스—을 굴복시키는 데에 승부수를 던졌다.

1914년에는 결코 어느 쪽에도 호의적이지 않았던 미국의 여론은 전쟁이 진행되는 동안 많은 변화를 겪었다. 미국의 행보를 결정하는 데에 연합국의 프로파간다와 미국 상품 구매가 도움이 되었고, 마찬가지로 독일의 첫 잠수함 작전도 한몫을 했다. 연합국 정부들이 민족주의적 이해관계 보호에 기반을 두고 전후(戰後) 유럽을 재건하겠다는 내용을 포함한 전쟁 목표에 관해서 이야기하기 시작했을 때, 이러한 전쟁 목표는 유럽의 다양한 민족으로 생활하다가 미국으로 이민을 왔던 많은 미국인들에게 호소하는 바가 컸다. 그리고 독일이 무제한 잠수함 작전을 재개했다는 사실이 미국 참전의 결정적 요인으로 작용했다. 잠수함 작전으로 미국의 이해관계와 미국 시민의 안전이 직접적으로 위협을 받았다. 독일은 미국에 맞서 멕시코 및 일본과 동맹을 맺는 교섭을 원했고, 이 사실을 미국 정부가 알게 되었을 때 잠수함 작전으로 미국이 독일에 품은 적개심이 더욱 강해졌다. 곧 미국 선박 한 척이 경고 없이 공격을 받아서 침몰했고, 미국은 곧바로 전쟁을 선포했다.

총력전만큼 강한 수단을 쓰지 않고서는 유럽의 교착상태를 타개할 수 없기 때문에 미국이라는 신세계는 거의 자신의 의지에 반하여 유럽이라는 구세계의 싸움에 휘말리게 되었다. 미국의 참전으로 이제 연합국의 승리가 확실해졌기 때문에 연합국은 매우 기뻐했다. 그럼에도 그 즉시 연합국은 암울한 한 해를 맞이했다. 영국과 프랑스에 1917년은 1916년보다 훨씬 더 암울했다. 독일의 잠수함에 대한 효과적인 작전을 수행하기까지 수개월이 걸렸을 뿐만 아니라, 프랑스에서 연속적으로 치러진 끔직한 전투, 즉 통틀어 파스샹달 전투

(Bataille de Passchendaele)로 칭해진 일련의 전투들로 인해서 영국의 국민의식이 지울 수 없는 상처를 입었기 때문이다. 파스샹달 전투에서 영국은 40만 명을 희생한 대가로 진흙탕길 5마일을 얻었을 뿐이다. 1916년에 영웅적 노력 끝에 지쳐버린 프랑스 군대는 일련의 항명사태를 경험하기도 했다. 그러나 연합국에 가장 최악의 상황은 러시아 제국이 붕괴하면서 1917년 말에 러시아가 한동안 열강의 자리에서 물러났다는 사실이었다.

러시아는 전쟁으로 파괴되었다. 이는 중부 유럽과 동부 유럽에 일어난 혁명적 변혁의 시작점이기도 했다. 1917년 2월에 러시아에서 '혁명'이라고 불린 상황을 만든 사람들은 독일군이었다. 독일군은 심지어 오랜 인내를 발휘한 러시아 병사들의 사기마저도 꺾어버렸다. 러시아에서는 수송체계의 붕괴와 입헌주의와 자유주의를 거의 전쟁의 패배만큼 두려워하는 무능하고 부패한 인사들로 이루어진 정부 때문에 후방의 도시들은 굶주리고 있었다. 1917년 초에 전제정은 치안병력 바로 그 자체를 더 이상 신뢰할 수 없었다. 식량소요에 뒤따라서 군대의 반란이 발생하자 전제정은 갑자기 무력해진 듯 보였다. 자유주의자와 사회주의자들로 이루어진 임시정부가 구성되었고 차르는 퇴위했다. 이후 이 새로운 임시정부도 실패했다. 이는 대체로 임시정부가 전쟁을 지속한다는 불가능한 정책을 시도했기 때문이었다. 볼셰비키의 수장인 레닌(1870-1924)이 보았듯이, 러시아인들은 빵과 평화를 원했다.

온건한 임시정부로부터 권력을 쟁취한다는 레닌의 결정이 임시정부 실패의 두 번째 이유였다. 임시정부는 붕괴한 나라와 관료와 군대를 통솔했고, 도시의 궁핍 문제는 여전히 해결되지 않았다. 이러한 상황에 처한 임시정부는 두 번째 변화, 바로 10월 혁명이라고 일컬어지는 쿠데타 속에서 소멸했다. 10월 혁명은 미국의 참전과 더불어 1917년이 유럽사를 두 시대로 나누는 기준점이 되게 만든 사건이다. 1917년 이전에 유럽은 그 자신의 문제를 스스로 처리했었다. 그러나 이제 미국이 유럽의 미래에 강력한 발언권을 가질 수밖에 없었다. 그리고 이제 건국 당시의 신념하에, 제1차 세계대전 이전의 유럽 질서를 완전히 파괴하는 데에 열성적인 한 국가가 탄생했다. 이 국가는 의식적으로나 그 내용에서나 세계정치의 혁명적 중심이 되었다.

혁명 이후에 기본 정치기구였던 노동자와 병사 대위원회의 이름을 따서 러시아인들은 이제 러시아를 소비에트 사회주의 공화국 연방(Union of Soviet Socialist Republics[USSR], 이후 소련)이라고 불렀다. 소련의 수립은 즉각 분명한 결과, 즉 새로운 전략적 상황을 낳았다. 볼셰비키는 두 가지 방법으로 쿠데타로 얻은 권력을 더 공고히 했다. 먼저 볼셰비키는 러시아가 생겨난 이래 보통선거에 근거하여 자유 선출된 유일한 대의기관을 자신이 통제할 수 없다는 이유로 해산했고, 두 번째로 자유와 평화를 약속하며 농민의 충성심을 확보하려고 노력했다. 볼셰비키가 살아남으려면 이러한 조치는 필수적이었다. 볼셰비키는 이제 러시아 전역에서 권한을 행사하고자 노력했는데, 이 당의 중추에 매우 소수의 산업 노동계급이 몇몇 도시에 자리잡고 있었다. 볼셰비키는 오직 강화(講和)를 통해서 더 안전하고 폭넓은 권력기반을 얻을 수 있었다. 처음에 독일이 요구한 강화 조건을 너무 무례하다고 여긴 러시아는 협상을 중단했다. 그후에 러시아는 훨씬 더 가혹한 협상 결과를 수용할 수밖에 없었는데, 이것이 1918년 3월에 체결된 브레스트-리토프스크 조약(Treaty of Brest-Litovsk)이었다. 브레스트-리토프스크 조약으로 러시아는 가혹할 정도의 엄청난 영토를 상실했지만, 볼셰비키의 새로운 체제는 내부 문제를 다루는 데에 절실하게 필요한 평화와 시간을 얻었다.

연합국은 격노했다. 연합국은 볼셰비키의 조치를 기만적인 변절로 보았다. 볼셰비키의 연합국 국민들을 향한 비타협적이고 혁명적인 프로파간다가 새로운 정부에 대한 연합국의 태도를 누그러뜨리지는 못했다. 소비에트 러시아의 지도부는 모든 선진 자본국가의 노동계급이 혁명을 일으킬 것이라고 기대했다. 바로 이러한 생각이 소련 문제에 연합국들이 잇달아 군사적으로 개입한 이유이기도 하다. 연합국의 애초 목적은 전략적인 것이었다. 즉, 러시아가 전쟁에서 빠져나간 덕분에 독일이 동부전선에 더 이상 신경을 쓰지 않게 되자, 연합국은 독일의 이러한 이점을 막고자 했다. 그러나 연합국의 개입은 이내 자본주의 국가의 수많은 사람들과 모든 볼셰비키에게 반공주의 성전(聖戰)으로 해석되었다. 설상가상으로 이 군사개입은 러시아 내전과 뒤얽혀버렸고, 내전은 새로운 체제를 파괴할 것처럼 보였다.

레닌과 그의 동료들은 마르크스주의라는 교조적 여과장치를 통해서 세상을 바라보았다. 그러나 이러한 여과장치가 없다고 하더라도, 군사개입을 포함한 일단의 사태들은 러시아와 자본주의 국가들의 관계를 오랫동안 틀어지게 만들었을 것이다. 마르크스주의적 용어를 사용한다면, 여러 사태들은 본질적이고 뿌리 깊은 적대감의 확인이었다. 서구의 개입이라는 기억은 그 다음 50년 동안 소련 지도자들의 뇌리에서 떠나지 않았다. 또한 이 기억 덕분에 혁명이 권위주의 정부로 방향을 바꾸는 행보를 정당화할 수 있었다. 침입자들이 구질서를 복원하고 지주들을 후원할 것이라는 공포는 전제정치와 경찰 테러리즘이라는 러시아의 전통과 결합하여 소비에트 체제를 자유화하려는 일체의 시도를 압살했다.

중유럽과 서유럽에서 곧 혁명이 일어날 것이라는 공산주의자들의 확신은 어떤 의미에서 옳았다. 그러나 결정적인 오류가 있었다. 전쟁의 마지막 해인 1918년에 전쟁에 내재된 혁명적 잠재력은 분명한 것이기는 했지만, 이것은 계급적인 형태이기보다는 민족주의적 형태를 띠고 있었다. 연합국은 부분적으로 볼셰비키에 대해서 그리고 공산주의자들의 혁명 전략에 대해서 분개했다. 1917년 말에 연합국이 처한 군사정세는 암울해 보였다. 러시아 군대가 독일군의 주의를 동부전선으로 돌리게 만든다는 이점이 사라진 상황에서, 독일군은 돌아오는 봄에 프랑스를 공격할 것이 분명했다. 그리고 미국 군대가 연합국을 돕기 위해서 대규모로 프랑스에 도착하기까지 오랜 시간이 걸릴 것이라는 점도 분명했다. 그러나 연합국 또한 일종의 혁명적인 무기를 사용할 수 있었다. 연합국은 오스트리아-헝가리 제국에 속한 여러 민족들에게 호소할 수 있었고, 또한 더 이상 제정 러시아와 맺은 협정을 유지할 필요가 없었다. 게다가 이 무기는 미국인들에게 연합국의 전쟁 목표가 가지고 있는 이데올로기적 순수성을 강조할 수 있다는 이점이 있었다. 이제 연합국의 대의는 더 이상 이전의 전제정과 아무런 관련이 없는 순수한 것이 되었다.

그러한 까닭으로 1918년에 연합국은 오스트리아-헝가리 군대를 겨냥해서 체제 전복을 노리는 프로파간다를 펼쳤고 망명 중이던 체코인들과 슬라브인들을 고무했다. 독일이 항복하기 이전에, 되살아난 민족적 감정과 발칸에서의 작전 등이 결합되어 이중제국은 이미 해체되어가고 있었다. 이중제국의 해체는 유럽의 구질서를 뒤흔든 두 번째 타격이었다. 우랄 지역과 발트 해 지역 그리고 도나우 협곡을 그 경계로 하나로 묶여 있던 지역의 전체 정치구조는 수 세기 동안 의문시되지 않았다. 그러나 이제 그 구조는 흔들리기 시작했다. 심지어 폴란드 군대도 다시 존재를 드러냈다. 독일은 러시아에 대항하는 무기로서 폴란드 군대를 후원한 반면에, 미국 대통령은 독립한 폴란드가 연합국에 의한 평화창출에 필수조건이라고 선언했다. 과거 한 세기에 확실하게 생각되던 모든 것이 이제 형체도 없이 사라진 듯했다.

결정적인 전투들이 점점 더 혁명적으로 변해가는 이러한 배경을 두고 벌어졌다. 1918년 여름 즈음에 연합국은 독일의 마지막 대공세를 가까스로 멈추게 만들었다. 연합국에 이 성과는 엄청난 이익이 되었으나, 전쟁을 끝내기에 충분하지는 않았다. 연합국 군대가 진군하기 시작하며 승리를 거둘 차례가 되자 독일의 지도부는 종전을 모색했다. 독일 지도부에게도 혁명세력 때문에 국내 전선이 붕괴하고 있다는 징후가 보였다. 독일 황제가 퇴위하면서 세 개 왕조 제국 중 마지막으로 남아 있던 제국이 몰락했다. 합스부르크 제국은 이미 사라졌고, 자신의 오랜 경쟁자들보다 간신히 더 살아남았던 호엔촐레른 왕가 역시 사라졌다. 독일에 새로 들어선 정부는 휴전을 요구했고 그렇게 해서 전쟁이 끝났다.

이 거대한 분쟁에 따른 비용은 결코 제대로 계산된 적이 없다. 그럼에도 근사치에 가까운 한 수치가 제1차 세계대전의 규모를 말해준다. 즉 1,000만 명에 가까운 사람들이 직접적인 군사작전의 결과로 사망했다. 거기에 발칸 반도에서만 발진티푸스로 인해서 또다른 100만 명의 사람들이 사망했다. 심지어 이 끔찍한 수치들에는 다른 물리적 비용과 정신적 비용이 포함되어 있지 않다. 사람들은 불구가 되거나 눈이 멀었고 가족들은 아들과 아버지와 남편을 잃었다. 그리고 사상과 신뢰와 선의가 파괴되면서 사람들은 정신적으로 황폐해졌다. 유럽인들은 거대한 묘지들을 바라보면서 자신들이 행한 일에 충격을 받았다. 경제적 피해 또한 엄청났다. 너무 많은 유럽 사람들이 굶주림에 시달렸다. 종전이 된 지 1년 후에도 제조업 생산량은 1914년 생산량의 거의 4분의

1에도 미치지 못했다. 소련에서는 제조업 생산량이 1914년 수치의 단지 20퍼센트에 불과했다. 몇몇 나라의 수송체계는 전쟁을 통해서 완전히 파괴되었다. 게다가 복잡하기는 했지만 허약했던 국제 교역체제는 박살이 났으며 그러한 체제들 중 몇몇은 이후에도 결코 복구되지 못했다. 이 혼돈의 중심에 중유럽 경제의 원동력이었던 독일이 기진맥진한 상태로 놓여 있었다. 강화회의에 참석한 젊은 영국인 경제학자 J. M. 케인스(1883-1946)는 "우리는 우리의 운명에서 불황기를 맞고 있다"라고 적었다. "우리 자신의 물질적 안녕이라는 당면 과제를 넘어서는, 무엇인가를 느끼고 어떤 것을 배려할 힘이 일시적으로 소멸했다.……우리는 견딜 수 있는 수준을 넘어 나아갔고 따라서 휴식이 필요하다. 오늘을 살아가고 있는 사람들이 평생 동안 경험했던 시기 중, 지금처럼 인간 정신에 존재하는 보편 요소가 이렇게까지 희미했던 적은 없었다."

강화회담을 위해서 대표들이 1918년 말에 파리로 모였다. 학자들 사이에서는 한때 파리 강화회담에 참석한 대표들의 실패를 강조하는 연구 경향이 있었다. 그러나 시간이 흐른 뒤 사람들은 그 대표들이 직시한 과업이 얼마나 엄청났는지를 제대로 이해할 수 있었고, 따라서 그들이 이룬 성과를 조금 더 높게 평가하게 되었다. 파리 강화회담은 1815년 이래 존재했던 합의 중 가장 대규모 회담이었다. 그래서 회담의 입안자들은 엄청난 기대와 척박한 현실 사이에서 균형을 맞추어야 했다. 중대결정을 내릴 수 있는 권한이 눈에 띌 정도로 한 곳에 집중되어 있었다. 영국 수상과 프랑스 수상과 미국 대통령이 협상을 좌지우지했다. 협상은 승전국들 사이에서 체결되었고, 패배한 독일인들에게는 협상조항이 일방적으로 제시되었다. 프랑스와 앵글로-색슨 국가들 사이에서 이해관계가 갈라졌다. 프랑스는 무엇보다 독일이 또다른 침략을 되풀이할지 모른다는 끔찍한 위험을 인식하고 있었으나, 영국과 미국은 자국이 그러한 위험에 처해 있지 않다는 사실을 잘 알고 있었다. 이러한 상황에서 유럽의 안보 문제가 주요한 문제로 상정되기는 했지만, 이를 둘러싼 모호한 문제들이 존재했다. 강화회담은 세계적 회담이 되어야 했다. 강화회담은 더 이른 시기의 거대한 합의들이 그러했듯이 유럽 바깥의 영토를 다룰 뿐만 아니라 수많은 비유럽 국가들의 목소리도 회담의 내용에 반영해야 했다. 핵심 조약에 서명한

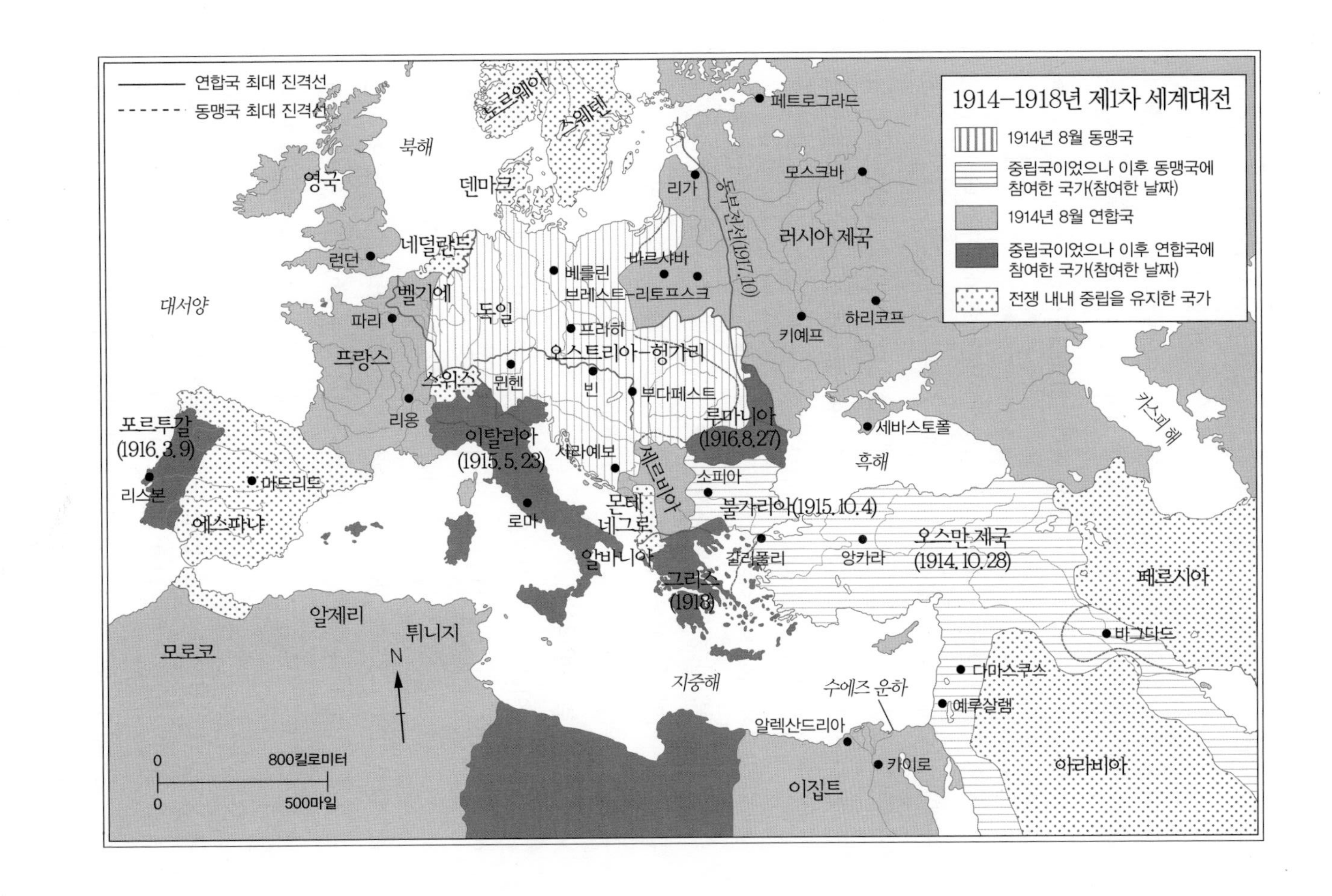

1914–1918년 제1차 세계대전
1914년 8월 동맹국
중립국이었으나 이후 동맹국에 참여한 국가(참여한 날짜)
1914년 8월 연합국
중립국이었으나 이후 연합국에 참여한 국가(참여한 날짜)
전쟁 내내 중립을 유지한 국가
연합국 최대 진격선
동맹국 최대 진격선
노르웨이
스웨덴
페트로그라드
북해
영국
덴마크
리가
모스크바
동부전선(1917.10)
러시아 제국
네덜란드
런던
베를린
바르샤바
브레스트-리토프스크
대서양
벨기에
독일
파리
프라하
키예프
하리코프
프랑스
오스트리아-헝가리
스위스
뮌헨
빈
부다페스트
리옹
포르투갈
(1916.3.9)
이탈리아
(1915.5.23)
루마니아
(1916.8.27)
세바스토폴
카스피 해
사라예보
흑해
세르비아
리스본
마드리드
소피아
몬테네그로
불가리아(1915.10.4)
에스파냐
로마
알바니아
갈리폴리
앙카라
오스만 제국
(1914.10.28)
그리스
(1918)
페르시아
알제리
튀니지
모로코
바그다드
N
다마스쿠스
지중해
수에즈 운하
예루살렘
알렉산드리아
0
800킬로미터
카이로
아라비아
0
500마일
이집트

27개 국가의 대표들 중 다수인 17개국이 유럽이 아닌 다른 지역에 있었다. 강화회담에 참가한 국가들 가운데 미국이 가장 강력한 국가였다. 미국은 일본, 영국, 프랑스, 이탈리아와 함께 '주요' 승전국이라고 묘사된 집단을 형성했다. 그럼에도 불구하고 유럽과 아시아 지역에 걸쳐 있던 유일한 열강인 소련의 대표가 세계적인 합의를 위해서 참석하지 않았다는 사실은 불길한 징조였다.

엄밀히 따지면, 파리 강화회담은 독일뿐만 아니라 불가리아와 터키 그리고 해체된 이중제국의 영토를 요구하는 '계승국가들'과 맺은 별개의 조약들로 이루어져 있었다. 이러한 국가들 중에 부활한 폴란드와 이후 유고슬라비아가 될 것이지만 당시에는 '세르비아-크로아티아-슬로베니아 왕국'으로 불렸던 일종의 확장된 세르비아, 그리고 완전한 신생국이었던 체코슬로바키아가 연합국의 일원이 되어 회담에 참석했다. 반면에 영토가 축소된 헝가리와 옛 오스트리아의 독일인 중심지역은 패전국으로 협상의 대상이 되었다. 이러한 모든 행보는 어려운 문제를 제기했다. 그러나 강화회담의 주요 관심사는 독일과 맺은 합의였고, 이 합의는 1919년 6월에 조인된 베르사유 조약(Treaty of Versailles)으로 구현되었다.

베르사유 조약은 징벌의 성격을 가진 합의였고, 독일이 전쟁 발발에 책임이 있다고 명시하고 있었다. 그러나 가장 가혹한 조건들 대부분은 독일의 도덕적 죄과가 아닌 프랑스의 바람에서 기인했다. 프랑스는 할 수만 있다면 독일을 옭아매서 독일이 또다른 전쟁을 생각조차 할 수 없게 만들고 싶었다. 이 사안의 요점은 경제적 배상으로, 이는 전후 합의에서 가장 불만족스러운 부분이었다. 배상의 요구에 독일인들은 분노했고, 패배를 인정하기가 더 힘들었다. 게다가 그 요구는 경제적으로 터무니없었다. 다른 한편으로, 독일을 처벌했지만 그 처벌을 뒷받침할 수 있는 대책, 즉 독일이 언젠가 무력으로 회담의 결정을 뒤엎으려는 시도를 억제할 다른 대책은 마련되지 않았다. 이러한 상황에 프랑스는 분노했다. 독일의 영토 손실은 말할 나위도 없었다. 독일은 알자스와 로렌 지방을 잃었고 그외에 동부의 가장 큰 영토를 폴란드에 넘겨야 했다. 그러나 독일의 서부지역에서 프랑스는 독일 라인 강변 지역을 '비무장화한다'

는 약속 외에 그다지 안심할 만한 결정을 끌어내지 못했다.

파리 강화회담의 두 번째 중요한 특징은 바로 이 회담에서 민족자결권과 민족독립의 원칙이 강조되었다는 점이다. 수많은 지역에서 민족자결권은 단지 기존 사실을 인정한다는 의미를 가졌다. 예를 들면, 폴란드와 체코슬로바키아는 강화회담을 위해서 대표들이 모이기 전에 이미 국가로 존재하고 있었고, 유고슬라비아는 옛 세르비아 지역을 중심으로 건설되어 있었다. 따라서 1918년 즈음에 민족자결 원칙은 예전에 이중제국이 차지했던 지역들 대부분에서 이미 승리를 거두었고, 곧이어 러시아 제국이 통치했던 발트 해 지역에서도 같은 일이 일어났다. 신성 로마 제국보다도 더 오래 살아남았던 합스부르크 제국이 마침내 사라진 뒤에 제국이 있던 자리에 비록 연속적이지는 않았을지라도 여러 국가들이 들어섰다. 그리고 이 국가들은 남은 20세기의 대부분 동안 살아남을 터였다. 또한 민족자결의 원칙에 따라서 특정한 국경지역은 그 지역의 주민투표로 운명이 결정되어야 했다.

불행히도 민족자결의 원칙이 항상 제대로 적용되었던 것은 아니었다. 지리, 역사, 문화, 경제적 현실이 민족자결의 원칙에 영향을 미쳤다. 민족자결권이 이러한 현실을 압도했을 때, 도나우 경제공동체의 멸망에서 드러났듯이 그 결과는 나쁠 수도 있었다. 그리고 민족자결의 원칙이 현실을 압도하지 못했을 때도 그 결과가 전자만큼 나쁠 수 있었는데, 그 이유는 해당 민족들에게 적대감을 남겼기 때문이었다. 충성심을 전혀 느끼지 못하는 국가에 끼워넣어져 분노를 느끼고 있던 소수민족들이 동부 유럽과 중부 유럽에 산재해 있었다. 폴란드 인구의 3분의 1은 폴란드어를 하지 못했다. 또한 체코슬로바키아 인구의 3분의 1은 폴란드인, 러시아인, 독일인, 마자르인, 루테니아인 소수 집단으로 구성되어 있었다. 확장된 루마니아에 이제 100만 명 이상의 마자르인이 포함되었다. 몇몇 지역에서 민족자결 원칙의 위배가 불평등으로 받아들여지면서 특히 격렬한 반응을 낳았다. 독일인들은 폴란드와 그 너머의 독일 국토를 연결해주는 '회랑(그단스크)'이 존재한다는 사실에 분개했고, 이탈리아는 이전에 자신의 동맹국들이 이탈리아의 도움이 필요했을 때 주겠다고 제안했던 아드리아 해 인근 지역을 얻지 못해서 실망했다. 그리고 아일랜드인들은 결국 아일랜드 자치법을 얻지 못했다.

비유럽 지역들의 문제 중 가장 명확했던 사안은 이전 독일 식민지를 처분하는 것이었다. 여기에서 중요한 제도의 혁신이 있었다. 식민지를 얻으려는 탐욕을 숨김없이 드러내는 행위는 미국에 용납되지 않았다. 대신에 예전에 독일과 튀르크의 통치를 받던 비유럽 지역의 사람들을 보호하고 지도하고자 신탁통치(信託統治)라는 방법을 사용했다. 비록 미국이 그 권한을 사양했을지라도 새로운 '국제연맹(League of Nations)'은 위임통치권(委任統治權)을 승리한 열강들에게 주었다. 열강들은 위임통치의 대상이 되는 지역이 자치를 준비하는 동안 이 지역을 통치할 터였다. 비록 위임통치권이 유럽 제국주의의 마지막 주요 점령지에서 열강이 존경할 만한 행동이라는 겉치레를 하는 데에 이용되었을지라도, 위임통치는 강화회담에서 나온 발상 중에 가장 창의적인 발상이었다.

국제연맹은 미국 대통령 우드로 윌슨(재임 1913-1921)의 열정에 큰 빚을 졌다. 우드로 윌슨 미국 대통령이 국제연맹 규약, 즉 연맹의 정관(定款)을 파리 강화조약의 첫 번째 부분에 넣으면서 이 규약이 인정을 받았기 때문이다. 이 부분은 강화회담이 민족주의 개념을 초월했다는 사실을 보여주는 하나의 사례였다. 영국 제국조차 여러 개별 지역 단위의 모임으로 정의되었고, 그러한 국가 단위의 모임에 의미심장하게 인도가 들어가 있었다. 파리 강화회담은 또한 유럽이라는 개념을 초월했다. 국제연맹의 본 회원국 42개국 중 26개국이 유럽 외부에 있던 나라였다는 사실은 새로운 시대의 도래를 보여주는 또다른 징조였다. 유감스럽게도 윌슨이 고려하지 못했던 미국 국내의 정치 상황 때문에, 미국은 국제연맹에 가입하지 않았다. 미국의 불참은 국제연맹의 몇몇 심각한 취약점들 중에서도 가장 치명적인 것이었다. 그로 인해서 연맹은 그 자신이 불러일으킨 기대에 미치지 못했다. 세계의 현실적인 정치권력 관계에서 국제연맹이 무엇인가 할 것이라는 기대는 어쩌면 원칙적으로 실현될 수 없는 것이었다. 그렇더라도 국제연맹은 자신이 간섭하지 않았으면 위험했을 수도 있는 문제들을 다루는 데에서 성공을 거두었다. 국제연맹이 무엇인가 더 많은 것을 할 수 있으리라고 당대인들이 지나친 희망을 품었더라도, 이

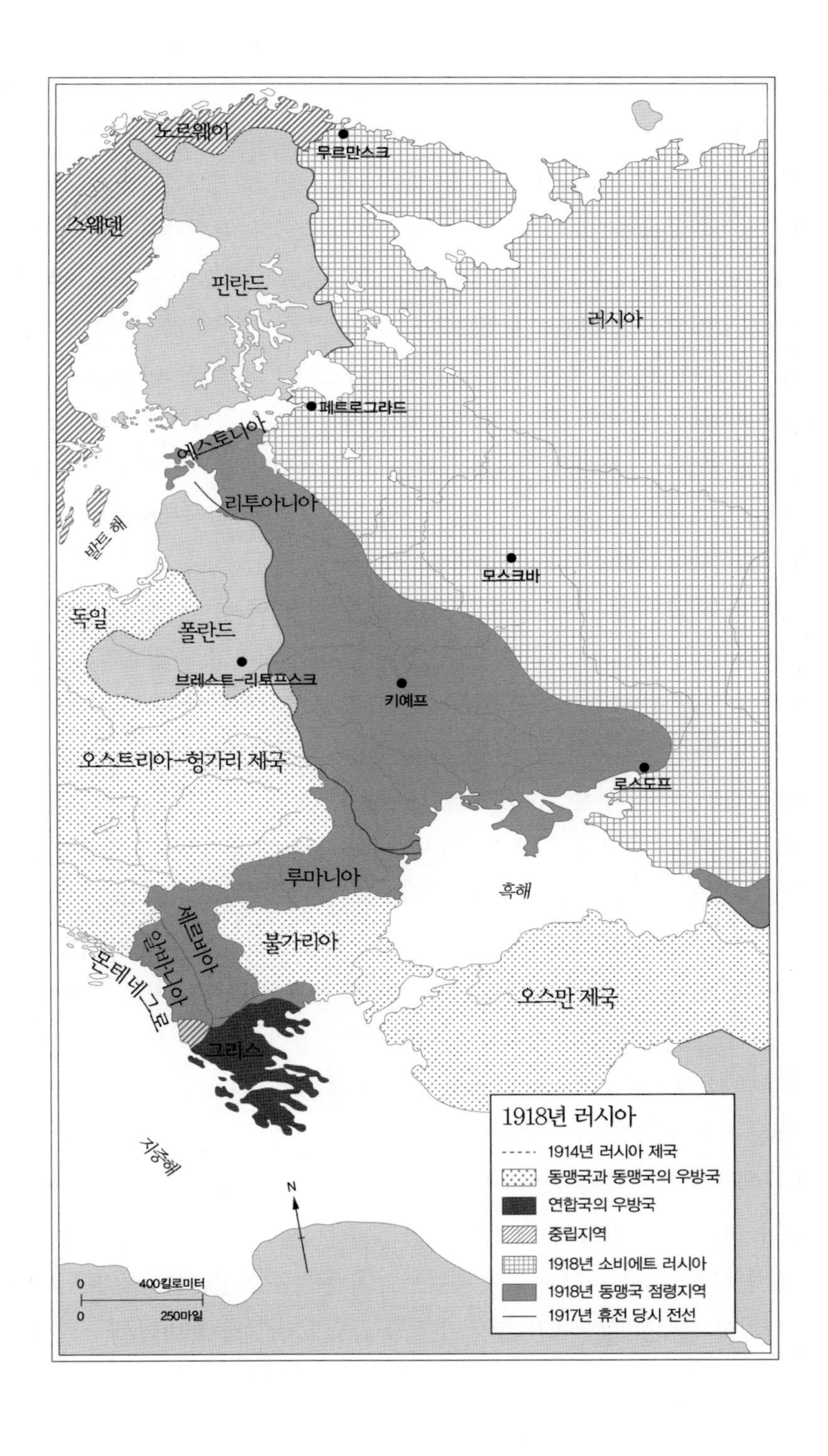
노르웨이
무르만스크
스웨덴
핀란드
러시아
페트로그라드
에스토니아
리투아니아
발트 해
모스크바
독일
폴란드
브레스트-리토프스크
키예프
오스트리아-헝가리 제국
로스도프
루마니아
흑해
세르비아
알바니아
불가리아
몬테네그로
오스만 제국
그리스
지중해
N
0
400킬로미터
0
250마일
1918년 러시아
1914년 러시아 제국
동맹국과 동맹국의 우방국
연합국의 우방국
중립지역
1918년 소비에트 러시아
1918년 동맹국 점령지역
1917년 휴전 당시 전선

점 때문에 국제연맹이 원대하고 창의적인 구상이 아니며 현실적인 구상도 아니라고는 말할 수 없다.

소련은 강화회담에 불참했듯이 국제연맹에도 참여하지 않았다. 아마도 소련이 강화회담에 불참했다는 사실이 더 중요할 것이다. 유럽사의 다음 단계를 형성했던 정치적 합의는 소련과의 상의 없이 이루어졌다. 이 정치적 합의가 동부 유럽에서 모든 정부가 필연적으로 관심을 가질 수밖에 없는 사안인 국경선을 긋는 문제를 의미했을지라도 말이다. 다른 조약 가맹국들이 소련의 참가를 거부하도록 볼셰비키 지도부가 힘닿는 데까지 핑계거리를 제공했다는 점은 사실이었다. 볼셰비키 지도부는 혁명적 프로파간다를 통해서 강대국과의 관계를 냉각시켰다. 왜냐하면 그들은 자본주의 국가들이 볼셰비키를 타도하기로 결심했다고 확신하고 있었기 때문이다. 사실 영국 수상 로이드 조지(재임 1916-1922)와 윌슨 대통령은 소련을 대하는 태도에서 다른 동료 정치가들이나 자국의 국민들보다 더 큰 융통성을 보였고, 심지어 소련에 호의적이기까지 했다. 반면에 이들의 프랑스인 동료인 클레망소(1841-1929)는 열렬한 반(反)볼셰비키주의자였고, 마찬가지로 볼셰비키에 반대하는 많은 프랑스의 제대군인들과 투자자들은 클레망소를 지지했다. 그 결과 베르사유 강화조약은 범유럽 평화조약으로서, 강대국들이 민주주의에 속한 유권자들을 실망시키는 데에 따르는 위험을 줄곧 인식하던 상태에서 최초로 체결된 조약이 되었다. 그러나 아무리 책임을 나누어가졌다고 해도, 결국 소련이 배제된 채 강화조약이 이루어졌다. 조약 가맹국들은 유럽 대륙에 관한 사안에서 가장 큰 영향력을 행사할 가능성이 있는 강대국 소련에 새로운 유럽을 형성하기 위한 발언권을 주지 않았다. 한동안은 어떤 행동에 나설 수 없었지만, 소련은 결국 조약을 개정하거나 무효화하기를 바라는 국가들의 대열에 낄 수밖에 없었다. 더 심각한 문제는 소련의 통치자들이 베르사유 협정이 보존하고자 하는 사회체제 그 자체를 혐오하고 있었다는 사실이었다.

강화조약에 품은 희망은 너무 컸다. 그 희망은 종종 비현실적이었다. 그러나 조약은 분명히 실패했지만, 조약이 품고 있었던 내용에 비해서 베르사유 조약은 지나치게 폄하되어왔다. 조약이 제 힘을 발휘하지 못한 이유는 대개 이 조약을 만든 사람들이 통제할 수 있는 영역 밖에 존재했다. 먼저, 협의의 정치적 의미에서 유럽이 세계에 패권을 휘두르던 시절이 끝났다. 1919년에 체결된 강화조약은 유럽 외부에서 미래에 일어날 일들을 보장하는 데에는 별다른 역할을 할 수 없었다. 과거 제국의 경찰들은 이제 유럽 외부는 고사하고 유럽 내부에서도 자신들의 임무를 수행하기에는 너무 약했다. 그들 중 일부는 아주 사라져버리기도 했다. 결국 미국이 강화조약을 현실화할, 즉 과거 제국의 경찰 역할을 떠맡아야 했다. 그러나 회담 이후 미국은 의도적으로 외교적 고립상태를 선택했다. 소련 또한 유럽 대륙을 안정시키는 일에 관여하고 싶지 않았다.

한 강대국이 고립주의에 빠지고 또다른 강대국이 이데올로기를 통해서 구태(舊態)를 벗겨내는 데에 열중하는 동안, 유럽은 유럽 자체의 부적절한 방법을 이용하게 되었다. 유럽에서 혁명이 일어나지 않게 되면서 소련은 자국 문제에만 몰두했다. 우드로 윌슨이 유럽의 평화유지에 관여할 기회를 미국인들에게 주었을 때, 미국인들은 이를 거부했다. 이 두 나라의 결정은 모두 이해할 만하다. 그렇지만 이 두 국가의 결정이 결합되어 유럽이 자신의 자율성에 대해서 환상을 품게 만들었다. 사실 유럽의 자율성은 더 이상 존재하지 않았으며, 유럽의 문제를 처리하기에 적합한 틀이 될 수도 없었다. 마지막으로, 강화조약의 가장 심각하고 즉각적인 취약점은 조약이 상정한 새로운 구조가 경제적으로 취약했다는 데에 있었다. 이 점에서 조약의 조항은 더욱 의문시되었다. 즉, 흔히 자결권은 경제영역에서는 무의미했다. 그러나 민족자결권을 완전히 파기하기도 어려웠다. 아일랜드 문제는 1922년에 아일랜드가 독립하여 아일랜드 자유국으로 태어난 뒤 거의 100년이 지난 최근에서야 진정되고 있다.

유럽에서 수많은 환상이 지속되었고 새로운 환상이 생겨났기 때문에 상황은 더욱더 급변할 공산이 컸다. 연합국의 승리와 화해의 수사 때문에 사람들은 자유주의와 민주주의가 대승리를 거두었다고 생각할 수밖에 없었다. 어쨌든 전제적이고 반민족적이며 반자유주의적인 네 개의 제국들이 붕괴했다. 그리고 이 강화조약은 모두 민주국가였던 열강들이 만든 역사상 유일한 조약이라는 특징을 오늘날까지도 가지고 있다. 자유주의적 낙관론 또한 제1차 세계대전 동안 윌슨이 보인 과시적인 태도에서 힘을 얻었다. 즉, 윌슨은 자신이 미국의 참여를 연합국에 속한 다른 나라의 참여와 본질적으로 다르게 본다는 점을 분명히 하고자 전력을 기울였다. 윌슨은 연합국이 고상한 이상과 신념에 따라서 통치되고 있다고 반복해서 말했는데, 그 이상과 신념은 만약 다른 국가들이 오래되고 고약한 자신의 태도를 버린다면 세계는 민주주의를 정착시키기에 안전해질 수 있으리라는 이상과 신념이었다. 어떤 사람들은 윌슨이 올바른 태도를 보였다고 생각했다. 새로 등장한 국가들, 그중에서도 특히 독일은 진보적인 의회주의적 헌법을 채택했고 이 헌법은 종종 공화주의적이기도 했다. 마지막으로 국제연맹에 품은 환상이 존재했다. 그것은 이제는 존재하지 않는 제국이 아닌, 새로운 국제적인 권력에 대한 환상이었다.

그러나 이런 모든 환상은 그릇된 신념과 잘못된 전제에 뿌리를 두고 있었다. 강화조약에 조인한 사람들은 자유주의적 원칙을 떠받드는 것 이상으로 많은 것들을 처리해야 했다. 그들은 부채를 상환해야 했으며 기득권을 지켜야 했고 아주 골치 아픈 사안들도 고려해야 했다. 이 때문에 자유주의적 원칙은 실제로 진흙탕에 빠져버렸다. 무엇보다도, 그들은 민족주의 문제를 만족스럽게 처리하지 못했고, 독일에서 새롭고 극렬한 민족주의적 분노가 등장하도록 했다. 아마도 이 사실이 도움이 되지 않았을 수도 있지만, 독일은 자유주의가 아닌 다른 사상이 자랄 수 있는 토양을 가지고 있었다. 더 나아가서 새로운 국가들에서—그리고 같은 문제에 관해서 오래된 국가들에서도 마찬가지로—민주주의의 정착은 경제구조가 심각하게 손상된 상태에서 시작되었다. 모든 곳에서 빈곤과 결핍과 실업으로 인해서 정치투쟁이 격화되었다. 그리고 많은 지역에서 주권을 존중한다는 결정으로 인한 특수한 혼란 때문에 그러한 양상은 심화되었다. 전쟁 동안 오래된 경제교환 방식이 무너졌다. 그리고 이 때문에 농민들의 빈곤과 실업 같은 문제들 또한 처리하기가 훨씬 더 어려웠다. 예를 들면, 한때 서유럽 대부분 국가들의 곡물창고였던 러시아는 이제 경제적으로 접근할 수 없는 지역이 되었다. 이 사실은 혁명가들이 활용할 수 있었던 활동의 배경이었다. 공산주의자들은 역사가 자신들에게 이 임무를 맡겼다고 믿었기 때문에 러시아가 처한 경제적 상황에 기뻐했고 이 상황을 기꺼이 이용하고자 했다. 그리고 몇몇 나라에서 또다른 급진적 현상인 파시즘(Fascism)이 발흥하면서 공산주의자들의 노력은 더욱 힘을 얻었다.

공산주의는 새로운 유럽을 두 가지 방식으로 위협했다. 내부적으로 보면, 이내 모든 나라들에 혁명적 공산당이 생겨났다. 공산당은 실질적인 영향은 거의 미치지 못했지만, 각국에서 엄청난 불안을 야기했다. 또한 강력한 진보당의 출현이 어려웠던 것도 주로 이들 때문이었다. 강력한 진보당이 만들어지지 못한 이유는 공산당이 만들어질 때의 정황 때문이었다. 소련은 국제 사회주의 운동의 지도를 위해서 1919년 3월에 '코민테른(Comintern, 또는 제3인터내셔널[Third International])'이라는 조직을 고안했다. 소련은 이렇게 하지 않으면 사회주의 운동에서 이전의 지도부가 권력을 되찾을 것이라고 우려했다. 소련이 보기에, 이전의 지도부에는 혁명을 일으키려는 열의가 부족했고 바로 그 요인이 전쟁이라는 기회를 이용하지 못하게 된 원인이었다. 레닌은 코민테른에게 충성을 바치는지 여부로 사회주의 운동을 시험했다. 효율적인 혁명정당이 필요하다는 레닌의 견해에 따라서 코민테른의 원칙은 매우 엄격했으며 규율이 잡혀 있었고 비타협적이었다. 거의 모든 나라들에서 코민테른 때문에 사회주의자들은 두 진영으로 갈라졌다. 몇몇은 코민테른을 신봉했고 자신을 공산주의자로 칭했다. 다른 이들은 때때로 자신들이 여전히 마르크스주의자라고 주장했을지라도 소수의 민족주의 정당과 민족주의 운동에 잔류했다. 이 두 진영은 노동계급의 지지를 두고 경쟁했으며 서로에게 대항하여 격렬하게 투쟁했다.

공산주의자들이 이용할 만한 혁명의 기회가 매우 많았기 때문에 새로운 혁명적 세력들이 좌파에 가하는 위협을 우려하는 유럽인들이 많았다. 그중 가장 대표적인 예는 헝가리에 볼셰비키 정부가 수립된 것이었다. 그러나 더 놀랄 만한 사건은 아마도 독일에서 공산주의자들이 쿠데타를 시도했고 잠시나마 이들이 성공했다는 것이었다. 독일은 특히 모순된 상황을 겪었다. 패전의 여파 속에서 탄생한 새로운 공화국의 정부를 사회주의자들이 주도했는데, 이들은 또다른 혁명을 방지하기 위해서 다시 보수세력, 특히 옛 제국군의 인물들에게 의지할 수밖에 없었다. 이러한 상황은 코민테른이 설립되기 전부터 나타났고, 이러한 상황에서 독일의 좌파들의 입지는 더욱 좁아졌다. 어디에서든 공산주의 정책은 혁명적 수사와 음모로 중도파를 위협하는 등 보수주의에 단결하여 저항하려는 행보를 더 힘들게 만들었다.

동유럽에서 사회적 위협은 종종 러시아의 위협으로 해석되기도 했다. 코민테른은 볼셰비키 지도부에 의해서 소련 외교정책의 도구로 이용되었다. 세계 혁명의 미래는 최초의 사회주의 국가를 국제 노동계급이라는 성벽으로 보존하는 데에 달려 있다는 가정으로 인해서 소련의 코민테른에 대한 정책이 정당화되었다. 러시아 내전과 볼셰비키 권력이 러시아에서 서서히 공고해지던 초창기에, 이 믿음은 러시아 외부의 자본주의 정부들을 괴롭히기 위한 의도적인 불만 선동으로 이어졌다. 그러나 동유럽과 중유럽에서 코민테른의 간섭은 의도적 불만 선동 이상을 의미했는데, 왜냐하면 베르사유 조약이 체결되고 한참 뒤에도 이 지역에서의 실제적인 영토합의가 확실하게 이루어지지 않았기 때문이었다. 1921년 3월에 소련과 신생 폴란드 공화국 사이에서 강화협정이 체결되고 나서야 이 지역에서 제1차 세계대전이 실질적으로 종전을 고했다. 그리고 이 협정으로 그어진 두 나라 사이의 국경은 1939년까지 유지되었다. 폴란드는 전통적으로 가장 러시아에 반대하는 국가이면서 종교적으로 가장 볼셰비키에 반대하는 나라였고, 동시에 신생국가 중에 가장 크고 야심 있는 국가였다. 그러나 러시아가 힘을 되찾으면서 중부 유럽과 동부 유럽의 신생국가들 모두 위협을 느꼈는데, 특히 이제 러시아는 사회혁명이라는 위협과 연관되었기 때문이었다. 부분적으로 이 연관성으로 말미암아서 신생국가 중 다수가 1939년 이전에 적어도 강력한 반공주의 정책을 펼칠 수 있었던 독재정부나 군사정권으로 변화했다.

동유럽과 중유럽에서 공산주의 혁명이 일어날지 모른다는 두려움은 종전 직후 몇 년 동안 가장 뚜렷했다. 그 이유는 이 시기에 경제가 붕괴했고, 한때 바르샤바가 점령당할 것처럼 보였던 폴란드-소비에트 전쟁이 어떤 결과를 낳을지 확실하지 않으면서 혁명이 발생할 배경이 마련되었기 때문이다. 1921년에 소련과 영국 사이에 공식관계가 수립되면서 마침내 상징적으로나마 평화가 찾아왔고, 세계는 눈에 띌 정도로 한숨을 돌리게 되었다. 국제정세의 변화는 소비에트 정부가 심각한 위협에 맞닥뜨렸던 러시아 내전 기간이 끝났다고 느꼈다는 사실과도 관련 있었다. 소비에트 정부는 보다 나은 외교 방식이라고 할 만한 것을 만들지 않았으며 계속해서 혁명 프로파간다를 펼치고 자본주의 국가를 맹렬히 비난했지만, 볼셰비키는 이제 만신창이가 된 자기 나라의 재건에 착수할 수 있었다. 소련의 1921년의 선철생산은 1913년 수준의 약 5분의 1 정도였고, 석탄생산은 겨우 3퍼센트쯤이었다. 한편 철도는 제1차 세계대전이 시작하기 전 가동하던 기관차 수의 절반 이하로 줄어들었다. 가축은 4분의 1이 넘게 감소했고, 곡물조달량은 1916년 수치의 5분의 2 이하로 떨어졌다. 1921년에 소련 남부에서 발생한 가뭄이 이 피폐한 경제를 덮쳤다. 가뭄 후의 기아로 200만 명 이상이 사망했고, 심지어 인육을 먹은 사례까지 보고되었다.

경제 자유화로 소련은 회생했다. 1927년 즈음에는 산업생산량과 농업생산량 모두 거의 전쟁 이전 수준으로 돌아갔다. 이 시기에 소련 정권은 권력쟁탈로 불안하게 흔들리고 있었다. 지도권 문제는 레닌이 사망했던 1924년 이전에 이미 부각되었다. 그러나 공인된 지배권을 가지고 있던 레닌이 사망하면서, 지도부 내의 영향력이 균형을 잡았고 볼셰비키 지도부 내에서 발전과 논쟁의 시대가 열렸다. 볼셰비키 지도부 내의 싸움은 1917년 혁명으로 탄생한 체제의 중앙집권적이며 독재적인 본성에 관한 것이 아니었다. 왜냐하면 논쟁의 주역 중 소련에 적대적인 자본주의 국가로 이루어진 세계에서 정치적 자유가 가능하다거나 비밀경찰 활용 및 일당독재가 없어도 된다고 생각했던 사람은 단 한 명도 없었기 때문이다. 그러나 그들은 경제정책 및 전술에 관해서 합의를 볼 수 없었고, 때때로 개인적 경쟁이 추가로 논쟁에서 우선시되었다.

대체로 두 가지 관점이 부각되었다. 첫 번째 관점은 혁명이 새로운 소련의 국민인 농민대중의 선의에 달려 있다는 점을 강조했다. 즉, 먼저 농민이 토지를 가지도록 허용해야 한다. 이후 농민을 희생해서 도시를 먹여살리려는 시도가 적대감을 불러일으켰지만, 경제 자유화와 레닌이 임시방편으로 받아들였던 신경제정책(New Economic Policy), 즉 '네프(NEP)'라고 알려진 것을 통해서 농민을 달랠 수 있다. 이 관점에 따르면, 농민들은 자신을 위해서 이윤을

낼 수 있기 때문에 더 많은 곡물을 생산하고 그것을 도시에 팔 수 있었다. 다른 관점은 같은 사실들을 더 장기적인 안목에서 바라보았다. 농민을 달래다 보면, 적대적인 세계에서 소련이 생존하기 위해서 필요한 공업화의 속도가 느려질 터였다. 이러한 관점을 가진 인사들은, 당의 적절한 방침은 공업화를 밀고 나가고 국외에서 혁명을 주창하는 동시에 도시의 혁명투사에게 의존하면서, 자신들의 이익에만 매몰된 채 여전히 볼셰비키화되지 않은 농민들을 착취하는 것이라고 주장했다. 공산당의 지도자인 트로츠키(1879-1940)는 두 번째 관점을 취했다.

트로츠키는 이후 권력투쟁에서 밀려나서 요직에서 물러나게 되었지만, 그의 관점은 승리했다. 당내의 복잡한 정치로부터 결국 당 관료의 일원인 이오시프 스탈린(1879-1953)이 지배적 위치에 오르게 되었다. 스탈린은 지적 측면에서 레닌이나 트로츠키에 비해서 훨씬 호소력이 적었지만, 이 둘만큼 무자비했고 이 둘보다 더 역사적으로 중요했다. 스탈린은 서서히 자신을 권력으로 무장했고 이 권력을 이용해서 자신의 적에게 맞서는 만큼 기꺼이 자신의 예전 동료와 옛 볼셰비키에게 맞섰다. 그러면서 스탈린은 진정한 혁명을 수행했는데, 그 혁명이 일어나도록 볼셰비키의 권력 장악이 길을 터주었다. 스탈린은 또한 새로운 러시아의 기초가 될 새로운 엘리트층을 만들었다. 스탈린에게 공업화는 최우선 과제였다. 공업화로 가는 길은 이를 위한 비용을 농민이 지불하도록 강제하는 방법을 찾는 데에 있었다. 스탈린은 농민이 큰 이윤을 얻지 못할 경우 차라리 먹어치울지 모르는 곡물을 산업화를 위해서 강제로 공급하게 만들었다. 소련은 두 번의 '5개년 계획'으로 1928년부터 계속해서 공업화 프로그램을 이행했다. 이 계획의 핵심은 농업 집산화였다. 이때 공산당은 처음으로 농촌을 정복했다. 농업 집산화라는 새로운 내전 속에서 농민 수백만 명이 죽거나 이주를 당했고, 곡물의 징발 때문에 다시 기근이 발생했다. 경찰기구가 계속해서 도시의 곡물 소비를 최소한으로 낮추었을지라도, 어쨌든 도시는 식량을 공급받았다. 실질임금은 하락했다. 그러나 1937년 즈음에 소련 공업생산량의 80퍼센트가 1928년 이후에 세워진 공장에서 생산된 것이었다. 러시아는 다시 강대국이 되었다. 그리고 이러한 결과 하나만으로도 스탈린이 역사적으로 논쟁을 일으키는 인물이라는 사실이 확실해진다.

공업화의 대가는 어마어마했다. 강제 집산화는 차르 시절에 볼 수 있던 것보다 훨씬 더 엄청난 규모로 잔혹하게 달성되었다. 이로써 소련은 이전의 전제정보다 훨씬 더 효율적인 전체주의 국가가 되었다. 스탈린은 그루지야 출신이었음에도 전형적인 러시아 사람처럼 생겼으며, 이반 뇌제나 표트르 대제가 그러했듯이 무자비하게 권력을 휘두르는 폭군이었다. 또한 그는 한 사회의 경제구조가 정치구조를 결정한다는 마르크스주의의 정설에 어느 정도 모순되는 주장을 하는 사람이었다. 스탈린은 이 정설을 정교하게 뒤집었다. 그는 정치권력을 이용할 의지가 있다면 경제구조는 강제적으로 혁명화될 수 있음을 보여주었다.

자유주의와 자본주의에 기반한 사회에 대한 비판자들은 종종 소련을 장밋빛 세상으로 그렸는데, 그들은 소련이 진보를 이룩하고 문화 및 도덕적 생활에 새로운 활력을 불어넣을 수 있는 사회라는 식으로 이야기했다. 그러나 소련은 서구 문명에 실망감을 느낀 사람들에게 제시된 유일한 모델은 아니었다. 1920년대에 이탈리아에서 파시즘이라고 불리는 움직임이 나타났다. 파시즘은 다른 수많은 세력에게 그 이름을 쓰게 했고, 다른 나라에서 일어난 급진적 우파운동과는 자유주의에 반대하고 강력한 반마르크스주의를 표방하고 있다는 공통점이 있기는 했지만, 그 관련성은 단지 제한적일 뿐이었다.

입헌국가였던 이탈리아는 제1차 세계대전으로 심한 압박을 받고 있었다. 1914년에 열강으로 간주되던 다른 나라들에 비해서 가난한 국가였음에도, 이탈리아가 전쟁에서 맡은 몫은 지나치게 과중했고, 그 수행도 그다지 성공적이지 못했다. 그리고 이탈리아 영토의 상당 부분에서 전투가 일어났다. 전쟁이 계속되면서 사회 각 분야에서 불평등이 두드러졌다. 전쟁이 끝나고 평화가 찾아왔음에도 더 심각한 인플레이션이 찾아왔다. 지주이든 공장주이든 재산을 가지고 있던 사람들과 노동력 부족 덕분에 더 높은 임금을 요구할 수 있었던 사람들은 중산층이나 투자수입과 고정수입으로 먹고 사는 사람들보다 이러한 인플레이션을 견딜 만했다. 전반적으로 이들이 1870년에 완수된 이탈리아 통일을 가장 열렬히 지지했던 사람들이었다. 보수적인 로마 가톨릭 신자들과 혁명적 사회주의자들은 오랫동안 입헌 자유국가에 반대했던 반면에, 이들은 입헌주의와 자유주의에 기반하고 있던 국가를 지지하고 있었다. 그들이 보기에 이탈리아가 1915년에 참전한 제1차 세계대전은 이탈리아를 단일국가로 통일하고자 19세기에 행한 투쟁이었던 이탈리아 통일운동의 연장이자 오스트리아가 통치하던 마지막 영토, 즉 이탈리아 혈통과 이탈리아어를 사용하는 사람들이 거주하던 영토에서 오스트리아를 몰아내는 성전이었다. 다른 모든 민족주의와 마찬가지로, 이탈리아의 민족주의는 뒤죽박죽이면서 비과학적인 관념이었으나 강력한 영향력을 발휘하고 있었다.

이탈리아인들은 강화조약에 실망했고 환멸을 느꼈다. 즉, 그들이 품은 수많은 민족주의적 소망은 달성되지 않은 상태로 남았다. 더욱이 종전 직후에 경제위기가 심화된 덕분에 사회주의자들은 의회에서 보다 강력한 힘을 발휘했으며 이제 러시아에 사회주의 혁명정부가 들어섰기 때문에 불안감은 더욱 커져갔다. 사회주의자들의 반민족주의에 실망감과 두려움을 느끼고 싫증이 난 수많은 이탈리아인들은 자유 의회주의의 속박에서 벗어났고, 이탈리아가 겪고 있는 실망에서 벗어날 방법을 찾기 시작했다. 예를 들면, 파리 강화회담이 이탈리아에 주지 않은 아드리아 해에 있는 피우메 항구를 점령했던 한 모험가에게 공감했듯이, 국외에서는 비타협적인 민족주의에 그리고 국내에서는 격렬한 반마르크스주의에 공감하는 이탈리아인이 많았다. 마르크스주의에 반대하는 움직임은 로마 가톨릭 국가에서 호소력이 있을 수밖에 없었다. 그러나 마르크스주의에 반대하는 새로운 지도자를 만든 힘은 전통적으로 보수적인 교회에서만 나온 것은 아니었다.

제1차 세계대전 이전에 극렬한 사회주의자였으며 전쟁 이후에는 저널리스트이었던 퇴역군인 베니토 무솔리니(1883-1945)는 1919년에 '투쟁을 위한 동맹'으로 번역할 수 있는 '파쇼 디 콤바티멘토(fascio di combattimento)'라는 운동을 일으켰다. 이 동맹은 수단과 방법을 가리지 않고 권력을 추구했다. 예를 들면, 젊은 폭력배들을 이용하여 처음에는 사회주의자들과 노동계급 조직들을 향해서 그후에는 선거에 의해서 적법하게 구성된 국가당국을 향해서 폭력을 휘둘렀다. 파쇼 디 콤바티멘토 운동은 번성했다. 이탈리아의 의회주의적 정치가들은 이 운동을 통제할 수 없었고 길들일 수도 없었다. 곧 운동의 참가자들은 파시스트라고 불리게 되었다. 순식간에 파시스트들은 공식적이거나 준(準)공식적인 관직에 올랐고 지역의 관리들과 경찰들로부터 보호를 받았다. 조직폭력 행위가 어느 정도 제도화된 셈이었다. 1922년 즈음에 파시스트들은 선거에서 상당한 성공을 거두었을 뿐만 아니라 자신의 정적(政敵)을, 특히 공산주의자나 사회주의자 정적들을 테러함으로써 몇몇 지역에서 정상적인 정부활동이 어렵도록 만들었다. 같은 해에 다른 정치가들이 파시스트의 도전을 억누르는 데에 실패하면서, 이탈리아 국왕은 무솔리니에게 조각(組閣)을 부탁했다. 무솔리니는 연립정부에 바탕을 두어 정부를 구성했고 파시스트들의 폭력이 막을 내렸다. 이것이 바로 후일 파시즘 신화 속에서 '로마 진군(March on Rome)'으로 불리게 되는 사건이었다. 그러나 '로마 진군'이 입헌주의적인 이탈리아의 즉각적인 종말을 가져오지는 않았다. 무솔리니는 다만 서서히 자신의 위치를 독재자로 바꾸었다. 1926년에 법령에 따라서 파시즘 정부가 들어섰고, 선거는 중단되었다. 여기에 반대하는 사람들은 거의 없었다.

이 새로운 체제에는 본질적으로 테러리즘 성향이 다분했고, 체제는 자유주의 이상을 노골적으로 비난했다. 그러나 무솔리니의 통치는 전체주의와 거리가 멀었고, 종종 무솔리니가 찬탄하는 투로 이야기했던 볼셰비키의 통치와 비교할 때 그렇게 잔혹하지 않았다. 무솔리니는 의심할 여지없이 혁명적 변화를 열망했고, 무솔리니의 추종자 다수는 훨씬 더 강렬하게 그 변화를 원했지만, 사실상 그들이 주장하는 혁명은 대체로 프로파간다 수준에서만 머물렀다. 그 운동의 실질적인 급진적 성향과 더불어, 무솔리니는 자신이 배제되었다고 느꼈던 기성 사회에 신경질적인 반응을 보였다. 이탈리아의 파시즘은 실제로나 이론적으로나 일관성이 결여되어 있었다. 대신에 이탈리아 파시즘은 점점 더 이탈리아의 확립된 기존 권력을 반영했다. 파시즘이 국내에서 보인 가장 중요한 진전은 교황과 외교적 협정을 맺은 것이었다. 교회가 이탈리아인의 삶에서 권위를 누릴 수 있도록 정부가 교회에 상당한 양보를 한 대가로 협정이 체결되었다. 이는 이탈리아라는 국가가 교회의 권위를 공식적으로 인정한 최초의 일이었으며, 그 교회의 권위는 오늘까지 이어지고 있다. 파시즘에서 내놓는 모든 혁명의 수사를 돌이켜볼 때, 교황과 맺은 협정을 담고 있던 1929년의 라테란 조약(Lateran treaty)은 이탈리아에서 가장 강력한 보수세력에 대한 양보였다. "우리는 이탈리아에 신을 돌려주었고, 신에게 이탈리아를 돌려주었다"라고 교황은 말했다. 파시스트의 자유기업 제도에 대한 비판 또한 실제로는 그다지 혁명적이지 않았다. 개인의 이익을 국가에 종속시키는 조치의 핵심은 노동조합이 노조원의 이익을 보호할 권력을 박탈하는 것이었다. 고용주의 특권을 저지할 수 있는 수단은 거의 없었고, 파시스트들이 내놓은 경제계획은 엉터리였다. 오직 농업생산량만 눈에 띄게 늘어났다.

한편으로 형식과 의도에서 그리고 다른 한편으로 실질적인 결과에서 드러난 바로 그 간극은 다른 나라들에서 파시즘이라고 불린 다른 운동들에서도 드러났다. 사실 뭔가 새롭고 자유주의 이후의 그 어떤 것—이런 것들 자체가 바로 대중사회의 표출이었다—을 반영했음에도, 실제로 이탈리아 이외 지역에서의 파시스트 운동은 거의 항상 타협적인 자세로 보수세력에게 양보했다. 이러한 사실이 '파시즘' 현상이 도대체 정확히 무엇인지를 말하기 어렵게 만든다. 많은 나라들의 권위주의적 정부들은 (비록 전체주의 체제를 열망했지만) 민족주의적이며 반마르크스주의적인 모양새를 보였다. 그러나 파시즘이 민족주의와 반마르크스주의의 유일한 원천은 아니었다. 포르투갈과 에스파냐에서도 그러한 현상을 보인 정부가 들어섰다. 예를 들면, 이 두 나라는 전통적이고 보수적인 세력뿐만 아니라 대중정치라는 새로운 현상에서 비롯된 관념들에 의지했다. 포르투갈과 에스파냐의 진정한 급진주의자였던 파시스트들은 기존의 사회질서에 양보한다는 데에서 자주 불만을 느꼈다. 결국 오직 독일에서만 명확하게 파시즘을 닮은 운동이 오랜 역사를 가진 보수주의를 굴복시키는 혁명에서 성공을 거두었다.

아마도 1918년 이후 20년간은 개별적이고 독특한 두 개의 현상으로 특징지어질 수 있을 것이다. 첫 번째 현상은 새롭고 급진적인 정치적 언어를 구사하며 이상주의와 의지와 희생을 강조하는 이론가들과 활동가들이 등장했다는 점이다. 이들은 심지어 영국과 프랑스처럼 안정된 민주주의 사회에서도 나타났는데, 기득권을 존중하지 않거나 물질주의에 양보하지 않는 상태로 새로운 노선에 따라서 사회와 국가를 재건하기를 고대했다. 이러한 이론가들과 활동가들은 이곳저곳에서 나타났음에도 오직 주요 국가 두 곳, 이탈리아와 독일에서만 성공을 거두었다. 이탈리아와 독일에서의 경제붕괴와 격렬한 민족주의 그리고 반공주의가 이들이 성공할 수 있는 원천이었다. 그러나 독일에서는 이러한 현상들이 1933년이 되어서야 모습을 드러냈다. 한 단어로 이 현상을 부를 수 있다면 그 단어는 분명히 파시즘일 것이다.

앞서 언급한 첫 번째 현상이 독일이나 이탈리아가 아닌 다른 나라들, 즉 경제적으로 개발이 덜 된 국가들에서 나타났다면 이를 파시즘으로 부르기보다는 권위주의 체제로 일컫는 것이 더 좋을 듯하다. 이는 특히 동유럽에 해당된다. 그곳에서는 대다수의 농업인구가 많은 문제들을 일으켰는데, 이러한 문제들은 강화조약에 의해서 더욱 심화되었다. 때때로 이방의 소수민족이 국가를 위협하는 듯이 보였다. 동유럽에 새로 건국된 나라들 대부분에서 자유주의 제도는 오직 수박 겉핥기식으로 이식되었고, 전통적이고 보수적인 여러 사회세력들과 종교세력들이 강력한 힘을 발휘했다. 동유럽과 비슷한 경제 상태를 보인 남미에서 그랬듯이, 동유럽 신흥국의 겉핥기식 입헌주의는 이내 독재자와 군부의 통치에 그 자리를 넘겨주곤 했다. 이러한 사례는 1939년 이전에 발트 해 연안에 새로 수립된 국가들과 폴란드와 이중제국을 계승한 다른 국가들에서 입증되었다. 한편, 중유럽의 발칸 반도에 위치한 체코슬로바키아는 효과적인 민주주의를 정착시킴으로써 이 대열에서 빠졌다. 이러한 나라들은 두 가지 이유 때문에 독재체제에 의지할 수밖에 없었다. 먼저, 1918년에 이 나라들이 자신들의 정치적 성숙도를 과대평가함으로써 품었던 희망들이 당시의 현실과 매우 큰 괴리가 있었다는 점이다. 두 번째는 공산주의가 불러일으켰던 새로운 공포 때문이었다. 이는 특히 소련과 국경을 맞대고 있는 국가에 화급한 쟁점이었다. 이러한 압박은 덜 위중했을지라도 에스파냐와 포르투갈에도 가해졌다. 이 두 나라에서 전통 보수주의는 훨씬 더 큰 영향력을 행사했고, 가톨릭에 영향을 받은 사회사상들은 파시즘보다 강력했다.

양차 세계대전 사이에서 민주주의가 결국 실패하기는 했지만, 그 과정이 언제나 일정했던 것은 아니었다. 다시 말해서, 1920년대 초반의 불황 이후 소련을 제외한 유럽 국가 대부분의 경제가 호황기를 향해서 점진적으로 회복되었다. 1925년에서 1929년의 유럽 경제는 대체로 좋은 상태였다. 이러한 양상 덕분에 새로운 민주주의 국가의 정치적 미래에 대한 낙관론이 가능했다. 그리고 1920년대 전반기의 소름이 돋을 정도로 무시무시했던 인플레이션에서 벗어난 통화는 다시 안정되었다. 금본위제를 채택했던 대부분 나라에서 정금(正金) 지불이 재개되었다는 사실은 1914년 이전의 옛날로 돌아갈 수 있다는 자신감의 표시였다. 1925년에 유럽의 식품 및 원료 생산량은 처음으로 1913년의 수치를 따라잡았으며 제조업 생산량은 계속 회복되고 있었다. 전 세계적으로 무역이 회복되었다는 점과 더불어, 이제 자본수출국이 된 미국의 방대한 투자에 힘입어 1929년 유럽의 교역량은 상당한 수준에 이르렀고, 1954년까지 지속적으로 성장했다.

그러나 붕괴가 뒤따랐다. 경제회복은 불안정한 기반 위에서 이루어졌던 것이었다. 급작스러운 위기가 닥치자 새로운 번영은 순식간에 무너졌다. 단지 유럽뿐만 아니라 전 세계에 경제위기가 닥쳤고, 이 '세계 대공황'은 전간기(戰間期) 동안 단일 사건으로는 가장 중차대한 사건이었다.

복잡했지만 매우 효율적이었던 1914년의 경제체제는 사실상 돌이킬 수 없을 정도로 손상되었다. 신생국들이 이제 막 생겨난 자국의 경제를 관세와 외환 관리를 통해서 보호하고자 했고, 강대국과 기존 국가들도 자국의 쇠약해진 경제를 재건하고자 노력하면서, 제1차 세계대전 직후 엄청나게 많은 규제들이 생겨났고 필연적으로 국제 교류는 방해받았다. 베르사유 조약이 유럽의 모든 산업국가를 통틀어 가장 중요한 나라였던 독일에 전쟁 책임을 지우면서 문제는 더욱 심각해졌다. 조약에 따라서 독일은 현물과 현금의 형태로 무기한 배상금을 지불해야 했다. 배상금 문제는 독일의 경제를 일그러뜨리고 수년 동안 경제가 회복되지 못하게 만들었을 뿐만 아니라 독일 경제가 작동하는 데에 필요한 동인의 대부분을 없애버렸다. 동쪽에 독일의 제일 큰 시장이 될 수도 있는 소련이 존재했지만, 경제적 경계가 양국 간 무역의 대부분을 막았다. 그 결과 많은 독일 기업체가 소재하고 있었던 도나우 협곡과 발칸 반도는 분리되었으며 빈곤해졌다. 일시적으로 이러한 어려움은 미국의 자본을 이용할 수 있게 되면서 서서히 극복되었다. 미국은 유럽 상품을 수입하지 않았고 자국의 관세장벽 뒤로 물러섰음에도 기꺼이 자본을 제공하려고 했다. 그러나 이러한 상황으로 말미암아 미국에서 자본을 차용한 국가들은 미국의 경제적 번영에 지나치게 의존하게 되었다.

1920년대에 미국은 세계 석탄의 거의 40퍼센트를, 그리고 세계 제조업 상품의 절반 이상을 생산했다. 전쟁 수요 덕분에 늘어난 미국의 부(富)는 수많은 미국인의 삶을 완전히 바꾸었고, 미국인들은 세계에서 최초로 가정용 자동차를 가지고 있는 것을 당연하게 생각할 수 있는 국민이 되었다. 불행히도 미국 국내의 경제적 번영이 전 세계를 떠받치고 있었다. 바로 그 번영에 미국이 자국 상품의 수출을 위해서 자본을 제공한다는 확신이 존재했다. 이러한 세계 경제의 상황 때문에 미국 경기순환에서 발생한 변동이 세계적 경제재난이 되었다. 1928년에 미국에서 단기 차입금을 받기가 어려워지기 시작했다. 또한 상품가격이 떨어지기 시작하면서 오랜 호황이 막바지에 접어들고 있을지 모른다는 징후가 나타났다. 이 두 요인 때문에 미국은 유럽에 빌려주었던 자금을 갚으라고 요구했다. 순식간에 유럽의 몇몇 채무국이 곤경에 빠졌다. 그 사이에 미국에서는 사람들이 엄청난 불황이 닥칠 것이라고 생각하기 시작하면서 수요가 줄어들었다. 이제 연방 준비은행은 이자율을 올리고 또 올림으로써 점점 경제적 재난을 부추겼다. 거의 우연의 일치로 1929년 10월에 주식시장이 특히 갑작스럽게 그리고 극적으로 붕괴했다. 일시적인 주식 반등이나 대은행가들이 시장의 신뢰를 회복시키고자 주식을 구매했다는 사실은 이러한 사태에 그다지 큰 영향을 주지 못했다. 즉, 미국 사업체의 신뢰도는 바닥으로 떨어졌고 미국의 해외 투자는 종말을 고했다. 1930년에 잠시 동안 막바지 반등이 있고 나서 해외 투자를 위한 미국의 자금은 고갈되었다. 세계공황이 시작된 것이다.

더 이상 투자가 이루어지지 않았기 때문에 경제성장은 끝났다. 그러나 또다른 요소가 작동하면서 이내 경제적 재앙이 가속화되었다. 여러 채무국이 자국의 경제 상황을 호전시키기 위해서 수입을 줄이기 시작했다. 수입이 줄어들면서 국제 상품가격이 떨어졌다. 그 결과 기본재 생산국들에는 국외에서 상품을 사올 돈이 말라가기 시작했다. 그러는 사이 이러한 상황의 중심에서 미국과 유럽 모두 금융위기에 빠졌다. 불행히도, 미국과 유럽 국가들이 자국의 화폐 가치를 금값에 맞추어 일정하게 유지하려고 하면서—금은 국제적으로 허용되는 교환수단이기 때문에 그러했고, 바로 이것이 '금본위제'이다—통화수축 정책을 채택했다. 그리고 이 통화수축 정책 때문에 또다시 수요가 줄어들었다. 결국 정부의 개입으로 인해서 불경기가 재앙이 되었다. 1933년쯤 프랑스를 제외한 주요 국가의 통화는 금본위제에서 이탈했다. 금본위제 폐기는 자유주의 경제라고 불렸던 오랜 우상이 겪은 비극인 동시에, 자유주의 경제의 사망선고와도 같은 상징적 표현이었다. 자유주의 경제의 현실은 어마어마한 실업률이었다. 산업 세계에서 실업자는 거의 3,000만 명에 달했다. 산업국가들에 최악의 해였던 1932년에 미국과 독일의 공업생산 지수는 각각 1929년 지수의 절반을 간신히 넘었다.

경제 침체의 영향은 섬뜩하면서도 저항할 수 없는 논리를 품은 채 계속해서 퍼져갔다. 수많은 사람들의 생활수준이 향상되었던 1920년대에 일구어낸 사회적 이점은 거의 모든 곳에서 없어져버렸다. 실업을 해결할 방법을 찾은 나라는 단 한곳도 없었고, 미국과 독일에서 실업률이 가장 높았음에도 이 사실은 1차 상품의 생산자들이 살고 있는 전 세계의 마을과 농촌에는 알려지지 않았다. 1929년부터 1932년까지 미국 국민소득은 38퍼센트가 떨어졌다. 그리고 미국의 제조품 가격 역시 정확히 38퍼센트가 떨어졌다. 이와 동시에 원자재 가격은 56퍼센트가 그리고 곡물 가격은 48퍼센트가 떨어졌다. 미국이 이 지경이었으니 거의 모든 곳들, 즉 미국보다 더 가난한 나라와 발달된 경제영역에 비해서 형편없던 경제 부문은 더 큰 고통을 겪을 수밖에 없었다. 그럼에도 이러한 현상이 항상 모든 사람들을 더 고통스럽게 만들었다고 볼 수는 없는데, 왜냐하면 어떤 지역의 사람들은 딱히 더 떨어질 만한 것을 애초부터 가지고 있지 않았기 때문이었다. 예를 들면, 동유럽이나 아르헨티나의 농민은 언제나 넉넉하지 못했기 때문에 분명히 더 궁핍해질 만한 여지도 없었다. 그러나 독일에서 일자리를 잃은 사무직원과 직공은 분명히 가난해졌고 자신이 처한 상황을 알고 있었다.

또다른 대전, 즉 제2차 세계대전이 발발하기 전까지 세계경제는 회복되지 않았다. 국민국가는 날이 갈수록 더 관세 뒤에 숨어서 세계경제와 분리되었는데, 한 예로 미국은 1930년에 평균 수입관세를 59퍼센트로 인상했다. 또한 경우에 따라서 각 국가는 자국의 경제생활에 통제를 늘림으로써 경제적 자급자족을 달성하고자 분투했다. 어떤 국가는 다른 국가에 비해서 경제를 잘 통제했지만, 또다른 국가는 아주 형편없이 경제를 통제했다. 경제재앙은 공산주의자들과 파시스트들에게 매우 유리한 환경을 마련해주었다. 이 두 집단들은 자유주의 문명이 붕괴할 것이라고 예상하거나 주장했고, 자유주의가 남긴 허약한 잔해를 먹어치우고자 안달하고 있었다. 금본위제와 경제 불간섭에 관한 믿음이 종말을 고했다는 사실은 경제적 차원에서 세계질서가 붕괴했다는 현실을 드러낸다. 그리고 이것만큼 눈에 띄는 또다른 모습은 정치적 차원에서 전체주의의 흥기와 민족주의의 흥기가 이 체제의 정점에서 등장했다는 사실이다. 매우 놀랍게도, 자유주의 문명은 사태를 수습할 수 있는 힘을 잃었다. 그럼에도 자유주의 문명의 쇠퇴를 받아들이지 못하는 유럽인이 많았다. 이들은 의심할 수 없이 최고의 권력을 누리던 바로 그 문명이 부활할 시대를 계속해서 꿈꾸었다. 자유주의 문명에 믿음을 품은 사람들은 이 문명의 가치가 정치와 경제의 패권에 달려 있으며, 한동안 이 패권이 놀라울 정도로 힘을 발휘했음에도 이미 전 세계에서 눈에 띄게 쇠퇴하고 있다는 사실을 잊고 있었다.

3

새로운 아시아 만들기

유럽이 겪은 문제는 오직 한 대륙의 문제로 끝나지 않았다. 이내 다른 대륙에서 일어나는 일에도 지금까지 영향력을 행사하던 유럽의 능력이 손상되었다. 그리고 그 징후는 아시아에서 가장 먼저 나타났다. 세계사적 관점으로 보았을 때, 유럽이 아시아에서 휘둘렀던 식민권력은 오직 매우 짧은 시기 동안에만 강력했으며 또 그 시기에만 도전받지 않았다. 1914년경 유럽 강대국 중 하나인 대영제국은 동아시아에서 자신의 이익을 지키기 위해서 자국의 자원에 의존하기보다는 일본을 자기편으로 만드는 조치를 취했다. 또다른 강대국인 러시아는 20년 동안 황해를 향해서 압력을 행사했으나 일본과 치른 전쟁에서 패배하면서 다시 유럽으로 눈을 돌렸다. 한 세기에 걸친 중국 괴롭히기는 이제 종언을 고했다. 의화단 사건 당시 중국은 더 이상 돌이킬 수 없는 상태였고, 중국은 유럽 제국주의자들에게 더 이상 잃을 영토도 없었다.

인도나 아프리카와 달리, 중국은 아시아에서 유럽의 세력이 약해지는 시기까지도 어떻게든 간신히나마 국가의 독립은 물론 영토의 대부분을 유지했다. 유럽에서 긴장이 고조되고 일본의 야심을 무작정 막는 것도 불가능하다는 것이 분명해지면서, 유럽 정치가들은 이전과 같이 새로운 항구를 확보하거나 빈사상태에 놓여 있던 동방의 국가들을 분할한다는 희망을 품을 때가 끝났다는 사실을 깨달았다. 실제로 영국의 정책이라고 할 수 있는 '개방' 정책 속에서 모든 국가가 자국의 상업적 이점을 찾는 것이 당시로는 모든 이들에게 더 좋을 터였다. 상업적 이점도 1890년대에 자신감에 넘쳐 기대하던 바에 비하면 볼품이 없었고, 마찬가지로 유럽 세력 약화의 징후였지만 말이다. 바로 이러한 상황이 유럽인들이 다른 지역들에 비해서 아시아에서 조금 더 부드럽게 일을 진행해갈 수밖에 없었던 이유였다.

유럽이 아시아를 최고조로 맹공격하던 시기는 1914년 즈음에 막을 내렸을 뿐만 아니라, 아시아가 식민주의와 문화적 상호작용과 경제력을 통해서 대변혁을 겪으면서 유럽으로부터 아시아를 방어하자는 움직임이 일어났다. 이는 유럽에 심각하게 받아들여졌을 것이다. 이미 1881년에 하와이의 왕은 메이지 천황에게 '아시아 국가와 군주국의 연방 동맹(Union and Federation of Asiatic Nations and Sovereigns)'을 창설하자고 제안했다. 이는 단지 앞으로의 사태를 암시하는 작은 조짐이었지만, 이미 일본에서도 이와 유사한 움직임이 나타났다. 간접적으로는 근대화의 촉매제로 활용되었던 이러한 움직임은 중국의 주변국이자 아시아에 속한 일본이라는 통로를 통해서 동서양 간 백년전쟁 이후 단계의 속도를 규정지었다. 20세기의 첫 40년 동안 일본의 역동성은 아시아의 역사를 지배했다. 혁명을 겪은 중국은 1945년이 되어서야 일본이 보여주었던 것과 비슷한 영향력을 행사했는데, 이때 중국은 변화를 만드는 외부세력, 즉 미국 및 소련과 더불어 힘을 발휘했다. 1945년 이후에 중국은 일본을 다시 한번 뛰어넘어서, 아시아에서의 여러 문제들을 결정하는 데에 주도적인 역할을 하게 된다. 중국을 통해서 아시아에서 유럽의 시대는 종말을 고할 터였다.

일본은 경제성장과 공격적 영토 확장의 측면에서 역동성을 드러냈다. 장기간 동안 일본의 경제성장은 괄목한 것이었다. 일본의 경제성장은 전반적인 '서구화' 과정의 핵심이었다. 서구화는 1920년대 일본에 자유주의적 분위기를 팽배시켰고, 일본 제국주의의 본모습을 숨기는 데에도 도움이 되었다. 1925년에 일본에 보통선거권이 도입되었다. 대부분 유럽 국가의 사례가 보통선거권이 반드시 자유주의나 온건한 사회 분위기와 직접적으로 연결되지는 않는다는 것을 증명했지만, 보통선거권의 도입은 19세기부터 시작된 입헌주의의 발전이 꾸준히 진행되고 있었다는 것을 보여주는 듯했다.

특히 제1차 세계대전이 일깨운 사회 전반의 낙관주의적 분위기 속에서 일본의 경제성장은 한동안 외국인과 일본인 모두에게 일본에서의 입헌주의 발전에 대한 확신을 심어주는 데에 기여했다. 더욱이 제1차 세계대전은 일본에 엄청난 기회를 제공했다. 예를 들면, 유럽인들은 해외의 시장(특히 아시아 시장)을 두고 치열하게 경쟁을 벌였으나 자국에서 벌어진 전쟁의 부담 때문에 아시아 시장에 대한 경쟁을 지속할 수 없다는 사실을 깨달았다. 그 덕분에 예전 착취자들은 아시아 시장을 일본에 버리고 떠났다. 또한 연합국 정부들은 일본 공장에 어마어마한 양의 군수품을 주문했다. 전 세계적으로 선박이 부족해지면서 일본에 새로 생긴 조선소들은 필요한 일거리를 얻었다. 제1차 세계대전 기간 동안 일본의 국민총생산(GNP)은 40퍼센트 상승했다. 1920년에는 성장이 중단되었을지라도, 일본 경제의 팽창은 다음 10년 안에 다시 시작되었다. 1929년에 일본 인구의 5분의 1만이 산업에 참여했음에도 불구하고, 일본은 자국의 산업기반을 마련했다. 20년 만에 일본의 철강생산량은 거의 10배 늘어났으며 직물생산량은 3배 그리고 석탄생산량은 2배 늘어났다. 일본의 제조업 분야는 아시아에 있는 다른 나라들에도 영향을 미치기 시작했다. 한 예로, 일본은 중국 및 말레이 반도로부터 철광석을 수입했으며 만주에서 석탄을 들여왔다. 비록 일본의 제조업은 해외의 강대국과 비교했을 때 여전히 소규모였으며 계속해서 직인들로 꾸려가는 작은 공장과 근대식 공장이 혼재되어 있었음에도, 일본의 새로운 산업세력은 1920년대에 국내정책과 외교정책을 좌지우지하기 시작했다. 특히 이 세력은 아시아 대륙 본토와의 관계에 영향을 주었다.

일본이 탁월하면서도 역동적인 역할을 보여준 것과 대조되게, 아시아와 세계의 열강 중 가장 큰 잠재력을 가진 중국은 계속해서 쇠퇴했다. 1911년 신해혁명(辛亥革命)은 매우 중요한 의미가 있었지만, 중국 그 자체의 쇠퇴를 막지는 못했다. 원론적으로 보면, 신해혁명은 프랑스 혁명이나 러시아 혁명보다 훨씬 더 근본적으로 한 시대의 획을 긋는 혁명이었다. 즉, 신해혁명으로 인해서 2,000년 이상의 역사를 자랑하면서 중국을 단결시켰던 유교국가는 물론이거니와 중국 문화와 사회를 지배했던 유교사상이 종말을 고했다. 이와 불가분하게 한데 얽혀 있는 유교와 유교식 법질서가 함께 무너졌다. 중국인들이 전통적으로 삶의 신조로 삼았던 규범은 신해혁명으로 인해서 산산조각이 났다.

다른 한편, 신해혁명은 특히 두 가지 측면에서 제한적인 성격을 띠고 있었다. 먼저, 혁명은 건설적이라기보다 파괴적이었다. 청제국은 드넓고 다양한 지역으로 이루어진 방대한 국가, 사실상 한 대륙을 같은 이름 아래 하나로 묶어놓았다. 청제국의 몰락은 중국 역사상 자주 표출되었던 지방분권적 지역주의라는 고삐가 또다시 풀렸음을 의미했다. 혁명가들 대다수는 베이징에 심한 질투와 불신을 느꼈고 이 때문에 혁명에 참여했다. 비밀결사 조직과 향신(鄕紳)과 군벌은 벌써 발 빠르게 움직여 자신들의 지역에서 지배권을 확립해 갔다. 이러한 지방분권적 동향은 위안스카이 장군(1859-1916)이 대총통직을 유지하는 동안에는 전면에 드러나지 않았다. 그러나 위안스카이가 1916년에 실각하면서 지방분권적 움직임이 폭발적으로 나타났다.

혁명가들은 두 집단으로 분열되었다. 한 집단은 쑨원을 중심으로 하는 국민당이었고, 다른 집단은 베이지의 의회체계에 기반을 둔 중앙정부를 지탱하던 집단이었다. 쑨원은 주로 광저우의 사업가들과 남부에 기반을 둔 특정 군인들로부터 지지를 받았다. 이러한 배후 사정으로 인해서 군벌이 번성했다. 군벌들은 당시 중앙정부가 계속 힘을 잃어가고 있던 시기에 상당한 군사력을 보유하고 있던 군인들이었다. 1912년부터 1928년 사이에 이러한 군벌 세력은 1,000개가 넘게 존재했고, 그중 어떤 군벌은 중요한 지역을 장악하고 있었다. 몇몇 군벌들이 개혁을 수행했던 반면, 또다른 군벌들은 단순한 비적에 불과했다. 그들 중 어떤 집단은 자신들이 정부권력을 가질 타당한 권리가 있다고 주장할 만큼 상당한 세력을 가지고 있었다. 이러한 상황은 로마 제국이 멸망해가던 시기와 어느 정도 비슷했다. 비록 중국에 비하면, 로마 제국의 멸망은 단시간에 이루어졌지만 말이다. 그 누구도 이전의 문관들을 대신하지 못하자 무인들이 서둘러 공백을 메웠다. 위안스카이 바로 그 자신이 이러한 유형의 가장 좋은 사례이다.

여기에 바로 신해혁명의 두 번째 한계가 존재한다. 다시 말해서 신해혁명은 더 이상의 발전을 이루기 위해서 필요한 합의의 토대를 마련하지 못했다. 쑨원은 사회 문제보다 민족 문제를 먼저 해결해야 한다고 말했다. 그러나 심지어 민족주의적 미래를 어떤 형태로 만들 것인가를 두고도 의견충돌이 잦았다. 게다가 바로 그 민족주의적 미래를 지연시켰던 청왕조가 사라지면서 공동의적 또한 사라졌다. 궁극적으로 창조적인 논의였음에도 불구하고, 신해혁명이 일어난 후 첫 10년 동안 혁명가들 사이에서 나타난 지적 혼란은 심각한 분열을 초래했고 동시에 중국의 개혁을 꿈꾸는 사람들이 해결해야 하는 중대과업이 되었다.

1916년부터 문화개혁가 한 무리가 특히 베이징 대학교에 모이기 시작했다. 그중 한 명인 천두슈(1880-1942)는 1915년에 잡지『신청년(新青年)』을 창간했다. 이 잡지는 문화개혁가 무리가 불러일으킨 논쟁에 초점을 맞추었다. 신해혁명의 운명이 젊은이들의 손에 달려 있다고 믿었던 천두슈는 중국 청년들에게 오랜 중국의 문화전통을 완전히 거부하라고 설파했다. 영국의 소설가 올더스 헉슬리와 미국의 교육자 존 듀이에 관해서 이야기하고 어리둥절한 동포들에게 작가 헨리크 입센의 작품을 소개해준 다른 지식인들처럼 천두슈는 중국 발전의 비결이 서양에 있다고 생각했다. 다시 말해서 다윈주의식 투쟁의식과 개인주의와 공리주의에 그 비결이 있으며, 이것들이 앞으로 중국이 가야 할 길을 보여주는 듯했다.

그들의 지도력이 매우 중요했고 또한 그들을 따르는 제자들이 열정적이었을지라도, 유럽식으로 중국을 재교육하는 데에 역점을 두는 것은 어려운 일이었다. 애국적인 중국 교양인들 다수가 전통문화에 진심으로 가치를 두고 있었다. 서구의 사상들은 오직 중국 사회에서 가장 유별난 이들에게나 받아들여질 준비가 되어 있었다. 이들은 해안지역 도시에 거주하는 상인들과 그 상인들의 자녀들로서, 대개 외국에서 교육을 받은 학생들이었다. 중국인 대부분은 서구 사상과 그것이 호소하는 바에 거의 동하지 않았다. 그리고 다른 개혁가들이 중국 토착문학을 필요로 했다는 점이 그 사실을 입증했다.

민족주의적 감정이 중국인들에게 영향을 주는 한, 그들은 서양과 유럽에서 발생한 자본주의로부터 등을 돌릴 수밖에 없었다. 중국인들 대다수가 보기에 자본주의는 또다른 서구식 착취 유형이었다. 더욱이 근대화주의자들이 중국인들에게 받아들이라고 권고하는 서구 문명에서 가장 눈에 잘 띄는 요소가 자본주의였다. 그러나 1911년 이후에도 중국의 농민대중 대다수는 신해혁명으로부터 별다른 감흥을 받지 않았고 여러 사태들에 무관심했으며 분노를 표출하던 서구화된 젊은이들의 선동이 무엇을 의미하는지 깨닫지 못했다. 중국 농민이 처한 경제적 상태를 일반화하기는 쉽지 않다. 중국은 너무 방대하고 너무 다양한 나라이기 때문이다. 그러나 분명한 것은 청왕조가 멸망하고 군벌이 흥기하면서 나라는 정치적으로 불안해졌고, 이에 따라서 중국 북부지역 대부분에서 생활여건이 악화되었던 동시에 농민들에 대한 수탈이 늘어났다. 대개 타인의 경작지를 가꾸며 살아가던 농민들은 아주 적은 중간이윤을 챙겼다. 그나마 이 이윤은 전쟁으로 인한 직접적 영향이나 기아와 질병같이 전쟁에 수반되는 여러 상황 때문에 몇 년 안에 상쇄되어 사라졌다. 중국에서 혁명은 사회를 완전히 바꾸는 데에 필요한 권력을 손에 넣기 위해서 농민들의 분노를 이용할 수 있을 때에만 그 성공을 보장할 수 있었다. 20세기 초반에 개혁가들은 문화를 강조했는데, 결국 이는 혁명을 성공시키는 데에 필요한 실질적 정치 단계를 직시하고 싶지 않았던 그들의 정신상태를 반증하는 것이었다.

중국이 약해지면서 일본에 기회가 생겼다. 세계대전은 일본이 19세기에 품었던 야망을 다시 밀어붙이기에 좋은 기회였다. 유럽 국가가 서로 싸움을 벌이면서 생겨난 이점을 활용할 수 있었다. 일본과 동맹을 맺은 국가들은 일본이 중국에 있는 독일 항구를 차지하는 데에 반대할 수 없었다. 설령 반대했다고 하더라도 연합국들은 일본 선박과 제품이 필요했던 시기에 일본에 대해서 딱히 취할 수 있는 조치가 없었다. 마찬가지로 일본이 자국 군대를 유럽에 파병시켜 전투를 치르게 할지 모른다는 희망이 언제나 존재했다. 비록 그와 비슷한 일도 일어나지 않았지만 말이다. 대신에 일본은 교활하게도 자신이 독일과 단독강화를 맺고 중국으로 진출할지 모른다는 공포를 조성했다. 1915년 초에 일본 정부는 21개조의 요구사항을 담은 목록과 최후통첩을 중국 정부에 제시했다. 사실상 21개조의 요구사항은 중국을 일본의 보호국으로 삼는다고 제안하는 것과 마찬가지였다.

영국과 미국은 21개조 요구의 조항을 줄이고자 외교적으로 할 수 있는 모든 일을 했지만 결국에 일본은 자신들이 요구한 조건 대부분을 얻어냈을 뿐만 아니라 더 나아가서 만주에서의 특수권익과 조차권을 확보했다. 중국의 애국자들은 격분했지만 국내 정치가 혼란에 빠진 순간에 그들이 할 수 있는 일은 없었다. 당시 국내 상황이 매우 혼란스러웠기 때문에, 쑨원마저도 일본으로부터 지원을 얻으려고 했다. 그 다음 내정간섭은 1916년에 발생했다. 이해에 위안스카이는 자신이 황위에 올라서 내부의 안정을 회복하려고 시도했지만, 일본은 영국이 이에 반대하도록 압박을 가했다. 이듬해에 중국은 일본과 또다른 조약을 맺었고, 이번에 일본이 인정받은 특수권익은 내몽골까지 확장되었다.

1917년 8월에 중국 정부는 강화회담에서 자국의 독립적인 발언권을 보장해줄지 모르는 강대국의 호의와 지지를 얻으려는 희망을 품고서 독일에 선전포고를 했다. 그러나 몇 달이 지나지 않아서 미국은 '문호개방' 원칙에 대한 일본의 지지의 대가로, 중국을 통일된 상태이자 독립국으로 내버려둔다는 약속만을 받아낸 채 일본이 중국에서 가지는 특수권익을 공식적으로 인정했다. 중국이 연합국으로부터 받은 것은 독일과 오스트리아의 중국 내 치외법권의 종료와 의화단 사건으로 연합국에 지불해야 하는 배상금 기한을 연장해준다는 양보가 전부였다. 더욱이 일본은 1917년과 1918년의 비밀협정을 통해서 중국으로부터 더 많은 양보를 얻어냈다.

그러나 강화회담이 시작되자, 중국과 일본 모두 크게 실망했다. 일본은 이제 반박의 여지가 없는 세계 강대국이었다. 1918년에 일본은 세계에서 세 번째로 큰 해군을 보유하고 있었다. 일본이 강화회담에서 실속을 챙겼다는 것도 마찬가지로 사실이었다. 1917년에 영국과 프랑스가 약속한 대로 일본은 예전에 독일이 산둥 반도에서 가졌던 권리를 얻었다. 또한 일본은 예전에 독일이 보유하고 있던 태평양의 수많은 섬들에 관한 위임통치권과 국제연맹 이사회의 영구 의석을 확보했다. 아시아인들이 보기에 '겉으로' 드러난 이러한 이익은 일본이 세계에서 인정받는다는 것을 의미하기도 했지만, 이는 인종차별 철폐 선언이 국제연맹의 정관에 명시되지 않으면서 상쇄되었다. 유일하게 일본과 중국이 협력해서 주장했던 이 사안에 관해서 우드로 윌슨은 만장일치에 따른 승인 여부를 결정해야 한다면서 다수결 원칙을 거부했다. 영국과 오스트레일리아와 뉴질랜드가 반대표를 던지면서 인종차별 철폐 선언은 무산되었다. 중국도 강화회담에 엄청난 불만을 품었다. 왜냐하면 여러 국가들이 일본의 21개조 요구가 부당하다고 생각하고 중국에 연민을 느꼈음에도(특히 미국이 그러했다), 산둥 반도에 관해서 내려진 결정을 뒤집을 수 없었기 때문이다. 미국의 외교적 지원에 대한 실망에 더해서, 베이징의 정부대표와 광저우의 국민당 정부대표 사이에서 분열이 일어나면서 중국 정부 자체가 제대로 기능하지 못하게 되자, 중국은 파리 조약에 서명하기를 거부했다.

이러한 사태에 관한 즉각적인 반응으로 중국에서 격변이 발생했다. 몇몇 논평가들은 이 격변이 거의 신해혁명만큼이나 중요한 의미가 있다고 생각했다. 그것은 바로 1919년에 일어난 '5.4운동'이었다. 5.4운동은 파리 강화회담에 반대해서 베이징에서 벌어진 학생시위에서 시작되었다. 학생시위는 중국이 21개조 요구를 받아들였던 때로부터 4주년이 되는 5월 7일로 예정되었으나 정부당국의 조치를 예상하고 조금 일찍 앞당겨 일어났다. 비록 시위가 소규모 폭동으로까지 확대되었으나, 이에 책임을 지고 베이징 대학교 총장이 사임하는 것으로 상황이 마무리되는 듯했다. 그러나 결국 시위는 점점 더 확대되어 전국적인 학생운동으로 발전했다. 이는 1911년 이후 중국에 광범위하게 확산된 신설 단과대학과 종합대학에서 보인 최초의 정치적 움직임이었다. 이 운동은 점차 학생이 아닌 사람들도 아우르며 퍼져나갔고, 파업과 일본 제품 구매거부 운동의 형태로 확산되었다. 지식인들과 그들의 학생들이 시작한 운동은 다른 도시 거주자들, 특히 산업노동자들과 제1차 세계대전을 통해서 이익을 얻은 중국의 신흥자본가들도 규합하면서 확산되었다. 5.4운동은 앞으로 아시아가 유럽을 점점 더 거부할 것이라는 사실을 보여주는 가장 중요한 증거였다.

처음으로, 산업화된 중국이 등장했다. 일본처럼 중국도 전쟁 동안 경제호황을 누렸다. 비록 중국에 들어오는 유럽 수입품이 줄어서 생긴 손해는 일본 제품과 미국 제품에 대한 판매 증가로 일부분 상쇄되었음에도 해안지역에서 활동하던 중국인 사업가들은 국내 시장을 위한 생산에 투자해도 수익성이 있을 것 같다고 생각했다. 중국 최초의 주요 산업지구가 만주 외곽에 모습을 드러내기 시작했다. 중국의 진보적인 자본가들이 그 산업지구를 소유했다. 이들은 전쟁이 끝나고 찾아온 평화로 인해서 서구와의 경쟁이 재개되고 중국이 여전히 외국의 보호에서 벗어나지 못하고 있던 바로 그때 혁명사상에 동감했다. 노동자들도 분노를 느꼈다. 그들의 일자리가 위협받았기 때문이다. 노동자 대다수는 농촌을 떠나서 일자리를 얻을 가능성이 높은 신흥 산업지구로 유입된 도시 거주민 1세대였다. 토지에 들러붙어 떨어지지 않는 농민전통에서 농민을 뿌리 뽑는 것은 유럽의 구체제(앙시엥 레짐)에서보다 중국에서 훨씬 더 중요했다. 가족과 향촌 간의 유대는 중국에서 훨씬 더 강했다. 사람들은 도시로 이주하면서 가부장적 권위와 독립생산 단위로서 가정이 향촌에 상호의무를 이행하던 관습에서 벗어났다. 혁명을 겪으면서도 살아남았으며 여전히 중국을 과거와 묶어주던 아주 오래된 구조가 계속해서 약화되고 있었다. 이제 새로운 사상이 전개될 수 있는 새로운 물적 토대가 마련되었다.

최초로 광범한 지지층을 가진 중국 혁명연합을 만들면서, 5.4운동은 무엇이 그러한 새로운 힘들을 만들 수 있는지를 처음으로 보여주었다. 유럽의 진보적 자유주의는 중국을 위한 사상으로 충분하지 않았다. 5.4운동의 성공 속에는 기존에 문화적인 측면을 강조했던 개혁가들에 대한 실망이 내포되어 있었다. 일본에 대응해서 어떤 효과적인 조치도 하지 못했던 중국 정부의 무력함을 통해서 자본주의 체제인 유럽의 민주주의가 가진 한계가 드러났다. 이제 중국 정부는 자국의 백성들로부터 또다른 굴욕을 당했다. 사람들은 불매운동과 시위를 통해서 정부에 체포된 학생을 석방하고 친일파 장관들을 해임하라고 요구했다. 그러나 5.4운동의 결과들 가운데 이러한 움직임이 유일하게 중요한 것은 아니었다. 자신들의 정치적 영향력이 가진 한계 때문에 한번도 사회적으로 반향을 불러일으킨 활동을 하지 못했던 개혁가들은 학생들 덕분에 처음으로 그 한계를 극복했다. 5.4운동은 엄청난 낙관주의를 불러일으켰으며 유래가 없을 정도로 수많은 대중을 정치적으로 각성시켰다. 사람들이 중국 현대사의 정확한 시작점이 신해혁명이 발생했던 1911년이 아니라 1919년이라고 이야기하는 것도 바로 이 점 때문이다.

그러나 궁극적으로 아시아 내부의 세력인 일본의 야망 때문에 사회적 격변이 일어났다. 중국 문제에 관해서 이전부터 계속 영향력을 행사하고 있던 일본은 1919년경 문화적 전통이 빠르게 해체되고 있던 중국에 새로운 영향을 끼치기 시작했다. 과거제도의 폐지, 유럽화된 망명인사들의 귀환, 그리고 전쟁 기간에 벌어진 많은 문학 및 문화 논쟁들로 인해서 이제 중국은 이전의 안정된 국가로 돌아갈 수 없었다. 군벌들은 자신들의 정통성을 인정하고 지탱해줄 어떠한 새로운 권위도 가지지 못했다. 더욱이 과거에 유교의 최대 경쟁자였던 유럽식 자유주의조차 중국을 착취하는 외국인들과 관련되어 있다는 이유로 이제 공격받고 있었다. 서구식 자유주의는 이제까지 단 한번도 대중의 관심을 끌었던 적이 없었던, 오직 지식인들만의 이념이었다. 이제 지식인들이 느끼던 서구 자유주의에 대한 매력마저 서구에서 건너온 또다른 경쟁적인 이념에 의해서 위협받게 되었다. 볼셰비키 혁명이 일어나면서 마르크스주의의 모국이 생겨났다. 소련이라는 모국 덕분에 해외의 마르크스주의자들은 영감과 안내와 지도와 때때로 물적 지원까지 구할 수 있게 되었다. 요컨대 이제 새롭고 거대한 마르크스주의라는 요소가 이미 해체되고 있던 바로 그 시대에 등장하여 그 시대의 종언을 촉진시켰다.

잡지 『신청년』의 기고자 중 한 사람이자 1918년부터 베이징 대학교에서 사서로 일하고 있던 리다자오(1889-1927)는 1917년의 2월 혁명과 볼셰비키의 승리(10월 혁명)를 열렬하게 환영했다. 머지않아서 리다자오는 마르크스주의 속에서 세계혁명의 원동력과 중국 농민에게 활력을 불어넣을 수단을 발견했다. 서구에 품은 환상이 깨진 바로 그 순간에 소련은 중국 학생들 사이에서 큰 인기를 끌었다. 소비에트 정부가 맨 처음에 취한 조치 중의 하나는 전제국가가 누리던 모든 치외법권과 지배권을 공식적으로 포기한 것이었다. 이러한 조치 때문에 차르의 후계자들이 오랜 제국주의의 시조를 몰아냈다. 따라서 중국의 민족주의자들이 보기에 소련은 제국주의적 과거와 완벽하게 결별한 듯이 보였다.

게다가 러시아 혁명은 농민이 대다수인 사회에서 일어났기에 때문에 그 혁명의 교리를 중국에도 적용할 수 있다고 생각되었다. 이는 제1차 세계대전으로 인해서 일어난 산업화라는 과정 속에서 특히 그럴싸해 보였다. 1918년에 마르크스주의 연구회가 베이징 대학교에서 조직되기 시작했고, 연구회 회원 중 몇몇은 5.4운동에서 두각을 드러냈다. 그중 한 사람은 베이징 대학교도서관의 보조사서로 근무하던 마오쩌둥(1893-1976)이었다. 후난 성 출신으로 큰 키에 원기가 왕성한 마오쩌둥은 새로운 사상들에 마음을 사로잡혔다. 1920년 즈음에 마르크스주의에 따라서 쓰인 글들이 학생잡지에 모습을 드러내기 시작했고, 같은 해에 『공산당 선언(*The Communist Manifest*)』의 중국어 완역본이 처음 출간되었다. 또한 5.4운동을 지지하는 파업을 조직함으로써 마르크스주의와 레닌주의의 원칙을 사용하려는 최초의 시도도 나타났다.

그러나 마르크스주의로 인해서 개혁가들은 분열되었다. 천두슈는 마르크스주의와 레닌주의를 1920년에 중국이 겪는 여러 문제들의 해결책으로 보고 여기에 의지했다. 천두슈는 새로 생겨난 중국의 좌파를 마르크스주의의 깃발 아래로 조직하는 데에 전력을 쏟았다. 자유주의자들은 서서히 뒤처지기 시작했다. 코민테른은 혁명을 일으킬 기회를 보았고 그래서 천두슈와 리다자오에게 도움을 주고자 코민테른 위원을 1919년에 처음으로 중국에 파견했다. 코민테른 위원의 파견이 반드시 좋은 일만은 아니었다. 불화가 일어났기 때문이다. 그럼에도 여전히 모호한 상황 속에서—오늘날에도 참석한 정확한 인물들과 날짜를 모른다—중국의 다른 여러 지역들에서 온 대표들이 1921년 상하이에서 중국 공산당을 창당했다. 마오쩌둥은 그 대표들 중의 한 명이었다.

그렇게 중국 혁명의 새로운 단계가 시작되었고, 이것은 유럽과 아시아 간에 맺은 많은 기이하고 변증법적인 관계들 중의 하나가 되었다. 마르크스주의는 유대-기독교 문화에 그 기원이 있다고 추정할 만한 배경을 가지고 있었으며, 동양의 전통사회와 완전히 다른 사회에서 태어나고 형성되었다. 다시 한번 아시아인들은 이 생경한 유럽 사상을 입수했고 이를 이용했다. 근대화와 효율성과 산업화라는 특정한 소련식 목표를 달성한다는 미명 아래 마르크스주의는 중국에서 전통주의자들과 다른 혁명가들에게 대항하는 무기로 사용될 터였다. 마르크스주의의 힘은 소련이 실제로 보여주었던 의미 있는 사실 하나에서 비롯되었다. 즉, 그것은 주류에서 밀려났던 한 사회가 기술적으로 근대화된 동시에 사회적으로 공정한 사회로 다시 태어날 수 있다는 사실이었다.

중국에서는 자본주의가 일관되게 외국의 착취와 침략과 관련된 것처럼 보였기 때문에, 공산주의는 이로부터 엄청난 이득을 보았다. 비록 아시아에 이

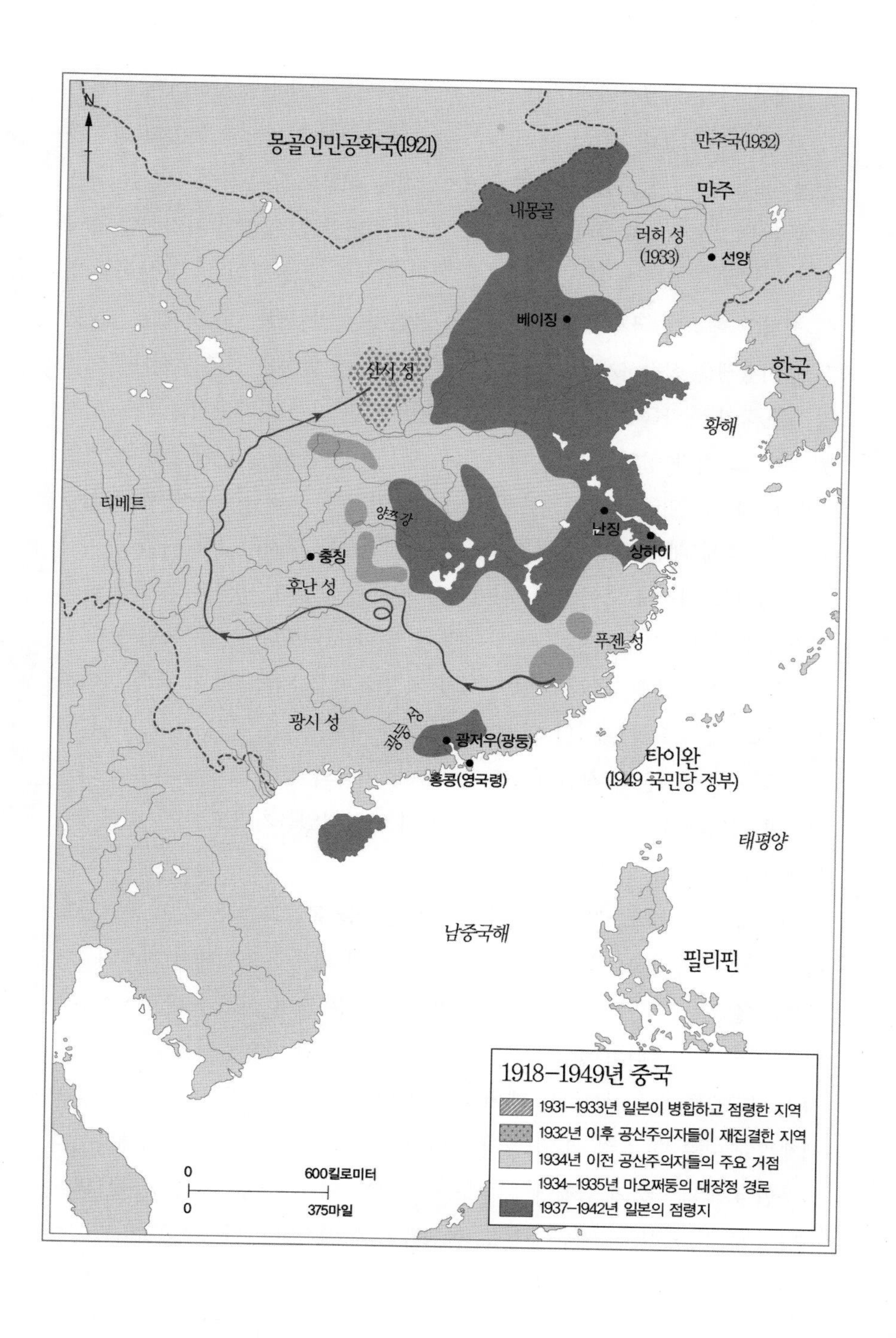

N
몽골인민공화국(1921)
만주국(1932)
만주
내몽골
러허 성
(1933)
선양
베이징
한국
산시 성
황해
티베트
양쯔 강
난징
상하이
충칭
후난 성
푸젠 성
광시 성
광둥 성
광저우(광둥)
홍콩(영국령)
타이완
(1949 국민당 정부)
태평양
남중국해
필리핀
1918-1949년 중국
1931-1933년 일본이 병합하고 점령한 지역
1932년 이후 공산주의자들이 재집결한 지역
1934년 이전 공산주의자들의 주요 거점
1934-1935년 마오쩌둥의 대장정 경로
1937-1942년 일본의 점령지
0
600킬로미터
0
375마일

해관계를 가지고 있던 9개 강대국이 중국의 국토 보전을 보장한다는 위임권을 가졌으며, 일본이 제1차 세계대전 동안 중국에서 차지했던 독일의 영토를 돌려준다는 데에 동의했을지라도, 1920년대에 이루어진 중국의 분할은 국제관계에서 그다지 중요하지 않은 사건으로 간주되었다. 일본이 차지했던 중국 영토의 반환은 워싱턴에서 이루어진 일련의 복잡한 협정의 한 부분이었다. 이 협정의 핵심은 국제적으로 해군력을 제한하는 것이었는데, 당시 주요국들은 군비경쟁을 심각하게 우려하고 있었다. 결국 이 협정은 일본을 상대적으로 강력한 국가로 만들었다. 4개 주요 강대국은 또한 각자의 해군력을 서로 인정했으며, 그 결과 영일 동맹이 폐기될 수 있는 괜찮은 구실을 제공했다. 영일 동맹의 폐기는 미국이 오랫동안 원했던 사안이었다. 그러나 누구나 알고 있었듯이, 중국에 대한 보증은 단지 미국이 이 보증을 지지하고자 싸울 준비가 되어 있다는 의지를 보여주는 것 이상의 가치는 없었다. 영국은 홍콩에 해군 기지를 건설하지 않겠다는 조약에 어쩔 수 없이 조인했다. 한편 '독립 상태'인 중국의 베이징 정부가 의존하던 관세와 세입 체계를 외국인들이 계속 관리하고 있었으며, 필요할 때마다 외국인 중개상과 사업가들은 공식 권력의 바깥에서 난립하던 군벌들과 직접적으로 교류했다. 미국의 정책 때문에 유럽이 다른 아시아 지역에서 차지하는 위상이 훨씬 더 약화되었을지라도 이는 중국에서 분명하지 않았다.

외국에서 온 악마들이 계속해서 중국의 명줄을 붙들고 있는 것이 분명했고, 바로 이것이 마르크스주의가 중국공산당의 공식 체계를 초월해서 지식인들에게 다가갈 수 있었던 이유 중의 하나였다. 쑨원은 자기 신조가 마르크스주의와 일치하지 않는다고 강조했지만, 국민당이 기존의 자유주의로부터 벗어나서 마르크스주의로 전환하는 데에 기여한 몇몇 관점들을 받아들였다. 쑨원의 세계관에 따르면, 소련, 독일 그리고 아시아는 피착취국가들로서 압제자이자 적들인 4개 제국주의 열강에 대항하여 공통된 이해관계를 가졌다(1921년에 독일이 중국을 대등한 지위에 놓고 관계를 맺기 시작한 후에 독일도 고스란히 착취당하는 국가로 간주되었다). 쑨원은 속국으로 공식적인 종속관계에 있지 않지만 착취당하는 중국과 같은 상태의 국가를 일컫기 위해서 '화차식민지(和

次殖民地, Hypo-colony)'라는 새로운 용어를 고안했다. 쑨원의 결론은 집산주의였다. "결코 우리는 각 개인에게 더 많은 자유를 주어서는 안 됩니다. 대신 민족 전체를 위해서 자유를 확보합시다!"라고 그는 썼다. 중국의 고전적 세계관과 전통 속에서 존재하지 않았던 개인의 자유라는 요소는 쑨원의 글에서도 찾아볼 수 없다. 가족과 민족과 국가와 관련된 주장이 언제나 가장 중요한 것이었고, 쑨원은 일당통치 시기 또한 당연시했다. 일당통치를 통해서 유럽의 사상들 때문에 타락할 위험에 빠진 대중들을 교화시키고 교정시킬 수 있을 것이라고 쑨원은 생각했다.

당시 국공합작을 방해하는 심각한 장애물은 없었다. 외국 강대국과 군벌이라는 그들의 공동의 적이 있었고, 소련 정부는 공산당과 국민당이 연합하도록 도움을 주었다. 소련이라는 반제국주의 세력과 접한 국경지대를 가장 길게 가지고 있던 중국에서, 소련의 지원과 협력은 현명하면서 동시에 잠재적으로 많은 이득이 있을 듯 보였다. 이 부분에 관해서 코민테른이 내놓은 정책은 공산당이 국민당과 합작하는 것을 유리하게 만들었다. 소련은 몽골에서 얻는 이익을 보호하고 일본을 물리치기 위한 조치의 일환으로 국공합작을 지지했다. 소련은 아시아에서 그 어떤 나라보다 가장 큰 영토적 이해관계를 가지고 있었음에도 워싱턴 회의에서 배제되었다. 국공합작이 마르크스주의 교리에 부합하지 않았음에도 소련이 볼 때 국공합작에 대한 협조와 지지는 당연한 수순이었다. 중국의 공산주의자들 중에 의혹을 제기하는 사람들이 있었지만, 중국공산당은 소련의 후원을 받으며 1924년부터 쭉 국민당과 협력했다. 공산당 자체가 국민당에 속한 것은 아니었을지라도 공산주의자들은 개인적으로 국민당에 가입할 수 있었다. 쑨원의 유능하고 젊은 동료인 장제스(1887-1975)는 모스크바로 연수를 떠났다. 그후에 군사교육뿐 아니라 이념교육을 위해서 중국에 군사학교가 설립되었다.

1925년에 쑨원은 사망했다. 그는 국공합작의 성립을 보다 쉽게 만들어놓았기 때문에 국민당과 공산당의 통일전선은 계속 유지되었다. 중국의 어린 학생들도 암기하고 있는 그의 유언장에서 쑨원은, 혁명이 아직 완수되지 못했기 때문에 공산주의자들이 여러 특정 지역에서 농민의 혁명 지지를 얻는 데에 중요한 진전을 이루는 동안 이상주의적인 젊은 장교들에게 지도를 받는 새로운 혁명군대는 군벌에 맞서 나아가야 한다고 말했다. 1927년경 국민당의 지도 아래 중국 내에서 통합의 징후가 보이기 시작했다. 반제국주의 정서는 영국 상품 불매운동을 성공시키는 데에 한몫했고, 중국에서 점점 커져가는 소련의 영향력을 드러내는 증거에 불안감을 느꼈던 영국 정부는 우한과 주장에 있던 영국 조차지를 포기했다. 영국은 이미 웨이하이를 중국에 반환하기로 1922년에 약속했고, 미국은 의화단 사건에 따른 배상금의 자국 부분을 포기한다고 선언했다. 중국 민족주의의 등장과 발전은 이러한 성과 속에서 점차 그 모습을 드러냈다.

이 혁명에서 중요한 측면 하나가 오랫동안 주목받지 않았다. 이론상 마르크스주의는 산업 프롤레타리아가 혁명에서 필수적인 역할을 맡는다고 강조했다. 중국공산당은 새로 생겨난 도시 노동자를 정치화하는 과업에서 진전을 이루었다는 사실을 자랑스러워했지만, 여전히 중국인 대다수는 농민들이었다. 여전히 맬서스가 주장한 인구증가와 토지 부족이라는 덫에 걸려 있었던 중국 농민들은 군벌이 난립하고 중앙권력이 붕괴하면서 더 큰 고통을 겪고 있었다. 몇몇 마르크스주의자는 아시아의 농민이 착취를 경험했기 때문에 자체적으로 혁명을 일으킬 잠재력이 있다고 생각하기 시작했다. 이 생각은 마르크스주의 정설(과 코민테른 내 대다수 의견)에 쉽게 부합되지는 않았을지라도, 중국의 현실을 담아냈다. 마오쩌둥과 그에게 찬동하는 사람들은 농민들이 도시 프롤레타리아와 함께 혁명을 지지할 것이라고 생각했다. 이들은 중국 중남부에 위치한 마오쩌둥의 고향에서 농민을 선동하고 조직하는 실험에 착수했다.

실험은 대성공이었다. 마오쩌둥은 전형적인 과장법을 이용해서 이렇게 썼다. “수개월 만에 농민들은 쑨원 박사가 염원했지만 그 자신이 민족혁명을 달성하고자 바쳤던 40년 동안 성취하지 못했던 바를 성취했다.” 농민조직은 농민을 괴롭히던 수많은 병폐를 없앴다. 지주는 재산을 몰수당하지 않았지만, 지대는 대개 인하되었다. 고리대(高利貸)는 합리적인 수준으로 낮아졌다. 예전에 중국에서 일어났던 모든 진보운동들은 지방 차원의 혁명에 주목하지 않았고, 마오쩌둥은 바로 이 점을 1911년 혁명의 가장 큰 약점이라고 주장했다. 공산주의자들이 성공하기 위해서는, 농민이 자체적으로 가지고 있는 혁명적 잠재력을 활용하면 혁명이 발생할 수 있다는 점을 인식하는 것이 중요하다고 마오쩌둥은 생각했다. 이것은 다가올 날에 엄청난 의미를 던져주었는데, 왜냐하면 아시아 전역에서 역사 발전의 새로운 가능성을 암시했기 때문이었다. 마오쩌둥은 이 기회를 움켜잡았다. "만약 우리가 민주혁명에 10점을 매긴다면 도시 거주민과 군대를 끌어들이는 것은 오직 3점짜리라고 평가할 수 있다. 남은 7점은 지방혁명을 이루어내는 농민들에게 가야 한다"고 그는 말했다. 후난 성의 농민운동을 다룬 보고서에서 한 번 더 등장했던 은유 속에서, 마오쩌둥은 농민을 거대한 자연에 비유했다. "농민의 공격은 정말 폭풍이나 태풍에 가깝다. 여기에 몸을 맡긴 이는 살아남고 저항하는 이는 죽을 것이다." 이 은유는 의미심장했다. 중국 역사에 그리고 지주 및 도적에 맞선 오랜 투쟁에 깊게 뿌리박고 있었던 무엇인가가 이 은유에 담겨 있었다. 공산주의자들이 중국인들의 오랜 삶의 방식을 뿌리 뽑고 가족의 권위를 깨부수는 식으로 전통을 떼어내려고 열심히 시도했으나 동시에 그들 또한 전통에 의존했다.

비록 마오쩌둥이 주장했던 수치보다 훨씬 더 적은 숫자였을지라도 중국 농촌에 공산주의가 출현했다는 바로 그 사실이 쑨원 사망 이후 공산당과 국민당의 관계에 불어닥친 위기에서 공산당이 살아남을 수 있었던 비결이었다. 쑨원이 죽으면서 국민당 내 '좌파'와 '우파' 사이에 골이 깊어졌다. 일본과 소련 두 나라의 효율성과 질서에 영감을 얻은 젊은 장제스는 국민 통합과 근대국가 건설을 강조했다. 특히 장제스는 군벌과 북부에 있는 베이징 정부에 대항하여 군사적 승리를 거둘 필요가 있다고 역설했던 국민당 '우파'의 군사대표로 모습을 드러냈다. 장제스는 국민당이 '북벌(北伐)'이라고 부른 군사작전을 이끌었다. 국민혁명군 병사들은 1926년부터 북부 도시를 향해서 진군했고 대승을 거두었다. 중국공산당은 북벌을 지지했고 국민혁명군이 모습을 드러내기 전에 공장 노동자들이 미리 봉기하도록 조직하는 데에 힘을 쏟았다. 그러나 중국공산당과 국민당 우파 사이의 불신은 이러한 전략이 목표로 하고 있던 것보다 더 큰 성과로 이어졌다.

국민당 내부에서 군사전략을 두고 의견 차이가 있었으나, 이러한 차이는 군대를 확실하게 통제하고 있던 장제스가 북부 도시에서 자신의 군대로 하여금 좌파와 공산당 조직을 파괴시키면서 일소되었다. 자국의 조차지를 보호하기 위해서 중국으로 파견된 유럽과 미국의 군사대표단이 주의 깊게 지켜보는 가운데, 1927년에 상하이와 난징에서 발생한 수많은 유혈사태를 통해서 좌파에 대한 탄압이 완수되었다. 중국공산당은 금지당했다. 그러나 이것이 국공합작의 끝은 아니었다. 공산당과 국민당의 제휴는 이후 몇 개월 동안 몇몇 지역에서는 계속되었다. 이는 대체로 소련이 장제스와 절연하기를 꺼렸기 때문이었다. 이러한 상황은 도시의 공산주의자들이 더 쉽게 파괴당하도록 만들었다. 코민테른은 그밖의 다른 지역에서와 마찬가지로 중국에서도 소련에 이익이 된다고 생각되는 바를 근시안적으로 뒤쫓고 있었다. 이러한 이익은 독단적인 마르크스주의라는 거울을 통과하여 굴절된 인식에 기반하고 있었다. 스탈린에게 그러한 이익들은 무엇보다도 국내적 이익이었다. 대외 문제에 관해서 스탈린은 중국에서 가장 큰 제국주의 강대국인 영국에 맞설 수 있는 누군가를 원했다. 이를 위해서 국민당이 최선의 방책으로 보였다. 이론 또한 이러한 선택에 안성맞춤이었다. 마르크스주의 교리에 따르면 부르주아 혁명이 프롤레타리아 혁명에 우선해야 했다. 국민당의 승리가 확실해진 다음에야 소련은 중국공산당에 파견했던 고문들을 불러들였다. 중국공산당은 공개적인 정치를 포기하고 장제스의 학살에서 살아남은 얼마 되지 않는 지방의 당 세포들에 기반을 둔 채, 체제 전복을 노리는 지하조직이 되었다.

사실상 소련의 도움에서 이득을 얻은 세력은 중국의 공산주의자들이 아니라 중국의 민족주의자들이었다. 그럴지라도 국민당에는 몇몇 중대한 문제가 남아 있었다. 국민당이 살아남으려면 혁명은 대중의 요구를 충족시켜야 했고 바로 그 시점에서 내전이 일어날 가능성이 높았다. 국민당 우파조차 여러 갈래로 나뉘었다. 비록 장제스가 유럽식 독재자처럼 행동하려고 노력했음에도 그 혼자 당을 책임지지는 않았다. 우파의 분열 때문에 장제스가 군벌 문제를 처리하기는 더욱 힘들어졌다. 더 심각한 문제는 분열로 반외세 전선이 약화되었다는 점이었다. 일본은 칭다오를 반환하고 긴장 상태에서 짧은 휴식을 취한 뒤, 1920년대 내내 계속해서 중국을 압박했다.

일본의 국내 사정이 중요하게 변하고 있었다. 1920년에 전쟁으로 인한 경제호황이 마침내 끝나면서 세계 경제공황이 시작되기도 전에 일본에서는 불경기가 시작되었고 사회적 긴장이 커졌다. 1931년경 일본 공장의 절반이 가동을 멈추었다. 유럽의 식민지 시장은 붕괴했고 그나마 남아 있던 시장에는 새로운 관세장벽으로 인해서 일본 제조품 수출의 3분의 2가 감소하는 충격적인 상황이 발생했다. 이제 아시아 본토에 대한 일본의 상품 수출이 결정적으로 중요해졌다. 일본 농민의 지위도 악화되었다. 농민 수백만 명이 영락해지거나 파산했고 살아남기 위해서 자기 딸을 매춘부로 팔기도 했다. 계급갈등보다는 민족주의적 극단론이 격렬하게 등장하면서 심대한 정치적 결과가 뒤따랐다. 민족주의적 극단론에 참여할 정치세력들은 오랫동안 '불평등 조약'에 반대하는 투쟁에 골몰했다. 기존의 경로에서 벗어나서 새로운 출구가 필요했던 사람들과 더불어 불황기에 냉혹하게 작동하던 산업 자본주의는 일본에서 반유럽 정서가 양산되도록 부채질했다.

상황은 일본이 아시아에서 보다 더 공격적으로 움직이기 좋게 흘러갔다. 유럽 식민지 세력은 아시아에서 완전히 철수하지는 않았지만 분명히 수세적이었다. 네덜란드는 1920년대에 자바와 수마트라에서 여러 반란들에 직면했고, 프랑스는 1930년에 베트남에서 발생한 봉기를 경험했다. 인도네시아와 베트남에서는 공산주의자들의 도움이라는 불길하면서 새로운 힘이 그 지역의 민족주의자들을 지원했다. 영국은 인도에서 아직 그 정도까지 어려움을 겪고 있지는 않았다. 그러나 몇몇 영국인들이 아직도 인도가 자치권을 지향한다는 생각을 받아들이지 않았을지라도, 이미 인도에 대한 자치권 부여는 영국의 정책 목표로 선언되었다. 이미 1920년대에 영국은 중국의 민족주의 운동과 어느 정도 타협하려는 의향이 있었다. 영국이 보기에 이 운동의 정도는 가늠하기 어려웠지만 영국의 체면 손상을 걱정할 정도로 심각하지는 않았다. 세계 대공황 이후에 영국의 동아시아 정책은 훨씬 더 보잘것없어 보였다. 또한 이 정책 때문에 일본에 반대하려는 미국의 열의가 꺾였다. 마지막으로, 소련이 중국에서 일어난 여러 사건들에 힘을 행사하려고 시도한 이후에 소련의 영향력 역시 쇠퇴하는 듯했다. 이와 대조적으로 중국의 민족주의는 대단한 성공을 거두면서 감소할 기세를 전혀 보이지 않았고, 만주에서 오랫동안 세력을 구축하고 있던 일본을 위협하기 시작했다. 불황이 심화되자 일본의 정치가들은 이러한 모든 요소를 계산에 집어넣었다.

만주는 매우 중요한 지역이었다. 일본은 일찍이 1905년부터 만주에 진출했고, 막대한 투자가 뒤따랐다. 처음에 중국은 일본의 만주 진출을 묵인했다. 그러나 1920년대에 중국은 소련의 지원하에 여기에 문제를 제기하기 시작했다. 소련은 일본이 내몽골 쪽으로 영향력을 넓혀가자 자국이 위험할 수 있다고 예견했기 때문에 중국을 지지했다. 사실 1929년에 중국은 만주 횡단철도의 통제권, 특히 블라디보스토크로 향하는 최직선로를 두고 소련과 갈등을 겪었다. 그러나 이 갈등은 단지 중국에서 새로운 힘이 등장하고 있다는 깊은 인상을 일본에 남겼을 뿐이었다. 민족주의적인 국민당이 제국의 기존 영토에서 다시 영향력을 행사하고 있었다. 1928년에 중국 북부에 있는 군벌들에 맞서 군사작전을 벌이려던 국민당 소속 군인들을 일본이 막으려고 하면서 무력충돌이 발생했다. 일본은 북부 군벌을 보호하는 것이 자국에 유리하다고 생각했다. 더욱이 일본 정부는 그 지역을 통제하는 데에서 결코 모호한 자세를 취하지 않았다. 만주에서 일본 관동군 사령관들이 실질적인 권력을 쥐고 있었다. 그리고 1931년에 이들은 선양 근처에서 사건 하나를 조작하여 이를 만주 지역 전체를 장악하기 위한 구실로 삼았다. 관동군을 견제하고자 했던 도쿄의 정치가들은 이러한 행동을 저지할 수 없었다.

이후 새로운 괴뢰정권인 만주국의 수립, 일본의 침략행위에 대한 국제연맹의 항의, 일본 정부를 더욱 군부의 영향력 아래로 몰아넣었던 도쿄에서의 일련의 암살사건, 그리고 일본과 중국의 반목이 뒤따랐다. 중국이 일본 상품에 대한 불매운동을 벌이자, 일본은 1932년에 상하이에 해군 육전대를 보내는 것으로 대응했다. 이듬해에 일본은 중국에 강화를 강요하고자 만리장성 너머 남쪽으로 진군했다. 이것으로 일본은 중국에 역사적으로 중요한 지역을 지배하게 되었지만, 중국 북부를 분리 독립시키고자 했던 시도는 실패했다. 그러한 상황이 1937년까지 이어졌다.

결국 일제의 제국주의적 침략을 저지하는 데에 무능했다. 그러나 국민당은 중국의 새로운 수도인 난징에서부터 변방지역 몇 곳을 제외한 대부분 지역까지 성공적으로 통제하고 있는 것처럼 보였다. 국민당은 중국에 불리한 조약의 효력을 계속해서 조금씩 줄여갔다. 그리고 외국 열강들이 아시아에서 공산주의가 침투하는 것을 저지할 수단으로 국민당을 생각하게 되자 국민당 스스로도 이러한 열강들에 보다 협조적인 태도를 보였다. 국민당 정부는 또한 몇몇 경제 부문에서 탄탄한 성장을 주도했고 특히 중국의 군사력을 비약적으로 끌어올렸다. 국민당이 달성한 업적이 상당한 정도이기는 했지만, 국내에서의 성공을 보장하기에는 충분하지 않았다. 도리어 국민당의 중대한 취약점이 이러한 업적들에 의해서 가려졌다. 중앙정부의 행정력은 중국의 많은 지역들에서 보잘것없는 효력만을 발휘했다. 이런 지역들에서 중앙정부는 지방의 실권자와 거래할 수밖에 없었다. 부분적으로 이러한 이유 때문에 국민당 정권은 필수적인 조세수입을 늘리는 데에 어려움을 겪곤 했다. 그러나 국민당 정권이 몰락하게 된 가장 큰 이유는 중국 엘리트의 충성을 얻는 데에만 중점적으로 초점을 맞추고, 농촌에서는 거의 개혁을 수행하지 않았다는 사실 때문일 수도 있다. 따라서 장제스가 세운 신중국[新華]은 위태로웠다. 그리고 이때 또다른 경쟁자가 등장했다.

중국공산당 중앙지도부는 한동안 도시에서 봉기가 일어나기를 계속 기대했다. 그렇더라도 지방에서 개별 공산주의 지도자들은 후난 성에 있는 마오쩌둥이 권고하는 방침에 따라서 계속 활동하고 있었다. 그들은 부재지주의 재산을 몰수했고 지역 소비에트를 조직했다. 지역 공산주의 지도자들은 중앙정부를 향한 농민의 전통적인 적개심이 가진 진가를 기민하게 알아챘다. 1930년경 지역 공산주의 지도자들은 중화 소비에트공화국이 5,000만 명을 통치하던 혹은 통치한다고 주장하던 장시 성에서 군대를 조직하면서 활동의 폭을 넓히고 있었다. 1932년에 중국공산당 지도부는 상하이에 있던 변변치 않은 지하생활을 그만두고 피난처를 제공하는 마오쩌둥에게 합류했다. 국민당은 이제 공산당 군대를 쳐부수는 데에 힘을 쏟았으나 성공을 거두지는 못했다. 이러한 형세는 또다른 전선에서 전투가 일어난다는 것을 의미했다. 그리고 바로 그때 일본의 압력이 최고조에 달했다. 국민당이 펼친 마지막 주요 활동은 공산주의자들을 피난처인 후난 성에서 몰아낸 것이었다. 결국 이 때문에 공산주의자들은 중국 북서부에 있는 산시 성을 향해서 '대장정'을 떠날 수밖에 없었다. 1934년에 시작된 대장정은 중국 공산주의의 대서사시이며 그 이후로 줄곧 공산당원들에게 영감을 제공했다. 일단 산시 성에 이르자 생존자 7,000명은 지역 공산주의자들의 지원을 받을 수 있었으나 여전히 안전하다고 할 수는 없었다. 일본에 저항할 필요 때문에 국민당이 더 이상 공산주의자들을 계속 공격할 수 없게 되고 나서야 이들은 안전해졌다.

외부로부터 위험이 닥친다는 것을 인식했기 때문에 1930년대 말에 중국공산당과 국민당은 잠정적으로나마 다시 협력을 시도했다. 제2차 국공합작은 코민테른의 정책에서 일어난 변화 덕분에 가능했다. 이때는 공산주의자들이 그밖의 다른 지역에서 다른 정파들과 동맹을 맺던 '인민전선(人民戰線)'의 시대였다. 국민당 또한 지금까지 펼쳐왔던 반외세 노선을 완화할 수밖에 없었고 그 덕에 영국과 특히 미국으로부터 일정 정도의 지원을 얻기도 했다. 그러나 1937년에 일본이 공격을 개시했을 때 공산주의자와 이룬 합작도, 유럽 자유주의 국가들의 동조도, 국민당 정권이 수세에 몰리는 것을 막을 수 없었다.

일본이 '만주사변(滿洲事變)'이라고 불렀던 사건이 1931년에 발발했다. 만주사변으로 8년에 걸친 전쟁이 일어났고, 이는 중국에 막대한 사회적 그리고 물질적 손상을 가했다. 만주사변은 제2차 세계대전의 서곡이었다. 1937년 말에 중국 정부는 안전을 위해서 훨씬 더 서쪽에 있는 충칭으로 이동했고 그 사이에 일본은 주요 북부지역과 연안지역을 모두 점령했다. 국제연맹은 일본을 비난했고 소련은 항공기를 원조했지만, 모두 일본의 맹공격을 저지할 수는 없었다. 전쟁 초기 암울했던 몇 해 동안 거둔 예기치 못한 성과는 단 하나였다. 바로 중국이 전례 없는 규모로 애국적 통합을 이루었다는 점이었다. 공산주의자와 민족주의자는 모두 민족혁명이 위기에 빠졌다는 사실을 알고 있었다. 일본도 마찬가지로 중국 혁명이 위태롭다고 생각했다. 의미심장하게도, 일본은 점령지에서 유교의 부활을 부추겼다. 그리고 일제의 부역자 노릇을 한 중국의 정부들은 대동아 공영권(大東亞共榮圈)을 적극적으로 지지했다.

대동아 공영권은 일본의 통제를 따라서 아시아의 공동번영을 모색하는 새로운 국제질서를 의미했다.

그동안에 외국 열강들은 중국과 일본에 개입할 수 없었다. 오직 전쟁의 최초 국면에서 국민당에 군수품을 제공했던 소련만이 이 지역에 영향을 줄 수 있는 듯 보였다. 서구 열강들은 중국에서 자국 시민이 위협과 학대를 받자 그들을 대신하여 일본에 항의했다. 일본 점령군은 1939년 즈음에 외국인 정착지를 봉쇄할 준비를 하고 있음을 확실히 하면서 이러한 항의를 무시했다. 만약 서구 열강들이 일본이 아시아에서 새로 수립한 질서를 인정하지 않는다면 일본은 즉각 정착지 봉쇄에 들어갈 터였다. 영국과 프랑스가 나약한 모습을 보인 데에는 분명한 이유가 있었다. 이 두 나라는 이미 다른 곳에서 고전을 면치 못하고 있었다. 미국의 무력함에는 더 뿌리 깊은 원인이 있었다. 그 원인은 이전부터 내려오던 한 가지 사실로 거슬러 올라간다. 미국이 아시아 본토에 관해서 아무리 많은 관심이 있다고 하더라도 어쨌든 미국은 아시아를 위해서 전쟁을 벌이지 않을 것이며 그 편이 더 현명한 결정이라는 점은 분명한 사실이었다. 일본이 난징 근처에서 미국의 포함(砲艦)을 격침했을 때 미국 국무부는 격분했지만 결국에는 일본의 '해명'을 받아들였다. 미국이 비공식적으로 장제스에게 물자를 보냈을지라도, 이 사건은 40년 전에 쿠바의 아바나 항구에서 미국 해군의 메인 호가 폭침되었을 때 벌어졌던 사태의 진행과는 많은 점에서 달랐다.

부활의 조짐이 보이기는 했지만, 1941년 당시 중국은 거의 외부세계로부터 차단되어 있었다. 장제스가 가장 명석했던 순간에 예견했듯이, 중국의 투쟁은 1941년 말에 결국 제2차 세계대전에 포함되었다. 그때까지 국민당이 이끄는 중국은 심각할 정도로 피해를 입었다. 오랫동안 아시아를 두고 잠재적으로 경쟁을 벌인 두 나라 중에 일본이 확실한 승자가 된 것처럼 보였다. 일본은 중일전쟁으로 인한 경제적 비용과 중국에서 점령군이 직면하고 있던 어려움들로부터 압박을 받고 있었다. 반면에 일본의 국제적 지위가 그렇게까지 격상된 적은 없었다. 이는 일본의 몇 가지 행동에서 입증되었다. 일본은 중국에 거주하는 유럽인들에게 굴욕감을 주었고, 1940년에 중국으로 물자가 들어가던 버마 루트*를 폐쇄하라고 영국에 강요했으며, 인도차이나 반도에 일본 점령군을 받아들이라고 프랑스에 강요했다. 여기에 더 큰 모험을 벌이고 싶은 유혹이 존재했다. 그리고 1930년대 중반 이래로 군부의 위신과 그들이 정부에서 휘두르는 권력이 최고조였던 그 당시에 이를 억누르고자 하는 시도도 나타나지 않았다.

그러나 그러한 상황에도 부정적인 측면이 있었다. 동남 아시아의 경제자원을 강탈하기 위해서 일본은 갈수록 더 침략을 감행할 수밖에 없었다. 그러나 일본의 침략은 또한 서서히 미국인들로 하여금 미국의 이익을 무력을 사용해서라도 방어할 심리적 준비를 하도록 만들었다. 1941년 즈음에는 미국이 아시아의 강대국이 될 것인지 여부와 만약 강대국이 된다면 그것이 무엇을 의미하는 것인지를 머지않아서 결정해야 한다는 사실이 분명해졌다. 그럴지라도 이러한 배경에는 훨씬 더 중요한 무엇인가가 있었다. 일본이 중국을 침략했을지라도, 아시아에서 유럽이 무너진 자리로 진격해갈 때 일본은 '아시아인을 위한 아시아'라는 눈속임용 구호를 내세웠다. 일본이 1905년에 러시아를 패배시키면서 유럽과 아시아의 심리적 관계에 신기원을 열었던 것처럼, 1938년에서 1941년 사이에 일본이 보여준 자립과 힘은 또다른 새로운 시대를 열었다. 일견 당연한 듯이 보이지만, 제1차 세계대전 이후 유럽의 여러 제국들이 전복된 뒤에 탈식민지화 시대가 시작된다는 조짐이 보였다. 그리고 바로 그때 '유럽화(Europeanization)'에 성공한 아시아의 강대국인 일본이 결국 시기적절하게 아시아의 새로운 시대를 열었다.

* 버마 산악지대를 통해서 충칭으로 이어지는 전략 도로이다/역주

4

오스만 제국이 남긴 유산과 서구에 있는 이슬람 영토

19세기 동안 오스만 제국은 유럽과 아프리카에서 완전히 사라졌다. 각 대륙에서 오스만 제국이 세력을 잃게 된 기본적인 원인은 똑같았다. 즉, 오스만 제국은 민족주의와 유럽 열강의 탐욕스러운 활동 때문에 결국 와해되었다. 1804년에 세르비아에서 반란이 일어나고 1805년에 무함마드 알리가 이집트 총독 자리를 확고히 다지면서 시간을 끌었을지라도 결국 튀르크 몰락의 시대가 시작되었다. 몰락과 관련하여 또다른 중요한 사건은 그리스 반란이었다. 그리스 반란 이후로, 유럽에서의 오스만 제국의 역사는 새로운 민족들이 만들어지는 과정이라고 할 수 있을 것이다. 그리고 1914년까지 유럽에서 튀르크라고 하면 오직 동(東)트라키아 지역만을 의미했다. 그때 즈음에 이슬람을 믿는 아프리카 지역에서 오스만 제국의 세력은 훨씬 더 심대하고 빠르게 쇠퇴하고 있었다. 이미 19세기 초에 북아프리카 대부분 지역이 사실상 술탄의 통치에서 독립한 상태였다.

그에 따른 결과 중의 하나는 아프리카 민족주의의 성격이었다. 즉, 아프리카 이슬람권에 민족주의가 등장하기 시작하자, 이러한 민족주의는 오스만인보다는 유럽인에 대한 저항이었다. 또한 아프리카의 민족주의는 문화 혁신과 관련되었다. 알바니아 사람이자 1801년에 오스만 제국의 장군으로 이집트에 도착한 무함마드 알리에 관한 이야기로부터 역사가 다시 시작한다. 무함마드 알리는 루멜리아의 카발라(현재 그리스에 속해 있다)에서 출생했다. 서유럽에 가본 적이 없었음에도 유럽 문명을 동경했고 이집트가 유럽 문명에서 배움을 얻을 수 있다고 생각했다. 알리는 기술교관을 국외에서 불러들였고, 보건위생 정책에 조언을 해줄 외국인을 고용했으며, 기술 문제에 관해서 유럽에서 나온 책과 논문의 번역본을 출간했으며, 학생들을 선발하여 프랑스와 영국으로 유학을 보냈다. 그러나 알리는 자기가 하고 있는 일이 성에 차지 않았다. 그는 자신이 어느 때보다도 유럽(특히 프랑스)의 영향을 받도록 이집트를 개방시켰음에도 실질적으로 이룬 바에 만족하지 못했다. 유럽이 이집트에 미친 영향 대부분은 교육기관과 기술기관을 통했고 예전부터 무역과 오스만 제국 문제에 관심을 가지던 프랑스의 이익을 반영하고 있었다. 머지않아서 프랑스어는 이집트 식자층이 사용하는 제2언어가 되었고, 대규모 프랑스인 지역 공동체가 지중해에 있는 거대 국제도시 중 한 곳인 알렉산드리아에서 형성되었다.

비유럽 세계에서 근대화된 정치가는 소수였으며, 주로 이들은 기술지식에만 한정하여 서구의 문물을 받아들였다. 그러나 머지않아서 이집트 청년들은 서구의 정치사상도 받아들이기 시작했다. 그들이 주로 받아들였던 사상 대다수가 프랑스의 정치사상이었다. 결국 유럽과 이집트의 관계를 완전히 바꾸는 데에 도움을 줄 기반이 마련되고 있었다. 이집트인은 인도인과 일본인과 중국인들이 얻은 교훈과 똑같은 교훈을 끌어냈다. 그 교훈은 바로 유럽적 병폐에 맞서는 대안을 마련하기 위해서는 그 병폐가 무엇인지 정확히 알아야 한다는 것이다. 따라서 근대화와 민족주의는 어쩔 수 없이 뒤얽혔다. 여기에서 중동의 민족주의가 가지고 있는 고질적인 약점이 어디에서 기원하는지가 드러난다. 선진적인 엘리트들의 사상은 여전히 유럽 사상이 침식하지 않은 이슬람 문화에 따라서 생활하고 있던 일반 대중들에게는 침투하지 못하고 있었다. 역설적이게도 이집트와 시리아와 레바논 사회의 민족주의자들은 일반적으로 가장 유럽화된 인물들이었고, 이는 20세기에 들어와서도 여전했다. 그러나 이슬람권 민족주의자들의 사상은 더 폭넓은 반향을 불러일으키게 되었다. 기독교도들로 이루어진 시리아에서 이집트 민족주의나 시리아 민족주의 또는 다른 종류의 민족주의와 대조되는 범(汎)아랍주의 또는 아랍 민족주의라는 개념이 최초로 나타난 듯하다. 이 개념은 모든 아랍인들이 그들이 어디 있든지 간에 하나의 민족을 구성한다고 주장했다. 범아랍주의는 이슬람 형제애와 같은 개념들과는 완전히 다른 것이었다. 이슬람 형제애는 수백만 명에 이르는 비아랍인들을 포함하고 있었던 반면, 또 수많은 비무슬림 아랍인들을 배제하고 있었다. 아랍 민족을 구현하려는 모든 실질적 시도에는 복잡한 문제가 잠재되어 있었다. 그러나 실제로 이 문제는 범아랍주의 사상에 내재된 다른 약점들과 마찬가지로 20세기가 되어서야 드러날 터였다.

이전에 오스만 제국의 영토였던 곳에서 일어난 또다른 획기적인 사건은 1869년의 수에즈 운하의 개통이었다. 간접적인 영향이기는 했지만 운하의 개통은 결국 다른 어떠한 요인보다 외국인들이 이집트에 간섭하게 만드는 데에 중요한 역할을 했다. 그러나 수에즈 운하는 19세기에 유럽인들이 이집트 정부에 간섭하게 되는 직접적인 원인은 아니었다. 내정간섭은 이스마일 파샤(1830-1895)의 행동 때문에 일어났다. 이스마일 파샤는 상당한 정도의 정치적 독립성으로 인해서 술탄으로부터 케디브(khedive, 이집트 총독)라는 직함을 얻은 이집트의 첫 통치자였다. 프랑스에서 교육받은 이스마일 파샤는 프랑스인들과 최신식 사상을 좋아했고 유럽 대부분을 여행했다. 이스마일 파샤는 매우 사치스러웠다. 그가 통치자 자리에 올랐던 1863년에 미국 남북전쟁 때문에 이집트 주요 수출품인 면화의 가격이 크게 뛰었다. 그 덕에 이스마일 정권의 재정 상태는 좋아 보였다. 불행히도 이스마일의 재정 운영은 결코 정통적이지 않았다. 그 결과는 이집트의 국가 채무가 증대했다는 사실에서 확인되었다. 이스마일 파샤의 취임 당시 700만 파운드였던 채무가 고작 13년 후에 거의 1억 파운드로 늘어났다. 채무액이 가장 높았을 때에는 1년에 이자로만 500만 파운드가 청구되었다.

1876년에 이집트 정부는 파산했고 채무 이행이 중단되었다. 따라서 외국인 관리자들이 이집트로 파견되었다. 회계감사관은 두 사람이었는데, 한 사람은 영국인이었고 다른 한 사람은 프랑스인이었다. 이들은 이스마일 파샤의 아들이 통치하던 이집트가 세입 유지와 채무 청산을 우선순위에 두고 확실히 처리하게 만들기 위해서 임명되었다. 이내 민족주의자들은 외국인 회계감사관이 채무 청산과 세수 확보를 위해서 이집트 빈민에게 과중한 세금 부담을 안겼으며 정부인사 급여 삭감 등을 통해서 경제에도 부담을 주고 있다고 비난했다.

민족주의자들이 보기에 케디브라는 직함으로 일을 맡은 유럽인 관리는 단순히 외국 제국주의의 앞잡이였다. 이집트에 머무르는 수많은 외국인들이 누리던 특별한 법적 지위와 그들을 다루는 특별한 법원이 따로 있다는 사실에 분노는 더욱 커져갔다.

이러한 불만은 민족주의자들의 음모로 이어졌고 마침내 혁명이 터졌다. 유럽인을 대상으로 한 외국인 혐오가 나타났을 뿐만 아니라 이제 이슬람의 개혁과 무슬림 세계의 통일과 근대식 생활을 받아들인 범이슬람주의 운동을 주장하는 이들도 등장했다. 어떤 이들은 단순히 케디브의 수행원 중에 튀르크 사람들이 다수라는 데에 적의를 드러냈다. 그러나 그러한 분열은 1882년에 영국이 개입하면서 혁명을 진압해버린 후로는 큰 문제가 아니었다. 영국의 개입은 이집트의 재정 문제와 관련이 없었다. 내정간섭은 수에즈 운하와 관련된 영국의 정책 때문에 발생했다. 오스만 제국의 다른 지역에서 민족주의가 흥기하는 것을 지지했던 자유주의적 수상의 지배하에서조차 영국은 카이로에 비우호적인 정부가 들어서서 인도로 가는 수에즈 운하의 안전을 위태롭게 할지 모르는 상황을 용납할 수 없었다. 그런 위험은 당시로서는 생각할 수 없었던 일이다. 영국군은 전략적인 고려에 의해서 이집트에 주둔하다가 1956년에야 마침내 그곳에서 철수했다.

따라서 1882년 이후에 이집트에서 민족주의적 증오는 주로 영국을 겨냥했다. 영국군은 이집트에 신뢰할 만한 정부가 들어서면 곧바로 철수할 것이라고 말했다. 그러나 영국이 받아들일 만한 세력이 없었기 때문에 그들은 철수하지 않았다. 대신에 영국인 관리자들이 이집트 정부의 관직을 점점 더 많이 차지했다. 이것은 완전히 통탄할 만한 일은 아니었다. 영국인 관리들은 부채를 줄였고 관개사업 계획을 늘렸다. 1880년과 1914년 사이에 관개수로는 2배로 늘어나서 거의 1,200만 개에 달했고, 이로써 이집트 정부는 증가하던 인구를 먹여살릴 수 있었다. 그렇지라도 영국인 관리는 경제적 이익을 위해서 이집트인을 계속 공직에서 배제했고 높은 세금을 부과했으며 외국인이라는 이유로 이집트인의 반감을 샀다. 1900년 이후 사회적 불안과 폭력사태가 늘어났다. 영국과 이집트 괴뢰정부는 소요에 강경하게 대처하는 한편, 개혁을 통해서 활로를 모색했다. 이러한 개혁은 처음에는 행정적인 조치에 불과했지만, 결국 1913년에 보다 강력한 의회에 더 많은 대표선거를 보장하는 새로운 헌법으로 나아갔다. 불행히도, 전쟁이 발발하면서 유예 상태가 되기 전 겨우 몇 달 동안만 의회가 개회되었다. 이집트 정부는 어쩔 수 없이 튀르크와 전쟁 상태에 돌입했다. 또한 이집트인 케디브가 영국에 반대하는 음모를 꾸민다는 의심을 사서 다른 이로 교체되었다. 그리고 1914년 말에 영국은 이집트를 보호국으로 삼는다고 선언했다. 이제 케디브는 술탄이라는 직함으로 바뀌었다.

그때 즈음에 또한 오스만 제국은 1911년에 트리폴리타니아 지역을 침략한 이탈리아에 이 지역을 넘겨주었다. 이번에는 오스만 제국 내에서 개혁을 추구하는 민족주의가 등장했다는 사실이 이러한 영토할양의 부분적인 원인이었다. '청년 튀르크당' 운동에 의해서 촉발된 반란이 1907년에 시작되었다. 청년 튀르크당의 역사는 복잡하지만 목표는 단순했다. 한 청년 튀르크당 당원은 다음과 같이 말했다. "비록 우리는 외국의 간섭을 받아들이기를 거부하지만, 우리는 유럽이 갔던 길을 따라갈 것이다." 이 말의 첫 대목이 의미하는 바는 다음과 같았다. 청년 튀르크당은 술탄 압뒬하미트(1842-1918)의 전제적 통치를 끝내고 1876년부터 중단되었던 자유헌법의 부활을 원했다. 그러나 청년 튀르크당은 혁명 그 자체를 위해서라기보다 혁명이 오스만 제국을 되살리고 개혁이 이루어질 것이라고 생각했기 때문에 술탄의 퇴위와 자유헌법을 원했다. 그리고 이를 통해서 근대화를 달성하면서 동시에 나라가 쇠퇴해가는 과정을 끝낼 수 있다고 생각했다. 청년 튀르크당의 계획과 모의 방법은 유럽에서 상당한 영향을 받았다. 예를 들면, 그들은 모두 프리메이슨 회원처럼 위장했고 비밀결사를 조직했다. 이 방식은 신성동맹 시대에 유럽의 자유주의자들 사이에서 횡행하던 방식이었다. 그러나 청년 튀르크당은 유럽인들이 점점 오스만 제국의 내정에 더 많이 간섭한다는 사실에 매우 분개했다. 유럽은 특히 이집트에서 그러했듯이 재무 경영에 간섭했다. 청년 튀르크당 당원들은 유럽이 이집트 국내 개발을 위한 금리를 일정하게 유지시킨 뒤에 이집트의 독립성이 약화되고 있음을 깨닫고 있었다. 또한 그들이 생각하기에, 유럽의 약소국 괴롭히기 때문에 오스만 제국은 도나우 협곡과 발칸 반도에서 오랜 시간에 걸쳐 치욕을 맛보며 철수할 수밖에 없었다.

일련의 항명과 반란이 일어난 다음에야 술탄 압뒬하미트는 1908년에 헌법을 승인했다. 외국의 자유주의자들은 입헌주의가 도입된 오스만 튀르크를 환영했다. 마침내 폭정이 끝난 것처럼 보였다. 그러나 혁명을 뒤엎으려는 시도가 일어나면서 청년 튀르크당은 쿠데타를 일으켰다. 이들은 압뒬하미트를 폐위시키고 사실상 독재체제를 수립했다. 1909년부터 1914년까지 혁명가들이 입헌군주정이라는 허울을 쓴 채 점점 더 독재를 휘두를 수 있는 수단을 이용해서 통치했다. 불길하게도, 청년 튀크르 당원들 중 한 명이 이렇게 선언했다. "불가리아인, 그리스인, 루마니아인, 유대인, 무슬림은 더 이상 존재하지 않는다.……우리가 오스만인이라는 사실은 매우 명예로운 일이다." 이러한 선언은 상당히 새로운 것이었다. 왜냐하면 이는 기존의 다민족 정권이 종식되었다는 공표였기 때문이다.

뒤돌아보면 청년 튀르크당은 그 당시에 자신들이 행했던 것 이상으로 상황을 잘 이해하고 있었던 듯하다. 청년 튀르크당은 비유럽 국가의 수많은 근대화주의자들이 겪은 문제와 비슷한 문제에 직면했다. 그리고 수많은 사람들이 그들이 사용했던 폭력적인 방법을 필요하기 때문에 그리고 필요하다고 생각했기 때문에 모방했다. 청년 튀르크당은 유럽으로부터 수많은 고문들을 초청하기도 하면서 모든 정부부서를 개혁하는 데에 온 힘을 쏟았다. 예를 하나 들면, 여성교육의 개선에 관한 조치는 이슬람 국가인 오스만 튀르크에서 매우 중요한 행보였다. 그러나 청년 튀르크당은 후진성이 노골적으로 드러나던 제국에서 그리고 외교적 굴욕이 잇따라서 계속되던 시기에 권력을 잡았다. 이러한 상황에서 청년 튀르크당의 호소는 많은 사람들에게 먹히지 않았고 그 결과 그들은 폭력에 의존할 수밖에 없었다. 오스트리아가 보스니아를 합병한 이후에 불가리아 통치자는 자국이 독립 상태에 놓였다는 사실을 알게 되었고, 크레타 사람들은 그리스와 통합하겠다고 선언했다. 짧은 공백기에 뒤따라서 이탈리아가 트리폴리를 공격했고 그후에 발칸 전쟁이 발발했다. 그런 와중에 오스만 튀르크는 군사적으로 더 멀리 후퇴했다.

그러한 긴장 속에서 자유주의자들이 학수고대하던 개혁 이후의 민족 간

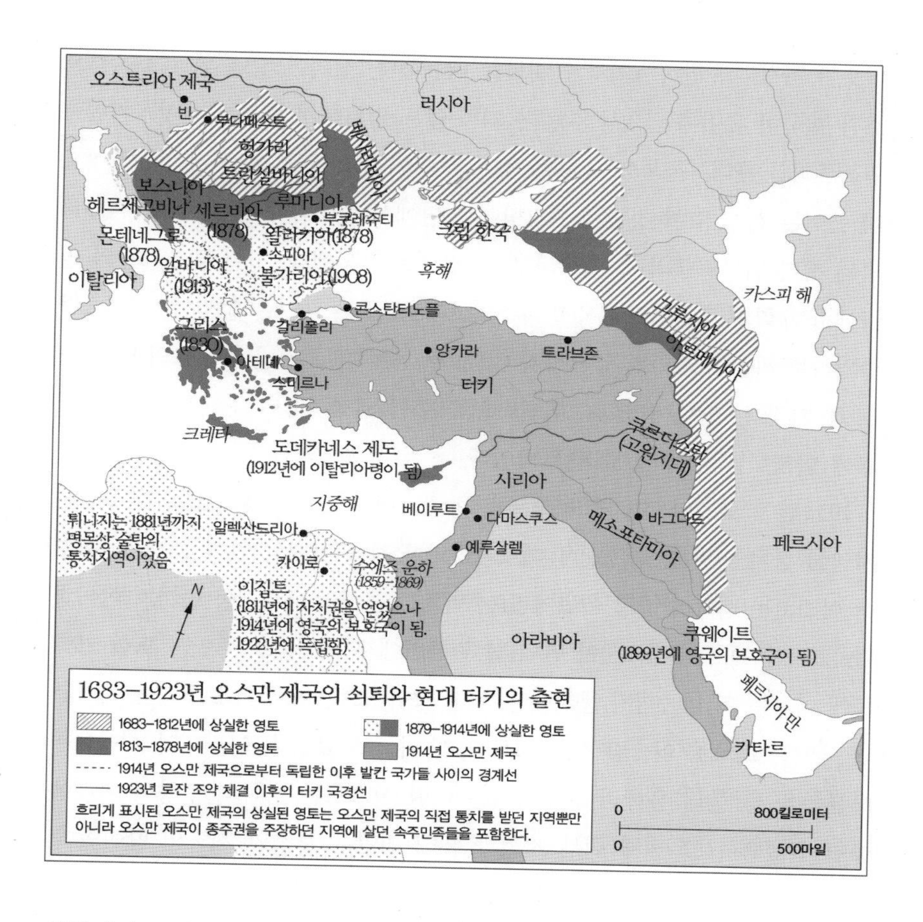

화합이라는 것이 망상에 불과하다는 사실이 이내 분명해졌다. 종교와 언어와 사회관습과 민족 등의 문제들이 오스만 제국의 남아 있는 영토마저도 계속해서 분열시키고 있었다. 청년 튀르크당은 수많은 민족주의 중에 단 하나, 즉 오스만 튀르크인의 민족주의를 주창하는 것으로 역행할 수밖에 없었다. 다른 민족들은 물론 이러한 행보에 분개했다. 그 결과 대량학살과 폭압과 암살이 계속되었고, 콘스탄티노플에서의 유서 깊은 통치방식이 또다시 등장했다. 즉, 1913년부터 제1차 세계대전이 발발하기 전까지 청년 튀르크당은 삼두정치 방식을 이용해서 집단독재를 휘둘렀다.

청년 튀르크당이 자신의 추종자 다수를 실망시켰을지라도 미래는 청년 튀르크당에 유리했다. 청년 튀르크당은 언젠가 오스만 튀르크의 유산으로 다시 떠오를 사상, 즉 민족주의와 근대화를 대표했다. 심지어 청년 튀르크당은 오스만 제국이 유럽에 남겨놓은 얼마 되지 않는 영토마저 대부분 빼앗겨가면서 민족주의와 근대화를 향해서 좋든 싫든 무엇인가를 했다. 유럽 지역에서 영토가 줄어든 사실 또한 청년 튀르크당을 부담에서 벗어나게 했다. 그러나 1914년에 청년 튀르크당의 유산은 너무 큰 짐으로 작용했다. 청년 튀르크당의 입장에서 개혁의 추동력으로서 민족주의보다 더 좋은 대안은 없었다. 범이슬람주의라는 사상이 그다지 중요하지 않았다는 사실은 오스만 튀르크의 남은 영토 중 가장 큰 땅덩어리이자 아시아의 무슬림 지역이었던 곳에서 1914년 이후에 발생할 사건에서 드러날 터였다.

1914년에 오스만 튀르크의 영토는 방대하면서도 전략적으로 매우 중요한 지역에 걸쳐 있었다. 국경선은 페르시아와 국경을 맞대고 있는 캅카스에서부터 아래로는 티그리스 강 어귀에 있는 바스라 근처의 페르시아 만까지 이어졌다. 오스만 제국은 페르시아 만의 남쪽 해안에서 쿠웨이트 주변과 또한 카타르에 이르는 더 남쪽까지 통치했다. 당시 쿠웨이트는 영국의 보호하에 독자적인 셰이크(sheikh, 이슬람 사회 지도자)가 이끌고 있었다. 아라비아 해안에서 오른쪽을 빙 둘러 홍해의 입구까지는 어떤 식으로든 영국의 영향력 아래에 놓여 있었으나 그 전체 내부 지역과 홍해 연안은 오스만 제국의 땅이었다. 몇 년 전에 오스만 튀르크는 영국의 압박을 받고 시나이 사막을 이집트에 넘겨주었지만, 고대부터 내려온 땅인 팔레스타인과 시리아와 메소포타미아는 여전히 모두 오스만 제국에 속했다. 이 지역은 이슬람의 역사적 중심지였고, 술탄은 여전히 정신적 지도자를 뜻하는 칼리프(caliph)를 겸하고 있었다.

오스만 제국의 이러한 유산은 세계대전에 따른 전략과 정치에 이용되면서 허물어졌다. 이슬람의 역사적 중심지 내에서조차 1914년이 되기도 전에 새로운 정치세력들이 작동하고 있다는 징후가 나타났다. 부분적으로 이러한 세력들은 유럽 문화의 오래된 영향에서 기인했으며, 이집트에서 그러했던 것보다 훨씬 더 강력하게 시리아와 레바논에서 힘을 발휘했다. 시리아와 레바논에서 프랑스와 같은 외국의 영향에 미국 선교사의 노력이 더해졌고 서양식 학교와 전문학교가 설립되었다. 아랍 세계 전역에서 무슬림이든 기독교인이든 구별

없이 아랍 소년들이 이러한 학교에 들어왔다. 레반트 지역은 문화적으로 발전했고 문맹도 줄어들었다. 제1차 세계대전 전야에 이집트 바깥에 있는 오스만 제국 영토에서 아랍어로 된 신문이 100개 넘게 발행되었다.

청년 튀르크당의 대성공과 이들이 모든 것을 오스만식으로 바꾸려고 했던 성향에 뒤따라서 중요한 변화가 나타났다. 아랍인 망명자들은 비밀결사와 반체제인사로 이루어진 공개된 집단을 특히 파리와 카이로에서 결성했다. 이러한 조직이 생겨난 배경에는 또다른 불확실한 요인이 존재했다. 즉 아라비아 반도의 통치자들이 술탄에게 바치는 충성이 흔들리고 있었던 것이다. 그러한 통치자들 가운데 가장 중요한 사람이 메카의 샤리프(sharif)인 후세인 빈 알리(1854-1931)였다. 1914년 즈음에 오스만 튀르크 정부는 후세인 빈 알리를 신뢰하지 않았다. 그보다 1년 전에 페르시아에서 열린 아랍인 회의에서는 이라크의 독립을 획책하려는 불길한 징조도 나타났다. 이라크의 독립에 반대해서 오스만 제국은 아랍인들 사이의 상이한 이해관계로 인해서 현상이 유지되기를 바라는 것 말고는 딱히 할 수 있는 일이 없었다.

마지막으로, 즉각적인 위험을 제기하지는 않았을지라도 가장 최근에 영토 민족주의 공동체로 전환한 세력은 유대인이었다. 유대민족의 근거지를 마련하는 것을 목표로 삼은 시오니즘(Zionism) 회의가 1897년에 등장하면서 유대인의 역사에 새로운 국면이 전개되었다. 요컨대 유대인의 오랜 역사에서 동화라는 사상, 즉 유대인들이 프랑스 혁명으로 해방의 시대를 맞이한 이후에도 수많은 유럽 국가에서 거의 이루지 못한 타민족과의 동화라는 사상은 이제 민족주의로 대체되었다. 아르헨티나와 우간다가 제시되는 등 유대민족 국가로 적합한 지역이 당장 분명하게 정해지지 않았으나, 19세기 말 즈음에 시온주의자들의 의견은 마침내 팔레스타인으로 수렴되었다. 아직은 소규모였을지라도 유대인 이주가 시작되었다. 제1차 세계대전이 전개되면서 유대인 이주의 의미가 달라질 터였다.

1914년에 오스만 제국과 합스부르크 제국 사이에는 별난 공통점이 존재했다. 두 제국 모두 부분적으로 전쟁이 자국의 문제를 해결해줄 것이라고 생각하면서 전쟁을 추구했다. 그러나 오스만 제국과 합스부르크 제국 모두 전쟁으로 고통받을 수밖에 없었다. 왜냐하면 두 제국이 전쟁 기간 동안 치른 희생 속에서 이익을 얻어낼 기회를 호시탐탐 노리던 세력들이 두 제국의 국경 안쪽과 바깥쪽에 너무 많았기 때문이었다. 결국 두 제국 모두 제1차 세계대전 때문에 멸망했다. 오스만 제국과 합스부르크 제국의 주적(主敵)인 러시아는 처음부터 전쟁의 혜택을 보는 듯했다. 오스만 튀르크가 참전한 덕분에 차르가 콘스탄티노플에서 러시아의 영향력을 확대하는 데에 전통적으로 반대했던 영국과 프랑스가 마침내 입장을 바꾸었기 때문이었다. 당시 프랑스는 중동 문제 때문에 이 문제에 개입할 경황이 없었다. 이집트에 영국이 주둔한다는 사실에 프랑스가 보였던 분노는 영불 우호조약이 체결되고 프랑스가 모로코에서 자유재량권을 얻게 되면서 다소 진정되었다. 그러나 레반트 지역에서 프랑스가 특별한 역할을 맡는다는 전통이 존재했다. 몇몇 열광적인 사람들이 과장해서 이야기했던 성왕(聖王) 루이(재위 1226-1270)와 십자군의 사례를 심각하게 받아들일 필요는 없었다. 그러나 프랑스 정부가 자신이 100년 동안 오스만 제국, 특히 나폴레옹 3세가 1860년대 프랑스 군대를 파견했던 곳인 시리아에서 가톨릭을 특별히 보호하고 있다고 주장해왔다는 점은 부정할 수 없다. 레반트의 식자층들이 프랑스어를 널리 사용했으며, 프랑스인들이 이 지역에 상당한 자본을 투자했다는 점에서 프랑스 문화가 우세했다는 사실이 분명히 드러났다. 이러한 조건에서 발휘되는 프랑스의 영향력은 간과할 수 없었다.

그럴지라도 1914년에 튀르크는 유럽 외부에서, 예컨대 캅카스에서는 러시아를 그리고 수에즈에서는 영국을 군사상 주적으로 삼고 있었다. 이 지역에서 영국은 수에즈 운하 방어를 전략적 고려의 기본으로 삼고 있었으나, 이내 수에즈 운하를 위협하는 커다란 위험이 없다는 사실이 분명해졌다. 그런 후에 중동과 근동을 결국에 엉망으로 만들어버릴 새로운 요인들이 드러나게 되었다. 1914년 말에 영국-인도 연합군이 페르시아로부터 들어오는 송유관을 보호하기 위해서 바스라에 상륙했다. 이 사건으로 중동과 근동 지역에서 역사의 운명을 가르는 석유와 정치의 상호작용이 시작되었다. 비록 오스만 제국이 역사의 뒤안길로 사라진 후에야 그러한 상호작용이 완전히 모습을 드러냈지만 말이다. 다른 한편으로, 이집트 주재 영국 총독은 1914년 10월에 샤리프 후세인에게 접근했고, 매우 신속하게 결실을 보았다. 이는 아랍 민족주의라는 무기를 사용하려는 최초의 시도였다.

유럽에서 전쟁으로 엄청난 인명피해가 있었음에도 전황이 교착상태를 유지하게 되자, 연합국은 독일에 대한 직접적인 공격보다는 독일의 동맹국에 일격을 가한다는 생각에 흥미를 느꼈다. 콘스탄티노플 점령을 기대하면서 1915년에 다르다넬스 해협에서 펼친 연합군의 육해군 합동작전은 실패로 끝났다. 그때쯤 유럽의 내전이라고도 불린 제1차 세계대전으로 인해서 언젠가 유럽에 손해를 입힐 세력이 탄생하게 되었다. 당시 연합국이 아랍 동맹국들에게 줄 수 있는 것은 한정되어 있었다. 후세인 빈 알리는 1916년 초가 되어서야 협정에 동의했다. 그는 위도 37도선을 따라서 그어진 경계선의 남쪽에 있는 모든 아랍 영토의 독립을 요구했다. 이 영토는 시리아 서북부의 도시인 알레포에서 이라크 북부의 도시인 모술까지 이어지는 경계선에서 북쪽으로 80마일 정도 떨어져 있었고, 사실상 터키와 쿠르디스탄(고원지대) 외부에 존재하는 오스만 제국의 영토를 모두 포함했다. 이러한 요구는 영국이 결코 받아들일 수 없는 것이었다. 프랑스는 시리아에 특수한 이해관계를 가지고 있었기 때문에, 마찬가지로 후세인 빈 알리와 상의해야 했다. 영국과 프랑스는 분할된 오스만 제국에 세력권을 어떻게 설정할 것인가를 두고 협정을 체결하면서 이라크의 지위를 포함하여 미래를 불안하게 만들 수많은 문제들을 그대로 남겨두었다. 그러나 아랍 민족주의에 바탕을 둔 정치계획은 현실이 된 것처럼 보였다.

그러한 약속과 협정의 미래는 곧 불투명해졌다. 1916년 6월에 메디나에 주둔한 튀르크 요새를 공격하면서 아랍의 반란이 시작되었다. 이 폭동은 제1차 세계대전의 주요 전장에 쏠린 사람들의 관심을 끌어오지는 않았으나 크게 성공하여 아랍인들에게는 하나의 전설이 되었다. 이내 영국은 아랍 문제를 심각하게 받아들여야 한다고 생각했다. 후세인 빈 알리는 헤자즈 왕국*의 국왕으로 추대되었다. 헤자즈 왕국의 군대가 1917년에 팔레스타인에 진군하

* 사우디아라비아 홍해 연안 지방으로 메카와 메디나를 포함한다/역주

여 예루살렘을 점령했다. 이 군대는 아랍인들과 함께 1918년에 다마스쿠스에 입성할 터였다. 다마스쿠스 입성 전에 다른 사건 두 가지가 터지면서 상황이 훨씬 더 복잡해졌다. 그중 하나는 미국의 개입이었다. 윌슨 대통령은 개입 목적에 관한 성명에서 자신이 오스만 제국의 비튀르크 민족에게 주어진 "절대적으로 방해받지 않을 발전의 기회"를 지지한다고 말했다. 다른 한 사건은 볼셰비키가 과거 러시아 전제정부의 비밀외교를 공개한 것이었다. 이를 통해서 영국과 프랑스가 러시아에 제안한 중동에서의 세력권 분할에 관한 사실이 드러났다. 이 협정의 한 부분은 팔레스타인을 국제적으로 통치해야 한다는 내용을 포함했다. 거슬리는 내용이 추가로 하나 더 있었다. 팔레스타인에 유대민족의 조국이 건설된다는 것을 영국이 정책적으로 지지한다는 내용이 바로 그것이다. 영국의 외무성 장관 아서 밸푸어(1848-1930)의 '밸푸어 선언(Balfour Declaration)'은 시오니즘이 그때까지 거둔 성공들 가운데 가장 엄청난 것으로 간주된다. 밸푸어 선언은 아랍인들이 영국과 프랑스로부터 들었던 약속과 결코 양립될 수 없었다. 윌슨 대통령은 선의를 가지고 팔레스타인인을 보호한다는 조건을 밸푸어 선언에 집어넣었다. 그러나 밸푸어 선언이 어떠한 도전도 받지 않은 채 이행될 수 있을 것이라고는 어느 누구도 생각하지 않았다. 특히 이는 더 나아가서 1918년에 영국과 프랑스가 아랍인이 품은 열망에 호의를 베풀었기 때문에 그렇다. 오스만 튀르크가 패배한 그 다음날 제국의 영토에 대한 전망은 완전한 혼란 그 자체였다.

그 즈음에 영국은 후세인 빈 알리를 아랍 민족들의 왕으로 인정했다. 그러나 이러한 인정은 후세인에게 그다지 도움이 되지 않았다. 현대 아랍 세계의 지도를 결정한 사람은 아랍 민족주의자들이 아니라 국제연맹을 등에 업은 영국인과 프랑스인이었다. 그후 혼란스러운 10년 동안 세계정치라는 무대에서 자신들의 처지를 읍소했던 아랍인들은 영국과 프랑스와 반목하게 되었다. 그 사이 아랍인 지도자들은 내분에 휩싸였다. 이슬람의 단합이라는 신기루는 또 한번 사라졌다. 그러나 잠깐 동안이었을지라도 러시아의 위협도 다행스럽게 사라졌다. 이제 오직 두 강대국, 즉 영국과 프랑스만 남아서 중동 문제에 관여했다. 영국과 프랑스는 서로 불신했다. 그러나 이라크에서 영국의 권리를 인정한다면, 시리아에서의 프랑스의 권리를 인정한다는 합의는 이루어져 있었다. 국제연맹은 아랍 영토에 관한 위임통치권을 영국과 프랑스에 주었고, 이로써 이 합의에 정당성이 부여되었다. 팔레스타인과 요르단과 이라크는 영국에 그리고 시리아는 프랑스의 손아귀에 떨어졌다. 시리아 국민의회가 자신들의 독립을 인정하거나 그렇지 않으면 영국 또는 미국에 위임통치권을 넘기라고 프랑스에 요구하자, 프랑스는 통치 벽두부터 시리아를 무력을 사용하여 고압적으로 통치했다. 프랑스가 후세인의 아들이자 아랍인이 추대한 왕을 축출하면서, 프랑스는 전면적인 반란에 직면할 수밖에 없었다. 그 당시에는 마지못해서 시리아 민족주의자들에게 권력을 어느 정도 양보할 징후가 있기는 했으나, 프랑스는 1930년대까지 무력으로 시리아에서 자신들의 위치를 고수했다. 불행히도, 시리아 북부의 쿠르드인이 아랍 국가가 침몰할 가능성을 보고 여기에 대항하여 반란을 일으키면서 민족주의는 또 한번 분열의 도구로 작용했다. 이제 오랜 동안 유럽 외교관들을 괴롭힐 또다른 중동 문제 하나가 생겨났다.

그 사이에 아라비아 반도는 후세인과, 영국과 조약을 맺었던 또다른 왕 사이에서 일어난 분쟁에 시달렸다(다른 왕을 따르는 자들은 특히 이슬람 금욕주의 종파의 신도들로 왕조 및 종족 갈등에 종교 갈등이 더해지면서 문제를 더 어렵게 만들었다). 후세인은 추방당했고, 1932년에 새로운 왕국인 사우디아라비아가 헤자즈 왕국을 대신하여 들어섰다. 이때까지 이라크와 요르단의 왕을 지냈던 후세인의 여러 아들들의 입장에서 볼 때, 사우디아라비아의 건국으로 인해서 다른 많은 문제들이 동시에 발생하는 듯했다. 지금까지의 혼란으로 인해서 더 많은 어려움이 있을 것으로 판단한 영국은 이라크 위임통치를 끝내는 방향으로 입장을 선회했다. 영국은 단지 육군 및 공군을 계속 주둔하게 하여 전략적 이익을 확보하는 정도로 마무리하고자 했다. 이에 따라서 1932년에 이라크는 독립국이자 완전한 주권국가로 국제연맹에 가입했다. 그보다 조금 일찍, 1928년에 영국은 다시 약간의 군사력과 재정권력을 유지한 상태로 요르단의 독립을 인정했다.

팔레스타인은 처리하기가 훨씬 더 어려웠다. 유대인 이민과 유대인이 획득한 아랍 영토에 불안감을 느낀 아랍인들이 1921년부터 반유대주의 폭동을 일으켰다. 때문에 이 불행한 나라는 평화를 결코 오랫동안 누리지 못했다. 단순히 종교나 민족적 감정 이상의 문제가 걸려 있었다. 유대인 이민은 새롭게 유럽화된 근대화 세력의 침입을 의미했다. 이 세력의 작동으로 경제관계가 바뀌고 전통사회에 새로운 요구가 부과되었다. 위임통치권과 관련해서, 유대인 이민을 통제하지 않을 경우 생겨날 아랍인들의 격렬한 항의와 유대인 이민을 통제할 경우 생겨날 유대인들의 격렬한 항의 사이에서 영국은 오도 가도 하지 못했다. 영국은 이제 아랍 정부들도 계산에 넣어야 했다. 여러 아랍 정부들이 영국의 안보에 경제적, 전략적으로 중요한 영토를 차지하고 있었다. 세계 여론도 점차 이 문제에 관심을 가지기 시작했다. 1933년에 독일에서 새로운 체제가 권력을 잡게 되면서 유대인 문제는 그 어느 때보다 격앙되었다. 이 체제는 유대인을 박해하고 프랑스 혁명 이래로 유대인이 쌓아온 법적, 사회적 성과들을 없애기 시작했다. 1937년쯤 팔레스타인에서 유대인과 아랍인이 벌인 전투가 최고조에 달했다. 곧 영국군이 아랍 반란을 진압하려고 노력했다.

과거에는 아랍 영토에서 최고권력이 무너진 이후에 종종 무질서한 시기가 뒤따르곤 했다. 이번에 불분명했던 점은 그 무질서에 뒤따라서—일찍이 무정부 시기가 지나고 결국 제국의 패권에 종속되었던 것처럼—어떤 새로운 제국의 패권이 수립될지 여부였다. 영국은 제국의 역할을 맡고 싶지 않았다. 그 지역에서 거둔 승리의 여파 속에서 제국주의적 도취에 빠졌던 짧은 시간이 지난 후부터 영국은 그 지역에서 오직 가장 중요한 이익, 즉 수에즈 운하와 이라크와 이란에서 들어오는 석유 공급만 보호하고 싶었다. 1918년과 1934년 사이에 이라크 북부에서 시작되어 요르단과 팔레스타인을 거쳐 하이파로 이어지는 거대한 송유관이 건설되었다. 이에 따라서 미래에 이 지역에서 또다른 새로운 사건이 급진전될 터였다. 당시 유럽은 석유에 전면적으로 의존하고 있지 않았고, 따라서 석유 소비량은 그다지 많지 않았다. 마찬가지로 1950년대에 아랍을 둘러싼 정치 상황을 또다시 변화시킬 엄청난 발견도 아직 이루어지지 않았다. 그러나 새로운 요인이 발현되고 있었다. 즉 영국 해군이 자신의 전함을 위해서 석유가 필요했던 것이다.

영국은 이집트에 군대를 주둔시키면 수에즈 운하를 가장 확실하게 보호할 수 있다고 생각했지만, 이는 점점 더 많은 문제를 일으켰다. 제1차 세계대전 때문에 이집트인들의 감정은 격앙되었다. 점령군은 결코 인기를 누리지 못했다. 그리고 전쟁 때문에 물가가 폭등하자 이집트인들은 외국인을 비난했다. 이집트의 민족주의 지도자들은 1919년 파리 강화회담의 내용에 이집트에 관한 사안을 집어넣으려고 했으나 결국 열강들에 의해서 실패했다. 그러자 영국에 대항하는 폭동이 뒤따랐고, 영국은 이를 신속하게 진압했다. 그러나 영국은 점차 수세에 몰리고 있었다. 민족주의적 정서를 약화시킬 수 있을 것이라는 계산에, 영국은 이집트를 1922년에 보호국 상태에서 벗어나게 했다. 그러나 새로운 이집트 왕국의 선거제도에서 민족주의자들은 계속해서 과반수를 차지했다. 따라서 이집트 정부는 자국의 이익을 보호하고자 하는 영국 정부가 받아들일 수 있는 수준의 합의를 할 수 없었다. 그 결과 헌정의 위기가 오랜 기간 계속되었고 간헐적으로 소요가 발생했다. 1936년이 되어서야 영국은 결국 몇 해에 제한해서나마 수에즈 운하 부근에 수비대를 주둔시킬 권리에 만족한다고 합의했다. 또한 이때에 외국인이 누리던 사법 특혜가 종료되었다.

이집트에서의 양보는 영국이 외교적으로 다른 도전을 처리하는 데에 몰두하기 시작하면서 제국의 자리에서 물러나는 과정의 일환이었다. 1918년 이후에 이러한 행보는 그밖의 다른 곳에서도 감지되었다. 이는 제국을 유지하는 데에 영국이 감당할 수 없을 만큼의 힘과 자원이 들어간다는 사실을 반영했다. 결국 중동과는 상관없는 국제관계에서 변화가 일어나고 있었고, 이 변화 덕분에 이슬람 영토에서 탈오스만 튀르크 형태로 발전이 이루어졌다. 또다른 새로운 요인은 마르크스주의적 공산주의였다. 전간기 내내 소련의 라디오 방송이 여러 아랍국가에 송출되었고, 소련은 이를 통해서 최초의 아랍 공산주의자들을 지원했다. 그러나 아랍 공산주의자들 때문에 걱정거리가 생겨났을 뿐, 공산주의가 중동에서 가장 강력한 혁명적 영향력을 가지는 세력을 대체할 수는 없었다. 그 혁명적 세력은 바로 아랍 민족주의였다. 1938년쯤 아랍 민족주의의 최대 관심사는 팔레스타인이었다. 같은 해에 팔레스타인에 거주하던 아랍인의 대의를 지지하는 회의가 시리아에서 개최되었다. 영국에 대항한 이집트인 민족주의자들의 저항과 함께, 프랑스가 시리아에서 보여준 잔혹함에 아랍인들이 느낀 분노도 분명해지기 시작했다. 범아랍주의 정서에는 어떠한 힘이 존재했는데, 몇몇 사람들은 이 힘이 요르단의 하시마테 왕국의 분할을 결국에 무효로 만들 수도 있다고 생각했다.

제1차 세계대전 동안 연합국이 맺은 협정 때문에 오스만 튀르크의 본국이자 새로 이름을 얻게 된 튀르크의 역사도 복잡해졌다. 영국, 프랑스, 그리스, 이탈리아 모두 오스만 튀르크라는 전리품을 나누어 가지기로 합의했다. 전쟁이 사태를 이전보다 단순하게 만들기는 했으나 이는 고작 콘스탄티노플과 흑해 해협을 요구하던 러시아 제국이 이제는 존재하지 않았기 때문이었다. 프랑스와 그리스와 이탈리아의 침공에 직면한 술탄은 굴욕적인 강화조약에 서명했다. 그리스는 엄청난 양보를 얻었고, 아르메니아는 독립국이 되었다. 그러는 사이에 영국과 프랑스와 이탈리아는 튀르크의 남은 영토를 나누어서 세력권을 형성했다. 이는 제국주의의 가장 노골적인 발현이었고 베르사유에서 독일에 부과한 협정보다 훨씬 더 혹독한 것이었다. 유럽이 재정 문제에 대한 통제를 다시 행사하게 된 점에서 이러한 성격이 보다 더 명확하게 드러난다.

최초로 강화합의의 몇몇 부분이 성공적으로 개정되었다. 이는 대체로 한 인물의 노력 덕분이었다. 그는 바로 예전에 청년 튀르크당의 당원이자 오스만 튀르크의 유일한 개선장군인 무스타파 케말(1881-1938)이었다. 케말은 이탈리아인을 겁주어 내쫓은 뒤에 차례차례 프랑스인과 그리스인을 몰아냈다. 또한 그는 볼셰비키의 도움을 받아서 아르메니아인을 탄압했다. 영국은 케말과 협상하기로 결정을 내렸고 이에 따라서 1923년에 영국과 튀르크 사이에서 두 번째 협정이 체결되었다. 이 협정은 파리에서 내려진 결정을 누르고 민족주의가 거둔 승리였다. 더욱이 이 협정은 소련이 협정의 교섭자로 참여한 유일한 협정이었는데, 바로 그 이유로 다른 협정들보다 더 오랫동안 유지될 수 있었다. 치외법권 등 외국인 특혜 조항과 재정통제 조항은 없어졌다. 튀르크는 아랍 영토와 키프로스와 로도스와 도데카네스 제도 등 에게 해의 여러 섬에 대한 권리를 포기했다. 더욱이 파리 강화조약의 여러 부분들 가운데 패전국에 일방적으로 강요되었던 것이 아닌 양쪽 협상국이 동등한 지위에서 체결된 유일한 예였다. 이에 따라서 그리스와 튀르크는 엄청난 수의 인구를 맞교환했다. 무슬림 38만 명이 그리스를 떠나서 튀르크로 갔으며, 정교신도 1,100만 명이 튀르크를 떠나서 그리스로 이주했다. 결국 이렇게 이주한 민족들이 서로에게 느끼는 혐오는 커져갔다. 그러나 그후에 일어난 사건을 감안할 때 이러한 대규모 이주가 생각보다 위험이 덜한 상황을 낳았다. 즉 그 지역에서 자주 발생했던 인종 청소 속에서 그나마 더 생산적인 조치 중 하나로 이해될 수 있었다. 6세기에 걸쳐 존재했던 튀르크 외부의 오스만 제국은 이제 완전히 사라졌다. 1923년에 민족국가 형태로 새로운 공화국이 나타났다. 시기적절하게, 칼리프 제도도 제국을 좇아서 1924년에 역사의 뒤안길로 사라졌다. 이것으로 오스만 제국의 시대가 끝났고, 튀르크의 역사가 시작되었다. 이제 아나톨리아 튀르크인은 5-6세기 만에 처음으로 자국에서 대다수를 차지한 민족이 되었다. 상징적으로, 터키는 수도를 앙카라로 옮겼다.

무스타파 케말은 스스로를 '완벽'을 의미하는 이름인 케말로 칭했다. 케말은 강화조약을 성공적으로 개정한 이후로는 영토팽창에 별다른 관심을 두지 않았지만, 그는 보다 계몽된 독재자와 러시아의 표트르 대제를 합쳐놓은 정치가였다. 또한 케말은 20세기에 활약했던 가장 유능한 근대화주의자들 가운데 한 명이었다. 튀르크의 법률은 나폴레옹 법전을 모범으로 삼아서 정교분리의 세속주의적 성격을 띠었다. 무슬림력은 폐기되었고 1928년에 개정된 헌법에서 튀르크가 이슬람 국가라는 조항이 삭제되었다. 오늘날까지 튀르크는 무슬림 인구를 가진 중동 국가 중 유일하게 세속법 원칙을 채택한 국가로 남아 있다. 일부다처제도 폐지되었다. 1935년에 휴일은 이슬람의 주일인 금요일에서 일요일로 바뀌었고 이에 따라서 '비켄드(vikend)'라는 신조어가 생겨났다. 비켄드는 토요일 오후 1시부터 일요일 자정까지의 시간을 의미한다. 학교는 더 이상 종교수업을 하지 않았고, 전통적인 페즈(fez) 모자 착용은 금지되었다. 페즈는 유럽에서 건너온 모자였으나 무슬림의 모자로 간주되었다. 케말은 자신이 달성하기를 원하는 근대화의 근본적 속성을 알고 있었기 때문에, 페즈와 같은 상징을 없애는 것이 그에게 중요했다. 이러한 행보는 전조에 불과했지만, 매우 중요한 무엇인가를 의미하는 전조였다. 그것은 바로 이슬람 전통 사회가 유럽 사회로 대체된다는 전조였다. 한 이슬람 사상가는 동료 튀르크인들에게 "튀르크 민족과 이슬람 종교와 유럽 문명에 속하라"고 역설했고, 실제로 이를 달성하는 데에 큰 어려움이 없을 것이라고 생각했다. 알파벳은 라틴 문자를 따랐다. 이 조치는 그 이후에 초등 의무교육이 도입되면서 교육계에 엄청난 의미를 주었다. 여러 교과서에 튀르크 민족의 과거가 다시 쓰였다. 여기에서 인류의 시조인 아담은 튀르크인이었다.

터키 국회로부터 '튀르크의 아버지'를 의미하는 아타튀르크(Atatürk) 칭호를 부여받은 케말은 대단히 중요한 인물이었다. 케말은 무함마드 알리가 되고 싶었던 존재, 즉 근대화를 통해서 이슬람 국가의 변혁을 최초로 이룬 사람이었다. 케말은 여전히 매우 흥미로운 인물이다. 1938년에 사망하기 전까지 케말은 근대화 혁명이 경직되지 않도록 노력했던 것 같다. 그 결과, 어떤 측면에서 보면, 당시에 세계에서 가장 선진적인 국가가 튀르크에 건설되었다. 유럽에서 이루어진 단절보다 훨씬 더 위대한 과거와의 단절이 터키에서 일어났는데, 이는 새로운 역할을 부여받은 여성들과 관련이 있었다. 1934년에 튀르크 여성은 투표권을 얻었다. 마찬가지로, 정부는 튀르크 여성에게 직업을 가지도록 권장했다.

1914년 이전에 유럽의 제국이나 오스만 제국의 침략을 받지 않은 가장 중요한 이슬람 국가는 페르시아였다. 영국과 러시아는 1907년에 이 지역의 세력권 분할에 합의한 후 페르시아 문제에 간섭했으나, 볼셰비키 혁명 이후 러시아의 세력은 차츰 약해졌다. 영국은 제1차 세계대전이 끝날 때까지 계속 페르시아에서 영향력을 행사했다. 페르시아 대표가 파리에서 자국의 실정을 진술할 수 없게 되자, 영국에 대한 분노가 일어났다. 게다가 영국이 러시아 세력의 약화 이후 페르시아를 볼셰비키에 계속 저항하도록 만들면서 혼란스러운 시기가 이어졌다(영국이 무리하게 병력을 파견해서 무력으로 페르시아를 유지했다는 사실은 의심할 여지가 없다). 그러나 거의 뜻밖에 한 영국 장군이 전혀 기대하지 않은 방식으로 볼셰비키에 저항할 적당한 인물을 발견했다.

그 인물은 바로 1921년에 쿠데타를 일으킨 레자 칸(1878-1944, 혹은 레자 샤 팔라비[Reza Shah Pahlavi])이라는 장교였다. 레자 칸은 그 즉시 영국이 볼셰비키에 느끼는 공포를 이용하여 조약을 맺었다. 그 조약에 따라서 영국은 마지못해 러시아가 페르시아에서 누리던 모든 권리와 자산을 이란에 넘겨주었으며 병력을 철수했다. 레자 칸은 그후에 영국의 지원을 받는 분리주의자들을 계속해서 무찔렀다. 1925년에 국회는 레자 칸에게 독재권력을 주었다. 그로부터 몇 달 후 레자 칸은 '샤 중의 샤(Shah of Shahs)'로 선포되었다. 소련과 영국이 연합하여 1941년에 레자 칸을 권좌에서 쫓아내기 전까지 이란의 케말이라고 불릴 만한 레자 칸의 통치가 계속되었다. 레자 칸은 베일의 착용과 종교학교를 폐지하면서 세속주의적 성향을 드러냈다. 비록 튀르크에서 그랬던 만큼 강압을 가하지는 않았을지라도 말이다. 1928년에 외국인에게 주어지는 특례가 폐지되었다. 이는 상징적으로 중요한 단계였다. 그러는 사이 산업화가 이루어지고 교통체계 등이 비약적으로 발전했다. 튀르크와도 긴밀한 유대를 맺었다. 마지막으로, 레자 칸은 1933년에 '석유 외교(diplomacy of oil)'라는 새로운 기술을 이용하여 최초로 대단한 성공을 거두었다. 바로 그해에 영국과 페르시아의 합작 석유회사가 쥐고 있던 석유 채굴권이 무효가 되었기 때문이다. 영국 정부가 그 문제를 국제연맹에 회부했을 때, 레자 칸은 가장 위대한 승리를 거두었다. 레자 칸은 페르시아에 유리한 또다른 양보를 이끌어 냈는데, 그것은 바로 페르시아의 독립이었다. 페르시아에서 새로운 시대가 시작되었고, 이는 1935년에 공식 국명을 페르시아에서 이란으로 바꾼 것에서 적절하게 드러났다. 2년 후에 왕비는 처음으로 베일을 벗고 공식석상에 모습을 드러냈다.

5

제2차 세계대전

유럽의 시대가 완전히 종언을 고했음을 보여주는 사건은 또 한번의 세계전쟁이었다. 이전의 전쟁과 같이, 이 전쟁도 처음에는 1939년 유럽 내의 분쟁으로 시작하여 점차 여러 다른 전쟁들이 결합하는 양상을 보였다. 그러나 이번 전쟁에는 이전의 어느 전쟁과 비교해도 유례가 없을 정도로 엄청난 인적, 물적 자원이 요구되었다. 이번 전쟁에서 그 어떤 것도 영향받지 않거나 동원되지 않거나 혹은 변화를 겪지 않은 것이 없었다. 실제로 이 전쟁은 '총력'전('total' war)이었다.

1939년 즈음에 역사적인 한 시대가 끝나고 있다는 것을 확인할 수 있는 수많은 징후가 이미 눈에 띄었다. 1919년에 몇몇 식민지에서 마지막으로 지역통제가 연장되기는 했지만, 가장 강력한 열강인 영국의 행보에서 제국주의가 후퇴까지는 아니라고 하더라도 수세에 몰렸다는 사실이 드러났다. 일본의 활력은 유럽이 더 이상 국제세력 체제에서 유일한 중심이 아니라는 것을 의미했다. 일찍이 1921년에 선견지명을 가진 한 남아프리카 공화국의 정치가는 이렇게 말했다. "유럽 중심의 지형이 이제 동양과 태평양으로 변모하고 있다." 오늘날 이 정치가의 예견은 그 어느 때보다도 더 타당하다. 그러나 그가 이러한 발언을 했을 때는, 중국이 스스로 누려야 마땅한 영향력을 다시 행사할 가능성이 전혀 없어 보이던 때였다. 이 정치가의 언급 이후 10년이 흘렀을 때, 서구가 우위를 점했던 경제적 토대는 정치적 토대보다 훨씬 더 뚜렷하게 흔들리고 있었다. 가장 강력한 산업국가였던 미국에서도 실업자는 여전히 1,000만 명에 달했다. 그때 유럽에는 미국만큼 궁핍에 시달리던 산업국가는 없었을지라도, 당연한 것으로 여겨졌던 경제체제의 기본 토대의 안정성과 그에 대한 믿음은 영원히 사라졌다. 재무장(再武裝) 덕분에 몇몇 국가에서 산업이 점차 회복되고 있었지만, 국제공조를 통한 경제회복의 시도는 1933년에 세계경제회의(World Economic Conference)가 결렬되면서 종말을 고했다. 그때 이후로 각 국가는 자구책을 마련했고, 마침내 영국조차 자유무역 정책을 폐기했다. 사람들은 여전히 자유방임주의에 관해서 이야기했지만, 자유방임주의는 사망했다. 1939년 즈음에 여러 정부들은 중상주의의 전성기 이래로 채택하지 않았던 정책을 펼치면서 자국의 경제에 의도적으로 개입하기 시작했다.

19세기에 당연하다고 생각되던 정치적, 경제적 생각들이 사라졌지만 이는 많은 다른 분야들에서도 마찬가지였다. 정치적, 경제적 동향보다 지적, 정신적 동향에 관해서 말하기가 더 어렵다. 그러나 여전히 케케묵은 생각을 고수하던 사람들이 많았을지라도, 사람들의 생각과 여론을 이끌던 엘리트들 사이에서 오래된 사상적 기반이 흔들리고 있었다. 로마 가톨릭 국가에서조차 매우 소수에 불과했을지라도, 여전히 종교행사에 참여하는 사람들은 있었다. 그러나 산업도시의 대중들은 탈기독교 세계에 살고 있었다. 이러한 세계에서 종교제도와 그 상징을 물리적으로 제거해도 그들의 일상은 아무런 영향을 받지 않았다. 지식인들도 마찬가지였다. 어쩌면 그들은 종교적 신념의 상실이라는 문제보다 훨씬 더 거대한 문제에 직면해 있었다. 왜냐하면 18세기 이후로 기독교를 대체하는 데에 큰 역할을 했던 수많은 자유주의 사상 자체가 이제는 도리어 다른 사상으로 대체될 차례였기 때문이었다. 1920년대와 1930년대에 개인의 자율성, 객관적 도덕 기준, 합리성, 부모의 권위, 설명 가능하며 기계주의적인 우주관 등 모든 자유주의적 확신은 자유무역에 품은 신뢰와 마찬가지로 사라져가는 것처럼 보였다.

이러한 조짐은 예술에서 가장 뚜렷하게 나타났다. 인문주의 시대 이래 3-4세기 동안 유럽인은 예술이 원칙적으로는 보통 사람에게도 받아들여질 수 있는 열망과 통찰과 희열을 표현한다고 생각했다. 물론 실제로 표현되는 과정에서 예외적일 정도로 섬세해질 수 있거나 특히 형식에 너무 초점을 맞추어 개인적으로 이해되지 못할 때가 있을지라도 말이다. 좌우간 그 기간 내내 예술은 공유된 기준으로 공유된 문화를 표현했기 때문에 시간적 여유가 있고 교육받은 교양인은 당대의 예술을 적절히 이해하고 향유할 수 있다는 생각을 가지고 있었다. 루트비히 판 베토벤(1770-1827)을 천재로 그린 사례에서 볼 수 있듯이, 예술가를 천재로 이상화했던 낭만주의 운동이 쇠퇴하면서 이러한 관념도 19세기에 어느 정도 약화되었다. 그리고 아방가르드(Avant-garde)라는 관념이 형성되었다.

20세기의 첫 10년 동안에는 훈련된 예술적 안목을 가진 사람들조차 당대의 예술가들이 내놓은 창작품 대다수를 이해할 수 없었다. 이 현상을 보여주는 가장 생생한 상징으로, 회화에 나타난 혼란스럽게 배치된 이미지가 있다. 가장 최근의 입체파(Cubism)에서 그러한 것처럼 이러한 그림은 묘사에 치중했던 이전의 경향으로 탈피하기는 했지만 여전히 전통적인 예술과 미약하게 연결되어 있었다. 그러나 그때 즈음에는 '교양인'— 그들이 여전히 존재했다는 전제에서— 에게 분명하게 이해되는 예술은 사라진 지 오래였다. 예술가들은 자신만의 시각이라는 혼돈 속으로 은둔했고, 사람들은 점점 더 이것을 이해할 수 없었다. 그러한 혼돈의 중심은 결국 다다이즘(Dadaism)과 초현실주의(Surrealism)의 세계로까지 이어졌다. 예술의 해체가 정점에 달한 시기라는 점에서, 1918년 이후 수년간은 매우 흥미로운 기간이다. 초현실주의는 대상을 묘사하기는커녕 구상(具象)이라는 관념조차 없애버렸다. 한 초현실주의자가 말했듯이, 이러한 예술계의 움직임은 "이성이 가하는 모든 통제가 사라진 상태 속에서 그리고 모든 미학적이고 도덕적인 집착에서 벗어났을 때 떠오르는 생각"을 의미했다. 우연과 상징주의와 충격과 암시와 폭력을 통해서 초현실주의 화가들은 의식 그 자체를 넘어서기를 원했다. 동시에 그런 행동을 통해서 초현실주의자들은 수많은 작가와 음악가들이 시도하던 바를 단지 분석하고 있었다.

그러한 여러 현상들에서 자유주의적 문화, 즉 유럽 우위 시대의 고도 문명이 낳은 최종 성과인 자유주의적 문화가 폭넓고 다양한 형태로 쇠퇴하고 있었음이 드러난다. 많은 사람들이 전통문화가 지나치게 제한적인 성격이기 때문에 무의식 세계에 존재하는 감정과 경험이라는 중요한 예술적 자원이 배제되고 있다고 생각했다. 이러한 생각이 결국 그러한 해체의 움직임에 큰 영향을 주었음은 매우 의미심장하다. 이 생각에 동조했던 얼마 되지 않는 예술가들은 십중팔구 한 인물의 저작을 읽었을 것이다. 그 누구보다 이 인물 덕분에 20세기에 사람들은 무의식 세계를 탐험할 때 쓸 수 있는 비유적 언어와 수많은 은유를 이해할 수 있었으며, 삶의 비밀이 바로 그 무의식 세계에 있다고 확신했다.

그 인물은 바로 정신분석학의 창시자인 지그문트 프로이트(1856-1939)였다. 교육받은 인간이 스스로에 대해서 생각하던 방식을 바꾸었기 때문에, 코페르니쿠스 또는 다윈과 나란히 문화사에서 한 자리를 차지한다고 프로이트는 그 스스로 생각했다. 또한 프로이트는 천동설과 진화론이 기존의 관념에 '모욕'을 가한 이후에 무의식이라는 관념이 세 번째로 인간의 자기도취에 '모욕'을 가한 것이라고 언급하면서 의도적으로 자신을 코페르니쿠스나 다윈과 비교하기도 했다. 프로이트는 몇몇 새로운 견해를 일상적인 담론에 도입했다. 예를 들면, 오늘날 우리는 '콤플렉스(complex)'와 '강박관념(obsession)' 같은 단어에 특정한 의미를 부여한다. 또한 은연중에 본심을 드러내는 실수를 의미하는 '프로이트적 실수(Freudian slip)'와 성욕을 의미하는 '리비도(libido)' 같이 우리에게 익숙한 용어의 등장도 프로이트의 주장이 가진 영향력을 보여주는 좋은 예이다. 프로이트의 영향력은 문학과 대인관계와 교육과 정치계로 빠르게 퍼졌다. 수많은 선지자들의 말이 왜곡되듯이, 프로이트가 전달하려는 의미도 종종 왜곡되었다. 프로이트의 생각은 그가 과학에 기여한 분야인 특정한 임상연구보다 훨씬 더 중요했다. 뉴턴과 다윈에 비해서 프로이트가 과학에 미친 영향은 적지만, 새로운 신화를 만들어냈다는 점에서 뉴턴이나 다윈과 마찬가지로 프로이트의 가치는 과학의 영역을 넘어섰다. 프로이트 덕에 만들어진 새로운 신화는 과거의 체제를 더욱 심하게 뿌리부터 흔들어놓을 터였다.

프로이트가 사람들에게 제시한 메시지는 다음과 같았다. 무의식은 가장 중요한 행동의 실질적 원천이며, 도덕적 가치와 태도는 이 무의식을 만들어낸 영향이 투영된 것이다. 따라서 책임이라는 관념도 기껏해야 신화이며 그것도 십중팔구 위험한 신화이고, 어쩌면 이성 그 자체도 환상에 불과한 것이다.

만약 이것이 사실이라면, 설령 프로이트 자신의 주장이 허튼 소리라고 하더라도 그다지 큰 문제가 되지 못했다. 많은 사람들은 프로이트가 자신의 주장을 입증했다고 믿고 있었고, 지금도 여전히 그렇게 생각하는 사람들이 많다. 그러한 일련의 생각은 유럽의 자유주의적 문명의 핵심 토대를 이루는 관념들, 즉 이성, 책임, 의식적으로 동기를 부여받은 개인이라는 관념에 의문을 제기했다. 바로 그것이 프로이트의 사상이 가지는 진정한 의미였다.

프로이트의 사상만이 사람들로 하여금 확신을 잃고 자신이 딛고 서 있는 기반이 전혀 굳건하지 않다는 생각을 하게 만든 유일한 지적 원동력은 아니었다. 그러나 그의 가르침은 전간기의 지식 세계에서 가장 두드러진 원동력이었다. 사람들은 프로이트가 가져온 통찰이나 예술의 혼돈이나 수학자 라플라스(1749-1827)와 뉴턴의 주장이 더 이상 설득력이 없는 것처럼 보였던 과학계의 불가해성과 씨름했다. 사람들은 자신들에게 나아갈 방향을 제시해줄 새로운 신화와 기준을 모색하는 데에 안달했다. 정치 영역에서 이러한 모색은 예컨대 파시즘과 마르크스주의 그리고 과거 유럽 문화를 상징했던 오래된 '확실성들' 가운데 보다 비이성적이었던 극단적 민족주의로 이어졌다. 사람들은 관용과 민주주의와 오랜 개인의 자유와 같은 관념에서는 어떤 영감이나 자극을 얻지 못했다.

이러한 지적 영향력 때문에, 사람들은 심화되고 있던 불확실성과 불안한 기운이 감돌던 1930년대 국제관계에 대처하기가 더욱 힘들었다. 유럽, 특히 독일 문제가 이러한 현상의 핵심이었다. 독일은 일본이 일으킬 수 있는 수준보다 더 거대한 격변을 일으킬 조짐을 보였다. 독일은 1918년에 완전히 파괴되지 않았다. 그러므로 독일이 언젠가 존재감을 드러내리라는 것은 당연한 논리적 귀결이었다. 독일의 지리, 인구, 산업생산력을 고려할 때, 통일된 독일이 어떤 식으로든 중유럽을 지배하고 프랑스를 압도할 것이 분명했다. 독일이 전쟁을 치르지 않고 이를 달성할 수 있는지 여부가 근본적 쟁점이었다. 몇몇 괴짜들은 1871년에 통일된 독일을 다시 분할해야만 이러한 문제들의 근원을 제거할 수 있으리라고 생각했다.

이내 독일은 베르사유 조약의 개정을 요구하기 시작했다. 1920년대에 조약

개정의 가능성이 매우 높았으나, 결국 이러한 요구는 받아들여지지 않았다. 전쟁 배상금이라는 실질적 부담은 서서히 줄어들었으며, 1925년에 체결된 로카르노 조약(Treaty of Locarno)은 역사적으로 중요한 사건이었다. 왜냐하면 로카르노 조약으로 인해서 독일이 서부지역에 관한 베르사유 조약의 영토 조정에 동의했기 때문이었다. 그러나 여전히 독일 동부지역에 대한 조정이라는 문제가 남아 있었고, 이 문제 뒤에는 더 커다란 문제가 존재하고 있었다. 독일인들 특유의 역사적 그리고 문화적 경험을 고려할 때, 독일만큼 강력한 잠재력을 가진 한 나라가 어떻게 균형 잡힌 평화적인 방식으로 이웃 나라들과 관계를 맺을 수 있단 말인가?

대부분의 사람들은 독일 사회와 독일 문명을 완만하면서 조심스럽게 재건할 수 있는 민주적인 독일 공화국의 수립으로 이러한 문제들을 해결하기를 원했다. 제헌의회가 열린 곳의 지명을 따라서 이름 붙여진 바이마르 공화국의 헌법은 매우 진보적이었다. 그러나 지나치게 많은 독일인들이 바이마르 헌법이 제정되었을 때부터 이 헌법에 공감하지 못했던 것 또한 사실이다. 경제공황으로 인해서 바이마르 공화국이 간신히 서 있던 비좁은 토대가 무너지고 파괴적 민족주의와 민족주의의 탈을 쓴 사회세력이 등장하게 되면서, 바이마르 공화국과 그 헌법이 독일의 문제를 해결할 수 있다는 생각은 환상으로 드러났다.

사태가 이런 식으로 흘러가자, 독일을 견제하는 문제가 또다시 국제적 문제가 되었다. 그러나 수많은 이유로 1930년대라는 시기는 독일을 견제하기 어려웠던 10년이었다. 먼저, 상대적으로 허약하고 농업 중심의 경제를 가진 동유럽과 중유럽의 신생국은 세계 경제위기가 미친 최악의 영향을 체감하고 있었다. 프랑스는 언제나 동유럽과 중유럽에서 독일의 부활을 막을 동맹국을 모색했으나, 그러한 동맹국은 이제 심각하게 힘이 빠진 상태였다. 게다가 동유럽과 중유럽의 신생국이라는 존재 그 자체 때문에 (비록 불가사의하기는 했지만) 논의의 여지없이 열강의 자리에 다시 오른 소련을 독일 견제에 끌어들이는 것은 보다 더 어려운 일이었다. 이념적 차이로 말미암아서 영국과 프랑스 그리고 소련 사이의 협력에는 장애물이 많았다. 그러나 이와 별개로 소련이 전략상 멀리 떨어져 있다는 사실도 소련이 영국이나 프랑스와 협력을 도모하는 데에 불리하게 작용했다. 즉 어떠한 소련군도 소련과 공산주의에 대한 공포에 사로잡혀 있던 동유럽의 신생국 중 한두 국가를 가로지르지 않고서는 중유럽으로 진출할 수 없었다. 어쨌든 여러 신생국들 가운데 루마니아와 폴란드 그리고 발트3국은 과거 러시아 제국의 영토 위에 수립되어 있었다.

미국은 별 도움이 되지 못했다. 미국을 국제연맹에 참여시키려는 윌슨 대통령의 노력이 좌절된 이후에 미국의 전반적인 정책은 국내 사안에만 몰두하는 고립정책으로 후퇴했다. 물론, 고립정책은 미국의 전통적인 외교 행태에 부합했다. 제1차 세계대전 당시 군인으로 유럽에 다녀왔던 미국인들은 똑같은 경험을 반복하고 싶지 않았다. 겉보기에 1920년대의 호황이 고립정책의 타당성을 증명하는 듯했고, 역설적으로 1930년대의 불황은 고립정책을 강화했다. 미국인들은 자국이 처한 골칫거리를 두고 혼란스러워했지만 유럽을 비난하지는 않았다. 제1차 세계대전 기간에 생겨난 부채는 미국인들에게 엄청난 심리적 영향을 미쳤는데, 이는 사람들이 국가 간 채무가 국제적 재정 문제와 긴밀히 연결되어 있다고 생각했기 때문이었다. 물론 미국인들이 생각했던 정도로 긴밀하지는 않았지만, 이 생각은 어느 정도 사실이기는 했다. 그 결과 미국인들은 국제적으로 다른 국가들의 문제에 더 이상 개입하고 싶지 않았다. 게다가 경기침체 때문에 미국은 처리해야 할 일이 산더미였다. 사실, 1932년에 민주당에서 대통령이 당선되면서 미국인들은 중대한 변화의 시대에 진입하고 있었다. 이 시대에 결국 엄청난 변화가 고립주의를 선호하는 분위기를 일소할 터였다. 그러나 당시에 이를 예견할 수 있던 사람은 없었다.

민주당은 대통령을 연이어 다섯 번 배출하면서 미국사의 다음 국면을 이끌어갔다. 다섯 번의 임기 가운데 첫 번째부터 네 번째까지를 오직 한 인물이 채웠다. 그 인물이 바로 프랭클린 루스벨트(재임 1933-1945)였다. 사회주의자 유진 데브스(1855-1926)가 네 차례 출마해서 실패했던 경우를 제외하고는, 한 사람이 네 차례 연이어 대선주자로 출마하는 일은 유례가 없었다. 더욱 놀라운 사실은 이 한 사람이 네 번 모두 당선되었다는 것이다. 투표에서 매번 절대다수의 지지를 받아서 네 차례 당선되었다는 점은 가히 혁명에 가깝다.

미국 남북전쟁 이후부터 루스벨트가 당선되기 전까지 절대다수의 지지를 받고 대통령이 되었던 민주당 출신 대선주자는 없었다(그리고 루스벨트 이후에는 1964년까지 한 명도 없었다). 더욱이 루스벨트는 귀공자 같은 인물이었다. 이러한 여러 가지 조건들을 고려했을 때, 루스벨트가 20세기 초의 가장 위대한 지도자 중 한 사람으로 부상할 수 있었다는 사실은 매우 놀랍다. 루스벨트는 기본적으로 희망 대 절망 간의 경쟁이었던 선거를 통해서 위대한 지도자로 떠올랐다. 루스벨트는 경기침체라는 어두운 그림자를 몰아내는 조치를 취하겠다는 자신감과 약속을 보여주었다. 루스벨트의 첫 승리에 정치변혁이 뒤따랐다. 민주당은 미국 사회에서 무시당하는 유권자들, 예컨대 남부인, 빈민, 농민, 흑인, 자유진보 지식인 등의 연합체에서 패권을 장악했다. 이로부터 민주당은 그후에 더 많은 지원을 끌어왔고, 이는 4선 대통령이라는 결과에서 확인할 수 있다.

여기에도 어느 정도의 환상이 존재하기는 했다. 루스벨트 행정부가 착수한 '뉴딜(New Deal)' 정책은 1939년까지도 경제에서 만족스러운 결과를 가져오지 못했다. 그렇더라도 뉴딜 정책으로 인해서 미국 자본주의 작동방식이 바뀌었고, 자본과 정부의 관계가 변화했다. 루스벨트 행정부는 실업보험을 포함한 방대한 실업구제 프로그램을 시작했고 수백만 명을 공공사업에 투입했으며 새로운 재무 규제를 도입했다. 또한 테네시 계곡에 수력발전소를 건설하는 사업에 착수하면서 국유화라는 위대한 실험을 단행했다. 자본주의는 고비를 넘기고 더 오랜 생명을 얻었고, 정부와 새로운 형태의 관계를 맺었다. 뉴딜 정책이 가져온 가장 중요한 변화는 미국 사회와 개별 주(州)에 미치는 연방정부의 권력이 전시가 아닌 평시에도 확대되었다는 점이며, 이러한 성격은 이후에도 변화하지 않았다. 결국 미국의 정치는 미국이 20세기에 다른 나라들처럼 집산화로 나아가도록 똑같이 압력을 받고 있다는 사실을 반영했다. 또한 이런 면에서 루스벨트 시대는 역사적으로 중대한 시기였다. 루스벨트의 정책으로 남북전쟁 이래로 아무런 변화가 없었던 미국 헌법사와 정치사의 방향이 변화했다. 그리고 루스벨트는 정부의 대규모 경제간섭을 자유주의의 형태로 제시함으로써 부수적으로 파시즘과 공산주의를 대신하는 민주적 대안을 세계에 제공했다. 자본주의 국가의 경제에서 중앙통제를 늘려야 한다고 일찍이 주장했던 경제학자들도 있었지만, 루스벨트의 정책은 경제학자의 논의가 아니라 민주적 절차에 헌신하는 정치가들이 타산적으로 내린 선택에 근거를 두었다. 이 점을 고려할 때 정책의 성과는 한층 더 인상 깊다. 뉴딜 정책은 사람들이 원하는 바를 미국의 정치체제가 충족시켜줄 수 있다는 사실을 훌륭하게 증명했다. 마찬가지로 루스벨트 정부는 미국인 대다수가 참아낼 만한 외교정책도 하나 내놓았다. 루스벨트는 미국이 유럽 문제에서 벗어나서 고립을 추구할 때 생겨나는 위험을 자신의 동포 대다수보다 훨씬 잘 이해했다. 그러나 루스벨트는 자신의 관점을 매우 천천히 드러낼 수 있을 뿐이었다.

만약 독일이 부활한다면 소련과 미국이 빠져버린 탓에 오직 서유럽의 열강들만이 독일을 견제해야 했다. 솔직히 영국과 프랑스는 유럽의 경찰 노릇을 할 만한 처지가 아니었다. 영국과 프랑스는 러시아와 한 편을 맺었을 때조차 독일을 상대하기 힘들었다는 것을 기억하고 있었다. 게다가 1918년 이래로 영국과 프랑스는 엄청난 불화를 겪었다. 또한 두 나라 모두 군사적으로 취약해진 상태였다. 독일이 재무장한다면 병력면에서 자신이 열세임을 알고 있던 프랑스는 요새를 이용한 전략방어 계획에 전력을 쏟았다. 이 계획은 매우 인상 깊은 것이기는 했지만, 사실상 프랑스가 공세를 펼칠 능력마저도 앗아갔다. 유럽의 바다에 자원을 쏟아붓고 있었음에도, 1914년 시기와 마찬가지로 영국 해군에는 경쟁자가 없지 않았으며 안전하지도 않았다. 영국이 전 세계에 병력을 투입하면서 영국군에 가해지는 압력이 점점 커져가던 바로 그 시기에 영국 정부는 군축정책을 취했다. 그리고 군축정책은 경기침체로 인해서 가속화되었다. 영국은 재군비에 따른 비용이 인플레이션을 일으키면서 경제회복을 수포로 만들 것이라고 우려했다. 또한 많은 영국의 유권자들도 독일의 불만이 정당하다고 생각하고 있었다. 이들은 독일 민족주의와 민족자결이라는 미명하에 심지어 독일 식민지를 돌려주는 방식으로 독일에 양보할 마음도 있었다. 또한 영국과 프랑스 모두 유럽의 골칫거리인 이탈리아 때문에 골머리를 앓았다. 1938년 즈음에 베니토 무솔리니가 권력을 잡으면서 이탈리아가 독일에 대항할 것이라는 희망은 완전히 사라졌다.

이는 이탈리아가 뒤늦게 아프리카 쟁탈전에 참여한 데에서 기인했다. 이탈리아는 1935년에 무력으로 에티오피아를 침략했다. 이탈리아의 행보로 '국제연맹이 무엇을 해야 하는가'라는 의문이 제기되었다. 국제연맹의 한 가맹국이 다른 가맹국을 공격했기 때문에 이탈리아의 에티오피아 침략은 명백한 조약 위반이었다. 프랑스와 영국은 곤란한 처지에 놓였다. 열강으로서 지중해의 패권을 잡고 있는 영국과 아프리카 식민지를 거느린 프랑스는 국제연맹에서 이탈리아에 반대하는 데에 앞장설 수밖에 없었다. 그러나 두 국가 모두 무기력하고 성의 없게 반응했다. 영국과 프랑스는 독일과 맞설 때 한 편이 될 수도 있는 이탈리아와 멀어지고 싶지 않았다. (나중에 드러났듯이) 겨우 6년이라는 짧은 기간이기는 하지만, 에티오피아는 주권을 상실했다.

시간이 흐르고 돌아보았을 때 영국과 프랑스가 치명적 실수를 저지른 경우가 몇 번 있었는데, 이탈리아의 침략을 내버려둔 결정도 그중 하나였다. 그러나 뒤돌아보았을 때 상황이 어느 단계에서 다루기 힘든 지경으로 치닫게 되었는지를 말하는 것은 불가능하다. 틀림없이 한층 더 과격하고 엄청나게 기회주의적인 정권이 독일에 들어섰을 때가 중대한 전환점이었을 것이다. 그러나 이 정권이 들어서기에 앞서 불황이 닥쳤고 그 덕분에 권력을 잡을 수 있었으므로, 경제붕괴가 또다른 측면에서 영향을 준 것이었다. 1930년대에 발생한 사태들을 이념적 측면에서 이해하는 것도 가능하다. 이념적 측면에서 당시의 사태는 더욱 격렬했다. 경제가 붕괴하면서 계급갈등이 심화되었기 때문에 계산을 일삼는 정치인들은 국제관계의 발전을 종종 파시즘과 공산주의의 대결이나 심지어 우파와 좌파의 대결 또는 민주주의와 독재의 대결이라는 측면에서 해석했다. 영국과 프랑스가 에티오피아 침공에 보인 반응에 화가 났던 무솔리니가 이탈리아-독일 동맹을 추진하고 반공주의 성전(聖戰)을 언급한 뒤에 국제관계는 두 개의 반대되는 이념 사이의 충돌이라는 생각이 팽배했다. 그러나 이러한 생각은 사람들을 혼동하게 했다. 이념 간의 투쟁이라는 틀을 통해서 1930년대의 국제 문제를 이해하는 태도는 독일 문제의 본질을 흐렸다. 그 때문에 독일 문제의 해결을 더욱 어렵게 만들었다.

소련의 프로파간다도 중요했다. 1930년대 내내 소련의 내부 사정은 위태로웠다. 공업화 계획은 과중한 부담과 막대한 희생을 낳았다. 소련은 — 과장되었을 수도 있지만 — 무지막지하게 강화된 독재를 통해서 이러한 문제들을 해결했다. 소련에서 독재는 농민을 대상으로 하는 집산화 투쟁뿐만 아니라 1934년부터 쭉 계속된 체제의 핵심 인사를 대상으로 하는 테러를 통해서 표출되었다. 5년 동안 수백만 명의 소련 인민들이 처형당하거나 투옥되거나 추방되거나 종종 강제노동 수용소로 보내졌다. 전 세계 사람들은 소련 법정에서 피고인 무리가 비굴하게 터무니없는 '자기반성'을 하는 모습을 경악에 찬 눈으로 우두커니 바라보았다. 소련군 장군 10명 중 9명이 해직되었고 장교단의 절반이 자리에서 물러난 것으로 추정된다. 이 기간 동안 새로운 공산주의자 엘리트들이 숙청된 인물들의 빈 자리를 꿰찼다. 1934년에 열린 공산당대회에 참석했던 대의원의 절반 이상이 1939년 이전에 체포되었다. 외부인들은 소련에서 무슨 일이 일어나고 있는지 제대로 알 수 없었지만 한 가지 사실은 분명했다. 그것은 소련이 결코 문명화된 자유주의 국가가 아니며 또한 이후 든든한 동맹국이 될 수 없다는 사실이었다.

더 직접적으로, 이러한 사태는 그와 결부된 프로파간다 덕에 국제적인 상황에도 영향을 미쳤다. 프로파간다 대부분은 의심할 여지없이 '피포위 강박관념(siege mentality)'에 빠진 소련이 국내에 의도적으로 퍼트린 프로파간다에서 기인했다. 소련은 결코 긴장을 풀지 않았다. 소련은 습관적으로 마르크스주의와 1918년에서 1922년까지 계속된 외부의 간섭 덕분에 태어난 '우리와 그들'이라는 틀로 세계를 이해했고, 이러한 사고방식은 1930년대를 통해서 더욱 강력해졌다. 이 사고방식이 점점 더 강력해지면서 소련 외부에서도 코민테른에 의해서 국제 계급투쟁 교리가 더욱 강력하게 설파되었다. 이에 상응하는 결과는 불을 보듯 뻔했다. 도처에서 보수주의자들이 더 큰 두려움을 느꼈다. 좌익이나 심지어 중도좌파 세력에게 조금이라도 양보하는 것은 곧 볼셰비키에게 승리를 안겨주는 것과 마찬가지라고 생각하기가 쉬워졌다. 우파가 확고하게 이러한 태도를 보이자, 공산주의자들은 계급투쟁과 혁명의 불가피성을 정립할 새로운 근거를 얻었다.

그러나 성공을 거둔 좌익혁명은 단 하나도 없었다. 혁명을 몰고올 수도 있는 위험은 제1차 세계대전 직후에 급속히 가라앉았다. 영국에서 노동당 정권이 1920년대 일부 시기를 평화롭고 순탄하게 통치했다. 두 번째 노동당 정권이 1931년에 재정붕괴로 종말을 고한 뒤에 막대한 선거 지원을 받은 보수연합이 그 자리를 꿰찼다. 권력을 잡은 보수연합의 통치는 영국이 '복지국가'로 거듭나는 데에 수반된 일련의 정책에 놀라울 정도로 충실했다. 그 정책은 진보적인 동시에 점진적인 사회개혁과 행정개혁을 꾀했다. 이러한 추세는 스칸디나비아 국가에서 훨씬 더 뚜렷했다. 이 국가들은 공산주의와 대조적인 방식이기는 했지만 경탄할 정도로 정치적 민주주의와 실제 사회주의를 결합했다. 심지어 왕성히 활동하는 규모가 큰 공산당이 존재하고 있던 프랑스에서도 대공황 이후에조차 유권자 대다수가 공산당의 목표를 받아들일 조짐이 없었다. 독일 공산당은 1933년 전에는 좀더 많은 표를 얻을 수 있었지만 노동운동에 큰 영향력을 행사하고 있던 사민당을 결코 대신할 수 없었다. 위에 언급한 나라들보다 발전 정도가 덜한 나라에서 공산주의 혁명이 성공할 가능성은 훨씬 더 낮았다. 에스파냐에서 공산주의자는 사회주의자와 아나키스트와 경쟁했다. 에스파냐의 보수주의자들은 확실히 공산주의를 두려워했고, 나름의 근거를 가지고 1931년에 수립된 공화국 체제가 점차 사회주의 혁명으로 접어들고 있다고 두려워했다. 그러나 보수주의자를 위협하는 세력이 에스파냐 공산주의일 확률은 매우 낮았다.

그러나 공산주의의 이념 해석은 공산주의자가 아닌 많은 사람들에게도 커다란 호소력을 가졌다. 독일에서 새로운 통치자, 즉 아돌프 히틀러(1889-1945)가 권력을 잡으면서 이 해석은 더욱 설득력을 얻었다. 히틀러가 추구한 목표를 보건대, 그를 제정신을 가진 사람으로 보기는 힘들다. 그럴지라도 그의 성공 때문에 히틀러가 정치적 천재라는 사실을 부정하기는 매우 어렵다. 1920년대 초반에 히틀러는 낙담한 선동가에 불과했다. 히틀러는 바이에른 주정부를 뒤엎는 데에 실패한 뒤에 자신이 가진 민족주의와 반유대주의 강박증을 사람들에게 최면을 걸 듯이 효과적인 연설과 길고 짜임새 없는 자서전 같은 책 한 권에 쏟아냈다. 이 책을 읽은 사람은 거의 없었다. 1933년에 히틀러가 이끈 국가사회주의 독일 노동자당(Nationalsozialistische Deutsche Arbeiterpartei),

줄여서 사람들이 나치당(Nazi)이라고 불렀던 정파는 선거에서 승리를 거두었다. 이 승리는 히틀러가 독일 공화국의 수상으로 임명될 만큼 큰 승리였다. 이 결정은 독일의 혁명화를 의미했다는 점에서, 20세기에 가장 중대한 단일 사건으로 보아도 손색이 없다. 정치적 측면을 볼 때, 히틀러가 수상이 되면서 독일은 침략이라는 새로운 길을 선택했고, 침략은 결국 기존의 유럽과 독일을 파괴하는 것으로 끝났다. 그것은 곧 새로운 세계의 탄생을 의미했다.

전달하는 내용은 단순했을지라도 독일 사회가 히틀러에게 이끌렸던 이유는 복잡했다. 히틀러는 독일이 겪는 문제에는 분명한 근원들이 있다고 설파했다. 베르사유 조약은 그 근원 중의 하나였다. 국제자본가들이 또다른 근원이었다. 히틀러가 추정하건대 독일 마르크스주의자들과 유대인들이 펼치는 반민족 활동도 그러한 근원에 포함되었다. 또한 히틀러는 독일이 정치에서 저지른 잘못을 바로잡을 때 반드시 독일 사회와 문화를 함께 쇄신해야 한다고 말했다. 이는 비아리아적 요소를 축출하여 아리아족의 핏줄을 이어받은 후손으로 독일 민족을 정화하는 문제였다.

1922년에는 히틀러의 이러한 메시지가 큰 호응을 얻지 못했다. 그러나 1930년에 히틀러는 독일 의회에서 77석을 얻은 공산당보다 더 많은 의석인 107석을 얻었다. 이미 나치당은 경제붕괴에 따른 혜택을 누렸고, 경기는 날이 갈수록 나빠졌다. 나치당이 정치적 결실을 거두게 된 데에는 여러 이유가 있었지만, 그중 가장 중요한 이유는 공산주의자들이 또다른 경쟁자인 사회주의자들과 싸우는 데에 온 힘을 쏟았다는 점이다. 공산주의자와 사회주의자의 경쟁으로 1920년 내내 독일 좌파는 돌이킬 수 없을 정도로 어려운 상황에 처했다. 또다른 이유는 바이마르 민주공화국 체제에서 반유대주의 감정이 점점 더 커졌다는 데에 있다. 반유대주의도 마찬가지로 경제붕괴 때문에 고조되었다. 독일이 직면한 여러 문제들을 설명하는 방식에서 반유대주의는 민족주의처럼 계급을 초월하는 호소력이 있었다. 이에 반해서 계급전쟁이라는 용어를 사용하는 단순한 마르크스주의는 (마르크스주의가 바라던 대로) 사람들의 마음을 끌어당기기도 했으나, 다른 한편으로 적대감을 불러일으키기도 했다.

1930년 즈음에 나치당은 자신들이 독일에서 주요한 세력임을 보여주었다.

나치당은 더 많은 지원을 끌어냈고 여러 후원자들을 만들었다. 나치가 노상에서 폭력을 휘두르는 모습에서 공산주의를 막을 수단을 보았던 사람들과, 재무장과 베르사유 강화조약의 개정을 노린 사람들과, 히틀러를 자신들의 정치 게임에 이용하기 좋은 정치 지도자로 생각했던 보수적인 정치인들이 나치당을 지지했다. 정치적 묘책은 복잡했으나 1932년에 나치당은 독일 의회 의석의 과반수를 차지하지는 못했지만, 결국 제1당이 되었다. 1933년 1월 바이마르 공화국 대통령 파울 폰 힌덴부르크(1847-1934)는 헌법 절차에 따라서 히틀러를 내각 수상에 임명했다. 여러 차례의 새로운 선거가 뒤따랐다. 선거에서 나치 정권은 라디오를 독점하고 협박을 일삼았으나 여전히 의석의 과반수를 확보하지는 못했다. 그러나 우익 의원 몇몇이 정부에 특별 권한을 부여하는 투표에서 나치당에 동조하게 되면서, 나치당은 과반수를 얻어냈다. 특별 권한에서 가장 중요한 내용은 긴급 조치에 따른 통치였다. 이로써 의회와 의회주권에 사망선고가 내려졌다. 특별 권한으로 무장한 나치당은 그 다음에 혁명적인 방법으로 민주제도를 파괴해갔다. 1939년 즈음에 나치가 통제나 위협을 가하지 않는 영역은 독일 사회에서 거의 존재하지 않았다. 보수당도 마찬가지로 사라졌다. 이내 보수주의자들은 전통적인 권위에 대한 나치의 간섭이 이제 도를 넘어서고 있음을 깨달았다.

스탈린이 소련을 다스리는 방식과 유사하게 나치는 정적에게 가차 없이 테러를 가하면서 체제를 유지했다. 이내 유대인을 겨냥한 테러의 고삐가 풀렸다. 이 테러를 목격한 유럽인들은 가장 발전한 사회 중 한 곳인 독일 사회에서 중세 유럽이나 제정 러시아에나 존재할 법한 집단학살이 부활했다는 데에 경악했다. 너무 놀라운 일이다 보니 독일 외부에 있는 사람들 대다수는 유대인에 대한 테러를 믿지 못했다. 나치 체제가 어떤 특성을 가지고 있는지가 불명확하다 보니 이러한 문제에 대처하기가 더욱 어려웠다. 어떤 사람이 보기에, 히틀러는 단순히 터키의 아타튀르크처럼 자기 나라를 재건하고 자신들의 정당한 이익을 구현하는 데에 전력을 기울이는 민족주의 지도자였다. 또다른 사람들이 보기에 히틀러는 볼셰비즘에 대항하여 성전을 벌일 십자군이었다. 사람들이 히틀러가 단지 공산주의에 맞서는 유용한 장벽이 되리라고 생각했을 때조차, 좌파들은 히틀러를 자본주의의 앞잡이로 바라볼 가능성이 높았다. 그러나 히틀러나 히틀러의 목표를 단순하게 정의하기에는 어려움이 많다. 지금까지도 여전히 많은 이견들이 존재한다. 아마도 논리적으로 가장 진실에 가까운 설명은, 히틀러는 독일 사회가 품은 분노와 절망을 가장 부정적이고 파괴적인 방식으로 표현했으며 이러한 감정을 극악무도한 수준으로 구현했다는 것이다. 경제 부문에서 재앙이 발생하고, 정치 부문에서 냉소가 팽배해지면서, 그리고 국제적인 역학관계가 독일에 유리하게 변화하면서 히틀러가 가지고 있었던 성격이 영향력을 펼칠 기회가 생겨났던 것이다. 바로 그때 히틀러는 독일인들을 포함하여 모든 유럽인들을 장기적으로 희생시켜가면서 이 부정적 자질을 표출했다.

독일이 1939년에 다시 전쟁에 이르게 된 경로는 복잡하다. 전쟁을 피할 수 있는 기회가 언제였는지에 대해서도 여전히 논쟁중이다. 분명히 중유럽에 야심을 품은 독일을 경계하던 무솔리니가 히틀러와 동맹을 맺었을 때가 중요한 시점이었다. 이탈리아의 에티오피아 침공에 대해서 영국과 프랑스가 펼친 정책 때문에 이들과 무솔리니는 사이가 멀어졌다. 이 사건 이후에 에스파냐에서 내전이 발발했다. 일군의 장교들이 에스파냐의 좌파 공화정을 뒤엎으려고 했다. 히틀러와 무솔리니는 반란 지도자로 떠오른 프란시스코 프랑코(1892-1975) 장군을 지원하고자 군대를 파견했다. 에스파냐 내전으로 인해서 유럽 전체가 상반된 이념들로 분열된 듯 보였다. 이제 히틀러와 무솔리니와 프랑코 모두가 '파시스트'로 인식되었다. 소련은 다른 서유럽 국가들과의 공조를 통해서 에스파냐를 지원하는 외교정책을 펼쳤다. 이 정책에 따라서 각 국가의 공산주의자들은 다른 좌파 정당에 가하던 공격을 멈추고 '인민 전선'을 구축했다. 결국 에스파냐는 가장 노골적인 형태로 우파와 좌파가 충돌하는 장소처럼 보였다. 이러한 인상이 분명히 정확한 것은 아니었지만, 어쨌든 사람들은 유럽이 이념으로 인해서 두 진영으로 양분되었다고 생각했다.

이즈음 영국과 프랑스 정부는 독일 문제를 다루는 데에 따르는 어려움을 정확하게 인식하고 있었다. 히틀러는 이미 1935년에 베르사유 조약이 금지한 재무장에 들어가겠다고 선언했다. 독일은 매우 허약했지만 결국 재무장을 완수했다. 독일이 재무장했다는 사실을 만천하에 드러낸 첫 사건은 라인란트 침공이었다. 독일군은 베르사유 조약에 따라서 독일 영토에서 빠졌던 라인란트 지역의 '비무장' 지대('demilitarized' zone)로 진군했다. 아무도 독일의 이러한 행보를 막으려고 하지 않았다. 에스파냐 내전으로 영국과 프랑스 여론이 분열된 후에 히틀러는 오스트리아를 병합했다. 베르사유 조약에서 독일-오스트리아 병합을 금지했던 조항은 유지되기 어려웠다. 프랑스와 영국의 유권자에게 이러한 병합이 상처받은 민족주의가 표출할 수 있는 정당한 행동으로 비쳐졌다. 오스트리아 공화국도 국내 문제로 혼란했다. '안슐루스(Anschluss, 병합)'는 1938년 3월에 완료되었다. 그해 가을에 독일은 다음 침략 대상을 찾았고, 결국 체코슬로바키아 영토 일부를 점령했다. 체코 침략은 또다시 독일의 민족자결권이라는 허울만 그럴듯한 주장으로 정당화되었다. 독일에 넘어간 지역은 체코슬로바키아의 자기 방어 능력에 심각한 타격을 가할 정도로 중요한 지역이었다. 그러나 그 지역에는 많은 독일인들이 거주하고 있었다. 독일은 이듬해 같은 이유로 리투아니아의 메멜을 침공했다. 프로이센이 1866년 프로이센-오스트리아 전쟁에서 이루지 못했던 오랜 염원을 히틀러는 서서히 이루었다. 이 염원은 바로 독일 혈통을 가진 사람들이 살고 있는 모든 영토들을 통일한 대독일(大獨逸)을 건설하는 것이었다.

체코슬로바키아 분할이 일종의 전환점이었다. 1938년 9월에 뮌헨에서 맺어진 일련의 협정에서 체코슬로바키아 분할이 확정되었다. 이 협정에서는 영국과 독일이 주요 협상국이었다. 영국이 히틀러를 만족시키고자 마지막으로 외교정책에서 큰 결단을 내린 것이 뮌헨 협정이었다. 여전히 영국 수상은 독일에 대해서 단호한 태도를 보이지 않았고 따라서 독일의 재무장에도 반대하지 않았다. 그러나 체코슬로바키아의 독일계 주민들이 체코슬로바키아가 아니라 자신의 모국인 독일의 지배를 받게 된다면 히틀러가 더 이상 베르사유 조약의 개정을 요구하지 않을 것이라고 영국은 판단했다. 물론 베르사유 조약은 이미 누더기가 되었지만 말이다.

영국의 판단은 완벽한 오류였다. 오히려 히틀러는 슬라브 영토로 팽창하는 계획에 착수했다. 첫 단계는 1939년 3월에 체코슬로바키아의 남은 영토를 병합하는 것이었다. 이는 베르사유 조약의 폴란드 관련 조항과 관련되어 있었다. 히틀러는 '폴란드 회랑' 때문에 동프로이센과 독일이 나누어져 있다는 사실에 분개했다. 폴란드 회랑에 포함된 도시인 단치히는 독일의 옛 도시였으나 1919년에 국제적 지위를 얻어 자유시가 되었다. 이 시점에서 영국 정부는 여전히 미온적이기는 했지만, 외교의 기본 방침을 바꾸었다. 즉 독일이 침략하면 행동에 나서겠다고 폴란드와 루마니아와 그리스와 터키에 약속했다. 영국은 또한 조심스럽게 소련과 협상에 들어갔다.

소련의 정책은 여전히 해석하기 어렵다. 스탈린은 에스파냐 내전이 독일의 주의를 끌 수 있는 한 에스파냐의 공화파를 계속 지원하려고 했다. 그러나 스탈린은 그가 항상 두려워했던 소련에 대한 서유럽의 공격에 대비해서 시간을 벌 만한 다른 방법을 모색한 것 같다. 스탈린이 보기에, 독일은 영국과 프랑스의 사주를 받아서 소련을 공격할 것 같았다. 만일 그렇게 된다면, 영국과 프랑스는 오랫동안 마주했던 독일이라는 위험이 방향을 바꾸어 노동자의 국가를 공격하게 되었다고 안도의 한숨을 내쉬게 될 것이 틀림없었다. 소련이 영국이나 프랑스와 힘을 합쳐 히틀러를 저지할 가능성은 거의 없었지만, 세 나라가 힘을 합칠 의지가 있었다고 하더라도 히틀러를 저지하기는 어려웠다. 왜냐하면 러시아군은 폴란드를 가로지르지 않고서는 독일에 도달할 수 없었고 폴란드인은 이를 결코 허가하지 않을 것이었기 때문이다. 그러한 까닭에 소련 외교관이 뮌헨 협정이 이루어진 자리에서 협정 결과를 듣고서 프랑스 동료 외교관에게 말했듯이, 이제 폴란드를 사분할하는 방법 말고는 다른 방법이 없었다. 폴란드 분할은 1939년 여름에 처리되었다. 예전에 독일은 볼셰비키-슬라브의 야만성에 그리고 소련은 파시스트-자본주의의 착취에 혹독한 비판을 쏟아냈으나, 1939년 8월에 독일과 소련은 조약을 맺었다. 조약에 따라서 독일과 소련은 폴란드를 분할했다. 두 독재국가는 외교 분야에서 고무줄처럼 유연한 정책을 펼쳤다. 독소 조약으로 무장한 히틀러는 폴란드로 진군했다. 따라서 히틀러는 1939년 9월 1일에 제2차 세계대전의 포문을 열었다. 이틀 후에 영국과 프랑스는 폴란드에 했던 약속을 지켜서 독일에 선전포고했다.

영국과 프랑스가 폴란드를 도울 수 없다는 사실이 자명했기 때문에 양국

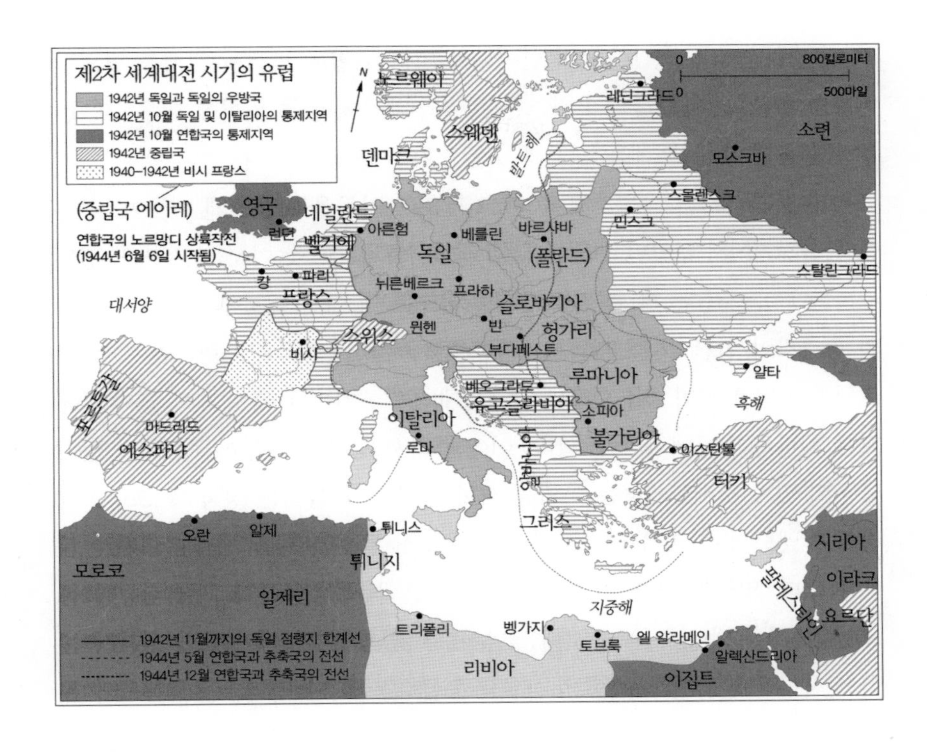

정부는 이 문제에 그다지 열중하지 않았다. 전쟁이 발발하고 한 달 후에 소련과 독일이 폴란드를 분할해 가져가면서 이 불행한 나라는 다시 한번 사라졌다. 그러나 영국과 프랑스가 간섭하지 않았다는 사실은 독일의 유럽 지배를 묵인한다는 사실을 의미할 수도 있었다. 어떤 국가도 영국과 프랑스의 지원이 그럴 만한 가치가 있을 것이라고 생각하지 않았다. 이로써 1914년에 흥분에 휩싸여 전쟁에 나섰던 것과 달리, 유럽 강대국 중 단지 입헌주의를 따르는 영국과 프랑스만이 전체주의 체제에 맞서고 있었다. 양국 국민과 정부 모두 전체주의에 맞선다는 역할에 그다지 열정을 쏟지 않았다. 게다가 자유주의와 민주주의 세력은 1918년 이후에 쇠퇴를 거듭하면서 1914년에 연합국이 누렸던 상태에 비하면 매우 볼품없는 처지에 있었다. 그러나 영국과 프랑스는 히틀러가 장기간에 걸쳐 여러 나라들을 연이어 침략하고 조약을 파기한 데에 격분했기 때문에, 자국민을 안심시킬 만한 강화조약을 이제 와서 맺는 것도 어려운 일이었다. 제2차 세계대전의 근본 원인은 1914년과 마찬가지로 독일의 민족주의였다. 그러나 1914년에는 독일이 위협을 느껴서 전쟁을 일으킨 반면에, 1939년에 영국과 프랑스는 독일의 팽창에 따른 위험에 대응하여 전쟁에 돌입했다. 이번에는 영국과 프랑스가 위협을 느꼈다.

수많은 관찰자들을 놀라게 하고 또 몇몇 사람들을 안심하게 했듯이, 일단 폴란드 전역에서 짧았던 전투가 끝나자 전쟁 개시 후 첫 여섯 달은 거의 평온무사하게 흘러갔다. 제1차 세계대전과 비교할 때 이번 전쟁에서 기계화 부대와 공군력이 훨씬 더 중요하다는 사실은 자명했다. 영국과 프랑스는 솜과 베르됭에서 당했던 학살을 너무나 생생하게 기억했기 때문에 경제적 공세 외에 다른 계획을 염두에 두지 않았다. 이에 따라서 영국과 프랑스는 효과가 있기를 바라면서 경제봉쇄라는 무기를 꺼내 들었다. 히틀러는 영국 및 프랑스와 강화를 맺고 싶은 마음이 간절했기 때문에 이 두 나라의 심기를 건드릴 의도는 없었다. 영국이 스칸디나비아 영해에서 봉쇄를 강화하려고 하면서, 그제야 교착상태가 끝났다. 이와 동시에 놀랍게도 독일의 노르웨이 및 덴마크 점령이라는 사건이 벌어졌다. 독일은 철광석 공급로를 확보하고자 이 두 나라를 공격했다. 1940년 4월 9일에 벌어진 이 공세와 함께 전면전의 시기가 시작되었다. 겨우 한 달 뒤에 독일은 다음 침략에 나서서 대단한 성공을 거두었다. 독일군은 저지대 국가를 먼저 공격한 뒤 프랑스로 진군했다. 아르덴 숲을 가로질러 독일군이 퍼부은 막강한 기갑공격으로 연합군 군대는 사분오열되었고 파리는 함락되었다. 6월 22일에 프랑스는 독일과 맺은 휴전조약에 조인했다. 6월 말쯤 피레네 산맥에서 노르웨이의 노스 곶까지 이어지는 해안에 면한 유럽 영토가 전부 독일의 영토가 되었다. 프랑스가 항복하기 열흘 전에 이탈리아는 독일 측에 합류했다. 영국은 프랑스 군함 여러 척이 독일의 손아귀에 들어갈까 두려운 나머지 이를 빼앗거나 파괴했다. 그러나 프랑스에 새로 들어선 비시 정부는 영국과 맺은 관계를 끊었다. 제1차 세계대전의 영웅 필리프 페탱(1856-1951) 원수가 비시 정부의 수반으로 취임하면서 사실상 프랑스 제3공화국이 막을 내렸다. 대륙에 동맹국이 단 하나도 남지 않은 상태였기 때문에 영국은 전략적으로 최악의 상황에 처했다. 상황은 오래전 나폴레옹에게 맞서 싸웠을 때보다 더 나빴다.

이는 전쟁의 본질에 가해진 거대한 변화였으나, 영국이 아주 외톨이는 아니었다. 영국 편으로 참전한 영연방 자치령과 독일에 유린당한 조국을 떠나온 망명정부가 상당수 있었다. 어떤 망명정부는 자국민으로 이루어진 군대를 거느리고 있었다. 예를 들면, 노르웨이, 덴마크, 네덜란드, 벨기에, 체코, 폴란드가 독일에 맞서 당당하게 싸우고 있었고 이후 수년간 종종 의미 있는 성과를 거두기도 했다. 프랑스 망명정부는 본토에서 쫓겨난 정부 중에 가장 중요했다. 그러나 그 시점에 망명정부는 프랑스 내의 일개 당파에 불과했으며 합법적 정부는 아니었다. 망명정부의 지도자는 프랑스 장군 샤를 드골(1890-1970)이었다. 드골은 프랑스와 독일 사이에 휴전조약이 성사되기 전에 조국을 떠났고, 프랑스 법원은 결석재판에서 드골에게 사형을 선고했다. 영국인은 드골을 단지 '자유 프랑스의 지도자'로만 인정했으나, 드골은 스스로를 제3공화국 헌법이 인정한 계승자이며 프랑스의 국익과 명예를 보호하는 지도자라고 생각했다. 이내 드골은 독립을 외치기 시작했고, 결국 클레망소 이후로 조국의 가장 충직한 종이 되었다.

그 즉시 드골은 영국에 중요한 존재가 되었는데 이는 프랑스 식민지에서 무슨 일이 일어날지 확실하지 않았기 때문이었다. 드골은 자유 프랑스 편에 서서 독일과 계속 싸우려고 하는 동조자를 프랑스 식민지에서 찾기를 원했다. 이러한 이유에서 전쟁의 범위는 지리적으로 확대되었다. 또한 이탈리아가 점령한 아프리카 지역과 지중해 해로가 작전지역에 포함되면서 결국 이탈리아도 참전하게 되었다. 마지막으로, 독일이 대서양과 스칸디나비아 반도에 있는 항구를 이용할 수 있었기 때문에 후일 '대서양 전투(Battle of the Atlantic)'로 불릴 전장이 추가되었다. 이곳에서 독일은 영국의 해상통로를 끊어버리거나 약화시키고자 해저와 수상과 공중에서 공격을 퍼부었다. 자연히 이 지역은 치열한 격전지가 될 수밖에 없었다.

당장에 영국은 독일로부터 정면공격을 받았다. 바로 그때, 영국 국민을 이끌어 독일이 던진 도전장에 맞설 인물이 있었다. 그 인물은 오랜 세월에 걸쳐 파란만장했던 정치 경력을 끝내고 노르웨이 전선이 붕괴된 그해에 수상이 된 윈스턴 처칠(1874-1965)이었다. 그 당시 어느 누구도 처칠만큼 하원에서 모든 당파의 지지를 받은 인물이 없었다. 처칠은 취임 직후 연립정부를 구성했고 강력한 지도권을 얻었는데, 처칠 이전에는 드문 일이었다. 그러나 이것보다 더 중요한 점은 처칠이 영국 국민을 일깨웠다는 것이다. 처칠의 라디오 연설을 듣고 영국 국민들은 그동안 잊고 있었던 영국인의 자질을 깨달았다. 따라서 정면공격을 통해서 영국을 전쟁에서 몰아내려던 독일의 계획이 무산되었음이 이내 분명해졌다.

레이더와 같은 영국 과학의 업적과 영국 공군에 의해서 1940년 8월과 9월 남부 잉글랜드 상공에서 벌어진 치열했던 공중전에서 영국은 승리를 거두었다. 이 승리 이후 영국이 계속 전쟁을 수행하리라는 점은 한층 더 분명해졌다. 잠깐 동안이나마 영국인들은 그리스인이 마라톤 전투 이후 경험했을 법한 긍지와 안도를 느꼈다. 이후 수없이 인용될 터인 연설에서 처칠이 말한 것은 사실이었다. 즉, "인류의 전쟁사를 통틀어 이렇게 많은 사람이 이렇게 소수의 사람에게 이 정도로 많은 빚을 진 적은 없었다." 이 승리를 통해서 도버 해협을 건너 영국을 침공하려던 독일의 계획은 수포로 돌아갔다. 또한 이 승리로 인해서 공중폭격만으로는 영국을 무릎 꿇게 할 수 없다는 사실이 분명해졌다. 일견 영국이 처한 상황은 암울했으나 영국이 공중전에서 거둔 승리로 인해서 전쟁의 향방이 바뀌었다. 이 승리를 기점으로 여러 사안들 때문에 독일이 다른 지역들로 관심을 돌렸기 때문이었다. 1940년 12월에 독일은 소련 침공계획에 착수했다.

그해 겨울 소련은 서부의 더 먼 곳까지 영토를 확장했는데, 이는 언제 침공할지 모르는 독일에 맞서 방어지역을 갖추기 위함이었다. 소련은 핀란드와 전쟁을 벌여서 전략 거점을 확보했다. 소련은 발트 해 연안의 세 공화국, 즉 라트비아와 리투아니아와 에스토니아를 1940년에 합병했다. 루마니아가 1918년에 러시아로부터 가져온 베사라비아는 다시 소련에 넘어갔고 이번에는 부코비나 북부 지역도 함께 넘어갔다. 부코비나의 경우를 볼 때 스탈린은 차르 시대의 국경선을 더욱 확장하고 있었다. 앞으로 소련이 어느 쪽을 향해서 팽창할지에 관해서 의견이 분분했고 어느 정도는 이 때문에 독일이 소련 침공을 결정했다. 독일은 소련을 발칸 반도와 발칸 근처 해협에서 떨어뜨려놓으려고 애썼다. 또한 독일은 신속하게 소련을 정복해서, 더 이상의 싸움은 무의미하다는 점을 영국에 보여주고자 했다. 그러나 이 결정에는 한 개인의 성향도 깊게 반영되었다. 히틀러는 언제나 진심으로 그리고 광적으로 볼셰비즘을 혐오했다. 그리고 히틀러의 생각에 슬라브인은 열등한 인종이므로 이들은 우월한 인종인 독일인에게 동부의 생활공간(Lebensraum)과 자원들을 넘겨야 했다. 히틀러의 생각은 튜턴인이 투쟁해서 동쪽 슬라브인에게 유럽 문명을 가르쳐야 한다는 오랜 환상의 비뚤어진 최종판이었다. 이러한 생각에 호응했던 독일인이 많았다. 이전의 십자군전쟁 신화보다 더 소름끼치는 잔혹행위도 이러한 생각에 의해서 정당화되었다.

그해 봄에 잠깐 동안 거대한 힘을 가진 두 나라의 맞대결이라는 대서사극의 서곡이 시작되었다. 독일이 유고슬라비아와 그리스를 침략한 것이다(공교롭게도 이탈리아 군대는 1940년 10월 이후에 이 지역을 두 번째로 공격했다). 영국군은 또다시 유럽 본토 밖으로 쫓겨났다. 독일은 놀랄 만한 공수작전으로 크레타 섬도 점령했다. 이로써 독일은 대규모 소련 기습작전을 위한 만반의 준비를 끝냈다. 이 작전은 제3차 십자군원정을 이끈 (그리고 원정 도중에 익사한) 신성 로마 제국의 황제 프리드리히 1세(재위 1152-1190)의 별명을 따서 '바르바로사(Barbarossa)' 작전으로 명명되었다.

독일의 공격은 1941년 6월 22일에 시작되었고 처음에는 파죽지세로 소련 영토를 점령해갔다. 엄청난 수의 병사가 독일군에게 포로로 잡혔고, 소련군은 수백 마일을 후퇴했다. 독일군 선봉대는 모스크바 코앞까지 도달했다. 그러나 독일군은 도무지 모스크바에 진입할 수 없었다. 성탄절 즈음에 소련군은 처음으로 반격에 성공했다. 이로써 독일군은 사실상 돈좌(頓挫)되었다. 전략상 독일군은 주도권을 상실했다. 영국과 소련이 독일의 공격을 버텨내고 서로 동맹 상태를 유지하는 한, 그리고 무시무시한 힘을 가진 신무기 개발로 전쟁에 근본적 변화가 일어나지 않는 한, 미국은 무기생산을 통해서 영국과 소련의 힘을 비약적으로 증가시킬 것이었다. 물론 미국이 군수원조를 했다고 영국과 소련이 반드시 독일을 물리치라는 법은 없었다. 그러나 당시에는 미국의 원조가 최소한 독일을 협상 테이블로 불러올 가능성이 높았다.

루스벨트는 1940년 이래로 미국의 이익을 위해서 자국민과 중립법이 허용하는 최대한도로 영국을 지원해야 한다고 생각했다. 사실 때로 루스벨트는 이 최대한도를 넘어서기도 했다. 1941년 여름 히틀러는 미국의 의도와 목표로 판단해볼 때, 선전포고를 하지는 않았지만 미국은 실질적인 적국이라는 사실을 깨달았다. 1941년 3월 무기대여법(Lend-Lease Act)의 제정은 중요한 국면이었다. 미국은 국내에 유입된 영국 자본을 청산한 뒤에 대금을 받지 않고 연합국에 여러 제조품과 용역을 제공했다. 곧이어 미국 정부는 해상순찰의 범위를 넓혀 대서양으로 향해서, 더 멀리 동쪽으로 항해하는 선박들을 보호하기 시작했다. 독일이 소련을 침략한 후에 처칠과 루스벨트는 회담을 가졌고 양국이 공유하는 원칙을 담아서 성명—대서양 헌장(Atlantic Charter)—을 채택했다. 전시 상태인 영국의 지도자와 공식적으로는 평시 상태인 미국의 지도자가 '나치의 폭압이 완전히 사라진 이후'에 도래할 전후 세계에 필요한 것이 무엇인지를 언급했다. 이는 고립주의와 매우 거리가 먼 조치였다. 더욱이 대서양 헌장 때문에 히틀러는 1941년에 운명을 가를 만한 두 번째 어리석은 결정을 내렸다. 바로 12월 11일에 독일이 미국에 선전포고를 한 것이다. 이로부터 나흘 전에 일본은 영국과 미국 영토를 공격했다. 히틀러는 미국에 선전포고를 하겠다고 일찍이 일본에 약조를 했다. 이제 전쟁은 세계대전이 되었다. 영국과 미국이 일본에 선전포고를 하면서 두 개의 개별적인 전쟁이 하나의 전쟁으로 합쳐졌고, 오직 영국만 양쪽 전역에 모두 참여하고 있었다. 미국은 유럽 전선에는 참여하지 못한 채 오직 태평양에만 힘을 쏟아부을 수도 있었으나, 히틀러가 미국에 선전포고를 함으로써 독일은 좋은 기회를 놓쳤다. 히틀러의 대미 선전포고만큼 한 시대의 종언을 확실하게 고하는 행위를 찾기는 어렵다. 왜냐하면 이로써 유럽이 스스로에 대한 주도권을 잃었기 때문이다. 이제 유럽의 미래는 유럽 자체의 노력에 의해서가 아니라 유럽의 양쪽 측면에 위치한 두 강대국, 즉 미국과 소련에 의해서 결정될 것이었다.

일본이 내놓은 정책이 논리상 오랫동안 미국과 갈등을 일으키는 방향이었다고 할지라도, 미국을 선제공격한다는 결정은 마찬가지로 성급한 것이었다. 일본이 독일과 이탈리아와 함께 전쟁을 수행한다는 점이 모든 교전국들에게 일정 정도의 선전효과가 있기는 했지만, 일본이 이 두 나라와 맺은 동맹은 실제로 별다른 소용이 없었다. 일본이 정책상 공격 시기를 결정하는 데에서 중요했던 것은 도쿄에서 벌어진 논쟁의 결과였다. 이 논쟁에서는 언젠가 참전할 미국에 미리 도전장을 내미는 것이 위험한지 여부를 두고 일본의 정치가들은 갑론을박했다. 문제의 핵심은 일본이 중일전쟁에서 승리하기 위해서는 석유를 포함해서 여러 자원들이 필요하다는 데에 있었다. 일본은 단지 중국을 파괴하는 데에 미국이 암묵적으로 동의해주기를 원했다. 그러나 그렇게 해줄 수 있는 미국 정부는 존재하지 않았다. 대신에 1941년 10월 미국 정부는 자국민이 일본과 통상 활동을 하는 것을 일체 금지하는 법을 도입했다.

이에 일본은 1930년대에 반동적인 군부세력이 부상하면서 시작된 과정의 마지막 단계에 돌입했다. 이때쯤 일본의 군사계획자들이 해결해야 하는 문제는 오직 전략과 기술 문제였다. 일본은 군대에 필요한 물자를 동남 아시아에서 가져와야 했다. 일본이 결정해야 하는 사안이라고는 미국을 상대로 어떠한 성격의 전쟁을 언제 벌일 것인지밖에 없었다. 그러한 결정은 본질적으로 비논리적인 것이었는데, 왜냐하면 일본이 최종적으로 성공을 거둘 가능성이 매우 낮았기 때문이었다. 그럴지라도 일단 국가의 명예를 드높이자는 주장이 논쟁에서 승리를 거두자마자 마지막으로 일본 정부는 가장 적절한 공격 지점과 시기를 신중하게 고려했다. 일본은 자국 해군이 태평양과 남중국해에서 최대한 자유롭게 활동할 수 있도록 처음부터 미국 해군력에 가능한 가장 강력한 일격을 가하기로 결정했다. 그 결과 일본은 1941년 12월 7일에 맹습을 감행했다. 이때 일본 공군은 진주만에 정박한 미국 함대를 폭격하는 것을 중점으로 삼았다. 진주만 공습은 전쟁사에 길이 남을 가장 훌륭히 구상되고 수행된 작전 중 하나였다. 그러나 일본이 원하던 전략상 주도권은 몇 달간 누렸을지라도 미국 해군이 보유한 항공전력을 완전히 파괴하지는 못했기 때문에 진주만 공습을 완벽한 성공으로 보기는 힘들다. 진주만에서 승리를 거둔 이후 일본은 결국 패배할 수밖에 없는 장기전에 돌입했다. 일본의 적은 하나로 똘똘 뭉친 미국인이었다. 미국인들은 사실상 12월 8일부터 고립주의를 버렸다. 루스벨트는 우드로 윌슨이 결코 이루지 못했던 국가를 만들었다.

일본군의 포탄 몇 발이 미국 본토에도 떨어지게 되면서, 제2차 세계대전은 제1차 세계대전보다 진정한 의미에서 훨씬 더 '세계'전쟁에 가까웠다. 일본군이 진주만을 공습하고 있을 때 독일군은 발칸 지역에서 작전을 펼치고 있었다. 이때쯤 유럽 대륙에서는 에스파냐와 포르투갈과 스웨덴과 스위스, 고작 이 네 나라만 중립국으로 남았다. 북아프리카 전역의 경우, 양측은 리비아와 이집트 중간에서 승패를 주거니 받거니 하며 격렬하게 싸웠다. 북아프리카 전역은 더 멀리 중동까지 확장되었다. 독일군 파견부대가 시리아에 도착하고 영국군이 독일 항공기의 지원을 받던 이라크의 민족주의 정부를 몰아내면서 시리아와 이라크가 전역에 포함되었다. 1941년에 영국군과 소련군이 이라크를 점령했다. 아프리카의 경우, 에티오피아는 해방을 맞이했고 이탈리아 식민제국은 멸망했다.

동아시아 전쟁이 시작되면서 일본은 이 지역에 있던 식민제국들을 파괴했다. 일본군은 수개월 만에 인도네시아와 인도차이나 반도와 말레이 반도와 필리핀을 점령했다. 또한 버마를 지나서 인도 국경선을 향해서 진군했고, 이내 뉴기니에서 오스트레일리아 북부에 위치한 다윈 항구에 폭격을 가했다. 그 사이 독일군은 잠수함과 항공기와 해상 레이더를 이용하여 대서양과 북극해와 지중해와 인도양 곳곳에서 해전을 벌였다. 이 전쟁에 끼어들지 않았던 나라는 아주 극소수였다. 이 전쟁에 들어가는 물자와 노력은 어마어마했고, 교전국들은 제1차 세계대전 때보다 훨씬 더 총체적으로 사회 전체를 동원해야 했다. 미국의 역할이 결정적이었다. 미국의 엄청난 산업생산력 덕분에 '국제연합(United Nations, UN)'이 물질적 우위를 누렸다는 사실은 재론의 여지가 없다. 국제연합은 독일과 이탈리아와 일본에 맞서 싸우던 연합국을 1942년 초부터 일컫던 명칭이었다.

그렇더라도 여전히 험난한 길이 남아 있었다. 연합국에게 1942년 상반기는 매우 암울한 시기였다. 그러나 서로 다른 네 곳에서 벌어진 대전투들에서 연합국은 전환점을 맞이했다. 미드웨이 제도를 공격했던 일본 함대는 6월에 벌어진 해전에서 주로 함재기(艦載機)를 이용한 미국의 공중공격에 의해서 파괴되었다. 항공모함 4척과 다수의 항공기 승무원을 잃은 일본은 이후 전략적 주도권을 결코 되찾을 수 없었다. 이제 미국이 오랜 반격에 나서기 시작했다. 또 11월 초에 영국군은 이집트에서 독일군과 이탈리아군을 상대로 결정적 승리를 거둔 후 서쪽으로 진군하기 시작했다. 영국은 결국 북아프리카에서 적을 몰아내게 될 터였다. 영미 연합군이 프랑스령 북아프리카에 상륙하면서 엘 알라메인 전투가 시작되었다. 영국군과 미국군은 나중에 동쪽으로 진격했고, 1943년 5월쯤 독일군과 이탈리아군은 아프리카 대륙에서 저항을 멈추었다. 그로부터 6개월 전인 1942년 말에 소련군은 볼가 강변의 도시 스탈린그라드에서 독일군 1개 집단군을 돈좌시켰다. 이 집단군은 히틀러가 경솔하게 진격 방향을 바꾸어놓은 남부집단군이었다. 스탈린그라드 전투는 러시아에서 수행한 전투 중 독일군의 사기를 가장 심하게 꺾은 전투였다. 전투에서 살아남은 독일군은 1943년 2월에 항복했다. 스탈린그라드 전투는 소련군이 겨울 세 달 동안 눈부시게 진군하며 이루어낸 성과 중 하나였다. 이때를 기점으로 동부전선에서 전쟁이 전환점을 맞이했다.

연합국은 다른 곳에서도 또 거대한 승리를 거두었다. 날짜를 정확히 말할 수는 없지만 이 승리는 앞서 언급한 승리만큼 중요했다. 이는 바로 대서양 전투였다. 연합국의 상선 손실은 1942년에 최고조에 달했다. 1942년 말에 연합국은 거의 800만 톤에 달하는 선박을 잃어가며 독일 잠수함 U-보트 87척을 침몰시켰다. 1943년에는 3,100만 톤의 상선 손실이 있었고, U-보트 237척을 침몰시켰다. 그해 봄 몇 달 안에 연합국은 마침내 대서양 전투에서 승리를 거두었다. 5월 한 달 동안에만 U-보트 47척이 침몰했다. 대서양 전투의 승패에 따라서 연합국에 속한 국가가 미국의 제조품을 받을 수 있는지 여부가 결정되었기 때문에 대서양 전투가 모든 전투 중 가장 중요했다.

연합국에 제해권이 넘어가면서 유럽으로 들어가는 진격로가 다시 확보되었다. 루스벨트는 독일 격퇴에 우선순위를 두는 데에 동의했다. 그러나 소련군의 부담을 덜어주기 위해서 계획된 프랑스에 상륙하는 작전은 결국 1944년이 되어서야 가능했으며, 이에 스탈린은 분노했다. 작전이 시작되면서 영미 연합군은 1944년 6월에 프랑스 북부에 상륙했다. 이는 인류 역사에서 최대 규모로 수행된 상륙작전이었다. 그때 즈음에 무솔리니와 그의 정권은 이탈리아인들에 의해서 타도되었고, 이미 연합국이 이탈리아 남부에서부터 진격하고 있었다. 이제 독일은 전선 세 곳에서 전쟁을 치르고 있었다. 영미 연합군이 노르망디에 상륙한 직후 소련군이 폴란드에 입성했다. 소련군은 다른 연합국보다 더 빠르게 진격하여 4월에는 베를린에 도달했다. 서쪽에서 연합국 군대는 이탈리아를 쳐부수고 중유럽으로 진군하는 한편, 저지대 국가에서 독일 북부로 진격했다. 거의 우연히 전쟁 막바지 몇 달 동안 연합국이 가한 대규모 공중폭격으로 독일의 여러 도시들이 끔찍할 정도로 타격을 받았다. 이 공중폭격은 전략적으로는 독일에 그 어떤 타격도 주지 못했다. 4월 30일, 전 세계를 전쟁의 화염 속에 밀어넣은 인물이 베를린의 폐허 더미 속 벙커에서 자살했다. 이로써 역사적으로 중요한 유럽은 문자 그대로뿐만 아니라 상징적으로도 폐허가 되었다.

동양에서 벌어진 전쟁은 조금 더 오래 지속되었다. 1945년 8월 초에 일본 정부는 전쟁에서 패배할 수밖에 없다는 사실을 깨달았다. 일본은 예전에 점령했던 지역을 빼앗겼으며 본토는 미국의 폭격으로 쑥대밭이 되었다. 그리고 일본이 수행한 군사활동의 주된 통신망일 뿐만 아니라 타국의 침입을 막아주었던 일본의 해군력은 붕괴했다. 바로 그때, 미국은 여태껏 인간이 결코 접해보지 못했을 정도로 파괴적 위력을 가진 핵폭탄 두 발을 일본의 두 도시에 투하했다. 핵폭탄 투하의 결과는 소름끼칠 정도로 무시무시했다. 미국이 두 번째 핵폭탄을 나가사키에 투하하기 전에 소련은 일본에 선전포고했다. 1945년 9월 2일에 일본 정부는 자멸적인 최후의 저항을 하겠다는 계획을 폐기하고 항복문서에 조인했다. 이로써 제2차 세계대전이 종전을 고했다.

전쟁 직후에는 제2차 세계대전의 여파가 어느 정도인지 가늠하기 어려웠다. 일단 눈에 분명하게 보이는 유일한 좋은 점은 나치 정권이 전복되었다는 점이었다. 연합국 군대가 유럽으로 진군하면서 대규모 수용소의 잠겼던 문이 열렸고 그 안에서 벌어진 일이 드러났다. 이로써 테러와 고문 체계의 가장 악랄한 악마의 모습이 드러났다. 영국인들에게 행한 처칠의 다음과 같은 연설 속에 명백한 진실이 있다. "만약 우리가 실패한다면, 미국을 포함해서 그리고 우리가 알고 지내고 보살피던 나라들 모두를 포함해서 전 세계가 새로운 암흑

시대의 심연으로 가라앉을 것입니다. 비뚤어진 과학으로 더 사악해지고 아마도 더 오래갈 그 암흑시대의 심연 속으로 말입니다."

나치가 저지른 만행은 먼저 벨젠*과 부헨발트**에서 목격할 수 있었다. 정치범과 다른 나라에서 끌고 온 노예노동력과 전쟁포로에게 가해진 잔혹행위에서 정도의 차이는 거의 없었다. 그러나 전 세계 사람들은 독일인이 소위 '최종 해결책'을 통해서 유럽 유대인을 절멸시키고자 체계적으로 시도했다는 사실을 뒤늦게 알고 엄청난 충격에 빠졌다. 독일인들의 이러한 시도는 인구지도를 바꾸기에 충분했다. 폴란드 유대인은 거의 사라졌다. 폴란드에서만큼은 아니었지만, 네덜란드에서도 유대인은 그 숫자에 비해서 끔찍할 정도로 고통을 받았다. 전반적으로 볼 때, 정확한 수치는 결코 알 수 없을지라도 500만에서 600만 명에 달하는 유대인이 죽음을 당했다. 이들은 가스실과 강제수용소의 소각장에서 죽거나 유럽 동부와 동남부에서 총살이나 즉결처형을 당하거나 또는 과로와 기아로 사망했다.

제2차 세계대전이 악(惡)에 대항한 투쟁으로 받아들여졌기 때문에 전쟁에 관여하지 않은 사람이나 국가는 거의 없었다. 전쟁이 계속될수록 전쟁 그 자체에 도덕적인 요소가 있다는 생각에 많은 사람들이 용기를 얻었던 것도 사실이다. 프로파간다가 이러한 분위기를 조성하는 데에 이바지했다. 유럽에서 유일하게 영국만이 홀로 살아남기 위해서 힘겨운 싸움을 계속하던 동안에도 민주주의 국가였던 영국의 국민들은 이 전쟁에서 민주주의의 생존과 나치즘의 파괴를 넘어서는 어떠한 좋은 결말이 있을 것이라고 생각했다. 강대국끼리 협력하는 새로운 세계와 사회와 경제의 복구에 대한 열망이 대서양 헌장과 국제연합 창설에 구현되었다. 사람들이 국가 간 협력에 호의를 가지고, 국가 간 이익과 사회적 이상에 존재하던 차이가 모호해지면서 대서양 헌장과 국제연합을 위한 분위기가 조성되었다. 그러나 이러한 전시의 모호해졌던 차이는

---

* 독일 동북부 지역으로 베르겐-벨젠 강제수용소가 있었다. 1943년에 세워져 4만여 명을 수용했다. 『안네의 일기』의 주인공인 안네 프랑크가 사망한 수용소이기도 하다/역주

** 독일 튀링겐의 바이마르 북서쪽에 있던 수용소이다. 1937년 세워져 전시에 최대 2만여 명을 수용했다/역주

전쟁 이후 매우 빠르게 분명한 차이로 변화했다. 평화의 시작과 함께 전시에 사용되었던 수사 대부분이 부메랑처럼 좋지 못한 방향으로 되돌아왔다. 총성이 멈춘 뒤에 세계가 재편되는 모습에 사람들은 환멸을 느꼈다. 그러나 이 모든 것들에도 불구하고 유럽에서 1939년부터 1945년까지 벌어진 전쟁은 어떤 측면에서 도덕과 관련된 투쟁이었다. 그리고 아마도 강대국들은 이런 방식의 전쟁을 그 이전에는 결코 치러본 적이 없었을 것이다. 이 점을 기억하는 것이 중요하다. 연합국의 승리가 유감스러운 결과를 낳았다고 말하는 사람들이 너무 많다. 더욱이 연합국이 자유 민주주의 문명에 가해진 인류 역사상 최악의 도전을 완전히 물리쳤다는 사실 또한 너무 쉽게 잊혀졌다.

선견지명이 있는 사람들 몇몇은 제2차 세계대전에서 엄청난 역설을 보았다. 많은 점에서 독일은 유럽에서 가장 발전한 국가 중의 하나였다. 유럽 문명의 가장 뛰어난 부분들 중 많은 부분을 독일이 구현하고 있었다. 바로 그 독일이 집단적인 정신착란의 먹잇감으로 전락할 수밖에 없었다는 사실이 문명 바로 그 자체가 뿌리에서부터 무엇인가 잘못되었음을 의미했다. 나치의 범죄는 정복에 취해서 발작을 일으키는 듯이 야만적인 방식으로 수행되지 않았다. 오히려 그 방식은 종종 비효율적이었을지라도, 체계적이고 과학적이며 통제적이고 관료적이었다. 나치의 범죄에는 그들이 추구하는 오싹한 결말을 빼놓고는 비이성적 측면이 거의 존재하지 않았다. 의미심장하게도 이런 측면에서 태평양 전쟁은 유럽에서의 전쟁과 달랐다. 일본 제국주의는 잠시 유럽의 옛 제국주의를 대신했다. 그러나 일본의 신민이 된 민족 대다수가 이러한 변화를 그다지 안타까워하지 않았다. 연합국은 전시 프로파간다를 통해서 일본이 '파시스트'라는 관념을 퍼뜨리려고 했으나 이는 매우 전통적인 한 사회의 성격을 왜곡하는 시도였다. 일본이 승리했더라도 독일 치하에서 유럽 국가들이 겪었던 소름끼치는 결말이 아시아에서 똑같이 되풀이되지는 않았을 것이다.

전쟁이 가져온 두 번째 명확한 결과는 전대미문의 파괴였다. 파괴의 정도는 공중폭격으로 황폐해진 독일과 일본의 도시에서 분명하게 드러났다. 제2차 세계대전에서 이루어진 대혁신 중의 하나인 공중폭격으로 인해서 에스파냐 내전 당시 에스파냐의 여러 도시들이 입은 폭격의 피해보다 훨씬 더 큰 피해가 사람과 건물에 가해졌다. 공중폭격에 관한 이전의 많은 저술들 때문에, 한때 사람들은 공중폭격만으로도 한 국가를 굴복시킬 수 있다고 확신했다. 사실, 공중폭격은 다른 형태의 전투와 결합될 때 매우 효과적인 군사활동이 될 수 있지만, 독일에 대한 대규모 전략폭격은 영국 공군이 개발하여 1940년 초에 소규모로만 수행되었다. 1942년부터 미국 공군이 꾸준히 전략폭격을 수행했다. 전략폭격은 영국과 미국의 공군이 힘을 합쳐 독일 목표 지점에 주야간 폭격을 지속적으로 퍼부을 수 있는 수준까지 계속되었다. 그러나 종전을 몇 달 남기고까지 계속된 전략폭격으로 영국군과 미국군은 별다른 성과를 거두지 못했다. 일본의 여러 도시들을 불태워버린 폭격도 전략적으로 그다지 중요하지 않았다. 오히려 일본의 제해권을 파괴하는 것이 더 중요했다.

단지 도시만 파괴된 것은 아니었다. 중부 유럽의 경제생활과 통신수단은 지독할 정도로 파괴되었다. 1945년에 난민 수백만 명이 살 곳을 찾기 위해서 유럽 이곳저곳을 배회했다. 먹을 것을 구하기 어려웠기 때문에 기아와 전염병이 퍼지기 십상이었다. 1918년에 유럽을 덮쳤던 엄청난 문제들이 다시 유럽을 덮쳤고, 이번에는 패배와 점령으로 사기가 꺾인 국가들이 대상이었다. 중립국으로 남아 있던 네 나라와 영국만이 전쟁으로 인한 이러한 재앙에서 벗어났다. 개인이 무기를 소지한 경우가 많았고, 어떤 사람들은 혁명이 일어날까봐 두려워했다. 아시아도 별 다를 것이 없었다. 그러나 아시아는 물리적 파괴의 정도가 덜했기 때문에 아시아가 유럽보다 더 빨리 회복될 공산이 컸다.

유럽에서도 전쟁의 정치적 영향력은 분명했다. 1914년까지 실제로 존재했고 제1차 세계대전 이후에도 계속되고 있다고 착각했던 권력구조가 1941년에 드디어 종말을 고했다. 주변부에 있던 두 열강, 즉 소련과 미국이 정치적으로 유럽을 지배했으며 군사적으로 유럽 중심부에 자리잡았다. 이 사실은 연합국 정상들이 1945년에 2월에 가진 얄타 회담에서 분명하게 드러났다. 얄타 회담에서 루스벨트는 소련의 대일전 참전을 조건으로 비밀리에 스탈린과 합의했다. 또한 얄타 회담은 세 강대국의 지도자들에게 유럽에 관해서 합의할 수 있도록 기반을 제공했다. 이 합의는 지난 수십 년간 유럽에서 이루어졌던 합의 중 전후 시기에 대한 가장 공식적인 성격의 합의였다. 결과적으로 기존에 존재하던 중유럽은 사라지고 유럽은 동유럽권과 서유럽권으로 양분되었다. 이탈리아 동북부의 트리에스테에서 시작하여 발트 해로 이어지는 경계선은 또다시 현실이 되었다. 그러나 이번에는 새로운 차이점이 이전의 오래된 차이점 위에 더해졌다. 1945년 말에 동유럽권에서 그리스를 제외한 모든 국가들에서 공산주의 정부나 공산주의자와 권력을 나누어 가지는 정부가 들어섰다. 공산주의를 확산하는 데에서 동유럽권의 국가를 침략했던 소련군이 혁명보다 훨씬 더 좋은 수단이었다. 소련이 제2차 세계대전 이전에 폴란드와 루마니아 영토의 일부였던 곳을 흡수했다는 사실은 물론이거니와 전쟁 이전에 발트 해 연안에 존재했던 공화국들도 소련에서 벗어날 수 없었다.

기존의 유럽 권력구조에서 중심을 차지했던 독일은 사실상 소멸했다. 유럽사에서 독일이 우위를 차지했던 시기는 종말을 고했고, 비스마르크의 창작품이었던 베를린은 사분할되어 러시아와 미국과 영국과 프랑스의 점령구역으로 나뉘어졌다. 서유럽의 다른 주요 정치조직들은 점령과 패배에서 벗어나서 다시 세력을 구성하고자 했으나 이들의 힘은 미미했다. 프랑스 공산당이 그랬던 것처럼, 무솔리니 정부를 전복하고 연합군에 가담한 이탈리아에서 공산당은 세력을 불려 훨씬 더 강력해졌다. 이탈리아 공산당이 여전히 자본주의를 전복하는 혁명을 일으킬지 모른다는 생각은 사람들의 뇌리에서 떠나지 않았다. 세계인이 보기에 유럽에서는 오직 영국만이 제2차 세계대전 이전의 위상을 그대로 유지했다. 영국은 1940년과 1941년에 독일에 보여준 태도 덕분에 잠시나마 위상을 높이기까지 했고, 얼마 동안은 소련이나 미국과 동등하다고 인식되기도 했다(형식상 프랑스와 중국도 소련 및 미국과 같은 위상을 누리기는 했으나 사람들은 이 두 나라를 별로 눈여겨보지 않았다). 그러나 영국의 시대는 오래가지 못했다. 영국은 소련을 제외한 모든 나라들보다 자원과 사회를 동원하는 데에 엄청난 노력을 쏟은 덕분에 겨우 자신의 지위를 유지할 수 있었다. 독일이 소련을 공격하기 시작한 뒤에야 영국은 전략적 교착상태에서 벗어나게 되었고, 미국이 무기대여법을 통해서 영국을 지원하게 되면서 운신의 폭을 넓힐 수 있었다. 물론 미국은 무상으로 유럽에 도움을 제공하지 않았다. 미국은 원조에 앞서 영국에 어음 지불을 위해서 해외자산을 매각하라고 요구했다. 게다가 영국의 파운드화를 사용하지 않는 지역이 점차 늘어났다. 이제 미국 자본이 옛 영연방 자치령에 대규모로 투입되었다. 영연방 자치령에 속한 나라는 전시에 두 가지 사실로부터 교훈을 얻었다. 먼저 자신이 전쟁을 치를 새로운 힘을 가지고 있다는 사실이었고, 두 번째로 역설적이기는 했지만, 자국을 방어하기 위해서 모국인 영국에 계속 의존하는 한 약소국으로 머물 수밖에 없다는 사실이었다. 1945년부터 시간이 흐를수록 영연방 자치령에 속한 국가들은 완전히 독립권을 가지고 행동했을 뿐만 아니라 공식 독립국가로 행동했다.

단지 몇 년 만에, 기존 제국 중 가장 강력한 위치에 있던 영국에서 이 거대한 변화가 명확해졌다. 영국이 유럽에서 마지막으로 엄청난 군사적 노력을 기울였던 때인 1944년에 영국 장군이 아닌 미국 장군이 유럽 대륙의 원정을 지휘했다는 점은 상징적이다. 대륙 원정 이후 수개월 동안은 유럽에서 영국군이 미국군과 수적으로 대등했지만, 종전 즈음에는 미국군이 영국군을 수적으로 압도했다. 아시아에서도 마찬가지였다. 영국이 버마를 다시 정복했을지라도, 일본의 패배는 미국의 해군력과 공군력의 작품이었다. 처칠이 온갖 노력을 쏟았음에도 루스벨트는 종전 즈음에 처칠을 배제하고 스탈린과 교섭했고, 이 교섭에서 영국 제국을 해체하자는 제안까지도 제시했다. 영국이 1940년에 홀로 독일에 대항하여 승리를 거두고 이를 통해서 도덕적 위신을 지켰음에도 불구하고, 전쟁이 유럽 정치구조에 가져온 충격적인 영향에서 영국도 벗어나지 못했다. 실제로 이는 많은 측면에서 독일을 통해서 가장 명확하게 드러났다.

결국, 유럽이 패권을 상실했다는 사실은 유럽에서만 나타난 것이 아니었다. 이 사실은 주변부에서도 분명하게 드러났다. 영국 정부가 미국 정책을 좌절시키고자 펼친 마지막 시도는 겨우 잠깐 동안 성공했다. 영국군이 아시아에서 과거 네덜란드와 프랑스의 영토를 확보하자마자, 영국은 이 영토를 기존 유럽 지배자에게 돌려주면서 반식민지 정권의 집권을 막았다. 그러나 이러한 조치가 있고 거의 즉각적으로 저항과 싸움이 시작되면서 제국주의 세력의 앞날이 매우 어둡다는 사실이 분명했다. 제2차 세계대전은 제국에도 혁명적 변화를 가져왔다. 전시에도 미묘하면서 급작스럽게 제국과 식민지 간의 관계는 계속 변화했고, 종전이 다가오고 있을 때조차도 그러한 변화는 중단되지 않았다. 따라서 1945년이라는 해는 계속되는 논의를 위해서 잠깐 쉬었다 가기에 좋은 때는 아니다. 현실은 가려져 있었다. 여전히 수많은 유럽인이 유럽 제국의 시대가 끝났다는 사실을 뼈아프게 깨닫게 될 터였다.

6

탈식민지화와 냉전

제1차 세계대전 이후에는 기존 질서가 복구될 것이라는 환상이 가능했으나 1945년에 그러한 환상을 품은 권력자는 단 한 사람도 없었다. 그러나 20세기에 국제질서를 재정립하려던 제1차 세계대전 직후의 거대한 시도와 비교해볼 때 이번은 전망이 밝았다. 물론 이번의 시도 또한 계획한 대로 깔끔하게 시작되지는 않았다. 전후의 사태들이 많은 가능성들을 부질없이 만들기는 했지만, 전후에 어떤 행보를 취해야 할지는 이미 전시에 결정되었다. 그것이 합의에 의해서든 혹은 몇몇 국가들의 자의에 의해서 결정되었든 상관은 없었다. 즉 제2차 세계대전이 끼친 영향 중 가장 중요한 것은 사람들이 국제적 평화를 유지하기 위해서 국제기구를 설립해야 한다고 생각하게 된 점이다. 강대국들은 그러한 국제기구를 각기 다른 식으로 바라보았다. 예를 들면, 미국은 국제기구를 국제적 사안의 법적 규제를 위한 출발점으로 보았고, 소련은 국제기구를 대동맹(Grand Alliance) 체제 유지를 위한 도구로 보았다. 그러나 이러한 시각 차이가 국제기구의 설립을 막지는 못했다. 따라서 국제연합이 1945년에 샌프란시스코에서 발족했다.

자연스럽게 사람들은 기대에 부응하지 못했던 국제연맹에 관해서 많은 생각을 했다. 국제연맹의 여러 약점 중의 하나가 1945년에 해소되었다. 처음부터 미국과 소련이 국제연합에 가입한 것이다. 이 점을 제외한다면 국제연합의 기본 구조는 대략적으로 국제연맹의 구조와 비슷했다. 소이사회와 대규모로 일을 처리하는 총회가 두 개의 핵심기관이었다. 모든 회원국의 상주대표는 총회에 의석을 가졌다. 애초에 안전보장이사회에는 11개 회원국이 있었으나, 이들 중 미국, 소련, 영국, 프랑스, 중국 5개국이 상임이사국이 되었다. 처칠이 고집을 부려 프랑스를, 그리고 루스벨트가 고집을 부려 중국을 집어넣었다. 안전보장이사회는 이전의 연맹이사회보다 강력한 권한을 부여받았고, 주로 소련이 이 권한을 행사했다. 소련 대표들은 총회에 안건을 낼 경우 항상 부결될 공산이 크다고 생각했는데, 이는 처음에 51개국으로 대표되던 총회에서 미국이 동맹국의 표뿐만 아니라 남미에 세운 위성국가의 표도 가져갈 수 있었기 때문이다. 당연히 미국과 소련보다 작았던 국가들 모두 이 사실을 좋아하지 않았다. 즉 어느 순간 갑자기 어느 한 나라의 의석이 사라질 가능성이 없지 않았기 때문이었다. 더욱이 강대국들이 이 기구의 결정권에도 영향을 끼칠 공산이 매우 컸다. 그럴지라도 사실상 어떠한 조직이든 작동하기 위해서는 그럴 수밖에 없듯이 강대국들이 원하던 구조가 채택되었다.

또다른 주요 쟁점 때문에 조직의 구조에 관한 심각한 논쟁이 벌어졌다. 그 쟁점은 바로 안전보장이사회 상임이사국에 거부권을 부여하는 문제였다. 이는 국제연합이 강대국으로부터 인정을 받기 위해서는 불가피한 조치였다. 결국에 상임이사국이 행사하는 거부권의 정도가 어느 정도 제한될지라도 말이다. 이에 따라서 국제연합의 이익에 반하는 행동으로 이어질 성싶은 사안이 아닌 한 상임이사국은 국제연합에 영향을 미치는 사안에 관한 조사와 논의를 막을 수 없었다.

이론상 안전보장이사회는 막강한 권한을 가졌으나 그 권한이 작동할 때에는 현실 정치가 반영될 수밖에 없었다. 창설 후 10년 안에 국제연합의 가치는 국제연합이 행사하는 힘이 아니라 국제연합이 문제를 해결하고자 마련했던 논의의 장에 있다는 사실이 드러났다. 처음으로 전 세계의 대중들은 라디오와 영화 그리고 나중에는 텔레비전을 통해서 유례가 없을 정도로 서로 연결되었고, 이전에 주권국가들이 하던 일이 국제연합 총회에서 논의되고 있음을 이러한 매체를 통해서 목격했다. 이 방식은 상당히 새로운 것이었다. 국제연합은 그 즉시 국제정치의 영역에 새로운 차원을 제시했다. 국제정치 문제를 효과적으로 다루는 새로운 기구가 출범하기까지는 더 시간이 걸렸다. 어느 누구도 생각을 고쳐먹을 마음이 없는 토론장에서 각국이 점점 더 치열하고 완고한 견해를 내세우자 국제논쟁에 쏟아졌던 관심이 때때로 쓸데없다고 여겨지기도 했다. 그러나 그 교육적 효과는 컸다. 마찬가지로 총회 상임이사국 본부를 뉴욕에 두어야 한다는 결정을 곧바로 내렸다는 사실도 중요하다. 이 사실은 미국이 그렇지 않았다면 다른 데에 쏟았을 관심을 국제연합이라는 기구에 쏟게 되었음을 의미했다.

국제연합의 첫 총회는 1946년 런던에서 열렸다. 총회가 개회되자마자 치열한 논쟁이 시작되었다. 전쟁 동안 이란령 아제르바이잔을 점령했던 소련 군대가 여전히 주둔하고 있다는 사실에 불만이 제기되었다. 여기에 답해서 소련은 그 즉시 그리스에 계속 군대를 주둔시키고 있던 영국을 공격했다. 며칠이 지나지 않아서 소련 대표는 첫 번째 거부권을 행사했다. 그 이후 거부권은 수없이 행사되었다. 미국과 영국이 자국의 특수이익을 보호하는 또 하나의 도구로 생각하고 이용하고자 했던 바로 그 거부권이 이제 소련이 외교 문제에서 가장 자주 사용할 기술이 되었다. 이미 1946년에 국제연합은 서서히 형성되어가고 있던 소위 '서방 진영'과 소련이 씨름을 벌이던 장소였다. 이로 인해서 서방 진영은 점차 더 굳건해질 터였다.

종종 사람들은 미국과 소련 사이에 생겨난 갈등의 근원을 찾고자 까마득한 과거까지 거슬러 올라가기도 하지만, 제2차 세계대전 말기에 영국 정부는 미국이 소련에 너무 많이 양보하고 지나치게 우호적이라고 생각했다. 물론 그 두 국가 간에는 언제나 근본적인 이념적 차이가 존재했다. 만약 소련이 자본주의 사회에서 보이는 행태의 근원에 관해서 깊은 선입견을 품지 않았다면, 분명히 1945년 이후 자신의 전시 동맹국에게 다른 방식으로 행동했을 것이다. 몇몇 미국인들이 소련에 품은 불신을 절대 버리지 않았고 혁명을 일으킬지 모르는 위협적인 존재로 인식하고 있었다는 주장 또한 사실이다. 그렇다고 그 사람들이 미국의 정책 입안에 막대한 영향을 미치지는 않았다. 전쟁이 막을 내렸던 1945년에도 미국인들은 소련의 의도에 불신의 눈초리를 보냈으나 불신의 정도는 그 이후와 비교하면 미미한 수준이었다. 두 국가 중에 더 깊은 의혹과 경계심을 품은 국가는 스탈린이 통치하던 소련이었다.

당시에 소련과 미국을 제외하고 진정한 의미에서 강대국이라고 불릴 만한 국가는 존재하지 않았다. 전쟁이 한 세기 전의 인물인 알렉시 드 토크빌

(1805-1859)의 직관, 즉 미국과 러시아가 세계에 군림하는 날이 올 것이라는 직관이 이제 현실이 되었다. 안전보장이사회 구성이 법적으로는 동일한 권한을 가진 국가들로 이루어져 있기는 했지만, 소련과 미국을 제외한 국가들은 실제로 큰 힘을 발휘하지 못했다. 영국은 전쟁을 치르느라고 지친 상태였고, 프랑스는 독일에 의한 점령이라는 상태를 간신히 극복하고 있는 것에 더해서 내부 분열(대형 정당이 된 공산당이 프랑스 사회의 안정을 위협했다)을 겪고 있었다. 그러는 사이 이탈리아는 자국에서 오랜 반목에 새로운 갈등이 더해졌다는 사실을 깨달았다. 독일은 폐허가 되었고 점령 상태에 있었다. 일본도 점령 상태이며 군사적으로 무력했던 반면에, 중국은 아직 현대적인 강대국이 되지 못했다. 그러므로 미국과 소련은 모든 가능한 경쟁자를 압도하는 어마어마한 우위를 누렸다. 또한 오직 미국과 소련만이 전쟁을 통해서 자국에 도움이 되는 이익을 얻었다는 점에서 이 두 국가만이 진정한 승자였다. 다른 승전국은 모두 기껏해야 전쟁에서 살아남았거나 복구되던 중이었다. 미국과 소련은 전쟁을 통해서 새로운 제국이 되었다.

비록 소련이 막대한 희생을 치르고 제국이 되었을지라도, 이제 러시아는 차르 시대에 가졌던 힘보다 더 막강한 힘을 가지게 되었다. 소련군은 외부의 공격에 대한 완충작용을 할 수 있는 거대한 유럽 지역을 지배했고, 이 지역 대부분이 소련 영토가 되었다. 소련에 흡수되지 않고 국가 형태로 조직된 나머지 지역은 1948년 즈음에 어느 모로 보나 소련의 위성국가였다. 그중 하나가 주요 산업국인 동독이었다. 또 완충작용을 하는 지역 너머에 유고슬라비아와 알바니아가 있었다. 오직 이 두 나라만이 전쟁 이후 소련의 점령 없이도 자생적으로 공산주의 정권을 수립했다. 1945년에 유고슬라비아와 알바니아 모두 소련의 확고한 우방국처럼 보였다. 소련의 이러한 유리한 상황은 소련군이 제2차 세계대전에서 수행한 역할 덕분이었다. 그러나 서방 정부의 결정과 드와이트 아이젠하워(1890-1969) 유럽 총사령관 덕분에 소련에 많은 영토가 가게 되었다. 아이젠하워는 전쟁의 최종 국면에서 소련보다 먼저 프라하와 베를린에 입성하는 데에 반대했다. 이에 따라서 중유럽에서 소련이 획득한 전략적 우위는 더욱 중요하다. 왜냐하면 1914년에 러시아가 세력을 뻗지 못하도록 오랜 전통적 장벽 구실을 했던 합스부르크 제국과 통일 독일이 이제 더 이상 존재하지 않았기 때문이다. 힘이 다 빠져버린 영국과 느리게 회복 중인 프랑스가 소련군에 저항하리라고는 기대할 수 없었다. 만약 미군이 고향으로 돌아간다면, 유럽 대륙에서 소련군의 평형추 노릇을 할 세력은 존재하지 않을 터였다.

또한 1945년에 소련군은 공산주의자 봉기가 진행되고 있던 터키와 그리스의 국경에 자리잡았고 이란 북부를 점령했다. 소련이 일본으로부터 실제로 획득한 영토는 고작 사할린 섬 남부 절반과 쿠릴 열도에 불과했지만, 동아시아에서 소련군은 신장과 몽골과 북한과 뤼순 항의 해군기지를 장악했을 뿐만 아니라 만주의 나머지 지역도 점령했다. 소련이 얻은 그밖의 나머지 지역은 실질적으로 중국을 희생시켜가며 얻은 지역이었다. 그러나 종전 무렵에 이미 중국에서 소련의 지원을 받은 공산당이 되살아나고 있었다. 이러한 지원은 소련의 국민당 정부에 대한 외교적 책략의 일환이었다. 스탈린의 생각에 중국은 공산주의를 받아들이기에는 너무 후진적이었다. 따라서 스탈린은 여전히 중국공산당이 완전한 승리를 쟁취할 것이라고 믿지 않았다. 그럴지라도 그는 중국공산당을 통해서 중국 정치에 직접 영향력을 행사할 수 있다는 사실을 잘 알고 있었다. 공산주의 진영을 생각할 때, 중국공산당은 정신적으로나 군사적으로나 소련이 아닌 다른 누군가에게 도움을 바랄 수 없었다. 따라서 아시아에서도 소련의 영향력이 늘어나는 듯했다. 더욱이 소련 지도부가 태평양으로 세력을 뻗쳐나가려던 오랜 러시아의 야심을 포기했다고 판단할 만한 이유가 없었다.

미국이라는 새로운 세계강국은 소련보다 훨씬 더 적은 영토를 점령했다. 종전 무렵 미국도 유럽 중심부에 군대를 주둔시켰으나 1945년에 미국 국민들은 가능한 빨리 유럽 파병부대를 고국으로 데려오기를 원했다. 유럽 대륙 도처에 있던 미국 해군기지와 공군기지는 또다른 문제였다. 아시아에서 소련이 이제 그 어느 때보다 강력한 세력이 되었다고 할지라도, 일본의 해군력을 제거하고 태평양 도서에 건설된 비행장을 확보하고 대규모 함대 훈련을 가능하게 한 기술적 변화 덕분에 태평양은 이제 미국의 호수가 되었다. 무엇보다도 처참히 파괴된 히로시마와 나가사키가 미국이 그 수량은 비록 아주 적었을지라도 홀로 보유하고 있던 신무기, 즉 원자폭탄의 위력을 증명했다.

그러나 미국이 제국이 될 수 있었던 핵심적인 근원은 경제력이었다. 소련군과 더불어 미국의 어마어마한 산업생산력은 연합국에 승리를 안겨준 결정적 요인이었다. 요컨대 미국은 산업생산을 통해서 거대한 규모였던 자국 군대뿐만 아니라 연합국의 수많은 군대에도 군사장비를 제공했다. 더욱이 연합국에 속한 다른 국가들에 비해서 미국은 큰 인명희생을 치르지 않고 승리를 거두었다. 미국의 사상자 수는 매우 적었다. 영국인 사망자와 사상자 숫자조차 상당했고 소련의 인명피해는 어마어마했다. 적이 미국 본토를 공격할 걱정이 없었고, 몇몇 가벼운 공격이 있기도 했지만 피해를 입히지는 못했다. 전쟁 동안 미국의 고정자본은 온전했으며 자원은 그 어느 때보다도 풍부했다. 실제로 미국 국민의 생활수준은 전시 동안 향상되었다. 루스벨트의 뉴딜이 완전히 해결하지 못했던 불황을 군비확장 계획이 해결했다.

미국은 아무도 자금을 제공할 수 없었던 세계 곳곳에 투자를 함으로써 거대 채권국이 되었다. 마지막으로, 미국의 오랜 상업과 정치의 경쟁자들이 경제회복 문제 때문에 휘청거리고 있었다. 연합국에 속한 다른 국가들은 자원이 부족했기 때문에 이들의 경제는 부지불식간 미국의 경제영역에 종속되었다. 그 결과 미국이 간접적으로 전 세계에 미치는 힘은 급증했고, 이 사실은 이미 전쟁이 끝나기도 전에 명백했다.

사람들은 후일 강대국 사이의 양극화가 진행되리라고 암시하는 무엇인가를 유럽에서 전쟁이 끝나기도 전에 어렴풋이 깨닫고 있었다. 몇 가지 사안은 명료했다. 예를 들면, 소련은 이탈리아 점령이나 이탈리아의 식민지 제국 해체에 참여하지 못할 터였고, 영국과 미국은 스탈린이 원하지 않는 한 폴란드에 관한 합의를 바랄 수 없었다. 그러나 미국인들은 자신들의 세력 범위에서 거대한 영향력이 있었지만, 그 세력 범위가 제한적인 것처럼 느껴졌기 때문에 불만을 품고 있었다. 그러나 소련은 그러한 세력 범위를 서로 침범해서는 안 될 중요한 기준으로 보았다. 그러한 차이의 근원을 찾기 위해서 오래전으로 돌아갈 필요는 없다. 실제로 그러한 차이는 전쟁 직후 수년 사이에 발생한 것이기 때문이다. 이 두 강대국 간의 분쟁은 처음부터 그들 중 누군가에 의해서 생겨난 필연적인 것이라고 전쟁 직후 사람들은 생각했다.

겉으로 드러난 모습이 진실은 아니다. 1945년에 상당한 힘을 가졌음에도 미국은 이 힘을 사용할 정치적 의지가 없었다. 승전 이후에 미국이 가장 먼저 신경 쓴 군사적 사안은 가능한 빨리 동원해제를 달성하는 것이었다. 미국이 동맹국과 맺은 무기대여법은 일본이 항복하기도 전에 중단되었다. 이 조치로 인해서 미국이 세계에 간접적으로 미치는 영향력이 줄어들었다. 사실 무기대여법의 중단은 이내 전후 복구라는 엄청난 문제에 맞닥뜨려 미국의 원조를 필요로 할 터인 동맹국을 약화시켰을 뿐이다. 전시 동맹국들은 미국 세력을 대신할 새로운 안보체계를 내놓지 못했다. 마찬가지로, 최후의 수단으로 사용하는 것을 제외하면 아무도 원자폭탄을 사용할 수 없었다. 이 신무기는 지나치게 파괴적이었기 때문이다.

소련에서 무슨 일이 일어나고 있었는지는 확실히 알기 어렵다. 소련 인민은 분명히 끔찍할 만큼 엄청난 전쟁의 피해를 입었다. 그 피해 정도는 아마도 독일인이 입은 피해보다 더 컸을 것이다. 아무도 정확한 피해 규모를 계산할 수 없지만, 추정컨대 소련 국민 2,000만 명 이상이 사망했다. 스탈린은 전쟁이 끝났을 때 소련의 강점보다 소련의 약점을 더 잘 인식했을 것이다. 그럴지라도 서구 국가들이 동원해제에 몰두하고 있을 때, 스탈린은 유럽에서의 패권을 보장할 대규모 지상군을 해산하지 않았다. 그러나 소련에는 원자폭탄도 전략폭격기 부대도 없었다. 더욱이 스탈린이 핵무기를 개발하기로 결정을 내리면서, 소련은 경제 전반에 대한 복구가 몹시 필요한 때에 추가로 과중한 부담을 안게 되었다. 종전 직후의 몇 년 동안 소련은 급속한 공업화를 추진하던 1930년대만큼이나 암울했다. 그러나 1949년 9월에 소련은 핵폭발 실험에 성공했다. 이듬해 3월에 소련은 핵무기 보유국으로 공식 선포되었다. 이때 즈음에 많은 변화가 일어났다.

조금씩 양대 세계강국 사이의 관계가 심각하게 악화되었다. 이는 대체로 유럽에서 일어난 일 때문이었다. 유럽은 1945년에 가장 많은 창의력과 협동을 발휘하여 재건해야 했던 지역이었다. 유럽에서 전쟁으로 인한 피해가 어느 정도인지 결코 정확하게 측정된 적이 없다. 소련을 제외하고 약 1억4,100만 명의 유럽인이 사망했다. 가장 심한 타격을 받은 국가들 중에 살아남은 국가들은 폐허 속에서 삶을 이어갔다. 한 추정치에 따르면, 독일과 소련에서 7,100만 가옥이 파손되었다. 공장과 수송체계 등도 파괴되었다. 유럽이 전시에 필요해서 수입한 제품의 대금으로 지불할 만한 것이 없었고, 유럽 통화가치는 폭락했다. 연합국 점령군은 담배와 쇠고기 통조림이 화폐보다 더 좋은 교환수단임을 알아챘다. 한편, 문명사회는 나치가 일으킨 전쟁의 공포에 굴복했을 뿐만 아니라 나치의 점령 때문에 거짓말과 협잡과 사기와 절도가 미덕으로 둔갑했다. 이러한 '미덕'은 생존하기 위해서 필요했을 뿐만 아니라, 독일 점령군에 대한 일종의 '저항'으로까지 미화되었다. 독일 점령군에 맞선 투쟁은 새로운 차원의 투쟁을 불러왔다. 연합군의 진군으로 여러 나라가 해방되자마자 각 나라의 총살집행 부대는 배신자를 처단하는 일에 착수했고 오랜 원한이 일소되었다. 프랑스에서는 해방 이후 '과거 청산'으로 인해서 1793년 대공포(大恐怖) 시절 때보다 더 많은 사람들이 죽어나갔다.

무엇보다도, 1945년의 유럽의 경제구조는 1918년보다 더 철저하게 해체되었다. 한때는 산업화된 독일이 유럽 경제생활의 속도를 조절하던 역할을 맡았다. 그러나 독일이 다시 그러한 역할을 맡을 수송체계와 산업생산 능력이 있었다고 할지라도, 전쟁 직후 연합국은 독일이 회복하지 못하도록 산업생산을 억제하는 데에 열중했다. 게다가 독일은 분단되었다. 소련은 애초부터 독일의 자본설비를 '배상금'으로 가져갔고 이것으로 황폐해진 국토를 회복시킬 요량이었다. 그리고 소련은 그렇게 해낼 터였다. 독일군은 러시아에서 후퇴하면서 3만9,000마일에 달하는 철로를 파괴했다. 소련은 총 자본 설비의 4분의 1을 잃었다.

이미 종전 이전에 동유럽과 서유럽 사이의 정치 차이가 명확해지고 있었다. 영국은 특히 폴란드에서 벌어지고 있는 사태에 불안해했다. 이는 소련이 동유럽에서 자신에게 굴종하는 정부만 용인할 것이라는 점을 보여주는 듯했다. 미국은 동유럽 사람들이 스스로 통치자를 선택할 자유가 있다고 생각했으나 실제로 벌어지고 있는 일은 예상했던 바와 거리가 멀었다. 그러나 전쟁이 끝나기 전까지는 미국 정부나 일반 대중도 그다지 큰 걱정을 하지 않거나 소련과 합리적으로 협정을 맺을 수 있으리라는 사실을 별로 의심하지 않았다. 대체로 루스벨트는 미국과 소련이 잘 지낼 수 있다고 확신했다. 왜냐하면 양국은 독일의 부활을 반대하고 옛 식민제국을 약화시킨다는 점에서 공통점을 가졌기 때문이다. 그러나 루스벨트가 1945년 4월에 사망했기 때문에 유럽 전선에서 전쟁이 끝나고 두서너 달 후 스탈린이 동유럽에서 소련의 세력을 넓혀가고 있을 때 루스벨트가 어떻게 대응했을지 말하기는 어렵다.

부통령이었던 해리 트루먼은 루스벨트의 뒤를 이어 대통령에 오를 당시에 지도자가 될 준비가 전혀 되어 있지 않았다. 트루먼 대통령(재임 1945-1953)과 그의 참모들은 폴란드와 독일에서 일어난 사태를 경험한 후 미국의 정책을 바꾸게 되었다. 소련은 베를린에서 영국군과 미국군(그리고 나중에 프랑스군)의 주둔을 허용하는 협정을 정확하게 이행했고, 자신들이 점령한 이 도시의 관리권을 나누어 가졌다. 1945년 7월에 포츠담에 모인 승전국 대표들이 예상했듯이, 소련이 독일을 통째로 통치하기를 원했다는 사실을 드러내는 조짐은 많다. 그렇게 하면 소련이 배상금을 잔뜩 안겨줄 보물창고와 같은 루르 지역을 장악하는 데에 큰 도움이 될 수 있었기 때문이었다.

그러나 독일의 경제가 동서 갈등의 씨앗이 되었다. 소련이 자신의 점령지역을 통제하려고 시도하면서 소련 관할지역은 나머지 세 점령군의 관할지역과 실질적으로 더욱 분리되었다. 십중팔구 처음에 소련은 점령지역을 통제해서 통일된 독일을 굳건하고 믿음직한 공산주의의 핵심 지역으로 만들 셈이었으나, 소련의 이러한 의도 때문에 결국 독일 문제는 아무도 예상하지 못했던 동독-서독 분할로 귀결되었다. 먼저 동쪽 점령지역을 제외한 서쪽 점령지역은 경제적 이유로 통합되었다. 그 사이에 점령정책은 더 큰 불신을 불러일으켰다. 동독에서 단단히 자리잡은 공산주의는 그밖의 다른 지역에서 보여주었던 유형을 되풀이하는 듯했다. 1945년에 공산주의자는 오직 불가리아와 유고슬라비아에서만 다수파였고, 다른 동유럽 국가에서는 연립정부의 형태로 겨우 명맥을 유지하고 있었다. 그럴지라도 점점 더 이들 연립정부들은 사실상 소련의 괴뢰정부나 마찬가지로 행동했다. 1946년에 이미 일종의 블록과 같은 것이 동유럽권에 나타나고 있었다.

스탈린은 분명히 독일이 통일되면 서방이 독일을 통제하게 될 것이라고 우려했다. 따라서 스탈린은 훗날 있을지 모르는 독일의 영토탈환에 대비한다고 공언하기는 했지만, 실제 우려했던 바는 다름 아닌 당시 미국이 가지고 있던 힘이었다. 소련이 보기에 (그리고 스탈린이 예측했던 대로) 전후에는 서방의 양대 강국, 즉 미국과 영국 간의 경쟁이 일어나지 않을 것이 자명했기 때문에, 소련 정부는 유례없을 정도로 강력한 국가인 미국과 직접 충돌하지 않으려고 했다. 소련에 대항하는 전 세계적 연합체가 생겨나지 않도록 이제 소련은 자신과 직접적인 이해관계가 없는 지역에서는 보다 유연한 정책을 폈다. 서서히 유럽을 가르는 경계가 만들어지고 있던 상황에서 소련은 동독을 자신의 진영으로 끌어들이려고 했던 반면, 중국에서는 여전히 국민당을 공식적으로 지지했다. 한편, 이란에서 소련은 합의했던 바에 따라서 마지못해 군대를 철수했지만, 아제르바이잔에 공산주의 위성국가를 건립해놓고 떠났다. 1947년 이 아제르바이잔의 위성국가는 미국의 군사원조를 받은 이란에 의해서 사라질 터였다. 안전보장이사회에서 소련은 날이 갈수록 더 많은 거부권을 행사해서 이전에 자신의 동맹국이었던 국가들을 곤혹스럽게 했다. 게다가 서유럽에 있던 여러 공산당이 소련의 이익을 위해서 이용당하고 있었다. 그러나 스탈린이 어떤 계산을 했는지는 수수께끼로 남았다. 어쩌면 자본주의 세계의 경제붕괴를 기다리거나, 예상하거나, 심지어 필요로 하고 있었을 것이다.

소련의 과거 동맹국들은 예전과 같이 여전히 소련에 상당한 호의를 베풀었다. 1946년에 윈스턴 처칠이 날이 갈수록 유럽이 '철의 장막(Iron Curtain)'으로 분할되고 있다고 언급했을 때조차도, 처칠은 결코 영국이나 미국의 국민들의 일반적인 감정을 대변한 것은 아니었다. 심지어 어떤 사람들은 처칠을 비난하기도 했다. 그러나 1945년에 당선된 영국 노동당이 처음에는 '좌파(영국 노동당)는 좌파(소련)와 이야기할 수 있다'면서 희망을 가졌을지라도 노동당 정부는 이내 소련과의 대화에 점차 회의적이 되었다. 영국이 그리스에 간섭하면서 사실상 그리스 자유선거가 가능해졌다는 사실이 분명해지고 미국의 관료들이 점차 소련의 정책 성향을 더 많이 경험하게 되면서, 1946년경이 되면

이 두 나라의 정책은 한 지점으로 수렴하기 시작했다. 트루먼 대통령은 이전의 루스벨트 대통령이 가지고 있던 소련에 대한 우호적인 '편견'을 가지고 있지 않았다. 게다가 이때쯤 영국이 인도를 떠날 것이 분명해졌다. 영국의 이러한 행보는 미국의 공식 견해를 염두에 둔 결정이었다.

1947년 2월에 트루먼은 영국 정부로부터 한 통의 연락을 받았다. 이 연락은 어쩌면 그 무엇보다도 자신이 더 이상 세계강국이 아니라는 사실을 오랫동안 부정했던 영국이 그 사실을 마침내 시인한 것과 같았다. 영국 경제는 엄청난 전쟁 노력으로 인해서 심각할 정도로 훼손되었다. 국내 투자가 시급했다. 또한 탈식민지화의 첫 단계에서 엄청난 비용이 들어갔다. 탈식민지화에 따른 결과 중의 하나는 국제수지 악화였다. 1947년쯤 영국의 국제수지는 만약 그리스에서 영국군이 철수한다고 하더라도 겨우 적자를 면할 정도로 심각했다.

트루먼 대통령은 즉시 유럽의 경제적 문제를 미국이 해결해야 한다고 결심했다. 이는 중대한 결정이었다. 그리스와 터키 정부가 소련의 압박에서 살아남을 수 있도록 미국은 이 두 나라에 재정적 지원을 했다. 트루먼은 의도적으로 재정지원이 암시하는 바에 이목이 집중되게 만들었다. 재정지원은 그리스와 터키를 지원한다는 것 이상으로 많은 의미를 내포하고 있었다. 이 두 나라만 재정지원을 받게 될 것이었지만, 트루먼은 세계의 '자유 인민(free peoples)'에게 미국의 주도권을 인정한다면 '소수의 무장세력이 획책하는 예속이나 외부로부터의 압력들'에 대응할 수 있도록 미국이 지원하겠다고 제의한 것이었다. 미국의 훗날 외교정책 측면에서 볼 때, 실제로 그리스 국민도 터키 국민도 자신들의 정부 아래에서 특별히 '자유롭지는' 않았다. 그러나 이러한 미국의 포괄적인 지원 제의에 내재된 함의는 매우 중요한 것이었다. 이제 미국 정부는 유럽에서 소련의 세력 확장을 억제하기 위해서 철군 대신 주둔에 전념했다. 이는 어쩌면 미국 외교사에서 가장 중대한 결정이었을 것이다. 크게 세 가지 요인이 이 결정을 가져왔다. 지난 18개월간 소련이 보여준 행동과 스탈린의 외교정책이 불러일으킨 커져가던 공포와 쇠약해진 영국이 바로 그 요인이었다. 미국의 새로운 정책은 궁극적으로 미국의 영향력이 실질적으로 어디까지인가를 판단하는 것 자체가 이미 비현실적이었음을 의미했다. 비판자들은 이 정책이 유럽 외부로 확산되면서 새로운 미국의 제국주의로 이어졌다고 말할 것이다. 그러나 비판자들이 지적했던 미국 제국주의와 관련된 양상이 당시에는 보이지 않았다.

미국은 그 다음 단계로 유럽에 대한 경제지원을 보다 면밀히 검토했고, 이러한 경제지원 계획에 의해서 몇 개월 후에 '트루먼 독트린(Truman Doctrine)'이 완성되었다. 지원 대상이 된 국가는 자국의 경제회복을 미국과 함께 계획할 터였다. 이 유럽 부흥계획이 바로 마셜 플랜(Marshall Plan)이다. 미국 국무장관 조지 마셜(1880-1959)이 계획을 주창했기 때문에 그의 이름을 따서 이 계획을 명명했다. 마셜 플랜의 목적은 비군사적이고 평화로운 방법으로 공산주의를 저지하는 데에 있었다. 이 계획은 모든 사람들을 놀라게 했다. 마셜 플랜의 함의를 가장 먼저 파악한 유럽 정치가는 영국의 어니스트 베빈(1881-1951) 외무장관이었다. 프랑스와 함께, 베빈은 서구 국가에 미국의 제의를 받아들이라고 다그쳤다. 물론 미국의 경제지원은 모든 유럽 국가를 대상으로 했다. 그러나 소련은 여기에 참여하지 않을 것이었고, 마찬가지로 소련의 위성국가의 참여를 허용하지 않을 것이었다. 대신에 소련은 마셜 플랜을 격렬하게 공격했다. 또한 동유럽권 국가 중 유일하게 공산주의 단일정부를 구성하지 않았으며 소련의 위성국가로 간주되지 않던 체코슬로바키아가 미국의 경제지원을 거절했다. 분명히 체코슬로바키아는 소련의 노선에 찬동했던 자신들의 판단을 후회했을 것이다. 체코슬로바키아가 소련에 종속되지 않고 독자적인 입장을 유지하고 있다는 믿음이 남아 있기는 했지만, 결국 1948년 2월에 공산당이 쿠데타를 일으키고 연립정부를 대신하면서 그러한 믿음이 사라졌다. 소련의 비타협적 태도를 보여주는 또다른 징후는 바로 코민테른이다. 전쟁 이전에 공산주의 프로파간다 기구 노릇을 하던 코민테른은 1947년 9월에 코민포름(Cominform)으로 부활했다. 코민포름은 창설 직후 "미 제국주의의 세계패권 구축을 위한 [……] 포식자와 팽창주의자의 노골적인 행보"에 맹렬한 비난을 퍼붓기 시작했다. 마지막으로, 서구 국가들이 마셜 플랜을 처리하고자 유럽 경제협력기구(Organization for European Economic Co-operation, OEEC)를 설립하자, 소련은 동유럽 국가를 위한 '코메콘(Comecon)'이라는 기구의 설립으로 응수했다. '코메콘' 즉, 경제상호원조회의(Council for Mutual Economic Assistance)는 소련이 동유럽 경제를 통합하여 계획하고자 만든 눈속임에 불과했다.

훗날 이 현상의 명칭이 될 터인 냉전(冷戰, Cold War)이 시작되면서, 전후 역사의 짧은 첫 국면이 끝났다. 역사의 다음 국면—그리고 세계사의 다음 국면—은 변화무쌍하게 형태와 사태의 진행 방향을 바꾸면서 1980년대 말까지 계속되었다. 이 냉전 속에서 미국이 이끄는 일군의 국가들과 소련이 이끄는 또다른 국가들은 일련의 위기 속에서 미국과 소련 간의 전면전을 제외한 모든 수단을 동원하여 자신들의 안보를 확보하고자 애썼다. 많은 사람들은 이념적 틀 속에서 냉전을 이해하고 있다. 이후 서구권에 들어가게 될 몇몇 국가에서, 냉전은 내전이 아니면 전쟁과 거의 흡사한 무력사태 혹은 자유, 사회정의, 개인주의 같은 가치를 두고 벌이는 도덕적인 투쟁 같았다. 냉전의 상당 부분은 강대국의 근거지였던 유럽이나 미국보다는, 그다지 중요해 보이지 않은 지역에서 프로파간다와 체제전복 또는 양대 강국의 지원을 받은 게릴라 활동 등의 형태로 수행되었다. 다행스럽게도 냉전은 양측이 핵무기까지 동원해야 할 지경으로까지는 확대되지 않았다. 핵무기의 위력이 갈수록 어마어마해졌기 때문에 핵무기를 써서 전쟁에서 승리할 수 있다는 추정은 점점 더 비현실적이었다. 냉전은 경제 경쟁이기도 했다. 미국과 소련은 경제를 통한 체제 우월성을 보여주는 것과 위성국가 및 중립국에 경제적 지원을 제의하는 형태로 경쟁을 벌였다. 부득이하게 경쟁 과정에서 기회주의가 이념적 교조주의와 뒤섞여버렸다. 아마도 어떤 형태로든지 경쟁은 불가피했을 것이다. 그러나 냉전이 보여준 양상 때문에 냉전으로부터 악영향을 받지 않은 지역은 거의 없었으며 거의 50년간 이어질 범죄와 부패와 고통의 근원이 세계로 퍼져나갔다.

특히 냉전이 만든 이념적 언어의 야만성을 감안한다면, 냉전은 16-17세기 유럽에서 일어났던 복잡한 종교투쟁과 유사한 모습을 띤다. 그 당시 종교적 이념은 폭력과 열정을 불러일으켰고 심지어 때로 일종의 신념과 같은 것이었다. 물론 과거의 종교투쟁이 냉전의 복잡한 특징과 양쪽 진영의 대립 모두를 설명할 수는 없다. 무엇보다도 냉전은 민족적 이익 혹은 인종적 이익으로 인해서 발생한 것이 아니었다. 그럴지라도 냉전은 과거의 종교투쟁과 매우 유사했다. 즉 냉전시대에 어떤 특정한 싸움이 차츰 잦아들고 전면적 전쟁이라는 재앙을 피할 수 있었을지라도 냉전이 만든 수사와 근거 없는 믿음이 현실을 전혀 반영하지 않은 이후에도 오랫동안 횡행했다.

냉전에 영향을 미쳐 상황을 복잡하게 만든 첫 번째 요소는 수많은 신생국의 등장이었다. 점점 늘어나던 신생국은 미국이나 소련 어느 한쪽에 확실하게 가담하겠다는 의사표시를 하지 않았다. 탈식민지화의 결과 1945년부터 10년 만에 많은 신생국들이 등장했다. 세계의 몇몇 지역들에서 신생국의 탄생은 냉전만큼이나 엄청난 격변을 야기했다. 국제연합 총회는 냉전 프로파간다보다 반식민주의를 위한 연단으로서 중요했다. 자주 이 두 가지가 혼동되었을지라도 말이다. 오래가지는 못했지만 유럽 제국 때문에 세계는 참상을 겪었다. 따라서 유럽 제국의 소멸은 어마어마할 정도로 복잡한 현상이었다. 식민지에 관한 수사가 일반화되었을지라도 각각의 식민지와 이를 통치했던 식민제국은 모두 개별적으로 특별한 사례로 보아야 한다.

몇몇 지역—특히 사하라 사막 이남의 아프리카 지역—에서 생겨난 나라는 통합과 근대화 과정에 거의 착수하지 못했다. 게다가 식민제국은 이들 국가에 어떤 긍정적 요소도 남기지 않았다. 다른 지역—프랑스령 북아프리카가 가장 두드러진 사례였다—에서는 오랫동안 자리잡은 백인 정착민 인구가 상당했기 때문에 식민정부도 이들을 무시할 수 없었다. 사실 엄밀히 따지면, 알제리는 프랑스 본국의 행정구역인 '데파르트망(département)'으로 통치되었기 때문에 결코 식민지가 아니었다. 이에 반해서 인도에서는 영국인 인구의 존재가 인도의 독립승인 절차를 처리하는 데에서 그다지 중요하지 않았다.

탈식민지화가 진행되는 시기는 각 지역마다 매우 다양해서, 대략 1954년경 아시아에서 유럽 지배가 일정 정도 사라진 반면에 아프리카는 겨우 1960년대가 되어서야 식민주의에서 벗어났다. 심지어 포르투갈은 1970년대까지 아프리카 식민지를 붙들고 있었다. 그러나 다른 측면에서 앙골라와 모잠비크는 남아프리카에서 이례적인 경우였다. 예컨대 알제리와 인도차이나 반도와 같이 앙골라와 모잠비크는 식민국과 토착농민 세력 사이에 치열한 전쟁이 벌어졌던 지역이었다. 반면에 아프리카의 다른 식민지에서 식민제국은 후임 엘리트 세력에게 상대적으로 평화롭게 권력을 넘겨주었다. 몇몇 나라에서—비록 매우 다른 예들이기는 하지만, 인도와 인도차이나 반도가 대표적이다—제국주의 통치자들이 떠나기 전에 이미 진정한 민족주의 감정과 조직들이 존재했다(그리고 프랑스와 달리 영국은 식민지에 상당한 양보를 했다). 그에 반해서 아프리카 대부분 지역에서 민족주의는 독립의 원인이기보다 독립에 따른 창작품이자 그 결과였다.

각 식민지의 상황이 모두 달랐을지라도 아시아에 있는 제국주의 피지배자가 궁극적으로 승리를 거둘 것이라는 확신이 1945년 이전에도 존재했다. 아시아의 독립은 단지 1939년 이전에 이루어진 양보의 문제라기보다 오히려 전쟁의 패배에 따른 결과였다. 일본은 1940년과 1941년에 유럽이 아시아에 만들어둔 제국주의의 모래성을 부수었다. 이는 단순히 특정 식민지에서 제국주의 세력이 교체된 문제가 아니었다. 영국군과 인도군과 영연방 자치령 출신 군인 6만 명 이상이 1942년에 싱가포르에서 항복했다. 이 사건은 아시아에서 유럽 제국의 시대가 끝났음을 보여주는 징조였다. 영국의 입장에서 이 항복은 미국 독립혁명 전쟁 당시 요크타운에서 일어난 사태보다 훨씬 더 심각한 것이었다. 게다가 영국은 요크타운에서처럼 상황을 돌이킬 수 없었다. 이러한 상황에서는 일본이 종종 새로운 점령지에서 형편없이 행동함으로써 이점을 낭비했다는 사실은 거의 문제되지 않았다. 일본의 가장 잔악한 행위조차 그들의 새로운 신민에게 전혀 생경하지 않았다. 게다가 일본은 점령지에서 수많은 지지자를 찾아냈고, 지지자 중에는 그 나라의 민족주의 정치인들도 있었다. 연합국은 일본에 저항할 것이라고 생각되었던 점령지 주민에게 낙하산으로 무기를 공급했다. 그러나 이 무기는 단지 유럽 세력의 귀환을 막는 데에 사용될 공산이 높았다. 그뿐만 아니라 유럽에서는 폭격과 징용과 기아와 전투와 질병이 격변을 초래한 데에 비해서 일본 치하 아시아의 수많은 마을과 대부분 촌락들에서 사람들은 거의 별다른 영향을 받지 않은 채 삶을 이어갔다. 1945년쯤 아시아에서 변화가 일어날 가능성이 매우 높았다.

또한 세계 양대 강대국이 제국주의—적어도 다른 국가의 제국 형태—에 반대했기 때문에 제국주의의 종언은 곧 도래할 터였다. 미국과 소련은 매우 다양한 이유로 식민주의를 약화시키는 데에 전념했다. 1939년보다도 훨씬 더 이전에 소련은 제국주의를 반대하는 세력들에게 피난처를 제공하고 이들을 지원했다. 미국은 대서양 헌장의 조항, 즉 모든 민족은 스스로 정부 형태를 선택할 권리를 가진다는 조항을 매우 중요하게 받아들이고 있었다. 그리고 미국이 대서양 헌장에 조인하고 겨우 몇 달 지나지 않아서, 미국 국무부 차관은 "제국주의 시대가 끝났다"고 선언했다. 소련 대표와 미국 대표는 함께 유엔 헌장에 식민지 관련 조항을 포함시키는 데에 별다른 어려움을 겪지 않았다. 이로써 식민지 영토의 독립이라는 궁극적 목표를 유엔 헌장이 보장했다. 그러나 강대국 사이의 관계는 달라지지 않았다. 1948년에 소련과 미국 사이에 눈에 보일 정도로 뚜렷한 경계가 존재했고 이것이 40년 동안 거의 바뀌지 않은 채 유지될 것이었을지라도 동아시아에 관한 외교가 어떤 형태일지는 훨씬 더 오랫동안 예측할 수가 없었다. 이는 부분적으로 신흥 강대국의 등장 때문이었고 또 어느 정도는 제국통치가 사라지면서 생겨난 불안정한 상황 때문이었다.

어떤 사람들은 인도가 일단 자치권을 획득하면 아시아에서 지배적인 위치에 오르리라고 생각했다. 1939년 이전에 인도 통치에 대한 변화가 막연히 논의되고 있던 시기에도, 인도 독립에 찬성하는 영국인 중 새로운 인도와 영연방을 계속 연결시키자고 희망하던 사람이 많았다. 1926년 대영제국 회의 이후 영국 제국은 공식적으로 영연방으로 이름을 바꾸었다. 또한 이 회의에서 '자치국 지위(Dominion Status)'가 공식적으로 정의되었다. 이제 영연방 자치국은 영국 국왕에게 충성을 바치지만 내무와 외무에 관해서 완전한 독립권을 가지는 영연방 국가의 독립연합이 되었다. 1940년 이전에 그 어떤 영국 정부도 인도의 영연방 참여를 당장 급한 목표로 인정하지 않았을지라도 많은 이들이 생각하기에 인도에게 영연방 참여는 실현 가능한 목표였다. 비록 고르지는 않았지만 1940년 이전에도 어느 정도 진전이 이루어졌다. 그리고 이러한 사실이 중국에서 팽배했던 혐오감과 배외정서 등이 인도에서 등장하지 않았던 이유를 어느 정도 설명해준다.

제1차 세계대전 이후 인도 정치가들은 크게 실망했다. 전시에 이들 대부분은 영국 국왕에게 충성을 바쳤다. 인도는 영국 제국의 전쟁수행에 상당한 양의 인력과 물자를 통해서 기여했다. 이러한 헌신이 마땅한 보상으로 이어질 것이라는 믿음을 가지고 이를 지지했던 정치가 중에 한 명이 훗날 인도의 국부(國父)로 추앙받을 마하트마 간디(1869-1948)였다. 1917년에 영국 정부는 영국 제국의 범위 안에서 인도가 책임정부—이를테면, 내정자치—를 가지도록 지속적인 정책을 펴나가겠다고 선포했다. 그럴지라도 내정자치는 인도인이 요구하기 시작했던 내용에는 미치지 못했다. 1918년에 이루어진 개혁은 몇몇 온건파들을 만족시키기는 했지만 대체적으로 매우 실망스러운 것이었다. 심지어 제한적으로나마 달성했던 사안조차 얼마 지나지 않아서 수포로 돌아갔다. 국제교역 환경이 악화되면서 경제적 측면이 중요한 역할을 하기 시작했다. 1920년대에 이미 인도 정부는 영국에 이득이 되는 상업거래 및 재무처리 방식을 끝내자는 자국민의 요구를 지지했으며, 이내 제국의 방어를 위해서 인도가 쏟은 헌신에 합당한 몫을 지불하라고 영국 정부에 요구했다. 세계가 불황에 빠지자마자 영국 정부가 더 이상 자국 산업에 맞추어 인도 관세정책을 수립할 수 없다는 사실이 분명해졌다. 1914년에 인도 직물생산이 자국 수요량의 겨우 4분의 1만 충족시켰다면 1930년에 그 수치는 절반까지 올라갔다.

여전히 인도의 발전을 가로막던 요소 하나는 인도 내 영국인 공동체가 계속해서 다른 인도인들과 분리되어왔다는 사실이었다. 인도 민족주의는 소수의 야심적인 지식인들의 문제라고 확신했던 영국인 정착민들은 이들이 꾀할지 모르는 음모에 강력하게 대처하기를 촉구했다. 인도 공산당은 1923년이 되어서야 창당될 터였지만, 영국인 공동체는 볼셰비키 혁명이 가져온 문제에 직면해 있던 행정가들에게 호소했다. 그 결과, 인도 입법회의에 속한 인도인 의원 모두의 의사에 반했음에도 불구하고 용의자에 대한 법적 보호장치가 중단되었다. 영국의 이러한 조치로 인해서 간디는 최초로 파업과 비폭력 불복종 운동을 벌였다. 간디가 폭력사태를 피하려고 노력했음에도 사람들은 폭동을 일으켰다. 영국인 몇 명이 죽임을 당하고 다른 몇 명이 공격을 받자, 1919년 인도 서북부의 도시인 암리차르에서 한 영국인 장군이 영국인들의 단호한 결심을 보여주는 본보기로 무장하지 않은 인도인을 공격하라는 명령을 내렸다. 이는 악랄하면서도 어리석은 결정이었다. 그의 명령에 따라서 영국인 병사들은 비무장 상태인 인도인 시위군중에게 발포했다. 사격이 끝난 뒤 400명 정도가 사망했으며 부상을 당한 것은 1,000명이 넘었다. 이 사건으로 영국의 위신에는 돌이킬 수 없는 타격이 가해졌다. 그리고 인도에 거주하던 영국인들과 인도 의회의 영국인 의원들이 이 범죄를 소리 높여 칭찬하면서 영국의 위신은 더욱 떨어졌다.

불매운동과 민간인 소요사태가 뒤따랐다. 이 시기에 인도 국민회의는 간디의 계획을 채택했다. 간디는 자기가 주도했던 운동이 비폭력 운동이었다고 강조했지만 상당한 무질서 또한 존재했기 때문에, 간디는 1922년 처음으로 체포되어 수감되었다(그러나 간디가 옥사할 수 있다는 위험 때문에 이내 석방되었다). 이후 몇 년간 인도에서는 커다란 소요가 일어나지 않았다. 1927년에 영국의 정책이 서서히 변화하기 시작했다. 헌법상 변화를 위한 사전조사를 하고자 한 위원단이 인도에 파견되었다(위원단에 인도인이 단 한 명도 들어가지 않았기 때문에 위원단 파견은 더 큰 문제를 일으켰다). 민족주의자들을 계속 단결시켰던 열정 대부분은 이제 사라졌고, 오직 간디의 노력과 위신으로 무마되었던 갈등이 다시 재발할 위험이 있었다. 요컨대, 민족주의자들은 계속해서 완전독립을 요구해야 한다고 주장하는 사람들과 영연방 자치국 지위를 원하는 사람들로 갈라졌다. 어쨌든 인도 국민회의는 자신이 내놓은 수사만큼 견고한 조직은 아니었다. 국민회의는 대중에 깊이 뿌리를 내린 정당이기보다 지역 거물과 많은 이해관계의 연합체에 불과했다. 마지막으로 힌두교도와 이슬람교도 사이의 극심한 종교적 차이가 더욱 심해졌다. 1920년대에 지역폭동과 유혈사태가 발생했다. 1930년쯤 전(全)인도 무슬림 연맹의 의장은 미래의 인도 헌법에는 인도 북서부에 무슬림 분리독립 국가를 수립한다는 내용이 포함되어야 한다고까지 주장했다.

1930년에 폭력사태가 잇달았다. 영국 총독이 인도의 영연방 자치국 지위

획득을 위한 회의를 개최하겠다고 선언했으나 이 약속은 본국의 반대로 무산되었다. 결국 간디는 이 회의에 참여하지 않았다. 시민 불복종 운동이 다시 시작되었고, 세계경제의 침체로 빈곤이 심화되면서 운동은 격렬해졌다. 이제 농민대중은 예전보다 더 민족주의적 호소에 큰 영향을 받았다. 인도 국민회의의 운동이 대중의 이익에 더 관심을 가지게 되면서, 이제 간디는 인도 전역에서 지지를 받는 최초의 정치인이 되었다.

이때쯤 영국 정부의 인도 담당 부서는 여러 논의와 1927년에 만들어졌던 인도 법정 위원회의 교훈을 받아들이면서 정책 방향을 바꾸기 시작했다. 1935년에 새로운 인도 통치법이 제정되면서 진정한 의미에서 권력이 이양되었고 영국은 이를 지지했다. 이 법으로 인도는 훨씬 더 발전한 대의정체와 책임정부를 가지게 되었고, 영국 총독은 오직 국방과 외교 문제에 관해서만 단독으로 통제권을 가졌다. 인도 통치법에 제안된 국가권력 이양이 완전히 달성된 적은 없었을지라도 이는 인도와 관련하여 영국 정부가 통과시킨 최고의 법이었다. 이때 즈음에 인도인은 국가정치를 위한 기본 틀을 만들고 있었다. 인도인들이 인도 국민회의 내에서 서로 간에 격렬하게 다툼을 벌일 것이 점차 분명해졌다. 1935년의 인도 통치법이 다시 한번 지역대표 분리원칙을 확약했기 때문에 이 법의 적용은 거의 그 즉시 힌두교도와 이슬람교도 사이의 더 큰 적대감을 유발했다. 이제 인도 국민회의는 사실상 힌두교도 조직이 되었다(그럴지라도 인도 국민회의는 전인도 무슬림 연맹이 이슬람교도의 유일한 대표가 되어야 한다는 주장을 인정하지 않았다). 그러나 인도 국민회의도 내부 문제로 골치를 앓았다. 당원 몇몇이 여전히 인도의 독립을 향해서 나아가기를 원했던 반면에, 다른 당원들은—이들 중 몇 명은 일본의 침략을 두려워하기 시작했다—기꺼이 영국 제국정부와 협력해서 새로운 정부기관을 운용하려고 했다. 영국이 사실상 권력을 양도하고 있다는 증표가 뚜렷했던 것도 이러한 분열에 일조했다. 서로 다른 이해 당사자들은 불확실한 미래에 대비해서 일종의 보험에 들 방법을 찾기 시작했다.

따라서 1941년 즈음에 사태는 급진전하기 시작했다. 지역정부에 대의기구가 거의 20년 넘게 존재했으며 고등행정 조직에서 인도인이 꾸준히 늘어났기 때문에 인도는 엘리트들의 상당한 동의가 없이는 다른 국가가 통치할 수 없는 나라가 되었다. 더욱이 인도는 민주주의까지는 아니더라도 자치정부에 관해서 상당한 준비교육을 받은 나라였다. 전쟁이 다가오면서 인도인 군대가 필요하기는 했지만, 영국은 인도로 하여금 군사비용을 부담하게 하려던 시도를 이미 그만두고 있었다. 도리어 1941년에 영국은 인도군의 현대화 비용을 떠안았다. 그 다음에 일본이 인도를 침략하자, 영국 정부는 행동에 나설 수밖에 없었다. 전후 영국은 민족주의자들에게 자치권과 영연방에서 분리독립할 권리를 주었으나 이는 너무 늦은 조치였다. 인도인들은 이제 즉각적인 독립을 요구했다. 지도자들은 체포되었고 영국의 인도 통치는 계속되었다. 1942년에 일어난 반란은 약 한 세기 전에 일어났던 세포이 항쟁 때보다 더 신속하게 분쇄되었다. 그러나 영국이 평화롭게 사태를 해결할지 여부와 상관없이 영국의 통치는 점차 종언을 고하기 시작했다. 새로운 요인 하나는 미국의 압력이었다. 루스벨트 대통령은 인도 독립을 준비할 필요성을 놓고 스탈린과 비밀스럽게 논의했다. 마찬가지로 아시아의 다른 영국 식민지 지역과 프랑스의 식민지인 인도차이나 반도도 논의의 대상이었다. 미국이 개입했다는 사실은 다른 민족의 문제에 1917년 러시아 혁명에 버금가는 변화가 일어나리라는 점을 암시했다.

인도와 버마의 독립을 정강의 일부로 삼았던 영국 노동당이 1945년에 정권을 잡게 되었다. 힌두교도와 이슬람교도 사이의 폭동으로 인도가 갈기갈기 찢겨지고, 정치가들은 앞날을 두고 옥신각신하던 찰나, 1946년 3월 14일에 영국 정부는 인도에 완전독립을 부여했다. 거의 1년이 지난 뒤 영국 정부는 늦어도 1948년 6월까지는 권력을 이양하겠다고 선언했다. 이 선언이 있자마자, 이슬람교도와 힌두교도 간의 분열은 더욱 심화되었고 인도의 정국은 혼미해졌다. 이는 인도 내에서 더 큰 지역대립을 가져왔다. 인도 정치가들 가운데 많은 수, 특히 이슬람교도 편에 있던 정치가들은 이제 인도 영토 내의 한 지역에 이슬람 국가를 건국하는 방향으로 나아갔다. 최소한 초창기에나마 영국이 떠맡았던 인도의 통합이라는 과제는 실패로 끝났다. 1947년 8월 15일 인도에서 새로운 영연방 자치국 두 개가 등장했다. 바로 인도와 파키스탄이었다.

파키스탄은 이슬람 국가였고 국토는 인도 최북부에 나누어져 있는 땅 덩어리 두 개였다. 인도는 세속국가였으나 인구 구성과 정신적 측면을 볼 때 압도적으로 힌두국가였다.

국토의 분할은 결코 불가피한 것이 아니었다. 국토의 분할은 인도—힌두교도와 이슬람교도—정치가의 근시안적 사고의 결과물이자 영국이 200년간 통치하던 인도에서 별다른 조치 없이 서둘러 빠져나가면서 생겨난 부산물이었다. 그러나 영국의 통치하에서조차 인도가 단 한번도 하나의 통합된 정치체로 통치된 적이 없다는 것도 사실이었다. 세포이 항쟁 이후로 힌두교도와 이슬람교도는 더욱 분리되어 있었다. 분리의 대가는 어마어마했다. 수많은 민족주의자들의 정신적 상처는 간디의 암살로 상징되었다. 간디는 지역 간 폭력사태가 격화되는 불행을 막고자 노력했으나 이 때문에 힌두 광신도에게 암살당했다. 소수민족 거주지역에서 대학살이 일어났다. 이슬람교 상당수가 인도에 머무르기를 선택했을지라도(오늘날 인도에 거주하는 이슬람교도는 파키스탄에 거주하는 이슬람교도만큼 많다), 약 1,400만 명에 달하는 사람들이 자신과 같은 종교를 믿는 사람들이 통치하는 지역으로 갔다. 이렇게 두 개의 새로운 국가가 비극 속에서 탄생했다. 식민지 권력이 남겨준 행정제도와 사회기반시설과 교육제도가 적어도 처음에는 큰 도움이 되었을지라도 정국의 불안은 심화되고 있었다. 이는 특히 인위적으로 건국되었으며 1,000마일도 더 떨어져 분리된 영토 두 개로 구성된 종교국가 파키스탄에서 더욱 그러했다.

인도와 파키스탄 모두 새로운 국가를 건설하는 데에—그리고 서로를 향한 거듭되는 증오에—집중했다. 그러나 여전히 두 나라 모두를 괴롭히던 대량빈곤과 사회분열은 쉽게 해결되지 못했다. 몇몇 지역에서 식량생산은 인구증가를 따라잡을 수 없었다. 양국의 새로운 정부에 효과적으로 구호할 능력이 없었고, 그 수준은 영국이 가장 형편없게 통치했을 때와 엇비슷한 지경이었다. 영국이 통치했을 때부터 인구는 꾸준히 늘었다. 때때로 맬서스적인 재앙이 일시적으로 인구증가를 멈추게 할 뿐이었다. 예컨대 제1차 세계대전 말에 퍼졌던 인플루엔자 전염병은 인도인 약 500만 명의 목숨을 앗아갔고 제2차 세계대전 동안 벵골 지역을 휩쓴 기근은 수백만 명을 죽게 만들었다. 그러나

1951년에는 인도에 그리고 1953년에는 파키스탄에 기근이 다시 덮쳤다. 기근이 몰고 온 공포는 1970년대까지 계속되었다.

인도 아대륙의 산업은 20세기에 엄청나게 성장했고 특히 제2차 세계대전 기간에 비약적으로 발전했으나 전염병과 기근이라는 위험을 상쇄하지는 못했다. 산업화는 빠르게 늘어나는 인구에게 새로운 일자리와 충분한 소득을 보장하지 못했다. 새로 태어난 인도가 인도 아대륙에 존재하던 산업 대부분을 가지고 있었을지라도 일자리와 소득 문제에서 인도는 파키스탄보다 더 골머리를 앓았다. 거대한 도시를 벗어나면 대부분의 인도인들이 소작농으로 연명하고 있었다. 새로운 공화국의 몇몇 지도자들이 평등주의적 열망을 품고 있었을지라도 이들 소작농은 여전히 불평등이 심각한 촌락에서 살고 있었다. 지주들은 집권당인 인도 국민회의에 자금을 댔고, 의회를 장악하여 자기 재산에 영향을 줄 모든 토지개혁에 반대했다. 민주주의와 민족주의와 세속주의와 물질적 발전 같은 유럽의 사상을 실현하겠다고 선포한 새로운 인도를 여러모로 인도의 과거가 괴롭혔다. 그리고 바로 그 과거가 개혁과 발전으로 나아가려는 인도의 발목을 잡을 터였다.

중국은 오랫동안 다양한 제국주의 세력을 싸워 물리치는 데에 골몰했다. 제2차 세계대전 덕분에 중국은 일제를 물리치고 오랜 세월에 걸친 혁명을 완수할 수 있었다. 1941년에 중일전쟁이 세계대전과 합쳐지면서 중국 대륙이 겪은 변화의 정치적 국면이 전환점을 맞이했다. 중국은 강력한 동맹국을 얻었고 새로운 국제적 지위에 올랐다. 의미심장하게도 중국이 영국, 프랑스, 미국과 맺었던 '불평등 조약들'의 마지막 잔재가 일소되었다. 이 사실은 연합국이 중국에 제공할 수 있었던 군사적 도움보다 더 중요했다. 연합국은 1942년 초에 자신에게 닥친 재앙에서 벗어나느라고 오랫동안 정신이 없었기 때문에 중국을 신경 쓸 경황이 없었다. 사실 중국군은 연합국 대신 버마(미얀마) 방어에 도움을 주었고 버마에서 중국으로 이르는 육상통로를 일본으로부터 방어했다. 미국 항공기의 지원을 받았을지라도 여전히 서쪽에 있는 일본군에 둘러싸인 상태에서, 오직 항공기와 버마 루트를 통해서만 동맹국과 접촉하면서 중국은 오랜 기간 동안 최선을 다해서 버텨냈다. 그리고 중대한 변화가 일어나기 시작했다.

처음에 중국은 오랫동안 열망했지만 1919년 5.4운동을 제외하고는 드러나지 않았던 일종의 민족통합이라는 정신으로 일본의 공격에 맞섰다. 공산당과 국민당 사이에 갈등이 있었고 때로 이 둘이 노골적으로 충돌을 벌이기도 했지만, 대체로 1937년부터 1941년까지 이 둘 간의 통합은 계속 이어졌다. 그후에 일본의 군사적 압력이 거세지고 마찬가지로 국민당 정부와 공산주의자의 자리다툼이 치열해지면서 새로운 유형의 갈등이 발생했다. 태평양 전선에서 분명하게 일본의 패색이 짙어졌던 1944년부터 국민당과 공산당의 경쟁이 치열해졌다. 그러나 중국인 대부분은 아시아의 양대 신흥 강대국인 미국과 소련이 동의할 수만 있다면 어떠한 형태로든 연립정부가 가능할 것이라고 생각했다.

중국에서 국민당과 공산당은 불안정했던 휴전 상태를 깨버렸다. 이로써 아시아에서도 냉전이 시작되었다. 미국이 원자폭탄 두 발을 투하하고 소련이 만주를 침공하면서 1945년 8월에 일제가 순식간에 붕괴해버린 사실이 모든 종류의 협상에 영향을 끼쳤다. 1946년 여름쯤 장제스가 공산주의자 문제를 무력으로 해결하겠다고 결심했다는 사실이 점점 더 분명해졌다. 게다가 미국은 일찍이 중재 시도를 했을지라도 장제스를 저지하기를 꺼렸다. 그 사이에 중국공산당은 당연히 중국 동북부에 주둔하고 있는 소련군이 자신들에게 이점으로 작용할 것이라고 기대했다. 국민당과 공산당 중 어느 쪽도 협상 테이블로 돌아가려고 하지 않았기 때문에 내전은 기정사실이 되었다.

처음에는 국민당 정부 쪽이 거의 모든 이점을 누리고 있었다. 국민당 정부는 국제적으로 인정을 받았고 미국의 지원을 받았으며 중국의 부유한 지역을 모두 장악했다. 이들은 공산당 군대보다 훨씬 더 대규모였고 더 잘 무장한 상태였다. 게다가 스탈린은 처음에 중국 공산주의자들이 승리할 수 없다고 생각했기 때문에 이들을 지원하지 않았다. 그러나 국민당은 이내 자신의 이점과 일본과 전쟁을 벌일 때 자신에게 쏟아졌던 인민의 지지를 잃었다. 장제스의 간곡한 권고에도 불구하고, 국민당은 머지않아서 무기력한 상태에 빠졌고 이기적이고 부패한 정당이 되었다. 사람들의 마음은 국민당을 떠났고, 지식인들도 국민당과 소원해졌다. 형편없이 통솔되고 군기가 문란했던 국민당 소속

군인들은 과거에 일본군이 그랬던 것만큼이나 농민들을 공포에 떨게 했다. 내전이 시작되고 첫 해가 끝나기도 전에 국민당 정부는 오직 한 가지 일에만 능한 듯했다. 그것은 바로 자신의 인민들을 적으로 만드는 것이었다.

그동안 공산당은 서서히 힘을 기르고 있었다. 공산당은 일본과 전쟁을 벌이면서 얻은 인민의 호의에 기반을 둔 채 창당 이후 첫 20년 동안 보여주었던 극단적인 행태—예컨대, 지주 처형이나 사원 방화—는 의도적으로 피했다. 대신 이제 공산당은 적어도 인민에 대해서는 훨씬 더 온건한 태도를 보였다. 장제스 정권이 인민들을 적으로 만드는 재주를 보여주었던 것만큼이나 공산당은 인민들을 아군으로 만드는 데에서 뛰어난 능력을 발휘했다(그럴지라도 공산당의 몇몇 '친구들'은 훗날 자신들의 선택을 후회했다). 가장 중요한 사실은 공산당이 국공내전(國共內戰) 초기에 훨씬 더 우세한 국민당군의 맹공격에서 살아남을 수 있었다는 점이다. 1948년 즈음에 이들 간의 위치가 역전되기 시작했다.

중국 공산혁명에서 가장 놀라운 측면은 공산당이 갑작스럽게 승리를 거두었다는 데에 있다. 이 놀라운 사실을 이해하기 위해서는 더 장기적인 관점에서 공산혁명의 전개를 바라보아야 한다. 중국에서 국민당이 정권을 잡기는 했으나 이들의 권력은 항상 불안정했고, 국토의 많은 부분은 명목상으로만 국민당 정권의 지배하에 있었다. 일본과 전면전을 치르기 전에 국민당이 정권을 잡은 10년 동안 중요한 업적을 쌓았지만, 국민당 정부는 결코 재정체제를 정비하거나 행정조직을 간소화하지 못했다. 1930년대 초반에 정치적으로 가치가 없을 정도로 영락한 공산당은 국민당 정부의 실수에서 교훈을 얻기 시작했다. 공산당은 카리스마 있는 지도자 마오쩌둥을 중심으로 강력하게 중앙집권적인 조직을 만들었다. 공산당을 지지하는 일부 농민은 마오쩌둥을 신처럼 떠받들었다. 공산당은 또한 중국의 가장 중요한 정치적 문제, 즉 수많은 농촌 지역에서 벌어지는 소작 불평등과 지역 연고가 없는 부재지주가 증가하는 문제에 집중했다. 다른 사안을 두고도 공산당은 대체로 모든 인민들에게 모든 것을 약속했다. 그러나 인민의 관심이 국민당 정부가 해낸 일과 해내지 못한 일에 쏠린 틈을 타서, 종종 그러한 약속의 이행을 교묘히 피하기도 했다.

부지불식간일지라도 일본군은 1937년에 국민당 정권을 향해서 전면공격을 개시함으로써 결국 자신들이 그렇게 오랫동안 피하려고 애썼던 중국 혁명에 커다란 승리를 안겨주었다. 최소한 다음의 가정을 해볼 수 있다. 만약 국민당이 외부의 침략에 정신이 팔리지 않았고 이 침략으로 인한 극심한 피해로 고생하지 않았다면, 개발도상국들에서 식민지 독립 이후의 엘리트들이 통치기반을 공고히 다졌듯이 국민당 정권도 자신의 통치기반을 견고하게 만들 수 있었을 것이다. 1937년에 국민당은 여전히 인민의 애국적 호의에 상당히 의지했다. 국민당이 진정한 혁명의 매개자이며 외세의 지배에 반대하는 중심세력이라고 생각하는 중국인이 많았다. 전쟁은 국민당이 활용할 수 있는 이러한 기회를 파괴했다. 국민당이 싸움을 피했던 것은 아니었다. 그러나 그들은 지나치게 비효율적으로 싸웠고 그 전쟁에서 너무 많은 대가를 치렀다. 또한 국민당 정권은—주로 자포자기 상태에서—자신의 인민들에게 불법적이고 잔혹한 행위를 저지르면서 점차 내전에서 매우 많은 적들을 상대해야만 했다. 그러는 사이에 공산당은 세력을 늘리는 데에 집중하고 일본과의 전쟁 이후에 더 유리한 위치를 점할 준비를 할 수 있었다. 마오쩌둥이 훗날 일본을 공산혁명의 산파(産婆)라고 평했던 것은 지극히 옳다.

미국은 무능함과 부패가 드러난 장제스 정부에 점점 더 환멸을 느꼈다. 미군은 1947년에 중국에서 철수했고, 미국 정부는 내전을 중재하려는 모든 노력을 포기했다. 이듬해에 중국 북부지방 대부분이 공산당의 손아귀에 들어갔고, 미국은 국민당에 대한 재정 및 군사 지원을 줄여나가기 시작했다. 이제부터 국민당 정부는 군사적으로나 정치적으로나 내리막길로 들어섰다. 이러한 형세가 분명해지자 점점 더 많은 정부와 지방 당국의 인물들이 공산당과 타협이 가능할 때 이들과 협상하고자 했다. 날이 갈수록 더 많은 사람들이 새로운 시대의 여명이 밝아오고 있음을 확신했다. 12월 초가 되었을 때 중국 본토에 있는 국민당군의 모든 주요 부대는 전투력을 상실했고, 장제스는 타이완으로 철수할 수밖에 없었다. 패주하는 장제스 정권의 무능함에 공공연히 비난이 쏟아졌고, 바로 그때 미국 정부는 지원을 중단했다. 한편 1949년 10월 1일에 베이징에서는 중화인민공화국의 수립이 공식 선포되었다. 이로써 세계에서 가장 인구가 많은 공산주의 국가가 탄생했다. 중국에서 또다시 왕조 교체가 이루어졌다. 그러나 이번에 정권을 잡은 일군의 인물들은 중국의 전통 대부분을 혐오했고, 따라서 급속한 근대화라는 명목하에 전통의 파괴에 몰두했다.

다른 지역에서 식민지 통치가 끝장났던 것과 같이, 제2차 세계대전은 동남아시아에서도 식민지 통치의 종언에 결정적 전환점이었다. 비록 영국의 식민지보다 네덜란드와 프랑스의 식민지에서 탈식민화 과정이 더 빠르게 진행되었고 그 과정에서 피비린내가 진동했을지라도 말이다. 1939년 이전에 이미 인도네시아에서 네덜란드는 몇몇 대의제 기구를 설치했다. 그러나 이러한 조치가 당시 세력을 넓혀가던 인도네시아 민족주의 정당과 그때 즈음에 번성했던 공산주의 운동을 저지하기에는 역부족이었다. 일본이 1942년에 인도네시아를 점령하자 수카르노(1901-1970)를 포함한 민족주의 지도자 몇몇은 일본에 협력했다. 일본이 항복했을 때 인도네시아 민족주의자들이 권력을 잡기에 유리한 위치에 있었고, 네덜란드가 돌아오기 전에 인도네시아 공화국의 독립을 선포했다. 그러나 영국군은 결국에 식민질서를 회복시켰다.

거의 2년간 투쟁과 협상이 계속되었고 양측은 마침내 인도네시아 공화국을 네덜란드 국왕의 통치 아래에 둔다는 합의점에 도달했다. 그러나 이것은 이행되지 않았다. 네덜란드가 헛되이 '경찰작전'으로 인도네시아에 압박을 가하기 시작하면서 전투가 재개되었다. 예전의 식민권력이 돌아와서 군사작전을 벌이면서 인도네시아에서 공산주의 운동이 불붙듯이 그 세력을 넓혀갔고, 국제연합 회의장에서는 네덜란드의 식민통치를 규탄하는 비난이 빗발쳤다. 인도와 오스트레일리아 모두 독립 문제를 국제연합 안전보장이사회에 회부했고, 미국은 이들의 요구를 암묵적으로 지지했다(인도와 오스트레일리아는 네덜란드가 어차피 독립하게 될 인도네시아를 달래는 것이 현명한 처사라고 결론을 내렸다). 마침내 네덜란드는 항복했다. 네덜란드 동인도회사에서 시작되어 3세기 반 동안 계속된 식민통치의 역사는 결국 1949년에 막을 내렸다. 이 해에 인도네시아 연방공화국이 탄생했다. 새로운 인도네시아는 수백 개의 민족 집단과 수많은 종교를 가진 인구 1억 명 이상이 수천 개의 크고 작은 섬에 산재되어 있는 국가였다. 네덜란드 국왕의 통치권을 인정하는 느슨하게 조직된 네덜란드인 연방이 존재하기도 했지만 결국 5년 후에 사라졌다. 30만 명에 달하는 네덜란드인과 유럽인과 아시아인이 1950년대 초반에 인도네시아를 떠나서 네덜란드로 이주했다.

한동안은 인도차이나 반도에 있던 프랑스인들이 인도네시아의 네덜란드인들보다 이전 식민지를 더 잘 붙들고 있는 것처럼 보였다. 1941년부터 일본이 인도차이나 반도에서 군사적으로 완전한 통제권을 행사했지만, 프랑스의 통치권이 1945년 3월까지 공식적으로 교체되지 않았기 때문에 전시(戰時)의 인도차이나 지역의 역사는 말레이 반도나 인도네시아와는 상당한 차이가 있었다. 3월 이후에 일본은 안남 지방과 코친차이나 지방과 통킹 지방을 병합하여 안남 황제 치하에 베트남(Vietnam)이라는 새로운 국가를 만들었다. 그럴지라도 일본이 항복하자마자 지역 공산주의자들이 주도하는 단체, 즉 베트민(Viet Minh)의 수장은 하노이 궁전에 자리잡고 베트남 공화국의 독립을 선포했다. 그가 바로 호찌민(1890-1969)이었다. 그는 공산당과 유럽에서 오랜 경험을 쌓은 인물이었다. 호찌민은 일본과 싸우는 데에서 이미 미국의 원조와 지원을 어느 정도 받았고, 중국 정부로부터도 지지를 받고 있다고 생각했다. 베트남 혁명운동이 빠르게 확산되는 동안 중국군은 베트남 북부에 입성했고 영국군은 남부로 진군했다. 프랑스가 베트남에 다시 자리잡기를 원한다고 하더라도 그것이 쉽지 않을 것이라는 사실이 곧 분명해졌다. 영국은 프랑스에 협력했지만, 중국은 협조하지 않았고 베트남에 프랑스 권력을 다시 세우는 문제에 관해서 명확한 입장을 보이지 않았다. 대규모 원정부대가 인도차이나 반도에 파견되었고 프랑스는 베트남 공화국을 프랑스 연합에 속한 자치국가로 인정하는 타협안을 제시했다. 그러나 이제는 주요 곡창지대로 독립적 지위를 누리고 있던 코친차이나 지방을 어느 쪽에서 관리하느냐는 사안이 문제가 되었다. 이 문제 때문에 합의를 위한 모든 시도는 허사가 되었다. 그동안 몇몇 프랑스 군인들이 반군으로부터 저격당했고 호송대가 공격받았다. 1946년 말에 프랑스는 하노이 주민을 공격했고 그 결과 많은 사람들이 죽었다. 하노이에 대한 폭격으로 6,000명이 사망했다. 프랑스 군대는 하노이를 다시 점령했고 호찌민 정부는 달아났다.

결국 30년간 계속될 전쟁이 시작되었다. 이 전쟁에서 베트남 공산주의자들은 기본적으로 국가의 통일이라는 민족주의적 목표를 달성하고자 투쟁한 반면에, 프랑스는 다른 인도차이나 국가와 함께 베트남을 프랑스 연합 안에 남겨두고자 했다. 1949년 즈음에 프랑스 연합은 베트남의 코친차이나를 포함하고 있었고, 캄보디아와 라오스를 '연합국가'로 만들어서 연합과 관계를 지속하도록 강제했다. 그러나 이때 새로운 제3자가 베트남 문제에 관심을 가졌고, 이제 인도차이나 반도에도 냉전이 시작되었다. 소련과 중국은 호찌민 정부를 인정했고 영국과 미국은 프랑스의 지원을 받는 안남 황제를 인정했다.

이와 같이 아시아의 탈식민지화는 루스벨트가 예견했던 단순한 설정을 벗어났다. 영국이 그들의 제국주의 유산을 청산하기 시작하면서 사태는 훨씬 더 복잡해졌다. 1947년에 버마와 실론(스리랑카)이 독립했다. 이듬해에 말레이시아 반도에서 공산주의자들의 지원을 받은 게릴라 투쟁이 시작되었다. 이 투쟁은 실패했다. 꾸준한 발전을 거쳐 결국 1957년에 말레이시아는 독립을 쟁취하게 되었지만, 말레이시아에서의 일련의 사태는 훗날 미국에 많은 고민거리를 안겨줄 수많은 탈식민지 문제 중 하나였다. 공산 세계를 향해서 커져가는 적대감은 (식민지 국가에서 원초적으로 발생한) 반식민주의에도 이내 영향을 미쳤다.

오직 중동에서만 일이 원활하게 진행되는 것 같았다. 1948년 5월에 신생국 이스라엘이 팔레스타인에 모습을 드러냈다. 이전 40년 동안 팔레스타인 지역을 관할하기 위해서는 오직 두 강대국, 즉 프랑스와 영국 간의 합의만이 필요했다. 그러나 이스라엘의 건국은 바로 그러한 시기가 끝났음을 의미했다. 애초에 프랑스와 영국에 이스라엘 건국 문제는 그렇게 까다로운 문제는 아니었다. 1939년에 프랑스는 국제연맹으로부터 획득한 시리아와 레바논에 대한 위임통치권을 여전히 가지고 있었고, 영국은 팔레스타인에 대한 위임통치권을 유지하고 있었다. 그밖의 아랍 지역에서 영국은 개별국가들의 새로운 지도자들에게 다양한 수준의 영향력과 권력을 행사했다. 그러한 국가들 중에 이라크와 이집트가 가장 중요했다. 이라크에는 주로 공군부대로 구성된 소규모 영국군이 주둔했고 이집트에는 여전히 수에즈 운하를 보호하던 상당한 규모의 영국군 수비대가 있었다. 이집트는 1930년대에 이탈리아가 영국에 나날이 적대감을 드러내면서 점점 더 중요해졌다.

그밖의 다른 지역에서 그러했듯이, 1939년에 일어난 제2차 세계대전은 처음에는 분명하지 않았을지라도 중동에 큰 변화를 가져올 것이었다. 이탈리아가 참전한 뒤에 수에즈 운하 인근 지역은 영국 전략상 핵심 지역 중의 한 곳이 되었다. 따라서 이집트의 서쪽 국경이 주요한 전선이 되었다. 이집트는 전쟁이 거의 끝날 때까지 중립국으로 남아 있었으나 사실상 영국의 군사기지 역할을 했다. 또한 전쟁의 특성상 페르시아 만, 특히 이라크에서 들어오는 석유 공급을 확보하는 문제가 중요했다. 이러한 문제 때문에 이라크가 1941년에 또다른 민족주의 쿠데타를 겪은 후에 친독(親獨) 성향을 보이자 영국은 이라크에 개입하기 시작했다. 독일이 프랑스를 점령한 이후, 영국과 자유 프랑스는 시리아를 독일의 영향에서 벗어나게 하고자 시리아를 침공했는데, 결국 이는 1941년 시리아의 독립으로 이어졌다. 곧이어 레바논도 독립을 선포했다. 프랑스는 전쟁이 끝나갈 무렵에 자신들의 영향력을 다시 확립하고자 애썼으나 실패로 끝났다. 따라서 1946년을 마지막으로 시리아와 레바논에 남아 있던 마지막 외국군 수비대가 철수했다. 프랑스의 영향력은 시리아와 레바논을 지나서 더 서쪽지역에서도 약화되고 있었다. 즉 1945년에 알제리에서 전쟁이 발발했다. 당시 알제리의 민족주의자들은 프랑스와 연방을 결성하고 그 연방 내에서 알제리는 단지 자치권을 가지는 정도의 요구만을 하고 있었다. 프랑스도 1947년에 알제리에 자치권을 주는 것에 동의하는 듯 보였다. 그러나 이것으로 알제리 독립 이야기가 끝나기는커녕 그 반대의 상황이 벌어졌다.

영국이 최고의 영향력을 행사하는 곳에서 반영 감정은 여전히 반식민 세력에게 효과적인 구호였다. 전후 몇 년 동안 이집트와 이라크에서 영국 점령군을 향한 적대감이 커져갔다. 1946년에 영국이 이집트에서 철수할 준비를 하고 있다고 선언했으나, 새로운 조약에 근거한 협상이 결렬되면서 이집트는 이 문제를 국제연합에까지 회부했다. 이집트의 이 시도는 실패로 끝났다. 이때 즈음에 유대인이 무력으로 팔레스타인에 민족국가를 건설한다는 결정을 내리면서 아랍 영토의 미래에 관한 모든 관심은 이스라엘 건국 문제에 집중되었다.

그때 이후로 오늘날까지 팔레스타인 문제가 계속되고 있다. 독일에서 나치가 흥기한 것이 이 문제의 촉매제로 작용했다. 1917년에 밸푸어 선언이 발표되었을 당시, 팔레스타인에는 아랍인 60만 명과 유대인 8만 명이 살고 있었다. 8만 명이라는 숫자는 아랍인에게 이미 큰 위협으로 느껴졌다. 밸푸어 선언 이후 몇 년이 지나고 사실상 팔레스타인에서 다른 곳으로 이민을 가는 유대인이 팔레스타인으로 유입되는 유대인의 수보다 많았다. 당시에는 밸푸어 선언에 명시되어 있던 조항, 즉 '팔레스타인에 살고 있는 기존의 비유대인 공동체가 가진 시민적 권리와 종교적 권리'를 존중하는 것과 유대인들의 '조국'을 건설한다는 약속이 조화롭게 해결될 수 있다고 희망을 품을 만했다. 그러나 히틀러가 이 모든 상황을 바꾸어놓았다.

나치가 유대인을 박해하면서부터 팔레스타인에 정착하기를 원하는 유대인의 숫자가 늘어났다. 이제 영국의 정책은 유대인과 아랍인 양측 모두 받아들이기가 어려워졌다. 전쟁 기간 동안 나치의 유대인 절멸정책이 진행되면서, 팔레스타인으로의 이주를 제한하려는 영국의 정책은 무의미한 것이 되었고, 특히 유대인들은 이를 받아들일 수 없었다. 다른 한편으로 아랍 국가들 또한 팔레스타인 분할을 받아들일 수 없었다. 이 쟁점은 전쟁이 끝나자마자 세계시온협회의 요구로 인해서 극적으로 전개되기 시작했다. 그 요구는 바로 팔레스타인이 한번에 유대인 100만 명을 받아들여야 한다는 것이었다. 이제 다른 새로운 요소도 작용하기 시작했다. 1945년에 영국은 이집트, 시리아, 레바논, 이라크, 사우디아라비아, 예멘, 요르단으로 이루어진 '아랍 연맹(Arab League)'의 설립을 지지했다. 영국의 정책에는 언제나 한 가닥 환상이 존재했다. 그것은 범아랍주의가 중동 지역에서 오스만 제국 이후의 혼란을 수습하는 데에 도움이 될 수 있으며, 아랍 국가들의 정책 조율은 중동 문제 해결의 길을 열어줄 것이라는 환상이었다. 사실상 아랍 연맹은 이내 팔레스타인 문제에 몰두하게 되었고 그밖의 다른 실질적인 문제는 배제했다.

또다른 새로운 요소는 냉전이었다. 종전 직후의 시기에 스탈린은 영국과 미국이 세계의 주도권을 놓고 경쟁을 벌이고 소련은 그 둘의 갈등을 부추기는 역할을 할 것이라고 생각했다. 따라서 영국의 입장과 영향력에 대한 소련의 비난이 뒤따랐고 중동에서 이는 당연히 이 지역에 대한 소련의 전통적인 이해관계와 일치했다. 소련은 보스포루스와 다르다넬스 해협을 끼고 있는 터키에도 압력을 가했으며 이 상황에서 가장 분열을 일으키는 요소들 중 하나인 시온주의를 노골적으로 지지했다. 이러한 행보는 소련이 옛 오스만 제국의 영토에 다시 관심을 가지고 있다는 사실을 보여주었다. 이를 파악하는 데에 대단한 정치적 통찰력이 필요하지는 않았다. 이 상황에서 미국은 어떤 입장을 취해야 할지 파악하지 못하고 있었다. 그러나 나치의 절멸수용소에서 일어난 끔찍한 일들이 밝혀지면서 미국 대중은 시온주의자의 견해를 보다 확실하게 지지했다. 또한 1946년에 중간 의회선거가 치러졌고 이때 유대인 유권자의 표가 중요했다. 루스벨트가 국내 정치에서 혁명을 일으킨 이래로 민주당 출신 대통령이 반시온주의 입장을 취할 것이라고는 상상할 수 없었다.

결국 영국은 자신을 괴롭히던 팔레스타인 문제에서 빠져나올 방법을 모색했다. 1945년부터 영국은 팔레스타인에서 유대인과 아랍인 양쪽이 벌이는 테러와 게릴라 투쟁에 직면했다. 불운한 아랍인과 유대인과 영국인 경찰은 서로의 동태를 살피느라고 분투했던 반면에, 영국 정부는 위임통치를 끝내는 방식 그것도 아랍인과 유대인 양측 모두에게 받아들여질 수 있는 방식을 찾고자 골몰했다. 영국은 미국에 도움을 청했으나 소용이 없었다. 트루먼은 친시온주의적 해결책을 원했기 때문이다. 결국 영국은 이 문제를 국제연합에 회부했다. 국제연합은 팔레스타인 분할을 권고했으나 이는 아랍 국가가 애초에 받아들이기 불가능한 권고였다. 두 집단 간 싸움이 점점 더 격렬해졌고 영국은 지체 없이 팔레스타인에서 철수하기로 결정했다.

영국이 철수했던 바로 그날, 1948년 5월 14일에 이스라엘의 건국이 선포되었다. 그 즉시 미국(미국은 건국 선언 16분 뒤에 이스라엘을 인정했다)과 소련은 이스라엘을 국가로 인정했다. 그러나 이 문제를 제외하고, 미국과 소련은 다음 사반세기 동안 중동에 관한 모든 문제에서 의견이 일치하지 않았다.

이스라엘은 건국 직후 바로 이집트로부터 공격을 받았다. 국제연합의 제안에 따라서 유대인에게 할양된 팔레스타인 일부 지역에 이집트 군대가 진군한 것이다. 요르단 군대와 이라크 군대는 국제연합이 팔레스타인의 아랍 영토로 규정한 지역에서 팔레스타인 아랍인들을 지원했다. 그러나 이스라엘은 이들을 물리쳤고 국제연합의 감독하에 휴전이 이루어졌다(휴전 기간 동안 시온주의자 테러리스트 한 사람이 국제연합의 조정관을 살해했다). 1949년에 이스라엘 정부는 예루살렘으로 이전했다. 예루살렘은 로마 제국 시대 이래 최초로 다시 유대민족의 수도가 되었다. 요르단 군대가 예루살렘의 절반을 여전히 장악했지만, 이는 이후에 벌어질 사건들에 비하면 매우 사소한 문제였다. 미국과 소련의 외교지원과 미국의 비공식 자금을 바탕으로, 유대인은 힘과 진취력을 발휘하여 25년 전에는 아무런 기반도 없던 곳에서 새로운 민족국가를 성공적으로 건설했다.

그러나 이스라엘은 오랫동안 건국의 대가를 치를 것이었다. 실망과 치욕에 빠진 아랍 국가들은 이스라엘을 향해서 계속 적개심을 표출했고 이 때문에 훗날 강대국들이 이 지역에 개입할 빌미를 제공했다. 게다가 시온주의 극단론자와 이스라엘 군대가 1948년부터 1949년까지 벌인 군사활동은 아랍인 난민의 대이동으로 이어졌다. 이내 아랍인 난민 75만 명이 이집트와 요르단의 난민 캠프에 수용되었다. 난민 문제로 인해서 사회 및 경제 문제가 대두했고 세계가 양심의 가책을 느끼게 되었다. 아랍 민족주의자들은 이를 잠재적인 군사적 및 외교적 무기로 사용했다. 몇몇 학생들이 아직도 믿고 있듯이, 만약 이스라엘의 초대 대통령이 신속하게 자국의 과학자들을 북돋워서 원자력 에너지 프로그램에 착수했다는 주장이 사실이라고 하더라도 그다지 놀랍지 않다. 실제로 1960년대 말에 이스라엘은 자체 핵무기를 보유하게 되었다.

흥미롭고 얄궂은 방식으로 많은 사건들이 언제나 세계사에 중요한 지역이었던 이곳에 깊은 혼란을 가져왔다. 아랍인들이 보기에, 수 세기 동안 희생자였던 유대인은 이제 자기 차례가 되자 박해자로 변했다. 그 지역 민족들이 해결하고자 했던 문제들은 수 세기에 걸친 오스만 제국의 해체로부터, 그러한 해체를 이어받았던 제국주의 열강들의 경쟁으로부터(그리고 특히 옛 제국주의 열강들을 왜소하게 보일 만큼 거대하게 성장했던 새로운 양대 강대국으로

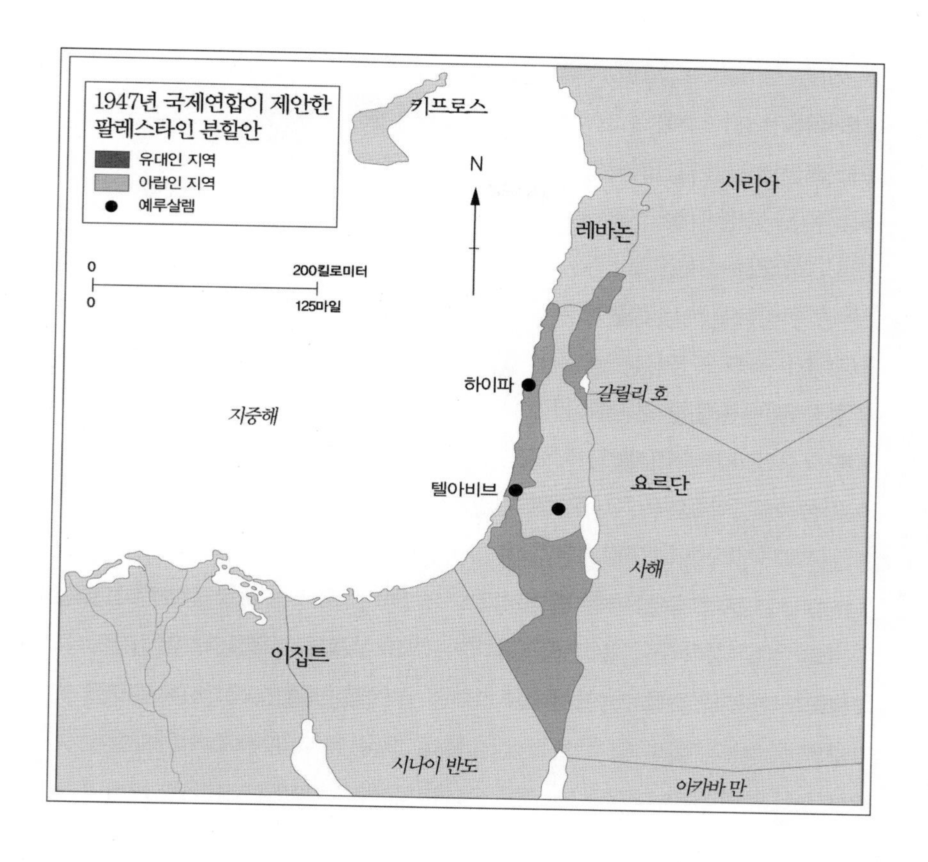

부터), 19세기 유럽 민족주의와 고대 종교의 상호작용으로부터, 이제 석유에 의존하게 된 선진국으로부터 발생했던 다양한 힘들에 의해서 영향을 받았다. 20세기에 이스라엘 건국만큼이나 역사적인 순간은 없었다. 따라서 바로 지금이 다음 65년 동안과 관련된 이야기로 넘어가기 전에 잠시 멈추기 좋은 지점이다.

제 8 부
현대

20세기가 저물어가는 시기, 좀더 자세히 말하면 1945년 이후 위대하고 놀라운 변화는 계속해서 일어나고 있었다. 그리고 오늘날 이러한 경향은 더욱 분명해지고 있다. 그러나 세계 역사에서 사람들이 계속해서 해답을 찾으려고 했던 문제들은 여전히 사라지지 않고 있다. 심지어 이러한 문제들을 해결하는 것은 더욱 힘들어졌다. 세계 각지에서 일어난 일들을 서술하는 것이 별다른 이유 없이 갑작스럽게 그리고 저절로 풍부해지는 것처럼 보인다. 최근 일어난 일들이 주는 강렬한 인상으로 인해서, 그 어느 때보다 지난 50여 년간의 역사를 다루는 관점을 이해하는 것이 그 이전의 6,000년의 역사를 바라보는 것보다 훨씬 더 힘든 일이 되었다.

이러한 문제는 부분적으로는 사람들의 합리적 기대에 의한 것이다. 사람들은 그들이 살아온 시대의 역사를 읽게 될 때 그들이 기억하는 사건들이 역사에 나타나기를 기대하거나 감수성이 예민한 나이에 들었던 이야기들이 역사에 나타나기를 기대한다. 이러한 사건들이 역사에 등장하지 않을 때 실망감을 느끼게 된다. 그러나 모든 역사는 선택된 것으로, 엄밀한 관점에서 보면 역사란 이전 시기에 어떠한 세대가 중요하다고 판단한 사건들을 선별한 것이며, 역사에 등장할 것이라고 기대하는 특정한 사건은 (그 기대가 정당한 것이든 정당하지 않은 것이든) 역사에서 일부일 뿐이다.

이러한 문제 이외에도 현대 역사를 다루는 데에서 사람들이 직면하는 어려움의 원인은 더 있다. 현대 역사를 다루는 것을 어렵게 하는 또다른 문제로 변화속도가 있다. 인간 문명의 진화에 대한 관념이 역사가들에게 영향을 주기 시작한 지 겨우 수백 년이 지났다. 더군다나 역사가들이 각각의 세대는 문화적으로 상이

하며, 그들이 살고 있는 사회는 항상 변화하고 기본적인 사고방식 역시 사람들의 변화와 함께 달라질 수 있음을 당연하게 여기게 된 것은 극히 최근에 이르러서이다. 그러나 오늘날을 살아가고 있는 많은 사람들은 과거의 사람들이 겪은 어떠한 사회적 변화보다 훨씬 더 심대한 영향을 주는 변화 속에서 살아가고 있으며, 이러한 변화의 속도는 과거의 속도와 비교가 되지 않을 만큼 빠른 것이다. 그러나 이러한 변화는 별로 눈에 띄지 않으며 심지어 사람들은 이를 잘 의식하지 않는다. 인구증가는 이에 대한 좋은 예시이다. 과거의 어떠한 세대도 현재의 세대가 경험하고 있는 급격한 인구증가를 경험하지 못했다. 그러나 매우 적은 사람들만이 이러한 변화를 의식하고 있다.

역사에서 속도가 빨라진 것은 비단 역사적 사건들의 진행뿐만이 아니다. 단순히 속도가 빨라진 것만으로도 그 변화의 영향은 생각보다 광범위하며 심대하다. 사회의 진보로 인해서 여전히 불만족스럽다고 간주되는 가치들 가운데 여성에게 부여되는 기회와 자유는 대부분의 사회에서 이전 세기와 비교하면 눈에 띄게 큰 비율로 성장하고 있는데, 그 비율은 과거보다 한 자릿수 이상이다. 아직까지도 이러한 움직임에는 한계가 보이지 않는다(일부 지역에서는 아직 이러한 변화가 시작되지도 않았다). 이러한 논리는 좀더 좁은 의미에서 보면 기술적이거나 물질적인 변화에도 적용될 수 있는데, 이들 중 상당수는 여전히 그 잠재력이 정점에 다다르지 않았다.

만약 이전 수십 년 동안의 역사가 빠르고 급격한 시대의 변화로 인해서 이전의 역사와 상당히 다르게 전개된 것이라면, 역사 전체를 하나의 이야기로서 과거 수십 년의 이야기를 그 이전 시대 이야기와 동일선상에서 기술하는 것은 더욱 힘들어진다. 현대 역사를 다룰 때, 단순히 변화의 속도만 따라가는 것뿐 아니라 완전히 새로운 관점을 가질 필요도 있다. 특히 어떠한 사실이나 사건들이 기술적인 혁신을 포함할 때 그 사실 혹은 사건의 특별한 영향력을 보여주기 위해서 더 많은 설명을 제공할 필요가 있다. 최초의 진정한 국제 경제질서의 문맥에서 세계 정치제도의 분해와 재건을 해석하거나 얼마나 자연에 대한 인간의 개입이 다시 돌이킬 수 없는 변화의 원인이 되었는지를 논의하기 위해서는 더욱 자세한 설명이 필요하다. 물론, 이러한 문제들은 이전의 역사에 대한 고려 역시 요구한다. 과거에 역사적 사건들은 그 사건들이 끼친 심대하고 광범위한 영향들을 통해서 느리게 그 실체가 드러나기 마련이었고 상당수의 경우에 제대로 인식되지 않았다. 그러나 현대에 접어들어서는 역사적 사건들은 때로 매우 놀랍게 심지어 폭발적으로 빠른 속도로 실체가 드러나기도 하며 이러한 경향은 어떠한 관점이 꾸준하게 정착되기 힘들게 한다.

그리고 역사의 기반이라고 할 수 있는, 역사연표가 있다. 역사가 20세기 중반의 새롭고 뚜렷한 단계로 접어드는 시기가 되고 나서, 사람들은 이러한 역사에서 이전 시기에는 대수롭지 않다고 생각한 연대표의 사건들 중에서 20세기 중반의 역사에 대해서 전환점, 구두점 혹은 중대한 단계가 될 사건들을 찾기 시작했다. 이러한 관점에서 보면, 1917년은 1989년보다 더욱 의미 있는 전환점이 될 수 있는지 그리고 1931년 만주에서 전개된 일들이 1945년 독일에서 일어난 일보다 더욱 중요한 역사적 시발점인지 아닌지는 수십 년 전에는 역사적 고려 대상이 아니었다. 어쩌면 앞서 말한 연도들은 DNA가 발견된 1953년이나 최초의 개인용 컴퓨터(애플 II)가 시판된 1977년에 비해서 더 중요하다고 간주되지 않을 수도 있다.

계속해서 사람들은 이러한 문제들을 해결하기 위해서 노력했고, 이러한 문제들의 심각성을 다소 줄일 수 있었다. 이는 우선적으로 상세하게 장기간의 역사적 주제들을 구체화하거나 대표할 수 있는 가장 중요하며 보편성이 있는 역사적 사건의 전개와 이 역사적 사건의 전개가 지난 두 세대 혹은 그 이전 세대에 걸쳐서 준 영향력을 정리한 덕분이다. 이러한 최초의 작업이 이루어지고 나서야 사람들은 신문의 머리기사들을 짧은 시기로 구분한 후 이를 활용하여 역사적 사건의 이야기의 밑그림을 위한 작업을 시작하게 되었다. 역사학자들은 이러한 순간들이 '현재사'에서 중요한 연대기적 표시가 될 수 있기를 희망하며, 그렇지 못할 경우에 그것은 역사가 될 수 없으며 그냥 그대로 지나간 일이 되어버릴 것이다.

물론, 현대사에 대한 이야기를 시작하기도 전에 이미 보편적으로 분명하다고 받아들여지는 부분이 있다. 예를 들면, 유럽인에 의한 세계지배의 날들이 끝났다는 점과 1945년 이후의 시대를 '유럽 이후(포스트 유러피언, post-European)' 시대라고 부를 수 있다는 점은 어렵지 않게 받아들여지고 있다. 그러나 아직 제대로 정의되지 않았지만, 좀더 보편적이고 전면적인 영향을 가진 변화들이 존재한다. 세계는 과거 그 어느 때보다 하나가 되었다(비록 위대한 역사가가 '나눌 수 있는 하나의 세계'라고 말하기는 했지만 말이다). 이것은 세계가 과거 역사의 그 어느 때보다 수년 안에 매우 빠르게 그리고 완전히 변화할 수 있다는 뜻이다. 보편적 문명이 전파되고 또한 지금까지의 어떠한 문명보다 더 광범위하게 많이 공유되고 있지만, 이러한 사실을 우리가 어렴풋이 알아차리는 동안에도 보편적 문명은 계속해서 변화하고 있다. 정말로 이 보편적 문명은 변화에 특화된 문명이며 그 때문에 자주 혁명적인 영향을 끼치게 된다.

수십 년 앞의 세상의 삶을 예측하는 것은 과거 그 어느 때보다 힘들고 불분명해졌다. 무엇보다 증대된 경제와 기술의 독립성과 증가된 정보의 공급 그리고 그것을 이용하는 수단의 발달은 이러한 경향의 가장 분명한 원인이다. 세계 몇몇 곳에서 발생하는 일들의 상당수는 다른 지역에 빠르게 영향을 끼칠 수 있게 되었으며, 전부는 아닐지라도 좀더 많은 정치 지도자들은 이러한 영향의 빠른 확산이 이념이나 계산 혹은 단순한 공포로 촉발되었든지 간에 상관없이 이를 인지하고 있는 것으로 보인다. 비록 때로는 매우 느리기는 하지만, 끝내 대다수의 지도자들은 역사가 흘러가는 방향을 인지하는 쪽으로 움직이게 된다. 편의상 이러한 과정은 자주 '근대화'라고 일컬어지며 이러한 징후는 아직 실체가 희미하게 나타난 지역을 포함한 지구의 모든 지역으로 전파된다.

먼 옛날 선사시대에 인류는 원시적인 기술들을 통해서 자연으로부터의 인류 해방을 시작했다. 그 이후 수천 년 동안 인류는 상이한 경로를 통해서 발전해가며 서로 다른 삶의 방식으로 살아왔고 고도로 독립적이며 독특한 문화와 문명을 창조했다. 수 세기 전에 급격한 변화의 과정이 세계의 한 지역에서 전파되기 시작하면서 이러한 서로 다른 문명과 문화의 발전 경로가 하나로 수렴되기 시작했다. 비록 아직까지는 그렇게까지 많은 것들을 세계 각처에서 모두 함께 공유하고 있다고 말은 할 수 없지만, 우리는 세계가 점점 좁아지고 있다는 것을 느낄 수 있다. 그럼에도 불구하고 반드시 인식해야 할 점은 최근의 역사는 여전히 반드시 그 이전 역사를 통해서 바라보아야 한다는 것이다. 그렇게 함으로써 가장 거대한 변화를 바라볼 때조차도 공정한 관점을 좀더 제대로 유지할 수 있다.

1

과학혁명과 인지

1974년 최초의 세계인구회의가 루마니아에서 개최되었다. 인구학적 전망을 잘 알고 있는 사람들의 불안으로 인해서 인류는 인류의 숫자에 대해서 고찰하는 첫 토론의 장을 가졌다. 이후 25년 동안, 그러한 불안은 차츰 공포로 변화했다. 많은 사람들이 2050년경에 100억 명에 달하는 인구를 세계가 감당할 수 있는지 의문을 가지게 되었다. 어림잡아 계산하면 250년 전에 약 7억 5,000만 명을 헤아리던 세계인구가 150년 만인 1900년에 2배 이상인 약 16억 명이 된 것이다. 또다른 8억5,000만 명의 인구가 50년 만에 늘어났는데 1950년경에 세계인구는 약 25억 명이 되었다. 불과 20년 뒤에 또다시 8억5,000만 명의 인구가 불어났고, 현재의 세계인구는 70억을 넘어섰다. 좀더 긴 기간을 통해서 보면, 호모 사피엔스가 10억으로 늘어나는 데에는 최소한 5만여 년이 걸렸는데(1840년경에 10억에 다다랐다), 가장 최근에 10억의 인구가 불어나는 데에는 겨우 12년이 걸렸을 뿐이다. 겨우 수십 년 전까지도 전체 인구는 계속해서 빠르게 성장했고, 1963년에 그 성장률은 2.2퍼센트로 최고조에 달했다.

이러한 급격한 인구성장은 비록 맬서스 그 자신은 "현재의 증가 혹은 감소를 바탕으로 미래 인구의 증가나 감소에 대한 예측은 신뢰할 수 없다"라고 관측했음에도, 맬서스 재앙(Malthusian disaster)의 망령이 다시금 나타나게 했다. 사람들은 여전히 어떠한 요인이 이러한 인구증가의 패턴을 변화시킬 수 있는지 확신할 수 없다. 예를 들면, 어떤 사회에서는 그 구성원의 크기와 형태를 통제하기 시작했다. 그러한 노력은, 엄밀히 말하면 전적으로 새로운 것은 아니다. 특정 지역에서는 오랜 기간 동안 인구증가로 인한 희귀자원에 대한 수요증가를 막기 위해서 전통적으로 살인과 낙태가 이용되었다. 중세 일본에서는 영아들이 죽음에 노출되어 있었고, 19세기 인도에서는 여아들에 대한 영아 살해가 광범위하게 퍼져 있었고 1980년대 중국에서 여아 살해가 다시 나타났다(혹은 원래 이전부터 존재했으나 1980년대에 들어서 중국에 그런 경향이 있다는 것이 제대로 인지되기 시작했다고 볼 수도 있다). 이러한 과거의 노력과 비교하여 현대의 노력에서 새로운 점은 정부가 인구조절을 위한 인도적 방법에 자원을 투자하고 그를 위한 권한을 부여한다는 점이다. 정부는 과거와 같이 단순히 개인이나 가족이 인구증가로 겪는 고충을 줄이는 것이 아니라 사회 전체와 경제가 인구조절로 긍정적으로 발전하는 것을 목표로 하고 있다.

오직 몇몇 정부들만이 그러한 노력을 기울였고, 의심할 바 없는 기술과 지식의 발전에 대해서도 세계 지역별로 사회경제적 관점에서 동일한 반응을 보이지 않았다. 1960년대에 새로운 피임기술이 인간의 행동과 사고방식에 급진적인 영향을 미치면서 서구의 많은 국가들에 급속도로 퍼져나간 반면에, 비서구권의 여성들은 이러한 피임기술을 서구권의 여성들만큼 빠르게 받아들이지 않았다. 이것은 인구증가가 전 세계에 걸쳐 똑같은 형태를 취하거나 혹은 같은 반응을 불러일으키지 않는 여러 이유들 중 하나이다. 비록 수많은 비유럽 국가들이 19세기 유럽 국가의 유형을 따라가고 있지만(먼저 출생률의 감소 없이 사망률이 감소한다), 선진국가들의 인구역사의 단계를 이 국가들이 단순히 답습할 것이라고 예상하는 것은 경솔한 것이다. 인구증가의 역학은 극도로 복잡한데 이는 무지와 개인 그리고 사회적 태도로 인한 측정의 어려움과 조작 가능성 등의 한계에 의한 것이다.

유아사망률은 미래의 인구성장의 잠재력을 보여주는 유효한 척도 중 하나이다. 선진국의 유아사망률은 1,000명의 신생아 중 평균 225명 사망에서 1970년 직전에 20명 아래로 떨어졌는데, 2010년에 비교수치를 통해서 보면 시에라리온에서는 유아 135명이 사망했고 싱가포르에서는 유아 2명이 사망했다. 이렇게 가난한 국가와 부유한 국가 사이의 차이는 과거보다 더 크다. 또한 모든 연령대에서 기대수명의 차이도 이와 마찬가지이다. 1870년에 선진국가에서 신생아의 당시 기대수명은 40세가 조금 넘었는데 100년이 지난 후에는 70세가 넘었다. 기대수명은 세계적으로 상당히 고르게 나타난다. 예를 들면, 1987년에 미국, 영국, 소련의 기대수명은 각각 76, 75, 70세였다(러시아는 현재 남자의 경우 63세로 감소했다). 그러나 잘사는 국가와 가난한 국가의 차이는 오늘날 매우 극명하다. 기대수명에서 가장 높은 순위를 차지한 일본은 평균 83세를 기록한 반면에, 모잠비크는 40세 미만을 기록했는데 이는 1789년 이전의 프랑스와 동일한 수치이다(에이즈의 창궐로 인해서 모잠비크의 인구가 크게 감소한 것도 이에 포함된다).

가까운 미래에, 이러한 개발도상국과 선진국 사이의 차이는 새로운 문제들을 제시할 것이다. 대부분의 역사에서 모든 사회는 피라미드 형태를 닮아가는데, 가장 아래층에 젊은 층이 가장 많은 숫자를 차지하며 나이 든 사람들은 적고 피라미드의 윗부분을 차지한다. 현재 선진사회는 원기둥의 형태를 닮아 가고 있는데, 과거보다 나이 든 사람들의 비율이 커진 탓이다. 예를 들면, 이탈리아와 일본의 15세 이하의 인구는 전체 인구의 15퍼센트 미만이다. 가난한 국가들은 이와 반대이다. 니제르는 인구의 약 절반이 15세 미만이며, 인도는 3분의 1이 15세 미만이다. 전체 인구의 증가에 대한 단순한 논의로는 중요한 사실을 제대로 보여줄 수 없다. 세계인구는 계속해서 대단히 강력하게 증가하고 있지만, 근원적으로 매우 다른 방식으로 성장하고 있고 그 역사적 함의와 영향은 각각의 사회에서 매우 상이하게 나타날 것이다.

인구가 어떻게 분포되어 있는지 역시 중요한 고려 대상 중의 하나이다. 2010년에 인구는 대략 다음의 표와 같이 대륙별로 분포되어 있다.

19세기 중엽 이후 유럽의 전체 인구의 감소가 두드러진다(19세기 중엽 25퍼센트). 유럽 대륙으로부터 세계 각지로 퍼진 4세기 동안의 이민이 종료된 것도 주목할 만하다. 1920년대까지 유럽에서 사람들은 해외로 이민을 나갔고, 특히 아메리카 지역으로 많이 이주했다. 이러한 유럽 인구의 역외유출은 1920년대에 미국에서 이주제한이 시행되며 많이 감소했고, 세계 대공황 동안에 더욱 크게 줄어들었으며, 그 이후로 이러한 유럽에서의 역외이민의 비중은 예전 수준으로 회복된 적이 없다. 반면에 카리브 지역, 중남미 지역 및 아시아 지역으로부터 미국으로의 이민은 20세기 말까지 계속해서 증가 추세를 보였

2010년 대륙별 인구분포

대륙	단위(100만)	백분율(퍼센트)
유럽(러시아 포함)	733	10.61
아시아	4,167	60.31
아프리카	1,033	14.95
남아메리카 및 카리브 지역	587	8.52
북아메리카	351	5.09
오스트레일리아 및 오세아니아	36	0.52

다. 또한 비록 유럽 국가들이 여전히 역외이주민을 보내고 있기는 하지만 (1970년대 초 영국의 경우 매년 해외로부터의 들어오는 이주민보다 더 많은 영국 국민이 영국을 떠났다), 그 국가들은 1950년대 이후 일자리를 찾는 북아프리카, 터키, 아시아 및 서인도제도의 사람들의 이민을 장려했다. 현재 유럽은 전체적으로 인구를 수입하는 입장이다.

그러나 현재의 추세가 오랜 기간 그대로 유지되지는 않을 것이다. 현재 인류의 절반 이상이 아시아에 살고 있으며 중국과 인도는 전체 인구의 37퍼센트를 차지하고 있지만, 다른 지역에서의 현저한 인구증가 추세로 인해서 이러한 수치는 점차 줄어들기 시작했다. 1960년대 초에 세계 인구증가율의 2배 이상을 기록한 브라질은 계속해서 인구가 증가하고 있지만, 인구증가율이 예전 같지는 않다.

인도(가임연령 여성당 2.8명의 자녀)와 중국(1.5명)의 차이가 눈에 띈다. 이 가임연령 여성당 자녀의 수 목록의 정상은 7.7명의 니제르가 기록하고 있고, 가장 아래에 해당하는 리투아니아와 대한민국은 1.2명을 기록하고 있다. 전반적인 세계의 인구성장률은 감소 추세에 있다. 현재는 1963년의 연간수치의 대략 절반 정도의 수준에 머무르고 있다.

비록 이러한 종류의 사안에서 전적인 일반화는 위험한 것이지만, 현대에서 평균소득이 증가한 경우 대부분의 사회에서 출생률은 떨어지기 시작한다. 많은 아들들을 가지는 것이 부모의 노년에 생명보험으로 여겨지거나 특권이나 보호를 부여하는 경우에는 아이들을 많이 낳게 된다. 부가 증가할수록, 대가족은 자원을 불필요하게 소모하는 조직으로 간주된다. 가사 이외의 직업을 가진 여성들은 적은 자녀를 가지려는 경향이 있으며, 최소한 그들 자신이 그러한 결정을 내릴 능력이 있다(그리고 경제적인 독립을 얻게 되면 그들은 대부분 그렇게 한다). 역사학자들과 인구학자들을 자주 놀라게 하는 것은 인구성장 유형이 매우 빠르게 변화한다는 것이다. 몇 세대 동안 관찰된 지식들은 10년도 되지 않아서 변화하고 만다. 사람들은 로마 가톨릭교회의 가르침이 남유럽과 남미 지역에서 높은 출산율의 원인이라고 많이 믿었지만, 사실 이탈리아 가임연령 여성당 자녀의 수는 1.3명이며, 칠레는 1.8명이다.

오늘날 세계에서 가장 높은 평균출산율을 기록하는 지역은 사하라 이남의 아프리카 국가들이며(이런 지역들은 아무래도 급속한 인구증가를 겨우 감당할 수 있는 지역으로 보인다), 몇몇 이슬람 국가들 역시 그리 많이 뒤처지지는 않는다(이라크 3.8명, 요르단 3.4명). 이러한 인구증가는 자원과 정치조직에 상당한 압력을 줄 것이다. 그러나 인구가 급속하게 감소하는 국가들 역시 어려움에 처하게 될 것이다. 상당수의 유럽 국가들은 출산율이 완전히 달라지지 않는 한, 인구의 고령화에 대처하기 위해서는 유입해오는 이주민에게 의지해야 하고, 몇몇 국가들에서는 현재 자연출산율이 현저하게 낮아서 이를 뒤집기가 매우 어려운 경우도 있다. 중국에서는 공산당이 법제화한 1가구 1자녀 정책은 축복에서 저주로 변화하고 있다. 비록 중국의 인구는 계속 성장하고 있지만, 인구통계는 매우 급속하게 변화하고 있어서 중국인들은 부유해지기도 전에 늙어버릴 것이다. 더 큰 문제는 중국 인구에서 빈곤층에 해당하는 사람들이 가장 많은 수의 아이들을 슬하에 두고 있고, 도시지역의 중산층은 대부분 1가구 1자녀 정책을 준수하고 있다는 점이다.

도시화는 오늘날의 인구변화에서 또다른 중요한 요소이다. 20세기 말에 세계인구의 절반에 가까운 사람들이 도시에 살고 있었다. 도시는 호모 사피엔스의 주요한 서식지가 되었다. 이러한 점은 인류 역사에서 매우 큰 변화였다. 도시에 산다는 것은 과거 대부분의 역사에서 매우 위험한 것이었다. 과거에는 도시생활의 매우 높은 사망률로 인해서 도시의 지속적인 인구유지를 위해서 시골 출신의 이주민들의 유입이 필요했다. 19세기에는 몇몇 국가들의 도시에서 도시민들이 도시의 유지에 필요한 인구를 스스로 생산할 수 있었다. 이러한 결과는 놀라운 것이었다. 오늘날 많은 도시의 거주민들은 문자 그대로 셀 수 없을 정도가 되었다. 콜카타는 1900년에 이미 100만 명의 인구를 기록했고, 이제 당시보다 15배 정도 많은 인구를 기록하고 있다. 멕시코시티는 20세기가 시작될 당시 35만여 명의 거주민을 기록했으나 20세기가 끝날 무렵에는 2,000만 명 이상의 인구를 기록했다. 장기간에 걸친 역사를 보면 또다른 중요한 점을 발견할 수 있다. 1700년에는 세계에서 오직 5개의 도시만이 50만 명 이상의 인구를 보유했으나, 1900년에는 43개의 도시가 50만 명 이상의 인구를 보유했다. 그리고 현재 브라질은 유일하게 100만 명 이상의 인구를 가진 도시 7곳을 보유하고 있다. 몇몇 국가에서 위생체계와 공중보건 시설들은 다른 국가들에 비해서 이러한 변화에 맞게 발전하는 것이 느렸고 도시화의 물결은 여전히 사그라들지 않았다.

인구와 도시화의 역학 모두 이에 필요한 자원량에서 세계적으로 큰 성장이 있었다는 것을 의미한다. 단순하게 이야기하면, 많은 사람들이 굶어 죽은 반면에 더 많은 사람들이 살아남았다. 수백만 명의 사람들이 기근으로 죽었지만 전 세계적으로 맬서스 재앙은 여전히 일어나지 않았다. 만약 인구를 부양할 만큼의 자원이 세계에 존재하지 않았다면, 인류의 수는 줄어들었을 것이다.

반면에 이러한 인구증가가 장기적으로 가능할 것인지는 또다른 문제이다. 전문가들은 한동안은 인구증가만큼의 식량공급을 충분히 할 수 있을 것이라고 결론을 내렸다. 그러나 이러한 문제는 추측의 영역에 속한다. 비록 그러한 희망의 존재 자체가, 앞으로 일어날 일에서 현재의 믿음이 매우 중요한 영향을 미치는 현실 사회에 어떠한 말을 해야 할지 고민하는 역사가들의 흥미를 유발할 수는 있지만 말이다. 이러한 점에서 현대 역사, 특히 전례에 없던 부의 생산을 낳은 지난 반세기의 경제적 상황을 인식해야 한다.

이 책의 독자들은 텔레비전 화면을 통해서 기근과 궁핍함이 드러나는 끔찍한 사진들을 보는 데에 익숙할 것이다. 그러나 1945년 이후 약 50여 년간 지속적인 경제성장은 사상 처음으로 당연한 것이 되었다. 그러한 지속적 경제성장은 약간의 문제와 중단이 간간이 존재하기는 했지만 '일반적인 것'이 되었다. 2008년 이후에 그랬던 것처럼 경제성장률이 저하되는 것은 비상사태로 이어진다. 비록 대부분의 인구가 소득 불평등 혹은 높은 출산율로 인해서 빈곤층에 속해 있지만, 세계의 많은 지역에서 실질적인 경제성장이 일어나고 있다. 이러한 경제성장의 양태는 현재도 그렇지만, 1939년 당시의 사고로는 상상도 하지 못했던 혁명적인 것이었다.

그러나 현대 역사는 제2차 세계대전이 끝난 수십 년간의 전례 없는 경제성장의 황금기만의 이야기가 아니다. 세계인구의 급증을 이끌었던 급격한 부의 창출에 대한 역사적 배경은 생각보다 훨씬 더 깊다. 부의 창출을 측정하는 한 가지 방법을 통해서 알아본 바, 현재의 평균적인 인간은 1500년경의 평균적인 인간의 약 9배에 해당하는 부를 창출한다고 한다. 몇몇 경제학자들은 현재 세계의 GDP가 1500년보다 약 185배 더 크다고 추산했다. 그러나 이러한 계산은 불확실한데, 무엇보다 새로운 생산물의 가치를 평가하는 것이 힘들고, 또한 당연히 현대의 GDP는 훨씬 더 많은 사람들에 의해서 분배되고 또한 훨씬 더 고르지 않게 분배되기 때문이다.

실제로 부와 인간의 숫자는 19세기까지 거의 함께 성장했다. 그 이후 어떤 국가에서는 다른 국가보다 훨씬 더 빠른 성장세를 보이기 시작했다. 20세기의 시작과 함께한 부의 창출의 새로운 도약은 비록 두 번의 세계대전으로 인한 심각한 퇴보와 1930년대의 공황으로 인한 격변에도 불구하고 1945년 이후로 다시 재개되었고 완전히 다른 경제체제 간의 첨예한 대립과 극명한 차이에도 불구하고 거의 중단되지 않았다. 몇몇 국가들 내의 모든 종류의 심각한 불평등의 문제와 차질에서, 경제성장은 과거 그 어느 때보다 훨씬 더 광범위한 영향을 미쳤다.

다음의 표에 나타난 수치들은 반드시 조심스럽게 해석해야 하고, 또한 매우 빠르게 변화할 수 있다. 그러나 기본적으로 세계가 한 세기 동안 더욱 부유해졌다는 것을 증명하는 데에 신뢰할 수 있는 자료로 보인다. 그러나 인류의 일부는 여전히 끔찍할 정도의 빈곤에 처해 있다. 최근 괄목할 만한 경제발전에도 불구하고 중국과 인도는 평균소득의 관점에서 보면 여전히 가난한 국가

1인당 GDP의 변화(미국 달러화, $)

국가	1900년	2010년
브라질	678	10,816
중국	545	4,382
영국	4,492	36,000
미국	4,091	46,800
인도	599	1,370
독일	2,895	40,274
일본	1,135	42,783

로 분류된다. 그러나 가장 빈곤한 국가들은 원래부터 좋지 않은 경제 상태에 있었고 전쟁이나 전염성 질병으로 큰 타격을 받은 국가들이다. 부룬디는 2010년 기준으로 1인당 GDP가 192달러이며, 아프가니스탄은 362달러이다.

만약 국가들의 최우선 과제가 부의 창출이라면, 부의 창출을 위해서 강대국들은 다른 국가들과 평화 상태를 오랫동안 유지하는 데에 긍정적인 영향을 주었을 것이다. 1945년 이후에도, 당연하지만, 수없이 많은 소규모 혹은 초기 단계의 무력충돌이 있었고, 이로 인해서 매일 사람들이 사망했으며, 수십만 명의 사람들이 전쟁과 유사한 상황 혹은 전쟁 이후에 죽었다. 강대국들은 다른 국가나 조직을 앞세워 그들을 위한 대리전쟁을 수없이 치렀다. 그러나 이러한 인간과 자본의 피해는 두 번의 세계전쟁 동안 입은 피해에는 미치지 못한다. 국가들 간의 적대적 대치가 때로는 많은 국가들 간의 경제적 활동을 지속시키거나 이를 장려하는 기반이 되기도 한다. 이러한 국제적 대치는 기술의 파생효과에 큰 공헌을 했으며 정치적 이유로 인한 거대한 자본 투자와 이전을 이끌었다. 그리고 그중 몇몇은 부의 향상에 지대한 공헌을 했다.

최초의 그러한 자본 이전은 1940년대 후반에 시작되었는데, 미국이 유럽의 복구를 위한 경제지원을 시행할 때였다. 유럽의 복구를 성공적으로 달성하기 위해서는 미국의 힘이 반드시 필요했는데, 1918년(제1차 세계대전 직후) 미국은 유럽 전후 복구를 위한 자본을 제공하지 않았었다. 전쟁 이전 시기의 공황 상태에서 완전히 벗어날 정도로 거대해진 경제와 전쟁 동안 물리적 피해를 입지 않은 덕분에 미국은 유럽의 전후 복구를 위한 자본을 제공할 수 있었다. 미국의 경제력이 복구지원 원조로 쓰이게 된 원인은 당시의 정황에서 찾아볼 수 있다(냉전이 중요한 원인 중의 하나였다). 국제적 긴장이 미국으로 하여금 국가의 이익을 위해서 그러한 결정을 하게 했으며, 많은 미국의 정치가들과 기업가들은 기회를 잡기 위해서 창의적 노력을 보였다. 또한 장기적으로 그 정도의 거대한 규모의 자본을 댈 다른 출처도 존재하지 않았으며 마지막으로는 미국의 유럽에 대한 원조는 이미 전쟁이 끝나기 전부터 1930년대의 거의 파탄 직전의 경제적 무정부 상태로 돌아가는 것을 막기 위해서 여러 국가의 사람들이 국제경제를 통제하는 새로운 체제를 설립하는 것에 도움을 주었다. 즉, 세계의 경제적 생활을 다시 형성하는 이야기는 1945년 이전에 국제통화기금(International Monetary Fund, IMF)과 관세와 무역에 관한 일반 협정(General Agreement on Tariff and Trade, GATT)의 설립을 위한 전쟁 기간 동안의 노력으로부터 시작한다. 1945년 이후 비공산권 세계에 미국이 제공한 경제적 안정성은 매년 실질수치로 7퍼센트에 육박하는 세계무역의 20년간의 성장으로 뒷받침된다(비록 냉전의 종말과 함께 1914년 이전 수준으로 국제무역이 곤두박질치기는 했지만 말이다). 1945년과 1980년대 사이에 공산품에 대한 관세는 40퍼센트에서 5퍼센트로 떨어졌고, 세계무역은 5배로 늘어났다.

장기적으로 보면, 과학자들과 기술자들의 경제성장에 대한 기여는 그렇게 일정하지 못하며 상당 부분 눈에 띄지 않았다. 기술을 통한 과학지식의 지속적인 적용과 좀더 높은 효율성을 발견하기 위한 공정과 체계의 개선과 합리화가 1939년 이전 사회에서는 가장 중요한 것들이었다. 이러한 요소들은 1945년 이후 더욱 강하게 강조되었고 더 큰 영향력을 발휘하기 시작했다.

산업화가 명백한 세계적 흐름으로 인식되기 오래전부터 발전하고 있었던 농업에서 이러한 과학과 기술의 발전이 미친 영향은 이러한 효과의 가장 분명한 예시 중의 하나이다. 수천 년 동안 농부들은 농산물의 생산량을 거의 전적으로 새로운 땅을 개척하고 파괴하는 고전적인 방식으로 늘려오고 있었다. 적절한 투자가 곁들여지면서 작물의 소출을 늘릴 수 있는 땅이 훨씬 많이 남아 있었다(심지어 인도와 같이 인구밀도가 높은 곳에서조차 지난 25년간 그러한 토지를 이용하여 작물의 소출을 많이 늘릴 수 있었다). 그러나 이것은 근래에 세계 농산물의 생산량이 왜 그렇게 엄청나게 증가한 것인지에 대해서 설명하지 못한다. 근대 유럽에서 최소 17세기부터 관찰되기 시작한 농업혁명의 지속과 가속이 원인이라고 할 수 있다. 250년 이후, 이러한 농업혁명은 응용과학에 힘입어 가속화되었다.

1939년 이전에, 밀은 기후적인 이유로 그 전까지 제대로 자라지 못한 지역에 성공적으로 도입되었다. 식물 유전학자들은 새로운 곡물 품종들을 개발했는데, 이는 이전 시대의 시행착오로 인한 '개선'의 수준을 훨씬 더 넘어서는 농업에 대한 최초의 20세기 과학의 기여라고 할 수 있다. 한참이 지난 후에는 유전자 변형 작물 품종들이 부정적인 비판을 불러오기는 했지만 말이다. 그리고 이보다 더한 세계 식량공급에 대한 과학의 기여는 좀더 나은 화학비료를 통해서 작물을 재배하는 지역에서 이루어졌다(화학비료는 19세기에 최초로 이용 가능하게 되었다). 토양에 과거와 비교도 되지 않을 정도로 많은 비율의 질소를 주입하게 된 것이 많은 양의 농산물을 생산하게 된 비결이었고, 이는 현재 선진 농업국가에서는 상식적인 것이 되었다.

그럼에도 불구하고 이러한 농산물 생산의 증산은 대단히 많은 양의 에너지를 필요로 했고 생태계에 미치는 파장에 대한 공포가 1960년대에 표출되기 시작했다. 그 당시에 선진국에서는 농업의 기계화가 광범위하게 발전하고 있었고, 효과적인 제초와 살충 성분을 포함하는 더 나은 비료도 개발되었다.

1939년에 영국은 경작지 1에이커당 마력(馬力)을 기준으로 세계에서 가장 기계화된 농업기술을 보유한 국가였다. 영국의 농부들은 그럼에도 불구하고 대다수의 작업을 여전히 말을 통해서 진행했는데, 콤바인 추수기는 아직 생소한 것이었다(콤바인 추수기는 미국에서는 흔한 것이었다). 그러나 농업만이 기계화된 것이 아니었다. 전기의 도래는 젖소 등의 젖 짜기, 곡물 건조, 타작, 겨울철 축사의 난방 자동화를 가져왔다. 현재 컴퓨터와 자동화 설비는 인간의 노동력에 대한 의존도를 더욱 떨어뜨리기 시작했고, 선진국가에서는 에이커당 생산량의 증대에도 불구하고 농업노동 인력은 계속해서 감소하고 있으며, 유전자 변형 기술을 통해서 생산된 작물들은 앞으로 더욱 많은 생산량을 기록하게 될 것이다.

그러나 역설적으로, 그럼에도 불구하고 1900년과 비교해서 오늘날의 세계에는 과거보다 더 많은 자급자족 농민이 존재하고 있는데, 이는 단순히 그때보다 지금 더 많은 사람들이 존재하기 때문이다. 이러한 자급자족 농민들의 경작지 분배와 곡물의 가치는 떨어지고 있다. 선진국에 살고 있는 농민들 가운데 2퍼센트가 현재 전 세계 식량의 절반 정도를 공급하고 있다. 유럽에서는 소작농이 빠르게 사라지고 있는데, 영국에서는 200년 전에 사라졌다. 그러나 이러한 변화는 전체적으로 보면 특정 지역에 편중되었고 쉽게 중단되었다. 러시아는 전통적으로 볼 때 가장 큰 농업국가 중의 하나였으나 1947년에 이르러 식인풍습이 다시 한번 부활할 정도로 심각한 기근을 겪었다.

곡물의 생산은 인구가 빠르게 성장하며 자급자족 농업경제를 당연시하면서도 생산력은 낮은 지역에서 여전히 심각하게 부족하다. 제1차 세계대전 직전에 영국의 에이커당 밀생산량은 이미 인도의 그것보다 2배 반 이상 많았으며 1968년경에는 약 5배가 많았다. 같은 시기에 미국은 쌀생산량을 에이커당 4.25톤에서 12톤 가까이 끌어올린 반면에, 한때 '아시아의 밥그릇'이었던 버마는 겨우 3.8톤에서 4.2톤 정도로밖에 증산하지 못했다. 1968년, 이집트의 한 농업 종사자가 한 가구가 필요한 식량보다 조금 더 많은 양의 식량을 생산할 수 있었던 반면에, 뉴질랜드에서는 농업 종사자 한 명이 40명이 필요한 식량을 생산할 수 있었다. 그리고 21세기 초기에 들어 몇몇 개발도상국에서 이러한 생산비율을 따라잡아가고 있다고는 하지만, 대부분의 아프리카와 동남 아시아 지역 국가들의 생산력은 여전히 대단히 낮은 편이다.

경제적으로 발전된 국가들이 역시 가장 큰 농업생산력을 보여주고 있다. 반면에 이러한 농업생산력을 가장 필요로 하는 국가들은 이러한 선진국가들보다 값싸게 작물을 생산하는 것이 거의 불가능에 가깝다. 결과적으로 역설적인 상황이 벌어지고 있다. 러시아, 인도, 중국 등 세계에서 가장 거대한 작물과 쌀 생산국들이 미국과 캐나다 등지에서 밀을 사들이고 있다. 선진국가와 개발도상국가들 사이의 이러한 차이는 수십 년간 점점 더 벌어지고 있다. 대체적으로 절반 정도의 인류가 세계 농산물 생산량의 7분의 6 정도를 소비하고 있고, 나머지 인구가 나머지 농산물을 차지한다. 미국은 현재까지 가장 사치스러운 소비자로 볼 수 있다. 1970년에 미국인 100명당 대여섯 명 정도의 사람들이 매년 생산되는 기름 중 40퍼센트를 소비하고 있다. 미국인들은 한 명당 매년 대략 0.25톤의 종이 제품을 소비했는데, 당시에 중국인들은 한 명당 대략 20파운드의 종이를 사용했다. 당시 중국에서 소비된 모든 용도의 전기 에너지가 미국 내의 에어컨들의 전력 수급만을 감당할 정도라고 알려져 있다. 국가 간에 거래되는 전기 에너지의 양은 상대적으로 희소하고 대부분 생산되는 국가 내에서 소비되기 때문에, 전력 생산량 비교는 국가 간의 비교에서 가장 좋은 방법 중의 하나이다. 1980년대 말, 미국은 인도가 생산하는 전력의 약 40배, 중국의 23배 많은 전력을 생산했지만, 스위스에 비해서는 1.3배 많은 전력을 생산했을 뿐이다.

세계의 대부분 지역에서 1945년 이래 부유한 국가와 빈곤한 국가 사이의 차이는 점점 더 커지고 있는데, 이는 가난한 국가가 더 가난해져서라기보다 부유한 국가가 더욱 부유해졌기 때문이다. 얼마 되지 않는 예외는 (빈곤한 국가의 기준으로 보았을 때) 비교적 부유한 국가였던 소련과 동유럽으로, 이들 국가는 계획경제의 잘못된 운영과 위기로 인해서 낮은 성장률을 기록하거나 전혀 성장하지 못했다. 또한 생산속도의 급격한 증대(예를 들면, 몇몇 아시아 국가들은 1952년과 1970년 사이에 유럽이나 심지어 북미 지역 이상의 농업생산량 증가율을 기록했다) 역시 불평등과 인구증가로 인해서 빈곤한 국가의 경우에는 부유한 국가와 비교해서 상대적인 비율면에서 성공적이라고 평가할 수 있는 경우는 있었지만 어떠한 경우에도 부유한 국가들은 절대적 수치로 보면 항상 더 높은 기록을 유지했다.

국가들 간의 순위는 변할지라도 부유한 국가들은 1950년대에 누렸던 가장 높은 수준의 삶을 여전히 누리고 있으며 이러한 삶의 질은 더욱 높아지고 있다(비록 몇몇 동아시아 국가들 역시 이러한 흐름에 참여했지만 말이다). 이러한 국가들은 현재 주요 산업국가들이다. 이러한 국가들은 1인당 GDP가 가장 높으며 이러한 국가들의 현재의 모습들은 많은 빈곤한 국가들의 경제성장을 위한 이상향으로 간주되며, 때로 너무 자주 산업화라고 단순히 표현된다. 오늘날의 주요 산업국가들은 19세기의 주요 산업국가들과는 상당히 다른 모습을 보여주고 있다. 경제력의 중추를 오랫동안 담당했던 중공업과 제조업은 더 이상 경제력을 측정하는 직접적이고 충분한 수단이 되지 못한다. 선진국가들에서 한때 중요한 산업들은 쇠퇴했다. 1900년의 세계 3대 철강생산 국가들 가운데 1위와 2위(미국과 독일)는 80년이 지난 현재까지 여전히 세계시장에서 5위 안에 손꼽히고 있지만, 각각 3위와 5위를 기록하고 있다. 영국(1900년에 3위)은 세계 순위에서 10위를 기록하고 있는데 이는 에스파냐, 루마니아, 브라질보다 조금 더 높은 수준일 뿐이다. 오늘날 폴란드는 100년 전의 미국보다 더 많은 철강을 생산하고 있다. 덧붙여, 새로운 산업의 경우, 선진 경제국가에서보다 개발도상국에서 더 빠른 성장을 보이기도 한다. 이런 관점에서 2010년경 타이완은 인도보다 대략 14배 높은 1인당 GDP를 기록했고, 대한민국은 인도보다 15배 높은 1인당 GDP를 기록했다.

20세기 경제성장은 1945년에는 거의 존재하지 않았으며 새로운 에너지원이었던 것들을 통해서 주로 이루어졌는데, 이러한 예에는 전자공학과 플라스틱이 있다. 19세기에 석탄은 주요 산업 에너지원으로서 유수(流水)와 목재를 대체했지만, 1939년이 되기도 전에 수력 발전, 석유와 천연 가스 등이 새로운 에너지원으로 추가되었고, 가장 최근에는 핵융합 에너지가 여기에 추가되었다. 산업성장은 에너지 생산비용이 줄어들어감에 따라서 삶의 질을 향상시켰고 교통수단을 발전시켰다. 특정한 혁신은 매우 큰 중요성을 가진다. 1885년에 내연기관을 통해서 추진하는 차량이 제작되었는데, 이는 엔진의 실린더 내의 피스톤을 운동시키는 데에 열로 인해서 발생한 에너지를 직접 이용하는 방식이다. 이는 기존의 외부의 불길을 통해서 보일러 내부에서 만든 증기를 피스톤에 전달하는 방식을 대체하는 것이다. 9년 후에 사륜구동 장치가 프랑스의 파나르 사에 의해서 제작되었는데 현대의 자동차의 선조 격으로 간주되고 있다. 독일과 더불어 프랑스는 그 이후 10여 년 정도의 자동차 산업을 지배했는데, 자동차는 당시에 부자들의 장난감일 뿐이었다. 여기까지가 자동차의 선사시대 역사이다. 자동차의 역사는 미국인 헨리 포드(1863-1947)가 모델 T로 유명해진 생산 라인을 설치한 1907년에 시작되었다. 1915년경 100만 대의 포드 자동차가 매년 제작되었고 1926년경에 모델 T의 비용은 300달러 이하였다(당시 환율로 보면 영국 돈 60파운드가량). 엄청난 상업적 성공이 그대로 이어졌다.

이것은 그대로 사회와 경제의 혁명이었다. 포드는 세상을 바꾸었다. 대중들에게 이전까지 사치품으로 간주되던 것을 제공했고, 50여 년 전만 해도 대부호들에게조차 허락되지 않은 기동성을 대중에게 제공했다. 이러한 관점에서 그가 준 영향은 철도의 도래만큼 위대한 것이었다. 이러한 생활의 편의의 증대는 세계 각지에도 전달되었고 엄청난 결과들을 낳았다. 세계적인 자동차 산업이 그 한 가지 결과의 예인데, 이러한 세계적인 자동차 생산 산업은 국내의 제조 부문을 지배하고, 더 나아가서 제조 부문의 대규모 국제적 통합을 이끌었다. 1980년대에 8개의 대형 자동차 메이커들이 세계 자동차의 4분의 3을 만들었다. 자동차 산업은 다른 분야에 대한 막대한 투자도 불러일으켰다. 얼마 지나지 않아서, 세계 산업에 사용되는 로봇의 절반이 자동차 공장에서 작동했고, 그중 4분의 1은 자동차 제품들을 도색하는 데에 이용되었다. 비슷한 시기 동안, 자동차 생산은 석유에 대한 막대한 수요를 불러왔다. 매우 많은 사람들이 자동차 운전자들에게 연료를 공급하거나 다른 종류의 서비스를 제공하기 위해서 고용되었다. 로마 시대 이래 별로 중요한 사안이 아니었던 도로 건설에 대한 투자는 정부의 중대한 고민거리가 되었다.

다른 위대한 혁명가들과 마찬가지로, 포드는 다른 사람들의 생각에 큰 영향을 미쳤다. 그러한 관점에서 보면 포드는 작업장도 변화시켰다. 그가 보인 성과에 자극을 받아서, 조립 라인은 소비재 생산의 전형적인 방법이 되었다. 포드가 짜놓은 대로, 자동차는 작업자에서 작업자로 천천히 움직이며 작업자 각자는 숙련된 단순작업을 정확하게 정해진 범위에서, 최단 시간 내에 수행했다. 작업자들이 받는 심리적인 영향이 곧 성토되기 시작했지만, 포드는 그러한 작업이 매우 따분한 것임을 알고 있었고, 근로자들에게 많은 급여를 지불했다(그렇게 해서 근로자들이 포드 자동차를 더 쉽게 살 수 있게도 했다). 이것은 이루 말할 수 없이 중요한 문화의 형성을 낳을 근본적 사회변혁에 대한 그의 기여였다. 말하자면 그는 구매력을 증진하여 경제적 번영을 도왔고 이로 인해서 수요도 증가시켰다.

몇몇 조립 라인들은 오늘날 완전히 로봇에 의해서 운영된다. 단 하나의 기술적인 변화가 1945년 이후의 주요한 산업사회들에 영향을 미쳤고 정보를 처리하는 전자기기를 고안, 설치, 처리 및 운영하는 거대한 영역—소위 정보기술—에까지 그 발자취를 남겼다. 과학기술의 역사에서 이렇게까지 빠르게 영향을 미친 혁신적인 변화는 매우 드문 것이다. 제2차 세계대전 동안에만 적용된 작업방식들은 이후 수십 년간의 서비스와 산업공정에 광범위하게 전파되었다. 가장 극명한 예가 '컴퓨터'의 전파라고 볼 수 있는데, 전자 데이터 프로세서는 1945년에 최초로 등장했다. 전력과 속도의 급속한 증가와 시각 디스플레이 용량의 향상과 크기의 축소는 정해진 시간 안에 요청되고 처리될 수 있는 정보의 양을 막대하게 증가시켰다.

양적인 변화는 질적인 변형을 가져왔다. 방대한 데이터가 포함되어서 지금까지 불가능했던 기술의 운영이 이제 가능하게 되었다. 지적 활동은 이전까지 이렇게 갑작스럽게 가속화된 적이 없다. 게다가 동시에 컴퓨터의 성능에서 혁명적인 성장이 계속되었고, 이로 인해서 컴퓨터의 활용과 휴대성이 늘어나고 가격은 저렴해졌다. 30년 만에 평균적인 영국 거실 크기의 기계가 할 일을 신용 카드 크기의 '마이크로 칩'이 실행할 수 있게 되었다. 1965년에 '칩'의 처리 능력이 매 18개월마다 2배로 늘어난다고 관측되었다. 30년 전에는 칩 하나에 2,000개 정도의 트랜지스터들이 부착될 수 있었는데, 이제는 수백만 개의 트랜지스터들을 부착할 수 있게 되었다. 이러한 변혁의 효과는 인간 삶의 모든 영역에서 경험될 수 있다. 예를 들면, 사업과 전쟁에서부터 학문과 포르노그래피의 영역에까지 말이다.

물론 컴퓨터는 사물과 사람 등 물체의 물리적이고 기계적인 움직임의 진보와 함께 시작한 모든 종류의 통신수단의 발전과 혁신에 관한 기나긴 이야기의 일부일 뿐이다. 19세기의 중요한 업적으로는 증기를 육상과 해상에서의 통신수단에 활용한 것과 이후에 전기와 내연 엔진을 들 수 있다. 하늘에서는 열기구가 나타났고 1900년 이전에는 '조종 가능한' 비행선이 최초로 개발되었으며, 곧 1903년에 인간을 태운 '공기보다 무거운'(즉, 공기보다 가벼운 기체를 실은 주머니를 달아서 부력을 높이지 않은) 기계를 통한 최초의 비행이 역사에 기록되었다. 이로 인해서 교통에서 새로운 시대가 시작되었다. 100년 뒤에 런던의 가장 큰 공항을 통해서 운송되는 물건들의 가치가 영국의 항구를 통해서 운송되는 물건들의 가치보다 커졌다. 수백만 명의 사람들이 이제 사업과 직업적인 이유로 혹은 여가 목적으로 정기적으로 비행기를 통해서 여행하게 되었다. 비행은 20세기가 시작될 당시에 단지 희미하게 상상이나 할 만했던 영역을 사람들 각자가 누릴 수 있게 해주었다.

정보통신은 또다른 혁명의 영역으로 나아가고 있다. 그 핵심은 정보 소스와 신호 사이의 물리적인 접속으로부터 정보 흐름을 분리시키는 것이다. 19세기 중반, 선로 옆에서 전보를 보내는 와이어를 단 장대는 이미 흔히 볼 수 있는 것이었고, 바다 아래로 케이블을 설치하여 세계를 연결하는 작업이 시작되고 있었다. 물리적 연결은 여전히 기초적인 단계에 있었다. 그후 하인리히 헤르츠(1857-1894)는 무선 자기파를 발견했고 1900년경 과학자들은 전자기 이론을 통해서 문자 그대로 '무선' 메시지를 보낼 수 있는 가능성을 발견했다. 송신기와 수신기는 어떠한 물리적 접속을 필요로 하지 않게 되었다. 1901년은 마르코니(1874-1937)가 최초의 라디오 메시지를 대서양을 통해서 보낸 새로운 세기의 첫 해로 기록되었다. 30년 후, 무선 수신기를 가진 수백만의 사람들 대부분은 신비한 '전파'가 전파될 수 있게 창문을 열어야 한다는 말을 귀담아 듣지 않게 되었고 대부분의 국가들에서 대형 방송체계가 운영되었다.

그리고 이보다 몇 년 전에 텔레비전의 기원이 될 만한 장치들에 대한 최초의 시연이 있었다. 1936년에 BBC는 최초의 정기 텔레비전 방송 서비스를 개막했다. 20년 후에 방송 매체는 선진 산업국가들에서는 당연한 것이 되었고 이제는 세계 각국에 전파되었다. 인쇄기술의 도래와 마찬가지로, 이 새로운 매체는 엄청난 영향을 미쳤다. 그러나 방송의 영향을 제대로 측정하기 위해서는 통신기술이 발전한 현대 전체를 고려할 필요가 있다. 방송 그 자체는 정치적으로나 사회적으로 중립적이며 또한 때로 양날의 검으로 작용하기도 하지만, 인쇄기술이 그랬던 것처럼 그 영향력은 계산하기 힘들 정도로 엄청나다. 전신과 라디오는 정보를 더욱 빠르게 이용 가능하게 했고, 이러한 점은 국가와 그 적 모두에 이점을 제공했다. 텔레비전의 정치적인 혹은 사회적인 중립성은 더욱 빠르게 드러났다. 텔레비전을 통해서 전파되는 화상은 정부가 사람들의 눈을 피해서 숨기기를 원하는 것들을 드러내기도 하지만, 때로는 이를 이용하여 특정한 집단의 이익을 위한 공감대를 형성시킬 수도 있다.

20세기 말경에 정보기술의 최근의 도약이라고 할 수 있는 인터넷 기술 역시 이전의 미디어 기술과 마찬가지로 모호성을 띠고 있었다. 1969년 미국 국방부 고등연구 계획부에 의해서 인터넷의 기원인 아르파넷(Arpanet)이 개발된 이후, 현재 2010년경 약 20억 명의 사람들이 인터넷을 자주 이용하고 있고, 그중 상당수는 개발도상국의 사람들이다. 인터넷 기술로 인해서 통신이 용이하게 된 것은 세계시장에 대변혁을 일으키고 세계정치에 큰 영향을 미치는 데에 기여했는데, 이는 개방적인 정치제도뿐 아니라 권위주의 국가에도 마찬가지였다. 인터넷 기술은 대단히 큰 정치적 변화를 낳았고 심지어 혁명을 일으키게도 했다. 전자상거래(인터넷을 통해서 소비재와 서비스를 사고 팔고 하는 행위)는 2000년 초에 미국 내에서 중요한 상거래의 일부가 되었고 아마존과 이베이와 같은 전자상거래 기업들은 가장 부유하고 시장에 대한 영향력이 큰 기업이 되었다. 2005년경에 이메일은 북미, 유럽 그리고 동아시아의 여러 지역들에서 의사소통을 위한 수단으로 우편 서비스를 대신했다. 그러나 동시에 인터넷 전송속도의 지속적인 증가는 포르노 영화를 보거나 인터넷 기반의 멀티 유저 게임(인터렉티브 게임)을 하는 데에 사용되고 있다. 그리고 이렇게 인터넷 기술의 성능 상당수가 낭비되고 있으며 동시에 하루 종일 인터넷에 접속해 있는 사람과 인터넷을 이용하지 않는 사람 간의 사회적 차이가 급속도로 증가하고 있다.

1950년경에 현대 산업은 직간접적으로, 때로는 분명하게 때로는 불분명하게 그리고 때로는 부지불식간에 과학과 과학자들에 의존하기 시작했다. 더구나 기초과학을 발전시켜 완제품으로 출시하는 시간은 매우 빨라졌고, 과학기술의 대부분의 영역은 계속해서 가속하고 있다. 내연 엔진 원리의 개발 이후 자동차 운전이 일반화되는 데에는 약 50년이 걸렸다. 근래에 마이크로칩은 10여 년 만에 손에 들고 다닐 수 있는 컴퓨터를 제작할 수 있을 정도로 발전했다. 과학기술의 발전은 대다수의 사람들이 과학의 중요성을 깨달을 수 있는 유일한 기술이다. 그러나 과학기술이 그 자체의 생명력을 형성하는 몇몇 중요한 변화가 있었다. 19세기, 과학이 내놓은 실질적인 결과물들은 대부분 과학적 호기심의 부산물에 불과했다. 심지어 이러한 결과물들은 단순한 우연에 의해서 얻어진 것도 적지 않다. 1900년경에 변화가 시작된다. 몇몇 과학자들은 의도를 가지고 실행되고 특정한 초점이 있는 연구야말로 합리적이라는 것을 알게 되었다. 20년 후, 대형 기업들은 소규모라도 과학연구는 투자할 가치가 있는 것임을 인지하기 시작했다. 몇몇 산업연구 부서들은 점점 더 거대하게 성장해서 각각 전문 분야에 맞는 부서로 발전했는데, 석유화학, 플라스틱, 전자, 생화학 약품 등이 있다.

오늘날 선진국의 보통의 시민들은 응용과학에 관계없는 삶을 살기 힘들다. 응용과학이 이룩한 위대한 업적들뿐만 아니라 응용과학이 우리의 삶 어디에나 퍼져 있다는 점이 사람들이 과학을 인식하는 일이 나날이 커지는 이유 중의 하나이다. 돈은 하나의 기준이다. 예를 들면, 1914년 이전에 핵물리학의 기초가 되는 실험들을 수행했던 케임브리지 대학교의 캐번디시 연구소는 그 이후로 대학교로부터 매년 300파운드의 연구비를 받았는데 당시 환율로 이는 1,500달러 정도이다. 1939-1945년까지의 전쟁 기간 동안, 영국과 미국은 '맨해튼 프로젝트'라고 일컬어지는 대형 연구를 기획했는데 이는 잘 알려진 대로 핵무기를 생산하기 위한 것이었다. 이 맨해튼 프로젝트는 인류의 역사 기록이 시작된 이후부터 맨해튼 프로젝트 이전까지 실행된 모든 연구에 든 비용보다 더 많은 비용을 필요로 했다.

그러한 대단히 비싼 지출(사실 이후 냉전시대를 맞이하여 더 많은 연구비가 소모되기는 했다)은 또다른 중대한 변화를 가져왔다. 바로 정부가 과학의 중요성을 재고한 것이다. 수백여 년간 과학에 대한 국가로부터의 지원은 제한적이고 연속성이 없었으나, 이제 과학에 대한 지원은 중요한 정치적 관심사가 되었다. 1945년 이후에 실행된 거대한 규모의 연구에 필요한 자원은 국가만이 제공할 수 있었다. 국가가 과학에 투자하여 얻을 수 있었던 한 가지 이익은 더 나은 군사무기를 얻는 것이었다. 미국과 소련이 과학기술에 엄청난 액수의 금액을 투자한 사실은 이러한 주장을 뒷받침한다. 반면에 정부의 과학에 대한 관심과 참여의 증대가 과거보다 과학이 더 국가적인 것이 되었다는 것을 의미하지는 않는다. 사실 그 반대라고 보아야 한다. 과학자들 간의 국제적 커뮤니케이션은 17세기 과학이 흥성하기 시작한 시기부터 가장 활발하게 이어져온 전통 중 하나이다. 그러나 그러한 전통이 없다고 할지라도, 과학은 순수하게 이론적이고 기술적인 이유만으로도 국경을 넘어설 수 있다.

다시 한번, 과학기술에 관한 역사적 맥락은 복잡해지고 더욱 깊어졌다. 1914년 이전에 이미 개별 과학 간의 경계가 점점 더 흐릿해지기 시작했고 결국 사라졌다(그중 몇몇은 1600년대 이후로 별개의 분야의 학문으로 발전했다). 그러나 이러한 역사적 변화의 영향은 매우 최근에 와서야 나타나기 시작했다. 18세기와 19세기에는 위대한 화학자들과 생물학자들이 가장 많은 업적을 쌓았지만, 20세기에는 물리학자들이 가장 많은 과학적 변화를 가져왔다. 케임브리지 대학교 최초의 실험물리학 교수였던 제임스 클러크 맥스웰(1831-1879)은 뉴턴 물리학이 다루지 않았던 분야와 문제들을 효과적으로 파고들었던 전자기학(電磁氣學, electromagnetism)에 대한 연구를 1870년대에 발간했다. 맥스웰의 이론적 연구와 실험적 연구는 기존의 관점, 즉 우주가 다소 기계적인 종류의 자연적이고, 일정하고, 발견 가능한 법칙을 따른다는 점과 우주는 본질적으로 다양한 조합과 정렬로 만들어진 파괴할 수 없는 물질로 이루어졌다는 점에 큰 영향을 미쳤다. 맥스웰의 생각은 새로 발견된 전자기장의 존재로 인해서 더욱 확고해졌는데, 전자기장의 기술적인 가능성은 곧 과학자들뿐 아니라 일반적인 사람들까지 매료시켰다.

그 이후 1895년과 1914년 사이 현대 물리학 이론을 정립한 사람들로는 엑스-선을 발견한 뢴트겐(1845-1923), 방사능을 발견한 베크렐(1852-1908), 전자를 발견한 톰슨(1856-1940), 라듐을 추출한 피에르 퀴리(1859-1906)와 마리 퀴리(1867-1934) 부부, 원자의 체계를 관찰한 러더퍼드(1871-1937) 등이 있다. 이러한 물리학자들은 세상을 새로운 관점에서 볼 수 있게 했다. 우주는 물질의 덩어리라기보다 원자(原子, atom)가 합쳐진 모습에 가깝고 이들 원자는 서로 다르게 배열되고 전자의 힘으로 서로 끌어당기는 입자들이 이루는 작은 태양계와 같은 모습을 하고 있다. 이러한 입자들의 움직임은 물질과 전자기장 간의 차이를 규명하기 어렵게 한다. 게다가 사실상 한 가지 배열이 다른 배열로 대체될 수 있기 때문에 입자의 배열은 고정된 것이 아니며, 그로 인해서 원소는 다른 원소로 변화할 수 있다. 특히 러더퍼드의 연구는 결정적인데, 이는 그가 원소는 입자들의 조직이라는 구조를 취하는 탓에 '분리될' 수 있다는 사실을 확증했기 때문이다. 이것은 물질이 이처럼 매우 근본적인 수준에서조차 변형될 수 있다는 것을 의미한다. 그러한 입자 두 가지가 곧 규명되었는데, 이는 양성자(陽性子, proton)와 전자(電子, electron)이다. 다른 입자들은 채드윅(1891-1974)이 중성자(中性子, neutron)를 발견한 1932년 이후까지 구분되지 않았다. 과학계는 입자의 체계로서 원소 조직의 밑그림을 실험을 통해서 규명해오고 있다. 그러나 1935년에 이르러서 러더퍼드는 원자물리학은 실질적으로 아무런 영향이 없을 것이라고 말했다. 그리고 그 어디에도 그의 말에 직접 반박한 사람은 없었다.

이렇게 급격하게 중요해진 실험연구가 뉴턴의 체계를 대체하는 새로운 이론적 틀을 제공하게 된 것은 순식간에 이루어지지 않았다. 이러한 변화는 이론에서의 기나긴 혁명과 더불어 찾아왔는데 이러한 혁명은 19세기 말엽에 시작하여 1920년대에 끝났다. 이러한 이론의 혁명은 두 가지 서로 다른 문제에 집중했는데 각각 '상대성(相對性, relativity)'과 '양자론(量子論, quantum theory)'에 관련한 연구로 나눌 수 있다. 이러한 연구들의 선구자로는 막스 플랑크(1858-1947)와 의심할 여지없이 20세기의 가장 위대한 과학자인 알베르트 아인슈타인(1879-1955)이 있다. 1905년경 그들은 뉴턴의 운동법칙들이 더 이상 반박할 수 없는 사실을 설명하기 위한 틀로서는 부적합하다는 것을 실험적으로 그리고 수학적인 방식으로 증명했다. 물질세계에서의 에너지의 움직임은 흐름의 형태가 아니라 뚝뚝 끊기는 방식으로 일어나는데, 이를 양자(量子, quantum)라고 부른다. 플랑크는 복사열(예를 들면 태양으로부터 나오는 열)은 뉴턴 물리학의 주장과 달리 계속해서 방출되는 것이 아님을 증명했다. 플랑크는 이것은 모든 에너지의 움직임에 적용된다고 주장했다. 아인슈타인은 빛은 연속적으로 퍼져나가는 것이 아니라 입자의 형태로 퍼져나간다고 주장했다. 비록 그 이후 20여 년간 매우 중요한 연구가 이루어지기는 했으나, 플랑크는 가장 중요한 공헌을 했고 이는 다시 불안정한 것이 되었다. 뉴턴의 관점은 부족한 부분이 지적되었으나 어떤 것도 뉴턴이 설정한 법칙을 대체할 수는 없었다.

한편 양자에 대한 그의 연구를 진행한 후, 아인슈타인은 1905년에 자신의 연구를 출판했는데 (비록 사람들이 제대로 이해하지는 못했으나) 그의 상대성 이론에 대한 서술은 그를 가장 널리 알린 계기였다. 상대성 이론은 공간과 시간 그리고 질량과 에너지 간의 전통적인 구분은 계속해서 유지될 수 없다는 점을 확증했다. 그의 연구는 비록 완전히 이해가 되는 데에는 상당히 긴 시간이 걸렸지만, 과학에서 혁명이라고 볼 수 있다. 뉴턴의 3차원 물리학을 대신하여, 아인슈타인은 사람들의 관심을 '시간과 공간의 연속성'으로 돌렸는데, 이는 공간과 시간과 운동 간의 상호작용을 설명하는 것이었다. 이것은 뉴턴의 역학적 우주론이 설명하지 못한 천체관측 문제들이 아인슈타인의 이론을 통해서 설명됨으로써 곧 입증되었다. 상대성 이론에 기초를 제공하고 있는 그의 연구의 한 가지 이상하고 예상하지 못한 결과는 아인슈타인의 질량과 에너지 간의 관계에 대한 증명이다. 곧 $E = mc^2$이다. 여기서 E는 에너지, m은 질량, c는 연속적인 빛의 속도이다. 이 이론의 공식적인 정립의 중요성과 정확성은 핵물리학이 더 발전하기 전까지는 불명확했다. 이 공식은 이후 질량 에너지가 원자핵이 분열하면서 열 에너지로 변화하는 것이 그의 공식과 일치한다는 것이 관측되고 나서 명확해졌다.

사람들이 점차 이러한 진보를 이해하게 되고 물리학을 재정립하는 시도가 계속되었지만, 1926년에 핵물리학에 관한 플랑크의 관측에 대한 수학적 틀이 제공되고 나서야 제대로 된 이론적 돌파구를 발견할 수 있었다. 슈뢰딩거(1887-1961)와 하이젠베르크(1901-1976)가 그러한 업적을 달성했는데, 이들은 양자역학은 과학에서 사실상 한계가 없는 설명적 일률이라고 과학자들이 생각하게 되는 시기를 연 수학자들이었다. 원자 내부 입자들의 움직임은 러더퍼드(1871-1937)와 보어(1885-1962)에 의해서 관측되었는데 이제 이에 대한 설명이 가능해졌다. 연구가 발전해감에 따라서 사람들은 양전자(陽電子,

positron)로 대표되는 새로운 핵입자들의 존재를 예측하게 되었고, 1930년대에 확실하게 규명되었다. 새로운 입자들에 대한 발견은 계속되었다. 양자역학(量子力學, quantum mechanics)은 물리학의 새로운 시대를 열었다.

1900년대 중반에 과학의 영역에서 한때 사실이라고 여겨졌던 일반법칙들 이외에도 많은 것들이 사라졌다(그러나 여전히 뉴턴 물리학은 그 광범위한 필요성으로 인해서 여전히 필수적인 것으로 간주되었다). 다른 과학 분야에 많은 일반법칙을 전파한 물리학에서 일반법칙에 대한 모든 생각은 통계적 확률의 개념에 의해서 대체되어갔다. 이는 법칙을 통계적 확률의 관점에서 가장 최선의 것으로 받아들인다는 것을 뜻한다. 과학적 사고와 그 내용은 변화했다. 또한 과학 분야 간의 경계 역시 새로운 이론과 계기 장치를 통해서 가능하게 된 새로운 지식의 급속한 발전으로 인해서 무너지고 있었다. 전통적으로 서로 분리되었던 과학 분야들은 점차 하나로 통합되게 되었다. 이러한 과학계의 융합은 신경학에 물리학 이론을 도입하는 것이나 생물학에 수학을 도입하는 것 등을 포함하는데, 이로 인해서 19세기에 많은 과학자들이 꿈꾸어왔던 지식의 통합을 가로막던 장애물들이 많이 제거되었다. 이는 지식의 습득률이 그 어느 때보다 빨라진 것과 마찬가지이다(그 정도의 방대한 지식의 양은 새롭게 개발된 컴퓨터만이 다룰 수 있을 정도이다). 이러한 과학의 통합과 변화는 과학자들의 특권이나 과학자들이 좀더 나은 미래를 위한 인류의 최선의 희망이라는 믿음에 아무런 부정적 영향을 주지 않았다. 의문은 사실 과학자들이 뉴턴이 해왔던 것처럼 과학의 모든 것을 아우르는 대단히 중요한 이론을 만들지 못하는 것에서 시작되는 것이 아니라 다른 이유로 시작된다. 그러는 동안 과학의 발전은 계속된다.

이후 과학의 바통은 1945년부터 물리학에서 생물학 혹은 '생명'과학으로 이어진다. 생물학과 생명과학의 성공과 장래성 역시 오랜 역사적 기원을 가지고 있다. 17세기에 발명된 현미경은 처음으로 조직의 구조를 밝혀냈는데, 이는 별개의 구성 단위로 세포라고 불리게 되었다. 19세기에 연구자들은 이미 세포가 분열할 수 있으며 개별 단위로 발달할 수 있다는 것을 알게 되었다. 1900년경에 널리 인정받았던 세포 이론은 개별 세포들이 그 자체만으로도 살아 있는 것이고 생명과학 연구에 접근하기에 좋은 연구 과제이며 세포의 연구에서 화학의 응용은 생물학 연구에서 가장 중요한 분야 중의 하나가 되었다. 19세기 생물학의 또다른 중요한 발전은 새로운 분야를 개척했는데, 이는 유전학으로서 부모로부터 자손들에게 전달되는 형질에 관한 연구이다. 다윈은 유전이란 자연선택에 따라서 선호되는 특성의 확산의 수단이라고 주장했다. 그러한 메커니즘에 대한 이해의 첫 걸음은 1850년대와 1860년대 오스트리아의 수도사인 그레고어 멘델(1822-1884)에 의해서 이루어졌다. 멘델은 콩(식물)을 가지고 한 여러 차례의 세심한 번식실험을 통해서 부모로부터 자손들에게 전해지는 특성을 통제하는 존재가 있다고 결론을 내렸다. 1909년에 한 덴마크인이 이를 '유전자(遺傳子, gene)'로 명명했다. 점차 세포화학에 관해서 더욱 많은 것들이 밝혀졌고 유전자의 물리적 존재가 받아들여졌다. 1873년에 물질의 세포핵의 존재가 밝혀졌는데, 이는 모든 생명체에서 가장 근원적인 결정 요인을 담고 있는 것으로 여겨졌다.

실험들이 염색체 안의 유전자들의 위치를 밝혀냈는데 1940년대에 유전자들이 세포의 가장 중요한 구성 요소인 단백질의 화학적 구조를 제어한다는 것이 증명되었다. 1944년대에 특정한 박테리아에 변화를 일으키고 이로 인해서 단백질 구조를 통제하는 특정한 작용 물질을 규명하는 첫 번째 작업들이 시작되었다. 1950년대에 들어서 마침내 이 물질은 'DNA'라고 판명되었는데, 그 물리적 구조(이중나선 구조)는 1953년에 확정되었다. 이 물질(정식 명칭은 '디옥시리보 핵산[deoxyribonucleic acid]'으로 디옥시리보오스를 가지고 있는 핵산이라고 할 수 있다)의 가장 중요한 점은 이 물질이 생명의 기초가 되는 단백질 분자들의 합성을 결정하는 유전자 정보의 수용체라는 점이다. 생물학적인 현상의 다양성을 결정짓는 화학적 메커니즘을 마침내 연구할 수 있게 된 것이다. 물리학적으로 그리고 아마도 심리학적으로 이것은 19세기 다윈의 연구가 퍼져나간 이후로 전례 없던 인간의 발상의 전환을 의미한다.

DNA 구조의 규명과 분석은 자연을 다루는 새로운 기술, 즉 생명의 형태를 결정짓는 것을 위한 큰 도약이라고 할 수 있다. 1947년에 이미 '생명공학(生命工學, biotechnology)'이라는 단어가 만들어졌다. 다시 한번, 더 많은 과학

지식뿐 아니라 해당 학문에 있어서 새로운 정의들이 더해지고 이를 새롭게 응용하는 일들이 뒤따랐다. '분자생물학(分子生物學, molecular biology)'과 (생명공학과 마찬가지로) '유전공학(遺傳工學, genetic engineering)'이 순식간에 익숙한 용어가 되었다. 몇몇 생물체의 유전자들은 그 생물체가 새롭고 이상적인 형태의 형질을 가질 수 있도록 변화할 수 있다는 것이 밝혀졌다. 이러한 유전자들의 성장 과정을 조작함으로써 이스트와 다른 미생물들은 새로운 물질도 생산할 수 있는데, 이런 것들에는 효소, 호르몬이나 여타의 화학 물질들이 있다. 이것은 새로운 과학에서 최초의 응용이라고 할 수 있다. 빵, 맥주, 와인 및 치즈 등을 만들었던 수천 년 동안 체험적으로 그리고 비공식적으로 축적된 기술과 데이터를 마침내 따라잡게 된 것이다. 박테리아의 유전자 변형으로 새로운 화합물을 생산하게 되었다. 20세기 말에 미국에서 재배되고 있는 4분의 3의 대두 콩들이 유전자적으로 조작된 씨앗으로 생산되고 있고, 캐나다, 아르헨티나 및 브라질 같은 농산물 생산국가들 역시 많은 양의 유전자 변형 작물을 재배하고 있다.

이보다 더욱 놀라운 것은 1980년대 말에 세계적으로 인간 게놈 프로젝트(Human Genome Project)에 관한 협력연구 조사가 진행되었다는 점이다. 이 프로젝트의 거대한 목표는 인간 유전적 장치의 지도를 제작하는 것이었다. 모든 유전자의 위치와 구조와 기능이 판명되었다. 인간의 유전자는 세포 하나 안에 3만 개에서 5만 개가량이 포함되어 있고 각각의 유전자는 유전자 암호를 결정하는 4가지 기초화학 물질을 최대 3만 쌍까지 가지고 있다. 1900년대가 끝나감에 따라서, 이 프로젝트가 완료되었다고 알려졌다(그 이후 곧 인간이 가지고 있는 유전자의 수는 초파리에 비해서 겨우 2배 정도 많을 뿐이라는 충격적인 발견이 발표되었다. 이 수치는 예상보다 현저히 적은 것이었다). 새로운 단계의 자연변형의 새로운 미래가 열린 것이다. 그리고 이러한 표현은 스코틀랜드의 연구소에서 첫 '복제' 양을 생산해내면서 현실로 다가왔다. 결함 있는 유전자의 존재를 가려내는 것이 현실이 되었고 그중 일부를 교체하는 것도 가능해졌다. 이러한 발전은 역사뿐 아니라 사회와 의학에 지대한 영향을 끼쳤다. 이러한 영향의 일부는 이 앞부분에서 논의되었지만, 당시에는 DNA

존재가 알려지지 않았을 때이다.

새로운 세기가 시작할 무렵 유전자 공학이 (비록 분야 내에서 많은 연구 프로그램들이 여러 논쟁거리를 양산하기는 했지만) 우리 미래의 본질적인 부분을 형성할 수 있다는 것이 분명해졌다. 유전자 공학자들이 창조한 '새로운' 미생물들이 이제 특허출원이 가능해졌고 세계 여러 곳들에서 상업적으로 이용될 수 있다. 이와 마찬가지로, 더 저항력이 강하고 생산성이 높은 품종을 만들어냄으로써 유전자 변형 작물들은 생산량을 늘리는 데에 이용되고 있다. 그리하여 몇몇 지역에서 사상 처음으로 주식(主食)에서 자급자족이 가능하도록 해주었다. 이렇게 분명한 이점을 제공하기는 하지만, 생명공학은 안전하지 않을 수 있는 식품을 제공한다는 의혹과 전 세계의 연구와 생산에서 대형 다국적 기업의 독점을 더 강화시킨다는 의혹을 사고 있다. 그러한 걱정은 특히 인체 유래 물질이 포함된 유전자 연구에서 특히 더 심각한 것으로, 이러한 연구의 예로는 배아 줄기세포를 이용한 연구가 있다. 많은 과학자들은 자신들의 연구가 얼마나 대중적으로 큰 걱정거리가 될 수 있는지를 깨닫지 못하고 있다. 20세기의 역사는 이에 대한 경고를 했고, 이러한 영향으로 사람들은 그러한 생명과학 기술에 대한 경계심을 가지게 되었다.

이러한 생명과학 연구들이 이렇게 놀라울 정도로 신속하게 발전한 것은 또다른 과학적 진보의 가속의 예시인 새로운 컴퓨터의 강력한 성능 덕분인데, 이 두 가지 과학적 진보는 새로운 지식이 빠르게 응용될 수 있도록 했다. 또한 과학자들은 이 두 가지 과학의 발전들을 바탕으로 기존의 세계관과 역사관을 새로운 아이디어를 통해서 시험해보아야 하며 이러한 새로운 아이디어는 보통 사람들이 이해할 수 있어야 한다. 그러나 여전히 그러한 노력이 어떠한 영향을 줄지 혹은 어떤 의미를 가질 것인지는 불분명하다. 최근의 생명과학에서의 거대한 혁신은 특히 생명의 창조와 죽음을 극복하는 법 등 유사 이래 인간 존재의 궁극적인 문제를 다룰 때, 결코 적지 않은 사람들이 그 문제의 연구의 중요성을 인식할 것이라는 점이다.

20세기 중반의 짧은 기간 동안 과학의 힘에 대한 초점은 지상에서 하늘로 옮겨갔다. 당장은 아니지만 이후에 우주에 대한 탐사는 중요성에서 다른 역사적 과정(이 책에서 훨씬 더 길게 논의된 부분들)을 하루 아침에 압도해버린 것처럼 보인다. 그러나 이것은 전례 없는 변화를 충족하는 인간 문화의 크기가 어느 때보다 커졌다는 것을 의미한다. 또한 이러한 변화는 인간의 자연정복의 역사에서 현재까지 가장 장대한 예라고 볼 수 있다. 대다수의 사람들에게, 우주시대는 소련의 무인 인공위성인 스푸트니크 I호가 로켓 추진에 의해서 발사되어 지구궤도를 도는 것이 관측되고 전파 신호를 보내기 시작했던 1957년 10월에 시작되었다. 스푸트니크 I호의 정치적 영향은 대단했다. 소련의 과학기술이 미국보다 현저하게 뒤처져 있다는 믿음이 산산조각이 났다. 그러나 이 역사적 사건의 중요성이 어느 정도까지 미쳤는지는 여전히 불분명한데, 이는 대부분의 사람들이 보기에는 미국과 소련의 대립은 다른 문제에서 더 심화되었기 때문이다. 그러나 어쨌거나 스푸트니크 I호의 발사 성공은 인간이 우주를 여행할 수 있다는 가능성이 아직 불분명한 시기를 끝냈다. 그러므로 의도한 것은 아닌 것으로 보이지만, 이 사건은 역사의 연속성을 깨뜨렸다는 점에서 유럽인의 아메리카 발견 혹은 산업혁명만큼의 중요성이 있다.

우주탐색에 대한 가능성은 19세기 말과 20세기 초에도 존재했고, 이는 쥘 베른(1828-1905)과 H. G. 웰스(1866-1946)의 이야기들과 같은 서양의 대중소설에서 잘 드러난다. 우주여행을 위한 과학기술에 관한 역사는 스푸트니크 이전으로 멀리 거슬러 올라간다. 이미 1914년 이전에 소련의 과학자 치올콥스키(1857-1935)는 다단계 로켓을 설계했고, 다른 여러 우주여행을 위한 기본 원리들을 고안했다(그리고 그는 그의 강박관념을 대중에게 알리는 소설도 썼다). 1933년에 최초의 소련 액체연료 로켓이 발사되었다(3마일 높이까지). 그리고 6년 뒤에 2단계 로켓이 발사되었다. 제2차 세계대전은 독일의 로켓 연구를 촉발시켰고 미국은 1955년에 로켓 연구 프로그램을 시작했다. 미국의 로켓 연구 프로그램은 (이미 이 분야를 선도하고 있던) 소련에 비해서 별로 대단하지 않은 하드웨어를 가지고 시작했다. 그리고 미국의 첫 위성은 겨우 3파운드 무게에 불과했다(스푸트니크 I호는 184파운드가 나갔다). 널리 대중에게 알려진 로켓 발사실험은 1957년 12월 말에 실행되었지만 이륙하기는커녕 불이 붙고 말았다. 미국은 곧 점점 더 기술을 개선해갔지만, 스푸트니크

I호가 발사되고 한 달 내로 소련에서는 이미 스푸트니크 II호가 준비되었다. II호는 놀라울 정도로 잘 만들어진 기기로 약 0.5톤 무게가 나가며 처음으로 승객 하나를 태워서 우주로 보냈는데, 라이카(Laika)라고 불린 흑백색의 잡종 개였다. 스푸트니크 II호가 지구의 궤도를 돌게 된 후 약 6개월 동안, 라이카는 인간이 사는 세계를 바라보았고, 수천 명의 애견인들의 분노에도 불구하고 돌아오지 않았다.

소련과 미국의 우주 프로그램은 그 이후 다소 그 지향점이 달라지게 된다. 소련은 전쟁 전의 경험을 바탕으로 로켓의 힘과 사이즈에 중점을 두어서 더 큰 용적을 실어올릴 수 있었고 이러한 강점은 지금까지도 이어진다. 이러한 노력이 군사력에 미친 영향은 미국이 데이터 수집과 기기 장치에 집중한 것이 군사력에 미친 영향(비슷하게 영향력이 컸지만 소련이 취한 방향보다는 덜 장엄했다)보다 훨씬 더 극명했다. 최고의 자리를 향한 경쟁이 곧 진행되었다. 사람들이 '우주경쟁'이라고 부르기는 했지만, 경쟁자들은 사실 각각 다소 다른 목표를 향해서 달렸다. 한 가지 중대한 예외(사람을 우주에 먼저 보낸다는 희망)를 제외하고는 미국과 소련의 기술적 결정은 상대방의 성과에 그다지 영향을 받지 않았을 것이다. 이 두 국가의 차이는 1957년 12월에 발사에 실패한 미국의 인공위성 뱅가드가 이듬해 3월에 발사에 성공했을 때 분명해졌다. 소형이기는 했지만, 뱅가드는 이전의 인공위성들보다 훨씬 먼 우주로 나아갔고, 작은 사이즈에도 불구하고 다른 인공위성들보다 더 많은 귀중한 과학적 정보를 제공했다. 뱅가드는 몇백 년 동안 지구위성 궤도에 위치해 있었다.

새로운 업적들이 곧 뒤따랐다. 1958년 말에 최초의 통신용 인공위성이 성공적으로 발사되었다(미국 인공위성이었다). 1960년대에 미국은 또다른 '첫 번째' 기록을 세웠는데, 우주선의 지구궤도 재진입 이후 캡슐을 복구하는 것이었다. 이후 소련은 곧 4.5톤의 인공위성인 스푸트니크 V호를 궤도에 올리고 회수함으로써 미국의 뒤를 따라잡았다. 스푸트니크 V호에는 두 마리 개가 탑승했는데 이 둘은 우주에 나갔다가 안전하게 지구에 돌아온 최초의 생명체들이 되었다. 이듬해 봄, 4월 12일에 소련은 첫 유인 로켓을 발사했는데, 여기에 탄 사람은 유리 가가린(1934-1968)이었다. 그는 지구궤도를 한 번 돌고 108분후에 착륙했다. 스푸트니크 I호 발사 4년 후, 인류의 우주에서의 삶이 시작된 것이다.

존 F. 케네디 대통령(재임 1961-1963)은 1961년 5월에 미국은 1960년대가 끝나기 전에 달에 사람을 보내고 안전하게 지구로 귀환시킬 수 있도록 노력해야 한다고 제안했는데, 아무래도 이것은 당시 쿠바와의 관계로 인해서 심각해진 여론을 반전하기 위한 것일 수 있었다. 케네디는 이러한 공개적인 우주 프로젝트에 대한 지원 발언을 하면서 이를 흥미롭게도 15세기 포르투갈과 에스파냐의 위정자들이 마젤란과 바스쿠 다 가마와 같은 사람들을 후원한 것과 비교했다. 케네디는 포르투갈과 에스파냐의 프로젝트들과 마찬가지로, 먼저 이 프로젝트가 좋은 국가적 목표를 제공하고 있고, 다음으로 이러한 프로젝트가 국가의 위신을 세울 수 있는 것이라는 점을 지적했다(대통령의 말을 빌리면 '인류에게 중대한' 것이었다). 세 번째로 케네디는 이 프로젝트는 우주 탐사라는 큰 중요성을 띠고 있고, 마지막으로 (뭔가 어색하지만) 그 어떤 것보다 어렵고 큰 비용이 든다는 점을 역설했다. 케네디는 과학의 진보나 상업적 혹은 군사적 이익에 대해서는 아무것도 말하지 않았다. 혹은 사실 그렇게 말은 하지 않았으나 실제로는 그의 의도에 부합하는 발언이었는지도 모른다. 즉, 소련보다 먼저 달에 사람을 보내는 것 자체가 그 모든 것을 함축하는 것이다. 놀랍게도 이 프로젝트에 반대하는 사람은 사실상 없었고, 곧 예산이 배정되었다.

1960년대 초에 소련은 계속해서 대단한 기술적 진보를 이룩했다. 세계는 소련이 1963년에 여성을 우주로 보냈을 때 가장 놀랐을 것이다. 그러나 소련의 기술적 능력은 우주선의 크기를 통해서 더 잘 드러났는데, 1964년에 3명이 탑승한 기체를 발사했고, 이듬해에는 우주인 한 사람이 우주선이 궤도에 위치해 있을 때 우주선에서 나와서 세계 최초의 우주 유영(游泳)을 해내는 업적을 달성했다(물론 생명선에 단단히 고정된 채였지만 말이다). 그리고 소련은 계속해서 더욱 중요한 발전을 이룩했는데, 우주에서 우주 비행선들의 랑데부 비행 달성과 도킹 기술의 개발 등이다. 그러나 1967년(소련의 우주인이 지구 궤도 재진입 중에 죽어서 우주여행 중 첫 사망을 기록한 해) 이후, 우주기술에 대한 장엄한 발전의 영예는 미국으로 향하기 시작했다. 1968년, 미국은 3명의 우주인을 태운 우주선을 달 궤도에 진입시키는 역사적인 성공을 거두었고 달 표면의 사진을 텔레비전 방송을 통해서 전송했다. 이제 '아폴로' 프로젝트(달 착륙 프로젝트)가 성공하는 것은 자명한 일이 되었다.

1969년 5월 우주선 한 대가 프로젝트의 16번째 로켓을 달고 달에서 6마일 이내로 진입하여 달 착륙 마지막 단계를 위한 기술을 평가받았다. 몇 주일 후인 7월 16일에 3명의 우주인을 태운 비행선이 발사되었다. 그로부터 4일 후 달 착륙선이 곧 달 표면에 도착했다. 다음 날 아침, 7월 21일, 이 임무에서 지휘관을 맡은 닐 암스트롱(1930-2012)이 달에 첫 인간의 족적을 남겼다. 케네디 대통령의 목표는 곧 이루어졌다. 그리고 이후에 여러 차례의 달 착륙이 뒤따랐다. 카리브 해에서의 미국의 정치적 굴욕으로 시작한 1960년대는 아시아에서 미국이 성공적이지 않은 전쟁의 늪에 빠짐으로써 끝이 나고 있었다. 그러나 이러한 우주에서의 업적들은 미국(그리고 좀더 함축적으로 보면 자본주의)의 능력을 여실히 보여주며 승리에 대한 확신을 주었다. 이것은 또한 인간 역사의 새로운 단계의 시작으로서 호모 사피엔스의 영역이 다른 천체로 확장되었다는 것을 보여준다.

심지어 이러한 놀라운 업적들이 폄하되던 시기도 있었고, 또한 이제는 용두사미가 되어가고 있다는 느낌을 떨쳐버리기가 어렵기는 하다. 비판자들은 우주 프로그램에 필요한 자원의 동원은 정당하지 않은 것이라고 생각하는데, 이는 우주 프로그램이 지구상의 실질적인 문제들과 무관하기 때문이다. 어떤 사람들에게는 우주여행 기술은 단순히 우리 문명의 피라미드와 같은 것으로 보일 수 있는데, 이는 사람들이 정말로 필요로 하는 교육, 영양, 의료의 연구와 같은 곳에 가야 할 막대한 투자를 잘못된 곳에 해버렸기 때문이다. 그러나 우주 프로그램을 통한 과학과 기술적 성취는 결코 부정될 수 없으며 그 신화적 중요성도 마찬가지이다. 그러나 유감스럽게도, 현대사회는 짧은 기간을 제외하고는 (혹은 전쟁 기간이나 1914년 미국의 한 철학자가 논의한 전쟁에 임하는 것과 같은 도덕적 노력이 필요한 시기 등을 제외하고는) 구성원들의 공동의 목표를 위한 큰 관심과 열정을 불러일으키지 못했다. 많은 사람들의 우주여행에 대한 상상은 GDP가 약간 늘어나리라는 희망이나 공적 서비스 제도의 약간의 개선을 통해서 불붙은 것이 아니었다. 단지 사람들은 그러한 상상들이 그저 실현되기를 바랐을 뿐이다. 케네디의 국가 목표에 대한 정의는 현명한 것이었다. 1960년대에 미국인들이 부딪힌 문제들은 미국 사회를 흔들고 분열시켰지만 우주 프로그램을 진행하는 것을 결코 좌절시키지 못했다.

우주탐사는 점차 세계적 흐름이 되었다. 1970년대 이전에 두 초강대국, 즉 미국과 소련 간에 협력이 거의 이루어지지 않았고 쓸데없이 중첩된 노력도 많았으며 비능률적이었다. 미국이 달에 성조기를 꽂기 10년 전에 소련은 레닌의 깃발을 달에 떨어뜨리고 왔다. 이것은 불길한 징조로 보였다. 기본적으로 과학기술 경쟁 그 자체 내에 국가 간의 적개심이 서려 있었고 이러한 국가주의는 '우주경쟁에 관련한 물리적 충돌'을 불러일으킬 수 있었다. 그러나 경쟁으로 인한 위험은 적었다(모든 분야에서 다 그런 것은 아니라도 최소한 몇몇 분야에서는 그러한 위험은 적었다). 곧 사람들은 우주가 어느 한 국가가 전용할 수 있는 것이 아니라는 데에 동의했다. 1975년 7월, 지구의 150마일 상공에서, 소련과 미국의 협력은 데탕트 시기의 놀라운 현실을 보여주었다. 소련과 미국의 기체들이 연결되었고 선원들은 서로 왕래할 수 있었다. 의혹들에도 불구하고, 우주탐색은 상대적으로 우호적인 국제환경 속에서 계속되었다. 먼 우주에 대한 관측이 무인 인공위성을 통해서 목성을 넘어서까지 시행되었고 1976년에 화성의 표면에 무인 탐사선이 처음으로 착륙했다. 1977년 미국의 우주 왕복선(최초의 재사용이 가능한 우주선)이 처녀비행을 시작했고, 이 우주 왕복선 프로그램은 2011년까지 지속되었다.

이러한 성취들은 놀라운 것이었다. 그러나 우주와의 조우에서 인류가 어떠한 방향으로 나아가야 할지에 대해서는 여전히 큰 불확실함이 있다. 우주 왕복선 프로그램의 종료는 유인 우주탐색이 앞으로도 우주연구에 적합한지에 대한 의문을 낳았다. 그러나 달에 무사히 도착하고 돌아왔다는 사실은 인간이 우주를 충분히 통제할 수 있다는 믿음을 눈부시게 확인시켜주었다. 그런 믿음을 확신시키는 수단은 과거에 마법과 기도였으나, 이제 과학과 기술이 되었다. 인류의 역사를 통해서 인간이 자연을 지배할 수 있다는 믿음은 지속적으로 자라나고 있다. 달 착륙은 이러한 연속성에서 중요한 사건이었고, 불의 이용, 농업의 발명, 혹은 원자력의 발견과 거의 같은 수준의 중요성을 띠는 사건이다. 2012년에 미국의 무인 탐사연구소의 화성 착륙은 달 착륙의 뒤를 이을 만한 사건이었다(물론 이것은 상징적인 의미로서이다. 이보다 40년 이른 시기에 소련의 화성 탐사선이 불시착한 적이 있다).

천체 탐색은 지상에서의 탐사가 활발하게 이루어지던 시기에 비견할 수 있을 것이다. 비록 우주여행이 15세기의 대양 항해보다 훨씬 더 안전하고 예측 가능하다는 차이가 있지만 말이다. 그러나 우주와 지상 탐색 모두 오랜 기간의 지식 축적을 바탕으로 이루어졌다. 탐색의 기반은 이미 알려진 것들에 데이터가 조각조각 더해짐으로써 넓어졌다. 바스쿠 다 가마는 희망봉을 돌게 된 직후 아랍 항해사를 고용해야 했다. 미지의 바다가 그 앞에 펼쳐졌다. 500년 후, 아폴로 호는 훨씬 더 광활한 곳으로 나아갔으나 여전히 지식 축적을 기반으로 행해진 탐사였다. 즉 인류가 가진 모든 과학지식을 기반으로 한 것이었다. 1969년에, 달까지 거리를 알게 되었고 거기에 인간이 도착할 수 있는 조건도 알아낼 수 있었다. 사람들이 마주칠 대부분의 위험들과 필요한 에너지와 보급품 양과 귀환에 필요한 지원체계 그리고 그 사람들이 겪을 신체적 압박 등은 인간이 알고 있는 지식의 영역 안에서 예상된 것들이다. 일이 잘못되었을 때도 사람들은 자신들의 지식을 바탕으로 한 계산이 틀린 것이 아니라고 믿는 경향이 있었다. 축적된 지식을 바탕으로 한 성격상, 우주탐색은 사람들의 과학기반 문명의 특성을 보여주는 전형적 사례였다. 아마도 이것이 우주탐색이 다른 위대한 발견과 마찬가지로 근본적으로 사람들의 생각과 상상력을 바꾸지 못한 이유인지도 모른다.

1만 년이 넘는 시간에 걸쳐서 자연에 대한 인간의 지배력이 증가하기 이전에 수십만 년 동안 선사시대 기술이 천천히 발전한 시간이 존재했다. 선사시대 기술은 돌도끼와 불의 발견으로부터 천천히 진보했는데, 이때 유전자 프로그래밍과 환경의 압력은 인간의 의식조절 능력보다 여전히 훨씬 더 중요한 것이었다. 인간의 신체적인 구조가 오늘날과 거의 비슷한 상태로 유지되기 시작한 후에 인간의 의식조절의 시작은 인간의 진화에서 중대한 계기였다.

인간이 의식을 가지게 됨으로써, 경험을 조절하고 이용하는 것이 가능해졌다.

그럼에도 불구하고, 1980년대에 인간의 자연에 대한 지배의 관점에서 우주 탐색은 많은 사람들에게 새로운 근심거리를 안겼다. 스푸트니크 I호가 발사된 지 불과 몇 년 만에, 자연계와 인간의 관계에 대한 이상적인 관점에 관해서 의문이 제기되었다. 이러한 불안감은 여태껏 경험해보지 않았거나 참고할 수 없었던 관측된 사실들을 바탕으로 정확하게 표현되었다. 이렇게 불안감을 증폭시키며 과학에 대한 실망감을 안긴 것은 바로 과학 그 자체가 제공한 기기와 데이터였다. 장래에 있을 자연환경에 대한 훼손이 어떠한 결과를 가져올지 사람들이 인지하기 시작했다.

물론 이러한 문제는 현상이 아니라 현상을 사람들이 인식하는 것이 그 원인이다. 호모 사피엔스는 (그리고 아마도 그 선조들 역시) 항상 그 서식지가 위치한 자연계를 훼손하며 살아왔는데, 자연계를 여러 형태로 변형시키고, 다른 종들을 멸종시켰다. 1,000년 후, 남방으로의 이주와 아메리카로부터의 건조 지역 작물의 도입으로 중국의 남서지역의 대산림이 파괴되었다. 이는 토양의 침식과 양쯔 강의 배수시설에 퇴적을 수반했고, 그 결과 광범위한 지역에 홍수가 반복해서 일어났다. 중세 초반, 이슬람 세력의 확장으로 북아프리카 지역에서의 광범위한 염소 방목과 벌목이 행해졌는데, 이는 로마의 곡창을 가득 채웠던 비옥한 토지들을 파괴시켰다. 그러나 그러한 급격한 변화들은 눈에 띄는 것이었음에도 불구하고 제대로 이해되지 못했다. 생태계에 대한 인간의 개입이 과거와 비교할 수 없을 정도로 빨라진 것은 17세기 이후 유럽인들에 의해서인데, 이는 점차 환경 문제를 심각하게 만들었다. 20세기 후반 인류는 과학기술의 가공할 만한 힘으로 인한 위험에 주의를 기울이기 시작했다. 사람들은 과학기술의 성과뿐 아니라 그 폐해도 고려하기 시작했다. 그리고 1970년대 중반에 일부 사람들은 인간의 환경에 대한 지배가 계속해서 늘어나는 것이 비록 대단해 보일지라도 그러한 대단한 일이 곧 처참한 모습으로 변할 수도 있다고 생각했다.

서구 사회에서 과학에 대한 의심은 완전히 사라진 적은 없었다. 비록 17세기 이래로 꾸준히 커진 과학혁명의 위업과 영향 앞에서 그러한 과학에 대한 부정적 입장은 마치 일부 원시부족이나 반항적인 소수민족 정도로 치부되기는 했지만 말이다. 인간의 자연에 대한 도전과 통제를 위한 노력을 불안하게 바라보는 관점은 역사에서도 많이 드러난다. 그러나 그러한 비판적 관점은 비합리적인 경향이 있었는데, 대체적으로 신의 분노나 천벌을 불러올 수 있다는 공포에서 비롯된 것이다. 시간이 흐르며, 이러한 비판적 관점은 성공적인 자연 개발이 불러온 명백한 이점과 향상으로 인해서 차츰 약해졌고, 이런 경향은 특히 더 나은 약에서부터 더 좋은 옷과 음식에 이르기까지 새로운 부의 창조를 통해서 가장 극명하게 드러났다.

그러나 1970년대에 과학에 대한 새로운 회의가 싹트기 시작했다. 비록 이러한 관점은 단지 소수의 부유한 국가에서 주로 엿보이기는 했지만 활발하게 퍼져나갔다. 냉소적인 사람들은 그러한 지역은 과학으로 인한 이익을 이미 맛본 곳이라고 말할지도 모른다. 그럼에도 불구하고, 과학에 대한 회의주의적 관점은 선진국에서 1970년대와 1980년대에 부흥하기 시작했고, 이는 자연환경을 보호하기 위한 정책을 추진하려는 '녹색' 정당들을 통해서 잘 드러난다. 녹색당의 직접적인 정치적 영향은 한정적인 것이었지만 계속해서 확장되었다. 기존의 정당들과 유력 정치가들도 그런 이유에서 '환경'을 주제로 정치활동을 시작했다.

환경주의자들은 환경에 대한 우려가 커지기 시작하자 충격적인 소식을 전하는 언론의 새로운 발전에 큰 도움을 받았다. 이러한 언론은 이전에는 거의 소식을 알 수 없었던 부분에 대해서도 다루기 시작했다. 1986년에 우크라이나의 원자력 발전소에 사고가 일어났다. 갑작스럽고 끔찍하게도 이것은 해당 지역만의 문제가 아니었다. 웨일스에서 방목된 양들이 먹은 풀과 폴란드와 유고슬라비아의 우유와 스웨덴 지역의 대기가 모두 오염되었다. 셀 수 없이 많은 소련인들이 방사선의 영향으로 오랜 시간에 걸쳐 죽어가고 있었다. 미국 로켓이 폭발하여 탑승한 사람들이 모두 죽는 것을 텔레비전을 통해서 목격한 수백만 명의 사람들은 얼마 지나지 않아서 이 충격적인 사건을 다시 한 번 텔레비전을 통해서 목격하게 되었다. 체르노빌과 챌린저 호 사건은 발달된 과학기술 문명의 한계와 잠재적 위험성을 많은 사람들에게 보여준 첫 번째 사건들이었다.

이 사건들은 환경에 관한 걱정을 강화시키고 널리 퍼지게 했다. 그리고 다른 많은 일들과 연관되기 시작했다. 우리 문명은 물질적인 부를 창조하는 데에는 익숙하지만 이러한 물질적인 풍요가 반드시 사람들을 행복하게 하지는 않는다는 인식이 퍼져나가고 있다. 이러한 생각이 크게 새롭지는 않지만 개인 차원이 아닌 사회의 영역에서 적용되고 있다는 점은 완전히 새로운 관점이다. 사회적 상황들이 개선된다는 점이 인간의 모든 불만을 없앨 수 없으며 실제로는 그러한 불만을 더욱 심각하게 만들 수 있다는 인식이 퍼져나갔다. 환경오염, 인구가 밀집된 도시의 억압적인 익명성, 극심한 스트레스와 현대 업무환경의 압박감은 물질적 풍요로 얻어진 만족을 쉽사리 없앴다. 또한 이것은 사실 새롭게 생긴 문제가 아니었다. 1952년 런던에서는 일주일 동안 4,000여 명의 사람들이 대기오염으로 사망했다. 그러나 '스모그(smog)'라는 단어는 거의 반세기가 지나서야 만들어졌다. 규모의 문제 역시 더욱 심각해졌다. 몇몇 현대 도시들은 이미 내재한 문제들이 해결 불가능할 정도로 성장했다.

어떤 이들은 자연자원이 지나치게 낭비되고 있어서 자원으로 인한 또다른 형태의 맬서스 재앙을 맞이할 것이라고 두려워한다. 에너지는 과거 그 어느 때보다 사치스럽게 쓰이고 있다. 지난 100년간 인류는 그 이전의 인간의 역사, 즉 1만여 년의 시간 동안 썼던 에너지보다 더 많은 에너지를 썼다는 계산도 있다. 이 에너지 중 87퍼센트는 화석연료로부터 얻어진 것으로, 수백 년간 지구의 표면에 축적된 식물의 화석화된 잔해를 통해서 만들어졌다. 수십억의 사람들이 서구 사회의 현재 수준의 소비를 원하기 때문에 매장된 석유는 빠르게 고갈되고 있다. 이것은 분명히 오래 지속될 수 없는 상황이다. 수많은 정부와 기업들이 지열, 태양열, 조류, 풍력, 폐기물 에너지 등 지속 가능한 형태의 에너지 개발에 투자하고 있다. 그러나 실제로는 지난 수십 년간 이러한 에너지 개발은 지지부진한 편이다. 특히 이러한 종류의 자원을 활용한 응용기술을 개발하는 데에서 제대로 된 개발이 이루어지지 않았다. 원자력 에너지가 여전히 강력한 저항에 맞부딪히고 있기 때문에 인류는 에너지에 한해서 암울한 미래를 맞이하고 있다.

아마도 인류는 지구환경이 통제 불가능한 수준(예를 들면, 오존층의 오염과 파괴와 같은 수준)의 에너지 소비를 하게 된 시점을 이미 지나친 것인지도 모른다. 그리고 이러한 문제를 더욱 심화시켜서는 안 된다. 이미 나타난 환경 변화가 야기한 사회적, 정치적 결과를 사람들은 아직까지 제대로 인식하지 못하고 있다. 또한 이 문제를 해결하기 위한 지식, 기술 혹은 이런 목표에 대한 합의도 존재하지 않는다. 즉, 이러한 문제 해결의 열쇠들이 존재했던 과거의 '인간을 달에 착륙시킨다'는 문제와 상황이 전혀 다르다.

이러한 경향은 인간이 만든 다시 돌이킬 수 없는 기후변화의 가능성이 20세기 말미에 나타나면서 더욱 심해졌다. 1990년은 기상 관측이 시작된 이래로 가장 더운 해로 손꼽힌다. 어떤 이는 이것이 이전과 비교도 할 수 없을 만큼 화석연료를 사용하여 발생한 거대한 양의 이산화탄소가 대기 중으로 방출되어 생긴 '온실효과'로 인한 '지구 온난화'의 징조라고 생각한다. 연구에 따르면 대기 중에 존재하는 이산화탄소의 양은 현재 과거 산업시대 이전보다 25퍼센트 정도 증가했다고 한다. 이러한 지적이 사실일 수 있다(이산화탄소 배출은 매년 300억 톤이라고 알려져 있는데, 보통 사람이 논할 정도의 규모가 아니다). 물론 대기 중 이산화탄소의 존재만이 지구에서 열을 배출하는 것을 막는 유일한 요인이 아니다. 메탄, 질소 및 프레온 가스 등도 같은 문제를 일으키고 있다.

그리고 지구 온난화가 그리 근심할 문제가 아니라고 해도, 산성비와 오존층의 파괴와 전례 없는 속도의 삼림의 파괴 등등이 새로운 환경 문제를 만들고 있다. 만약 제대로 된 대책이 세워지지 않는다면 그러한 환경 문제의 여파는 심각할 것이다. 그리고 그로 인해서 기후변화(앞으로 100년 동안 지구 표면의 평균기온이 섭씨 1도에서 최대 4도까지 올라갈 수 있다), 농업의 변화, 해수면의 상승(매년 2.5인치 정도가 상승할 것이라고 한다), 대량 이주민이 발생할 것이다.

유엔 기후변화 협약에 관한 교토 의정서가 2005년 부로 효력이 생겼는데, 이는 온실 가스가 대기로 배출되는 양을 제한하는 것으로 이러한 문제들을 처리해보려는 시도이다. 38개 산업국가들이 온실 가스의 배출량을 2012년까지 1990년 수준 이하로 줄일 것을 약속했다. 그러나 세계 최대 오염원 배출 국가인 중국은 이러한 규제에서 면제되었는데, 아직 개발도상국의 지위에 머물러 있기 때문이다. 반면에 두 번째로 많은 오염원을 배출하는 국가인 미국은 의정서 서명을 거절하고 있다. 여기에 서명한 국가들이 약속을 준수한다고 가정해도(실제로 서명국들 가운데 현재 이러한 규약을 완벽하게 지킨 국가도 없지만), 대부분의 전문가들은 지구 온난화의 장기적인 영향을 벗어나기 위해서 더 많은 노력이 필요하다고 생각한다. 21세기에 세계의 주요 국가들이 경쟁보다는 협력을 택할 수 있다면, 함께 해결해야 할 인류 공동의 문제들이 많이 존재할 것이다.

역사가들은 사람들이 무슨 생각을 하고 있는지에 대해서 거만하게 말해서는 안 된다. 사실 그들이 알고 있는 것은 다른 사람들이 알고 있는 것과 크게 차이가 없기 때문이다. 역사가들이 가장 잘 알고 있는 것은 균형 잡히지 않은 중요한 증거와 이를 남긴 대표성이 없는 사람일 뿐이다. 역사가들은 그들이 생각했을 때 많은 사람들이 받아들이는 생각의 효과를 추측할 때 조심해야 한다. 분명히 환경 문제에 대한 최근의 정치적 대응은 생각의 변화가 곧 사람들의 사회적 삶에 영향을 줄 수 있다는 것을 보여주고 있다. 그러나 이것은 극소수의 사람들만이 오존층이 무엇인지를 알 때조차 사실이었다. 널리 받아들여지고, 애매모호하고, 아직 제대로 규정되지 않은 생각 역시 역사적인 영향력을 가진다. 빅토리아 여왕 시대의 영국인들은 '관습의 케이크(cake of custom)'라는 표현을 썼는데, 이는 대부분의 사회에서 보수적인 관점을 형성하는 가장 결정적인 요소, 즉 오래되고 의문의 여지가 없어 보이는 전제들로 인해서 형성된 태도를 말하는 것이다. 사람들이 널리 받아들여지는 생각이 어떤 영향을 미치는지에 대해서 교조적인 태도를 취하는 것은 특정한 문제(예를 들면, 환경의 변화)에 어떠한 생각이 함께 따라오는지를 이야기하는 것보다 훨씬 더 위험한 것이다. 비록 그러한 생각이 어떻게 영향을 미치는지를 알기 위해서 노력해야 하지만 말이다.

예를 들면, 우리는 이제 그 어떤 요소보다 물질적 풍족함이 수백만의 사람들의 생각들을 완전히 바꾸어놓은 것을 보았다(사실 그리 오래된 일이 아니다). 이러한 경향은 여전히 존재하는데 몇몇 최빈국가들에서 가장 두드러지게 드러난다. 값싼 소비재들이 광고(특히 텔레비전 광고)를 통해서 점점 더 널리 알려지게 되고 이러한 값싼 소비재와 그 이미지로 인해서 연쇄적으로 큰 사회적 변화가 나타난다. 그러한 물건들로 인해서 사람들의 신분이 나뉜다. 시기와 야망을 낳으며, 그 물건들을 살 수 있을 만큼의 임금을 제공하는 일을 하게 한다. 그리고 때로 그러한 임금을 제공할 수 있는 도시와 중심지로의 이주를 장려한다. 이러한 현상은 기존의 삶의 방식과 기존 질서, 안정된 삶과 형태 등의 규율과의 단절을 초래했고 새로운 것을 빠르게 찾아가도록 하는 현재의 여러 흐름 중 하나이다.

그러한 변화의 복잡한 배경의 일부와 과정은 분명히 역설적인 것이다. 지난 세기는 전례 없던 끔찍한 비극과 재앙의 세기였지만 세기가 끝날 무렵에 그 어느 때보다 많은 사람들이 인간의 삶과 국제적 환경이 더 좋아질 것이며 또한 그렇게 되어야 한다고 믿고 있다. 그러한 낙관적인 태도는 근본적으로 수 세기 전의 유럽에서부터 시작되었다고 볼 수 있다. 최근까지 유럽인들은 유럽 대륙의 문화에 여전히 갇혀 있다. 다른 부분에서 유럽인들은 많은 발전을 이룩했다. 그러한 생각이 어떤 것인지 정확하게 말할 수 있는 사람은 매우 적지만 유럽인들이 가진 생각들은 과거보다 훨씬 더 널리 공유되고 있고 모든 지역에서 사람들의 행동을 변화시키고 있다.

그러한 변화는 누군가 가르쳐서 이루어진 것이라기보다(물론 그러한 시도는 많았다), 세계 각지에서 강력한 심리적 영향을 주어서 관습의 케이크를 박살내도록 한 물질적 변화를 통해서 이루어진 것이라고 보는 것이 좀더 확실하다. 이러한 경향은 세계 각지에서 물질적 흐름으로 인해서 사회가 실제로 변화할 수 있고 사람이 살아가는 것이 항상 예전과 같아야 할 필요가 없다는 것을 분명히 보여주는 최초의 신호였다. 한때 대부분의 사회는 주로 일상생활, 관습, 계절, 빈곤 등의 비슷한 속박 속에서 살아가던 소작농으로 구성되어 있었다. 현재 인류 사이에 문화적 차이는, 예를 들면 유럽의 공장 근로자와 인도나 중국의 이와 유사한 직군의 사람들 간의 차이는, 상당히 큰 경우가 많다. 공장 근로자와 소작농의 문화적 차이는 물론 더욱 크다. 그러나 심지어 소작농조차도 변화의 가능성을 느끼기 시작했다. 변화가 불가능한 것이 아니며 또한 바람직한 것이라는 생각을 퍼뜨리는 것이 유럽의 문화적 영향력이 만든 모든 영향력 중에서 가장 중요하고 또한 가장 문제를 많이 일으키는 것이다.

기술의 발전은 인간의 삶의 여러 영역에서 과거로부터 내려오는 전통을 약화시키는 방식으로 변화를 촉진시켰다. 위에서 언급한 대로, 피임에 있어서 지난 200년간 더 나은 방법이 나타난 것이 그 좋은 예인데, 그 절정에 달한 것은 1960년대로 '약'(경구피임약)이라고 (여러 언어로) 간단하게 알려진 것이 빠르고 널리 보급되면서였다. 비록 서구 사회의 여성들이 피임에 효과적인 기술과 지식을 접하는 데에 익숙해져 있었지만, 경구피임약(배란을 억제하는 화학적 수단)은 성행위와 생식에서 이전의 어떠한 도구보다 더 많은 힘을 여성에게 실어주었다. 아직까지는 비서구권의 여성들에게는 널리 받아들여지고 있지 않고, 선진국이라고 할지라도 법적으로 제한이 있는 곳도 있지만, 그 피임법의 남녀의 관계에서 새로운 시대의 도래를 알렸다.

그러나 과학과 기술의 사회에 변화를 일으키는 힘에 관한 다른 많은 예시들은 얼마든지 있다. 예를 들면, 두 세기에 걸친 통신수단의 변화, 특히 지난 60-70년 동안의 변화는 인쇄기술의 도래보다 더 많은 영향을 인간 문화사에 끼쳤고, 이를 눈치채는 것은 별로 어려운 일이 아니다. 기술의 발전은 보통 과학의 마법과 같은 힘의 증거를 보여주는 방식으로 이루어진다. 이는 과거 그 어느 때보다 과학의 중요성이 많이 알려졌기 때문이다. 더욱 많은 사람들이 과학자가 되었고, 교육에서도 과학에 더 많은 관심이 쏟아졌으며, 과학 정보는 대중매체를 통해서 널리 보급되었고 더 쉽게 이해될 수 있게 되었다.

그러나 우주탐색과 마찬가지로 이러한 성공은 역설적으로 체감의 문제를 가져왔다. 더욱더 많은 것들이 가능해질수록, 사람들은 최근에 알려진 놀라운 일들에 대해서 그리 크게 놀라지 않는다. 다루기 힘든 문제가 생기면 사람들은 (정당하지 않은) 과학에 실망하거나 짜증을 내기도 한다. 그러나 충분한 자원을 이용할 수 있다면 자연을 뜻대로 변화시킬 수 있다는 현대의 사상은 이에 대한 비판에도 불구하고 더욱 강하게 성장하고 있다. 유럽인의 생각 그리고 과학이 지구의 전 지역에서 (유럽인의 실험주의 전통을 기반으로) 전통적인 신을 중심으로 하는 삶의 영향과 생각을 계속해서 해체하고 있다. 이것은 초자연적인 생각을 무너뜨리는 기나긴 과정을 수반하는 것으로 때로는 위대한 종교의 형태를 취하는 초자연적 생각조차 그 대상이 되고 있다.

그러므로 과학과 기술은 전통적인 권위와 종래의 방식과 기존의 사상을 약화시키는 경향이 있다. 과학과 기술이 기존의 체제에 물질과 기술을 제공하는 듯이 보이는 반면에, 그러한 과학과 기술은 기존의 체제에 비판적인 존재들에게도 활용이 가능하다. 통신수단의 향상은 과거보다 훨씬 더 빠르게 새로운 생각이 대중문화로 스며들 수 있도록 했고 과학적 생각의 영향으로 정치 지도자들이 이러한 과정을 더욱 손쉽게 추적할 수 있게 만들기도 했다. 18세기에 뉴턴 역학적 우주론은 기독교 신앙과 다른 신학적 관점을 과학의 영역과 사람들의 도덕적 믿음을 크게 훼손시키지 않고 공존할 수 있도록 했다. 그러나 시간이 흐르면서, 과학은 기존의 믿음과 공존하기가 점점 더 어려워 보이기 시작했다. 과학과 종교의 갈등은 주로 상대주의를 강조하는 상황이나 기존의 절대적인 권위나 관점을 배제해야 하는 환경적 압력이 있을 때 잘 드러났다.

한 가지 극명한 예는 과학의 새로운 분야로 19세기에 발전한 심리학에서 찾아볼 수 있다. 1900년 이후 일반인들이 점차 심리학에 대해서 알아가게 되었는데, 특히 심리학의 두 가지 용어는 사람들에게 매우 익숙한 것이 되었다. 첫 번째는 '정신분석(精神分析, psychoanalysis)'이라고 이름 붙여진 용어이다. 이 용어는 지그문트 프로이트가 관련 연구를 시작함으로써 사회에 광범위한 영향을 미치기 시작했는데, 정신분석은 정신질환에 대한 임상관찰을 잘 확립된 방법을 통해서 시행함으로써 본격적으로 시작되었다. 프로이트에 의한 정신분석학의 개발은 상대적으로 빠른 속도로 악명을 날리게 되었는데, 이는 의학계를 넘어선 광대한 영향력 때문이다. 정신분석학은 과학적이라고 주장되는 대규모 임상연구를 진흥시키면서도(비록 이러한 정신분석학의 과학성 여부에 대해서 많은 과학자들이 계속해서 의문을 제기하고 있기는 하지만 말이다), 한편으로는 이미 받아들여진 수많은 통념들을 약화시켰다. 특히 성생활, 교육, 책임과 처벌에 대한 태도에서 그런 경향이 강했다.

한편, 또다른 심리학적 접근법은 '행동주의(行動主義, behaviourism)' 의사들에 의해서 확립되었다('프로이트 학설', '정신분석학'과 마찬가지로, 행동주의는 다소 막연하게 사용된다). 행동주의의 근원은 18세기로 거슬러 올라간다. 이는 정신분석학자들이 주장하는 임상적 성공들에 맞서서 그만큼의 강한 인상을 주기 위해서 (실제로는 그렇지 않다고 하더라도) 많은 양의 실험 데이터를 생성하는 방식으로 나타났다. 행동주의를 개발한 사람은 현재까지 러시아의 I. P. 파블로프(1849-1936)라고 알려져 있는데 그는 '조건반사'를 발견했다. 행동주의는 실험에 한 쌍의 변수 중 하나를 조작하는 것에 기초한다. 이는 '조건자극'을 통한 행동에서 예측된 결과를 생성하기 위한 것이다(개에게 사료를 주기 전에 종을 울리는 고전적 실험을 통해서 진행되었다. 시간이 지난 후 사료를 주지 않고 종만 울렸는데도 개는 침을 흘렸다). 실험 절차의 개선과 개발로 더 많은 정보를 알게 되었고, 인간의 행동의 근원을 통찰하는 것이라고 인식되었다.

이러한 심리학 연구들이 전해준 혜택들에 대해서는 일단 설명을 접어두고, 역사학자들의 눈에 띄는 것은 프로이트와 파블로프가 거대한 그리고 쉽게 정의할 수 없는 문화적 변화를 가져왔다는 것이다. 화학적, 전기적 그리고 다른 방식의 물리적 방법을 통한 정신질환의 치료에 대한 좀더 실증적인 접근법과 마찬가지로, 프로이트와 파블로프 양쪽 모두 유럽인에 의해서 정의된 도덕적 문화에 자리잡은 도덕적 자율성과 개인적 책임감에 대한 전통적 존중에서의 결점들을 제시했다. 19세기 지질학자들, 생물학자들, 인류학자들이 이러한 역할을 물려받아서 전통적 관념들을 약화시키는 데에 힘을 보탰다.

정도의 차이는 있을 수 있으나 과거 서구 사회에서 마법이나 종교적인 수단으로 설명되던 신비하고 이해 불가능한 것들에 관한 오래된 생각의 힘은 아마도 남동 유럽의 농부들과 미국의 복음주의 기독교도들을 제외하고는 사라진 것으로 보인다. 과학으로 인한 변화를 겪은 사회에서는 과학이 인간의 삶의 대부분을 지배하는 것이라는 생각이 인정되고 있다고 볼 수 있다(비록 그러한 변화가 중단되었거나 기초적인 수준이었다고 할지라도 말이다). 그러나 이러한 관점을 밝히는 것은 매우 조심스럽고 근거가 필요하다. 종교의 힘이 기울어가는 것을 이야기할 때, 사람들은 주로 기독교 교회의 공식적인 권위와 영향력만을 이야기하는 경우가 많다. 즉, 행동과 믿음은 상당히 다른 문제라고 볼 수 있다. 450년 전 엘리자베스 1세 여왕 이후, 더 이상 영국의 왕들은 대관식을 위한 상서로운 날짜를 정하기 위해서 점성술자의 의견을 물어보지 않았다. 그러나 1980년대에 미국 대통령의 부인이 점성술사의 조언을 자주 구했다는 것을 세상 사람들은 재미있게 생각한다(그리고 어쩌면 조금 놀랐을 것이다).

좀더 분명한 예시를 들어본다면, 1947년에 인도의 독립을 기념하는 기념일의 시점을 결정해야 했는데, 이는 점성술사들과 적절하게 상담을 한 후에야 결정된 사실이 있다. 인도는 헌법상 이론적으로 정교일치 국가가 아니며 세속주의 국가인데도 점성술사들과 상담을 한 것이다. 또한 현대에 정교일치 국가 혹은 국교가 있는 국가는 이슬람 국가들을 제외한다면 드문 경우이다(다만 영국과 몇몇 북유럽 국가는 여전히 국교회를 보유하고 있기는 하다). 그러나 정교일치 국가나 국교가 있는 국가의 수가 줄어들고 있다는 사실이 반드시 신자들에게 그들의 종교적 믿음이나 종교의 실제 영향력이 줄어들었다는 것을 의미하지 않는다. 파키스탄을 건국한 인물들은 세속적이며 서구화된 사람들이었지만, 건국 이후 보수적인 이슬람 지도자들과의 투쟁에서 대부분 패배했다. 이스라엘도 어느 정도 비슷하다고 볼 수 있는데, 세속적 지도자들이 종교적 기반을 가지고 건국한 경우이다.

오늘날 더욱 많은 사람들이 이전보다 종교의 권위자들이 말하는 것에 귀를 기울이게 되었다는 것은 사실일 것이다. 비록 서구 사회 대부분의 지역에서 종교에 대한 신앙이 많이 쇠퇴하기는 했지만, 전 세계적으로 보면 이러한 주장은 틀리지 않아 보인다. 어쨌거나 예전보다 더 많은 사람이 존재하고 있기 때문일 것이다. 1980년대 영국의 많은 사람들은 이란에서 성직자들이 한 인기 작가를 이슬람의 반역자라고 비난하며 사형을 구형한 것에 충격을 받았다. 중세가 여전히 세계의 어딘가에서는 진행 중이며 그곳 사람들은 그것을 눈치채지 못하고 있다는 것을 알게 된 유럽의 보수주의와 진보주의 집단 모두 충격을 받았다. 또한 이들은 같은 국가의 무슬림 시민들이 파트와(fatwa, 이슬람법에 따른 결정)를 따르는 것을 보고 더욱 경악했다. '근본주의'는 미국의 종교

사회학에서 나온 단어이다. 기독교회 내에서도 근대화로 인해서 위협을 받거나 재산을 뺏길 것이라고 느끼는 사람들은 근대화에 적의를 표현하고 있다.

그럼에도 불구하고 다른 경우와 마찬가지로, 서구 사회는 다른 사회가 따라올 수 있는 길을 제시했고, 전형적인 서구의 자유주의가 세계적으로 퍼져나가게 될 것이라고 몇몇 사람들은 믿고 있다. 그렇게 될 수도 있다. 반대로 또한 그렇지 않을 수도 있다. 종교와 사회의 상호작용은 매우 복잡하기 때문에 이러한 예상은 조심스러울 수밖에 없다. 메카로 여행하는 순례자의 숫자가 가파르게 증가한다는 사실은 새로운 종교적 열정을 의미할 수도 있고 단순히 항공여행 시설이 더 나아졌다는 것을 의미할 수도 있다.

많은 무슬림들이 그들의 신앙의 재확인에 목소리를 높이고 있는데, 이러한 상황을 통해서 경각심이 느껴지고 있다. 그러나 이슬람권이 유럽에서 시작한 무신론적 공산주의 이데올로기의 진입은 성공적으로 막았지만 또다른 유럽 전통의 기술과 물질주의로 인한 문화적 타락을 피할 수 없을 것으로 보인다. 이슬람 사회의 급진주의자들은 서구화되고 해이해진 이슬람의 정치 지도자들과 자주 충돌하고 있다. 물론 이슬람은 여전히 확장되고 있고 계속해서 믿음을 전파하고 있으며 이슬람의 단합에 대한 관념은 무슬림 지역에서는 여전히 살아 있다. 이러한 종교적 믿음은 여전히 사람들이 행동하도록 용기를 북돋우는데, 이는 1947년의 인도와 1978년의 이란에서 잘 드러났다. 얼스터와 아일랜드에서, 아일랜드 분리독립주의자들은 비록 휴전 협정을 맺은 상태이기는 하지만, 17세기 유럽의 종교전쟁 때 사용되던 어휘를 사용하며 그들의 나라의 미래에 대해서 증오와 적의의 목소리를 높이고 있다. 비록 고위 성직자들과 종교 지도자들은 공적으로는 정중하게 다른 종교를 대하는 것이 적합하다고 생각하지만, 여전히 종교는 다른 종교에 배타적이다. 교리는 더욱 확실한 형태가 없어질 수 있지만, 종교의 초자연적인 측면이 세상의 모든 부분에서 그 영향력을 잃어가고, 그러한 초자연적 측면이 집단의 회원 자격의 표식이라고만 말하는 것은 아직 논쟁의 여지가 있다.

현대의 세계를 형성하는 데에 많은 영향을 준 근원은 기독교 신앙으로, 기독교 신앙의 하락세 혹은 때로 믿음의 상실로 인한 종파 간 분쟁의 감소는 오늘날의 역사에 지대한 영향을 끼쳤다. 1948년에 세계 교회 협의회(가톨릭 교회는 가입하지 않았다)의 형성으로 가장 잘 드러난 기독교 내의 세계 교회주의는 선진국 내의 기독교인들이 적대적 환경에서 살아가는 데에 대한 경각심이 커진 면을 반영하고 있다. 또한 세계 교회주의의 형성은 기독교에 대한 무지와 불확실성, 또한 기독교가 어떤 것을 말하려고 하는지에 대한 무지와 오해에서 비롯되기도 했다. 단 한 가지 기독교 내의 희망은 로마 가톨릭의 성장이었다(대부분 자연적 증가로 인한 것이었다). 가톨릭교도의 대부분은 이제 비유럽인들로 1960년대 교황의 남미와 아시아 지역 최초의 방문과 1962년 바티칸 공의회에 아프리카 출신의 72명의 대주교와 주교 등으로 이러한 변화가 잘 드러났다. 2010년경 세계 가톨릭교도 가운데 25퍼센트만이 유럽에 살고 있었으며, 아프리카에서 그 어느 지역보다 빠르게 성장하고 있었다.

1960년대에 즈음하여 약화되기 시작한 것으로 보이는 교황의 로마 교회에서의 역사적 위치를 살펴보면, 제2차 바티칸 공의회 그 자체에서 그러한 징후가 드러나기 시작했다. 교황 요한 23세(1881-1963)가 요청했던 여러 근대화 작업들 중에서, 놀랍게도 이슬람의 가르침에 내려오는 '진리'가 공손하게 언급되기도 했다. 그러나 1978년(교황이 세 번 바뀐 해)에 요한 바오로 2세(1920-2005)가 교황직을 맡게 되었는데, 이는 450년 만에 비이탈리아인 교황이자 첫 폴란드인 교황이었고, 그 대관식에 최초로 영국 국교회의 캔터베리 대주교가 참관했다. 요한 바오로 2세는 교황직 수여 후 곧이어 교황으로서의 역사적 권의를 행사하고 보수적 관점에서 교황직을 수행하겠다는 개인적 의지를 보였다. 그러나 그는 또한 동유럽의 정교회와 화해를 위해서 개인적으로 그리스를 방문한 첫 번째 교황이기도 했다.

1989년의 동유럽의 변화(특히 교황의 고향인 폴란드에서의 변화)는 요한 바오로 2세의 활동주의와 도덕적 권위에 크게 힘입은 것이었다. 2005년에 그가 서거했을 때(역사상 세 번째로 긴 재위였다), 그가 남긴 업적은 복잡한 것이었다. 교리에 관한 문제에서는 매우 엄격한 보수주의적 접근을 보였다. 이 폴란드인 교황은 현대 세계에 팽배했다고 보는 물질주의에 강한 우려를 표명했는데, 특히 그가 과거 공산주의 체제에서 벗어나도록 도왔던 국가들에 대해서 더욱 그런 관점을 보였다. 수백 년간 불안정했던 교황직만큼 안정적이지 못한 로마 교회의 체제에서 세상의 흐름을 계속 따라가는 것은 위험한 것일 것이다(교황직은 힐데브란트 교황의 개혁까지 계속해서 불안정했다. 분립과 공의회 수의설에 의해서 약화되었고, 계몽주의로 인해서 더욱 약화되었으나 첫 번째 바티칸 공의회로 다시 강화되었다). 다른 무엇보다 피임의 지식, 수용과 기술에서 20세기 동안의 진보는 수백만의 로마 가톨릭교도의 입장에서 로마 교회의 권위에 매우 심각한 흠집을 냈다고 볼 수 있다.

근래에 들어서 가장 영향력 있는 변화들 중에서 일부는 여전히 그 중요성과 영향이 완전히 알려지지 않았다. 무엇보다 잠재적으로는 피임 문제의 전체 인류에 대한 영향력이 그 예이다. 비록 대부분의 사람들이 이것이 여성사의 일부라고 생각하기는 하지만 말이다. 그러한 주제를 여성에게만 한정해서 접근하는 편이 전통적이고 편리한 방식이기는 하지만, 남성과 여성의 관계는 인류 전체의 역사로 간주하는 것이 마땅할 것이다. 수많은 여성들의 삶은 세밀하게 평가되지 않았고, 그러한 세밀하지 못한 평가는 아직까지 여성의 삶에서 나아가야 할 길이 많이 남아 있다는 것을 의미한다. 급격한 변화는 몇몇 지역에 한해서만 일어나고 있고, 그러한 변화에 대한 평가 역시 그러한 몇몇 지역에서조차 겨우 200-300년 전부터 시작된 것이다. 이러한 변화에 대한 사람들의 인식은 조심스럽게 평가되어야 할 것이다. 대부분의 서구 여성들은 그들의 증조모들과는 비교도 되지 않는 삶을 살고 있는데, 세계 다른 지역에서 여성의 삶은 여전히 1,000년 동안 거의 변화가 없다.

남녀의 정치적 그리고 법적 평등이 진행되고 있다는 점은 현대 역사의 가장 위대한 혁명 중의 하나이다. 그리고 또한 여성들이 거대한 지적 능력과 생산력을 갖출 수 있게 된 것 역시 중요한 일이다. 국제연합의 절대다수의 회원국가들이 여성 참정권을 인정하고 있고, 대다수의 국가에서 공식적으로 그리고 법적으로 남녀 성차별에 대한 비판이 제기된 지 오래지만, 여전히 앞으로 여성의 인권을 위해서 해야 할 일이 많이 존재한다. 여성에 대한 평등한 대우를 위한 법적 시도의 영역은 나날이 증대되고 있다(예를 들면, 오랜 기간 제대로 인식되지 못한 고용에서의 불이익을 인식하는 것이 이에 포함된다). 보수적인 반대파들의 반대에도 불구하고, 비서구 국가들에서 이러한 성적 불평등 해소를 위한 사례들이 알려지고 있고, 영향력을 미치고 있다. 이것은 세상의 인식을 변화시키는 새로운 원동력이다. 그리고 과학기술과 경제적 변화로 인해서 여성의 노동력이 더욱 필요해진 세계에서 더욱 영향력이 커져가고 있다.

그러한 문제들은 산업화가 시작된 이후로 점점 더 상호적으로 연관되고 연결되고 있다. 심지어 가정조차 근무지로 변형되고 있다. 즉, 파이프 관으로 연결된 수도와 가스가 도입된 이후에 전기가 연결되었고, 세제, 합성 섬유, 인스턴트 식품 등으로 인해서 집안일을 좀더 쉽게 처리하는 것이 가능해졌다. 그와 동시에 라디오, 영화, 텔레비전 및 저렴한 인쇄술로 인해서 여성들이 이전과 비교할 수 없을 정도로 정보를 쉽게 접하게 되었다. 그럼에도 불구하고 그러한 변화들 중에서 1960년대의 피임약의 등장만큼 근본적인 영향을 준 것은 없는 것으로 보인다. 그 편리함과 사용법 덕분에, 그 이전의 다른 어떤 피임 지식이나 기술보다 여성에 관련한 문제에서 사람들의 삶을 가장 많이 변화시킨 것이 피임약이다. 피임약은 성문화의 역사에 새로운 시대를 열었다(물론 30-40년이 지난 시기에 이러한 흐름에 동참한 국가의 수는 손에 꼽을 정도이기는 하다).

양성평등을 위한 여성의 투쟁의 또다른 측면은 뉴 페미니즘(new feminism)이라고 할 수 있는데, 이는 페미니즘이 뿌리를 둔 자유주의 전통에서 분리되어온 흐름이다. 전통적인 페미니즘의 논리는 항상 자유주의 관점을 취했는데, 이는 여성은 (남성에게는 적용되지 않으면서) 여성에게만 적용되는 법이나 전통에서 벗어나서 자유롭게 살아야 한다는 주장을 하고 있다. 그러나 이러한 주장은 특별한 이유가 존재하지 않는 한 자유와 평등은 좋은 것이라는 진리의 논리적 연장선에 불과하다. 뉴 페미니즘은 새로운 방향을 취했다. 뉴 페미니즘은 여성의 성해방에 특히 압박을 주는 원인에서 좀더 넓은 범위의 문제(예를 들면 레즈비언들에 대한 보호)를 다룬다. 그리고 무엇보다 뉴 페미니즘은 제대로 인지되지 않은 심리적, 내재적 그리고 제도화된 형태의 남성적 박해를 규명하고 밝히려고 애쓰고 있다. 비록 그 급진적인 요소들은 남성은 말할 것도 없고 대다수의 여성들에게조차 받아들여지기 힘들지만, 뉴 페미니즘의 영향은 상당하다.

일부 사회는 페미니즘 운동을 과격하게 박해해왔다. 일부 이슬람 국가들은 절대적인 남성 우위를 보호하기 위한 제한과 관행들을 유지하고 있다. 그리고 다른 종교의 신자들 역시 여성해방을 막기 위한 시도를 계속하고 있다. 그러나 특히 이슬람 사회들만이 여성이 입어야 할 특정한 복장을 강요한다. 심지어 여성의 권익을 위해서 격렬하게 저항하는 여성들조차 머리에 스카프나 차도르를 두르고 있는 경우도 있다. 이러한 흐름들이 합리적인 타협을 이끌어내는 경우도 있지만 사회에 따라서는 불안정한 균형 상태를 유지하는 경우도 있다. 그렇지만 앞서 말한 것과 유사한 여성에 대한 제약들에 대한 격렬한 논쟁은 최근의 유럽 사회에서도 존재했다는 것을 잊어서는 안 된다. 그러한 모순되는 문제들을 종교적 믿음으로 인한 유사성 때문에 나타난다고 이야기하기는 쉽지 않다.

조직화된 종교와 고정되고 변화하지 않는 도덕률의 관념이 사회적 규제자로서의 힘을 어느 정도 잃었다고 보이는데, 이들을 제외한 제3의 사회체제의 주체인 국가는 언뜻 사회적 규제자로서의 힘을 비교적 잘 유지하고 있는 것으로 보인다. 그러나 국가의 권위에 반대하는 사람들의 비판에도 불구하고, 국가의 힘은 과거에 그렇게까지 광범위하게 발휘된 적이 없었다. 현대에 들어서서 점점 더 많은 국가들이 세워졌는데, 이들은 지리적으로 정의된 정치 단위들로서 영토 내에서 주권을 행사하고 정치적 힘의 사용을 독점하는 조직이다. 1945년과 2010년 사이, 국가의 수는 50개국 이하에서 거의 200개국 가까이 늘어났다. 더욱더 많은 사람들이 피할 수 없는 적들로부터 그들의 안전을 지키는 데에서 정부의 도움을 바라는 것보다 더 나은 것이 없다고 생각하게 되었다. 국가의 권력을 쥐기 위한 경연이라고 할 수 있는 정치는 때로는 마치 산을 움직일 수 있는 믿음의 중심으로서의 관점에서 종교를 확실하게 대체하고 있는 것으로 보인다(때로는 심지어 시장경제의 중요성이 줄어들어가는 것처럼 보이기도 한다).

유럽이 세계사에 남긴 가장 극명한 제도적 흔적 중의 하나는 국제사회를 주권국가들의 모임으로 재조직한 것이다(그리고 최소한 명목상으로나마 공화체제와 민족주의 국가로서 재조직한 것도 있다). 17세기 초에 시작한 이러한 흐름은 19세기에 들어서 세계적으로 현실화될 것이라고 여겨졌고, 20세기에 들어서서 사실상 완성이 되었다. 이러한 흐름은 세계적으로 국가기구가 유사한 형태를 취하도록 했는데, 때로는 토착민들이 채택하여 도입되었고 때로는 제국주의 지배국가에 의해서 그 도입이 강제되었다. 주권국가 체제의 도입은 근대화에 따른 것으로 간주되었다. 불과 100년도 되지 않는 짧은 시기 동안 주권국가의 개념은 세계 대부분의 지역에서 당연한 것이 되었다. 이는 대체적으로 제국들이 완만한 흐름으로 해체되어감에 따라서 나타난 기계적인 결과로 볼 수 있다. 어떠한 시대든지 새로운 국가들이 해체되어가는 제국을 대체할 것이라는 점은 분명했다. 제국들이 해체된 근 50년 이후에 소련이 붕괴됨과 동시에, 세계적인 국민 주권주의, 대의 민주주의 체제, 권력 분립 등의 헌법화의 보편화 흐름이 극에 달했다.

이러한 이유로 국가의 힘이 확대되는 것을 막는 큰 저항은 존재하지 않았다. 심지어 전통적으로 정부에 대한 불신이 존재하고 국가를 견제할 조직이 존재하는 국가에서조차, 사람들은 정부의 힘에 저항하는 것이 과거보다 훨씬 더 힘들어졌다고 느끼고 있다. 힘의 남용에 대한 가장 강력한 견제는 관습과 예상의 영역에서 남아 있다. 자유국가의 유권자들이 정부가 공권력 사용에 빠르게 의지하지 않을 것이라고 예상하는 한, 유권자들은 국가의 힘을 그리 심하게 경계하지 않을 것이다. 그러나 과거보다 훨씬 더 많은 민주주의 국가가 존재하고 있다지만, 개발도상국가에서 국가경제 개발의 초기 성장 단계에서는 권위주의 정권이 최선의 길이라고 생각하는 민주주의에 대한 부정적인 여론이 강하다. 이러한 관점을 가진 사람들은 마오쩌둥 사후의 중국을 그 좋은 예로 든다. 그러나 대부분의 독재정권은 경제적 관점에서 성공적이지 않으며, 대부분의 선진국들은 민주주의 체제를 유지하고 있다.

19-20세기에 몇몇 국가들에서 근대화 과정은 권위주의 정권 아래에서 더 강화될 것이라는 굳건한 믿음이 존재했는데, 심지어 이러한 권위주의 정권들이 지속적인 경제성장을 이끌지 못한 경우에도 이러한 믿음은 이어졌다. 국력을 강화하기 위해서 근대화를 독려하는 역할(유럽 외의 지역에서 오래전 예를

들면 무함마드 알리나 아타튀르크가 있다)은 국가가 도덕적 권위를 획득하는 새로운 원천으로 보였다. 과거와 같이 왕조에 대한 개인의 충성심이나 초자연적인 구속력에 의존하기보다, 국가는 점점 더 사람들의 집단적 욕구를 만족시킬 수 있는 민주주적이고 실용주의적 논리에 의존하게 되었다. 집단의 욕구를 만족시키는 것은 보통은 물질적 향상에 관한 것이었지만, 때로는 개인의 자유나 평등을 증진시키는 등 다른 종류의 욕구에 관한 것도 있었다.

오늘날 다른 어떠한 가치보다 국가권력에 합법성을 제공하는 것은 민족주의라고 할 수 있는데, 여전히 세계정치의 대부분의 동기와 세계를 세분화시키는 힘을 차지하는 것이 민족주의이다. 역설적으로 민족주의는 과거에 다수의 특정 국가들에는 적대적으로 인식되었다. 민족주의는 그 어떤 것도 제대로 해낼 수 없었던, 사람들의 충성심을 성공적으로 국가를 위해서 동원할 수 있었다.

도덕적인 개념이나 신화적인 관점을 제공하는 민족주의와 달리 세계를 하나의 정치체제로 묶는 다른 종류의 정치적 힘들은 정황적이고 물질적이다. 민족주의는 또한 역사상 가장 혁명이 활발하게 일어나던 세기에 정치에 가장 큰 영향을 미친 정치적 힘이었다. 민족주의는 다민족 제국 대부분과 충돌했고 이는 그러한 제국들에 적대적인 존재들과도 마찬가지였다. 오늘날로 접어들면서 민족주의는 적대적인 다른 민족주의와 더욱 자주 충돌하게 되었고, 폭력적이고 파괴적인 투쟁의 결과를 낳고 있다.

민족주의와 충돌할 때, 국가는 거대한 힘을 보유하고 있다고 해도 대개 그러한 충돌의 해결에 실패했다. 공산주의의 중앙집권 전통에 기대온 소련과 유고슬라비아는 이제 민족 단위로 해체되고 있다. 퀘벡 분리주의자들은 캐나다에서, 티베트인들은 중국에서 분리를 이야기하고 있다. 폭력적인 결과를 낳을 만한 예들은 얼마든지 있다. 그러나 민족주의는 또한 정부의 힘을 크게 강화시켰으며 정부가 관여하는 실질적인 범위 역시 확대시켰다. 또한 민족주의가 존재하지 않는 많은 국가들의 정치인들은 탈식민지 시기의 불안정한 구조를 강화시키기 위해서 새로운 민족주의를 양성하기 위해서 노력하고 있다.

민족주의는 또한 공공재를 제공한다는 명목을 부여하여 질서 유지의 최소한의 형태라는 관점에서 국가의 도덕적 권위를 뒷받침해준다. 국가가 정확하게 어떠한 재화를 제공할 수 있는지에 대해서 비판이나 논쟁이 있는 상황에서조차, 정부가 그러한 재화를 제공할 수 있고 또한 그렇게 해서 민족의 이익을 보호할 수 있다는 (최소한 간접적인 어조로라도) 논조로 정부를 위한 옹호가 이루어진다. 물론 국가가 그러한 재화를 실제로 제공할 수 있는지의 여부는 자주 논쟁의 대상이 된다. 정통 마르크스주의자들은 국가는 지배계급의 지배를 강화하기 위한 장치이며(여전히 몇몇 지역에서는 그렇다), 역사의 흐름에 따라서 사라지게 될 존재라고 주장했다. 그러나 심지어 마르크스 정권들조차도 그것이 사실이 아닌 것처럼 행동했다.

국가가 개인의 이익을 위한 존재로 왕조 혹은 개인의 사유물이라는 생각은 세계 여러 지역에서 현실이 어떠하든 공식적으로 받아들여지지 않는 생각이다. 현재 대부분의 국가들은 과거의 국가들, 심지어 정교한 체제를 가진 국가들과도 비교가 되지 않을 정도로 많은 일에 관여하고 있다. 이는 단순한 동맹 형성이나 주권을 인정받기 위해서 필요했던 국가 간의 연결과 국가조직의 확립 차원을 넘어선 것이다. 몇몇 국가는 공동의 활동을 위해서 집단을 형성하고 있고, 몇몇 집단은 집단에 속한 국가들에 새로운 기회를 주고 있다. 반면 다른 국가들은 국가의 힘을 의도적으로 제한하고 있다. 국가는 각각 그 조직 체계와 국제사회에서의 행태에 대한 영향력에서 매우 상이하다. 국제연합은 주권국가들로 구성되어 있지만 국제연맹이나 이전의 다른 연합체와는 달리 개별 구성원들에 대한 조직적인 행동이나 권한을 부여받은 집단행동을 취하기도 한다.

규모적으로 좀더 작지만 여전히 중요한 지역 집단화 움직임이 나타나고 있었는데, 이는 공동의 규약의 준수를 필요로 했다. 동유럽의 조직들과 비슷하게 사라져가는 조직들도 있었지만, 유럽 연합(European Union, EU)은 그 탄생 시기에 전망한 것들이 여전히 현실화되지 않았지만 점점 더 앞으로 나아가고 있었다. 2002년 1월 1일에 새로운 공동통화가 12개의 회원국가 그리고 3억 명의 사람들에게 도입되었다. 공식적인 조직만이 전부가 아니었다. 때로 개별 국가의 자유를 뒤덮는 조직화되지 않았거나 조직화의 흔적만 남은 초국가 체제들이 존재했다. 이슬람은 그러한 움직임을 때로 두려워하거나 환영했고, 범아프리카 민족주의 혹은 흑인으로서의 자각이라고 불리는 인종적인 관념들이 몇몇 국가들의 행동을 제한했다. 이러한 활발한 지역 집단화 움직임은, 세계는 독립적이고 자주적인 구성원들로 구성되며 이들 구성원에게는 개별 국가의 이익으로 인한 제약 이외의 다른 어떠한 제약이 존재하지 않는다는 오랜 믿음을 완전히 낡은 것으로 만들고 있다. 역설적으로 제대로 된 국제질서는 전에 없는 치열한 전쟁이 있었던 세기에 처음으로 나타났다.

국제법 역시 비록 국가들이 국제법을 지키도록 하는 데에 실패한 수많은 사례에도 불구하고, 국가에 대한 통제력을 늘려가고자 한다. 부분적으로 이것은 국제적 여론 내의 느리고 산발적인 변화로 간주된다. 미개하고 야만적인 정권은 미개하고 야만적인 방식으로 행동하지만, 국제적 품위가 지속적으로 국가의 행동을 잘 제어해온 것도 사실이다. 1945년 전시 유럽의 나치 정권의 현실이 드러나면서 보여준 충격은 그러한 거대하고 사악한 행동이 감추어지거나 부인되거나 그럴듯한 정당성 없이는 실행될 수 없다는 것을 의미했다. 1998년에 120개국의 대표단(미국 대표는 여기에 참가하지 않았다)이 전쟁범죄와 반인륜적인 범죄를 재판하는 영구적인 국제재판소를 세우기로 합의했다. 이듬해, 영국의 최고법원은 전례 없이 전(前) 국가원수를 기소한 국가로 인도할 의향이 있다고 판결을 내렸다. 2001년, 세르비아의 전 대통령이 국민들에 의해서 국제재판소에 넘겨져서 피고석에 앉게 되었다.

이러한 국제법의 힘이 과장되어서는 안 된다. 수백의 (아니면 수천의) 사악한 인간들이 전 세계에서 잔혹한 행위를 하고 있고, 현재 그들의 행동을 제어할 만한 희망은 거의 없다. 국제법적 기소는 주권 침해의 개념이며 미국은 자국 시민을 국제재판소가 기소하는 것을 인정하지 않으려고 한다. 그러나 미국은 자체적으로 1990년대에 사담 후세인과 슬로보단 밀로셰비치의 정부를 전복시키기 위해서 준도덕적 목적으로 혁명적인 외교 목표를 채택했다. 현재 미국은 다른 국가의 주권을 침해할 것이 분명한 테러와의 전쟁에 전념하고 있다.

그럼에도 불구하고, 국내 정치의 관점에서 보면, 정부는 국민의 요구를 수행하기 위해서 200여 년 혹은 300여 년의 기간 동안 더욱 큰 힘을 가지게 되었다. 근래에 들어서는 1930년대의 경제적 문제 해결과 두 차례 세계대전을 치르기 위해서 국가 차원의 막대한 자원의 동원과 정부의 힘의 확대가 필요했다. 그러한 움직임은 정부가 국민들의 복지를 간접적으로 진흥하고 과거에는 알려져 있지 않았거나 개인 차원이나 '자연적' 단위(가족과 마을과 같은 단위)에서 해결해야 했던 서비스까지 제공해야 한다는 요구로 인해서 더욱 강해졌다. 복지국가는 1914년 이전에 독일과 영국에서 현실화되었다. 지난 50년간, 국가에 배정되는 GDP 수치는 거의 대부분의 국가에서 급속하게 치솟았다. 또한 근대화에 대한 요구도 있었다. 유럽 외의 지역에서는 거의 대부분이 이러한 변화를 고위층의 주도로 이룩했고, 심지어 유럽의 몇몇 국가들 역시 정부의 주도로 근대화의 대부분을 이룩했다. 20세기에 가장 눈에 띄는 예라면 러시아와 중국이라고 할 수 있는데, 이 두 거대한 농업국가는 국가의 힘으로 근대화를 기획하고 이룩했다. 마지막으로 과학기술, 더 나은 통신수단, 더욱 강력한 무기와 더욱 통합적인 데이터 처리 시스템 등은 그것에 가장 많은 투자를 한 대상, 즉 정부에 가장 많은 힘을 실어주었다.

한때 그리고 멀지 않은 과거에, 유럽의 가장 위대한 군주국들조차 인구조사를 시행하거나 국제시장의 통합을 이루지 못했다. 이제 국가는 물리적인 통제를 위한 주요 수단들을 사실상 독점하고 있다. 불과 100여 년 전에는 전쟁이나 폭동에 동요하지 않는 정부의 경찰과 군대가 국가의 안보를 보장했고, 과학기술은 단지 그러한 정부의 경찰과 군대 활동의 확실성을 증가시켜줄 뿐이었다. 그러나 새롭게 등장한 국민을 통제하는 과학기술과 무기들은 과학기술이 얼마나 국가에 힘을 주는지를 보여주는 단편적인 예일 뿐이다. 소비자, 투자자 혹은 기획자로서의 역할과 그로 인한 힘을 통해서 국가는 경제에 개입하고, 대중매체의 발달은 정부를 고도로 중앙집권적이며 거대한 집단으로 만들었다. 히틀러와 루스벨트는 라디오를 매우 잘 활용했고(비록 매우 다른 목적을 위한 것이기는 했지만 말이다), 경제생활을 통제하는 시도는 정부 그 자체만큼 오래된 것이다.

그럼에도 불구하고 대부분 국가의 정부들은 최근 들어 새로운 세계경제의 통합으로 인해서 힘겨운 시간을 보내고 있고, 결과적으로 경제 분야에서 재량을 상당 부분 상실했다. 최근의 세계경제의 통합 움직임은 세계은행이나 국제통화기금과 같은 초국가 기관의 활동을 초월한 것이다. 이것은 요즘 '세계화(globalization)'라고 자주 일컬어지는 장기적인 변화가 최근에 보여주는 현상이다. 때로 세계화는 국가 간의 협약이나 거대기업들의 단순한 경제성장으로 인해서 제도화되기는 하지만, 세계화의 원동력은 어디까지나 세계 각지에서 높아져가는 세계화에 대한 기대감이다. 세계화는 때로 사회가 자신들이 원하는 방향으로 나아가도록 원하는 정치가들에게 도움을 주기도 한다.

경제와 정치적 독립성은 통제되지 않는 국제금융 흐름과 심지어 대기업들의 활동에 의해서 크게 침해될 수 있다. 몇몇 대기업들은 다수의 소규모 국가들 이상의 자원을 동원할 수 있을 정도이다. 역설적으로 인권유린 등의 경우에 다른 국가에 대한 주권 침해를 불사할 만한 국가들이 세계화로 인해서 자국의 독립성이 침해받는다고 불평하기도 한다.

이러한 물리력들이 어떠한 영향을 미치는지는 다음 장에서 잘 드러난다. 아마도 이러한 물리력들은 국가의 힘을 다소 약화시키기는 하지만, 전반적으로 국가의 힘과 역할에 큰 변화를 일으키지 못할 것이다. 이는 국가가 다른 요인들로 인해서 힘을 축적할 수 있기 때문이다. 이러한 생각은 최소한 급진적인 물리력들이 국가를 파괴하는 데에 성공할 것이라는 추측보다는 더 설득력이 있다. 그러한 물리력들은 때로 그러한 물리력들을 지원해줄 새로운 요인들(예를 들면, 생태학, 페미니즘, 대중화된 반원자력, '평화'운동)을 통해서 동력을 얻고 더욱 강성해질 수 있다. 그러나 40여 년의 기간 동안에 물리적인 힘은 법적인 변화나 새로운 제도의 성립 등의 결과를 낳을 수 있도록 국가의 정책에 영향을 주거나 정책을 만들 수 있을 때만 성공적으로 발휘될 수 있었다. 전적으로 국제적인 제도를 통해서 세계의 상황을 개선해야 한다는 생각이 팽배하지만, 이는 19세기의 무정부주의와 이상주의와 마찬가지로 비현실적으로 보인다.

2

냉전기의 세계

1950년경, 새로운 시대가 도래했다. 이 시기 동안 세계 정치질서의 중심적인 특징은 점차 얼어붙고 제거할 수 없는 것으로 보였다. 그리고 약 25년이 지난 후, 1980년대에 변화의 속도는 빨라지고 그러한 변화의 절정에 달했다. 1990년경, 30년 이상의 시간 동안 중요한 것이라고 당연하게 받아들여진 업적들은 (때로 거의 하룻밤 사이에) 사라져갔고, 사람들은 어떠한 업적들에 대해서는 벌써부터 의문을 제기하고 있었다. 그러나 이러한 모든 일들은 국제관계의 대부분이 소련과 미국의 오랜 분쟁에 의해서 묻혀버린 기나긴 시간이 끝난 이후에야 벌어졌다. 소련과 미국 간의 적의는 대부분의 세계에 어둠을 드리웠고, 30여 년의 시간 동안 범죄와 부패와 고통의 원인이 되었다. 냉전은 역사를 결정하는 단 하나의 동력은 아니었고 아마도 가장 근본적인 결정 요소도 아니었을 것이지만, 그 기간 동안의 역사에서는 중심적인 요소였다.

냉전 시기 최초의 심각한 분쟁은 유럽에서 벌어졌다. 세계대전 직후의 역사의 첫 번째 시기는 짧은 기간이었고, 공산주의자들이 체코슬로바키아 정부를 장악하면서 끝났다고 간주된다. 그 당시, 유럽 대륙의 경제복구는 막 시작되고 있었다. 그러나 유럽에는 희망이 싹 트고 있었다. 익숙한 독일의 위협, 한때 강대한 힘으로 인한 독일의 위험은 이제 사라졌다. 그러나 그 대신에 독일의 적이었던 국가들이 이제 유럽 중심부에 생긴 힘의 공백과 씨름해야 했다. 동부 유럽에서 국경의 변화, 인종 청소와 전시 잔혹행위로 폴란드와 체코슬로바키아가 1939년 이전까지 겪어야 했던 인종 간의 상이함으로 발생되었던 문제들은 사라졌다. 그러나 과거와 다른 새로운 방식으로 유럽은 나뉘었고, 이러한 사실은 아직까지도 그 정확한 기원에 대해서 논쟁이 벌어지고 있는 소련과 미국의 전 세계에 걸친 투쟁에 분명하게 각인되었다.

한편으로, 냉전의 징후는 1917년에 벌어진 이념과 외교상의 불화라고 볼 수 있다. 물론 몇몇 사람들은 냉전의 기원을 그 이전으로 거슬러 올라가야 한다고 말하는데, 바로 미국과 러시아가 19세기에 각각 위치한 대륙에서 확장을 하던 시기이다. 그 둘의 국가의 크기와 국가의 성립에서 신앙의 역할 등은 유럽에서는 일찍이 찾아볼 수 없는 것이었다. 그러나 그것이 사실이라고 해도, 공산주의 러시아가 국제 문제에 새롭고 독특하면서도 문제가 될 만한 방식으로 접근한 것은 사실이다. 소련의 입장에서, 외교는 단순히 거래를 위한 편리한 수단이 아니라 혁명의 발전을 위한 무기였다. 그러나 1945년에 오랜 기간 기다린 끝에 현대화된 러시아라는 새로운 강대국이 탄생하지 않았다면 외교적 접근은 그 중요성이 훨씬 더 떨어졌을 것이다. 현대화된 러시아, 즉 소련은 동유럽의 국제관계 운영과 세계의 다른 지역에서 그 야심을 달성해나가는 방식에서 제정 러시아 시절보다 훨씬 더 나은 모습을 보였다.

스탈린이 권력을 잡은 이후 소련의 외교는 러시아의 역사적 야망과 유사한 것이었고 지리와 역사로 인해서 형성된 소련의 국익은 이념투쟁과 분리할 수 없는 것으로 드러났다. 공산주의자들과 세계 각지에서 공산주의에 동감하는 사람들은 국제노동자 계급의 대변인이자 전 인류의 운명의 수호자인 소련을 지켜야 한다고 믿었다. 공산주의자들은 이러한 생각을 실제로 증명했다. 볼셰비키 당원들이 비공산주의 사회를 전복시키는 것이 목표라고 밝혔을 때, 그들은 앞서 말한 것들을 실행하는 것을 의미했다. 비록 장기적인 전망은 여전히 염려가 되었지만 말이다. 1945년 이후 성립된 다른 공산주의 국가들의 정치 지도자들은 유럽과 세계의 이념적 분리를 형성하는 데에 (최소한 형식적으로라도) 동의하고 그러한 이념적 분리의 형성을 도왔다.

소련이 새로운 종류의 국가라고 한다면, 이는 미국도 마찬가지였다. 미국이 제시한 개인과 신앙의 자유, 사유재산권, 자유시장, 소비자의 기회와 인간의 평등 등의 개념들은, 비록 국내적으로 제한적으로 실현되었지만, 유럽과 아시아에서는 혁명적인 것이었다. 대부분의 미국인들은 이러한 개념들이 전 세계적으로 응용이 가능하며 다른 나라들은 성공을 원한다면 반드시 이를 시행해야 한다고 믿었다. 한편으로는 해외에 나가서 전쟁을 치르고 있는 병사들을 미국으로 귀환시키려는 바람도 있었지만, 미국이 세계의 발전과 진보를 위해서 미국의 방식으로 전쟁의 재발을 막을 의무가 있다는 믿음도 미국 사회에 뿌리를 내렸다. 이는 미국이 미국의 이타심으로 인해서 세상 사람들과 다른 국가들의 권리를 지키기 위해서 20세기에 두 번이나 전쟁을 치르고 희생했다는 생각 때문이었다. 제1차 세계대전 이후와 대조적으로, 제2차 세계대전 직후에 세계정세를 외면하는 미국인은 없었다. 이는 부분적으로 해리 트루먼 신임 미국 대통령이 스탈린의 공산주의를 위험하고 팽창주의적 이념으로, 미국이 세계에 희망을 전해주는 것을 막는다는 점에서 히틀러의 나치즘과 동일시했기 때문이었다.

동유럽에서 벌어진 사건들은 미국을 더욱 곤란하게 했다. 1948년경, 헝가리, 루마니아, 폴란드, 체코슬로바키아 정부는 공산당원들로만 채워졌고, 불가리아는 공산주의의 지배하에 들어갔다. 이후 마셜 플랜이 개시되고 얼마 지나지 않아서 냉전의 첫 대결이 베를린의 운명을 걸고 벌어졌다. 베를린의 운명을 걸고 미국은 유럽에서 싸울 태세가 되어 있다는 점을 분명하게 각인시켰다. 소련은 이러한 반응을 예상하지 못한 것으로 보인다. 미국과 영국의 통제하에 이들이 통치하는 독일 지역이 경제적으로 강력해지는 것을 방지하기 위해서 한 행동이 미국의 강경한 반응을 불러온 것이다. 소련의 행동은 서방 세계의 국익과 충돌했다. 서방 국가들은 최소한 자신들이 점령한 지역에서라도 독일의 경제를 재건하려고 했고, 이러한 재건이 서유럽 전체의 재건에 필수적인 것이라는 확신을 가지고 독일의 정치 상황이 완전히 정착되기 전에 경제 재건을 완수하려고 했다.

1948년, 소련의 동의 없이 서방 국가들은 자신들이 점령한 지역에서 화폐개혁을 단행했다. 화폐개혁은 충격요법과 같은 효과를 보여주며 서쪽 독일의 경제 재건에 시동을 걸었다. (소련 때문에) 서방 국가들이 점령한 지역에만 지원된 마셜 플랜에 이어서, 화폐개혁은 독일을 둘로 나누는 두 번째 단계였다. 동부의 경제 재건은 서유럽의 재건과 함께 진행될 수 없었기 때문에, 경제가 재건된 서부는 동부와 분리되었다. 서방 국가들이 자신들이 점령한 지역에 개입하려고 한 것은 의심할 여지없이 경제적 이유였지만, 그로 인해서 결정적으로 동독은 철의 장막의 반대 진영에 속하게 되었다. 화폐개혁은 베를린 역시 둘로 나누었고, 그로 인해서 자극받은 공산주의자들이 소련 점령지역 내에 고립된 도시(베를린)의 정부전복을 꾀하게 했다.

소련은 서부 독일과 베를린 사이의 통신을 방해하는 것으로 이에 답했다. 근원적인 동기는 뒤로 하고, 동서 분쟁은 점점 더 심화되었다. 서방의 몇몇 지도자들은 이미 서베를린이 미국, 영국과 독일이 점령한 지역에서 분리되었을 때부터 이러한 상황이 올 것이라는 것을 염두에 두었다. 이런 관점에서 베를린을 '봉쇄한' 소련의 행동은 서베를린을 서부지역으로부터 봉쇄한 것을 의미한다. 소련 당국은 서방 국가들이 서베를린에 체제하는 서방 군대와 왕래하고 연락할 권리를 문제 삼지는 않았지만 서베를린의 거주민들에게 필요한 물자를 제공하기 위해서 필요한 교통을 방해했다. 보급을 위해서, 영국과 미국은 베를린 시에 공수작전을 실행했다. 소련은 서방 국가들이 서베를린에 체제하는 것을 소련이 원하지 않는다면 서방 국가들은 떠나야 한다는 것을 서베를린 시민들에게 보여주기를 원했다. 이러한 이유에서 소련은 선거로 선출된 비공산당원 출신 베를린 시 관리들의 존재가 베를린을 통제하려는 소련의 목적에 대한 장애물이라고 여기고 제거하려고 했다. 힘 겨루기가 진행되었다. 서베를린을 지키기 위해서 필요한 막대한 양의 식료품, 연료, 의료 물품의 공급을 위해서 드는 막대한 비용에도 불구하고, 서방 국가들은 서베를린을 언제까지고 지킬 것이라고 발표했다. 이것은 결국 소련이 무력을 동원하지 않는 이상 서베를린을 포기하지 않을 것이라는 뜻이었다. 미국의 전략폭격기들이 전시에 체제한 영국의 공군기지로 돌아왔다. 양쪽 진영 모두 전쟁을 원하지는 않았다. 그러나 전시 협약에 근거한 독일을 대상으로 한 양쪽 진영의 협력에 대한 희망은 사멸했다.

베를린 봉쇄는 1년 넘게 지속되었지만, 이것을 극복한 것은 역사에 남을 수송상의 쾌거였다. 베를린이 봉쇄된 거의 대부분의 기간 동안에 매일 1,000대의 비행기가 석탄만 매일 평균 5,000톤을 배달했다. 그러나 그 진정한 가치는 정치적인 것에서 발견된다. 서방 국가의 보급은 중단되지 않았으며 서베를

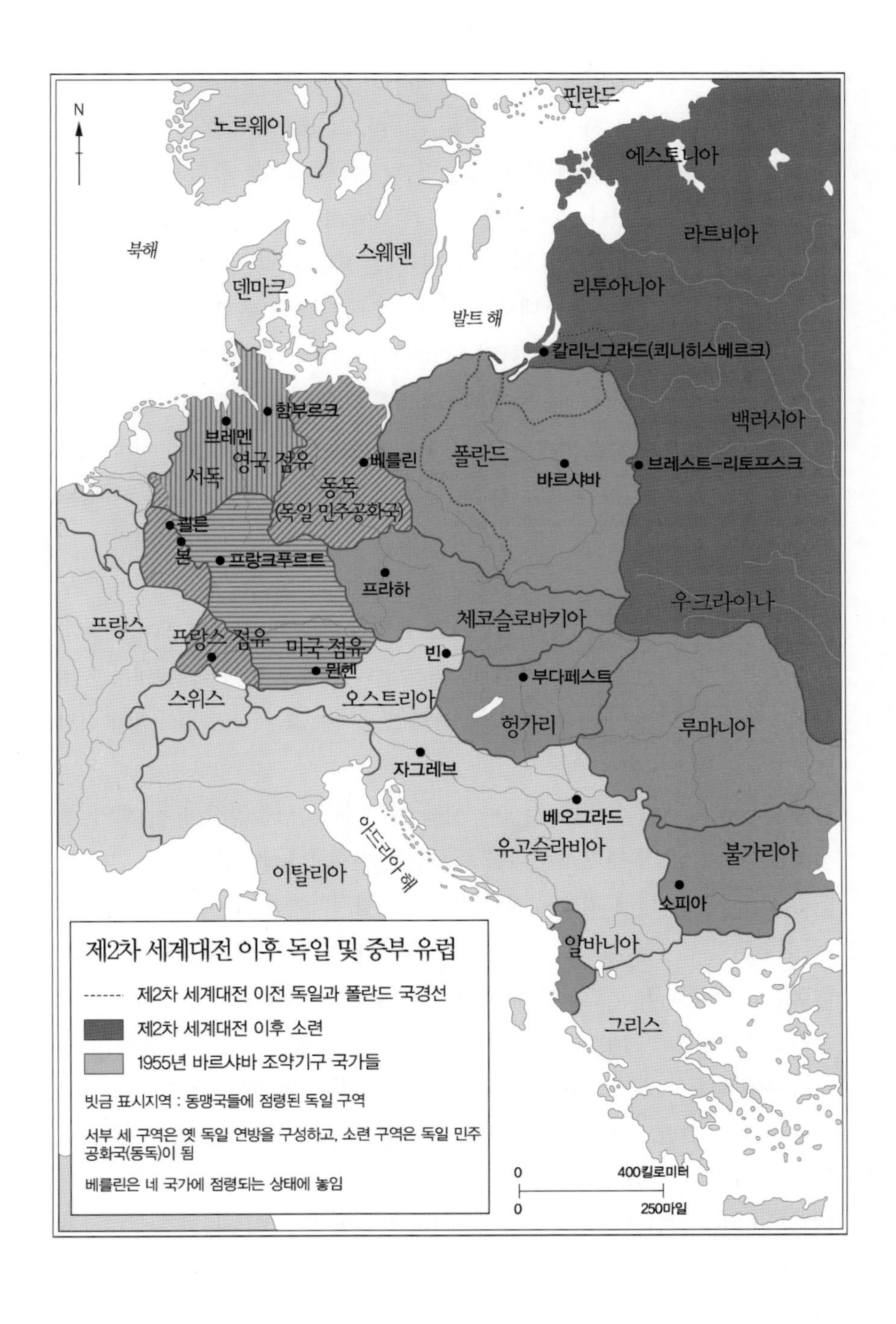
N
노르웨이
핀란드
에스토니아
라트비아
리투아니아
스웨덴
북해
덴마크
발트 해
칼리닌그라드(쾨니히스베르크)
함부르크
브레멘
영국 점유
서독
베를린
동독
(독일 민주공화국)
폴란드
바르샤바
백러시아
브레스트-리토프스크
쾰른
본
프랑크푸르트
프라하
우크라이나
체코슬로바키아
프랑스
프랑스 점유
미국 점유
뮌헨
빈
부다페스트
스위스
오스트리아
헝가리
루마니아
자그레브
베오그라드
아드리아 해
유고슬라비아
불가리아
이탈리아
소피아
알바니아
그리스
제2차 세계대전 이후 독일 및 중부 유럽
제2차 세계대전 이전 독일과 폴란드 국경선
제2차 세계대전 이후 소련
1955년 바르샤바 조약기구 국가들
빗금 표시지역 : 동맹국들에 점령된 독일 구역
서부 세 구역은 옛 독일 연방을 구성하고, 소련 구역은 독일 민주
공화국(동독)이 됨
베를린은 네 국가에 점령되는 상태에 놓임
0
400킬로미터
0
250마일

린 시민들은 겁먹지 않았다. 소련 측 관계자들은 도시를 의도적으로 분리하기 위해서 최선을 다했고 시장의 출근길을 막았다. 그동안 서방 국가들은 새로운 동맹의 결성을 위한 조약에 서명했고, 냉전은 이제 최초로 유럽 이외 지역으로까지 벗어나게 되었다. 북대서양 조약기구(North Atlantic Treaty Organization, NATO)는 1949년 4월에 발족했는데, 이는 베를린 봉쇄가 협상을 통해서 종료되기 몇 주일 전이었다. 대부분의 서유럽 국가들(아일랜드, 스웨덴, 스위스, 포르투갈, 에스파냐는 가입하지 않았다)과 미국과 캐나다가 가입했다. 북대서양 조약기구는 명백하게 방어적인 입장을 취했는데, 공격을 받는 회원국을 위한 상호방어를 제공했다. 그리고 이는 이제는 사실상 사멸된 미국 외교의 고립주의 전통을 다시 한번 깨뜨린 시도이기도 했다. 5월, 새로운 독일의 국가—연방공화국(서독)—가 서방 국가들이 점령한 세 지역이 합쳐지며 건국되었고, 10월에는 독일 민주공화국(동독)이 동부에서 건국되었다. 이후 두 개의 독일이 존재하게 되었고, 그 둘을 분단하는 철의 장막이 드리워졌다. 즉, 철의 장막은 (처칠이 1946년에 말했듯이) 더 동쪽인 트리에스테에서 슈테틴에 이르는 지역이 아니라 서쪽으로 옮겨온 것이다. 그러나 유럽에서의 위기는 이렇게 종료되었다.

냉전으로 인해서 유럽뿐 아니라 세계 역시 둘로 나누어지게 된 것이 곧 사실로 드러났다. 1945년에 한국은 38도선을 경계로 둘로 나뉘어서 산업화된 한반도 북부는 소련에 의해서 점령되었고, 농업지역이던 남부는 미국에 의해서 점령되었다. 한국의 지도자들은 한반도의 빠른 통일을 원했으나 각자의 입장만을 내세웠고, 한반도 북부를 지배한 공산주의자들은 남부에서 미국의 지지를 받은 민족주의자들과 의견의 차이를 보였다.

통일이 보류된 상황에서, 1948년 미국과 소련은 각자가 담당한 지역에서 세운 정부를 한반도 전체를 대표하는 합법적 정부라고 승인했다. 소련과 미국 군대 모두 철수했으나 북한 군대는 스탈린에게 미리 알리고 허락을 얻어 1950년 6월에 남한을 침공했다. 이틀 만에 트루먼 대통령은 북한군에 대항하기 위해서 유엔군의 이름으로 미군을 파병했다. 유엔 안전보장이사회는 북한의 공격에 대항하기로 선거를 통해서 결의했고 소련은 당시 이사회에 대해서 보이콧을 하고 있던 상황이었기 때문에 유엔의 조치에 거부권을 행사하지 못했다.

미국은 전쟁 내내 한국에 대규모의 유엔군을 파병했지만, 다른 국가들은 소규모 분대만을 파병했다. 몇 달 동안 유엔군은 38도선 이북에서 군사활동을 벌였다. 북한은 곧 전복될 것으로 보였다. 그러나 만주 국경까지 전선이 형성되자, 중국공산당 군대가 개입했다. 그리하여 더욱 큰 충돌의 위험이 생겨났다. 중국은 세계에서 두 번째로 거대한 공산국가였고, 인구로 따지면 가장 큰 국가였다. 중국의 뒤에는 소련이 버티고 서 있었다. (최소한 이론적으로) 공산권의 영토를 한번도 벗어나지 않고 헬싱키에서 홍콩까지 도보로 여행할 수 있었다. 위협은 점차 미국과 중국 간의 직접 충돌로 변했고 심지어 핵무기의 사용 가능성도 있었다.

트루먼은 신중하게 미국은 아시아 대륙 깊숙한 지역에서 대규모 전쟁을 치러서는 안 된다고 주장했다. 이러한 생각은 전쟁이 지속되면서 중국이 북한을 실제로 지킬 수 있을 것 같기는 하지만, 미국에 대항해서 남한을 전복시킬 수는 없는 것으로 보이면서 더욱 굳어졌다. 휴전 협상이 시작되었다. 1953년에 공화당 정권에 의해서 임기를 시작한 새로운 미국 행정부는 강한 반공주의 색채를 띠고 있었다. 새로운 행정부는 전임 트루먼 행정부가 남한의 독립을 지킨 의지와 능력을 제대로 보여주었다는 것을 알고 있었고, 진정한 냉전의 핵심은 아시아가 아닌 유럽이라고 생각했다. 휴전 협정은 1953년 7월에 조인되었다. 휴전 협정을 공식적인 평화관계로 만드는 후속 조치들은 아직까지 성공하지 못했다. 60년 후, 무력충돌의 가능성은 여전히 남북한 사이에 크게 남아 있다. 그러나 유럽뿐 아니라 동아시아에서 미국은 냉전의 첫 전투에서 공산주의자들의 승리를 막을 수 있었다. 한국에서는 진정한 무력충돌이 벌어졌는데 약 300만 명의 사람들이 전쟁으로 인해서 희생되었다고 추정되며 대부분은 한국의 민간인들이었다.

한국전쟁이 끝난 것은 스탈린이 1953년 초에 죽었기 때문이다. 스탈린은 한국에서 전선을 유지하는 것이 소련에 나쁜 것이 아니라고 믿었는데, 그는 한국전쟁이 미국이 중국을 상대로 대부분의 미국 국민들이 원하지 않는 전쟁을 지속하게 만들 것이라고 생각했다. 스탈린은 한국전쟁에서 유일하게 이익을 얻는 것이 자국이라고 생각했다. 그러나 그의 후임자들은 생각이 달랐다. 스탈린의 후계자들은 한국에서의 전쟁이 소련이 미처 준비하지 못한 총력전으로 이어질 가능성이 있다고 전망하고 서구와의 긴장을 완화하기를 원했다. 그러나 신임 미국 대통령 아이젠하워(재임 1952-1961)는 소련의 의도에 대해서 여전히 의심의 눈초리를 보냈다. 1950년대 중반에 냉전은 여전히 치열하게 전개되었다. 스탈린의 사망 직후, 스탈린의 후임들은 소련 역시 핵무기를 개량했다고 밝혔는데 이는 수소폭탄으로 알려졌다. 이것은 스탈린의 마지막 기념비적인 업적으로서 제2차 세계대전 이후의 세계에서 소련의 지위를 (소련의 지위가 의심스러웠다면) 확고하게 해주었다.

스탈린은 레닌의 탄압정책을 논리적으로는 끝냈지만 실제로는 레닌보다 더욱 심각한 탄압정책을 펼쳤다. 스탈린은 차르 러시아 제국의 대부분을 재건했고 가장 심각한 시련의 순간에 (또한 가장 적절한 시기에 강력한 동맹국들의 도움을 받아) 러시아에 생존을 위한 힘을 불어넣었다. 그러나 그의 오산으로 전쟁이 발발했고, 스탈린이 도입한 낭비가 심하고 비효율적인 체계로 인해서 (그리고 그의 공포정책으로 인해서) 소련은 미국과의 경쟁에서 지나치게 많은 비용을 지불해야 했다. 소련은 강대국이었으나 언젠가는 공산주의에서 벗어난 러시아로 되돌아갈 것이라는 것이 자명했다. 1945년에 소련의 인민들은 전쟁 동안 겪어야 했던 고통에 대해서 거의 보상을 받지 못했지만, 자신의 국가가 국제사회에서 힘을 가지게 되었다는 확신을 가지게 되었다. 전후의 소련의 국내 사정은 이전보다 더욱 가혹했다. 소비는 계속해서 떨어졌고, 소련의 국민들에게 전해지는 정치선전과 경찰체계의 잔혹함은 전쟁 이후에 더욱 심화되었다.

스탈린이 남긴 또다른 것인 유럽의 분단은 그의 사망 이후에 더욱 분명해졌다. 서유럽은 미국의 경제적 지원 덕에 1953년경에 상당 부분 재건되었고, 서유럽의 방위를 위한 비용에서 상당한 부분을 담당했다. 서독과 동독은 점점 서로에게서 멀어져갔다. 1954년 3월에 며칠 동안 연이어 소련은 동독이 완전한 주권을 가지게 되었다고 발표했고, 서독의 대통령은 서독의 재무장을 허락하는 헌법 개정에 서명했다. 1955년 서독은 북대서양 조약기구에 가입했다. 소련은 소련의 위성국가들의 동맹인 바르샤바 조약기구(Warsaw Pact)를 통해서 이에 응수했다. 베를린의 미래는 여전히 불투명했지만 북대서양 조약기구의 회원국들은 베를린의 현재 상태를 변화시키려는 움직임에 대해서 협정에 의한 것을 제외하고는 단호하게 저항하려고 했다. 동독은 오랜 적과 화해하기로 합의했다. 오데르-나이세 선은 폴란드와의 국경선이 되었다. 히틀러의 꿈이었던 19세기 민족주의자들의 대독일 제국의 성립은 비스마르크 독일의 소멸로 종결되었다. 역사적 프러시아는 이제 혁명주의 공산주의자들에 의해서 통치되었고, 새로운 서독 정부는 구조적으로 연방제를 채택하고 있었고, 국가 여론은 비군사적이었으며, 비스마르크가 '독일 제국의 적'이라고 간주했던 가톨릭과 사민주의 정치인들에 의해서 통치되었다. 두 번이나 유럽을 전쟁으로 황폐하게 했던 독일이 가진 힘에 관한 문제는 평화협정 없이 이렇게 결착이 되었다. 또한 1955년에 유럽 내 블록 간의 육지 경계에 관한 마지막 결정이 이루어졌다. 그해 오스트리아가 다시 독립국가로 부활하고 오스트리아를 점령한 연합군은 철수했다. 또한 이탈리아와 유고슬로바키아의 영토분쟁 문제가 있던 트리에스테에서 합의가 이루어진 후 미국과 영국의 군대가 완전히 철수했다.

중국에 공산주의가 확립된 이후에, 세계는 소위 자본주의와 계획경제 체제(혹은 계획경제를 지향하는 체제)로 나뉘게 되었다. 소련과 다른 국가들 간에 상업 거래는 10월 혁명 이후로 정치적인 문제에 직면했다. 1931년 이후에 세계무역의 큰 혼란기 동안 자본주의 경제체제는 불경기에 접어들었고, 보호무역(혹은 심지어 자급자족)을 추구하며 돌파구를 찾으려고 했다. 그러나 1945년 이후에 세계경제를 나누던 과거의 모든 기준들은 그 영향력을 잃어갔다. 자원의 분배를 결정하는 서로 다른 두 가지 방법이 먼저 선진국가들을 둘로 나누더니 그 이후에는 다른 지역도 차츰 분리시켰다. 자본주의 체제에서 가장 중요한 결정 요소는 시장이었다. 비록 시장은 과거의 자유주의의 자유무역 이념의 관점과 매우 다른 것이었고 여러 측면에서 매우 불완전한 것이었지만, 상당한 수준의 정부 개입과 금융과두제를 버틸 수 있었다. 공산당이 통제하는 국가들(그리고 몇몇 다른 국가들을 포함해서, 이를테면 인도와 스칸디나비아 국가들)에서는 정치권력이 경제에 이어서 결정적 요소였다. 세계적으로 무역은 지속 및 확대되었고, 심지어 냉전 시기의 다른 체제 간에도 제한적으로나마 무역은 이루어졌다.

냉전 시기 양쪽 체제 모두 변화를 경험했다. 시간이 지날수록 그 둘 사이의 대화는 늘어났다. 그럼에도 불구하고, 경제성장에 관한 제3의 모델을 제시하는 데는 시간이 걸렸다. 체제 간 경쟁은 냉전 시기의 군사전략에 의해서 더욱 불이 붙었고, 그러한 경쟁은 실제로 체제 간의 적대적인 감정을 더욱 확산시켰다. 그러나 이러한 상황이 그대로 고정되지 않았다. 1950년과 비교하면 자본주의 체제는 정치적으로 미국에 의한 지배가 다소 약해졌고, 계획경제 체제 역시 소련에 의한 지배가 다소 약화되었다. 두 경제의 체제는 (비록 상당히 다른 비율로) 1950년대와 1960년대에 경제성장을 지속했지만 이후에는 시장경제가 더욱 가파르게 성장함으로써 차이가 벌어지게 되었다. 그럼에도 불구하고 이 두 개의 서로 다른 경제체제의 차이는 1945년에서 1980년대까지의 세계 역사의 기반으로 남아 있었다. 이는 아프리카와 아시아의 많은 신생국가들이 이 시기에 자본주의와 공산주의 중 어떠한 경제체제를 선택해야 하는지 고민했기 때문이다.

사회주의 경제체제 블록에 중국이 들어오게 된 것은 처음에는 사실상 순전히 냉전으로 인한 것으로 받아들여졌는데, 이는 전략적 균형으로 인한 움직임으로 여겨졌다. 그러나 스탈린이 사망하기 25년 전에 이미 남아프리카의 정치가인 얀 스뮈츠가 예견한 여러 징후들이 나타나기 시작했다. 얀 스뮈츠는 '냉전의 중심은 유럽에서 동양과 태평양으로 넘어갈 것이다'라고 예언했고, 이 예언은 실현되었다. 비록 독일은 냉전 전략의 중심지로 남아 있었지만, 한국은 세계사의 무게중심이 다시 한번 유럽에서 동양으로 넘어갔음을 보여주는 단적인 증거였다.

아시아에서 유럽 제국이 붕괴되는 것은 신생 아시아 국가들이 유럽 국가들의 국익과 힘(혹은 반대로 힘의 부족)을 깨닫게 됨으로 인해서 발생했다. 아시아 국가들을 지배했던 유럽 제국들이 아시아 국가들에 부여한 국가 형태와 단결력은 오래가지 못한 경우가 많다. 1947년에 인도 아대륙은 50년도 되지 않은 정치적 결속이 이미 약해졌고, 말레이 반도와 인도차이나 반도는 1950년에 이미 정부 구성에서 중요하지만 상당한 불화를 야기하는 변화를 겪기 시작했다. 몇몇 신생국가에서는 내부의 갈등이 문제화되었다. 인도네시아의 거대한 화교 공동체는 그 규모에 비해서 거대한 영향력과 경제력을 가지고 있었고, 무엇보다 새롭게 성립한 중국이 화교 공동체에 파장을 일으킬 수 있었다. 더구나 그들이 처한 정치 환경이 어떠하든지, 이들 국가들의 인구는 매우 빠르게 성장하고 있었으며 경제적으로는 약했다. 그러므로 많은 아시아인에게는 유럽인의 지배가 공식적으로 종결되었다는 것은 점차 증가하는 빈곤의 문제보다는 덜 중요했다(비록 어떠한 영역에서는 이 두 문제가 당연히 연관되어 있었지만 말이다).

아시아인의 운명을 유럽인이 통제하던 시기는 대부분의 아시아 지역에서 짧게 지속되었다. 비록 유럽인들은 수백만의 아시아인의 운명을 흔들었고 그들의 삶에 수백 년간 영향을 미쳤지만, 유럽의 문화는 아시아인의 마음과 의식에 큰 자극을 주지 못했고 이는 심지어 지배계층에게도 마찬가지였다. 아시아에서, 유럽의 문명은 세계 그 어느 곳보다 뿌리 깊으며 강력한 전통과 맞서야 했다. 아시아의 문화는 콜럼버스가 발견하기 전 아메리카 대륙과 같이 쉽게 흔들리지 않았다(유럽인들이 흔들 수 없었기 때문이다). 중동과 마찬가지로, 유럽인의 직접적인 행동과 자발적인 현대화를 통한 유럽 문화의 간접적인 전파는 강대한 장애물에 가로막혔다. 아시아인들의 생각과 행동의 가장 깊은 곳은 요동하지 않았는데 이것은 심지어 과거의 전통에 가장 구애받지 않는 사람들이라고 스스로 믿어 의심치 않는 사람들에게도 마찬가지였다. 교육을 받은 힌두 가정은 아이가 태어나고 결혼 전에 재산에 대한 계약을 할 때 점을 쳤고, 중국인 마르크스주의자들은 중국 외의 세계를 바라보는 오랜 중화사상을 바탕으로 절대적인 도덕적 우월성을 견지했다.

세계사에서 아시아가 근래에 맡은 역할을 이해하기 위해서는 아시아 문명의 두 개 지역을 구분하고 수 세기 동안 각자가 맡은 중요성을 알아볼 필요가 있다. 서아시아 지역은 북부 인도의 산악지역, 버마(미얀마)와 타이의 고원과 인도네시아가 주를 이루는 거대한 군도의 서부로 경계지어진다. 서아시아의 중심은 인도양이며 역사적으로 가장 중요한 문화적 영향을 준 것은 주로 다음 셋으로 생각해볼 수 있다 첫째는 인도에서 남동쪽으로 뻗어나간 힌두 문명이고, 둘째는 이슬람 문명(역시 동쪽으로 뻗어나갔다), 마지막으로는 처음에는 상업과 기독교 전파 그리고 나중에는 대부분 짧은 기간 동안의 정치적 지배에 의한 유럽 문명의 영향이 있다. 반대편은 동아시아이며 중국이 가장 큰 영향을 가졌다. 중국의 동아시아에 대한 영향을 이야기할 때 중국의 거대한 물리적 크기가 가진 지리적 영향이 가장 커 보이기는 한다. 그러나 그외에도 중국인의 수와 이주 그리고 이보다는 간접적이고 일정하지 않았던 중국의 동아시아 지역에 대한 문화적 영향(특히 한국, 일본, 인도차이나) 등으로 이야기해볼 수 있다. 이 지역에서, 아시아에 대한 유럽인의 직접적 정치 지배는 그 범위나 기간으로 보았을 때 서부나 남부 아시아만큼 큰 의미를 가지지 못한다.

1945년 이후 냉전 시기의 역사에서 이러한 중요한 차이점을 간과하기 쉽다(이것은 현재도 마찬가지이다). 동서 아시아 지역에서 서구의 지배에 대한 분노에 찬 반발이 동일하게 표출되는 듯한 국가들이 있다. 이들은 서구의 민족주의와 민주주의의 개념을 이용하고, 잘 알려진 방식으로 세계 여론에 호소한다. 인도는 영국령 인도 제국보다 오래된 번왕국들과 인도 아대륙에 잔존한 프랑스와 포르투갈인들의 거주지들을 인도 자국의 전통과는 별로 연관이 없는 공격적 민족주의의 명목으로 수년 만에 흡수했다. 곧이어, 인도의 치안유지군은 새로운 공화국 내의 분리주의 움직임이나 지역의 자치권을 원하는 움직임을 강력하게 억제했다.

이러한 역사적 흐름은 그리 놀랄 만한 것이 아니다. 인도의 관점에서 인도의 독립은 서구식 교육을 받은 사회 지도자 계층이 주도한 것으로, 비록 처음에는 이러한 교육이 영국령 인도 제국과의 평등한 관계와 파트너십을 위한 것이었지만, 서구식 교육을 통해서 독립국가의 지위, 평등과 자유의 가치가 인도의 지도층에 유입되었다. 1947년 이후 사회 지도층이 차지하는 지위에 대한 위협은 실질적으로 당시에 계속해서 정립되어가던 인도의 민족 정체성에 대한 위협이라고 보는 것이 가장 손쉬운 해석이라고 볼 수 있다(그리고 가장 진지한 관점에서 바라본 해석으로 보인다).

위에서 서술한 관점은 신생 인도의 통치자들이 영국령 인도 제국의 야망과 제도들의 상당수를 이어받았다는 점을 감안할 때 더욱 그럴듯하게 받아들여진다. 신생 인도의 각료체계, 헌법체계, 중앙과 지방의 정부의 힘의 분립, 공공질서와 안보체계 등은 모두 공화주의의 전통으로 물려받은 것이며 1947년 훨씬 더 이전부터 계속해서 시행되던 것들이다. 인도는 정부 이념으로 중도 관료주의 사회를 명백하게 표방하고 있는데 이는 현재의 영국과 그리 큰 차이가 나지 않으며 영국령 인도 제국 말엽의 위임을 통한 공공사업과 계몽 절대주의의 정신과 크게 다르지 않다. 인도의 통치자들은 번왕들의 통치하에 있던 지역에서 오랫동안 내려온 향토의 특권을 박탈하려는 선거에 대해서 투표를 통제하려는 지역 유력자들의 보수적 저항에 직면했다. 그러나 인도는 더욱 심각한 문제에 직면했는데, 이는 인구증가, 경제력의 쇠퇴, 빈곤(인도의 1950년 1인당 연간 수입은 미화로 55달러였다), 문맹, 사회와 종족과 종교적 분열, 마지막으로 인도의 독립으로 인한 큰 기대감 등이 있었다. 명백하게 중대한 변화가 필요한 시기였다.

1950년의 새로운 헌법은 이러한 문제들을 전혀 변화시키지 못했고, 그중 몇몇 문제들은 인도 독립 후 20년이 되기 전까지 계속 심각해졌다. 심지어 오늘날까지 인도의 시골지역의 삶은 사실상 과거와 별 차이가 없는데, 이는 전쟁, 자연재해, 강도 무리 등으로 인해서 발전이 더뎌진 탓이다. 이러한 사실은 전체적인 빈곤 문제에 어느 정도 시사하는 바가 있다. 1960년에 농촌지역 빈민의 3분의 1은 주당 1달러 미만의 금액으로 삶을 영위하고 있었다(그리고 동시에 도시인구의 절반의 소득으로는 일일권장 최소열량을 유지하기 위해서 필요한 식량을 사기에 부족했다). 경제발전은 불평등과 인구성장에 가려졌다. 이러한 상황에서 인도의 지도자들이 영국의 총독들이 행사했던 비상 지휘권을 헌법 조문에 넣었다는 점은 그리 놀랄 일이 아니었다. 이러한 조항은 의무적 고려 사항이며 개인의 권리를 정지시킬 수 있었다. 또한 여기에는 '대통령이 주를 직접 통치할 수 있는 권한'도 포함되는데, 이는 주정부가 연방정부에 복종하도록 하고 주정부의 권한을 연방정부가 정지시킬 수 있는 권한이다.

이러한 '새로운 국가'의 연약함과 불안함은 인도가 이웃인 파키스탄과 카슈미르를 사이에 두고 분쟁을 일으키면서 더욱 악화되었다. 카슈미르는 힌두 번왕이 다수를 차지하는 무슬림 백성들을 다스리던 곳이었다. 전쟁은 1947년에 이미 시작되었는데, 당시에 카슈미르의 무슬림들은 파키스탄과 연합을 시도했다. 곧 번왕은 인도에 도움을 요청했고 인도 공화국에 속하게 되었다. 문제를 더욱 복잡하게 한 것은 카슈미르 무슬림의 대변인들부터가 분열된 것이었다. 인도는 국제연합의 안전보장이사회가 추천한 국민투표 시행을 거부했다. 카슈미르의 3분의 2는 그후로 인도에 속하게 되었으며 인도와 파키스탄 관계에서 계속해서 악영향을 미쳤다. 전쟁은 1949년에 멈추었는데, 1965-1966년, 1969-1970년에 재개되었고, 차츰 냉전의 영향을 더욱 많이 받게 되었다. 1971년에 인도와 파키스탄의 전쟁은 동파키스탄(무슬림이지만 뱅갈어를 사용하는 지역)이 방글라데시로(즉 이슬람교만으로는 생존 가능한 국가를 구성하는 것이 힘들다는 것을 의미한다), 인도의 후원하에 새로운 국가로 분열되면서 새로운 국면에 접어들었다. 방글라데시는 인도나 파키스탄보다 더욱 심각한 경제적 문제에 직면한다.

곤경에 처한 인도의 지도자들은 (언젠가는 인도 아대륙을 재통합한다는 꿈을 위해서 달려간다는 맥락의) 거대한 야망을 보여주었고, 때로는 다른 민족들(예를 들면, 나가족)의 이익을 완전히 무시하기도 했다. 더구나 이러한 인도의 야망 때문에 야기된 혼란은 냉전으로 인해서 더욱 복잡해졌다. 일찍이 인도의 지도자인 네루(1889-1964)는, 인도는 어느 한쪽 편에 서서는 안 된다고 주장했다. 1950년대에 이는 인도가 미국보다는 소련과 중국과 더 가까운 관계를 가졌다는 것을 뜻했다. 실제로 네루는 미국의 행동을 비판함으로써 이에 동의하는 국가들에 인도가 진보적이고, 평화롭고, '비동맹' 민주국가라는 이미지를 심어줄 수 있었다. 이 때문에 1959년에 네루 정부가 지난 3년간 아무런 발표도 없이 중국과 북부지역에서 국경 문제로 분쟁이 있었다는 사실은 여러모로 인도에 우호적인 국가들과 인도 국민들 모두에게 큰 충격을 주었다. 1962년 말에는 대규모 전투가 시작되었다. 네루는 미국에 군사지원을 요청하는 당시로서는 불가능에 가까운 시도를 했는데, 놀랍게도 미국은 군사지원을 제공했고 동시에 소련으로부터도 군사지원과 외교에서의 도움을 받을 수 있었다. 1950년대 중반에 최고에 달한 네루의 명망은 순식간에 사라지고 있었다.

논리적으로, 파키스탄은 인도에 우호적인 국가들의 환심을 사려고 하지 않았다. 1947년 파키스탄은 이웃 인도보다 매우 약했고, 숙련된 관리의 숫자도 매우 적었다(옛 인도 관리의 숫자 자체가 힌두교도들이 무슬림보다 훨씬 더 많았다). 파키스탄과 동파키스탄(방글라데시)으로 처음부터 지리적으로 나뉘어져 있었고, 건국과 거의 동시에 가장 유능한 지도자인 진나를 잃었다. 영국령 인도 제국 치하에서도, 무슬림 지도자들은 항상 (아마도 현실적으로) 국민회의파에 비해서 민주주의 체제 구성에 큰 신뢰를 보이지 않았다. 파키스탄은 주로 권위적인 군인들에 의해서 통치되었고, 이들 군인들은 인도와의 전쟁에서의 파키스탄의 생존, (토지개혁을 포함한) 경제개발, 이슬람 율법의 수호 등을 추구했다. 그러나 그러한 실험은 성공적이지 않았다. 아프가니스탄에서의 전쟁이 시작하기 직전인 1970년대에, 파키스탄은 그 경제개발의 유형만큼이나 국가의 정체성 자체가 불확실한 국가였다.

파키스탄은 공식적으로 무슬림 국가인 데 반해서 인도는 헌법적으로 세속적이며 국교가 없는 국가라는 점(이것은 언뜻 '서구식'으로 보이지만 인도의 혼합주의 문화전통과 잘 융합했다)은 파키스탄과 인도가 계속해서 서로 간에 거리를 두게 했다. 이러한 문제로 파키스탄은 국내 문제에서 이슬람 율법을 더욱 강조하게 되었다. 그러나 종교적 문제보다 냉전질서가 파키스탄의 국제관계에 더 큰 영향을 미쳤다.

1955년 인도네시아의 반둥에서 아시아와 아프리카의 29개 대표단 모임이 있은 후에 중립을 표방하는 혹은 '비동맹' 노선을 표방하는 국가들의 연합이 결성되면서, 냉전은 아시아의 정치에 혼란을 가중시켰다. 중국을 제외하고 대부분의 대표단은 식민지 경험이 있던 국가에서 왔다. 유럽에서는 유고슬라비아가 가입했는데, 유고슬라비아는 1948년 소련과 결별한 후에 새로운 정체성을 모색하던 공산국가였다. 가맹국들의 대부분은 궁핍했고 소련과의 충돌은 조금 덜한 편이었지만 미국과 소련에 모두를 경계하고 있었다. 이들은 '제3세계(Third World)' 국가들로 일컬어지게 되는데, 이는 한 프랑스 언론인이 만든 용어로서, 과거 프랑스 시민혁명에 가장 큰 원동력을 제공한 1789년의 프랑스 '제3계급'(Third Estate, 평민)에서 유래한 것이다.

'제3세계'라는 용어는 지리적인 의미보다는 정치적인 의미가 더 컸다. 이들은 강대국들에게 존중을 받지 못하고 선진국들의 경제적 기득권에서는 배제된 국가들이었다. '제3세계'라는 표현은 이러한 국가들의 연합으로 인해서 그럴듯하게 보였다. 제3세계라는 표현은 실제로도 경제발전의 정도와 같은 회원국가들 간의 중대한 차이점을 덮어버렸다. 1970년대에 들어서 경제적 문제로 연합에 균열이 생기기 전까지 1950년대와 1960년대에 이들 간의 상호연대, 개발, 비동맹의 원칙은 제3세계의 개념을 확고하게 만들었다.

제3세계의 단결은 경제적 문제로 인한 차이로 그리 오래가지 못했는데, 20세기 후반에 들어서 많은 사람들이 제3세계 내부의 전쟁이나 내전으로 죽었고, 이는 제3세계 외부의 국가와의 충돌로 인한 수보다 훨씬 더 많았다. 그럼에도 불구하고 제2차 세계대전이 종결된 지 10년 후에 반둥 회의는 강대국들이 이 약소국들의 모임이 동원할 만한 가치가 있는 힘을 가지고 있다고 느끼게 했다. 제3세계 국가들은 이러한 상황을 염두에 두고 냉전 시기에 동맹국가들을 물색하고 국제연합에서 표를 얻으려고 했다.

1960년경에 이미 소련과 중국의 국익은 그 두 국가가 각각 저개발 국가와 비동맹 노선의 국가들 사이에서 리더십을 획득하려고 하면서 서로 엇갈리는 모습을 보였다. 마침내 이 두 국가는 전 세계에 걸쳐서 경쟁을 시작했다. 시간이 흐르면서 역설적으로 파키스탄은 중국과 가까워졌고(미국과 파키스탄의 조약에도 불구하고 말이다), 소련은 인도와 가까워졌다. 파키스탄은 1965년 인도와의 전쟁을 치르면서 미국에 무기를 요구했으나 미국은 이를 거절했고, 파키스탄은 중국에 도움을 요청했다. 중국의 지원은 파키스탄의 기대보다는 훨씬 적은 것이었지만, 1960년대의 국제관계에서 새로운 유동성을 나타내는 증명하는 것이었다. 소련과 중국뿐 아니라 미국 역시 이러한 새로운 국제관계를 간과하지 않았다. 실제로 냉전은 아시아에서의 미국의 역할에 역설적인 변화를 일으키고 있었다. 미국은 반식민주의의 열렬한 후원자이며 미국 자신의 동맹국들의 제국을 파괴하는 역할을 맡았다가, 점차 그러한 식민지와 제국을 자신이 물려받는 것처럼 보이기 시작했다. 그러나 이러한 경향은 인도양 지역(서아시아)보다는 동아시아 지역에서 뚜렷했다(서아시아 지역에서 미국은 자신을 경계하는 인도를 회유하기 위해서 많은 시간을 들였지만 제대로 보답을 받지 못했다. 1960년 전까지 인도는 미국으로부터 가장 많은 경제지원을 받았다).

강대국들이 직면한 새로운 어려움들을 잘 보여주는 사례에는 인도네시아 문제가 있다. 인도네시아의 광대한 지역에는 수많은 민족들이 분포되어 있는데, 각자의 이익이 완전히 갈리는 경우가 잦았다. 불교는 최초의 세계 종교로서 인도네시아에서도 일찍이 정착되었지만, 인도네시아의 무슬림 인구는 단일국가로 보았을 때 세계에서 가장 많았고, 다른 종교인구는 상대적으로 소수에 불과했다. 그러나 인도네시아에도 화교 공동체가 확고하게 자리잡았고, 식민지 시기에 화교들은 크게 부를 축적하고 관직에 나아갔고, 무슬림 공동체와의 차이점이 매우 컸다. 식민지에서 벗어난 인도네시아는 하나의 통합된 국가를 건설하기를 원했지만 항상 빈곤과 저개발된 경제로 인한 압박에 시달렸다. 1950년대, 새로운 공화국의 중앙정부는 점점 더 인내심을 잃어갔다. 1957년경 중앙정부는 수마트라 등지에서 무장반군과 전쟁을 치러야 했다. 분리주의를 자극해서 반대파들을 교란하는 (서뉴기니에 계속 존재하고 있던 네덜란드 세력을 상대로 사용했던) 오랜 수법은 더 이상 효과적이지 않았다. 수카르노 대통령에 대한 지지는 회복되지 않았다. 그의 정부는 인도네시아 건국 때에 채택된 자유주의 체제에서 이미 멀어졌고, 수카르노는 권위주의 체제로 기울어서 강력한 지방 공산당과 연합하기 시작했다. 1960년에 의회는 해산되었고 1963년에 수카르노는 종신 대통령으로 임명되었다.

미국은 수카르노를 회유하기 위해서(네덜란드의 신경을 건드리는 행동이었다) 수카르노가 서뉴기니(서이리안)를 흡수, 합병하도록 해주었다. 수카르노는 이후에 영국의 동남 아시아 영토들이 1957년에 합쳐져서 만들어진 말레이시아 신연방으로 눈을 돌렸다. 영국의 도움을 받아서, 말레이시아는 보르네오, 사라와크 그리고 말레이시아 본토에 가해진 인도네시아의 공세를 격퇴했다. 이러한 실패는 수카르노에게 전환점이 된 것으로 보인다. 정확하게 무슨 일이 있었는지는 불분명하지만, 식량 부족과 인플레이션이 통제불능까지 치닫자 쿠데타가 일어났다(이는 실패했다). 군의 수뇌부는 쿠데타의 배후에 공산주의자들이 있었다고 말했다. 장성들은 인도네시아 공산당을 표적으로 삼았는데, 인도네시아 공산당은 한때 세계에서 세 번째로 큰 규모였다고 알려졌다. 약 25만 명에서 50만 명 사이의 사람들이 죽임을 당했고, 이들 중 상당수는 중국인이거나 중국계라고 알려져 있는데, 대다수는 공산당과 아무런 관련이 없었다. 수카르노 본인은 이후에 점차 실권을 잃어갔다. 강력한 반공정권이 권력을 장악하고 중국과 외교관계를 단절했다(중국과의 외교관계는 1990년까지 정상화되지 않았다). 인도네시아의 독재정권은 1998년까지 지속되었다.

케네디 대통령이 수카르노에게 약했던 것은 강력하고 부유한 민족국가는 공산주의를 막는 최적의 방어막이라는 믿음을 반영한 것이다. 지난 40년간의 동아시아와 동남 아시아의 역사는 그러한 원리원칙을 바탕으로 강대국들이 지원을 제공하는 식으로 이해될 수도 있다. 그러나 그러한 논리는 대단히 난해하고 복잡한 문맥을 통해서만 적용이 가능하다. 1960년경, 싱가포르를 기준으로 동부에 위치한 아시아에서 가장 중요한 전략적 문제는 중국의 힘이 부활하는 것이었다. 대한민국과 일본은 공산주의를 잘 막아냈지만, 그들 역시 중국의 혁명의 덕을 보았다. 중국의 힘이 부활하는 상황은 대한민국과 일본에 서구와의 관계에서 영향력을 가지게 해주었다. 과거 동아시아인들이 서아시아인들에 비해서 유럽인들의 침입을 좀더 잘 막아냈듯이, 동아시아인들은 1947년 이후 공산주의 그리고 비공산주의 형태로 그들의 자주성을 지켜내는 능력을 선보였고, 외국의 직접적인 영향력 발휘를 허용하지 않았으며, 이는 중국조차 예외가 아니었다. 어떤 사람들은 이러한 동아시아의 자주성을 깊고 다양한 측면이 있는 사회의 보수성과 연관시키는데, 이러한 동아시아 사회의 보수성은 수백년간 중국의 사례를 따라서 공유되었다. 질서정연하고 복잡한 사회 네트워크, 건설적인 사회를 만들기 위한 능력, 개인에 대한 경시, 권위와 지배층에 대한 존중, 서구와 분리된 문명과 문화의 일원으로서의 깊은 자각과 이에 대한 자긍심 등 동아시아인들은 서구와 서구의 팽창주의에 직면했던 다른 많은 민족들에 비해서 많은 것들을 공유했다. 20세기 후반 동아시아의 부흥은 다양한 표현들로 일컬어지는 전반적인 역사적 배경을 알아야 이해할 수 있으며, '아시아적 가치'라는 다소 부적절한 유행어만으로는 제대로 설명할 수 없다.

1949년 중국공산당의 승리와 정권 획득으로 베이징은 다시 한번 공식적으로 통일 중국의 수도가 되었다. 마오쩌둥과 그의 공산당은 소련의 모델을 본받아서 사회주의 사회를 건설하기를 원했다. 마오는 중화인민공화국이 건국되고 불과 몇 달 만에 모스크바로 향했는데, 이는 그의 최초의 외국 방문이었다. 스탈린의 중국공산당 동지들의 헌신과 능력에 대한 의문에도 불구하고, 마오쩌둥은 모스크바에서 스탈린과 함께 동맹을 맺었다. 다른 지역의 냉전의 양상과 국민당의 붕괴를 고려하면, 새로운 중국은 실제로 외부 위협에 대항하는 동맹이 필요한 상황은 아니었다. 마오쩌둥에게는 미국이나 일본에 대항하기 위한 소련의 헌신보다 중국의 현대화를 위한 어려운 과업의 시작을 위한 소련의 도움이 더 절실했다. 장제스를 따르는 이들은 타이완에 갇혀버려서 당시 미국의 보호를 받았고, 제거는 불가능했지만 큰 위협이 되지는 않았다. 그러나 유엔군이 1950년에 만주와 한반도의 경계인 압록강까지 접근하여 큰 위협이 되자, 중국의 대응은 강경하고 즉각적이었다. 중국은 한반도로 대군을 파병했다. 그러나 중국의 새로운 통치자들의 우선순위는 중국의 국내 문제였다.

중국은 청왕조가 전복되기 35년 전부터 계속해서 끊임없는 변화를 겪었다. 중국은 그리 많지 않은 영토만을 잃었지만(물론 외몽골이라는 적지 않은 부분도 잃었다), 정치적 안정성과 사회적 발전은 부족했다. 경제적 발전은 중화민국 시대(1911-1949)에 진행되었지만, 이렇게 이룩한 경제적 발전은 일본과의 전쟁으로 대부분 파괴되었다. 빈곤은 어느 곳에서나 존재했다. 질병과 영양실조가 광범위하게 분포했다. 토목공사와 재건은 지연되었고, 인구로 인한 토지 부족은 여전히 심각했으며, 이전 세기의 구체제 붕괴로 인한 도덕적 그리고 사상적 공백을 메워야 했다.

중국 현대화의 시작점은 농민들이었다. 1920년대 이후 중국공산당은 공산당이 지배하던 지역에서 토지개혁을 시행했고, 그로 인해서 많은 극빈층 농민들로부터 지지를 받았다. 1956년경에 중국의 농장은 촌락의 사회적 변혁으로 집단농장으로 변했다. 이러한 변화로 인해서 촌락은 촌락 거주민들에 대한 통제력을 가지게 되었지만, 실제로 그러한 통제력은 중국공산당이 가지게 되었다. 지방 유력자들과 지주들은 난폭한 방식으로 제거되었다. 이후에 마오쩌둥이 발표했던 중화인민공화국의 첫 5년 동안 '청산(清算)'되었던 80만 명의 사람들 중에 이런 지방 유력자들과 지주들이 다수 포함되었음은 틀림없다. 한편 산업화 역시 소련의 도움을 받아서 탄력을 받고 있었는데, 소련의 지원만이 중국이 외부에서 얻을 수 있는 유일한 산업화의 동력원이었다. 산업화를 위해서 중국이 택한 모델 역시 소련의 모델이었다. 1953년에 5개년 계획이 발표되었고 중국의 경제 관리를 스탈린주의가 관장하던 짧은 시기가 시작되었다.

중국은 곧 국제적으로 큰 영향력을 발휘하게 되었다. 그러나 중국의 진정한 자립은 공산권의 피상적인 단결에 의해서 오랜 기간 가려졌고 중국은 미국의 주장으로 인해서 국제연합에서 배제되었다. 1950년의 중소 조약은 (특히 미국 내에서) 중국이 냉전에 돌입했다는 것을 거듭 증명한 것으로 해석되었다. 확실히 중국의 정권은 공산주의 정권이었고 혁명과 반식민주의를 이야기했으며 중국의 선택들은 크게 보면 냉전에 따른 결과였다. 그러나 최근에 들어서 좀더 장기적 관점에서 중국공산당의 정책은 훨씬 더 광범위한 문제에 대한 고려에서 비롯된 것으로 인식되고 있다. 애초에 중국공산당은 과거 수백 년 동안 항상 확고한 힘을 가졌던 지역에서 중국의 힘을 다시 확립해야 한다는 근본적인 문제가 있었다.

만주의 안보와 북한의 공산당과의 오랜 관계 그 자체만으로도 중국의 한반도 군사개입을 설명하기에 충분하다. 그러나 한반도는 청제국 시절의 중국과 일본의 분쟁이 오랫동안 진행되었던 지역이기도 했다. 1951년 중국의 티베트 점령은 수 세기 동안 중국의 종주권 아래에 있던 지역이 새로운 민족국가로 태어나는 것을 막아버렸다. 그러나 무엇보다 중국의 광역을 확립하고자 했던 움직임 중 가장 분명했던 것은 국민당의 타이완으로의 축출에 있다. 타이완섬은 17세기 청나라가 점령했는데, 1895년에 일본에 빼앗겼다가 1945년에 다시 한번 중국 본토의 통제를 받게 되었다. 타이완에 대한 지배권은 중국공산당에게 중요한 상징적 문제가 되었다. 1955년에 미국 정부는 국민당 정권에 확고한 지지를 보냈는데, 대통령은 미국은 타이완 본섬뿐만이 아니라 타이완의 방어에 중요하다고 생각되는 중국 연안의 작은 섬들도 보호하겠다고 선언했다. 미국의 자선활동과 선교활동에 대한 중국인의 불가해한 반발감에도 미국은 중국 문제에 10년 동안 대단히 집착했고, 국민당이라는 꼬리가 미국이라는 개를 거꾸로 흔드는 것처럼 보이게 했다. 반대로 1950년대에 인도와 소련은 타이완에 대항하여 중화인민공화국을 지원했다. 이들은 이 문제가 중국 내부의 문제라고 주장했고, 인도와 소련의 입장에서 타이완 문제를 중국 내부의 문제로 돌리는 것에 아무런 손해볼 것이 없었다. 그 때문에 중국이 인도와 소련과 무력분쟁을 겪고 있다는 것이 알려지면서 사람들은 엄청난 충격에 휩싸였다.

인도와의 갈등은 중국이 티베트를 점령하면서부터 점차 고조되기 시작했다. 1959년에 중국이 티베트 지역에서 그 영향력을 더욱 확고히 했을 때까지도 인도는 여전히 중국에 대해서 기본적으로 우호적이었다. 인도의 영토에 티베트인들의 망명정부를 세우려는 시도는 좌절되었다. 그러나 영토분쟁은 이미 시작되었고, 충돌로 이어졌다. 중국은 1914년 영국과 티베트 사이의 교섭으로 결정된 인도와의 국경을 인정하지 않으며 중국 정부에 단 한번도 공식적으로 받아들여진 적이 없다고 발표했다. 40여 년간의 인도의 영토점유는 그 땅에 대한 중국의 1,000년의 역사적 기억에 있어 전혀 의미가 없었다. 그 결과, 네루가 분쟁이 있는 지역에 군대를 파견하고 중국의 철수를 요구한 1962년 가을에 사태는 더욱 심각해졌다. 비록 중국의 요청으로 전투는 그해 말에 중지되었지만, 인도의 피해는 심각했다.

곧 1963년 초에, 이미 중국과 인도의 분쟁으로 놀란 세계는 중국공산당이 소련을 격렬하게 비난하자 더 크게 놀랐다. 중국공산당은 소련이 인도를 도왔다고 주장하며 적대적인 태도로, 소련이 3년 전에 이미 중국에 대한 경제와 군사적 지원을 끊었다고 말했다. 소련이 중국에 경제와 군사적 지원을 끊었다는 중국 측의 주장은 중국과 소련의 분쟁의 원인으로 지적되었지만, 실제로는 분쟁의 진정한 원인은 아니었다. 실제로는 중소 분쟁은 이미 오래전에 시작되었고, 극소수의 국가들만이 그것을 눈치챘다. (마오쩌둥을 포함하여) 중국의 공산주의자들은 1920년대 소련이 정의한 공산주의의 국제적 이익에 의해서 중국의 국익이 어떻게 종속되게 되었는지 매우 잘 기억하고 있었다. 그 이후로 중국공산당의 지도부에서는 언제나 소련을 따르자는 측과 중국의 고유한 모델을 강조하는 측 사이에 갈등이 있었다. 마오쩌둥은 소련을 존경했고 소련을 모방하려고 했지만, 소련에 의해서 통제당하고 싶어하지는 않았다. 그러나 1950년 말에 마오쩌둥의 정책은 점차 더욱 급진적이 되었다. 중국의 산업화의 느린 속도를 보면서 실망한 그는 그가 그토록 바라던 중국의 근대화를 추진하기 위해서 여러 캠페인을 시작했다. 마오쩌둥은 소련이 자신의 그러한 급진적인 방식에 제동을 걸까 걱정했다.

소련의 정책에 대한 중국의 분노가 마르크스주의자들의 용어로 전 세계에 알려졌기 때문에 그들 사이의 분쟁이 정확히 무엇인지는 알기가 어려웠다. 그러나 그 중심에는 마오쩌둥의 급진주의와 소련으로부터 독립하여 스스로 결정을 내리고 싶어하는 욕망이 있었다. 마오쩌둥은 또한 소련이 중국를 가르치려고 하는 듯한 태도에도 분노했는데, 이는 의심할 바 없이 마오쩌둥과 중국의 과거에 실재했던 것이다. 1963년에 중국이 아닌 다른 국가들의 사람들은 그 갈등의 근원을 훨씬 더 과거에서 찾았다. 중국공산당이 성립되기 훨씬 더 이전에 중국의 혁명가들은 국가재생 운동을 결성했다. 그들의 가장 중요한 목표 중의 하나는 외세의 손에서 중국의 주권을 되찾는 것이었다. 소련은 당시 중국을 착취하던 외세 중 하나였다. 놀랍게도, 소련의 지도자인 흐루쇼프는 1950년대에 소련이 중국에 한 행동들을 통해서 제정 러시아 시절에 중국의 영토를 할양받은 것을 떠올리게 했다. 소련과 중국은 (몽골을 포함해서) 4,000마일 정도 거리의 국경을 맞대고 있었는데, 이러한 엄청난 국경선의 길이만큼이나 충돌의 가능성은 거대했다.

소련 정부는 1960년에 중국이 5,000회에 걸쳐 국경을 침범했다고 불평했다. 캐나다 크기의 약 5분의 1에 해당하는 지역이 공식적으로 분쟁지역이었으며, 1969년(그 이전보다 더 많은 충돌이 있었고 수십 명이 죽은 해)경에는 중국은 모스크바의 '파시스트' 독재를 거론했고, 공공연하게 전쟁을 준비했다. 중국과 소련의 분쟁은 소련의 서투른 정책으로 인해서 결국 공산주의 세계 전체가 분란에 휩싸이게 했다. 소련의 지도자들은 아시아의 동맹국들의 생각에 관심을 두지 않은 서구의 제국주의자들만큼 부주의했다. 한 소련의 지도자는 중국을 여행하면서 그와 다른 소련인들은 '중국인들의 원시적인 조직체계를 비웃곤 했다'고 드러내놓고 밝혔다. 1960년 소련은 중국에 대한 경제와 기술 지원을 중단했는데, 이는 중국에 대단히 모욕적인 행동이었고 큰 타격을 주었다. 당시 중국은 마오쩌둥의 '대약진운동(大躍進運動)'의 재앙스러운 결과로 인해서 최초의 심각한 국내 위기를 맞고 있었기 때문이다.

마오쩌둥의 개인적인 경험은 이러한 위기를 불러오는 데에 큰 역할을 했다. 비록 그의 주된 사상은 마르크스주의에서 비롯된 것이고 마르크스주의는 어느 정도 중국의 문제를 설명하는 데에 도움이 될 수 있었지만, 마오쩌둥은 항상 마르크스주의를 실용주의와 그 자신의 권력 쟁취에 이용하여 그 의미를 희석시켰다. 마오쩌둥은 중국의 권력이 어떻게 구성되는지 깊이 이해했지만 무자비했다. 그의 정치적 기회에 대한 판단은 성공적인 시기에만 흔들렸는데, 과대망상과 자만심과 결정적으로 나이가 그의 정치인생에 타격을 주었다. 젊은 시절에도 마오쩌둥은 중국화된 마르크스주의를 옹호했고, 중국공산당에 큰 대가를 강요하는 유럽의 공산주의 교리를 거부했다. 마오쩌둥의 세계관의 근본은 사회와 정치를 인간의 의지력과 폭력이 겨루는 힘의 장으로 보는 관점이었다. 이러한 인간의 의지력과 폭력은 도덕적으로 적절하고 창조적인 변화를 가져올 수 있게 사용될 수 있으며, 이는 물론 전지적인 지도자에 의해서 그렇게 될 수 있다고 마오쩌둥은 믿었다. 마오쩌둥과 공산당의 관계는 항상 좋은 것만은 아니었으나 농민들에 대한 그의 정책은 도시에서의 공산주의 활동이 실패한 이후에 공산당이 계속해서 앞으로 나아갈 길을 제시해주었다. 마오쩌둥은 1930년대 초에 일시적으로 당내의 위치가 내려갔지만, 1935년 즈음에는 당내에서 사실상 최고의 자리에 서게 되었다. 농촌지역의 영향력이 매우 컸다. 또한 마오쩌둥이 국제적으로 영향력을 발휘할 새로운 길이 열렸다. 농촌지역에서 혁명전쟁을 도시로 확대시킨다는 마오쩌둥의 개념은 산업성장이 프롤레타리아 혁명을 이끌어내는 데에 필수적이라고 믿는 정통적인 마르크스주의의 믿음이 그다지 설득력이 없어 보였던 세계의 다른 지역들에서 큰 호응을 얻었다.

1950년 초를 장식한 폭력적인 토지 몰수와 에너지의 분출에 힘입어, 중국의 농촌지역은 1958년에 새로운 대격변의 장이 되었다. 수억 명의 농촌 거주자들은 '인민공사'로 재조직되었는데, 이들 인민공사의 목적은 총체적인 집산화였다. 사유재산은 인민공사로 흡수되었고, 생산 중심의 새로운 목표들이 새워지고 새로운 농법이 도입되었다. 새롭게 도입된 것들 중에 몇몇은 피해를 입혔고(예를 들면, 작물을 먹는 새들을 박멸하는 캠페인은 그 새들의 또다른 먹이였던 곤충 포식자들의 폭발적인 증식을 낳았다), 몇몇은 비효율을 증가시켰을 뿐이었다. 인민공사를 운영하는 공산당의 간부들은 식량생산보다는 보여주기식의 업적 달성에 더 신경을 썼다. 재앙과 같은 결과가 기다리고 있었고, 생산은 끔찍하게 줄어들었다.

대약진운동은 두 차례의 세계대전을 제외한다면, 인간이 낳은 재앙 가운데 가장 거대한 것이었다. 1960년에 중국의 광활한 지역에서 기근이나 기근에 가까운 상태가 지속되었다. 이러한 사실은 그대로 덮였다. 심지어 많은 지도층의 사람들조차 이러한 사실을 모르고 있었다. 추산에 따르면 약 4,000만 명의 중국인들이 수년 만에 죽었다고 한다. 마오쩌둥은 고집스럽게 직접적으로 목격했던 대약진운동의 실패를 인정하지 않았고, 공산당은 당내에서 희생양을 찾기 시작했다. 그럼에도 불구하고 1961년에 공산당의 고위층들은 대약진운동 기간에 어떠한 일이 벌어졌는지에 대한 반박할 수 없는 증거들을 모으기 시작했다. 마오쩌둥의 위치는 그의 부관들이 진실을 밝히지 않은 채 천천히 중국 경제의 현대화를 재개하자 위협을 받았다.

1964년에 중국은 원자폭탄의 폭발실험에 성공하면서 큰 상징적인 성공을 거두었다. 마침내 중국은 매우 독점적인 집단에 들어갈 수 있는 값비싼 열쇠를 얻게 되었다. 그럼에도 불구하고 중국의 국제사회에서의 영향력의 절대적 근간은 그 거대한 인구에서 나오는 것이었다. 기근으로 인한 퇴보에도 불구하고 중국의 인구는 계속 성장하고 있었다. 1950년에 5억9,000만 명으로 추산되던 인구는 25년 후에 8억3,500만 명으로 성장했다. 현재 중국의 인구는 13억3,800만 명이다. 중국이 전 세계의 인구에서 차지하는 비중은 현재보다 과거에 훨씬 더 높았다. 중국은 태평천국 운동 즈음에 전체 인류의 40퍼센트에 달하는 인구를 보유하고 있었을 것으로 추산된다. 1960년대 중국 인구가 차지하는 비율은 그전보다 더 컸을 것이다. 중국의 지도자들은 핵전쟁의 가능성에도 흔들리지 않을 것이라고 말했는데, 중국은 다른 그 어떤 국가보다 더 많은 사람이 살아남을 수 있을 것이라는 의미였다. 중국 인구가 가장 적게 분포한 국경지역에서조차 중국 인구의 존재가 소련에 경계심을 심어주었다는 증거가 있다. 당연히 이념적인 충돌이 한층 거세졌다.

공산정권에 적대적인 국가들은 그러한 정보를 통해서 용기를 얻었고, 실제로 정치적으로도 1960년대 초반에 이러한 영향이 있었다(장제스는 타이완에서 중국 본토로 공격해 들어가기를 원했지만 미국에 의해서 좌절되었다고 말했다). 그러나 중국이 입은 피해의 대부분은 검열과 선전을 통해서 성공적으로 감추어졌다. 곧 마오쩌둥은 그의 권위를 되찾기 위한 길을 모색하기 시작했다. 그는 대약진운동의 정당화에 집착했고, 대약진운동을 좌절시킨 배신자로 생각되는 사람들을 처벌하기로 마음먹었다. 마오쩌둥은 스탈린 사후에 소련을 비판한 사건을 두고 그들을 공격했다. 마오쩌둥은 소련의 철권통치가 약화되어, 관료들과 당에서 부패와 타협의 길이 열렸다고 생각했다. 중국에서도 규율이 느슨해져서 비슷한 상황이 벌어질 것이라는 두려움이 마오쩌둥이 '문화혁명(文化革命)'을 일으키는 데에 일조했다. 문화혁명은 1966년에서 1969년까지 국가와 땅을 조각내버렸다. 수백만 명이 투옥되거나 직위를 박탈당하거나 제거되었다. 약 100만 명의 사람들이 사망했다.

문화혁명은 중국을 현대화하고자 하는 사람들에게는 또다른 퇴보였다. 이 기간 중에, 마오쩌둥에 대한 숭배와 그의 권위가 회복되었고 확고해졌다. 그러나 당내 고위간부들, 관료들, 지식인들은 큰 곤욕을 치렀다. 대학은 폐쇄되었고 모든 시민들이 육체노동을 강요당했는데, 이는 전통적인 관념을 변화시키고자 함이었다. 젊은이들이 박해에 앞장섰다. 농촌지역은 '홍위병(紅衛兵)'에 의해서 엉망진창이 되었다. 홍위병들은 모든 계층의 상급자들에게 공포의 대상이었다. 홍위병들이 자체적으로 해산되기 전까지, 기회주의자들은 서로 홍위병에 가담하려고 필사적이었다. 마침내 마오쩌둥은 너무 일이 크게 벌어졌다는 신호를 보내기 시작했다. 새로운 공산당 지도자들이 취임했고 회의를 통해서 마오쩌둥의 지도자적 지위가 확립되었다. 그러나 마오쩌둥은 다시 한 번 실패하고 말았다. 군대의 질서는 회복되었으나, 학생들이 희생되었다.

그러나 홍위병들의 광기는 정말로 존재했고, 그 허세스러운 도덕적 집착은 여전히 충격적인 사실로 남아 있다. 마오쩌둥이 홍위병을 이용한 동기는 분명히 복합적인 것이었다. 대약진운동을 중단시킨 자들에 대한 복수 이외에도, 마오쩌둥은 문화혁명이 중단될 수도 있다고 우려했고 또한 문화혁명을 이끌어갈 도덕적 기백을 잃을 수도 있다고 생각했다. 문화혁명을 지켜내기 위해서, 옛 생각을 버리기 위해서, 중국에 계속 영향을 미치는 서양의 잔재들을 떨쳐내고자 했다. 필요하다면 국제관계를 끊고 이념에 의해서 사회, 정부, 경제를 운영해야 한다고 믿었다.

또한 마오쩌둥은 20세기 초까지 시행된 과거제도와 같이, 지식인들과 학자들의 전통적인 위상이 여전히 구체제를 형성한다고 믿었다. 새로운 중국을 만들기 위해서는 지식인들을 격하시키고 그들을 사악한 존재로 치부해야 했다. 이와 비슷하게, 가족체제에 대한 공격은 단순히 의심에 가득 찬 정권이 내부 고발자와 불화를 조장하기 위한 시도만이 아니었다. 그것은 모든 중국의 가장 보수적인 체제를 무너뜨리기 위한 시도였다. 여성의 해방과 조혼 금지에 대한 선전은 '진보적인' 페미니즘 사상이나 인구조절의 영역을 넘어섰다. 이러한 시도는 그 어떤 혁명도 시도하지 않았던 중국의 과거에 대한 공격이었다. 과거 중국에서 여성들의 역할은 혁명 이전의 아메리카, 프랑스 혹은 심지어 러시아 여성들의 역할보다 열등한 것이었다. 유교적 사상에 빠졌다고 공산당의 지도자들을 공격한 것 역시 단순한 비방의 수준이 아니었다. 이러한 현상은 서구 사회와 비교조차 되지 않는데, 서구 사회에서도 수백 년간 이어져서 단단하게 자리잡은 사상을 그렇게 단호하게 내치지 못했었다. 비록 현대화와 크게 상관이 없기는 하지만, 문화혁명은 과거를 파괴함으로써 새로운 것을 모색하는 길을 열었다.

그러나 과거를 거부하는 것만으로는 불충분했다. 진왕조와 한왕조 시대까지 거슬러 올라가면 약 2,000년이 넘게 이어온 역사가 중국의 공산주의를 탄생시켰다. 그 증거 중의 하나로 정부의 역할이 있다. 그 사회적 비용과 잔혹성으로 볼 때 문화혁명은 이슬람의 전파 시기의 거대한 격변이나 근대에 유럽인들이 세계 각지에서 보인 폭력에 비견할 만큼 거대한 움직임이었다. 그러나 다른 격변들과는 달리, 문화혁명은 중앙에서 의도적으로 통제하고 지시했다. 역설적으로 문화혁명은 대중의 열정에 의지했지만, 전통적인 관념에 따라서 국가의 지시로 행해진 것이다. 즉, 나라의 지도자는 천명을 받드는 존재라는 인식이 여전히 존재했던 것이다. 중국의 전통은 권위를 존중하고 권위에 도덕성을 부여했는데, 이는 서구에서는 발견하기 힘든 것이었다. 중국 외에 그 어떤 나라도 이렇게 과거의 역사를 배제할 수는 없었고, 결과적으로 중국 정부는 역설적이게도 보수적인 형태를 취하게 되었다. 역사적으로 중국만큼 오랫동안 국민들이 집단을 개인보다 우선시하도록 한 국가는 없었다. 이러한 상황에서 정부는 국가의 이익을 위한 거대한 작업에 수백만의 사람들을 정당하게 부릴 수 있었다. 정부의 권위는 정부가 공공의 이익을 위해서 일하는 한 감히 범할 수 없는 것이었다. 불충은 많은 중국인들이 혐오하는 것이었는데, 이는 사회의 분열을 의미하기 때문이다. 또한 이는 서양의 개인주의가 녹아 있는 서양식 혁명을 거부한다는 것을 의미하지만, 중국식 개인주의 혹은 집단적 급진주의를 배격한다는 의미는 아니다.

마오쩌둥이 군림하는 정권은 중국의 과거에 힘입은 것이면서도 중국의 과거를 파괴했는데, 이는 그의 역할이 권위에 대한 중국의 사상을 통해서 쉽게 이해될 수 있기 때문이다. 마오쩌둥은 성군의 역할을 했는데, 이는 스승을 존경하던 국가에서 정치인들이 스승으로 받아들여지던 것을 통해서 이해할 수 있다. 서구 언론들은 마오쩌둥의 어록이 중국 어디에서나 발견된다는 점에서 그의 사상이 가진 위상에 대해서 흥미롭게 이야기했다(그러나 다수의 유럽 신교도들의 『성경』 숭배는 잊은 듯하다). 마오쩌둥은 유교와 같이 중국 사회의 중추를 나타내는 도덕적 교리의 대변인이었다. 마오쩌둥의 미적 관심에서도 전통적인 가치가 드러났다. 그는 시인으로서도 이름을 날렸고 그의 시는 좋은 평가를 받았다. 그러나 그 무엇보다 더 중요한 것은 마오쩌둥 자체가 전통적 인물이었다는 점이다(이것이 가장 중요한 요소 중의 하나였지만 잘 알려지지 않았다). 중국을 공산주의와 융합하려는 시도와 장대한 캠페인들은 모두 실패했지만, 마오쩌둥은 나라를 재통합하고 중국의 옛 사회와 사상을 파괴하여 중국에서 계속 진행 중인 혁명의 다음 세대를 위한 길을 예비했다.

(좋은 의미로든 나쁜 의미로든) 과거의 역사가 가진 영향력은 중국의 대외 정책에서도 명백했다. 분명 중국은 세계 곳곳의 혁명을 후원했지만, 중국의 주요 관심은 동아시아였으며 특히 한반도와 인도차이나 반도 지역에 큰 관심을 가지고 있었고, 이들은 한때 중국의 조공국이었다. 이러한 지역들에 대해서도 소련과 중국의 정책은 엇갈렸다. 한국전쟁 이전에도 중국은 베트남의 공산 게릴라들에게 무기를 제공했는데, 이는 이후 베트남의 군사충돌과 다름없이 식민지 통치에 대한 투쟁이었다. 1953년 프랑스는 캄보디아와 라오스를 포기했다. 1954년 프랑스는 디엔 비엔 푸라는 거점지역을 잃었는데, 이 전투는 프랑스의 위신과 프랑스 유권자들이 싸우고자 하는 의지에 결정적인 영향을 주었다. 이후 프랑스는 홍 강 삼각주 지역을 스스로 사수할 수 없게 되었다. 제네바에서 회담이 열렸고 중국 대표단이 참석했는데, 이로 인해서 중국은 공식적으로 세계 외교무대에 다시 들어오게 되었고 소련 대표단과 함께했다. 회담의 결과, 베트남은 남베트남 정부와 공산주의 북베트남으로 분할되었고 이후 선거를 통해서 국가를 통일하기로 합의를 보았다. 그러나 선거는 열리지 않았다. 그 대신에 인도차이나 지역에서 1941년 시작한 서구에 대항한 전쟁이 1945년 이후 가장 치열해지는 시기가 도래했다.

이에 대항하는 서구의 세력은 더 이상 과거의 식민지 제국이 아니었고 미국이었다. 프랑스는 돌아갔고 영국은 다른 지역의 문제만으로도 벅찼다. 인도차이나의 공산주의자들, 민족주의자들, 개혁가들이 소련과 중국의 후원을 받아서 미국에 대적했는데, 소련과 중국은 처음에는 함께 인도차이나 지역의 급진주의자들을 후원하다가 1960년부터 그 지역에서 경쟁하기 시작했다. 미국의 반식민주의와 토착정부를 후원해야 한다는 믿음으로 인해서, 미국은 남한과 필리핀 정부를 지지했던 것처럼 반공 남베트남 정부를 지지했다. 불행하게도 라오스나 남베트남 그리고 캄보디아까지 모든 국민들이 보기에, 미국이 지지했던 정권들에는 합법성의 문제가 심각했다. 미국의 후원은 그러한

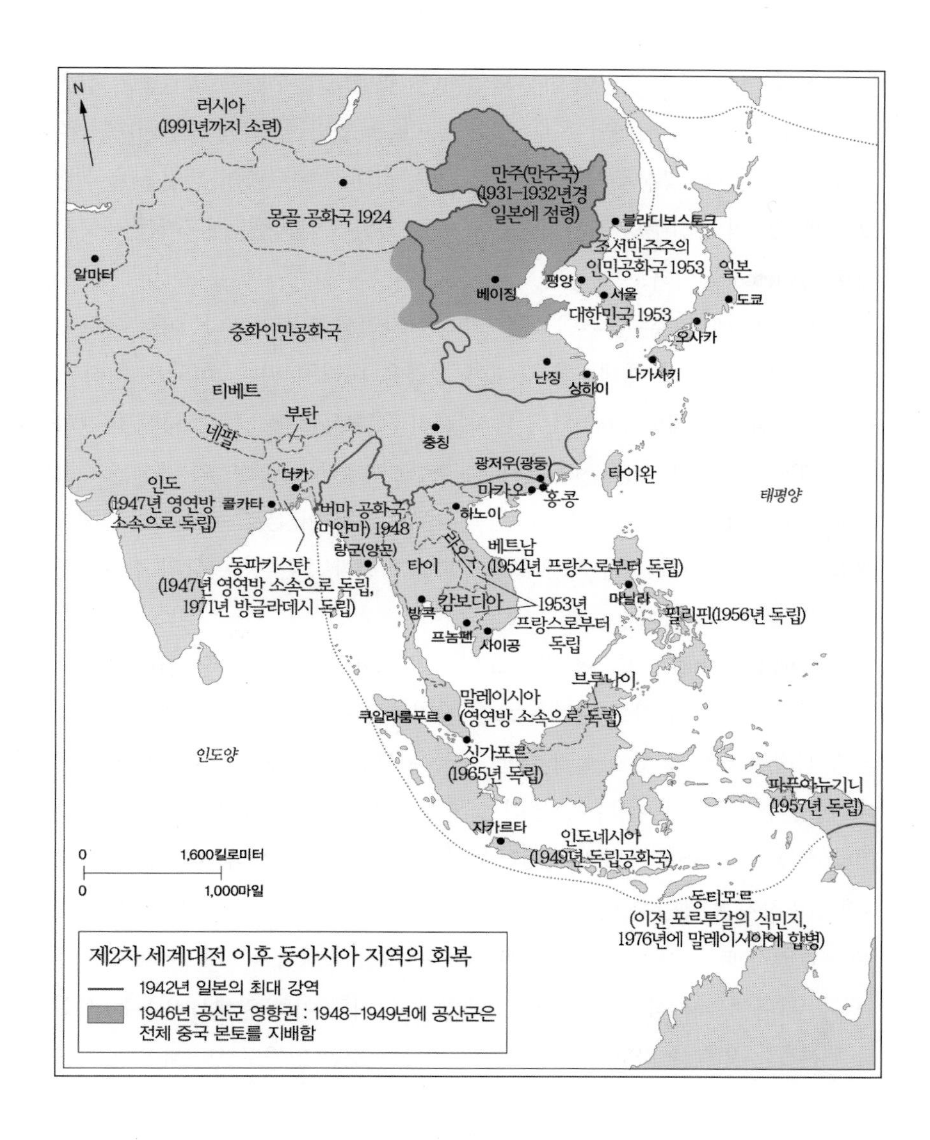

정부들이 오히려 동아시아에서 증오해 마지않는 서방의 세력과 동일하게 생각되도록 만들었다. 또한 미국의 지원으로 인해서 이들 정권의 입장에서 국민들을 통합할 수 있도록 하는 여러 개혁조치들을 실행할 동기가 제거되었다. 이러한 경향은 베트남 지역에서 특히 심했는데, 사실상의 분단으로 인해서 남베트남 지역에서 제대로 된 혹은 안정적인 정부를 구성하는 것이 불가능했다. 불교도들과 가톨릭교도들의 다툼이 있었고, 토지개혁의 실패로 농부들은 점점 더 정권에서 멀어지게 되었지만, 명백하게 부패한 집권층은 정권이 차례로 무너져도 살아남을 수 있을 것으로 보였다. 이러한 상황이 공산주의자들을 도왔다. 공산주의자들은 그들의 방식대로 베트남의 통일을 추구했고 남베트남의 공산주의 지하세력들에 대한 지원을 계속했는데, 이들 세력을 베트콩(Vietcong)이라고 불렀다.

1960년경, 베트콩은 남부의 다수 지역을 장악하기 시작했다. 이로 인해서 1962년 미국 대통령 케네디가 중대한 결정을 내리게 된다. 미국은 재정적, 물질적 지원 이외에도 4,000명에 달하는 미국 '고문들'을 남베트남에 파견하여 남베트남 군대의 기강을 바로잡도록 했다. 케네디는 트루먼의 다짐을 깨고 트루먼이 절대로 하지 않기로 한 것(즉 미국이 아시아 본토 지역에서 전쟁에 개입하는 것)의 첫 단계를 제대로 밟았다. 그 결과, 5만 명 이상의 미국인이 목숨을 잃게 되었다.

아시아의 냉전에서 미국이 내린 또다른 중요한 결정은 미국의 일본 점령으로 얻어진 특수한 위치를 가급적 오래 유지하는 것이었다. 비록 영연방 군대의 형식적인 참여가 있기는 했지만, 미국은 사실상 단독으로 일본을 점령했다. 이것이 가능했던 이유는 소련이 일본에 선전포고하는 것을 지연했기 때문인데, 일본은 미국에 재빨리 항복하여 스탈린을 놀라게 했다. 미국은 일본을 분할점령하자는 제안을 단호하게 거절했는데, 이는 일본 점령에서 소련이 한 일이 없었기 때문이다. 미국의 일본 점령은 아시아 국가를 서구의 세력이 후원하는 데에서 역사적으로 마지막 사례였다. 그리고 이로 인해서 일본은 사회를 뒤흔드는 변화를 차단하면서 그들이 원하는 것만 남들로부터 배우는 그들의 놀라운 재능을 보여주었다.

1945년에 벌어진 일들은 일본이 이미 익숙한 경제와 기술적인 측면 말고도 정신적인 측면에서도 서구적인 방식을 취하도록 했다. 전쟁의 패배로 인해서 일본인들은 국가의 정체성과 목표에 대한 깊고 어려운 문제에 직면했다. 메이지 시대의 서구화는 '아시아인들을 위한 아시아'라는 꿈의 씨앗을 심어주었는데, 이것은 일본인들의 먼로 독트린의 일종이라고 볼 수 있었다. 즉, 아시아에 널리 퍼진 반서구주의에 근거한 사상이었으며 일본의 제국주의의 실체를 감추려고 했다. 결국 '아시안들을 위한 아시아'의 꿈은 전쟁의 패배로 인해서 산산조각이 났고, 1945년 이후 식민주의의 반작용으로 인해서 일본은 아시아에서 뚜렷하고 신뢰할 만한 역할을 맡지 못하게 되었다. 사실 그 당시 일본은 아시아에서 제대로 된 역할을 맡을 수 있는 국력을 되찾기까지 오랜 시일이 걸릴 것으로 보였다. 더구나 전쟁은 일본의 문제점을 여실히 보여주었고 이는 큰 충격으로 다가왔다. 영국과 마찬가지로 일본의 안보는 제해권에 기초한 것으로 제해권을 잃는다는 것은 국가의 안보를 잃는다는 것을 의미했다. 또한 전쟁의 패배로 인해서 일본은 사할린과 쿠릴 열도의 영유권을 러시아에 빼앗겼고 미국인들에 의해서 점령을 당했다. 마지막으로 엄청난 물적, 인적 손실을 입었다.

긍정적인 측면을 보면, 일본은 1945년에 여전히 대단한 국민의 단결력을 보유하고 있었다. 그리고 비록 중앙정부가 전쟁의 패배로 인해서 정치적 권한을 잃었지만, 천황의 명망으로 인해서 질서를 잃지 않고 항복할 수 있었다. 태평양 방면 미군의 사령관은 맥아더 장군(1880-1964)이었는데, 그는 평화적으로 일본을 점령하기 위해서 천황의 지위를 유지하고 싶어했다. 그리고 1941년 이전처럼, 천황이 정책결정에서 영향력을 발휘하지 않도록 주의를 기울였다. 맥아더는 미국 내 공화당 지지자들이 간섭하기 전에 새로운 일본의 헌법(유권자들이 2배로 늘어났고 여성들이 포함되었다)이 채택되도록 신경을 썼다. 그는 또한 미국 납세자들의 부담을 빨리 덜어주기 위해서 일본의 경제에 도움을 주어야 한다고 주장하는 것이 효과적임을 알게 되었다.

전쟁의 패배 이후 일본인들은 군국주의와 권위주의 통치를 제거하기 위해서 일본 사회의 근본적 조정을 필요로 했으며, 그 시작은 미국이 도입한 개혁에 크게 도움을 받았다. 몇 가지 문제들은 대대적인 토지개혁으로 완화되었는데, 이러한 토지개혁을 통해서 약 3분의 1의 일본 경작지들의 소유권이 지주에서 경작자들로 넘어갔다. 그러나 1948년경 냉전은 일본에도 영향을 미치기 시작했는데, 이는 일본인들과 점령군인 미국의 일본에 대한 정책에도 영향을 미쳤다. (비록 과장된 표현이지만) 이른바 '역코스' 정책을 통해서 점령군 정부는 노동조합과 급진적 조직들에 대한 지원을 거두기 시작했고, 전쟁을 지원했지만 중요한 역할을 하지는 않은 일본의 관료, 사업가, 지역의 유지들 다수에게 우호적으로 접근했다. 일본 정치의 대세는 점진적으로 보수주의로 돌아갔고, 오늘날까지 그러한 경향이 이어지고 있다.

1951년, 한국전쟁이 가장 치열한 시기에 다다랐을 때, 미국은 일본에 대한 접근법을 바꾸었다. 제대로 된 민주주의의 도입과 신중한 비무장화보다는 전쟁을 지원하기 위한 동맹으로 일본이 필요했다. 미국은 미국과의 동맹조약을 체결하는 조건으로 평화조약을 제안했다. 물론 소련과 중국은 조약에 서명하기를 거부했다. 일부 사람들은 일본이 완전한 주권을 회복하지는 못했다고 생각했는데, 이것은 일본의 헌법이 '국가의 주권으로서의 전쟁 또한 국제적 분쟁의 해결수단으로서의 힘을 이용한 위협이나 사용'의 포기를 포함하고 있으며, 또한 '육군, 해군, 공군을 절대로 보유하지 않을 것이다'라는 조항도 포함되어 있기 때문이었다. 그러나 다른 일본인들은 일본의 반군국주의적 헌법을 높이 사고, 미국과 수많은 일본 국내의 보수주의자들이 헌법을 개정하려고 하면, 그러한 반전 헌법을 유지하기 위한 운동을 전개했다. 일본 본토에 갇힌 상태 그리고 중국에 대항하는 국가들이 이전 세기보다 단결하면서, 일본의 입장은 그리 불리하지 않았다. 나중에 밝혀지겠지만, 그러한 일본의 입지는 20년도 채 되지 않아서 다시 변화하기 시작했다.

냉전은 일본을 군사기지로서 중요한 존재로 만들었고 일본 경제에 활기를 불어넣었다. 산업생산의 지표는 점차 1930년대 수준으로 회복되었다. 미국은 외교를 통해서 일본의 국제사회에서의 국익을 신장시켰다. 마지막으로 미국의 핵우산에 보호를 받은 일본은 어떠한 국군조직을 가지는 것도 금지되었기 때문에 아무런 방위비용을 부담하지 않았다. 1960년, 미일 조약 갱신에 반대하는 거리 시위가 집권여당인 민주자유당(민자당, 사실 그 시작부터 그리 자유적이거나 민주적이지 않았다)을 좌파, 노동조합, 그리고 학생운동의 거센 도전으로부터 보호해주었다. 민자당은 조약을 갱신했지만, 1급 전범자로 기소되어 투옥되었던 민자당의 수상인 기시 노부스케(1896-1987)는 사임해야 했다. 그리고 그 후임자들은 헌법 개정을 시도하지 않았고, 경제개발 계획에서 노동조합과의 충돌을 기피했다. 국가의 유인들(인센티브), 과학기술 도입,

노동력 유입, 생산효율과 광대한 해외시장(미국의 덕이 컸다) 등 여러 요인들이 복합적으로 작용하여, 일본의 1인당 GDP는 1960년에 미국의 16.2퍼센트에서 1990년에는 미국의 105.8퍼센트로 성장했다. 이것은 괄목할 만한 변화였다.

미국과의 친밀한 관계와 공산 세계와의 인접성, 발전되고 안정적인 경제와 사회로 인해서, 일본이 아시아와 태평양에서 미국에 의해서 세워진 안보체계에서 특별한 역할을 맡아야 한다는 주장이 자연스럽게 여겨지기 시작했다. 그 주장의 기반이 된 것은 오스트레일리아, 뉴질랜드, 필리핀(1946년에 독립)과의 조약이다. 파키스탄과 타이와의 조약이 이 뒤를 잇는데, 이 두 국가는 타이완을 제외하고는 단 둘 남은 아시아 내 미국의 동맹국이었다. 인도네시아와 (그리고 훨씬 더 중요한) 인도와는 거리를 두고 있었다. 이러한 동맹관계들은 부분적으로는 인도에서 영국이 철수한 이후의 아시아 태평양 지역 국제관계의 새로운 상황을 반영하고 있었다. 인도에서 철수한 이후에도 잠시 동안 수에즈를 기준으로 동쪽에 영국 군대가 존재했지만, 오스트레일리아와 뉴질랜드는 제2차 세계대전 동안 영국은 그들을 지켜줄 수 없는 반면에 미국은 그들을 지켜줄 수 있다는 것을 알게 되었다.

1942년 싱가포르 함락은 결정적인 사건이었다. 비록 영국군이 1950년대와 1960년대에 인도네시아로부터 말레이시아를 지켰지만, 홍콩이 영국의 식민지로 살아남은 것은 단지 중국이 그렇게 두는 것이 적합하다고 생각했기 때문이었다. 반면에 새로운 태평양의 복잡한 질서를 정리하는 방법으로, 단순히 냉전 시기에 어느 편에 서느냐에 따라서 국가를 줄 세우자는 것에 큰 이견은 없었다. 그러나 일본과의 평화조약 그 자체는 큰 문제를 일으켰는데, 미국은 정책적으로 일본을 잠재적인 반공세력으로 본 반면에, 다른 국가들(특히 오스트레일리아와 뉴질랜드)은 1941년과 일본의 국력이 살아나는 것을 두려워했다.

그렇기 때문에 미국의 정책은 단순히 이념에 의해서 결정된 것이 아니었다. 그럼에도 불구하고, 미국의 정책은 중국에서 공산당이 거둔 성공을 재앙이라고 여긴 것과 멀리 떨어진 아프리카와 남아메리카의 혁명가들에 대한 중국의 후원으로 인해서 오랫동안 호도되었다. 확실히 중국의 국제적 지위에 큰 변화가 있었으며 그러한 경향은 더욱 거세질 것으로 보였다. 그러나 중요한 점은 통일 중국으로서 중국이 다시 태어나는 것이었다. 결과적으로 이것은 냉전체제에서 이원론자들의 입지를 약화시켰고 그 논리를 무너뜨렸다. 비록 중국의 통일은 중국의 옛 영역에 관한 문제로 시작했지만, 점차 세계의 힘의 관계에서 큰 변화를 불러일으켰다. 이러한 변화의 첫 번째 신호는 한반도에서 나타났는데, 한국전쟁 동안 유엔군은 중국에 의해서 저지되었고, 중국 본토에 대한 공격이 필요하다고 생각되었다. 그러나 중국의 대두는 소련에도 중대한 문제였다. 양극화된 세계체제를 이끄는 한 축을 맡은 이후, 모스크바는 1960년대부터 경쟁자인 중국이 무엇을 하고 있는지를 의심에 찬 눈으로 엿보아야 했다.

중국의 혁명은 아시아가 다함께 유럽화되는 것에 대한 반발이었다. 중국은 공산당에 의해서 통치되었고, 공산당이 주장하는 것들은 전부 유럽인들의 생각에 그 기원을 둔 것이었다. 그러나 중국의 미국과의 대치 그리고 이후 소련과의 대립은 모든 형태의 서방의 세계지배에 대한 강경한 거절을 의미했다. 그리고 중국공산당의 정치운동으로 만신창이가 된 중국 사회는 고대로부터 내려오는 가치와 사고방식을 새로운 생각과 인식과 융합한 새로운 형태의 체제를 발견하려고 노력했다. 대부분의 아시아 국가들과 마찬가지로, 중국은 유럽이 지배하던 과거에서 벗어났지만 서구에서 유래한 사상, 즉 자본주의, 정치 참여, 민족주의 혹은 마르크스주의로부터 끊임없이 영향을 받았다.

중동 지역 역시 유럽의 지배에서 벗어났지만 예상을 깬 방식으로 해방이 진행되었다. 이스라엘의 생존, 냉전의 도래, 석유 수요의 폭발적 증가는 1948년 이후 중동의 정치에 혁명적인 변화를 일으켰다. 이스라엘은 과거 영국과는 비교도 되지 않을 정도로 아랍의 감정을 한데 모았다. 이스라엘과의 갈등은 범아랍주의를 더욱 그럴듯하게 보이게 했다. 아랍의 영토라고 여겨지는 땅을 부당하게 취득한 것, 팔레스타인 난민들에 대한 박해, 강대국들의 도의적 책임, 국제연합이 아랍 측을 지지했던 것 등의 이유로, 아랍의 민중들은 다함께 이를 비난했고 통치자들은 이스라엘 문제에 대해서 단결할 수 있었다.

그럼에도 불구하고 1948-1949년의 패배 이후, 아랍 국가들은 한동안 군대

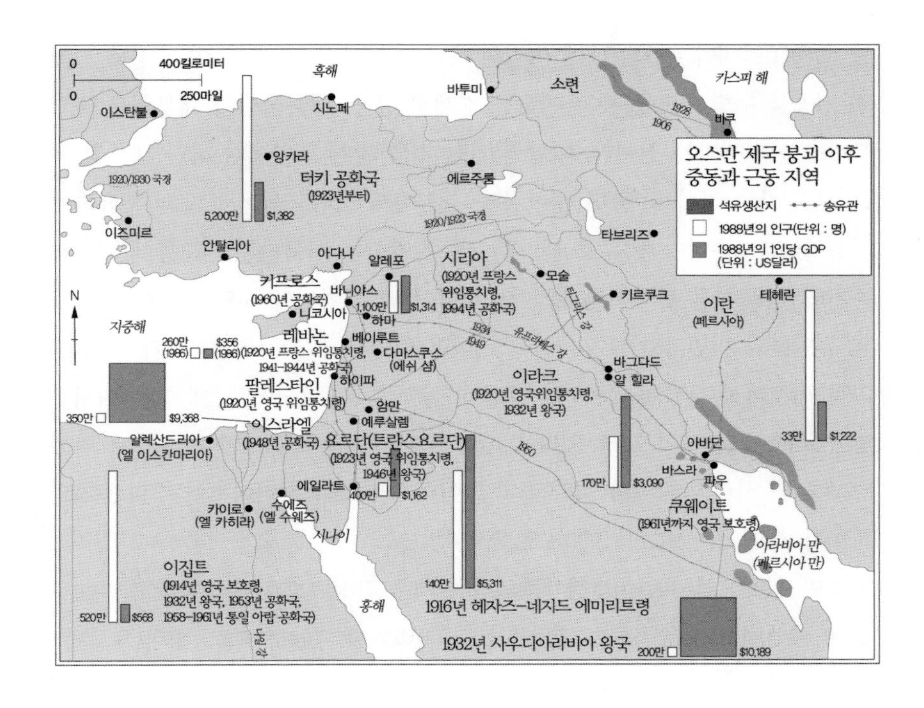

를 제대로 배치하지 않았다. 전시 상황은 유지되었지만 요르단, 시리아, 이집트와 이스라엘 사이의 사실상의 국경을 확정짓는 휴전조약이 1967년까지 이어졌다. 1950년대 초에 지속적인 국경분쟁이 있었고 이집트와 시리아 영토를 통해서 난민 캠프 출신 게릴라 병사들이 이스라엘을 습격한 일이 있었지만, 미국의 노력과 미국으로부터의 이민과 지원금을 통해서 점차 새로운 이스라엘을 확립할 수 있었다. 아랍에 포위된 상황은 심리적으로 이스라엘 정치를 안정화시키는 데에 도움을 주었다. 유대인들이 그들의 새로운 국가를 변화시키는 동안 새로운 국가의 건국을 주도한 정치 지도자들은 그들의 입지를 확고히 할 수 있었다. 오래 지나지 않아서 이스라엘은 불모지를 경작지로 만들고 새로운 산업을 일으키면서 놀라운 발전을 달성했다. 이스라엘과 그보다 훨씬 더 인구가 많은 아랍 국가들 사이의 1인당 소득은 점차 벌어지기 시작했다.

여기에서 아랍을 자극하는 문제가 또 발생했다. 아랍 국가들에 도입된 외국자본은 이스라엘과 같은 놀라운 변화를 일으키지 못했다. 아랍 국가들 가운데 가장 인구가 많은 이집트는 심각한 빈곤과 인구증가 문제에 직면했다. 산유국들이 1950년대와 1960년대에 이익의 증가와 높아진 GDP 등 어느 정도 경제적 성공을 누렸지만, 문제는 이러한 경제적 성공이 곧 국민들 내부의 갈등과 분열을 야기했다는 점이다. 아랍 국가들 간의 경제력 차이와 국가 내부의 계급 간의 차이 역시 점점 더 벌어졌다. 대부분의 산유국들은 소수의 부유하고 전통 있고 보수적이며, 주로 민족주의를 표방하는 서구화된 지도층에 의해서 통치되었다. 이들 상당수는 훨씬 더 인구가 많고 가난에 시달리는 이웃 국가의 농민들과 빈민가 거주자들에게 관심이 없었다. 이러한 아랍 국가 간의 격차는 세계대전 기간에 일어난 새로운 아랍 정치운동인 바트당에 힘을 실어주었다. 바트당은 마르크스주의와 범아랍주의를 융합하려고 했다. 그러나 바트당 운동의 시리아 파벌과 이라크 파벌(이라크가 항상 시리아보다 강력했다)의 사이가 틀어지며 서로 경쟁하게 되었다.

범아랍주의 역시 반이스라엘주의와 반서구 감정만으로는 통일된 집단행동을 이끌어내기에 극복해야 할 것이 너무 많았다. 하셰마이드 왕국(요르단), 아랍의 세이크 영지, 그리고 북아프리카의 유럽화되고 도시화된 국가들과 레반트 지역은 국가적 관심이 서로 상이했고 역사적 전통 역시 매우 달랐다. 이라크와 요르단과 같은 몇몇 지역은 1918년 이후 유럽 강대국들의 필요에 의해서 그 영역이 인공적으로 정해졌다. 몇몇 지역은 사회적, 정치적으로 매우 낙후되었다. 아랍어조차 많은 지역에서 모스크 내에서만 공용어로 쓰였다(그리고 모든 아랍어 화자가 이슬람교도인 것은 아니었다). 이슬람교는 수많은 아랍인들을 이어주는 역할을 했지만, 오랫동안 큰 영향은 일으키지 못했다. 1950년 당시에는 공격적이고 호전적인 신앙을 주장하는 이슬람교도는 소수였다. 사실상 이스라엘만이 아랍 세계에서 공통의 표적이 되었고 집단행동을 일으킬 수 있는 원인이 되었다.

이집트에서 일어난 혁명으로 인해서 많은 국가의 아랍인들 사이에 새로운 희망이 일어났다. 이집트 혁명을 통해서 가말 압델 나세르(1918-1970)라는 젊은 군인이 역사의 무대에 등장했다. 당시 나세르는 이스라엘에 대항하여 아랍 세계를 통합하고 사회적 변화를 위한 길을 열려고 하는 것으로 보였다. 1954년, 그는 2년 전 이집트 왕정을 전복시킨 군사정부의 수장이 되었다. 이집트의 민족주의자들의 관심은 수십 년간 영국인들에게 집중되었는데, 영국은 여전히 수에즈 운하지역에 군사를 주둔시키고 있었고, 이스라엘 건국에 대한 책임 문제로 이집트의 민족주의를 자극하고 있었다. 영국 정부의 입장에서는 소련의 영향력에 대한 두려움, 수에즈 동쪽과의 연락과 원유 공급을 위해서 아랍 지도자들과 협력하는 것이 최선의 선택이라고 생각하고 있었다. 영국이 인도에서 철수한 이후에도, 중동(영국이 이 지역을 차지했던 원래 목적이 인도 때문이었다는 것을 고려한다면 역설적이다)은 여전히 영국에 전략적으로 매우 중요했다.

당시에 다른 아랍 지역에서도 반서구주의 정서가 팽배했다. 1951년 요르단의 왕이 암살되었는데, 생존을 위해서 후계자는 영국과의 오랜 특별한 관계를 단절해야 했다. 아랍 세계의 서쪽에서는 세계대전 이후 모로코와 튀니지의 완전한 독립을 인정해야 했던 프랑스가 1954경 알제리 민족주의 반군의 강한 저항에 직면했다. 알제리 반군과 프랑스의 충돌은 곧 전면적으로 발전했고, 프랑스 정부는 100만 이상의 유럽 이주민들이 체제하고 있는 알제리를 쉽사리 포기하려고 들지 않았다. 더구나 사하라에서 석유가 발견되었다. 아랍 세계의 이러한 동란에서, 나세르의 사회개혁과 민족주의에 관한 사상은 광범위한 지지를 얻었다. 나세르의 반이스라엘 정서는 확고부동했고, 재빨리 영국이 수에즈의 군사기지에서 물러날 것을 종용했다. 미국인들은 중동에서의 소련의 위협을 점점 더 경계하고 있었고, 이에 미국은 중동 지역에서 반식민주의자들의 지지를 얻으려고 했으며 잠재적인 우호세력을 찾고 있었다.

얼마 지나지 않아서 미국은 이러한 목표를 약간이나마 달성하게 된다. 이집트 영토에 있는 팔레스타인 난민 캠프에서 게릴라들이 이스라엘을 공격하자 미국은 크게 자극을 받았다. 1950년, 영국과 프랑스와 미국은 중동 국가들에 제한된 무장만을 제공할 것이라고 밝혔고, 그러한 조건은 이스라엘과 아랍 사이에서 균형을 유지하기 위함이라고 말했다. 나세르가 면화 수확의 확보를 조건으로 체코슬로바키아와 무기 거래를 성사시키고 공산주의 중국을 국가로 인정하자, 미국의 생각은 더욱 확고해졌다. 미국과 영국은 불쾌한 감정을 드러내기 위해서, 이집트가 자국의 개발을 위해서 염원하던 프로젝트인 나일 강의 아스완하이 댐 건립을 위한 재정지원을 거두어들였다. 이에 대항해서, 나세르는 수에즈 운하를 소유 및 운영하던 민간기업의 자산을 몰수했다. 나세르는 그 기업의 수익은 댐 건립을 위한 재정 충당에 사용되어야 한다고 말했다. 이러한 행동은 영국을 크게 자극했다. 한때 반공주의와 좀더 전통적인 아랍 국가들과 잘 어울릴 것이라고 여겨졌던 나세르는 제국주의의 쇠퇴로 인해서 점차 다른 아랍 국가의 눈에 급진주의자로 보이기 시작했다. 영국 수상 로버트 앤서니 이든(1897-1977) 역시 잘못된 비유를 했는데, 나세르가 새로운 히틀러이며 다른 국가에 공격적인 행동을 취하기 전에 이를 견제해야 한다고 했던 것이다. 프랑스인들 역시 나세르의 알제리 반군에 대한 지원으로 피해를 입었다. 영국과 프랑스는 공식적으로 수에즈 운하 점거에 항의했고, 이스라엘과 공모하여 나세르 정권을 전복시키려고 들었다.

1956년 10월, 이스라엘은 이집트를 기습 침공했다. 이스라엘은 이스라엘인들의 정착을 방해한 게릴라들의 기지를 파괴하기 위해서라고 발표했다. 영국과 프랑스 정부는 즉시 수에즈 운하 사용의 자유가 위협받고 있다고 발표했다. 영국과 프랑스는 곧 정전을 요구했는데, 나세르가 이를 거부하자 공습을 시작했고 곧 해상공격을 감행했다. 두 국가는 이스라엘과 공모한 것을 부인했지만, 이는 사실이 아니었다. 그것은 거짓말이었고, 애초에 믿을 수 없는 것이었다는 것이 더 큰 문제였다. 이러한 문제는 미국을 크게 긴장시켰다. 미국은 이러한 제국주의 부활의 움직임이 소련에 큰 이득을 가져다줄 수 있다고 보았고, 국제연합을 통해서 영국이 정전에 합의하도록 경제적인 압력을 넣었다. 영국과 프랑스의 모험은 수치스럽게 끝이 났다.

수에즈 사건은 영국과 프랑스의 입장에서 재앙으로 보였는데(그리고 실제로 그랬다), 장기적인 관점에서 보면 사건의 진정한 중요성은 심리적인 것이었다. 영국이 가장 큰 타격을 입었는데, 특히 영연방 내에서의 신뢰에 큰 타격을 입었다. 그리고 영국이 제국에서 물러날 것이라는 말의 진정성에도 먹칠을 했다. 이러한 상황은 아랍의 이스라엘에 대한 증오를 더욱 확고하게 했다. 이스라엘과 서구가 서로 불가분의 관계로 연관되어 있다는 의심은 아랍이 소련 측과 가까워지는 결과를 낳았다. 나세르의 위명(威名)은 더욱 높아졌다.

또한 수에즈 사건은 그 발생 시기상 동유럽에 터진 일을 덮고 서유럽의 문제를 조명함으로써 서유럽에 또다른 상처를 안겼다(동유럽에서는 소련의 위성 정부에 대항하는 헝가리의 혁명이 소련군에 의해서 격멸되었는데, 이집트에서 서유럽 군대가 물러나게 된 시기와 겹친다). 그럼에도 불구하고, 중동 지역에서 핵심적인 쟁점은 수에즈 위기 이후에도 여전히 심각했다. 열광적인 범아랍주의의 새로운 흐름은 여전히 아랍 지역에서 큰 반향을 일으켰다. 수에즈 사태는 냉전 혹은 중동의 균형에 변화를 주지 않았다.

1958년에 바트당의 추종자들이 시리아와 이집트를 통합하여 아랍 연합공화국(United Arab Republic)을 세우려는 시도가 있었고, 1961년에 잠시 동안 그 결실을 맺었다. 레바논의 친서방 정부는 전복되었고 이라크의 왕정은 그해에 터진 혁명으로 물러났다. 이러한 일들이 벌어지자 범아랍주의자들은 더욱 용기를 얻었다. 그러나 아랍 국가들 간의 생각의 차이는 곧 분명하게 드러났다. 친나세르 군대에 대항하여 레바논이 미군을 불러들이고 영국군이 요르단의 정부를 지켜내는 것을 돕게 되자, 세계의 여론은 이를 흥미롭게 지켜보았다. 한편 시리아와 이스라엘 국경 사이에서는 산발적으로 전투가 계속되었고, 게릴라의 활동은 한동안 중단되었다.

그러나 수에즈 사태에서 1967년에 이르기까지 아랍에서 일어난 일들 중 가장 중요한 일은 팔레스타인 지역이 아니라 알제리에서 일어났다. 유럽계 이민자들의 비타협적 태도와 불가능한 임무를 부여받았다고 생각하는 군인들이 느낀 불만으로 인해서 프랑스 내에서 쿠데타가 일어날 뻔했다. 드골 장군의 정부는 그럼에도 불구하고 국민투표를 통해서 프랑스가 알제리의 독립을 공식적으로 인정한 이후 1962년 7월에 알제리 반군들과 비밀교섭을 개시했다. 분노한 100만 명의 유럽계 알제리 이민자들이 다시 프랑스로 이주했고, 프랑스의 정치를 더욱 힘들게 했다. 역설적으로 20년간 프랑스는 100만 명이 넘는 알제리계 이주노동자들에 의해서 경제적으로 큰 이득을 얻었고, 이들이 알제리 본국으로 보낸 송금은 알제리 경제에서 핵심적인 역할을 했다. 리비아가 1951년에 국제연합의 신탁통치로부터 벗어나서 독립을 쟁취하자 북아프리카 해안지역에서 에스파냐의 작은 영토를 제외하고는 유럽의 영향력은 완전히 제거되었다. 그러나 수 세기 전 오스만 제국이 그 지역을 정복한 이후, 아랍의 역사에 계속 영향을 준 외부적 영향력은 계속되었다. 다만 이제 그러한 외부로부터의 영향은 주로 미국과 소련이 우방을 얻기 위해서 제공하는 후원과 외교적 노력을 통한 간접적인 것이 되었다.

미국은 불리한 입장에 처했다. 미국 대통령 혹은 의회 중 그 누구도 이스라엘에 확실한 압력을 넣어 평화를 위해서 제대로 노력하도록 하지 못했다. 유대인의 곤경에 대한 미국 국민들의 대중적인 인식과 유대인들의 미국 내 영향력은 극복하기에는 너무 거대했고, 비록 아이젠하워 대통령이 수에즈 문제에서 용기를 내서 선거가 있는 해에 이스라엘을 굴복시키기는 했지만, 그 한계는 자명했다. 이집트와 시리아의 정책은 계속해서 반미를 표방했고 이는 계속 미국을 자극했다. 반대로 소련은 영국을 곤란하게 만들 유용한 도구로서의 가치가 떨어진 이스라엘에 대한 지원을 그만두었다. 소련의 정책은 점차 친아랍 노선을 취하게 되었고, 아랍 세계에서 영국의 제국주의가 살아남은 것에 대한 아랍인들의 분노를 부지런하게 부채질했다. 소련은 1960년대 후반 소련 내의 유대인 반동분자들을 탄압함으로써 아랍으로부터 미미하게나마 어느 정도 지지를 얻어냈다.

한편, 중동 문제의 맥락이 점차 변화하기 시작했다. 1950년대에 석유에 관한 두 가지 중요한 움직임이 있었다. 먼저, 이전과 비교도 되지 않을 정도로 많은 석유가 발견되었다. 특히 페르시아 만 남부, 여전히 영국의 영향력 아래에 있던 소규모 셰이크들이 다스리는 영지의 곳곳, 그리고 사우디아라비아에서 많은 석유가 발견되었다. 두 번째로, 서구 국가들, 특히 미국 내에서 에너지 소비가 엄청나게 늘어났다. 석유 붐으로 인해서 가장 큰 혜택을 받은 국가들로는 사우디아라비아, 리비아, 쿠웨이트가 있고 그 다음으로 큰 혜택을 받은 국가들로는 이란, 이라크가 있었다. 여기에서 두 가지 중요한 결과가 도출되었다. 중동산 석유에 의존하는 국가들(즉 미국, 영국, 서독, 곧이어 일본까지)은 외교에서 아랍의 관점에 크게 신경을 써야 했다. 그리고 또한 이것은 아랍 국가 내에서 상대적인 부와 서열에 큰 변화가 일어났다는 것을 의미한다. 아랍에서 가장 많은 석유를 생산하는 삼국은 인구가 많지 않았으며 또한 이전까지는 국제사회에서 그리 큰 영향력을 발휘한 적이 없었다.

이러한 변화들의 영향은 1960년대 마지막 중동 위기까지도 그리 분명하지 않았다. 이 시기, 1966년에 시리아에는 매우 극단주의적인 정부가 들어섰고, 소련의 지원을 받았다. 요르단의 왕은 팔레스타인 게릴라들을 지원하라고 협박을 받았다(팔레스타인 게릴라는 1964년 이후에 팔레스타인 해방기구[Palestine Liberation Organization, PLO]로 조직되었다). 그리하여 요르단 군대는 이집트와 시리아와 함께 이스라엘을 공격할 준비를 했다. 그러나 1967년에 이스라엘의 홍해 지역의 항구를 봉쇄하려는 시도에 자극을 받은 이스라엘이 선제공격을 감행했다. 시나이 반도 지역에서 이집트 공군과 육군을 격파하고 요르단 군대를 격퇴시킨 이스라엘은 6일간의 전투를 통해서 수에즈 운하, 골란 고원, 요르단 강에 이르는 새로운 영토를 얻었다. 이스라엘의 새로운 국경지역은 이전의 국경지역에 비해서 방어가 훨씬 더 유리했고, 이스라엘은 이 지역들을 유지할 것이라고 발표했다. 이것이 다가 아니었다. 이 전쟁에서의 패배는 범아랍주의 최초의 명망 있는 지도자인 나세르의 화려한 이력에 그림자를 드리웠다. 나세르는 소련의 힘(이스라엘 선발대가 수에즈 운하에 접근하자 소련의 함대가 알렉산드리아에 도착했다)과 산유국들로부터의 지원금에 더욱 의존하게 되었다. 소련과 산유국들은 나세르에게 좀더 신중하게 행동하기를 요구했고, 이로 인해서 아랍 세계에서 급진주의적인 지도자들은 곤란에 처했다.

그러나 1967년의 6일 전쟁은 어떠한 문제도 해결하지 못했다. 다시 한번 팔레스타인 난민의 행렬이 줄을 이었다. 1973년경에 약 140만 명의 팔레스타인인들이 아랍 각국으로 흩어졌고, 그와 비슷한 숫자의 팔레스타인인들이 이스라엘과 이스라엘이 점령한 지역에 남아 있었다. 이스라엘인들이 새롭게 점령한 지역에 정착을 시작하자, 아랍의 분노는 더욱 거세졌다. 아랍에서 석유와 출생률은 확실했지만, 다른 요소들은 불분명했다. 국제연합에서 '77 그룹'이라고 불리는 비동맹국들이 이스라엘을 (남아프리카와 마찬가지로) 특정 국제기구에 대한 회원 자격을 정지시키는 데에 성공했다. 그리고 이들은 이스라엘의 예루살렘 합병에 대한 만장일치로 비난했다. 또한 몇몇 국가들은 이스라엘을 국가로 승인하는 대신에, 아랍 지역으로부터의 철수를 촉구했다. 한편,

팔레스타인 해방기구는 자신들의 명분을 알리기 위해서 분쟁지역 이외의 지역에서의 테러 활동을 시작했다. 1890년대의 시오니스트들처럼, 팔레스타인 해방기구는 팔레스타인의 역경에 대한 해답을 서구의 민족관념에서 찾으려고 했다. 이러한 논리를 통해서 팔레스타인 해방기구는 새로운 국가는 독립국가의 지위를 분명히 해야 한다고 주장했고, 이를 위한 도구로서 1940년대 유대인들이 보인 잔혹성과 마찬가지로 테러 활동(암살과 무차별적 살인)을 선택했다. 곧 또다른 전쟁이 일어날 것이 분명했다. 그리고 미국과 소련이 각자 이스라엘과 팔레스타인을 지지함에 따라서, 1914년과 마찬가지로 이러한 지역분쟁이 세계대전으로 확전될 가능성도 있었다.

이집트와 시리아가 1973년 10월 유대인의 명절인 욤 키푸르(Yom Kippur, 속제의 날)에 이스라엘을 공격함으로써 그러한 위험이 임박해졌다. 이전보다 군사력이 훨씬 더 향상되고 소련제 무기로 무장한 적군을 맞아서 이스라엘은 처음으로 군사적 패배의 위기에 직면했다. 이집트는 시나이 방면으로 진격했고, 이스라엘은 이들을 격퇴하는 데에 큰 어려움을 겪었다. 그러나 10월 20일 경에 이스라엘 군대는 카이로로부터 60마일 이내 거리까지 진격했고 시리아의 수도 다마스쿠스로부터 25마일 떨어진 곳까지 나아갔다. 이스라엘은 다시 한번 승리했다. 비록 소련이 이집트로 핵무기를 보냈다고 알려졌고, 미국이 세계의 동요를 막기 위해서 군대를 파견했다고는 하지만, 결과는 같았다. 이스라엘이 핵무기를 보유하고 있었다면, 극단적인 경우에 사용할 것이 분명했다는 점과 더불어, 이러한 무시무시한 역사적 배경은 당시에 대중에게는 제대로 알려지지 않았다.

그러나 이스라엘과 아랍의 분쟁은 중동 지역에서 위기가 고조된 단 하나의 원인은 아니었다. 오스만 제국이 물러나고 발생한 해당 지역의 문제는 1919년 이후 계속되었는데, 이스라엘의 등장은 사실 그 일부에 불과했다. 그리고 이 문제는 처음에는 제1차 세계대전이 끝나고 제2차 세계대전 전까지 영국과 프랑스의 정책에 의해서 악화되었고, 그 이후에는 냉전에 의해서 더욱 심화되었다. 그러나 점차 중동의 세계에서의 역할에 근본적인 변화가 일어나고 있었다. 1945년에 세계 최대 석유수출국은 베네수엘라였다. 20년 후, 상황이 변했고 대부분의 선진 경제대국들은 중동의 석유에 의존했다. 1950년대와 1960년대 대부분의 시기 동안, 영국과 미국은 중동 지역에서 값싸고 확실한 석유를 공급받을 수 있었다. 이란의 석유에 대한 접근에 잠재적 위협이 될 만한 민족주의적인 이란 정부를 1953년에 전복시켰고, 1963년(바트당이 권력을 장악했던 시기)까지 이라크에 대해서는 비공식적인 통제력을 행사했으며, 사우디아라비아와 우호적 관계를 유지하는 데에 큰 어려움이 없었다.

그러나 욤 키푸르 전쟁은 이러한 시대의 막을 내렸다. 사우디아라비아를 필두로 아랍 국가들은 유럽, 일본, 미국으로의 석유 공급을 끊겠다고 발표했다. 이스라엘은 항상 중동 외부에서 외교적 지지를 얻어왔는데, 이제 그것을 기대하기 힘든 충격적인 상황에 직면했다. 이제는 유대인 홀로코스트에 대한 죄책감에 의존할 수만은 없게 되었고, 저개발 지역에서 잘 발전한 국가로서의 외국의 지지와 존경에 의존하기도 또한 미국 내의 유대인 공동체의 영향력에 계속 기대기도 힘들어졌다. 이 시기는 또한 미국과 미국의 동맹국들에게 좋지 않은 상황이었다. 1974년에 국제연합 회원국 중 138개 국가들이 사상 처음으로 국제연합 총회에서 서구 국가들에 대항하여 (이스라엘과 남아공 문제에 대해서) 다수결 투표로 승리했다. 그 당시 국제연합은 이스라엘과 팔레스타인을 분리시키기 위해서 시나이 지역으로 군대를 파견하는 데에 동의했지만, 해당 지역의 근본적인 문제들은 아무것도 해결되지 않았다.

그러나 '석유 외교'의 충격은 중동 지역을 넘어 멀리 뻗어나갔다. 하루 아침에 1960년 이후로 지속될 경제 문제가 이때 급격하게 시작되었다. 세계 원유 가격이 치솟았다. 석유의 수입에 의존하는 국가들은 모두 국제수지 문제의 위기를 겪었다. 인도차이나 전쟁의 늪에서 허덕이던 미국은 심각하게 흔들렸다. 일본과 유럽은 대규모 경기후퇴에 직면했다. 아마도 또다른 1930년대가 시작되는 것으로 보였다. 어쨌든 보장된 경제성장의 황금기는 끝난 것으로 보였다. 석유수입국 중에서 가장 빈곤한 국가들이 이 석유 파동으로 가장 큰 고통을 겪어야 했다. 그러한 국가들 상당수가 심각한 인플레이션에 직면했고, 애써 벌어들인 돈은 해외 채권자들이 제공한 큰 부채에 대한 이자를 지불하기 위해서 사실상 사라졌다.

원유가격의 고공행진은 아프리카 대부분의 지역에 큰 충격을 주었다. 1950년대와 1960년대 초에 아프리카 대륙은 매우 빠르게 탈식민지화를 경험하고 있었다. 탈식민지화는 매우 희망적인 분위기를 고취시켰지만 한편으로는 신생 독립국들의 취약한 면이 그대로 드러나게 했으며, 이러한 경향은 특히 사하라 이남에서 더욱 심각했다. 프랑스, 벨기에 및 영국은 대체적으로 주요 제국주의 국가들 치고는 놀라우리만큼 평화로운 방식으로 식민지 해방을 진행했다. 이탈리아는 1943년에 알제리에 마지막 남은 아프리카 영토를 상실했고, 포르투갈의 식민지들은 해방 과정에서 많은 피를 흘려야 했으며, 포르투갈은 1974년 국내의 혁명으로 그 지역들을 포기했다. 유럽인들의 해외 지배에 대한 모험을 선도했던 이베리아인들은 이제 그러한 모험을 사실상 끝내게 되었다. 제국의 시대가 끝나면서 엄청난 희생이 치러졌는데, 아프리카인들이 자신들의 아프리카를 세울 시기에 특히 그랬다. 그러나 그곳에 영국과 프랑스인들이 감안해야 할 상당수의 백인 이주자들이 존재할 경우에는 더욱 문제가 심각해졌다. 그외의 지역에서는 프랑스와 영국의 정치인들은 가능하다면 이전 식민지 국가들에 많은 지원을 퍼부으면서 영향력을 유지하기 위해서 고심했다.

이러한 상황들이 낳은 결과가 바로 아프리카였는데, 그 현재의 형태는 주로 19세기 유럽인들의 결정들로 인해서 정해졌다(이것은 20세기에 유럽인들에 의해서 중동의 정치적 구조가 정해진 것과 유사하다). 신생 아프리카의 '민족국가들'은 이전 식민지 시기의 경계를 통해서 나뉘어졌고 이러한 경계는 놀라우리만치 지속되었다. 많은 경우에 아프리카 국가들 간의 국경은 다양한 언어와 전통과 관습을 가진 민족들을 하나로 묶었는데, 이러한 사람들에 대한 유럽인들의 식민지 행정은 형식적으로 이들을 통합시키는 정도였다. 위대한 토착 문명들이 아프리카 전체를 아우르는 영향력을 발휘한 적이 드물었기 때문에(아시아도 유사하다), 제국주의의 철수로 많은 수의 단결력이 약한 국가들이 난립하는 발칸화가 시작된다. 아프리카의 서구화된 지도층(무슬림 국가인 세네갈에는 프랑스어로 시를 쓰고 괴테 전문가였던 대통령이 있었다)의 관심을 끈 민족주의는 아프리카 대륙의 분열을 더욱 극명하게 했는데, 민족주의로 인해서 식민주의가 내포하거나 만들었던 중요한 현실들을 자주 간과하게 되었다. 새로운 통치자들의 귀에 거슬리는 민족주의 수사는 때로는 부메랑처럼 큰 위험으로 되돌아왔다. 유럽의 초기 건국자들과 비슷하게, 민족의 신화를 만들기 위해서 서아프리카인들은 고대 말리와 가나의 역사적 기록을 더듬어 갔고, 동아프리카인들은 짐바브웨의 폐허와 같은 고대 유물에 숨어 있을 듯한 과거를 추적했다. 민족주의는 그 원인과 마찬가지로 아프리카 탈식민지화의 결과물과 같은 것이었다.

내부 분열의 문제는 아프리카만의 문제도 아니었고 아프리카 최악의 문제도 아니었다. 아프리카 대륙의 대단한 잠재력에도 불구하고, 번영하는 미래를 위한 경제와 사회적 기반은 흔들렸다. 다시 한번 제국주의의 유산이 크게 작용했다. 아프리카의 식민주의 체제는 아시아보다 문화적, 경제적 인프라의 측면에서 더 미약했다. 문해율은 낮았고 숙련된 고급 관리와 과학기술 전문가는 드물었다. 아프리카의 중요한 경제적 자원들(특히 광물자원들)은 그것을 얻기 위해서 기술, 자본, 마케팅 시설이 필요했는데, 이는 한동안 아프리카 외의 외부세계만에서 획득할 수 있었다(그리고 아파르트헤이트[apartheid, 흑백 분리주의] 남아공은 대부분의 흑인 정치인들에게는 이러한 '외부세계' 중 하나로 치부되었다). 게다가 몇몇 아프리카의 국가들은 근래에 들어 유럽의 필요와 이익으로 인해서 갑작스런 분열과 불화를 겪었다. 1939년에서 1945년까지의 전쟁 기간 동안, 일부 영국 식민지의 농업은 수출을 위해서 대량의 환금작물을 재배하는 쪽으로 옮겨갔다. 이러한 변화가 자급자족을 위해서 작물과 가축을 기르던 과거의 농민들에게 장기적으로 이득이 되는지 아닌지는 논란의 여지가 있다. 그러나 한 가지 확실한 점은 이러한 변화로 인해서 즉시 발생한 결과들은 급속하게 나타났고, 심대했다는 점이다. 먼저 영국인들과 미국인들이 필요로 하는 작물을 생산하여 얻은 돈의 흐름이 있다. 이러한 돈의 흐름의 일부는 임금이 더 높아지는 것으로 측정될 수 있지만, 이러한 돈이 시장에 퍼져나가는 것은 자주 해당 지역의 경제를 교란하는 영향을 낳았다. 예상하지 못한 도시의 성장과 지역의 발전이 일어났고 부정부패가 증가했다.

이런 이유로 많은 아프리카 국가들은 제2차 세계대전 후 세계에서 그들의 약점과 한계를 곧 보여줄 개발 패턴에 묶이게 되었다. 영국 식민지 개발 및 복지기금 혹은 다른 국제 원조 프로그램과 같이 자선적인 성격의 프로그램들조차 아프리카의 생산자들이 세계시장에 종속되도록 하는 데에 일조했다. 이러한 세계시장에 영향을 미치는 의사결정자가 되기에 아프리카 국가들은 아직 준비가 되지 않았다. 그러한 핸디캡들이 복합적으로 작용할 때에 문제는 더욱 심각해졌고, 독립 이후의 많은 경제정책에 착오를 일으켰다. 수입 대체를 통한 산업화의 진전은 대개 환금작물의 가격이 해당 지역에서 생산된 공업제품과 비교하여 인위적으로 낮게 유지되면서 농업에 재앙과 같은 악영향을 끼쳤다. 대부분의 농민들은 도시민들에게 희생해야 했고 낮은 가격은 생산력 향상을 위한 유인을 없애버렸다. 1930년대에 증가하기 시작한 인구는 1960년 이후 더욱 급격하게 증가했는데, 식민지에서 '해방된' 땅의 현실에 대한 사람들의 불만은 불가피한 것이었다.

이러한 어려움에도 불구하고, 블랙 아프리카의 탈식민지화 과정은 중단된 적이 거의 없었다. 비록 남아연방이 영연방의 자치지역이었고 공식적으로는 식민지가 아니었지만(또한 영국 식민지 남로디지아의 사실상의 독립으로 남로디지아를 식민지의 카테고리에 넣기 애매한 점도 있지만), 1945년 아프리카에서 진정한 독립국가는 에티오피아(에티오피아도 1935년에서 1943년까지 짧은 기간 동안 식민지 체제에 있었다)와 라이베리아밖에 없었다. 1961년에 24개의 신생 아프리카 국가가 존재했다(당시 남아프리카는 완전히 독립한 공화국이 되었고 영연방에서 탈퇴했다). 현재 아프리카의 독립국가는 50개를 넘어섰다.

1957년 가나는 사하라 이남 아프리카에서 최초로 식민지에서 해방된 국가가 되었다. 아프리카인들이 식민주의를 떨쳐내면서, 그들이 가진 문제는 빠르게 수면에 떠올랐다. 그 직후 55년 동안, 아프리카에는 25회의 큰 전쟁 혹은 내전이 터졌고, 30명의 국가원수 혹은 수상이 암살당했다. 때로 특별한 분쟁이 발생하기도 했다. 전 벨기에령 콩고에서 카탕가의 광물이 풍부한 지역이 독립을 하려는 움직임이 내전을 촉발하자 소련과 미국이 재빨리 해당 지역에

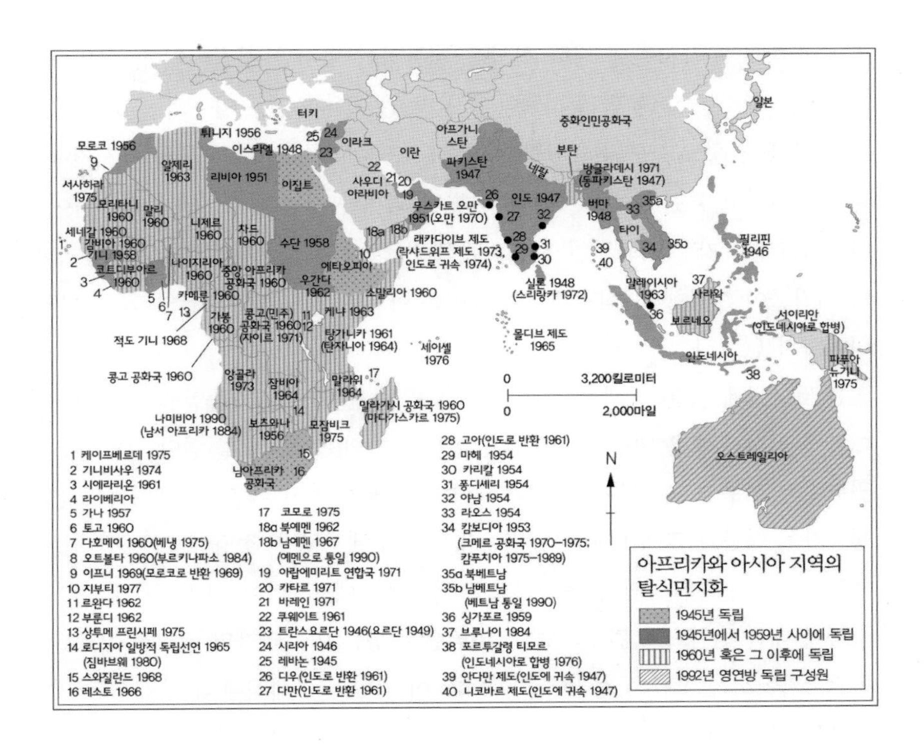

개입했고, 국제연합은 평화를 회복시키기 위해서 노력했다. 그리고 1960년대 말에 더 심각한 사건이 발생했는데, 신생 아프리카 국가 중에서 가장 안정적이고 장래가 밝은 국가 중 하나였던 나이지리아에서의 내전이었다. 이 동란에서도 역시 비아프리카인들이 아프리카의 참혹한 사태에 어느 정도 개입했다(개입의 한 가지 이유는 나이지리아가 산유국이 되었기 때문이다). 다른 국가에서는 무력충돌은 그보다 덜했지만, 역시 당파, 지역, 부족들 간에 격렬한 투쟁이 일어났으며 이러한 충돌은 서구화된 소수의 정치 지도자들을 혼란스럽게 했고 식민지 체제가 끝나갈 즈음에 크게 강조되었던 자유민주주의의 원리를 포기하게 만들었다.

냉전 시기 말에 일어났던 전쟁은 특히 아프리카를 피폐하게 만들었다. 아파르트헤이트(흑백 분리주의) 남아프리카에 대한 전쟁과 그 지지자들은 이웃 국가들에서 남아공이 조장한 내전과 같이 끔찍한 인권유린의 결과를 낳았다. 1990년에서 1993년에까지 이어진 르완다 내전은 선동가들이 과거의 종족 불화를 빌미로 투트시족에 대한 학살을 선동하여 일어난 사건이었다. 르완다 내전으로 최소한 50만 명의 사람들이 사망했는데 이는 총 인구의 약 20퍼센트에 달한다. 콩고(서구권이 지지한 독재자 모부투가 32년간 통치하던 시기에는 자이르라고 불렸다)에서는 1990년대 말 외세가 개입한 국내의 무력충돌이 아프리카에서 가장 파괴적인 전쟁으로 발전했다. 이 전쟁에서 최소 500만 명의 사람들이 사망했다. 식민주의의 종결은 아프리카의 고통이 끝났다는 것을 의미하지 않았다.

1970년대에 많은 신생국가에서, 분열 방지, 반역 억제, 중앙권력 강화에 대한 현실적인 혹은 과장된 필요성은 이들 국가의 정치체제를 일당 단일정부, 권위주의 정부 혹은 군부 정치로 이끌었다(해방전쟁 이후의 남아메리카의 신생국가의 역사와 크게 다르지 않다). 많은 경우에, '국가' 정당에 대한 반대는 특정 국가 내에서 독립의 움직임으로 발전했는데, 독립이 이루어지게 되면 국가에 대한 반란으로 간주되었다. 이러한 경향은 아프리카의 비교적 오래된 독립국가에서 살아남은 정권에도 예외가 아니었다. 구체제에 대한 분노는 평화로운 정치와 사회의 변화로 이어지지 못했고, 1974년에 에티오피아 혁명으로 이어졌다. '유다의 사자'(에티오피아 황제)의 퇴위는 세계에서 가장 오래된 기독교 군주제의 종식으로 이어졌다(왕의 계보는 오래된 이야기의 일부 버전에 따르면, 솔로몬의 아들과 시바 여왕까지 거슬러 올라간다). 1년 후, 권력을 장악한 군인들은 그들이 퇴위시킨 황제와 마찬가지로 신임을 잃었다. 아프리카 다른 지역에서 일어난 비슷한 움직임에 의해서 전제적인 정치 지도자들이 등장하곤 했는데, 이들은 유럽인들에게 유럽의 과거 독재자들을 떠올리게 했다. 그러나 이러한 비교는 올바른 것이 아닐 것이다. 아프리카 민족해방주의자들은 상당수의 신생국의 '유력자들'은 서구의 독재자들보다는 식민시대 이전의 아프리카 왕조의 계승자들처럼 보인다고 조심스럽게 지적했다.

아프리카의 분쟁은 많은 아프리카인들이 외부세계에 반응할 때 발산하는 분노를 줄이지 못했다. 이러한 아프리카인들의 분노의 근원의 일부는 그리 깊은 것이 아닐지도 모른다. 단적으로 아프리카인들이 인종착취의 대표적인 예시로 든 연극은 유럽인과 북미인들이 과거 유럽의 노예무역을 바탕으로 제작한 것이다. 정치적인 열등감 역시 상대적으로 무력한 국가들이 모인 대륙에서 비롯된 것이다(몇몇 아프리카 국가들의 인구는 100만 명이 채 되지 않는다). 정치와 군사적인 관점에서, 분열된 아프리카에서는 분열로 인한 약점을 극복하기 위한 노력이 이루어졌지만 국제사회에서 큰 영향력을 행사하기 힘들었다. 분열을 극복하기 위한 노력 실패의 예를 하나 들어보면, 1958년에 아프리카 합중국이 있다. 아프리카 합중국은 1963년에 아프리카 통일기구(Organization for African Unity)의 탄생을 낳았으며, 동맹과 부분적 연합과 연방제 시도 등의 시대를 열었다. 그리고 이는 에티오피아 황제인 하일레 셀라시에(1892-1975)의 공이 컸다. 1975년에는 아프리카 생산자들의 보호를 관철하여 유럽인들과의 무역에서 유리한 교섭을 일구어냈지만, 정치적으로 아프리카 통일기구는 큰 성공을 거두지는 못했고 그 현신인 아프리카 연합(African Union)도 크게 다르지 않았다.

아프리카의 초기 정치사는 대개 실망으로 가득 찼다. 이는 몇몇 정치인들이 경제개발에서 다른 국가와의 협력을 하도록 만들었는데, 역시 여전히 아프리카에게 가장 중요한 외부 투자자본의 출처인 유럽과의 협력관계가 주를 이루었다. 그러나 식민지 시기 착취당한 기억으로 인해서 그러한 협력관계가 단절되는 경우도 잦았고, 또한 유럽인들이 아프리카 국가들이 수출하는 원자재의 가격을 제대로 받지 못한다고 느끼는 불공정 거래 역시 협력관계에 해를 끼쳤다. 많은 국가들은 이로 인해서 국제경제를 접고 다양한 종류의 계획경제 체제를 도입했다. 몇몇 국가들은 소련과 동유럽 국가들과 협력을 시작했다. 아프리카의 경제지표는 최근까지도 형편이 없었다. 1960년대, 식량생산이 간신히 인구증가를 지탱하는 정도였다. 그러나 1982년에도 사하라 이남의 39개국 중 7개 국가에서 1인당 식량생산량이 1970년까지의 식량생산량보다 더 낮았다. 부정부패, 잘못 적용된 정책, 과도한 전시행정 프로젝트는 국가의 자원과 외부로부터 얻은 개발 보조금을 낭비했다.

1965년, 대륙 전체의 GDP는 일리노이보다 더 적었고, 1980년대에는 절반 이상의 아프리카 국가들의 공업생산이 감소했다. 1970년대 초의 석유 파동과 이후의 무역의 쇠퇴가 이러한 부실한 경제에 큰 타격을 주었다. 또한 계속된 가뭄이 시작된 이후 아프리카가 받는 충격은 더욱 커졌다. 1960년 아프리카의 GDP 성장은 보잘것없었지만, 그래도 연간 1.6퍼센트로 증가세였다. 그러나 곧 GDP는 감소 추세로 돌아섰고, 1980년대 초중반에는 연간 1.7퍼센트만큼 감소했다. 1983년에 국제연합 경제위원회가 아프리카 대륙의 경제의 그간의 성장세를 두고 '악몽에 가까운 수준'이라고 한 사실은 별로 놀랄 만할 일이 아니다.

1990년대 후반부터 대부분의 아프리카 국가의 경제는 성장하기 시작했고, 2008년의 경제위기 전까지는 희망이 보이기도 했다. 장기간 지속된 내전의 종결과 은행체계, 통신, 사회 간접자본의 향상 역시 고무적이었다. 그러나 아프리카가 빈곤과 불평등에서 벗어나기에는 풀어야 할 큰 문제들이 여전히 산재해 있다. 대륙을 뒤덮은 HIV/에이즈의 끔찍한 확산을 극복하는 데에는 긴 시간이 필요할 것이다(몇몇 국가에서는 젊은 층 인구의 10퍼센트 이상이 감염되었고, HIV/에이즈는 계속 확산되고 있다). 또한 지나치게 많은 국가들이 국가수입의 대부분을 단일 작물이나 광물에 의존하고 있고, 교육의 수준 역시 낮다. 아프리카의 대부분은 혼돈과 충돌에서 지속 가능한 수준의 성장으로 나아가기 위해서 대의민주주의 정부를 통한 정치적 안정이 절대적으로 필요하다.

아프리카 국가들 가운데 가장 강력한 국가인 남아프리카 연방이 백인이 지배하던 시절에 대륙의 다른 국가들과 관계를 단절한 사실은 아프리카의 발전에 도움이 되지 못했다. 1945년경 남아프리카 연방을 지배한 아프리칸스어를 사용하는 보어인들(네덜란드계 아프리카 백인 정착민의 후손들)은 그레이트 트렉*과 보어 전쟁까지 거슬러 올라간 영국에 대한 원한을 간직하고 있었다. 제1차 세계대전 이후 영연방과의 관계를 끊었는데, 이는 케이프타운과 나탈 등의 지방에 앵글로-색슨 혈통의 유권자들이 집중되었던 탓이 크다. 보어인들은 배후지역뿐 아니라 트란스발과 주요 산업지역에 그 세력을 단단히 뿌리를 내렸다. 남아프리카는 영국 편에 서서 1939년에 참전했고 연합군 측

---

* Great Trek : 영국인의 지배에서 벗어나기 위한 보어인들의 전쟁/역주

에 상당한 군대를 지원했지만, 그 당시에도 비협조적인 '아프리카너들'(보어인들이 스스로를 부르던 용어)은 나치에 협력하는 움직임을 지지했다.

남아공의 원로 정치인인 얀 스뮈츠를 선거를 통해서 꺾고 아프리카너들의 지도자가 수상이 되었다. 아프리카너들이 점차 남아프리카 연방 내에서 세력을 키워가고 산업 부문과 금융 부문에서 경제적 위치를 확고히 하자, 그들의 뿌리 깊은 편견으로 인한 흑인 아프리카인들에 대한 차별적인 정책이 곧 가시화되기 시작했다. 결과적으로 인종의 분리를 위한 제도가 도입되었는데, 이것이 바로 아파르트헤이트이다. 보어인들의 이념에 따라서, 아파르트헤이트는 체계적으로 흑백 차별을 구현했고, 흑인 아프리카인들을 열등한 존재로 만드는 것을 법제화했다. 아파르트헤이트의 목적은 산업화와 시장경제가 확립된 지역에서 백인의 위치를 확고히 하고 이를 위해서 해당 지역에서 증가하는 흑인 인구를 과거의 부족 단위로 분열시켜서 흑인 인구의 증가와 분포를 막는 것이었다.

아파르트헤이트는 원시적인 미신 따위의 이유나 소위 아프리카너들의 경제적 필요성과 같은 논리를 제외하고는, 아프리카 이외 지역의 백인들에게도 어느 정도 자극을 주었다. 남아공과 비슷한 정도로 흑백 인구비율을 가지고 있고 비슷한 정도로 백인에게 부가 집중된 또다른 국가는 남로디지아가 유일했다. 남로디지아의 백인 정착자들은 완전한 탈식민지화를 피하기 위해서 1965년에 영연방으로부터 탈퇴했는데, 이는 영국 정부에 큰 수치를 안겨주었다. 분리독립 운동 지지자들의 목적은 남로디지아의 사회를 남아공과 흡사한 형태로 만들어가는 것이었다. 영국 정부는 머뭇거렸고 기회를 잃었다. 로디지아에 대해서 흑인 아프리카 국가들이 즉각 할 수 있는 일은 없었고, 국제연합 역시 별로 다를 것이 없었다. 이 영국의 과거 식민지 국가에 통상 금지의 형태로 '국제제재'가 가해졌지만, 큰 변화를 일으키지는 못했다. 다수의 흑인 아프리카 국가들은 그러한 국제제재를 무시했고, 영국 정부 역시 주요 정유회사들의 제품들이 영국 정부에 반역한 로디지아에 판매되는 것을 모른 척했다. 로디지아 독립을 막지 못한 것은 당시 영국의 힘없는 내각의 가장 치욕스러운 일들 중 하나로 꼽히는데, 아프리카인들의 입장에서는 영국 정부가 1776년에 식민지의 반란군을 제압한 것처럼 이번에도 군사를 동원하여 로디지아 반란을 제압하는 것이 당연한 것이었다. 많은 영국인들은 개입을 위해서 참고할 만한 그 오래된 전례가 현재 반군과의 먼 거리와 군사적으로 약해진 종주국의 능력으로는 오히려 영국 정부의 개입에 비관적으로 작용한다고 보았다.

남아프리카는 (아프리카에서 가장 부유하고 강력한 국가이며 계속해서 더 성장한 국가로서) 안정적으로 보였지만, 1970년대의 시작과 함께 로디지아와 포르투갈과 더불어 남아프리카는 흑인 아프리카인들의 분노에 찬 반대에 직면했다. 인종 간의 심각한 갈등의 고조는 남아프리카의 흑인들에 대한 약간의 양보와 남아프리카의 다른 몇몇 흑인 국가들과의 경제관계의 성장에도 상쇄되지 않았다. 또한 외부의 다른 국가들이 개입할 위험도 있었다. 1975년 포르투갈 제국의 붕괴 이후 마르크스 정권이 앙골라에서 집권했다. 이후 내전이 발발하자, 쿠바에서 공산주의 군인들이 앙골라 정부를 지원하러 왔고, 남아프리카와 미국은 반군을 지원했다.

남아프리카 정부는 아파르트헤이트 정권을 유지하기 위해서 어떠한 것도 할 수 있음을 계속해서 증명했다. 남아프리카는 일방적으로 독립한 로디지아와 불명예스럽게 연결되는 것을 피하려고 했다(백인 로디지아의 운명은 1974년 모잠비크에서 포르투갈의 통치가 막을 내리고, 모잠비크에서 로디지아에 대한 게릴라 공격이 시작되면서 더욱 위험하게 되었다). 미국 정부는 로디지아가 공산주의의 힘을 빌려 흑인 민족주의자들의 손에 무너질 상황을 고려했다. 미국 정부는 로디지아 정부에 그랬듯이, 남아프리카 정부에도 압력을 넣었다. 1976년 9월에 로디지아의 수상은 낙담한 말투로 미국이 중재한 선거 원칙을 전면적으로 수용해야 한다고 국민들에게 말했다. 백인에 의한 지배를 노리던 아프리카 국가에서의 마지막 시도는 실패했다. 이것은 또한 유럽 제국들의 쇠퇴를 나타내는 또다른 표지였다. 그러나 게릴라 전쟁은 계속되었는데, 이는 로디지아 백인 정권이 다수결의 원칙을 이행하는 데에 시일을 지체했기 때문이다. 마침내 1980년에 로디지아는 다시 영국의 통치에 잠시 동안 돌아갔는데, 이후 선거를 통해서 완전한 독립국으로 다시 태어나서 신생 짐바브웨가 건국되었고 아프리카인 수상이 선출되었다.

그 결과 남아프리카는 백인이 차별적으로 국가를 지배하는 세계 유일의 국가가 되었다. 남아프리카는 대륙에서 가장 부유하면서도 전 세계의 분노가 집중되는 대상이 되었다. 비록 앙골라 내전으로 인해서 세계의 여론이 둘로 나뉘기는 했지만, 세계의 지도자들은 남아프리카의 인종차별에 공통적으로 반대하는 입장을 취했다. 1974년에 국제연합의 총회는 아파르트헤이트 문제로 인해서 남아프리카의 회의 참석을 금지했다. 소련과 그 동맹국가들은 '전선 국가'(반남아프리카 전선)에 대한 군사지원을 점점 더 늘렸다. 그리고 쿠바의 군대는 앙골라에 계속 남았다. 남아프리카의 입장에서 보면, 남아프리카 북방으로부터의 위협은 점점 더 심각해졌고 내부의 안보 상황 역시 더욱 악화되어갔다. 점점 더 많은 젊은 남아프리카인들이 아파르트헤이트에 반대했다. 1976년에 176명의 사람들이 요하네스버그의 흑인 거주지인 소웨토 지역에서 정부에 반대하는 시위를 하다가 총에 맞아 사망했다.

1980년대 초에 남아프리카의 백인 정권이 위기를 맞을 것이라는 것은 더욱 분명해졌다. 남아프리카의 무역은 국제제재로 타격을 받았다. 그러나 더 큰 문제는 남아프리카 백인들이 자신들이 가진 인종차별에 대한 관점을 외국의 그 어느 국가도 지지해주지 않는다는 점을 뼈저리게 느끼게 되었다는 점이다. 심지어 미국조차 1985년에 제재를 가하기 시작했다. 그러나 남아프리카의 국민에 대한 억압은 많은 피해를 낳았다. 흑인들의 무장저항 운동에 대한 두려움으로 국가는 점차 경찰국가가 되었으며, 이는 국민들의 고통이 증가하는 원인이 되었다. 비백인 집단들이 점점 정부에 의해서 금지되었던 아프리카 민족회의(African National Congress, ANC)를 중심으로 결집하기 시작했다. 아프리카 민족회의의 수장은 넬슨 만델라(1918-2013)로서 1962년부터 정부에 의해서 투옥되었으며 아프리카 민족회의의 상징과도 같은 인물이었다. 심지어 일부 젊은 백인들까지도 과거로부터 물려받은 인종차별적 제도를 비판하기 시작했고, 나미비아와 앙골라의 전쟁은 특히 강한 반발을 불러일으켰다.

아프리카너들 내의 분열이 있는 가운데, 남아프리카 정부는 앙골라로부터 철수해야 했고, 나미비아를 남아프리카로부터 1988년에 다수결 원칙에 따라서 독립시키기로 합의해야 했다. P. W. 보타 대통령(재임 1984-1989)은 진보와 보수 양측 모두에게 신망을 잃고 1989년에 자리에서 내려왔다. F. W. 데클레르크(재임 1989-1994)가 보타를 대신하여 대통령이 되었는데, 그는 아파르트헤이트 폐지를 위한 개혁을 할 것이라고 발표했다. 정치운동과 반대에 대한 자유가 점점 더 늘어났다. 집회와 시위가 허가되었다. 투옥되었던 흑인 민족주의자들이 석방되었다. 냉전의 종식은 이러한 변화를 더욱 가속시켰다. 아프리카너들의 지도자들은 동유럽에서 공산주의가 평화롭게 물러가는 시기에 남아프리카 경찰이 시위대에 발포하는 장면이 세계에 알려질까 두려워했다.

진보를 위한 길이 갑작스럽고 극적으로 열리기 시작했다. 1990년 2월 데클레르크는 '새로운 남아프리카'를 선언했다. 9일 뒤, 아프리카 민족회의의 수장이자 상징적 인물인 넬슨 만델라가 교도소에서 나왔다. 곧 그는 정부와 앞으로의 일에 대해서 논의했다. 아프리카너들은 반발했지만 넬슨 만델라는 소수인 백인이 다수인 흑인의 결정에 따라야 하는 것이 새로운 남아프리카의 현실이며 이를 위한 과업을 이행할 것임을 표명했다. 물론 그러한 의견 표명은 일부 흑인 정치가들이 인내심을 잃게 했다. 27년간의 수감생활을 이제 막 마친, 넬슨 만델라에게 새로운 남아프리카를 만들어가는 과정은 매우 힘든 것이었다.

남아프리카의 민주화 과정은 단순한 것이 아니었다. 비록 데클레르크가 재빠르고 용감하게 1991년 말까지 대부분의 아파르트헤이트 법률을 폐지시켰지만, 여전히 많은 백인 지도자들이 여러 가지 방법으로 그런 변화에 저항했다. 그러나 1993년 아프리카 민족회의의 좌파 지도자 크리스 하니의 암살과 흑인 거주지들 간의 종족 간 충돌(아파르트헤이트 체제 국가 내부의 선동가들에 의해서 부추겨진 경우가 많았다)도 민주화의 길을 막지는 못했다. 점차 남아프리카 모든 인종들 대부분이 넬슨 만델라를 그의 부족 이름인 '마디바(Madiba)'라고 부르며, 그를 새로운 다인종 국가인 남아프리카의 정치적 안정과 경제발전을 이끌 지도자로 우러러 보기 시작했다. 1994년에 만델라가 대통령이 되었을 때, 그는 새로운 국가가 탄생했고 모든 남아프리카 국민들의 자존심을 다시 회복했다고 말했다. 바로 1년 후에 만델라 대통령은 럭비 월드컵에서 우승한 남아프리카 럭비 국가대표 팀(스프링복스)을 축하하는 자리에스프링복스의 전통인 위아래가 모두 하얀 유니폼을 입고 나왔다. 이는 그가 이제 흑인들뿐 아니라 백인들에게도 국가적인 단합의 상징이 되었기 때문이다. "마디바의 마법이 우리에게 힘을 주었다"라고 국가대표 팀의 백인 주장이 말했다. 1999년, 만델라가 대통령직에서 내려왔을 때 모든 남아프리카인들이 아쉬워했다.

남아메리카에서도 20세기 말에 변화가 진행되었다. 남아메리카 인구의 대다수에게 1990년대는 복지와 삶의 질의 관점에서 실망스러웠다. 20세기 시작 당시의 희망에 찬 분위기에서 라틴 아메리카는 오랜 기간 풀리지 않은 문제를 풀기 위해서 노력했고, 불리한 국제환경에 맞서 싸웠다.

1900년, 몇몇 남아메리카 국가들은 점차 안정을 찾아갔는데, 단순히 국가의 형태가 안정된 것뿐 아니라 국가적인 번영의 기틀도 잡혀갔다. 아르헨티나는 세계에서 가장 부유한 국가 중의 하나였다. 식민지 독립 이후의 시기에 라틴 아메리카의 지도층들이 유럽 19세기 문화의 영향(특히 프랑스로부터의 영향)을 받아서 이를 식민지 시기의 원래 존재하던 문화와 융합시켰다. 상류층은 상당히 유럽화되었고, 많은 라틴 아메리카 대륙의 대도시들의 현대화가 이를 잘 보여주고 있다. 이는 근래의 유럽계 이주민들을 통해서도 잘 드러나는데, 유럽인들의 이주는 옛 식민지 시기 지도층들에 큰 문화적 영향을 주었다. 토착 아메리카인들의 후손들은 라틴 아메리카의 거의 모든 지역으로 퍼져나갔다. 몇몇 국가에서는 그들에 대한 탄압이 너무 지독하여 거의 전멸할 지경이었다.

사실상 모든 라틴 아메리카 국가들은 주로 농산물의 생산과 광물의 수출에 의존했다. 몇몇 국가들은 비교적 도시화가 잘 진행되었지만, 그 국가들은 제조업 부문이 중요하지 않았으며, 오랜 기간 동안 19세기 유럽인들이 겪었던 사회와 정치 문제에 구애받지 않았다. 자본이 라틴 아메리카 대륙으로 흘러들어왔지만, 곧 그리고 자주 금융 문제와 거품 붕괴 등의 문제로 그 흐름이 끊겼다. 1914년 이전 라틴 아메리카에서 벌어진 단 하나의 사회적 혁명은 (정부인사들의 수없는 변화와는 반대로) 1911년 멕시코의 독재자 포르피리오 디아스(1830-1915)의 추방으로부터 시작되었다. 이 혁명은 약 10여 년간의 전쟁과

100만 명의 죽음을 낳았다. 그러나 이 혁명에서 공업이나 농업 프롤레타리아 계층이 아니라 정권의 기득권에서 소외되었다고 느낀 중산층이 주도적 역할을 맡았다. 그리고 중산층은 1990년대에 특정한 정당의 정치인들이 권력을 독점하기까지 정치적인 승리자였다. 대부분의 라틴 아메리카 국가들이 시골 지역에서 상당한 계급투쟁의 모습을 보였으나 산업화되고 도시화가 진행된 유럽만큼 심각한 사회적 문제로 발전하지는 않았다.

이 장래가 희망적인 국가들은 제1차 세계대전 기간 동안에도 번영했다. 제1차 세계대전은 라틴 아메리카의 유럽과 북아메리카와의 국제관계에 중요한 변화를 가져왔다. 1914년 이전에는 미국은 카리브 해에 지배적인 정치적 영향력을 미치고 있었으나 남아메리카에는 별다른 경제적 영향력을 행사하지 못했다. 1914년에 미국의 전체 해외 투자에서 리오그란데 이남 지역에 대한 투자가 17퍼센트를 차지했고, 영국은 그보다 훨씬 더 많이 투자했다. 그러나 제1차 세계대전 기간 영국의 주식, 채권 등의 현금화가 여기에 변화를 주었다. 1919년에 미국은 단일국가로서는 가장 많은 자본을 남아메리카에 투자했는데, 총 외국 자본 중 40퍼센트를 차지했다. 그리고 그후 세계 경제위기가 왔다. 1929년은 라틴 아메리카 국가들이 새롭지만 불쾌한 시대로 들어가는 입구와 같은 해였는데, 어쩌면 이는 그들에게 진정한 20세기의 시작이자 19세기의 끝이었다. 많은 라틴 아메리카 국가들이 채무를 이행할 수 없었고 해외로부터 더 이상의 자본을 빌려오는 것이 거의 불가능해졌다. 국가 번영의 붕괴는 점차 민족주의의 성장을 낳았는데, 때로 이러한 민족주의는 다른 라틴 아메리카 국가에 대한 적의나 북아메리카와 유럽에 대한 적의로 표출되었다. 외국의 정유회사들은 멕시코와 볼리비아에서 자산을 강제로 압류당했다. 전통적인 유럽화된 과두정부들은 국민소득 감소로 인한 문제를 해결하기 위해서 이전의 실패를 곱씹었다. 1930년 이후에 일어난 군사 쿠데타, 봉기, 그리고 실패한 반란의 숫자는 독립전쟁 시기 이후 그 어느 때보다 많았다.

1939년에 전시 수요의 상승으로 인해서 원자재 가격이 상승함에 따라서 새로운 번영의 시기가 도래했다(1950년의 한국전쟁은 이러한 흐름을 연장시킨다). 나치 독일에 대한 아르헨티나 통치자들의 악명 높은 존경과 독일의 몇몇 다른 남아메리카의 국가들에 대한 관심에도 불구하고, 대부분의 라틴 아메리카 국가들은 그들의 환심을 사려고 하는 연합국에 우호적이었거나 미국에 복종했다. 그들 대부분은 전쟁이 끝나기 전에 공식적으로 국제연합에 가입했다. 그중 한 국가인 브라질은 약간의 원정군을 유럽에 보냈다. 그러나 라틴 아메리카에 세계대전의 가장 중요한 효과는 경제적인 것이었다. 여러 중요한 경제적 영향 중 하나는 유럽과 미국의 공업제품에 대한 오랜 의존도가 명백히 떨어졌다는 점이다. 몇몇 국가에서 산업화가 빠르게 진행되었다. 산업화에 의해서 형성된 도시의 노동력들은 새로운 종류의 정치세력으로 자라났고, 이들은 전후 시기에 군사 집단과 전통적인 지도층과 경쟁하게 되었다. 권위주의적이며 파시스트에 가까운 성격이지만 국민들에게 인기가 높았던 대중적 정치운동은 새로운 종류의 권력자를 탄생시켰다. 아르헨티나의 페론(1895-1974)이 가장 유명하다. 그러나 1953년 콜롬비아와 1954년의 베네수엘라에도 비슷한 성격의 지도자가 나타났다. 공산주의는 그러한 눈에 띄는 성공을 일구어내지 못했다.

미국이 카리브 해 지역에서 압도적인 영향력을 발휘하기 시작하면서 중요한 변화가 생기기 시작했다(이는 전쟁의 결과에 따른 것은 아니었다). 20세기 첫 20년 동안 20차례나 미국은 이웃 국가들에 군대를 파견해서 군사개입을 시작했으며, 보호령을 만드는 데에 2차례 군사개입을 시도했다. 1920년과 1939년 사이에 미국은 2차례 군사개입을 했는데, 1924년에 온두라스 그리고 2년 뒤에 니카라과에 개입했다. 1936년경, 라틴 아메리카 지역에서 미군은 조약에 의한 경우(쿠바의 관타나모 기지)를 제외하고는 모두 철수했다. 간접적인 정치적 압력도 감소했다. 큰 그림으로 보면, 이것은 변화한 환경에 대한 인식의 결과로 볼 수 있다. 1930년대에 들어서는 직접적인 개입으로 얻을 수 있는 것이 많지 않았고, 루스벨트 대통령은 '좋은 이웃(Good Neighbour)' 정책(루스벨트는 취임식 연설에서 이 용어를 처음으로 사용했는데, 이는 의미심장한 것이었다)을 주창하며 아메리카 대륙의 다른 국가들의 내정에 대한 불개입을 강조했다(루스벨트는 라틴 아메리카 국가를 공식적으로 방문한 첫 대통령이었다).

미국의 지원을 바탕으로, 이러한 새로운 정책은 아메리카 대륙 전체에 걸친 외교와 제도적 협력의 시대를 열었다(또한 이러한 정책이 강조된 배경에는 악화된 국제 상황과 독일의 라틴 아메리카 지역에 대한 관심이 있었다). 이러한 변화는 볼리비아와 파라과이 사이에 1932년에서 1935년까지 벌어진 잔혹한 '차코 전쟁'의 종결에 기여했고, 1939년에 라틴 아메리카의 중립선언에도 영향을 주었는데, 이를 통해서 라틴 아메리카 영해 300마일까지 중립지역으로 선포되었다. 이듬해, 미국의 순양함이 나치 지지자들의 쿠데타로 위협을 받은 우루과이 정부를 지원하기 위해서 몬테비데오에 파견되면서 미국의 먼로 독트린과 '루스벨트 계론'이 점차 상호방위 체제와 비슷한 형태로 발전하고 있음이 드러났다.

1945년 이후, 라틴 아메리카는 다시 한번 변화하는 국제적 상황에 따라서 변화를 겪기 시작한다. 미국의 정책이 냉전 초기에는 유럽 문제에 집중한 반면, 한국전쟁 이후에는 다시 서서히 라틴 아메리카 방향으로 전환하기 시작했다. 미국 정계는 반미 성향을 가진 라틴 아메리카 민족주의의 주기적인 대두를 간과하지 않았다. 그러나 소련의 영향력이 해당 지역에서 자라는 것을 점차 경계할 수밖에 없었다. 냉전으로 인해서 미국은 라틴 아메리카 정부에 대한 지지를 늘리게 되었다. 또한 이로 인해서 때로 비밀 군사작전이 감행되었다. 예를 들면, 1954년에 미국은 공산당의 지원을 받은 과테말라 정부를 전복시켰다.

그와 동시에 미국 정책결정자들은 빈곤과 불만으로 인해서 라틴 아메리카 지역이 공산주의의 기반이 된다는 점도 염려했다. 미국은 더 많은 경제지원을 보냈고(라틴 아메리카 지역은 1950년대에는 유럽과 아시아가 받은 지원에 비하면 매우 적은 지원을 받았지만, 1960년대에는 이 두 지역보다 훨씬 더 많은 지원을 받았다), 사회개혁을 추구하는 정부에 찬사를 보냈다. 불행하게도, 국유화를 통해서 라틴 아메리카 정부들이 미국 자본의 통제를 벗어나려고 할 때마다 미국 정부는 그러한 개혁의 진행이 어려울 정도의 규모의 보상을 요구하며 이를 막았다. 그러므로 전체적으로 비록 미국 정부는 1958년 혁명 이전 쿠바와 같이 많은 라틴 아메리카 국가들에서 권위주의 정권이 넘쳐나는 것을

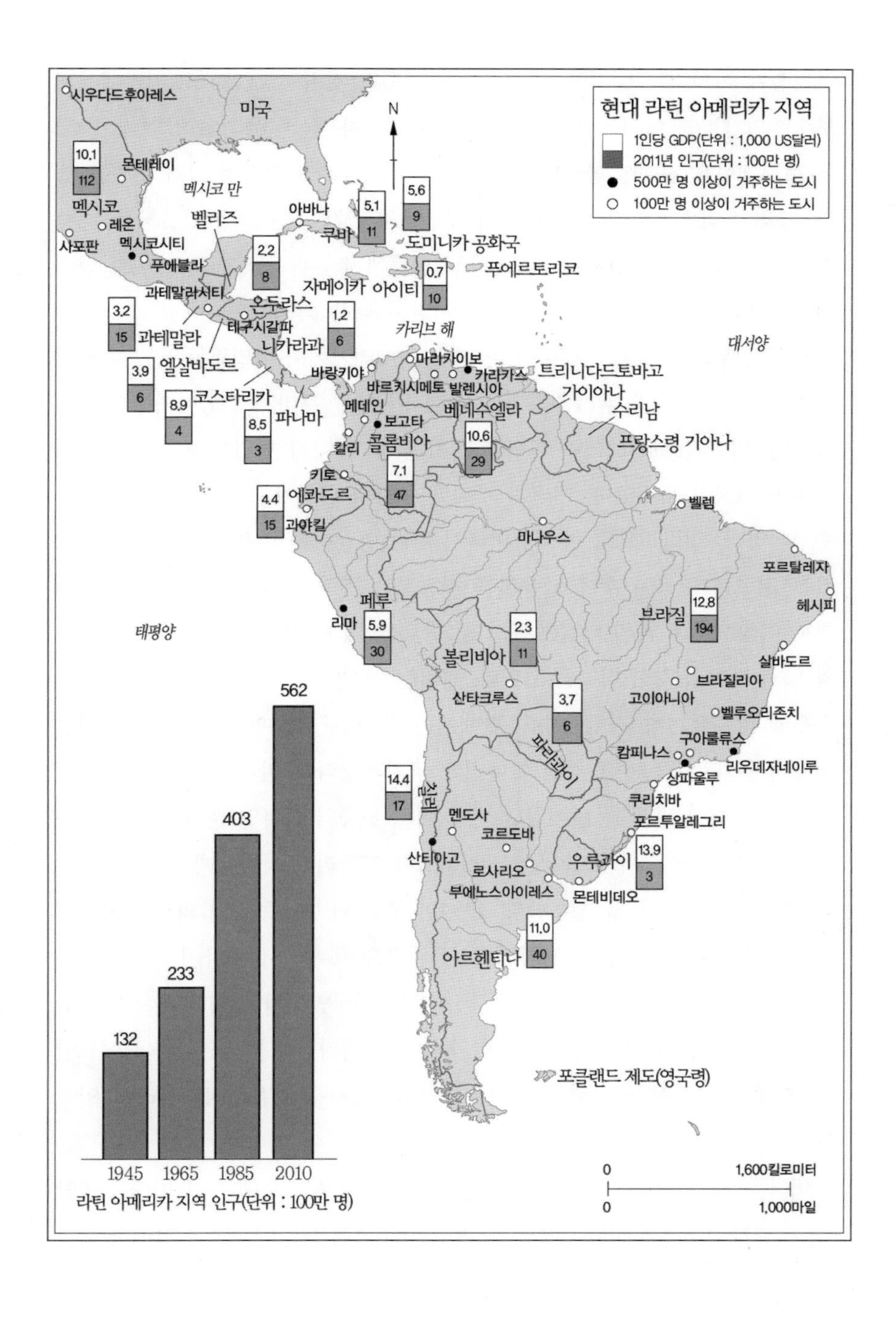

현대 라틴 아메리카 지역
1인당 GDP(단위 : 1,000 US달러)
2011년 인구(단위 : 100만 명)
500만 명 이상이 거주하는 도시
100만 명 이상이 거주하는 도시
시우다드후아레스
미국
멕시코 만
몬테레이
멕시코
레온
사포판
멕시코시티
푸에블라
벨리즈
아바나
쿠바
도미니카 공화국
푸에르토리코
자메이카
아이티
과테말라시티
온두라스
테구시갈파
과테말라
엘살바도르
니카라과
코스타리카
파나마
카리브 해
대서양
마라카이보
카라카스
트리니다드토바고
바랑키야
바르키시메토
발렌시아
가이아나
수리남
메데인
보고타
베네수엘라
프랑스령 기아나
칼리
콜롬비아
키토
에콰도르
과야킬
벨렘
마나우스
포르탈레자
헤시피
페루
리마
브라질
태평양
볼리비아
살바도르
산타크루스
브라질리아
고이아니아
벨루오리존치
파라과이
구아룰류스
캄피나스
상파울루
리우데자네이루
칠레
쿠리치바
멘도사
포르투알레그리
코르도바
산티아고
로사리오
우루과이
부에노스아이레스
몬테비데오
아르헨티나
포클랜드 제도(영국령)
10.1
112
5.6
9
5.1
11
2.2
8
0.7
10
3.2
15
1.2
6
3.9
6
8.9
4
8.5
3
10.6
29
7.1
47
4.4
15
12.8
194
5.9
30
2.3
11
3.7
6
14.4
17
13.9
3
11.0
40
132
233
403
562
1945
1965
1985
2010
라틴 아메리카 지역 인구(단위 : 100만 명)
0
1,600킬로미터
0
1,000마일
N

안타깝게 여기기는 했지만, 아시아에서 그랬던 것처럼 라틴 아메리카에서도 보수주의자들의 이익을 지지하는 경향이 있었다. 물론 예외도 있었다. 1952년 토지개혁을 진행한 볼리비아처럼 몇몇 국가들은 효과적인 국가 운영을 했다. 그러나 라틴 아메리카는 19세기 대부분의 기간 동안 그랬던 것처럼, 대중주의 혹은 보수주의 정치가들 모두 도시민들에게만 관심을 가졌고, 이로 인해서 원주민들이 주를 이루는 농부들의 삶은 더욱 악화되었다.

미국 정부의 걱정에도 불구하고, 라틴 아메리카에서 혁명활동은 많이 일어나지 않았다. 희망과 두려움을 동시에 불러일으킨 쿠바에서의 혁명이 있기는 했지만, 일반적으로 그러한 혁명은 많지 않았다. 쿠바 혁명은 여러 측면에서 매우 이례적인 문제였다. 미국과 가까운 쿠바의 위치가 특히 주목할 만한 특수성이었다. 전략적으로 볼 때, 미국이 파나마 운하를 이용하는 것과 운하로 가는 경로는 영국이 수에즈 운하를 이용하는 것과 수에즈 운하로 도달하는 경로 이상으로 미국의 입장에서는 중요한 것이었다. 두 번째로, 쿠바는 대공황 당시 특히 심각한 타격을 입었다. 쿠바는 사실상 단 한 가지 작물, 즉 사탕수수에 의존했는데, 사탕수수의 판매처는 단 한 군데, 미국뿐이었다. 이러한 경제적 관계는 그 어떤 라틴 아메리카 국가들보다 쿠바가 미국과 가깝고도 성가신 '특별한 관계'를 맺어왔던 여러 이유들 중의 하나일 뿐이었다. 역사적으로 보면 그 두 국가의 관계는 1898년으로 거슬러 올라가는데, 당시 쿠바는 에스파냐로부터 독립을 쟁취했다. 1934년 쿠바 헌법에 쿠바의 외교적 자주권을 제한하는 특별 조항이 포함되었다. 미국은 계속해서 쿠바에 해군기지를 보유했다. 쿠바의 도시지역의 자산과 시설에 미국인들의 막대한 투자가 있었고, 쿠바의 빈곤과 낮은 물가는 도박과 매춘을 즐기려는 미국인들을 끌어모았다. 대체로 쿠바에서 강력한 반미운동이 큰 지지를 받은 것은 놀라운 일이 아니었다.

미국은 전후 쿠바의 보수주의 정권의 배후의 실세로 오랜 기간 비판을 받았다. 독재자 바티스타(1901-1973)가 1952년에 권력을 장악하면서 그러한 주장은 더 이상 사실이 아니게 되었다. 미국 국무부는 바티스타의 정책에 반발하여 1957년에 그에 대한 지원을 끊었다. 그 이후, 젊은 민족주의 변호사인 피델

카스트로(1926-)가 극도로 부패한 정부에 대항하는 게릴라 작전을 개시했다. 2년 뒤 그의 게릴라 전쟁은 성공을 거두었다. 1959년에 새로운 쿠바의 수상으로서 카스트로는 그의 정권은 공산주의 정권이 아닌 '인본주의' 정권이라고 설명했다.

카스트로의 본래 목적은 아직 알려지지 않았다. 아마도 그는 그가 생각한 것에 대해서 그 자신조차 분명히 알지 못했을 것이다. 시작부터 그는 바티스타를 축출하기를 원하는 자유주의자에서부터 마르크스주의자까지 여러 다양한 배경의 사람들과 함께 일했다. 이러한 이유로 미국은 잠시 동안 그를 카리브 해의 수카르노로 여기며 지원을 해주었다. 미국의 여론은 그를 낭만적인 인물로 미화했고, 턱수염은 미국의 급진주의자들 사이에서 유행했다. 그러나 카스트로가 미국의 이권에 관여하기 시작하면서 미국과 카스트로의 관계는 급속도로 멀어졌다. 카스트로는 농업을 개혁하고 사탕수수 사업을 국유화하기 시작했다. 그는 또한 공개적으로 구체제를 지탱해온 쿠바 사회 내부의 미국화된 요소들을 비난했다. 카스트로에게 반미주의는 혁명 이후의 쿠바를 하나로 묶어주는 논리적 수단이었다(아마도 유일한 수단이었을 것이다). 그 때문에 카스트로는 반미주의를 견지할 수밖에 없었을 것이다.

곧 미국은 쿠바와 단교하고 동시에 다른 종류의 압력을 가하기 시작했다. 미국 정부는 카스트로가 의지하기 시작한 공산주의자들의 손에 쿠바가 떨어질 것이라고 믿어 의심치 않았다. 소련의 지도자 흐루쇼프가 미국이 쿠바에 대한 군사작전을 감행하거나 먼로 독트린의 폐기를 선언한다면 장거리 미사일로 보복할 것이라고 경고한 것이 이러한 미국의 의심을 악화시켰다. 미국 국무부는 재빨리 먼로 독트린의 폐기는 과장된 것이라고 발표했다. 마침내 미국은 무력으로 카스트로를 추방하기로 결정했다.

미국은 카스트로 축출을 쿠바 망명자들을 통해서 달성하기로 결정했다. 1961년에 존 F. 케네디가 대통령직을 새롭게 맡게 되면서 이러한 결정 역시 이어받았다. 쿠바 망명자들은 과테말라에서 미국의 지원을 받아서 훈련을 받았고 쿠바와 미국의 국제관계는 이미 단절되었다. 케네디는 이러한 일련의 흐름의 시작을 담당하지는 않았지만, 이러한 움직임을 막을 만큼 조심스럽거나 사려깊지 못했다. 이러한 상황이 특히 유감스러웠던 이유는 당시에 미국은 라틴 아메리카 지역의 호의를 살 필요가 있었기 때문이다. '피그 만' 작전이라고 불리는 대재앙으로 인해서 훨씬 더 좋은 성과를 거둘 수 있는 외교적 접근법들이 모두 불가능해졌다. 쿠바 망명자들이 미국으로부터 금전과 무기 지원을 받아서 피그 만에 상륙했고 1961년에 끔찍한 최후를 맞았던 것이다. 카스트로는 소련으로 눈을 돌렸고 그해 말에 자신을 마르크스-레닌주의자라고 선언했다.

아메리카 지역에서 새롭고 더욱 첨예한 냉전의 시기가 도래했고, 이는 미국에 불리하게 작용했다. 미국의 행동은 라틴 아메리카 전역에서 반발을 불러일으켰는데, 이는 국민의 지지를 받고 제대로 자리잡은 정권에 대한 공격이었기 때문이다. 그 이후로 라틴 아메리카의 혁명가들이 쿠바로 모여들기 시작했다. 카스트로의 정권은 소련의 모델을 점점 더 닮아갔으며 그의 정권이 펼친 정책은 미국의 압력과 더불어 쿠바의 경제에 타격을 주었지만 사회적 평등과 개혁을 실현했다(1970년대에 이미 쿠바는 라틴 아메리카에서 가장 낮은 유아사망률을 기록했다).

쿠바 혁명의 부산물로서 전 세계에 걸친 강대국들의 대치가 가장 심각해지는 시기가 닥쳤고, 이 시기는 냉전의 전환점으로 간주된다. 1962년 초, 흐루쇼프는 쿠바에 소련의 핵 미사일을 배치하기로 결정한다. 부분적으로는 쿠바 혁명을 보호하기 위한 것이었고, 다른 한편으로는 미국에 대항해서 소련의 전략적 이점을 얻기 위한 것이었다. 흐루쇼프는 동료 소련 당국자들에게 미국은 소련과 국경을 맞댄 국가들에 핵 미사일을 배치했다고 말했다. 이제 충동적인 소련의 지도자 흐루쇼프는 (중국이 무슨 말을 하든지) 소련이 혁명의 진정한 후원자라는 사실을 세계의 혁명동지들에게 확신시키며 미국을 도발했다. 1962년 10월 비밀리에 쿠바로 소련의 핵탄두와 미국 전 지역에 그 핵탄두들을 실어보낼 수 있는 중거리 미사일이 도착하면서 위험한 게임이 시작되었다.

1962년 10월에 미국 정찰기를 통해서 소련이 쿠바에 미사일 기지를 건설하고 있다는 것이 확인되었다. 케네디 대통령은 이론의 여지가 없는 사실임이 분명해질 때까지 기다린 후 미국의 해군이 쿠바로 더 이상의 미사일이 전해지는 것을 막을 것이고 쿠바 내에 있는 미사일 역시 회수하도록 할 것이라고 발표한다. 한 척의 레바논 선적이 승선을 위해서 정박했고 이후 며칠간 그 배를 수색하는 작업이 이어졌다. 미국은 소련의 선적들을 감시만 했다. 미국의 핵 기동타격대는 전쟁 준비에 들어갔다. 며칠 후, 케네디와 흐루쇼프 간에 개인적인 서신이 몇 차례 오갔고, 흐루쇼프는 미사일 회수에 동의했다.

쿠바 미사일 위기는 북반구만의 문제를 아득히 초월한 것이었고 전 세계에 그 영향력이 미쳤다. 라틴 아메리카의 역사 역시 이에 영향을 받았는데, 비록 미국은 쿠바를 침공하지 않겠다고 약속했지만, 그러면서도 쿠바를 가능한 한 그 이웃들로부터 고립시키려고 노력했기 때문이다. 그럼에도 불구하고 쿠바 혁명은 라틴 아메리카 각국의 젊은이들에게 깊은 인상을 주며 혁명의 토양을 마련했다. 그러나 그렇다고 라틴 아메리카 정부들이 카스트로에게 더 우호적으로 접근하도록 하지는 못했고, 특히 카스트로가 쿠바를 라틴 아메리카 다른 지역의 혁명을 위한 중심이라고 말하기 시작하면서 각국 지도자들은 카스트로를 경계했다. 볼리비아의 실패한 혁명 기도에서 잘 드러나듯이, 라틴 아메리카 각국에서 혁명은 그리 쉬운 일이 아니었다. 쿠바의 상황은 매우 이례적인 것이었다. 농민반란을 통해서 혁명을 일으킨다는 희망은 별 가능성이 없는 것으로 드러났다. 다른 국가들의 지역 공산주의자들은 카스트로의 노력을 공개적으로 비판했다. 혁명을 위한 잠재적인 인력과 물자 동원은 시골지역보다는 도시지역에서 더 용이했고, 농민보다는 중산층들이 혁명에 더 많이 동조했다. 수년간 게릴라 활동이 언론을 장식한 경우는 주요 도시 내의 활동들이 대부분이었다. 비록 이러한 모습들이 위험하고 장엄해 보이며 그러한 무력활동이 몇몇 국가의 권위주의 정부의 반발을 불러일으켰으나, 혁명군이 사람들의 전폭적인 지지를 받았는지는 불분명하다.

한편 반미주의는 계속해서 강해졌다. 사회개혁을 기반으로 한 새로운 질서의 주도를 통해서 미국은 분위기의 반전을 꾀했지만(케네디는 이를 '진보를 위한 동맹[Alliance for Progress]'이라고 명명했다), 미국의 쿠바에 대한 조치로 인한 라틴 아메리카의 적개심 때문에 제대로 진행되지 않았다. 케네디의 후임인 린든 존슨 대통령(재임 1963-1969) 역시 별로 다르지 않았는데, 아마도 이는 라틴 아메리카보다는 국내개혁에 더 신경을 쓴 탓일 것이었다. 동맹의 최초 결성이 맥이 빠진 이후에 미국은 이 지역질서를 주도하지 못하고 있었다. 이러한 경향은 1965년에 더욱 악화되었는데, 당시에 미국은 또 한번 라틴 아메리카 국가에 개입했다. 4년 전 미국은 도미니카 공화국의 부패하고 전제적인 독재정권을 전복하고 독재자를 암살해서 개혁 성향의 민주정권 수립을 도와주었다. 그러나 개혁으로 인해서 위협을 받은 군인들이 특권을 지키려는 움직임을 보이고 계속해서 이들 군인들이 정부를 압박하자, 미국은 지원을 끊었다. 결과적으로, 진보를 위한 동맹은 차별적으로 적용되는 것으로 보였다. 미국의 지원은 재개되었지만, 다른 국가의 우익 성향의 정권에 제공되는 것과 마찬가지로 군부정권에 제공되었다. 1965년에 군부정권에 반대하여 반란이 일어났는데, 미군 2만 명이 도미니카에 도착하여 이를 진압했다.

1960년대 말에 접어들며 진보를 위한 동맹은 사실상 잊혀졌다. 부분적으로 이는 공산주의에 대한 지속적인 공포 때문이었는데, 이러한 공포로 인해서 미국은 라틴 아메리카 전역의 보수주의자들을 지원해야 했다. 한편으로 이는 미국이 다른 많은 문제들을 직면했기 때문이었다. 역설적으로 미국의 경제적 이권에 대한 공격은 이 시기에 주로 공산주의의 위협이 지속되어서 미국의 지원이 끊길 위험이 거의 없었던 라틴 아메리카 정부들이 주도했다. 칠레는 미국의 가장 큰 구리 채광회사를 국유화했고, 볼리비아는 정유시설을 국유화했으며, 페루 정부는 미국인 소유의 플랜테이션 농장을 국유화했다. 1969년에 미국 대표가 참석하지 않은 라틴 아메리카 정부 간 회의가 열렸고, 그들은 미국의 정책을 공공연하게 비판했다. 미국 대통령이 국빈으로 라틴 아메리카를 순방한 해에 각지에서 이에 대한 시위, 폭동, 미국인 자산에 대한 사보타지 그리고 입국금지 요청이 이어졌다. 이러한 상황은 지난 1950년대 말과 유사했는데, 당시 부통령이던 아이젠하워의 '친선' 방문은 폭도의 습격과 침 세례로 끝났다. 1970년에 라틴 아메리카의 민족주의는 새롭고 더욱 왕성한 시기에 접어든 것으로 보인다. 만약 쿠바가 영향을 준 게릴라들이 진정 위험한 것이었다면, 라틴 아메리카의 민족주의는 그렇게 크게 자라나지 못했을 것이다. 내부의 위협이 사라지기 시작하자, 라틴 아메리카 정부는 반미감정이 자라는 것을 굳이 막을 이유가 없었다.

그러나 라틴 아메리카에 진정한 문제는 아직 나타나지 않았다. 1970년대와 1980년대에 라틴 아메리카 지역에서 만성적인 경제 문제가 드러났다. 그리고 1985년에 해결이 불가능할 것이 분명한 경제위기에 봉착했다. 이러한 문제의 원인에는 여러 가지가 있다. 급격한 산업화로 인해서 라틴 아메리카 대륙은 치명적인 인구성장과 사회적 불평등의 조합에 위협을 받았다. 이러한 인구성장과 사회적 불평등의 조합은 라틴 아메리카 국가들의 경제를 다루기가 매우 힘들다는 것이 다시 한번 증명되면서 최악의 상황으로 치달았다. 진보를 위한 동맹은 이러한 문제에 대처하는 데에 완전히 실패했고, 그러한 실패로 인해서 미국이 제공한 기금의 사용에 관한 분쟁이 시작되었다. 미국이 제공한 기금의 관리 부실은 막대한 외채를 낳았고 이는 장기적으로 투자 유치와 무역수지 개선을 위한 노력을 좌절시켰다. 가장 발전한 라틴 아메리카 국가들조차 비정상적인 부와 교육의 격차를 보였다. 그러한 문제를 해결하기 위해서 만들어진 헌법과 민주적 절차는 갈수록 문제 해결에 도움이 되지 않았다. 1960년대와 1970년대에 페루, 볼리비아, 브라질, 아르헨티나, 파라과이 모두 권위주의적인 군부정권에 의해서 오랜 기간 통치되었다. 그리고 많은 사람들이 권위주의 정권만이 민주주의와 문민정권이 실행하지 못한 변화를 가져다줄 것이라고 믿었다.

1970년대에 아르헨티나, 브라질, 우루과이 등과 같이 이전에 문명화되고 민주적인 국가에서 이전보다 더 심각한 고문과 폭력적인 억압이 실시되었다. 칠레의 입헌정부 역사는 1970년 선거 전까지 이웃의 대부분의 국가들의 입헌정부 역사보다 오래된 것이었다. 그러나 1970년 선거에서 분열된 우파 정당이 사회주의 연립정당에 패했다. 살바도르 아옌데 대통령(재임 1970-1973)의 이른바 '칠레식 사회주의'를 표방한 새로운 정부가 출범하고, 이에 따라서 구리 광산의 국유화, 토지 재분배, 빈곤층을 위한 임금의 의무적 인상이 시행되었다. 그러나 이로 인한 칠레 국가경제에 대한 압력은 곧 심각한 인플레이션과 소비재의 부족으로 이어졌다. 칠레 우파는 길거리에서 지지세력을 모았고, 그 결과 1973년에 미국의 허락하에 군사 쿠데타가 일어났다. 다수의 칠레 중산층들은 점점 더 나빠지는 상황에 당황했고 이로 인해서 공산주의자의 영향력 아래에 들어간 정부가 전복되었다고 믿었다. 결국 남아메리카에서 가장 오래된 입헌정치는 이렇게 막을 내렸다.

칠레의 신생 권위주의 군부는 얼마 지나지 않아서 정부에 반대하거나 비판하는 자들을 무자비하고 광범위하게 탄압했다. 결국 1980년 말에 들어서 군부는 경제를 재건했고 군부 스스로의 잔학성을 어느 정도 통제할 수 있게 된 것으로 보였다. 그러나 이로 인해서 칠레 사회는 다른 어떤 나라보다 심각한 이념의 갈등을 겪어야 했고, 라틴 아메리카 국가들 중에서도 가장 위험한 국가로 악명을 날리게 되었다. 물론 다른 국가에서도 위험한 상황은 진행되고 있었다. 1970년대에 콜롬비아는 내전 상태였다(21세기가 시작될 시기에도 지속되었다). 콜롬비아 내전은 콜롬비아의 엄청난 코카인 생산을 통제하기 위한 투쟁으로 시작되었는데, 실질적으로 국가를 분단시켰다.

이미 엄청난 문제와 분쟁을 겪고 있는 대륙에 설상가상으로 1970년대 초에 석유 파동이 엄습했다. 석유 파동으로 석유수입국(남아메리카에서 멕시코와 베네수엘라를 제외한 대부분의 국가)에서 외채 문제가 통제불능의 수준이 되었다. 이후 20년 동안, 여러 경제 대책이 몇몇 국가에서 도입되었으나 영향력이 없거나 실행이 불가능하다는 것이 드러났다. 인플레이션, 외채에 대한 이자 청구의 문제, 과거의 부패한 정권으로 인한 불평등한 자원 분배의 문제, 부정부패를 증가시키는 행정과 문화의 문제 등을 해결하는 것은 불가능한 일로 보였다. 1979년 아르헨티나 정부는 소요로 전복되었고, 이후 10년 동안 아르헨티나는 2만 퍼센트에 달하는 인플레이션을 겪었다.

라틴 아메리카는 당시에 역사상 가장 폭발적이고 혼돈에 휩싸인 대륙이었을 것이다. 공통된 뿌리를 둔 탓에 라틴 아메리카 국가들은 다함께 그 성장이 정체되고 있었다. 다만 라틴 아메리카 국가들의 고통의 정도는 각각 다르다고 보아야 한다. 라틴 아메리카 국가들 간의 차이는 인디오, 노예, 식민지 그리고 식민지 이후의 경험 등에 따라서 달라지며, 이는 경제적 환경에 강하게 반영되었다. 이러한 요소들에 1950년대와 1960년대에 새로운 요소가 도입되어 또다른 차이점을 만들었는데, 이 새로운 요소는 발전된 첨단기술 사회를 향한 움직임으로 그 혜택은 부유한 국가에만 향했고 빈곤한 국가에는 그 혜택이 가지 않았다. 아시아에서와 마찬가지로, (물론 남아메리카에서는 정도가 조금 덜했지만) 역사적 전통이 뿌리 깊은 사회에 현대 문명이 주는 충격과 갈등은 (비록 남아메리카 국가들이 이러한 갈등을 이미 16세기 이후 계속 겪고 있었지만) 현대에 들어 더욱 심각해졌다. 그러나 1980년대에 라틴 아메리카 국가들은 급진주의자들과 권위주의 정권들에 노출되었고, 이들은 계속해서 일찍이 문명화된 민주적인 체제들을 위협했다.

그러나 1990년대에 들어서 입헌 민주주의 정부가 부활하기 시작하고 주요 라틴 아메리카 국가들의 경제가 회복되기 시작했다. 군사정부는 공식적으로 물러나기 시작했다. 마침내 쿠바만이 공식적으로 비민주적인 정권으로 남게 되었다. 이러한 상황은 대륙의 국제관계를 호전시켰다. 아르헨티나와 브라질은 각자의 핵무기 프로그램을 폐기하기로 합의했고, 1991년에 그들은 파라과이와 우루과이와 더불어 남미 공동시장(Mercado Comun del sur, 메르코수르[Mercosur])을 설립하여 관세인하 조치를 실시했다. 1996년, 칠레가 남미 공동시장에 가입했다. 이러한 긍정적인 분위기는 몇몇 쿠데타 시도로 문제를 겪기는 했으나, 경제적 환경 덕분에 계속 유지되었다. 불행하게도 국가들의 협력으로 인해서 구성된 경제적 환경은 1990년대 중반부터 말까지 라틴 아메리카 대륙 전체를 뒤흔들기 시작했다. 국제통화기금은 아르헨티나와 브라질의 심각한 경제 문제를 해결하기 위해서 새로운 자금을 투입해야 했다. 불행하게도 아르헨티나는 자국의 통화를 미국 달러화에 연동했지만(이러한 제도 자체도 그러한 경제 문제의 원인 중 하나였다), 그 외채는 통제불능의 수준으로 늘어났고 브라질은 다시 한번 심각한 인플레이션을 경험했다. 국제사회는 전례 없는 규모의 지불 거절의 부담을 떠맡아야 했다. 2001년이 끝날 무렵 부에노스아이레스의 사람들은 거리를 점거했고, 유혈사태와 열흘 동안 세 사람의 대통령이 쫓겨난 이후 디플레이션이 다시 도래하고 힘든 시간이 계속되었다.

2000년대 초는 경제성장에서 승자와 패자를 극명하게 보여주었는데, 대다수 라틴 아메리카 국가 내에서 계층 간 경제적 격차는 더욱 벌어졌다. 많은 국가들의 경제가 1950년대 이후 더욱 급격하게 성장한 반면, 국내 경제에서는 계층 간 수입 불균형이 더욱 심해졌다. 예를 들면, 브라질은 대다수 통계적 기준을 적용해볼 때 지구상에서 가장 불평등한 국가이다. 브라질 인구 1억 7,000만 명 중 상위 10퍼센트 국민의 생활의 질은 유럽 연합 국가 국민들의 평균과 동일한 수준인 반면, 하위 50퍼센트 국민의 생활의 질은 1990년대 동안 거의 나아지지 않았다. 2000년대 초반에 다수의 라틴 아메리카 국가에서 좌파정부가 강세였던 점은 이러한 불평등의 증가에 따른 결과이다. 그러나 급진주의적 지도자들(베네수엘라의 선동주의적 포퓰리즘 지도자 우고 차베스[재임 1999-2013], 2006년에 선출된 칠레의 중도 사회주의 대통령 미첼 바첼레트[재임 2006-2010, 2014-], 2003년에 선출된 브라질의 대통령 루이스 이나시우 룰라 다 시우바[재임 2003-2010])조차 1990년대의 시장 지향적 개혁에 손댈 엄두를 내지 못했다. 이러한 시장 지향적 개혁은 한 세대 이상 경험하지 못한 경제성장을 일구어냈다고 사람들이 전반적으로 동의하고 있기 때문이었다. 그러므로 경제성장과 극심한 빈곤의 모순적인 공존은 라틴 아메리카의 미래 경제개발에 핵심적인 문제로 남을 것이다.

3
위기 그리고 데탕트

1970년대에 양대 강대국은 1945년 이후에도 그랬던 것처럼 여전히 전 세계에 영향력을 행사했다. 그리고 미국과 소련 양국은 여전히 세계가 그들의 지지자 혹은 적으로 양분된 것처럼 이야기했다. 그러나 상황은 달라지고 있었다. 몇몇 사람들은 미국이 한때 소련을 압도하던 군사적 우위를 잃었고 이제는 전혀 우위에 서지 못한다고 믿었다. 그러한 인식은 틀린 것이지만, 상당히 많은 사람들이 (심지어 일부 미국인들조차) 그러한 인식을 가졌다. 불안정의 징조에 쉽사리 놀라는 사람들은 만약 미소 대립 이외에 또다른 대립이 발생하게 되면 어떻게 될지 불안해했다. 다른 부류의 사람들은 미국과 소련 간의 세력이 좀더 균형을 이루게 되면 그러한 위기는 발생하지 않을 것이라고 생각했다. 다른 종류의 변화들 역시 가늠하기 힘들었다. 양대 국가를 둘러싼 소국들은 소련과 미국에 집어삼켜질 위험에 처해 있었고, 이제 분쟁의 조짐을 보이기 시작했다. 오랜 이념적 대립에 영향을 줄 새로운 분쟁이 시작되고 있었다. 더욱 흥미로운 점은 새롭게 강대국의 역할을 맡고자 염원하는 국가들이 나타났다는 점이다. 몇몇 사람들은 데탕트 시대(era of détente, 긴장완화의 시대)가 도래한다고 이야기하기 시작했다.

역사적 변화의 원인은 이전 시대로 거슬러 올라가며, 이러한 역사적 시기 사이에는 뚜렷한 구분이 존재하지 않는다. 예를 들면, 스탈린의 죽음이 소련의 정책에 뚜렷한 즉각적 변화를 가져온 것은 아니지만, 소련의 역사에 변화를 주지 않았다고 볼 수는 없다. 그리고 스탈린의 죽음의 역사적 의미를 해석하는 것은 더욱 어렵다. 니키타 흐루쇼프가 소련 정부의 지배적인 인물로 부상한 후 약 2년이 지나자 그에 따른 정부 요인들의 변화가 뒤따랐다. 그리고

1956년에 스탈린의 오랜 오른팔이자 냉전 외교의 베테랑인 몰로토프(1890-1986)가 외상직에서 물러났다. 소련 공산당 20차 대회의 비밀회기에서 흐루쇼프는 놀라운 연설을 했다. 그는 연설을 통해서 스탈린 시기의 잘못을 비판하고 향후 소련의 외교정책의 목표는 '공존'이라고 선언했다. 흐루쇼프의 연설은 곧 널리 알려지게 되었고, 공산주의의 단일 질서를 뒤흔들기 시작했다. 그리고 이는 소련의 현실에 그다지 신경을 쓰지 않았던 서방 국가의 공산주의자들에게 적개심을 산 최초의 사건이었다. 혹은 어쩌면 이러한 흐루쇼프의 연설 덕분에 서방의 공산주의자들이 아무런 양심의 가책 없이 소련에 대한 적개심을 표출할 수 있게 된 것인지도 모른다.

소련의 군비감축 발표와 더불어, 흐루쇼프의 연설은 국제정세의 새로운 기류를 예견한 것이었다. 그러나 1956년의 상황이 이러한 희망을 좌절시켰다. 수에즈 사건은 소련이 영국과 프랑스에 위협을 가하도록 만들었다. 소련 정부는 이집트를 제대로 도와서 아랍과의 우호를 다지기를 원했다. 그러나 같은 해에 폴란드에서는 반소련 폭동이 늘어났고 헝가리 혁명이 일어났다. 소련의 정책은 항상 소련의 위성국의 일탈이나 불만의 징후에 병적으로 민감했다. 1948년에 소련의 고문들은 유고슬라비아에서 본국으로 돌아갔는데, 이는 유고슬라비아가 당시에 코민포름에서 축출되었기 때문이다. 유고슬라비아와 소련과 다른 공산국가와의 조약은 곧 격렬한 비판을 받았고, 5년 동안 '티토주의'에 대한 신랄한 공격이 이어졌다. 1957년에 이르러서야 소련은 잘못을 시인하고 티토에 대한 지원을 재개하면서 양측 정부는 화해하게 되었다.

그러나 바르샤바 조약기구 소속이 아닌 사회주의 국가로서 살아남은 유고슬라비아의 존재는 소련에 충격과 굴욕을 안겼다. 곧 소련 정부는 공산진영 내의 약간의 준동에도 더욱 민감하게 반응했다. 1953년 동베를린에서 일어난 반소 폭동과 마찬가지로, 1956년 여름에 터진 폴란드 폭동은 경제적 불만으로 인해서 불거진 민족주의 감정이 공산주의의 심장부에서 가까운 지역에서도 여전히 공산주의의 위협이 될 수 있다는 것을 잘 보여주었다. 1956년 10월의 부다페스트 내의 준동은 앞선 예들과 마찬가지로, 경제적 불만으로 인한 민족주의 감정의 분출이 어떤 영향을 주는지 잘 보여준다. 부다페스트 내의 정치적 불안은 곧 헝가리 전국으로 퍼져나갔고 소련군은 부다페스트 시에서 물러나야 했다. 새로운 헝가리 정부는 자유선거와 일당정치의 종결을 약속했다. 또한 헝가리 정부는 바르샤바 조약기구에서 탈퇴할 것이라고 발표하고, 헝가리의 중립을 선언하며 국제연합에 헝가리 문제를 상정하도록 했다. 그러자 소련 군대가 돌아왔다. 수천 명의 사람들이 헝가리를 떠났고 헝가리 혁명은 그대로 무너졌다. 국제연합의 총회는 두 차례 소련의 군사개입을 비난했으나 아무런 소용이 없었다.

이 에피소드는 동서 진영 간의 입장을 한층 단호하게 만들었다. 소련 지도부는 다시 한번 동유럽의 인민들이 얼마나 소련을 싫어하는지 알게 되었고, 그리하여 서구 국가들이 그 사람들을 '해방'시키겠다고 말하는 것에 더욱 진저리를 내게 되었다. 서유럽 국가들은 소련의 진면목을 다시 한번 깨닫게 되었고, 그들 국가의 자라나는 국력을 결집하기 위해서 노력했다.

1957년 10월에 스푸트니크 I호가 강대국들의 우주경쟁의 시대를 열었다. 그리고 소련의 과학기술이 미국보다 뒤떨어진다고 믿었던 미국인들의 믿음에 끔찍한 충격을 주었다. 흐루쇼프 시기 소련의 외교정책은 한편으로는 아집과 비협조를 거듭하면서도, 때로는 놀라울 정도의 신용을 보여주었다. 서독의 재무장의 위험을 두려워하면서도 소련의 지도자들은 소련의 위성국가인 동독을 무장시키는 것을 꺼려했다. 동독의 영토에 둘러싸인 서독의 성공과 번영은 매우 눈에 띄었고 이는 소련을 난처하게 만들었다. 베를린 시의 동서 경계는 너무도 쉽게 뚫렸고, 서독의 번영과 자유는 점점 더 많은 동독 사람들(특히 숙련된 노동자들)을 끌어들였다. 1958년에 소련은 지난 10년간 베를린의 상황을 비판하고 상황이 나아지지 않으면 베를린의 소련 구역을 동독에 넘길 것이라고 이야기했다. 2년 동안의 논쟁이 이어졌다. 베를린에서 분위기가 한층 험악해져가면서 서베를린으로 넘어가는 난민의 수가 치솟았다. 서베를린으로 넘어가는 동독인들의 숫자는 1959년에 14만 명이었는데 1960년에는 20만 명으로 늘어났다. 1961년 초반 6개월 동안 무려 10만 명 이상이 서베를린으로 넘어가자, 그해 8월에 동독 정부는 갑자기 장벽을 세우기 시작했다(이 장벽은 곧 지뢰와 인계철선으로 보강되었다). 베를린 장벽은 베를린의 소련

구역을 서방 국가의 관할구역을 분리시켜버렸다. 이로 인해서 단기적으로는 긴장이 고조되었지만, 장기적으로는 직접적 충돌의 가능성이 줄었다. 베를린 장벽의 존재는 (그리고 그것을 넘으려고 했던 동독인들이 사살된 사실은) 4반세기 동안 서방 세계에 선전도구로 이용되었다. 그러나 동독은 일단 동독인들의 유출을 막을 수 있었다. 흐루쇼프는 미국이 베를린의 법적 지위를 인정할 준비를 하지 않는다는 것이 확실해지자 전쟁도 불사할 각오로 극단적인 요구를 했다.

이듬해 쿠바에서 이런 비슷한 흐름의 전개가 이어졌다. 물론 쿠바에서의 대치는 그 위험도 측면에서 훨씬 더 심각한 것이었다. 미국의 유럽 동맹국들은 독일 문제에서 한 발 물러나 있었기 때문에 직접적으로 관여할 생각이 없었고, 소련 역시 쿠바인들의 상황에 큰 관심을 보이지 않았다. 더구나 사실상 강대국들 간에 '순수한' 대립의 관점에서 보면, 소련은 힘에서 밀린 것으로 보인다. 상대를 도발하는 언동을 피하면서도, 그리고 확실하게 자신의 요구가 무엇인지 밝혀서 상대방이 빠져나갈 길을 내주면서도, 케네디는 한번도 눈에 띄는 양보를 한 적이 없었다. 비록 미국이 쿠바 사태 이후 얼마 지나지 않아서 터키에서 미국의 미사일을 회수했지만, 이것 역시 양보라고 볼 수는 없다. 곧 흐루쇼프는 미국이 쿠바를 침공하지 않는다는 것만으로도 만족해야 했다.

이러한 상황은 중요한 전환점이었다. 소련은 냉전의 지리적 확장이라는 대가를 지불해야 하는 핵전쟁의 가능성을 받아들일 수 없었다. 직후에 소련과 미국 양국의 원수들 간에 직통전화('핫라인')가 설치되었다. 이는 양측이 오해로 인한 충돌의 위험을 줄이려면, 통상적인 외교 채널보다는 좀더 직접적이고 친밀한 방식이 필요하다는 것을 인지한 까닭이었다. 또한 소련은 반대라고 떠들어댔지만, 미국의 군사력에서의 우위는 여전히 강대했다. 두 강대국 간의 직접적인 군사충돌을 위해서 만들어진 신무기로 대륙간 로켓 미사일이 있었는데, 1962년에 대륙 간 로켓 미사일 보유량을 비율로 보면 6 대 1로 미국이 앞섰고 소련은 이러한 불리함을 극복하려고 노력했다. 결과적으로 생필품에 써야 할 자원과 노동력을 로켓 생산에 먼저 썼으며, 소련의 소비자에게 또다시 피해가 갔다. 한편 쿠바 대치는 영국, 미국, 소련 간에 우주 공간, 대기 혹은 지하수에서의 핵실험을 제한하도록 하는 합의를 이끌어냈다. 국비 축소는 오랫동안 실현되지 않았지만, 이 합의 자체는 긍정적인 결과를 이끈 최초의 핵무기에 관한 협상이었다.

1964년에 흐루쇼프는 서기장직을 박탈당했다. 1958년 이후 정부와 당의 수장으로서, 소련 역사에 대한 그의 개인적인 공헌은 위대한 개혁으로 보인다. 그러한 개혁은 '탈스탈린화'로 볼 수 있는데, 농업 부문에서 큰 실패를 했고 군사 부문에서 우선순위에 변화를 가져왔다(주력 무기로서 전략 로켓 무기의 생산을 지향했다). 흐루쇼프의 외교정책은 (재앙과 같은 쿠바 사태를 포함해서) 그가 제거된 가장 근본적인 원인으로 볼 수 있다. 그러나 비록 흐루쇼프와 사이가 좋지 않았고 그에게 위협을 받았던 동지들이 그를 제거할 시점에 군대는 이를 묵인했지만 그는 죽임을 당하거나 수용소나 강제노동을 위해서 먼 곳으로 보내지지 않았다. 분명히 소련은 정치와 권력 다툼에서 문명화가 진행되는 중이었다. 과거와 비교해보면, 이는 놀라운 변화였다.

소련 사회는 스탈린 사망 이후 조금이나마 풀어지기 시작했다. 20차 대회에서의 연설은 (흐루쇼프 자신도 포함하여) 스탈린이 저지른 범죄에 연루된 사람들에 대한 비판을 돌리기 위한 목적이 다분했지만, 그것이 소련 사회에 보낸 메시지는 분명했다(상징적으로 스탈린의 유체는 국가 성지인 레닌의 무덤에서 다른 곳으로 옮겨졌다). 그 이후 몇 년간은 소위 사회를 '해동하는' 시기였다. 소련 정권은 유대인들에 대한 처사와 같은 문제에 세계가 주목할 것이라고 다소 걱정하기는 했지만, 최소한의 표현의 자유를 작가와 예술가들에게 허용했다. 그러나 이러한 변화는 개인적이고 또한 간헐적으로 이루어진 것이다. 자유란 어디까지나 흐루쇼프가 받아들이는 것에 따라서 달라졌다. 단지 스탈린 사후에 (특히 흐루쇼프가 대두되던 시기에) 분명해진 것은 공산당이 소련의 정치에서 더욱 독립적이고 중요한 요소로 변모했다는 점이다. 물론 소련 정부의 권위적인 성격은 변하지 않은 것으로 보이지만, 이는 이미 예견된 것이었다.

당시에 미국과 소련이 점점 더 비슷하게 성장하고 있었고, 그로 인해서 소련의 정책이 점점 덜 위협적이 되었다고 말하는 것은 현재로서는 이상하게 들린다. 이러한 '수렴' 이론은 한 가지 반박할 수 없는 진실을 무시하고 있다. 소련은 애초에 선진 경제국가였다. 이는 1960년대에 유럽의 좌파들이 여전히 사회주의가 현대화를 위한 적절한 길이라고 생각한 이유 중의 하나였다. 그러나 그들 대부분은 소련의 경제가 비효율적이며 왜곡된 것이라는 사실을 간과했다.

소련의 산업 능력이 중공업에서는 강했지만, 개인 소비자들은 미국의 개인 소비자들에 비해서 가난했고, 값비싼 보조금 제도의 문제로 인해서 외형적인 가난의 정도는 그보다 더했다. 차르 시절 산업화를 진행하고 중부 유럽의 도시들에 식량을 공급했던 소련의 농업은 거듭해서 실패했다. 역설적으로 소련은 자주 미국의 곡물을 구매해야 했다. 1961년의 소련 공산당 프로그램은 1970년경에 소련이 산업생산에서 미국을 뛰어넘을 것이라고 전망했다. 그러나 이 예측은 현실화되지 못했고, 같은 해에 케네디는 인간을 달에 보내는 일을 실현시켰다. 그러나 개발도상국가들과 비교해서 소련은 의심의 여지없이 부유했다. 기존 소비자 사회와 소련의 명백한 차이에도 불구하고, 빈민들에게 미국과 소련은 별 차이가 없어 보였다. 많은 소련 국민들 역시 미국과 자국의 차이보다는 고통스럽고 가난에 찌든 1940년대 소련과 현재 1970년대 소련의 차이를 더 크게 느꼈다.

또한 두 체제의 차이는 항상 한쪽이 우세한 것만은 아니었다. 예를 들면, 소련의 교육에 대한 투자는 문해율에서 미국 이상가는 업적으로 이어졌다. 양적인 판단에서 질적인 판단으로 쉽게 넘어가기 쉬운 그러한 비교는, 그럼에도 불구하고 소련의 1970년대 1인당 GDP가 미국에 비해서 여전히 뒤처져 있다는 사실을 바꾸지는 못했다. 소련의 시민들이 (영국 국민들이 노년연금을 받게 된 지 약 50년 뒤인) 1956년에 노년연금을 받을 수 있었다면, 그들은 또한 서구권에 비해서 훨씬 뒤떨어진 의료 서비스를 견뎌야 했다. 소련은 오랫동안 쇠퇴와 혼란을 겪어야 했다. 1952년에 소련의 실질임금은 1928년 수준으로 되돌아갔다. 그러므로 '수렴' 이론은 항상 지나치게 긍정적이며 지나치게 단순화하는 문제가 있다.

그럼에도 불구하고 1970년경에 소련은 산업과 과학의 기반이라는 측면에서 그 규모로 보아서 미국에 대적할 수 있는 유일한 존재였다. 이러한 사실이 가장 분명하게 나타난 것이자 소련 국민의 국가에 대한 자존심을 크게 고취시킨 것은 우주였다. 1980년에 지구궤도에는 수많은 위성들이 존재했지만, 20년 전 소련이 쏘아올린 최초의 인공위성이 준 놀라운 인상을 따라잡을 수는 없었다. 비록 미국의 승리가 곧 다가왔지만, 우주경쟁에서 시작을 알린 것은 소련이었다. 우주탐사에 대한 보고는 애국심을 고취시켰고 소련 내의 일상에서의 어려움을 견디던 사람들에게 희망을 주었다. 심지어 소련 국민에게는 우주기술이 혁명을 정당화시켰다고 말하는 것이 과언이 아닐 것이다. 소련은 다른 나라가 할 수 있는 것이라면 어떤 것이든 할 수 있다는 것을 증명했고, 그외에는 단 하나의 국가만이 할 수 있는 일을 달성했다. 어머니 러시아는 마침내 현대화되었다.

그러나 이러한 사실은 소련이 만족스러운 국가가 되고 그 지도자들이 외부 세계에 대해서 자신감이 넘치고 경계심을 누그러뜨리고 국제사회의 변화에 동요하지 않는다는 것과는 전혀 다른 문제였다. 중국의 반항에 대한 소련의 반응을 보면, 전혀 그렇지 않다는 것을 알 수 있다. 중국에 대해서 소련 지도부는 선제 핵공격을 논의하기도 했다(이것은 중국이 심각한 도발을 할 경우 반격에 한정한 것이기는 했다). 소련 사회는 또한 1970년에 내부 분쟁의 조짐을 보이기 시작했다. 반발과 비판이 (특히 지적 자유에 대한 제한과 관련하여) 1960년대에 들어 처음으로 두드러지기 시작했다. 그러한 반사회적 행동은 부패의 만연과 만성적으로 증가하는 알코올 중독으로 표면으로 나타나기 시작했다. 그러나 이러한 현상은 다른 거대국가들 내의 주요한 변화에 비하면, 그리 큰 영향력을 발휘하지는 못한 것으로 보인다. 그보다 눈에 띄지 않던 것들이 장기적으로는 큰 영향력을 발휘하기 시작했다. 1970년대 들어서 러시아어를 모국어로 하는 화자들이 소련에서 소수민족으로 분류되었는데, 이는 사상 처음이었다. 한편, 소련은 개인의 자유와 인권이 행정부의 결정과 정치 수용소 등으로 인해서 제한되는 국가 중 하나로 분류되었다. 소련과 미국(혹은 다른 서유럽 국가)의 인권 문제에서의 차이는 소련이 외국 방송의 전파를 방해하는 데에 쓴 거대한 비용으로도 측정할 수 있다.

명백한 이유로 인해서 미국에서의 변화는 소련에서의 변화보다 훨씬 더 관찰하기가 쉬웠다. 그러나 이것은 미국의 변화의 근본을 파악하는 것이 소련의 그것을 파악하는 것보다 더 쉽다는 것을 의미하지는 않았다. 미국의 힘이 자라나는 것과 세계에서의 그 중요도가 올라가는 것은 의심의 여지가 없었다. 1950년대 중반에 미국의 인구는 세계인구의 6퍼센트를 차지했지만 세계 공산품의 절반 이상을 생산했다. 2000년경에 캘리포니아 주만 분리해서 보았을 때, 세계에서 다섯 번째로 큰 경제 규모였다. 1968년에 미국의 인구는 2억 명을 넘어섰다(1900년에는 7,600만 명이었다). 당시에 총 인구의 5퍼센트가 이민자 출신이었다(그후 10년 만에 멕시코와 카리브 지역에서 에스파냐어를 모국어로 하는 이민자들이 몰려들면서 이에 대한 근심이 늘어났다). 출생률은 1960년대 이후로 떨어졌지만 출산은 늘어났다. 이러한 관점에서 보면 미국은 주요 선진국 중에서 특수한 국가였다. 점점 더 많은 미국인들이 도시나 근교에 살게 되었고, 1900년 이래로 암과 같은 형태의 질병으로 죽는 확률이 늘어났다. 이것은 역설적으로 공중보건의 뚜렷한 향상을 의미하는데, 다른 종류의 질병에 대한 대처를 더욱 잘하게 되었다는 것을 뜻하기 때문이다.

거대한 성공을 이룬 미국의 산업구조는 1970년에 거대기업들에 의해서 지배되었는데, 이 기업들 중에서도 큰 기업들은 몇몇 국가보다 더 많은 자원과 부를 소유했다. 이러한 거인들이 경제에서 가지는 영향력으로 인해서 대중과 소비자 이익에 대한 우려의 목소리가 높아졌다. 그러나 부와 힘을 창조하는 미국 경제의 능력에서는 일말의 의심의 여지도 없었다. 비록 미국 경제가 사람들이 바라는 것을 다 해주지는 않았지만, 미국의 경제력은 전후 세계에서 가장 꾸준하게 성장해왔고 미국의 대외정책 실행에서 필수불가결한 거대한 군사력을 떠받쳐왔다.

정치적 신화는 1950년대에 여전히 큰 문제였다. 트루먼의 두 번째 임기와 아이젠하워의 임기 동안 정부의 시장개입의 위험에 대한 시끄러운 논쟁과 내부 투쟁이 이어졌다. 이러한 문제는 그리 중요한 것이 아니었다. 1945년 이래로 연방정부는 미국 경제의 제1소비자로서 그 중요성을 유지하고 늘려왔다. 정부 지출은 주요한 경제 자극제였으며 정부 지출을 늘리는 것은 수백 곳의 이익단체와 수천 명의 자본가들의 목표였다. 균형 잡힌 예산과 지출을 줄이는 행정부에 대한 희망은 항상 이러한 상황에 의해서 좌초되었다. 무엇보다 미국은 민주국가였다. 아무리 교조주의자들이 미국이 민주국가라는 사실을 부정할지라도 그리고 아무리 그러한 사실을 비판하기 위해서 수많은 표현들이 동원될지라도, 유권자들이 원하는 바대로 복지국가로의 전환이 서서히 이루어지고 있었다. 이러한 상황으로 인해서 정부의 영향에 구애받지도 침범받지도 않는 완전한 자유시장 건설이라는 오래된 이상은 점점 더 비현실적인 것이 되었다. 또한 이러한 상황은 민주당의 단결이 지속되는 데에 힘이 되었다. 1952년과 1968년에 각각 선출된 공화당 대통령들은 전쟁에 대한 피로로 인해서 반사이익을 얻은 경우였다. 그러나 그 두 대통령 모두 미국 의회를 공화당이 지배하도록 만들지는 못했다. 반면에 민주당 내부에서 분쟁의 조짐은 1960년 이전부터 발견되었다. 공화당의 아이젠하워는 많은 남부 유권자들에게 호소했고, 1970년경에 아프리카계 미국인들의 입장을 지지하는 민주당의 입법에 기분이 상한 몇몇 남부 유권자들로 인해서 공화당의 기치 아래 보수주의당이 나타나기 시작했다. 남북전쟁으로 인해서 탄생한 민주당을 지지하는 '전통적 남부'는 정치적으로 사라지게 되었다.

미국 대통령들은 때로 우선순위를 바꾸기도 했다. 아이젠하워 시대에는 미국 국내 역사에서 많은 것이 일어나지 않았다는 인상이 짙다. 아이젠하워의 입장에서는 국내에서 강력한 정책을 펼치는 것은 그가 원하는 것과 거리가 멀었다. 부분적으로는 이러한 이유 때문에 1960년에 케네디의 당선(즉 새롭고 젊은 정치 지도자의 출현)은 놀라운 변화의 가능성을 국민에게 인식시켜주었다. 당시에 일어난 많은 피상적인 변화를 과장되게 강조하는 경우가 많기는 하다. 그러나 돌이켜보면, 대외정책과 국내정책 모두, 1961년부터 시작된 민주당의 8년간의 집권은 실제로 큰 변화를 가져다주었다. 다만 케네디 혹은 부통령이었던 린든 존슨이 집권 당시에 원하던 방식의 변화는 아니었다.

1960년에 한 가지 분명한 사실은 당시에 '흑인 문제'라고 불리던 것이었다. 노예해방 100년 이후, 흑인들은 백인들보다 가난했고 국가보조에 더욱 의존적이었으며 실업률은 더 높았고 주거와 건강 문제에서도 백인들보다 좋지 못했다. 1940년 이후에도 이러한 경향은 여전했다. 그러나 1950년대와 1960년대에 이러한 상황을 변화시킬 수 있다는 희망이 자라나기 시작했다. 세 가지 새로운 문제로 인해서 미국 사회에서의 흑인의 위치가 빠르게 흑인들의 분노를 불러일으켰고 큰 정치적 문제로 발돋움했다. 첫 번째 문제는 흑인의 이주 문제였는데 이는 남부 주들의 문제를 미국 전역의 문제로 만들었다. 1940년대와 1960년대 사이에 북부의 흑인 인구는 약 3배로 늘었는데 이러한 남부에서 북부로의 이주는 1990년대가 되기 전까지 이어졌다. 뉴욕 주는 미국 북부에서 가장 흑인 인구가 많은 주가 되었다.

이러한 상황은 흑인들이 새로운 것을 새로운 관점으로 바라보도록 했다. 이것은 흑인들이 처한 문제가 단순히 법적 권리뿐만이 아니라 더욱 복잡한 것임을 의미했다. 그러한 문제에는 경제적, 문화적 박탈도 포함되어 있었다. 흑인 문제를 점점 더 국가 문제로 만들었던 것들 가운데 두 번째 문제는 미국의 대외관계에서 비롯된다. 많은 신생국가들이 (국제연합에서 다수를 이루게 된) 유색 인종들의 국가였다. 대외관계에서 미국이 존중하는 인종차별 반대 등의 이념들이 국내에서는 아프리카계 미국인들을 차별함으로 인해서 공산주의자들의 정치선전에 좋은 먹잇감이 되고 있다는 점은 매우 부끄러운 일이었다. 마침내 흑인들은 그들의 지도자의 가르침에 따라서 행동을 개시했다. 이들 중 몇몇은 간디의 비폭력 저항주의에 영향을 받았고 많은 백인들의 지지를 받았다. 결과적으로 아프리카계 미국인들의 법적, 정치적 지위는 보다 나은 쪽으로 변화했다. 그러나 비통함과 분노는 없어지지 않았고 심지어 어떤 면에서는 증가했다.

흑인의 동등한 지위를 위한 캠페인에서 최초의 단계이자 가장 성공적인 단계는 '시민 평등권'을 위한 투쟁이었다. 이것은 선거권 행사를 위해서 가장 중요한 것이었다(법적으로는 선거권 행사가 가능했으나 실제로는 몇몇 남부 주에서 선거권 행사가 불가능했다). 그리고 다른 부문에서의 동등한 대우를 위한 투쟁도 성공적이었는데, 공공시설과 학교 이용에 관한 것이었다. 1954년과 1955년 대법원의 판결로 인해서 이러한 캠페인은 결실을 맺게 되었다. 한마디로 입법으로 인한 것이 아니라 법적 해석을 달리한 것으로 달성한 성공이었다. 대법원은 공립학교에서 인종 간의 분리는 위헌이며 인종분리가 존재하는 곳은 어디든지 빠른 시일 안에 없어져야 한다고 발표했다. 이러한 결정은 많은 남부 주들의 사회제도에 압력을 가했다. 1963년경에 모든 북부 주에서는 흑인 혹은 백인 전용학교가 존재하기는 했으나, 공립학교의 경우 흑인과 백인 학생들이 함께 다녔다.

흑인 문제에서 입법은 1961년 전까지는 실제로 중요한 것이 아니었다. 흑인 지도자들의 '연좌 데모' 캠페인의 성공 이후(그 자체만으로도 많은 지역에서 중요한 승리를 거두어들였다), 케네디는 분리와 여러 종류의 불평등을 제거하기 위해서 투표권 획득의 영역을 넘어선 프로그램을 개시했다. 그리고 이것은 그의 후임인 존슨 시기에도 계속되었다. 쇠퇴한 도시지역에서의 빈곤, 주거문제, 낮은 교육의 질 등은 미국 사회 내의 혼란을 보여주는 지표였다. 그리고 불평등은 미국 전체의 부의 증가가 지속되면서 더욱 성가신 문제가 되었다. 케네디 행정부는 이러한 불평등의 제거가 '뉴 프론티어(New Frontier)'를 위한 도전과제 중의 하나라고 호소했다.

린든 존슨 시기에 들어서 불평등 해소를 위한 입법에 더욱 박차가 가해졌다. 린든 존슨은 1963년 11월에 케네디가 살해당한 이후 대통령직을 계승했다. 불행하게도, 미국 흑인 문제의 가장 깊은 뿌리는 미국 대도시의 '빈민가' 라고 불리는 곳에 영향을 미치는 법의 영역을 넘어선 것이었다. 다시 한번 장기적 관점이 도움이 되었다. 1965년(미국 전역에서 노예해방이 법제화된 지 100년 후)에 로스앤젤레스의 흑인 지역에서 격렬한 폭동이 발생했는데 여기에 참여한 인원은 77만5,000여 명에 달했다. 비록 비슷한 규모는 아니었으나 다른 도시에서도 문제가 뒤따라 일어났다. 25년 후, 와츠(LA 폭동이 발생한 지역)에서 큰일이 벌어질 때보다 상황은 더욱 좋지 않게 되었다. 미국 흑인들의 문제는 (대체적으로 사람들이 동의하듯이) 경제적 기회에 관한 것이었는데, 그러한 문제들 중 어느 것 하나 쉽게 해결할 수 있는 것이 없었다. 그러한 문제들은 해결되지 않은 채로 남아 있거나 해결이 불가능한 수준으로 악화되곤 했다. 그 결과 몇몇 흑인 사회에서 범죄가 증가하고 의료지원 체계가 붕괴하고 가족 간의 화합이 무너졌고, 도심지역이 무정부 상태가 되거나 사실상 치안유지가 불가능한 상태가 되었다. 미국의 백인 정치와 문화는 당시에 피부색과 인종 문제에서 거의 강박증에 가까운 상태가 되었다.

린든 존슨 그 자신이 겪은 남부에서의 가난한 삶이 그를 '위대한 사회(Great Society)'의 확신에 찬 주창자로 만들었다. '위대한 사회'는 그가 미국의 미래라고 확신한 것으로, 그가 재선에 성공했다면 '위대한 사회'를 통해서 약속한 대로 흑인 경제 문제를 다루었을 것이다. 잠재적으로 존슨은 미국의 가장 위대한 개혁적인 대통령 중 한 사람으로 여겨졌지만, 그의 열망, 경험, 기술에서 모두 큰 실패를 경험했다. 베트남 전쟁이 재앙과 같은 상태가 되고 일각에서는 '미국의 시칠리아 원정'이라고 불릴 정도가 되자, 그의 건설적이고 개혁적인 작업은 곧 잊혀졌다(또한 뒷전이 되었다고 해야 할 것이다).

아이젠하워 시기 동남 아시아에서 미국의 정책은 비공산주의 남베트남이 안보에 필수적이며, 남베트남은 (아마도 인도와 오스트레일리아만큼 먼 국가를 포함하여) 동남 아시아의 다른 국가가 전복되지 않도록 서방 세계에 속해야 한다는 교리에 기반을 두었다. 그래서 미국은 인도차이나 지역의 보수주의 정권의 후원자가 되었다. 케네디 대통령은 이러한 관점에 의문을 제기하지 않았고, '고문'을 파견하는 등 군사지원을 시작했다. 케네디가 사망할 시점에 남베트남에는 2만3,000명의 고문이 있었으며, 그들 대부분은 사실상 전장에서 군사행동을 하고 있었다. 존슨 대통령은 이미 짜여진 코스를 따라갔고, 다른 나라들에 맹세한 것이 좋은 흐름으로 나타날 것이라고 믿었다. 그러나 남베트남에서 계속 교체된 정부는 썩은 동아줄임이 드러났다. 1965년 초에 존슨은 남베트남이 무너질 것이라는 보고를 받았다. 그는 전쟁을 실행할 권리가 있었고(그전 해에 북베트남이 미국의 함선을 공격한 이후 조심스런 정치적 움직임을 통해서 미국 의회가 존슨에게 그 권한을 부여했다), 북베트남의 목표에 대한 공습이 시작되었다. 곧이어 공식적으로 최초의 미국 전투부대가 남베트남으로 파병되었다. 미국의 전쟁개입은 통제불능으로 늘어났다. 1968년에 베트남에는 50만 명 이상의 미군이 존재했다. 그해 크리스마스에 제2차 세계대전 전 시기에 걸쳐 독일과 일본에 퍼부은 폭탄보다 더 많은 폭탄이 북베트남에 떨어졌다.

그 결과는 정치적으로 재앙과 같았다. 미국의 국제수지가 막대한 전비(국내의 개혁 프로젝트에 필요한 돈도 가져갔다)로 무너질 것이라는 사실도 존슨에게 가장 큰 문제는 아니었다. 더 큰 문제는 사상자가 늘어나고 협상시도가 제대로 이루어지지 않음에 따라서 불붙은 국내의 비판이었다. 부유한 젊은이들(그들 중 한 명은 이후 대통령이 되었다)은 징집을 회피하려고 했고 미국인들은 사상 최초로 텔레비전 화면에 전송되는 전쟁 장면을 보면서, 우울하게 전쟁의 비용을 계산하곤 했다. 원망의 목소리가 커졌고 미국의 중도파에 경종을 울렸다. 소련이 북베트남의 무장을 지원한 비용 역시 막대했다는 사실은 작은 위안이었다. 베트남에 관한 국내 분쟁에는 젊은이들의 전쟁반대 폭동과 정부에 대한 불신 혹은 미국 시민들의 애국심의 상징에 대한 신성모독적인 행위와 군복무 거부에 대한 보수주의자들의 이상주의 말고도 더 많은 문제들이 연관되어 있었다. 베트남은 많은 미국인들이 외부세계를 바라보는 시선을 변화시켰다. 동남 아시아의 문제를 통해서 미국인들 가운데 생각이 있는 사람들은 아무리 미국이라고 해도 원하는 모든 것을 얻을 수는 없으며 상당한 비용을 치러도 많은 것을 얻지 못할 수 있다는 것을 깨닫게 되었다. 1960년대 말에 존재했던, 미국의 힘에 한계가 없고 누구도 막을 수 없다는 환상은 끝나게 되었다. 미국인들은 전후의 세계를 이러한 환상을 그대로 가지고 바라보았다. 무엇보다 미국인들은 그들 나라의 힘이 두 번의 세계대전의 승패를 결정했다고 믿고 있었다. 그리고 150년 이상 미국은 대륙에서의 팽창에 어떠한 견제와 방해도 받지 않았고, 유럽의 개입에서 자유로웠으며, 아메리카 대륙에서 놀라운 패권국가로 성장했다. 미국 역사에는 완전히 재앙스럽거나 구제의 여지가 없었던 적이 없었으며, 완전한 실패 그리고 대부분의 미국인이 양심의 가책을 느낄 만한 일이 존재하지 않았었다. 그러한 역사적 배경에서 무한한 가능성이라는 무분별한 생각을 심어주는 것은 쉽고도 자연스러운 일이었다. 국가의 번영은 그러한 생각을 국내에서 해외의 문제로 전환하는 데에 도움을 주었다. 미국인들은 오랜 동안에 걸쳐 완성된 그들의 성공 이야기가 매우 특수한 조건에 따른 것이라는 점을 쉽게 간과했다. 이러한 조짐은 1950년대부터 시작되었는데, 많은 미국인들은 그들의 기대에 못 미치는 승리를 미국이 한국전쟁에서 거두는 것을 지켜보았다. 미국은 자국 국력의 10분의 1도 되지 못하는 국가를 상대로 좌절스러운 20년의 시간을 보냈다. 마침내 베트남 참사를 통해서 미국의 힘의 한계와 지불할 수 있는 비용의 한계가 드러났다. 1968년 3월에 반전 여론의 자라나는 힘이 대통령 선거에서 잘 드러났다.

존슨은 이미 미국이 전쟁에서 승리할 수 없다는 결론을 내렸다. 그는 폭격을 중지할 준비를 했고 북베트남 정부에 다시 한번 협상을 하자고 제의했다. 놀랍게도 1968년에 존슨은 재선에 출마하지 않겠다고 선언했다. 한국전쟁의 상처로 인해서 1952년에 아이젠하워가 선거에서 승리했듯이, 전장과 미국 국내를 뒤흔든 베트남 참사는 (제3의 후보의 존재와 함께) 또다른 공화당 대통령이 1968년(존슨이 엄청난 득표를 얻은 지 불과 4년 뒤)에 선출되고 1972년에 재선되는 데에 큰 영향을 주었다. 베트남은 오랜 민주당의 연합을 해체하는 데에서 단 하나의 요소는 아니었지만 가장 큰 영향을 준 요소였다.

새로운 대통령인 리처드 닉슨(재임 1969-1974)은 그의 취임 후 얼마 지나지 않아서 베트남에서 미국의 지상군을 철수시키기 시작했지만 전쟁이 종식되기까지는 3년이 걸렸다. 1970년에 북베트남과 미국 사이에 비밀교섭이 시작되었다. 철수는 계속되었지만 북베트남과 그 연장선에 있는 캄보디아에 대한 폭격이 재개되고 강화되었다. 미국의 베트남 외교는 고문받는 것과 같았고 어려웠다. 미국은 동맹국을 방기하는 것을 인정할 수 없었지만 실제로 그렇게 해야 했고, 북베트남은 서방 세계가 남베트남 정권을 그대로 보호하도록 하는 조건을 받아들일 리 없었다. 미국 내 분노에 찬 반전 여론에도 불구하고, 1972년 말에 폭격이 재개되었으나 그것이 마지막이었다. 곧이어 1973년 1월 27에 파리에서 휴전이 조인되었다. 베트남 전쟁은 엄청난 금액의 돈과 5만8,000명에 달하는 전사자를 안겼다. 또한 미국의 자존심에 심대한 상처를 입혔고 미국의 외교적 영향력을 깎아내렸고, 국내 정치를 들끓게 했고 개혁을 좌절시켰다. 남베트남 정부를 잠시 동안 보존할 수 있었지만 남베트남 정부는 내부의 문제로 그 존재가 오래가지 못할 상황이었다. 인도차이나 지역의 사람들에게는 끔찍한 파괴가 이어졌고, 300만 명의 사람들이 사망했다. 아마도 미국의 전능함에 대한 환상을 깨뜨린 것이 이러한 희생을 어느 정도 상쇄했을 것이다.

미국을 이 늪에서 끌어낸 것은 진정한 성공이었고, 닉슨은 이로 인해서 정치적 이익을 얻었다. 이러한 미국의 모험의 종결은 다른 여러 결정들과 함께 닉슨이 쿠바 사태 이후 세계의 급속한 변화를 받아들이고 있다는 것을 잘 보여주었다. 이러한 결정들 중 가장 놀라운 것은 미국이 공산주의 중국과 직접 외교관계를 가지게 되었다는 점이다. 미국과 중국의 외교관계는 1978년에 절정에 달했다. 그러나 1978년 전에도 두 가지 중요한 역사적 사건이 있었고, 이는 심지어 베트남 전쟁이 종결되기도 전에 발생한 사건들이었다. 1971년 10월에 국제연합 총회는 중화인민공화국을 중국의 합법적 대표권을 가진 유일한 주체로 인정했고 타이완의 대표권을 박탈했다. 이것은 결정투표가 개시되기 전까지도 미국이 예상하지 못한 결과였다. 이듬해 2월에 닉슨은 중국에 방문했는데, 이는 미국 대통령으로서는 사상 처음으로 이루어진 아시아 내륙지역 방문이었다. 닉슨은 이를 두고 '6만 마일의 거리를 이으며 22년간의 적대적 관계를 청산한' 시도라고 평했다.

중국 방문 이후 1972년 5월에 닉슨은 모스크바를 방문했는데, 이 역시 미국 대통령 사상 처음이었다. 이후에 무기제한에 대한 임시 합의가 이루어졌고, 이 역시 이러한 종류의 협상으로서는 사상 최초였으며 또다른 중요한 변화가 뒤따를 것으로 보였다. 매우 극명한 양극의 대립으로 분명하게 보이던 냉전의 상황은 점점 더 불분명해졌으며 그 미래 역시 예측이 불가능해졌다. 베트남 합의 역시 이러한 상황과 무관하다고 볼 수 없었다. 소련과 중국의 지도부는 휴전이 이루어진다면 무엇인가 얻는 것이 있어야 한다고 생각했다. 중국의 베트남 전쟁에 대한 관점은 결코 단순하지 않았다. 베트남 전쟁은 중국의 입장에서는 소련으로부터의 잠재적 위험, 미국의 다른 아시아 지역(특히 타이완과 일본)에서의 무력사용에 대한 위험, 베트남 민족주의의 힘에 대한 오랜 역사적 기억 등으로 복잡한 것이었다. 특히 마지막 이유로 인해서 중국은 인도차이나 지역의 공산동지들을 존중했으나 완전히 신뢰하지는 못했다. 베트남은 중국의 입장에서 공산주의 세계질서에서 아우로 보였다. 반대로 베트남은 프랑스 제국주의에 대한 저항 이외에도 중국에 대한 오랜 저항의 역사를 곱씹었다. 미국이 철수한 직후에 베트남에서의 전쟁의 성격은 더욱 분명해졌고, 누가 통일된 베트남을 통치해야 할지를 판가름하는 내전으로 치달았다.

북베트남과 남베트남 내의 북베트남 지지자들은 결착을 짓는 데에 오랜 시간을 들이지 않았다. 당시에 미국 정부는 이러한 상황을 못 본 체해야 했다. 사실 미국 국내에서는 아시아에 대한 헌신을 포기하는 것에 대한 안도감이 매우 컸고, 철수를 가능하게 했던 평화조약이 제대로 이행되는지를 감시하는 것은 뒷전이었다. 이로 인한 양심의 거리낌은 철수로 인한 안도감에 묻히고 말았다. 정치 스캔들로 인해서 닉슨이 1974년에 자리에서 물러나고 말았을 때, 그의 후임인 제럴드 포드 대통령(재임 1974-1977)은 의회로부터 강한 의혹을 받았다. 의회는 제럴드 포드가 위험한 모험을 하려고 한다고 생각하고 이를 좌절시키려고 했다. 남베트남의 전복을 막을 수 있다는 전제가 있는 한, 1972년의 평화조약의 조건을 굳이 지키려는 움직임은 없었다. 1975년 초에 남베트남에 대한 미국의 지원이 종료되었다. 사실상 모든 영토를 잃은 남베트남 정부는 막다른 지경에 몰렸고 수도와 메콩 강 하구지역을 사기가 꺾인 패잔병들로 지키려고 했다. 동시에 캄보디아의 공산군은 한때 미국의 지원을 받던 다른 정권을 무너뜨렸다. 미국 의회는 다시 해당 지역에 파병하는 것과 재정적 지원을 제공하는 것을 막았다. 1948년 중국에서의 상황이 다시 한번 반복되었다. 미국은 미국에 의지하던 존재들을 희생하여 그 피해를 줄였다(비록 11만7,000명의 베트남인들이 미국인들과 함께 떠났지만 말이다). 북베트남 군대는 1975년 4월에 사이공에 입성했다.

그러한 결과는 특히 역설적이었다. 미국이 베트남 전쟁에 뛰어든 이유 중 가장 우선순위가 높고 중요했던 것은 중국 공산주의를 억제하는 것이었다. 그러나 이제 중국 공산주의자들과의 가까워진 관계로 인해서 철수가 가능했다. 미국 내에서도 강경한 우익들은 미군이 전쟁에서 패배한 것이 아니라고 믿었다. 대신에 그들 우익은 미군이 국내의 줏대 없는 정치가들, 반전 운동가들, 급진주의자들에게 패배했다고 믿었다. 1970년대 말에 베트남에서의 패배는 미국의 세계에서의 그 존재 이유에 대한 자기 탐구의 시간을 제공했고, 여타 식민지로부터 독립한 지역에서의 군사개입을 당분간 자제하게 만들었다. 그러나 무엇보다 베트남에서의 패배는 미국의 국제관계에서의 주된 경쟁자인 소련과의 데탕트 가능성의 여부를 생각해보는 첫 걸음이었다.

1980년이 다가옴에 따라서 많은 미국인들은 혼란스러워하고 걱정했다. 미국 국민들의 마음은 불안했다. 베트남은 미국 국민들에게 깊은 심리적 상처를 입혔고, 대다수의 사람들이 깜짝 놀랄 정도로 반체제 문화를 크게 키웠다. 1960년대에 환경위험에 대한 경고의 소리가 처음으로 나타났다. 1970년대에는 석유 파동이 일어났고, 미국의 중동 동맹인 이스라엘이 더 이상 적들의 위협으로부터 안전하지 않다는 인식이 생겨났다. 행정부 권력의 남용으로 인한 스캔들 이후 닉슨의 불명예와 사실상의 탄핵은 국가권력에 대한 믿음을 좀먹었다. 해외에서 동맹국들의 행동은 과거보다 종잡을 수 없었다(그들도 미국의 혼란을 걱정하고 혼란스러워했다). 또한 미국인들은 이슬람 세계의 반발로 인해서 그들의 국가가 타국에 대한 약속을 지키지 못하는 것을 보면서 그러한 국가에 대한 믿음이 흔들리기 시작했다.

상황을 정확하게 파악하는 것이 어려웠다. 그러나 미국의 민주주의 제도는 붕괴의 조짐을 보이지 않았고 또한 다른 국가가 필요로 하는 것 상당수를 만족시킬 수 있었다. 물론 미국은 미국이 가진 모든 문제에 대한 해답을 찾을 수는 없었지만 말이다. 경제에 대해서 이야기해보면, 놀랍게도 미국은 여러 해 동안 엄청난 비용의 전쟁을 치를 수 있었고, 달에 인간을 보내는 우주탐사 프로그램을 진행하고 세계 여러 지역에 군대를 주둔시킬 수 있었다. 미국의 흑인들의 궁핍함은 점점 더 악화되었고, 미국의 주요 도시들 중 몇몇은 도심 지역의 쇠퇴로 큰 고난을 겪었다. 사실 이러한 문제들은 대다수 미국인들에게는 미국의 미사일 전력이 소련에 비해서 열등하다는 걱정보다는 덜 심각하게 받아들여졌다(이러한 미사일 전력의 열세 문제는 1980년 대통령 선거에서 주요 쟁점 중의 하나였다). 제럴드 포드 대통령(닉슨의 사임 이후 1974년에 대통령 자리를 차지했다)은 인도차이나의 미국 동맹들에 대한 지원을 계속 제공하는 데에서 의회의 반대에 부딪혔다. 캄보디아가 무너지고 남베트남이 그 뒤를 따르자, 미국이 힘이 어디까지 떨어질 것인가에 대한 우려가 미국 국내와 세계 전역에서 터져나왔다. 만약 미국이 인도차이나를 위해서 더 이상 싸울 수 없다면 타이에서는 어떻게 할 것인가? 더 심각한 상황을 가정해보면, 미국은 이스라엘이나 베를린이 위협받는다면 어떻게 해야 할 것인가? 미국의 침체된 분위기와 실망이 영원히 계속되지는 않겠지만, 그러한 상황이 지속된다면 미국의 동맹들(특히 유럽의 중요 동맹국들)은 그러한 미국의 침체를 지켜보았고 불안해했다.

유럽은 냉전의 탄생지였고 오랫동안 냉전의 주요 전장이었다. 그러나 1970년 훨씬 이전에도 북대서양 조약과 바르샤바 조약으로 제도화된 대립만으로 유럽에서의 냉전을 이야기하는 것은 지나치게 단순한 생각이다. 비록 소련의 힘과 계획경제에 의해서 변화를 위한 외부의 자극으로부터 격리되었지만, 동유럽에서는 분열의 조짐이 존재했다. 소련과 중국이 1960년대에 들어 분열되었을 때, 동유럽 공산국가 중 가장 작은 나라인 알바니아가 소련을 비판하고 중국에 찬사를 보냈을 때, 소련은 이를 참아야 했다. 알바니아는 바르샤바 조약기구 국가들과 국경을 맞대고 있지 않았고 공산군에 대한 우려가 적었다. 중국의 지원으로 루마니아가 경제 상호원조 협의회(코메콘)의 경제 지시에 불응하고, 루마니아의 국익에 의거하여 경제를 발전시킬 권리가 있다고 주장한 사실은 더욱 주목할 만한 것이다. 비록 바르샤바 조약기구에 그대로 남았지만 루마니아는 대외정책에서 모호한 중립적 위치를 고수했는데, 신기한 점은 동유럽에서 가장 심각한 독재자가 이러한 정책을 펼쳤다는 것이다. 그러나 루마니아는 북대서양 조약기구 국가들과 육지에서 국경을 맞대고 있지 않으며 소련 국경으로부터 500마일 떨어져 있었다. 소련은 루마니아의 애매하고 변덕스러운 입장을 용인했는데, 유사시에 루마니아를 재빨리 제압할 수 있었기 때문이다.

사실 1968년에만 해도 공산주의 세계의 단일 체계의 붕괴는 상상하기 힘든 것이었다. 당시 체코슬로바키아의 공산주의 정권은 국가의 내부구조를 자유화하고 서독과의 무역을 진흥했다. 그러나 이러한 행동은 용인되지 않았다. 체코슬로바키아가 수차례 명령에 불복하자, 그해 8월에 바르샤바 조약기구 군대가 체코슬로바키아를 침공했다. 1956년 헝가리 사태가 반복되는 것을 피하기 위해서 체코 정부는 저항하지 않았고, 체코의 한 정치가가 발언한 '인간의 얼굴을 한 사회주의'를 실현시키기 위한 짧은 시도는 그대로 끝이 났다.

그럼에도 불구하고 동유럽 지역의 불안정과 맞물린 중소 대립은 (그리고 라틴 아메리카 국가와의 관계에서 불거진 미국의 불안함도) 점차 세계가 양극화를 버리고 '다극화주의(多極化主義, polycentrism)'(한 이탈리아 공산주의자가 명명했다)로 나아가고 있음을 보여주었다. 냉전의 논리가 복잡해진 것은 정말로 놀라운 것이었다. 또다른 복잡한 상황은 서유럽에서 나타나고 있었다. 1980년대 들어서자, 500년 전 조상들 때부터 세계를 지배해온 서유럽인들의 역할은 이제 사라지고 있었다. 거대한 변화가 일어났고, 새로운 역할 탐색이 진행 중이었다. 서유럽은 민족주의가 탄생한 지역이었지만, 이제 그 민족주의가 대규모 사회에 끼치는 잠재적 영향력이 미미한 지역으로 변했다.

유럽인들이 공유하는 역사는 유럽 통합주의자들에 따르면 카롤링거 왕조까지 올라간다. 그러나 1945년이야말로 시작점으로 보아야 할 것이다. 1945년 이후 40년 동안의 유럽 대륙의 운명은 세계대전의 결과와 소련의 정책에 의해서 주로 결정되었다. 독일 문제에 있어서 서유럽에서 또다른 대형 무력충돌의 가능성은 희박했는데, 이는 독일의 패배와 분할로 인해서 공포에 찬 프랑스를 진정시킬 수 있었기 때문이다. 소련의 정책은 서유럽 국가들이 좀더 긴밀하게 협조해야 할 이유를 다수 제공했다. 1940년대 동유럽에서 벌어진 일들은 서유럽 국가들에 충격을 주었다. 이는 미국이 물러가고 서유럽 국가들이 반목한다면, 똑같은 일이 서유럽에서도 벌어질 수 있다는 경고와도 같았다. 마셜 플랜과 북대서양 조약기구는 새로운 유럽이 통합으로 향하는 여러 중요한 단계 중 최초의 움직임이었다.

유럽 통합은 여러 가지 방면에서 이루어졌다. 마셜 플랜 이후 유럽 경제협력기구(최초에 16개 국가에서 점점 더 늘어났다)가 1948년에 발족했다. 이듬해 북대서양 조약기구 조약이 비준되고 한 달 뒤에 10개의 유럽 국가들을 대표하는 최초의 정치조직체가 유럽의 새로운 이사회의 결정으로 조직되었다. 통합을 향한 경제적 동기가 급속하게 커졌다. 관세동맹이 1948년에 '베네룩스' 3국(벨기에, 네덜란드, 룩셈부르크) 사이에 결성되었고, (이와는 별개로) 프랑스와 이탈리아 사이에도 결성되었다. 마침내 대통합을 위한 초기의 움직임 중 가장 중요한 결정이 프랑스의 제안으로 시작되었는데 이는 석탄 철강 공동체(Coal and Steel Community)였다. 1952년에 유럽 석탄 철강 공동체가 조직되어 프랑스, 이탈리아, 베네룩스 3국 그리고 (가장 주목해야 할 국가로) 서독이 그 회원국이 되었다. 이로 인해서 서유럽의 산업 중심지에 새로운 활력을 불어넣을 수 있었고, 이는 새로운 국제조직에 서독을 참여시킨 유럽 통합을 향한 중요한 단계였다. 이러한 경제적 재배열은 소련의 위협을 받고 있는 서유럽에서 반드시 필요한 서독의 힘을 부활시키면서도 이를 내부적으로는 억지할 수 있는 수단으로 볼 수 있다. 한국전쟁의 영향으로 1950년대 초 미국의 공식적인 견해는 (일부 유럽인들에게는 실망스럽겠지만) 독일을 재무장시키는 방향으로 급격하게 수렴되었다.

다른 상황 역시 유럽에서 초국가조직이 발족하는 데에 도움을 주었다. 프랑스와 이탈리아 국내의 공산당의 존재로 드러난 정치적 약점은 경제복구에 힘입어 점차 완화되기 시작했다. 1947년 즈음에 이미 공산당은 이 두 국가의 정부에서 활동을 할 수 없게 되었고, 1950년에 들어서면서 이 두 국가의 민주주의가 체코슬로바키아와 같은 운명을 맞이할 위험은 없어졌다. 반공 여론은 동유럽의 비슷한 관점을 가진 정파가 어떠한 운명을 맞이했는지 잘 알고 있는 로마 가톨릭 정당 혹은 사회민주당을 통합하도록 했다. 전반적으로 이러한 변화는 1950년대 서유럽의 정부들이 중도우파로 경제복구, 복지 서비스 제공 및 서유럽의 통합 등의 비슷한 목적을 추구하는 양상을 띠게 했다.

유럽에 초국가조직은 점점 늘어났다. 1952년에 유럽 방위공동체(European Defence Community, EDC)가 서독의 군사적 지위를 공식화했으나, 이는 이후에 서독이 북대서양 조약기구의 회원국이 되면서 사라졌다. 그러나 여전히 대통합을 위한 추진력은 그대로 존재했고 역시 경제였다. 1957년에 결정적인 결단이 내려졌다. 프랑스, 서독, 벨기에, 네덜란드, 룩셈부르크, 이탈리아가 로마 조약을 맺으며 유럽 경제공동체(European Economic Community, EEC)가 설립되었다. 로마 조약을 통해서 회원국들을 아우르는 '공동시장'의 형성에 대한 기대와 더불어, 역내의 상품, 서비스, 노동력의 자유로운 이동에 대한 제약의 철폐가 이루어졌다. 또한 공동관세 정책을 펴게 되었다. 마지막으로 로마 조약을 통해서 공동의 의사결정 조직, 관료체제와 자문기관으로서 유럽

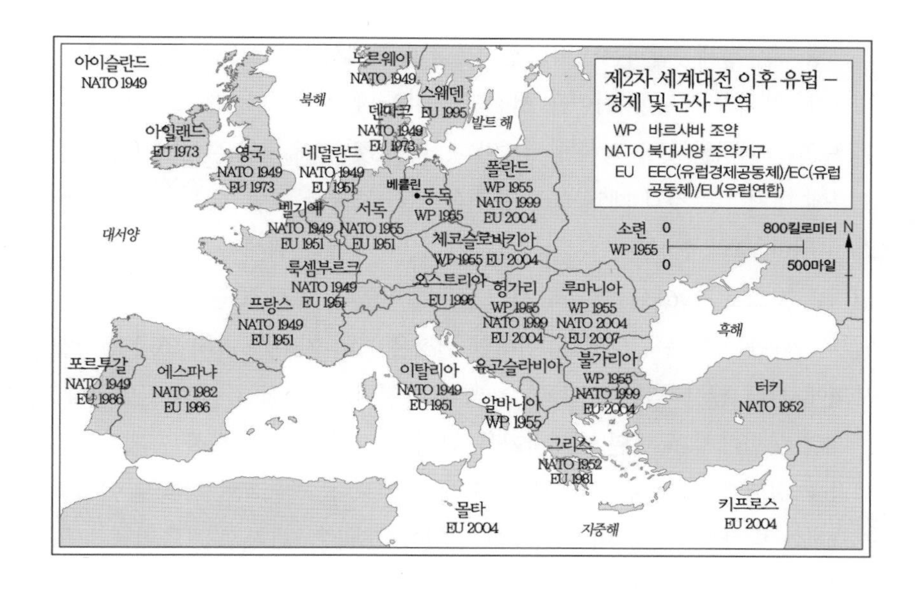

의회가 결성되었다. 몇몇 사람들은 이를 두고 카롤루스 대제의 유산을 재구성했다고 말했다.

유럽 경제공동체의 결성은 여기에 참여하지 않은 국가들을 자극했고, 2년 반 뒤에 이 국가들은 좀더 구속력이 약하고 영향력이 제한된 유럽 자유무역연합(European Free Trade Association, EFTA)을 결성했다. 1986년에 유럽 공동체(European Community, 당시에 'Economic'이 빠지게 되어 EEC에서 EC가 되었다)의 회원국은 원 회원국 6개국에서 12개국으로 늘어났고, 유럽 자유무역연합의 회원국은 4개국밖에 남지 않았다. 5년 뒤에, 유럽 자유무역연합은 유럽 경제공동체로 통합되기만을 기다리는 신세가 되었다.

정치적 통합을 지향하는 서유럽의 점진적 발걸음은 앞으로 그들 상호 간의 의사결정에 무력을 이용하지 않을 것이라는 확신을 보여준다. 그러나 이러한 사실을 인식했다고는 하지만, 영국 정부는 이러한 움직임에 일찍 참여할 기회를 잡지 않았다. 이후에 영국은 유럽 경제공동체 가입을 두 번 거절당했다. 한편, 유럽 경제공동체는 공동농업 정책을 형성하려고 했는데, 이 정책은 독일과 프랑스 그리고 회원국 중에서 상대적으로 가난한 국가들의 유권자들 가운데 중요한 자리를 차지하는 농장주와 농민들을 환심을 사기 위한 것이었다.

프랑스는 경제통합과는 달리, 정치통합에 대해서는 오랫동안 강경하게 반대했다. 알제리 내전에 접어들 시점인 1958년에 정계로 복귀하고 대통령이 된 드골은 이러한 뜻을 강하게 표명했다. 그의 첫 번째 과업은 이러한 급격한 흐름에 대처하는 것과 제5공화국 수립을 위한 중요한 헌법 개정이었다. 프랑스를 위한 그의 헌신은 전시 동안 그가 그의 조국을 위해서 한 것만큼이나 위대한 것으로, 1961년 알제리 식민지 청산이었다. 프랑스 군단은 귀국했고 일부 사람들은 이를 원망했다. 이러한 결정은 드골 자신과 그의 조국이 국제사회에서 더 많은 역할을 맡을 수 있게 했지만, 부정적인 측면도 있었다.

유럽 통합에서 독립된 민족국가들 간의 협력에 대해서 드골은 제한적인 입장을 취했다. 그는 유럽 경제공동체는 무엇보다 프랑스의 경제적 이익을 보호하는 방향으로 움직여야 한다고 믿었다. 드골은 이 새로운 조직을 그의 방식대로 움직이도록 하기 위해서 부단히 노력했다. 또한 그는 영국의 가입을 두 번이나 반대했다. 전시의 경험으로 드골은 '앵글로-색슨'에 대한 깊은 불신을 가지고 있었고, 영국이 유럽 대륙과의 통합보다는 미국을 포함한 대서양 공동체의 통합을 원한다는 믿음(근거 없는 믿음이 아니었다)을 가지고 있었다. 1964년에 드골은 미국이 중국과 외교 목적의 대표단을 교환한 것을 두고 못마땅해했다. 드골은 프랑스는 핵무기 프로그램을 진행해야 하며 미국에 의존하는 것을 그만두어야 한다고 주장했다. 상당한 분란이 빚어진 이후, 마침내 프랑스는 북대서양 조약기구를 탈퇴했다. 이러한 움직임은 서구권이 '다극화'로 가고 있다고 볼 수도 있다. 드골이 1969년 비판적인 국민투표 이후 사임하자, 서유럽의 불확실성과 분란을 초래하던 주요 정치적 요소가 사라졌다.

1973년 영국이 드디어 유럽 경제공동체에 가입했고, 이는 역사상 가장 보수적인 민족국가가 보여준 20세기 가장 놀라운 결정이었다. 이러한 결정은 영국 제국의 해체를 보완하는 것이었고 영국의 전략적 경계가 라인 강이 아닌 엘베 강(독일의 북해로 흘러들어가는 강)에 놓이게 됨을 의미했다. 이것은 영국에 명백한 전환점이었지만, 불확실성의 시대에 정치적 혹은 경제적 확실성을 보장한 것은 결코 아니었다. 25년간 영국 정부는 경제성장과 복지 서비스 증진과 고용률 증대를 함께 진행하려고 했으나 실패했다. 복지 서비스 증진은 결정적으로 경제성장에 따른 것이지만, 경제적 어려움이 생기면 경제성장이 다른 두 가지 목표 대신 희생되었다. 어디까지나 영국은 민주주의 국가였고, 그의 욕심 많고 잘 속아넘어가는 유권자들을 진정시킬 필요가 있었다. 또한 전통적으로 경제에서 국제무역에 지나치게 의존한다는 취약점이 있었다. 또 다른 문제점으로는 구식이 된 주요 산업, 투자 부진, 국민들의 지나치게 보수적인 태도 등이 있었다. 비록 영국은 점차 부유해졌지만(1970년에는 1년에 4주일간의 유급 휴가를 받는 육체노동자가 사실상 존재하지 않았지만, 10년 후에는 육체노동자의 3분의 1이 4주일간의 유급 휴가를 받게 되었다), 경제력과 경제성장률 모두 다른 선진국에 비해서 계속해서 뒤처지고 있었다. 만약 영국이 국제정치에서의 영향력 저하에 대한 대처와 급격한 식민지 해방을 폭력이나 국내의 거친 정쟁 없이 이룩했다고 한다면, 영국이 어떤 방식으로 그 과거를 떨쳐낼 수 있었을지는 불분명하다. 또한 영국이 이로 인해서 2등 국가로서 나쁘지 않은 수준의 번영을 누렸을 것이라는 예측 역시 확실하다고 볼 수는 없다.

이 시기 영국 중심의 질서와 문명이 무너지는 것을 분명하게 보여주는 위협이 북아일랜드에서 나타났다. 신교도와 가톨릭 훌리건들은 서로 협력하기보다는 북아일랜드를 파괴하려고 하는 점에서 닮아 있었다. 그리고 이들의 난동으로 1970년대와 1980년대에 수천 명이 죽었고, 여기에는 군인, 경찰, 일반 시민, 신교도, 가톨릭교도, 아일랜드인, 스코틀랜드인, 잉글랜드인 등이 모두 포함되었다. 다행히도 과거 아일랜드인들이 했던 것처럼 영국의 정당정치를 분열시키지는 않았지만, 영국의 유권자들은 이와 관련해서 경제적인 문제를 겪었다. 전례 없는 높은 인플레이션(1970년과 1980년 사이에 연간 인플레이션 비율은 113퍼센트를 넘어섰다)이 이어지고, 1970년대에 특히 석유 파동 등 산업에 지장을 주는 여러 새로운 문제들이 등장했다. 광부들의 파업으로 인해서 정부가 실각하자 국가가 '통제불능'이 되는 것이 아니냐는 예측이 나왔고, 많은 정치 지도자들과 여론 분석가들은 사회의 분열이라는 주제에 골몰해야 했다. 또한 영국이 유럽 경제공동체에 남아야 하는지의 여부 역시 자주 논의되었고, 실제로 이 주제는 1975년 6월에 국민투표에 부쳐졌다. 그리고 유럽 경제공동체 회원으로 계속 남아야 한다에 찬성하는 표가 확실하게 많자, 많은 정치인들이 예상하지 못한 결과에 크게 놀랐다.

그럼에도 불구하고 (경제적인 측면에서) 더 힘든 시간이 곧 펼쳐졌다. 정부는 인플레이션(1975년에는 석유 파동으로 인해서 226.9퍼센트에 달했다)을 그 무엇보다 중대한 위협으로 규정했다. 인플레이션이 지속될 것이라는 예상으로 노동조합의 임금인상 요구가 이어졌으며, 이러한 상황으로 인해서 의문의 여지가 없었던 소비성장의 시대가 끝이 났다. 그러나 희미한 희망의 빛이 보였다. 몇 해 전에 북해 연안의 해저에 광대한 유전이 발견되었고, 1976년에 영국은 석유수출 국가가 되었다. 그러나 이러한 변화에도 단기적으로 크게 달라지는 것은 없었다. 같은 해에 영국은 국제통화기금으로부터 대출을 받게 되었다. 1979년에 마거릿 대처 여사가 영국 (그리고 유럽) 최초의 여성 수상이자 거대 정당(보수당)을 이끄는 최초의 여성이 되었다. 어떠한 측면에서 보면 대처는 잃을 것이 거의 없었다. 대처의 반대파는 신용을 잃었는데, 많은 이들은 대처의 반대세력의 생각이 오랜 기간 비판 없이 무분별하게 오랜 세월 영국의 정책에 받아들여졌다고 생각했다. 한 가지 가능성이라고만 생각했던 급진적인 정책이 시작되었다. 대처가 시작한 정책은 그녀를 반대한 사람들과 지지한 사람들 모두를 놀라게 한 것으로, 이로 인해서 그녀의 수상직 초기는 매우 불안정했으나 이후 20세기 영국 수상 중 가장 오랜 임기를 누리게 한 원동력이 되었다.

대처 수상(재임 1979-1990)의 임기 초기인 1982년에 그녀는 예상하지 못한 영국의 마지막 식민지 전쟁을 맞이한다. 아르헨티나 군대가 잠시 점령했던 포클랜드 제도에 대한 재정복은 영국의 병참 능력의 개가일 뿐만 아니라 심리적, 외교적으로 큰 성공이었다. 대처 수상의 국제법의 원리에 기반을 둔 투쟁 방식과 어느 국가에 주권을 맡길지를 결정할 포클랜드 주민들의 권리를 존중하는 측면은 대중의 여론에 잘 부합되었다. 또한 대처는 국제정세에서 여러 가능성들을 정확하게 판단했다. 포클랜드를 두고 불확실한 전쟁의 서막이 열리자 미국은 실질적이면서도 은밀한 도움을 제공했는데, 이는 매우 중요한 역할을 했다(미국이 라틴 아메리카의 상황에 오랫동안 민감했던 것을 감안하면 놀라운 것은 아니다). 또한 대다수 유럽 경제공동체 국가들 대부분이 국제연합에서 아르헨티나를 고립시키는 것을 지지한 것과 아르헨티나의 행동을 비난하는 결의를 통과시킨 것 역시 중요한 역할을 했다. 또한 영국이 프랑스 정부의 지지를 처음부터 받았다는 것도 주목할 만하다. (프랑스는 영국에 대한 지원을 대부분 그리 달가워하지 않았으므로) 프랑스 역시 식민지 기득권에 위협이 될 만한 존재로 아르헨티나에 반대하는 입장을 취한 것이다.

아르헨티나가 과거 영국이 보인 식민지 외교에서의 소극적인 자세를 보고(이러한 이유로 포클랜드 위기가 발발하자 외무상은 사임했다), 영국의 반응을 예상하고 이러한 행동을 취했다는 점이 분명해졌다. 긍정적인 관점에서 보면, 이러한 포클랜드 사태로 인해서 아르헨티나를 통치하던 군부의 위신과 단결에 결정적인 타격이 가해져서 1983년에 민주적 정부로 대체되었다. 비록 일부 영국인들은 아르헨티나와의 충돌로 인해서 불필요한 인명피해가 있었다는 점을 유감스러워했지만, 대처 수상의 입지는 영국 국민의 기세와 함께 높아졌다. 해외에서도 그녀의 입지는 향상되었고, 이러한 부분은 중요하게 작용했다. 1980년대의 남은 기간 동안 대처의 높아진 해외에서의 위상으로 인해서 영국은 다른 국가의 수장들(특히 미국 대통령)에 대한 영향력을 가지게 되었다. 이는 영국의 힘 그 자체만으로는 영국의 영향력을 유지할 수 없다는 측면에서 중요한 것이었다.

물론 이러한 대처의 다른 국가의 수장들에 대한 영향력이 유리하게만 작용하지 않는다는 것은 분명했다. 드골과 마찬가지로, 대처의 개인적 신념, 선입견, 편견은 항상 매우 분명하게 드러났고, (드골과 마찬가지로) 그녀는 유럽에 대한 정서적 혹은 실질적인 헌신보다는 국익을 우선시 하는 개인적 비전의 관점에서 유럽 문제에 임했다. 한편, 영국 국내에서 대처는 영국 정치의 관점을 변화시켰고, 여기에는 아마도 영국 정치의 문화와 사회에 대한 토론이 포함될 것이다. 그녀는 국가의 목표에 대한 우파정권의 오랜 합의에 의문을 제기하며 이를 해체했다. 의심의 여지없이 급진주의적인 그녀의 특정 정책들과 함께, 이러한 변화는 열광적 지지와 놀라울 정도의 적개심을 동시에 불러일으켰다. 그러나 대처는 그녀의 가장 중요한 목표 중 몇 가지를 달성하는 데에는 실패했다. 대처가 수상직을 맡은 지 10년 후, 사회의 많은 영역들에서 정부의 역할은 작아지기는커녕 오히려 더 커졌고, 건강과 사회보장에 대한 실질 공공 지출은 1979년 이후 3분의 1이 증가했다(그러면서도 급격히 증가한 수요를 만족시키지 못했다).

비록 대처 수상이 보수당을 이끌고 총선거에서 연달아 세 번이나 승리했지만(당시까지 영국 정치에서 독보적인 업적이었다), 보수당의 많은 이들은 곧 이어 있을 다음 선거에서는 패배할 것이라고 생각하게 되었다. 국민의 충성과 지지가 줄어드는 가운데, 대처는 1990년에 사임했고 그녀의 후계자에게 치솟는 실업과 좋지 않은 재정 상태를 물려주었다. 그러나 이제 영국의 정책은 유럽 공동체와 그와 관련한 일에 접근하는 데에 좀더 수월해졌고, 유럽 공동체와 관련한 사항에 덜 예민해졌다.

1970년대는 유럽 공동시장의 회원국가들 모두에게 힘든 시간이었다. 경제 성장은 서서히 줄어들고, 개별 경제는 석유 파동의 영향으로 휘청거렸다. 이러한 경제적 상황은 공동시장 내의 분쟁을 악화시켰는데(특히 경제와 재정에 관한 문제에서), 이는 유럽인들이 오래전에 달성한 업적들의 한계를 깨닫게 했다. 이러한 상황은 일본의 성공으로 대변되는 동아시아 경제의 성공에 대한 불안감과 더불어 1980년대에도 지속되었고, 다른 국가들이 공동시장에 합류하기를 원한다는 것을 깨달아가면서 유럽 공동체의 미래에 관한 생각이 더욱 분명해졌다. 많은 유럽인들은 연합의 규모를 키우고 번영시키는 것과 회원국 간의 협력을 증진하는 것이 유럽의 정치적 자립에서 선결과제라고 생각했다. 그러나 어떤 사람들은 그러한 정치적 자립은 유럽이 진정 초강대국으로 성장하기 전까지는 의미가 없을 것이라고 믿었다.

유럽 통합을 위한 진보의 발걸음들이 통합에 찬성하는 사람들에게 힘이 되었다. 1979년에 유럽 의회에 대한 직접선거가 치러졌다. 1981년에 그리스가, 1986년에 에스파냐와 포르투갈이 유럽 공동체에 참여했다. 1987년에 유럽 공동통화와 화폐제도의 토대가 만들어졌고(영국은 이에 찬성하지 않았다), 1992년이 진정한 단일시장의 시작의 해로 결정되었다. 이를 통해서 회원국가의 국경을 통한 재화, 사람, 자본, 서비스는 자유롭게 이동할 수 있게 되었다.

회원국들은 비록 영국과 프랑스가 강하게 의혹을 제기했지만, 유럽 정치연합에 관한 생각에 원칙적으로 합의했다. 이러한 진보는 유럽 연합의 등장을 향한 심리적 연대와 그 등장으로 인한 안도감을 즉시 불러일으키지는 않았지만, 어떤 의미에서는 반박할 수 없는 발전의 신호였다.

로마 조약 이후, 유럽은 통합의 분위기가 무르익기까지 어린아이가 성인이 되는 시간보다 훨씬 긴 길을 걸어왔다. 국가의 근간을 이루는 제도 역시 천천히 비슷하게 변화하기는 했는데, 정치제도, 사회구조, 소비습관, 가치 판단, 목표 등이 점차 비슷해지기 시작한 것이다. 심지어 경제구조에서의 오랜 차이점 역시 상당 부분 줄어들었는데, 이는 프랑스와 독일의 자영농민들이 그 수는 줄어들면서 경제적으로는 번영하게 되어 나타난 결과였다. 반면에 유럽공동체에 가입한 국가 중에서 비교적 가난하고 정치적으로 다소 불안정한 국가에서는 새로운 문제가 발견되었다. 국가들이 점차 닮아가게 되었다는 점을 부정할 수는 없지만, 여전히 불분명한 것은 이러한 사실이 유럽의 미래에 어떠한 영향을 미치게 될 것인가였다.

1975년 12월 제럴드 포드는 미국 대통령으로서는 두 번째로 중국을 방문했다. 중화인민공화국에 대한 미국의 뿌리 깊은 불신과 적개심은 베트남에서 얻은 교훈을 통해서 점차 변해가고 있었다. 중국의 입장에서, 미국과의 관계를 통한 변화는 더욱 거대한 것이었다. 중국은 이를 통해서 그 역사적 입지와 잠재력에 걸맞은 전 세계에서의 그리고 아시아 지역에서의 역할을 다시 맡게 되었다. 마오쩌둥의 혁명은 중국을 과거 어느 때보다 더 하나로 통합시켰고, 보건과 교육에서 큰 발전을 이루었다. 그러나 중국의 경제개발은 혼란스러웠고 중국인들은 빈곤에서 헤어나지 못했다. 1970년대 중반에 많은 중국의 지도자들은 마오쩌둥의 부국강병에 집중한 정치 캠페인에서 벗어나려고 했다.

마오쩌둥은 1976년 9월에 사망했다. 문화혁명의 정책을 진행시킨 마오쩌둥의 수하 '4인방'(그중 하나는 마오쩌둥의 아내였다)의 위협은 그들의 체포로 막을 내렸다(그리고 1981년에 마침내 재판과 당내 비판이 이어졌다). 공산당의 원로들로 구성된 새로운 지도부의 영도 아래, 문화혁명의 과오들은 수정되어갔다. 1977년에 두 번이나 실각한 전 부주석 덩샤오핑이 문화혁명에 완전히 상반되는 사상을 가지고 정부에 돌아왔다(덩샤오핑의 아들은 문화혁명 기간에 홍위병들의 구타로 인해서 불구가 되었다). 그러나 중국에서 가장 중요한 변화는 오랫동안 기다려온 경제복구가 마침내 가능해졌다는 것이다. 경제의 초점이 개별 기업과 이익 추구에 맞추어지게 되었고, 비공산국가들과의 경제적 연계가 촉진되었다. 이러한 변화의 목적은 중국의 기술적, 산업적 현대화였다.

1981년에 1년에 한 번 열리는 공산당 중앙위원회 총회에서 새로운 방침이 정해졌다. 총회에서 마오쩌둥의 '위대한 프롤레타리아 혁명'을, 대약진운동과 문화혁명으로 인한 중국의 퇴보에 대한 마오쩌둥의 '거대한 실수'와 책임을 서로 분리하는 섬세한 작업이 이루어졌다. 중국공산당 지도부 내의 모든 진행 상황과 비밀리에 진행된 토론과 정치적 목표 설정은 계속해서 중국의 정치적 실체를 불분명하게 만들었다. 그리고 덩샤오핑과 그의 추종자들은 보수주의자들을 포함한 집단지도 체제로 정치를 이끌어가야 했지만, 1980년대에 들어서 이러한 상황에 새로운 변화가 찾아든다. 현대화가 마침내 마르크스 사회주의보다 우선하게 되었다. 비록 이러한 경향을 드러내놓고 표현하지는 못했지만, 중국의 현대화는 마르크스 사회주의 이념보다 더 중요하게 여겨지게 되었다(공산당의 서기장은 1986년에 부주의하게 '마르크스와 레닌은 우리의 문제를 해결하지 못한다'라고 선언했고 곧 해임되었다).

마르크스 이념이 여전히 정부의 기본 정신으로 남아 있는 반면에, 자본주의 시장은 곧 중국 경제를 계속해서 앞으로 발전시켜나가는 원동력이 되었다. 덩샤오핑의 실험이 의미하는 바는 중국공산당은 중국의 목표를 위해서 필요한 것이라면 어떤 것이든지 그에 우선순위를 부여하겠다는 것이었다. 덩샤오핑은 (그리고 그의 멘토인 저우언라이 역시) 이러한 중국의 목표를 4대 현대화라고 불렀는데, 각각 농업 현대화, 산업 현대화, 국방 현대화, 기술 현대화였다. 비록 중국 내에 일어난 변화의 흐름 대다수가 혼란스러워 보였지만(그리고 공산당의 현대화를 위한 엄격한 계획 진행은 도중에 실패했지만), 이러한 변화의 흐름에는 단 하나의 공통된 방향이 있었다. 즉, 청왕조 시대부터 계속된 생산에 대한 국가의 관리에서 벗어나서 개별 생산자의 역할에 중점을 두는 방향으로 변화하는 것이었다.

한 가지 주목할 만한 변화는 농업이 오래 지나지 않아서 사실상 민영화되었다는 점이다. 비록 농민들은 그들의 토지에 대한 자유보유권을 부여받지 못했지만, 시장에 자유롭게 생산물을 팔 수 있게 되었다. '부자가 되는 것은 영예로운 일이다'라는 새로운 슬로건이 촌락의 산업과 상업회사의 발전을 격려했다. 자본주의 국가들과의 자유무역을 위해서 자유무역 지대가 설치되었다. 최초의 자유무역 지대는 광저우 근처였는데, 광저우는 역사적으로 중국의 서구와의 무역 중심지였다. 물론 이러한 정책에 대한 대가는 존재했다. 먼저 작물생산량이 추락했고, 1980년대 초에 인플레이션이 시작되었으며, 외채가 상승했다. 일부 사람들은 이러한 새로운 노선으로 인해서 범죄와 부패가 눈에 띄게 증가했다고 비난했고, 계획경제로 돌아가기를 원하는 사람들과 정치적 민주화 역시 현대화의 일부로 생각하기를 바라는 사람들도 있었다. 덩샤오핑은 그의 정치적 수완으로 이러한 비판가들을 실각시켰다.

그러나 경제적 성공만큼은 의심의 여지가 없었다. 중국 본토는 1980년대에 들어서 타이완이 이룩한 것과 같은 경제적 '기적'을 보여주었다. 1986년에 중국은 세계에서 두 번째로 많은 석탄을 생산했고, 철생산에서는 4번째로 큰 국가였다. GDP는 1978년과 1986년 사이에 매년 10퍼센트 이상 증가했고, 산업생산량은 같은 시기에 2배로 늘어났다. 농민 1인당 소득은 3배 가까이 늘어났고, 1988년경에는 평균적인 농가는 저축 은행에 약 6개월간의 소득을 저축한다고 추산되었다.

새로운 노선은 특히 현대화를 국력과 연결시켰다. 그래서 중국의 현대화는 5.4운동과 그 이전부터 내려온 개혁가들의 오랜 염원을 반영했다. 중국의 국제적 영향력은 1950년대부터 이미 부각되기 시작했고, 이제 그것은 다른 방식으로 표출되기 시작했다. 미국과의 관계 정상화를 위한 최초의 움직임은 개혁이 시작하기 전부터 이미 시작되었지만 이제 미중 관계의 정상화는 중국 개발계획과 일체가 되었다. 관계 정상화는 공식적으로 1979년에 확정되었다. 미중 합의에서 미국은 타이완에서 미군을 철수하고 타이완의 국민당 정부와의 공식적 외교관계를 끊는다는 큰 양보를 했다. 그러나 덩샤오핑은 미중 관계에서 난제라고 할 수 있는 다른 분야에서의 타이완에 대한 미국의 개입(무기 판매를 포함한 여러 분야에 대한 개입) 중지를 요구하지는 않았다. 덩샤오핑에게 중국의 현대화는 타이완 수복보다 훨씬 더 중요했다.

1984년 중국과 영국은 홍콩의 임차가 끝나는 1997년에 홍콩과 부속 지역을 중국으로 반환하기로 합의했다. 이후 포르투갈과도 마카오 반환에 대한 합의를 보았다. 중국의 여러 이웃들 가운데 베트남과 적대적 관계로 남았다는 점은 중국에 옥의 티로 여겨졌다(베트남과 중국의 관계는 한때 전쟁으로 치달았는데, 당시 두 나라는 캄보디아를 두고 대립각을 세웠다). 타이완 국민들은 중국이 타이완 섬을 수복하는 것이 정해진 수순이지만 그 경제체제에 손을 대지 않을 것이라는 약속에 어느 정도 안심하게 되었다. 중국은 홍콩에도 비슷한 맥락의 약속을 했다. 대외무역이 활발하게 일어나고 있는 중국 본토의 특별생산 지대와 무역 지대와 마찬가지로, 홍콩과 타이완에 대한 발표는 현대화의 일환으로서의 상업에 대해서 중국의 새로운 지도자들이 얼마나 큰 중요성을 부여하는지 보여주었다. 중국의 거대한 크기로 인해서 중국 정책의 파급효과는 매우 광대했다. 1985년 동아시아와 동남 아시아 전체가 무역 지대를 전례 없이 큰 경제적 잠재력을 가진 존재로 생각하게 되었다.

1980년대에 동아시아와 동남 아시아 지역에서 산업과 상업 활동은 급격히 발전했고, 오랜 세월 세계를 지배해온 경제력의 균형이 사라지기 시작했다. 대한민국, 타이완, 홍콩, 싱가포르는 저개발국가에서 급격한 속도로 발전했다. 1990년경에는 말레이시아, 타이, 인도네시아가 이러한 흐름에 빠르게 동참했다. 전체적인 맥락으로 보면, 그들의 성공은 동아시아의 성공이라고 볼 수 있고, 일본은 이러한 결과에서 절대 뺄 수 없는 존재였다. 중국과 마찬가지로 강대국으로서의 지위를 재빨리 회복한 일본은 아시아와 세계의 균형에 매우 중요한 역할을 했다. 1959년에 일본의 수출은 전쟁 이전 수준으로 회복되었다. 1970년에 일본은 비공산권에서 두 번째로 높은 GDP를 기록했다. 일본은 산업기반을 재건하고 제조업의 새로운 분야에서 대단한 성공을 거두었다. 1951년 일본은 함선을 건조하여 수출하기 시작했다. 20년 후에, 일본은 조선업에서 세계에서 가장 큰 규모를 자랑했다. 동시에 일본은 소비재 산업에서도 세계적인 수준을 자랑했다. 이러한 소비재 산업에는 전자제품과 자동차들이 있는데, 일본은 이 분야에서 미국 다음으로 많은 제품을 생산했다. 이러한 상황은 미국의 제조사들을 화나게 했는데, 일본의 입장에서 이것은 최고의 칭찬이나 다를 바 없었다. 1979년에 일본은 유럽 공동체 시장에 진입하기 위해서 영국에서 일본 자동차를 제조하기로 합의했다. 일본이 이런 결정을 내리게 된 배경에는 급격한 인구증가와 일본의 환경파괴와 도시생활의 애환 등 경제성장의 기회비용 등이 존재했다.

그럼에도 불구하고 일본은 유리한 국제환경의 덕을 오랫동안 누렸다. 한국전쟁과 마찬가지로, 베트남 전쟁은 일본의 경제를 도왔다. 미국 군정기에 소비보다는 투자에 집중하도록 한 미국의 강제적 정책 역시 일본 경제에 보탬이 되었다. 그러나 인간이란 유리한 환경에서 이익을 얻으려고 들게 마련이고, 이러한 상황에 대한 일본인의 성향은 매우 중대한 역할을 했다. 전후 일본은 일본 국민이 가진 강렬한 자긍심과 비길 데 없는 협동심을 경제에 활용할 수 있었다. 이러한 두 가지 강점은 깊은 단결력과 전체의 목적을 개인보다 우선시하는 데에서 나온 것으로 일본 사회를 정의하는 특징이었다. 이상하게도, 그러한 성향은 민주주의가 실현된 뒤에도 계속되었다. 아직은 민주주의가 얼마나 깊숙하게 일본 사회에 뿌리를 내렸는지 판단하기에는 너무 이른지 모른다. 1951년 이후, 일당정치에 대한 합의와 비슷한 것이 나타났다(비록 이러한 상황에 대한 사람들의 비판 어린 시선이 곧 나타나면서 이를 대신할 정당이 좌우 양쪽에서 모두 결성되었다). 또한 전통적 가치관과 제도의 변화에 대한 불편한 감정 역시 표출되기 시작했다. 경제성장의 비용은 거대도시화와 공해뿐 아니라 사회적 문제 등으로도 나타났고 이러한 사회적 문제는 심지어 일본의 전통마저 압박했다. 대기업들은 전통적 가치관과 제도로 뒷받침되는 조직의 충성심을 기반으로 성공적으로 운영되었다. 그럼에도 불구하고 다른 측면에서 보면, 일본의 가정들은 극심한 압박을 받고 있었다.

경제발전은 대외정책의 흐름을 바꾸는 데에도 도움을 주었는데, 이는 1960년대의 일본 외교를 1960년대의 단순함에서 벗어나게 해주었다. 일본의 강력한 경제력으로 인해서 일본 엔화는 국제적으로 중요하게 되었고 일본을 서구의 통화외교에 참여하도록 해주었다. 경제적 번영으로 일본은 세계의 많은 분야에 영향력을 발휘하게 되었다. 태평양 지역에서 일본은 다른 국가들의 1차 생산품의 주요 소비국이었다. 중동의 원유수출지로서도 일본은 큰 고객이었다. 유럽에서 일본의 투자는 일부 계층에 경종을 울렸다(다만 전체 투자에서 일본이 담당한 부분은 그리 크지 않았다). 또한 일본의 공산품들은 유럽의 생산자들을 위협했다. 심지어 식품의 공급마저도 국제적 문제를 불러일으켰다. 1960년대, 일본인들이 필요로 하는 단백질의 90퍼센트는 해산물을 통해서 공급되었고, 이로 인해서 일본인들의 지나친 조업이 문제가 되었다.

위에서 언급한 문제들과 언급하지 않은 여타의 문제들이 일본의 국제관계의 배경과 내용을 변화시켰고, 다른 국가들의 (특히 태평양 지역) 행동에 영향을 주었다. 일본은 점차 1960년대의 일본이 다른 태평양권에서 거머쥔 경제적 지위가 상황적으로 1914년 이전 독일이 중부 유럽과 동부 유럽에서 누린 경제적 지위와 비슷하다고 생각하게 되었다. 일본이 세계에서 가장 큰 원자재 수입처가 되자, 뉴질랜드와 오스트레일리아는 일본 시장과 더욱더 긴밀하게 연계되었고, 또한 이를 통해서 더 많은 이익을 창출할 수 있다는 것을 깨닫게 되었다. 뉴질랜드와 오스트레일리아는 육류를 수출했고, 이외에 오스트레일리아는 광물(특히 석탄과 철광석)을 수출했다. 아시아 지역에서 소련과 대한민국이 일본의 조업행위를 비판했다. 이로 인해서 오랫동안 진행된 문제가 더욱 복잡해졌다. 한국은 일본에게 두 번째로 큰 시장이었는데(미국이 가장 큰 시장이었다), 일본은 1951년 이후 한국에 투자를 재개했다. 이로 인해서 오랜 불신이 되살아났다. 1959년에 한국의 대통령이 북한이 아닌 일본에 대항하여 '하나'로 단결하자고 국민에게 말함으로써 한국의 민족주의에 반일감정의 불씨를 키운 것은 불길한 징조였다. 20년 후에 일본의 자동차 제조사들은 (그들 스스로가 설립을 도와주었던) 강력한 경쟁자인 한국의 자동차 회사들을 경계하고 있었다. 타이완에서처럼, 한국의 산업성장은 (최소한 부분적으로나마) 일본으로부터의 기술확산에 그 기반을 두고 있다.

일본은 높은 에너지 수입 의존도로 인해서 1970년대 석유 파동으로 석유가격이 치솟자 경제적 타격을 받게 되었지만, 그외에 장기적으로 일본의 경제

발전에 영향을 줄 요인은 보이지 않았다. 1971년에 미국으로의 수출은 60억 달러 규모였다. 1984년에 이는 곧 10배 가까이 늘어났다. 1980년대 말에 일본은 GDP 상으로 세계에서 두 번째로 큰 국가였다. 일본의 기업들이 IT 산업과 생명공학 산업으로 진입하고 자동차 제조업에 대한 비중을 줄이는 것을 고려하게 되자, 일본 사회가 자기 적응력을 잃어간다는 우려가 없어지는 듯했다.

더 큰 힘을 가지게 된다는 것은 더 큰 책임이 부여된다는 뜻이기도 하다. 오키나와가 일본으로 반환되면서 1972년에 미국의 일본 영토 점령은 끝나게 되었다(일본이 다시 취득하게 된 최초의 해외영토 중의 하나이며, 오키나와의 미군 기지는 그대로 남은 채 반환되었다). 이제 소련의 지배에 놓인 쿠릴 열도와 국민당이 소유한 타이완 문제가 남았다. 타이완은 중국공산당 역시 영유권을 주장했다. 사할린 섬에 대한 문제 역시 다시 제기될 가능성이 있었다. 그러나 이러한 문제들에 대해서는 신중한 입장으로 이에 대한 결정을 보류했다. 이러한 문제들은 중국과 일본의 부활로 인해서 많은 변화가 일어난 아시아의 상황을 보며, 다시 고려하거나 수정하는 것이 더 적합해 보인다. 중소 분쟁은 당시까지 후원자였던 미국뿐 아니라 중국과 소련에 대한 일본 외교의 운신의 폭을 넓혀주었다. 베트남 전쟁이 진행되고 일본 내에서 정치적 반대가 거세지자, 미국과의 지나치게 돈독한 관계는 역으로 일본의 입장을 곤란하게 했다. 1970년 당시 동아시아 지역의 다른 강대국들이 모두 핵무기를 소유하고 있다는 점에서 일본의 외교적 자유는 제한되었다(당연히 그 어떤 나라보다 일본이 그 위력을 잘 알고 있었다). 그러나 일본이 핵무기를 보유하려고 한다면, 상당히 짧은 시간 안에 핵무기 생산이 가능하다는 점에는 이견의 여지가 없었다. 종합적으로 보면, 일본의 입장은 여러 가지 방향으로 발전할 가능성이 있었다. 1978년에 중국의 부주석이 도쿄를 방문했다. 의심의 여지없이 일본은 다시 한번 강대국의 반열에 올라서 있었다.

강대국의 지위를 결정하는 것이 한 국가가 지리적 영역을 넘어선 지역에 결정적인 영향력(경제적이든 군사적이든 정치적이든)을 지속적으로 발휘할 수 있느냐의 여부에 달려 있다고 한다면, 1980년경의 인도는 여전히 강대국이 아니었다. 아마도 이것은 20세기 후반에 사람들이 잘 이해하지 못하는 것들 중의 하나일 것이다. 인도는 다른 유럽의 예전 식민지 국가들이나 전쟁의 패배 이후 일본이 누리지 못한 많은 이점들을 가지고 독립으로 나아갔다. 1947년 인도가 독립할 당시 효율적으로 정비된 행정부, 잘 훈련되고 무장된 군대, 잘 교육된 엘리트 집단과 발전하는 대학들(약 70여 개의 대학들이 있었다)을 물려받았다. 국제적 지원과 호의가 뒤따랐고, 사회기반 시설들의 상당수는 전쟁에 피해를 받지 않았고, 곧 냉전의 양극화로 인한 이점까지 얻을 수 있었다. 인도는 빈곤과 영양실조 및 각종 주요 보건 문제를 해결해야 했는데, 이는 중국도 마찬가지였다. 20세기 말에 인도와 중국의 차이는 극명하다. 중국 도시의 거리는 정갈한 옷차림에 영양공급이 잘된 사람들이 가득한 반면에, 인도의 거리는 여전히 끔찍한 수준의 빈곤과 질병이 가득한 모습을 보여준다.

인도와 중국을 비교한 것은 인도의 실망스러운 개발성과를 이해하기 쉬워지기 때문이다. 물론 몇 가지 분야에서 상당한 그리고 인상적인 성장이 있었던 것은 사실이었다. 그러나 그러한 성과는 인도의 경제성장이 다른 아시아 지역에 비해서 형편없었고 겨우 인구성장을 유지할 수 있는 정도였다는 사실로 인해서 빛을 잃었다. 대부분의 인도인들은 현재, 1947년에 독립으로 환희에 찬 시기보다 아주 조금 나아진 상태로 살아가고 있다.

인도 내부의 분열적인 성향과 잠재적 분열을 고려한다면, 인도가 계속 하나의 국가로 유지되고 있다는 점은 대단한 업적이라고 말할 수 있을 것이다. 그리고 투표의 결과로 정부의 자격과 평화로운 교체가 이루어지고 있기 때문에 민주적인 선거질서 역시 어느 정도 유지되고 있다고 볼 수 있다. 이것은 매우 중요한 업적이다. 인디라 간디 수상(인도의 두 공산당들 가운데 한 당이 그녀를 지지했다)이 국가 비상사태를 선포하고 과거 총독과 비슷한 대통령 통치를 행하기 시작한 1975년 이후 인도의 민주주의는 이전보다 후퇴했으나 그후에도 인도의 선거질서는 유지되었다. 이는 그녀가 1977년 선거에서 패하면서 사실로 드러났다. 인디라 간디는 즉시 수상의 권한을 빼앗겼고 이듬해 의회에서 물러났는데, 이는 인도의 입헌주의 정치가 건강하다는 것을 잘 보여주었다. 반면에 대통령이 몇몇 분야에서 헌정질서를 마비시키는 것이 반복되었고, 소수민족들에 대한 경찰과 치안유지 부대의 잔혹한 행위 역시 인도 민주주의의 어두운 면을 보여주었다.

1971년에 정통주의에 극보수주의를 지향하는 힌두 정당이 인도 정계에 모습을 드러낸 것은 분열의 위험을 나타내는 불길한 징조였다. 이는 의회의 조화를 무너뜨릴 만한 최초의 위협이었으나, 3년 동안 집권했음에도 불구하고 인도 의회의 조화는 유지되었다. 독립 40년 후에 의회는 좀더 투명해졌는데, 이는 유럽식 정치정당으로 돌아가고 있다는 뜻이 아니라 인도 전역의 이익집단, 유력자들, 후원집단의 연합으로 굳어지고 있다는 뜻이었다. 이러한 상황에서 사회주의적 야망과 이념을 보였던 네루가 통치하던 시기에조차 의회는 본질적으로 보수적인 정치색을 띠었다. 영국이 물러간 직후부터 의회는 변화를 가져오기보다 그것을 수용하는 역할을 했다.

이러한 보수주의는 인도 정부의 왕조에 가까운 성격으로 잘 드러난다. 네루의 수상직은 그의 딸인 인디라 간디(네루 자신의 장례에 종교의식을 진행하지 말아달라는 요청을 인디라 간디가 거부하면서 둘 사이에는 불화가 있었다)가 물려받았고, 그녀의 수상직은 인디라의 아들인 라지브 간디가 물려받았다. 이후 라지브 간디가 암살자에 의해서 폭사하자(당시에 그는 수상이 아니었다), 의회의 수장들은 즉시 거의 자동반사적으로 라지브의 미망인에게 당을 지도해달라고 설득했다. 그러나 1980년대에 들어서면서 그러한 왕조주의가 더 이상 지속 가능하지 않다는 징조가 나타나기 시작했다. 1984년에 시크 분리주의자들은 인디라 간디 여사(당시 두 번째 수상직을 맡고 있었다)를 암살하면서 세상의 이목을 집중시켰다. 이는 인도 군대가 시크 신도들의 가장 중요한 성지인 암리차르에 대해서 공격을 시도한 이후에 벌어졌다. 그후 7년간, 1만 명 이상의 시크교 무장집단과 아무런 연관이 없는 사람들과 치안부대원들이 무장충돌로 인해서 죽었다. 카슈미르를 두고 벌어진 파키스탄과의 전쟁 역시 1980년 말에 다시 한번 터졌다. 1990년에 힌두-무슬림 폭동으로 인해서 890명의 사람들이 죽었다고 공식적으로 발표되었는데, 1947년 이후 최악의 상황이었다.

다시 한번 인도의 오랜 전통의 무게에서 벗어나는 것은 매우 어려운 것임이 드러났고 전통을 벗어던질 만한 원동력도 보이지 않고 있다. 현대화는 매우 느리고 뒤죽박죽으로 진행되고 있다. 식민지 시기의 인도의 기억이 잦아들어 가고 있는 동안에 인도의 전통에 대한 재확인은 계속되고 있다. 1947년 인도가 독립된 때는 자정이었는데, 영국이 점성술사에게 새로운 국가의 탄생을 결정할 두 개의 날 중 어느 날짜와 시간이 상서로운지 상의하지 않았기 때문이었다. 이러한 인도인들의 전통이 가진 힘은 이후 50년간 별로 약해지지 않았다. 힌두 전통에 따라서 더욱 강하게 사회가 지배되어야 한다는 인식이 한층 강화되었다.

1980년, 영국 식민지 시기 인도에서 공무원으로 채용되었던 마지막 사람이 은퇴했다. 인도는 현재까지도 인도 사회에 접목한 서구 정치제도와 그것을 기반으로 유지되어온 사회 사이에 현격한 괴리가 존재하고 있다. 특권, 불의, 불평등뿐 아니라 인도인들의 위대한 업적은 모두 인도의 견고한 전통이 되었고, 이는 여전히 인도가 나아갈 길에 견고하게 서 있다. 아마도 1947년에 인도의 미래가 밝을 것이라고 생각했던 사람들은 근본적인 변화가 얼마나 힘들고 고통스러운 것인지를 알지 못했을 것이다. 그리고 인도인들 자신들의 사회에서 근본적 변화를 그리 많이 이룩하지 못했다는 것을 발견한 후에 이를 자랑스럽게 생각하지 않았을 것이다.

인도의 이웃인 파키스탄은 좀더 이슬람 전통에 입각한 사회로 (혹은 최소한 이슬람 전통의 현대적 해석을 통한 사회로) 변해갔고, 무슬림의 세계 전체에서 관찰되는 새로운 움직임에 동참하게 되었다. 다시 한번 서구 지도자들은 이슬람이 서로는 모로코에서 동으로는 중국의 서부지역까지 늘어서 있을 정도로 강하다는 것을 깨닫게 되었다. 동남아에서 가장 큰 국가인 인도네시아, 파키스탄, 말레이시아, 방글라데시는 세계 무슬림 중 거의 절반을 차지하고 있다. 이들 국가 외에 아랍 문화를 가진 국가는 소련(1906년경 제정 러시아는 이란의 혁명을 경계했는데, 이것이 자국 무슬림 국민들을 자극할 가능성이 있었기 때문이다)과 나이지리아(아프리카에서 가장 인구가 많은 국가이다)로, 이 국가들 또한 많은 무슬림 인구가 있었다. 그러나 이슬람 세계에 대한 새로운 인식이 나타나기까지는 시간이 걸렸다. 1970년에 접어들어서도 아랍이 아닌 세계 대부분은 중동의 아랍 국가, 특히 산유국들을 이슬람의 전부라고 생각하는 경향이 있었다.

이러한 제한된 이슬람에 대한 인식은 냉전에 의해서 더욱 불분명해지고 혼란스러워졌다. 냉전의 양상은 때로 더 오래된 체계와 합쳐져서 더 불분명해지기도 했다. 해당 지역에서 영향력을 얻기를 원하던 러시아인들의 오랜 염원은 소련이 통치하는 시기로 접어들면서 거의 성취된 것으로 보였다. 소련은 1970년경 미국에 대항할 수 있는 세계적인 규모의 해군을 보유했고, 인도양에서도 해군을 운용했다. 1967년 영국의 아덴 철수 이후, 아덴의 해군기지는 남예멘 정부와의 합의로 소련이 사용하게 되었다. 이러한 상황은 그보다 남쪽에서 미국인들이 전략적으로 차질을 빚고 있을 때 진행되었다. 아프리카의 뿔 지역*에 냉전이 도래하고 포르투갈의 이전 식민지들이 북쪽에서 벌어진 일들에 역사적 중요성을 더하기 시작했다.

그러나 장기적 관점에서 보면, 중동 지역에서 1970년대 중반 미국의 정책이 대대적으로 전개되면서 소련은 무슬림 세계에서 그리 큰 이익을 본 것 같지 않다. 이집트는 이후 시리아와 사이가 틀어지며 명예를 지키기 위해서 이스라엘과의 평화교섭을 희망하며 미국으로 돌아섰다. 1975년에 국제연합 총회가 시오니즘을 인종차별의 한 형태라고 비판하고 팔레스타인 해방기구에 총회 내 '옵저버(observer)' 지위를 부여하자, 이집트는 불가피하게 아랍 국가들로부터 고립되었다. 이제까지 이집트 북부 국경의 팔레스타인 해방기구의 활동은 이스라엘을 괴롭혔을 뿐 아니라 매우 서구화된 지도층이 다스리는 레바논마저 팔레스타인 해방기구의 해체에 동참하게 만들었다. 1978년 이스라엘은 팔레스타인 해방기구의 습격을 끝낼 심산으로 남부 레바논을 침공했다. 비록 이스라엘과 이집트 수상들이 워싱턴에서 만나서 이듬해 시나이 반도에서 이스라엘이 물러나기로 약속한 것에 대해서 비이슬람 세계가 찬사를 보냈음에도, 이집트 수상은 3년 뒤에 그가 팔레스타인과 아랍을 배신했다고 생각한 이들에게 암살당하는 대가를 치러야 했다.

---

* 소말리아 지역, 아프리카 북동부/역주

이스라엘과 이집트 간의 제한된 합의에는 지미 카터 대통령(재임 1977-1981)의 노력이 크게 작용했다. 지미 카터는 1976년 대통령 선거에서 민주당 후보로 승리했다. 당시 미국인들은 중동 문제보다 다른 지역의 문제로 차질을 빚고 있었다. 베트남 전쟁은 한 명의 대통령의 정치 생명을 끝냈고 그의 후임이 미국의 패배와 평화교섭에 매진하도록 만들었다(그리고 그 평화교섭이 얼마나 의미가 없는 것인지 곧 알게 되었다). 또한 많은 미국인들이 소련 탄도미사일의 성능이 계속 높아지고 있다는 사실에 두려움을 느끼게 된 것 역시 미국인들이 국제적 환경을 다시 고려하게 했다. 이러한 상황들은 예상하지 못했던 사건, 즉 이란의 팔레비 정권이 전복된 사건에 대한 반응에도 영향을 미쳤다. 이것은 미국에 엄청난 충격을 주었을 뿐 아니라 잠재적으로 중동 지역에 새로운 문제의 근원이자 이슬람 세계의 불안정성에 기름을 부을 수 있는 사건이었다.

미국이 오랜 기간 후원한 국가이자 믿음직한 동맹이었던 이란의 국왕은 1979년 1월에 분노한 자유주의자들과 이슬람 보수주의자들에 의해서 왕좌와 국가에서 추방당했다. 입헌정부를 구성하겠다는 시도는 곧 무너졌는데, 이는 이슬람파에 국민적 지지가 몰렸기 때문이다. 이란의 전통적 방식과 사회적 구조는 샤가 그의 아버지 레자 칸의 뒤를 따라서 부주의하게 진행했던 현대화 정책에 의해서 흔들렸다. 곧 시아파 이슬람 공화국이 등장했고, 급진주의 성향의 원로 성직자들이 국가를 이끌었다. 미국은 재빨리 새로운 정권을 승인했으나 아무런 소용이 없었다. 미국은 축출된 팔레비 왕조의 후원자로서 이란인들의 증오의 대상이었고, 그들에게 자본주의와 서구 물질주의의 화신과도 같은 존재였다. 얼마 지나지 않아서 소련 역시 이란 종교 지도자들에게 비슷한 비방을 듣게 되었다는 것 정도가 위안거리였다. 이란 종교 지도자들은 소련을 이슬람의 순수성을 위협하는 두 번째 '사탄'이라고 비방했다.

이란 혁명 직후, 테헤란의 학생들은 그들의 분노를 미국 대사관을 향해서 분출했고, 외교관들과 다수의 사람들을 인질로 잡았다. 이미 이란 혁명으로 경악한 세계 사람들은 이란 정부가 이 학생들을 지지하며 인질들을 구속하고 도망간 국왕을 이란으로 귀국시켜 재판을 받게 하라는 학생들의 요구에 찬동하는 것을 지켜보았다. 카터 대통령은 소련의 아프가니스탄 침공에 미국의 대이슬람권 정책의 초점이 맞추어진 당시 상황상 이란 문제를 심각하게 만들 수 없었다. 우선 카터는 이란과 단교하고 경제 제재를 가했다. 이후 구출작전이 개시되었으나 실패하고 말았다. 이 인질들은 결국 교섭을 통해서 구출되었다(그리고 몸값을 지불했는데, 이는 미국 내의 이란 자산의 반환이었다. 미국 내의 이란 자산은 혁명 당시에 동결되었다). 그러나 미국인들의 굴욕은 이 사건에서 단 하나의 문제도, 또한 중요한 문제도 아니었다.

대사관 인질 사건은 광대한 정치적 파장을 일으켰을 뿐 아니라 상징적인 의미도 있었다. 이것은 오랜 전통을 고려해보면, 매우 충격적인 것이었다(어느 정도인가 하면 국제연합에서 만장일치로 이에 대한 비판이 가결되었을 정도였다). 유럽에서 시작하여 3세기가 넘는 기간 동안 외교관들에게 해를 가해서는 안 된다는 것은 문명국가에서 당연한 것으로 간주되었다. 이란 정부의 행동은 이러한 기존의 법칙에 의거할 생각이 없다는 것을 의미했다. 다른 의미로 보면 세계적으로 보편화되기는 했지만 유럽에서 시작된 관념을 단호하게 거부한 것이다. 인질 사건으로 인해서 세계 사람들은 이슬람 혁명이 무엇을 의미하는지 의문을 가지게 되었다.

메소포타미아 수니와 페르시아 시아 무슬림 간의 전통적인 적의로 인해서 이라크의 호전적인 바트당이 이란과 새로운 분쟁에 휘말리게 되었을 때(바트당은 세속주의적이어서 종교적 충돌의 의미는 기존보다 다소 약하기는 했다), 일부 미국인들은 이를 긍정적으로 생각했다. 일부 미국인들은 바트당이 이라크의 공산주의자들을 무자비하게 처형하고 뒤를 쫓고 있는 것에 대해서도 호의적인 시선으로 바라보았다. 1979년 7월 바그다드에서 대통령직을 맡게 되자, 미국의 안보 전문가들은 페르시아 만에서 이란의 위협을 상쇄할 만한 존재로 사담 후세인(1937-2006)을 고려하게 되었다.

이란 혁명이 미국이 동맹국 하나를 잃을 정도만을 의미하는 것이 아니었기 때문에 이란 견제책의 일부로서 사담 후세인의 대두는 매우 환영할 만한 것이었다. 자유주의자들과 보수적 무슬림 정파의 연합으로 팔레비 왕조를 전복시킬 수 있었지만, 과거 전통(특히 여성의 처우에서 전통적인 방식을 따랐다)으로의 빠른 회귀는 통치자를 내쫓은 것 이상의 것을 보여주었다. 새로운 이란 이슬람 공화국은 비록 시아파가 그 중심에 서기는 했지만, 보편적 질서에 대한 선언을 했다. 바른 믿음에 의한 바른 통치가 이루어지는 곳이 신정국가라고 말했는데, 이는 제네바의 칼뱅이 말했던 것과 유사한 것이었다. 이러한 선언은 세속적인 서구화의 도래와 현대화에 대한 약속이 실패한 세계 여러 지역의 (특히 아랍 지역의) 무슬림들이 공유한 분노를 표출한 것이기도 했다. 다른 지역과 달리 중동에서 민족주의, 사회주의, 자본주의는 모두 중동 지역의 문제를 해결하는 데에 실패했다(혹은 최소한 이러한 이념들이 자극했던 열정과 욕망을 만족시키지 못했다). 이슬람의 가르침이 모든 정치적 문제들에 해답을 제시하고 있다고 믿는 사람들(주로 이슬람주의자들이라고 불린다)은 아타튀르크, 레자 칸, 나세르가 그들의 국민들을 잘못된 길로 인도했다고 생각했다. 이슬람 사회는 무신론적인 공산주의의 전파를 성공적으로 막기는 했지만, 많은 무슬림들은 이제 그들 지도자 다수가 한 세기 이상 누려온 서구 문화의 전파를 더 큰 위협으로 생각하게 되었다. 역설적으로 서구의 혁명가들이 제시한 자본주의자들의 착취의 개념이 이러한 서구 문물에 대한 혐오감을 더 크게 키웠다.

이슬람주의의 근본은 다양하고 매우 뿌리 깊은 것이었다. 기독교에 대한 투쟁의 세기들과 같이한다고 볼 수도 있다. 이슬람 근본주의는 1960년대 이후로 (소련을 포함한) 외부인들에게 그러한 뿌리와 성격을 다시 생각하도록 했는데, 이 시기 냉전의 논리로 많은 국가들이 중동과 페르시아 만 지역에 접근했으나 그들의 논리를 펼치는 데에 큰 어려움을 겪게 되었다. 많은 아랍인들이 서구식의 국가주의(1880년대 이후 터키의 쇠퇴에 따른 불안정을 막기 위한 조직적 대책으로 간주되었다)를 받아들이지 않는다는 증거도 있다. 오스만 계승 전쟁은 끝나지 않았고 이것이 그 증거였다. 또한 석유자원의 힘으로 서방 세계에 위협을 가하면서 이슬람 세계의 잠재력을 보여주었다. 그러나 반면에 1945년 이후, 경건한 무슬림들은 서구의 상업, 통신, 그리고 석유가 풍부한 지역에 대한 서방의 유혹들이 이슬람 세계에서 이전의 위협(주로 군사적인 위협)보다 더 위험한 것이라고 생각하기 시작했다. 이러한 관념으로 인해서 긴장과 불안이 조성되었다.

그러나 이슬람 사회들은 서로 협력하기가 힘들었다. 수니파와 시아파의 반목은 오랜 세월에 걸쳐 지속되었다. 1945년 이후, 바트 사회주의 운동은 많은 무슬림들에게 영향을 주었고 명목적으로는 이라크에 자리잡고 있었다가 1920년대에 이집트에서 결성된 근본주의 성향의 무슬림 형제단에게 증오의 대상이 되었다. 이들 무슬림 형제단은 팔레스타인 문제에서 '신을 믿지 않는 사악함'을 통탄했다. 근본주의자들은 국민 주권주의를 거부했다. 그들은 사회를 이슬람 율법으로 통치해야 한다고 믿었다. 얼마 지나지 않아서 파키스탄은 혼성 하키 경기를 금지했고, 사우디아라비아에서 이는 돌팔매 형과 사지절단 형에 처해졌다. 오만에서는 남녀공학 대학교에서 강의 중에 남녀 학생들을 분리하도록 했고, 이와 비슷한 사례는 이루 헤아릴 수 없을 정도로 많다. 1980년에 근본주의 이슬람주의자들은 몇몇 국가에서 그들의 목표를 달성할 정도로 강성해졌다. 비교적 '서구화된' 이집트의 학생들이 1978년 선거에서 이슬람주의자들을 지지하는 투표를 했다. 또한 의대의 몇몇 여학생들은 남자 시체를 해부하는 것을 거부했고, 남녀가 분리되어 교육받을 수 있게 해달라고 요구했다.

좀더 일반적인 관점에서 보면(그리고 무엇보다 학생 근본주의자들이 그러한 반항적인 행동들을 행복하게 따른다는 점은 서구인들의 관점에서 매우 흥미로운 일이었다), 이슬람주의의 대두는 서구와 달리 이슬람 세계에서 국가나 정치제도에 대한 이론이 오랫동안 부재했다는 점도 고려할 수 있다. 이슬람적 관점에서 보면(심지어 정통주의 입장에서 보아도), 아무리 바람직한 결과물을 생산한다고 할지라도 국가란 그 존재만으로 합법적인 조직체가 아니었다. 그리고 무엇보다 아랍 지역에 국가의 체계가 도입된 것은 19세기 이후로 서구를 의식적으로든 무의식적으로든 모방한 결과였다. 사회주의 정치(어떤 의미에서 이 역시 또다른 서구에서 따온 사상이었다)를 추구했던 젊은 급진주의자들은 국가나 민족에서 어떠한 본질적인 가치를 찾지 못했다. 그들은 정치적 권위에 합법성을 부여하는 가치를 다른 부분에서 발견했고 리비아, 이란, 알제리에서 정치적 권위에 합법성을 부여하는 새로운 방법을 이용했다. 공공기관,

부족 중심주의, 이슬람권의 유대 등에 대한 오랜 이슬람의 관념들이 유지되었다. 무엇보다 그러한 이슬람권 사이의 유대는 세계의 대다수 무슬림이 아랍어를 이해하지 못한다는 사실을 받아들이고 있다는 것을 의미하기도 한다.

이슬람 세계 각지의 무질서와 심지어 내부 분쟁의 가능성은 지나치게 단순하게 이야기되는 경향이 있다. 이슬람 세계는 문화적으로 동일하지 않다. 실재하지 않는 '서구'에 대해서 1980년대 모스크의 유명한 설교자들이 비판한 것이 사실이 아니었듯이, 이슬람 역시 그리 분명하게 일관성 있고 뚜렷하게 구분되고 정확하게 경계를 그릴 수 있는 문명이 아니다. '서구'와 마찬가지로 이슬람 세계는 어떻게 보면 축약적 표현이며, 때로 이슬람을 간결하게 설명할 때 유용하다. 신실한 사람들을 포함한 다수의 무슬림들은 두 개의 세계에 발을 담고 있고, 서구와 이슬람의 이상 모두를 경험하고 있다. 각각의 세계는 활력적인 역사적 중심이며 에너지의 원천이었다. 각자의 영향력에 경계가 존재하지는 않지만 오랫동안 서로 영향을 주고받았다. 가장 최근에는 유럽의 사상이 무슬림 세계에 중대한 영향력을 미쳤다. 이슬람 세계, 특히 중동의 여러 지역에서의 불안정한 상황은 인구변동에 따라서 더욱 폭발적이 되었다. 대부분의 무슬림이 지배적인 사회의 평균연령은 15세에서 18세 사이라고 알려져 있고, 몇몇 지역의 인구는 매우 빠른 속도로 늘어나고 있다. 무슬림의 새로운 세대는 정치적으로, 사회적으로, 윤리적으로 완전히 다른 방향으로 나아갈 수 있다. 한 가지 분명한 것이 있다면, 무슬림들이 변화를 갈망하고 있다는 점이다. 그들은 절대다수가 빈곤하고 정치적 대표권이 없는 상황에서 벗어나기를 원하며, 그들이 가진 복합적이고 복잡한 가치가 서구와 그들 자신의 통치자들에게 존중받게 되기를 원한다.

4
시대의 종결

1980년대는 많은 놀라운 변화를 가져왔으나, 중동에서는 별다른 변화가 없었다. 1980년대 초에는 중동 지역에서 가장 많은 변화가 있을 것이라고 예상되었지만, 변화보다는 기나긴 정체가 이어졌다. 여느 때와 다름없이 1980년에 긴장감이 고조되었고, 팔레스타인의 오스만 제국의 계승자로서 이스라엘이 등장함으로써 불거진 문제들을 해결할 수 있다는 희망이 이 문제와 관계된 사람들 내에 생겨났다. 그러나 몇몇 소수의 이스라엘인들을 제외하고는 매우 실망스러운 결과를 맞이해야 했다. 한동안 이란 혁명이 정치적 질서를 변화시킬 것이라고 관측되었고, 일부 사람들은 그렇게 되기를 희망했다. 그러나 10년 뒤에 이란 말고는 다른 지역에서 이러한 변화가 일어나기 힘들어졌고, 또한 심지어 이란 혁명이 이슬람 세계에 정말로 큰 중요한 영향을 끼쳤는지도 불분명해졌다. 이슬람의 중흥이라고 불리던 것들 역시 신자를 자극하고 신앙심을 다시 불러일으키는 신앙의 순수주의 바람이 다시 분 것 정도로 보일 수도 있었다. 또한 이러한 긴장은 환경에 기인한 부분이 컸다. 이스라엘이 예루살렘의 이슬람 3대 성지 중의 하나를 점거함으로써 이슬람의 단결을 불러왔다. 그러나 1980년 이라크의 이란에 대한 공격은 8년간 지속된 전쟁으로 이어졌고, 100만 명이 넘는 생명이 목숨을 잃었다. 여러 가지 문제가 있었지만, 이로 인해서 이라크의 수니파와 이란의 시아파 사이의 충돌이 크게 부각되었다. 다시 한번 이슬람은 현대의 정치적 문제뿐 아니라 고대로부터 내려온 서로 간의 차이로 인해서 분열되었다.

얼마 지나지 않아서 이란이 강대국들(특히 수백만의 무슬림이 그 국토에 존재하고 있는 소련)을 물리칠 수는 없어도, 그들에게 문제를 일으키고 경각심을 불러일으킬 수 있다는 사실이 분명해졌다. 1979년 말에 이란의 지도자들은 소련군이 무슬림 반군에 저항하는 부패한 공산정권을 지원하기 위해서 아프가니스탄에 쳐들어가는 것을 지켜보아야만 했다. 이란이 테러리스트와 납치범들을 지원한 한 가지 이유는 사실 그것이 그들이 할 수 있는 최선(혹은 최악)의 선택이었기 때문이다. 미국 대사관 인질 사건의 성공에도 불구하고, 이란은 이란의 전 국왕이 귀국하여 이슬람의 정의에 의거한 심판을 받게 할 수는 없었다. 이란은 인질 사건으로 미국의 자존심에 흠집을 내는 데에 성공했지만, 이 사건은 이후 점차 중요성이 떨어진 것으로 보인다. 돌이켜보면, 1980년에 카터 대통령이 미국에게 페르시아 만은 매우 중대한 지역이라고 선언한 것은 미래에 어떠한 일이 벌어질지 미리 예견한 것과 같다. 카터의 선언은 미국의 과장된 불확실성과 패배주의가 끝났음을 의미했다. 국제정치에서 흔들리지 않는 현실이 이를 잘 말해주고 있다. 쿠바 미사일 위기 이후 엄청난 변화에도 불구하고, 미국은 1980년에 가장 강력한 국가의 지위에서 의심의 여지가 없는 두 개의 국가 중의 하나이며 이러한 초강대국의 개입 없이는 어떠한 문제도 해결될 수 없었다(이는 소련의 초강대국에 관한 공식적인 정의이다). 물론 강대국의 개입이란 어떤 의미에서는 자의적인 해석이라고 볼 수 있지만, 세계가 어떻게 돌아가고 있는지를 보여주는 하나의 근간이라고 볼 수는 있다.

또한 역사는 누군가를 오랜 기간 편애하지 않는다. 비록 일부 미국인들은 쿠바 위기부터 아프간 침공에 이르는 소련의 힘에 크게 놀랐지만, 1970년대 후반에 소련의 지도자들은 많은 어려움을 겪었던 것으로 보인다. 의식은 물질적 상황에 따라서 진화한다는 마르크스주의의 선언이 소련의 지도자들에게도 적용되었다. 소련 사회의 제한된 완화는 그 규모는 작지만 더 많은 자유를 원하는 사람들이 늘어나고 있다는 명백한 증거였고, 물질적인 향상이 이어져야 한다는 여론의 형성(다만 후자는 전자보다는 밖으로 많이 표출되지 않았다) 역시 소련이 직면한 현실이었다. 소련은 그럼에도 불구하고 국방에 천문학적인 예산을 투입했다(1980년대에 GDP의 약 25퍼센트가 국방비에 쓰였다). 그럼에도 불구하고 상황은 나아지지 않았다. 이러한 과업을 수행하기 위해서는 서구의 기술, 경영 능력, (가능하다면) 자본이 필요했다. 이에 따라서 어떠한 변화가 올지는 불확실했지만 어쨌든 변화가 일어나리라는 것만은 분명했다.

그러나 1980년경 두 강대국을 서로 이어주는 가장 강력한 연대가 더욱 강력하게 자라나고 있었다. 소련은 미국보다 더 강력한 핵무기를 가지기를 원했고 계속해서 엄청난 노력을 기울였으며 이는 그 어떠한 국가사업보다 우선되었다. 미국인들은 (눈길을 사로잡는 슬로건을 만드는 그들의 재능을 바탕으로) 이러한 상황은 MAD라고 요약했다. 이는 양국이 '상호확증 파괴(Mutually Assured Destruction)'의 결과를 낼 능력을 가지고 있다는 뜻이었다. 또는 좀더 정확하게 표현하면, 두 잠재적 교전국이 상호확증 파괴를 할 수 있는 충분한 능력을 가진 상황으로, 비록 한쪽의 기습공격으로 상대방의 최강의 무기들을 다수 없앨 수 있어도, 공격을 당한 국가는 여전히 남아 있는 무기만으로도 선제공격한 국가의 도시들을 황무지로 만들 만큼의 능력은 가지고 있다는 뜻이다. 그리고 공격을 당한 후에도 양국 군대는 살아남은 사람들을 통제할 정도의 힘은 지니고 있다는 의미도 내포하고 있다.

이러한 비정상적인 상황은 거대한 중재력이었다. 단 한번의 실수가 모두를 파멸시킬 것을 아는 것은 정치가들을 신중하게 만들었고 놀라울 정도로 사람들의 의견을 하나로 일치하게 만들었다. 종종 비정상적인 인간이 권력을 잡을 수 있기는 했지만(상황을 좀더 단순하게 보기 위한 표현이다), 그러한 사람들조차 다수의 의견을 거슬러서 이러한 상황에서 벗어난 결정을 할 수 없었다. 양국 간의 협력의 수준을 논의하는 것은 기본적으로 이러한 인식에서 시작한다고 볼 수 있다. 1970년대에 몇 가지 분쟁에도 불구하고, 미국과 소련 사이에 이미 그 가능성을 엿볼 수 있었다. 1972년의 무기제한 협정은 미소 간의 협력이 보여준 최초의 성과였다. 또한 양국은 이러한 조약들이 지켜지는지 여부는 과학을 통해서 가능하다고 인식하기 시작했다(모든 군사연구가 긴장을 조성하기 위한 것이 아니었다). 이듬해에 전략무기의 제한을 좀더 확장시키기 위한 회의가 진행되었고, 한편으로는 유럽 전체를 포괄하는 안보협정의 가능성을 모색하기 시작했다.

유럽의 전후 경계에 대한 암묵적 승인(무엇보다 두 개의 독일 간의 국경에 대한 승인)의 대가로 소련의 협상가들은 1975년 헬싱키에서 동서 유럽 사이의 경제담론을 늘리고 인권과 정치적 자유에 대한 보장을 하기로 합의했다. 물론 인권과 정치적 자유의 보장에 대한 강제집행은 없었다. 그러나 이것은 소련의 협상가들이 더 큰 중요성을 둔 국경 안정에 대한 상징적 소득에 비해서 더 큰 중요성이 있었다. 인권 문제에 대한 성공으로 서구는 소련과 공산주의자들 내부의 불화를 크게 조장했을 뿐 아니라, 공산국가 내부 문제에 대한 개입에 관한 정당성을 얻을 수 있었다. 점차 국민적인 비판이 생겨났고 이는 마침내 동유럽에 변화의 바람이 불도록 했다. 한편, 동서 유럽 간의 무역과 투자의 흐름은 매우 완만한 정도였지만 즉시 증가했다. 제2차 세계대전을 끝낸 조약 이후 나타난 유럽 내 최초의 평화조약이었는데, 이는 소련의 지도자들이 가장 원하던 상황을 제공했다. 즉, 1945년의 전쟁 승리에서 옥의 티와 같은 것들 중 하나였던 영토에 관한 안보 문제를 완벽하게 해결해주었다.

그럼에도 불구하고 미국인들은 1980년 대통령 선거가 다가오자 세계정세에 대해서 크게 근심했다. 18년 전 쿠바 위기는 미국이 소련보다 우위에 서 있음을 만천하에 보여주었다. 미국은 이후 군사력의 우위를 유지했고, (대부분의 경우 믿음직한) 동맹국들, 의존국들, 위성국들의 지원을 받을 수 있었다. 또한 미국 국민들은 거대한 국내 문제와 씨름하는 와중에도 미국 정부의 세계 외교와 군사적 노력을 지탱할 의지가 있었다. 1980년, 다수의 미국 국민들은 세계가 변하고 있다고 느꼈고 이러한 변화를 좋지 않게 생각했다. 새로운 공화당 출신 대통령인 로널드 레이건 대통령(재임 1981-1989)이 1981년에 취임하자, 그의 지지자들은 지난 10년간 미국이 얼마나 무력했는지 돌아보았다. 레이건은 엄청난 재정적자를 이어받았고, 최근 아프리카와 아프가니스탄에 소련이 진출한 데에 실망하는 분위기에서 업무를 시작했다. 그리고 또한 1960년대에 미국이 누렸던 핵무기에서의 우위가 사라져간다는 실망감과도 싸워야 했다.

임기 시작 후 5년간 레이건 대통령은 그를 평가절하하던 사람들을 깜짝 놀라게 했다. 그는 뛰어난 (비록 때로 겉치레에 불과했지만) 지도력을 바탕으로 그의 국민들의 의기를 회복시켰다. 그의 취임식 날, 이란은 미국인 인질들을 석방했다(상당수 미국인들은 석방 시기가 새로운 행정부의 지지자들에 의해서 연출된 것이라고 믿었다). 그러나 이것은 중동과 페르시아 만에서 미국이 당한 고난의 끝이 아니었다. 두 가지 근본적인 문제는 전혀 해결되지 않고 있었다. 냉전질서가 유지되면서 생긴 중동 지역의 국제질서에 대한 위협과 이스라엘 문제였다. 이란과 이라크 사이의 전쟁이 첫 번째 위험에 대한 증거라고 많은 사람들은 생각했다. 얼마 지나지 않아서 몇몇 아랍 국가들의 정세가 불안정해졌다. 레바논의 정부는 시리아와 이란의 지원을 받은 무장단체와의 분쟁으로 인해서 내전을 치르게 되면서 국내 질서 유지에 실패했다. 이로 인해서 팔레스타인 해방기구의 혁명파는 과거보다 더욱 활발한 활동을 펼치게 되었고, 이스라엘은 북부 국경지대와 그 너머에서까지 더욱 과격하고 폭넓은 군사작전을 수행했다. 결국 1980년대 들어서서 긴장이 고조되고 이스라엘과 팔레스타인 분쟁은 더욱 심각해졌다. 미국 해병대의 레바논 도착 이후, 미국 대사관과 해병대의 병영에 폭탄이 폭발하여 300명의 인명이 살상되는 등 레바논이 점점 더 무정부 상태가 되면서 미국은 더욱 큰 경각심을 가지게 되었다.

미국만이 이러한 만성적인 문제에 시달리는 유일한 국가는 아니었다. 소련이 아프가니스탄에 군사를 보내자(소련은 아프가니스탄에서 1980년대의 대부분의 시간을 허비했다), 이란과 다른 지역 무슬림의 분노는 소련 내부의 무슬림에게까지 영향을 미치게 되었다. 일부는 이러한 상황이 희망적이라고 믿었는데, 이슬람 세계에서 혼란이 커진다는 것은 양대 강국이 더 신중하게 행동하도록 할 것이라고 내다보았기 때문이다. 중동 지역에서 미국과 소련은 각각의 위성국들이나 동맹국들에 대한 무조건적인 지지에 좀더 신중을 기하게 될 상황이라고 전망했다. 물론 이러한 논리는 이스라엘 문제와 크게 관계가 깊다. 한편, 이란 혁명에서 보여준 이란의 종교적 관점이 더욱 위협적이고 강경해지면서 일부에서는 이를 문명의 충돌의 시작이라고 생각하게 되었다. 이란의 공격적인 순수주의는 보수적인 아랍인들조차도 두려움에 떨게 했고, 이는 페르시아 만의 산유국가에도 해당되었다. 특히 사우디아라비아는 이에 대해서 큰 경계심을 가졌다.

1980년대에 급진적인 이슬람주의에 동의하는 움직임이 퍼지기 시작했다. 파키스탄(파키스탄은 위스키를 마셔대던 세속적 무슬림에 의해서 건국되었다)의 군부정권조차 이슬람 정통주의를 도입했다(물론 이것은 이해관계를 많이 고려한 결정이었다. 즉, 이웃 아프가니스탄의 소련의 무신론자들에 대항한 지하드의 일부였다). 북아프리카에서도 1980년대에 급진주의 이슬람주의가 점점 커져가고 있었는데, 이는 미국을 싫어하는 만큼이나 이슬람주의를 경계하던 독재자가 다스리던 리비아에서보다 이웃한 알제리에서 더 큰 영향력을 발휘했다. 알제리는 독립 이후에 순항을 거듭했으나, 1980년경에 경제가 점차 쇠약해졌고, 독립운동을 지탱해오던 국민의 단결도 흔들리기 시작했다. 또한 구직을 위한 유럽으로의 이민은 많은 젊은이들에게 에너지를 발산하기 위한 유일한 해방구로 여겨졌다. 1990년 알제리 선거에서, 이슬람주의 정당은 아랍 국가 내에서 최초로 과반수를 차지했다. 그리고 그보다 몇 년 전에는 수단의 군사 쿠데타로 호전적인 이슬람 정권이 권력을 장악하고 얼마 남지 않은 정치적 자유마저 억압했다.

이러한 이슬람 급진화 바람에도 불구하고, 1990년경에 근본주의자들은 아랍의 보수주의와 자유주의 양쪽 진영의 저항에 직면했고, 이러한 저항은 때로 큰 효과를 거두었다. 그러나 중동의 정치적 사건들로 인해서 이러한 사실은 오랫동안 제대로 부각되지 못했다. 이라크의 지도자인 사담 후세인은 미국의 후원을 받았고 중동 지역에서 많은 분쟁의 원인이었다. 그는 이슬람을 지원하는 데에서 오직 전술적이나 실용적인 관점만 취했다. 비록 무슬림 가정에서 자라났으나, 후세인은 그의 후원자, 친족, 군인들의 사리에 기반을 둔 세속적인 바트당의 지도자였다. 후세인은 그의 정권 유지를 위해서 권력을 추구하고 기술 현대화를 진행했고, 이라크인들의 복지를 위해서 애쓴 증거는 전혀 존재하지 않았다. 후세인이 이란을 상대로 전쟁을 치르게 되자, 전쟁의 장기화와 전쟁으로 인해서 이라크가 당한 피해에 대해서 다른 아랍 국가들(특히 페르시아 만의 산유국들)은 안도했다. 아랍 국가들은 이란과 이라크 모두를 두려워했는데, 이란-이라크 전쟁으로 인해서 이란의 혁명가들과 위험한 사상을 가진 바트당이 동시에 몰락하는 상황이 펼쳐졌기 때문이다. 반면에 이 전쟁이 팔레스타인 문제로 가야 할 국제적 관심을 돌린 것과 이로 인해서 이스라엘이 팔레스타인 해방기구를 상대하는 것이 수월해졌다는 점에 대해서 아랍 국가들은 불만을 가졌다.

페르시아 만에서의 약 10년에 가까운 분쟁으로 인해서 서구의 석유 공급에 대한 우려의 목소리가 늘어났고 무장충돌의 가능성마저 더 늘어났는데, 특히 이란과 미국 사이의 긴장이 급격히 증가했다. 한편, 레반트 지역의 사건들로 인해서 그 지역의 교착상태가 더욱 고착화되었다. 이스라엘은 계속해서 골란고원을 점유했고, 레바논 지역에서 팔레스타인 게릴라들과 그 후원자들을 상대로 왕성한 군사작전을 전개했다. 또한 이스라엘 정부는 유대인들의 이스라엘로의 이민을 장려했다(특히 소련으로부터의 이민은 주목할 만하다). 이러한 상황은 모두 장래에 있을 아랍의 연합군과의 전쟁에서 이스라엘이 더욱 유리하게 만들었다. 그러나 1987년 말, 이스라엘 점령지역에서 팔레스타인인들 간에 최초의 유혈충돌이 벌어졌다. 팔레스타인들 간의 유혈충돌은 지속되었고 곧 간헐적이지만 지속적인 반란, 즉 인티파다(intifada, 이스라엘 점령지의 아랍인 반란) 상태가 되었다. 팔레스타인 해방기구는 이스라엘의 존재를 공식적으로 승인함으로써 더 많은 국제적인 지지를 얻게 되었지만, 이란-이라크 전쟁이 종식된 1988년에 불리한 상황에 처하게 되었다. 이듬해, 이란의 최고 지도자인 아야톨라 호메이니(1900-1989)가 사망했고 그의 뒤를 잇는 이란의 새로운 지도자는 팔레스타인 문제에 대한 지지와 근본주의적 이슬람주의에 대해서 좀더 신중한 입장을 취하는 모습을 보였다.

이란-이라크 전쟁 기간 동안 미국은 이라크 편에 섰는데, 부분적으로는 근본주의자들의 위협을 과다하게 경계한 탓이었다. 그럼에도 불구하고, 페르시아 만에서 진정한 적으로 미국이 정면 대립하게 된 것은 이란이 아니라 이라크였다. 이란과 화의한 후, 1990년에 사담 후세인은 쿠웨이트의 세이크 영지에 대한 오랜 영토분쟁 문제를 거론했다. 또한 그는 쿠웨이트의 지도자와 석유 쿼터와 가격 문제로 언쟁을 벌였다. 이러한 국가 간의 불화를 있는 그대로 믿는 것은 그리 합리적으로 보이지 않는다. 상징적으로 이러한 문제들이 사담 후세인 자신에게는 큰 문제로 보일 수도 있겠지만, 실질적으로 그의 움직임은 쿠웨이트의 막대한 석유자원을 가로채려는 것으로 보일 뿐이었다. 1990년 여름에 사담 후세인의 위협은 더욱 심해졌다. 8월 22일에 이라크군은 쿠웨이트를 침공했고, 몇 시간 후에 쿠웨이트를 제압했다.

곧 국제연합에서 이라크에 반대하는 세계 여론이 크게 일어났다. 후세인은 그의 탐욕스러운 야망을 이스라엘에 대한 아랍의 증오와 결부시켜 둘을 혼동하도록 이슬람과 아랍 카드를 활용하려고 했다. 중동의 시가지에서 후세인을 지지하는 시위는 그리 인상적이지 않았다. 팔레스타인 해방기구와 요르단만이 그를 공식적으로 지지했다. 후세인에게는 충격적이었겠지만, 사우디아라비아, 시리아, 이집트는 그에 반대하여 재빨리 연합하여 동맹을 맺었다. 이에 못지않게 소련의 묵인 역시 후세인에게 큰 충격을 주었다. 물론 후세인에게 가장 큰 충격은 국제연합의 안전보장 이사회가 이라크의 행동을 비판하는 일련의 결의안을 채택하고(압도적인 표로 가결되었다), 마침내 쿠웨이트 해방을 위해서 이라크에 대한 무력사용을 인가했다는 것이다.

막대한 군대가 미국의 지휘 아래에 사우디아라비아에 집결했다. 1991년 1월 16일 드디어 군사행동이 개시되었다. 한 달이 채 되지 못해서 이라크는 상당한 피해를 입고 패주했다(다국적군의 사상자는 경미한 수준이었다). 그러나 이러한 굴욕은 후세인의 입지를 위협하지 못했다. 다시 한번 많은 이들이 오랫동안 갈망한 중동의 변화의 순간은 찾아오지 않았다. 걸프 전쟁은 아랍의 혁명가들과 서구의 자칭 중재자들 모두를 실망시켰다. 사실 이 전쟁에서 가장 큰 피해를 입은 것은 팔레스타인 해방기구였고, 이스라엘은 최대 수혜자였다. 아랍의 군사적 성공은 가까운 미래에 실현 불가능한 것으로 여겨졌다. 그러나 이러한 또 하나의 중동 전쟁이 끝나고 나서도 이스라엘 문제는 여전히 이어졌다. 시리아와 이란은 쿠웨이트 위기 이전에 이미 그들 나름의 사정 때문에 이스라엘과의 화평교섭을 시도할 의향을 보였다. 그러나 미국의 입장에서는 이것은 이라크 전쟁과는 별개의 문제였고, 이라크 전쟁에 더 집중한 상태였음이 분명했다.

어쩌면 급진주의적이고 근본주의적인 범이슬람 운동의 무시무시한 망령이 잠시 동안이나마 사라진 것은 시대의 진보라고 볼 수 있을 것이다. 실질적으로, 아랍의 연합은 다시 한번 환상으로 드러났다. 무슬림이 서방 세계에 의해서 당한 역경, 불안정과 불만에도 불구하고, 사실상 그들이 효과적으로 협력하여 그들의 분노를 분출한 모습은 보이지 않았다. 또한 서방 세계가 제시한 현대화를 위한 수단에 의해서 이러한 아랍의 단결은 미묘하게 부식되고 있었다. 또한 우연에 가깝지만, 걸프 위기는 선진국가들에 타격을 입히던 석유무기의 위력이 줄었음을 보여주었다. 걸프 위기로 인해서 사람들이 우려했던 새로운 석유 위기는 터지지 않았기 때문이다. 1991년에 이러한 상황에서 미국은 아랍과 이스라엘에게 다시 한번 교섭을 가지도록 설득했다.

한편 다른 지역에서 큰 변화가 일어났는데, 이 역시 중동의 역사적 사건들과 관계가 깊다. 그러나 이러한 다른 지역에서 일어난 변화가 중동에 영향을 준 것은 단지 미국과 소련이 취한 행동의 결과일 뿐이었다. 1980년에 미국 대통령 선거운동은 미국 대중들의 소련에 대한 두려움을 고의적으로 자극하는 방식으로 진행되었다. 당연하게도, 이러한 상황으로 인해서 미국과 소련의 서로를 향한 적대심은 다시 한번 국가적 차원으로 격상되었다. 소련의 보수적인 지도자들은 미국 정책의 진행 상황에 대해서 경계를 강화했다. 이로 인해서 군축협정을 위해서 예정된 단계가 좌초되거나 심지어 군비가 다시 증강될 것이라고 예견되었다. 미국 행정부는 대외관계에서 새로운 실용주의 노선을 선보이기 시작했고, 소련 측에서는 좀더 융통성 있는 상황을 만들기 위해서 내부 변화를 추구했다.

한 가지 중요한 역사적 사건은 1982년 11월의 레오니드 브레즈네프(1906-1982)의 사망이었다. 그는 흐루쇼프의 후계자로서 공산당의 서기장으로 18년간 재임했다. 그의 직속 후계자(비밀경호국[KGB]의 수장) 역시 얼마 지나지 않아서 사망했고, 그의 뒤를 이은 70대의 후계자는 더 짧은 시일 내에 사망했다. 결국 1985년에 공산당 중앙위원회의 최연소 위원이었던 미하일 고르바초프(1931-)가 서기장이 되었다. 고르바초프의 당시 나이는 54세였다. 그는 사실상 스탈린 사후 시대에 정치 경력을 시작한 것이다. 소련과 세계의 역사에서 그의 영향력은 중대했다. 고르바초프가 단숨에 서기장직을 승계하도록 한 원동력이 무엇인지는 잘 알려져 있지 않다. KGB는 그의 승진에 반대하지 않은 것으로 보이고 그의 최초의 움직임과 연설은 정석적인 것이었다(비록 과거에 영국 수상에게 어딘가에서 사업을 하는 사람이라는 인상을 주었지만 말이다). 고르바초프는 곧 자신의 새로운 정치적 색깔에 대해서 분명하게 말하기 시작했다. '공산주의'라는 용어는 그의 연설 중에 그리 많이 들리지 않았고 '사회주의'는 평등주의를 배제하는 방식으로 재해석되었다(물론 때로 고르바초프는 그의 동료 공산당원들에게 그가 공산주의자라는 것을 상기시키기는 했다). 이로 인해서 외국인들은 그의 목표를 자유화로 보았는데, 이는 서구 사회가 그가 상당히 많이 사용한 두 개의 러시아 단어를 멋대로 해석한 결과였다. 글라스노스트(glasnost, '개방') 그리고 페레스트로이카(perestroika, '개혁')가 그가 자주 사용한 용어였다. 소련의 새로운 진로가 의미하는 것의 영향은 매우 심대하고 놀라웠으며, 고르바초프는 1980년대 말까지 이러한 새로운 진로가 끼친 영향으로 인해서 많은 일을 해야 했다.

그가 임기를 시작할 당시에 그가 예상하지 못했던 일들이 벌어졌다. 급진적인 변화가 없이는 소련의 경제력으로 이전과 같은 군사력을 유지할 수가 없었고, 동맹국들에 대한 지원을 지속하는 것 역시 불가능했으며, 또한 국민의 생활수준을 개선(천천히 완만한 수준으로 개선)하고 자생적인 과학기술 진보를 이어갈 수도 없게 되었다. 따라서 고르바초프는 공산주의의 붕괴를 피하기 위해서 개방을 꾀했는데, 이는 레닌주의를 그의 철학에 따라서 재해석하는 방식으로 실행되었다. 무엇보다 소련의 공산주의 체제를 좀더 다원주의적인 체제로 발전시키고, 지식계급을 정치에 동참시키려고 했다. 그러한 진로 변화가 가져올 영향은 심지어 그 자신조차 예상하지 못했다. 본질적으로 이러한 진로 변화는 70여 년간 이어온 사회주의를 통한 현대화 실험이 실패로 끝났다는 것을 인정하는 것이었다. 자유 또는 물질적인 풍요 그 어느 것 하나 성취하지 못했다. 그리고 이제 소련이 치러야 할 비용은 견딜 수 없을 정도로 거대해졌다.

고르바초프 취임 후 얼마 지나지 않아서, 로널드 레이건은 곧 정치적 흥정을 개시했다. 소련의 새로운 정책이 의미하는 바는 레이건과 고르바초프의 만남에서 분명해졌다. 군비축소 논의가 재개되었다. 이외에 다른 문제들에 대한 합의가 이루어졌다(그리고 이러한 합의로 인해서 소련 지도부는 좀더 수월하게 아프가니스탄에서 소련군을 1989년에 철수하기로 결정할 수 있었다). 미국의 재정적자와 경기부진은 계속되고 있었고, 이러한 경제 문제들로 인해서 대부분의 대통령은 정치적으로 큰 혼란을 일으켰지만, 이는 레이건 시기에 국제 상황의 변화로 인한 안도감으로 잠시 동안 사람들의 시야에서 벗어나 있었다. 다수의 미국인들이 가졌던 '사악한 제국'(레이건은 소련을 이렇게 표현했다)에 대한 경계와 공포는 조금씩 사그라들기 시작했다.

소련이 개혁에 관련한 문제로 인해서 점차 분열하고 어려움을 겪는 신호가 나타나자, 미국 내에서는 낙관적 시선과 자신감이 커지기 시작했다. 또한 미국인들은 미국 정부가 우주에서 새로운 방위수단을 마련할 것이라는 놀라운 약속에 들떠 있었다. 비록 수천 명의 과학자들이 해당 프로젝트가 현실성이 없다고 말했지만, 소련 정부는 이와 경쟁할 만한 자금이 없었다. 1986년에 미국의 폭격기가 영국에서 발진하여 반미 테러 조직을 지원하던 리비아의 지도자에게 군사적 제재를 가한 사건 역시 미국인들의 용기를 북돋웠다(놀랍게도 다수의 서유럽인들이 이 작전에 상당한 우려를 표명한 것과 달리 소련은 별다른 반응을 보이지 않았다). 그러나 레이건은 중앙 아메리카에 좀더 집중하는 것이 미국의 국익에 큰 도움이 될 것이라는 점을 미국 국민들에게 제대로 납득시키지는 못했다. 그럼에도 그는 여전히 매우 인기가 많은 대통령이었다. 그가 임기를 마친 후 10년 동안 미국의 빈부격차는 더욱 크게 벌어졌다.

1987년에 군비축소 협상의 결실이 맺어졌다. 미소 양국은 중거리 핵 미사일에 대한 합의를 보았다. 핵무기의 등장으로 인한 충격과 그 여파에도 불구하고 핵균형은 양국 간의 최초의 휴전에 이르기까지 오랫동안 유지되었다. 미소 양국은 핵전쟁은 사실상의 인류의 소멸을 야기시킬 것이라는 사실을 인정하며 최소한 다른 나라가 핵무기 개발을 추구하지 않는 한, 이러한 관점을 지속할 것으로 보였다. 1991년에 미소 양국은 현재의 군비를 대량으로 줄이기로 합의하며 다시 한번 큰 진척을 보였다.

이러한 국제관계에서의 큰 변화는 다른 나라들에도 큰 영향을 끼쳤고 이 역시 논의하지 않을 수 없다. 각 지역의 국제정세는 인위적으로 분리되어서 개별적으로 논의되어야 하지만, 사실 서로 연결되어 있으며 인과관계가 있었다. 1980년 말에 동유럽과 소련의 국민들은 1940년대 이후 본 적이 없는 큰 변화를 겪었다. 한 가지 분명한 사실은 유럽의 공산국가들이 과거에 조금씩이나마 성장한 경제를 유지하는 것이 점점 더 힘들어지고 현실을 인식하게 되었다는 점이다. 비공산권의 시장경제와 차이는 점점 더 크게 벌어졌다. 물론 동유럽인들이 1953년, 1956년, 1968년의 결정이나 동유럽의 소련의 영향력에 대해서 별다른 저항을 하지 않은 것은 사실이었다. 바르샤바 조약으로 인해서 형성된 공산주의의 보호막은 지난 30여 년간 진행된 사회적, 정치적 변화들(그리고 또한 제2차 세계대전과 그 이후의 원치 않았던 변화들도 여기에 포함된다)을 여전히 확고하게 뒤덮어서 보이지 않게 했다.

언뜻 보기에는, 동유럽은 놀라울 정도로 동질성을 띠고 있었다. 동유럽 각각의 국가에서 공산당이 최고의 위치에 놓여 있었다. 과거 수 세기 전에 출세를 꿈꾸던 사람들이 궁정과 귀족들 혹은 교회에 몰려든 것처럼 공산당 주변에는 많은 사람들이 출세를 노리며 그 주위를 맴돌고 있었다. 동유럽 각국에서(그리고 무엇보다 소련 그 자체도 포함해서) 과거의 역사에 대해서 함부로 입에 올려서는 안 되는 것들이 존재했다. 그러한 과거의 역사 문제를 언급해서는 안 된다는 사실은 지적 생활과 정치적 담론에서 큰 영향력을 유지했고 지식인들과 정치인들을 타락시켰다. 동유럽 경제에서, 중공업과 자본재에 대한 투자는 초기 성장에 크게 기여했다(몇몇 국가에서는 다른 국가보다 더욱 활발한 성장이 일어났다). 그리고 이후에 소련의 주도와 중앙의 경제계획에 따른 공산국가 간의 국제무역 체계로 이어졌다. 그러나 반대로 이는 끔찍한 환경 문제와 공공보건 문제도 야기했는데, 이는 국가안보 문제와 마찬가지로 겉으로 잘 드러나지 않았다. 소비재에 대한 늘어나는 수요는 전혀 만족되지 않았으며 이러한 경향은 더욱 심해졌다. 서유럽에서 일상적으로 사용되는 물품이 동유럽에서는 여전히 사치품으로 여겨졌고, 국제경제 특화로부터 얻는 이점 때문에 이러한 물품들이 제대로 생산되지 않았다.

토지의 사적 소유권은 1950년대 중반에 크게 줄어들었는데, 대다수가 협동 그리고 국영 농장으로 대체되었다. 다만 이러한 균일한 체제는 곧 여러 다른 형태로 분화되었다. 예를 들면, 폴란드에서는 농지의 5분의 4가량이 공산주의 정권이 통치하는 동안에 사적 소유로 되돌아갔다. 1980년대에는 정도의 차이는 있으나 모두 경제적으로 실패를 겪었는데, 아마도 유일한 예외는 동독이었을 것이다. 그러나 심지어 동독조차도 1인당 GDP가 1988년에 9,300달러에 그쳤다. 당시 서독의 1인당 GDP는 1만9,500달러였다. 다른 문제들 역시 크게 불거졌다. 기반시설에 대한 투자는 떨어졌고 세계무역에서 차지하는 비율 역시 줄어들었다. 외채 역시 쌓이고 있었다. 1980년대에 폴란드에서만 실질임금이 5분의 1이 줄었다.

'브레즈네프 독트린'(1968년에 바르샤바에서 브레즈네프의 연설을 따서 명명되었다)은 동유럽권에서 경제개발이 필요하다고 주장했다. 이에 따른 결과로 그해 소련이 체코슬로바키아에 직접 개입했는데, 개입을 통해서 소련은 자신과 동맹국들을 다시 자본주의로 돌리려는 시도로부터 보호하려고 했다. 그러나 브레즈네프는 데탕트에도 관심이 있었고, 그의 독트린은 동유럽권의 발전이 중지되어 국제적 안정성에 위험이 증대할 수 있는 현실적 우려를 반영한 것이었다. 그러한 위험은 분명한 선을 그음으로써 피할 수 있었다. 그 이후 서유럽의 내부 변화는 동서 갈등의 원인이 될 만한 요소를 없애버렸다. 서유럽은 계속해서 번영했고 1940년대 말의 상황을 기억했으며 국가가 전복될 가능성이 그리 높지 않다고 생각했다. 1980년경에, 에스파냐와 포르투갈의 혁명적인 변화로 트리에스테-슈테틴 선의 서부지역에서는 독재정권이 모두 무너졌고 민주주의는 어디에서나 성공적이었다. 30년 동안, 노동자들이 정치체제에 반기를 들었던 곳은 동독, 헝가리, 폴란드, 체코슬로바키아밖에 없었다.

1970년 이후 그리고 특히 1975년 헬싱키 조약 이후 서유럽과의 차이는 동유럽권에 알려지게 되었다. 정부에 불만을 가진 집단이 나타났고 박해에도 불구하고 살아남거나 심지어 더욱 그 입지가 튼튼해졌다. 그리고 일부 공산당원들 역시 세세한 경제계획을 중앙집권화하는 것의 효율성에 대해서 회의적인 반응을 보이기 시작했고 시장경제의 메커니즘을 활용하자는 논의가 증가했다. 그러나 여전히 바르샤바 조약기구 국가들 내에서 그러한 변화는 브레즈네프 독트린과 소련군이 버티고 서 있는 한 가능할 리가 없다고 사람들은 믿었다.

그러나 1980년대 초 폴란드에서 이러한 상황에 변화의 조짐이 시작되었다. 폴란드 민족은 정치 지도자들이 아닌 종교 지도자들에 따라서 단결하기 시작하며 이러한 움직임은 괄목할 만한 수준이었다. 로마 가톨릭교회는 국가의 상징으로서 대다수 폴란드인들의 지지와 경애를 받고 있었다. 또한 로마 가톨릭교회는 폴란드인들에 대해서 자주 거론했는데, 특히 폴란드인 교황이 즉위하면서 이러한 가톨릭교회와 폴란드인들 간의 유대는 더욱 단단해졌다. 1970년대에 폴란드에서 노동자들이 경제정책에 반대하여 시위를 하자 이들을 대신하여 로마 교회가 그들에 대한 부당한 처우에 대해서 비판했다.

악화된 경제적 여건과 더불어 로마 가톨릭교회의 역할은 1980년에 일어난 폴란드 위기의 배경이었다. 계속된 파업은 그단스크 조선소에서 일어난 투쟁으로 절정으로 치달았다. 그 이후 연대(Solidarity)라고 불리는 자생적으로 조직된 노동조합이 생겨났다. 조직 '연대'는 파업을 하는 조직의 경제적 목표에 부가적으로 정치적 요구를 더했다. 그러한 정치적 요구 중에서 한 가지는 자유롭고 자주적인 노동조합을 형성하는 것이었다. '연대'의 지도자는 원래 전기기술자였던 레흐 바웬사였는데, 그는 매우 큰 영향력을 발휘했고 자주 투옥되었던 노동조합의 지도자였다. 그는 신실한 가톨릭교도로서 폴란드 교회 성직자들과 긴밀한 관계를 유지했다. 조선소의 정문은 교황의 초상화로 장식되었고 야외 미사가 열렸다. 파업이 퍼져나가자, 놀란 폴란드 정부가 얼마 지나지 않아서 역사적인 양보하게 된 것을 목도하고 세계는 크게 놀랐다. 폴란드 정부는 '연대'를 독립적이고 자주적인 노동조합으로 인정했다. 상징적으로, 일요일의 가톨릭 미사를 정규 방송에 편성하는 것이 허용되었다. 그러나 소요는 그치지 않았고, 그해 겨울에 폴란드 위기는 더욱 심화되었다. 폴란드의 이웃들이 개입할 것이라는 소식이 전해졌다. 동독과 소련의 국경에 40개의 소련 군단이 명령을 대기하고 있다고 알려졌다. 그러나 아무 일도 일어나지 않았다. 소련군은 행동을 개시하지 않았고 브레즈네프 역시 그러한 명령을 내리지 않았으며 이후 더욱 혼돈스러운 시기를 겪은 그의 후계자들 역시 아무런 명령을 내리지 않았다. 이러한 모스크바의 변화된 모습은 이후 10년간 동유럽에서 벌어질 일들의 전제조건이 되었다.

1981년에 긴장은 계속 고조되었고, 경제 상황은 악화되었다. 그러나 레흐 바웬사는 소련을 자극하는 것을 피하려고 애썼다. 바르샤바 조약기구 군대의 소련 사령관이 다섯 차례 바르샤바에 방문했다. 그의 마지막 방문 시기에 급진주의자들은 바웬사의 통제를 벗어나서, 정부가 비상조치를 취하면 폴란드 전체에 걸친 파업을 강행하자고 부르짖었다.

12월 13일에 계엄령이 선포되었다. 이후 격렬한 탄압이 이어졌고 대략 수백 명의 사망자가 나왔다. 그러나 폴란드의 군사행동은 반대로 소련이 군사행동을 할 필요가 없게 만들었다. '연대'는 지하조직화되었고 7년간의 투쟁에 들어갔다. 그 기간 동안 군사정부는 경제악화를 막을 수도, 또한 공산주의에 괴리감을 느끼고 있는 '진정한' 폴란드인들의 지지를 받을 수도 없었다. 도덕적 혁명이 발생하기 시작했다. 한 서구인은 폴란드인들은 '그들이 마치 자유의 나라에 살고 있는 것처럼' 행동하기 시작했다고 표현했다. 비밀조직과 출판, 파업과 시위, 정부에 대한 끊임없는 교회의 비판은 내전이 벌어진 상황과 비슷한 분위기를 만들었다.

몇 달 후에 정부는 조심스럽게 계엄령을 해제했지만, 계속해서 다양한 방식으로 공공연하게 혹은 은밀하게 탄압을 지속했다. 한편, 폴란드의 경제는 더욱 나빠졌고 서유럽 국가들은 별다른 도움이나 동정의 손길을 제공하지 않았다. 그러나 1985년 모스크바에서 일어난 변화는 이러한 상황에 반전을 주기 시작했다. 1989년은 절정기와도 같은 해였는데, 1945년 이후 폴란드에서 가장 위대한 한 해였고, 이는 폴란드에 자극받은 다른 국가들에게도 마찬가지였다. 폴란드 정부는 마침내 다른 정당과 조직들을 정치에 참여시키기로 인정했고 여기에는 '연대' 역시 포함되었다. 진정한 정치적 다원주의를 실현시키기 위한 첫 번째 발걸음으로서 선거가 6월에 치러졌다. 이 선거에서 몇몇 의석은 사상 최초로 자유선거로 결정되었다. '연대'는 선거에서 압승을 거두었다. 곧 새로운 의회는 1939년 8월 독소 협약과 1968년 소련의 체코슬로바키아 침공을 비판하고, 1981년 이후 벌어진 정치적 살인에 대한 조사에 착수했다.

1989년 8월에 바웬사는 '연대'는 연립정부를 지지할 것이라고 발표했다. 고르바초프는 폴란드에 남아서 저항하는 중인 공산주의자들에게 바웬사의 뜻을 받아들이라고 말했다(그리고 일부 소련의 군단이 폴란드에서 떠났다). 9월, 연립정부는 '연대'가 장악했고, 폴란드는 1945년 이후 최초의 비공산주의자 수상이 이끌게 되었다. 1989년 크리스마스에 폴란드는 1900년대 동안 두 번째로 폴란드 인민공화국에서 폴란드 공화국으로 부활하게 되었다. 더 중요한 점은 폴란드가 곧 동유럽의 자유를 이끌게 되었다는 점이다. 폴란드에서 벌어진 사건들의 중요성은 다른 공산권 국가들에 전파되었고, 각국의 지도자들은 경계하기 시작했다. 정도는 달라도, 모든 동유럽 국가들은 같은 현실에 직면하고 있었다. 즉, 비공산권 국가들에 대한 정보가 점차 흘러들어왔고, 특히 서구의 텔레비전 방송을 통해서 서구권에 대한 정보가 동유럽에 전파되었다(동독에서는 특히 전파가 잘 잡혔다). 더 많은 행동의 자유가 주어지고 외국 서적과 신문을 좀더 자유롭게 읽게 됨으로써 폴란드 이외의 지역에서도 무의식 중에 비판적인 사고가 발달했다. 정보를 통제하려는 몇몇 시도가 있었지만(루마니아는 여전히 타자기를 정부기관에 등록시키도록 했다), 의식의 변화는 계속 진행되었다.

이러한 상황은 소련도 마찬가지였다. 고르바초프는 동유럽의 변화가 일어나던 시기의 초반에 권력을 잡았다. 5년 후, 그의 정권도 소련의 혁명적인 제도적 변화를 시도하게 되었다. 우선 공산당의 힘이 재분배되었고 다음으로 새롭게 등장한 정치적 반대파들이 기회를 잡았다. 특히 소련 내의 공화국들이(정도의 차이는 있지만) 더 많은 자치권을 부여하라고 요구했다. 오래지 않아서, 이러한 상황은 그가 그 자신의 권위를 실추시키고 있는 것처럼 보이기 시작했다. 역설적으로 경제 상황은 점점 더 악화되었다. 시장경제로 전환되는 것은 시간 문제였고 소련 국민이 예상한 것보다 더 많은 고난이 기다리고 있었다. 1989년 소련의 경제는 이미 통제할 수 없는 수준으로 추락하고 있었다. 소련의 이제까지의 역사와 마찬가지로, 현대화는 중앙에서 시작하여 관료조직을 통해서 주변부로 뻗어나갔다. 그러나 이제 그러한 체계에 의존할 수 없게 되었다. 우선 공산당 간부들과 계획경제 행정조직이 저항했기 때문이고, 이후 1980년대 말에는 중앙의 힘이 급격히 떨어졌기 때문이었다.

1990년경에 소련의 실체와 소련 사람들의 생각에 관한 정보들이 과거보다 훨씬 더 알려지기 시작했다. 시민들의 감정이 공공연하게 알려졌고 글라스노스트를 통해서 국민투표로 최초의 여론조사가 실시되었다. 상황에 대한 간단한 판단은 가능해졌다. 이미 당과 간부에 대한 불신의 골이 깊었다. 사실 1990년 당시 소련은 바르샤바 조약기구의 일부 국가들보다는 나았지만 여전히 심각한 상태였다. 더욱 놀랍게도, 오랫동안 조용히 저항도 하지 않던 러시아 정교회가 마르크스-레닌주의의 구체제보다 훨씬 더 존경을 받고 많은 권위를 가진 것으로 드러났다.

그러나 정치체제를 자유화하는 곳이라면 그 어디에서나 경제실패의 먹구름이 끼게 마련이었다. 소련을 지켜보는 외국인들과 마찬가지로, 소련 국민들도 역시 1989년경에 내전 가능성에 대해서 이야기하기 시작했다. 과거로부터 이어온 철권통치의 종결은 민족주의자들에게 힘을 실어주었고, 소련 내부의 경제적 문제와 기회로 인해서 각지의 지역감정 또한 더욱 거세졌다. 70년 동안 많은 민족들을 소련인으로서 하나로 묶으려고 많은 노력을 했지만, 소련이라는 국가는 전혀 다른 사람들이 한데 모인 집합에 가깝다는 것이 드러났다. 소련의 15개 공화국 중 일부(특히 라트비아, 에스토니아, 리투아니아)는 빠르게 불편한 감정을 드러냈다. 소련의 공화국들은 정치적 변화를 주도했다. 아제르바이잔과 소비에트 아르메니아는 소련 전체에 걸친 이슬람의 불안으로 인한 문제를 겪고 있었다. 상황은 더 나빠졌다. 일부 사람들은 군사 쿠데타 가능성까지 예상했다. 미국이 베트남에서 실패한 것처럼 아프가니스탄에서 소련군이 실패했다고 믿으며 이에 불만을 품은 군사령관들이 잠재적인 쿠데타의 주역으로 거론되었다.

고르바초프가 계속 집권했고 실제로 그의 명목상의 권력을 좀더 강화시킬 수 있었지만, 분열의 조짐은 점점 더 늘어났다. 이 때문에 실패의 책임이 좀더 고르바초프 개인에게 몰리게 되었다. 리투아니아 의회는 1939년의 합병이 무효라고 선언했고, 이와는 다소 다른 형태로 라트비아와 에스토니아 역시 독립을 선언했다. 고르바초프는 분리독립 사실을 철회하려고는 하지 않았지만 발트 공화국들이 소련에게 계속해서 일정한 정치적 의무를 제공해야 한다는 요구에 대해서 합의를 받아냈다. 그러나 이는 그의 최후의 시작점이었다. 개혁파와 보수파 사이의 급격한 움직임이 계속되자, 고르바초프는 한쪽과 협력하다가 이후에 균형을 맞추기 위해서 다른 편과도 힘을 합쳤다. 결국 1990년 말에 개혁파와 보수파 사이의 타협은 점점 더 불가능해지게 되었다. 1991년 새해 초에 빌뉴스와 리가에서 벌어진 군인들과 KGB의 시민탄압에 대한 묵인은 이러한 흐름을 막지 못했다. 이후 9개의 소련의 공화국들은 이미 주권국가라고 선언하거나 소련 정부로부터 상당한 수준의 자치권을 부여받았다고 선언했다. 일부 공화국들은 지역언어를 공용어로 등록하고 소련의 내각과 경제부서를 공화국이 스스로 통제하도록 했다. 소련의 공화국들은 소련 정부로부터 분리하여 개별 경제를 운영하기 시작했다. 우크라이나 공화국은 군대를 조직하기로 했다. 그해 3월, 선거 결과 고르바초프는 다시 한번 개혁의 길로 돌아왔고 소련의 정부가 어느 정도 중심적 역할을 유지할 수 있도록 하는 연합조약의 체결 방안을 강구했다. 세계가 이를 주목했고, 깜짝 놀라게 되었다.

폴란드의 사례를 통해서 다른 국가들은 점차 분열하고 심지어 국가기능이 마비되어가는 소련이 다른 바르샤바 조약국들의 공산당 관료조직 내의 소련의 잔재를 유지하기 위해서 개입하지 않을 것(아마도 하지 못한 것)이라는 것을 인식하게 되었다. 1986년 이후 이러한 상황은 바르샤바 조약기구 회원국들에 많은 변화를 일으켰다. 헝가리인들은 폴란드인들만큼이나 빠르게 경제 자유화를 진행했다. 이는 심지어 정치적 변화가 대대적으로 일어나기도 전이었다. 그러나 헝가리 자유화의 가장 큰 업적은 1989년 8월 유럽 공산권의 해체라고 보아야 할 것이다. 동독 사람들은 헝가리를 자유롭게 관광객으로서 방문할 수 있게 되었다. 다만 동독 사람들의 실제 목적은 서독 대사관과 영사관을 통해서 난민 신청을 하는 것으로 알려졌다. 헝가리의 국경이 9월에 완전히 개방되자(그리고 체코슬로바키아가 그 뒤를 따랐다), 외국인 유입은 밀물과 같이 늘어났다. 3일 만에 1만2,000여 명의 동독인들이 헝가리를 거쳐 서구로 넘어갔다.

소련 당국은 이러한 상황이 '비정상적'이라고 언급했다. 동독에서 이러한 대탈주는 국가의 종말의 시작이었다. 고르바초프(동독의 공산주의자들에게는 실망스럽게도 동독인들에게 기회를 잡으라고 독려하는 모습을 보였다)가 동독에 머물러 있고 사회주의 국가의 '성공'의 40주년 행사를 하루 앞둔 날, 동독 시내에서 경찰 기동대와 반정부 시위대가 격렬하게 맞붙었다. 공산당과 정부는 지도자를 퇴출시켰지만 이것만으로는 부족했다. 11월부터 동독 다수의 도시에서 대규모 반정부 시위가 열렸는데, 이는 점점 더 심해져가는 정부의 부패를 규탄하기 위해서였다. 11월 9일에는 그 무엇보다 가장 상징적인 사건이 터졌다. 바로 베를린 장벽이 무너진 것이다. 동독 공산당 중앙위원회는 무너졌고 베를린 벽의 나머지 부분에 대한 파괴가 뒤따랐다.

동독에서 일어난 사건은 세계에서 가장 발전된 공산국가조차 시간이 갈수록 국민들에게 크게 외면받고 있다는 점을 극명하게 보여주었다. 1989년에 공산주의 국가들은 점점 더 위기 상황에 몰렸다. 동유럽 전체에서 공산정부는 국민들에게 그 정통성을 인정받지 못하고 있었다. 국민들은 정부에 대항하거나 외면했고, 정부가 무너지도록 방조했다. 이러한 정부와 국민 간의 유리(遊離)는 국민들의 제도적 개혁에 대한 요구로 나타났다. 특히 동유럽의 모든 지역에서 국민들은 자유선거와 공산당 이외 정당들의 자유로운 선거운동의 보장을 요구했다. 폴란드는 새로운 헌법의 구성을 준비하면서 폴란드식 부분 자유선거를 따랐는데, 이 체제하에서 일부 의석은 기존 정부의 지지자들만이 차지할 수 있었다. 1990년에 레흐 바웬사가 대통령이 되었다. 몇 달 전, 헝가리는 새로운 의회를 선출했고 이를 통해서 비공산주의 정부가 탄생했다. 1990년 6월 체코슬로바키아에서도 선거를 통해서 자유정부가 탄생했고 1991년 5월까지 소련군을 체코슬로바키아에서 철수시키기로 합의를 보았다. 앞서 언급한 각국 선거에서 공산주의자 출신 정치인들 중에 16퍼센트 이상의 득표를 기록한 사람은 아무도 없었다. 다만 불가리아의 선거는 이와는 달랐다. 불가리아에서는 공산당원들이 승리했고 개혁주의자가 되어 스스로를 사회주의자라고 불렀다.

동유럽의 두 국가에서는 앞서 말한 국가들과는 다른 상황이 펼쳐졌다.

1989년 12월의 봉기에 이어 루마니아는 폭력적인 혁명에 휩싸였다(그 결과로 공산주의 독재자가 살해되었다). 결과적으로 루마니아의 운명은 점점 더 불확실해졌고 내부 분열로 인해서 분쟁이 지속될 조짐이 보였다. 1990년 6월경에 공산주의자들이 아직도 영향력을 행사하고 있는 루마니아 정부가 정부를 비판하는 입장이 된 과거 정부 지지자들의 일부를 공격했다. 또한 루마니아 정부는 폭력적인 일부 광부조직의 도움을 받아서 학생들을 탄압했다. 결과적으로 상당한 인명피해가 발생했고 해외에서 비판이 일어났다. 동독은 루마니아와 마찬가지로 특별한 상황으로 접어든 또다른 국가였다. 다른 국가와 전혀 다른, 특별한 상황을 맞이하게 된 것은 동독의 정치변화 문제를 독일의 통일 문제와 분리될 수 없기 때문이었다.

베를린 장벽의 붕괴는 공산주의에 대한 정치적 지지가 끝났다는 것을 의미하기도 했지만, 동독 체제를 유지할 의지도 없다는 것을 의미했다. 1990년 3월에 총선거를 치렀고, 서독의 여당인 기독교 민주당이 지배하는 연립정당이 다수를 차지했다(48퍼센트 득표). 독일 통일은 이제 의문의 여지가 없는 것이었다. 절차와 시기만 조율하면 끝이었다. 7월에 두 개의 독일은 하나의 통화, 경제 및 사회 연합체가 되었다. 10월에 정치적으로 동서독이 통일되었고 동독의 과거 영토는 독일 연방의 지방으로 편입되었다. 이러한 변화는 중대한 것이었지만 이에 반대하는 조짐은 나타나지 않았다. 심지어 소련조차 아무런 반대를 하지 않았고, 이러한 고르바초프의 승인은 독일 민족을 위한 그의 두 번째 위대한 헌신이었다.

그러나 소련 내에서는 경각심이 생겨나고 있음이 틀림없었다. 새로운 독일은 소련의 서쪽에 있는 유럽 국가 중 가장 큰 국가였다. 1918년 이후 계속 성장하던 소련의 국력은 이제 쇠퇴일로를 걷고 있었다. 고르바초프에 대한 보상은 새로운 독일과의 조약으로 소련의 현대화에 대한 경제적 지원을 보장한 것이었다. 또한 1939-1945년을 기억하는 이들을 안심시키기 위해서 새로운 독일은 과거의 독일 제국이 부활한 것이 아니라는 재확인도 뒤따랐다. 독일은 이제 과거에 빼앗긴 옛 동프러시아 영토를 상실했고(사실 공식적으로 그 지역을 포기한 것이다), 비스마르크의 제국과 바이마르 공화국이 존재했던 프러시아의 영향 아래에 있지 않다는 것을 분명히 했다. 또한 이를 더 분명히 하기 위해서 (그리고 아직 오해하고 있는 다른 서유럽인들을 위해서) 연방공화국은 유럽 공동체와 북대서양 조약기구에 참여하며 이를 기반으로 약 40년간 민주정치의 경험과 경제적 성공을 거둔 연방제의 입헌국가임을 공언했다. 통일 독일은 과거를 기억하는 서유럽인들의 의심과 신뢰를 한동안 동시에 받았다.

1990년 말, 한때 단일한 조직으로 보이던 동유럽권의 상태는 이제 일반화하거나 단순한 설명으로 이야기하기 힘들어졌다. 일부 전(前) 공산국가들(체코슬로바키아, 폴란드, 헝가리)은 유럽 공동체 가입을 추진했거나 가입을 추진할 준비가 되어 있었다. (불가리아) 관측자들은 유럽 통합의 정도가 과거보다 훨씬 더 커질 것이라고 추측했다. 그러나 반대로 민족과 집단의 분열이 급격히 등장(혹은 재등장)할 가능성에 주목한 사람들은 좀더 조심스러운 판단을 내렸다. 동유럽 지역 전체에 걸쳐 경제실패의 먹구름이 몰려들었고 그로 인한 소요가 나타나기 시작했다. 자유화는 진행되고 있는 것 같았지만 동유럽의 시민들과 사회는 각각 문화와 경제적 발전의 정도 그리고 역사적 기원이 판이하게 달랐고 이에 따라서 자유화는 다른 속도로 진행되었다. 같은 시기, 유고슬라비아 공화국을 구성하는 국가들 가운데 2개국이 연방에서 분리독립하겠다고 발표하자, 이러한 평화로운 변화에 대한 낙관적 전망에 큰 충격을 주었다.

'세르비아인, 크로아티아인, 슬로베니아인의 왕국'은 1918년에 세르비아 몬테네그로가 계승했고, 1929년에는 '유고슬라비아'로 개칭되었는데, 이는 과거의 인종분리를 희석시키기 위한 시도였다. 그리고 곧 왕정이 성립되었다. 그러나 새로운 왕국은 그 신민들인 세르비아인과 비세르비아인 모두에게 항상 '위대한 세르비아'라는 오랜 역사적 꿈이 현실화된 것으로 보였다. 두 번째 국왕인 알렉산더는 1934년에 프랑스에서 암살당했는데, 이 살인행위는 헝가리와 이탈리아 정부가 지원하는 크로아티아인의 도움을 받은 마케도니아인이 저지른 것이다. 이러한 상황에서 유고슬라비아의 분열은 외부인들의 개입을 유발했고 각지의 유력자들은 외부의 지원을 바랐다. 크로아티아인들은 독일군이 1941년에 도착하자 독립을 선포했다.

인종적, 공동체적 다양성에 더해서(1931년 유고슬라비아의 인종은 세르비아-크로아티아인, 슬라브인, 독일인, 마자르인, 루마니아인, 블라크인, 알바니아인, 튀르크인, '기타 슬라브인', 유대인, 집시, 이탈리아인으로 나뉜다), 유고슬라비아는 전통, 빈부, 경제적 발전의 정도에서도 큰 격차가 존재한 나라였다. 1950년경에 유고슬라비아의 일부 지역은 이제 막 중세가 끝나가는 시점이었고, 다른 지역들은 현대화와 도시화가 진행되고 상당히 발전된 산업까지 보유하고 있었다. 전체적으로 빠르게 성장하는 인구로 인해서 농경 위주의 사회는 점차 빈곤해졌다.

그러나 제1차와 제2차 세계대전 사이의 유고슬라비아의 정치는 크로아티아와 세르비아 간의 대립이 주를 이루었고, 이러한 대립은 전쟁 기간의 참상과 1941년 이후 크로아티아계 공산주의자, 세르비아계 공산주의자(그러나 지도자는 크로아티아인인 티토였다), 그리고 세르비아 왕정주의자들 간의 삼파전으로 더욱 심해졌다. 유고 내 삼파전은 신크로아티아(보스니아와 헤르체코비나를 포함한다) 내의 200만 명의 세르비아인들에 대한 테러와 인종 청소로 시작되었다. 그리고 전쟁은 1945년 공산주의자들의 승리로 끝이 났고 연방체제에서 티토의 독재 치하에서 다양한 인종이 공존하게 되었다. 이러한 상황으로 인해서 오랜 보스니아와 마케도니아의 문제도 해결할 수 있는 것으로 보였고 외국의 영토에 대한 야욕도 물리칠 수 있었다. 그러나 45년 후 그리고 티토의 사망 10년 후에, 오랜 인종 문제는 다시 활발하게 되살아났다.

1990년 유고슬라비아 연방의 정부는 경제 문제를 해결하기 위한 여러 시도를 했는데, 이는 정치적 분열을 더 가속시켰다. 민주적 민족자결권은 마침내 유고슬라비아를 한데 묶은 티토의 업적을 해체하기 시작했고, 유고슬라비아의 다양한 민족들은 공산주의 붕괴로 인해서 발생한 정치적 진공에서 자신들의 길을 찾아가기 시작했다. 세르비아인, 크로아티아인, 마케도니아인, 슬라브인들 각각의 이익을 대변하기 위해서 정당들이 생겨났고 반대로 유고슬라비아 전체와 연방의 이익을 위한 정당도 있었다. 얼마 지나지 않아서 마케도니아 공화국 정부를 제외한 모든 공화국 정부들은 각지의 다수민족의 정당에 그 기반을 두기 시작했고, 해당 공화국에서 소수민족의 이익을 대변하는 야당들은 그 공화국 내에서 분리독립의 목소리를 높였다. 크로아티아 내 세르비아인들은 자신들의 자치를 선언했고 거주민의 5분의 4가 알바니아계인 세르비아의 코소보 지방에서 유혈충돌이 있었다. 코소보에서 독립공화국의 선언은 세르비아인들에게는 심각한 모욕이었으며, 그리스와 불가리아 정부에는 큰 관심사였다. 그리스와 불가리아의 선조들은 발칸 전쟁 이후에 마케도니아 역사에 대한 야심을 포기하지 않았다. 8월에 세르비아인과 크로아티아인 사이에 간헐적으로 공중전과 지상전이 벌어졌다. 외부의 개입은 회의적이었다. 특히 소련이 7월에 지역분쟁을 국제분쟁으로 끌어올리지 말라고 경고함으로써 개입의 가능성은 더욱 낮아졌다(물론 유럽 공동체는 이와는 다른 시각을 가지고 있었다). 그해 말에 크로아티아와 마찬가지로 마케도니아, 보스니아-헤르체코비나, 슬로베니아는 분리독립을 선언했다.

소련의 경고는 유고슬라비아 정권의 마지막 외교적 전환책이었다. 그러나 이러한 마지막 수단은 훨씬 더 중요한 사태로 인해서 사라지게 되었다. 1991년 8월 19일, 일부 공산당과 KGB 인사들의 불안한 연합체가 미하일 고르바초프를 쿠데타를 통해서 축출하려고 했다. 쿠데타는 실패했고 3일 뒤에 고르바초프는 대통령직에 복귀했다. 그럼에도 불구하고 그의 입지는 전과 같지 않았다. 타협을 위한 끊이지 않는 변화가 그의 정치적 신뢰를 좀먹었다. 고르바초프는 지나치게 오랫동안 정당과 연방에 매달렸다. 많은 사람들이 보기에 소련 정치는 조금씩 해체를 향해서 비틀거리며 걸어가고 있었다. 쿠데타 상황은 소련 내에서 가장 큰 공화국의 지도자인 보리스 옐친(1931-2007)에게 기회를 주었다. 옐친의 지지자들에게 가장 큰 위협이라고 할 수 있는 군대는 그를 적대하지 않았다. 그는 곧 소련 정계의 강자로 우뚝 섰고 그의 동의 없이는 아무것도 실행될 수 없었다. 그리고 다른 공화국을 위협할 소련 쇼비니즘을 가진 지도자로 간주되었다. 외국의 관측자들이 무엇이 벌어지고 있는지 생각하는 동안 쿠데타를 지지하거나 방조한 사람들에 대한 숙청으로 소련의 관료조직 전체가 교체되고, KGB의 역할과 임무가 재정립되었다. 그리고 소련과 공화국들 간에 통제력의 재분배가 이루어졌다. 이 중 가장 두드러진 변화는 소련 공산당의 해체였는데, 이는 즉각적으로 이루어졌다. (최소한 초기에는) 별다른 유혈사태 없이 1917년 볼셰비키 혁명 이후 생겨난 거대한 조직이 그 종말을 맞이했다. 앞으로 어떠한 일이 벌어질지는 불분명했지만 처음에는 이러한 상황에 대해서 긍정적으로 평가하는 분위기가 지배적이었다.

그러나 한 시대가 끝나는 것은 그렇게 단순한 문제가 아니었다. 곧 소련 공화국 내의 가격통제가 끝난다는 결정이 내려지자, 소비에트 체제가 도입된 이후와는 비교도 되지 않을 정도의 인플레이션이 발생했을 뿐 아니라 수백만 명의 소련인들이 기아에 시달리게 되었다. 그루지야 공화국에서는 최초의 자유선거 이후 선출된 대통령 지지자들과 그에 불만을 가진 반대파 사이에 전쟁이 발생했다. 그러한 사건들이 크게 부각되지 않은 것은 볼셰비키 혁명의 결과로 나타난 거대한 초강대국의 종말이 다가왔기 때문이었다. 약 70여 년간 그리고 심지어 그 종말까지 소련은 세계 혁명가들의 희망이었고 역사상 가장 위대한 육전 승리를 거둔 군사력의 원동력이기도 했다. 이제 소련은 급격히 해체되었고 무기력하게 여러 국가들로 그 역사가 이어졌다.

소련, 우크라이나, 벨라루스의 지도자들이 민스크에서 12월 8일에 만나서 소련의 마지막을 선언하고 '독립국가 연합'의 성립을 선언하면서 유럽의 위대한 다민족 제국의 잔존세력 역시 사라졌다. 1991년 12월 21일에 과거 소련의 공화국들 중 11개국의 대표들이 알마아타에서 만나서 독립국가 연합의 성립을 확정했다. 대표들은 그해 연말 소련의 공식적인 최후라고 합의했다. 즉시 고르바초프는 사임했다.

현대사에서 소련의 붕괴는 가장 놀랍고 중요한 변화 중의 하나였다. 그 앞날에 어떤 것이 놓여 있는지는 아무도 알 수 없었지만, 대다수 이전 소련의 국민들에게 소련의 붕괴 시기는 위험, 어려움, 비참함의 시기였다. 다른 국가의 정치가들은 이러한 일련의 사건들에 조심스러운 반응을 보였다. 국가의 앞날에 불확실한 것들이 너무 많았다. 소련의 과거 우방들 역시 침묵을 지켰다. 그들 중 몇몇은 8월의 실패한 쿠데타에 대해서 지지 혹은 격려를 할 정도였고 그해 초에 생긴 일들에 대해서 통탄했다. 리비아와 팔레스타인 해방기구 역시 통탄했는데, 이는 냉전의 질서가 유지되어야 그들의 목표를 달성할 희망이 보였기 때문이다. 그들의 외교적 움직임은 미국과 소련 사이의 데탕트 분위기와 소련의 무력화가 진행되자 제한되기 시작했다.

중국의 입장에서 소련 내에서 벌어진 사건은 특별한 문제였다. 중국의 지도자들은 중국과 가장 긴 거리의 국경을 맞댄 국가의 공산주의 붕괴 이후 벌어진 상황에 대해서 불안해할 이유가 있었다. 소련이 사라지자, 그들은 이제 하나 남은 다민족 제국의 지도자들이 되었다. 게다가 중국은 1978년부터 조심스럽고 통제된 형태의 현대화를 진행하고 있었다.

덩샤오핑은 중국의 현대화에서 지배적인 영향력을 가지고 있었지만 집단지도 체제를 토대로 일했다. 중국 지도부는 이익 추구를 바탕으로 한 지역과 공동체 기업에 중점을 두었고, 비공산권 국가들과의 경제관계를 장려했다. 비록 마르크스주의의 관점에서 중국의 새로운 진로를 정의했지만, 실질적으로 이는 시장경제를 향한 근본적 개혁일 뿐이었다. 그러나 정권의 근간을 뒤흔들 그 어떠한 징조도 보이지 않았다. 중국의 통치자들은 여전히 굳건하게 권력을 쥐고 있었고 권력을 놓을 생각이 없었다. 오랜 중국의 사회규율, 문화혁명이 남긴 수백만 명이 느낀 안도감, 문화혁명의 가치에 대한 숭배(물론 제한적이었다), 중국의 공산체제를 통해서 경제적 보상이 농민들에게 전달되게 하는 정책(1990년대까지 소련의 지도부들이 중점을 둔 마르크스주의와는 상반된다) 등에 의해서 중국의 현 지도부는 큰 도움을 받았다. 결과적으로 농촌의 구매력이 증가했고 시골지역의 만족도가 올라갔다. 농촌 코뮌에 중대한 변화가 일어났고, 많은 지역에서 농촌 공동체의 기능은 사실상 정지되었다. 1985년경에 가족 농장이 중국 대부분 지역에서 지배적인 농업생산의 형태가 되었다.

촌락의 제조업 및 상업 공사들은 산업 코뮌과 대약진운동 시기 '여단'으로부터 시작되었다. 1980년대 중반에, 농촌의 수입원의 절반가량은 제조업 근무였다. 특별경제지역(외국인들이 투자할 수 있고 저임금 중국인 노동력을 통해서 혜택을 받을 수 있는 특수한 지역)은 1940년대 이전에 외국인 조계지가 존재했던 곳에 대부분 설치되었다. 1980년대 말에, 중국 민영 대기업들이 나타나기 시작했는데, 그들 다수는 중국 남부지역의 집단공사나 외국인들과의 합작

투자를 통해서 설립된 것이었다. 도시화가 가속화되었고 수출이 빠르게 성장했다. 1930년대 이후 최초로 중국은 다시 한번 세계경제의 일부가 되었다.

물론 새로운 정책에는 그에 합당한 비용이 뒤따랐다. 도시의 시장이 성장함으로써 농민들은 점점 더 탄력을 받고 더 많은 수익을 얻었지만 도시 거주민들은 가격상승의 효과를 몸소 느끼기 시작했다. 1980년대 중반 이후, 국내 문제가 증가했다. 외채가 치솟았고 1980년대 말 인플레이션이 연간 약 30퍼센트에 달했다. 부정부패에 대한 분노가 퍼져나갔고, 지도부의 분열(공산당을 지배한 원로 정치인들의 죽음과 질병에 따른 것일 때도 있었다)은 널리 알려졌다. 정치권력을 확고히 하는 것이 필요하다고 믿는 사람들이 정치적 기반을 쌓기 시작했고, 덩샤오핑의 환심을 사기 위해서 노력했다. 그러나 서구의 관측자들과 일부 중국인들은 (경제 자유화 정책으로 인해서) 정치적 자유화의 가능성에 대해서 지나치게 비현실적이고 낙관적인 관점을 취했다. 동유럽에서의 놀라운 변화는 이러한 희망을 더욱 부추겼다. 그러나 그러한 환상은 곧 박살이 나버렸다.

1989년 초, 중국의 도시민들은 급격한 인플레이션과 이에 대응하기 위한 긴축재정 프로그램으로 인해서 경제적인 부담을 짊어지게 되었다. 이는 학생운동의 새로운 물결의 배경이 되었다. 과두정부의 자유화를 바라는 사람들의 존재로 인해서 힘을 받은 학생들은 공산당과 정부에 정부의 부패와 개혁에 대해서 정부의 승인을 받지 않은 신생 학생연합과 대화를 진행하라고 요구했다. 포스터와 시위가 더 큰 '민주주의'를 부르짖기 시작했다. 중국공산당 정권의 지도부는 크게 놀랐고 학생연합을 승인하지 않기로 했다. 그들에게 이 학생연합은 새로운 홍위병 운동의 선구자와 같은 두려움의 대상이었다. 5.4운동의 70주기가 다가오자, 운동가들은 5.4운동을 통해서 그들의 캠페인에 광범위한 애국심을 덧입혔다. 그들은 농촌지역에서는 별다른 지지를 끌지 못했으나, 많은 도시들에서는 공감과 이를 지지하는 시위가 뒤따랐다. 그러나 중국공산당 주석인 자오쯔양(1919-2005)의 너그러운 태도에 탄력을 받은 시위대는 베이징에서 광범위한 민중의 지지와 공감을 얻는 대규모 단식투쟁을 전개했다. 단식투쟁은 고르바초프가 베이징에 국빈 방문을 하기 직전에 시작했다.

고르바초프의 국빈 방문은 중국의 국제적 지위에 대한 재확인 대신에, 자유화 정책의 결과 소련이 어떻게 되었는지를 각인시키는 결과만 낳았다. 이것은 결과적으로 개혁가들과 깜짝 놀란 보수주의자들 모두를 자극했다.

이 당시 덩샤오핑을 포함한 대부분의 정부 고위인사들은 철저한 경계태세를 취했다. 대규모 소요가 코앞까지 다가오자, 그들은 중국이 위기에 처했다고 믿었다. 일부 사람들은 만약 정부가 통제력을 잃어버리면 새로운 문화혁명이 도래할 것이라고 두려워했다. 1989년 5월 20일 계엄령이 선포되었다. 분열된 정부가 그 의지를 실현시키지 못하리라는 예측이 있었지만 군부는 정부의 기대에 부응했다. 2주일간의 시위대 진압은 무자비했다. 학생운동의 지도자들은 천안문 광장의 천막농성에 힘을 집중하기 시작했는데, 이곳은 40여 년 전에 마오쩌둥이 중화인민 공화국의 건국을 선포한 곳이었다. 그리고 그곳에서 학생들은 다른 시위대와 합류했다. 자금성의 문 위에 놓인 마오쩌둥의 거대한 초상화가 시위대의 상징물을 내려다보고 있었다. 시위대의 상징물은 '민주주의의 여신'의 석고상이었는데, 의도적으로 뉴욕의 자유의 여신상을 본뜬 도발적인 물건이었다.

6월 2일에 군부대가 베이징 교외를 통해서 진입하여 천안문 광장으로 향하기 시작했다. 즉흥적으로 만든 무기와 바리게이트로 저항이 거셌지만 군부대는 이를 무시하고 이동을 강행했다. 6월 3일에 시위대는 천안문 광장을 뒤덮은 소총 사격, 최루 가스, 시위 천막을 짓밟은 탱크 돌격에 압도되었다. 살육은 수일 동안 계속되었고, 대규모 체포가 잇따랐다(대략 1만 명가량의 사람들이 체포되었다). 이러한 진압의 대다수는 세계 사람들에게 그대로 전달되었는데, 이는 시위대의 농성을 시청자들에게 전달한 외국의 영화 제작들 덕분이었다.

사실상 전 세계가 이에 분노를 표명했고 중국 내에서 중국공산당의 권위는 심각하게 손상되었다. 이는 중국공산당이 반으로 쪼개진 것도 포함되었다. 자오쯔양은 무력사용을 반대했다가, 베이징에서 가택연금 상태에 들어갔다(그는 재판도 없이 가택연금 상태에서 2005년에 사망했다). 덩샤오핑과 공산주의의 오랜 수호자들은 심각한 위협을 제거했다고 생각했다. 물론 그들의 행동은 많은 중국 동포들에게 매우 비통하고 동의할 수 없는 것이었다. 8개

도시에서 소요가 일어났고 일부 소요는 심각했다. 그리고 군대는 베이징의 몇몇 노동자 지역에서 노동자들의 저항을 받았다. 그러나 이러한 소요는 시위대를 지지하기 위해서 일어난 것이 아니었고, 중국 대부분의 지역은 시위와는 무관했다. 천안문은 이후에도 중국 정권의 인권유린의 증거로 거론되었다. 물론 공산당이 학생운동에 양보했다고 해서 중국이 좀더 나은 국가가 되었을 것이라고 단언할 수는 없다. 1990년대 금융실패로 인해서 죽은 아시아인들의 숫자가 1989년의 중국 문제로 죽은 사람들의 숫자보다 많았다.

중국공산당과 지도부는 언뜻 산만한 상태였지만, 정치적 정통성을 강화하기 위한 활발한 시도가 이어졌다. 중국은 동유럽이나 소련의 전철을 밟지 않을 것이라는 것이 분명해졌다. 그러나 어떠한 일이 벌어졌을까? 덩샤오핑은 경제 자유화가 계속되어야 한다는 것을 강조했고, 1989년 전보다 더욱 큰 규모로 진행되어야 한다고 말했다. 곧 중국인들과 외국인들 모두 이러한 활발한 경제개발에서 공산당의 영향력이 어느 정도일지 궁금해했다. 중국의 경제개발은 서구식으로 보였다. 그러나 얼마 지나지 않아서 중국 경제와 정치에 중국의 기나긴 역사가 큰 영향을 미치기 시작했고, 또한 중국인들에게 새로운 도전과 기회를 가져다주었다.

5

시작과 끝

소련의 붕괴 전에도 이미 세계의 대부분은 유럽에서 벌어지고 있는 사건에 영향을 받고 있었다. 냉전의 종언은 유럽과 그외 다수 지역의 정체성에 대한 오랜 문제를 다시 부활시켰고 심지어 새로운 문제마저 불러왔다. 사람들은 그들 자신과 다른 사람들을 새로운 눈빛으로 바라보았고, 다른 이들을 향한 그들의 눈빛은 서서히 차갑게 변했다. 곧 악몽과 같은 사건들이 터져나왔고 이러한 일들은 세계 각지의 문제들을 보여주었다. 사람들의 정체성, 민족, 종교에 관한 근본적인 문제들이 다시 한번 제기되었고, 이들 중 일부는 분쟁을 불러왔다. 다시 한번 세계사에서 결정의 순간이 도래했다.

바르샤바 조약과 함께 유럽의 절반에 해당하는 지역의 안보협의체가 사라졌을 뿐 아니라 동시에 반대편인 북대서양 조약기구 역시 미묘한 변화를 겪게 되었다. 잠재적 주적인 소련의 붕괴는 북대서양 조약기구 동맹의 주요 역할을 없앴고, 또한 동맹을 형성하도록 한 정치적 압박감도 소멸시켰다. 따뜻한 방에 놓인 블라망주 젤리처럼 북대서양 조약기구도 살짝 늘어지기 시작했다. 심지어 새롭게 나타난 러시아가 장래에 또다른 위협으로 등장한다고 할지라도, 이념투쟁의 끝은 잠재적으로 적대국가들 간의 사고방식이 달라질 것임을 의미했다. 전 공산주의 국가들이 북대서양 조약기구에 참가하기 시작했다. 폴란드, 헝가리, 체코 공화국이 1999년에 가입했고, 슬로베니아, 슬로바키아, 불가리아, 루마니아, 발트 국가들이 5년 뒤에 그 뒤를 따랐다. 이는 1990년에 조지 H. W. 부시 대통령(재임 1989-1993)이 미하일 고르바초프에게 약속한 것을 정면으로 위배한 것으로, 당시 북대서양 조약기구는 과거 소련의 국경까지 확장되었을 뿐 아니라 이미 이를 넘어서버렸다. 북대서양 조약기구는 (러시아를 제외한) 대부분의 유럽을 미국과 연결하는 도구가 되었다. 그러나 그 군사력의 목적은 여전히 분명하지 않았는데, 이는 1990년대 중반에 미국 정부가 북대서양 조약기구를 유럽에 새롭게 등장한 문제를 해결하는 조직으로 간주하기 시작한 후에도 마찬가지였다. 당시 미국은 북대서양 조약기구를 통해서 특히 전 유고슬라비아 문제를 해결하려고 했고, 이는 유럽 이외의 지역에서도 마찬가지였다.

냉전 이후, 동유럽과 남동유럽 사람들의 운명은 20세기에 들어 최초로 전적으로 그들의 손에 달린 것처럼 보였다. 과거의 왕조를 기반으로 한 제국이나 제2차 세계대전 기간 동안의 독일과 이탈리아와 같은 독재정권과 마찬가지로, 동유럽 지역에서 공산주의의 공포정치는 이제 막을 내렸다. 감추어져 있던 과거가 드러나고 역사의 많은 부분이 회자 또는 부각되었는데, 결과적으로 대부분의 경우 사람들을 낙담시켰다. 슬로바키아인들은 체코슬로바키아에 속한 것에 불만을 가지고 있었는데, 반대로 슬로바키아 자체도 루마니아와 마찬가지로 상당한 수의 헝가리인들을 포함하고 있었다. 헝가리는 헝가리의 북부와 동부에 거주하는 마자르인들의 처우에 대해서 고심하기 시작했다. 이러한 오랜 문제들은 그 어느 곳보다 구유고슬라비아에서 급격하게 폭력과 위기로 변화했다. 1991년, 유고슬라비아의 구공화국들 모두가 독립을 선포했는데, 크로아티아와 보스니아-헤르체코비나 신정부와 해당 지역의 세르비아인들 간의 전쟁이 벌어졌다. 세르비아계 주민들은 세르비아 정부에 의해서 지원을 받았고, 세르비아 정부의 수장은 호전적인 세르비아 민족주의자인 슬로보단 밀로셰비치(재임 1989-2000)였다. 그는 구유고슬라비아 연방군대의 잔존세력을 이끌고 있었다.

보스니아-헤르체코비나 내전 동안 제2차 세계대전 이래 가장 심각한 수준의 민간인에 대한 잔혹행위가 벌어졌다. 세 개의 주요 민족인 세르비아인, 크로아티아인, 무슬림 보스니아인들이 조금이라도 더 많은 영토를 취하려고 했고, 이로 인해서 그들이 진격하는 곳의 다른 인종들에게 물리적 공격을 가하는 경우가 많았다. 1995년 스레브레니차에서 세르비아 군대는 수천 명의 보스니아계 민간인들을 학살했고, 1992년부터 1995년까지 보스니아의 수도인 사라예보를 포위했다. 유럽 연합(유럽 공동체의 현재 명칭)과 미국은 개입하기를 주저했고, 1995년 12월 오하이오 데이튼에서 이루어진 합의만이 세르비아군을 어느 정도 견제할 수 있었다. 다양한 인종이 평화롭게 공존하던 보스니아-헤르체코비나는 이제 '인종 청소'의 장이 되어버렸고, 이는 적으로 규정된 민족들을 강제로 쫓아내는 것이었다. 크로아티아는 크로아티아에서 세력이 약해진 세르비아 군대를 몰아내고 크라이나를 수복하고 그곳에서 다수를 차지한 세르비아계를 축출했다. 소위 세르비아를 '수호하기' 위해서 저지른 여러 재앙들을 뒤로 하고 밀로셰비치는 마침내 2000년에 실각했다. 알바니아계가 다수를 차지한 코소보 지역에 대한 냉혹한 정책으로 북대서양 조약기구가 개입했고 그의 실각으로 이어진 것이었다. 보스니아에서의 잔혹행위가 재발하는 것을 두려워한 서구 연합군은 군사개입에 동의했다.

1990년대 초에 수백만 명의 동유럽인들은 심각한 문제와 어려움을 겪었다. 원칙과 관념들에 합법성을 부여하는 데에 대한 합의가 부족했다. '현대화를 추진한' 정치 지도자들이 해당 지역에 존재했음에도 불구하고, 이들은 (그들의 작업이 효과적이었거나 아니었거나) 주로 과거의 공산주의 체제에서만 그들의 목표를 추진할 수 있었다. 불가피하게, 공산체제에서 그 경력을 이어온 전문가, 관리자, 숙련된 기술자들이 여전히 국가를 통치했는데, 이들을 대신할 존재가 없었기 때문이다. 그리고 정치적 혁명으로 인한 기쁨이 사그라들자, 사람들은 선거에서 변덕을 부리기 시작했다. 과거의 안정적인 사회에 대한 향수가 존재했다. 사람들은 국가의 합법성의 새로운 근거를 찾으려고 애를 썼고, 이러한 상황에서 과거 수 세기 동안 정치판에 많은 문제를 이끌고 온 민족주의만이 합법성을 제공하는 그럴듯한 근거로 보였다. 오랜 민족주의가 다시 고개를 들기 시작했고, 가상의 역사가 실제로 과거에 있었던 일들만큼 중요한 일로 여겨지기 시작했다.

일부 고대의 적대적 관계는 제2차 세계대전으로 인해서 비극적으로 끝이 났다. 가장 무시무시하고 거대한 예는 홀로코스트(Holocaust)라고 할 수 있을 것이다. 나치의 유대인 제거 시도로 인해서, 동유럽은 세계 유대인들의 중심지로서의 역사가 끊어졌다. 1901년에 세계 유대인들의 4분의 3이 동유럽 지역에 거주했고, 그들 대부분은 러시아 제국에 속했다. 한때 중앙 및 동부 유럽의 유대인들이 쓰던 언어인 이디시어를 사용한 지역에서는 전체 유대인의 약 10퍼센트가 넘는 사람들만이 살고 있었다. 전체 유대인의 거의 절반 정도가 현재는 영어권 국가에 거주하고 있고 30퍼센트 정도가 이스라엘에 거주하고 있다. 동유럽에서 공산당은 전통적으로 인기 있는 반유대주의를 (특히 소련에서) 활용하는 것에 대해서 고민했고, 지속적인 사법적 박해를 통해서 국외 이민을 장려했다. 몇몇 국가들에서는 이러한 상황으로 인해서 1945년 이후 남아 있던 유대인들이 사실상 모두 떠나버렸고 이는 인구학적으로 눈에 띄는 변화였다. 1945년에 생존해 있던 20만 명가량의 폴란드계 유대인들은 다시 한번 학살과 박해의 피해자가 되었고, 1990년경에 이민을 가지 않고 남아 있는 사람들은 겨우 6,000여 명에 지나지 않았다. 과거 동유럽의 유대인의 심장부는 이렇게 사라졌다.

일부 서유럽 국가에서도 역시 소수민족들은 저항을 하기 시작했다. 바스크 분리주의자들은 에스파냐에 테러를 가했다. 왈롱인들과 플레밍인들은 벨기에에서 서로 다투었다. 북아일랜드는 아마도 가장 눈에 띄는 예일 것이다. 북아일랜드에서, 통일주의자들과 독립주의자들은 1990년대에 계속해서 정치적 반목을 거듭했다. 1998년에 아일랜드 정부와 협력하여, 영국은 예상을 뒤엎고 신페인당과 얼스터 통일주의자 지도자들의 묵인을 등에 업고 아일랜드 전 지역에서 국민투표를 열기로 했다. 이러한 시도는 북아일랜드 독립주의자들을 보호하는 것과 북아일랜드와 영국과의 역사적 연결 고리를 제도화하는 것에서 한 발짝 더 나아간 것이었다. 이는 이른바 '굿 프라이데이 협정(Good Friday Agreement)'이라고 일컬어지는데, 군주국 정부의 통치권에 근본적인 변화가 올 것이라는 것을 의미했다(그리고 의도하지는 않았지만 영국 정부가 스코틀랜드와 웨일스를 동시에 받아들이면서 취한 권력이양의 수단보다 더 멀리 나아간 것이다). 이러한 시도는 북아일랜드 지방을 약 30년 동안 괴롭힌 테러리즘으로부터 구하기 위한 것이었다.

1986년부터 유럽 공동체 회원국가의 국민들의 여권에는 발행국가명 이외에 '유럽 공동체(European Community)'라는 문구도 삽입되었다. 그러나 실질적으로 유럽 공동체는 점점 더 많은 문제들에 봉착하게 되었다. 중심 기관들인 회원국 각료이사회, 사법재판소, 위원회가 계속 운영되는 중이었지만, 내부의 분쟁이 지속되었고, 정책(특히 어업과 교통 정책)은 각국의 견해 차이를 극명하게 불러왔다. 환율의 급격한 변동은 또다른 미숙함과 분쟁의 씨앗이었다. 특히 이는 1971년 달러 금 태환과 브레튼 우즈 통화제도의 종식과 석유파동 이후 특히 더 심해졌다. 그러나 1980년대에는 경제적 성공을 보장하는 든든한 확신이 있었다. 미국은 1970년대에 1914년 이전처럼 외자 유치에 발벗고 나섰고, 미국이 유치한 외국 자본 중 3분의 2는 유럽에서 온 것이었다. 서유럽은 세계무역에서 가장 많은 비율을 차지하기도 했다. 유럽 공동체에 속하지 않은 국가들은 가입을 원했는데, 이는 부유하지 않은 국가에 많은 경제적 이익을 제공했기 때문이다. 그리스는 1981년에 가입했고 에스파냐와 포르투갈이 1986년에 유럽 공동체의 일원이 되었다.

1986년은 이후에 매우 중요한 해로 인식되었는데, 1986년 당시에 1992년에 큰 진보의 발걸음을 떼기로 협약이 되었다. 즉, 단순한 관세동맹을 넘어서 하나의 통합된 국경 없는 시장으로 나아가기로 한 것이다. 힘든 협상이 진행되고 난 후, 1991년 12월에 마스트리히트 조약으로 단일 유럽 시장의 형성이 결정되었고 1999년 전까지 완전한 경제와 통화동맹을 형성하기로 일정을 확정했다. 마침내 자본, 재화, 서비스, 사람이 국경에 구애받지 않고 더욱 자유롭게 왕래할 수 있게 되었다. 다시 한번, 조심성 많은 영국은 의구심을 가졌고 이를 위한 특별한 장치가 준비되었다. 마거릿 대처의 후임 수상인 존 메이저(재임 1990-1997)의 의중은 미지수였다. 그러나 곧 메이저 수상은 마스트리히트 협상에서 영국의 입장을 고수하는 것이 협상국들을 반으로 편가르기 하고 있다는 것을 알게 되었다.

마스트리히트 조약은 단일통화와 이를 통제할 독립적인 중앙은행의 설치의 길을 열어주었다. 또한 그 조약은 새로운 유럽 연합(European Union, EU)이라는 국적을 만들었다. 이는 기존의 유럽 공동체를 대신했고, 모든 회원국가들에 적용되었고, 회원국가들은 유럽 연합이 결정한 공동의 경제실무에 대한 규정과 사회보장 혜택 규정을 준수할 의무가 있었다. 마침내 마스트리히트 조약은 다수결의 원칙으로 가결되어 유럽 연합의 정책으로 회원국가 전역에 영향을 미치게 되었다. 이러한 모든 결정은 중앙권력이 서로 융합하는 과정으로 보였다. 물론 마스트리히트 조약은 가톨릭의 가르침에서 나온 용어인 '보완성'의 원칙에도 합의하여, 각국이 제기한 국가의 역할에 대한 의문을 풀어주려고 했다. 보완성의 원칙이란, 브뤼셀의 위원회가 각국의 행정부의 세세한 결정에 개입하는 권한에 제한이 있다는 점을 뜻한다. 유럽의 국방과 안보 정책에 대한 합의에서, 이러한 논의는 보스니아 사태로 인해서 혼란에 빠지게 되었다

마스트리히트 조약은 몇몇 국가에 어려움을 가중시켰다. 덴마크는 이듬해에 열릴 국민투표를 거절했다. 프랑스에서 벌어진 비슷한 테스트에서 이에 찬성하는 표는 겨우 과반수를 조금 넘는 정도였다. 영국 정부는 (특별한 보호수단을 협상을 통해서 확보했음에도 불구하고) 의회에서 이 안건을 통과시키는 데에 애를 먹었다. 집권여당인 보수당 내에서 그 사안에 대해서 분열이 나타났고, 다음 선거가 다가왔을 때 제대로 기능하지 못했다. 유럽의 유권자들은 전통적인 지역과 민족의 이익에 손상을 주거나 보호하려고 한다는 생각을 가지고 있었고, 이러한 상황은 1990년대 초반 경제 상황이 나빠지자 더욱 거세졌다. 그러나 마스트리히트 조약은 마침내 15개 회원국들에 의해서 비준되었다. 회원국들의 자치에 대한 침해 문제가 브뤼셀에 있는 위원회에서 계속 토의되었고 개별 국가들이 유럽 연합의 규칙을 이용 혹은 악용하는 것에 대한 상대적 형평성의 논의가 지속되었다.

부분적으로 많은 회원국들이 느낀 새롭게 탄생한 강력한 통일 독일을 좀더 유럽에 통합시키기 위한 필요(특히 프랑스의 필요)에 의해서 유럽 통합의 과정이 진행되면서 유럽 통합은 좀더 광범위한 의미를 가지기 시작했다. 동유럽에서 공산주의가 물러가고, 진정한 유럽 연합(마스트리히트 조약 이후 유럽 공동체의 명칭)의 존재가 필요하게 되었다. 이것은 반세기가량 진행된 유럽의 통합에 힘을 부여하는 과정으로 유럽 연합은 이제 공동의 통화(2002년부터 유로화 사용)를 도입하고, 유럽연합 중앙은행과 사법재판, 외교정책 및 군사문제에서 더욱 긴밀한 공조를 진행했으며 중앙 유럽과 동유럽의 국가들의 회

원국 가입을 급격히 진행했다. 1995년에 냉전 시기 중립국이었던 오스트리아, 핀란드, 스웨덴이 가입했고, 2004년에는 동유럽에서 큰 진전이 있었다. 10개의 국가가 가입했는데, 여기에는 폴란드, 체코 공화국, 슬로바키아, 헝가리, (가장 의외의 국가들로서) 옛 발트 소련 공화국들인 에스토니아, 라트비아, 리투아니아가 해당된다. 유럽 연합의 헌법에서 계속 이견이 존재하기는 했지만, 유럽 연합의 4억6,000만 명의 인구가 앞으로 진행할 확장에 대한 예산과 계획은 유럽 연합의 설립자들이 예견한 대로 모든 유럽 연합의 회원국들에 큰 족적을 남기게 되었다.

경제 환경 역시 변화했다. 그 중요성에도 불구하고 유럽 연합의 공동농업 정책은 1960년대에 의도한 대로 진행되지 않았다. 일부 국가에서 공동농업 정책은 점차 소규모 자작농에게 이권을 제공하는 투표를 위한 뇌물에서 숫자는 적지만 훨씬 더 부유한 농업전문가들을 위한 보조금 제도로 변화했다. 새로운 유럽 연합에서도 개별 국가가 보인 반응은 1960년대나 그 이후에 보인 상황과 크게 달랐다. 독일은 이제 유럽 연합의 원동력이었고 재정을 책임졌다. 헬무트 콜 총리(재임 1982-1999)의 가장 위대한 업적인 독일 통일은 독일이 자연스럽게 유럽의 강대국으로 자리매김하도록 했다. 그러나 이러한 과정에는 비용이 따랐다. 독일은 경상수지 적자를 기록했고 통일의 조건에 대한 불만이 터져나오기 시작했다. 시간이 흐르면서, 독일인들에게는 오랜 악몽인 인플레이션의 위험이 감지되었고, 옛 동독 출신 국민들이 서유럽으로 들어옴으로써 짊어진 독일 납세자들의 부담과 실업률이 상승했다. 1990년대 유럽 연합의 대다수 회원국가에 경기후퇴가 짙은 그림자를 드리웠고, 그들 간의 경제력의 차이를 상기시켰다. 1990년대에 또한 유럽 연합의 모든 지역에서 재정, 예산, 환율 문제가 개별 정부의 신임을 깎아먹었다.

결과적으로 정치인들이 책임져야 할 문제가 많아졌다. 어느 지역에서나 사람들의 관점은 변화하고 있었다. 예를 들면, 독일에 대한 공포가 가장 깊숙이 박힌 프랑스의 정치인들은 공동시장 구축과 유럽 공동체 구축에 누구보다 빠르게 임했다. 독일의 경제가 점차 강해지자, 프랑스의 정치인들은 유럽의 미래를 구축하는 데에서 독일이 중대한 역할을 수행할 것이라는 것을 인정해야 했다. 드골의 이상이었던 민족국가로서의 유럽 건설은 역설적으로 유럽이 좀 더 중앙집권화되어 프랑스에 미치는 유럽의 비공식적인 영향력과 문화적 영향력이 극대화되도록 했다. 이것은 브뤼셀의 중앙위원회를 통해서도 알 수 있다. 만약 초국가적 형태의 유럽이 존재하게 된다면, 프랑스는 최소한 여기에서 지배적인 위치를 차지하려고 했을 것이다. 그럼에도 불구하고 1995년에 북대서양 조약기구에 재가입하기로 한 프랑스의 결정은 드골의 방식과 정면으로 배치되는 것이었다.

독일 정부는 1990년 이후, 과거 공산주의 국가였던 이웃 국가들과 우호관계를 추진하면서 새로운 영향력을 발휘하려고 했다. 이러한 국가에 독일의 사업가들과 투자자들이 진출하는 속도와 독일이 1991년 새롭게 독립한 크로아티아와 슬로베니아의 승인을 허가한 속도는 다른 유럽 연합 회원국들과 보조가 맞지 않았다(독일은 이들 국가를 승인한 최초의 국가였다). 유럽 연합이 확장한 방식은 세계 역사에 큰 영향을 미쳤다. 7억 명에 달하는 인구와 민주주의 제도를 갖추고 다원주의적인 관점을 취한 유럽 연합은 남북으로는 북극에서 안탈리아까지, 동서로는 파로군도에서 케르치까지 뻗어 있었다. 이러한 유럽의 변화는 통합의 결과라고 할 수 있다. 그러나 반면에 이는 유럽 연합이 분열할 가능성을 제시하고 있기도 했다(이것은 유럽 연합이 반드시 각 민족 단위로 분열한다는 것을 의미하지는 않는다). 마침내 러시아 역시 유럽 연합으로 통합시킬지 여부가 수면 위로 떠올랐다. 그 규모와 전제적인 전통에도 불구하고 유럽 국가가 아니라고 볼 수 없었고, 특히 러시아의 인적 그리고 물적 자원은 유럽 연합이 국민들의 복지를 지탱하기 위해서 필요한 것이었다.

30년이 넘는 시간 동안 공동시장, 유럽 공동체, 유럽 연합 내에서 문화적 수렴이 어느 정도 일어났다. 물론 소비의 표준화의 진행은 유럽의 정책보다는 영리한 마케팅과 증가하는 국가 간 커뮤니케이션에 기인한 것이 더 크다(과거와 마찬가지로 이러한 결과에 대해서 '미국화'된 것이라고 통탄하는 목소리가 컸다). 그리고 이러한 완만한 속도의 문화적 수렴은 어느 정도 의도적으로 장려되었다. 예를 들면, 유럽 연합의 공동농업 정책과 함께 농업 분야에 대한 지원이 지나치게 커지자 농업 이외에 산업에 종사하는 유권자들의 불만이 가중되었다. 유럽 연합은 또한 대외 문제를 다루는 데에서도 의지가 약해 보였다. 유고슬라비아의 해체와 관련한 여러 심각한 문제에 직면하자, 유럽 연합은 큰 실수를 범했다. 그러므로 21세기의 시작점에서 유럽의 미래는 불확실성으로 가득 차 있었다. 이러한 불확실성 중의 하나는 유럽 단일통화 프로젝트였다. 유럽 단일통화 프로젝트에 대한 주장은 항상 정치적인 관점에 기반을 두었지만, 단일통화 도입으로 인해서 얻는 경제적 이익이 무척 많을 것이며 결과적으로 낮은 가격과 낮은 이자율이 유지될 것이라는 주장이 제기되었다. 동시에 단일통화 프로젝트 참여국들은 각자의 경제에서 중요 요소들에 대한 통제력을 상실하게 되리라는 지적도 나왔다. 실제로 공동의 통화는 각국의 주권의 영역이 더욱 줄어든다는 것을 의미했다.

정치가들은 통화동맹의 결과에 대한 선택이 내려졌을 때 유권자들이 어떻게 생각할지를 곰곰이 생각해보았다. 물론 찬성하는 것은 어렵지 않았지만, 만약 통화동맹이 실패하고 그 범위가 확장되지 않으면, 유럽 연합은 결국 단순한 관세동맹 수준으로 돌아가게 될 것이었다.

헬무트 콜 총리는 1998년 11월 독일 선거에서 낙선했고 게르하르트 슈뢰더 총리(재임 1998-2005, 통일 독일의 최초의 사회주의 총리)가 당선되었다. 이는 독일 정부의 통화동맹 목표에 아무런 변화를 끼치지 않았다. 프랑스 정부 역시 잠자코 있었다. 덴마크와 스웨덴은 참여할 의사가 없다는 것을 단호하게 발표했다. 영국에서는 토니 블레어 총리(재임 1997-2007)의 새로운 노동당 정부가 압도적인 득표로 1997년에 당선되었는데, 유럽 통합의 진행에 대해서 조심스럽게 긍정적인 입장을 취하면서도 '적절한 시기가 될 때까지' 통화동맹 가입을 보류하기로 했다. 그리고 노동당의 10년의 임기 동안 적절한 시기는 오지 않았다. 그러나 2002년 1월 1일, 대부분의 유럽 연합 회원국들은 카롤루스 대제 시대 이후 최초의 공동통화를 도입했다. 국가정서를 해치지 않기 위해서 역사적으로 사용된 통화 명칭인 크론, 플로린, 프랑, 마르크, 탈러 등은 배제되었고, 새로운 통화 단위는 '유로(euro)'라고 명명되었다. 2000년대 중반에 유로화 지폐와 동전은 12개 회원국의 3억 명 국민들 사이의 유일한 법정통화였다. 그리고 이는 유럽 연합 이외의 국가 혹은 지역에서도 도입되었는데,

몬테네그로와 코소보가 그 예이다.

이후 유럽 연합 확장의 어려움이 더욱 분명하게 보이기 시작했다. 가장 오랜 기간 동안 유럽 연합 가입을 대기한 국가는 터키였다. 터키는 대부분의 영토가 아시아에 속해 있고 대다수 국민이 무슬림으로서 '유럽' 국가라고 하기에는 애매한 점이 많았다. 더 큰 문제는, 아타튀르크 시대의 현대화 업적을 현대에서 재조명하기에는 이미 60년이나 지난 시간의 문제도 있었다. 이슬람주의자들은 정권의 전통적인 세속주의에 분개했다. 그러나 유럽화 여부가 제도적 현대화(예를 들면, 대의민주 정부 및 여성의 권익)와 특정 수준의 경제개발을 의미한다면, 터키는 의심할 여지없이 여타 근동의 이슬람 국가들보다 유럽에 더 가까운 존재였다. 물론 정치적 반대파와 소수민족(특히 쿠르드족)에 대한 터키 정부의 처우는 해외에서 많은 비판을 받았고 인권의 수호에서 터키 정부의 그간의 행적도 문제가 있었다. 터키는 이러한 이유로 오래되고 답이 나오지 않았던 질문, 즉 '진정한 유럽이란 무엇인가?'라는 질문을 제기했다. 놀랍게도 터키의 숙적인 그리스가 터키의 유럽 연합 가입을 크게 지지하는 국가 중의 하나였는데, 그리스는 아직 풀리지 않은 키프로스(현재 유럽 연합의 일원이다) 문제에도 불구하고 경제적, 정치적 이유로 이를 지지하고 나섰다.

2000년 말에 니스에서 협상이 열렸고 유럽 연합의 확장에 관한 원칙에 합의가 이루어졌다. 또한 선거 자격을 변경하기로 합의했다. 비록 프랑스는 독일과 동일한 '비중'의 선거권을 유지하는 데에 성공했지만, 독일은 이제 의심의 여지없이 회원국들 가운데 가장 규모가 크고 부유한 국가였다. 니스 조약에 대해서 각국의 의회에서 승인을 얻어야 했는데, 아일랜드 정부는 니스 조약 승인에 대한 국민투표가 부결되어 문제에 직면했다. 이 때문에 전체 체제에 또다른 혼란이 가해졌다. 2001년 말에 유럽 연합의 정치체제의 실무 운영과 그 변화 가능성을 논의한 특별회의를 하기로 합의가 되었고, 이로 인해서 아일랜드 파동이 다소 상쇄되었다. 그러나 프랑스와 네덜란드가 국민투표를 통해서 앞서 언급한 특별회의의 결과물(다소 거창하게 '유럽 헌법'이라고 명명되었다)을 기각하자, 유럽의 통합을 심화하는 과정은 다시 한번 난관에 봉착했다. 그러나 국민들의 헌법조약에 대한 반대가 유럽 연합에 대한 또다른 반대를 뜻하기는 했어도, 유럽 연합은 여전히 정치 지도층들의 조직이자, 그들에 의한 조직이었다. (아무래도) 이러한 이유로 헌법의 상당 부분이 수정된 상태로 다시 한번 이를 기각한 국가로 돌려보내져 국민투표에 부쳐졌고 유럽 연합의 법규에 포함될 수 있었다.

냉전의 종식으로 마침내 유럽이라는 명칭은 지리적인 구분을 넘어서게 되었다. 물론 동시에 유럽의 타고난 정수 혹은 정신이 덜 부각되게 되었지만, 세계문명의 주요 원천인 유럽 문명이 하나가 되었다. 21세기의 시작과 함께 유럽은 그 내부의 역학을 활발하게 반영하는 국가문화의 집합체가 되었다. 로마 조약 이래 형성된 유럽인들의 감정은 과거의 개별 국가에 대한 충성심과 마찬가지로 유럽에 대한 충성심에 크게 휘둘리지 않았다. 유럽 의회의 결정에 대한 선거 참여율은 투표가 강제된 곳을 제외하면 계속 줄어들었다. 언어 민족주의가 유럽 연합의 체제가 제대로 기능하지 못하는 부분에서 위협이 되고 있었다. 유럽 연합의 정치체제는 거대하고 복잡한 문제로 얽혀 있었는데, 이는 정치체제 내에서 정치적 논리를 따르는 이들을 혼란스럽게 했고 유럽 전체의 생각에 대해서 대중들이 권태를 느끼게 하는 데에 일조했다.

그러나 많은 것들이 이미 달성되었다. 무엇보다 유럽 연합은 입헌 민주국가들의 공동체이고 유럽 통합에서 최초로 단일국가의 헤게모니를 기반으로 하지 않은 성공적인 역사를 만들었다. 21세기 시작과 함께, 유럽 연합은 또한 경제적으로도 거세게 상승하고 있고 장기적으로도 이미 눈에 띄는 경제적 성공을 거두었다. 그 회원국가들은 현재 약 5억 명의 인구를 보유하고 있고 세계무역의 약 75퍼센트를 책임지고 있다(대부분의 무역은 회원국들 간의 무역이다). 유럽 연합의 2010년 GDP는 미국보다 높고 일본의 3배 정도이다. 유럽은 지난 50년간 세계경제에서 3대 원동력 중의 하나이다. 유럽인들이 유럽 연합이 향하는 방향을 여전히 걱정하는 것처럼 보이기는 해도, 여전히 외부의 많은 국가들이 여기에 참여하기를 희망하고 있다.

1989년에 중국은 앞으로 나아갈 방향에 대해서 큰 혼란을 겪었다. 중국을 다스리는 공산당이 민중들로부터 심각한 도전(이는 순수한 무력사용으로만 극복할 수 있었다)을 받았을 뿐 아니라, 많은 분야의 성장이 완만해지면서 경제가 다소 주춤한 기색을 보였기 때문이다. 10년 전 경제개혁을 기획한 85세의 덩샤오핑은 1989년 위기가 도래하자 정치일선에 돌아왔고 그의 마지막 활동을 시작했다. 덩샤오핑은 정치적 위축이 경제적 위축과 동일한 것이라고 보는 사람들을 비판했다. 덩샤오핑은 개혁은 더욱 가속화되어야 하고 사기업들은 더욱 많은 자유를 누려야 한다고 말했다. 이후 1989년에 경기불황은 과거의 유물이 되었고, 1992년부터 중국은 초고속 성장기에 접어들어 이후 14년 동안 GDP가 매년 평균 10퍼센트 이상 증가했다.

중국의 폭발적 경제성장은 1990년대부터 나타난 여러 국제적 사건들 가운데 가장 중요한 것이라고 할 수 있다. 유럽 연합 평균 수준의 구매력을 가진 4억 명의 중국 중산층을 만들었을 뿐 아니라, 중국의 경제 붐은 중국을 세계에서 두 번째로 큰 경제대국으로 만들었다. 중국의 성장의 대부분은 민간 부문에서 이루어졌다. 그러나 상당한 구조조정이 이루어진 후에 2000년대 초반에는 공공 부문과 국가가 소유하거나 통제하는 부분에서도 상당한 성장이 일어났다. 중국의 경제 모델은 급진적인 자본주의 운용에, 국가와 공산당이 경제의 중요한 부분에 개입하는 방식이다. 상술하면 농촌에서 올라온 많은 젊은 이들의 막대한 노동력을 공장에서 활용하고, (중국인이나 외국인이 소유한 민간기업들을 포함하여) 이러한 기업들의 정치적 관리를 정부가 담당하는 방식이다. 경제성장은 북부와 서부에서는 완만하게 진행되었고, 주로 남부와 동부에 집중되었다. 특히 해안가와 큰 강 근처 지역에 집중되었는데, 이러한 상황은 중국 최초 왕조시대 때부터 반복되었던 것이다. 지역경제의 안정성을 보장하는 역할을 했지만, 중국 정부는 민주적인 정치개혁에는 큰 진전을 보이지 않았으며, 투명성의 부족으로 인해서 부정부패와 관료들의 권력남용이 만연했다. 중국공산당은 (최소한 잠시 동안이라도) 유효한 개발 모델을 찾은 듯했지만, 시기가 나빠지자 정치권력의 합법성에서는 퇴보하는 모습을 보였다.

냉전의 종결은 중국의 대외관계 역시 변화시켰다. 구소련과 공유한 4,000마일을 넘는 국경의 절반 정도가 새롭게 독립하고 훨씬 더 약한 국가들인 카자흐스탄, 키르기스스탄, 타지키스탄과의 국경으로 대체되었다. 한편 1990년대 후반에 중국의 대내 및 대외 정책 모두와 결부된 타이완 문제는 약 50년이 지난 상황에서도 여전히 본질적으로 타이완 국민당과 중화인민 공화국 간의 대치로 그대로 남아 있는 것처럼 보였다. 그러나 실제로는 미국이 공식적으로 타이완 정부와 단교하고 타이완이 국제연합에서 쫓겨나면서 이러한 첨예한 대립의 균형은 기울어지기 시작했다. 그러나 1990년대에 공산당 정부는 타이완에서 점차 독립을 부르짖는 목소리가 들려오는 동안, 타이완을 통합하려는 정책을 고수했다(홍콩이나 마카오와 마찬가지이다). 1995년 타이완의 총통이 미국에 방문하는 동안 중국 정부의 타이완 독립에 대한 경계심은 극에 달했다. 주미 중국 대사가 본국으로 돌아갔고 중국 관영신문은 타이완 문제를 '화약고'라고 표현했다. 만약 타이완이 공식적으로 본토와의 관계를 부정하고 독립을 선언한다면 중국의 타이완 침공이 잇따를 것이 분명했다.

더구나 타이완은 동아시아의 불확실성과 분쟁의 단 하나의 원천이었다. 냉전이 종식된 이후 유럽보다는 덜하지만 동아시아 지역의 불안정성과 불확실성이 분명히 늘어났다. 상대적으로 분명하게 정의된 투쟁이 종식된 이후 나타난 새로운 투쟁이 무엇을 의미하는지를 알아내는 것은 매우 어려운 것이었다. 예를 들면, 한반도에서는 큰 변화가 일어나지 않았다. 북한은 사실상의 고립 상태에서도 계획경제를 유지하려는 통치자의 결심으로 인해서 고집스럽게 미국과 남한과 대치한 상태로 남아 있었다. 잘못된 경제정책, 1991년 소련의 지원 종결, 독재자에 의한 사실상 왕조식의 권력남용으로 북한은 1998년 초까지 기아 상태에 처하게 되었다. 북한의 문제들은 매우 이례적인 것으로, 동아시아 지역의 흐름과 분리되어 남한이 어떻게 해볼 수 있는 것이 아니었다. 남한은 1990년대 중반까지 민주주의가 확립되었으며 높은 경제성장을 기록했고 국제무역에서도 활발한 활동을 펼쳤다.

중국을 제외한 모든 대부분의 동아시아와 동남 아시아 국가들은 1997년과 1998년에 한시적이지만 심각한 재정위기를 겪었다. 일본은 냉전 이후 경기침체가 10년 이상 지속되었고 침체에서 벗어나기 위해서 발버둥쳐야 했다. 1980년대 일본의 경제는 생산력과 제품 개발에서 세계를 이끄는 위치에 있다고 많은 칭송을 받았지만, 1980년대 말에는 이러한 명성이 점점 더 무색해지기 시작했다. 자산에 대한 투기와 생산과 관련 없는 활동이나 매우 적은 수입을 창출하는 영역에 대한 막대한 투자로 인해서 점차 은행과 금융기관에 심각한 빚을 짊어지게 되었다. 일본 통화의 약세가 가파르게 진행되었다. 엔화에 대한 투기가 즉시 뒤따랐고 세계금융 거래가 위축되는 속도는 그 어느 때보다 빨랐다. 공적 네트워크와 금융 네트워크에 깊숙이 자리잡은 일본의 사업 문화는 이제 책임지는 리더십이 부재한 것으로 드러났으며 이로 인해서 시장 상황이 나빠지자 이에 대한 해결책이 제대로 작용하지 못했다. 일본은 국제시장에서 뒤처지게 되었고, 그 결과 디플레이션과 실업이 발생했다. 빠르게 교체되는 정부는 이러한 흐름을 저지하는 데에 힘겨워했고 몇몇 정권은 민족감정을 자극하여 그들의 권위만을 강화시켰다. 일본의 경기침체는 1990년대 후반 일본 역시 경제적 어려움을 겪고 있는 다른 나라를 도울 수 없다는 것을 뜻했다. 비록 동아시아와 동남 아시아 지역이 전체적으로 2000년대 초반에 접어들어서 다시 성장하게 되었다고는 하지만, 일부 국가들(예를 들면, 인도네시아와 필리핀)은 느리게 과거의 성장속도를 회복했다. 홋카이도에서 발리까지 수백만 명의 사람들이 이러한 상황에서 그들이 모아둔 돈과 때로 그들의 생계수단까지 잃게 되었다.

경제위기 뒤에 찾아온 동남 아시아 지역의 정치적 변동 역시 주목할 만하다. 일부 국가의 권위주의 정부들은 공적 자원을 친인척들과 친분관계가 있는 권력층들의 이익을 위해서 사용했다. 1998년 5월, 인도네시아 경제는 1998년 1월 이후 8퍼센트가량 곤두박질을 쳤고, 달러 대비 인도네시아 통화가치는 5분의 4가량 줄어들었다. 폭동이 일어나서 대통령이 자리에서 물러났다. 공식적으로는 '민주적'이었지만 32년간 철권통치를 자행하던 부패한 정부는 이렇게 막을 내렸다. 이 뒤를 이은 정부는 인도네시아를 훨씬 더 개방적인 사회로 만들었지만, 경제에서는 아직까지 완만한 회복세를 이어갔다. 그리고 그동안 점차 민족과 종교 간 갈등이 깊어졌다. 그러나 2000년대 초반부터 경제가 회복되었고, 장군 출신의 유도요노 대통령(재임 2004-2014)의 집권하에 정치적 안정이 다원주의 체제와 더불어 증가했다. 2010년경에 2억5,000만 명의 인구를 가진 무슬림 국가인 인도네시아는 눈부신 진보를 이룩하고 있었다. 동남

아시아에서 두 번째로 인구가 많은 지역은 베트남으로서 이와는 반대 방향으로 나아가고 있다. 좀더 중앙집권화된 정치와 중국식 경제개혁, 베트남어로 도이 모이('혁신')를 추구하고 있다. 2000년대 초 베트남은 세계에서 경제가 두 번째로 빠르게 성장하는 국가였다. 그러나 중국과 마찬가지로 국가의 대부분이 여전히 심각한 빈곤을 겪고 있고, 공산주의의 특색을 가진 자본주의의 미명하에 착취가 심해지고 있다. 종합하면, 21세기의 첫 10년 동안 동아시아 경제의 이례적인 상승과 추락이 나타났고 이는 세계경제가 얼마나 많이 통합되었는지를 보여주었다. 중국 혹은 인도네시아의 경제적 변화는 세계에 즉각적인 영향을 미쳤고 그 반대도 마찬가지였다.

중국과 마찬가지로 인도는 다른 여러 동아시아 국가의 심각한 재정과 경제 상황에 즉각적으로 휘말리지 않았다. 이런 상황은 의심할 여지없이 과거의 정책 덕분이었다. 비록 의회정부는 독립 초기의 사회주의에서 멀어졌지만 국가의 자립 심지어 자급자족 경제에 중점을 둔 보호주의의 영향을 오랫동안 강하게 받았다. 그 대가는 저성장과 사회적 보수주의였지만 다른 나라에 비해서 국제자본의 영향을 적게 받을 수 있었다.

1996년에 힌두 민족주의 바라티야 자나타 당은 국민회의파에 대패를 안겼고 하원에서 가장 큰 단일정당이 되었다. 그러나 이 단일정당은 정부를 지탱할 수 없었고 곧 연립정부가 등장했다. 그러나 이 역시 1998년의 총선(매우 치열했다)에서 살아남을 수 없었다. 이 선거 역시 확실한 다수당을 만들지 못했고, 바라티야 자나타 당과 동맹정당들은 최대 연합세력을 형성했다. 또다른 연립정부가 나타났고 이 연립정부 내 자나타 지지자들은 '인도는 인도인에 의해서 세워져야 한다'고 발표하며 불길한 민족주의 아젠다를 들고 나왔다. 사실 민족주의가 의회에서 한 세기 이상 지지를 받은 인도에서도 이러한 과격한 사상은 인도 아대륙 내에 존재하는 차이점과 내재한 폭력에 대한 신중한 인식으로 인해서 크게 부흥하지는 못했다. 새로운 정부는 힌두 민족주의자들이 국내에서 지나치게 득세하지 못하게 하고, 경제 자유화 단계를 밟으며 많은 사람들을 놀라게 했다. 경제 자유화로 국가의 여러 지역에서 경제성장이 일어났다.

이러한 경제성장은 2004년에 예상을 뒤엎고 선거에서 이긴 새로운 의회가 이끄는 정부에서도 이어졌다(이는 인도의 기능 민주주의 또다른 예이다). 새로운 수상인 만모한 싱(재임 2004-2014)은 시크교 출신의 경제학자로 인도 경제개방에 착수했고 인도를 국제적으로 더욱 경쟁력 있는 국가로 만들었다. 2000년대 중반, 인도는 급격한 경제성장의 초기에 있다는 평가를 받았다.

비록 국내적으로는 민족주의를 활용하여 지지를 얻으려는 경향이 꾸준히 이어졌지만, 파키스탄과의 오랜 분쟁에서는 민족주의적 관념이 인도의 정치에 약점으로 작용했다. 민족주의 정서를 바탕으로 1998년 5월과 6월에 수차례 핵폭발 실험을 강행한 바라티야 자나타 정부의 결정에 대해서 세계는 좋지 않은 인상을 받았다. 인도 핵실험은 파키스탄 정부를 도발하여 파키스탄도 비슷한 실험을 감행하도록 했다. 양쪽 정부 모두 전술 핵무기를 가지고 있다고 판단되는 국가로 분류된다. 그러나 (인도의 수상이 지적한 대로) 좀더 큰 맥락에서 보면, 이러한 상황은 우선 이미 핵무기를 보유하고 있고 1962년에 히말라야 전투에서 인도에 승리했다고 생각되는 중국에 대한 인도의 경계심 때문이었다. 또한 다른 국가의 이슬람 근본주의의 준동을 파키스탄 정부가 지지하게 된 것에 대해서 인도 정부가 경계해서이기도 했다. 특히 1996년에 파키스탄이 지원한 과격한 이슬람 근본주의 세력인 탈레반이 카불을 장악하고 정부를 세우자 이러한 경계심은 더욱 커졌다. 일부 사람들은 파키스탄의 핵무기는 이슬람의 핵무기이기도 하다는 비관적인 관점을 내놓았다. 어느 경우이든, 인도의 행동은 당시까지 이루어진 핵확산 금지를 위한 노력을 퇴보시켰다. 세계적으로 인도에 대한 경고조치가 내려졌다. 델리의 각국 대사들이 본국으로 돌아갔고, 일부 국가들은 미국의 주도에 따라서 인도에 대한 지원을 끊어버렸다. 그러나 그러한 행동도 파키스탄이 인도의 예를 따라하는 것을 막지 못했다. 결과적으로 냉전이 끝났음에도 세계의 핵전쟁 위험은 계속되었다. 이러한 핵전쟁 위험은 또한 어느 면에서는 1960년대보다 훨씬 더 불안정하다고 생각할 수 있다. 또한 카슈미르 문제로 인해서 계속 험악한 상태인 인도-파키스탄 관계는 이러한 핵위험을 더욱 가중시키고 있다.

독립국가 연합에서 가장 크고 가장 중요한 국가인 러시아에서 보리스 옐친

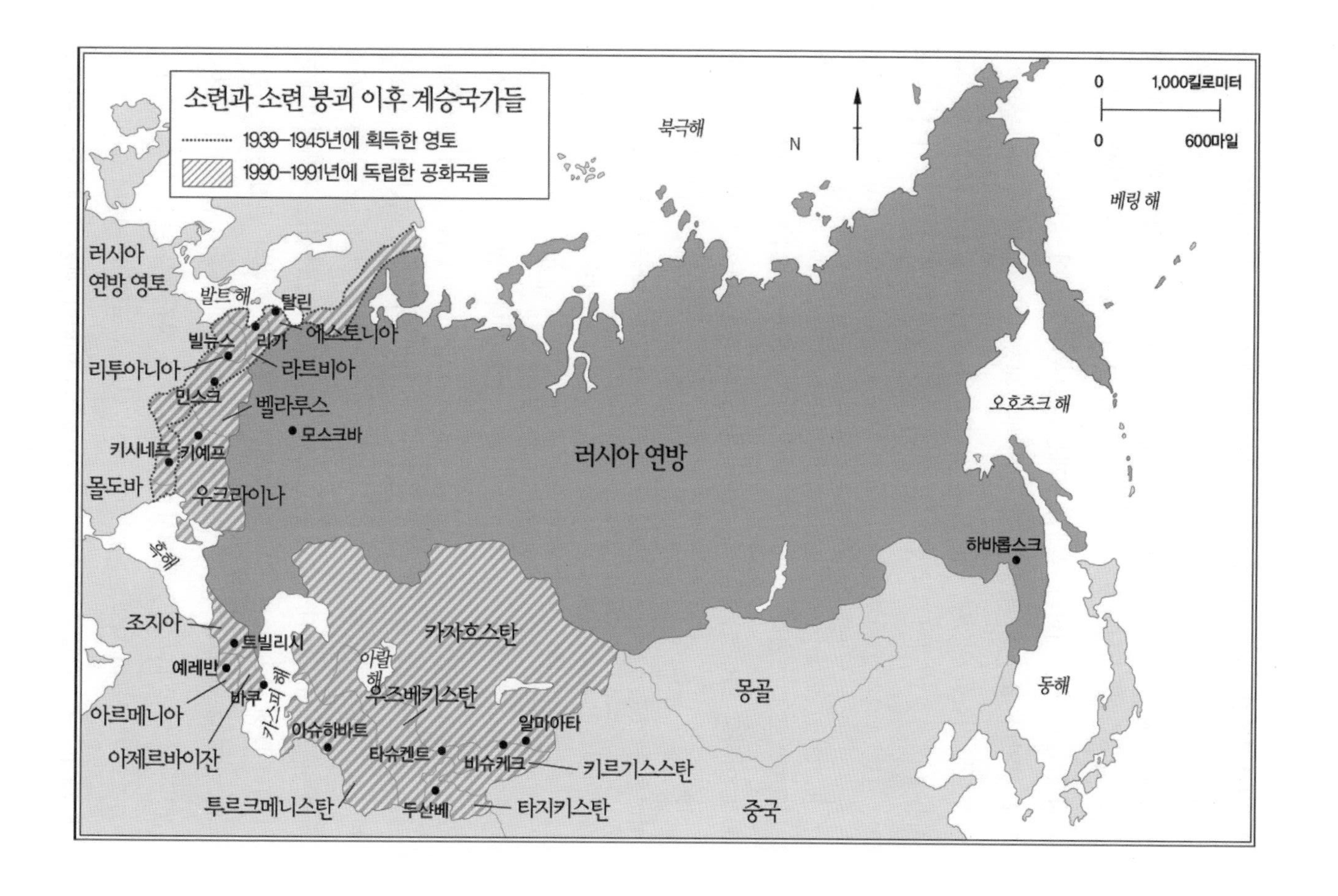

소련과 소련 붕괴 이후 계승국가들
1939–1945년에 획득한 영토
1990–1991년에 독립한 공화국들
북극해
N
0 1,000킬로미터
0 600마일
베링 해
러시아
연방 영토
발트 해
탈린
에스토니아
빌뉴스
리가
리투아니아
라트비아
민스크
벨라루스
모스크바
키시네프
키예프
몰도바
우크라이나
러시아 연방
오호츠크 해
하바롭스크
흑해
조지아
트빌리시
카자흐스탄
예레반
아랄 해
카스피 해
바쿠
우즈베키스탄
아르메니아
아제르바이잔
아슈하바트
알마아타
타슈켄트
비슈케크
키르기스스탄
투르크메니스탄
두샨베
타지키스탄
몽골
중국
동해

이 1991년 6월 공화국 대통령으로 선출되었다. 이 선거는 1917년 이후 최초의 자유선거였고 그는 57퍼센트의 표를 얻었다. 11월에 소련 공산당은 대통령령에 의해서 해체되었다. 1992년 1월, 소련의 해체 이후 급진적인 경제개혁 프로그램이 시작되었고 과거 국가의 통제를 받던 경제를 사실상 완전히 자유화시켰다. 이러한 개혁의 경제적 결과는 대부분의 러시아 국민들에게는 재앙과도 같았다. 소수의 관계자들은 매우 부유해졌지만, 대다수의 사람들은 저축, 연금, 직업을 잃었다. 에너지 소비는 3분의 1가량이 감소했고 급격한 실업 상승이 이어졌고 국가의 수입과 실질임금 역시 감소했다. 그리고 산업생산은 절반으로 떨어졌고 정부기관에 막대한 부정부패가 자행되었으며 범죄가 만연했다. 이런 추상적 개념들이 많은 러시아인들 개개인에게는 살을 에는 구체적인 고통으로 다가왔다. 2000년대 초에 공중보건과 기대수명은 남성의 경우 60세 이하로 떨어졌는데, 이는 1990년대보다 5년가량이 떨어진 것이었다.

1993년에 많은 정적들이 선거를 통해서 새로운 의회에 들어오면서 옐친의 어려움을 가중시켰다. 비러시아 독립국가 연합의 공화국들(약 2,700만 명의 러시아인들이 살고 있었다)과의 관계와 새로운 러시아의 관료와 산업계를 중심으로 나타난 정치적 이익집단, 마지막으로 옐친이 내쳐버린 실망에 찬 많은 과거의 개혁가들 역시 옐친을 힘들게 했다. 얼마 지나지 않아서 러시아가 겪고 있는 고난이 순전히 소련으로부터 비롯된 것만은 아니라는 것이 밝혀졌다. 러시아의 역사적 문화와 문명의 전반적인 상태가 러시아의 고난에 큰 영향을 끼치고 있다는 점이 분명해졌다. 1992년에 러시아는 그 자체도 연방국가가 되었는데, 이듬해에 대통령제를 헌법화하여(어떤 측면에서는 독재헌법에 가깝다)를 통해서 러시아의 국가의 뼈대를 완성했다. 그러나 옐친은 곧 좌파와 우파 양쪽 모두로부터 정치적 저항을 받았고, 마침내 반란이 일어났다. 옐친이 '점진적인 헌법개혁령'을 통해서 의회의 기능을 정지시킨 이후, 모스크바에서 100명의 사람들이 사망했는데, 이는 1917년 이후 최악의 시민소요의 결과였다. 과거에 공산당을 해체했던 것처럼, 옐친의 이러한 행동은 대통령의 횡포로 받아들여졌다. 말할 것도 없이 인내심을 가지기보다는 강압적으로 억누르는 것이 그의 성격에 더 맞았던 것이다. 그럼에도 불구하고 러시아의 경제가 부패한 관료집단과 돈에 눈이 먼 기업가들의 손에 놀아나서 물질적으로 옐친이 러시아 국민들에게 제대로 무엇인가를 하지 못했다는 것을 고려한다면, 옐친이 그의 정부에 대한 신임을 보전한 이유는 러시아인들이 그들이 손에 넣은 정치적 자유를 소중하게 생각했기 때문이다. 이를 위해서 옐친은 신공산주의자들의 도전을 떨치고 1996년 재선에서 이겨서 대통령 자리를 지켰다.

새로운 문제가 나타나기 2년 전, 내륙지역이며 무슬림이 지배적인 러시아 연방의 자치공화국인 체첸에서 반란이 일어났다. 체첸인들은 18세기 예카테리나 2세의 체첸 정복과 억압 그리고 스탈린이 1940년대에 실행한 학살정책에 비통함을 느끼고 이에 대해서 복수하려고 했다. 다른 무슬림에게 위험한 선례를 남길 수 있다는 점에 경각심을 가진 러시아의 잔혹한 진압으로 체첸인들의 분노와 저항은 무력화되었다. 러시아는 체첸의 수도를 폐허로 만들고 농촌지역을 기아 상태에 처하게 했다. 수천 명이 살해되었지만, 러시아의 사상자 역시 아프가니스탄에서의 소련의 상처를 떠오르게 할 정도였고 인근의 다른 공화국들로 이런 전쟁의 여파가 미칠 가능성이 매우 농후했다. 1992년 이후, 러시아는 병력을 과거 소련으로부터 독립한 타지키스탄에 주둔하여 파키스탄의 지원을 받은 이슬람 근본주의자들의 정부전복 시도를 막았다. 1996년까지 벌어진 이러한 상황을 바라보며 사람들은 페레스트로이카와 글라스노스트를 통해서 가졌던 희망을 서서히 잃어갔다. 그리고 옐친 대통령의 건강이 나빠지자 상황은 더욱 암울해졌다(아마도 과음 때문에 건강이 악화되었을 것이다). 이후 국제적인 문제들(특히 옛 유고슬라비아의 문제)로 인해서 러시아는 아직까지도 강대국으로서의 역할을 수행할 수 있다는 의사를 서구 국가들에게 분명하게 피력했다. 그러나 이러한 국제 문제는 또한 자치독립국의 내정에 대해서 서구 국가가 간섭하는 것에 대한 러시아의 반감과 우려를 나타낸다.

1998년, 러시아 정부의 세수는 심각하게 줄어들었고 정부직원들에게 제대로 임금을 지급할 수 없었다. 1997년에 러시아는 1991년 이후 처음으로 실질적으로 (약소하지만) 증가했다. 그러나 러시아 경제는 여전히 이익집단의 손에 놀아났고, 국가는 더욱더 많은 자산을 개인사업자들에게 팔아넘겼으며, 상당 부분 부패와 인맥에 의한 방식으로 거래가 진행되었다. 일부 사람들은 엄청난 재산을 빠르게 축재했지만, 수백만 명의 일반인들은 임금을 제대로 지급받지 못했다. 시장에는 필수품들이 사라졌으며 가격은 계속해서 올라갔고 빈부의 격차로 인한 부유층과 빈곤층의 대립으로 사회불안과 폭력성이 불가피하게 상승할 수밖에 없었다. 이후 1998년에 재정붕괴가 일어났고 러시아는 외채상환을 거부했다. 시장경제 도입을 위해서 옐친 자신이 선택했던 총리를 그의 반대파 중의 한 사람으로 교체해야 했다. 그러나 다음 의회선거 이후, 옐친은 의회와 크게 대립하지 않았고, 1998년의 마지막 날에 옐친은 마침내 대통령직 사퇴를 선언할 준비가 되었다.

옐친의 후임자는 이미 당시 옐친의 국무총리로 일하고 있었다. 보리스 옐친은 다음 대통령은 블라디미르 푸틴이 되어야 한다고 발표했고, 이후 푸틴은 2000년 3월 선거 이후 대통령이 되었다. 전 KGB의 일원으로서 푸틴은 체첸을 진압하고 체첸의 소요가 체첸의 영내를 벗어나서 널리 퍼져나가는 것을 막는 데에 성공하여 러시아인들의 신임을 얻어야 했다(결과적으로 러시아인들의 신임은 그리 오래가지 않았다). 체첸에서의 인권유린에 대한 외국의 비난이 푸틴을 지지하는 러시아 국민들의 애국심을 더욱 결집시키는 양상이었다. 그러나 푸틴은 한편으로는 서구의 자본에 호의를 사기 위한 움직임을 취했다. 그의 대통령 임기 초기 몇 달 동안 러시아의 사회적 기반이 제대로 작동하지 않아서 연달아 재앙스러운 사고가 계속 터져나왔지만, 이러한 심각한 문제들은 언젠가는 해결될 것이라는 믿음이 있었다. 좀더 개인적인 관점에서 보면, 이것은 옐친과 그 가족에게도 마찬가지였다. 옐친은 그의 후계자인 푸틴에 의해서 대통령 임기 동안 범한 잘못을 처벌받지 않았다.

옐친의 대통령직 말년의 무기력함 이후 시작된 푸틴의 대통령직은 러시아 정부에 새로운 활력을 불어넣었다. 취임 당시 48세에 불과했던 새로운 대통령은 외향적이지만 상당히 비효율적이었던 전임자에 비해서 금욕적이고 검소한 이미지를 구축했는데, 이는 대다수 러시아인들이 바라는 정치가 상(像)이었다. 푸틴은 행동하는 사람으로 알려지기를 원했다. 그는 러시아의 권력을 다시 중앙으로 집중시키기 시작했고, 일명 '집권층'이라고 불리던 부유층들이 크렘린의 명령을 따르지 않자 그들을 강력하게 탄압했다. 그러나 2004년에 재선한 이후, 대통령의 정책에 비판적인 러시아 미디어에 압력을 행사한 데에 대해서는 우려의 목소리가 높아지기 시작했다.

2001년 9월 11일의 사건은 푸틴에게 체첸을 상대로 한 그의 공격적인 행위를 테러와의 전쟁이라고 주장하는 데에 도움을 주었다(그럼으로써 서구의 강력한 반발을 회피할 수 있었다). 그러나 실질적으로 푸틴은 체첸과의 갈등을 종식시키는 데에서 그리 성공적이지 못했다. 러시아와 이웃한 구소련 국가들에 영향력을 행사하여 새로운 러시아에 우호적인 태도를 취하게 하려는 푸틴의 시도는 대부분 역풍을 맞았다. 푸틴의 가장 큰 업적은 경제적 안정성을 어느 정도 확보했다는 점이다. 2005년경에 인플레이션은 서서히 잦아들었고 러시아의 GDP는 점차 상승했다. 2011년 재선 이후 블라디미르 푸틴은 세계의 중심국가로 돌아가려는 새로운 러시아의 과도기적인 인물로 보이고 있다.

미국이 세계 최강대국이라는 점은 21세기 초에 들어서 1945년 시절보다 더욱 분명한 사실로 받아들여졌다. 1970년대와 1980년대의 온갖 풍파에도 불구하고 재정적자로 인한 국가부채의 축적에 대한 무신경함과 미국의 거대한 경제는 그 거대한 활력을 그대로 유지했고 역경에서 회복하는 끝을 모르는 힘을 보여주었다. 1990년대의 끝자락에 미국의 성장세가 더뎌진 것도 이러한 미국의 거대한 힘을 막지는 못했다. 외국인들에게 배타적인 정치적 보수주의에도 불구하고, 미국은 세계에서 가장 적응력이 빠르고 가장 빠르게 변화하는 국가 중 하나였다.

그러나 20세기가 끝나가는 시기에조차도 많은 오랜 문제들이 여전히 미해결로 남아 있었다. 경제적 번영으로 그러한 문제들을 개인적으로 직접 처리해야 할 필요가 없는 미국인들이 그러한 문제들을 참아내는 데에 도움을 주었다. 반면에 경제적 번영은 미국 흑인들의 열망, 두려움과 분노에도 불을 질렀다. 이것은 존슨 대통령 시기 이후 미국 흑인들을 이룬 사회적, 경제적 진보를 반영한다. 존슨 대통령 시기에 미국 흑인들은 흑인들의 사회적, 경제적 지위를 입법화시키기 위한 단호한 결의를 보여주었다. 최초의 흑인 주지사는 1990년에야 선출되었는데, 이는 25년 전에 악명 높은 폭동을 일으킨 로스앤젤레스 와츠 지역의 사람들이 다시 한번 로스앤젤레스 경찰의 점령군과 다름없는 압제에 반발하여 들고 일어난 지 몇 년이 지난 후였다. 미국 전체적으로 보면, 젊은 흑인 남성은 동년배 백인 남성에 비해서 다른 흑인에 의해서 살해당할 확률이 7배 높았다. 또한 대학보다 감옥에 갈 확률이 더 높았다. 전체 미국의 신생아 중 4분의 1 정도가 미혼모의 자식이었는데, 흑인 신생아는 3분의 2가 미혼모에게서 태어났다. 이는 흑인 사회의 가족의 붕괴를 보여주는 지표이다. 범죄, 몇몇 지역의 심각한 건강보건 문제, 사실상 경찰이 관리할 수 없는 도심 지역 문제는 많은 미국인들이 이러한 문제가 해결의 기미가 보이지 않는다고 믿게 했다.

사실 몇몇 통계수치는 조금 나아 보이기 시작했다. 만일 빌 클린턴(1993년에 대통령에 취임, 재임 1993-2001)이 그가 충분히 시행할 수 있는 정책을 입법시키지 못해서 많은 지지자들을 실망시켰다고 한다면, 그것은 클린턴보다 의회 내 공화당원들이 비판의 대상이 되어야 할 것이다. 또한 멕시코와 카리브 국가들로부터의 합법적 혹은 불법적 이민으로 인한 '히스패닉계' 미국인들의 급격한 증가 역시 많은 미국인들의 근심거리였는데, 클린턴은 이민을 제한하라는 권고를 물리쳤다. 히스패닉계 인구는 30년 새에 2배로 늘었고, 현재 전체 인구의 8분의 1 정도를 차지한다. 가장 부유한 주인 캘리포니아에서 히스패닉 인구는 전체 인구의 4분의 1 정도이고 주로 저임금 노동층을 형성하고 있다. 텍사스에서 히스패닉계 인구는 그들의 이익을 대변하기 위해서 정치를 활용하기 시작했다. 한편, 클린턴은 유행이 된 그의 연설처럼 경제적 성공을 이루기 시작했다. 그의 국내정책의 실망스러운 결과에 대해서 클린턴의 지지자들은 클린턴의 지도력 실패나 유권자들에 대한 과도한 관심에 책임을 돌리기보다 그의 정적들의 탓으로 돌렸다. 비록 1994년에 민주당은 입법부의 주도권을 잃었지만, 1996년 클린턴은 재선에 성공했고 민주당도 중간선거에서 승리했다.

그럼에도 불구하고 클린턴의 두 번째 임기는 실망스러웠다. 클린턴은 자기 방어를 위해서 슬프게도 존슨 행정부와 닉슨 행정부 초기 이후 그 위세와 힘이 약해진 대통령직을 다시 이어갔다. 우드로 윌슨, 프랭클린 루스벨트 시기와 초기 냉전시대 동안 축적된 대통령의 권위는 닉슨 시기 이후 급격하게 줄어들었다. 그러나 클린턴은 이러한 중론을 거스르기 위해서 아무것도 하지 않았다. 실제로 많은 미국인들이 보기에 그는 일을 더욱 악화시켰다. 그의 무분별한 행동이 공론화되었고, 경제적으로 그리고 성적으로 부도덕한 행동으로 인해서 그에 대한 긴 조사가 행해졌다. 이로 인해서 1999년에 사상 초유의 사태가 벌어졌다. 임기 중인 대통령을 상대로 상원에서 청문회가 열려서 클린턴에 대한 탄핵 시도가 진행되었다(공교롭게도 그해에 보리스 옐친에 대한 탄핵 시도도 있었지만 실패했다). 그러나 클린턴에 대한 지지율은 청문회가 시작되기 1년 전보다 시작된 이후가 더 높았고 탄핵 시도는 실패했다. 그에게 투표한 사람들은 그의 성격적 결함은 잘 알고 있었지만, 그가 하려고 했던 것에 대해서 만족했다.

클린턴의 임기가 계속되자, 미국은 다시 한번 냉전 종식 이후 얻어낸 세계의 지도자 지위를 낭비하기 시작했다. 미국의 신문과 텔레비전 뉴스 단신에서 전달하는 내용은 전반적으로 과거의 고립주의는 완전히 끝이 났고, 미국은 이제 세상을 밝게 변화시키기 위해서 국제적으로 다른 국가들과 일해야 한다는 희망에 대해서 이야기했다. 지구의 전역에 미국의 끈질기고 고된 노력이 필요하다는 우려는 무시할 수 없었다. 실제로 미국의 국력은 그후 10년 동안 급격히 쇠퇴했지만, 이러한 우려는 미국의 정책이 가진 모호성으로 인해서 희석되었다. 클린턴의 최초의 그리고 가장 중요한 목표는 시장경제를 국제화하는 것이었고 다른 국가들이 미국의 성공을 따라하도록 하는 것이었다. 클린턴은 다국가 간 상호무역론적 입장을 견지하면서, 냉전 시기 미국의 국제정책에 피로감을 느낀 미국 국민들에게 반감을 사지 않으려고 전전긍긍했다. 미국이 앞장을 선 많은 국제 문제들(예를 들면, 세계의 빈곤 문제, 국제 생태계 문제들)은 유권자들이 클린턴을 '기분 좋게 해주는 대통령'으로 보는 것으로 인해서 전반적으로 가려졌다. 그저 그들을 경제적으로 부유하게 해준 것을 제외하고, 그들을 기분 좋게 해준 것도 사실 별로 없었다.

그러나 얼마 지나지 않아서 국제연합의 평화유지 활동이 미국의 발목을 잡기 시작했다. 1995년 국제연합의 설립 50주년을 맞아서 클린턴은 미국 국민들에게 국제연합에 등을 돌리는 것은 역사의 교훈을 잊는 것이라고 했다.

그의 발언은 그해 초에 하원에서 발의된 미국의 국제연합의 평화유지 활동에 대한 지원금 삭감을 겨냥한 것으로 보인다. 또한 국제연합의 예산에서 미국이 담당하는 2억7,000만 달러에 달하는 기금(전체의 9할에 달한다)의 지불을 거절하자는 의견도 클린턴이 그러한 발언을 하도록 했다. 미국의 정책은 국제연합의 소말리아 개입이 1993년에 중단되자 전환점을 맞이한다. 소말리아 개입으로 국제연합군에 사상자가 발생했다. 분노하고 득의양양한 소말리아인들이 미국 군인들의 사체를 훼손하고 마구 다루는 모습이 그대로 텔레비전을 통해서 방영되었다. 미국은 곧 다른 아프리카 국가인 부룬디와 르완다의 국제연합 개입에서 미국의 참여나 지원을 거절하게 되었다. 그리고 이는 미국이 평화유지의 참여를 거절하거나 육전병력을 대동한 강제적 개입을 허가하지 않을 경우, 얼마나 끔찍한 결과가 나타나는지를 잘 보여주었다. 이 두 작은 국가들에는 오랜 세월 적대적 감정을 이어온 종족 간의 문제가 존재했는데, 그중 소수가 지배층이 되고 다수가 피지배층이 되어 결과적으로 1995-1996년에 대량 학살이 발생했다. 60만 명이 넘는 사람들이 살해되었고 수백만 명이 국제난민이 되었다(두 국가를 합쳐서 인구가 1,300만 명밖에 되지 않는다). 결과적으로 미국이 움직이지 않으면, 국제연합은 아무것도 할 수 없는 것으로 보였다.

클린턴이 1995년 데이튼에서 조인된 평화협상을 이끌어내기 위해서 보스니아의 세르비아군에 공습을 승인하고 나자, 세계에서 미국이 맡은 역할에 대해서 학자, 언론인, 정치인 사이에 큰 논의가 일어났다. 이러한 논의의 중심은 대부분 미국이 국력을 어떻게 적절하게 사용해야 하는지에 맞추어졌고, 보통 그 결론은 미국의 힘을 어떻게 적용하는지로 끝이 났는데, 이는 문명들 간의 잠재적 전쟁에 어떻게 적용할지도 포함되었다. 한편, 클린턴의 외교는 미국의 이상적인 목표에 맞게 세계를 만들어가려는 희망과 무엇보다 전쟁으로 인한 사상자가 없기를 바라는 미국인들의 희망 사이에서 결정되었다.

당시 세계가 직면한 새로운 문제들 가운데 하나는 핵전쟁의 원인이 될 만한 새로운 요소가 등장한 것이었다. 1993년에서 1994년 사이 북한의 끈질긴 핵개발은 (그리고 1998년의 인도와 파키스탄의 핵실험도) 비록 핵을 발사해서 멀리 보내는 미국의 체계와 핵무기의 위력이 매우 우수하지만, 미국은 이제 핵무장 국가들 중에서 그 발전이 느려진 국가들 중의 하나라는 점을 보여주었다(7개국의 핵무장은 잘 알려져 있지만, 다른 2개의 핵무장 국가는 공개적으로는 알려져 있지 않았다). 미국은 이제 미국인의 기준으로 보았을 때 모든 국가가 국익을 위해서 합리적인 사고를 할 것이라고 믿지 않았다(사실 이미 과거에도 그렇게 생각한 경우가 있었다). 그러나 북핵 문제는 냉전 종식 이후 미국의 정책결정에 영향을 준 여러 요소들 가운데 단 하나였다.

1990년대 초에 중동에서는 이스라엘이 점령한 요르단 서안지구에서의 유대인 정착에 대해서 미국이 재정적 압박을 가하며 이스라엘 정부를 설득했다. 이스라엘 정부는 당시 점령지의 아랍인 반란과 그와 동반된 테러 활동으로 곤란을 겪었다. 미국은 팔레스타인 문제에서 군사적 해결만으로는 효과가 없을 것이라고 이스라엘을 설득했다. 이를 위해서 많은 노력이 경주되었고 특히 노르웨이 정부의 전폭적인 지지를 바탕으로 이스라엘과 팔레스타인 대표 사이에 비밀회담이 1993년 오슬로에서 열렸고, 마침내 새로운 출발에 대한 돌파구가 보이기 시작했다. 양측은 '수십 년간 이어온 대치와 충돌을 끝내고 양측의 합법성과 정치적 권한과 평화적 공존을 위한 노력을 정진할' 시간이라고 선언했다. 서안지구와 가자지구에 자치 팔레스타인 정부 수반('임시'정부 수반이라고 강조되었다)을 세우고 영구적인 평화협상을 향후 5년 안에 끝내기로 합의했다. 이것은 중동 지역 전체의 안정에 크게 기여할 것으로 보였다. 팔레스타인인들은 이로 인해서 커다란 외교적 성과를 이룩했다. 그러나 이스라엘군이 점령한 지역에 이스라엘 정착민들이 계속 밀려오자 분위기는 다시 험악해졌다. 테러리스트들의 공격과 이에 대한 보복이 끊이지 않자 낙관론은 흔들리기 시작했다. 이스라엘 도시 거리에서 팔레스타인인들은 무차별 폭탄 공격으로 수십 명의 쇼핑객들과 행인들을 죽이거나 불구로 만들었다. 총을 든 유대인 하나가 헤브론의 모스크에서 30명의 팔레스타인인들을 죽이자 이스라엘인들은 그가 죽은 후에 그의 행동에 찬사를 보냈다. 그럼에도 불구하고 희망은 이어졌다. 시리아, 요르단, 레바논 모두 이스라엘과 평화교섭을 시작했고, 팔레스타인 자치구역의 지정된 구역에서 이스라엘 군대가 철수하는 것으로 협상은 시작되었다.

이후 1995년 11월에, 이스라엘 총리가 광신적인 이스라엘인에게 암살당했다. 이듬해에 의회에서 유대인 극우정당의 지지에 힘입어 보수적인 총리가 취임했다. 그는 간신히 과반수를 차지했지만 앞으로 다가올 상황은 분명했다. 새 총리는 이스라엘의 영토 확장을 위한 이주정책에 좀더 강경하게 나설 것이며, 오슬로 합의는 지켜지지 않을 가능성이 커졌다. 1999년 노동당 정부가 정권을 잡고 나서도 오슬로 합의의 이행으로 회귀하지 않았다. 임기가 끝나갈 무렵에 빌 클린턴은 새로운 협상을 주도했지만, 제대로 된 합의를 이행하는 데에 실패했다. 팔레스타인의 지도자인 야세르 아라파트는 2000년에 새로운 팔레스타인 봉기가 터진 이후 그의 여생(2004년에 사망했다)을 라말라의 그의 은신처에서 이스라엘 군대에 포위된 채 보냈다. 2006년 이슬람주의 집단인 하마스(이스라엘의 제거를 다짐한 당파)가 팔레스타인 의회를 장악했다. 미국은 한 세기 전 세워진 시오니스트 계획과 1917년 밸푸어 선언의 결과물과 씨름하는 데에서 다른 외부인들과 별반 다를 바가 없었다.

페르시아 만의 문제에서도 미국은 지속적인 해결책을 내놓지 못했다. 국제연합의 비준을 받은 국제제재는 이란이나 이라크 모두에게 불만족스러운 결과를 낳았고, 이라크의 끈질기고 열성적인 노력으로 1990년대 중반에 이라크에 반대하는 국제적 공조에 금이 가기 시작했다. 사담 후세인 정부는 국제제재에 큰 영향을 받지 않은 것으로 관측되었다. 국제제재는 그의 국민들을 심하게 압박했지만, 사담 정권은 필요한 물품을 밀수하는 방식으로 이를 완화시킬 수 있었다. 이라크는 여전히 대형 원유수출국이었고 원유를 판 수익으로 군사력을 재건할 수 있었다. 다만 이것은 어디까지나 국제연합이 대형살상무기 제작에 대한 사찰을 요구하기 전까지 가능한 이야기였다. 미국의 정책은 사담 후세인 정권을 전복시킨다는 본래의 혁명적이고 분명한 목표에서 점차 멀어지고 있었고, 이는 심지어 1998년 12월에 4일 동안 야간에 공중전이 열린 시기(영국만이 이를 지지했다)에도 마찬가지였다. 이는 또한 워싱턴에서 탄핵에 관한 절차를 밟고 있는 상황에서 세계의 이목을 페르시아 만으로 돌리기 위해서 폭격의 시기를 그렇게 잡았다는 의혹으로 인해서 미국의 국제적 위신을 지키는 데에도 도움이 되지 않았다.

1998년 신년 국정연설에서 빌 클린턴은 미국 국내의 사정이 '좋다'는 점을 강조했지만, 이는 국제 문제에서는 틀린 것으로 드러났다. 그해 8월에 케냐와 탄자니아에 위치한 미국 대사관들이 무슬림 테러리스트의 공격을 받아서 심각한 인명피해를 입었다. 몇 주일 지나지 않아서 미국은 아프가니스탄과 수단에 있는 테러리스트 기지라고 추정되는 곳에 미사일 공격을 함으로써 보복했다(수단의 경우, 공격을 받은 공장이 생화학 무기를 생산하는 곳이라고 알려졌는데, 이 주장은 곧 신빙성이 없어졌다). 미국 대사관 폭탄공격은 빌 클린턴을 의문에 싸인 인물인 사우디의 급진주의자 오사마 빈라덴(1957-2011)과 연결시켰다. 한 연설에서 빈라덴은 장래에 미국 시민들에 대한 공격을 준비 중이라는 강렬한 암시를 주었다. 11월에 맨해튼 연방 대배심에서 오사마 빈라덴과 그의 일당은 대사관 공격과 미국 군인에 대한 다른 공격혐의 그리고 1993년 뉴욕 세계무역 센터에 대한 실패한 폭탄 테러와 관련하여 200건이 넘는 기소를 당했다. 물론 그가 이에 대한 답을 하기 위해서 법정에 서지 않은 것은 당연한 일이었다. 빈라덴은 탈레반 정권의 비호 아래 아프가니스탄에 은둔하고 있는 것으로 알려졌는데, 탈레반은 1990년대 중반 소련과의 전쟁으로 인해서 폐허가 된 아프가니스탄을 장악했다.

1999년 신년이 밝았을 때 코소보는 구유고슬라비아 문제의 중심에 서 있었다. 봄이 지나서 여름에 들어서자 세르비아에 대한 북대서양 조약기구 군대의 공습(미군의 주도로 실행되었다)이 그해 3월에 결정된 전략적 결의를 바탕으로 행해졌는데, 이는 세르비아 국민의 저항의지를 다소 주춤하게 하고 코소보를 떠나는 난민의 수를 증가시킨 것 말고는 별다른 성과를 내지 못했다. 러시아는 북대서양 조약기구의 행동에 자극을 받아서 이에 대한 국제연합의 비준을 지지하지 않았고, 해당 지역에서 러시아의 전통적 국익을 무시한 처사라고 생각했다. 세르비아와 코소보 양측에 민간인 사상자가 발생하자, 북대서양 조약기구 19개국 국내의 여론에 오해를 불러일으켰다. 세르비아 대통령 슬로보단 밀로셰비치는 빌 클린턴이 북대서양 조약기구 군대로 육전을 수행하지 않을 것이라는 약속으로 인해서 크게 자신감을 얻었다. 옛 유고슬라비아 지역에서 벌어지고 있는 일들은 확실히 이례적인 것이었다. 유럽 주권국가에 대한 무력탄압이 그 국가의 자국민에 대한 탄압으로 인해서 가해졌다.

한편, 100만 코소보 난민의 4분의 3 이상이 안전을 위해서 마케도니아와 알바니아 국경을 넘었는데, 이들은 세르비아인들의 잔혹성과 탄압이 어떻게 이루어지고 있는지를 알렸다. 베오그라드의 세르비아 정부는 고의적으로 코소보 지역의 대다수를 차지하는 비세르비아계 사람들을 몰아내려는 계획이었다. 그리고 재앙과 같은 사건이 터졌다. 이미 유효하지 않은 정보를 통해서(따라서 일어나지 않을 수 있던 일이었다), 미국의 폭격기가 베오그라드의 중국 대사관을 직격했고 대사관 직원들을 살해했다. 중국 정부는 클린턴의 사과조차 들으려고 하지 않았다. 정부의 밀명을 받은 텔레비전 방송은 중국인들이 북대서양 조약기구의 개입을 미국의 단순 침략행위로 받아들이고 있는 것처럼 발표했다. 조직적인 학생폭동이 일어나서 베이징의 미국과 영국의 대사관을 습격했다(물론 문화혁명 기간의 극단적인 상황으로 치닫지는 않았다). 정부의 입장에서는 편리하게도 (천안문 사태 10주년이 다가올 시기에) 학생들의 분노가 반외세 폭동으로 분출되었다.

미국의 세계에서의 역할에 대한 중국의 우려는 의심의 여지가 없었다. 또한 러시아와 마찬가지로 코소보 위기와 관련한 중국의 개입은 북대서양 조약기구가 목적을 달성하기 어렵게 했다. 중국은 유엔 안전보장이사회의 거부권 제도의 강력한 신봉자로서 이 거부권 제도를 개별 국가의 주권을 보호하는 장치라고 간주했다. 또한 중국과 러시아는 코소보의 분리주의자들과 같은 사람들을 동정적으로 보는 것을 꺼려했는데, 이는 거대한 자국의 영토가 쪼개지는 위험에 항상 민감하기 때문이었다. 좀더 깊이 들여다보면, 중국과 러시아는 최근의 특히 좋지 못한 시기가 아니라, 그들이 국제사회에서 과거에 오랫동안 고수해온 역할을 재확인하고 싶은 생각이 강하게 박혀 있었다. 중국은 중국의 몇몇 도시가 유럽과 미국의 군대로 인해서 '질서'가 유지된 치욕적인 경험이 있었다. 만약 중국의 군대가 유럽에서 평화유지군의 일원으로 참여한다면, 흥망성회의 반전으로 중국인의 뇌리에 강하게 박혔을 것이다.

위험을 무릅쓰고 육전대를 파견함으로써 발생할 비용을 피하려고 한 클린턴의 결정 때문에, 보스니아의 국제연합에 대한 국제질서 유지 조직으로서의 신뢰가 박살이 났다. 이제 코소보는 북대서양 조약기구도 믿지 못하게 되었다. 그러나 6월 초에 폭격으로 인한 피해, 적절한 시기에 이루어진 러시아의 중재 노력, 북대서양 조약기구 군대의 파견을 위한 영국의 압력으로 인해서 세르비아 정부의 의지가 끝내 꺾이기 시작했다. 러시아 정부가 참석한 6월의 중재회의에서 북대서양 조약기구의 육군이 코소보에 '평화유지' 임무를 수행하기 위해서 들어가기로 합의했다. 이후 세르비아 군대는 코소보에서 철수했고 그 지역은 북대서양 조약기구가 점거했다. 다만 이것은 구유고슬라비아 연방 문제의 종결을 의미하지 않았다. 2006년 북대서양 조약기구 군대는 여전히 그곳에 주둔했고, 코소보의 장래에는 불확실성이 존재했다. 다수민족인 알바니아계가 그 지역을 통치하면서 강압적인 수단을 써서 소수민족인 세르비아계가 줄어들고는 있었으나 여전히 상황은 불안했다. 그러나 베오그라드의 세르비아 정부에 큰 변화가 일어났고 전 세르비아 대통령이 체포되어 헤이그에 있는 국제재판소에 넘겨졌다. 국제 사법재판소는 전쟁범죄 등과 관련하여 국제법을 어긴 피고들에 대한 재판을 진행했다.

임기가 막바지에 이르자, 클린턴은 국방예산의 감소를 돌리기 위해서 여러모로 애썼다. 그는 기후에 영향을 주는 산업용 가스의 방출에 제한을 가하자는 정책 제안을 납득할 수 없다고 지적했고, 중국과의 통상관계를 유지하기 위해서 애썼다. 중국은 2001년 세계무역기구에 가입할 수 있었다. 2000년 공화당의 대통령 선거후보는 조지 W. 부시로 클린턴에게 1992년 선거에서 패한 조지 H. W. 부시의 아들이었다. 조지 W. 부시는 그의 성공적인 대통령 유세에서 미군을 평화유지 임무에 이용하는 것을 기피하는 데에 반대했고, 미국을 '불량' 국가들의 핵 미사일 무장에서 보호하기 위해서 핵 미사일 방어체계 설립을 허가하겠다고 역설했다. 이 책의 이전 판본은 당시에 놀라운 것이라고 생각할 만한 세계적인 사건들을 관측하는 것으로 끝이 났는데, 이는 세계가 우리가 생각하는 것보다 한편으로는 느리게 변화하고 다른 한편으로는 더욱 느리게 변화하기 때문이다. 2001년 9월 11에 터진 사건이 세계를 다시 한번 새롭게 변화시켰던 사실로 인해서 이러한 주장은 더욱 신빙성이 있게 들린다.

가을의 한 아름다운 아침, 미국 국내를 비행하기로 예정된 4대의 민항기가 이슬람 혹은 중동 출신으로 보이는 사람들에게 불법 납치를 당했다. 과거의 유사한 공중 납치 사례에서는 대개 범인들이 인질들의 몸값을 요구하거나 공개적으로 그들의 목표를 발표했으나, 이번 사건의 테러리스트들은 이와 달리 항공기의 진로를 돌리고 자살과 동시에 살인을 범했다. 그중 두 대의 항공기는 맨해튼에 있는 거대한 국제무역 센터 건물들을 들이받았고, 다른 한 대는 미국의 군사계획과 운영의 중심인 워싱턴의 펜타곤 빌딩에 충돌했다. 나머지 항공기는 농촌지역의 넓은 땅에 불시착했는데, 일부 승객들의 영웅적인 활약으로 항공기를 납치한 테러리스트들을 제압한 상태에서 그곳에 떨어지게 된 것이었다. 전술한 항공기 4대에 탑승한 승객 중 그 누구도 생존하지 못했고, 워싱턴과 뉴욕, 이 두 도시(특히 뉴욕)는 막대한 손실을 입었다. 3,000명의 사람들이 비명횡사했는데, 그들 중 다수는 미국인이 아니었다.

이 비극적인 사건의 진실을 완전히 알아내는 데에는 시간이 필요한 것이 사실이었지만, 미국 정부는 즉각 극단주의 이슬람주의 테러리스트의 소행이라고 단정했다. 부시 대통령은 추상적인 개념인 '테러리즘'에 대한 사실상 전 세계에 걸친 전쟁을 선언했다. 더욱 주목해야 할 것은 오사마 빈라덴은 결국 미국에 의해서 사냥당했고 재판을 받았다는 점이다. 그러나 어떠한 측면에서 보면 9.11 테러에 대한 개인적인 책임은 사실 가장 중요한 문제가 아니었다. 훨씬 더 중요한 것은 전 세계에 걸친 무슬림의 근본주의 조직이 (그리고 아마 이슬람 그 자체가) 가진 열정이 그러한 잔혹한 행위로 분출되었다는 점이었다. 이러한 이유로 이 사건의 여파는 수천 명의 사람들에게 물리적, 경제적 타격을 준 참혹함과 공포보다 잠재적으로 더욱 큰 것이었다. 사건 직후 몇몇 국가에서 고립된 상태인 반무슬림 운동에서 9.11 테러의 여파가 뚜렷하게 나타났다.

9.11 테러 이후 모든 것이 변했다는 표현은 이제 진부한 표현이 되었다. 물론 이것은 과장이다. 어떠한 사건이 발생했다고 하더라도, 역사의 흐름은 세계 대부분의 지역에서 변하지 않는다. 그러나 9.11 테러의 영향은 의심할 여지없이 충격적이었고 그 전까지는 다소 잠재적이었던 상황을 훨씬 더 분명

하게 만들었다. 미국인들의 의식에 커다란 충격이 즉시 그리고 분명하게 전달되었다. 이것은 미국 대통령이 이를 '전쟁'의 시작이라고 선언하며(비록 적을 정확하게 누군가라고 규정하지는 않았지만), 국민 여론을 결집시킨 것만으로는 설명이 부족하다. 또한 이는 의심의 여지가 있는 논쟁에 가득 찬 선거 이후 미국 대통령의 정치적 입지의 변화만으로도 설명이 부족하다. 미국의 국민들이 60년 전 진주만 습격 이후 가졌던 국가적 분노와 단결과 비슷한 감정을 느끼게 된 것만은 분명했다. 미국은 20년 동안 국내와 해외에서 테러리스트에게 공격을 당했다. 그러나 9.11 테러는 그 규모에서 전례가 없는 것이었고, 불행하게도 또다른 참혹한 행위가 뒤따르게 되었다. 당연하게도 부시는 민주주의 분노를 강경한 어투로 표명했고 국가는 압도적으로 그에 동조했다.

베일에 싸인 인물인 빈라덴을 체포하여 재판하는 것이 '불량 국가들'의 위협을 제거하는 미국의 목적에 추가되었다. '불량 국가들'의 테러리즘 지원이 있었을 것이라고 추정되었고, 또한 테러에서 필수적이라고 생각되었다. 이 계획의 실무는 기존의 군사작전 영역을 넘어섰고, 세계 각국으로부터 윤리적 관점에서의 지지와 실질적인 도움을 얻기 위한 미국의 외교공세가 왕성하게 시작되었다. 이러한 외교공세는 대단히 성공적이었다. 비록 모든 정부가 비슷한 수준으로 이에 응하지는 않았지만, 대다수가 긍정적인 반응을 보였고 심지어 대다수 무슬림 국가와 러시아와 중국까지도 이러한 지지 대열에 동참했다. 유엔 안전보장이사회는 만장일치로 이에 동조했다. 북대서양 조약기구 회원국들은 공격을 당한 동맹국에 대한 지원의 의무를 받아들였다.

나폴레옹 전쟁 이후 신성동맹과 비슷하게 유럽의 보수적인 국가들은 음모와 혁명의 악몽에 시달렸다. 민항기 불법 납치가 발생한 이듬해에, 이슬람주의 테러에 대한 공포가 과장되는 조짐이 보였다. 일어난 사건에 대해서 조사하여 조심스럽고 현명하게 대비하는 것에는 이견의 여지가 없었다. 그러나 테러 세력을 결집시키는 것이 무엇인지 사실상 그다지 알려진 것이 없었고, 그 영향과 여파가 어디까지 미칠지도 제대로 알 수 없는 상황이었다. 단 한 사람의 소행으로 이러한 상황이 벌어졌다고 설명하는 것은 그다지 설득력이 없어 보였다. 몇몇 사람들은 문명의 충돌의 시기로 들어서며 이러한 사건이 벌어졌다고 했지만, 이 역시 그렇게 합리적인 설명은 아니었다.

무엇보다 미국의 대외정책은 이스라엘을 지원하면서 아랍권 국가들의 반미감정을 키웠다는 점에서 의심의 여지가 없었다. 물론 이러한 대다수의 미국 국민들이 이러한 상황을 인식하기 시작했지만 상황은 변함없었다. 미국이 빈곤에 찌든 국가들을 상대로 지나치게 자본주의적 문화를 적용하는 방식으로 의사소통을 한다는 점도 이러한 전 세계적인 분노를 자극한 점도 있었다. 미군이 점령한 것으로 생각되는 몇몇 지역에서도 그들은 그리 환영받는 존재가 아니었고 부패한 정권을 지지하는 세력으로 그려지기도 했다. 그러나 전술한 그 무엇도 무슬림들에 대한 또다른 십자군전쟁에 대한 원인으로 볼 수 없다. 그보다는 이슬람 문명의 상상을 초월한 다양성이 이제 단일적인 서구 사회의 입장에서 단일적인 적으로 보이게 되었다는 점이 더 설득력이 있을 것이다. 얼마 지나지 않아서 아프가니스탄의 탈레반 정권이 탈레반에 반대하는 토착 세력과 미국의 폭격, 기술, 특수부대의 합작으로 제거되었다. 2001년 말 무렵에 여전히 군벌 지배와 민족 간의 차이로 나뉘어져 있었고 미국과 다른 북대서양 조약기구에 의존적이어서 탈레반과 싸우기에는 국가적으로 자원이 부족하고 위험했지만 새로운 아프가니스탄 국가가 공식적으로 건국되었다. 한편, 테러와의 전쟁에 대한 잘못된 정의로 인해서 팔레스타인의 상황이 더욱 복잡해졌다. 아랍 국가들은 이스라엘이 팔레스타인인들을 공격할 때 그들을 계속 지지할 상황이었고 이로 인해서 국제 테러에 대한 제재를 불러오게 되었다.

9.11 테러의 가장 끔찍한 영향은 2003년 부시와 그의 주요 외교 파트너인 영국의 수상 토니 블레어가 이라크를 침공하기로 결정한 것이다. 이라크 침공의 주요 명분은 (특히 미국 내에서 자라나고 있는) 후세인 정권의 대량 살상용 화학, 생물학, 혹은 핵무기의 보유 가능성에 대한 두려움이었다. 2001년 9월 이전에는 단지 무기의 보유나 습득 가능성에 대한 의혹만으로(나중에 알려졌지만 발견되지 않았다), 주권국가에 선제공격을 가하리라는 예상은 드물었다. 심지어 그 국가가 올바르지 않게 보였다고 해도 말이다. 그러나 9.11 테러는 많은 미국인들의 생각을 변화시켰다. 이제 그들은 (최소한 잠시 동안이나마) 또다른 잠재적 위협을 상대하는 데에 9.11 사후의 미국인들의 긴박한 감정을

이용하기를 원하는 대통령을 따를 준비가 되어 있었다. 심지어 부시와 블레어가 뉴욕과 워싱턴에 대한 공격에서 사담 후세인(그리고 그의 반서구적인 허세와 엄포)이 아무런 관계가 없다고 인식했을지라도, 그들은 후세인 정권이 반드시 제거되어야 할 악이라고 생각했다.

유엔 안전보장이사회의 다른 회원국들의 강경한 반대와 대부분의 국제 여론의 반대에도 불구하고, 미국과 영국은 국제연합의 결의안을 추진하여 이라크를 침공하는 데에 힘을 얻으려고 했다. 2003년 3월 초에 결의안이 채택되지 않을 것이 분명해지자, 미영 양국과 그들의 동맹 몇 개 국가들은 국제연합의 지지 없이 이라크로 침공하여 사담 후세인의 정권을 제거하기로 결정했다.

제2차 걸프 전쟁은 2003년 3월에서부터 4월까지 겨우 21일간 지속되었다. 그러나 서서히 21세기 초의 국제질서를 장악해나가기 시작했다. 예상대로 제2차 걸프 전쟁은 사담 후세인의 축출과 이후 재판과 처형으로 종결되었고 그의 정권은 전복되었다. 그러나 이후 제2차 걸프 전쟁은 세계정치에 새로운 균열을 일으켰고 이 균열을 채워넣는 것은 매우 어려웠다. 그리고 이 외세의 점령으로 보이는 상황에 대해서 이라크 각지에서 끊임없이 저항이 일어났다. 유럽에서는 독일, 프랑스, 러시아가 이라크 침공을 반대하고 이를 비판했다. 중국은 이를 국제법 위반이라고 비난했다. 북대서양 조약기구는 냉전 이후 가장 심각한 위험에 당면했다. 북대서양 조약기구가 이라크 침공에 대해서 찬성할지 말지를 고민하는 동안, 미국은 조약기구의 신규 동유럽 회원국들과 함께 이라크를 침공했고, 이들 동유럽 회원국들은 이를 가장 크게 지지했다. 그러나 조약기구가 입은 가장 큰 피해는 냉전 이후 시기의 새로운 국제질서의 개념이 세계 전체의 대립에서 강대국 간의 의논과 다자간 행동으로 바뀌었다는 데에서 찾아왔다. 국제연합의 사무총장이자 미국이 선출을 위해서 노력했던 가나 출신 코피 아난은 미국과 영국이 이라크에서 저지른 행위는 불법이라고 세계에 알렸다. 그에게 그리고 다른 많은 이들에게 진정한 문제는 사담 후세인을 제거하려는 부시의 의지가 아니라, 다른 나라 역시 그 적들을 제거하기로 작정한다면 똑같은 일이 발생할 수 있고, 미국이라는 세계에서 가장 강대한 국가가 그러한 일방적 행동의 선례를 남겼다는 점이었다.

만약 이라크 점령이 좀더 제대로 계획되었다면, 부시와 블레어는 이라크 침공 후에 그들을 향한 비판에서 어느 정도 벗어날 수 있었을 것이다. 이라크의 일부는 정권이 무너진 이후에 무정부 상태가 되었고, 기본적인 국가업무가 마비되었으며, 경제는 흔들렸다. 이라크인들이 바그다드 중심지의 후세인 동상을 무너뜨리고 난 후에(미국 탱크의 도움을 많이 받았다), 약탈과 무법 상태가 한 달간 널리 퍼져나갔다. 이라크의 주요 민족과 종교 집단 사이의 관계를 사담 후세인 사후 정권이 다루기가 어려웠으며, 사회안전의 결여와 경제적 혼란은 이러한 상황에 기름을 부었다. 다수를 차지한 시아 무슬림들은 이전의 바트 정권의 수니 출신 지도자들에게 오랜 기간 압제를 받았는데, 이란과 유사한 이슬람주의 국가를 세우는 방향으로 종교적 지침을 세웠다. 반면에 수니파가 장악한 지역에서는 이라크와 다른 아랍 국가 내의 후세인 지지자들과 수니파들을 기반으로 한 폭동이 연이어 일어났다. 새로운 이라크 정부는 시아파가 장악한 느슨한 연립정부였는데, 미국의 군사지원에 의존했다. 한편 북부의 쿠르드족은 바그다드 정부에서 분리되어 자신들만의 정부기관을 설립했다.

냉전이 종식될 무렵, 미국은 역사에서 최초의 국제패권을 행사했다. 미국의 최초의 패권 행사는 아무리 긍정적으로 보려고 해도 매우 미숙해 보였다. 2001년 9월 11일의 죄 없는 생명들이 몰살당한 후 미국은 많은 우호국가들과 척을 지는 방향으로 나아갔고, 이길 수도 그렇다고 도망칠 수도 없는 전쟁에 빠져들었다. 결과적으로 2004년 재선에서 승리한 이후, 부시는 (탄핵을 목전에 두었던 리처드 닉슨은 제외하고) 기억 속에 남은 어떤 대통령보다 인기가 없었다. 그러나 이라크 침공이 부시의 대통령직과 토니 블레어의 수상직을 실패하게 했다고 해도, 여전히 냉전 이후 세계에서 미국의 국력을 사용하는 데에 더 좋은 방법은 그리 많지 않았을 것이다. 미국인들은 둘로 나뉘어졌는데, 이라크의 교훈으로 미국이 고립주의로 가야 한다고 생각하는 사람들과 다자주의로 가야 한다고 생각하는 사람들로 나뉘었다. 더욱 중요한 것은 미국 이외의 다른 국가들은 미국의 일방적인 행동의 결과에 대해서 자주 비판하지만, 큰 위기가 닥쳤을 때 별다른 일을 하지 못했다는 점이다. 냉전 후 시기가 막바지에 접어들 무렵, 문명이 시작한 이라크 지역은 기나긴 역사의 궤적을 다시 한번 비틀어 꼬기 시작했다. 메소포타미아 지역의 침입자들의 실망스런 운명은 그리 새로운 일이 아니었다. 그리고 한 국가의 세계적인 지배력이 어떻게 될 것인지는 분명했다. 의심할 여지없이 미국은 국제질서를 재창조할 힘이 있었지만, 부시 시기가 끝나가면서 미국의 힘을 어떻게 사용해야 할지에 대해서는 확실한 답이 없었다.

2008년 미국 선거는 부시 시대에 대한 강한 부정이라고 할 수 있었다. 공화당 후보는 전임 대통령의 기록을 변호할 길이 별로 없었다. 그러나 본 선거에서 가장 두드러진 점은 민주당이 아프리카계 미국인 버락 오바마를 대통령 후보로 내세웠다는 점이다. 오바마의 메시지는 미국이 국내에서뿐만 아니라 국제적으로도 변화할 수 있는 국가라는 희망을 미국에 돌려주었다. 2000년대의 미국의 개입주의를 반박하며, 미국은 범지구적으로 다른 이들과 협력하는 방식으로 그 힘을 사용할 것이라고 선언했다. 오바마의 국내외적 인기는 그를 시대정신을 가진 대통령으로 만들었고, 존 F. 케네디 이후 그 누구보다 그러한 이미지에 부합했다. 그리고 그는 확실하게 규정짓지는 못하지만 변화를 약속하는 아름답게 짜여진 연설을 쏟아냈다.

그러나 오바마가 세계를 근본적으로 변화시킬 만한 여지가 부족했다. 아무래도 이는 그가 1930년대 대공황 이후 최악의 세계 경제위기 상태를 물려받았다는 점을 간과할 수 없을 것이다. 몇몇 국가의 경제는 1990년대 후반에 아시아 금융위기 혹은 러시아의 카지노 자본주의(2000년대에 이로 인해서 많은 러시아인들이 소련 시절의 치안이 붕괴된 것을 못내 애석해했다) 등으로 인한 심각한 불안정의 가능성을 내포했다. 미국에서는 2001년 미국의 가장 큰 에너지 회사인 엔론이 그리고 2008년 여름에는 미국 정부가 후원하는 두 곳의 대출회사가 경영실패를 겪으면서 시장경제의 기초 운영원리에 대한 경종을 울렸다. 그러나 냉전이 끝나가면서, 시장의 절대적인 힘과 좀더 급진적인 자유시장 경제에 대한 관념이 함께하면서 시장에 대해서 가장 많은 통제를 가했던 메커니즘(공산주의)이 제거되었다. 이러한 체제는 추락하고 있었다.

이러한 위기의 폭탄을 터뜨린 것은 미국의 주택가격 거품의 붕괴였다. 은행과 구매자들 모두 가격이 계속해서 오를 것이라고 생각했고 이자율이 계속해서 매우 낮게 유지될 것이라고 믿었다. 2007년에 약간의 이자율 상승이 있었는데, 그것은 자산가격의 감소로 이어졌다. 많은 구매자들이 담보대출에 대한 더 높은 이자를 지불할 수 없었다. 결국 그들은 자산을 팔았고 그로 인해서 미국 전역에서 주택가격의 가파른 감소가 이어졌다. 몇몇 지역, 예를 들면 플로리다에서는 주택가격의 약 70퍼센트 정도가 감소했다.

적은 차익을 남기며 값싼 가격의 대출을 시행했던 은행들에게 이것은 좋지 못한 상황이었다. 그러나 더 큰 문제는 대부분의 은행들이 직간접으로 '서브프라임 모기지(subprime mortgage)'로 옮겨갔었다는 점이었다. 서브프라임 모기지는 기본적으로 대출자가 가장 이상적인 상황에서만 이러한 대출금을 변제할 수 있다는 의미이다. 2000년대의 가계와 은행들이 떠맡은 과도한 리스크는 1930년대 대공황 이후 전례 없던 금융위기를 불러왔다. 2008년 9월에 미국에서 4번째로 큰 투자은행인 리먼 브라더스가 7,500억 달러의 부채와 함께 파산했다. 리먼 브라더스 은행의 자산은 대부분의 부채를 갚을 정도로 많았지만, 이 은행의 붕괴는 금융시장에 연쇄 반응을 일으켰다. 결국 17개월 동안 미국의 주식시장의 지표가 50퍼센트가량 떨어졌다.

2009년 1월에 취임한 오바마 대통령은 어쩔 수 없이 세계를 불황으로 몰아넣고 있는 금융위기를 우선적으로 처리해야 했다. 연방정부의 금융촉진 정책(대표적으로 화폐를 더 발행하고 정부의 지출을 늘렸다)을 활용하여 금융위기의 산업과 사회에 즉각적으로 끼치는 최악의 영향은 피했다. 그것이 아니라도 최소한 이를 피할 수 있게 되었다. 미국 정부와 다른 정부들은 모두 약화된 은행들이 자본을 재구성하도록 강제했다(이는 국가나 다른 은행에 팔리게 되었다는 의미이다). 그러나 시장에 대한 국민의 신뢰는 심각하게 흔들렸고 시장의 신용은 거의 회복되지 않았다. 금융위기의 영향은 소비자의 불확실성과 주식시장의 예측 불가능성으로 인해서 길어졌다. 2011년까지 북미 지역과 유럽 지역의 실업은 높게 유지되었다. 에스파냐는 20퍼센트였고 아일랜드는 15퍼센트였다. 그리고 미국은 9퍼센트였다. 이 정도의 실업률은 대공황 시기 실업률보다는 낮았지만, 상당한 기간과 영향을 가진 경기불황의 신호였다.

일부 사람들은 이러한 상황이 더 심각한 변화의 조짐일 수도 있다고 생각했다. 즉, 예를 들면, 자본주의 체제의 구조적인 약점이 나타나거나 국제적으로 부가 서구에서 아시아로 넘어갈 수 있다고 보았다. 다만 분명한 것은 규제의 결여와 리스크를 선호하는 성향이 이러한 위기를 더 큰 규모로 불러왔다는 점이다. 대부분의 사람들은 이러한 위기를 그냥 인간사의 일반적인 흥망성쇠의 산물이라고 생각하며 떨쳐버리기 힘들었다. 유럽에서는 정치적 낙진이 엄청났다. 국민적인 부채위기가 아일랜드에서부터 그리스까지 정부를 무너뜨렸고 심지어 유로화의 유지 자체도 불확실했다. 영국의 노동당 정부는 2010년에 보수당과 자유민주당의 흔들리는 연립정부로 대체되었다. 이 연립정부는 제2차 세계대전 후 최대의 내핍경제 프로그램을 시작했다. 그러나 사람들이 정부에 대해서 많은 비판을 하기는 했어도, 그들의 주요 비판 대상은 은행이었다. 지나친 투기와 무책임함이 이러한 위기의 주요 원인으로 지적되었다. 현재 국제금융은 그 누구도 그 체계 전체를 제대로 이해할 수 없다고 할 만큼 복잡해졌다. 어쨌든 인간의 두뇌는 주식시장에서 거래 알고리즘(심지어 위대한 아랍의 수학자인 알-콰리즈미 역시도 얼이 빠질 지경으로 복잡하다)을 따르는 것 이외에도 매우 다양한 목적을 위해서 발전해왔다.

미국발 금융위기가 세계에서 아시아의 중요성이 늘고 있다는 장기적인 추세의 증거라고 보는 사람들은 크게 즐거워했다. 중국은 서구에 비해서 금융위기에 크게 상처받지 않으며 이를 지나쳐갔다. 동아시아 경제에서 세계적으로 큰 충격을 준 금융위기보다 2011년의 일본 대지진과 쓰나미(최소 1만6,000명의 사람들이 이 과정에서 사망했다)가 더 큰 충격이었다. 북대서양 지역 국가 전체가 국가수입 이상의 분수에 넘치는 생활을 했다고 알려졌다. 이 지역의 경제는 아시아와 비교해서 더욱더 경쟁력이 약해졌고 지나친 대출로 인해서 여러 의미에서 채무를 이행할 수 없는 상태가 되었다. 그렇지만 이러한 관점이 많은 중요한 진실들을 알려주고는 있지만, 2008년 위기의 진정한 원인과 결과를 집어내기에는 지나치게 단순한 경향이 있다. 일단 세계는 생산자와 소비자 그리고 생산도구와 아이디어의 개발자와 사용자로 점점 서로 연결되어가고 있으며, 한 지역의 위기는 다른 지역에 영향을 미친다는 점이다. 아시아는 빠르게 발전하고 있는 것처럼 보이지만, 앞으로는 다른 지역의 상황에 항상 크게 영향을 받게 될 것이다.

현대사의 이러한 상호연관성은 2011년 봄에 특히 눈에 띄었다. 당시 아랍 세계에 거대한 변화가 갑작스럽게 시작되었다. 다른 위대한 혁명들처럼, 이 아랍에서의 혁명은 작은 사건에서 비롯된 것이지만 이후 수백만 명의 사람들에게 특별한 의미가 되었다. 사막의 끝자락에 위치한 시디 부지드라는 작은 튀니지의 마을에서, 한 채소장수가 자신의 수레를 몰수하고 이에 대해서 항의하자 뺨까지 때렸던 지방관리들에게 절망에 찬 채 저항했다. 그는 그 지방을 다스리는 지방관의 관청 밖에서 자신의 몸에 불을 질렀다. 무함마드 부아지지의 참혹한 죽음 이후 마을 전역에서 항의집회가 열렸다. 그리고 이러한 흐름은 다른 마을들로 옮겨갔다. 1월 말경에, 23년간 튀니지를 통치했던 독재자는 망명을 떠났고, 그를 쫓아낸 사람들은 아랍 세계에서 본 적이 없는 민주개혁을 도입하기 시작했다.

소위 아랍의 봄은 점차 아랍 세계의 독재정권, 인권유린, 부패, 경제 부진, 청년 실업, 광범위한 빈곤 문제 등에 대한 집단적 저항운동이 되었다. 그 시작이 이러한 점을 잘 보여주었다. 이것은 젊은이들의 삶을 모욕한 것에 대한 최초이자 가장 중요한 시위였다. 이는 주로 평화로운 시위로 진행되었다. 최소한 그 시작은 그러했다. 그러나 독재자들이 변화에 저항하자, 반란이 발생했다. 아랍 국가들 중 가장 인구가 많고 아랍 문화의 중심으로 여겨지는 이집트에서는 무바라크 대통령이 카이로의 중앙광장을 점령한 젊은이들에 의해서 2011년 2월에 30년간 손에 쥐었던 권력에서 밀려났다. 이러한 변화는 계속해서 퍼져나갈 것으로 보였다. 예멘에서는 대통령이 강제로 사임했다. 모로코와 요르단에서는 왕들이 완전한 민주주의의 점진적 도입에 동의했다. 그리고 리비아에서는 그 누구보다 오랜 기간 권력을 유지해온 독재자인 무아마르 카다피가 그러한 민중들의 분위기를 잘못 판단하여 권력에서 물러나야 했을 뿐 아니라 10월에는 잡혀서 죽임을 당했다.

리비아에서 생긴 변화는 몇 달간의 전투와 북대서양 조약기구가 반군 측에 선 이후 갑작스레 발생했다. 이러한 북대서양 조약기구의 개입을 대부분의 리비아인들뿐만 아니라 아랍 연맹도 환영했다. 국제적 상황의 변화가 임박했음은 두말할 여지가 없었다. 이슬람주의의 형태에 상관없이 우려의 목소리가 높아가던 지난 10년이 지나가고, 서구는 리비아 사태에 개입하여 지역의 반군을 보호했다. 그들 중에 다수는 이슬람주의 배경을 가지고 있었는데, 서구는 이들을 한때 잘나가는 시절에 '테러리스트들'에 대항해서 서구와 협력했던 독재자의 손에서 보호했다. 오바마 대통령이 이라크와 아프가니스탄의 점령에서 서서히 손을 떼기 시작하자(미국이 이에 대해서 경제력을 쓸 여력이 없는 것도 이러한 군대철수의 부분적 원인이다), 무슬림 세계의 전체적인 정치적 전망이 변화할 것으로 보였다. 9.11 테러의 배후에 선 테러 조직의 수장인 빈라덴은 2011년 5월 파키스탄에서 미국의 군사작전 중 총살당했고, 수백만의 젊은 무슬림들이 민주주의와 인권을 부르짖었다. 역사는 때로 전혀 예상하지 못한 쪽으로 움직이기도 한다.

그러나 몇몇 문제들은 아랍 세계의 정체(停滯) 문제보다 훨씬 더 다루기 어려운 것이다. 아메리카 지역에서 콜럼버스가 최초의 유럽인 정착지를 만들었던 카리브 해의 섬인 아이티에서는 2010년에 심각한 지진이 일어났다. 이로 인해서 수도와 그 일원이 상당 부분 파괴되었다. 약 25만 명의 사람들이 죽었다. 그러나 일본과 달리, 복구 노력은 미국의 구호단체들에서만 20억 달러에 가까운 돈이 제공되었음에도 아이티 사람들에게 그리 큰 도움이 되지 않았다. 지진과 그 이후 벌어진 참상으로 인해서 아이티는 국제 뉴스 보도에서 최초로 1면에 보도되었지만, 아이티가 겪고 있는 문제는 새로운 것이 아니었다. 아이티는 서반구에서 가장 빈곤한 국가로 1인당 GDP가 667달러밖에 되지 않는다. 아이티의 집권자들은 아이티에서 비행기로 2시간도 채 떨어지지 않은, 1인당 GDP가 4만7,600달러인 미국에서 시간을 보내는 것을 선호한다. 이코노미 클래스의 비행기 티켓은 약 300달러 정도로 아이티의 평균연봉의 절반 정도이다.

아이티는 고질적인 빈곤과 광범위한 사회적 불평등 문제를 겪고 있다. 빈곤의 여러 이유들 가운데 가장 큰 이유는 교육과 기반시설의 부재이다. 정치적 정체 역시 큰 문제이지만, 그것은 부정부패의 부산물인지 혹은 그 반대인지 말하기 힘들다. 한 가지 분명한 것은 세계의 도움만으로는 아이티의 문제를 고치기 어렵다는 점이다. 비슷한 문제를 겪고 있는 다른 지역의 변화가 아이티 내의 변화로 이어져야 한다. 그러나 이러한 참상의 흐름을 깨는 것은 실로 어려운 문제이며, 특히 빈곤으로 인한 질병이 창궐하고 유아사망이 1,000명의 신생아 중 90명(캐나다의 경우 1,000명당 5명)에 달하는 아이티 같은 지역에서는 너무도 힘이 든다. 아이티는 이제 '스위트 미키(Sweet Micky)'로 잘 알려진 (과거 콤파 음악가인) 미셸 마르텔리 대통령이 이끌고 있는데, 앞으로도 휘청거릴 가능성이 크다. 아이티의 문제들은 단기간 안에 사라지지 않을 것이다. 역사는 인간이 변화를 가장 갈망할 때 가장 느리게 흘러가는 것처럼 보인다. 그러나 역사가 우리에게 말하는 것은 단 한 가지로, 그것은 변화의 가능성은 어디든지 있으며 심지어 가장 암울한 곳에도 존재한다는 점이다.

6

전체 세계사

이 책에서 지금까지 진행한 이야기에는 끝이 없다. 아무리 장대하고 혼란스러울지라도, 세계사는 중단될 수도 없고 짧은 시간적 경계 내에서 정지할 수도 없다. 저자들이 역사 서술을 끝내는 연도로 책을 마무리하는 것은 거의 정석이 되어버렸다. 이런 상황에서 계속 진행 중인 역사적 흐름의 미래에 대해서는 제대로 이야기할 수 없고 중간에 끊기는 경향이 있다. 역사는 한때 아무런 조명을 받지 못했던 것들을 고려하는 것이므로, 최근의 사건들은 새로운 의미를 가지게 되고 현재의 역사에 대한 설명은 사람들이 자신들이 살고 있는 세상이 어떻게 변해가고 있는지를 점점 더 자세하게 알아감에 따라서 그 설득력을 점점 더 잃어간다. 심지어 수개월 만에, 중요한 사건에 대한 현존하는 설명이 논리가 없어 보이기 시작할 수 있다. 이는 역사가 현대에 빠르게 진행될 수 있기 때문이다. 앞으로 있을 일을 예상하고 이를 유지하는 것은 점점 더 힘들어지고 있다.

이것은 역사 기록이 역사적 사실의 모음이나 만화경의 이미지처럼 계속해서 변해가는 역사적 사건의 단순한 연속적 서술에 지나지 않는다는 것을 의미하지는 않는다. 뚜렷하게 구분되는 역사적 흐름과 동력이 오랜 기간 동안 넓은 영역에서 작용해왔다. 세계사의 장기적 관점에서 보면, 서로 연관된 세 개의 흐름이 관측되었다. 즉, 역사적 변화속도의 점진적 가속화, 인간 경험의 점진적 통합화, 환경을 통제하는 인간 능력의 증가 등이 그러한 주요 흐름이다. 현대에 들어서 사상 최초로 진정한 의미에서 통합된 세계사가 등장했다. 사실 '하나의 세계(One World)'라는 말은 여전히 과장된 표현으로 보이며, 그 용어를 처음으로 쓴 사람의 이상주의가 가득 반영된 위선적인 표현처럼 들린다. 사실 20세기에는 그 전과는 비교도 되지 않을 정도로 수많은 충돌과 다툼과 폭력이 일어났다. 20세기의 정치는 전면적인 전쟁이 일어나지 않았다고는 해도 여전히 비용이 많이 들고 위험했는데, 이는 냉전을 통해서 철저하게 증명되었다. 그리고 현재 21세기에 접어들면서 새로운 분열이 나타나고 있다. 국제연합은 역설적으로 아직도 지구가 200여 개의 주권국가에 속한 영토로 나뉘어 있다는 가설에 근거하고 있다(비록 이러한 믿음은 50년 전보다는 다소 약해졌지만 말이다). 발칸 반도, 미얀마, 혹은 르완다 지역의 격렬한 대립은 언젠가 재개될 수 있고 이슬람과 서구의 문명의 충돌이라고 많은 이들이 단순화시키는 경향은 아프가니스탄과 같은 이슬람 국가의 수많은 민족적 다양성에 의해서 영향을 받아서 변화할 가능성이 있다.

이러한 방식으로 훨씬 더 많은 것들을 이야기할 수 있을 것이다. 그러나 인류가 과거보다 공유하는 것이 적다고 말할 수는 없다. 인류는 끔찍할 정도로 많은 것을 공유하고 있다. 본래 기독교의 달력이 이제 세계 대부분의 정부 활동의 기반이 되고 있다. 현대화는 국가의 목표들이 갈수록 공통점을 가진다는 것을 의미한다. 문화충돌은 자주 있었지만 과거에 그러한 경향이 더욱 분명했다. 현재 공유되고 있는 것은 수백만 명의 개인적 경험 수준의 평범한 것들이다. 만약 사회가 이러한 개인적 경험들을 공유하는 존재라면, 우리가 살고 있는 세계는 과거보다 훨씬 더 많은 것을 공유하고 있는 것이다. 물론 그렇게 된다면 역설적으로 사람들은 일상생활에서 그러한 문화의 차이를 가장 극명하게 느끼게 될 것이다. 사람들의 경험은 과거에 지금보다 훨씬 더 다양한 방식으로 구분될 수 있었다. 즉, 과거에는 이웃 마을에 살면서도 완전히 다른 방언을 구사하는 경우도 있었고, 평생 동안 고향에서 10마일 거리를 여행하는 것이 몹시 이례적인 일이었던 적도 있었으며, 의복과 도구가 사회가 가진 기술, 양식과 전통을 구분짓는 시기도 있었다.

과거에는 물리적, 인종적, 언어적 차이가 지금과는 비교도 되지 않을 정도로 극복이 어려웠다. 현대에 들어서 주로 의사소통 수단의 향상 덕분에 이러한 차이의 극복이 어느 정도 편해졌다. 국제 공용어로서 지식층에 대한 영어의 전파, 공교육, 공산품의 대량생산과 공유 등이 이에 포함된다고 하겠다.

여행자들은 일부 국가에서는 이국적이고 특이한 의복을 볼 수 있지만, 대부분의 경우 많은 지역의 의복들이 과거와 달리 유사한 형태를 취하고 있다. 킬트, 카프탄, 기모노는 관광상품이 되었거나 혹은 과거를 기념하기 위해서 특별하게 보존되는 유물이 되었다. 일부 지역의 전통의복은 이제 빈곤과 후진성의 상징으로 여겨지기도 한다. 몇몇 보수주의 및 민족주의 정권들이 국가의 과거의 상징에 집착하는 것은 이러한 생각을 뒷받침한다. 이란의 혁명가들은 여성들에게 다시금 차도르를 씌웠는데, 이것은 외부로부터 들어온 것들이 그들이 가진 전통의 이미지와 도덕성을 갉아먹었다고 생각했기 때문이다. 표트르 대제는 신하들에게 서유럽풍의 의복을 입으라고 명했고 아타튀르크는 터키인들이 페즈 모자를 쓰는 것을 금지했는데, 이것이 진보적이고 발전하는 문화를 향한 재조정이며 새로운 미래를 향한 상징적인 단계라고 발표했다.

그러나 현재 우리가 가진 경험 공유의 토대는 의식적인 노력의 결과로서 부수적인 것일 뿐이다. 아마도 이것이 역사가들이 경험 공유의 기반에 대해서 도외시하고 크게 관심을 가지지 않는 이유 중의 하나일 것이다. 그러나 상대적으로 짧은 기간에, 여러 다른 문화권의 수백만 명의 사람들이 많은 새로운 것들을 공유하게 되었는데, 예를 들면 그들은 기후 차이에 의한 여러 가지 영향을 전기, 에어컨 기술, 약 등으로 극복했다. 세계 각지의 도시들에는 이제 가로등이 거리를 비추고 있고, 교통신호가 사용되고, 경찰관이 근무하고 있고, 은행과 슈퍼마켓의 사업 거래는 여러모로 유사하다. 똑같은 품목의 물건들을 다른 도시에서도 대부분 살 수 있다(크리스마스 시즌에 일본의 도시에서도 크리스마스 케이크를 살 수 있다). 다른 국가의 언어를 이해하지 못하는 사람들이 다른 국가의 동일한 기기를 정비하고 있다. 자동차는 어디에서나 말썽이다. 시골지역은 이러한 현대인의 삶의 동일함에서 어느 정도 벗어나 있지만, 사상 최초로 시골지역보다 더 많은 인구를 수용하게 된 대도시는 그렇지 못하다. 그러나 대도시의 수백만 거주민들은 불결한 위생 상태, 경제적 불안정, 상대적 박탈감도 공유하고 있다. 도시민들의 종교나 그들이 어디에 주로 모이는가에 상관없이, 대도시 거주자들의 참혹한 모습은 어디든 비슷하다(그리고 그리 많지 않은 부유층들의 모습도 비슷하다). 이외에도 많은 불행한 모습들이 많은 곳에서 공통적으로 목격된다. 현대 대중교통 수단으로 인해서 수많은 사람들이 뒤엉켜 사는 것이 가능해졌지만, 주로 과거에 존재했던 면역력이 사라진 덕분에 이전과 비교할 수 없을 정도로 질병이 쉽게 전파되었다. 에이즈는 이제 모든 대륙에서 발병하고 있고(아마도 남극은 예외일 것이다), 매일 6,000여 명의 사람들이 에이즈로 사망하고 있다고 한다.

겨우 수 세기 전만 해도 로마에서 한제국의 수도인 뤄양으로 간 여행자는 현재의 여행자들과 비교해서 확연히 큰 차이를 발견했을 것이다. 도시의 부유한 사람들과 가난한 사람들은 여행자가 알지 못하는 방식, 알지 못하는 재료로 만들어진 옷을 입었을 것이고, 여행자가 제공받는 음식은 특이했을 것이며, 길거리에 다니는 동물들은 익숙하지 않은 종이었을 것이다. 또한 병사들의 병기와 갑옷 역시 그가 지나간 곳들에서는 생소한 것이었을 것이다. 심지어 손수레조차 다른 모양이었을 것이다. 베이징 혹은 상하이의 현대 미국인이나 유럽인들은 아직도 상당히 보수적인 중국이라는 국가에서도 놀랄 만한 것을 발견하기가 쉽지 않다. 만약 현대의 여행객이 중국 요리를 먹으려고 한다면(아마 그러지 않겠지만) 그 요리는 상당히 특색 있어 보이겠지만, 중국 여객기는 다른 여객기와 비슷한 형태이며 중국 여성들은 스타킹을 신고 있다. 사실 불과 얼마 전까지 중국의 대양 항해용 배는 정크 선이었고 이는 동시대 유럽의 코그 선이나 카라벨 선과는 완전히 다르게 생겼다.

물질적 공유의 현실은 점차 정신적, 사고의 흐름도 비슷한 방향으로 흐르게 했다. 정보, 음악, 영화 등 오락상품은 국제시장을 목표로 생산되고 있다. 유명 음악 그룹은 세계 각지를 투어하고 다니는데, 이는 중세 유럽을 방랑하며 노래를 부르고 각종 놀라운 장기를 보여주던 음유시인들과 유사하다(물론 그보다는 손쉽고 좀더 흥행이 잘되지만 말이다). 특히 젊은이들은 그들이 속한 지역의 문화와 방식을 버리는 데에 더 적극적이며 다른 젊은이들과 공감대 형성을 위해서 새로운 문화를 탐닉하는 데에 돈을 아끼지 않는다. 그리고 이제 그러한 사람들은 수억 명이나 된다. 음성 더빙이 되거나 자막이 달린 영화가 세계 각지의 텔레비전에서 방영되면서 시청자들을 똑같은 환상과 꿈의 세계로 인도한다. 좀더 의식적으로 짜여진 영역에서는 민주주의와 인권에 관련한 어휘들이 과거 어느 때보다 널리 사용되고 있다. 세계 어느 곳에서나 민중의 삶이 어떻게 되어야 하는지에 관한 이러한 서구의 관념에 대해서 사람들은 실천은 하지 않아도 최소한 언급은 할 줄 안다. 비록 실제 의도는 그렇지 않을지라도, 정부와 언론매체는 점차 그들이 민주주의, 법치, 인권, 남녀평등 등을 존중한다고 사람들이 믿게 행동해야 한다고 생각한다. 다만 가끔 지역의 전통과 감성을 변화시키려는 문화로 인한 갑작스런 충격, 그에 대한 위선적 태도의 표출, 도덕적 관점에서의 반대나 거센 거절이 일어나기도 한다.

사실 수백만 명의 사람들이 여전히 촌락에 거주하고 전통적인 도구와 방식을 사용하는 매우 보수적인 공동체 안에서 삶을 영위하고 있다. 반대로 부유한 국가와 빈곤한 국가 간의 사람들의 생활의 차이는 점차 줄어들고 있다. 부유층은 과거보다 더 부유해졌고 그 수도 더 많아졌다. 오늘날의 관점에서 보면, 1,000년 전의 모든 국가는 빈곤했다. 최소한 이런 관점으로만 보면, 사람들의 일상생활의 모습은 현재보다 훨씬 더 비슷했다. 일용할 양식을 얻기 위해서 치러야 할 수고와 신비롭고 불가사의한 힘이 인간을 마치 초목처럼 꺾어버린 시절, 인간의 생명의 연약함은 모든 인간이 공유했던 것들이며 이는 그들의 언어와 신조와 관계없는 공통 요소였다. 이제 대다수의 인류는 연간 3,000달러 이상의 1인당 소득을 벌어들이는 국가에서 살고 있다. 이는 국제연합에서 부르는 '중진국' 수준을 넘어서는 것이다. 그러나 심지어 이런 국가에서조차 대다수의 사람들은 연간 이 액수의 10분의 1 수준의 수입만을 벌어들인다. 그리고 심지어 빈곤층 내에서도 큰 차이가 존재한다. 그러한 차이는 극히 최근에 발생했고 상당히 짧은 기간 동안 형성되었다. 그러한 차이가 빨리 그리고 쉽게 없어질 것인지 아니면 계속 이어질 것인지는 예상할 수 없다.

가장 가난한 국가의 상류층과 지도자들 역시 최소한 한 세기의 시간 동안 그 국가의 문제를 해결할 그들 나름의 현대화를 추구했다. 그러한 그들의 소망은 유럽에서 기원한 문명이 얼마나 광범위한 영향력을 발휘했는지를 다시 한번 확인시켜준다. 일부 사람들은 현대화는 기술의 문제일 뿐이라고 이야기하며 종교, 제도, 국민성 등이 사람들의 사회적 행동의 더욱 중요한 결정 요소로 그대로 남아 있다고 주장한다. 그러나 이러한 주장은 물질에 대한 경험이 어떻게 문화를 만들어가는가라는 질문에 답을 할 수 없다. 인류가 물질적 요소와 기술뿐 아니라 특정한 생각과 제도를 같이 공유하고 있다는 주장이 점점 더 힘을 얻어가고 있다. 국제연합의 인권선언과 같은 문서들이 실질적 효력이 있든 없든, 이러한 문서에 나타난 관심은 계속 증가하고 있고, 인권을 그리 크게 존중하지 않는 사람들조차도 관련 조약에 서명하며 이러한 경향은 더욱 강해지고 있다. 이러한 원리들이 서유럽의 전통에 그 기원을 두고 있는 것은 사실이다. 서유럽의 전통에 대해서 사람들이 탐욕적이고, 강압적이고, 잔인하고, 착취하는 경향이 있다고 믿든지 혹은 반대로 발전적이고, 친절하고, 인간적이라고 믿든지 간에, 서유럽의 전통이 인권에 관련한 원리를 마련한 것은 사실이다. 아즈텍과 잉카 문명은 에스파냐인들을 이겨내지 못했다. 인도와 중국의 문명은 이후의 '서유럽인'을 상대로 버티는 데에 아즈텍과 잉카 문명보다 아주 조금 더 성공적이었을 뿐이다. 이러한 진술은 사실일 수도, 아닐 수도 있다. 그러나 역사적 사실이란 존중의 대상이거나 혐오의 대상일 수 없다. 결국 유럽이 과거 세계를 재구성하여 현대 세계를 만든 것이다.

궁극적으로 유럽에서 유래된 일부 '서구'의 관념과 제도는 자주 분노와 저항에 직면했다. 이슬람과 기독교 사회에서 여성들은 여전히 평등하게 대우를 받지 못한다(좋고 나쁘고는 논외이다). 그러나 또한 현존하는 모든 이슬람 사회에서 여성에 대한 대우가 똑같은 것은 아니며, 소위 현존하는 모든 '서구' 사회에서도 이는 마찬가지이다. 인도인들은 아직도 결혼 날짜를 잡기 위해서 점성술에 의지하고, 영국인들은 그들이 생각했을 때 좀더 '과학적'이라고 믿는 방식대로 기차 시간표를 찾아보거나(기차 시간에 대해서 정확한 정보를 찾을 수 있다는 가정하에 말이다) 혹은 불완전한 날씨 정보를 알아볼 것이다. 상이한 전통은 서로 공유하고 있는 기술과 관념을 이용하는 데에서도 차이를 만든다. 일본의 자본주의는 영국의 자본주의와 같은 방식으로 운영되지 않는다. 이에 대해서는 다른 부분에서는 유사한 이 두 국가(예를 들면, 침략을 잘 받지 않은 섬나라)의 상이한 역사를 깊이 통찰해야만이 제대로 된 설명을 할 수 있을 것이다. 그러나 그 어떤 지역의 전통도 유럽의 그것과 비슷한 수준의 힘을 보여주지 못했으며 외부인들에게 매력적으로 보이지 못했다. 유럽의 전통은 세계를 창조했다는 점에서 아직 경쟁자가 없다.

유럽의 전통이 가장 끔찍하게 발현된 존재(물질적 탐욕과 강탈)마저 이러한 사실을 증명한다. 한때 많은 국가들은 비물질적 세계와 도덕적 자기 성찰의 중심에 서 있었다. 그리고 그러한 국가들은 점차 끝없는 물질적 향상이 국가의 목표로서 적합하다는 믿음에 사로잡혔다. 그러한 국가의 변화를 요하는 생각 자체가 국가를 전복시키는 것이었다. 그러한 변화가 행복의 길이라고 사람들이 믿었기 때문이다. 많은 사람들이 이제 세상이 그들이 살아가고 있는 동안 변해가고 있다는 것을 알고 있다. 그리고 그들은 더 나은 세상을 위해서 더 큰 변화가 나타날 수 있고 그렇게 될 것이라고 생각한다. 인간의 문제는 기본적으로 해결할 수 있고 혹은 최소한 큰 심리적 변화를 통해서 해소할 수 있다는 믿음이 광범위하고 확실하게 받아들여지고 있다. 유럽인들조차 불과 수 세기 전만 해도 이러한 믿음을 가진 경우는 드물었다. 비록 수백만 명의 사람들이 그들의 인생 대부분의 기간 동안 미래에 대해서 불행과 불안한 마음으로 생각하고 있지만(그 불행과 불안한 마음만이 그들이 미래를 생각해보게 하는 원동력이기도 하다), 점차 더 많은 사람들이 이제 더 이상 굶주리지도 않으며 극한의 위험에 노출되어 있지도 않다. 과거에 비해서 더욱 많은 사람들이 그들이 알지 못했던 정말로 필요한 것들을 가질 수 있게 되었다. 많은 사람들이 그들의 삶이 더 나아질 것이라고 확신하고, 그보다 조금 적지만 여전히 많은 사람들이 그들의 삶이 더 향상될 것이라고 생각한다.

이러한 변화에 대한 견해는 당연히 부유한 국가에서 더욱 뚜렷하게 나타난다. 부유한 국가들은 수십 년 전 부유층이 소비한 것보다 더욱 많은 자원을 소비하고 있다. 예를 들면, 서구권의 경우 심지어 상대적으로 부유하지 못한 소수인종과 하류층을 포함한다고 해도 대다수의 사람들은 이런 의미에서 부유하게 지내고 있다. 불과 200년 전만 해도, 평균적인 영국인은 평생 동안 자신이 태어난 곳에서 몇 마일 이상 떨어진 곳을 여행할 때 도보로만 갈 수 있었다. 불과 150년 전에는 깨끗한 물을 공급받는 것 역시 매우 어려웠다. 100년 전에는 일상적인 사고로 인해서 앉은뱅이가 되거나 죽을 가능성이 매우 높았고, 치료방법이 알려지지 않았거나 존재하지 않았던 질병으로 죽을 가능성도 높았다. 또한 병에 걸릴 경우 제대로 된 간호도 받기 힘들었다. 이와 같은 평균적인 영국인들은 영양이 부족하거나 균형 잡히지 않은 식사(굳이 말하지 않아도 되지만, 무미건조하고 맛이 없었을 것이다)를 먹었고, 이러한 식사는 현대 영국에서 가장 가난한 사람들이나 먹을 법한 것이었다. 그리고 50대와 60대에 접어들면서 고통스럽고 매우 가난한 노년을 맞이했을 것이다(물론 그 정도로 오래 살아남았다고 가정할 경우이다). 이러한 삶은 다른 유럽인, 북아메리카인, 오스트레일리아인, 일본인 그리고 다른 많은 사람들에게도 마찬가지였을 것이다. 현재 세계에서 가장 빈곤한 국가의 수백만의 사람들조차 이보다 나은 삶을 기대할 수 있을 정도이다.

더욱 중요한 사실은 더 나은 삶을 위한 변화를 찾을 수 있고, 더욱 촉진시킬 수 있고, 실제로 진행되고 있다고 믿는 사람들이 있다는 점이다. 그러한 사람들이 존재하는 국가의 정치인들이 그렇게 말하고 있다. 이제 사람들의 삶과 사회의 많은 문제들이 해결될 수 있다는 것은 사실로 받아들여지고 있다. 많은 사람들이 더욱 이를 강조하고 그렇게 해야 한다고 생각한다. 물론 이는 논리적으로 당연한 것이라고 보기는 힘들다. 사람들은 값싼 화석연료와 풍부한 물의 공급이 떨어지게 되더라도 잘 지낼 수 있을지도 모른다. 그리고 사람들은 사회공학적 시도, 미신, 파벌주의, 고집스러운 도덕주의, 종족에 대한 충성심이 20세기 사회에 얼마나 심각한 참상과 유혈사태를 남겼는지를 떠올리며, 세상을 바꾸는 것이 인간의 행복의 총량을 증가시킬 것이라는 발상에 회의적이다.

그럼에도 불구하고 점점 더 많은 사람들이 그들이 겪고 있는 문제가 원칙적으로 해결될 수 있다고 믿고 있다. 이것은 인간의 사고방식에서의 혁명이다. 인간의 사고방식의 형성의 기원은 선사시대에 자연을 변화시키는 능력을 천천히 배양하던 시기까지 거슬러 올라갈 것이다. 당시 선행 인류는 불을 사용하는 법을 배웠거나 부싯돌의 날을 가는 법을 배웠을 것이다. 그런 식으로 자연을 다스리는 것이 가능하다는 추상적인 개념은 그보다 훨씬 더 나중에 형성되었을 것이고, 처음에는 오직 특정 시기 그리고 일부 문화권의 소수의 사람들만이 그러한 사실을 통찰할 수 있었을 것이다. 그러나 이제 이러한 관념은 상식이 되었고 세계 전체로 뻗어나갔다. 이제 세상 사람들은 세상이 왜 그대로인지, 언제 세상이 좀더 나은 세상이 될지에 대해서 의문을 가지게 되었다. 이는 인간사 전체를 통틀어서 가장 위대한 변화 중의 하나이다.

이러한 변화는 인류가 물질세계를 지배하는 능력이 지난 수 세기 동안 비약적으로 증가했다는 점을 통해서 가장 극명하게 드러난다. 과학은 이를 위한 도구를 제공했으며 이제 과학은 과거보다 더 많은 도구를 인간에게 제공하고 있다. 우리는 과거 그 어느 때보다 강하게 자연을 근본적으로 변화시킬 수 있는 능력이 가져다줄 번영과 위협의 시대에 살고 있다(유전공학 기술이 이러한 능력의 예이다). 아마도 앞으로 있을 세상에서 사람들은 자신의 미래를 상품을 주문하듯이 마음대로 짤 수 있을지 모른다. 현재 아직 태어나지 않은 자식의 유전자 형태를 조정할 수 있는 기술이 이용 가능하다. 또한 정보기술이 실제보다 더욱 완벽한 가상현실을 구현할 수 있게 됨에 따라서, 경험을 '규격품'처럼 구입할 수 있었다. 장래에는 원하기만 한다면 사람들은 일상적인 삶이 아닌 그들 스스로가 만든 의식 속 세상에서 더 오랜 시간을 보내게 될지도 모른다.

이러한 미래에 대한 예상은 무섭게 들릴 수도 있다. 무엇보다 이러한 예측은 단지 무질서와 불안정을 크게 증대시킬 수 있다. 어떠한 일이 벌어질지 아니면 벌어질지 않을지를 궁금해하는 것보다는 역사에 비추어 생각하고 과거에 어떠한 것이 인간의 삶을 변화시켰는지를 생각하는 것이 가장 중요하다. 예를 들면, 물질적 풍요를 이끈 변화는 정치에 대한 변혁을 불러왔다. 정치에 대한 기대뿐 아니라 정치인들이 의사결정을 내리는 상황, 정치체제의 운영방식, 힘의 분배 등도 변화시켰다. 오늘날 매우 적은 수의 사회나 종교만이 과거와 같은 방식으로 운영되고 있다. 과학은 자연에 맞서는 인간의 지식도구를 크게 확장시켰을 뿐 아니라 수백만 명의 사람들이 당연하게 받아들이던 일상생활도 변화시켰다. 지난 20세기 동안 인간의 수가 크게 늘어났고, 국제관계에 근본적인 변화가 일어났으며, 세계경제 전체가 상승하거나 쇠퇴했고, 동시 의사소통이 가능한 기술로 세계가 하나로 묶이게 되었으며, 과거와 비교할 수 없는 다른 놀라운 변화들이 많이 일어났다. 비록 지난 세기에 정치적 민주주의가 정착되었는지 정착되지 않았는지 단정하기는 힘들지만, 과학으로 인해서 실질적인 자유가 광범위하게 늘어날 수 있었다. (비록 어느 정도는 아시아에 뿌리를 두고 있지만) 서구 문명에 그 현대적 기원을 깊이 두고 있는 과학은 빠르게 전 세계에 걸쳐 그 영향을 미치고 있다.

사실 인간이 (마법이나 종교가 아닌) 과학과 기술로 자연을 다스리고 인간의 욕구를 만족시킬 수 있다는 확신은 사실 1960년대 이전까지만 해도 부유한 국가의 지식층만이 가졌던 것이다. 그러한 성향이 이제 널리 퍼져나가게 된 것이다. 우리는 자연환경이 얼마나 연약한지 그리고 변화에 대한 민감함은 그 이상이라는 점을 과거보다 잘 알게 되었다. 이제 사람들은 자연을 통제하여 얻은 이익에는 상당한 대가가 따른다는 점을 알게 되었다. 또한 그러한 자연환경을 통제하는 행동이 무시무시한 영향을 초래할 수 있다는 점도 알게 되었다. 더욱 근본적인 관점에서 보면, 인류가 그러한 자연환경을 잘 활용할 수 있도록 하는 지식을 전달할 수 있는 사회적, 정치적 기술과 구조를 아직까지 보유하지 못했다는 점도 알고 있다. 공공정책에 대한 논의는 최근에야 시작되어(대체적으로 '환경' 문제에 관한 논의로 요약해볼 수 있다), 대표적으로 오염, 토양 침식, 물 공급 감소, 동식물 멸종, 삼림자원 고갈 등을 일으키는 문제들을 적절하게 조명하고 있다.

이러한 관심은 근래 지구의 평균기온의 상승으로 인한 '지구 온난화' 문제에 대한 사람들의 주목으로 인해서 분명하게 드러났다. 지구 온난화는 대기권과 성층권의 변화로 인해서 발생한다고 여겨졌는데, 이는 열이 확산되고 사라지는 비율에 영향을 미친다. 지구 온난화의 사실 여부는 최근까지도 논쟁거리였는데, 1990년에 제네바에서 열린 국제연합 회의에서 사람들은 지구 온난화가 실제로 점차 큰 문제가 되고 있고 이는 주로 사람들이 만들어낸 가스가 대기권에 축적되어서 발생하는 문제라는 데에 동의했다. 사람들은 이로 인해서 한 세기 동안 평균기온이 눈에 띄게 상승했다는 점에도 동의했다. 기후는 실제로 지난 빙하기 이후로 그 어느 때보다 빠르게 변화하고 있다. 현재 인간의 활동이 지구 온난화의 주요 원인이라는 점에 대해서 권위자들의 동의가 이루어지고 있다.

기온이 얼마나 더 올라갈지, 그리고 그에 따라서 예상되는 결과(예를 들면, 해수면 상승)에 대한 논쟁이 계속되고 있다. 그와 동시에 인간으로 인한 기후변화에 대한 기본 협약의 준비가 시작되었고 1992년에 기본 협약이 마련되었다. 이 협약의 목적은 2000년도의 가스 배출량 수준을 1990년 수준으로 계속 유지되도록 하는 것이었다. 1997년 교토에서 이 기본 협약은 모든 주요 '온실' 가스(그렇게 불려진 대로 명명되었다)의 방출을 포괄하는 규제협약으로 발전했다. 이 규약은 가스 방출량 감축 수준을 부과하고 일정을 결정했는데, 주로 선진국들에 그 부담이 지워졌다. 당시 191개 국가들까지 그 규약을 승인했고, 이는 희망적인 전망을 보여주었다. 그러나 미국은 아직 이를 승인하지 않았으며 서명국가들의 현재 목표는 그리 대단한 것이 아니다. 지구의 평균온도를 섭씨 2도 이상 상승하지 않도록 하는 것이다. 한편, 인간의 활동으로 인한 기후변화의 좋지 못한 영향의 징조가 점점 더 증가하고 있고 교토 규약은 홍수로 인해서 발생할 수 있는 기후변화의 좋지 못한 영향을 막기 위한 법적 대책도 제공하고자 했다.

20여 년 정도의 시간은 이러한 규모의 문제가 정치적으로 받아들일 수 있는 해결책을 예상하거나 알아보기에는 충분한 시간이 아니다. 상황이 호전되기도 전에 더 나빠지지 않을 것이라고 가정하는 것은 터무니없어 보이지만, 더 중요한 것은 해결책이 발견되지 않을 것이리라고 믿는 사람은 없다는 점이다. 어쨌든 인간의 과학에 대한 자신감은 실제 성공에서 나타난 것이지 환상을 바탕으로 한 것이 아니다. 그러한 자신감을 가질 자격이 있다고 한다면, 역시 그것은 과학이 우리에게 세상을 설명할 지식을 더 많이 부여했기 때문에 가능한 것이다. 인류가 대형 포유류들을 인류의 선사시대부터 존재해온 서식지에서 내쫓는 데에 성공한 이후부터 이미 인간은 되돌릴 수 없는 변화를 지나치게 많이 만들었다고 할 수 있지만, 결과적으로 지금 현재 제기되는 중대한 문제들에 대해서 인간이 가진 그러한 문제를 해결할 도구들이 고갈될 기미는 보이지 않는다. 인류는 현대 사람들이 처한 기후변화 문제보다 더 심각한 빙하기를 지금보다 훨씬 더 떨어지는 지식적, 기술적 자원을 가지고 맞섰다. 사람들이 창조한 변화된 환경에서 자연선택으로 변이를 일으킨 신종의 (약에 면역력을 가진) 박테리아가 나타날 수도 있지만, 그러한 것들을 정복하고자 하는 연구는 계속될 것이다. 만약 지구 온난화가 주로 인간의 활동으로 인해서 발생한 것이라는 가설을 폐기시킬 증거와 연구가 나타난다고 한다면, 지구 온난화를 실질적으로 결정하는 요소인 자연의 힘은 선사시대 빙하기와 같이 인간이 통제하거나 조종할 수 없는 것이라고 할 수 있을 것이다. 그렇다면 과학은 이러한 새로운 결과를 다루기 위해서 적응을 계속해나갈 것이다.

심지어 돌이킬 수 없는 변화 역시 인류가 장기적으로 그러한 문제를 해결할 능력이 없다는 것을 의미하지는 않는다. 물론 우리는 이미 몇몇 선택지를 완전히 잃어버렸지만 인류가 멸종되지 않는 이상 인간의 선택이 행해지는 무대(역사 그 자체)는 영원히 사라지지 않을 것이다. 인류의 멸종은 인간의 행위와 별개로 자연재해로 일어날 수도 있지만, 그러한 가능성을 예측하는 것은 제한된 범위의 경우(예를 들면, 거대한 운석이 지구에 떨어지는 경우)를 제외하고는 별로 유용한 것이 되지 못한다(심지어 그것이 사실이라고 할지라도 말이다). 인간은 여전히 생각하고 도구를 만드는 동물이며, 그렇지 않게 될 때까지 매우 먼 길을 가야 할 것이다. 어떤 학자가 말하기를, 다른 생물체의 관점에서는 최초에 인류는 그 강력한 경쟁력을 보면 전염병과 닮았다고 한다. 다른 동식물들에게 어떤 짓을 했건, 인류의 수와 수명을 놓고 보면 인간의 자연을 통제하는 능력은 이제까지 존재한 대다수의 인간들에게 해를 가하기보다는 이득을 가져다주었다고 할 수 있다. 비록 과학과 기술이 해결책보다는 새로운 문제들을 더 많이 만든다고 할지라도 이것은 사실이다.

인류가 가진 힘은 알게 모르게 유럽의 자유주의의 역사적 경험으로부터 추출된 가정과 상념들이 완만하게 다른 문화로 스며들게 했고 정치에도 낙관적인 접근을 하도록 했고, 이는 근현대의 역사를 두고 보아도 마찬가지이다. 예를 들면, 지구 온난화에 대한 효과적 대처를 위해서 사회가 적응하려면 매우 큰 대가를 지불해야 할 것이고, 그러한 대가를 엄청난 고통과 강압 없이 지불할 수 있을지에 대해서 의문을 가지는 것이 필요하다.

그럼에도 불구하고, 인류가 가진 정치적 해결책을 형성하는 집단 능력은 여전히 강한 편이며, 광범위하게 도입된 민주적 정치 참여의 형태로 이러한 능력을 파악할 수 있다. 오늘날 공화국 제도는 전 세계에 존재하고, 사실상 모든 이들이 민주주의와 인간의 권리를 이야기하고 있다. 정부조직과 행정조직에 합리주의와 공리주의 접근법을 이식하려는 노력이 널리 행해지고 있고, 또한 유럽 전통을 가진 국가들에서 성공을 거둔 제도를 모방하려고 한다. 백인이 지배하는 사회에서 살아가는 흑인들이 그들의 권리에 목소리를 높이던 시기에, 그들은 유럽인들에 의해서 점진적으로 발전한 인권과 인간의 존엄성에 대한 이상을 그들 스스로에게도 실현시키기를 원했다. 이러한 강력한 유럽 전통의 영향을 완전하게 버텨낸 문명은 그리 많지 않다. 중국은 마르크스주의와 과학을 중국의 시장경제를 따르기 오래전부터 신봉했다. 몇몇 국가들은 다른 국가들보다 좀더 성공적으로 버텨낼 수 있었지만 사실상 전 세계에서 다른 형태의 정치 문화의 개성은 점차 약화되었다. 현대화를 추구하는 사람들은 널리 퍼진 서구식 정치 모델을 선별적으로 받아들이려고 했는데, 그것은 그리 쉬운 일이 아니었다. 아무래도 선별적인 현대화가 어느 정도 가능하기는 했겠지만, 별로 달갑지 않은 다른 부수적인 결과들이 따라오는 경우가 많았다.

지난 100년간 세계 전체적으로 큰 성공을 거둔 민족주의의 영향이 지속됨에 따라서 정치 문화의 획일화의 진행에 의문을 다는 회의적인 관점도 존재한다. 사람들에게 가장 널리 알려진 국제(이러한 단어가 널리 받아들여지고 있다는 사실 자체가 놀랍다) 기구는 국제연합이고, 그 전신은 국제연맹이었다. 과거에 식민지를 보유했던 제국들은 수십 개 새로운 국가들로 해체되었다. 많은 현존하는 민족국가들은 그 국가 내에 존재하는 소수민족들에게 그 국가의 존재의 이유를 증명해야 했다. 이들 소수민족들은 그들을 다스리는 국가에서 떨어져나와서 스스로 국가가 될 수 있다고 주장했다. 소수민족들이 분리독립하기를 희망하는 곳(예를 들면, 바스크, 쿠르드, 티베트)에서, 이들 소수민족들은 독립국가로서의 지위가 달성되지 않았다고 말한다. 민족이라는 이념은 사실 다른 중독성 있는 이념들이 제대로 채워주지 못한 사람들의 갈증을 채우는 데에서 월등한 성공을 거두었다. 민족은 현대 공동체의 위대한 창조자로서, 계급과 종교를 넘어서 과거 사람들을 묶어주던 유대감이 퇴색하고 있는 현대화된 세계에서 표류하고 있다고 느끼는 사람들에게 새로운 의미와 소속감을 부여했다.

다시 한번 말하지만, 제도의 일부 혹은 민족주의의 관점에서의 국가의 흥망을 어떠한 관점을 취하고 바라본다고 해도, 세계에서 이루어지는 정치는 본질적으로 유럽에서 기원한 개념(실제로 보면 이러한 서구의 관념에 대한 도전이 이어지고 있고 그 관념도 흐려지고 있기는 하지만)을 중심으로 이루어지고 있다. 이는 세계인들의 지적 생활이 유럽에서 기원한 과학을 중심으로 이루어진 것과 마찬가지이다. 확실히 우리가 과거의 역사를 통해서 알 수 있듯이, 문화의 전파는 예상하지 못한 영향을 미칠 수 있고 그러므로 놀라운 결과를 만들 수 있다. 민족주의 개념이 확고히 자리잡힌 국가들로부터 알 수 있듯이, 국가 혹은 개인이 자신의 권리를 분명히 밝힐 권리가 있다는 원리가 그들 자신의 성공의 토대가 되었다고 믿고 이의 도입을 자신감 있게 촉진시킨 사람들이 예상한 것보다 민족주의 개념은 더 큰 영향을 야기했다. 새로운 기계의 도입, 도로와 철도의 건설, 채굴을 위한 광산 개방, 은행과 신문의 도래는 그 누구도 원하거나 예상하지 않은 방식으로 그리고 그들의 살아온 방식과 다르게 삶을 변화시켰다. 텔레비전은 이제 돌이킬 수 없는 변화의 과정을 지속하고 있다. 새로운 방식과 목표가 퍼져나가고 도입되면, 통제할 수 없는 진보가 시작된다.

주로 유럽인들에 의해서 창조된 관념과 과학기술들이 다른 문화권의 사람들의 손과 정신에 의해서 새롭게 국제적인 형태로 다시 태어날 가능성이 크다. 실제로, 현재 우리가 이용 가능한 정보 다수가 이러한 상황이 최소한 일부 분야에서만큼은 도래할 확률이 높다고 알려주고 있다. 지난 50년간을 넓은 시각에서 바라본다면 서반구에서 동반구로의 부와 힘의 점진적인 전이라고 볼 수 있을 것이며, 이는 최근의 경제위기를 통해서 더욱 크게 부각되었다. 이것은 인류사에서 사실 그리 새로운 것이 아니다. 여러 측면에서 보면, 이는 19세기 이전 상황으로 돌아가는 것이라고 할 수 있다. 당시 아시아는 과학기술의 측면에서 항상 발달한 지역은 아니었지만, 지구상에서 단연코 가장 생산성이 높았던 대륙이었다. 물론 이것이 유럽과 그 다양한 파생지역들이 앞으로의 역사에 별다른 영향을 끼치지 못할 것이라는 점을 의미하지는 않는다. 그러나 아무래도 미래의 세계문명은 워싱턴, 파리, 런던보다는 베이징과 델리에 집중될 가능성이 크다는 의미이다.

이러한 역사의 전개는 인류가 어떻게 변화에 대처해왔는지에 관한 모든 종류의 질문을 우리에게 던질 것이다. 인류는 역사를 계속해서 형성해나가겠지만, 장기간의 과거 역사의 과정을 통제할 수 없다. 심지어 가장 철저하게 통제된 현대화를 위한 시도에서조차 때로 새롭고 예상하지 못한 필요성과 방향성이 갑작스럽게 나타났다. 어쩌면 현대화의 성공이 인류의 목표들이 물질적, 정신적으로 달성될 수 없고 한계를 모르며 팽창하며 만족시킬 수 없다는 것을 알려주고 있는지도 모른다.

이러한 전망을 가볍게 여겨서는 안 되겠지만, 예측하는 것은 역사가의 임무가 아니다. 비록 그러한 예측이 추론이라는 형태로 이루어진다고 해도 이는 역사가가 반드시 해야 할 일이 아니다. 다만 추측은 역사가에게도 가능한 것이다. 추측은 현재 사실을 설명하거나 사람들을 가르치는 데에 도움을 줄 수 있다. 화석연료는 대형 선사시대 포유류들이 인간 사냥꾼의 손에 멸종된 것과 같은 길을 걸을 수도 있고 아닐 수도 있다. 역사가들에게 중요한 주제는 과거이다. 과거야말로 역사가가 이야기해야 하는 모든 것이다. 최근 역사에서 역사가가 하고자 하는 것은 세계가 과거와 일관되게 혹은 일관되지 않게 흘러가고 있는가 그리고 과거와 현재가 연속성이 있는가 혹은 없는가이다. 또한 우리가 살아가는 시대에 넘쳐나는 정보로 인해서 발생하는 어려움들을 정직하게 인정하고 이에 대처하는 것도 역사가의 일이다. 현대 역사에서 역사가들이 빚어낸 혼란은 우리가 살아가는 시대가 이전 시대보다 훨씬 더 혁명적인 시대라는 점을 뜻한다. 그리고 세상의 변화가 계속해서 더 빠르게 진행되고 있다고 지금까지 이야기한 것은 이러한 사실을 확인해준다. 반면에 이것은 이러한 과거보다 더 과격하고 광범위한 변화가 과거와 아무런 관계없이 나타났다는 것을 의미하지 않는다. 즉, 최근의 변화는 과거의 역사에 비추어 설명할 수 있고 대부분 그로 인해서 이해할 수 있다는 것이다.

그러한 어려움을 알게 된 이유 중의 하나는 현재의 세계를 이해하기 위해서 적절한 방법들이 과거보다 훨씬 더 적어 보인다는 것이다. 여러 세기 동안,

중국인들은 하늘의 뜻에 따라서 베이징의 황제체제가 세계질서의 중심에 선다는 것을 별다른 문제의식 없이 당연시했다. 과거 수많은 무슬림들과 현재의 일부 무슬림들은 국가에 대해서 확실한 관념이 없다. 일부 사람들에게 신자와 불신자 간의 차이는 다른 사람들보다 훨씬 더 중요하게 여겨진다. 수백만 명의 아프리카인들은 오랫동안 과학의 개념 없이도 생활에 큰 어려움을 겪지 않았다. 한편, '서구권' 국가에서 살아가고 있는 사람들은 그들의 기준대로 '문명화된' 그리고 '문명화되지 않은' 세계로 나눌 수 있다고 믿었다. 예를 들면, 영국인들은 한때 '신사'를 크리켓장에서 경기를 하는 '선수'와 구분할 수 있었다. 그러나 지금은 구분할 수 없다.

그러한 확연한 차이점들은 이제 많이 줄었고, 마침내 우리는 '하나의 세계'라고 말할 수 있는 단계에 접어들었다. 중국의 지성들은 자유주의 혹은 마르크스주의를 이야기하고 있다. 제다와 테헤란의 지적인 무슬림들은 특정한 분야의 지식을 얻기 위한 필요성으로 인해서 이방의 현대주의에 위험한 유혹을 당하고 있고, 이에 대항하는 종교적 압력으로 인해서 발생한 갈등에 직면하고 있다. 인도는 때로 1947년 인도의 지도자들이 추구한 세속적 민주주의의 가치와 전통의 압력 사이의 충돌로 인해서 정신이 분열되는 것처럼 보인다. 역사는 우리가 살아가는 현대사회와 연관되어 있고 끝나지 않을 것이라는 점을 우리는 반드시 인식해야 한다.

역자 후기

본서는 고(故) 존 모리스 로버츠(John Morris Roberts)와 오드 아르네 베스타(Odd Arne Westad)가 공저한 *The History of the World*(2013) 제6판의 완역이다. 본서는 영국에서는 펭귄북스 그룹에 속하는 앨런 레인 출판사가 『펭귄 세계사(*The Penguin History of the World*)』라는 제목으로, 미국에서는 옥스퍼드 대학교 출판부가 『세계사(*The History of the World*)』라는 제목으로 각각 출간했고, 이 두 가지 판은 책의 내용뿐만 아니라 판형까지 완전히 일치한다.

존 로버츠는 20세기 후반 영국의 가장 대표적인 역사가 가운데 한 사람이었다. 그는 오랜 기간 옥스퍼드 대학교의 머튼 칼리지에서 역사학 담당 교수로 재직했으며, 영국(또는 세계) 최고의 역사 저널이라고 할 수 있는 『영국사학보(*English Historical Review*)』의 편집장을 다년간 역임했다. 로버츠는 세세한 역사 주제를 놓고 이를 경험주의적이고 실증적으로 연구하는 유형의 역사가라기보다는, 거대한 역사의 흐름을 종합하고 해석하는 데에 특히 탁월했던 학자였다. 본서는『20세기 세계사(*Twentieth Century: A History of the World 1901-Present*)』와 함께 그의 대표작으로 꼽히며, 현재까지 영미권에서 출판된 "세계사" 중에서 가장 높은 평가를 받는 저작 중의 하나이다. 세계문명의 역사들을 큰 틀에서 해석하고 이를 구체적인 근거를 바탕으로 종합했다는 점에서 로버츠는 영국의 아널드 토인비(Arnold J. Toynbee)의 전통을 잇는 역사가라고 볼 수 있다. 실제로 본서는 토인비의『역사의 연구(*A Study of History*)』와 종종 비교된다. 토인비의 저작이 세계문명들의 역사를 방대한 지면(원서는 총 12권으로 이루어져 있다. 국내에 번역 출판되어 있는 것은 두 권짜리 축약판이다)에 펼쳐낸 20세기 전반기 영국 역사학계의 위업이라면, 로버츠의『세계사』는 이를 천여 페이지짜리 한 권의 책에 담아낸 20세기 후반기판 세계사의 결정본이라고 할 수 있다. 1976년 초판이 나온 이후『세계사』

는 수많은 세계의 대학들에서 필수 교재로 채택되었고, 현재까지도 영미권 독자들에게 가장 널리 읽히는 세계사 책이다. 그리고 초판이 나왔던 1976년은 아직까지 영미권 학계에서 '세계'를 단위로 역사 교육과 연구를 상상하기 어려웠던 시절로서, 1980년대 이후, 특히 21세기에 들어 더욱 활발해진 '세계사' 또는 '세계문명' 논의는 많은 부분을 로버츠의 『세계사』에 빚지고 있는 셈이다.

그 명성에 걸맞게 로버츠의 『세계사』는 초판 이후 재판을 거듭했으며, 현 세기에 와서는 현재 서양학계의 현대사 연구에서 가장 두드러진 학자 중 하나인 오드 아르네 베스타의 손을 거쳐 더욱 정교화되었다. 베스타는 노르웨이 출신으로 미국의 대표적인 국제관계사가인 마이클 헌트(Michael Hunt)에게 사사받고, 런던정경대학을 중심으로 활동하며 냉전사라는 최근 가장 주목받는 역사연구 분야를 개창한 차세대 대가이다. 그는 오늘날 최고의 냉전시대 역사 저널 중 하나인 『냉전사(*Cold War History*)』의 편집장이고, 미국의 저명 외교사가 멜빈 레플러(Melvyn P. Leffler)와 함께 현재까지의 냉전시대 역사 연구의 종합이라고 할 수 있는 『케임브리지 냉전사(*The Cambridge History of Cold War*)』의 주 편집을 맡았다. 2015년 하반기부터는 하버드 대학교의 케네디 스쿨로 자리를 옮겨, 보다 활발한 학술 활동을 할 것으로 기대된다. 베스타의 작업 중 특히, 냉전 시기 중국과 제3세계 그리고 20세기 후반 국제관계사에 대한 저작들은 서양중심주의적인 현대사 연구를 근본적으로 교정했다는 평판을 받고 있다. 이런 그의 역량은 본서의 개정에서도 그대로 발현되어, 로버츠의 원서가 일부 가지고 있었던 서양문명 편향성을 상당 정도로 극복하는 데에 성공했다.

책에 대한 자세한 해설은 베스타 교수의 훌륭한 서문이 있으니 그것으로 대체할 수 있겠다. 한때 갈라졌던 인류의 개별 문명 전통들이 근대 이후 서로의 관계가 긴밀해지고 하나의 통합적인 방향으로 나아가고 있다는 저자들의 궁극적인 논지를 다시 되뇌는 정도로 충분할 것 같다. 다만, 여기서 본서가 세계사라는 제목을 달고 있는 여타 저작들, 특히 국내 출판물들과 비교해서 어떤 차별점이 있는지 간략히 언급할 필요는 있어 보인다. 국내에 나와 있는 세계사 관련 서적들은, 그것이 순수 저작이거나 번역물이거나 할 것 없이, 전체 세계문명의 역사를 매우 요약적인 방식으로 서술하거나, 또는 특정 주제를 중심으로 이를 재현하는 경우가 대부분이다. 국내 대형 서점의 역사 코너에 들러보면, 세계 역사의 주요 사건들을 간단히 요약 정리한 '얇은' 책들, 또는 "-으로 본 세계사"류의 책들을 흔하게 볼 수 있다. 본서는 이런 부류의 책들과는 근본적으로 다른 수준에 있는 세계사 저작이다. 이는 세계사의 더 많은 사건들을 모아놓았기 때문에만, 또는 특정 주제 중심이 아니라 전반적인 세계사를 다루었기 때문에만 '두꺼운' 책이 된 것은 아니다. 로버츠와 베스타는 개별 사건들의 나열보다는, 문명사의 큰 흐름과 과정에 더욱 방점을 두었으며, 이를 일반론적 수준에서 논의하는 데에 많은 지면을 할애했다. 그들은 또한 본서의 지면에 세계사의 주요 주제들에 대한 수많은 구체적인 연구 성과들, 이견들, 그리고 논쟁들을 녹여냈다. 놀라운 것은 이것들을 때로는 간단한 어구를 포함시키는 방식을 통해서, 또는 심지어는 부사어 하나의 사용을 통해서 독자들에게 전달하는 저자들의 학문적 역량이다. 그리고 로버츠와 베스타는 전체 세계문명의 역사를 아우르면서 그것을 일관되고, 때로는 꽤 주관적이며 논쟁을 유발할 만한 관점을 가지고 재해석했다.

이런 의미에서 본서가 교양 대중을 위한 단순한 세계사 교과서 이상의 수준에 있다는 점은 명백하다. 본서는 세계사에 입문하려는 이들뿐만 아니라, 이미 인류 문명의 역사에 대해서 상당 정도의 지식을 보유하고 있다고 믿는 독자들에게도 매우 흥미롭고 도전적으로 다가올 것이다. 본서는 대학 학부의 교재나 일반 독자들의 교양서로서도 기능할 수 있지만, 그 학문적 수준으로 볼 때 전문 학자나 교사, 또는 역사 관련 업종에 종사하거나 이를 준비하는 이들에게도 큰 통찰력과 지식을 전달할 수 있으리라고 생각한다.

국내 출판계가 현재 서양학계에서 가장 큰 학문적 명성을 누리는 세계사 책 중의 하나를 가지게 되었다는 사실에 역자들은 자부심을 느끼면서 책임감도 무겁다. 저자들, 특히 로버츠의 문체는 매우 유려하면서 문학적인 경우가 많고, 더군다나 앞에서 언급했듯이 그의 문장에는 수많은 연구 성과들이나 논쟁들이 매우 함축적으로 표현되고 있기 때문에 역자들은 번역 작업에 상당한 어려움을 겪었다. 번역 부분의 배정은 최대한 역자들의 전공 시대나 학문적 관심사에 맞추어 이루어졌다. 서문과 제4부는 노경덕, 제1부와 제2부는 이미미, 제3부는 박재욱, 제5부는 윤영휘, 제6부는 권윤경, 제7부는 이정하, 제8부는 최용이 각각 번역했으며, 노경덕이 전체 조율과 검토 작업도 맡았다. 번역 작업에서 생긴 오역이나 여타 오류들은 모두 역자들의 책임임은 두말할 필요가 없을 것이다.

원서로 1,200쪽이 넘는 이 거대한 책을 번역하는 과정에는 당연하겠지만 많은 이들의 도움이 필요했다. 우선 이 대작의 번역 사업을 결정하고 추진하신 까치글방의 박종만 대표에게 경의를 표하고 싶다. 그리고 게으른 역자들을 이해하면서 그 지난했던 번역 작업 과정에 힘을 보탰던 까치글방의 권은희, 이인순 씨에게 절로 머리를 숙일 수밖에 없다. 역자들은 실제 번역 과정에서 여러 사람들의 도움을 다양한 형태로 받았다. 강릉원주대학교 이주영 연구교수를 비롯하여, 서울대학교 박사과정의 설배환, 미시간 대학교 박사과정의 엄소정, 시카고 대학교 박사과정의 김용진 선생님, 그리고 GIST대학의 박우용, 최우석 군으로부터의 도움은 특히 컸다. 그리고 본서의 번역은 서울대학교 서양사학과 주경철 선생님의 제안을 역자들이 기꺼이 수용(?)했던 때에서 시작되었다. 역자들에 대한 주경철 선생님의 끊임없는 관심과 애정에 깊게 감사드린다.

2015년 여름, 병풍산이 바라보이는 광주 끝자락에서
역자들을 대표해서 노경덕 씀

인명 색인